国内経済

第3章　現代経済のしくみと特質

1. 経済社会の発展 …………………………………… 198～205
   - ●ポイント整理11 …………………………… 206
2. 経済の循環と企業 ………………………………… 207～213
3. 市場経済の機能と限界 …………………………… 214～219
   - ●ポイント整理12 …………………………… 220
4. 国民所得と国富 …………………………………… 221～224
5. 経済成長と景気変動 ……………………………… 225～226
6. 物価の動き ………………………………………… 227～229
   - ●ポイント整理13 …………………………… 230
7. 金融の役割 ………………………………………… 231～237
8. 財政の役割 ………………………………………… 238～243
   - ●ポイント整理14 …………………………… 244
9. 日本経済の歩み …………………………………… 245～251
   - **戦後から現在へ** 日本経済の歩み ……… 252～253
10. 中小企業と日本経済 ……………………………… 254～255
    - ●ポイント整理15 …………………………… 256
11. 日本の農業・食料問題 …………………………… 257～261
12. 消費者保護 ………………………………………… 262～266
13. 高度情報社会 ……………………………………… 267～268
    - ●ポイント整理16 …………………………… 269
14. 公害防止と環境保全 ……………………………… 270～276
15. 地球環境問題 ……………………………………… 277～283
16. 資源・エネルギー問題 …………………………… 284～291
    - ●ポイント整理17 …………………………… 292
17. 労使関係と労働市場 ……………………………… 293～312
    - ●ポイント整理18 …………………………… 313
18. 社会保障と社会福祉 ……………………………… 314～328
    - ●ポイント整理19 …………………………… 329

社会にLINK
- ノーマライゼーション社会の実現へ！ ………… 326～327

Coming UP
- 食の安全 …………………………………………………… 261
- 循環型社会の実現をめざして ……………………… 274～275
- 地球温暖化を防ぐために …………………………… 278～279
- 過労死・過労自殺の問題 ………………………………… 308
- 「ブラックバイト」って何？ …………………………… 309
- 働く男女の平等 ……………………………………… 310～311
- 格差問題を考える …………………………………… 314～315
- 少子高齢社会から人口減少社会へ ………………… 322～323

課題解決
- 原子力発電を今後どうすべきか？ ………………… 290～291
- 今後の社会保障のあり方を考える ………………… 324～325

わかりやすい経済講座
- 株式って何？ ………………………………………… 208～209
- 価格はどう決まるか？ ……………………………… 214～215
- GDP, GNPって何？ ………………………………… 222～223

1. 貿易と国際収支 …………………………………… 330～336
2. 国際経済のしくみ ………………………………… 337～348
   - ●ポイント整理20 …………………………… 349
3. 南北問題 …………………………………………… 350～359
4. 人口・食料問題 …………………………………… 360～361
5. 国際経済における日本 …………………………… 362～366
   - ●ポイント整理21 …………………………… 367

社会にLINK
- 考えよう，目の前にある南北問題 ………………… 358～359

Coming UP
- 2つの世界的な経済危機 …………………………………… 341
- どうなる？TPP ……………………………………………… 348
- BRICSとは …………………………………………………… 354
- これからのODAを考える ………………………………… 357
- 産業の空洞化 ……………………………………………… 366

課題解決
- 日本はFTA・EPAにどう向き合っていくべきか？
   ……………………………………………………… 346～347

わかりやすい経済講座
- 比較生産費説　なぜ貿易を行うのか？ ………………… 331
- 国際収支をどうみるか？ ………………………………… 332
- 円高・円安とは？ ………………………………………… 336

現代社会の諸課題

1. 少子高齢社会と社会保障 ………………………… 314～328
2. 地域社会の変貌と住民生活 ……………………… 115～121
3. 雇用と労働を巡る問題 …………………………… 293～312
4. 産業構造の変化と中小企業 ……………………… 254～255
5. 農業と食料問題 …………………………… 257～261，346～347
6. 地球環境と資源・エネルギー問題 ……………… 277～291
7. 国際経済格差の是正と国際協力 ………………… 350～361
8. 人種・民族問題と地域紛争 ……………………… 181～191
9. 国際社会における日本の立場と役割 …………… 192～196

わかりやすい小論講座
- 小論文の基本 ………………………………………… 368～369
- 実例問題 ……………………………………………… 370～375

憲法・主な法令一覧
日本国憲法 …………… 376～383	日米安全保障条約 …………… 53
大日本帝国憲法 ……… 384～387	国際連合憲章 ………………… 154
世界人権宣言 ………………… 21	独占禁止法 …………………… 218
国際人権規約 ………………… 21	労働基準法 …………… 299～302
子ども(児童)の権利条約 …… 22	労働組合法 …………… 303～304
	労働関係調整法 ……………… 304

用語集 ……………………………………………… 388～407
索引・略語一覧 …………………………………… 408～413
世界の国々(世界地図) …………………………… 414～415
世界の主な国一覧表 ……………………………… 416～417

2020年のトップニュース

新型コロナウイルス感染症，パンデミック

1 パンデミックの発生　環境破壊と感染症
(→p.277〜283)

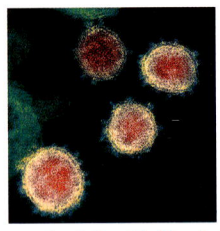

2019年，中国の武漢で，原因不明のウイルス性肺炎患者が確認された。2020年，原因が新型のコロナウイルスと特定され，瞬く間に世界中に感染が拡大。3月，WHO（世界保健機関）は，パンデミック（世界的大流行）を宣言した。

ウイルスはどこから来た？　すべての感染症の半数以上は，動物から人・人から動物にうつるウイルスや細菌などが原因で起こる。新型コロナウイルスもその1つといわれる。農業や牧畜が始まり人と動物の距離が近くなったことで，こうした感染症が発生しやすい環境が生まれた。近年では，**熱帯雨林の開発などにより，通常接することのない動物と接触する機会が増加し，新しい感染症が発生。**また，**温暖化による感染症の流行地域の変化**も指摘される。生態系の破壊・変化が感染症発生・拡大に与える影響は大きい。

どうやって広がった？　交通手段の発達による人やモノの活発な移動は，感染症を引き起こす病原体もともに運ぶ。地域間の往来が頻繁でなかった時代には，地域特有のものにすぎなかった病気も，**グローバル化が進んだ現代社会においては，パンデミックを引き起こしかねない。**

▶毎年，春節休暇に多くの人が旅行　最初に感染が確認された武漢は封鎖されたが，1月下旬，多くの中国人が国内外に移動。感染拡大の一因といわれる。(2013年のようす)

2 感染拡大を防ぐために　公共の福祉と人権
(→p.16, 18〜23, 162 4)

各国政府は，感染拡大と医療体制の崩壊を防ぐため，国境閉鎖や外出制限，一部の店舗・施設の営業禁止・自粛要請などを行った。日本は，緊急事態宣言を発令したが，日本の措置に法的な強制力はない。

人類が長い歴史の中で勝ち取ってきた自由の権利と，命を守るための権利の制限のはざまで，各国の対応は揺れた。

◀ロックダウンした街(イギリス)

◀メルケル首相（ドイツ）初の旧東ドイツ出身の首相。

……こうした制約は，渡航や移動の自由が苦難の末に勝ち取られた権利であるという経験をしてきた私のような人間にとり，絶対的な必要性がなければ正当化し得ないものなのです。民主主義においては，決して安易に決めてはならず，決めるのであればあくまでも一時的なものにとどめるべきです。しかし今は，命を救うためには避けられないことなのです。……政府は，経済的影響を緩和し，特に雇用を維持するため，あらゆる手段を尽くす考えであり，このことを私は皆さんにお約束します。
(2020年3月18日，ドイツのメルケル首相テレビ演説)

LOOK 行動制限で，意外な効果！

大気計測器を開発するスイスの企業が，世界の各都市で最も厳しい都市封鎖を行った3週間の大気の状態を調べ，前年同時期のデータと比較したところ，多くの都市で大気汚染が軽減していたと発表した。

2019年11月 / 2020年6月

▲ニューデリー中心部のインド門　汚染が世界最悪とされるインドのニューデリーでは，3月下旬〜4月上旬のPM2.5の濃度が約60％も低下していた。

▶ベネチアの運河（イタリア）　観光客が出すゴミや水上交通がなくなったため，濁っていた水が澄み，泳ぐ魚や藻が見えるようになった。

経済活動が自然に与える影響を目の当たりにした私たちは，コロナ収束後の社会をどうすべきだろうか？

＊2020年11月現在，各国で開発が進められており，いくつかのワクチンが臨床試験を行っている。

❸ 格差を浮き彫りにするコロナ禍

（→p.23，350〜359）

ワクチン＊や特効薬がない今回の感染症の拡大を防ぐには，人との接触をできるだけ避けるしかない。しかし，こうした対策を取りたくても取れない，弱い立場の人や国が多く，危機に陥っている。

●人口10万人あたりの入院・死亡者数の割合

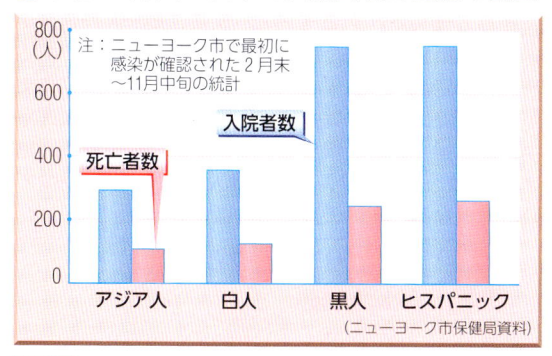

注：ニューヨーク市で最初に感染が確認された2月末〜11月中旬の統計

（ニューヨーク市保健局資料）

解説　弱い立場の人を直撃したコロナ　アメリカでは，感染者や死亡者数に占める黒人やヒスパニック系の人の割合が高いことが報告されている。彼らの多くが，人と接することが多いサービス業に従事しているため感染リスクが高く，また，重症化しやすいといわれる基礎疾患をもつためだ。この背景には，**人種差別による貧困の問題**がある。

また，衛生環境が整っていない発展途上国では，感染拡大を防止することが難しい。正しい情報や，感染した場合の医療や経済的補償も受けられない場合が多い。

▷多くの人が密集するスラム（ブラジル）

深まる分断，どう乗り越えるか

深まる米中対立　アメリカのトランプ大統領は，7月，WHOから脱退することを国連に通告＊。中国が新型コロナウイルスについての情報を隠蔽し，WHOへの報告義務を怠ったために世界的な流行を招いたにもかかわらず，WHOは中国を擁護し，中国に支配されていると主張した。コロナの封じ込めに失敗したアメリカが，中国に責任転嫁しようとしているという指摘もある。かねてから続く米中対立は，コロナ対応をめぐってさらに溝を深めたが，国際連携の乱れは，コロナ禍を深刻にするだけである。

偏見が招く社会の分断　対立は国同士に限らない。日本では，医療従事者や流通に携わる人など感染リスクがある中で，社会生活を支えるために働く人や，コロナウイルスに感染した患者，その家族への心ない誹謗中傷が相次いだ。歴史的に，未知のものに対する不安や恐怖が行き過ぎて社会の分断を招いた例は数多くある。同じ悲劇を繰り返さないために，私たちはどう行動すべきなのか，考える必要がある。

▷医療従事者に感謝とエールを伝えるお弁当
厳しい状況の中で働く医療従事者に何かできることはないかと，飲食店のシェフたちが参加。調理・運搬・搬入にいたるまで，衛生管理にも気を配った。

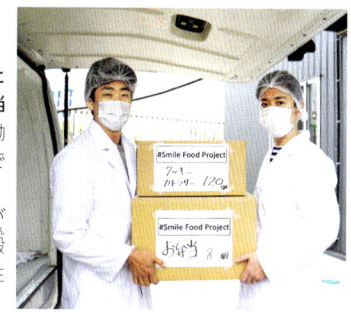

＊2020年，民主党のバイデン候補は，政権を取れば脱退を取り消すと表明。

❹ 情報化が支える，新しい日常 with コロナ

（→p.267・268）

新型コロナウイルスの影響は，今後長く続くことが予想される。コロナ流行以前のような生活に戻ることは難しいといわれる中，世界は「新しい日常」のあり方を模索している。

●オンラインで

▷オンライン食事会　これまでの対面によるコミュニケーションは，オンライン化が進む。会議や買い物，接客，医療なども，ネットを介して行う機会が増える。

●キャッシュレス

▷無人店舗「TOUCH TO GO」（高輪ゲートウェイ駅構内）　AIを活用し，店内のカメラが客の動きや商品を認識して自動で計算。ICカードをかざすだけで決済終了。

欠かせないのは，デジタル技術である。日本は社会のデジタル化で世界に後れをとっているが，コロナ禍は否応なく，デジタル化を加速させると考えられる。その流れを支える5Gの普及・活用が課題である。

5Gとは　G＝Generation（世代）。携帯電話などをネットワークでつなぐための通信回線規格。5G＊1は，4Gに比べて通信速度は100倍，容量は1000倍といわれる。さらに，あらゆるモノを同時にネットワークにつなげられるようになり，IoT＊2化が急速に進むと考えられる。

デジタルデバイドの解消が課題　一方で，これまでも問題とされてきた**デジタルデバイド（情報格差）**は，デジタル技術が社会に欠かせないインフラになればなるほど大きくなり，経済・社会・教育・医療などあらゆる分野に及ぶ。コロナ禍で露呈した格差は，今後，広がるのか解消されるのか。デジタル技術が格差のない社会に貢献できるのか。多くの課題が残されている。

＊1 アメリカ・韓国・中国では2019年，日本では2020年からサービス開始。
＊2 Internet of Things。モノのインターネット。

日本・世界 2020年のトップニュース

NEWS 1　2020 東京オリンピック・パラリンピック，1年延期

五輪延期 1年程度
（「朝日新聞」2020年3月25日 朝刊1面）

オリンピック史上初の延期　3月，東京オリンピック・パラリンピックの延期が発表された。これまで，戦争などで中止となった例はあったが，延期は初である。

アスリートファースト？　当初は予定通りの開催をめざしていたが，新型コロナウイルス感染症が世界に広がるなかで，選手は練習環境もままならず，代表選考会の開催も相次いで延期・中止に。選手や大会関係者からの批判の声を受け，延期が決定した。IOC*のバッハ会長は，「東京オリンピックは人類が，いまだかつてない難局を乗り切ったお祝いの場となる。世界の団結の象徴にしよう」と語った。

*国際オリンピック委員会

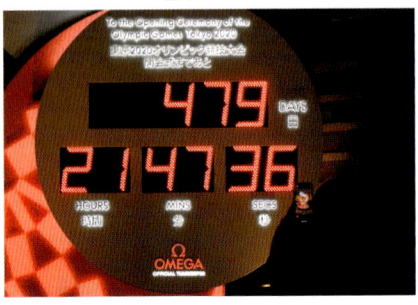

▶2021年7月23日の開幕が決まり，新しい残り日数が表示されたカウントダウンボード

●オリンピックと感染症

1998年　長野大会〈冬季〉	インフルエンザが流行。
➡医療体制の整備により開催。	
2010年　バンクーバー大会〈冬季〉	2009年6月にWHOが新型インフルエンザのパンデミック宣言。
➡ワクチン開発。選手・関係者らにワクチン接種を行い，大会開催。	
2016年　リオデジャネイロ大会	蚊が媒介するジカウイルス感染症（ジカ熱）の懸念。
➡蚊の駆除・発生抑制など環境対策により，大会開催。	

延期による影響　オリンピックは，施設・インフラ整備や関連商品の販売，移動・宿泊などに伴う消費など，莫大なお金が動く。東京都は，開催決定の2013年から大会10年後の2030年までの経済波及効果は32兆円以上と試算していた。しかし，延期により，施設の維持管理費用や宿泊施設・航空券のキャンセル，ボランティアを含むスタッフの調整など課題は多い。経済的損失は6400億円余りに上るという試算もある。

NEWS 2　多発する豪雨災害

（⇒p.278～280）

令和2年7月豪雨　7月，西日本から東北地方にかけて，相次いで豪雨災害が発生。各地で河川が氾濫し，人命，家屋などに甚大な被害が出た。1時間に30～50ミリの雨は「バケツをひっくり返したような」と形容されるが，熊本県の一部地域では120ミリ以上を観測。各地で24・48・72時間降水量が観測史上最大を更新した。

洪水被害はなぜ増えた？　ここ数年，日本だけでなく世界各地で大規模な洪水被害が頻発している。原因の1つと考えられるのが，地球温暖化にともなう気候変動である。海水温の上昇によって大気中の水蒸気が増え，大雨が降る。このままいけば，21世紀末に1986～2005年平均に比べて最大4.8度上昇するとの予測もあり，自然災害による被害がより深刻になる可能性がある。

▲氾濫した球磨川

▶避難所でソーシャルディスタンス（熊本県人吉市，7月4日）新型コロナウイルス感染症を防ぐ対策がとられた。感染拡大を防止するため，県外からのボランティアが集まりにくく，復旧作業に影響が出た。

●「富岳」，世界1位に

▲スーパーコンピュータ「富岳」

理化学研究所と富士通が開発したスーパーコンピュータ「富岳」が，計算速度など4部門で世界1位に輝いた。処理スピードだけでなく，使いやすさにもこだわって開発。富岳の解析能力を使って，豪雨など気象予測や地震予測，新薬開発などのほか，新型コロナ対策のシミュレーションにも活用できるとして期待されている。

NEWS 3 全米に広がる人種差別抗議デモ (●p.23,190・191)

BLACK LIVES MATTER 5月、黒人男性が警察官に首を押さえつけられて死亡するという事件が発生。これをきっかけに、全米各地で人種差別に抗議するデモが起こった。

声をあげる若者たち アメリカでは黒人などマイノリティへの差別が今も根深く残り、これまでもたびたび抗議デモが繰り返されてきた。新型コロナウイルス感染症が比較的貧しい人々が多い黒人を直撃し(●p.3)、アメリカ社会の格差が顕在化するなかでの今回のデモには、白人の若者の姿が目立つ。スマートフォンやソーシャルメディアの普及によって不平等な社会を間近に見て、社会の構造に疑問をもつ若者が増えたためだという。若者の声に政治はどう応えるのか。11月の大統領選挙の争点の1つになった。

△黒人差別抗議デモ 「BLACK LIVES MATTER」は黒人に対する暴力や人種差別の撤廃を訴える運動のスローガン。アメリカでは、黒人というだけで警察官からの監視・暴力にさらされ、これまでにも、不当な暴力によって命が奪われる事件がたびたび起こった。

●キング牧師

△ワシントン大行進(1963年) この翌年、公民権法が制定されたが、その後も差別は残った。

●アメリカ大統領選挙、バイデン候補勝利！(●p.27)

11月に行われた大統領選挙は、民主党のバイデン候補が共和党の現職トランプ大統領に勝利した。トランプ大統領が、新型コロナウイルスや黒人差別抗議デモ対応の不手際から支持率を下げる一方、バイデン候補は副大統領候補に黒人女性のカマラ・ハリス上院議員を起用。多様性の尊重や国際協調の重視を訴え、女性や黒人などのマイノリティ、若者の支持を集めた。

「分断ではなく、結束をめざす大統領に！」

△勝利を喜ぶバイデン候補(2020年11月7日)

●演説するカマラ・ハリス(2020年11月7日) ジャマイカ人の父とインド人の母をもつ移民2世。女性の副大統領は、アメリカ史上初。

「私が最初の女性の副大統領になるかもしれませんが、最後ではありません。」

NEWS 4 香港国家安全維持法 香港の自由は守れるか？ (●p.30, 71～80)

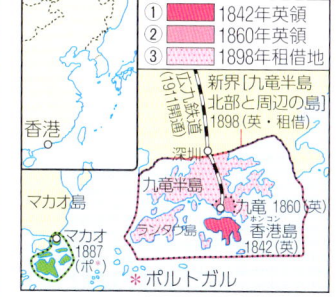

一国二制度、崩壊の危機 6月、香港国家安全維持法が施行された。国家分裂や政権転覆などを犯罪と規定、中国政府が香港に、治安維持の機関を新設することなどを定めている。中国に批判的な言動や抗議活動を取り締まることが可能になり、言論の自由や人権が脅かされるおそれがある。また、国際金融都市としての香港の優位性が失われ、経済にも影響が出る。

統制を強める中国 欧米諸国や日本は法の施行を批判。アメリカは香港に対する優遇措置の撤廃などの制裁を科しているが、中国は内政干渉だとしている。11月、中国は、香港の独立を支持するなどした議員の資格をはく奪する方針を決めた*。民意を反映するはずの議会も形骸化しつつある。

*4人が対象となり、これに反発する民主派議員15人が集団辞職した。

◁法律施行に反対する香港市民

① 1842年英領
② 1860年英領
③ 1898年租借地

●香港の歴史

1842	イギリスに香港島を割譲(南京条約)(●地図中①)
1860	九竜半島南部を割譲(●②)
1898	新界(九竜半島北部と周辺の島々)を99年の期限付きで租借(英領香港の完成)(●③)
1941	日本軍、香港を占領
1945	イギリス軍、香港を再び占領
1949	中華人民共和国誕生
1982	イギリスと中国、香港返還交渉開始
1984	**中英共同宣言**…一国二制度、50年間現状を変えない、香港人による統治
1990	全人代、香港基本法*採択
1997	**香港返還**
2003	国家安全条例制定に反対するデモ→条例案撤回
2014	普通選挙を求める雨傘運動
2019	逃亡犯条例改正案に反対するデモの拡大→条例案撤回

*香港の憲法にあたる。

巻頭 Coming Up

どうなるの？18歳成人

2018年，民法の成人年齢を20歳から18歳に引き下げる改正法が成立したよ。これにより，約140年ぶりに成人年齢が変更され，2022年4月1日から18歳以上は成人として扱われるようになるんだ。

18歳で成人になったら，今までできなかったことをしてみたい。でも，成人になるって言われると，不安なこともあるな…。

❶ クレジットカードや携帯電話を，親の同意なしで自分で契約してみたい！

- クレジットカードを契約して，たくさんショッピングしたい！
- 自分の好きなスマートフォンを自分で契約してみたい！
- 大学は県外へ！自分の住むところは自分で決めて契約したい！

❷ 大人になるということだから，お酒だって飲んでみたい！

今まで20歳以上だったけど，成人年齢引き下がったから飲めるよね？

❸ 犯罪をしてしまったらどうなるのかな…

今まで20歳未満は少年法で名前など報道されなかったけど，守られなくなるのかな？

❶ 民法の成人年齢引き下げに伴う主な変更点

	親の同意なしに1人で契約ができる* これまで，20歳未満が契約を行う際，親権者（親など）の同意が必要だった。改正により，親権者の同意なしにクレジットカードや携帯電話などの契約や，ローンを組むこともできるようになる。		**性別変更の申し立てができる** これまで，家庭裁判所に性別変更を申し立てる場合は，20歳以上で要件を満たすことが必要であった。改正により，18歳以上で要件を満たしていれば，申し立てることができるようになる。
	10年パスポートの取得ができる これまで，20歳未満は有効期間が5年のパスポートのみしか取得することができなかった。改正により，有効期間が10年のパスポートも取得することができるようになる。		**女性の結婚できる年齢が男性と一緒に** これまで，男性の婚姻できる年齢は18歳以上であるのに対し，女性は16歳以上であった。改正により，男女共に婚姻できる年齢は18歳以上に統一された。
	1人で民事訴訟を起こせる（→p.108） これまで，20歳未満が民事訴訟を起こす際は，保護者や弁護士などの法定代理人を選任する必要があったが，改正により1人で訴訟を起こせるようになる。	*支払い能力や返済能力が認められない場合は，契約できないことがある。 注：検察審査員（→p.109）や裁判員（→p.112）は20歳以上のまま。	
	法律上取得できる資格・免許が増加 これまで取得できなかった公認会計士や司法書士，医師免許などの資格・免許が取得できるようになる。しかし，取得には大学卒業や実務補習などが必要になるものもある。	今回，成人年齢が引き下げられたのは，イギリスやドイツなど多くの国の成人年齢が18歳であったからだよ。また，日本は少子高齢化が進んでおり，今後の日本を担う若者の社会参加を促すこともめざされているんだよ。	

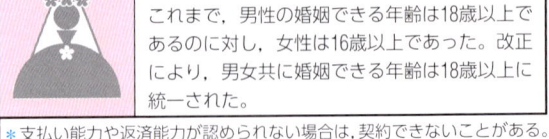

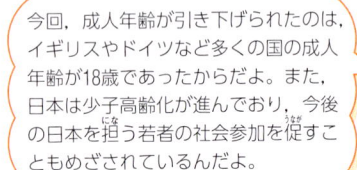

クイズの答え 解約できる。消費者契約法が改正され，就職などにおいて不安をあおった勧誘による契約は取り消すことができるようになった（→p.266）。

成人年齢が引き下げられるけど，18歳でできないこともある。また，できることが増えたことで，注意が必要になることもあるんだよ。

❶ 1人で契約できるが，消費者トラブルに注意！

成人年齢が境に 現在，消費者トラブル相談件数は，20歳を境に増加している。これは，成人になりたてで契約に関する知識がないまま安易に契約する若者が多いからである。

未成年者として守られなくなる 成人年齢引き下げに伴い，法定代理人（親など）の同意がない契約を取り消すことができる未成年者取消権も18歳から行使できなくなる。これにより，18・19歳の消費者トラブル増加が懸念されている。

対応にも不安が これに対応するため，消費者契約法が改正された。改正により，後に取り消すことができる契約が増えたが不十分との声もある。契約の際は，内容をしっかり理解する必要がある。

クイズ　この契約，取り消せる？

就職活動で不安な時，「このままでは就職できず，一生成功しない」と言われてしまい，不安にかられて10万円のセミナーを申し込んでしまった。

「このままだと，一生成功しませんよ。セミナーに入会が必要！」
「この学生，就職活動に不安を抱いているな…」
「え！一生成功しない!?　そ，それなら…」

答えはp.6のページ下
（消費者保護 ➡p.262～266）

❷ お酒は20歳になってから！

20歳以上を維持 成人年齢は18歳に引き下げられたが，若者の健康への影響や依存のおそれがあるものは，20歳未満の禁止を維持した。

●20歳未満は禁止の主なもの
喫煙　飲酒　公営ギャンブル（競馬，競輪，競艇，オートレース）

❸ 今まで通り，18歳も少年法で保護されるけども…
（少年法 ➡p.110）

引き下げは議論中 成人年齢の引き下げに伴い，少年法適用年齢も18歳未満に引き下げる議論がある。現在，法務省の審議会で専門家による検討が行われている。しかし，引き下げは慎重に行うべきとの声もある。

できるようになったこととできないことをしっかり理解して，成人として行動する必要があるね。

2 成人年齢引き下げによる様々な影響

❶ 少年法の適用年齢の引き下げ
（「読売新聞」2018.6.14）

少年法年齢下げ 賛否

❷ 養育費の経済的負担

負担は何歳までか 現在，離婚による子どもの養育費は，20歳までとする場合が多い。成人年齢引き下げ後も子どもの経済的・社会的な自立が考慮されるため，18歳までに引き下がるわけではない。しかし，この養育費支払いに関する認知度は低く，離婚後に子どもを養育する家庭では不安が残る。

成人年齢が引き下げられることにより，18・19歳も自分自身で考えて選択，行動し，責任を果たす必要がある。主権者，消費者として自分を守り，社会に働きかけていくために必要な知識やスキルを身に付けていこう。

LOOK 成人式はどうなるの？

対象者は？ 2022年4月1日時点で18歳以上の人は，この日から成人になる。そのため，移行初年度の2022年度は，18～20歳が成人となる。これにより，成人式の対象をどうするのか議論されている。もし，18～20歳の3学年分を対象とする場合は，例年の3倍の人数になり，会場の確保などが課題となっている。

いつ開くの？ 現在，多くの自治体では，1月に成人式を行っている。しかし，18歳が成人式の対象になると，大学入試の時期と重なるという問題があり，開催時期が検討されている。

地方公共団体で検討 成人式に関する在り方や時期などは法律で決まっておらず，各地方公共団体が実情に応じて実施している。成人式の名称を変更して，20歳を対象とした式典とする発表がされるなど，現在各地方公共団体で対応が検討されている。

探究スキル

思考をアクティブにして、学習にススメ！

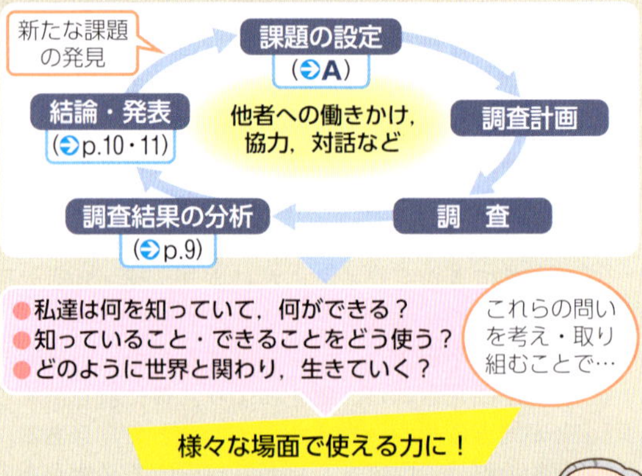

ごきげんよう，高校生諸君。私は，課題探究学習を伝道し，この道50年のドクターユキチじゃ。むむ，高校生の声が聴こえてきたぞ…

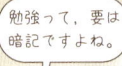

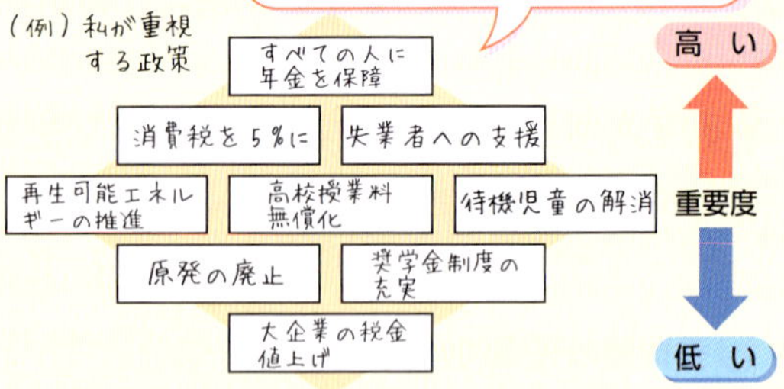

「勉強って，要は暗記ですよね。」

「レポートを書いたり，ディベートしたりしてると，大学生ぽくって，学んでるって感じ〜。」

「机に向かっていれば，勉強してるって感じしますよね……むにゃむにゃ」

おやおや。勉強は時に暗記も必要だが，暗記「だけ」が勉強ではないぞ。また，レポートやディベートによって，キミが何を得たのかが大切だ。居眠りしている彼は…論外だ。思考をアクティブにして主体的に学ぶことで，深い学びと，様々な場面で使える力を得ることができる。その手段のひとつが，課題探究学習だ。

●課題探究学習の流れと効果
思考をアクティブにする学びとは？

新たな課題の発見 → 課題の設定（→A） → 調査計画 → 調査 → 調査結果の分析（→p.9） → 結論・発表（→p.10・11） → 新たな課題の発見

他者への働きかけ，協力，対話など

- 私達は何を知っていて，何ができる？
- 知っていること・できることをどう使う？
- どのように世界と関わり，生きていく？

これらの問いを考え・取り組むことで…

様々な場面で使える力に！

ここでは，このような課題探究学習の進め方・ポイントを指南していくぞ。メモの準備はよいか？それでは，私の秘伝の書，「思考をアクティブにした学習のススメ」の始まりだ！

A　課題の設定　　思考を柔らかくし，課題を見つけるべし

1 ブレーンストーミング

あるテーマに対して自由に意見を出し合い，アイデアを引き出すための発想法。

●ブレーンストーミングのポイント
- 人のアイデアを批判・評価しないで受け止めよう。
- 質より量。どんどんアイデアを出そう。
- 奇抜な考えやユニークなアイデアは大歓迎。これまでの考え方や先入観にとらわれず，自由に考えよう。
- 他の人が出したアイデアに対して，さらに発展させるアイデアを出そう。

2 ダイヤモンドランキング

あるテーマに関連する複数の事柄を重要度に応じて順位をつけ，ひし形に配置することで，自分の価値観を客観的にみる手法。

カードやふせんに考えを9つ書き，重要度に応じてひし形に配置しよう。

（例）私が重視する政策

- すべての人に年金を保障
- 消費税を5％に
- 失業者への支援
- 再生可能エネルギーの推進
- 高校授業料無償化
- 待機児童の解消
- 原発の廃止
- 奨学金制度の充実
- 大企業の税金値上げ

重要度　高い ↑ ↓ 低い

3 マインドマップ

あるテーマから連想されることばやイメージを放射状に書き連ねていく手法。自分の考えを目に見える形で表すことによって，思考を整理することができる。

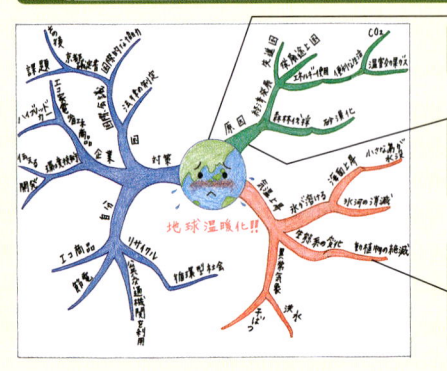

①紙の真ん中に，中心となるテーマを絵で描く。

②中心から太く大きな枝（メイン・ブランチ）を伸ばし，テーマから連想することばを書く。

③木のようにさらに枝（ブランチ）を伸ばしていく。枝は離さずに描き，木の枝のようにだんだんと細くしていく。

興味・関心のあることや，気になっていることからテーマを考えよう。なお，テーマは，「なぜ〜か？」「〜はどうすべきか？」という問いの形でたてると，方向性が絞られ，進めやすくなる。

B 調査結果の分析 — 調査結果を鋭く分析すべし

1 統計の読みときポイント

✓ 統計を見る前に、次の点をCHECKしよう

- ☐ 信頼のおける統計調査か。 — 公的な機関や、専門の調査会社などが行っている統計は信頼性が高い。
- ☐ 調査人数はどれくらいか。 — 調査人数が少なすぎると、結果の信頼性が低くなる（→2）。
- ☐ 調査対象はどのような人か。地域、性別、年代などの偏りはないか。 — 調査対象が特定の集団に偏っていると、その集団の傾向が反映されやすい。社会全体の傾向を調べたい場合は、偏りのない調査にしよう。
- ☐ いつの調査か。調べたい時期の調査か。 — たとえば、「最近の傾向」を知りたい場合に、10～20年前のデータや統計では、現状を反映していない場合がある。

統計を疑え！ 統計リテラシークイズ

1 下のA・Bのグラフから言えることとして、「日本のCO_2排出量は大きく増減しているが、アメリカはほぼ横ばいである。」この説明は適切？（理由も答えよう）

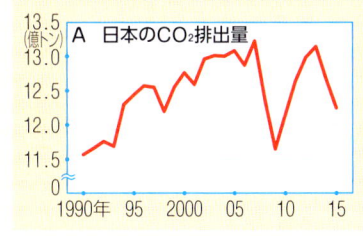

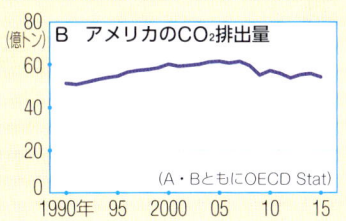

A 日本のCO_2排出量（億トン）
B アメリカのCO_2排出量（億トン）
（A・BともにOECD Stat）

答え 適切ではない 左のA・Bのグラフは、タテメモリの取り方が異なる。Aの日本のグラフは、タテメモリの間隔を小さく取ってあり、Bのアメリカのグラフは、タテメモリの間隔を大きく取ってある。これによって、Aは増減が強調されて見え、Bは逆に増減が目立たない。同じメモリ間隔でグラフをとってみると、増減幅はさほど変わらない。

2 右のグラフから言えることとして、「世間の50％の人は、超常現象を（どちらかといえば）信じている。」この説明は適切？（理由も答えよう）

●あなたは超常現象を信じますか？
わからない 10／信じる 20％／信じない 20／どちらかといえば信じる 30／どちらかといえば信じない 20
注：30人にアンケート

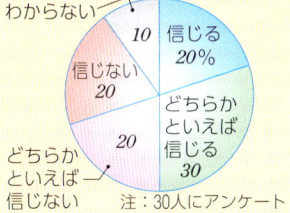

答え 適切ではない 母数（調査をした人数）が少なすぎると、その調査の結果が、世の中の意見を反映しているとは言いがたい。また、アンケート調査の場合は、質問のしかたが公正なものであるかと言う点にも注意しよう（→p.145 LOOK 表現による印象の変化）。信頼のおける機関が実施している調査の場合、たいてい調査人数、調査時期、調査方法（質問紙）なども公開されているので、確認してみよう。

3 右の表から言えることとして、「愛知県は交通死傷事故件数が全国最多。そのため、愛知県は運転マナーが悪い。」この説明は適切？（理由も答えよう）

●交通死傷事故件数

1	愛知県	46,131
2	大阪府	42,729
3	福岡県	41,168
4	東京都	37,184
5	静岡県	33,499

答え 適切ではない 愛知県は、交通死傷事故件数は全国最多だが、人口が多く、自動車の保有台数も全国的に多い。人口10万人当たりの死傷事故件数を見てみると、上位5県には入っていない。そのため、ただちに「運転マナーが悪い」とは断定はできない。統計を様々な角度から見てみると、異なる事実が見えてくることがある。

●人口10万人当たりの死傷事故件数

1	佐賀県	1,062
2	香川県	912
3	静岡県	904
4	宮崎県	876
5	群馬県	826

（2014年）（国土交通省資料）

2 情報の分析方法

集めた情報は、比較するとわかりやすくなる。比較して分析する方法として、次のようなものがある。

❶ 表による比較
各比較項目について、どの観点に特徴があるかがわかりやすい。

（例） ↓比較する対象

観点	スーパー	コンビニ	百貨店
品揃えがよい	△	×	○
安い	○	△	×
営業時間が長い	△	○	×
身近な場所にある	△	○	×
詳しい説明が聞ける	△	×	○

↑観点

❷ ベン図による比較
2～3のものの共通点や相違点を比較するのに適している。

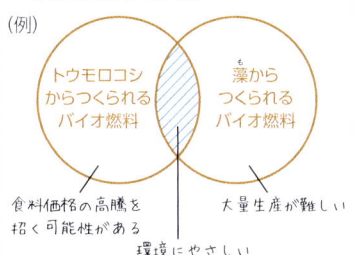

（例）
トウモロコシからつくられるバイオ燃料／藻からつくられるバイオ燃料
食料価格の高騰を招く可能性がある／大量生産が難しい／環境にやさしい

❸ ポジショニング法による比較
比較するものが、全体のどの位置にあるかがわかりやすい。中央の交点から離れるほど、観点の特徴が大きい（小さい）。

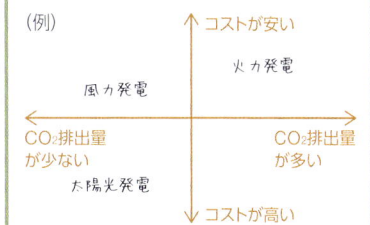

（例）
縦軸：コストが安い↑／コストが高い↓
横軸：CO_2排出量が少ない←／CO_2排出量が多い→
火力発電／風力発電／太陽光発電

C 結論をまとめる　論理的に考えをまとめるべし

1 レポートの主な構成

①序論	テーマを提示し，レポートの目的を述べ，どのような結論を導くものかを明確にする。
②本論	調査方法と結果，結果に対する考察を述べる。考察する際は，様々な視点から多角的に検討する。
③結論	②からわかった結論をまとめ，感想や意見，今後の課題などを書き添える。
参考文献	調査に使用した文献や資料を提示する。書籍の場合，一般的には著者名，『書名』，発行所，発行年（，ページ）の順に書く。ウェブサイトの場合は，タイトル，URLの他に，閲覧日も書く。

●問題を多角的に検討するには？
- **用語の定義・法律など，最低限の基礎知識**　問題を正確にとらえ，方向性の誤りを防ぐ。基礎知識をおさえないまま論を進めるのは誤りのもとなので，必ず最低限の知識は確認しよう。
- **具体的な事例**　問題を具体的に考えることができる
- **自分とは別の立場の意見**　問題を異なる視点でみることができる
- **海外の状況**　価値観や文化が異なる国の状況を知ることで，問題を客観的にみることができる
- **歴史的な背景**　過去から現在までの流れをつかむことができる
- **専門家の意見**　自分の意見を見直すきっかけになる

（参考：山田ズーニー『伝わる・揺さぶる！文章を書く』PHP研究所）

2 説得力のある主張をするには

❶ 主張・根拠・論拠を揃えよう

説得力のある主張をするには，集めたデータ（**根拠**）から，どのようなことが言えるか（**主張**），そして，その根拠と主張がなぜつながるのか（**論拠**）を揃えよう。これらは次の図のような関係になっている。

論拠は，普段の会話では隠されていることが多い（→(2)）が，レポート・論文・議論などでは，論拠を明らかにすることで，説得力が増す。

(1) 主張・根拠・論拠の関係

根拠　主張を導くもとになる証拠・データ。（→❷）
主張　自分が言いたい事。結論，判断。
論拠（理由付け）　根拠から，なぜ主張が導かれるかを説明するもの。根拠に意味づけをするもの。

（参考：福澤一吉『議論のレッスン』NHK出版）

(2) 隠された論拠とは？

Aさん：どうして昨日の部活に来なかったの？
Bさん：風邪をひいちゃって…

Aさんは「どうして」と**理由**をたずねているのに，Bさんは「風邪をひいた」と**事実**で答えている。しかし，会話が成立しているように見える。これは，次のような**隠された論拠**を，AさんとBさんが共有しているからである。
- 風邪をひいている人は安静にしていたほうがよい
- 風邪をひいている人は，他者に風邪をうつさないように，出歩かないほうがよい

議論やレポートなど，聞き手・読み手と論拠が共有されていない場面では，このような論拠を明らかにすることで説得力が増す。

クイズ　論拠を考えてみよう！

マナブくんは，最新のスマートフォン，QPhoneZEROが欲しい。次のように主張しているけれど，両親は不要だと反対している。マナブくんの主張に説得力をもたせるには，どうしたらいいかな？（解答例はp.11のページ下）

QPhoneZEROが欲しいな。<u>ユウキも，リョウヘイも持ってるんだよ。</u>来月の誕生日に，買ってほしいな。

【ヒント】下線部はQPhoneZEROが欲しいマナブくんの根拠。この根拠が主張になぜつながるのか，考えよう。

❷「事実」を根拠として示そう

根拠は，「意見」ではなく，「事実」であることが望ましい。この２つの違いをおさえておこう。

●「意見」と「事実」の違い

意見	人が下す価値判断。主観的な考え。人によって異なる。（例）この映画はとても面白い。
事実	証拠を挙げて，裏付けをすることができるもの。調査やテストなどによって，真実かどうかを客観的に判定できるもの。（例）この映画は興行収入〇億円だ。

❸「飛躍」は適切か？

根拠が適切なものであったとしても，主張と根拠がかけ離れすぎている（飛躍が大きすぎる）と，説得力に欠ける。また，主張と根拠がほとんど同じ内容（飛躍が小さすぎる）の場合は，主張する意味がなくなってしまう。

これらに注意して，自分の主張と根拠を見直してみよう。

飛躍が大きすぎる例…地球の気温が上昇しているので，トウモロコシを植えるべきだ。

飛躍が小さすぎる例…遺伝子を組み替えるので，遺伝子組み換え食品はやめるべきだ。

❹ 最終チェック！

書いたレポートは，**必ず一度は読み返そう**。少し時間を置いてから読むと，客観的に読むことができるのでより効果的。

また，誤字・脱字にも注意しよう。

✓ 説得力CHECK！
- ☐ 主張が示されているか？
- ☐ 根拠が示されているか？
- ☐ 論拠が明らかにされているか？
- ☐ 主張から根拠への飛躍は適切か？

D 発表する — 伝えることで考えを深め，広げるべし

1 プレゼンテーション

プレゼンテーションとは，発表者が聞き手に対して，考えや意見を提案し，聞き手の理解を得る活動。適切な時間配分と，効果的な資料の提示が重要。**常に聞き手を意識して，周到な準備をして臨もう。**

❶ 明らかにしておくこと

□ 発表の目的	例）新しい提案
□ 明らかにしたい課題・結論	例）フェアトレード商品を買ってみよう
□ 聞き手のもつ知識・関心	例）フェアトレードのことをあまり知らない

❷ プレゼンテーションの構成

プレゼンの構成はレポート（→p.10）と似たものになる場合が多いので，レポートをすでに書いている場合は，レポートを参考にして考えよう。

また，❶で明らかにした3点に応じて，どこにより時間を割くか，どのような資料を提示・配布したらよいかを考えよう。

構成例（10分の場合）
(1) 発表の背景と目的（2分）
(2) 調査内容（3分）
(3) 調査に基づく考察（3分）
(4) まとめ（2分）

●プレゼンテーションの作成ポイント

資料	・1枚のスライドやフリップなどに，情報を詰め込みすぎない。図やグラフを使い，30秒でわかる程度の情報量にする。
構成・話し方	・聞き手が参加できるクイズや問いかけ等を入れる。 ・できるだけ聞き手のほうを見て話す。 ・普段話すときよりも，かなりゆっくりと話す。 ・最後に結論・主張をはっきりと聞き手に伝える。
時間	・実際に試してみて，時間内に収まるかを確認し，調整する。 ・カットしてもよい場面をあらかじめ決めておく。

❸ プレゼンテーションの評価例

- □ 話し方，速さ，声の大きさは適切だったか。
- □ 時間配分は適切だったか。
- □ 内容はわかりやすかったか。
- □ 提示資料・配布資料は効果的だったか。
- □ 主張が伝わる，魅力的な発表だったか。

2 ディベート

ディベートとは，あるテーマについて，肯定（賛成）と否定（反対）の2つの立場に分かれて討論を行う活動。勝敗にこだわるよりも，様々な角度からテーマについて検討し，**理解を深めることが大切**。しっかりと準備を行い，根拠に基づいた主張をしよう。

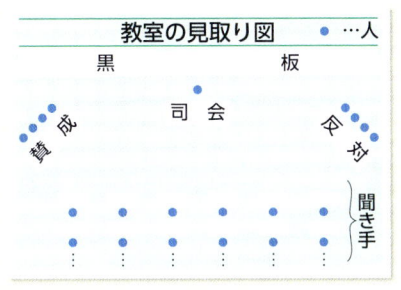

●ディベート会場図
教室の見取り図　　…人
黒板　　司会　賛成／反対／聞き手

❶ 準備しておくとよいもの

□ 主張を整理したメモ	出だしの言葉を決めておくと，スムーズに話し出せる。
□ 主張の根拠を示す資料	具体的な数値があると，より説得力が増す。
□ 相手の質問を予想し，その回答や根拠となる資料	慌てずに根拠に基づいた回答ができる。
□ 参考になりそうな本や資料	予想外の質問にもスムーズに答えられる。

❷ 基本的な流れ

内容（時間配分例）	
立　論（各5分）	明確な根拠を示し，テーマに対する主張をする
作戦タイム（3分）	
反対尋問（各3分）	相手の根拠の不備を指摘する
作戦タイム（3分）	
反　駁（各3分）	反対尋問をふまえ，自分の主張の正しさを説明する
最終弁論（各3分）	討論をふまえ，それぞれの主張が正しいことを主張する
判　定	判定者が観点に基づいて判定を行う

❸ 判定＆自己評価ポイント

判定者は，次のポイントに注意して，肯定側・否定側のどちらがよかったかを判定しよう。また，討論者は，自己評価しよう。

- □ 十分な声の大きさで，聞き取りやすい速度だったか。
- □ 態度は適切だったか。
- □ 時間配分はよかったか。
- □ 根拠に基づいた立論ができていたか。
- □ 効果的な質問ができていたか。
- □ 質問への返答は適切だったか。
- □ 最終弁論は，要点をおさえた内容になっていたか。

コラム　5分間のために，数百時間！？

今日，アップルは電話を再発明する！
（初代iPhone発表時）

▶スティーブ・ジョブズ
(1955-2011) アップル社（アメリカ）の創業者。魅力的な商品発表のプレゼンをしたことで知られるスティーブ・ジョブズだが，そのプレゼンの裏には，何週間も前から始めた入念な準備と練習があった。彼は，5分間の商品のデモンストレーションの準備に，数百時間を費やしたという。さて，あなたはどれくらい準備する？

クイズの解答例　友達が持っていることで，共通の話題が増え，より仲良くなれるから。など

第1章 民主政治の基本原理と日本国憲法

1 政治と法の支配

> 為政の大趣意は，その国の風俗，人民の智愚にしたがい，その時に行わるべき最上の①政を最上とするのみ。ゆえにこの国にしてこの政あり，かの国にしてかの政あり。③国の貧弱は必ずしも政体のいたすところにあらず。その罪，多くは国民の不徳にあり。
> （山住正己編『福沢諭吉教育論集』岩波書店）

▶**福沢諭吉「学校の説」** 明治時代，封建制を批判し，西洋思想を紹介した福沢は，政治には国民の資質が反映されると説いた。この単元では，政治・国家・法とは何かを学ぼう。また，政治分野の学習の最後にこの文章を読み返して，よりよい社会のために，自分に何ができるかを考えよう。下線部分の語注：①…政治の目標　②…政治　③…国が貧弱なのは，政治形態のみに原因があるのではない。

主権と領域　国連海洋法条約

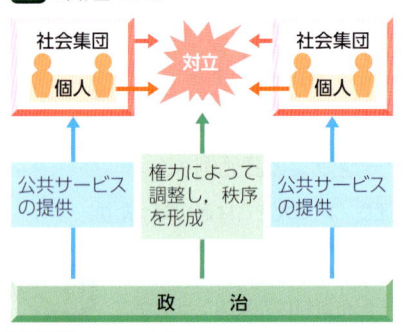

A 政治と国家

1 政治とは

社会集団・個人 ⇔ 対立 ⇔ 社会集団・個人
↑公共サービスの提供　↑権力によって調整し，秩序を形成　↑公共サービスの提供
↓
政治

[解説] 政治の機能　政治の機能は，異なる社会集団や個人間の対立を**権力**によって調整して秩序を形成し，さらに，公共サービスにより人々の生活を快適に維持することである。

◎権力は何によって正当化されるか？

2 権力の正当性（正統性）…マックス＝ウェーバーの3類型

伝統的支配	支配者の権力が国家や民族の歴史的伝統をもち，それらに対する信頼感によって正当性が与えられる支配形態　例 天皇制，君主制
カリスマ的支配	特定の個人の天才的・超人的能力，理想的模範性などに対する畏敬の念が被支配者の服従の基礎となる支配形態　例 ヒトラー，ナポレオン，毛沢東など
合法的支配	一定の法の規定する権限に基づき，法に従うことが被支配者（国民）の国家に対する服従の根拠となっている支配形態。合法的に制定された政治秩序と，それにより授権された支配者に対して，合法性ゆえに服従がなされる　例 近代民主政治

[解説] 国家支配の3類型　国家の支配関係の維持には，被治者がその支配を正当と認める根拠が必要となる。**マックス＝ウェーバー**（1864～1920，独）は，国家支配の正当性の根拠を3類型で示し，**合法的支配が最も強い正当性をもつとした**。

3 国家の三要素（日本の領土 ➡p.194）

国民	国家を構成する人々。複数の民族で構成されていることが多い
領域	領土，領海（日本は原則として12海里）*，領空（大気圏内） ＊領海の幅は，沿岸国が12海里までの範囲で自由に決定できる。
主権	独立性（他国から干渉されず，また平等に扱われる） 最高性（国家における最高の権力）

●新しい国家の誕生

▲**南スーダン共和国の誕生**　スーダンでは南部と北部の内戦が2005年に終結。2011年の住民投票を経て南部が独立。その後，内戦が勃発したが，現在，和平協議が進められている（➡p.186**14**）。

●日本の海域面積は世界6位！

日本の国土面積は38万km²で世界61位だが，領海と排他的経済水域を合わせた海域面積447万km²は世界6位*。さらに，2012年に国連の大陸棚限界委員会により，日本の大陸棚として，排他的経済水域の外に広がる約31万km²分が初めて認められた。＊ロシア連邦は統計がないため除く。

1 主権の及ぶ範囲

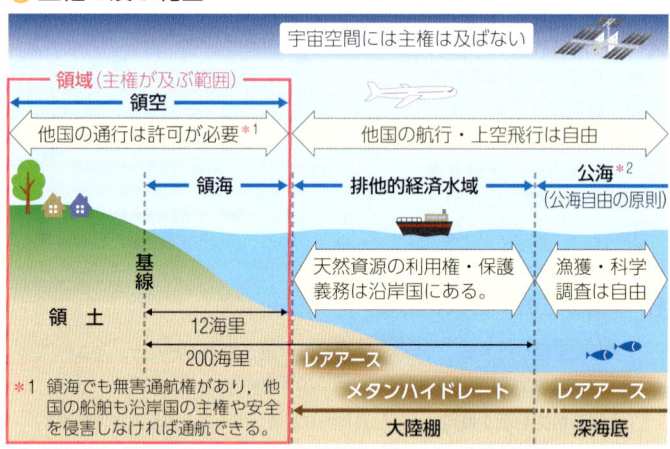

宇宙空間には主権は及ばない
領域（主権が及ぶ範囲）
領空｜他国の航行・上空飛行は自由
他国の通行は許可が必要*1
領海｜排他的経済水域｜公海*2（公海自由の原則）
天然資源の利用権・保護義務は沿岸国にある。｜漁獲・科学調査は自由
領土　基線　12海里　200海里
レアアース　メタンハイドレート　レアアース
大陸棚　深海底

*1 領海でも無害通航権があり，他国の船舶も沿岸国の主権や安全を侵害しなければ通航できる。
*2 1994年発効の国連海洋法条約で，排他的経済水域の外側を公海と規定。

2 国連海洋法条約

採択 1982年　発効 1994年　日本批准 1996年

締約国　2019年現在167か国（韓国，中国含む）

構成と主な内容
- 320か条と9つの付属文書からなる。
- 海洋のほぼ全域を対象に，航行，上空飛行，資源の開発と探査，漁業，海洋環境の保護など，海洋の利用法のほぼすべてを規定。紛争解決のため，国際海洋法裁判所を設置。
- **領海の幅を12海里まで**と規定。領海の外側で基線（海岸の低潮線）から**200海里までの範囲を排他的経済水域（EEZ）**に。
- 大陸棚の範囲を，原則，基線から200海里までの海底とその下（領海を除く）に。ただし，一定の要件を満たせば延長可能。
- 排他的経済水域と大陸棚における，天然資源の探査・開発などのための沿岸国の主権的権利を認める。

▶**入試のツボ**　①ロック（➡p.16）　②ホッブズ　③ロック　④ルソー（②③④➡p.14）　⑤モンテスキュー（➡p.15）　などの思想の趣旨をまとめておこう（②～⑤は著書も）。〈12本・11追・10追など〉

4 主権の概念 ◎主権とは何か？

3つの意味	内容	日本国憲法の該当箇所
国家権力そのもの	立法権・行政権・司法権を総称する統治権をさす	第41条 国会は、国権の最高機関であつて、……
国家権力の最高独立性	国家権力は対内的には最高であり、対外的には独立しているという性質をさす	前文 ……自国の主権を維持し、他国と対等関係に立たうとする……
国政における最高決定権	国の政治のあり方を最終的に決定する力をさす。それが人民あるいは国民に属するときは国民主権の国家という	前文 ……ここに主権が国民に存することを宣言し、……

解説 主権の意味 主権の概念を最初に理論づけたのは、16世紀フランスの**ボーダン**である。彼は、主著『国家論』の中で、**主権は最高の国家権力であり、絶対的恒久な権力である**と規定し、神と自然法のほか、いかなる制限も受けないとした。そして、国家秩序を維持するためには、国家に主権が必要不可欠であると説いた。

日本国憲法では、前文や第41条などにおいて具体的に主権の概念規定を明示している部分が見られる。

5 国家に関する学説 ◎国家とは何か？

	学説	代表的思想家	内容
起源による分類（どう生じるか）	王権神授説（神権説）	フィルマー英 ボシュエ仏	統治者の権力は神から与えられた神聖かつ絶対のもので、人民に一方的な服従を強いる。絶対王政を正当化する根拠となった
	社会契約説	ホッブズ英 ロック英 ルソー仏	国家は、成員相互の自由・平等な合意による契約によって形成され、全成員の権利保障と人間性の実現をめざすものとする（→p.14）
	国家征服説	グンプロヴィチ墺 オッペンハイマー独	国家は、より強力な種族・階級の、より劣弱な種族・階級に対する実力的征服によって生じた
本質による分類（どのようなものか）	階級国家説	マルクス独 エンゲルス独 レーニン露	国家は、ある階級が他の階級を支配・抑圧するための権力機構で、国家の法律・裁判・警察・教育機関及び軍隊は、すべて階級支配の道具とみなされる。労働者階級による共産主義社会が到来すれば、国家は消滅するとされる
	国家有機体説	ブルンチュリ独 スペンサー英	国家を、それ自身生きて生活する完全な有機体とみなし、その成員である個人は全体の機能を分担する細胞としての役割をもつ。部分より先に有機体が存在し、部分は全体に奉仕するものとする
	国家法人説	ゲルバー独 イェリネク独	国家を法人とみなして統治権の主体とする国家観。君主と国民の両者を含めた団体として国家をとらえ、主権は国家にあり、君主は統治機関とされた。君主主権や国民主権の考え方と対立。日本の**天皇機関説**（→p.37 4 2）がこれに当てはまる
	多元的国家論	ラスキ英 マッキーバー米	国家は、社会集団（教会・企業・組合など）と並列的に存在するものとされるが、集団間の利害と機能の調整的役割を担っている点で優位性がある
機能的分類（果たすべき機能は何か）	夜警国家（消極国家）		資本主義の初期にあった自由放任主義の国家は、国家の機能を防衛や治安の維持など必要最小限にとどめ、「安価な政府」を理想としていた。ドイツのラッサールはこのような国家を批判して**夜警国家**と呼んだ
	福祉国家（積極国家）		資本主義の矛盾から生ずる失業・貧困など種々の社会問題を国家の積極的な施策によって解決し、国民の福祉に奉仕することを理念とする国家（→p.201 3）
歴史的分類（どのようなしくみか）	奴隷制国家		奴隷所有者が、直接生産者の奴隷に生産を強制する国家 ［古代ギリシャ・ローマなど］
	封建制国家		土地を所有する領主が、農奴などに生産を強制し年貢を取り立てる国家 ［中世ヨーロッパ］
	絶対主義国家		国王が、官僚制度と軍事力によって中央集権を行う国家 ［16～18世紀のヨーロッパ］
	近代市民国家（資本主義国家）		市民階級（ブルジョアジー）による革命によって、基本的人権の保障・民主政治の諸制度が確立した国家で、自由な経済活動を基本とする ［市民革命後の欧米諸国］
	社会主義国家		私有財産制の廃止により、搾取と階級対立をなくした、労働者階級（プロレタリアート）が実権をもつ国家 ［ソ連が世界史上初］（→p.202 2）

解説 国家のあり方の変遷 絶対主義国家を思想的に支えた王権神授説への批判から生まれた**社会契約説**（→p.14）は、市民革命の原動力となり、近代市民国家の基礎的思想となった。

市民革命後の国家は、市民の自由や財産に干渉しない消極国家（安価な政府）が理想とされたため、経済面での自由放任主義（アダム・スミス→p.199）と結び付いて産業革命が起こった。その後、資本主義の発達とともに貧困や失業など経済格差が発生すると、資本主義国家では、その解決を国家に求めるようになり、次第に福祉国家が理想となった。

一方、マルクスやエンゲルスらは、格差に不満をもつ市民を抑圧しようとする国家を批判して階級国家説を説き、資本主義社会の矛盾を科学的に分析し、社会主義社会への移行が必然であると主張した（→p.202, 204）。

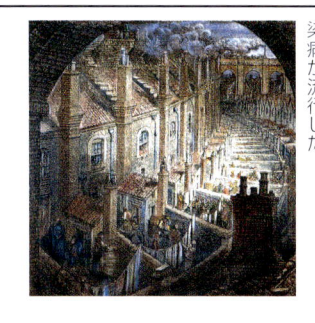

◁ 産業革命期のロンドン 人々は廃棄物で汚れた水を飲み、伝染病が流行した。

重要用語 ❶国家の三要素 ❷主権 ❸王権神授説（神権説） ❹社会契約説 ❺夜警国家（消極国家）

(アメリカ独立宣言・フランス人権宣言 →p.19, 20)

B 社会契約説

	ホッブズ Thomas Hobbes (1588〜1679年, 英)	ロック John Locke (1632〜1704年, 英)	ルソー Jean-Jacques Rousseau (1712〜1778年, 仏)
思想家			
自然状態	人間は自己保存の欲求に基づく利己心の主体であるため, 自然状態では各人が自分の権利を主張して争い合う状態(「万人の万人に対する闘争」)になる。	人間は理性的で自由な個人であり, 自然状態ではおおむね各人が自由で平等に共存する。しかし, 権利が侵される可能性もある。	人間は善でも悪でもないあるがままの自然人であり, 自然状態では各人が孤立して自足する。しかし, 文明が発達すると貧富の差ができ, 人民の自由と平和は失われる。
社会契約	統治者(国王, 合議体) ← 自然権(自己保存)の放棄／法／生命の保障 → 個人・個人・個人 人間の本性……自己保存の欲求と利己心の主体 自然状態…「万人の万人に対する闘争」自然権の衝突によって戦争状態に陥り, 人々は恐怖と死の不安にさらされる 闘争を回避するために, 人々は各自の自然権(自己保存を図る権利)のすべてを放棄し, 国家を形成して統治者に生命を保障してもらう契約を結ぶ。**各人の自然権のすべてを統治者に移(委)譲することで, 統治者への服従を意味する。**	統治者(議会)…権力を立法権, 執行権・同盟権に分け, 前者を後者より優先／信託／立法／法／抵抗権(革命権)／自然権を保障／自然権の保障を怠った場合 → 政治社会 ← 自然権の一部を放棄 ← 個人・個人・個人 人間の本性……理性的で自由な個人 自然状態…おおむね自由で平等に共存。しかし, 権利を侵される可能性もある 国家や政府を有しない, 政治的社会の発生以前の自然状態では, 権利を侵される危険があるので, **各人は自然権の一部を放棄し, 政治社会をつくる。** そして, 人々は, 統治者に自然権を保障させるためのみに権力を**信託**する。	立法者……立案だけを行う。人民全体の同意がなければ, 法は成立しない／立案／一般意志(一般意思)→同意→法／自然権を保障／政治社会 ← 自然権(自由・平等)を社会全体に譲渡 ← 個人・個人・個人 人間の本性……善でも悪でもない, あるがままの自然人 自然状態…各人が孤立して自足する平和な理想の状態であるが, 文明化によって崩壊していく 文明社会によって失われた自由と平和を取り戻すため, 各人は契約を結んで**自然権を社会全体に譲渡し, 政治社会をつくる。** そして常に公共の利益をめざす人民の意志である**一般意志**の同意に基づく法によって, 権利を守る。また, 一般意志は代表できないとして**直接民主制**を主張。
思想の影響	王権の絶対性を主張し, **絶対王政を擁護する思想**とみなされた。	名誉革命を理論的に支持。**アメリカ独立革命**やフランス革命に影響を与えた。	フランス王政を強く批判し**フランス革命**に影響を与えた。
原典	**『リバイアサン』**(1651年) 自分たちすべてを畏怖させるような共通の権力がないあいだは, 人間は戦争と呼ばれる状態, **各人の各人に対する戦争状態**にある。……人間は理性の示唆によって, たがいに同意できるようなつごうのよい平和のための諸条項を考えだす。そのような諸条項は自然法とも呼ばれる。 (永井道雄・宗片邦義訳『世界の名著』23 中央公論社) ▲『リバイアサン』の扉絵 旧約聖書に出てくる怪物リバイアサンを国家に見立て, 国家のしくみをこの絵によって説明している。社会契約説を象徴するように, リバイアサンの体は国民で構成されている。	**『統治二論(市民政府二論)』**(1690年) 人間は生来, すべて自由であり, 平等であり, 独立している……。**人がその生来の自由を放棄し, 市民社会の拘束を受けるようになる唯一の方法は, 他人と合意して1つの共同社会に加入し, 結合すること**であるが, その目的は, それぞれ自分の所有物を安全に享有し, 社会外の人に対してより大きな安全性を保つことをつうじて, 相互に快適で安全で平和な生活を送ることである。……ある目的を達成するために信託を寄せて与えられた権力は, すべて, その目的によって制約されているので, その目的が明らかに無視されたり, または妨害されたりすれば, いつでもその信託は必然的に失われ, 権力はそれを与えた人々の手にもどらなければならないからである。そしてその人々は, その権力を彼らの安全と保障に最もふさわしいと思われるところへ改めて委ねることができるのである。 (宮川透訳『世界の名著』27 中央公論社)	**『社会契約論』**(1762年) 「共同の力をあげて, 各構成員の身体と財産を防衛し, 保護する結合形態を発見すること。この結合形態によって各構成員は全体に結合するが, しかし自分自身にしか服従することなく, 結合前と同様に自由である」これこそ社会契約の解決する基本問題である。……すなわち, 各構成員は, 自己をそのあらゆる権利とともに共同体全体に譲り渡すということである。……そこでもし社会契約から本質的でないものを分離するならば, それは次のことばに帰着するだろう。「われわれのだれもが自分の身体とあらゆる力を共同にして, **一般意志**の最高の指揮のもとにおく。そうしてわれわれは, 政治体をなすかぎり, 各構成員を全体の不可分の部分として受け入れる」 (井上幸治訳『世界の名著』30 中央公論社)

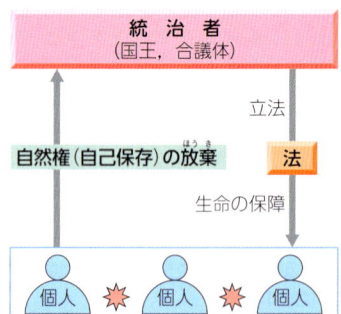

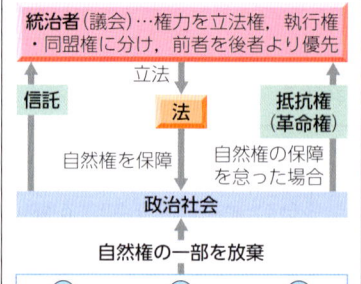

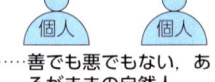

自然状態 国家や社会が存在しない状態。
自然権 人間が生まれながらにもつ権利。
自然法思想 人が定める実定法以前に, 普遍・不変の正しさをもつ根本法が存在するという考え方。社会契約説の基礎となる概念。(自然法 →p.17 5)

◆メモ 「リバイアサン」とは, 『旧約聖書』に出てくる平和の怪物であり, 神を除いて地上で最強のものを象徴した言葉である。

(ヒトラーとナチス ➡p.16,145　選挙権の拡大 ➡p.132❷)

C｜民主政治の基本原理

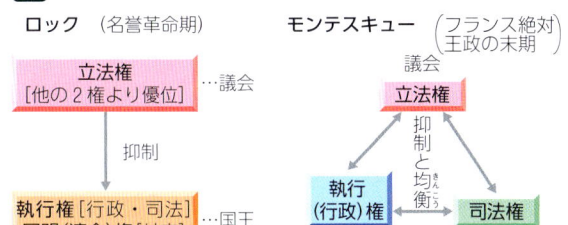

❶ 権力分立　●権力分立はなぜ必要か？

ロック（名誉革命期）

- 立法権［他の2権より優位］…議会
  - ↓抑制
- 執行権［行政・司法］同盟（連合）権［外交］…国王

モンテスキュー（フランス絶対王政の末期）

- 立法権…議会
- 執行（行政）権…国王
- 司法権…裁判所

（相互に抑制と均衡）

● モンテスキューの三権分立論…『法の精神』

　権力をもつ者はすべて，それを濫用する傾向があることは，永遠の体験である。……
　人が権力を濫用しえないためには，事物の配列によって，権力が権力を阻止するのでなければならぬ。……
　同一人，または同一の執政官団体の掌中に立法権と執行権が結合されているときには，自由はない。……
　裁判権が，立法権と執行権から分離されていないときにもまた，自由はない。……
　もし同一の人間，または貴族か人民のうちの主だった者の同一団体がこれら3つの権力，すなわち法律を定める権力，公共の決定を実行する権力，罪や私人間の係争を裁く権力を行使するならば，すべては失われるであろう。

（井上堯裕訳「世界の名著28」中央公論社）

△モンテスキュー（1689～1755）フランスの思想家。

解説　権力の濫用を防ぎ自由を守る　モンテスキューは，ロックの考え方（立法権を最高の権力とし，執行権・同盟権を抑制することを主張し，名誉革命を擁護した ➡p.14）を発展させて，**三権分立**の考えを示した。彼は，イギリスの立憲政治を分析し，国家権力を立法権・司法権・執行（行政）権の三権に分け，**相互の抑制と均衡**（checks and balances）を保つべきだと説いた。また，同一の人間が三権を行使するならば，権力が濫用され，市民の自由はないと主張した。この基本原理は，近代民主国家の重要な政治機構として受け継がれている（➡p.16❸, 94A）。

❸ 直接民主制と間接民主制

直接民主制（直接民主主義）	内容	人々が直接政治に参加する政治制度。
	外国の例	スイスの一部の州の住民集会（ランツゲマインデ）（●LOOK）
	日本の例	憲法改正の国民投票（➡p.40❷），最高裁判所裁判官の国民審査（➡p.107），地方特別法の住民投票（➡p.116），地方自治における住民の直接請求権（➡p.116）
間接民主制（間接民主主義）	内容	人々が選挙した代表者が組織する議会を中心として政治が運営される制度。**議会制民主主義**。
	例	現代の各国における議会制統治
	●議会政治の三原理　**国民代表の原理**…議員（代表）は全国民の代表である。**審議の原理**…慎重な審議を公開で行い，最終的には多数決の原理を採用。少数意見も尊重。**監督の原理**…議会は行政府を監督する。	

解説　間接民主制が一般的　民主政治の語源は，「人民による支配（demokratia）」というギリシャ語であり，古代ギリシャの成年男子市民による民会，つまり**直接民主制**を原型とするが，社会の発展に伴い，**間接民主制**が一般的となった。

❷ 人民主権（国民主権）－リンカン（リンカーン）のゲティスバーグの演説(抄)(1863年)－

　87年前，われわれの父祖たちは，自由の精神にはぐくまれ，すべての人は平等につくられているという信条に献げられた，新しい国家を，この大陸に打ち建てました。
　……ここで身を捧げるべきは，むしろ生きているわれわれ自身であります。……それは，これらの名誉の戦死者が最後の全力を尽して身命を捧げた，偉大な主義に対して，彼らの後をうけ継いで，われわれが一層の献身を決意するため，これら戦死者の死をむだに終らしめないように，われらがここで堅く決心をするため，またこの国家をして，神のもとに，新しく自由の誕生をなさしめるため，そして**人民の，人民による，人民のための，政治**を地上から絶滅させないため，であります。

… government of the people, by the people, for the people, shall not perish from the earth.

▷ゲティスバーグでのリンカン大統領の演説

（高木八尺・斉藤光訳『リンカーン演説集』岩波文庫）

解説　民主政治の根本原理　南北戦争における最大の戦場となったペンシルヴァニアのゲティスバーグで，リンカン大統領は戦没者慰霊の演説を行った。そのときの演説は，**人民主権（国民主権）**に基づく民主政治の根本原理を明確に表現したもので，現代に語り継がれている。日本国憲法の前文にも，「国政は（government），国民の厳粛な信託によるものであって，その権威は国民に由来し（of the people），その権力は国民の代表者がこれを行使し（by the people），その福利は国民がこれを享受する（for the people）。」というように，演説の理念が反映されている。

LOOK　スイスの直接民主制

　スイス・フランス・イタリア・カナダ・オーストラリアなどには，憲法改正や重要政策について問う国民投票制度がある。特にスイスでは，国民投票が1年に約4回実施され，有権者の署名を集めて憲法改正を提案するという**イニシアティブ**（国民提案制度）や，人口の少ない州の**住民集会**など，**直接民主制**が浸透している。

▽**議会の役割を果たす住民集会**　スイスの一部地域では，有権者全員が出席できる住民集会（ランツゲマインデ）で，裁判官の選出や州の法律案の議決などを行う。

重要用語 ❹社会契約説　❻ホッブズ　❼ロック　❽ルソー　❾自然法思想　❿モンテスキュー　⓫直接民主制（直接民主主義）　⓬間接民主制（間接民主主義）

D 法の支配

1 人の支配と法の支配 ❓どう違うのか？

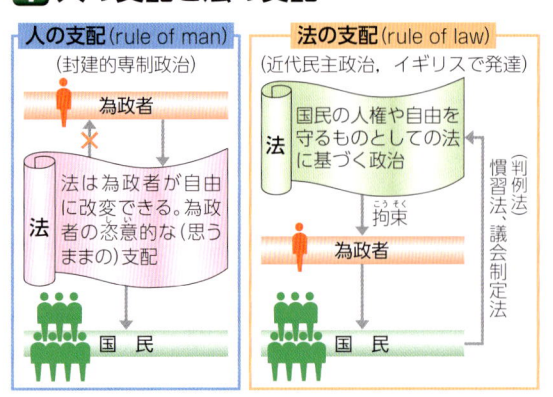

人の支配(rule of man)
(封建的専制政治)

為政者 → 法は為政者が自由に改変できる。為政者の恣意的な(思うままの)支配 → 国民

法の支配(rule of law)
(近代民主政治、イギリスで発達)

法(国民の人権や自由を守るものとしての法に基づく政治) → 拘束 → 為政者 → 国民
(慣習法、議会制定法)

解説　恣意的な法から正義の法へ　「人の支配」における法は、為政者の支配のための道具であり、自由に改変できる。これに対し、「法の支配」における法は、正義にかなうものであり、**為政者の上位に置かれ、為政者が自由に改変できない**。この考え方は中世イギリスで生まれ、判例の積み重ねである慣習法(コモン・ロー、common law)が国王をも拘束すると考えられた(→法と人)が、当時の法は貴族の特権を擁護する封建的要素が強かった。

17〜18世紀の自然法思想や社会契約説の影響を受け、法は、人が生まれながらにもつ権利を保障するものとされた。この理念は、市民革命を経て成文化されたアメリカ合衆国憲法やフランス人権宣言などに取り入れられ、近代憲法の幕開けとなった(→3)。

法と人　イギリスの「法の支配」の発展

ブラクトン(英、?〜1268)　法学者・裁判官。主著『イングランドの法と慣習について』で、「**国王といえども神と法の下にある**」と述べた。

エドワード＝コーク(クック)(英、1552〜1634)　裁判官・下院議長。『**権利請願**』(→p.18)の起草者。17世紀、王権神授説を信奉する国王ジェームズ1世が暴政を行い、国会やコモン・ロー裁判所と対立すると、コークはブラクトンの言葉を引用して対抗した。これは「法の支配」の本質を示しているとされ、その考え方を確立した。後のアメリカにも大きな影響を与え、**違憲法令審査権**として受け継がれた。

ダイシー(英、1835〜1922)　法学者・弁護士。主著『憲法研究序説』で、**議会主権**と**法の支配**をイギリス公法の特徴と説き、法の支配を「あらゆる階級が、通常の司法裁判所の運用する国家の通常法に対してひとしく服従すること」などと定義した。

2 現代における「法の支配」の内容

①憲法が最高法規であること …憲法が国の法秩序の頂点に立ち、憲法に反する法は無効。	②人権が尊重されていること …権力によって個人の人権が侵害されてはならない。
③法の内容・手続きが正当であること …立法過程には国民が参加し民主的に制定され、その内容も合理的でなければならない。	④裁判所の役割が重視されていること …権力による不当な人権の抑圧を防ぐため、裁判所の役割を尊重する。

(芦部信喜『憲法』岩波書店より)

解説　法の支配と日本国憲法　「法の支配」の理念は、各国憲法に取り入れられているが、日本国憲法では、第97条に基本的人権の本質、第98条に憲法の最高法規性、第99条に憲法尊重擁護の義務が定められている。(→p.383)

法治主義 ❓法の支配とどう違うのか？

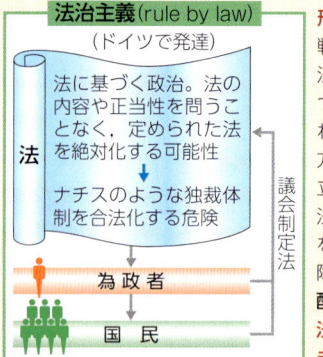

法治主義(rule by law)
(ドイツで発達)

法(法に基づく政治。法の内容や正当性を問うことなく、定められた法を絶対化する可能性 → ナチスのような独裁体制を合法化する危険) → 為政者 → 国民
(議会制定法)

形式を重視　法治主義は戦前のドイツで発達した法治行政の原則。法に基づいた政治が行われなければならないという考え方だが、ここでいう法は、立法府(議会)で成立した法であり、内容の正当性を問わない点で、人権保障を目的とする「法の支配」とは異なる。

法治主義から生まれたナチス・ドイツ　ドイツでは、法治主義のもと、1933年に議会で成立した**全権委任法(授権法)*** によってナチスによる独裁政治が確立し、人権が不当に弾圧された。なお戦後のドイツは、憲法で「**たたかう民主主義**」を掲げ、人権を保障した憲法を厳守する国家となった。

＊全権委任法の主な内容
①政府に立法権を与える。
②政府は憲法に反する法律を制定してよい。
③条約締結に議会の承認は不要。

→ヒトラー(右、1889〜1945)(→p.145①)

3 近代憲法の特色
近代憲法を掲げる国は、どの地域に多いのか。

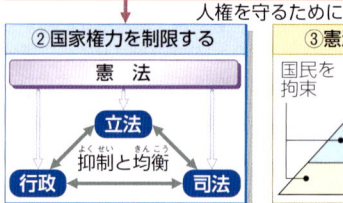

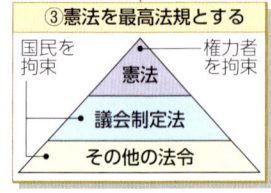

①国民の人権を保障する
↓人権を守るために
②国家権力を制限する　③憲法を最高法規とする

憲法 → 立法・行政・司法(抑制と均衡)

ピラミッド：憲法(国民を拘束／権力者を拘束) → 議会制定法 → その他の法令

解説　立憲主義憲法　立憲主義とは、憲法の規定に基づいて政治が行われるという考え方である。近代憲法は、①**人権の保障**を目的とし、そのために②**国家権力を制限**し、②の徹底のため、③**国の最高法規**に位置付けられている。この考え方は、フランス人権宣言第16条(→p.20③)に表れている。さらに、20世紀以降の憲法の特色として、憲法の最高法規性を保障する違憲法令審査制の導入があげられる。現代では、こうした特色をもつ憲法を、**立憲主義憲法**という。

●アイドルの恋愛禁止は憲法違反!?

人気アイドルグループのメンバーは、所属事務所から恋愛禁止命令が出ている。これは憲法違反だろうか。

答えはNO。なぜなら、**憲法は国家権力を制限するために作られているからである**(→1)。国家権力は強大で、人権を脅かす危険をはらむ。このため、憲法は人権尊重を第一目的に掲げ、それを守る義務を国家権力(公務員)に課している(憲法第99条)。所属事務所は国家権力ではないので憲法違反とはならない。(ただし、国民は、憲法の趣旨を反映した法律の規制を受けるので、場合によって法律違反となる可能性はある。)

論述にトライ！　立憲主義に基づく憲法の特色を300字以内で、「法の支配」の意味を100字以内で、それぞれ説明しなさい。〈広島大法〉
(→1・2・3、参考図書：芦部信喜『憲法』岩波書店)

✤ 4 憲法の主な分類　⬤日本国憲法はそれぞれどちらに分類されるか？

成文憲法 一つのまとまった文書の形になっている憲法。現代のほとんどの国は成文憲法をもつ。	形式の違い	**不文憲法** 単一の法典にまとまっていない憲法。 例 イギリス…「憲法」と呼ばれる単一の法がなく，歴史的文書や議会制定法，慣習が憲法を構成している。	
民定憲法 国民によって制定された憲法。具体的には，国民の発案や投票を経て定められる場合が多い。しかし，そうした手続きを経なくても，主権が国民にある場合は民定憲法である。	制定者の違い	**欽定憲法** 君主や国王の意思と権威によって制定された憲法。君主主権主義の国家の憲法がこれにあたる。 例 大日本帝国憲法…天皇の権威によって制定された	
硬性憲法 通常の立法手続きでは改正できず，特別に憲法改正手続きを備えている憲法。ほとんどの成文憲法がこれに当たる。	改正手続きの違い	**軟性憲法** 一般法律の立法手続きで変更できる憲法。 例 1814年のフランス憲法，1848年のイタリア憲法	

解説　憲法とは何か　憲法は，国家権力を構成する立法・行政・司法の三権をどの機関に担わせるかを定め，権力相互の関係を規律する。つまり，**国家統治のあり方を定めた法**が憲法であり，そのために**国の最高法規**として国家権力よりも上位に置かれ，憲法は国内で適用されるすべての法の頂点に立つ。こうした特性から，憲法はその他の法とは別に扱われ，上の表のように様々な分類で捉えられてきた。なお，**日本国憲法**(⇒p.42)は，現代の多くの国の憲法と同様に，**成文・民定・硬性憲法**に分類される。

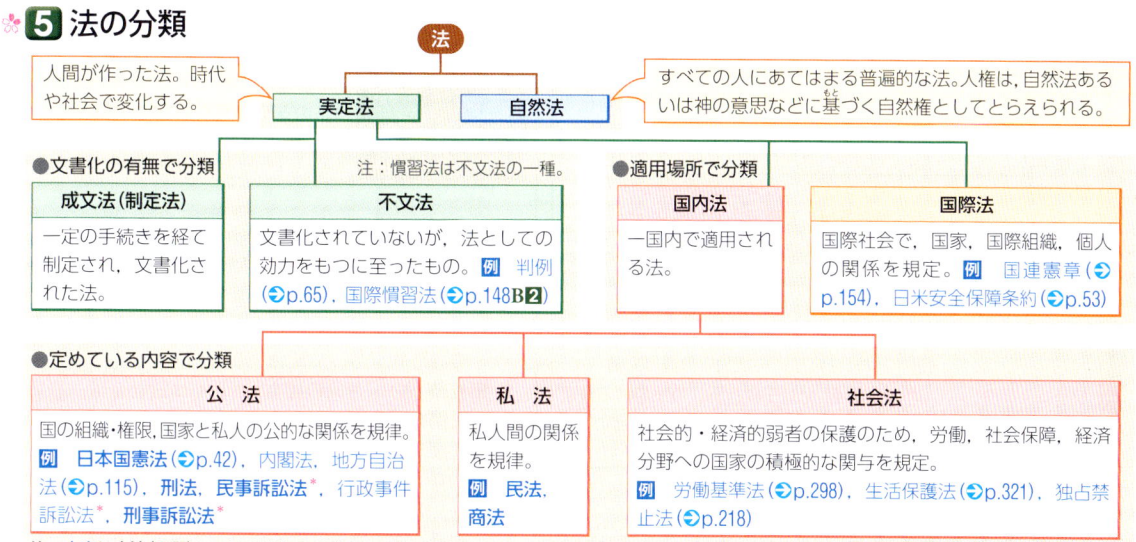

✤ 5 法の分類

```
                          法
                      ／      ＼
                  実定法        自然法
```
人間が作った法。時代や社会で変化する。　　すべての人にあてはまる普遍的な法。人権は，自然法あるいは神の意思などに基づく自然権としてとらえられる。

●文書化の有無で分類　　注：慣習法は不文法の一種。　　●適用場所で分類

成文法（制定法）	不文法	国内法	国際法
一定の手続きを経て制定され，文書化された法。	文書化されていないが，法としての効力をもつに至ったもの。例 判例(⇒p.65)，国際慣習法(⇒p.148B②)	一国内で適用される法。	国際社会で，国家，国際組織，個人の関係を規定。例 国連憲章(⇒p.154)，日米安全保障条約(⇒p.53)

●定めている内容で分類

公法	私法	社会法
国の組織・権限，国家と私人の公的な関係を規律。 例 日本国憲法(⇒p.42)，内閣法，地方自治法(⇒p.115)，刑法，民事訴訟法＊，行政事件訴訟法＊，刑事訴訟法＊	私人間の関係を規律。 例 民法，商法	社会的・経済的弱者の保護のため，労働，社会保障，経済分野への国家の積極的な関与を規定。 例 労働基準法(⇒p.298)，生活保護法(⇒p.321)，独占禁止法(⇒p.218)

注：**太字**は**六法**(⇒下)。＊は手続法。手続法は，権利義務の内容や犯罪の要件などを規定した実体法の内容を実現するための手続きを規定した法。

✤ 🅠 六法とは？

日本国憲法 (⇒p.376)	成立・公布1946.11.3　施行1947.5.3 **日本国の最高法規**。
民法＊ (⇒p.66❸, 67❺②)	制定1896.4　施行1898.7　最終改正2019.6 個人の財産や家族についてなど，**社会生活の基本的なルール**を定めた法律。総則，物権，債権，親族，相続の全5編からなる。成人年齢（20歳）＊や結婚年齢（男性18歳，女性16歳＊），売買などの契約，法定相続分など，人の出生から死までのあらゆる分野にわたる。
商法	制定1899.3　施行1899.6　最終改正2018.5 **商売についてのルール**を定めた法律。総則，商行為，海商の全3編からなる。なお，会社についてのルールは，会社法（2005年公布，2006年施行）で規定されている。
刑法 (⇒p.76❸)	制定1907.4　施行1908.10　最終改正2018.7 **犯罪と刑罰の内容**を定めた法律。総則，罪の全2編からなる。**罪刑法定主義**の考え方(⇒p.76❸)に基づく。
民事訴訟法	制定1890　全面改正1996.6　最終改正2020.4 **民事裁判の手続き**を定めた法律。
刑事訴訟法	制定1890　全面改正1948.7　最終改正2020.5 **刑事裁判の手続き**(⇒p.75②)を定めた法律。

＊2018年の民法改正により，2022年4月から，成人年齢は20歳から18歳に，女性の結婚可能年齢（婚姻適齢）は18歳に変更される。

LOOK　法と道徳，何が違う？

万引きを目撃！あなたなら，どうする？　おそらく，「万引きはいけないこと」と判断し，店員や警察に通報する人が多いだろうが，そう行動するのはなぜだろうか。**社会規範**　万引きは法律上，窃盗罪として処罰の対象となる。また，道徳的にも人の物を勝手に取っていくことは許されない。このように，人が行動や善悪を判断する時に使う基準を，**社会規範**という。社会規範には，法，道徳，宗教，習俗などがあげられ，それぞれ重なり合う内容もあり，その内容は時代や地域で異なる。

	法	道徳
	国家などの権力が制定	特定の社会で形成
違反した場合	国家の強制力によって処罰されたり，その行為が取り消されたりする。	良心がとがめたり，同じ社会の人から非難される。
例	・盗みをした人は罰する。 ・国民は納税の義務を負う。	・盗んではいけない。 ・困った時は助け合う。

解説　法の強制力　法と道徳には重なり合う内容もあるが，違いとしては，法は権力が定めるため強制力が強いとの説や，道徳は内心を，法は行為を規律するとの説など，諸説がある。

🟠重要用語　⓭法の支配　⓮エドワード＝コーク（クック）　⓯法治主義　⓰立憲主義　⓱硬性憲法

2 人権保障の発展

フランス国歌「ラ・マルセイエーズ」 この歌は、フランス革命で獲得した人権を守るため、各地から集まった兵士（特にマルセイユの義勇兵）が口ずさんだ革命歌がもととなっている。人権の獲得の歴史をたどり、これからの社会で求められる人権保障のあり方を考えよう。

いざ　祖国の子どもらよ
栄光の日はやってきた
われらに対して暴君の
血に染まった旗は掲げられた
暴虐な兵士たちの叫び声が
広野にとどろくのを聞け
彼らは迫っているのだ
われらの子や妻を殺そうと
武器をとれ市民よ
隊を組め　進め　進め
われらの畑を
けがれた血でみたすまで

A 人権保障の歴史

注：英、米、仏、露、独は国名。国連…国際連合総会で採択　(→p.22 7)

人の支配の抑制（13〜17世紀）	マグナ・カルタ（大憲章）英 1215年 （→B1）	貴族が国王ジョンに**国王の逮捕拘禁権・課税権の制限**などを承認させた
	権利請願 英 1628 （→2）	議会が国王チャールズ1世に**人民の権利と自由**を承認・署名させた
	ピューリタン革命（清教徒革命）英 1640〜60*	チャールズ1世の絶対王政打倒 *1642〜49年ととらえる説もある
	人身保護法 英 1679	議会が不法逮捕・投獄の禁止、裁判を受ける権利を定めた法律
	名誉革命 英	1688勃発　専制君主ジェームズ2世亡命
	権利章典 英 1689 （→p.19）	議会の王権に対する優越が決定的となり、**議会主権・立憲君主制が確立**した
人権の保障（18〜20世紀）	アメリカ独立革命 米	1775〜83　イギリスの植民地支配から独立
	バージニア権利章典 米 1776 （→p.19）	近代自然法思想を成文化した**人権宣言のさきがけ**。バージニア憲法の一部
	アメリカ独立宣言 米 1776 （→p.19）	ロックの影響を受け、人民の革命権（抵抗権）を盛り込んだ独立の宣言文書
	フランス革命 仏	1789勃発　絶対王政打倒。市民革命の典型
	フランス人権宣言 仏 1789 （→p.20）	**国民主権・基本的人権の尊重・所有権の不可侵・権力分立**など近代市民社会の原理を確立
	チャーティスト運動 英	1838　普通選挙権を要求（→メモ, p.293）
	●第一次世界大戦	1914〜1918
	ロシア革命 露	1917　史上初の社会主義革命（→p.202 2 1）
	ワイマール憲法 独 1919 （→p.20）	**生存権などの社会権**を規定した20世紀型の民主主義憲法の典型
	●第二次世界大戦	1939〜45
人権の国際的保障（20世紀〜）	4つの自由 米 1941 （→p.21）	米大統領F.ローズベルトが議会への教書で、将来の世界像として**4つの基本的自由**を提示
	●国際連合発足	1945（発足までの流れ→p.151）
	集団殺害罪の防止及び処罰に関する条約 1948 国連	集団殺害を平時、戦時に関わらず犯罪とし、防止と処罰を約束させた条約
	世界人権宣言 1948 国連 （→p.21）	**人権の世界共通の具体的基準**を明らかにした宣言
	難民の地位に関する条約 1951 国連 （→p.22, 187）	難民の法的地位を定め、難民の保護を締約国に義務付けた条約
	人種差別撤廃条約 1965 国連 （→p.21）	人種差別の撤廃のための措置を締約国に義務付けた条約
	国際人権規約 1966 国連 （→p.21）	**世界人権宣言を具体化した条約**で、締約国には実施義務がある
	女子差別撤廃条約 1979 国連 （→p.22）	事実上の男女平等の実現のための措置を締約国に義務付けた条約
	子ども（児童）の権利条約 1989 国連 （→p.22）	18歳未満の児童の権利を定めた条約。難民の子どもの保護も定めている
	死刑廃止条約 1989 国連 （→p.21 4・22）	死刑廃止措置を締約国に義務付けた条約。国際人権規約B規約の第2選択議定書
	障害者の権利条約 2006 国連 （→p.22）	体の不自由な人の尊厳、差別の禁止、社会参加などのための措置を締約国に義務付けた条約
	強制失踪条約 2006 国連 （→p.22）	国家による個人の拉致を含む強制失踪の防止を締約国に義務付けた条約

B 人の支配の抑制（13〜17世紀）

1 マグナ・カルタ　Magna Carta　[1215年英]

△マグナ・カルタに署名するジョン王

ポイント
①国王ジョンの失政に対して、封建貴族などが国王に強制し、署名させた勅許状。大憲章ともいう。
②人権保障ではなく、貴族の特権の尊重を求めたものだが、**王権を制限**した点で評価される。
③**法の支配の原点**として名高い。
主な内容　国王による非合法な逮捕拘禁・不当な課税の禁止、正当な裁判手続きの保障

原典資料（抄）　（田中英夫訳『人権宣言集』岩波文庫）

第1条　まず第一に、イングランド教会が自由であり、その諸権利はこれを完全に保持し、その自由は侵されることがない旨を、朕は、朕および朕の相続人のために、永久に神に許容し、かつこの朕の特許状をもって確認する。……

第12条　いっさいの楯金*もしくは援助金は、朕の王国の一般評議会によるのでなければ、……これを課しない。……*軍役の代わりに納める税金

第39条　①自由人は、その同輩の合法的裁判によるか、または国法によるのでなければ、逮捕、監禁、差押、法外放置、もしくは追放をうけまたはその他の方法によって侵害されることはない。……

2 権利請願　Petition of Right　[1628年英]

ポイント
①イギリス国王チャールズ1世の専制支配に対抗して、下院の有力者が作成した嘆願書。エドワード＝コーク（クック）（→p.16）が起草した。
②国王は承認・署名したが、翌年に議会を解散（1640年まで無議会状態）。**ピューリタン革命**につながった。
③マグナ・カルタ、権利章典と同じくイギリスの憲法文書の1つ。
主な内容　議会の同意なしに課税しないこと、身体の自由

原典資料（抄）　（同前）

⑽……国会に召集された僧俗の貴族および庶民は、謹んで至尊なる陛下につぎのことを嘆願したてまつる。すなわち、今後何人も、国会制定法による一般的同意なしには、いかなる贈与、貸付、上納金、税金、その他同種の負担をなし、またはそれに応ずるよう強制されないこと。何人も、このことに関し、またはこれを拒否したことに関して、答弁、前記のような宣誓、もしくは出頭を求められること、勾留されること、その他いろいろな方法で、苦痛を加えられ、心の平静を奪われること、はないこと。自由人は、前記のような方法によって拘禁または抑留されないこと。

△チャールズ1世

メモ　19世紀のイギリスでは、産業革命による資本主義の発達で産業資本家が発言力を増す一方、生活状況の悪化に苦しむ労働者たちが、1838年から成年男子の普通選挙を要求するチャーティスト運動を展開した（〜58）。

p.18～20の文書資料中の太字：①は法定手続きの保障，②は自然権（基本的人権），③は人民（国民）主権，④は社会契約（アメリカ独立宣言は，赤の下線部分），⑤は革命権（抵抗権），⑥は権力分立を示す。

3 権利章典　Bill of Rights　[1689年英]

ポイント ①名誉革命の結果，ウィリアム3世とメアリ2世（共同統治）が議会の議決した権利宣言を承認し公布した法律（正式名称：臣民の権利と自由を宣言し，王位継承を定める法律）。
②王権への議会の優越が決定的となり，立憲君主制が確立。
③議会と国民の権利が保障され，**アメリカ独立革命**などに影響。

主な内容 国王の法律執行停止権や法律適用免除権・議会の承認のない課税・平時の議会承認のない常備軍の設置は違法。請願権・国会議員選挙の自由・議会内の言論の自由を保障。

原典資料(抄)　(田中英夫訳『人権宣言集』岩波文庫)

(1) 国王は，王権により，国会の承認なしに法律（の効力）を停止し，または法律の執行を停止し得る権限があると称しているが，そのようなことは違法である。

(4) 大権に名を借り，国会の承認なしに，（国会が）みとめ，もしくは……みとむべき態様と異なった態様で，王の使用に供するために金銭を徴収することは，違法である。

(5) 国王に請願することは臣民の権利であり，このような請願をしたことを理由とする収監または訴追は，違法である。

(8) 国会議員の選挙は自由でなければならない。

(9) 国会における言論の自由および討論または議事手続は，国会以外のいかなる裁判所，またはその他の場所においても，これを非難したり問題としたりしてはならない。

(→p.23ナットク)

C 人権の保障（18～20世紀）

アメリカ独立宣言　基本的人権

1 バージニア権利章典　[1776年米]
The Virginia Bill of Rights

ポイント ①アメリカ独立革命中にバージニアが，植民地の中で初めて憲法起草委員会を設け，G.メーソンらが起草し採択した文書。現行のバージニア州憲法の一部。
②権利請願(→B2)・権利章典(→B3)の影響を受けている。
③人権宣言の先駆として，独立宣言や各州憲法に影響を与えた。

主な内容 自由・抵抗権の保障，人民主権・権力分立を規定

原典資料(抄)　(斎藤眞訳『人権宣言集』岩波文庫)

(1) ②すべて人は生来ひとしく自由かつ独立しており，一定の生来の権利を有するものである。これらの権利は人民が社会を組織するに当り，いかなる契約によっても，……奪うことのできないものである。かかる権利とは，すなわち財産を取得所有し，幸福と安寧とを追求獲得する手段を伴って，生命と自由とを享受する権利である。

(2) ③すべて権力は人民に存し，したがって人民に由来するものである。……

(3) ④政府というものは，人民，国家もしくは社会の利益，保護および安全のために樹立されている。……⑤いかなる政府でも，それがこれらの目的に反するか，あるいは不じゅうぶんであることがみとめられた場合には，社会の多数のものは，その政府を改良し，変改し，あるいは廃止する権利を有する。……ただし，この（権利の行使）方法は公共の福祉に最もよく貢献し得ると判断されるものでなければならない。

(5) ⑥国家の立法権および行政権は，司法権から分離かつ区別されなければならない。……

2 アメリカ独立宣言　[1776年米]
The Declaration of Independence

ポイント ①アメリカの13の各植民地がイギリスから独立したことを宣言した歴史的文書。トマス＝ジェファソンらが起草し，1776年7月4日に大陸会議で採択された。
②名誉革命を支持した**ロック**(→p.14)の思想の影響を受けた。
③中南米諸国の独立や**フランス革命**に影響を与えたが，奴隷制(→p.23 LOOK)の維持など課題あり。

主な内容 自由・平等の保障，社会契約説，**抵抗権（革命権）**

▲独立宣言の署名　トマス＝ジェファソン

原典資料(抄)　(同前)

われわれは，自明の真理として，すべての人は平等に造られ，造物主によって，②一定の奪いがたい天賦の権利を付与され，そのなかに生命，自由および幸福の追求の含まれることを信ずる。また，④これらの権利を確保するために人類のあいだに政府が組織されたこと，そしてその③正当な権力は被治者の同意に由来するものであることを信ずる。そしていかなる政治の形体といえども，もし⑤これらの目的を毀損するものとなった場合には，人民はそれを改廃し，かれらの安全と幸福とをもたらすべしとみとめられる主義を基礎とし，また権限の機構をもつ，新たな政府を組織する権利を有することを信ずる。

アメリカ合衆国の発展―奴隷解放宣言とリンカン―

- ●1803年フランスより買収
- 1846年イギリスとの協定により併合
- 1848年メキシコより割譲
- 1853年メキシコより買収
- 1818年イギリスより割譲
- 1783年イギリスより割譲
- 1819年スペインより買収
- 1845年併合
- 1776年独立13州
- 南北戦争の南部11州

領土の拡大　1776年の独立宣言当時，アメリカは13の英領植民地で構成されており，合衆国成立後，イギリス・フランス・スペイン・メキシコから領土を買収・併合などして拡大していった。

南北戦争　19世紀になると，合衆国は**奴隷制の可否**などをめぐり北部と南部が対立。1861年，南部11州の合衆国からの分離・独立を阻止するため，第16代大統領**リンカン**（1809～65，→p.15)は，**南北戦争**を開始した（～65）。そして戦争中の1863年，南部で奴隷として所有されている人々を自由にする**奴隷解放宣言**を出した。

奴隷の解放と先住民族の強制移住　リンカンは，アメリカで最も敬愛される大統領である。しかし，奴隷解放宣言はどちらかというと内外世論の支持を得て北軍を勝利に導くための戦略であり，解放された奴隷の人権保障はあまり進まなかった。また，**先住民族**に対しては，それまでの強制移住政策を引き継ぎ，多くの先住民族が合衆国軍の犠牲となった。

重要用語　❼ロック　⓮エドワード＝コーク　⓲マグナ・カルタ　⓳権利章典　⓴バージニア権利章典　㉑アメリカ独立宣言　㉒フランス人権宣言　㉓ワイマール憲法　㉔世界人権宣言　㉕人種差別撤廃条約　㉖国際人権規約　㉗女子差別撤廃条約　㉘子どもの権利条約　㉙難民の地位に関する条約

3 フランス人権宣言 [1789年仏]
Déclaration des Droits de l'Homme et du Citoyen

ポイント ①**フランス革命**の際に出された文書。ラ＝ファイエットが起草した。前文と17か条で構成され、正式名称は「**人及び市民の権利宣言**」という。
②アメリカ独立宣言（→p.19）の影響を受けている。
③各国憲法・資本主義経済の発展・市民階級の興隆に影響を与えた。

主な内容 自由・平等・博愛の精神、国民主権、権力分立、所有権の不可侵

- 理性の「目」
- 古い制度という鎖を断ち切る女神
- 「法」の女神が理性の光を照らす

◁フランス人権宣言の扉絵

原典資料(抄) （山本桂一訳『人権宣言集』岩波文庫）

国民議会として組織されたフランス人民の代表者達は、人権の不知・忘却または蔑視が公共の不幸と政府の腐敗の諸原因にほかならないことにかんがみて、一の厳粛な宣言の中で、②人の譲渡不能かつ神聖な自然権を展示することを決意した……

第1条 ②人は、自由かつ権利において平等なものとして出生し、かつ生存する。社会的差別は、共同の利益の上にのみ設けることができる。

第2条 あらゆる政治的団結の目的は、人の消滅することのない自然権を保全することである。これらの権利は、自由・所有権・安全および圧制への抵抗である。

第3条 ③あらゆる主権の原理は、本質的に国民に存する。……

第4条 自由は、他人を害しないすべてをなし得ることに存する。……

第6条 法は、総意の表明である。すべての市民は、自身でまたはその代表者を通じて、その作成に協力することができる。法は、保護を与える場合でも、処罰を加える場合でも、すべての者に同一でなければならない。……

第7条 ①何人も、法律により規定された場合でかつその命ずる形式によるのでなければ、訴追され、逮捕され、または拘禁され得ない。……

第8条 法律は、厳格かつ明白に必要な刑罰のみを定めなければならず、何人も犯罪に先立って制定公布され、かつ適法に適用された法律によらなければ、処罰され得ない。

第11条 思想および意見の自由な伝達は、人の最も貴重な権利の一である。したがってすべての市民は、自由に発言し、記述し、印刷することができる。ただし、法律により規定された場合におけるこの自由の濫用については、責任を負わなければならない。

第13条 武力を維持するため、および行政の諸費用のため、共同の租税は、不可欠である。それはすべての市民のあいだでその能力に応じて平等に配分されなければならない。

第16条 権利の保障が確保されず、⑥権力の分立が規定されないすべての社会は、憲法をもつものでない。

第17条 所有権は、一の神聖で不可侵の権利であるから、何人も適法に確認された公の必要性が明白にそれを要求する場合で、かつ事前の正当な補償の条件の下でなければ、これを奪われることがない。

4 ワイマール憲法 Weimarer Verfassung [1919年独]

ポイント ①第一次世界大戦後のドイツ帝国崩壊後、ワイマールで開かれた国民議会で制定されたドイツ共和国の憲法。
②世界で初めて**生存権**を含めた社会権を保障し、所有権の限界と義務を定めており、民主主義的かつ社会国家的といわれる。
③1933年、ヒトラー率いるナチスが多数を占める議会で制定された全権委任法（授権法）（→p.16①）によって、憲法としての意味を事実上失った。

主な内容 社会権の保障。所有権と公共の福祉。議院内閣制を採用しつつ大統領に議会解散権と緊急命令権あり。

◎ワイマール憲法を採択した国民議会が開かれた劇場

原典資料(抄) （山田晟訳『人権宣言集』岩波文庫より）

第151条〔生存権〕① 経済生活の秩序は、すべての者に人間たるに値する生活を保障する目的をもつ正義の原則に適合しなければならない。この限界内で、個人の経済的自由は、確保されなければならない。

第153条〔所有権・公共の福祉〕① 所有権は、憲法によって保障される。その内容およびその限界は、法律によって明らかにされる。
③ 所有権は義務を伴う。その行使は、同時に公共の福祉に役立つべきである。

第159条〔団結権〕① 労働条件および経済条件を維持し、かつ、改善するための団結の自由は、各人およびすべての職業について、保障される。この自由を制限し、または妨害しようとするすべての合意および措置は、違法である。

第161条〔社会保険制度〕 健康および労働能力を維持し、母性を保護し、かつ、老齢、虚弱および、生活の転変にそなえるために、ライヒ*は、被保険者の適切な協力のもとに、包括的保険制度を設ける。
＊ドイツ国

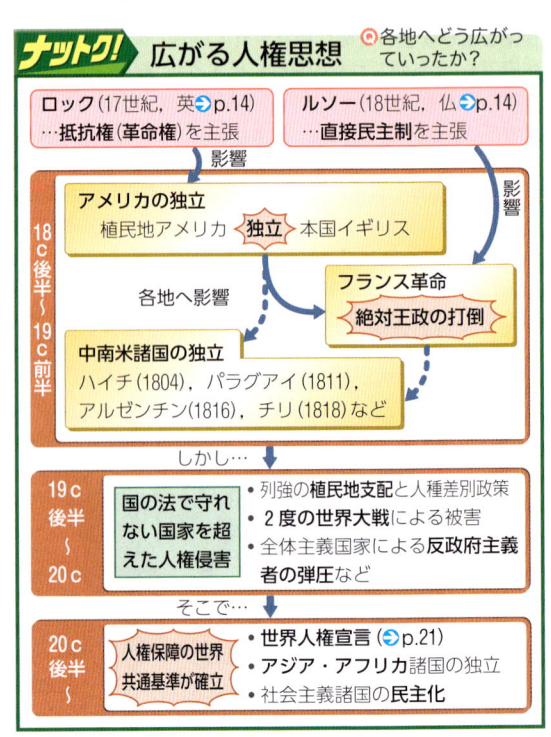

ナットク！ 広がる人権思想
◎各地へどう広がっていったか？

- **ロック**（17世紀、英→p.14）…**抵抗権（革命権）**を主張
- **ルソー**（18世紀、仏→p.14）…**直接民主制**を主張

↓影響　　　　　　　　　　　　↓影響

18c後半～19c前半
- **アメリカの独立**：植民地アメリカ ⇔独立⇔ 本国イギリス
- 各地へ影響
- **フランス革命**：絶対王政の打倒
- **中南米諸国の独立**：ハイチ(1804)、パラグアイ(1811)、アルゼンチン(1816)、チリ(1818)など

しかし…

19c後半～20c
国の法で守れない国家を超えた人権侵害
- 列強の**植民地支配**と人種差別政策
- **2度の世界大戦**による被害
- 全体主義国家による**反政府主義者の弾圧**など

そこで…

20c後半～
人権保障の世界共通基準が確立
- **世界人権宣言**（→p.21）
- アジア・アフリカ諸国の独立
- 社会主義諸国の**民主化**

D 人権の国際的保障(20世紀〜)

子どもの権利条約

1 4つの自由 [1941年]

ポイント ①アメリカ大統領F.ローズベルトが議会にあてた教書で述べた言葉。②第二次世界大戦の連合国側の理念として、4つの基本的自由を掲げた。③大西洋憲章や世界人権宣言などの基調となった。

原典資料(抄) 『世界の歴史 15』中央公論社

……われわれは人間にとって欠くべからざる4つの自由の上に打ちたてられた世界を望むのである。

第一に、全世界にあまねき、言論および表現の自由である。

第二に、全世界にあまねき、すべての人間に対しての、みずからのしかたで神を敬う自由である。

第三に、全世界にあまねき、欠乏からの自由──すなわち……すべての国家に対しその住民に健全な平和生活を送ることを保障する、経済上の相互理解ということである。

第四に、全世界にあまねき、恐怖からの自由──すなわち……世界的規模における徹底的な軍縮をおこない、いかなる国もその近隣に対し実力行使による侵略をおこないえぬようにすることである。……

2 世界人権宣言 [第3回国連総会採択 1948年]

ポイント ①人権の抑圧が戦争につながったという反省から、人権の世界共通の具体的基準を示した宣言。1948年に国連人権委員会が起草し、国連総会で採択された。②自由権が多いが、社会権も規定。③各国憲法に影響を与えた。ただし、法的拘束力はない。

原典資料(抄) 『人権宣言集』岩波書店

前文 人類社会のすべての構成員の、固有の尊厳と平等にして譲ることのできない権利とを承認することは、世界における自由と正義と平和との基礎であるので、

人権の無視と軽侮とは、人類の良心をふみにじった野蛮行為を生ぜしめ、一方、人間が言論と信仰の自由および恐怖と欠乏からの自由とを享有する世界の到来は、一般の人々の最高の願望として宣言されたので、

人間が専制と圧迫に対する最後の手段として反逆に訴えることを余儀なくされてはならないものであるならば、人権が法の支配によって保護されることがたいせつであるので、……

すべての人民とすべての国が達成すべき共通の基準として、この世界人権宣言を公布する。

第1条〔自由平等〕すべての人間は、生まれながら自由で、尊厳と権利について平等である。人間は、理性と良心を授けられており、同胞の精神をもって互いに行動しなくてはならない。

第2条〔権利と自由の享有に関する無差別待遇〕① 何人も、人種、皮膚の色、性、言語、宗教、政治的その他の意見、国民的もしくは社会的出身、財産、出生もしくはその他の地位のような、いかなる種類の差別もうけることなく、この宣言にかかげられているすべての権利と自由とを享有することができる。

第3条〔生命、自由、身体の安全〕何人も、生存、自由、および身体の安全を享有する権利を有する。

第21条〔参政権〕① 何人も、直接に、または自由に選出される代表者を通じて、自国の統治に参与する権利を有する。

第23条〔労働の権利〕① 何人も、労働し、職業を自由に選択し、公正かつ有利な労働条件を獲得し、失業に対して保護をうける権利を有する。

3 人種差別撤廃条約 [採択 1965年 発効 1969年 日本批准 1995年]

ポイント ①人種差別を撤廃する政策を締約国に求める条約。1965年の国連総会で採択された。②女性・宗教差別以外のすべての差別に対応する条約として機能。③日本は、差別思想の流布や差別の扇動などを法律で罰することを求めた条文(第4条)を留保して1995年に批准した。

原典資料(抄) (外務省資料)

この条約の締約国は、……

人種的相違に基づく優越性のいかなる理論も科学的に誤りであり、道徳的に非難されるべきであり及び社会的に不正かつ危険であること並びに理論上又は実際上、いかなる場所においても、人種差別を正当化することはできないことを確信し、……

あらゆる形態の人種差別の撤廃に関する国際連合宣言に具現された原則を実現すること及びこのための実際的な措置を最も早い時期にとることを確保することを希望して、次のとおり協定した。

第2条〔締約国の基本的義務〕1 締約国は、人種差別を非難し、また、あらゆる形態の人種差別を撤廃する政策及びあらゆる人種間の理解を促進する政策をすべての適当な方法により遅滞なくとることを約束する。……

4 国際人権規約 [採択 1966年 発効 1976年 日本批准 1979年]

ポイント ①世界人権宣言の内容に法的拘束力をもたせるため、1966年に国連総会で採択された条約。発効までに10年。

②国際人権規約の構成 *は1989年採択、91年発効。

A規約…社会権規約	B規約…自由権規約
B規約の第1選択議定書…人権侵害を受けた個人による規約人権委員会への救済申し立てを認めた	B規約の第2選択議定書(死刑廃止条約) ▶p.22 7・78 *

注：選択議定書は、条約の補強・追加のために採択されるもので、条約と効力は同じ。

③日本は、A規約中の❶公務員のスト権、❷高校・大学の無償化、❸公休日の給与保障を留保しA・B規約を1979年に批准。その後2012年に❷の留保を撤回。選択議定書2つは未批准。

原典資料(抄) 『国際条約集』有斐閣

1 経済的、社会的及び文化的権利に関する国際規約(A規約)

第1条〔人民の自決の権利〕① すべての人民は、自決の権利を有する。この権利に基づき、すべての人民は、その政治的地位を自由に決定し並びにその経済的、社会的及び文化的発展を自由に追求する。

② すべての人民は、互恵の原則に基づく国際的経済協力から生ずる義務及び国際法上の義務に違反しない限り、自己のためにその天然の富及び資源を自由に処分することができる。人民は、いかなる場合にも、その生存のための手段を奪われることはない。

第2条〔締約国の実施義務〕② この規約の締約国は、この規約に規定する権利が人種、皮膚の色、性、言語、宗教、政治的意見その他の意見、国民的若しくは社会的出身、財産、出生又は他の地位によるいかなる差別もなしに行使されることを保障することを約束する。

2 市民的及び政治的権利に関する国際規約(B規約)

第9条〔身体の自由と逮捕抑留の要件〕① すべての者は、身体の自由及び安全についての権利を有する。何人も、恣意的に逮捕され又は抑留されない。何人も、法律で定める理由及び手続によらない限り、その自由を奪われない。

▶重要用語 ㉒フランス人権宣言(人及び市民の権利宣言) ㉓ワイマール憲法 ㉔世界人権宣言 ㉕人種差別撤廃条約 ㉖国際人権規約

5 女子差別撤廃条約
[採択 1979年　発効 1981年　日本批准 1985年]

ポイント
①男女の事実上の平等のための立法措置を締約国に求める条約。1979年に国連総会で採択された。
②日本では条約批准のため、❶国籍法を父系血統優先主義から父母両系血統平等主義に改正（85年施行）、❷男女雇用機会均等法が85年に成立、❸家庭科の男女共修などが実施された。

原典資料(抄)
(『国際条約集』有斐閣)

第1条〔女子差別の定義〕 この条約の適用上「女子に対する差別」とは、性に基づく区別、排除又は制限であつて、政治的、経済的、社会的、文化的、市民的その他のいかなる分野においても、女子（婚姻をしているかいないかを問わない。）が男女の平等を基礎として人権及び基本的自由を認識し、享有し又は行使することを害し又は無効にする効果又は目的を有するものをいう。

第2条〔締約国の差別撤廃義務〕 締約国は、女子に対するあらゆる形態の差別を非難し、女子に対する差別を撤廃する政策をすべての適当な手段により、かつ、遅滞なく追求することに合意し、及びこのため次のことを約束する。
(a) 男女の平等の原則が自国の憲法その他の適当な法令に組み入れられていない場合にはこれを定め、かつ、男女の平等の原則の実際的な実現を法律その他の適当な手段により確保すること。

第11条〔雇用における差別撤廃〕 ① 締約国は、男女の平等を基礎として同一の権利、特に次の権利を確保することを目的として、雇用の分野における女子に対する差別を撤廃するためのすべての適当な措置をとる。

6 子ども（児童）の権利条約
[採択 1989年　発効 1990年　日本批准 1994年]

ポイント
①成長・発達段階にあり特別な保護と援助が必要な18歳未満の者を児童（子ども）と定義し、その権利保障を締約国に定めた条約。1989年に国連総会で採択された。
②子どもの権利として、差別禁止、意見表明権、思想・良心の自由、結社の自由、プライバシー保護などを定めた。
③世界のほぼすべての国が締約国だが、子どもの人身売買や子ども兵士の存在など、課題は多い。2000年、選択議定書（武力紛争における児童の関与に関する選択議定書＜日本批准04年＞・児童の売買等に関する選択議定書＜日本批准05年＞）が採択された。

◎カカオ豆を乾かす作業をする子ども〈コートジボワール〉
通学の機会を奪い、心身の健康的な成長を妨げる児童労働は、通学しながらの家の手伝いやアルバイトとは異なる。

原典資料(抄)
(外務省資料)

第3条〔児童に対する措置の原則〕
① 児童に関するすべての措置をとるに当たっては、……児童の最善の利益が主として考慮されるものとする。

第4条〔締約国の義務〕 締約国は、この条約において認められる権利の実現のため、すべての適当な立法措置、行政措置その他の措置を講ずる。……

第6条〔生命に対する固有の権利〕 ① 締約国は、すべての児童が生命に対する固有の権利を有することを認める。
② 締約国は、児童の生存及び発達を可能な最大限の範囲において確保する。

第12条〔意見を表明する権利〕 ① 締約国は、自己の意見を形成する能力のある児童がその児童に影響を及ぼすすべての事項について自由に自己の意見を表明する権利を確保する。この場合において、児童の意見は、その児童の年齢及び成熟度に従って相応に考慮されるものとする。

第22条〔難民の児童等に対する保護及び援助〕 ① 締約国は、難民の地位を求めている児童又は……難民と認められている児童が、父母又は他の者に付き添われているかいないかを問わず、……適当な保護及び人道的援助を受けることを確保するための適当な措置をとる。

7 主な人権条約の日本の批准状況
◎日本が批准していない条約は何か？

注：条約名末尾は日本の批准状況(2019年1月現在)
未…日本未批准　数字…日本が批准した年の西暦下2ケタ

集団殺害罪の防止及び処罰に関する条約（ジェノサイド条約）未
採択 1948年　**締約国数** 151か国(2019年)

原典資料(抄) (『国際条約集』有斐閣)

第1条〔国際法上の犯罪〕 締約国は、集団殺害が、平時に行われるか戦時に行われるかを問わず、国際法上の犯罪であることを確認し、かつ、これを防止し処罰することを約束する。

第2条〔定義〕 この条約において集団殺害とは、国民的、民族的、人種的または宗教的な集団の全部または一部を集団それ自体として破壊する意図をもって行われる次のいずれかの行為をいう。……

第4条〔犯罪者の地位の不問〕 集団殺害……を犯す者は、……統治者であるか、公務員であるか、または私人であるかを問わず、処罰される。

日本未批准の理由 国内法の不整備など

難民の地位に関する条約 81
採択 1951年　**締約国数** 146か国(2019年)
ポイント 難民の法的地位、就職・福祉を定めた。
原典資料（◎p.187）
注：1966年採択の議定書と合わせて難民条約という

拷問等禁止条約 99
採択 1984年　**締約国数** 165か国(2019年)
ポイント 警察官の取り調べ時などの拷問を犯罪として刑罰の対象とし、防止措置を義務付けた。

死刑廃止条約 未
採択 1989年　**締約国数** 86か国(2019年)（◎p.78B）

原典資料(抄) (『国際条約集』有斐閣)

第1条〔死刑の廃止〕 ① この議定書の締約国の管轄内にある者は、何人も死刑を執行されない。
② 各締約国は、その管轄内において死刑を廃止するためにあらゆる必要な措置をとる。

日本未批准の理由 世論への配慮など

障害者の権利条約 14
採択 2006年　**締約国数** 176か国(2019年)

原典資料(抄) (『国際条約集』有斐閣)

第1条〔目的〕 この条約は、すべての障がい者によるあらゆる人権および基本的自由の完全かつ平等な享有を促進し、保護し、および確保することならびに障がい者の固有の尊厳の尊重を促進することを目的とする。
障がい者には、長期的な身体的、精神的、知的または感覚的な障がいであって、さまざまな障壁があることとの関係で、他の者と平等の基礎の上に立って完全かつ効果的に社会参加することを妨げることのあるものを有する者を含む。

強制失踪条約 09
採択 2006年　**締約国数** 59か国(2019年)
ポイント 国家による個人の拉致を含む強制失踪を犯罪として刑罰の対象とし、防止措置を義務付けた。

国連先住民族権利宣言
2007年の国連総会で、賛成143、反対4、棄権11票で採択された宣言。法的拘束力はない。先住民族に対しては、多くの国が迫害してきた歴史をもつ。同宣言では、先住民族が自治政府をもつ権利や、奪われた文化や土地の原状回復を含む賠償・救済の権利などが明記された。（◎p.68 7 3）

メモ 南アフリカ共和国では第二次世界大戦後も、人口の85％を占める有色人種が、参政権否定や白人との婚姻禁止などの無権利状態に置かれた。これらはアパルトヘイト（人種隔離政策）と呼ばれ、国際的な非難と国内の抵抗運動の結果、1991年に全廃された。（◎p.186）

ナットク！ 人権の発展
保障される人権の内容は，どのような歴史的背景のもとで発展したか？

個人の尊重…身分制への反発

封建的な身分制社会

絶対王政のもとでの国家による人間の権利・自由の抑圧

聖職者　貴族
「租税や賦役」と刻まれた重石
平民

◁フランス革命前の様子

→「法の下の平等」「国家からの自由」の主張

平等権・自由権の保障（形式的平等の保障）

身分制の打破，資本主義の進展
→18〜20世紀の市民社会（夜警国家）
＝個人を法的に平等に取り扱い，自由な活動を保障…機会の平等を図る。

▶ **貧富の差が拡大**（実質的な不自由・不平等）

▷炭鉱の労働者
約90〜230kg近い炭車を鎖で引く

→「国家による自由」の主張

社会権の保障（実質的平等の保障）

20世紀の福祉国家
＝国が自由と生存を保障
…貧しいものをより厚く保護し，弱者とされた労働者の権利を保障する。

↓

国家が実質的に自由と平等を保障していく

解説　国家からの自由・国家による自由　17〜18世紀の**市民革命**では，個人尊重の思想のもと，国家に対して，それまで抑圧されてきた**自由権**と**平等権**の保障を求めた。しかし，機会の平等（形式的平等）は，結果として貧富の差を拡大させてしまった。そこで，国家による保護・保障（実質的平等の保障）が求められるようになり，20世紀になって**社会権**が保障された（▶p.20④）。こうして，著しい不平等が生じないよう保障する福祉国家が誕生した。

LOOK　「人権」の「人」って誰のこと？

18世紀の人権宣言では，人権は男性市民にのみ保障され，市民権のない女性や，「人」とみなされない奴隷などは対象とされなかった。人権思想の広まりや資本主義の発展を受けた，これらの人々の人権保障の流れをみてみよう。

❶ 女性の権利

〜19世紀　「男の歴史」の展開

男性は不公平な差別をしていると女性が不平をいうとしたら，女性はまちがっている。この差別は人間がつくりあげたものではない。……理性がつくったものだ。……男性の気に入り，役に立ち，男性から愛され，……生活を楽しく快いものにしてやる，こういうことがあらゆる時代における女性の義務であり，女性に子どものときから教えなければならないことだ。（ルソー『エミール』岩波書店）

「人」とは？　フランス人権宣言（▶p.20）の正式名称は「**人及び市民の権利宣言**（Déclaration des Droits de l' Homme et du Citoyen）」で，「男性」を意味する「homme」を「人」と訳す。この宣言で保障された人権は，「市民権をもつ白人の男性」に対してのみである。これは，当時の女性や奴隷，有色人種を完全な人間としてみなさないという観念に基づく。1804年のナポレオン法典でも「妻は夫に服従する義務を負う」とされた。

◁**グージュ**(1748〜93，仏)　人権宣言条文中の「人」や「市民」を「女」「女性市民」に改める形で書いた「女性の権利宣言」を，1791年に発表。

↓

19世紀後半〜　不平等解消をめざす運動の本格化

1893年，ニュージーランドで世界初の女性参政権

▷女性参政権運動
（アメリカ，ニューヨーク）
NEW YORK CITY WOMEN HAVE NO VOTE AT ALL.

❷ 奴隷制と人種問題

15〜19世紀　近代の奴隷制と奴隷貿易

▷奴隷オークション
（褐色）（バージニア州リッチモンド）

ヨーロッパ諸国は，アフリカから奴隷貿易船に乗せられるだけの奴隷を乗せ，アメリカ大陸へ運んだ。すし詰めにするための手引書さえあり，奴隷は鎖につながれ身動きもできなかったという。栄養失調やチフスで多くの奴隷が死に，海へ捨てられた。奴隷はアフリカのほか，日本などアジアでも集められ，ヨーロッパ人だけでなく現地の人々も奴隷売買に関わった。

↓　人権思想の広まり，資本主義の発展

19世紀　奴隷貿易・奴隷制の廃止

南北戦争を経たアメリカの**奴隷解放宣言**(1863年，▶p.19C)など

19〜20世紀　人種差別と差別撤廃運動

> I have a dream.　私には夢がある。それは，いつの日か，私の4人の小さな子どもたちが，肌の色によってではなく，人格そのものによって評価される国に生きられるようにすることだ。（1963年ワシントン大行進での演説）

△**キング牧師**(1929〜68)　アメリカでは，第二次世界大戦後も黒人の選挙権が事実上制限されていた。1964年，キング牧師などが指導する公民権運動を受けて，人種差別を撤廃する公民権法が制定された。キング牧師はノーベル平和賞を受賞。

| 20世紀　国連主導の国際法整備（世界人権宣言など） | ➡ | 21世紀　あらゆる人の人権保障のための取り組みが続く |

解説　世界的な取り組み　19世紀以降，男女平等を求める運動が本格化し，**参政権**などで女性の権利が拡大された。20世紀に**女子差別撤廃条約**などで国際的な基準が示され，現在も，**男女共同参画社会**の実現に向けた制度や意識改革が進められている。近代の奴隷制は，主に黒人奴隷を使用する白人側から廃止が主張され，1833年のイギリス議会の廃止決議以後，各国で廃止された（公式な制度としては1980年に消滅）が，**人種差別撤廃条約**などで国際的な基準が示された後も，**アパルトヘイト**（▶p.186）などの差別は続いた。現在も世界で2500万人(2016年現在)が強制労働を強いられている。

---

❶**重要用語**　㉒フランス人権宣言（人及び市民の権利宣言）　㉔世界人権宣言　㉕人種差別撤廃条約　㉗女子差別撤廃条約　㉘子ども（児童）の権利条約　㊾自由権的基本権（自由権）　⑩社会権的基本権（社会権）　⑰参政権　㉑アパルトヘイト　㉓難民の地位に関する条約

3 世界の政治体制

イギリス下院の議場 座席に机はなく，活発な議論が展開されるのは，議論好きな国ならではの特色といえる。議場は狭く，立ったままの議員もいるが，空席がないため緊迫感があるという。この単元では，各国の歴史や文化をふまえた，様々な政治体制の特色を確認しよう。

ソード・ラインズ。 昔は論戦が白熱すると剣を抜く者がいたため，相手に剣が届かない位置に引かれた2本の線。これを越えてはならないというルールは剣を持たない今も有効。

議長／与党／野党

A｜イギリス・アメリカ・中国の政治体制の違い

国名	イギリス（グレートブリテン及び北アイルランド連合王国）(→p.25)	アメリカ合衆国(→p.26, 27)	中華人民共和国(→p.30)
憲法と国旗	1つの憲法典としてまとまっていない（**不文憲法** →p.17④）	1788年発効の国家レベルで世界初の成文憲法	1982年制定。第1条で「人民民主独裁の社会主義国家」と規定
政治体制の特色と国家権力の関係	立憲君主制のもとで**議院内閣制**が発達。**議会の権限が強い**　［図：国王→首相・最高裁判所，内閣・各大臣，聖職貴族・世襲貴族・一代貴族（上院），第1党党首（下院），国民］	州の連合により建国された**連邦制**の国で，各州が独立した権限をもつ。国家権力は**厳格な三権分立**を定め，**大統領制**　［図：裁判所，大統領，上院・下院，国民］	全国人民代表大会（全人代）に国家権力を集中させた**権力集中制（民主集中制）**。中国共産党の指導力が強い　［図：中国共産党中央委員会・総書記，国務院・総理，人民法院，国家中央軍事委員会，国家主席，全国人民代表大会（全人代），人民］
*国家元首	**国王** エリザベス2世（1952～） ・世襲制 ・形式的には強い権限をもつが，「君臨すれども統治せず」 *対外的な国の代表者。君主国では君主が，君主のいない共和国では大統領が元首となる。	**大統領** ジョー＝バイデン（2021～） ・任期4年，3選禁止 ・国民の間接選挙で選ばれる（→p.27） ・元首かつ行政のトップとして**強い権限**をもつ バイデン大統領は民主党に所属	**国家主席** 習近平(2013～) ・任期なし（2018年～）。全人代が選出 象徴的な存在で国家主席としての実権はないが，習近平国家主席は中国共産党総書記・中央軍事委員会主席（**党・軍の最高責任者**）を兼ねる**事実上の最高実力者**
行政機関	**首相** ボリス＝ジョンソン(2019～) ・国王が慣例により**下院第1党の党首**を任命。ジョンソン首相は保守党党首 内閣：議会の信任が必要（**議院内閣制**）	**大統領** ジョー＝バイデン ・議会議員ではない ・**国民に対して責任を負う** 閣議：大統領の助言機関にすぎない	**国務院総理** 李克強(2013～) ・国家主席が指名し，全人代が承認し，国家主席が任命 国務院：行政の最高機関
立法機関	**二院制** 上院（貴族院）・下院（庶民院）国王（権限は形式的） ・上院は非民選議員　・下院は解散あり ・下院は小選挙区制で選出。**下院優位**	**二院制** 上院・下院 ・両院とも解散なし ・上院は各州から2人ずつ選出 ・上院は議員数が少なく任期が長い	**一院制** 全国人民代表大会 ・省・自治区・直轄市・軍の代表 **全人代常務委員会に大きな権限**あり
政党	労働党と保守党が二大政党。 ・「**影の内閣**（shadow cabinet）」を野党第1党が組織	**二大政党制**（共和党・民主党）	「**中国共産党の指導*する多党協力制**」 ・中国共産党は，「中国各民族人民を指導*する」と憲法に明記されている *原文は「領導」（統率して指導すること）
司法	・地域ごとに3つの異なる裁判制度あり。最終審はロンドンにある最高裁判所。	・州裁判所と連邦裁判所がありそれぞれ三審制。**違憲法令審査権**あり	・人民法院 ・刑事裁判は人民検察院が協力
同様の政治体制の国	議院内閣制…日本(→p.98)，ドイツ(→p.29)，マレーシア・タイ・シンガポール(→p.32)，イタリア，オーストリア，オランダ，デンマーク，オーストラリア，カナダ	大統領制…韓国(→p.31)，インドネシア・フィリピン(→p.32)，ペルー，アルゼンチン，ブラジル，メキシコ	権力集中制…ベトナム，キューバ，朝鮮民主主義人民共和国(→p.32)

解説 議院内閣制と大統領制 議院内閣制は，内閣が議会の信任に基づいて成立し，議会に対して責任を負う。イギリスで18世紀に成立して以来，多くの国が採用している。大統領制は，国民が大統領と議員を選び，行政を担当する大統領と立法を担当する議会とに国家権力を分立する。アメリカを起源とするが，その形態は様々である（→p.28）。

入試のツボ イギリスとアメリカについて，①各院の構成・権限の違い，②大統領・首相と議会との関係，③主な政党と政党制がよく出題される。違いをまとめておこう。〈13・12・11・08本，16・14・10・09・08追〉

B｜イギリス（議院内閣制）

1 イギリスの政治機構

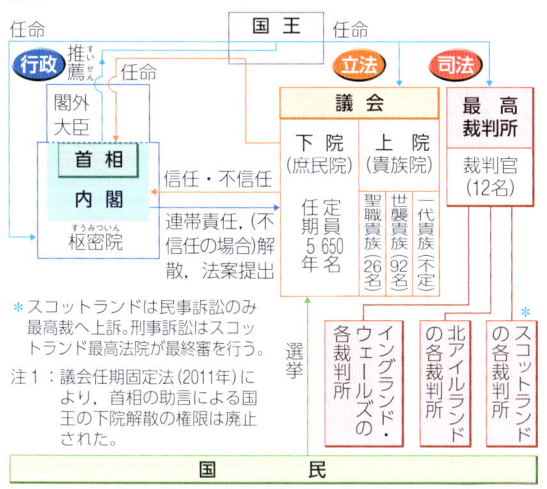

［政治機構図：国王が行政（首相・内閣・閣外大臣・枢密院）と立法（議会：下院（庶民院）・上院（貴族院））、司法（最高裁判所 裁判官12名）を任命。下院定員650名、任期5年。聖職貴族・世襲貴族（92名不定）・一代貴族（26名）。議会は内閣に信任・不信任、内閣は連帯責任、（不信任の場合）解散、法案提出。最高裁の下にイングランド・ウェールズの各裁判所、北アイルランドの各裁判所、スコットランドの各裁判所*。国民が下院を選挙。］

＊スコットランドは民事訴訟のみ最高裁へ上訴。刑事訴訟はスコットランド最高法院が最終審を行う。

注1：議会任期固定法（2011年）により、首相の助言による国王の下院解散の権限は廃止された。

注2：下院議員の被選挙権・選挙権は18歳以上。

○ジョンソン首相（保守党）　○国会議事堂〔立法府〕

● 下院の政党別議席数（2020年）

保守党	365
労働党	202
スコットランド国民党	47
自由民主党	11
その他	25
計	650

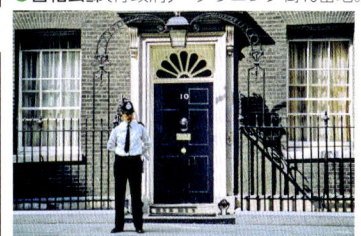

○首相公邸〔行政府〕　ダウニング街10番地。

❓イギリスの野党はどのような役割を負っているのか？

2 影の内閣（Shadow Cabinet）

与党の政権運営を監視　イギリスの野党第一党党首には、政府に対して責任ある批判を行うことを期待して、国から特別な俸給が支給される。

シャドーキャビネット　さらに、伝統的に二大政党制が発達してきたイギリスでは、野党第一党が、正規の内閣を構成する大臣に対応した影の大臣を決めて、影の内閣を組織する。これは1876年に始まった制度であり、影の内閣は与党の政策を批判し、政権交代に備えて政策の協議を進めているのである。

ジョンソン内閣閣僚名簿・部分・（2020年6月確認）	影の内閣閣僚名簿・部分・（労働党）
首　相　ボリス＝ジョンソン	キア＝スターマー
財務相　リシ＝スナク	アンネリーゼ＝ドッズ
外　相　ドミニク＝ラーブ	リサ＝ナンディ
内　相　プリティ＝パテル	ニック＝トーマス＝シモンズ
国防相　ベン＝ウォレス	ジョン＝ヒーリー

（イギリス議会資料などより）

特色・憲法等一覧

特色	長い伝統の上に築かれた、**立憲君主制**、**不文憲法**、**議院内閣制**
憲法	**不文憲法**（→p.17 4）議会制定法や慣習をもとに制度が確立されており、単一の憲法典はない。マグナ・カルタ（1215年）・権利請願（1628年）などの憲法文書（→p.18,19）、王位継承法（1701年）・議会法（1911年）・憲法改革法（2005年）などの議会制定法が、その後廃止された部分を除いて現在も有効で、これらが憲法を構成している。 **軟性憲法**（→p.17 4）改正手続きが、普通の法改正と同じ
国家元首	**国王**　任期は終身。議会の召集、両院で可決した法案の裁可、宣戦・講和、軍隊の統帥、栄典の授与などの権限をもつが、実際には「**君臨すれども統治せず**」（＝立憲君主制）として、行政権は内閣に、立法権は議会（国王と上院・下院）に、司法権は裁判所に委任
行政	**内閣**　下院の第1党の党首を国王が首相に任命。原則的に大臣は議会議員の中から首相が選定し、国王が任命。下院に対して連帯責任を負う **枢密院**　内閣の推薦で国王が任命。国王の諮問機関
立法	最高立法機関は議会（国王と上院・下院）。二院制 **上院（貴族院）**　いずれも非民選議員である、**一代貴族**＊1、一部の**世襲貴族**＊2、国教会の大主教・主教である**聖職貴族**から成る。2020年6月現在784人。任期は、世襲貴族・一代貴族は終身、聖職貴族は聖職を引退するまで。 ＊1 一代限りで任命された貴族。　＊2 代々貴族の爵位を受け継ぐ者。 **下院（庶民院）**　小選挙区制で選出。定数650人、任期5年。1911年議会法で下院の優位が規定され、予算など重要法案は下院さえ通過すれば国王の裁可を得て成立。なお、議長は党籍を離脱し、賛否同数以外採決に加われない。
政党（→3）	保守党と労働党の**二大政党制**（19世紀は保守党と自由党） **保守党**　トーリー党＊3の後身。保守主義 **労働党**　労働者階級を基盤とする社会民主主義政党。 ＊3 17世紀後半に誕生。ホイッグ党（19世紀の自由党の前身）と対抗。
司法	イングランドとウェールズ、スコットランド、北アイルランドで異なる3つの裁判制度をもつが、スコットランドの刑事訴訟＊4以外の訴訟の最終審は最高裁判所が行う。 ＊4 スコットランドの刑事訴訟の最終審は、スコットランド最高法院が行う。
近況	2016年、国民投票でEU離脱が決定。2020年1月31日離脱。EUと通商交渉を継続（2020年11月現在）。

3 労働党と保守党の勢力の推移

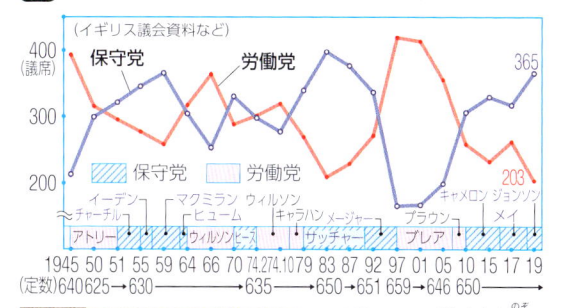

［グラフ：1945～2019年の保守党・労働党の議席数推移。保守党365、労働党203（2019年）。首相名：アトリー、チャーチル、イーデン、マクミラン、ヒューム、ウィルソン、ヒース、ウィルソン、キャラハン、サッチャー、メージャー、ブレア、ブラウン、キャメロン、メイ、ジョンソン。定数：640→625→630→635→650→651 659→646 650］

解説　イギリスの政党制の歩み　イギリスでは戦時中を除き、**労働党**と**保守党**のいずれかが政権を担ってきた。しかし2010年の総選挙では、いずれの政党も獲得議席が過半数に届かず、保守党と自由民主党による、戦後初の**連立政権**が誕生。2019年、イギリスのEU離脱をめぐる議会の混乱を収束させるため、総選挙を前倒しで実施。離脱実現をめざす与党保守党が過半数を獲得した。

● 重要用語　㉙大統領制　㉚権力集中制（民主集中制）　⑯議院内閣制　⑯違憲法令審査権（違憲審査権）　⑬二大政党制

(アメリカ合衆国憲法 →p.33)

C アメリカ（大統領制）

1 アメリカの政治機構

司法
連邦最高裁判所
　連邦巡回控訴裁判所
　連邦地方裁判所
（裁判官の任期は終身）

行政
大統領
　大統領府・独立行政機関・各省

立法
連邦議会
　上院（元老院）各州より2名 定員100名 任期6年
　下院（代議院）各州より人口比例 定員435名 任期2年

違憲法令審査権（違憲立法審査権，司法審査権）
裁判官任命権（上院の同意が必要）
違憲行政審査権
教書送付・法案拒否権
条約締結・高官任命への同意権　弾劾裁判権（上院）

大統領選挙人
選挙　国　民　選挙　選挙

注：上院議員の被選挙権は30歳以上，下院議員は25歳以上，選挙権は18歳以上。

●議会の政党別議席数（2021年*）

	上院	下院
共和党	50	211
民主党	48	222
無所属	2	0
計	100	433

*1月8日現在の選挙結果。

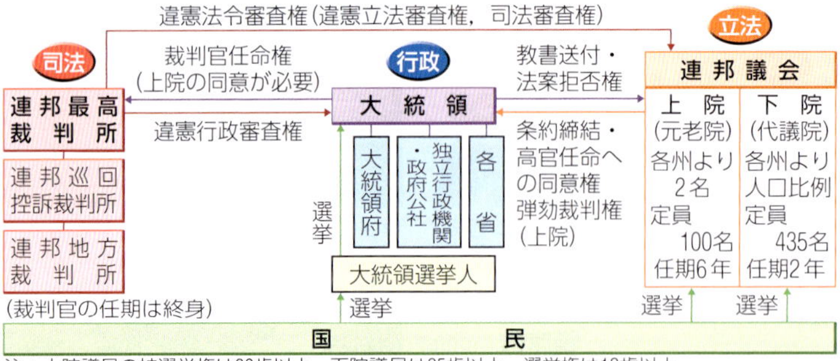

▲バイデン大統領（民主党）

▷連邦議会議事堂〔立法府〕

◁ホワイトハウス〔行政府〕

特色	各州の権限を認める連邦制（→2）と，厳格な**三権分立**を採用。特定の機関への権力集中を防ぎ，権力を抑制し合うしくみ **連邦制** 連邦政府の権限は，外交権，軍の編成・統帥権，国際・州際通商規制権，2州以上にまたがる事件に関する司法権などに限定。その他の行政・立法・司法の権限は州政府が保持
憲法	1788年発効。発効当初，連邦政府の権限は憲法条文に挙げられた事項だけに限定し，州政府の権限を守ろうとする地方分権の考えが盛られていた。しかし，現在は，連邦政府の方が州政府よりも大きな権限をもつ。国家レベルでの世界初の成文憲法
国家元首	**大統領** 国家の元首・行政府の最高責任者。有権者（自分で有権者登録する必要がある）は，大統領を直接選挙するのではなく，大統領選挙人を選出することにより大統領を選出（間接選挙）。任期は4年で，**3選は禁止**（修正第22条）。 大統領の権限は，①**教書**による議会への立法措置勧告，②法案・議会の決議に対する成立**拒否権**，③陸海空3軍の最高司令官，④各省長官・連邦最高裁判官・大公使の任命権，⑤条約の締結権，⑥臨時議会の招集，⑦議会の停会権など，その権限は大幅に拡大されている。そして，大統領は議会ではなく国民に対して直接責任を負うため，大統領は議会の信任を必要とせず，議会の解散権限ももたない。議員との兼職もできない **副大統領** 大統領とセットで選出され，大統領が欠けた場合，大統領となる。また，**上院議長も兼任**する
行政	15省と大統領直属の独立行政機関と大統領府から成る。各省の長官は内閣を構成し，大統領を補佐。閣僚は，議員になれず議会に出席できない **大統領府** 巨大化した大統領の職務を補佐。行政内部の調整と助言が主な機能
立法	議会は上院・下院の二院制。解散はなく，議案提出権は議員のみ **上院（元老院）** 各州から2人選出，**定員100人**。**任期6年**で2年ごとに約3分の1ずつ改選。大統領に対し，条約締結・高官任命について同意権，下院の弾劾の訴追を受けての弾劾裁判権あり（上院3分の2以上の賛成で大統領を解任できる） **下院（代議院）** 各州から人口に比例して選出，**定数435人**。**任期2年**。全員同時に改選。予算の先議権と連邦官吏弾劾発議権あり
政党	共和党と民主党の**二大政党制**を形成 **共和党** 黒人奴隷制の反対勢力を結集し，1854年に結成。当初の支持基盤は資本家・北部。現在は中西部で支持。保守的。 **民主党** 1828年に結成。当初の支持基盤は農村部・南部。現在は西・東海岸で支持。F.ローズベルト大統領のニューディール政策以後は労働者，女性，多様な人種からの支持を獲得。
司法	連邦司法部は，最高裁・巡回控訴裁（高裁）・地方裁より成り，判例によって確立した**違憲法令審査権（司法審査権，→p.111 2）**をもつ
近況	2020年の大統領選挙で，民主党バイデン候補が勝利。前政権のアメリカ第一主義から，国際協調を重視する方針に転換。

2 連邦制

連邦政府の権限を限定 アメリカは，憲法で政府の権限を連邦と州とで分割し，軍事や外交など以外は州政府の自治に任せている。つまり，アメリカの州は，日本の都道府県と同じというより，むしろ国家に近い存在で，**州政府は連邦政府の権力濫用を抑制する役割**を果たしている。例えば，犯罪の罰則規定や弁護士・医師などの資格取得規定も州ごとに異なっている。

●州によって異なる義務教育年齢（文部科学省資料）

カリフォルニア州	イリノイ州	オクラホマ州
6〜18歳	7〜16歳	5〜18歳

3 民主党と共和党の勢力の推移

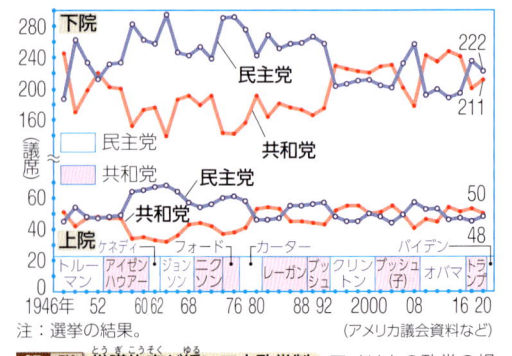

注：選挙の結果。（アメリカ議会資料など）

解説 党議拘束が緩い二大政党制 アメリカの政党の規律はイギリスや日本と比べて弱く，各議員は比較的自由に投票する。このため，**大統領の所属する政党と議会の多数政党が一致しない場合も，大統領の行政権の行使にさほど支障がない**という。なお，アメリカの上下両院に，**民主党**と**共和党**以外の第3の政党に所属する議員はいない。

入試クイズ：アメリカでは，大統領は下院の解散権を有する。○？×？〈12本〉（→1, p.29）
答：×

アメリカ大統領はどうやって決まる？

Coming Up

2020年，4年に1度のアメリカ大統領選挙が行われ，民主党のバイデン候補が勝利した。世界最大の軍事・経済大国のトップに立つアメリカ大統領は，その言動が世界に大きな影響を与える。どのような流れで決まるのかを知ろう。また，今回の選挙で見られた現象と課題を考えよう。

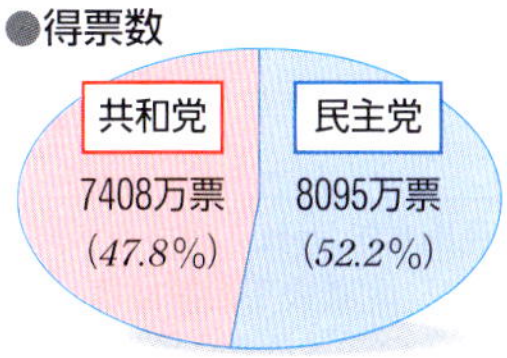

A 選挙の流れ

時期	共和党	民主党
2〜8月	予備選挙・党員集会	
8/17〜20 [野党が先]		全国大会
8/24〜27	全国大会	
11/3	大統領選挙一般投票	
12/14	選挙人投票（12月の第2水曜日の次の月曜日）	
翌年1/6	開票	
1/20	大統領就任式	

注：日付は2020年大統領選挙時。

- **全国大会で大統領候補を指名する代議員を選ぶ。** 党員集会か予備選挙かは，州によって異なる。
- **代議員が正副大統領候補を選ぶ。**
- **有権者が州ごとに大統領を選挙する大統領選挙人＊を選ぶ。実質的に大統領決定。**

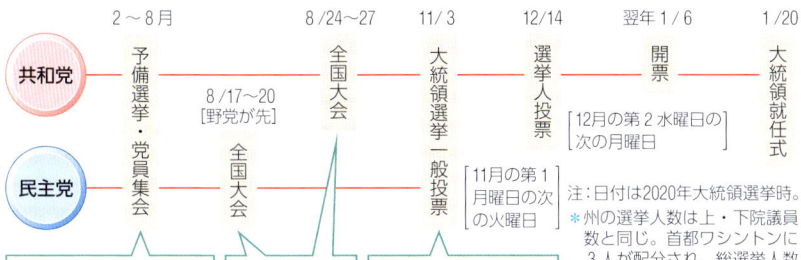

＊州の選挙人数は上・下院議員数と同じ。首都ワシントンに3人が配分され，総選挙人数は538人。ほとんどの州で，一票でも多く獲得した候補者がその州全ての選挙人を獲得できる「勝者総取り（winner-take-all）」を採用。

●なぜ間接選挙なの？

アメリカは，国民が直接大統領を選ぶことができるといわれるが，実際には選挙人を選ぶ間接選挙である。選挙制度が作られた建国時の18世紀後半，全米で一斉に投票することは難しいのが現状。また，読み書きできる人も少なく，政治に疎い一般の有権者には大局的な判断はできないという考えがあったといわれている。当初，選挙人は各州の議会で選ばれたが，次第に国民が投票で選ぶようになった。

B 2020年選挙の結果

共和党
Keep America Great!

中西部の農業地帯や南部に多い。WASP＊や資本家・富裕者層が支持基盤。近年は労働者の支持も獲得。

小さな政府
- 自由競争を推進。企業の利益を優先
- 環境問題や社会福祉には消極的
- 自由貿易
- 他国に積極的に介入する外交
- 銃規制や中絶・同性愛に反対

民主党
Build Back Better!

大都市が集中する東・西海岸に多い。マイノリティ，労働者，貧困層が支持基盤。近年は高学歴・富裕者が増加。

大きな政府
- 企業への規制。弱者救済
- 社会福祉政策に熱心
- 保護貿易（国内産業の保護）
- 対話的外交政策
- 道徳的問題には寛容

＊White Anglo-Saxon Protestant。保守的な白人エリート層。

●得票数
- 共和党：7408万票（47.8％）
- 民主党：8095万票（52.2％）

●選挙人獲得数（538人）
- 共和党：232人（43.1％）
- 民主党：306人（56.9％）

（2020年12月2日時点 NHK資料）

●州別の大統領選挙人数

＊1 メーン州はバイデン候補が3人，トランプ候補が1人獲得。
＊2 ネブラスカ州はバイデン候補が1人，トランプ候補が4人獲得。
注：アラスカ…3（トランプ候補勝利），ハワイ…4（バイデン候補勝利）

- トランプ候補勝利
- バイデン候補勝利
- 共和党地盤で民主党勝利

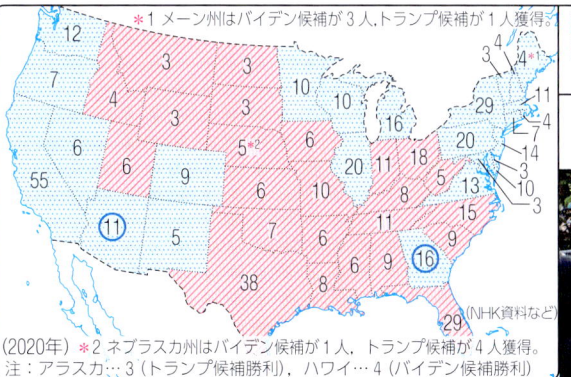

Q 民主党が強い州にも関わらず共和党が勝利した州には，どのような特色があるか。

●投票の集計をめぐって争う両陣営の支持者

（NHK資料など）

アメリカ社会の分断 トランプ大統領は就任以来，移民排除や差別などアメリカ社会に根付く分断をあおることで白人支持層の地盤を強固にしたが，アメリカ第一主義は国際社会からの孤立を招いた。また，新型コロナウイルスへの対応では経済を優先して封じ込めに失敗。浮き彫りになった黒人やヒスパニックなどの構造的な格差・差別にも対策を取らなかった。

試される民主主義 今回の選挙では，民主党のバイデン候補が反トランプ派の受け皿となり勝利。特に，これまで投票に行かなかった黒人有権者がバイデン候補を支持し，投票したことが結果を左右した。一方で，トランプ大統領は選挙に不正があったと根拠のない批判を繰り返し，一部の支持者も投票の中断を訴えるなど，一票を軽視する動きをみせた。今回の選挙は，アメリカ社会の分断の深さをうかがわせると同時に，アメリカの民主主義が試される選挙となった。

＊トランプ大統領は，法廷闘争に持ち込む構えを見せたが，棄却・取り下げが相次ぎ，バイデン候補の勝利は揺るがなかった。

重要用語 ㉙大統領制 ⑯違憲法令審査権（違憲審査権） ⑬二大政党制

アメリカの大統領制，イギリスの議院内閣制とどう違うか？（フランス国歌 ⇒p.18，大統領比較表 ⇒p.29，フランス共和国憲法 ⇒p.34）

D｜フランス（半大統領制）

*通常，下院第一党の党首ではない。

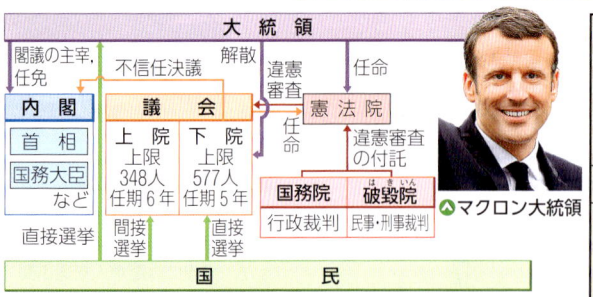

大統領の図式：閣議の主宰，任免／不信任決議／解散／違憲審査／任命／憲法院／違憲審査の付託／内閣（首相・国務大臣など）／議会（上院 上限348人 任期6年／下院 上限577人 任期5年）／国務院（行政裁判）／破毀院（民事・刑事裁判）／直接選挙／間接選挙／直接選挙／国民

注：上院の被選挙権は24歳以上，下院は18歳以上，選挙権は18歳以上。

下院（国民議会）の会派別議席数（2020年） *大統領所属政党

共和国前進*	279
共和党	102
民主運動	46
社会党	28
民主・独立連合など	19
無所属・その他	97
欠員	6
合計	577

エリゼ宮（大統領官邸）
ブルボン宮（国民議会）
マクロン大統領

フランス近況 2017年の大統領選挙で，EUとの関係強化・難民の受け入れ容認を訴えるマクロン候補がフランス史上最年少で大統領に就任。2018年，燃料税引き上げの発表をきっかけに反政府デモ（黄色いベスト運動）が発生・拡大（〜2019年）。

特色	大統領と首相の二元代表制。議院内閣制と大統領制を折衷した，半大統領制と呼ばれる。大統領の権限が強く，また，官僚の影響力が強い行政国家として知られ，議会権限の弱さが欠陥とされてきたが，2008年の憲法改正で議会権限が強化された（政府行為の監視機能の明記など）。
憲法	1958年，国民投票で採択され公布。フランス第五共和制憲法。
国家元首	**大統領*** 有権者の直接選挙。任期5年，3期連続は禁止。**対議会** 下院解散権 **対内閣** 閣議主宰権，首相任命権，首相の辞職申し出に基づく首相解任権，首相の提案に基づく閣僚任免権 **軍事** 軍の最高司令官 など広範な権限をもつ。就任時に議会の信任は不要（⇒p.29）
行政	**政府（内閣）** 国政を決定・指揮し，行政機構と軍事力を司る。下院の内閣不信任決議後は辞職が必要（議院内閣制）
	首相* 政府の活動を統率し，国防に責任を負う。法律の執行を保障。法律発議権，命令制定権をもつ。
立法	地方代表としての上院（元老院）と，国民代表としての下院（国民議会）の二院制。下院は解散あり（大統領権限）。
	上院（元老院） 地方議員など（選挙人団）による間接選挙。定員は上限348人。任期6年，3年ごとに半数改選。
	下院（国民議会） 有権者による直接選挙。定員は上限577人。任期5年。**対内閣** 内閣不信任決議権 **対上院** 法律案の議決で両院意見が不一致の場合，最終決定権をもつ。
政党	多党制 小選挙区2回投票制が生み出した左右二大ブロック制
司法	民事・刑事訴訟は破毀院，行政訴訟は国務院が最高裁判所
憲法院	違憲審査権をもつ。大統領・上下両院の議長が任命。公布前の法律の合憲性を審査。訴訟で主張された法律の違憲性を破毀院・国務院の付託を受けて審査。

注：上下院議員と，県議会議員・市町村長など地方公選職との兼職は制限付きで容認。一方，政府構成員の兼職は禁止で，上下院議員が政府構成員に任命されると議員辞職が必要。

E｜ロシア（半大統領制）

*1 2020年の憲法改正による。改憲時の大統領経験者の任期は含まない。

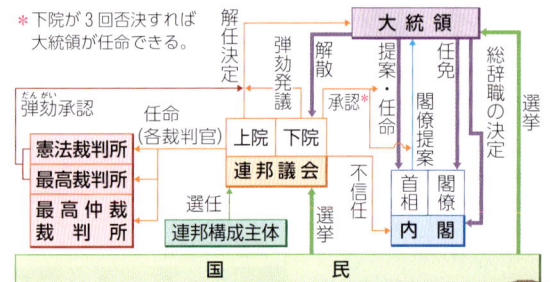

ロシアの図式：大統領／*下院が3回否決すれば大統領が任命できる。／解任決定／弾劾発議／解散／提案・任命／承認*／閣僚提案／総辞職の決定／選挙／弾劾承認／憲法裁判所／最高裁判所／最高仲裁裁判所（各裁判官）／上院・下院（連邦議会）／首相・閣僚（内閣）／連邦構成主体／選任／選挙／不信任／国民

注：上院・下院議員の被選挙権は21歳以上，選挙権は18歳以上。

下院の政党別議席数（2020年）

統一ロシア*	339
ロシア連邦共産党	43
ロシア自由民主党	40
公正ロシア	22
無所属	2
欠員	4
合計	450

*党首はメドベージェフ

ロシア大統領府
プーチン大統領
赤の広場

旧ソ連の政治制度 現在のロシアの前身は1991年に崩壊した旧ソ連。旧ソ連の政治制度は，人民代表の合議体である最高ソビエト（最高会議）に権力を集中させ，ソ連共産党が支配力をもつ一党独裁制であった（⇒p.202 ２）。

ロシア近況 2020年，憲法改正を問う全国投票で賛成多数で承認。2024年で任期が切れるプーチン大統領の続投が可能に。

特色	いわゆる民族共和国や州・自治管区などの連邦構成主体からなる連邦制。大統領に強大な権限を与え，かつ議院内閣制を採用した半大統領制。
憲法	1993年，国民投票で採択され，公布。
国家元首	**大統領** 有権者の直接選挙。任期6年，通算2期まで*1。内政・外交の基本方針を決定する。**対議会** 下院解散権，法案提出権 **対内閣** 首相任命権（下院の承認が必要），首相解任権，閣議主宰権，内閣総辞職の決定，閣僚任免権 **軍事** 軍の最高司令官 など権限は強大。
立法	地方代表としての上院と，国民代表としての下院の二院制。下院は解散あり（大統領権限）。
	上院（連邦院，連邦会議） 各連邦構成主体の代表各2人。任期は概ね4〜5年。**対大統領** 大統領罷免権（⇒p.29）**軍事** 大統領の戒厳令と非常事態令の承認
	下院（国家院，国家会議） 有権者による直接選挙。定員450人。任期5年。**対大統領** 大統領弾劾の発議権（⇒p.29）。首相任命の同意権 **対内閣** 内閣不信任決議権*2あり（議院内閣制） **対上院** 法案先議権。法案再議決権
	*2 下院の内閣不信任決議後，大統領は内閣総辞職を判断する。総辞職しないで3か月以内に再度内閣不信任決議がなされると，大統領は内閣総辞職か，下院解散のどちらかを行う。
司法	**憲法裁判所** 違憲審査権をもつ。連邦構成主体間の権限紛争も扱う
	最高裁判所 通常の民事・刑事・行政訴訟を扱う最高位の裁判所
	最高仲裁裁判所 経済紛争を扱う最高位の裁判所

入試のツボ 二院制の主な国…イギリス，アメリカ，フランス，ロシア，ドイツ，日本。このうち，両院の議員がともに国民から直接選挙される国…アメリカ，日本。おさえておこう。〈12・11・08本〉

（法治主義から生まれたナチス・ドイツ ➲p.16 1，ワイマール憲法 ➲p.20）

F ドイツ（議院内閣制）

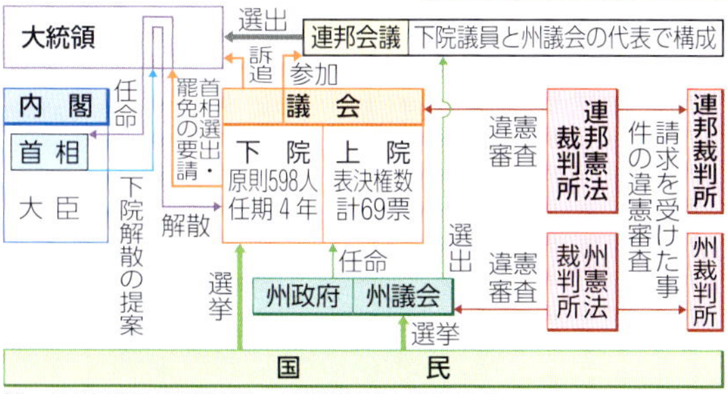

注：下院議員の選挙権・被選挙権は18歳以上。

特色	**連邦制** 16の州（ラント）からなる。各州が独自の憲法をもち，州議会・政府・裁判所をもつ。外交・軍事・通貨制度など特定の分野は連邦のみ，それ以外は州も立法権をもつ。 **議院内閣制** 大統領が選出されるが，下院に勢力基盤をもつ首相が政治的実権をもつ。下院は，後任首相を選出することで，首相に対する不信任を表明（建設的不信任制度）。一方，首相は大統領に下院解散を提案できる。
国家元首	**大統領** 州議会が選んだ代表と，下院議員からなる連邦会議において選出。任期５年，３選は禁止。**政治的実権はない**。**上下各院が大統領を訴追**し，憲法裁判所が決定。
行政	**内閣（連邦政府）** 首相と大臣で構成。法案提出権あり。軍の最高司令官は平時は国防大臣だが，緊急時は首相に移行。 **首相** 単独で政治の方針を決定する権限をもつ。**下院解散・大臣任免の決定権**あり。
立法	連邦の議会は，各州政府代表としての上院（連邦参議院）と，国民代表としての下院（連邦議会）からなる。 **上院（連邦参議院）** 各州の政府構成員が州政府により任命される。人口に応じて各州３～６票の表決権あり。 対下院 州の利害に関する法案への同意権（同意しない場合は不成立），それ以外の法案の下院議決への異議申し立て **下院（連邦議会）** 有権者による直接選挙。定員は原則598人。任期４年。**解散あり**。下院のみに法案議決権あり。上院の同意不要な法案では，上院の異議を却下し法案の成立が可能。対内閣 **首相の選出権**
政党	**多党制** 小選挙区比例代表併用制のため，通常は連立政権となるので，下院選挙前に各政党がどの政党と連立するかを宣言する。
司法	**連邦憲法裁判所・州憲法裁判所** **違憲審査権**（➲p.111 2）をもつ。日本のように具体的な権利紛争を前提とする違憲訴訟だけでなく，具体的な権利紛争のない違憲訴訟も扱う。 **その他の裁判所** 通常・行政・財政・労働・社会の５分野に分かれて組織される。下級審が州裁判所，最終審が連邦裁判所。

下院（連邦議会）の会派別議席数（2020年）

キリスト教民主同盟*・キリスト教社会同盟*	246
社会民主党*	152
ドイツのための選択肢	89
自由民主党	80
左派党	69
同盟90・緑の党・無所属	73
合計	709

*は与党。

ドイツ国会議事堂（連邦議会議事堂）

ドイツ憲法 憲法典としての効力をもつのは，1949年に旧西ドイツの暫定的な基本法として，各州議会が批准し公布された「**ドイツ連邦共和国基本法（ボン基本法）**」。東西ドイツ統一による新憲法制定が模索されたが，結局この基本法が1990年に旧東ドイツ地域にも適用され，今に至る。

ドイツ近況 2005年就任のメルケル首相は，ドイツ史上初の女性かつ旧東ドイツ出身の首相。安定した政権運営で国民の人気を集めたが，難民政策を巡って求心力が低下。2017年の下院選挙ではキリスト教民主・社会同盟が第１党を維持したものの過半数を割り，右派政党「ドイツのための選択肢」が第３党に躍進。

メルケル首相

大統領の違い（アメリカ➲p.26・フランス➲p.28・ロシア➲p.28・ドイツ）

大統領・首相の選出方法と実権の有無はどのような関係にあるか。

	アメリカ（大統領制）	フランス（半大統領制）	ロシア（半大統領制）	ドイツ（議院内閣制）
現大統領	バイデン（2021～）	マクロン（2017～）	プーチン（2000～08，12～）	シュタインマイヤー（2017～）
資格	出生によりアメリカ国籍を取得した者で，満35歳以上かつ14年以上定住する者	18歳以上のフランス国民	ロシアに10年以上定住する35歳以上の市民	下院議員の選挙権をもつ40歳以上のドイツ国民
選出方法	大統領選挙人による**間接選挙**だが，実質的には有権者が直接選ぶ	有権者による**直接選挙**	有権者による**直接選挙**	下院議員と州議会から選出された代表からなる**連邦会議が選ぶ**
任期	４年。３選は禁止	５年。３期連続は禁止	６年。通算２期まで	５年。３選は禁止
地位	国家元首，政治的実権あり 軍の最高司令官	国家元首，政治的実権あり 軍の最高司令官	国家元首，政治的実権あり 軍の最高司令官	国家元首，**政治的実権なし**
首相との関係	**首相職なし**	首相：カステックス（20～） 大統領が閣議主宰，首相を任命	首相：ミシュスチン（20～） 大統領が閣議主宰，首相を任免*1	首相：メルケル（05～） **首相が政治の方針を定める**
議会との関係	・議会議員との兼職禁止 ・議会の**解散権なし** ・法案成立の**拒否権あり**	・議会議員との兼職禁止 ・下院の**解散権あり** ・法案の再審議請求権あり	・議会議員との兼職禁止 ・下院の**解散権あり** ・法案成立の**拒否権あり**	・議会議員との兼職禁止 ・下院の解散権あり*2 ・法案成立の**拒否権なし***3
罷免	下院の訴追により，上院が弾劾裁判を行い，出席議員の３分の２以上の同意で有罪となると罷免	両院の３分の２以上で決定	下院の３分の１以上で発議し，最高裁と憲法裁判所が要件・手続きを確認後，両院の３分の２以上で採択し，上院が決定	議会のどちらかの議院の３分の２以上の賛成で訴追し，憲法裁判所が判断

*1 任命には下院の承認が必要。
*2 首相の信任動議が否決された場合，または首相が選出されない場合のみ。　*3 成立後の認証手続きの拒否は可能で，この場合，上下院は，憲法裁判所に提訴できる。

解説 **政治的実権の有無** 大統領を置く国には，大統領が国家元首という共通点があるが，大統領に政治的実権を認めた**大統領制**・**半大統領制**の国と，大統領に政治的実権を認めず，議会に信任された首相を行政のトップとする**議院内閣制**の国の２つに大きく分けられる。

重要用語 ㉙大統領制 (96)議院内閣制 (116)違憲法令審査権（違憲審査権） (139)直接選挙

(中華人民共和国憲法 ▶p.34, 改革開放政策 ▶p.203③, 中国の経済と貿易 ▶p.353)

G 中華人民共和国（権力集中制）

❶ 中国の政治機構

[党] 中国共産党中央委員会 — 総書記
[軍] 国家中央軍事委員会* — 国家中央軍事委員会主席
国家主席
立法 全国人民代表大会（全人代） 常務委員会
行政 国務院 — 総理
司法 最高人民法院／最高人民検察院／各級人民法院／各級人民検察院
中国人民解放軍／各級人民政府／各級人民代表大会
人民（選挙）

*他に中国共産党中央軍事委員会があるが、主席を含む両委員会の構成員は重複

注：選挙権は18歳以上。

▶習近平国家主席
中国共産党中央委員会総書記・国家中央軍事委員会主席を兼ね、事実上の最高実力者である。
▶全国人民代表大会

特色	マルクス主義・レーニン主義・毛沢東思想を理論的基礎とした**社会主義国家**。国家権力を議会である**全人代**に集中し、強力な政治を行う**権力集中制**（**民主集中制**）
憲法	1982年公布。第1条で「**人民民主独裁の社会主義国家**」と規定
国家元首	**国家主席** 全人代において選出。資格は選挙権、被選挙権をもつ満45歳以上の中国公民。任期はない（2018年～）。象徴的な存在で実権はないが、中国共産党・軍の最高責任者（▶❷）を兼任するため事実上の最高実力者
行政	**国務院** 行政の最高機関。社会発展計画や予算を作成。**国務院総理**は、国家主席が指名し、全人代が承認し、国家主席が任命。
立法	**全国人民代表大会（全人代）** 最高の国家権力機関、議事機関。各省・自治区・直轄市・軍隊などから選出された代表（上限3000人）で構成。毎年1回、数日間開催（臨時会もある）。任期5年。憲法改正、立法、国家主席・副主席・国家中央軍事委員会主席の選出など強い権限をもつ **常務委員会** 全人代の常設機関。憲法・法律の解釈、法律の制定、条約の承認・廃棄などを行う
政党	**中国共産党** 憲法で「中国人民は、中国を中国共産党の指導のもと社会主義国に築き上げていくこと」と定める
司法	**人民法院** 国家の裁判機関。最高・各級・軍事の各人民法院を置く。行政からは独立。 **人民検察院** 国家の法律監督機関。最高・各級検察院を置く。人民法院同様、行政から独立。
近況	2020年、中国政府は香港で統制を強め、反政府的な活動を取り締まる香港国家安全維持法を成立・施行。

●特殊な地域、香港特別行政区とマカオ特別行政区

一国二制度 1つの国で、社会主義と資本主義を併存させる制度。かつて**香港**はイギリスの、**マカオ**はポルトガルの植民地で、1990年代後半に中国に返還された。返還後50年間は、全人代が定めた各地区の基本法（憲法に相当）で高度な自治権が認められ、返還前の**資本主義を維持**し、外交・国防以外は**独自の政治・経済政策を実施**。しかし、国家安全維持法により香港では制度が揺らいでいる。

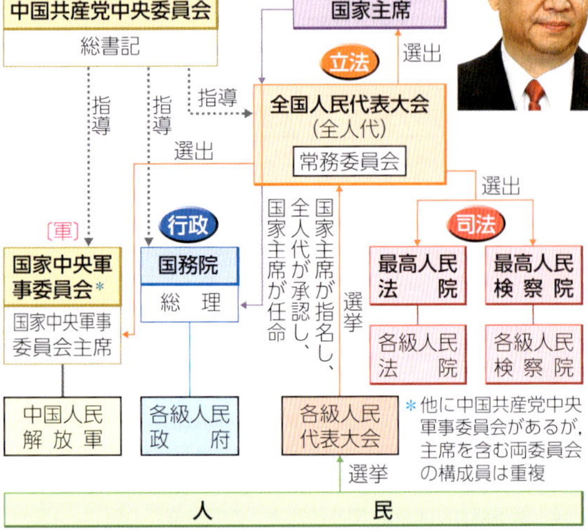

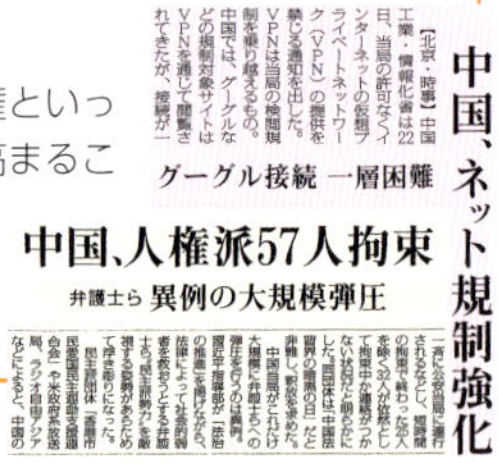

❷ 中国共産党の影響力

中国共産党は憲法でも指導的政党に位置付けられている。党首にあたる総書記は、軍の最高責任者（中央軍事委員会主席）を兼ね、国内外に強い影響力をもつ。

三つの代表思想 中国共産党が人民から支持される理由は、国家と人民の根本利益の実現のため、中国の、
① 先進的な社会生産力の発展の要求
② 先進的文化の前進の方向
③ 最も幅広い人民の根本的利益
の3つを常に代表し、正しい政策方針を示して努力してきたからである、という考え方。2000年に江沢民総書記（当時）が発表し、2004年には憲法にも明記された。

●プロレタリア文化大革命（1966～76年）

毛沢東（▶p.171❶）の主導による、党内の権力奪還をめざす政治運動。毛沢東は、自身の経済政策（「大躍進」）が失敗した後、劉少奇国家主席が資本主義を導入して経済回復を図ると、これを批判。毛沢東を崇拝する青年らを「紅衛兵」として組織して操り、劉少奇ら反共産主義革命とされた「走資（実権）派」や文化人らを弾圧・迫害した。
毛沢東の死後、特定の個人への権力集中を防ぐために共産党は集団指導体制に移行した。しかし、近年は習近平国家主席への権力集中が進んでいる。

▲紅衛兵に糾弾される走資派

●第2次天安門事件（1989年）

文化大革命後、停滞した経済を立て直すために鄧小平は**改革開放政策**（▶p.203③）を推進し、市場経済の導入を図った。しかし、経済格差が深刻化して共産党への不満が強まり、また、開放によって流入した欧米の思想の影響を受け、人権・民主化運動が活発化した。言論の自由化を推進し、改革派が支持した胡耀邦前総書記の追悼集会を機に民主化運動が拡大。政府は武力で鎮圧し、多数の犠牲者を出した。

▲天安門広場に突入する人民解放軍装甲車

▶中国共産党は、民主主義や人権といった価値観が広まって政権批判が高まることを恐れ、メディアや人権活動などへの統制を強化している。
（「毎日新聞」左から2015.7.12, 2017.1.24）

グーグル接続 一層困難
中国、人権派57人拘束
弁護士ら 異例の大規模弾圧
中国、ネット規制強化

◆メモ 2016年、中国共産党は習近平を党の「核心」と位置づけた。毛沢東、鄧小平、江沢民に続き4人目。「核心」は党内で別格の存在であることを示し、高い権威をもつ。

台湾の歴史

1945	日本の降伏。**台湾は中華民国に編入**。中国共産党と国民党の内戦再開
1947	二・二八事件。国民党政権(大陸出身)が台湾人を弾圧
1949	中国共産党が国民党に勝利し,**中華人民共和国**建国。国民党,台湾に逃れる(**中華民国政府**)。戒厳令施行。中華人民共和国と中国統治を巡り対立
1958	中国,中華民国の金門島に大砲撃
1971	国連で中華人民共和国の国連参加決定。中華民国政府は国連代表権失う
1972	日中国交正常化。日台断交
1987	戒厳令解除。新党結成解禁
1988	李登輝総統就任。民主化が進む
1996	台湾住民の直接選挙による初の総統選で李登輝圧勝
2000	民進党の陳水扁総統就任
2008	国民党の馬英九総統就任。中台対話の進行
2016	民進党の蔡英文総統就任(2020年再選)

解説 「一つの中国」とは 2016年,中国からの独立志向が強い民進党の蔡英文主席が総統選に勝利。「一つの中国」(中国大陸と台湾はともに中国である)原則をとる中国は,台湾の国際的活動に圧力をかけている。

△蔡英文総統

LOOK 開発独裁体制とは?

開発独裁とは,経済開発を優先に掲げ,独裁政権の正当化を図る体制のこと。戦後,独立を果たしたアジアやアフリカ諸国では,経済成長を効率的かつ急速に進めるためには国家が主導する必要があるとの考えから生まれた。

主な開発独裁政権:
- 大韓民国…朴正煕政権(1963～79)
- インドネシア…スハルト政権(1968～98)
- シンガポール…リー・クアンユー政権(1965～90*)
- フィリピン…マルコス政権(1965～86)
- イラン…パフレヴィー朝(1925～79) (→p.32)

*現在も人民行動党が圧倒的多数を維持し,政権を独占。

●アジアの主な国の国民総生産 (億ドル)(「世界国勢図会」)

	1965	1970	1975	1980	1985
大韓民国	34.1	79.1	198.5	569.3	884.4
インドネシア	88.8	88.8	291.2	663.7	865.9
シンガポール	8.4	19.0	55.1	106.7	189.7
フィリピン	48.5	76.6	159.3	344.6	326.3

しかし,議会や選挙などの機能の制限,言論・市民運動の弾圧,長期政権による政治腐敗などへの国民の不満から民主化運動が起こり,政権が崩壊する場合が多い。

▷マルコス大統領の油絵に殴りかかる若者(フィリピン) 1986年,ピープル・パワー革命によってマルコス政権が崩壊。アキノ新大統領は「長い苦悩は終わり,我々は自由になった」と宣言。

H 大韓民国(大統領制)

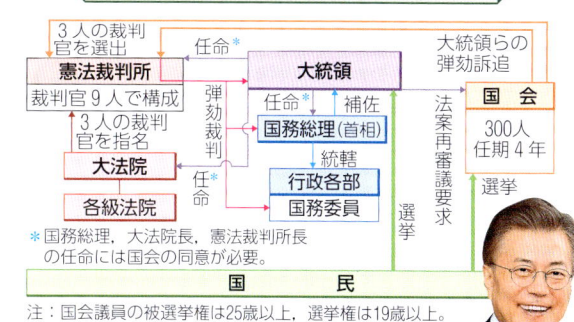

憲法裁判所 — 裁判官9人で構成、3人の裁判官を選出、大統領が任命、3人の裁判官を指名
大法院 — 各級法院
大統領 — 国務総理(首相) — 行政各部 国務委員
国会 — 300人 任期4年、選挙
大統領らの弾劾訴追、法案再議要求、弾劾裁判、補佐、統轄、任命

*国務総理,大法院長,憲法裁判所長の任命には国会の同意が必要。

国 民

注: 国会議員の被選挙権は25歳以上,選挙権は19歳以上。

△文在寅大統領

●国会の政党別議席数(2018年)

共に民主党*	121
自由韓国党	116
正しい未来党	30
民平和党	14
無所属・その他	12
欠員	7
合計	300

△**大統領官邸(青瓦台)** 英語ではアメリカのホワイトハウスと対比する「The Blue House」。人気の観光名所でもある。

*は与党で,大統領の所属政党でもある。

韓国近況 2018年,韓国の文在寅大統領と北朝鮮の金正恩朝鮮労働党委員長が,南北の軍事境界線をまたぐ板門店で会談。会談は2007年以来。朝鮮半島の「完全な非核化」の実現をめざす板門店宣言に署名したが,その後,進展していない。
2020年,北朝鮮が開城にある南北共同連絡事務所を爆破。アメリカとの非核化交渉が進まず経済制裁が解除されない中で,韓国との経済協力再開に圧力をかけるためとみられ,南北関係に緊張がはしった。

▷握手する金正恩朝鮮労働党委員長(左)と文在寅大統領

特色	大統領制。議会は**一院制**で,国会と呼ばれる。
憲法	1948年国会で採択。以後,数回の憲法改正で大統領・議会権限を繰り返し変更してきた。1987年に民主化をめざし大改正。現在の憲法は「第六共和国憲法」と呼ばれる。
国家元首	**大統領** 有権者の直接選挙。任期5年,再選は禁止。被選挙権は40歳以上で国会議員の被選挙権をもつ人。就任時に国会の信任は不要。大統領に国会解散権なし。**対国会 法案再議要求権,憲法改正発議権 対政府 国務総理任命権**(国会の同意が必要),国務総理の要請に基づく**国務委員任免権 軍事 軍の最高司令官** など強い権限をもつ。
行政	大統領が政府のトップ。政府にも法案提出権あり。**国務会議** 国政を審議する会議。大統領(議長),国務総理(副議長),国務委員からなる。行政各部の長は,国務委員の中から国務総理の要請により大統領が任命。**国務総理** 大統領を補佐し,行政について大統領の命令を受けて行政各部(行政機関)を統轄。
立法	**国会** 定数300人。任期4年。解散なし。憲法改正発議・議決権(国民投票で過半数の賛成が必要),国政監査・調査権,大統領・国務総理・国務委員らへの弾劾訴追権あり。
司法	司法権は法院が担う。最高位(最高裁判所)は大法院。
その他	**憲法裁判所** 違憲審査権あり。大統領などの弾劾裁判も行う。**選挙管理委員会** 選挙・国民投票の管理,政党に関する事務処理を行う。

① 大統領制か議院内閣制かその他か？ ② 議会は一院制か二院制か？ ③ 大統領や首相の選出方法は？
（中国の政治体制 →p.30, 韓国の政治体制 →p.31）　注：地図中の①〜⑧は表中の国と同じ。

Ⅰ アジアの様々な政治体制

大統領制

①インドネシア

大統領：国家元首は**ジョコ大統領**（2014年就任）
国民の直接選挙。任期5年。3選禁止。議会解散権なし。内閣を組織し大臣任命権をもつ。

議会：一院制だが、二院制への移行をめざし2004年に地方代表議会発足。両院の議員で構成される国民協議会は、憲法制定・改正権、大統領弾劾訴追・罷免権をもつ。
地方代表議会（上院）　定員136人。任期5年。地方の利害に関する法案提出権・審議参加権あり。
国会（下院）　定員575人。任期5年。立法権あり。

政治史：1968〜98年の**スハルト大統領**の**開発独裁**（→p.31 LOOK）は、経済発展の一方で汚職・腐敗が進み、民主化運動で崩壊。2004年、国民が初めて直接選挙した大統領・ユドヨノ政権発足。2014年、一般市民出身のジョコ大統領就任。

②フィリピン

大統領：国家元首は**ドゥテルテ大統領**（2016年就任）
国民の直接選挙。任期6年。再選禁止。議会解散権なし。内閣を組織し閣僚任命権をもつ。

議会：
上院　定員24人。任期6年。3選連続は禁止。大統領罷免権あり。
下院　定員上限297人。任期3年。4選連続は禁止。

政治史：1946年アメリカから独立。65年就任の**マルコス大統領**は独裁政治を行ったため民衆の批判が高まり、86年崩壊（ピープル・パワー革命）。2001〜10年のアロヨ政権下で汚職・腐敗が進み、10年、国民の高い支持を得てアキノ3世政権が成立。2016年、違法薬物・犯罪対策などを重要課題に掲げるドゥテルテ大統領が就任。

③ミャンマー

大統領：国家元首は**ウィン・ミン大統領**（2018年就任）
議会議員が選出。任期5年。3選禁止。議員との兼職不可。行政権を担い、議会に責任を負う。議会への法案再審請求権あり。

議会：上下各院の25％が軍人議員。残りは下院は有権者の直接選挙、上院は各管区・州の代表。各院に大統領罷免権あり。
上院（民族代表院）　定員224人。任期5年。
下院（国民代表院）　定員440人。任期5年。

政治史：1988年、民主化運動で社会主義政権が崩壊したが、国軍が**軍事政権**を樹立し民主化運動を弾圧。弾圧への抵抗と諸外国の経済制裁もあり、2010年に総選挙、11年に文民政権が発足。15年の総選挙で、民主化運動の指導者アウン・サン・スー・チーさん率いる野党（NLD）が圧勝。16年、新政権発足。スー・チーさんは国家最高顧問などに就任。20年の上下両院選挙で与党NLDが勝利。
イスラーム系少数民族ロヒンギャに対する迫害をめぐり、2020年、国際司法裁判所はミャンマーに迫害停止を命令。

権力集中制

④朝鮮民主主義人民共和国（北朝鮮）

社会主義国家。朝鮮労働党の一党独裁体制。憲法で「人間中心の世界観であり人民大衆の自主性の実現をめざす革命思想である**主体思想**」と軍事優先の先軍思想を掲げる。実質的な国家元首は**金正恩国務委員会委員長**（2016年就任）　国務委員会は、2016年に新設された「国家主権の最高政策的指導機関」。

政党：**朝鮮労働党**　国家のすべての活動を指揮監督。金正恩は朝鮮労働党委員長・朝鮮人民軍最高司令官を兼任。

議会：**最高人民会議**　一院制。定員687人。任期5年。

政治史：1948年に**金日成**が社会主義政府樹立。94年の金日成死去後は息子の**金正日**、2011年の金正日死去後は息子の金正恩が最高指導者。日本政府は北朝鮮を国家として認めておらず、両国間に国交はない。（年表 →p.170 ②）

議院内閣制

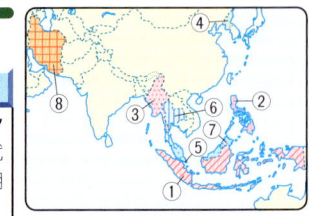

⑤シンガポール

国家元首は**ハリマ・ヤコブ大統領**（2017年就任）。象徴的存在で任期6年、直接選挙。

議会：**一院制**　国民の直接選挙の89議席、高得票率の野党に配分される3議席*、議会が指名する9議席*で構成（*の議員の議決権は制限あり）。任期5年。解散あり。首相選出権あり。

内閣：行政権を担う内閣は、議会に連帯責任を負う。
リー・シェンロン首相（2004年就任）
議会が選出。議会解散権を実質的にもつ。

政治史：1965年、マレーシアから独立。以来、与党の人民行動党（PAP）が圧倒的多数の議席を確保し続け政権を独占。2020年の議会選挙では与党が83議席を獲得。

⑥タイ

国家元首は**ワチラロンコン国王**（ラーマ10世王、2016年即位）。主権者はタイ国民だが、国王の権限が強い。

議会：
上院　定員200人。任期5年。約20の職業グループに属する議員候補者がお互いに投票し合う（互選）。
下院　定員500人。任期4年。直接選挙。法案先議権・議決優先権あり。内閣不信任決議権あり。解散あり。

内閣：内閣構成員（首相と国務大臣）は議会に対し共同で責任を負う。
首相　下院議員の中から審議・承認された者を、国王が任命。合計8年超は禁止。下院解散権は実質的に首相がもつ。

政治史：植民地支配を受けず、1932年の立憲革命後に絶対王政から立憲君主制へ移行。軍によるクーデターが頻発し、民政と軍政が交互に発足。2017年に新憲法公布、2019年の総選挙で5年ぶりに民政が復活。しかし軍の政治への影響力が強く、2020年、民主化と王制改革を求めるデモが発生。

⑦マレーシア

国家元首は**アブドゥラ第16代国王**（2019年就任）。13州のうち9州のイスラームの首長による輪番制（任期5年）。連邦制。

議会：
上院　定員70人（国王任命44人、州議会指名26人）。任期3年。下院が上院に対して優位。
下院　定員222人。任期5年。直接選挙。解散あり。

内閣：**ムヒディン首相**（2020年就任）　下院第一党党首を国王が任命。実質的に下院解散権をもつ。

政治史：1957年イギリスから独立。以来、与党連合「国民戦線」が政権独占。2018年の下院選挙で、マハティール元首相率いる野党連合「希望連盟」が勝利し、独立後初の政権交代を実現。しかし2020年、与党分裂により旧勢力が復活。

イスラーム共和制

主権は神にあり、イスラームの原理に基づく政治を行う**イスラーム共和制**。国家元首は最高指導者**ハメネイ師**（1989年就任）

最高指導者：**専門家会議**（国民の直接選挙、任期8年）**が選出**。任期なし。施政方針決定権、軍の統帥権、最高裁や議会の決定に基づく大統領罷免権あり。補佐機関の護憲評議会は、イスラームの原理に合わない法律の拒否権をもつ。

⑧イラン

大統領：**ローハニ大統領**（2013年就任）　任期4年。3期連続は禁止。**国民の直接選挙**。最高指導者に次ぐ第2の権力者。*行政府の長。他国の首相に相当。

議会：**一院制**　定員290人。任期4年。国民の直接選挙。

政治史：1979年、イラン革命により親米の王権が崩壊、共和制の現体制樹立。以後、アメリカと国交断絶。イランの核開発疑惑に対し、2015年、核開発を制限する代わりに各国の対イラン経済制裁を解除することで合意。しかし、アメリカは2018年に離脱し、制裁再開。（→p.169）

◆メモ　アメリカの憲法制定会議には、商人・軍人・医者・知事などが参加したが、わずかな人々しか高等教育を受けられない時代にもかかわらず、その半数以上が大学教育を受けていた。最年少者は26歳、最年長者は81歳だった。

J 各国の憲法

1 アメリカ合衆国憲法(抄)
[作成 1787.9.17]
[発効 1788.6.21]

第1条〔連邦議会とその権限〕
第1節 この憲法によって与えられる一切の立法権は，合衆国連邦議会に属し，連邦議会は上院〔元老院〕および下院〔代議院〕で構成される。

第2節〔1項〕 下院は，各州人民が2年ごとに選出する議員で組織する。……

第3節〔1項〕 合衆国上院は，各州から2名ずつ選出される上院議員で組織する。上院議員の選出は，各州の州議会によって行われ，その任期は6年とする。……
〔6項〕 上院はすべての弾劾を裁判する権限を専有する。……

第7節〔1項〕 歳入の徴収に関するすべての法律案は，まず下院に提出しなければならない。ただし，他の法律案におけると同じく，上院はこれに対し修正を発議し，もしくは修正を付して同意することができる。
〔2項〕 下院および上院を通過したすべての法律案は，法律となるに先立ち，合衆国大統領に送付しなければならない。大統領がもしこれを承認すれば，これに署名する。承認しない場合には，これに拒否理由を添えて，これを発議した議院に還付する。その議院は，その拒否理由の全部を議事録に記録し，法律案を再議に付する。再議の結果，その議院が3分の2の多数をもって，その法律案の通過を可決したときは，法律案は拒否理由書と共に他の議院に回付され，他の議院でも同様に再審議を行う。そして再び3分の2の多数をもって可決された場合には，その法律案は法律となる。……

第2条〔大統領とその権限〕
第1節〔1項〕 行政権は，アメリカ合衆国大統領に属する。大統領の任期は4年とし，同一任期で選任される副大統領と共に，左の方法で選挙される。
〔2項〕 各州はその州議会の定める方法により，その州から連邦議会に送り得る上院および下院の議員の総数と同数の選挙人を選任する。……

⬆初代米大統領 ワシントン

第2節〔1項〕 大統領は，合衆国の陸海軍および現に召集されて合衆国の軍務に服する各州の民兵の最高司令官である。……
〔2項〕 大統領は，上院の助言と同意を得て，条約を締結する権限を有する。ただしこの場合には，上院の出席議員の3分の2の賛同が必要である。……

第3条〔連邦司令部とその権限〕
第1節 合衆国の司法権は，最高裁判所および連邦議会が随時制定設置する下級裁判所に属する。最高裁判所および下級裁判所の判事は，罪過のない限り，その職を保ち，またその職務に対し定時に報酬を受ける。その額は在職中減ぜられることはない。

第6条〔国の最高の法，すなわち「連邦の優位」の規定〕
〔2項〕 この憲法，これに準拠して制定される合衆国の法律，および合衆国の権限をもってすでに締結されまた将来締結されるすべての条約は，国の最高の法である。これによって各州の裁判官は，各州憲法または州法律中に反対の規定ある場合といえども，拘束される。

(斎藤眞訳『世界憲法集 第四版』岩波文庫)

● アメリカ合衆国憲法修正箇条(抄)

修正第1条 連邦議会は，国教の樹立を規定し，もしくは信教上の自由な行為を禁止する法律，また言論および出版の自由を制限し，または人民の平穏に集会をし，また苦痛事の救済に関し政府に対して請願をする権利を侵す法律を制定することはできない。

修正第2条 規律ある民兵は，自由な国家の安全にとって必要であるから，人民が武器を保蔵しまた携帯する権利は，これを侵してはならない。

修正第6条 すべての刑事上の訴追において，被告人は，犯罪が行われた州および，あらかじめ法律によって規定さるべき〔司法〕地区の，公平な陪審によって行われる，迅速な公開の裁判を受け，かつ被告事件の性質と原因とについて告知を受ける権利を有する。……

修正第8条 過大な額の保釈金を要求し，または過重な罰金を科することはできない。また残酷で異常な刑罰を科してはならない。

修正第13条〔1865年確定〕
第1節 奴隷および本人の意に反する労役は，犯罪に対する刑罰として，当事者が適法に宣告を受けた場合をのぞくほか，合衆国内またはその管轄に属するいずれの地にも存在してはならない。

修正第14条〔1868年確定〕
第2節 下院議員は，各州の人口に比例して，各州の間に配分される。納税の義務のないインディアンをのぞいた総人口を各州の人口とする。……

修正第15条〔1870年確定〕
第1節 合衆国市民の投票権は，人種，体色または過去における服役の状態にもとづいて合衆国または各州により拒絶または制限されることはない。

修正第17条〔1913年確定〕〔1項〕 合衆国の上院は，各州から2人ずつ6か年を任期として，その人民によって選挙される上院議員を以てこれを組織する。……

修正第19条〔1920年確定〕〔1項〕 合衆国市民の投票権は，性の区別にもとづいて，合衆国またはいかなる州によっても，これを拒絶または制限してはならない。

修正第22条〔1951年確定〕
第1節 何人も2回をこえて大統領の職に選出されてはならない。……

修正第25条〔1967年確定〕
第1節 大統領の免職，死亡，辞職の場合には，副大統領が大統領となる。

修正第26条〔1971年確定〕
第1節 18歳またはそれ以上の合衆国市民の投票権は，年齢の故をもって，合衆国またはいかなる州もこれを拒絶または制限してはならない。

修正第27条〔1992年確定〕 上院議員および下院議員の歳費を改定する法律は，その成立後に行なわれる下院議員の選挙ののちまで施行されてはならない。

(同前など)

解説 世界初の成文憲法 1787年，フィラデルフィア憲法制定会議で作成された。**国家レベルでは世界初の成文憲法**で，この発効によりアメリカ合衆国が成立した。独立戦争の成果が盛り込まれ，**連邦制・厳格な三権分立・硬性憲法・二院制・大統領制**が特色。制定当初，人権の規定はなかったが，1791年に権利章典が修正10箇条として追加された。その後，黒人奴隷制の廃止・女性参政権・大統領の三選禁止などを規定した修正条文が合計27条追加された。

◆重要用語 ⑰硬性憲法 ㉙大統領制 ㉚権力集中制(民主集中制) ㉛開発独裁 �96議院内閣制 ⑬⑨直接選挙 ⑱㉒イラン革命

2 フランス共和国憲法（抄）　[公　布 1958.10.4／最終改正 2008.7.23]

〔前文〕　フランス人民は，1789年宣言により規定され，1946年憲法前文により確認かつ補完された人の諸権利と国民主権の諸原理に対する忠誠，および，2004年環境憲章により規定された権利と義務に対する忠誠を厳粛に宣言する。……

第1条①　フランスは，不可分の，非宗教的，民主的かつ社会的な共和国である。フランスは，出自，人種あるいは宗教の区別なく，すべての市民の法の前の平等を保障する。……

第3条①　国民の主権は人民に帰属し，人民はそれを代表者を通じておよび国民投票の方法で行使する。

第6条①　共和国大統領は，任期5年で直接普通選挙により選出する。

第8条①　共和国大統領は，首相を任命する。共和国大統領は，首相からの政府辞職の申し出に基づき首相を解任する。
② 　共和国大統領は，首相の提案に基づき，他の政府構成員を任免する。

第9条　共和国大統領は，閣議を主宰する。

第12条①　共和国大統領は，首相および両議院議長の意見を聴いた後，国民議会の解散を宣告することができる。

第15条　共和国大統領は，軍隊の長である。共和国大統領は，国防の上級諸会議・諸委員会を主宰する。

第24条②　国会は，国民議会と元老院から成る。
③ 　国民議会の議員は直接選挙により選出される。……
④ 　元老院は，間接選挙により選出される。……

第50条　国民議会が問責動議を議決し，あるいは，政府の政策プログラムもしくは一般政策表明を承認しなかった場合には，首相は共和国大統領に政府の辞表を提出しなければならない。
　　　　　　　（高橋和之訳『新版　世界憲法集』岩波文庫など）

解説　第五共和制憲法
フランスは1789年のフランス革命後，1792年に第一共和制→1804年にナポレオンが皇帝に即位（第一帝政）→その退位後の1814年に制限君主制（復古王政）→…と1958年の**第五共和制憲法**（現行憲法）制定までの169年間に実に15以上の異なる政治体制を経験した。現行憲法は第二次世界大戦の英雄**シャルル・ド・ゴール**が制定の中心となった。**行政権優位で大統領権限が強いこと**（→p.28）や，人権保障の条文がなく，前文で1789年の**人権宣言**（→p.20）などの人権保障文書に法的効力をもたせたことなどが特色。

△第五共和制初代大統領ド・ゴール

3 中華人民共和国憲法（抄）　[公布・施行 1982.12.4／最終改正 2018.3.11]

〔序言〕　……全国各民族人民，一切の国家機関及び武装力，各政党及び各社会団体，各企業，事業組織は全て憲法を以て根本の任務遂行準則としなければならない，かつ憲法の尊厳を護り，憲法実施の職責を負う。

第1条①　中華人民共和国は労働者階級が領導し，労農同盟を基礎とする人民民主独裁の社会主義国家である。
② 　社会主義制度は中華人民共和国の根本制度である。中国共産党の指導は中国の特色ある社会主義の最も本質的な特徴である。いかなる組織または個人にも社会主義制度を破壊することを禁じる。

第2条①　中華人民共和国の一切の権力は，人民に属する。
② 　人民が国家権力を行使する機関は，全国人民代表大会及び地方各級人代表大会である。

第3条①　中華人民共和国の国家機構は，民主集中制の原則を実行する。
② 　全国人民代表大会及び地方各級人民代表大会は，すべて民主的選挙によって生み出され，人民に対して責任を負い，人民の監督を受ける。
③ 　国家行政機関，監察機関，裁判機関，検察機関は，すべて人民代表大会によって生み出され，これに対して責任を負い，この監督を受ける。

第5条②　国家は社会主義法制の統一及び尊厳を護る。
③ 　一切の法律，行政法規及び地方性法規は，すべて憲法と抵触してはならない。

第6条①　中華人民共和国の社会主義経済制度の基礎は，生産手段の社会主義公有制，即ち，全人民所有制及び勤労大衆集団所有制である。社会主義公有制は，人が人を搾取する制度を消滅させ，能力に応じて働き，労働に応じて分配するという原則を実行する。

第11条①　法が定める範囲内の個人経済，私営経済等の非公有制経済は，社会主義市場経済の重要な組成部分である。
② 　国家は，個人経済，私営経済等の非公有制経済の合法的権利及び利益を保護する。国家は，非公有制経済の発展を奨励し，支持し，及び導き，かつ非公有制経済に対して法により監督及び管理を実行する。

第15条①　国家は，社会主義市場経済を実行する。

第16条①　国有企業は，法律の定めの範囲内において，自主経営の権利を有する。

第34条　中華人民共和国の満18歳以上の市民*は，民族，人種，性別，職業，出身家庭所属階級，宗教信仰，教育程度，財産状況，居住期間を分かたず，すべて選挙権及び被選挙権を有する。……

第35条　中華人民共和国市民は，言論，出版，集会，結社，行進，示威の自由を有する。

第37条①　中華人民共和国市民の人身の自由は，侵犯を受けない。
② 　いかなる市民も，人民検察院が許可し，もしくは，決定し，または，人民法院が決定し，警察機関が執行するのでなければ，逮捕されない。

第48条①　中華人民共和国の女性は，政治，経済，文化，社会及び家庭の生活等の各方面において，男性と平等の権利を享有する。
② 　国家は，女性の権利及び利益を保護し，男女同一労働同一報酬を実行し，女性幹部を養成し，及び，選抜する。

第57条　中華人民共和国全国人民代表大会は，最高の国家権力機関である。その常設機関は，全国人民代表大会常務委員会である。

*「市民」は，原文では「公民」　　（高見澤磨訳『新版　世界憲法集』岩波文庫など）

解説　憲法の特色
1982年制定の憲法の主な特色は，①国家の性格を「プロレタリア独裁」から「人民民主独裁の社会主義国家」と変更②要職者の終身制をやめ，任期を明記など。その後，鄧小平が進めた**改革開放政策**（→p.203③）と憲法の矛盾などから，改正が行われている。

- ●1988年の改正点…**私営企業と土地使用権の譲渡**の承認
- ●1993年の改正点
  - ①前文に「中国が**社会主義の初級段階にあること**」を追加
  - ②**人民公社**を削除，**農業生産責任制**を明文化
  - ③**社会主義市場経済**を明文化
  - ④**国営**を**国有**に変更
- ●1999年の改正点…**私営経済の法的保護**
- ●2004年の改正点…**私有財産権を保障**
- ●2018年の改正点…**国家主席の任期規定撤廃，共産党一党支配の正当性を強化**

白猫であれ，黒猫であれ，ネズミを捕る猫はいい猫だ。

△鄧小平　経済が発展するなら社会主義（計画経済）や資本主義（市場経済）という手段を問わないと主張。それをこの「**白猫黒猫論**」で表現した。

ポイント整理 ①

1 政治と法の支配

A 政治と国家 (→p.12, 13)
①政治…社会生活における対立を権力により調整し、秩序を形成する営み
②国家…政治権力により秩序に従って社会生活を運営する統治組織

国家の三要素
- 国民
- 一定の領域（領土、領海、領空を含む）
- 主権
  - 他国の干渉を許さない独立の権力
  - 国家の最高意思を決定し、領域内のすべての人を統治する権力

B 社会契約説 (→p.14)
ホッブズ『リバイアサン』…自然状態での万人の万人に対する闘争→自然権の放棄
ロック『統治二論』…契約による自然権の信託→権利の侵害には抵抗権
ルソー『社会契約論』…人民主権、人民全体の一般意志による直接民主制

C 民主政治の基本原理 (→p.15)
①人民主権（国民主権）…人民（国民）の、人民による、人民のための政治＝民主政治
- 直接民主制…国民が直接政策を議論し、意思決定を行う
- 間接民主制…国民は代表者からなる議会を通じて間接的に主権を行使

②三権分立…国家権力を立法・行政・司法に分け、それぞれを異なる機関が運用
- モンテスキュー『法の精神』…権力の抑制と均衡を説く

D 法の支配 (→p.16, 17)
法の支配…政治権力は法の下にあり、法に基づいてのみ行使される
　　　　　法は国民の人権を守ることが前提
人の支配…為政者の恣意的な支配

2 人権保障の発展

A 人権保障の歴史 (→p.18)
①絶対王政←王権神授説…国王の権力は神が与えたもので無条件に従うべき
　　⇓　←産業の発展にともなう市民階級（ブルジョアジー）の台頭
②市民革命…イギリスの清教徒革命・名誉革命、アメリカ独立革命、フランス革命
　　┗自然法思想…人間は生まれながらに自由かつ平等な権利（自然権）をもつ

B 人の支配の抑制と人権の保障 (→p.18～20)
・人権宣言…国民の自由や権利を基本的人権として宣言
〈イギリス〉マグナ・カルタ（大憲章）、権利請願、人身保護法、権利章典
〈アメリカ〉バージニア権利章典・アメリカ独立宣言　〈フランス〉フランス人権宣言

C 人権の国際的保障 (→p.21～23)
・世界人権宣言〔1948年〕…自由権を中心に社会権も含めた人権保障の基準を規定
・国際人権規約〔1966〕…世界人権宣言に法的拘束力をもたせ、実施を義務づける
・人種差別撤廃条約〔1965〕・女子差別撤廃条約〔1979〕・子ども（児童）の権利条約〔1989〕

3 世界の政治体制

A 議院内閣制 (→p.24, 25, 29, 32)
①議院内閣制の主な国…イギリス、日本、ドイツ、カナダ、マレーシアなど
②特色…内閣は議会の信任に基づいて成立、議会に連帯して責任を負う。
　　　　→議会の多数党が内閣を形成→議会と内閣の抑制と均衡が薄れる

B 大統領制 (→p.24, 26～28, 31, 32)
①大統領制の主な国…アメリカ、韓国、インドネシア、フィリピンなど
②特色…国民に選挙された大統領が国家元首、行政府長となり政治を行う。
　　　　→大統領は議会から独立して行政権を行使→厳格な三権分立制
③半大統領制…フランス、ロシアが採用。行政の実権をもつ大統領と、議会に責任を負う首相が共存する折衷型のしくみ。

C 権力集中制 (→p.24, 30, 32, 34)
①権力集中制の主な国…中国、ベトナム、キューバ、（朝鮮民主主義人民共和国）
②特色…人民の代表機関に権力を集中させて強力な政治を行う。
　　　　→選挙での政策の競争や、権力間の抑制と均衡が機能しない。

ポイント解説

A 政治と国家 秩序に従って社会生活を運営する営みを政治といい、そのための組織が国家である。国家は国民、領域、主権の三要素からなる。主権には、国家の最高意思決定権・統治権という国内的な意味と、他国の干渉を許さないという対外的な意味がある。

B 社会契約説 自然法思想に基づく社会契約説は、政府と国民の関係を契約によるものとする考え方である。ホッブズ、ロック、ルソーらが展開し、市民革命の理論的根拠となった。

C 民主政治の基本原理 民主政治は人民主権、権力分立、法の支配、基本的人権の尊重などの基本原理からなる。人民主権は政治の最終的な決定権は人民にあるとする考えである。権力分立は権力間の抑制と均衡を保ち、権力の濫用を防ぐしくみである。

D 法の支配 法の支配とは適正な内容をもつ法に基づいて政治が行われるという原則である。為政者の恣意的支配を排除するものである。

A 人権保障の歴史 絶対王政を正当化する王権神授説を批判する自然法思想の出現と市民階級（ブルジョアジー）の台頭にともなって市民革命が起こった。

B 人の支配の抑制と人権の保障 市民革命後、基本的人権の尊重を盛り込んだ人権宣言が具体化された。初期の基本的人権は自由権に重点を置いていたが、20世紀に入ると社会権も含まれるようになった。

C 人権の国際的保障 世界人権宣言は自由権を中心に社会権も含めた幅広い人権の保障基準を規定したもので、これに法的拘束力をもたせたのが国際人権規約である。

各国の政治体制 世界の政治制度は民主主義を基本とし、権力の配置・行使方法により議院内閣制、大統領制、権力集中制などに分けられる。議院内閣制はイギリスで発達した制度で、内閣は議会の信任に基づいて成立し、議会に連帯して責任を負う。大統領制はアメリカなどで採用され、大統領が議会から独立して行政権を行使するため権力分立の原則が徹底される。また、フランスなどでは行政の実権をもつ大統領と首相が共存する折衷型の半大統領制がとられている。これに対し中国などの社会主義国家では、共産党の一党独裁による権力集中制がとられている。

4 日本国憲法の成立

▶**日本国憲法公布記念祝賀都民大会** 1946年，皇居前で10万人が参加して行われ，日本の「象徴」となった天皇を撮ろうと，多くのアメリカ兵がカメラを向けた。この単元では，大日本帝国憲法下の政治と，現在の日本国の最高法規である日本国憲法の成立過程をおさえよう。

（大日本帝国憲法と日本国憲法の比較表 ●p.42）

A 大日本帝国憲法下の政治

1 大日本帝国憲法体制の歩み

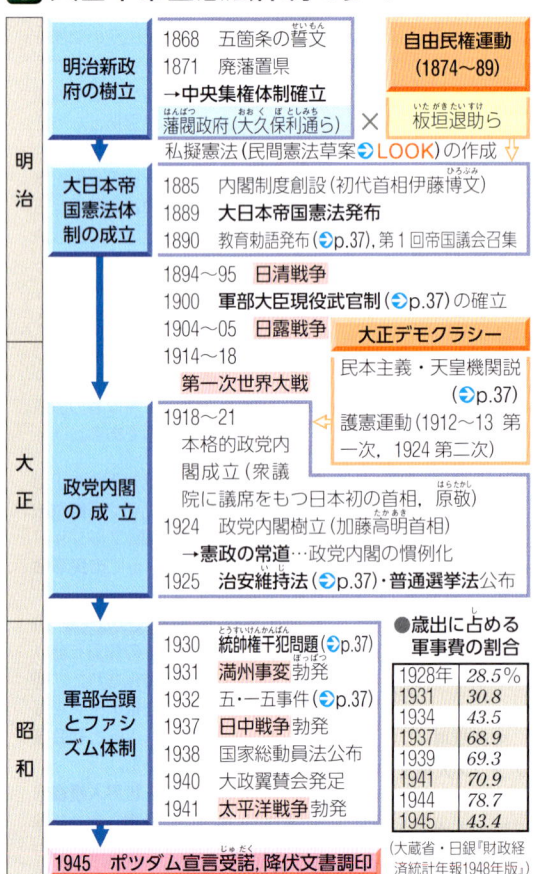

時代	段階	年	事項
明治	明治新政府の樹立	1868	五箇条の誓文
		1871	廃藩置県 →中央集権体制確立
			藩閥政府（大久保利通ら）× 板垣退助ら
			私擬憲法（民間憲法草案●LOOK）の作成
	大日本帝国憲法体制の成立	1885	内閣制度創設（初代首相伊藤博文）
		1889	大日本帝国憲法発布
		1890	教育勅語発布（●p.37），第1回帝国議会召集
		1894〜95	日清戦争
		1900	軍部大臣現役武官制（●p.37）の確立
		1904〜05	日露戦争
大正		1914〜18	第一次世界大戦
		1918〜21	護憲運動（1912〜13 第一次，1924 第二次）
	政党内閣の成立		本格的政党内閣成立（衆議院に議席をもつ日本初の首相，原敬）
		1924	政党内閣樹立（加藤高明首相） →憲政の常道…政党内閣の慣例化
		1925	治安維持法（●p.37）・普通選挙法公布
昭和	軍部台頭とファシズム体制	1930	統帥権干犯問題（●p.37）
		1931	満州事変勃発
		1932	五・一五事件（●p.37）
		1937	日中戦争勃発
		1938	国家総動員法公布
		1940	大政翼賛会発足
		1941	太平洋戦争勃発
		1945	ポツダム宣言受諾，降伏文書調印

自由民権運動（1874〜89）

大正デモクラシー
民本主義・天皇機関説（●p.37）

●歳出に占める軍事費の割合

年	%
1928年	28.5
1931	30.8
1934	43.5
1937	68.9
1939	69.3
1941	70.9
1944	78.7
1945	43.4

（大蔵省・日銀『財政経済統計年報1948年版』）

2 大日本帝国憲法下の政治機構

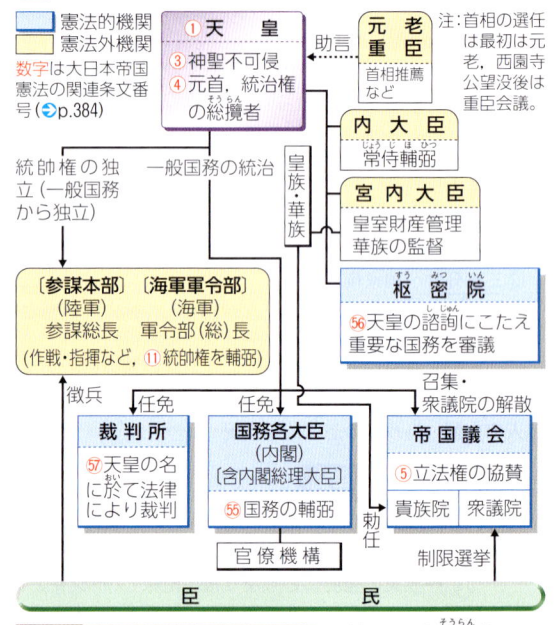

■憲法的機関　■憲法外機関
数字は大日本帝国憲法の関連条文番号（●p.384）

- ①**天皇**　②神聖不可侵　③元首，統治権の総攬者
- 元老・重臣（首相推薦など）… 助言　注：首相の選任は最初は元老，西園寺公望没後は重臣会議。
- 内大臣（常侍輔弼）
- 宮内大臣（皇室財産管理・華族の監督）
- 統帥権の独立（一般国務から独立）── 一般国務の統治 ── 皇族・華族
- 〔参謀本部〕（陸軍）参謀総長／〔海軍軍令部〕（海軍）軍令部（総）長（作戦・指揮など，⑪統帥権を輔弼）
- 枢密院　56天皇の諮詢にこたえ重要な国務を審議
- 徴兵　任免　任免　召集・衆議院の解散
- 裁判所　57天皇の名に於て法律により裁判
- 国務各大臣（内閣）〔含内閣総理大臣〕　55国務の輔弼
- 帝国議会　⑤立法権の協賛　貴族院／衆議院
- 官僚機構　勅任　制限選挙
- 臣　民

解説　大日本帝国憲法制定の意義　元首・統治権総攬者として**天皇大権**を認めた**大日本帝国憲法**は，現在からすれば民主主義と人権保障の精神が希薄である。しかし，**臣民の権利**が法律の制限（法律の留保）付きではあるが保障され，議会の設置・司法権の独立など，形式的ではあるが権力分立の体裁が整えられ，日本はアジア初の近代的立憲国家となった。また，大正期には民主主義的風潮（**大正デモクラシー**●p.37）が高まった。しかし，昭和初期には経済状況の悪化とともに軍部が**統帥権**の名のもとに政治介入（●p.37**5**）し，人権保障を否定する戦時体制へと突入していった。

LOOK　植木枝盛の「日本国国憲按（東洋大日本国国憲按）」

第72条　政府恣に国憲に背き擅に人民の自由権利を残害し建国の旨趣を妨ぐるときは日本国民は之を覆滅して新政府を建設することを得
注：カタカナをひらがなに直した。（『植木枝盛集第六巻』岩波書店）

最も民主的な私擬憲法　自由民権運動が高まり，近代憲法に基づく国家運営（立憲国家）の実現に向けた動きが本格化すると，各地の民権派が私擬憲法を作成した。植木枝盛の「**日本国国憲按**」はその中でも民主的と言われる（上の72条は抵抗権・革命権を保障した条文）。一方，政府ではヨーロッパで君主権の強いプロイセン（ドイツ）憲法を学んだ**伊藤博文**らが草案を作成し，1889年，**天皇**を統治権の総攬者とする**大日本帝国憲法**が公布された（翌年施行）。

ポイント
①**植木枝盛**（1857〜92）が1881年に起草。全220か条。植木は土佐藩（高知県）出身の自由民権思想家で，1890年には第1回衆議院議員総選挙で当選。
②**ロック**（●p.14），**マグナ・カルタ**（●p.18），**フランス・アメリカ憲法**（●p.33）の影響を受けている。
③**主権在民（人民主権）**の立場で，人権保障，三権分立の明記，君主権の制限，司法権の独立などを規定。また，地方自治の確保のため，連邦制を採用している。

▲植木枝盛

人権保障の内容　国家による国民の自由権利制限の禁止，国籍離脱の自由，法律上の平等，生命・身体の自由，死刑・拷問の禁止，思想・信教・言論・出版・集会・結社・移動・学問・営業の自由，信書の秘密，財産権，請願権，公務就任権，納税者のみに選挙権，**抵抗権・革命権**など

明治憲法下では，天皇は陸海軍の最高指揮権である統帥権を有していたが，その行使には議会の承認決議が必要とされた。○？×？〈14本〉　答：×

3 教育勅語

発布・廃止	1890(明治23).10発布(第1回帝国議会の開会直前) 1948(昭和23).6廃止(1947.3に**教育基本法**制定 ➡p.82)
内容	・**戦前・戦中の学校教育の基本**とされ、国民教育の根本理念を示す。謄本(写し)が各学校に配布された。全315字。 ・父母への孝行など修身(道徳)教育の重要性を説く。緊急時は国のために義勇を尽くし天皇家を助けよと国民に**忠君愛国の精神**を求めている。

①の原典…一旦緩急アレハ義勇公ニ奉シ以テ天壌無窮ノ皇運ヲ扶翼スヘシ

4 大正デモクラシー

◉民本主義と天皇機関説はそれぞれどのような考えか？

大正デモクラシーとは 大正時代に政治、社会、文化などの各方面で起こった民主主義的思想や運動のこと。

① 吉野作造(1878〜1933年)の民本主義

人物 吉野作造は**民本主義**を説いた政治学者で、東京帝国大学教授。

思想 ・天皇主権のもとで、民衆の福利や意思を重視した政治をすべきという**民本主義**を説き、大正デモクラシーを理論的に支えた。
・大日本帝国憲法の枠内で可能な改革として、普通選挙の導入と貴族院・枢密院の権限縮小を主張し、政党内閣や普通選挙法の成立を後押しした。

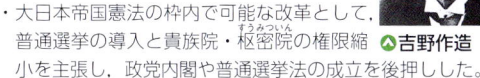

▲吉野作造

原典資料(抄)

民主主義といえば、……「国家の主権は人民にあり」という危険なる学説と混同されやすい。……われわれがみてもって憲政の根底となすところのものは、**政治上、一般民衆を重んじ**、その間に貴賤上下の別を立てず、しかも国体の君主制たると共和制たるとを問わず、あまねく通用するところの主義たるがゆえに、**民本主義**という比較的新しい用語がいちばん適当であるかと思う。
(吉野作造「憲政の本義を説いてその有終の美を済すの途を論ず」『日本の名著 48』中央公論社)

② 美濃部達吉(1873〜1948年)の天皇機関説

人物 美濃部達吉は**天皇機関説**を説いた法学者で、東京帝国大学教授。貴族院議員にもなった。

思想 天皇機関説は、国家を法人とみなし、主権は国家にあり、天皇は国家の最高機関として憲法に従い統治権を行使するという考え(**国家法人説** ➡p.135)。美濃部達吉らが唱え、大正デモクラシーの中で支持され、1920年代には大日本帝国憲法体制を理論的に支える思想となった。

▲美濃部達吉

天皇機関説事件 1930年代以降、軍部の台頭とともに、天皇機関説は天皇主権を否定する反逆的思想と非難された(下の原典資料は美濃部の反論演説の一部)。結果として美濃部の著書は発禁となり、政府は「国体明徴声明」で天皇機関説を異端の学説と断罪、美濃部は貴族院議員の辞職に追い込まれた。

原典資料(抄) 注：カタカナをひらがなに直した。

統治の権利主体は国体としての国家である……いわゆる機関説と申しますのは、国家それ自身を……一つの法人と観念いたしまして、**天皇はこの法人たる国家の元首たる地位に在まし、国家を代表して国家の一切の権利を総攬し給い、天皇が憲法に従って行わせられまする行為**が、……天皇の御一身上の私の行為としてではなく、国家の行為として効力を生ずることを言い現すものであります。
(美濃部達吉による一身上の弁明「第67回帝国議会貴族院議事速記録第11号」『官報号外』1935.2.26)

5 軍部の台頭を促した主な制度・事件

軍部大臣現役武官制 (1900年確立)	現役の軍人(大将・中将)以外は陸・海軍大臣になれない制度。軍部が大臣を出さないと内閣が成立・維持できないため、軍部の政治介入につながった。
統帥権干犯問題 (1930年)	天皇の統帥権を輔弼する海軍軍令部の反対を押しきってロンドン海軍軍縮条約に調印したことが、**統帥権の独立**を犯しているとして、軍令部や立憲政友会が政府を激しく攻撃。浜口首相は右翼の青年に狙撃され重傷を負った(翌年死去)。1931年には**満州事変**が勃発し、軍部の政治介入が強まった。
五・一五事件 (1932年)	海軍青年将校らによるクーデタ事件。犬養毅首相が射殺された。後継内閣選びは陸軍が政党内閣存続に反対したため難航し、結果として、1924年以来8年続いた**政党内閣は崩壊**した。

6 治安警察法(抄)

公布 1900(明33).3
廃止 1945(昭20).11

第8条 安寧秩序ヲ保持スル為 必要ナル場合ニ於テハ警察官ハ屋外ノ集会又ハ多衆ノ運動若ハ群集ヲ制限シ、禁止若ハ解散シ 又ハ屋内ノ集会ヲ解散スルコトヲ得

第10条 集会ニ於ケル講談論議ニシテ 前条ノ規定ニ違背シ 其ノ他安寧秩序ヲ紊シ 若ハ風俗ヲ害スルノ虞アリト認ムル場合ニ於テハ 警察官ハ其ノ人ノ講談論議ヲ中止スルコトヲ得

第14条 秘密ノ結社ハ之ヲ禁ス

解説 政治活動・労働運動の制限 大日本帝国憲法下では臣民の権利を法律で制限できたため、社会運動を弾圧する様々な治安立法がなされた。1900年制定の**治安警察法**は、政治活動の制限や労働・農民運動の抑圧を目的とした法律。集会・結社の届け出義務や女性の参加禁止・秘密結社の禁止を定め、ストライキを事実上禁じた。粘り強い運動の結果、1922年の改正で女性の集会参加が認められたが、女性の政治結社への加入は認められなかった。

7 治安維持法(抄)

公布 1925(大14).4
廃止 1945(昭20).10

第1条 国体ヲ変革シ又ハ私有財産制度ヲ否認スルコトヲ目的トシテ結社ヲ組織シ 又ハ情ヲ知リテ之ニ加入シタル者ハ 10年以下ノ懲役又ハ禁錮ニ処ス
　前項ノ未遂罪ハ之ヲ罰ス
↓改正 1928(昭和3).6.29 緊急勅令
第1条 国体ヲ変革スルコトヲ目的トシテ結社ヲ組織シタル者 又ハ結社ノ役員其ノ他指導者タル任務ニ従事シタル者ハ 死刑又ハ無期若ハ5年以上ノ懲役若ハ禁錮ニ処シ……

解説 思想そのものを取り締まる法律 治安維持法は、国体(天皇主権の国家体制)の変革や私有財産制度の否認を目的とした組織の参加者などを処罰する法律。1922年の社会主義国家・ソ連の誕生を受け、1925年、**共産主義思想の波及や共産主義者の政界進出を防ぐ目的**で制定された(同年に**普通選挙法**制定)。1928年の三・一五事件と翌年の四・一六事件では、治安維持法によって日本共産党員が大検挙された。以後、同法は労働組合活動や宗教団体などにも適用され、1928〜38年の11年間で6万人以上が検挙された。

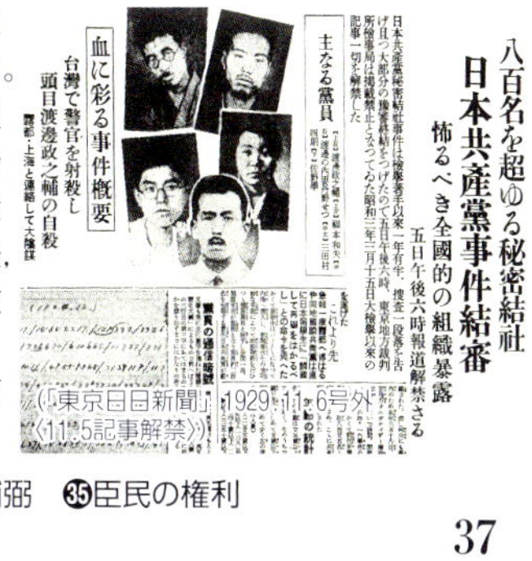

⬇重要用語 ❼ロック ⓲マグナ・カルタ(大憲章) ㉜大日本帝国憲法(明治憲法) ㉝統帥権 ㉞輔弼 ㉟臣民の権利 ㊱治安維持法

B 日本国憲法の制定

1 日本国憲法の成立年表

1945.7.26		ポツダム宣言発表(●2)
(昭20)7.28		鈴木貫太郎首相,ポツダム宣言黙殺の談話発表
	8.6	広島に原爆投下
	8.8	ソ連,対日宣戦
	8.9	長崎に原爆投下。御前会議にて,「国体護持」を条件にポツダム宣言受諾を決定
	8.14	**ポツダム宣言受諾**(●3)
	8.15	天皇「終戦の詔書」を放送
	9.2	戦艦ミズーリ号上で降伏文書調印
	10.11	マッカーサー,幣原首相に人権確保の「**五大改革**」(①男女同権 ②労働者の団結権 ③教育の自由主義化 ④専制政治からの解放 ⑤経済の民主化)を指令及び**憲法の自由主義化を示唆**
	10.13	松本烝治国務大臣を委員長とする**憲法問題調査委員会**設置を決定(10.27第1回総会)
	12.27	民間団体の憲法研究会が憲法草案要綱発表
1946.1.1		天皇の「**人間宣言**」(神格否定)(●p.43)
(昭21)2.1		毎日新聞,憲法問題調査委員会案をスクープ報道
	2.3	マッカーサー,GHQ民政局に**マッカーサー三原則**に基づく憲法草案作成を指示(●p.39 4)
	2.8	GHQに憲法改正要綱(松本案)提出
	2.13	GHQ,松本案を拒否。**GHQ草案**を政府に手交
	3.6	政府,憲法改正草案要綱発表。マッカーサー承認
	4.10	第22回衆議院議員総選挙(●p.133 1)
	4.17	政府,憲法改正草案を発表
	5.22	第1次吉田内閣成立(●p.128)
	6.20	**憲法改正案**,第90回帝国議会提出
	8.24	憲法改正案,衆議院で修正可決
	10.6	憲法改正案,貴族院で修正可決
	10.7	衆議院,貴族院修正案を可決
	10.29	枢密院が同案を可決
	11.3	天皇裁可,**日本国憲法成立・公布**
1947.5.3		**日本国憲法施行**

2 ポツダム宣言(抄)

[発表 1945.7.26]
[日本受諾 1945.8.14]

1. 我々,合衆国大統領,中華民国政府主席ならびに英国首相は,その数億の民を代表して協議し,日本に終戦の機会を与えることに同意した。

2. 合衆国,英帝国,中国の巨大な陸海空軍は,西方より幾倍にも陸空軍を増強され,いまや日本に最後の打撃を与えようとしている。日本が抵抗を止めるまで,この軍事力は対日戦争を遂行しているすべての連合国の決意により支援され,鼓舞されるものである。

5. 我々の条件は次の通りである。我々がこの条件から離れることはない。いかなる代案もありえない。また猶予も認めない。

6. 無責任な軍国主義が世界から駆逐されるまで,平和・安全・正義の新秩序は不可能であると我々は信ずる。それゆえ日本国民をあざむき,世界支配へと導いた者の権力と勢力は永久に抹殺される。

7. このような新秩序が樹立され,かつ日本の戦争遂行能力が破壊されたと確信するに足る証拠が示されるまで,連合国の指定する日本領土内の諸地点は,ここに記す基本目的を達成するために占領下に置かれる。

8. カイロ宣言*の諸条項は実施され,**日本の主権は本州・北海道・九州・四国および我々の定める諸小島に限定される。**

9. **日本軍隊は完全に武装解除されたあと**,各自の家庭に帰

り,平和的・生産的な生活を営むことを許される。

10. 我々は日本人を,民族として奴隷化し,国民として滅亡させることを意図しない。しかし我々の捕虜を虐待した者を含むすべての戦争犯罪人を厳格に処罰する。日本政府は,日本国民のうちに**民主的傾向が復活され強化されるよう**,それに対する一切の障害を除去せねばならない。言論・宗教・思想の自由,ならびに基本的人権の尊重は確立されねばならない。

11. 日本は,戦争のための再軍備を可能にする産業は別として,その経済を支え,正当な現物賠償を行うための産業の保持を許される。そのため,原料を支配してはならないが,これを入手することは許される。いずれ日本は世界貿易関係への参加を認められる。

12. 上記の諸目的が達成され,**日本国民が自由に表明した意思にもとづいて平和的傾向を持つ責任ある政府が樹立され次第**,連合国占領軍は日本から撤退する。

13. 我々は,日本政府がただちに**全日本軍隊の無条件降伏を宣言**し,それを誠意をもって行なっていることを適切十分に保証する措置を採ることを要求する。日本にとってそれ以外の選択は,迅速にして完全なる破壊のみである。
(五百旗頭真訳『原典アメリカ史 第6巻』岩波書店)

◁ポツダム会談
ポツダム協定(対独処理方針)とポツダム宣言を発表。中国は会談には不参加。ソ連は対日宣戦布告とともにこの宣言に参加。

主な内容
①軍国主義の除去と軍隊の武装解除 ②領土主権の制限
③民主主義的傾向の復活強化と基本的人権の尊重
④国民の自由な意思による平和的かつ責任ある政府の樹立

解説 日本軍の無条件降伏を勧告 米英中の政府代表の連名で発表された,日本軍の無条件降伏などを求めた宣言。全13項目。これ以外に条件はないとされ,戦後日本占領統治の原則も示された。

3 ポツダム宣言の受諾

「ポツダム」宣言受諾ニ関スル8月10日付
日本国政府申入 [1945.8.10]

……帝国政府ハ1945年7月26日「ポツダム」ニ於テ米,英,華三国政府首脳者ニ依リ発表セラレ「爾後」「ソ」連政府ノ参加ヲ見タル共同宣言ニ挙ゲラレタル条件ヲ右宣言ハ天皇ノ国家統治ノ大権ヲ変更スルノ要求ヲ包含シ居ラザルコトノ了解ノ下ニ受諾ス……
(『憲法資料集』有信堂)

解説 「国体護持」にこだわる日本政府 1945年7月28日,鈴木首相のポツダム宣言黙殺の談話を,ポツダム宣言の拒否と断定したアメリカは,広島・長崎に原子爆弾を投下,ソ連はヤルタ協定に基づき,対日宣戦を布告した。これを受けて政府は,御前会議で,「本土決戦」を叫ぶ軍部の反対を押し切ってポツダム宣言の受諾を決定し,8月10日天皇主権を原則とする「国体の護持」という条件付きで,連合国に対して受諾を通告した。これに対する連合国の回答は,「天皇及び日本政府の国を統治する権限は連合国軍最高司令官に従属する」「究極の政治形態は日本国民が自由に表明した意思によって決定される」というもので,「国体の護持」に対する真正面からの回答はなかった。

*対日戦争の目的,戦後処理の原則などについての米英中による宣言(1943年11月27日)

Q 連合国軍最高司令官総司令部(GHQ)の要求を受けて，大日本帝国憲法改正案はどのように変わっていったか？日本国憲法成立の過程を確認しよう。

4 日本国憲法成立の過程

注：❶〜❺は時間の流れを示す。

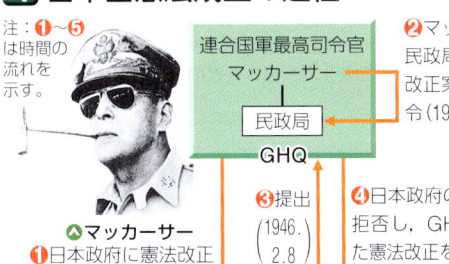

▲マッカーサー

連合国軍最高司令官 マッカーサー → 民政局 GHQ

❶日本政府に憲法改正を示唆(1945.10.11)

❷マッカーサーは，GHQ民政局に三原則に沿った改正案を起草するよう命令(1946.2.3)

❸提出(1946.2.8)

❹日本政府の憲法改正要綱を拒否し，GHQ草案を考慮した憲法改正を要求(1946.2.13)

マッカーサー三原則(マッカーサーノート) (1946.2.3)

Ⅰ 天皇は国の元首の地位にある。皇位の継承は，世襲である。天皇の職務および権能は，憲法に基づき行使され，……国民の基本的意思に対して責任を負う。

Ⅱ ……日本は，紛争解決のための手段としての戦争，および自己の安全を保持するための手段としてのそれをも，放棄する。……

Ⅲ 日本の封建制度は，廃止される。……

注：原文は英語。　　　　　　　　　(芦部信喜『憲法』岩波書店)

	大日本帝国憲法	憲法改正要綱〔松本案〕(1946.2.8)	GHQ草案〔マッカーサー草案〕(1946.2.13)	政府改正草案(1946.4.17)
天皇	第3条 天皇ハ神聖ニシテ侵スヘカラス	第3条 天皇ハ至尊ニシテ侵スヘカラス	第1条 皇帝ハ国家ノ象徴ニシテ又人民ノ統一ノ象徴タルヘシ彼ハ其ノ地位ヲ人民ノ主権意思ヨリ承ケ之ヲ他ノ如何ナル源泉ヨリモ承ケス	第1条 天皇は，日本国の象徴であり日本国民統合の象徴であつて，この地位は，日本国民の至高の総意に基く。
戦争と軍隊	第11条 天皇ハ陸海軍ヲ統帥ス	第11条 天皇ハ軍ヲ統帥ス	第8条 国民ノ一主権トシテノ戦争ハ之ヲ廃止ス他ノ国民トノ紛争解決ノ手段トシテノ武力ノ威嚇又ハ使用ハ永久ニ之ヲ廃棄ス	第9条 国の主権の発動たる戦争と，武力による威嚇又は武力の行使は，他国との間の紛争の解決の手段としては，永久にこれを放棄する。
立法	第5条 天皇ハ帝国議会ノ協賛ヲ以テ立法権ヲ行フ	大日本帝国憲法と同じ	第40条 国会ハ国家ノ権力ノ最高ノ機関ニシテ国家ノ唯一ノ法律制定機関タルヘシ	第37条 国会は，国権の最高機関であつて，国の唯一の立法機関である。

5 憲法改正案の思想的位置

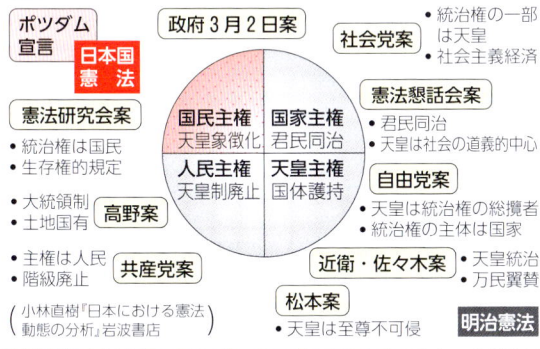

ポツダム宣言　日本国憲法

憲法研究会案
・統治権は国民
・生存権的規定

高野案
・大統領制
・土地国有

共産党案
・主権は人民
・階級廃止

政府3月2日案
国民主権 天皇象徴化
人民主権 天皇制廃止
国家主権 君民同治
天皇主権 国体護持

社会党案
・統治権の一部は天皇
・社会主義経済

憲法懇話会案
・君民同治
・天皇は社会の道義的中心

自由党案
・天皇は統治権の総攬者
・統治権の主体は国家

近衛・佐々木案
・天皇統治
・万民翼賛

松本案
・天皇は至尊不可侵

明治憲法

(小林直樹『日本における憲法動態の分析』岩波書店)

解説 現行憲法に最も近かった憲法研究会案　政府の憲法改正作業とともに各政党や民間団体からいくつかの案が発表された。これら改正案のうち，憲法研究会の憲法草案要綱は，GHQの要請に十分対応できるもので，GHQ草案に大きな影響を与えたといわれている。注：国家法人説(●p.13)，天皇機関説(●p.37)

6 憲法改正草案(最終案)についての世論調査

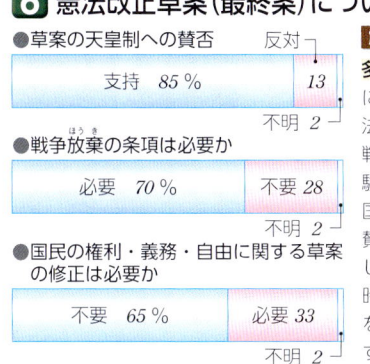

●草案の天皇制への賛否
支持 85％　反対 13　不明 2

●戦争放棄の条項は必要か
必要 70％　不要 28　不明 2

●国民の権利・義務・自由に関する草案の修正は必要か
不要 65％　必要 33　不明 2

(「毎日新聞」1946.5.27)

解説 国民の支持も多数　1946年4月17日に発表された政府の憲法改正草案に対して，戦前・戦中の苦しい体験をふまえて，当時の国民の大多数がこれに賛成していたことを示している。しかし，当時の国民が憲法の内容を十分に理解し，検討する機会はほとんど与えられなかった。

❺第90回帝国議会に提出(1946.6.20)

条文	第90回帝国議会における主な修正箇所
前文	国民の総意が至高なものであること…… →主権が国民に存すること……
第1条	日本国民の至高の総意に基く →主権の存する日本国民の総意に基く
第9条	(追加)「日本国民は，正義と秩序を基調とする国際平和を誠実に希求し，……」「前項の目的を達するため……」
第15条	(追加)「公務員の選挙については，成年者による普通選挙を保障する。」＊
第17条	(全文追加)国家賠償請求権の条文
第25条	(追加)「すべて国民は，健康で文化的な最低限度の生活を営む権利を有する。」
第27条	すべて国民は勤労の権利を有する →すべて国民は，勤労の権利を有し，義務を負ふ
第40条	(全文追加)刑事補償請求権の条文
第66条	(追加)「内閣総理大臣その他の国務大臣は文民でなければならない。」＊

解説 民主的憲法へ　GHQの憲法改正の意向を受け，幣原内閣は，松本烝治国務大臣を委員長とする**憲法問題調査委員会**を設置し，大日本帝国憲法の天皇主権主義を前提とする憲法改正要綱(松本案)を作成した。しかし，GHQは，大日本帝国憲法と内容的にほとんど変わらず字句の修正にとどまっており，「最も保守的な民間草案よりも，さらにずっとおくれたもの」として拒否し，**象徴天皇制(国民主権)**(●p.43❶)と**戦争放棄**(●p.47❹)を主眼とするGHQ草案に基づく新たな草案の作成を政府に要求した。

政府は，GHQ草案をもとに新たに憲法改正草案を作成し，帝国議会に提出した。議会は，**国民主権**の明確化や生存権の規定の**追加**などの修正を草案に加えて可決し，**日本国憲法**が成立した。

＊極東委員会(対日占領政策を決定する連合国の機関)の申し入れにより，貴族院において修正。

重要用語 ㉜大日本帝国憲法(明治憲法)　㊲ポツダム宣言　㊳憲法問題調査委員会　㊴象徴天皇制　㊵国民主権

Coming Up 憲法改正の論議

(法の支配，立憲主義 ➡p.16)

近年の国政選挙では憲法改正の是非が争点の1つとなり，憲法改正をめざす勢力が衆議院では発議可能な3分の2に達している。憲法のもつ役割を理解した上で，日本をどのような国にしたいか，そしてそのために必要な憲法の内容を考えてみよう。

A 憲法改正の手続き

❶ 手続きの流れ
(憲法第96条及び国民投票法などによる)

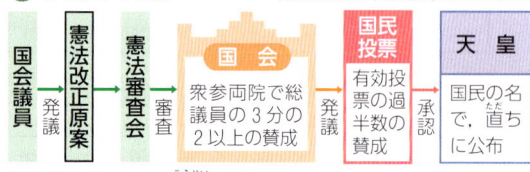

国会議員 → 憲法改正原案（発議） → 憲法審査会（審査） → 国会（衆参両院で総議員の3分の2以上の賛成）（発議） → 国民投票（有効投票の過半数の賛成）（承認） → 天皇（国民の名で，直ちに公布）

第98条〔憲法の最高法規性〕① この憲法は，国の最高法規であつて，その条規に反する法律，命令，詔勅及び国務に関するその他の行為の全部又は一部は，その効力を有しない。

第99条〔憲法尊重擁護の義務〕 天皇又は摂政及び国務大臣，国会議員，裁判官その他の公務員は，この憲法を尊重し擁護する義務を負ふ。

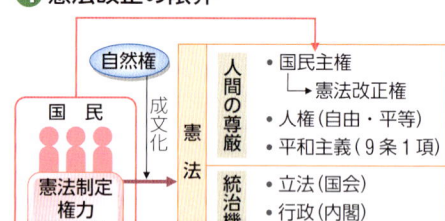

[解説] 最高法規と硬性憲法 憲法は国家のあり方の根本を定めた法規範である。憲法は国家権力の上に位置付けられ，国家の各組織がもつ権限は憲法に基づいている。つまり，**憲法は国の最高法規（法体系の最上位）**であり，簡単に変更されることは望ましくない。一方で社会の変化に適応する必要もある。このため，憲法の改正手続きは，立法の手続きと比べてはるかに厳格なものとなっている。このような憲法を，**硬性憲法**（➡p.17❹）という。

❷ 国民投票法 [2007.5.18公布 2010.5.18施行 最終改正2019.5.31]

正式名称	日本国憲法の改正手続に関する法律
国民投票の投票権	・18歳以上の国民 ・改正案が複数の項目に渡る場合は，関連する項目ごとに1人1票ずつ投票権がある。
投票日	国会による憲法改正の発議から60日以後180日以内
公務員の国民投票運動	・公務員は，賛否の投票のはたらきかけや意見表明に限り行うことができる。 ・ただし，裁判官や検察官，警察官などは，国民投票運動をすることができない。

❸ 各国の憲法改正手続き

国・成立	改正成立までの手続き		改正数
アメリカ 1788年	①連邦議会各院の2/3以上 ②憲法会議（2/3以上の州議会の要請で招集） ①②いずれかによる発議	③3/4以上の州議会 ④3/4以上の州憲法会議 ③④いずれかの承認	18[6*1] (1992)
イタリア 1947年	1回目 各院の過半数で可決	3か月以上 2回目 各院の総議員の①過半数以上2/3未満 ②2/3以上 → 要請*2 → 国民投票 成立 / 成立	16 (2020)
ドイツ 1949年	上院の表決数の2/3以上＋下院の総議員の2/3以上		65 (2020)
フランス 1958年	各院の過半数 → 国民投票 もしくは 両院合同会議の3/5以上		24 (2008)
中国 1982年	全人代の2/3以上		5 (2018)

＊1 1945年以降の改正数　＊2 一定数の議員，有権者，州議会いずれかの要請　注：（ ）は最終改正年（国立国会図書館資料など）

[解説] 改憲回数ゼロは異例か 日本国憲法が一度も改正されていない理由として，他国に比べて手続きが厳格であるという指摘がある。一方で，日本国憲法の条文が他国と比べて簡素で，他国であれば改憲が必要な項目も法改正で対応できたこと，また，国民が現行憲法を支持し改憲を不要としてきたことをあげる声もある。

❹ 憲法改正の限界

自然権 → 国民（憲法制定権力（制憲権））→ 成文化 → 憲法
- 人間の尊厳：国民主権 → 憲法改正権／人権（自由・平等）／平和主義（9条1項） … 改正できない
- 統治機構：立法（国会）／行政（内閣）／司法（裁判所） … 改正できる

[解説] 無限界説と限界説 憲法改正には，改正手続きを踏めば，どのような内容の改正も許されるとする無限界説（世界の多数派）と，改正手続きによっても改正できない内容があるとする限界説（日本の多数派）がある。限界説において，何を改正不可とするかは様々な学説があるが，**国民主権の原則は改正できない**とされる。これは，憲法の改正規定が，国民の憲法制定権力（制憲権），すなわち国民主権に基づいて規定されているため，国民主権の変更は自己の存在根拠を否定することになるためである。

その他，憲法改正規定による変更はできないとされる内容として，**憲法の本質である基本的人権の尊重**や，人権を確保するために不可欠な**平和主義**を主張する学説がある。ただし，軍隊の保有が戦争に直結するわけではないため，9条2項の改正まで不可能ではないとされる。

LOOK 「解釈改憲」は許されるか

憲法を改正していないのに国家権力の運用によって本来の意味が変化し，改正と同じ効果が生じる「解釈改憲」＊は，法的に効力をもつのだろうか。

違憲の実例が長期間，繰り返され，これを国民が支持している場合は認められるとする説もある。しかし，憲法は**最高法規であり，国家権力を制限するもの**であることから，「解釈改憲」は，憲法の拘束性が失われ立憲主義を否定することにつながるおそれがある。

＊法律用語では憲法変遷

△集団的自衛権の行使容認で記者会見する安倍首相 (2014年)（➡p.52 LOOK）

入試クイズ 憲法改正の是非を問う国民投票について投票資格が認められるようになる年齢は，法律上，20歳とされている。○？×？〈16追〉（➡A❷）　答：×

B 憲法改正論議

❶ 憲法改正をめぐる動き

年	出来事	改憲論の動向
1947	日本国憲法施行	制定期
1950	朝鮮戦争勃発(〜53年休戦)、警察予備隊設置	
1951	サンフランシスコ平和条約・日米安全保障条約調印	
1954	自衛隊発足(→p.50)	活発化
1955	日本社会党(護憲、非武装中立)統一 自由民主党(自主憲法制定、再軍備)結党 ●以後、日本社会党が改憲阻止に必要な3分の1議席確保。自由民主党が安定長期政権維持。（55年体制）	
1956	内閣に憲法調査会設置(1964年報告書提出)	
1960	日米安保条約改定。高度経済成長の時代へ	慎重
1972	自民党が憲法改正大綱草案発表	
1989	米ソ首脳、冷戦終結宣言	
1991	湾岸戦争勃発	
1992	PKO協力法成立。自衛隊をカンボジアに派遣	
2000	衆参両院に憲法調査会設置(2005年報告書提出)	活発化
2001	アメリカ同時多発テロ	
2003	イラク戦争(2004年自衛隊をイラクに派遣)	
2005	自民党が新憲法草案発表	
2007	国民投票法(日本国憲法の改正手続に関する法律)成立(2014年改正)。衆参両院に憲法審査会設置	
2012	自民党が憲法改正草案発表	
2014	集団的自衛権の行使容認を閣議決定(→p.52 LOOK)	
2015	安全保障関連法成立(→p.56)	
2016	参院選の結果、衆参両院で改憲勢力が3分の2議席確保(2017衆院選は3分の2維持、19参院選は維持できず)	

朝日新聞世論調査

1952 憲法を改正して軍隊を作る必要があると思うか。
ある 31% / ない 32 / その他 6 / わからない 31

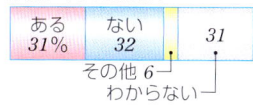

1983 正式の軍隊がもてるように憲法を改正することに賛成か、反対か。
賛成 12% / 反対 78 / その他・答えない 10

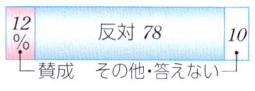

2016 憲法第9条を変えて自衛隊を正式な軍隊である国防軍にすることに賛成か、反対か。
賛成 22% / 反対 71 / その他 7

2020 憲法第9条の1項と2項をそのままにして、新たに自衛隊の存在を明記する憲法改正案に賛成か、反対か。
賛成 41% / 反対 50 / その他・答えない 9

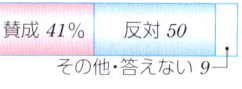

読売新聞世論調査

1952 憲法を改正して軍隊をもつことについて。
改憲 47.5% / 擁護 39.0 / 13.5 その他

1981 憲法第9条について、あなたの考えに最も近いものはどれか。
①本格的な軍隊をもてるように憲法を改正する。
②今の自衛隊は違憲ではないと思うが、国の自衛権を明記するため憲法を改正する。
③今の自衛隊は合憲とみてよいから、憲法改正は必要ない。
④今の自衛隊は憲法違反だから、もっと規模を縮小する。
⑤今の自衛隊は憲法違反だから、順次廃止の方向へもっていく。
⑥その他・答えない

① 4.8% / ② 25.0 / ③ 32.0 / ④ 10.7 / ⑤ 7.6 / ⑥ 19.9

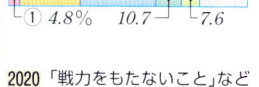

2020 「戦力をもたないこと」などを定めた憲法第9条2項を改正する必要があると思うか。
ある 43% / ない 52 / 答えない 5

解説 憲法をめぐる状況の変化 日本国憲法は、日本の主権が制限されていた占領期にGHQ草案(→p.39❹)をもとに制定されたものであるため、日本人の手で制定し直すべきだという主張がある。しかし、平和憲法を守るべきという意見が大半を占め、国会では改正議論そのものがタブー視されてきた。政府は、政策と憲法第9条との関係が問われると、条文そのものではなく、その解釈を変える「解釈改憲」によって対応(→p.48)してきたが、その姿勢は批判された。その後、社会環境の変化、特に1990年代以降は、自衛隊の活動範囲の拡大や安全保障環境の変化に伴い、憲法改正についての議論がさかんになってきた。

❷ 憲法改正の主な論点とその賛否

改正に賛成	論点	改正に反対
・自衛隊はすでに国内外で活動し、評価を得ている。自衛隊の存在を明記して、違憲かどうかの議論をなくすべき。 ・9条に3項を追加し、「自衛隊」を明記する。 ・独立国家が平和を守るために軍隊をもつことは世界の常識。	自衛隊の存在を明記するか	・自衛隊は「自衛のための必要最小限度の実力」であり合憲という政府解釈が定着しており、あえて明記する必要はない。 ・自衛隊は実質的に「戦力」であり、9条2項に反する。 ・戦力不保持の規定が戦後の日本の平和を作ってきた。憲法を現実に合わせるのではなく、非武装の日本だからこそできる国際貢献をめざすべき。
・自衛権は主権国家がもつ当然の権利であり、国連憲章でも個別的・集団的自衛権の保持は認められている。 ・個別的自衛権のみ明記して自衛隊の役割を限定し、武力行使の無制限の拡大に歯止めをかけるべき。 ・自衛隊が他国の部隊と協力して活動するためには、集団的自衛権を明記し、武力行使できるようにする必要がある。	自衛権の明記	・歴史上、自衛という名目で戦争が開始されてきたので、個別的・集団的自衛権ともに認められない。 ・憲法は国際法の上位に位置付けられるため、国連憲章の規定を根拠に憲法を変えるのはおかしい。 ・集団的自衛権を認めれば、他国の戦争に加担する道を開くことになり、日本が攻撃の対象になる可能性もある。
・時代の変化にともなって生じた環境破壊やプライバシー侵害などに対応する必要がある。	新しい人権の明文化	・幸福追求権などを根拠に対応可能。条文化する必要はない。 ・憲法に明記すれば訴訟が頻発する可能性がある。
・高等教育進学率が上昇し、大学授業料も値上がりしている。家庭の経済状況で教育を受ける権利が奪われてはならない。	教育無償化	・教育無償化に必要な財源をどう確保するのか。 ・憲法に明記しなくても、法整備で対応可能。
・内閣の権限拡大が可能になれば迅速に有事に対応できる。 ・緊急事態が議員の任期満了に重なると、対処できなくなる。	緊急事態条項の創設	・政府に過度に権力が集中して人権を制限する可能性がある。 ・緊急事態には、参議院の緊急集会で対応可能。

解説 日本という国がどうあるべきかの議論 憲法改正論議の争点は、このほか、天皇の位置付け、国民の義務規定の増加、首相公選制の導入、憲法改正要件の緩和など様々である。また、憲法改正の賛成派・反対派それぞれの中にも様々な意見がある。例えば、自衛隊に関する憲法改正の賛成派・反対派それぞれの中に自衛隊の合憲派・違憲派が存在する。よりよい未来のために何をどのように改正するのか、または改正しないかを一人ひとりが考え、議論を尽くす必要がある。

▶重要用語 ⓰立憲主義 ⓱硬性憲法 ⓴国民主権 ㊶国民投票 ㊷平和主義 ㊸自衛隊 ㊺個別的自衛権 ㊻集団的自衛権 ㊼日米安全保障条約 ㊾新しい人権 ⓵⓼⓷湾岸戦争 ⓶⓪⓺サンフランシスコ平和条約

5 日本国憲法の基本的性格

▶**日本国憲法原本** 日本国憲法は，大日本帝国憲法の改正という形でつくられた。2つの憲法の内容にはどのような違いがあるのだろうか。また，日本国憲法が採用した象徴天皇制とはどのようなしくみか確認し，主権者である国民は，政治にどのように関わっているのかまとめよう。

(大日本帝国憲法下の政治機構図 ➡p.36，日本国憲法下の政治機構図 ➡p.94)

A 大日本帝国憲法（通称：明治憲法）と日本国憲法

立憲主義を実現するための特色を，日本国憲法から探してみよう。

大日本帝国憲法		日本国憲法	
1889(明治22)年2月11日	公布年月日	1946(昭和21)年11月3日	
1890(明治23)年11月29日	施行年月日	1947(昭和22)年5月3日(→「憲法記念日」に)	
自由民権運動(民撰院設立の建白)	制定の動機	ポツダム宣言(➡p.38)の受諾	
伊藤博文・金子堅太郎・井上毅・伊東巳代治	制定の中心	連合国軍最高司令官総司令部(GHQ)・日本国政府	
プロイセン(ドイツ)憲法	模範とした外国憲法等	アメリカ合衆国憲法・イギリスの政治機構など	
枢密院の審議のみで国民は関与せず，秘密主義	制定の方法	新たに選ばれた国民の代表からなる衆議院を含む帝国議会による審議 (➡p.39❹)	
最高法規であるが，憲法典は大日本帝国憲法と皇室典範の2つであった(二元性憲法)	形式	最高法規(一元性憲法)。皇室典範(➡p.44)は国会の議決する法律の1つであり日本国憲法に従属する	
欽定憲法。硬性・成文憲法 (➡p.17❹)	性格	民定憲法。硬性・成文憲法 (➡p.17❹)	
天皇と臣民の関係 天皇(上諭，1，4条) (➡p.43❷)	主権者	国民(前文，1条) (➡p.44)	**国民主権・象徴天皇制**
神聖不可侵，**統治権の総攬者**，元首。天皇の最高諮問機関として，重要な国務を審議する枢密院を設置	天皇 (➡p.43, 44)	日本国と日本国民統合の象徴，内閣の助言と承認による形式的・儀礼的な**国事行為**のみ行う。	
「臣民」としての権利。法律による制限(法律の留保)。自由権が主体	国民の権利	基本的人権は永久不可侵の権利。国政上，最大限に尊重。社会権を規定することにより20世紀憲法の特徴を有する (➡p.63)	
軍隊あり 天皇大権による陸海軍の統帥権，宣戦・講和の大権，兵役の義務	戦争と軍隊	平和主義。戦争放棄・戦力不保持・交戦権否認(9条)，文民統制(66条) (➡p.48, 51)	**平和主義**
天皇に権力集中(4，5，55，57条) (➡p.36❷)	権力分立制	権力分立(41, 65, 76条) (➡p.94A)	
天皇主権のもとでの形式的な三権分立 天皇の協賛機関 二院制(衆議院・貴族院)。貴族院(皇族・華族・勅任議員等)は非公選。衆議院の予算先議権を除いて両院対等。国政調査権の規定なし	国会	国権の最高機関。唯一の立法機関。(41条) 二院制(衆議院・参議院)。両院とも民選。**衆議院優越**。国政調査権あり。参議院に解散なし (➡p.94〜97)	**国民主権のもとでの三権分立**
内閣の規定なし(内閣官制で規定)。天皇の行政権を**輔弼**する。首相は天皇が任命(元老・重臣の推薦に基づく)。国務大臣は天皇のみに責任を負う。超然内閣(官僚内閣)の場合も政党内閣の場合もあった	内閣	行政権は内閣に属す。行政の最高機関。首相は国会の指名。内閣は国会に対して責任を負う。**議院内閣制** (➡p.98〜100)	
天皇の名において裁判を行う。違憲法令審査権なし。特別裁判所の存在 (➡p.106❶)	裁判所	司法権は裁判所に属す。**司法権の独立**保障。**違憲法令審査権**あり。特別裁判所の禁止。最高裁判所裁判官の**国民審査** (➡p.106, 107, 111)	
予算不成立の場合は前年度予算を施行。皇室の費用は原則として国会の議決不要	予算	予算不成立の場合の規定はなく，不成立の場合は支出を認めない。暫定予算も国会の議決を要する。皇室の費用も予算に計上。国会の議決を経る	
規定なし。府県制，市制，町村制等の法律で規定。中央集権的政府の末端行政を請け負う組織にとどまる (➡p.115❷)	地方自治	地方自治の本旨を尊重(92条) 地方公共団体の長と議員の直接選挙(93条) 地方特別法に対する住民投票(95条) (➡p.115, 116)	
天皇の発議→議会の議決(総議員の3分の2以上の出席かつ議員の3分の2以上)	改正	国会の発議(各議院の総議員の3分の2以上)→**国民投票**(過半数)。天皇が国民の名で公布(96条) (➡p.40)	
規定なし	最高法規	憲法尊重擁護の義務(99条)。基本的人権の尊重(97条)	

入試クイズ 日本国憲法の下では主権は国民にあるとの考えがとられているが，明治憲法の下では主権は天皇にあるとされた。○？×？〈12本〉(➡❷) 答：○

B 国民主権と象徴天皇制

1 天皇の「人間宣言」*（抄）[1946(昭和21).1.1]

茲ニ新年ヲ迎フ。顧ミレバ明治天皇明治ノ初国是トシテ五箇条ノ御誓文ヲ下シ給ヘリ

曰ク、…（五箇条の誓文）…

叡旨公明正大、又何ヲカ加ヘン。朕ハ茲ニ誓ヲ新ニシテ国運ヲ開カント欲ス。須ラク此ノ御趣旨ニ則リ、……新日本ヲ建設スベシ。……

朕ト爾等国民ト共ニ在リ、常ニ利害ヲ同ジウシ休戚ヲ分タント欲ス。朕ト爾等国民トノ間ノ紐帯ハ、終始相互ノ信頼ト敬愛トニ依リテ結バレ、単ナル神話ト伝説トニ依リテ生ゼルモノニ非ズ。天皇ヲ以テ現御神トシ、且日本国民ヲ以テ他ノ民族ニ優越セル民族ニシテ、延テ世界ヲ支配スベキ運命ヲ有ストノ架空ナル観念ニ基クモノニモ非ズ。

*正式名称を「新日本建設ニ関スル詔書」という　（「官報」昭和21年1月1日号外）

注：①叡旨…天子のお考え　②休戚…喜びと悲しみ　③紐帯…つながり　④現御神…この世に姿を現している神

解説　天皇の「神格性」の否定　1946年1月1日に発表した詔書（天皇の言葉）である。戦前は当然とされていた、天皇を現人神（人間の姿をした神）とする観念を天皇自らが否定するという内容であるため、天皇の「人間宣言」といわれる。**象徴天皇制**導入の布石ともなった。また、天皇の発意で「明治天皇の『五箇条の誓文』の趣旨にのっとり、新日本を建設していくこと」を詔書に盛り込んだ。

2 天皇の地位の変化

◆日本国憲法は大日本帝国憲法とどこが違うのか？

① 大日本帝国憲法　② 日本国憲法

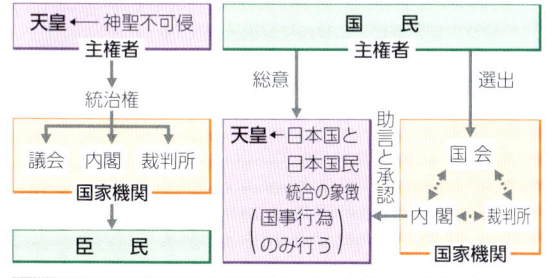

解説　天皇主権から国民主権へ　大日本帝国憲法（明治憲法）では主権という言葉は使われていないが、天皇主権とされていた。それは、天皇はすべての統治権を保有し、帝国議会・内閣・裁判所はその補佐をするというしくみであった。それに対し、日本国憲法では、前文および第1条において、**国民主権**が憲法の基本原理であることを示している。また、主権者である国民の代表から成る国会が国政の中心となる**議会制民主主義**を採用するとともに、**憲法改正の国民投票**や、**最高裁判所裁判官の国民審査**などの**直接民主制**も取り入れている（→p.44C）。

●天皇制存続の理由

GHQの意図　戦後、連合諸国では、天皇の戦争責任を問うべきだという声が強かった。しかしGHQは、日本を円滑に占領統治するには、天皇を戦犯として訴追するよりも、象徴として残すことによって、民衆の心をつかんだ方が有利であるという立場をとり、象徴天皇制として天皇は残された。

◆昭和天皇（右）と、連合国軍最高司令官マッカーサー（左）

3 天皇の国事行為

第3条〔天皇の国事行為と内閣の助言・承認及び責任〕
天皇の国事に関するすべての行為には、内閣の助言と承認を必要とし、内閣が、その責任を負ふ。

第4条〔天皇の権能の限界、国事行為の委任〕　① 天皇は、この憲法の定める国事に関する行為のみを行ひ、国政に関する権能を有しない。
② 天皇は、法律の定めるところにより、その国事に関する行為を委任することができる。

第6条〔天皇の国事行為(1)－任命権〕　① 天皇は、国会の指名に基いて、内閣総理大臣を任命する。
② 天皇は、内閣の指名に基いて、最高裁判所の長たる裁判官を任命する。

第7条〔天皇の国事行為(2)－その他〕　天皇は、内閣の助言と承認により、国民のために、左の国事に関する行為を行ふ。

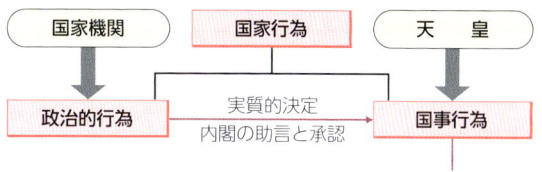

国家機関 ─ 国家行為 ─ 天皇
政治的行為　実質的決定／内閣の助言と承認　国事行為
形式的・儀礼的行為

国会の指名に基づく	第6条 任命権	内閣総理大臣の任命
内閣の指名に基づく		最高裁判所長官の任命
内閣の助言と承認による	第7条	1 憲法改正・法律・政令・条約の公布
		2 国会の召集
		3 衆議院の解散
		4 国会議員総選挙の施行の公示
		5 国務大臣とその他の官吏の任免の認証、全権委任状と大使・公使の信任状の認証
		6 大赦・特赦・減刑・刑の執行の免除・復権の認証
		7 栄典の授与
		8 批准書とその他の外交文書の認証
		9 外国の大使・公使の接受
		10 儀式を行う

解説　国政に関する権能をもたない天皇　国事行為とは、日本国憲法に定められた天皇が行うことのできる形式的・儀礼的な行為のことである。天皇には一切の国政に関する権能は認められておらず、すべての国事行為は**内閣の助言と承認**の下に行われ、内閣がその責任を負っている。

◀剣璽等承継の儀（2019年5月1日）天皇の国事行為の1つ。皇位継承の証として剣や勾玉（三種の神器）、印章を受け継ぐ儀式。

●重要用語　32大日本帝国憲法（明治憲法）　33統帥権　34輔弼　35臣民の権利　39象徴天皇制　40国民主権　41国民投票　109国民審査

●増原防衛庁長官発言問題(1973年)

天皇の政治的利用は許されない 天皇は政治的中立の立場にあるので、首相や国務大臣と天皇の会話の内容は外部に漏らさないという慣例がある。しかし1973年、増原防衛庁長官は、日本の防衛計画を天皇(昭和天皇)に説明した際、天皇が「近隣諸国に比べて、わが国の自衛力はそう大きいとは思えない。なぜ国会で問題になっているのか」「国の守りは大事なので、旧軍の悪いところは真似せず、いいところは取り入れて、しっかりやって欲しい」と述べたと記者団に発言した。

反対派への政治的威圧につながる この発言が、「天皇も政府の防衛政策を支持している」と示すことで、防衛力強化の反対派を威圧しようとしたものとして批判された。結果、同長官は辞任し、問題が皇室に及ぶ事態を避けようとした。

4 皇位の継承

1 皇室典範
[公布1947(昭和22).1 最終改正2017(平成29).6]

第1条 皇位は、皇統に属する男系の男子が、これを継承する。
第12条 皇族女子は、天皇及び皇族以外の者と婚姻したときは、皇族の身分を離れる。

解説 皇室に関する法律 皇室典範では皇位継承の資格や順位などが定められている。戦前の皇室典範は大日本帝国憲法と並ぶ最高法規であり、改正について帝国議会は関与できず天皇自らが行うものとされたが、戦後廃止され、日本国憲法の施行とともに一般の法律として、新たな皇室典範が制定された。第1条は、男系、つまり父方が天皇の血筋をもつ男性に皇位継承を認めてきた伝統をふまえたもの。なお、現行の皇室典範には元号の規定がなかったため、1979年に**元号法**が制定され、皇位の継承があった時に、政令で元号を定めることになった。

2 皇族の主な系図

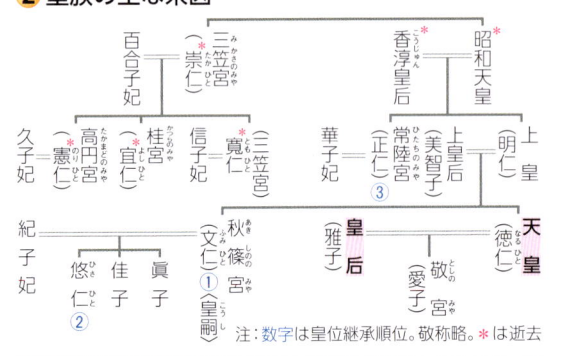

(系図：昭和天皇、香淳皇后を起点とし、三笠宮崇仁、百合子妃、寬仁、信子妃、桂宮宜仁、高円宮憲仁、久子妃、上皇明仁、上皇后美智子、常陸宮正仁、華子妃、天皇徳仁、皇后雅子、敬宮愛子、秋篠宮文仁(皇嗣)①、紀子妃、眞子②、佳子、悠仁 などを含む)

注：数字は皇位継承順位。敬称略。*は逝去

解説 皇族の公務 天皇は国政に関する権能はもたないが、日本各地の式典への出席や災害の被災地訪問、外国訪問など、様々な公務がある。天皇・皇后主催の行事は年間約220件(2018年)ある。

3 皇族・皇位継承に関する論点

- 安定的な皇位継承のためにも、女性・女系(母方のみが天皇の血筋)にも皇位継承資格を認めるべきか。
- 皇族数減少を防ぎ、皇族1人当たりの公務負担を増やさないように、女性皇族は結婚後も皇族の身分にとどまるようにすべきか。
- 男系継承を守るため、旧宮家の男性の皇族復帰を認めるか。

C 国民主権の行使

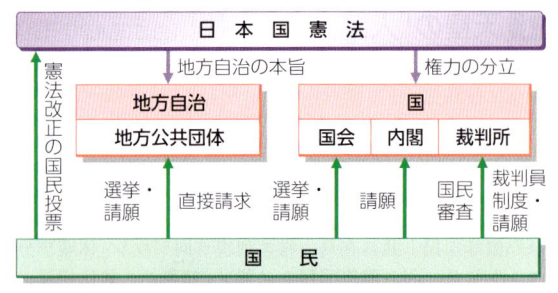

(図：日本国憲法 → 地方自治の本旨 → 地方自治(地方公共団体)／権力の分立 → 国(国会・内閣・裁判所) ←→ 国民(憲法改正の国民投票、選挙・請願、直接請求、選挙・請願、請願、国民審査、裁判員制度・請願))

解説 国民が政治の主役 国民主権とは、国民が国家意思の最終決定権者であるということ。**日本国憲法**の基本原理の一つであり、国民には**参政権**や**請願権**が保障されている。また、憲法に規定はないが、住民運動や選挙運動への参加、陳情、献金なども政治に参加する方法である。なお、国民主権の理念のもと、政府の活動を的確に批判できるようにするために、国の行政機関がもつ情報の公開を求める手続きを定めた**情報公開法**(●p.88❷ 2)がある。

Look 世界の君主制国家

国王(君主)がいる国を**君主国**、いない国を**共和国**という。君主国は世界に28*あり、その王位は世襲が一般的である。そして、国によって、国王に政治権力を認めるかどうかや、王位継承の方法が異なっている。

*この他、イギリス国王を元首とする英連邦構成国15か国がある。

政治権力の有無 中東諸国などでは、首相など政治の要職は王族が独占し、国王が実質的な政治権力をもつ。

◎サウジアラビアのサルマン国王(位2015〜)

一方、ヨーロッパの君主国は、国民から選挙で選ばれた代表で構成される議会を中心とした**議院内閣制**(●p.25, 98)を採用しており、日本と同様、国王には実質的な政治権力がない。

◎イギリスのエリザベス2世(位1952〜)

王位の継承 王位継承制度は、男子のみに認めるのか、男女ともに認めるのかで大きく2つに分けられる。日本と同様に男子のみが継承する国はアジアに、男女ともに王位継承を認める国はヨーロッパに多い。

●各国国王の政治権力の有無と王位の継承

	政治権力	王位の継承
実質的な政治権力をもたない	日本、カンボジア	男子のみ
	スペイン	男子優先・女子の継承容認
	イギリス、スウェーデン、ベルギー、オランダ、ノルウェー	性別で優先順位をつけない
実質的な政治権力をもつ	サウジアラビア、クウェート、ブルネイ	男子のみ

(国立国会図書館資料など)

●国旗及び国歌に関する法律(抄)
[公布・施行 1999(平成11).8]

第1条 国旗は、日章旗とする。
第2条 国歌は、君が代とする。

国旗・国歌の法制化 長らく法制化されていなかった日本の国旗・国歌を明記した法律。国民に国旗掲揚や国歌演奏・斉唱などを義務付けるものではないが、同法制定後、公的施設における国旗掲揚と公立小・中・高等学校の教職員への国歌の起立斉唱を義務付けた条例が、大阪府などで制定されている。

赤字…入試の頻出用語

ポイント整理 ②

4 日本国憲法の成立

A 大日本帝国憲法下の政治 (→p.36, 37)

①制定の背景
- 憲法の制定と国会の開設を求める**自由民権運動**の高まり
- 不平等条約の改正に向け,近代的法治国家として国の威信を高める
→藩閥政府は君主権の強いプロイセン型憲法の制定をめざす

②**大日本帝国憲法**の基本的性格
(1) **欽定憲法**,日本で初めての成文憲法,硬性憲法
(2) **天皇主権**,立憲君主制,天皇大権(議会の関与を必要としない)を広く認める
→大正デモクラシー…吉野作造の**民本主義**や美濃部達吉らの**天皇機関説**の広まり
(3) **臣民の権利**…法律の留保(法律による制限)を伴うものとして認められる
→**治安警察法**,**治安維持法**などによる思想・言論の弾圧

③政治機構…天皇が統治権を総攬する,形式的な三権分立制
- 立法…**帝国議会**は天皇の協賛機関,**衆議院と貴族院に同等の権限**
- 行政…国務各大臣が天皇を輔弼,内閣総理大臣は同輩中の首席
- 司法…天皇の名における裁判,**特別裁判所**(軍法会議,行政裁判所など)
- 陸海軍の統帥権は天皇に直属→軍部の独走,軍国主義→第二次世界大戦

B 日本国憲法の制定 (→p.38, 39)

①**ポツダム宣言**…日本に対し軍国主義の排除,民主主義の復活と強化,基本的人権の尊重,平和的・民主的政府の樹立などを求めた
└→日本受諾〔1945年〕,連合国に降伏

②**日本国憲法**の成立と**連合国軍最高司令官総司令部(GHQ)**
連合国軍最高司令官マッカーサーが憲法の改正を示唆→政府は憲法の改正に着手
→GHQは保守的な政府草案(松本案)を拒否→マッカーサー三原則に沿ったGHQの草案をもとに新草案作成→憲法改正案を帝国議会に提出,修正可決
→日本国憲法の公布〔1946.11.3〕,施行〔1947.5.3〕

5 日本国憲法の基本的性格

A 大日本帝国憲法(通称:明治憲法)と日本国憲法の違い (→p.42)

大日本帝国憲法		日本国憲法
欽定憲法	性格	民定憲法
天皇	主権者	国民
神聖不可侵,統治権総攬者,元首	天皇	日本国と日本国民統合の象徴
「臣民」としての権利	国民の権利	基本的人権は永久不可侵の権利
天皇に権力集中。形式的な三権分立	政治機構	国民主権のもとでの三権分立
天皇の協賛機関	国会	国権の最高機関,唯一の立法機関
国務大臣は天皇を輔弼(内閣の規定なし)	内閣	行政の最高機関
天皇の名において裁判を行う	裁判所	司法権の独立保障

B 国民主権と象徴天皇制 (→p.43, 44)

天皇の地位の変化　大日本帝国憲法…天皇主権(天皇は神聖不可侵)
　　　　　　　　　日本国憲法………国民主権(天皇は日本国民統合の**象徴**)
　　　　　　　　　天皇は国政に関する権能を有しない
　　　　　　　　　→憲法の定める形式的・儀礼的な**国事行為**のみを行う

C 国民主権の行使 (→p.44)

① **参政権**…間接参政(国会議員の**選挙権**など),直接参政(**住民投票**や**国民投票**など)
② **請願権**…救済請求や,公務員の罷免などを請願することができる
③ **国民審査**…最高裁判所裁判官を罷免するかどうか審査する

D 憲法改正 (→p.40, 41)

① 憲法改正の手続き…日本国憲法と**国民投票法**(2007年成立)で規定
日本国憲法…憲法改正に特別の手続きが必要な**硬性憲法**
└→各議院の**総議員の3分の2以上**の賛成→**憲法改正の発議**
　　→**国民投票**で過半数の承認により成立→天皇が国民の名で公布

② 改憲議論の争点
- 第9条…自衛隊や自衛権の明記。従来の政府は解釈の変更(**解釈改憲**)で対処
- 第9条以外…新しい人権(**環境権**など)の明文化,緊急事態条項創設など

ポイント解説

A 大日本帝国憲法下の政治　**自由民権運動**の高まりを受け,1889年,明治政府は**大日本帝国憲法(明治憲法)**を制定した。**天皇主権主義**のもとで,天皇大権を広く認めたこの憲法は,天皇が**統治権**を総攬すると定めたため,帝国議会は天皇の協賛機関,内閣は天皇の輔弼機関,裁判所は天皇の名において裁判を行うなど絶対主義的な傾向が強い。また,人権は**臣民の権利**として認められたが,法律で制限できるとされた。しかし,形式的ではあるが権力分立が規定され,人権を保障した大日本帝国憲法の施行により,日本はアジア初の近代的な立憲国家となった。一方で,世界恐慌以後,軍部の政治介入を止められず,人権保障を否定する戦争へと突入した。

B 日本国憲法の制定　**ポツダム宣言**が求める軍国主義の排除,基本的人権の尊重などを実現するため,日本政府は憲法の改正に着手した。しかし,政府草案は天皇主権を残す保守的なものにとどまったため,GHQはこれを拒否して新草案を日本政府に提示,これをもとに日本国憲法がつくられた。

A 大日本帝国憲法と日本国憲法の違い　日本国憲法は**国民主権**,平和主義,基本的人権の尊重を三大原理とする国家の**最高法規**である。大日本帝国憲法における天皇の統治権総攬が否定され,国会,内閣,裁判所がそれぞれ立法,行政,司法を担当する**三権分立**を導入した。

B 国民主権と象徴天皇制　憲法はその前文で**国民主権**を宣言し,国政は国民の厳粛な信託によるとした。国民主権により,天皇主権は否定され,天皇は国政に関する権能を失い,日本国・日本国民統合の**象徴**として憲法の定める形式的・儀礼的な**国事行為**のみを行うことになった。

C 国民主権の行使　憲法は,国民に選ばれた代表者による政治(間接参政)とともに,一部で**国民審査**などの**直接民主制**も導入し,**国民主権**の徹底を図っている。

D 憲法改正　日本国憲法は厳しい改正手続きを必要とする**硬性憲法**である。各議院の**総議員の3分の2以上**の賛成で発議され,**国民投票**で過半数の賛成を得なければ**憲法改正**はできない。そのため政府は,自衛隊の増強などについて**解釈改憲**で対処してきた。

6 平和主義

▶**真夏の甲子園，平和を祈る1分間** 終戦記念日の8月15日正午，選手・審判・観客全員で黙とうし，戦死者の冥福と平和を祈る。戦争を反省し，平和主義を定めた日本国憲法9条の解釈の変遷を確認し，自衛隊や日米安保のあり方，日本の安全保障を考えよう。

A 戦争の惨禍と憲法の平和主義

1 日本軍の中国侵略

夜中1時半本部よりの電話に接し5時半凍てつく寒夜を残雪踏んで討伐に出動。

中沢隊の一兵が中国人を岩石で殴打し，頭蓋骨が割れて鮮血にまみれ地上に倒れた。それを足蹴にし，また石を投げつける。見るに忍びない。それを中沢隊の将校も冷然と見ている。高木少尉の指図らしい。冷血漢。罪なき民の身の上を思い，あの時何故後れ馳せでも良い，俺はあの農夫を助けなかったか。自責の念が起る。女房であろう，血にまみれた男にとりついて泣いていた。しかし死ななかった。軍隊が去ると立ちあがって女房に支えられながらトボトボ歩き去った。

俺の子供はもう軍人にはしない，軍人にだけは……平和だ，平和の世界が一番だ。（『戦争のなかの青年』岩波ジュニア新書）

解説 平和への願い 日本は軍国主義のもと戦争へと突入し，近隣諸国に多大な被害を与え，また日本自らも大きな痛手を被った。戦争という極限状況の下で，非人間的な行いや光景がいたるところでみられた。そうした体験から，**日本国憲法の平和主義**は，二度と戦争の惨禍を繰り返さないという日本国民の願いから生まれた。

2 東京大空襲

東京は何回の空襲を受けたのでしょうか。

100回余です。延べ4400機からの敵機がやってきて，約40万発もの爆弾・焼夷弾を落としました。

これにより東京市街地の5割が消えてなくなり，傷ついた人は約15万人以上，無念の死をとげた人は約11万5000人以上です。太平洋戦争開始時に687万人だった東京の区部人口は，敗戦時に253万人になりました。ですから，空襲のために，ざっと400万人もの人たちが家を失ったのです。

日本全体ですと，約150都市が空襲を受け，一般民衆の死者は推定60万人。

このうち，広島・長崎の原爆による死者数が，ちょうど半分に当ります。（早乙女勝元編『母と子でみる東京大空襲』草の根出版会）

▶空襲で家を焼かれて避難する家族（東京）
撮影／石川光陽

3 『あたらしい憲法のはなし』

いまやっと戦争はおわりました。2度とこんなおそろしい，かなしい思いをしたくないと思いませんか。こんな戦争をして，日本の国はどんな利益があったでしょうか。何もありません。ただ，おそろしい，かなしいことが，たくさんおこっただけではありませんか。戦争は人間をほろぼすことです。世の中のよいものをこわすことです。

そこでこんどの憲法では，日本の国が，けっして2度と戦争をしないように，2つのことをきめました。

その1つは，**兵隊も軍艦も飛行機も，およそ戦争をするためのものは，いっさいもたない**ということです。これからさき日本には，陸軍も海軍も空軍もないのです。これを戦力の放棄といいます。「放棄」とは，「すててしまう」ということです。しかしみなさんは，けっして心ぼそく思うことはありません。日本は正しいことを，ほかの国よりさきに行ったのです。世の中に，正しいことぐらい強いものはありません。

もう1つは，**よその国と争いごとがおこったとき，けっして戦争によって，相手をまかして，じぶんのいいぶんをとおそうとしない**ということをきめたのです。おだやかにそうだんをして，きまりをつけようというのです。なぜならば，いくさをしかけることは，けっきょく，じぶんの国をほろぼすようなはめになるからです。また，戦争とまでゆかずとも，国の力で，相手をおどすようなことは，いっさいしないことにきめたのです。これを戦争の放棄というのです。そうしてよその国となかよくして，世界中の国が，よい友だちになってくれるようにすれば，日本の国は，さかえてゆけるのです。

▶文部省発行『あたらしい憲法のはなし』のさし絵

解説 再軍備とともに消えた教科書 1947（昭和22）年に文部省から発行された中学1年生用の憲法が解説してある教科書である。この中で「戦力の放棄」とは，「兵隊も軍艦も飛行機も，およそ戦争をするためのものは，いっさいもたないということです」と説明されている。しかし，軍備が再開されるとともにこの教科書は消えていった。

📖 **BOOK** こうの史代『夕凪の街 桜の国』（双葉社） 市井の人から見た戦争とは？原爆投下とは？原爆投下後10年の広島と2000年代の東京を舞台に，戦争が投げかけた影と生きる意味を問う1冊。

◎憲法第9条の特徴は何か？

4 憲法第9条と平和主義

前文 ……日本国民は，恒久の平和を念願し，人間相互の関係を支配する崇高な理想を深く自覚するのであつて，平和を愛する諸国民の公正と信義に信頼して，われらの安全と生存を保持しようと決意した。われらは，平和を維持し，専制と隷従，圧迫と偏狭を地上から永遠に除去しようと努めてゐる国際社会において，名誉ある地位を占めたいと思ふ。われらは，全世界の国民がひとしく恐怖と欠乏から免かれ，平和のうちに生存する権利を有することを確認する。……

第9条〔戦争の放棄，戦力の不保持・交戦権の否認〕
① 日本国民は，正義と秩序を基調とする国際平和を誠実に希求し，国権の発動たる戦争と，武力による威嚇又は武力の行使は，国際紛争を解決する手段としては，永久にこれを放棄する。
② 前項の目的を達するため，陸海空軍その他の戦力は，これを保持しない。国の交戦権は，これを認めない。

● 第9条の構造

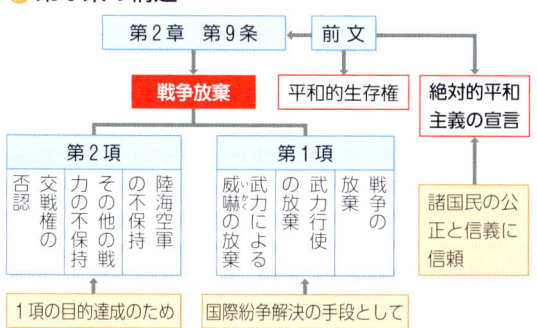

```
第2章 第9条 ← 前文
  ├─ 戦争放棄  平和的生存権  絶対的平和主義の宣言
  │
  ├─ 第2項                    第1項
  │   交戦権の否認            戦争の放棄
  │   その他の戦力の不保持    武力による威嚇の放棄
  │   陸海空軍の不保持        武力行使の放棄
  │                           
  │   1項の目的達成のため    国際紛争解決の手段として
  │
  └─ 諸国民の公正と信義に信頼
```
（『口語憲法』自由国民社などより）

解説 徹底した平和主義 日本国憲法は，第二次世界大戦の反省と，連合国軍最高司令官総司令部（GHQ）の戦争放棄・非武装・交戦権の否認という要求（→p.39 4）を受け，前文で**平和的生存権**を保障し，第9条で国家権力による戦争の放棄を定め，**平和主義**を**国民主権・基本的人権の尊重**と並ぶ基本原理としている。日本国憲法は，悲惨な戦争を体験した当時の人々に支持され，平和憲法と呼ばれてきた。

＊1 国境警備も行う警察部隊がある。哨戒艇，セスナ機，最小限の自動小火器を保有する。
＊2 数値と各国憲法訳は，西修名誉教授資料による。

5 各国の平和主義条項

（自衛以外の）軍隊の不保持	●**コスタリカ共和国憲法**（1949年制定） **第12条** 恒常的組織としての軍隊は，禁止する＊1。警戒および公共の秩序維持のためには，必要な警察力を設置する。 　　大陸協定を通じて，または国防のためにのみ，軍隊を設けることができる。……軍隊は，常に文権に従属しなければならない。……
侵略戦争の否認	●**ドイツ連邦共和国基本法**（1949年制定） **第26条**① 国際間の平和的な共同生活をみだすおそれがあり，かつその意図をもってなされる行為，とくに侵略戦争を準備する行為は，処罰される。 他に…フランス，韓国など
外国軍事基地の非設置	●**リトアニア共和国憲法**（1992年制定） **第137条** 大量破壊兵器と外国の軍事基地をリトアニア共和国の領土内に配置してはならない。 他に…ベルギー，カンボジアなど
核兵器の禁止	●**カンボジア王国憲法**（1993年制定） **第54条** 核，化学または生物兵器の製造，使用，および貯蔵は，絶対に禁止される。 他に…コロンビア，モザンビークなど

解説 様々な平和主義条項 平和主義条項を憲法にもつ国は，2018年10月末現在159か国＊2にのぼる。それらの国の中には，平和政策の推進を掲げるほか，上記の条項や非同盟政策，テロ行為の排除など，より具体的な規定もある。

● 憲法で平和主義を定めた国々

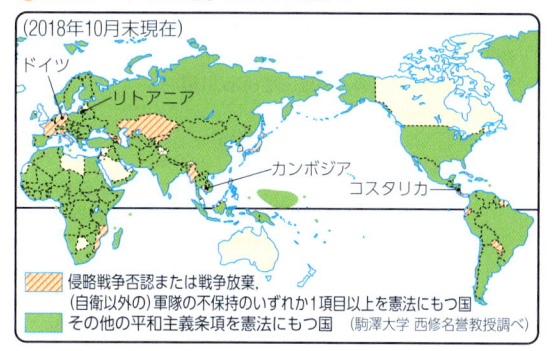

（2018年10月末現在）
ドイツ　リトアニア　カンボジア　コスタリカ

- 侵略戦争否認または戦争放棄，（自衛以外の）軍隊の不保持のいずれか1項目以上を憲法にもつ国
- その他の平和主義条項を憲法にもつ国　（駒澤大学 西修名誉教授調べ）

LOOK 平和のメッセージを世界へ

高校生平和大使とは 核廃絶や平和を世界に訴えるために，長崎県の市民団体によって選ばれる高校生のこと。1998年のインド・パキスタンの核実験をきっかけに始まり，毎年全国から募集される。

◎署名を手渡す平和大使

活動の内容 高校生平和大使は，平和を訴えるスピーチや街頭で集めた署名を8月にジュネーブ（スイス）の国連欧州本部に届ける活動などを行う。
◎高校生1万人署名活動

＊塩田さんは現在は高校を卒業。

高校生平和大使 塩田 真希さん＊　この人に聞く

「平和の原点は『人の心の痛みがわかること』です。」被爆者の方のこの言葉が，とても心に響きました。さらに，私は「平和を訴える人間が平和であること」が活動の前提にあると思っています。身近な人への思いやりは，平和活動への第一歩だと思います。

単発の活動では，世界に影響を与えることはできません。継続することで，多くの信頼を得ることができ，人の心を動かすことができると思います。活動のスローガンでもあり，私自身感じてきたことですが，私たち一人ひとりの力は，ビリョクであっても決してムリョクではありません。

今後は，講演会や交流活動を通して，自分の経験や想いを自分の言葉で伝えることで，ひとりでも多くの人に平和や核兵器廃絶について考えるきっかけづくりができたらいいなと思います。

●重要用語　⑩国民主権　㊷平和主義　㊾基本的人権

B 憲法第9条と自衛隊

1 戦後の防衛関係年表
◎国際環境の変化と政府見解はどのように関係しているか。

1945	ポツダム宣言（日本軍の無条件降伏の勧告）受諾（→p.38）
	アメリカの対日政策…徹底した非軍事化
47	日本国憲法施行（→p.38, 39）
50	6月　朝鮮戦争勃発（～53休戦）
	アメリカの対日政策の転換…防衛力強化を求める
	8月　マッカーサーの指令により、警察予備隊発足
51	サンフランシスコ平和条約・日米安全保障条約
	日本は西側陣営に
52	警察予備隊改組、保安庁設置、警備隊・保安隊発足
54	MSA協定（日米相互防衛援助協定）調印
	参議院、自衛隊の海外出動禁止決議（→p.51❸）
	防衛庁設置、自衛隊発足（→p.50）
57	「国防の基本方針」閣議決定
58	防衛力整備計画（58～60, 62～66, 67～71, 72～76年度）
59	砂川事件で東京地裁が日米安保条約違憲判決（→p.49❹）
60	日米安保条約改定（→p.52）
	日米同盟体制の確立
65	米、北ベトナム爆撃開始。「三矢研究」を野党議員が国会で暴露
67	武器輸出三原則発表（→p.51❸）
70	日米安保条約、自動延長入り
71	非核三原則（→p.51❸）を国会決議
72	沖縄の施政権返還（→p.60A）
73	長沼ナイキ訴訟で札幌地裁が自衛隊違憲判決（→p.49❹）
76	「防衛計画の大綱」閣議決定（77～95年度の指針、→p.50）
	防衛費をGNP1％以内と閣議決定
78	日米防衛協力のための指針（ガイドライン）決定
80	リムパック（環太平洋合同演習）に自衛隊初参加
83	中曽根首相訪米、「日本は米国の不沈空母たらん」と発言
86	防衛費GNP1％枠撤廃
87	総額明示方式導入閣議決定（→p.51❺）
89	マルタで米ソ首脳会談
	冷戦終結
91	湾岸戦争。停戦成立後、自衛隊法第99条（現84条の2）に基づく機雷除去作業のためペルシャ湾に自衛隊派遣
	日本の人的な国際平和協力が強く求められる
92	国際緊急援助隊法改正・PKO協力法施行。PKOとして初めて自衛隊をカンボジアへ派遣（→p.58）
95	新「防衛計画の大綱」閣議決定（96～2004年度の指針）
96	沖縄の普天間飛行場の日本返還を日米合意（→p.60A）
97	新ガイドラインに合意
99	周辺事態法などガイドライン関連法成立（→p.55）
2001	アメリカ同時多発テロ（→p.167）が発生
	テロ対策特別措置法（→p.58❶）などテロ関連三法成立
	同法に基づき自衛隊をインド洋へ派遣
03	イラク戦争（→p.167）
	武力攻撃事態対処法など有事法制関連3法成立（→p.55）
	イラク復興支援特別措置法成立（→p.58❶）
04	同法に基づき自衛隊をイラクへ派遣
	国民保護法など有事法制関連7法成立（→p.55）
	新「防衛計画の大綱」閣議決定（05～10年度の指針）
07	防衛庁は防衛省へ移行
08	テロ特措法（07年11月失効）とほぼ同じ内容の補給支援特別措置法成立（10年1月失効）。同法に基づき自衛隊をインド洋へ派遣
09	海賊対処法施行。同法に基づき自衛隊をソマリア沖へ派遣
10	新「防衛計画の大綱」閣議決定（11～13年度の指針）
13	「国防の基本方針」に代わる「国家安全保障戦略」と新「防衛計画の大綱」（14年度～の指針）を閣議決定（→p.50）
14	防衛装備移転三原則（武器輸出新三原則）を閣議決定（→p.51❸）
	集団的自衛権行使容認を閣議決定（→p.52 LOOK）
15	ガイドライン再改定。平和安全法制整備法、国際平和支援法成立
16	南スーダンPKOにおいて、自衛隊に駆け付け警護の新任務
20	情報収集のため、中東に海上自衛隊を派遣

2 第9条に関する政府見解の変遷

自衛のための戦争も放棄　戦争放棄に関する本案の規定は、直接には自衛権を否定はして居りませぬが、第9条第2項において一切の軍備と国の交戦権を認めない結果、自衛権の発動としての戦争も、又交戦権も放棄したものであります。従来近年の戦争は多く自衛権の名において戦われたのであります。満州事変然り、大東亜戦争亦然りであります。（吉田首相1946.6）

警察予備隊は軍隊ではない　警察予備隊の目的は、まったく治安維持にある。……したがって、それは軍隊ではない。（吉田首相1950.7）

▲吉田首相

保安隊は戦力ではない　憲法第9条第2項は、……戦力保持を禁止。保安隊・警備隊は戦力ではない。その本質は警察上の組織。（政府統一見解1952.11）

自衛のための自衛隊は違憲ではない　憲法第9条は、独立国としてわが国が自衛権をもつことを認めている。したがって自衛隊のような自衛のための任務を有し、かつその目的のため必要相当な範囲の実力部隊を設けることは、何ら憲法に違反するものではない。（政府統一見解1954.12）

▲鳩山首相

すべての核兵器が戦力とはいえない　いかなる場合においても、すべての核兵器を第9条が禁止している戦力であるという解釈はいきすぎである。（岸首相1957.5）

▲岸首相

集団的自衛権行使は違憲　憲法は、自国の平和と安全を維持しその存立を全うするために必要な自衛の措置をとることを禁じているとはとうてい解されない。しかしながら、あくまで外国の武力攻撃によって国民の生命、自由及び幸福追求の権利が根底からくつがえされるという急迫、不正の事態を排除するための必要最小限度の範囲にとどまるべきである。他国に加えられた武力攻撃を阻止する集団的自衛権の行使は、憲法上許されない。（政府統一見解1972.10）

戦力とは自衛のための最小限度をこえる実力　憲法第9条第2項が保持を禁じている戦力とは、自衛のための最小限度をこえる実力組織をいうのであって、それ以下の実力の保持は、同条項によって禁じられてはいない。（政府統一見解1972.11）

▲田中首相

平和維持活動に必要な武器使用は可能　日本から国連の平和維持軍に参加する場合の「要員の生命等の防護のため」に必要な最小限の武器使用は、憲法第9条で禁止されている「武力の行使」にはあたらない。（政府統一見解1991.9）

▲海部首相

自衛隊は合憲　自衛隊は合憲、日米安保条約は堅持、非武装中立は歴史的役割を終えた。（村山首相1994.7）

▲村山首相（日本社会党委員長*）
＊党首に相当

集団的自衛権行使は違憲ではない　わが国に対する武力攻撃が発生した場合のみならず、わが国と密接な関係にある他国に対する武力攻撃が発生し、これによりわが国の存立が脅かされ、国民の生命、自由及び幸福追求の権利が根底からくつがえされる明白な危険がある場合において、必要最小限度の実力を行使することは、自衛のための措置として、憲法上許される。（閣議決定2014.7）

▲安倍首相

入試のツボ　憲法9条をめぐる裁判について、何が争点となったのかをまとめておこう。砂川事件は日米安保条約について、恵庭事件・長沼ナイキ訴訟・百里基地訴訟は自衛隊について争われた裁判。〈08本〉

3 第9条解釈の学説
◎第9条解釈の違いはどこからくるのか？

第1項 A 国際紛争を解決する手段としての戦争の放棄とは？

| パリ不戦条約*と同様に、A＝侵略戦争の放棄 | 戦争は、すべて国際紛争を解決する手段として行われる。したがって、A＝自衛戦争を含むすべての戦争を放棄 |

第2項 B 前項の目的を達するための戦力の不保持とは？

| B＝侵略戦争のための戦力の不保持 | B＝一切の戦力の不保持 |

| 自衛のための戦力は保持できる▶○ | 戦力は不可。自衛のため、戦力に至らない必要最小限度の実力は保持できる▶○政府見解 | 警察力を超える実力（＝戦力）は不可▶×学説の多数説 | 軍需生産・航空産業など戦争に役立つ可能性のあるものは一切不可▶× |

注：○…自衛隊を合憲とする説、×…自衛隊を違憲とする説

解説　戦争・戦力のとらえ方　第9条解釈は、第1項の「戦争放棄」と第2項の「前項の目的」及び「戦力不保持」の解釈によって様々な説がある。論点は、**第9条が自衛権や自衛のための実力（戦力など）の保有を認めているか**ということである。

*パリ不戦条約とは、第一次世界大戦後の1928年にアメリカ・フランス・日本など列強各国が調印した条約。第1条に、「締約国は国際紛争解決のため戦争に訴えることを非とし、かつ……国家の政策の手段としての戦争を放棄することを厳粛に宣言す」とあり、これは侵略戦争の放棄の意味とされた。(→p.149 3 ①)

4 憲法第9条をめぐる司法判断　判例　（自衛隊イラク派遣差し止め請求訴訟 →p.59 4）

	事件のあらまし	判決の内容
砂川事件	1957年、米軍の使用する東京都砂川町（現 立川市）の立川飛行場拡張に反対するデモ隊が、立入禁止の境界柵を破壊し立ち入った。これが（旧）日米安保条約に基づく刑事特別法違反として起訴された。 **日米安保条約は違憲か**　被告人側は、日米安保条約及びそれに基づく米軍の駐留が、憲法第9条に違反すると主張。	**第一審**　東京地裁判決（1959年3月30日）［伊達判決］　**デモ隊無罪** **第9条**　自衛権は否定しないが、戦争及び自衛のための戦力の保持をも許さないもの **米軍駐留は違憲**　わが国の自衛のための米軍駐留は、戦力の保持に該当し**違憲** ↓**跳躍上告**（違憲判決のため、控訴を経ずに直接最高裁に申し立てられた） **跳躍上告審**　最高裁大法廷（1959年12月16日）　**破棄差し戻し→有罪確定** **第9条**　憲法の平和主義は決して無防備・無抵抗を定めたものではない **米軍駐留について**　第9条が禁止した戦力とはわが国が主体となって指揮権・管理権を行使できる戦力で、わが国に駐留する外国の軍隊はこの戦力には該当しない。米軍駐留は、一見極めて明白に違憲とは認められず、**司法審査権の範囲外のものである**
恵庭事件	自衛隊演習場の爆音に悩んでいた北海道恵庭町（現 恵庭市）の牧場経営者が、1962年、自衛隊の通信連絡線を切断した。これが自衛隊法第121条*に該当するとして起訴された。 **自衛隊は違憲か**　被告人側は自衛隊法が憲法第9条に違反すると主張。	**第一審**　札幌地裁判決（1967年3月29日）　**牧場経営者無罪**（検察側の控訴放棄により確定） 自衛隊法第121条の「その他の防衛の用に供するもの」は武器、弾薬、航空機などのような密接かつ高度なもので、通信回線は該当しないとして、無罪判決 **憲法判断せず**　公判の多くが自衛隊の違憲審査にあてられたが、憲法問題を判断する必要はなく、判断すべきでないとしたため「肩すかし判決」といわれた

*自衛隊の所有し、又は使用する武器、弾薬、航空機その他の防衛の用に供するものを損壊し、又は傷害した者は、5年以下の懲役、又は5万円以下の罰金に処する。（自衛隊法第121条）

	事件のあらまし	判決の内容
長沼ナイキ訴訟	北海道長沼町の馬追山国有林は、洪水防止などのための保安林であった。しかし1968年、自衛隊の地対空誘導弾ナイキJミサイル基地の建設のため、政府が保安林指定を解除した。住民は、解除取り消しを求め訴えた。 **自衛隊は違憲か**　住民側は、自衛隊は違憲なので、保安林指定解除も違法と主張。 ▲地対空誘導弾ナイキJ	**第一審**　札幌地裁判決（1973年9月7日）［福島判決］　**住民勝訴** **第9条**　憲法前文の永久平和主義を根拠とする。第1項で侵略戦争を放棄し、第2項で自衛力を含めたすべての軍備・戦力を放棄し、交戦権をも否認している **自衛隊は違憲**　現在の自衛隊の規模・設備・能力からみて憲法の「陸海空軍」に該当し**違憲** **第二審**　札幌高裁判決（1976年8月5日）　**住民敗訴** **第9条**　侵略的な戦力の保持は明確に禁止しているが、自衛戦力の保持には積極・消極の両説がある **憲法判断せず**　自衛隊法と自衛隊の設置運営は明確に侵略的なものとはいえないとして、憲法判断を避けた **上告審**　最高裁小法廷（1982年9月9日）　**住民敗訴** **訴えの利益なし**　代替施設が整備され、保安林指定解除による洪水の危険性などはなくなったとして、上告棄却 **憲法判断せず**　自衛隊の合違憲や第9条解釈には一切触れなかった
百里基地訴訟	1958年、茨城県百里航空自衛隊基地の建設予定地の地主が、基地反対派に土地を売る契約を結んだが、支払いをめぐりトラブルが発生。その間に地主は防衛庁（現 防衛省）に同じ土地を売る契約を結び、国と共同原告となって、基地反対派に売買契約の解除を求め訴えた。 **自衛隊は違憲か**　基地反対派（被告）は、国の売買契約は、憲法9条に反する自衛隊基地建設のためであり無効と主張。	**第一審**　水戸地裁判決（1977年2月17日）　**国側勝訴** **第9条**　第1項は、自衛目的の戦争まで放棄していない。第2項が否定するのは、侵略的な戦力である。自衛のための自衛権を行使することは違憲でない **自衛隊について**　自衛隊が自衛のため必要とされる限度を超え、第2項の戦力に該当するかどうかの法的判断は、一見明白に違憲でないので**司法審査の対象にならない** **第二審**　東京高裁判決（1981年7月7日）　**基地反対派の控訴棄却** **憲法判断せず**　必要性がないとして、第9条の解釈と自衛隊の憲法判断を避けた **上告審**　最高裁小法廷（1989年6月20日）　**基地反対派の上告棄却** **第9条に触れず**　自衛隊は、自衛のための措置や実力組織の保持は禁止されないとの憲法解釈のもとで設置された組織。**第9条には触れなかった**

（「朝日新聞」1976.8.5）自衛隊問題　**憲法上は「統治行為」**　長沼基地　住民側が逆転敗訴　司法審査に限界　原告の主張門前払い　札幌高裁判決

（「朝日新聞」1977.2.17）**自衛隊は実質合憲**　水戸地裁初の判断　百里基地訴訟　国側が全面勝訴　防衛措置　違反せず　戦力には統治論

解説　司法消極主義　日本の防衛政策をめぐる違憲判決は、日米安保条約と米軍の駐留については砂川事件地裁判決、自衛隊については長沼ナイキ訴訟地裁判決のみ。裁判所の多くは、高度な政治的行為は、司法審査の対象外であるという**統治行為論**(→p.111)などにより憲法判断を避けている。

司法権の独立を揺るがす秘密発覚　砂川事件最高裁判決から約50年後、1959年当時のアメリカ極秘公電が開示され、①地裁判決直後に米国側が**日米安保条約**改定の円滑な協議のため裁判の迅速化、つまり**跳躍上告**を外務大臣に示唆し、②最高裁公判前に最高裁長官が判決内容などを米国側に伝えていたことがわかった。

▶重要用語　㊲ポツダム宣言　㊸自衛隊　㊹非核三原則　㊼日米安全保障条約　㊽PKO協力法　⑰統治行為論　⑯冷戦　⑰朝鮮戦争　⑱湾岸戦争　⑱アメリカ同時多発テロ　⑱イラク戦争　⑳サンフランシスコ平和条約

5 自衛隊の発足
●自衛隊発足の契機は何か？

東西(米・ソ)冷戦の激化
1949.10 中華人民共和国成立→アメリカの対日占領政策転換

- 1950.6~53.7 休戦 **朝鮮戦争**（→p.163）
  - 1950.8~ 警察予備隊（7万5000人）
    - 任務 治安維持のため特別の必要がある場合において，内閣総理大臣の命を受け，行動する （警察予備隊令*1第3条第1項）
    - *1 1952年廃止

- 1952.4発効 **サンフランシスコ平和条約**（対日占領終結）**日米安保条約**（在日米軍基地存続）
  - 1952.8~ 警備隊*2（7590人）
  - .10~ 保安隊（11万人）
    - 任務 わが国の平和と秩序を維持し，人命及び財産を保護する。特別の必要がある場合において行動する。海上における警備救難の任務を行う （保安庁法*3第4条）
    - *2 警備隊の前身である海上警備隊は1952年4月創設
    - *3 1954年防衛庁設置法に改正

- 1953.10 池田・ロバートソン会談（防衛力増強）約束
- 1954.5発効 **日米相互防衛援助協定（MSA協定）**
  - 1954.7~ 自衛隊（16万4539人）
    - 任務 わが国の平和と独立を守り，国の安全を保つため，わが国を防衛することを主たる任務とし，必要に応じ，公共の秩序の維持にあたる （自衛隊法第3条）
  - 注：（ ）内は隊員数。ただし事務官等は除く。発足当時の人数。

解説 冷戦と自衛隊の発足 徹底した非軍事化と民主化をめざしたアメリカの対日占領政策は，冷戦と中華人民共和国の成立を受けて大きく転換した。1950年，**朝鮮戦争**を機に，マッカーサーは「警察力の補完」として**警察予備隊**の創設を指示。1952年には，警察予備隊と海上警備隊を統合して保安庁が発足し，保安隊と警備隊に改組された。その後，アメリカからの強い「防衛力増強」要求を受け，MSA協定に基づく軍事・経済援助受け入れを前提に，直接侵略にも対処しうる自主防衛力としての**自衛隊**が発足した。

6 自衛隊法（抄）
[公布 1954(昭29).6／最終改正 2020(令2).6]

第3条〔自衛隊の任務〕① 自衛隊は，我が国の平和と独立を守り，国の安全を保つため，我が国を防衛することを主たる任務とし，必要に応じ，公共の秩序の維持に当たるものとする。
② 自衛隊は，前項に規定するもののほか，同項の主たる任務の遂行に支障を生じない限度において，かつ，武力による威嚇又は武力の行使に当たらない範囲において，次に掲げる活動であつて，別に法律で定めるところにより自衛隊が実施することとされるものを行うことを任務とする。
(1) 我が国の平和及び安全に重要な影響を与える事態に対応して行う我が国の平和及び安全の確保に資する活動
(2) 国際連合を中心とした国際平和のための取組への寄与その他の国際協力の推進を通じて我が国を含む国際社会の平和及び安全の維持に資する活動

第7条〔内閣総理大臣の指揮監督権〕 内閣総理大臣は，内閣を代表して自衛隊の最高の指揮監督権を有する。

第76条〔防衛出動〕① 内閣総理大臣は，次に掲げる事態に際して，我が国を防衛するため必要があると認める場合には，自衛隊の全部又は一部の出動を命ずることができる。この場合においては，……国会の承認を得なければならない。
(1) 我が国に対する外部からの武力攻撃が発生した事態又は我が国に対する外部からの武力攻撃が発生する明白な危険が切迫していると認められるに至つた事態
(2) 我が国と密接な関係にある他国に対する武力攻撃が発生し，これにより我が国の存立が脅かされ，国民の生命，自由及び幸福追求の権利が根底から覆される明白な危険がある事態

第83条〔災害派遣〕① 都道府県知事その他政令で定める者は，天災地変その他の災害に際して，人命又は財産の保護のため必要があると認める場合には，部隊等の派遣を防衛大臣又はその指定する者に要請することができる。

非核三原則

C 日本の防衛政策

1 防衛政策のしくみ

基本方針
- 防衛政策の基本方針
  専守防衛・文民統制など（→p.51 3）
- 国家安全保障戦略 約10年間（2013年~）
  国の安全保障にかかわる外交・防衛政策における基本方針

具体的な政策
- 防衛計画の大綱（防衛大綱）約10年間（→2）
  自衛隊の体制や主要装備の水準などを策定
- 中期防衛力整備計画 約5年間（1986年度~）
  防衛大綱の目標達成のための経費や主要装備数量計画など
- 各年度の防衛力整備

国家安全保障会議（日本版NSC）
- 4大臣会合〈通常時〉
- 9大臣会合〈自衛隊派遣が必要な時 防衛大綱の審議時〉
- 緊急事態会合〈非常時〉
  - 内閣総理大臣　内閣官房長官
  - 外務大臣　防衛大臣
  - 総務大臣　経済産業大臣
  - 財務大臣　国土交通大臣
  - 国家公安委員長
  - 首相が事前に指定した大臣・官僚

- 国家安全保障担当内閣総理大臣補佐官（首相の補佐・国会との調整）
- 内閣官房
- 国家安全保障局（情報分析・企画立案）

2 防衛計画の大綱
注：表の左列は閣議決定の年（西暦）

76年	**基盤的防衛力構想**…冷戦下の緊張緩和という国際情勢のもと，侵略の未然防止・小規模侵略への対処に重点
95年	**基盤的防衛力構想**を踏襲／冷戦終結後の国際情勢の変化や大規模災害などへの対応
04年	基盤的防衛力構想を継承しつつ，テロなど新たな脅威に対処できる**多機能で弾力的な実効性のある防衛力**の構築
10年	グローバル化や各国軍事力の近代化にともない，様々な事態に実効的に対処できる**動的防衛力**の構築
13年	日本周辺の安全保障環境が厳しさを増すなか，平時から継続的に活動し事態に即応できる**統合機動防衛力**の構築
18年	宇宙・サイバー空間といった新領域も融合し，一体で常時継続的に事態に対処できる**多次元統合防衛力**の構築

解説 外交・防衛政策の指針 1986年に中曽根内閣の下で設置された安全保障会議（→p.55 1）は，安倍政権下の2013年，**国家安全保障会議（日本版NSC）**に改組された。これを受け，1957年以来，日本の防衛政策の指針であった「**国防の基本方針**」*に代わる「**国家安全保障戦略**」を決定。国際協調主義に基づく積極的平和主義を基本理念とし，**武器輸出三原則**の見直しの方針や「国と郷土を愛する心を養う」施策の推進なども明記された。

*侵略の未然防止・排除により日本の独立と平和を守るため，①国連支持，②愛国心高揚，③防衛力整備，④米国との安保体制を基調，との基本方針を示したもの。

入試クイズ 内閣総理大臣は文民であるため，自衛隊に対する最高指揮監督権をもたない。○？×？〈12本〉（→6, p.51 3, 4）
答：×

3 防衛政策の基本方針
(「防衛白書」などより)

専守防衛	相手から武力攻撃を受けて初めて防衛力を行使する。その際は自衛のための必要最小限にとどめ、また、保持する防衛力も自衛のための必要最小限のものとする。
文民統制の確保	**国会の統制** 国民を代表する国会が、自衛官の定数、主要な組織などを法律や予算で議決し、防衛出動などを承認する **内閣の統制** 文民で構成する内閣を代表し、内閣総理大臣が自衛隊に対する最高の指揮監督権をもつ。防衛大臣は国務大臣(文民)(→4、憲法66条)
非核三原則	核兵器を「もたず、つくらず、もち込ませず」という原則。1967年、佐藤首相が表明、1971年に国会で決議。1976年には核拡散防止条約(→p.173)を批准し、非核保有国として核兵器の受領・製造・開発などをしない義務がある。
	防衛費の総額明示方式←GNP比1％枠から変更(→5)
集団的自衛権	政府見解:日本も集団的自衛権を有しているが、その行使は憲法上許されない。(1972年10月 →p.48 2) →2014年 集団的自衛権の行使容認を閣議決定 2015年 平和安全法制整備法、国際平和支援法(安全保障関連法)成立(→p.55 1、56)
防衛装備移転三原則	1967年 **武器輸出三原則** …原則禁止 ①共産国 ②国連決議による武器輸出禁止国 ③国際紛争当事国 などへの武器輸出を禁止 →1976年 三原則対象地域以外への武器輸出を慎むこと、武器製造関連設備も武器に準じることを追加 2014年 **防衛装備移転三原則** …一部解禁 ①輸出禁止…(1)国際条約違反となる場合 (2)国連安保理決議違反となる場合 (3)紛争当事国への輸出 ②輸出可能(厳格な審査が必要)…(1)平和貢献・国際協力の積極的な推進に資する (2)同盟国などとの共同開発・生産 (3)日本の安全保障に資する場合 ③輸出された装備品の目的外使用や第三国への輸出は日本の事前同意を得るなど、適正管理が確保される場合
海外派兵の禁止	武力行使の目的で武装した部隊を他国に派遣するという海外派兵の禁止。1954年、参議院は「現行憲法の各章と、わが国民の熾烈なる平和愛好精神に照らし、海外出動はこれを行わない」と決議。

●核もち込み密約の発覚

米軍による日本への**核もち込み疑惑**が浮上するたびに、日本政府は「アメリカから事前協議の申し入れがない以上、核もち込みはない」と答弁していた。しかし2010年、外務省の有識者委員会が、「米国の核搭載艦船が日本に寄港する場合は、事前協議の対象外とする」という暗黙の合意(**広義の密約**)が日米間に存在したと報告。これは、1960年代にライシャワー駐日米大使が佐藤首相らに伝えたもので、米国側が日本の合意を特に求めず、日本側も黙認して形成された密約だった。同報告を受け日本政府は、改めて**非核三原則**を堅持するとした。

5 日本の防衛費

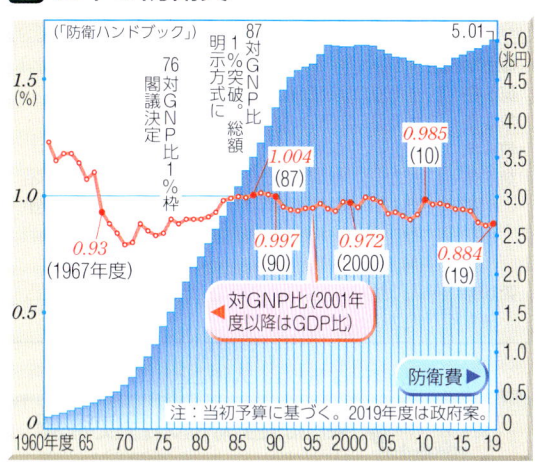

(「防衛ハンドブック」)

グラフ:対GNP比(2001年度以降はGDP比)と防衛費の推移
- 0.93 (1967年度)
- 1.004 (87) 87年対GNP比1％突破、総額明示方式に
- 0.997 (90)
- 0.972 (2000)
- 0.985 (10)
- 0.884 (19)
- 76対GNP比1％枠閣議決定
- 5.01兆円(2019年、政府案)

注:当初予算に基づく。2019年は政府案。

解説　増大の歯止め 戦後、防衛費は増大したが、高度経済成長でGNPも急速に伸び、防衛費の対GNP比は下がり続けた。1976年、三木内閣が「**GNP比1％枠**」を閣議決定した後も防衛費の伸びは他の予算を大きく上回り、1987年、中曽根内閣の下でついに1％を突破。新しい歯止めとして、単年度ではなく、一定期間の防衛費の総額を示すことで防衛予算の膨張を抑制する方式、つまり「**総額明示方式**」が閣議決定された。

6 自衛隊の規模
(2019年度見込み)(「防衛ハンドブック」)

自衛官定数		主な装備
15万8758人	陸上自衛隊	戦車約500両、装甲車約980両、航空機約310機
4万5356人	海上自衛隊	護衛艦51隻、潜水艦21隻、航空機約140機
4万6923人	航空自衛隊	戦闘機約260機、輸送機など約60機

7 各国の国防費と兵力
(「世界国勢図会」)

	アメリカ	中国	イギリス	日本	ドイツ	ロシア	イラン
正規兵力*	138	204	15	25	18	90	61
国防費	6846	1811	548	486	485	482	174
対GDP比	3.2%	1.3%	2.0%	0.9%	1.3%	2.9%	3.8%

(2019年) *は2020年　単位:正規兵力は万人、国防費は億ドル。

4 文民統制(シビリアン・コントロール)

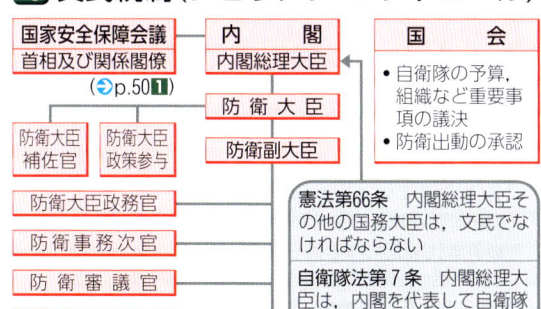

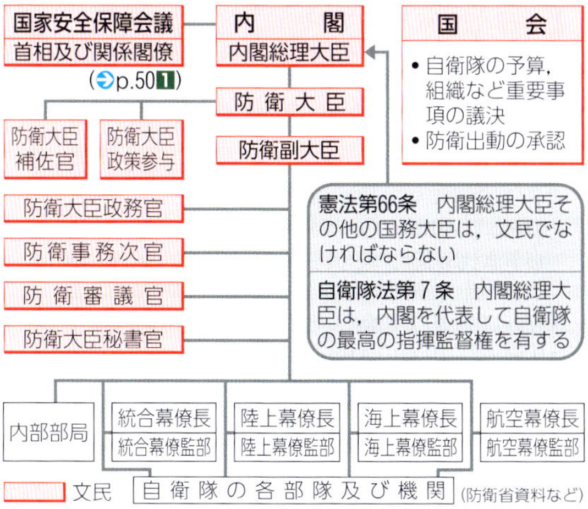

組織図:
- 国家安全保障会議(首相及び関係閣僚)(→p.50 1)
- 内閣 — 内閣総理大臣 — 防衛大臣 — 防衛副大臣
  - 防衛大臣補佐官／防衛大臣政策参与
  - 防衛大臣政務官
  - 防衛事務次官
  - 防衛審議官
  - 防衛大臣秘書官
- 国会
  - 自衛隊の予算、組織など重要事項の議決
  - 防衛出動の承認
- 憲法第66条 内閣総理大臣その他の国務大臣は、文民でなければならない
- 自衛隊法第7条 内閣総理大臣は、内閣を代表して自衛隊の最高の指揮監督権を有する
- 内部部局／統合幕僚長・統合幕僚監部／陸上幕僚長・陸上幕僚監部／海上幕僚長・海上幕僚監部／航空幕僚長・航空幕僚監部
- 自衛隊の各部隊及び機関(防衛省資料など)
- 赤枠=文民

解説　軍部独走を防ぐ　文民統制とは、民主主義的政治制度の下で、文民からなる政府が軍事力を支配・統制すること。戦前の軍部独走を反省し、日本国憲法下では自衛隊は国会・内閣の統制下におかれ、制度としては文民統制が確立されている。

文民(シビリアン) 一般に軍人でない人のこと。政府は、「旧陸海軍の職業軍人の経歴をもち、軍国主義的思想に深く染まっていると考えられる者」・「自衛官」以外の人を文民と定義し、防衛事務次官を含む文官や元自衛官は文民としている。

重要用語 ⑬自衛隊　⑭非核三原則　⑮集団的自衛権　⑰日米安全保障条約　⑯冷戦　⑰朝鮮戦争

D 日米安全保障体制

1 日米安全保障条約

旧日米安保条約 [1951.9.8署名, 1952.4.28発効, 1960.6.23失効]
正式名称：日本国とアメリカ合衆国との間の安全保障条約

● 主な内容…米軍の日本駐留を認めたが、**米軍の日本防衛義務は明記されず**。日本国内で大規模な内乱が生じた場合の米軍出動を認めたいわゆる「**内乱条項**」など、不平等との指摘あり。1960年締結の新条約に「内乱条項」はない。

日米安保条約 [1960.1.19署名, 6.23発効] (条文 ▶p.53)
正式名称：日本国とアメリカ合衆国との間の相互協力及び安全保障条約

● 主な内容　　　　　　注：●以下の青字は補足説明
- 第2条　日本両国の経済的協力の促進
- 第3条　日本両国の自衛力の増強と相互援助
- 第5条　米国の日本防衛義務あり…●日本の米国本土防衛義務なし
- 第6条　日本の安全・極東地域の平和維持のため米軍の日本駐留・基地使用許可…●在日米軍の詳細は日米地位協定(▶p.54 5)
- ●在日米軍の「配置・装備の重要な変更」、「日本から行われる戦闘作戦行動」は**事前協議**を行うとの交換公文あり
- 第10条　条約の効力は10年間。10年経過後は一方の国が通告後1年で失効。

Q 憲法解釈の変更とはどういうことか。(▶p.48)

LOOK 集団的自衛権の行使容認

日本は、これまで集団的自衛権は「保有しているが憲法上行使できない」との立場を示してきた(▶p.48 2)。しかし2014年、憲法解釈を変更し、**一定の条件**※のもとに集団的自衛権の行使を容認するとの閣議決定をした。これを受けて2015年、集団的自衛権の行使を可能とする**安全保障関連法**が成立。日本の安全保障政策が大きく転換することとなった。

◀ 国会前での安保法反対デモ（2015年8月）

● 国際法で認められる武力行使

自衛権

● **個別的自衛権**（国連憲章第51条）
他国から攻撃されたときに、自国を守るために武力で反撃する権利。
日本の立場…憲法解釈により行使できる。

● **集団的自衛権**（国連憲章第51条）
同盟国が攻撃されたときに、反撃する権利。
日本の立場…2014年、一定の条件のもとで容認。

● **集団安全保障**（国連憲章第41・42条）(▶p.151 2)
国連憲章が禁じる武力攻撃を行った国に対し、国連加盟国が共同で**制裁**※を加える。
日本の立場…武力を用いる国連軍や多国籍軍への参加は認めない。
※経済制裁で不十分な場合に武力制裁を行う。

● 安保闘争

新安保条約は、条約を適用する「極東」の範囲(6条)が不明確であること、アメリカの世界戦略の結果、日米共同防衛義務(5条)により日本が戦争に巻き込まれるおそれがあることなどが指摘され、激しい反対運動が起こった。国会には約1か月間にわたりデモ隊が押し寄せて条約批准の強行採決に抗議し、岸内閣の退陣を求めた。

▲ 新安保条約反対の国会前デモ

2 日米防衛協力のための指針（ガイドライン）

1978年　ガイドライン…日本有事への対応
- 日本が他国（ソ連を想定）に侵略された場合に対応
- 日本に対する武力攻撃への対処…原則、日本が独力で排除（**個別的自衛権**の行使）。困難な場合はアメリカが協力
- 極東における事態での日米協力…日本からアメリカへの便宜供与のあり方を研究

1989年	冷戦終結
1993年	朝鮮半島危機（北朝鮮の核拡散防止条約脱退宣言※、弾道ミサイル発射）　※後に撤回。2003年に脱退宣言。
1996年	中台危機（中国による台湾近海でのミサイル発射訓練）

1997年　ガイドライン改定…アジア太平洋地域の安全保障維持
- **朝鮮半島有事**などに対応
- 日本に対する武力攻撃への対処…日本が主体的に行動（**個別的自衛権**の行使）、アメリカは自衛隊の支援・補完
- 周辺事態（日本周辺の地域における日本の平和・安全に重要な影響を与える事態）における協力…日本の安全を守るために活動する米軍の後方支援を行う。

→1999年　周辺事態安全確保法などの**ガイドライン関連法**
2003年　有事関連三法　**有事法制**の整備(▶p.55 1)
2004年　有事関連七法

- 中国の海洋進出、北朝鮮の核開発問題
- テロ、サイバー攻撃などグローバルな課題
- 自衛隊の活動範囲の拡大(▶p.58)
- 集団的自衛権の行使を容認する閣議決定(2014)

2015年　ガイドライン再改定…地球規模で日米協力を強化
- 平時から緊急事態までの切れ目のない対応
- 武力攻撃への対処
  対日本…日本が主体的に行動（**個別的自衛権**の行使）、アメリカは自衛隊の支援・補完。
  対日本以外の国…日米が緊密に協力。自衛隊は、「存立危機事態(▶p.56)」において適切な作戦を実施、アメリカや攻撃を受けた国と協力して対処（**集団的自衛権**の行使）
- 「周辺事態」の文言削除。**地球規模での協力体制**に。
- 国際平和のための活動に参加する場合、自衛隊・米軍を含む日米両政府は緊密に協力
- 宇宙空間・サイバー空間における協力体制
→2015年　**安全保障関連法**制定(▶p.56)

解説　ガイドラインとは　日本とアメリカの防衛協力の基本的な方向性を示す法的拘束力のない文書である。安全保障環境の変化に伴って改定され、それに沿う形で法律が整備されてきた。これに対して、憲法や、「日本と極東の平和と安全の維持に寄与」することを目的とした日米安保条約を逸脱するものとの批判もある。

※2015年の安保関連法では、①存立危機事態である、②わが国の存立を全うし、国民を守るために他に適当な手段がない、③必要最小限度の実力行使にとどまる　の三要件(▶p.56 A)。

3 日米安全保障条約(抄)

署名 1960.1.19
発効 1960.6.23

（日本国とアメリカ合衆国との間の相互協力及び安全保障条約）

第2条〔経済的協力の促進〕締約国は，その自由な諸制度を強化することにより，これらの制度の基礎をなす原則の理解を促進することにより，並びに安定及び福祉の条件を助長することによつて，平和的かつ友好的な国際関係の一層の発展に貢献する。締約国は，その国際経済政策におけるくい違いを除くことに努め，また，両国の間の経済的協力を促進する。

第3条〔自衛力の維持発展〕締約国は，個別的に及び相互に協力して，継続的かつ効果的な自助及び相互援助により，武力攻撃に抵抗するそれぞれの能力を憲法上の規定に従うことを条件として，維持し発展させる。

第4条〔随時協議〕締約国は，この条約の実施に関して随時協議し，また，日本国の安全又は極東における国際の平和及び安全に対する脅威が生じたときはいつでも，いずれか一方の締約国の要請により協議する。

第5条〔共同防衛〕各締約国は，日本国の施政の下にある領域における，いずれか一方に対する武力攻撃が，自国の平和及び安全を危うくするものであることを認め，自国の憲法上の規定及び手続に従つて共通の危険に対処するように行動することを宣言する。

　前記の武力攻撃及びその結果として執つたすべての措置は，国際連合憲章第51条の規定に従つて直ちに国際連合安全保障理事会に報告しなければならない。その措置は，安全保障理事会が国際平和及び安全を回復し及び維持するために必要な措置を執つたときは，終止しなければならない。

第6条〔基地の許与〕日本国の安全に寄与し，並びに極東における国際の平和及び安全の維持に寄与するため，アメリカ合衆国は，その陸軍，空軍及び海軍が日本国において施設及び区域を使用することを許される。

第10条〔条約の終了〕この条約は，日本区域における国際の平和及び安全の維持のため十分な定めをする国際連合の措置が効力を生じたと日本国政府及びアメリカ合衆国政府が認める時まで効力を有する。

　もつとも，この条約が10年間効力を存続した後は，いずれの締約国も，他方の締約国に対しこの条約を終了させる意思を通告することができ，その場合には，この条約は，そのような通告が行われた後1年で終了する。

●アメリカは日本を守ってくれる？

　日本が他国から攻撃されたら，すぐにアメリカが守ってくれる。こう思っている人はいないだろうか。しかし，日米安全保障条約第5条には「自国の憲法上の規定及び手続に従つて共通の危険に対処する」とある。アメリカ合衆国憲法では大統領が軍の指揮権をもつが，宣戦布告や軍の編成，歳出権は連邦議会にあるため，**米軍は議会の承認なしに行動できない**のである※。ガイドライン（→p.52）でも，日本への武力攻撃に対し，自衛隊が「作戦を主体的に実施し」，米軍は「日本を防衛するため，**自衛隊を支援し及び補完する**」となっている。日本への武力攻撃に対して領土と国民を守るのは，**個別的自衛権に基づいた自衛隊の役割**なのである。

※2017年，トランプ大統領は議会の承認なしにシリアを攻撃した。これに対し，憲法違反であるという批判があった。

4 日米安全保障条約の主なポイント

注：丸付数字は条文番号

③自衛力の維持発展	・日米両国の軍事力（防衛力）の増強とその相互援助を規定した条文。 **問題点** 条文中の「憲法上の規定に従う」という文言が一定の歯止めではあるが，アメリカは日本の経済成長と日米貿易摩擦（→p.363）の激化とともに，日本の防衛力の増強と米国製のハイテク兵器の導入を強く求めてきた。 **関連事項** 弾道ミサイル防衛（BMD）システムの日米共同開発（→下）
⑤共同防衛	・**アメリカの日本防衛義務**が明示された条文。 **旧安保条約との違い** 旧日米安保条約は，米軍の日本駐留の継続（対米基地提供）を認めたが，米軍の日本防衛義務を明記していなかった。 ・日本の領土並びに在日米軍基地に対する第三国の攻撃に対し，自衛隊は米軍と共同でその防衛に当たる。さらにこうした場合の国際連合との関係も規定。 ・アメリカ本土への攻撃に対しては，日本が米国のために軍事行動をとることは規定されていない。
⑥基地の許与	・米軍による日本国内の基地等の施設や区域の使用を認めた条文。 **問題点** 在日米軍の軍事行動は「日本国の安全」と「極東における国際の平和及び安全の維持」に寄与するためのものと限定されているが，抽象的であいまいである。 ・日本政府の統一解釈…「極東」とは，「フィリピン以北，並びに日本及びその周辺地域で韓国や台湾の支配下にある地域」 ・実際の米軍の行動…極東が直接に攻撃を受ける場合だけでなく，湾岸戦争（→p.167）のように，他の地域で発生した事態によって脅威を受ける場合にもとられてきた。そこで，米軍の行動範囲は事実上無制限ではないかとの批判がある。
事前協議制	・条約第6条の実施に関する交換公文で規定。 ・在日米軍の行動に関して，米軍の「配置における重要な変更」，「装備における重要な変更」，「日本から行われる戦闘作戦行動」の3項目は日米両国で**事前協議**すると定められている。 **問題点** 過去に事前協議が行われたことはない。「装備の重要な変更」として，核兵器の日本への持ち込み疑惑がたびたび取り上げられたが，日本政府は「**米国からの事前協議がないので核兵器の持ち込みは行われていない**」とする立場をとってきた。実際には，**核持ち込みの密約**があったことが発覚した（→p.51 3）。

注：2015年の安保関連法で，米国などが武力攻撃を受けた場合，3要件を満たせば，国会承認を得た上で，自衛隊は日本を防衛するため，必要な武力行使が可能となった。（→p.56, 57）

●弾道ミサイル防衛(BMD)システムの整備の流れ

1998年	安全保障会議と閣議でBMDの日米共同技術研究開始を了承（1999年度開始）。
2003	安全保障会議と閣議でBMDシステムの導入を決定。
04	日本政府がBMDシステムの共同開発・生産には**武器輸出三原則**を適用しないことを表明。
06	日本の事前同意のない目的外使用・第三国移転を禁じるなどの厳格な管理の下で，日本から米国に対して武器・武器技術を供与するとの交換公文を日米間で締結。

解説 武器輸出三原則の例外 弾道ミサイルを迎撃する技術は，もともと冷戦中にアメリカが開発を始めた（→p.176 7）。1998年の北朝鮮による日本上空を越える弾道ミサイルの発射を受け，1999年度以降，日米共同で技術研究・開発が行われている。

重要用語 ㊸自衛隊 ㊺個別的自衛権 ㊻集団的自衛権 ㊼日米安全保障条約 ⓰冷戦 ⓲湾岸戦争

5 日米地位協定の主な内容 [署名 1960.1.19 / 発効 1960.6.23]

第4条	米軍は、返還する基地について、提供された時の状態に戻したり、戻す代わりに補償しなくてよい
第5条	米軍車両が日本国内を移動する時、道路使用料は免除
第7条	米軍は、日本政府による公共サービスの優先利用権をもつ
第10条	米軍人やその家族は、日本でも米国の運転免許証が有効
第12条	米軍が使用する物品を日本国内で調達する場合、物品税や揮発油税などは免除
第17条	公務中の米軍の犯罪の裁判権はアメリカにある。公務外でも、基地外で逮捕されなければ、米軍人の身柄は起訴されるまで米軍が拘禁（→LOOK）
第24条	原則、在日米軍の駐留経費はアメリカが負担（米軍に提供する施設・区域の補償費用は日本負担）（→6）

解説　在日米軍の詳細を規定　日米地位協定は、米軍の日本駐留・基地使用を認めた**日米安保条約**第6条（→p.53 3、4）に基づき、在日米軍基地や在日米軍の身分や権利について、日米間の取り扱いを細かく規定している。なお、**国際法上、外国軍隊の駐留国の法令は、特別の取り決めがない限り、駐留する外国軍隊には適用されない**ため、在日米軍人にも日本の法令は原則適用されない。しかし、公務執行中でない在日米軍人やその家族などには、日米地位協定で特別の規定がある場合を除き、日本の法令が適用される。

LOOK 日米地位協定に対する批判

（「中日新聞」2016.6.20）
沖縄「限界超えた」

↑米軍属*による女性殺害事件に抗議する沖縄県民（2016年6月19日）　海兵隊撤退を求める集会が開催された。
＊米軍に雇用されるアメリカ国籍の民間人。

→沖縄国際大学に墜落した米軍ヘリ（2004年）学生などにケガはなかったが、米軍が現場を封鎖し、日米地位協定で必要とされる米軍の同意が得られなかったため、沖縄県警は十分な現場検証ができなかった。

　日米地位協定は、米軍構成員に様々な特権を認めている。特に第17条の刑事裁判権（→5）により、米兵による犯罪に対して日本側で十分な取り調べができないため、度重なる事故・犯罪の原因だとして根強い批判がある。1995年の少女暴行事件の際も、犯人の身柄引き渡しはアメリカ側に拒否された。基地が集中する沖縄は、地位協定の見直しを求めているが、政府は日米関係に配慮し、見直しに慎重である。

❓なぜ「思いやり予算」が導入されているのか。

6 「思いやり予算」

❶ 防衛関係費に占める在日米軍駐留経費

防衛関係費 5兆688億円
　人件・糧食費 42.3% ｜ 維持費 24.9 ｜ 基地対策経費等（在日米軍駐留経費）23.8 ｜ 装備品購入費等 9.0

在日米軍駐留経費 4584億円
　基本給等 28.1% ｜ 光熱水料 4.9 ｜ 周辺対策 25.2 ｜ 借料など 31.3
　思いやり予算1993億　施設整備4.5
　訓練移転費0.2　労務費の一部5.8
　米軍の負担義務分を特例で負担　地位協定の範囲内で日本が自主的に負担
（2020年度）（防衛省資料）

❷ 「思いやり予算」の推移

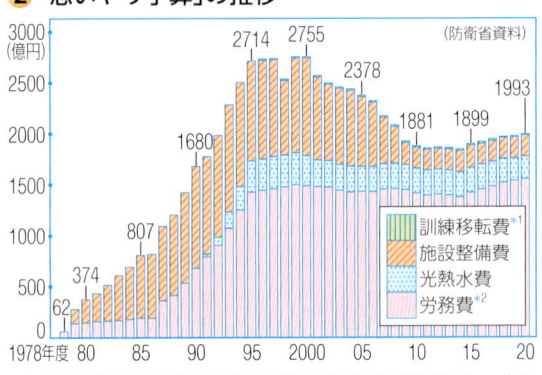

（億円）（防衛省資料）
1978年度 62 / 80 374 / 85 807 / 90 1680 / 95 2714 / 2000 2755 / 05 2378 / 10 1881 / 15 1899 / 20 1993

凡例：訓練移転費*1／施設整備費／光熱水費／労務費*2

＊1　日本の要請による移転の経費で2020年度は10億円（1996年度～。毎年度3～10億円規模）
＊2　施設内の従業員の給料など

●「思いやり予算」
　在日米軍駐留経費のうち日本負担分の一部のこと。ホストネーションサポート（受け入れ国支援）とも呼ばれる。
　日米地位協定では、米軍駐留経費は、日本負担分である施設提供に関する経費（周辺対策や施設の借料など）以外のすべてを米軍が負担すると規定されている。しかし、円高による負担が大きくなったことやアメリカの財政状況の悪化により、アメリカが日本に負担を要請。1978年度から労務費や提供施設整備費、光熱水料などを負担するようになった。当時の金丸信防衛庁長官がアメリカへの「思いやり」としたことから、「思いやり予算」と呼ばれるようになった。**日本政府はこのほか、米軍再編関係経費、土地返還・騒音軽減の事業費なども負担している。**

解説　在日米軍への「思いやり」　日本の「思いやり予算」は、米軍が駐留する他の諸国と比べて高額で、アメリカ政府からは「重要な戦略的貢献」と高く評価されている（→7）。しかし、日本国内では批判も多く、2001年度以降は米軍が経費節約を約束した。

7 米軍駐留経費の受け入れ国負担

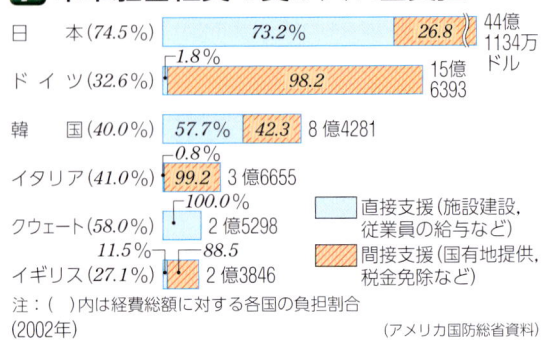

国（割合）	直接支援	間接支援	総額
日本（74.5%）	73.2%	26.8	44億1134万ドル
ドイツ（32.6%）	1.8%	98.2	15億6393
韓国（40.0%）	57.7%	42.3	8億4281
イタリア（41.0%）	0.8%	99.2	3億6655
クウェート（58.0%）	100.0%	—	2億5298
イギリス（27.1%）	11.5%	88.5	2億3846

凡例：直接支援（施設建設、従業員の給与など）／間接支援（国有地提供、税金免除など）
注：（　）内は経費総額に対する各国の負担割合
（2002年）（アメリカ国防総省資料）

入試クイズ：日本国内におけるアメリカ軍の駐留経費や法的地位については、**日米地位協定（在日米軍の地位に関する日米協定）** で別に定めている。○？×？〈12追〉（→5）　答：○

E 冷戦後の安全保障

1 世界情勢の変化と法整備
◎冷戦後, 日本の安全保障政策が転換した契機は何か。

		主な内容	安全保障関連法(2015年)での変更点(→p.56)
ガイドライン関連法（1999年）	周辺事態安全確保法	周辺事態(日本周辺における, 日本の平和と安全に重要な影響を与える事態)に, 日本は米軍に対して後方地域支援・後方地域捜索救助活動が可能	・重要影響事態安全確保法に名称変更 ・重要影響事態(日本周辺だけでなく, 日本の平和と安全に重要な影響を与える事態)に, 米軍以外の外国軍隊にも支援等が可能
	改正自衛隊法	緊急事態において, 自衛隊は, 保護が必要な在外日本人・外国人を輸送可能。その際, 自衛官は, 防護のためやむを得ない場合は武器の使用が可能	・在外日本人や外国人を輸送するだけでなく, 警護・救出が可能に。その際にも武器使用が可能に。
	改正日米物品役務相互提供協定	日米共同訓練やPKOなどの際に自衛隊と米軍が物品・役務を提供し合うことが可能。1999年改正で周辺事態, 2004年改正で武力攻撃事態等でも可能に。	
	改正船舶検査活動法	周辺事態において, 自衛隊の船舶検査活動(軍艦を除く船舶の積荷や目的地の検査等)が可能	・重要影響事態, 国際平和支援法が定める国際平和共同対処事態の船舶検査活動が可能
有事法制関連3法（2003年）	事態対処法	武力攻撃の対処時の, 基本理念や国・地方公共団体等の責務などを規定	・存立危機事態への対処を追加 ・三要件を満たせば, 集団的自衛権の行使が可能に
	改正安全保障会議設置法	1986年に文民統制の確保のために設置された安全保障会議の役割を明確化・強化 2013年, 国家安全保障会議設置法に	・審議事項として, 存立危機事態・重要影響事態への対処を追加
	改正自衛隊法	武力攻撃対処時に, 自衛隊が私有地や家屋を強制使用・緊急通行することなどが可能	・存立危機事態でも防衛出動が可能に ・在外日本人の警護, 救出が可能に
有事法制関連7法（2004年）	改正自衛隊法	武力攻撃事態等で, 自衛隊と米軍の物品・役務の相互提供が可能	・日本を守る米艦や米軍の武器の防護が可能に
	米軍行動関連措置法	武力攻撃事態等で, 日本を守る米軍の円滑な行動のための日本の役割を規定	・米軍等行動関連措置法に名称変更 ・武力攻撃事態等における米軍以外の外国軍隊への支援 ・存立危機事態における外国軍隊への支援
	海上輸送規制法	武力攻撃事態等で, 武力攻撃を行う外国軍への海上輸送の規制	・存立危機事態にも適用 ・実施海域を, 日本領海, 外国の領海(同意がある場合のみ), または公海
	特定公共施設利用法	武力攻撃事態等で, 米軍が日本の港湾や飛行場などを利用可能	・米軍以外の外国軍隊にも適用
	捕虜取扱い法	武力攻撃事態等で, 捕虜等の人道的な待遇の確保を規定	・存立危機事態にも適用
	国民保護法	武力攻撃事態において, 国民の生命や財産を守るため, 国や地方公共団体などの責務, 国民の避難・救援の手順, 国民の協力, 物資・建物の使用と補償を規定 第二次世界大戦で人権が抑制されたことを反省し, 武力攻撃事態の際の国民の協力を強制していない。これについて, いざという時に国民を守り切れるのかという懸念がある	
	国際人道法違反処罰法	国際人道法に規定する違反行為への罰則を規定	

解説 安全保障政策の転換 冷戦終結により「仮想敵」ソ連は解体したが, 北朝鮮の核問題や中台危機などアジア情勢は緊迫化。1996年の日米安全保障共同宣言で日米同盟の価値が再確認された。これを受けてガイドラインが見直され(→p.52), 政府はその実施のためのガイドライン関連法を整備した。また, テロや北朝鮮への警戒感から国民の間に「戦争の危険」への不安が広がったとして, 2003〜04年に有事法制を整備した。これらの法の多くは集団的自衛権の行使容認に伴い改正され, 安全保障関連法として整備された。

2 有事への対応手順

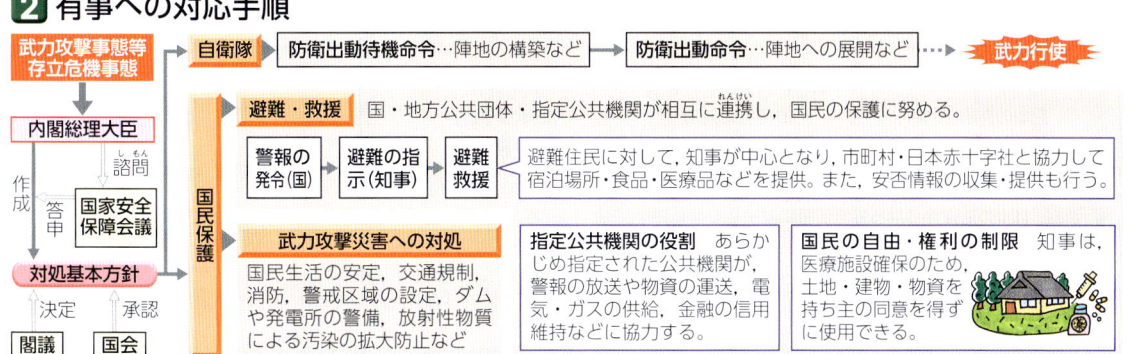

武力攻撃事態等/存立危機事態
- 内閣総理大臣 — 諮問 → 国家安全保障会議 — 答申
- 対処基本方針 — 決定 → 閣議 / 承認 → 国会

自衛隊: 防衛出動待機命令…陣地の構築など → 防衛出動命令…陣地への展開など → 武力行使

国民保護
- 避難・救援: 国・地方公共団体・指定公共機関が相互に連携し, 国民の保護に努める。
  - 警報の発令(国) → 避難の指示(知事) → 避難救援: 避難住民に対して, 知事が中心となり, 市町村・日本赤十字社と協力して宿泊場所・食品・医療品などを提供。また, 安否情報の収集・提供も行う。
- 武力攻撃災害への対処: 国民生活の安定, 交通規制, 消防, 警戒区域の設定, ダムや発電所の警備, 放射性物質による汚染の拡大防止など
- **指定公共機関の役割**: あらかじめ指定された公共機関が, 警報の放送や物資の運送, 電気・ガスの供給, 金融の信用維持などに協力する。
- **国民の自由・権利の制限**: 知事は, 医療施設確保のため, 土地・建物・物資を持ち主の同意を得ずに使用できる。

重要用語 ㊹自衛隊 ㊻集団的自衛権 ㊼日米安全保障条約

Coming Up 安全保障関連法って何？

2014年の集団的自衛権行使容認の閣議決定を受け、2015年に安全保障関連法が成立した。日本の安全保障政策を転換する法律に、国会では議論が紛糾し、国民の間でも賛成派・反対派の間で論争が巻き起こった。安全保障関連法とは何か。賛成派・反対派の争点は何かを理解し、日本のこれからの安全保障がどのようにあるべきかを考えよう。

A 安全保障関連法の構成

法律　〈　〉内は元の法律の成立年。●は名称変更

平和安全法制整備法（既存10法の改正）

法律	主な内容
①自衛隊法〈54〉	自衛隊の編成・行動・権限・隊員の身分などを規定
②国際平和協力法（PKO協力法）〈92〉	PKOや人道的な国際救援活動に参加するための手続きを規定
③重要影響事態安全確保法〈99〉●	ガイドライン関連法（●p.55①）の周辺事態安全確保法を改正。重要影響事態での日本の活動などを規定
④船舶検査活動法〈00〉	③に規定の船舶検査実施のための法律。2015年改正で⑪にも対応
⑤事態対処法〈03〉	
⑥米軍等行動関連措置法〈04〉●	有事法制（●p.55①）の一部。2015年改正で、存立危機事態にも対応。⑩は存立危機事態と重要影響事態にも対応
⑦特定公共施設利用法〈04〉	
⑧海上輸送規制法〈04〉	
⑨捕虜取扱い法〈04〉	
⑩国家安全保障会議設置法〈86〉	

| ⑪国際平和支援法〈15新法〉 | 他国を侵略するなど国際社会の平和を脅かす国に対して、国際社会が共同で制裁を行う場合の外国軍への後方支援について規定 |

●存立危機事態
わが国と密接な関係にある他国に対する武力攻撃が発生し、これによりわが国の存立が脅かされ、国民の生命、自由及び幸福追求の権利が根底から覆される明白な危険がある事態（①）。
この場合において、
- わが国の存立を全うし、国民を守るために他に適当な手段がない（②）
- 必要最小限度の実力行使にとどまること（③）

を条件に、集団的自衛権の行使が容認される。ただし、武力攻撃を受けた国の要請があることと、国会承認が必要。　注：①～③は集団的自衛権を行使するための三要件。

●重要影響事態
そのまま放置すれば、わが国に対する直接の武力攻撃に至るおそれのある事態など、わが国の平和及び安全に重要な影響を与える事態。
周辺事態安全確保法の「わが国周辺の地域における」の文言を削除し、地理的制約を撤廃した。この場合、集団的自衛権は行使できない。しかし、定義があいまいで、拡大解釈されるおそれが指摘されている。

ナットク！ 安全保障関連法　各法律の位置付け

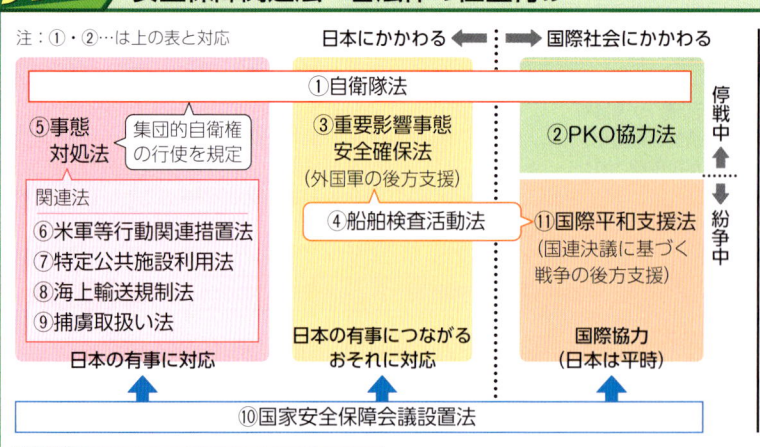

注：①・②…は上の表と対応

← 日本にかかわる　｜　国際社会にかかわる → ｜ → 法整備なし

①自衛隊法（停戦中↑↓紛争中）

- ⑤事態対処法（集団的自衛権の行使を規定）
- 関連法：⑥米軍等行動関連措置法／⑦特定公共施設利用法／⑧海上輸送規制法／⑨捕虜取扱い法
→ 日本の有事に対応

- ③重要影響事態安全確保法（外国軍の後方支援）
- ④船舶検査活動法
→ 日本の有事につながるおそれに対応

- ②PKO協力法
- ⑪国際平和支援法（国連決議に基づく戦争の後方支援）
→ 国際協力（日本は平時）

⑩国家安全保障会議設置法

グレーゾーン事態
グレーゾーン事態とは　日本の主権を侵害する行為のうち、武力攻撃が発生している（有事）とまではいえないが、相手が重武装しているなど海上保安庁や警察では対処できない事態。武装集団による離島上陸や、公海上での民間船舶の襲撃などが想定されている。

解説　11本の法律からなる安全保障関連法　安全保障関連法は、国際情勢の変化に合わせて、日本が武力攻撃を受けた場合や、そのおそれが迫っている場合、アメリカなどの友好国が武力攻撃を受けた場合などあらゆる事態における日本の対処、また、海外に派遣された自衛隊の行動について整備したものである。2014年の集団的自衛権の行使容認の閣議決定、2015年のガイドライン再改定を受けて成立した。日本の安全保障に関する法律と、国際協力に関する計11本の法律をまとめて審議したため、国民の理解が進んでいないという指摘もある。

入試クイズ　国連憲章は、国連加盟国が安全保障理事会決議に基づかずに武力を行使することを認めていない。○？×？〈17本〉（●p.52 LOOK、154）　答：×

B 自衛隊の活動はどう変わる？

*1 自分や仲間の隊員，自己の管理下の者の生命を守るためにやむを得ない場合。
*2 2016年，南スーダンPKOで新任務として付与。
*3 派遣期間中は戦闘が起きないとみられる地域。

改正 重要影響事態安全確保法
①活動領域：日本周辺→世界中に
②支援対象：米軍を含む外国軍
③活動内容：後方支援など。弾薬の提供，発進準備中の航空機への給油・整備が可能に。武器の提供は含まない。

改正 PKO協力法
①任務の拡大：
　(1)PKO以外の国連が統括しない活動への参加が可能。
　(2)民間人や他国の軍隊が襲われた場合に助けに行く駆け付け警護*2や，巡回・検問を行って治安を守る安全確保業務が可能。
②武器使用：①(2)の場合（任務遂行型）にも可能。

これまでは…

周辺事態安全確保法
日本周辺で日本の平和に重要な影響を与える事態において，米軍に対する後方支援を行う。

PKO協力法
国連が統括する平和維持活動に限定。武器使用は自己保存型*1の場合のみ可能。

事態対処法
日本が直接武力攻撃を受けた場合，自衛隊が武力で対処（**個別的自衛権の行使**）。

時限立法
PKOの範囲を超える場合は，必要に応じて法整備（テロ対策特別措置法など）。派遣地域は「非戦闘地域」*3。

改正 事態対処法
○他国への武力攻撃であっても，日本の存立を危うくする場合（存立危機事態）には武力行使が可能（**集団的自衛権の行使**）。

新 国際平和支援法
①恒久法
②活動領域：「現に戦闘が行われている地域」以外
③活動内容：国際平和のために戦う外国軍隊への後方支援。

C 安全保障関連法に対する様々な意見

表の項目について自分の考えをまとめ，安全保障関連法を評価してみよう。

安全保障関連法に賛成		安全保障関連法に反対
・東アジアは北朝鮮の核・ミサイル問題や中国の進出で緊張が高まっている。アメリカなど友好国との連携を強固にすることで，日本を攻めようとする国の自制を促し，紛争を未然に回避できる。	戦争の抑止力	・他国の戦争に巻き込まれる危険がある。 ・アメリカと一体と認識されればテロ組織の標的になる。 ・集団的自衛権の行使容認が周辺国を刺激し，関係が悪化する可能性がある。中国や韓国との関係改善をめざす外交努力こそ抑止力につながる。
・近年のアメリカは経済力の低下から軍事力を削減している。集団的自衛権の行使を容認してアメリカの負担を担わなければ，日米同盟が危機に陥る。 ・日本はアメリカの軍事力に守られているのに，日本はアメリカを守らなくてよいのか。	日米関係	・政府が，集団的自衛権の行使が必要とする事例は，個別的自衛権で対応できる。 ・日本は，アメリカに守ってもらう代わりに基地を提供し，在日米軍の駐留経費を負担してきた。
・自衛隊の活動が世界に拡大する一方で，憲法9条の制約から活動が制限されてきた。集団的自衛権の行使を容認すれば，海外での活動がしやすくなる。	自衛隊の活動	・自衛隊員が犠牲になる可能性がある。 ・自衛隊の志願者が減れば，徴兵制が導入される可能性がある。
・平和維持活動などで国際貢献することが世界的な潮流。日本だけが協力しないわけにいかない。	国際協力	・武力でものごとは解決しない。武器を持たない日本の国際協力活動が現地住民に評価されてきた。
・これまでも解釈変更で自衛隊の存在を認めてきた。	決め方	・集団的自衛権の行使が本当に必要であれば，憲法改正を国民に問うべき。解釈の変更は立憲主義（→p.16 3）に反する。 ・国会での圧倒的多数を背景に，十分に議論せず，国民の理解を得ないまま採決することは民主主義を破壊する。

解説 日本の安全保障をどうすべきか 戦後の日本は，日米安全保障条約のもと，安全保障をアメリカに委ねて防衛費の負担を軽減し，その分を経済の発展につぎ込むことができてきた。しかし，その陰で米軍基地が集中する沖縄は様々な負担を強いられている（→p.60）。憲法解釈の変更による集団的自衛権の行使容認を含む安全保障関連法は，多くの憲法学者が憲法違反と主張している。世界情勢が大きく変動するなかで，日本は平和と安全をどのように実現するべきなのか。そのために憲法改正は必要なのか。自衛隊の位置づけをどうするのか。アメリカ及びその他の国との関係をどうするのか，などについて総合的に考えていく必要がある。

▶安全保障関連法に対する反対デモ（2015年9月）

▶重要用語 ㊸自衛隊 ㊺個別的自衛権 ㊻集団的自衛権 ㊼日米安全保障条約 ㊾PKO協力法 ⓲国連平和維持活動（PKO）

F 国際社会への貢献

1 自衛隊の海外派遣に関する法律

注：☐は安全保障関連法（→p.56A）の一部。

		成立年	活動の主な内容	国会承認
恒久法（廃止されない限り効力あり）	自衛隊法（第3条）		2006年改正（07施行）。国防任務（主たる任務）の遂行に支障を生じず、武力による威嚇や武力行使に当たらない範囲で、別に法律で定めた上で行う	
	PKO協力法	1992	1991年の湾岸戦争後、人的国際貢献の要請にこたえるため成立。PKOに参加（→2、p.59 3）	事前承認*1
	国際緊急援助隊法	1992改正	大規模災害に対する救助や医療など応急対策及び復旧活動。最近ではネパール地震（2015）に際して派遣	承認不要*2
	重要影響事態安全確保法	1999年成立	周辺事態安全確保法として、新ガイドライン（→p.52）に対応。米軍への後方支援・捜索救助活動を規定。日本領域と周辺の公海・上空に限定	事前承認*3
		2015年改正	重要影響事態安全確保法に名称変更。米軍以外の支援や弾薬提供、外国の領域での活動が可能に（→p.57B）	
	海賊対処法	2009	海賊から船舶を護衛し、海賊行為に対処する。ソマリア沖アデン湾（2009〜）に派遣	承認不要*4
	国際平和支援法	2015	国際平和を脅かす事態に対処する、国連決議に基づく外国軍等への協力支援活動等	事前承認
時限立法（期限つき）	効力を失う日が明記され、効力の延長や期限内の失効の手続きも定められている			
	●テロ対策特別措置法（2001成立、07失効）…2001年の同時多発テロ後の「テロとの闘い」への参加を規定。物品輸送や給油活動のためインド洋北部へ自衛隊派遣			
	●補給支援特別措置法（新テロ対策特別措置法）（2008成立、10失効）			
	●イラク復興支援特別措置法（2003成立、09失効）…イラク戦争後の復興支援を規定。同法に基づき、イラクやクウェートへ自衛隊を派遣（→p.59 4）			

*1 自衛隊の部隊等の停戦監視・安全確保活動のみ事前承認。
*2 防衛大臣が決定（首相及び国会承認不要）。
*3 緊急の場合は事後承認。　*4 首相が承認。

●南スーダンPKOと駆け付け警護

PKO、新たな段階へ 2016年11月、政府は安全保障関連法に基づき、南スーダンPKOに駆け付け警護などの新任務付与を閣議決定した。

戦闘か衝突か 南スーダンでは2016年7月に大規模な武力衝突が発生したが、新任務付与を巡る議論の中で、政府は「戦闘ではない」と説明していた。ところが、その後、南スーダンの陸上自衛隊部隊の7月の日報に「戦闘」と記されていたことが発覚。この「戦闘」が「武力紛争」であれば、参加5原則（→2 2）、ひいては憲法第9条に違反し、派遣自体ができない。しかも、その日報は当初、廃棄され存在しないとされ、後にデータの存在が発覚したものの消去の指示が出されたという。

▲陸上自衛隊の駆け付け警護訓練

2 PKO協力法（国連平和維持活動協力法、国際平和協力法）

①国際平和協力業務のしくみ

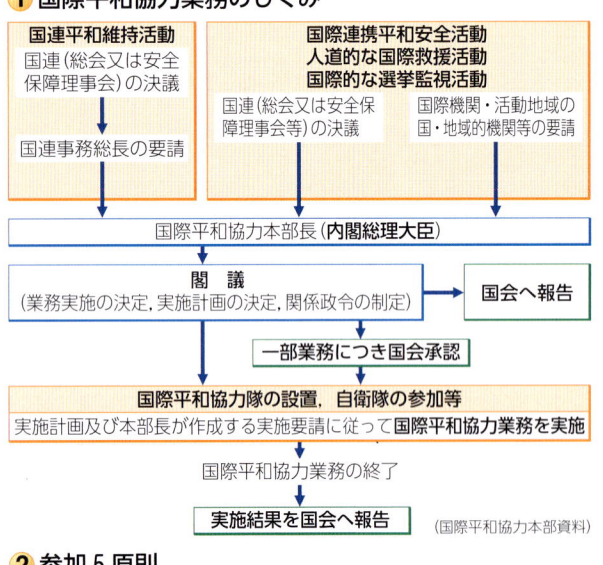

```
国連平和維持活動            国際連携平和安全活動
国連（総会又は安全          人道的な国際救援活動
保障理事会）の決議          国際的な選挙監視活動
        ↓              国連（総会又は安全保    国際機関・活動地域の
国連事務総長の要請          障理事会等）の決議    国・地域的機関等の要請
                            ↓
            国際平和協力本部長（内閣総理大臣）
                            ↓
            閣議
            （業務実施の決定、実施計画の決定、関係政令の制定）→ 国会へ報告
                            ↓
            一部業務につき国会承認
                            ↓
            国際平和協力隊の設置、自衛隊の参加等
            実施計画及び本部長が作成する実施要請に従って国際平和協力業務を実施
                            ↓
            国際平和協力業務の終了
                            ↓
            実施結果を国会へ報告
```
（国際平和協力本部資料）

②参加5原則

1. 停戦の合意がある
2. 当事者の受け入れ同意がある
3. 中立性を保って活動する
4. ①〜③のいずれかが満たされなくなった場合は業務中断・撤収する
5. 武器使用は、要員、自己の管理下の者の生命などの防護のため、必要最小限とする

③主な業務

*1 2016年、南スーダンPKOで新任務として付与。
*2 2019年、シナイ半島での活動に初めて派遣。

①**国連平和維持軍（PKF）本体**　武装解除、停戦監視、地雷処理、捕虜交換。自衛隊の部隊が参加する場合、国会の事前承認が必要とされる（当初は凍結）
②**PKO後方支援活動**　輸送、通信、医療、施設復旧
③**停戦監視団**　　　　④**人道的救援活動**
⑤**行政支援活動**　選挙監視、行政指導、警察指導

1998年改正　↓活動できる範囲を拡大

①国連以外の国際機関が行う選挙監視活動にも協力
②人道的な国際救援のための物資協力には停戦合意不要
③武器の使用判断は、個人でなく上官が行う（当初は、憲法が禁じる「武力行使」に当たるのを避けるため、武器の使用判断は個人に委ねられていたが、個人では判断が難しいことを理由に改正）

2001年改正　↓活動できる範囲を拡大

①自衛隊の部隊による国連平和維持軍（PKF）本体業務への参加凍結を解除…より危険とされるPKF本体業務への参加は、「国民の合意が得られていない」として実施を凍結していた
②自己の管理下の者を守るための武器使用を認める
③自衛隊の武器を保護するために武器を使用できる

2015年改正　↓活動できる範囲を拡大

①住民等への駆け付け警護とそのための武器使用が可能*1
②国際連携平和安全活動への参加*2

入試クイズ：テロ対策特別措置法の制定により、PKOへの自衛隊の参加が可能になった。○？×？〈15追〉（→1）　答：×

3 PKO協力法で派遣された主な活動

活動名称	日本の参加期間と参加延べ人数	主な要員・部隊
第2次国連アンゴラ監視団	1992.9〜10 (3人)	選挙監視要員
国連カンボジア暫定統治機構●	1992.9〜93.9 (1332人)	停戦監視要員,文民警察要員,施設部隊,選挙要員
国連モザンビーク活動●	1993.5〜95.1 (169人)	司令部要員,輸送調整部隊,選挙監視要員
国連エルサルバドル監視団	1994.3〜4 (30人)	選挙監視要員
国連兵力引き離し監視隊(シリア・ゴラン高原)●	1996.1〜2013.2 (1501人)	司令部要員,派遣輸送隊
国連東ティモール・ミッション	1999.7〜9 (3人)	文民警察要員
国連東ティモール暫定行政機構●	2002.2〜5 (690人)	司令部要員,施設部隊
国連東ティモール支援団●	2002.5〜04.6 (1614人)	司令部要員,施設部隊
国連東ティモール統合ミッション●	2007.1〜08.2, 10.9〜12.9 (12人)	文民警察要員,軍事連絡要員
国連ハイチ安定化ミッション●	2010.2〜13.2 (2196人)	司令部要員,施設部隊
国連南スーダン共和国ミッション●	2011.11〜 (3951人)	司令部要員(2020.5現在4名派遣),施設部隊(2017.5終了)
多国籍部隊・監視団(シナイ半島)●★	2019.4〜 (2人)	司令部要員

★2015年に改正されたPKO協力法で定められた新任務で,PKO以外の国際連携平和安全活動(→p.57B)。
●自衛隊が参加(参加延べ人数は2020年5月現在)(外務省資料など)

解説 PKOと日本 PKO協力法に基づき,停戦監視や給水・医療の提供・輸送などを行う自衛隊のほか,現地警察への捜査指導などを行う警察官,公正な選挙の実施を監視する公務員や民間人などが派遣されている。

4 自衛隊のイラク派遣

イラク戦争後 イラク特措法(→p.58❶)により,航空自衛隊がイラク隣国のクウェートを拠点として物資などの輸送を行い(2003〜08年),陸上自衛隊がイラク南部のサマワに派遣された(2004〜06年)。

▶病院に医薬品を届ける自衛隊員

サマワでは,給水・医療活動,学校や道路など公共施設の復旧・整備活動などの人道復興支援が行われた。活動は現地の人の支持を得た。

解説 賛否両論 日本国内では,今後の海外派遣に向けたよい前例となった上,日米同盟関係を良好にしたと評価する声がある。一方,国連の指揮下にない派遣や,内戦状態とも言われた当時のイラクへ派遣したことを批判する声もある。

自衛隊のイラク派遣差し止め請求訴訟 【判例】

事件のあらまし 市民団体のメンバーらが,自衛隊のイラク派遣で平和的生存権が侵害されたとして,損害賠償と,派遣の差し止めと違憲確認を求めた訴訟。

争点 自衛隊のイラクでの活動は,違憲であるか。

原告:市民団体メンバーら　被告:国

判決の内容 ＊傍論(→p.65C●)とされる部分
❶名古屋地裁判決 (2006.4.14) 原告敗訴
❷名古屋高裁判決 (2008.4.17) 原告の請求棄却(確定)

請求は棄却 派遣によって原告の平和的生存権が侵害されたとまでは認められず,違憲確認請求も民事訴訟制度の対象外であり不適法などとして,**判決主文**(→p.65C●)では請求をすべて棄却。

違憲性を認める ただし判決中＊で,バグダッドはイラク特措法(→p.58❶)の「戦闘地域」に該当し,特に武力行使予定の多国籍軍を航空自衛隊がバグダッドへ輸送する活動は,「自らも武力の行使を行ったと評価を受けざるを得ない行動」で,**活動地域を非戦闘地域に限定し武力の行使を禁じた同法と憲法9条に違反する**と述べた。

解説 派遣は継続 判決に対して,自衛隊の海外派遣活動の違憲性を主張する側は画期的と評価する声が多かった。しかし,判決で原告の請求が棄却されたため,形としては国側の勝訴に終わり,派遣は継続された。

LOOK 自衛隊に求められているものは?

自衛隊の本務は「国防」である。しかし,自衛隊の発足以来実戦の経験はない。また,国民の意識は,東日本大震災などの影響もあって,災害派遣への期待が大きい。また,世界の日本に対する国際貢献への期待は大きくなっている。その際,日本は憲法第9条の理念との関係を考えていく必要がある。

●自衛隊に期待する役割

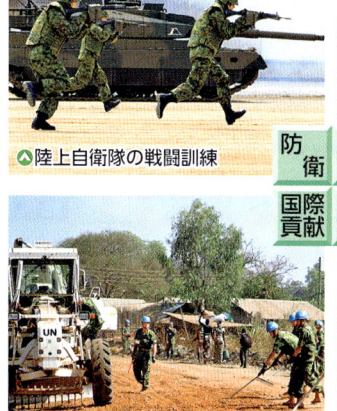

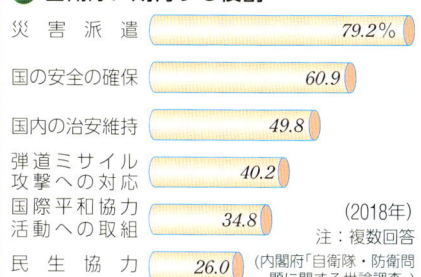

災害派遣	79.2%
国の安全の確保	60.9
国内の治安維持	49.8
弾道ミサイル攻撃への対応	40.2
国際平和協力活動への取組	34.8
民生協力	26.0

(2018年) 注:複数回答
(内閣府「自衛隊・防衛問題に関する世論調査」)

▲陸上自衛隊の戦闘訓練 (防衛)
▲地震災害での救助活動 (災害対策)
▲南スーダンで道路整備をする自衛隊員 (国際貢献)
▲雪まつりでの雪像づくり (民生協力)

重要用語 ㊸自衛隊　㊾PKO協力法(国連平和維持活動協力法,国際平和協力法)　⑯国連平和維持活動(PKO)
⑱湾岸戦争　⑲アメリカ同時多発テロ　⑳イラク戦争

Coming Up 沖縄米軍基地の問題

戦後長らくアメリカ軍の施政下に置かれた沖縄には、今も、米軍基地や低い県民所得の問題がある。一方、米軍駐留を認める日米安全保障条約は、日本の国防の柱の1つであり、特に沖縄はアジア・太平洋地域の軍事上の要として位置付けられている。沖縄の現状を確認し、今後、政府はどのような方策をとるべきか、また、私たちは基地問題にどのように取り組むべきか、考えよう。

（日米安全保障条約 ➡p.52, 53, 「思いやり予算」➡p.54）

A 沖縄の歴史

1429	尚巴志が沖縄を統一し、琉球王国を建国
1609	薩摩藩が琉球を征服…日中による両属支配を受ける
1879	明治政府が沖縄県を設置…琉球王国が消滅
1941	太平洋戦争が始まる

●戦場となった沖縄　太平洋戦争末期の1945年4月1日、米軍が沖縄島に上陸。以後数か月に渡り激しい地上戦が繰り広げられた。住民（民間人）も動員され、ひめゆり学徒隊をはじめ、数多くの学徒隊も編制された。ポツダム宣言受諾前の6月に守備軍は壊滅し、沖縄はアメリカの軍政下に置かれた。沖縄戦の犠牲者は、日本側約18万8000人（うち半数が住民）、米軍側約1万2500人。

▽焦土と化した那覇上空を飛ぶ米軍の飛行機（1945年6月）

51	サンフランシスコ平和条約・日米安全保障条約に調印…日本の独立回復（米軍は駐留）。沖縄は軍政が続く
53	米民政府の土地収用令…米軍用地として民間地を強制収用
60	新日米安全保障条約・日米地位協定調印
65	ベトナム戦争（➡p.164）が本格化…沖縄の米軍が出動
72	沖縄の日本復帰が実現。沖縄県が復活
	公用地暫定使用法施行…米軍用地の強制使用継続
80	駐留軍用地特別措置法に基づく強制使用手続きを開始
91	湾岸戦争（➡p.167）が起こる…沖縄の米軍が出動
95	米兵の少女暴行事件…基地縮小の世論高まる
96	普天間飛行場など約2割の基地縮小に日米が合意
	全国初の県民投票、「基地反対」が89%（➡p.116⑤）
97	駐留軍用地特別措置法改正…使用期限切れ後も暫定使用可能に
2005	日米は、普天間飛行場の移設先を名護市のキャンプ・シュワブの沿岸部で合意
06	日米は在日米軍再編案に合意（➡D）
09	鳩山民主党代表、普天間飛行場移設先を「最低でも県外」と発言
10	民主党政権、普天間飛行場の県外・国外移設を断念
12	普天間飛行場へ新型輸送機オスプレイ配備
	米兵による事件が多発
13	仲井真知事、普天間飛行場の移設先・名護市辺野古沿岸部の埋め立て申請を承認
15	翁長知事が、前知事の埋め立て承認を取り消し
	辺野古埋め立てをめぐり、国と県が法廷闘争
16	米軍属による女性殺害事件（➡p.54 LOOK）。辺野古埋め立て承認の取り消しを是正に応じない県を国が提訴。12月、最高裁が県の上告を棄却し、国の勝訴確定
18	県が、2013年の埋め立て承認を撤回。国交省が撤回の効力停止を決定し、移設工事再開
19	辺野古埋め立ての是非を問う県民投票で「反対」が72%。国は投票結果を受け入れない姿勢（➡p.116⑤）

（2012年10月）

B 基地の集中

❶ 日本の主な米軍基地

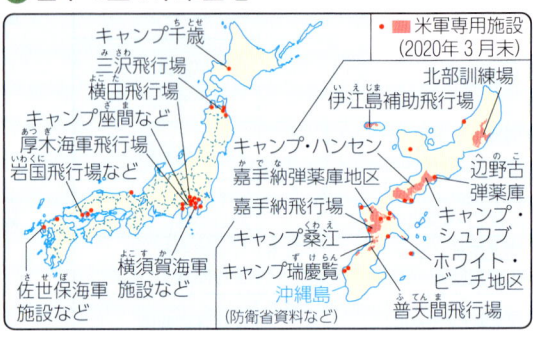

■米軍専用施設（2020年3月末）

キャンプ千歳、三沢飛行場、横田飛行場など、厚木海軍飛行場、岩国飛行場など、キャンプ座間など、嘉手納弾薬庫地区、嘉手納飛行場、キャンプ桑江、キャンプ瑞慶覧、佐世保海軍施設など、横須賀海軍施設など、北部訓練場、伊江島補助飛行場、キャンプ・ハンセン、辺野古弾薬庫、キャンプ・シュワブ、ホワイト・ビーチ地区、普天間飛行場（沖縄島）

（防衛省資料など）

❷ 在日米軍専用施設面積

その他 29.7／沖縄県 70.3%*
*一時的に在日米軍が使用できる、日本が管理する施設・区域を含めると約19%
（2020年3月末）（防衛省資料）

❸ 在日米軍兵員数

その他 29.6／沖縄県 70.4%
（2011年）（沖縄県資料）

解説　沖縄に集中　2020年3月末現在、日本全国に在日米軍専用施設は78か所あり、この大部分が沖縄に集中している。沖縄島は面積の約14%を在日米軍専用施設が占めている。

C 基地の影響

❶ 犯罪・事故　●米軍構成員等による犯罪検挙数

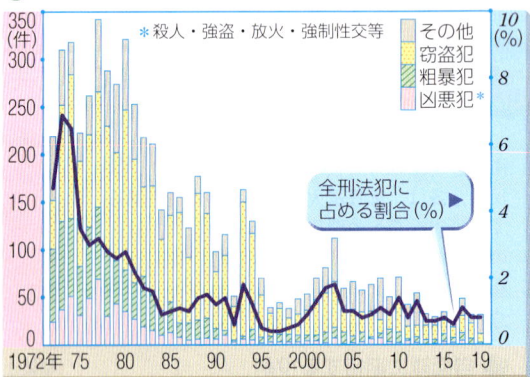

*殺人・強盗・放火・強制性交等
□その他　□窃盗犯　■粗暴犯　■凶悪犯*
全刑法犯に占める割合(%)
（1972年～19年）
（沖縄県資料など）

解説　日米地位協定と犯罪　米軍構成員（軍人・軍属・家族）が関係する犯罪は後を絶たない。また、米軍関係の事故も年間数10～100件前後起きている（➡p.54 LOOK）。犯罪に関しては、米軍関係者全体に占める米軍関係者の犯罪率と、県民総数に占める県民の犯罪率を比較すると前者の方が低いという意見がある。しかし、基地内での犯罪や基地に逃げ込んで逮捕できない人数は把握できず、実際はより深刻だという意見もある。また、日米地位協定（➡p.54⑤）によって、犯罪捜査の上で日本の警察には様々な制約があり、真相究明や被害者の救済が十分でなく、地位協定で守られるという意識が犯罪を生むという指摘もある。

◆メモ　在日米軍構成員による「公務外」の犯罪の裁判権は日本側がもつ。しかし、この裁判権を事実上放棄する密約が1953年に日米両政府で結ばれており、実際に2001〜08年の起訴率も20%に満たないとの指摘がある。政府は、密約ではなく、日本側の一方的な政策的表明としている。

❷ 騒音問題

◁米軍普天間飛行場
宜野湾市の中心部に位置する。周辺の住民は騒音に悩んでいる。

騒音と、窓を震わせるほどの振動で、授業を中断せざるを得ない状況が続いています。

昼夜を問わない爆音で、耳鳴りと難聴に悩まされています。

● 普天間飛行場移設問題
普天間飛行場は、1996年に返還が決定。2005年、日米両政府は沖縄県名護市への移設で合意し、2013年には当時の知事が同市辺野古沿岸部の埋め立て申請を承認。この承認をめぐり国と県の対立が続いている（→p.60A）。
◉県内移設に反対する沖縄県民大会（2010年）

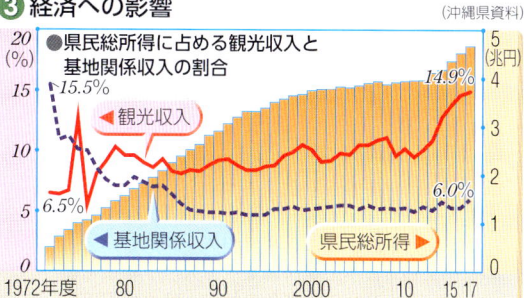

❸ 経済への影響
（沖縄県資料）

● 県民総所得に占める観光収入と基地関係収入の割合

15.5% 観光収入 14.9%
6.5% 基地関係収入 6.0% 県民総所得
1972年度 80 90 2000 10 15 17

● 基地返還区域の経済効果
（沖縄県資料）

	返還前*	返還後*	倍率
那覇新都心地区（那覇市）	52	1634	32倍
小禄金城地区（那覇市）	34	489	14倍
桑江北前地区（北谷町）	3	336	108倍

*単位/億円/年

解説 地域振興を制約 基地交付金など国からの補助金や軍用地料などは県経済に影響を与えているが、広大な基地が商業施設建設や道路整備などを妨げている。沖縄県の1人当たり県民所得は227.3万円（全国平均の70.7%）で、全国最下位である（2016年度）。

D 在日米軍の主な再編計画

❶ 世界に配備されているアメリカ軍
（アメリカ国防総省資料）

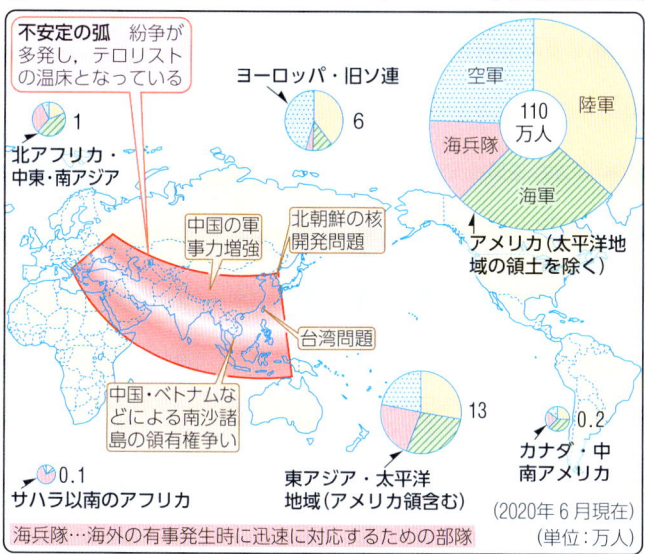

不安定の弧　紛争が多発し、テロリストの温床となっている

北アフリカ・中東・南アジア 1
ヨーロッパ・旧ソ連 6
中国の軍事力増強
北朝鮮の核開発問題
台湾問題
中国・ベトナムなどによる南沙諸島の領有権争い
サハラ以南のアフリカ 0.1
東アジア・太平洋地域（アメリカ領含む） 13
カナダ・中南アメリカ 0.2
アメリカ（太平洋地域の領土を除く）

空軍・陸軍・海兵隊・海軍　110万人

（2020年6月現在）（単位：万人）

海兵隊…海外の有事発生時に迅速に対応するための部隊

❸ 米軍再編関係経費の内訳

1799億円（2020年度*1）
沖縄における再編のため 807（44.9%）
在沖米海兵隊のグアム移転*2 410（22.8）
その他 491（27.2）
訓練移転のため 91（5.1）

*1 2007年度より計上。　*2 上限総額28億ドル（→❷）
注：四捨五入のため、合計額は総額と一致しない。（防衛省資料）

解説 軍事拠点としての沖縄 冷戦期にソ連など共産勢力を封じ込めるために配備されたアメリカ軍は、冷戦後、テロや、軍事費増大を続ける中国に対応するため、再編が進められている。沖縄は依然として重要な軍事拠点と位置付けられたが、アメリカの意向と沖縄県民の負担軽減を考慮して在日米軍の再編も計画され、2006年に日米両政府が合意。しかし、在日米軍移転先の住民の反発や、県内移転では負担軽減にならないという沖縄県民の反発もあり、2012年にある程度見直された。それでもなお、普天間飛行場移設問題や日本側の経費負担など、課題は多い。

❷ 在日米軍の主な再編計画
（防衛省資料など）
（2006年5月、日米政府間合意。その後2012年4月、見直し案に合意）

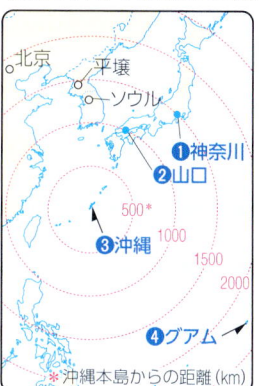

❶神奈川　在日米陸軍の中枢であるキャンプ座間を改編し、米陸軍司令部能力を改善
❷沖縄→山口　普天間飛行場（沖縄県）から岩国飛行場へKC-130空中給油機12機を移駐
❸沖縄　普天間飛行場の返還のため、2014年までに名護市の沖合に代替施設を建設
❹沖縄→グアム等　米海兵隊約9000人を国外（うち約5000人をグアム）へ移転し沖縄の米軍施設の一部を2028年度までを目安に返還

● 海兵隊のグアム移転経費の内訳

総額86億ドル
日本側負担上限（司令部庁舎、インフラなど）28億ドル
アメリカ側負担（基地施設、道路など）
注：2012年合意の見直し案に基づく（防衛省資料）

*沖縄本島からの距離（km）

E 基地問題をめぐる様々な意見

◉あなた自身はどう考えるか？

沖縄県民	・基地負担を少しでも減らしてほしい。 ・基地で働く人や、米軍人相手に商売している人もいるので、経済的な影響も心配。
沖縄以外の日本国民	・日本の安全保障上、基地が本当に必要ならば、国民で苦労は分かち合うべきだ。 ・自分の住んでいる地域に基地はいらない。 ・基地は国外へ移転すべき。 ・基地は日本の安全保障の役に立っている。
米軍	・朝鮮半島や中国・台湾間の有事の際に対応するため、海兵隊は両者の中間地点に当たる沖縄にも配備しておきたい。

重要用語　47日米安全保障条約　163冷戦　174ベトナム戦争　183湾岸戦争　206サンフランシスコ平和条約

ポイント整理 ③

6 平和主義

A 戦争の惨禍と憲法の平和主義 (→p.46, 47)
①戦争の惨禍
　　↓←戦前の軍国主義や相次ぐ戦争への反省，GHQの意向
②平和主義┬日本国憲法前文…恒久の平和を念願────→国際協調主義
　　　　　└第9条…戦争の放棄，戦力の不保持，交戦権の否認

B 憲法第9条と自衛隊 (→p.48〜50)
①自衛隊の発足

1950	朝鮮戦争の勃発←冷戦の激化→アメリカの対日占領政策の転換
	警察予備隊の創設←GHQの指示
	↓←日米安全保障条約〔1951年〕…日本の自衛力強化を期待
1952	保安隊に改組
	↓←池田・ロバートソン会談〔1953〕，MSA協定〔1954〕
1954	自衛隊の発足…直接・間接侵略からの国防，治安維持，災害援助が主な任務

②憲法第9条と自衛隊の解釈
─政　府…自衛のためであっても戦力の保持は違憲だが，自衛のための必要最小限度の実力をもつことは合憲→自衛隊合憲
─学　説…自衛隊について，合憲説と違憲説がある。違憲説が多数説。
─最高裁…「憲法の平和主義は決して無防備，無抵抗を定めたものではない」（砂川事件）とのみ述べ，自衛隊について憲法判断せず（統治行為論）。

C 日本の防衛政策 (→p.50, 51)
①文民統制（シビリアン・コントロール）…軍隊に対する政府・議会の民主的統制
②非核三原則（1971年国会決議）…核兵器を，もたず，つくらず，もち込ませず
③防衛費増大の歯止め…「GNP比1％枠」設定〔1976〕→「総額明示方式」を閣議決定〔1987〕
④武器輸出三原則→防衛装備移転三原則（2014年）
⑤集団的自衛権の行使…行使できない→憲法解釈の変更により容認（2014年）

D 日米安全保障条約と在日米軍基地 (→p.52〜54, 56, 57, 60, 61)
①日米安全保障体制の変遷

1951	日米安全保障条約…米軍の日本駐留と基地使用，日本は基地提供の義務
	↓　　　　　　日本の安全保障はアメリカの軍事力に依存
1960	新安保条約（日米相互協力及び安全保障条約）…安保条約の改定←安保闘争
	協力のための枠組み　　　　　　└アメリカの日本防衛義務を明確にした
1978	・日米防衛協力のための指針（ガイドライン）…ソ連の侵略に対応
	冷戦終結（1989）…「仮想敵」ソ連の解体
	北朝鮮の核開発問題…不安定なアジア太平洋情勢
1997	・ガイドライン改定…朝鮮半島有事に対応
	国際的なテロの脅威，中国の軍事力増強，北朝鮮の核開発問題など
2015	・ガイドライン再改定…平時から緊急事態まで切れ目なく対応

②「思いやり予算」…在日米軍駐留経費の日本の一部負担→増大→負担削減（2000年合意）
③在日米軍基地による問題…騒音，墜落事故，犯罪，基地内の環境汚染など

E 冷戦後の安全保障 (→p.55)
①ガイドラインの見直し合意〔1997〕→周辺事態安全確保法〔1999〕などの成立，事態対処法〔2003〕や国民保護法〔2004〕など有事法制の整備
②ガイドライン再改定→集団的自衛権の行使を含む平和安全法制整備法成立〔2015〕

F 国際社会への貢献 (→p.58, 59)
・湾岸戦争〔1991〕…日本の国際貢献のあり方が問題に→PKO（国連平和維持活動）協力法〔1992〕
・アメリカ同時多発テロ〔2001.9.11〕→テロ対策特別措置法が成立〔2007.11失効〕
・イラク戦争〔2003〕→イラク復興支援特別措置法〔2009.7失効〕
・自衛隊法改正〔2007施行〕…PKOなどの本来任務化　・海賊対処法〔2009〕
・国際平和支援法〔2015〕

ポイント解説

赤字…入試の頻出用語

A 戦争の惨禍と憲法の平和主義　第二次世界大戦の反省から，日本国憲法は前文で恒久平和主義を宣言し，第9条で**戦争の放棄**，**戦力の不保持**，**交戦権の否認**を規定するなど徹底した**平和主義**を定めている。

B 憲法第9条と自衛隊　冷戦の激化と**朝鮮戦争**の勃発を機に，GHQは**警察予備隊**の創設を指令。その後，自衛力強化を求める**日米安全保障条約**の締結にともない警察予備隊を**保安隊**に改組，さらに国防を主な任務とする**自衛隊**を発足させた。

　自衛隊の解釈について，学説は違憲とする立場が多数を占める。政府は**自衛権**を認め，自衛のための必要最小限度の実力である自衛隊は合憲とする立場をとる。これに対し最高裁判所は，自衛隊について，合憲かどうかの明確な判断を示していない。

C 日本の防衛政策　日本は**文民統制（シビリアン・コントロール）**の原則のもと，自衛隊の最高指揮監督権は内閣総理大臣がもつ。また，1971年に「**非核三原則**」を国会決議。増大する防衛費の歯止めとしては，「**GNP比1％枠**」を設定してきたが，中曽根内閣時にこれを突破すると，「**総額明示方式**」を閣議決定した。

　2014年，一定の条件を満たせば武器輸出を可能とする防衛装備移転三原則や，集団的自衛権の行使容認など，日本の安全保障政策は大きく転換した。集団的自衛権の行使については様々な意見の対立がある。

D 日米安全保障条約と在日米軍基地　冷戦を背景に締結された**日米安全保障条約**は，安保闘争を経て改定され，日米両国の軍事同盟的な関係が深まっていった。日本は在日米軍駐留経費を一部負担している（「**思いやり予算**」）。近年進む在日米軍の再編では，基地移転先や再編経費の日本負担などをめぐり様々な意見がある。

E 冷戦後の安全保障　冷戦終結後，北朝鮮への警戒感やテロの脅威などを背景に，**ガイドライン関連法**や**有事関連法**が成立。さらに2015年，平和安全法制整備法として改正。

F 国際社会への貢献　湾岸戦争後，PKO協力法が成立。その後，自衛隊の海外派遣に関する**テロ対策特別措置法**，**イラク復興支援特別措置法**などが成立し，自衛隊の活動範囲が拡大。2015年には，派遣のたびに法律を制定する必要がない恒久法として国際平和支援法が成立。

7 基本的人権の保障

◀明治時代の言論弾圧（ビゴー筆，1888.1.1「トバエ」掲載）　自由民権運動の弾圧の風刺画である。1889年制定の大日本帝国憲法では，言論の自由を含む「臣民の権利」が保障されたが，法律で制限できた。戦後の日本国憲法における，基本的人権の保障とその限界を，判例とともに確認しよう。

A 日本国憲法の権利・義務

（新しい人権 ➡p.86〜90）

❶ 日本国憲法で保障された権利

注：青字は最高裁で違憲判決・決定が出たもの。

分類		憲法の条項		解　説	主な判例
基本的人権の一般原理		基本的人権の永久不可侵性　第11・97条 基本的人権を保持利用する責任　12条 個人の尊重，幸福追求権　13条		基本的人権は，公共の福祉に反しない限り国政上最大の尊重が必要で，永久不可侵の権利であり，現在及び将来の国民に保障されている。	平等権（➡p.66〜70） 民法婚外子相続差別違憲決定 国籍法婚外子差別規定違憲訴訟 尊属殺人重罰規定違憲事件
平等権		法の下の平等　14条 両性の本質的平等　24条 参政権の平等　44条		正当な理由なしに差別することを禁止し，すべての人が平等に扱われる権利。	男女コース別人事差別訴訟 二風谷ダム訴訟 ハンセン病国家賠償訴訟
自由権的基本権（自由権）	精神	思想・良心の自由　19条 信教の自由　20条 集会・結社・表現の自由　21条① 検閲の禁止・通信の秘密　21条② 学問の自由　23条		自由権とは，人間が生まれながらにもつ自由を，国家の権力から干渉されない権利である（国家からの自由）。18世紀に形成され，19世紀に各国憲法に取り込まれた。日本国憲法では，以下の3つに大別される。 **精神の自由**…心の中のものの見方や考え方の自由（内心の自由）や，それらを外部に表現したり，同じ考えの人が集会・結社する自由。 **人身（身体）の自由**…生命・身体の活動を不当に圧迫されない権利。自由な人間の第一条件ともいえる権利である。 **経済の自由**…経済活動を保障する権利。ただし，公共の福祉によって，他の自由権，特に精神の自由よりも幅広い制限を受ける。	精神の自由（➡p.71〜74） 三菱樹脂訴訟 津地鎮祭訴訟 砂川政教分離訴訟 愛媛玉ぐし料訴訟 チャタレイ事件 家永教科書訴訟 ポポロ事件 外務省秘密漏洩事件 （➡p.88　知る権利） 『宴のあと』訴訟 『石に泳ぐ魚』訴訟 （➡p.88　プライバシーの権利）
	人身（身体）	奴隷的拘束・苦役からの自由　18条 法定手続の保障　31条 不法逮捕の禁止　33条 不法な抑留・拘禁の禁止　34条 住居侵入・捜索・押収に対する保障　35条 拷問・残虐刑の禁止　36条 刑事被告人の諸権利　37条 自白強要の禁止・黙秘権の保障　38条 遡及処罰の禁止・一事不再理　39条			人身の自由（➡p.75〜78） 足利事件，布川事件
	経済	居住・移転・職業選択の自由　22条 財産権の保障　29条			経済の自由（➡p.79，80） 薬事法距離制限違憲訴訟 森林法共有林分割制限違憲訴訟
社会権的基本権（社会権）		生存権　25条 教育を受ける権利　26条 勤労の権利　27条 団結権・団体交渉権・団体行動権　28条		社会権は，資本主義経済のもとで経済的弱者になりがちな人々に人間らしい生活を保障するために国の介入で実現するもの（国家による自由）。20世紀的権利ともいわれる。	社会権（➡p.80〜83） 朝日訴訟 堀木訴訟
請求権		請願権　16条 損害賠償請求権（国家賠償請求権）　17条 裁判を受ける権利　32・37条 刑事補償請求権　40条		人権保障をより確実なものとするために，国家の積極的な行為を求める権利。国務請求権ともいわれる。請願権を参政権に含める学説もある。	請求権（➡p.83，84） 隣人訴訟 大阪空港公害訴訟 （➡p.87　環境権） 郵便法損害賠償規定違憲訴訟（➡p.111）
参政権		選挙権・被選挙権　15・43・44条 公務員の選定・罷免権　15条① 地方公共団体の長・議員の選挙権　93条 最高裁判所裁判官国民審査権　79条②・③ 地方特別法の住民投票権　95条 憲法改正の国民投票権　96条①		「人民の，人民による，人民のための政治」，すなわち民主政治を実現する上で不可欠な，国民が政治に参加する権利。参政権の保障により，基本的人権を確保できる。選挙を通じた**間接参政**と，被選挙権や国民審査・住民投票などの**直接参政**が保障されている。	参政権（➡p.85） 外国人地方参政権訴訟（➡p.70） 在外日本人選挙権制限違憲訴訟 戸別訪問禁止事件 議員定数不均衡訴訟 （➡p.136　一票の格差）

❷ 日本国憲法で定められた国民の義務

- 子どもに普通教育を受けさせる義務　第26条
- 勤労の義務　27条
- 納税の義務　30条

解説　国民の義務　普通教育とは，日本では9年間の**義務教育**をさす。なお，義務教育の「義務」とは，「子どもの義務」ではなく，教育を受けさせるために子どもを小中学校などに通学させなければならないという，親など「保護者の国に対する義務」のことである。また，国民には，**三大義務**のほか，基本的人権の保持責任・濫用禁止・公共の福祉のための利用責任（第12条）が定められている。

◆重要用語　㊾基本的人権　㊿法の下の平等　㊿自由権的基本権（自由権）　㊿精神の自由　㊿人身（身体）の自由　㊀社会権的基本権（社会権）　㊃請求権　㊆参政権

国内政治

わかりやすい憲法講座

人権の対立と公共の福祉
- 裁判の判断基準は何か? -

A 人権の対立と裁判所の役割

(人権規定の私人間効力 ➡p.71, 刑事手続きの流れ ➡p.75, プログラム規定説 ➡p.81, 裁判制度 ➡p.108, 違憲法令審査権 ➡p.111)

◆社会生活では, 様々な犯罪や対立が発生する。

基本的人権の尊重(日本国憲法の基本原理)

犯罪を疑われた!	当事者間で対立が解決しない!	公権力の行為に人権侵害の疑いあり!
刑事裁判 被告人の行為が法律で定められた罪かどうかや, どの程度の刑罰を与えるべきかを争う。	**民事裁判** 法令に照らして, どちらの言い分が妥当であるか, どちらの権利・利益をより尊重すべきかを争う。	**行政裁判** 行政処分などが適法かどうかを争う。裁判の流れが基本的に民事裁判と同じであるため, 民事裁判の1つとしてとらえられる。

◆**裁判所**は, 日本国憲法や法律などの法令に従って, 判例を参考に判決を下し, 争いを解決する。法令や公権力の行為の違憲性が疑われる場合は, **違憲法令審査権(違憲審査権)**によって合憲か違憲かも判断する。

B 裁判所が用いる, 人権の対立を調整する基準

❶ 公共の福祉

人権保障の限界 憲法12・13・22・29条で定められた「公共の福祉」の解釈は学者によって様々である。現在の多数説は, **人権相互の矛盾・衝突を調整するための実質的公平の原理を公共の福祉とする(一元的内在制約説)**。つまり公共の福祉とは, 他人の人権との関係で, 人権がもともと受けることになっている制約のことで, どの程度の制約が許されるかは, 人権の種類によって異なる*と解釈されている。しかし, 実際にどの程度の制約なら合憲なのか違憲なのかということが, 抽象的で不明確なので, 裁判では, **比較衡量論**や**二重の基準論**などが用いられている。

*一元的内在制約説では, 憲法12・13条は必要最小限度の規制しか認めない消極的な**自由国家的公共の福祉**, 22・29条は必要な限度の規制を認める積極的・政策的な**社会国家的公共の福祉**と区別される。

● 公共の福祉による人権の制限

表現の自由の制限	・私生活の暴露(プライバシーの侵害) ・他人の名誉をきずつける行為(名誉毀損) ・選挙用文書の配布・掲示の制限(公職選挙法)
集会・結社の制限	・デモの規制(公安条例)
居住・移転の制限(第22条)	・感染症患者の隔離(感染症予防・医療法) ・破産者に対する居住制限(破産法)
私有財産の制限(第29条)	・建築制限(建築基準法) ・土地利用の制限(都市計画法)
経済活動の制限	・社会的経済的弱者に生活を保障するため強者の経済活動の自由を制限する(独占禁止法) ・国家資格や認可・登録がないと, 営業・製造・販売ができない(医師, 毒物劇薬取り扱い業者)

(公務員の労働三権の制限 ➡p.83 ❸, 297)

❷ 比較衡量論による判定

得られる利益と失われる利益 比較衡量論とは, 人権を制限することで**得られる利益**が, **失われる利益**(人権を制限しない場合に維持される利益)よりも**価値が高いと判断される場合, 人権を制限できる**という考え方。

比較衡量論の問題点 比較衡量論は多くの裁判で採用されているが, 比較対象の利益が恣意的に選ばれるおそれや, 個人の権利・利益よりも, 公権力側の利益を重視する可能性が強いという問題が指摘されている。このため, 二重の基準論が主張されるようになった。

● 比較衡量論

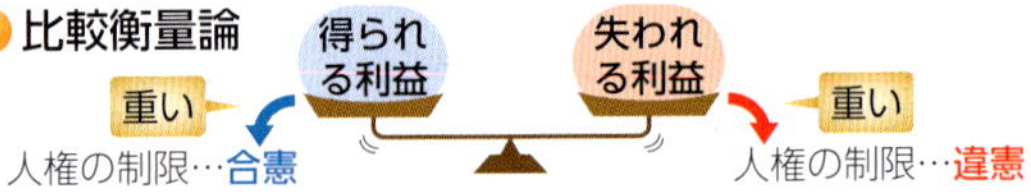

得られる利益 重い / 失われる利益 重い
人権の制限…合憲 / 人権の制限…違憲

❸ 二重の基準論による判定

精神の自由をより重視 二重の基準論とは, **精神の自由は, 経済の自由と比べて優越的地位にあり, より厳格な違憲審査が必要**という考え方。

裁判所の判断に対する批判 二重の基準論は, 多くの裁判で採用されているが, 精神の自由を保障するためではなく, **薬事法距離制限違憲判決**(➡p.79)のように経済の自由を制限するために二重の基準論を用いているため, これが批判されている。

● 二重の基準論

精神の自由	特に表現の自由は, 民主政治を正常に運営するために重要な自由。	→	最大限に尊重すべき	→	**精神の自由の制限は厳格審査基準** 重大な利益に関わる目的で, 目的達成のために必要最小限の制限でなければならない。	厳 違憲かどうか, 厳格に審査する
経済の自由	経済の自由を制限する法律の制定は, 国の社会・経済政策と密接な関連をもつ。	→	裁判所の審査能力には限界がある。明白に違憲でない限り, 国会判断を尊重すべき。	→	**経済の自由の制限は合理性の基準** 制限の目的と内容に合理的な関連があればよい。	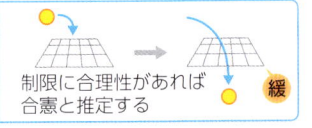 緩 制限に合理性があれば合憲と推定する

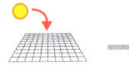

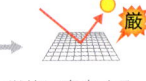

📖BOOK 芦部信喜(高橋和之補訂)『憲法』岩波書店, 辻村みよ子『憲法』日本評論社, 渋谷秀樹・赤坂正浩『憲法1 人権』・『憲法2 統治』有斐閣アルマ, 大石眞・大沢秀介編『判例憲法』有斐閣, 中野次雄編『判例とその読み方』有斐閣

第12条〔自由及び権利の保持責任・濫用禁止・利用責任〕 この憲法が国民に保障する自由及び権利は，国民の不断の努力によつて，これを保持しなければならない。又，国民は，これを濫用してはならないのであつて，常に**公共の福祉**のためにこれを利用する責任を負ふ。

第13条〔個人の尊重〕 すべて国民は，個人として尊重される。生命，自由及び幸福追求に対する国民の権利については，**公共の福祉**に反しない限り，立法その他の国政の上で，最大の尊重を必要とする。

第22条〔居住・移転・職業選択の自由〕① 何人も，公共の福祉に反しない限り，居住，移転及び職業選択の自由を有する。

第29条〔財産権〕① 財産権は，これを侵してはならない。
② 財産権の内容は，**公共の福祉**に適合するやうに，法律でこれを定める。
③ 私有財産は，正当な補償の下に，これを公共のために用ひることができる。

C 判例学習のポイント

❶ 判例って何なの？

裁判における裁判所の判断を，判例という。

裁判官を事実上拘束 憲法や法令の解釈は，人によって異なる場合がある。このため，過去の裁判と同じ争点がある裁判では，判例（特に終審裁判所の最高裁判所の判例）が重要な拠り所となり，事実上，裁判官は判例に拘束される。違憲判決を受けて国会が法律を改正したり，裁判所の判断が法律や政策の変更を促すこともあるため，判例が社会に与える影響は少なくない。

判決そのものが判例ではない 判決は，主に，主文と事実及び理由からなる。**主文**は，刑事裁判では被告人の無罪もしくは刑罰を，民事・行政裁判では原告の訴えの認否や慰謝料金額などを明記した，判決の結論部分である。一方，**理由**は，争点についての裁判所の判断を述べた部分。理由の文章中で，結論に直結するような法律上の争点を判断した部分が判例であり，それ以降の判決を拘束する。ただし，具体的にどこを判例とするかは説が分かれる。判例以外の部分は**傍論**といい，拘束力はない。

```
（事件番号・原告と被告の住所名前など）
主　文
～～～～～～
事実及び理由
～～～～～～
～主文のとおり判決する。
　　　年月日○○裁判所
　　　　　　裁判官署名
```
△民事裁判の判決の例

❷ 判例の4つのポイント

1. なぜ裁判になったのか ……→ 事件のあらまし
2. 争いのポイントは何か ……→ 争点
3. 争点を，裁判所はどう判断したか ……→ 判決の内容
4. 判決は社会や法制度にどう影響したか ……→ 解説

本書判例資料の該当部分

判例は裁判所HPや判例集などから検索・閲覧できます。まずは判例を簡単にまとめた本書の判例資料を使って，1〜4のポイントを確認しましょう。

●**用語解説**
被告人 刑事裁判で，犯罪の疑いで検察官に起訴された人。
原告 民事裁判で，裁判を起こした人。
被告 民事裁判で，訴えられた人。
法人 法律によって権利能力が認められた団体。会社，国，地方公共団体など。人と同じように裁判の当事者となりうる。
破棄（取り消し） 控訴・上告審で，もとの裁判を取り消して失効させること。この場合，その裁判所が自ら判断する（自判）か，もとの裁判所に再審理させる（差し戻し）などする。
棄却・却下 裁判所に対する申し立て・請求を退けること。
勝訴・敗訴 民事裁判で，自分（原告・被告）にとって有利または不利な判決。裁判所が判決で述べるわけではない。

Q 具体的に裁判所が判断した内容を学習する時には，どのような点に注意すればよいか？　（三審制 ▶p.108，裁判員制度 ▶p.112）

京都府学連事件 【判例】

事件のあらまし 1962年，京都府学生自治会連合主催の学生デモ行進が事前の許可条件に違反したとして，警察官が証拠保全のために無断で写真撮影をした。これに憤慨した学生が警察官に全治1週間のケガを負わせたため，起訴された事件。

（検察官）**争点** 警察官による無断の写真撮影は肖像権の侵害にあたるか。（被告人 学生）

判決の内容 ▼

●**最高裁判決**（1969.12.24） 上告棄却，被告人は有罪
警察による撮影は適法 個人の私生活上の自由の一つとして，何人も，承認なしに，みだりにその容ぼう・姿態を撮影されない自由を有するが，公共の福祉のため制限を受ける。犯罪捜査は公共の福祉のための警察の責務であり，（この場合は）同意を得ずに写真撮影を行っても適法である。

解説 肖像権 いわゆる肖像権について述べた判例。犯罪捜査における警察官の無断撮影の他，高速道路などの速度違反車両の自動撮影も，**公共の福祉**のために許される自由の制限と判断した判例がある。

博多駅テレビフィルム提出命令事件 【判例】

事件のあらまし 1968年，博多駅で，アメリカ原子力空母の日本寄港に反対する学生と機動隊員の衝突事件を撮影したテレビフィルムを，福岡地方裁判所が証拠として提出するよう命じたため，放送会社が，報道・取材の自由を侵害するとして抗告した事件。

（抗告人 放送会社）**争点** 裁判所によるフィルム提出命令は，違憲か。

判決の内容 ▼

●**最高裁決定**（1969.11.26） フィルム提出命令は合憲
公正な裁判のため 報道の自由は表現の自由を定めた憲法21条の保障のもとにあり，取材の自由も，十分尊重に値する。しかし，公正な刑事裁判のための証拠としての必要性と，放映済みのフィルム提出で放送会社が受ける不利益とを**比較衡量**すると，会社の不利益は将来の取材の自由が妨げられるおそれにとどまり，提出命令はやむを得ない。

解説 取材の自由 表現の自由に**取材の自由**を含めた判例と理解されている一方で，取材の自由よりも公正な裁判の確保という利益を優先させたことに対する批判もある。

人権を侵害されたら…？ いじめや虐待，セクシュアルハラスメント，ストーカー，体罰など，人権が侵害されたと感じる事件を**人権侵犯事件**という。各地に無料の相談窓口があり，法務局職員や**人権擁護委員**などが救済措置を行っている。

困った時は…	子ども人権110番（専用相談電話）…0120-007-110
	女性の人権ホットライン（専用相談電話）…0570-070-810

▶**重要用語** ㊾基本的人権 ㊿公共の福祉 ㊺精神の自由 ㊽表現の自由 ⑩刑事裁判 ⑪民事裁判 ⑫行政裁判 ⑯違憲法令審査権（違憲審査権）

B 平等権

アイヌ文化振興法

1 「法の下の平等」とは

憲法14条の法の下の平等＝国民を国家権力が差別することを禁止

法適用の平等	法内容の平等
法を執行し適用する行政府や裁判所が、国民を差別してはならない。	立法府が定める法は、国民を差別する内容であってはならない。

実質的平等を保障 不合理・恣意的な差別を禁止。実質的平等のため、形式的平等は制限されることもある。

裁判では、許されない不合理・恣意的な差別かどうかが争点となる。

第14条〔法の下の平等，貴族制度の禁止，栄典の授与〕

① すべて国民は、法の下に平等であつて、人種、信条、性別、社会的身分又は門地により、政治的、経済的又は社会的関係において、差別されない。
② 華族その他の貴族の制度は、これを認めない。
③ 栄誉、勲章その他の栄典の授与は、いかなる特権も伴はない。栄典の授与は、現にこれを有し、又は将来これを受ける者の一代に限り、その効力を有する。

2 許されない差別と許される区別

不合理・恣意的な差別
理屈で説明できないような勝手な差別は許されない。
① 人種・信条・性別・社会的身分・家柄による差別
② 貴族制度を認めること
③ 栄典に伴う特権を認めること

合理的な区別
社会通念から見て合理的と考えられる区別は許される。
① 年齢による区別…飲酒、喫煙、結婚、選挙権など
② 所得の多い人ほど税率が高くなる累進課税（→p.241）
③ 刑罰…選挙犯罪者の一定期間の選挙権・被選挙権停止など
④ 地方公共団体の条例による独自の取り扱いや罰則
⑤ 社会的功労者への、特権を認めない範囲での栄典の授与
⑥ 歴史的に差別されてきた人々（女性や少数民族など）への優遇措置
⑦ 学校教育における男女別更衣室、入学者選抜試験　など

3 民法の婚外子相続差別違憲決定　判例

事件のあらまし　婚姻届けを出していない男女の間に生まれた子（婚外子）と、婚姻届けを出した男女の間に生まれた子（嫡出子）の遺産相続分の格差をめぐる家事事件。

抗告人：未婚の男女の間の子

争点　婚外子の遺産相続分を嫡出子の2分の1とする民法900条4号ただし書前段の規定は憲法第14条1項に違反するか。

判決の内容
❶ 東京家裁審判（2012.3.26）　民法規定に基づき遺産分割
❷ 東京高裁決定（2012.6.22）　抗告棄却
❸ 最高裁決定（2013.9.4）　**破棄差し戻し**

婚外子差別は違憲　父母が婚姻関係になかったという、子にとっては自ら選択ないし修正する余地のない事柄を理由としてその子に不利益を及ぼすことは許されず、子を個人として尊重し、その権利を保障すべきであるという考えが確立されてきている。同規定は憲法第14条①に違反する。

解説　個人の尊厳を優先　婚外子の遺産相続分を嫡出子の2分の1とする民法規定は、明治時代に設けられ、法律婚を重視する家族制度維持のため戦後も維持された。これまでの裁判では、「個人の尊厳」よりも「法律婚の尊重」が重視され、合憲とされた。しかし今回の決定では、結婚・家族形態が多様化し、婚外子と嫡出子を差別する規定の見直し（→下）が進む中で、相続における差別的取り扱いも合理的根拠は失われており、違憲とされた。その後2013年12月、民法の同規定は廃止。

国籍法の婚外子差別規定は違憲　父が日本人で母が外国人の子は、生まれた後に父から自分の子だと認められた場合、両親が結婚しなければ日本国籍を取得できないとする国籍法の規定について、2008年、最高裁判所は違憲と判断。国籍法は改正され、国籍取得要件から両親の結婚が外された。

4 尊属殺人重罰規定違憲事件　判例

事件のあらまし　14歳の時から、15年間にわたって実の父親に不倫な関係を強いられ、5人の子を産んだ女性が、正常な結婚の機会にめぐりあい、父親に結婚話をもち出したところ、10日余りにわたって脅迫虐待された。そこで思い余って父親を絞殺したため、尊属殺人罪（刑法200条）によって起訴された事件。

●**当時の尊属殺人・傷害致死の重罰規定（刑法）**

直系尊属とは、血縁関係において、祖父母・父母など、自分より上の世代にあるものをさし、尊属殺とは、自分もしくは配偶者の直系尊属を殺害することである。

	直系尊属の場合		直系尊属ではない場合
殺人	死刑または無期懲役（刑法200条）		死刑、無期または3年以上*1の懲役（刑法199条）
傷害致死	無期または3年以上の懲役（刑法205条②）		2年以上*2の懲役（刑法205条①）

注：現在は200・205条②は削除、*1は5年以上、*2は3年以上

争点　自分や配偶者の直系尊属を殺害した者は死刑または無期懲役に処するとした刑法の規定は、差別を禁止し、法の下の平等を定めた憲法14条に違反するか。

検察官／父を殺害した女性

判決の内容
❶ 宇都宮地裁判決（1969.5.29）　合憲
❷ 東京高裁判決（1970.5.12）　合憲
❸ 最高裁判決（1973.4.4）　**違憲**

（「朝日新聞」1973.4.4）

尊属殺人の刑を加重すること自体は違憲ではない　尊属の殺害は、尊属ではない普通の殺人と比べて一般に高度の社会的道義的非難を受けるべきとして、その処罰を重くするのはあながち不合理とはいえない。

刑の加重が厳しすぎるので違憲　尊属殺人罪の規定は、普通殺人罪と比べてきわめて重く、著しく不合理な取り扱いをするものとして憲法14条①に違反し、無効。

解説　初の最高裁の違憲判決　刑法200条の尊属殺人罪についての最高裁の評決は、死刑・無期懲役は厳しすぎるので違憲…8人、尊属殺人のみ区別するのは違憲…6人、合憲…1人。また、刑法205条②の尊属傷害致死罪については、1974年の判決で、合理性を欠くものではないとして合憲とされた。しかし、1995年の刑法改正で、**尊属重罰規定は一括削除**された。

入試クイズ　企業がセクハラの防止に努めることは、法律上の義務ではなく、社会的マナーの一環として要請されている。○？×？〈08本〉（→p.67 5 1）
答：×

5 女性差別

❶ 男女の雇用環境をめぐる訴訟 判例

退職差別	**男女別定年制差別訴訟** 従業員の定年退職年齢の男女格差の違法性が問われた訴訟。 原告 50歳となり退職を命じられた女性 ↓雇用継続確認・慰謝料など 被告 定年退職を男性55歳・女性50歳としていた日産自動車	❶東京地裁判決 (1973.3.23) 原告一部勝訴 ❷東京高裁判決 (1979.3.12) 会社側敗訴 ❸最高裁判決 (1981.3.24) 会社側の上告棄却, 原告勝訴 **男女別定年制は, 性別のみによる不合理な差別**を定めたものであり, 無効。 解説 当時は男女別定年制を廃止する企業が増えていた時期。1986年の**男女雇用機会均等法**施行で, 男女別定年制は禁止された。
採用・昇格差別	**男女昇格差別訴訟** 採用・業務は男女同じ条件なのに, 男性のみを勤続年数を基準に昇格させる制度の違法性が問われた訴訟。 原告 女性職員ら ↓昇格確認・慰謝料など 被告 社会保険診療報酬支払基金	❶東京地裁判決 (1990.7.4) 原告勝訴 勤務成績や能力に基づく選考をせずに, 勤続年数を基準として一律に昇格させる措置を男性職員のみに実施し, そのような**勤続年数を基準とする昇格措置を女性職員に対しては実施しないことは, 性別を理由とする差別**であるとし, 被告による公序に反しないという主張は認められないと判断した。
	男女コース別人事差別訴訟 男女でコースを分けて採用・処遇することの違法性が問われた訴訟。 原告 女性社員13人 ↓昇格確認・慰謝料など 被告 男性は総合職, 女性は補助的な業務の一般職という人事制度の野村證券	❶東京地裁判決 (2002.2.20) 原告勝訴 **男女コース別人事は法の下の平等を定め, 性差別を禁じた憲法14条の趣旨に反する。** 会社の違法性は… 原告の入社当時, 募集・採用・配置・昇進における女性差別は禁止されていなかったため違法ではない。しかし, 1999年の男女雇用機会均等法改正施行でこれらの差別が禁止されたため, それ以降は不合理な差別として公序に反すると判断した。
職場でのハラスメント(嫌がらせ)	**セクハラ訴訟** 言葉による性的嫌がらせを理由に慰謝料を求めた訴訟。 原告 セクハラで退職に追い込まれたと主張する女性 ↓慰謝料 被告 元編集長・出版社	❶福岡地裁判決 (1992.4.16) 原告勝訴 元編集長による**セクハラを認定**。さらに会社側の賠償責任も認め, 会社役員の「女性である原告の譲歩, 犠牲において職場環境を調整しようとした点において不法行為性が認められる」と判断した。 解説 1997年, 男女雇用機会均等法が改正され, **企業のセクハラ防止が義務化**。
	マタハラ訴訟 妊娠を理由とした管理職からの降格の違法性が問われた訴訟。 *マタニティ・ハラスメント 原告 妊娠を理由に降格させられたと主張する女性 ↓慰謝料 被告 女性が勤務する病院	❶広島地方裁判所 (2012.2.23) 請求棄却 ❷広島高等裁判所 (2012.7.19) 請求棄却 ❸最高裁判決 (2014.10.23) 違法, 高裁差し戻し 妊娠や出産を理由にした降格は, **「本人の意思に基づく合意か, 業務上の必要性について特段の事情がある場合以外は違法で無効」**と判断。2015年11月の高裁差し戻し審で原告勝訴。 解説 男女雇用機会均等法は, 妊娠・出産を理由とした解雇・降格などの不利益取り扱いを禁じている。しかし, 現実には対応が遅れ, 対策が急務である。

解説 **働く女性の人権擁護** 裁判を通じて, 職場における女性の権利が次第に確立し, 差別解消のための法律や制度(→p.310, 311)の整備・導入が進められているが, 依然, 差別は残っている。

❷ 再婚禁止期間違憲訴訟 判例

事件のあらまし 女性のみに再婚禁止期間(6か月)を定めた民法733条について, 原告の女性は必要以上の制約と主張し, 国に慰謝料を求めた訴訟。

原告 女性 — **争点** 女性のみに再婚を制限した民法733条の規定は, 両性の平等を保障した憲法に違反するか。— 被告 国

判決の内容

・**最高裁判決** (2015.12.16) 違憲
再婚禁止期間の100日を超える部分は違憲 女性の再婚禁止期間100日を超える部分(★)は, 医療や科学技術の発達などで合理性を欠いた過剰な制約で違憲である。

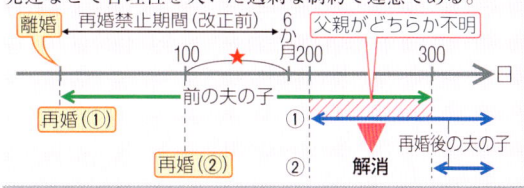

離婚 — 再婚禁止期間(改正前) — 6か月 — 父親がどちらか不明
0 — 100 ★ 200 — 300 日
前の夫の子 ← → 再婚後の夫の子
再婚① ①
再婚② ② 解消

解説 **過剰な制約** 民法772条では, 「離婚後300日以内で生まれた子は前夫の子」「結婚後200日を過ぎて生まれた子は結婚後の夫の子」と定めている。仮に離婚後すぐに再婚した場合(①), 200日を過ぎて生まれた子の父親の推定が重なる。100日の再婚禁止期間があれば(②)父親の推定は重ならず, それを超える禁止期間は過剰との判断である。これを受けて, 2016年, **女性の再婚禁止期間を100日とする改正民法が成立**。しかし, 離婚後300日以内で生まれた子を前夫の子と推定することへの批判もある。

●夫婦同姓は差別にあたるか

2015年, 夫婦同姓を定めた民法750条の規定は間接差別にあたり, 法の下の平等を定めた憲法に違反するかが争われた裁判で, 最高裁は民法規定を合憲と判断。しかし, 別姓を選択できる制度の是非は, 国会で議論し判断すべきとも指摘している。選択的夫婦別姓の導入は法務省法制審議会で検討されているが, 国会提出には至っていない。

＊レズビアン・ゲイ・バイセクシャル・トランスジェンダーの頭文字をとったもの。

LOOK LGBT*の人たちの人権

同性・両性愛者, 体と心の性が一致しない人など性的少数者(LGBTと総称することがある)は, 日本人の8.9％が該当するともいわれる(2018年電通調べ)。LGBTの人たちの中には, 「男性は男性らしく, 女性は女性らしく」という考え方と本来の自分との違いに悩み, 自分を認められなくなったり, 偏見を恐れて周りに打ち明けられなかったりして苦しむ人も多い。

近年, LGBTの人たちの権利を認める制度・法律が世界で作られはじめている。日本では憲法第24条の規定により, 同性婚は認められていない(トランスジェンダーの人は, 一定の条件を満たせば戸籍上の性別を変更できる)。しかし2015年, 渋谷区で, 申請があれば同性カップルを「結婚に相当する関係」と認める証明書を発行する条例が全国で初めて成立した。

▶性的少数者への理解を訴えるパレード 世界各地で行われている。

6 同和問題の本質

国の責務と国民的課題　同和問題は人類普遍の原理である人間の自由と平等に関する問題であり、日本国憲法によって保障された基本的人権にかかわる課題である。……これを未解決に放置することは断じて許されないことであり、その早急な解決こそ国の責務であり、……国民的課題である……。

……同和問題とは、**日本社会の歴史的発展の過程において形成された身分階層構造に基づく差別により、日本国民の一部の集団が経済的・社会的・文化的に低位の状態におかれ……なおいちじるしく基本的人権を侵害され、とくに、近代社会の原理として何人にも保障されている市民的権利と自由を完全に保障されていない**という、もっとも深刻にして重大な社会問題である。……

差別の歴史　封建社会の身分制度のもとにおいては、同和地区住民は最下級の賤しい身分として規定され、職業、居住、婚姻、交際、服装等にいたるまで社会生活のあらゆる面できびしい差別扱いをうけ、人間外のものとして、人格をふみにじられていた……。

明治4年……公布された太政官布告第61号により、同和地区住民は、いちおう制度上の身分差別から解放された……。しかしながら……単に蔑称を廃止し、身分と職業が平民なみにあつかわれることを宣明したにとどまり、現実の社会関係における実質的な解放を保障するものではなかった。……実質的にその差別と貧困から解放するための政策は行なわれなかった。……維新後の社会においても、差別の事態はほとんど変化がなく……封建時代とあまり変らない悲惨な状態のもとに絶望的な生活をつづけてきた……。

その後、大正時代になって……全国水平社の自主的解放運動がおこり、それを契機にようやく同和問題の重要性が認識されるにいたった。……

戦後のわが国の社会状況はめざましい変化を遂げ、政治制度の民主化が前進したのみでなく、経済の高度成長を基底とする社会、経済、文化の近代化が進展したにもかかわらず、同和問題はいぜんとして未解決のままで取り残されているのである。……

差別と本質　実に部落差別は、半封建的な身分的差別であり、……心理的差別と実態的差別とにこれを分けることができる。心理的差別とは……たとえば、言語や文字で封建的身分の賤称をあらわして侮蔑する差別、非合理な偏見や嫌悪の感情によって交際を拒み、婚約を破棄するなどの行動にあらわれる差別である。実態的差別とは……たとえば、就職・教育の機会均等が実質的に保障されず、政治に参与する権利が選挙などの機会に阻害され、一般行政諸政策がその対象から疎外されるなどの差別であり……。

近代社会における部落差別とは……市民的権利、自由の侵害にほかならない。市民的権利、自由とは、**職業選択の自由、教育の機会均等を保障される権利、居住および移転の自由、結婚の自由などであり、これらの権利と自由が同和地区住民にたいして完全に保障されていないことが差別なのである**。……

（「同和対策審議会答申」1965年）

7 アイヌ民族の誇りと文化

① アイヌ民族とは

（文は北海道環境生活部総務課アイヌ施策推進グループ資料より）

北海道などに古くから住んでいるアイヌの人たちは、自然の恵みに感謝し、人間を深く愛し、平和な暮らしをおくっていた民族です。

明治になって、蝦夷地は北海道となり、本州などから多くの移住者が来ました。このため、少数者となったアイヌの人たちは、伝統的な生活や生産の手段を失い、貧困にあえぎました。また、近年にいたるまで、いわれのない多くの差別などを受けてきました。

同じ国に住むアイヌ民族への理解を深め、お互いに力を合わせて、豊かで幸せな社会をつくっていくことが大切です。

△春採コタン祭り（釧路市）

② 二風谷ダム訴訟　判例

事件のあらまし　二風谷ダム建設予定地がアイヌ民族の聖地であるため、土地所有者であるアイヌ民族のうち2人が土地を手放すことを拒否した。そこで、土地収用法（→p.79）に基づいて北海道収用委員会が強制収用の裁決をしたため、その取り消しを求めた訴訟。

原告　土地所有者
争点
- アイヌ民族は先住民族か。
- ダム建設で得られる公共の利益は、建設で失われるアイヌ民族の文化よりも優越するか。

被告　北海道収用委員会

判決の内容

❶ 札幌地裁判決（1997.3.27）　請求棄却（事情判決）

アイヌ民族を先住民族と認定　「アイヌの人々は我が国の統治が及ぶ前から主として北海道において居住し、……独自の文化及びアイデンティティを喪失していない社会的な集団」であり、「先住民族に該当する」。

収用裁決は違法　ダム建設により「アイヌ民族の民族的・文化的・歴史的・宗教的諸価値を後世に残していくことが著しく困難なものとなることは明らか」で、**ダム建設とそれに伴う収用裁決は違法である**。しかし、すでにダムが完成し元に戻せないという事情を考慮すると、収用裁決を取り消すのは「公共の福祉に適合しない」として、**請求を棄却**（いわゆる**事情判決**）。

③ アイヌ文化振興法

[公　布　1997（平9）.5
最終改正　2011（平23）.6]

第1条　この法律は、……アイヌ文化の振興並びにアイヌの伝統等に関する国民に対する知識の普及及び啓発を図るための施策を推進することにより、アイヌの人々の民族としての誇りが尊重される社会の実現を図り、あわせて我が国の多様な文化の発展に寄与することを目的とする。

解説　先住民族の権利　二風谷ダム訴訟の判決後、**アイヌ文化振興法が成立し、差別的と批判されてきた北海道旧土人保護法が廃止された**。アイヌ文化振興法は「アイヌと和人の歴史的和解の第一歩」と評されたが、①アイヌ民族の先住性の規定がない、②文化振興のみで、福祉対策は未改善という問題も指摘されている。

その後の動き　2007年の「先住民族の権利に関する国際連合宣言」採択（→p.22）を受け、2008年6月6日、**国会の衆参両院は「アイヌ民族を先住民族とすることを求める決議」を採択**。同日、政府はアイヌ民族を先住民族として認めた。2019年、アイヌ文化振興法に代わるアイヌ民族支援法が成立。**初めてアイヌ民族を「先住民族」と明記**した。差別禁止や産業・観光などの振興に対する支援が盛り込まれたが、**先住民族としての権利（自決権、教育権、自然資源の入手権など）は盛り込まれず**、批判もある。

入試クイズ　アイヌ民族を差別的に取り扱ってきた法律を廃止してアイヌ文化振興法が制定されたが、アイヌ民族の先住民族としての権利は明記されなかった。○？ ×？〈12本〉（→7③）　答：○

8 ハンセン病と差別

無知と偏見　ハンセン病は，細菌による感染症である。以前は「不治の病」「遺伝病」という誤った認識が広がり，患者や回復者・その家族は厳しい差別や迫害を受けた。実際には**感染力は極めて弱く，遺伝もしない**。現在は治療法が進歩し，**早期に完治する**。

強制的な隔離　日本では戦前から「らい予防法」によって，患者は強制的に療養所に入れられ，1996年に同法が廃止されるまで，中絶手術の強制など人権を無視した隔離政策がとられた。21世紀に入りようやく，回復者への補償や名誉回復を図る制度が整備されてきた。

● ハンセン病国家賠償訴訟　判例　(→p.83②)

事件のあらまし　ハンセン病患者を強制的に隔離した国へ賠償金を求めた裁判。

原告：ハンセン病の回復者
争点：「らい予防法」と，同法に基づく国の隔離政策は違憲か。
被告：国

判決の内容
❶熊本地裁(2001.5.11)　**違憲**
「**らい予防法」は違憲**　治療薬の評価が定まり，国際社会で隔離政策廃止が提唱されるようになった遅くとも1960年以降の，**隔離規定の違憲性は明白**。
国の責任　隔離規定を改廃しなかった国会議員と，隔離政策を変更しなかった厚生大臣の過失を指摘。国の責任を認め，賠償金の支払いを命じた。

（「朝日新聞」2001.5.11）

解説　ハンセン病補償法成立　判決を受け，2001年，**ハンセン病補償法**が成立。しかし，いまだ差別意識が残り，その解消は急務である。国は，2008年に成立した**ハンセン病問題基本法**によって，医療・社会復帰の支援，名誉回復の措置などを進めている。また，元患者家族が，隔離政策によって家族も差別を受けたとして国に損害賠償を求めた裁判で，2019年，熊本地裁は国の責任を認め，家族への賠償を命じる判決を下した（国は控訴を断念）。

10 障がい児入学拒否訴訟　判例

事件のあらまし　市立高校を受験し，合格に十分な成績を収めたにもかかわらず，障がいを理由に不合格となった少年が，不合格処分の取り消しと損害賠償を求めた訴訟。少年は，筋ジストロフィーという難病のため，車いすを利用している。

原告：少年
争点：障がいを理由とした入学拒否は許されるか。
被告：尼崎市・高校の校長

判決の内容
❶神戸地裁判決(1992.3.13)　**原告勝訴**
障がいを理由とした入学拒否は許されない　高校の全過程を履修する見通しがない，とした処分は重大な事実誤認に基づくもの。少なくとも，1年間は教育を受ける権利を侵害されたとして，原告の訴えを全面的に認めた。

解説　教育機会の平等　少年は判決後，「1人の人間としての権利を認めてほしいという僕の訴えを聞いてもらえたことは，何よりうれしい。僕のように障がいをもった者が入学できることがはっきりして，僕の1年も無駄ではなかったと思います。」と述べた。この判決により，体の不自由な子どもの教育機会の平等化が促進された。

9 日立訴訟（朴訴訟）　判例

事件のあらまし　1970年，日立製作所の採用通知を受けた在日韓国人の朴さんが，「採用試験で本名を使わず日本名を使った。本籍も偽って記入するなどウソつきだ。性格上信用できない」として採用を取り消されたため，在日韓国人であることを理由にした民族差別であるとして慰謝料などを求めた訴訟。

原告：朴さん
争点：採用取り消しは，国籍による差別にあたるか。
被告：日立製作所

判決の内容
❶横浜地裁判決(1974.6.19)　**原告勝訴**
採用取り消しは差別であり無効　在日韓国人が置かれている歴史的社会的背景を考えると，出生以来使っていた日本名を使用したからといって，企業が解雇する理由にはならない。しかも本件の解雇は，原告が在日韓国人であることを決定的な理由としているので，国籍による差別を禁じた労働基準法3条に抵触し，公序良俗(→p.71②❶)にも反し，無効である。

（「朝日新聞」1974.6.19）

解説　民族差別の実態に触れた判決　この訴訟は，多くの大企業が在日韓国・朝鮮人の採用を拒む中で民族差別に真正面から取り組んだもので，採用取り消しを認めないとする判決は画期的と評価された。以後，在日韓国・朝鮮人の歴史的経緯と定住性をふまえて，就職差別をなくすための粘り強い運動が展開された。

ヘイトスピーチにNO！

ヘイトスピーチとは，特定の人種や民族，宗教などに属する人々に対して根拠のない悪口で侮辱し，憎しみや差別をあおる言動である。近年，在日韓国・朝鮮人を標的にしたヘイトスピーチが問題化し，国連も規制を求めてきた。

2016年，ヘイトスピーチ対策法が制定された。表現の自由を必要以上に制限する可能性を考慮し，法律には罰則や禁止規定が盛り込まれていない。このため法律の実効性を懸念する声もある＊。

❼ヘイトスピーチデモに抗議する人

＊法律に先がけ，大阪府では2016年にヘイトスピーチを抑止するための条例が成立。川崎市では，2019年，全国で初めて罰則規定を盛り込んだ条例成立。

LOOK　バラエティ番組「バリバラ」

注目集めるテレビ番組　NHKが放送する情報バラエティ番組『バリバラ』。番組名には，**バリアフリーをバラエティを通して考える**という意味が込められている。

笑いを交えた本音トーク　番組は，仕事・恋愛・学校など，日常生活のあらゆる分野をテーマに，様々な障がいをもつゲストが悩みを話し，他の出演者とともに解決策などを考えていく構成だ。健常者に対する本音を紹介したり，障がいを笑いを交えながら話す出演者の姿から，「バラエティとして楽しめる」「障がいを個性として考えるようになった」と，視聴者の評価は高い。

見えない壁を取り払う　番組では，批判の声も積極的に紹介。障がいの有無に関わらず，出演者・視聴者が笑いを通して共感・理解し合うことで，バリアフリーを実現しようとしている。(http://www6.nhk.or.jp/baribara/)

『バリバラ』番組ホームページより　写真提供／NHK

Coming Up 外国人の権利

外国人の権利は，日本国籍をもたないことからある程度制限されている。日本国憲法のもとで，外国人に認められた権利と制限される権利，外国人にも課されている義務を確認し，今後の日本の課題を考えよう。（外国人労働者 ➡p.307）

A 外国人入国者数と在留者数

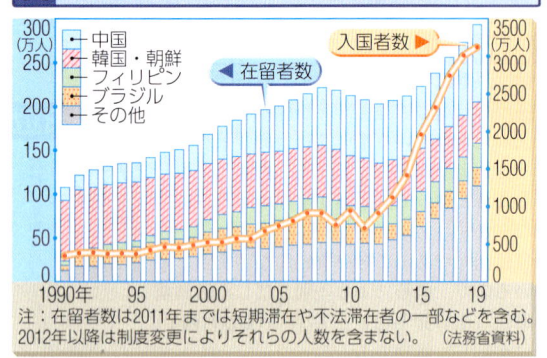

注：在留者数は2011年までは短期滞在や不法滞在者の一部を含む。2012年以降は制度変更によりそれらの人数を含まない。（法務省資料）

不法滞在者 在留資格の許可日数を超えて滞在する外国人（2020年は8.3万人）。多くは単純労働をする目的を隠して入国。不法滞在が発覚すると国外退去の対象となる。

B 外国人登録制度の廃止

新しい在留管理制度の導入 日本に滞在する外国人は，それぞれの在留資格によって在留期間と活動内容が決められている。また，1952年以降，原則入国後90日以内に外国人登録を行う必要があった。2012年，この**外国人登録制度が廃止された**。

住民票の作成 新しい在留管理制度では，原則として入国時に**在留カード**が交付され，法務省が外国人を一元管理。日本人と同様に，住所や名前だけでなく年金資格などの情報も記載された**住民票**も作成される。

外国人の主な在留資格と人数　（2018年）

	在留資格	人数（万人）	在留期間	住民票作成
永住	特別永住者（➡下）	32.1	無期限	○
	永住者	77.2	無期限	
定住	日本人や永住者の配偶者・子	18.0	最長5年*	○（在留カード交付対象者）
	定住者 日系3世・難民など	19.2		
	就労関係の在留資格・留学など 仕事内容が限定された滞在者・留学生	127.7		
	仮滞在・一時庇護 難民認定申請中の人など	0.004（40人）	6か月を超えない	
短期滞在	観光や訪問など	66.6	90日以内	×（入国審査のみ）

注：他に、「外交」や「公用」の在留資格をもつ者（外交官・大使館職員・その家族など1.5万人）は、外交官等身分証明票が発給され、免税などの外交特権あり。
＊「高度専門職2号」の在留資格をもつ者は無期限。（「在留外国人統計」より）

特別永住者 かつての日本の植民地出身で1952年のサンフランシスコ平和条約発効により日本国籍を喪失した人やその子孫。在留カードではなく，**特別永住者証明書**が交付されている。ほとんどは在日韓国・朝鮮の人々（➡p.69❾）。他の外国人よりも制度上様々な保障がされてきたが，就職など日常生活における差別が長年，問題とされている。

C 永住・定住外国人の権利と社会保障

刑事手続・刑事補償		○
小・中学校への就学		○
高校・大学などへの入学		○
労働基準・最低賃金・職業紹介		○
選挙権		×
公務就任権		△
生活保護		△*

社会保険	国民健康保険	○
	国民年金	○
	厚生年金保険	○
	雇用保険	○
	労働者災害補償保険	○
	介護保険	○
社会福祉	児童扶養手当	○
	老人福祉法	○
	身体障害者福祉法	○

○…保障　△…一部保障　×…保障せず。＊生活保護法では対象を日本国民に限定しているが、実務上は永住・定住外国人に対する保護が実施されている。

解説 外国人参政権 国民主権の原理から，参政権は，国民（国籍保持者）に認められる。国政選挙では外国人参政権は保障されないというのが通説である。地方選挙は，憲法第93条2項における「住民」が「国民」を前提としていることを理由に外国人への選挙権付与を禁止する説の一方，地方政治は住民の生活に密接にかかわるため，永住外国人などに認めるべきという説もある（➡D）。

D 外国人の権利をめぐる訴訟

◉それぞれ、最高裁は何をどのように判断しているか？
＊公職選挙法第25条②に基づき、控訴せずに上告された。

事件のあらまし	判決の内容
マクリーン事件 アメリカ国籍の英語教師が、無届転職と政治活動を理由に在留期間の延長を許可されなかったため、不許可処分の取り消しを求めた訴訟。	❶東京地裁判決 1973.3.27　原告勝訴 ❷東京高裁判決 1975.9.25　原告敗訴 ❸最高裁判決　　1978.10.4　原告敗訴 …憲法の基本的人権の保障は、権利の性質上日本国民のみを対象と解されるものを除き、日本に在留する外国人にも等しく及ぶ。しかし、外国人の在留の許否は国の裁量に委ねられ、憲法上在留の権利は保障されていない。
外国人地方参政権訴訟 日本で生まれ育った在日韓国人2世の人々が、日本の地方選挙権を求めた訴訟。	❶大阪地裁判決 1993.6.29　原告敗訴 ❸最高裁判決＊　1995.2.28　原告敗訴 …憲法は国民にのみ地方選挙権を保障しており外国人には保障していない。（ただし永住者などの選挙権を法律で認めることは憲法上禁止されていないとも述べた。）
東京都管理職国籍条項訴訟 東京都職員で特別永住者の女性が、管理職昇任を日本国民に限るのは不合理な差別として慰謝料を求めた訴訟。	❶東京地裁判決 1996.5.16　原告敗訴 ❷東京高裁判決 1997.11.26　原告勝訴 ❸最高裁判決　　2005.1.26　原告敗訴 …管理職の地方公務員は、地方の重要な施策を決定・参画し、公権力を行使するので、日本国民に限定するのは違法ではない。
永住外国人生活保護訴訟 永住者の資格をもつ中国籍の女性が、外国籍を理由に生活保護を認めないのは違法と訴えた訴訟。	❶大分地裁判決 2010.10.18　原告敗訴 ❷福岡高裁判決 2011.11.15　原告勝訴 ❸最高裁判決　　2014.7.18　原告敗訴 …外国人は、行政措置により事実上の保護の対象となりうるにとどまり、生活保護法に基づく保護の対象となるものではなく、同法に基づく受給権を有しない。

入試クイズ　衆議院議員選挙での選挙権を定住外国人に認めることができるように、公職選挙法が改正された。○？×？〈11本〉（➡C）

答：×

C 自由権的基本権（自由権）① 精神の自由

（戦前の思想弾圧 ➡p.37, 74 5 2）

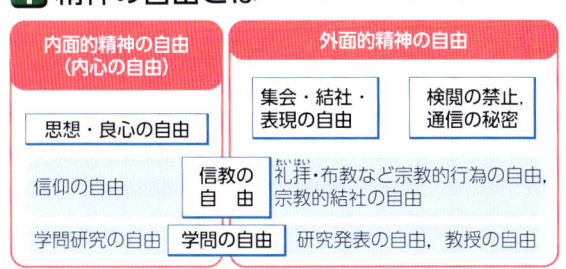

1 精神の自由とは ❓どのような自由であるか？

内面的精神の自由（内心の自由）
- 思想・良心の自由
- 信仰の自由
- 信教の自由：礼拝・布教など宗教的行為の自由，宗教的結社の自由
- 学問研究の自由
- 学問の自由：研究発表の自由，教授の自由

外面的精神の自由
- 集会・結社・表現の自由
- 検閲の禁止，通信の秘密

解説 内面的・外面的精神の自由 精神の自由は，心の中では何を考えていてもよいという**内面的精神の自由**と，内心の思想や信仰を外部に表明し他者に伝える自由である**外面的精神の自由**に分けられる。外面的精神の自由は，内面的精神の自由を基礎とする。このうち表現の自由は，言論活動を通して個人の自己実現や政治参加が行われることから，特に重視される。なお，日本国憲法のように，**思想の自由**を信教・表現の自由とは別に保障する憲法は世界でも珍しい。これは，大日本帝国憲法下で**治安維持法**（➡p.37）による思想弾圧が行われたことが影響している。

2 思想・良心の自由

第19条〔思想・良心の自由〕 思想及び良心の自由は，これを侵してはならない。

1 三菱樹脂訴訟 判例 ❓人権規定の私人間効力とは何か？

事件のあらまし 1963年，大学卒業と同時に三菱樹脂株式会社に入社したTさんは，生協運動や学生運動に関与していたことを入社試験の際に故意に隠したとの理由で3か月の試用期間の終わる直前に会社から本採用拒否を通告された。これに対してTさんが，本採用拒否は思想・信条を理由とする差別であり，憲法14・19条，労働基準法3条に違反し，無効であると訴えた訴訟。

争点
- 憲法の人権規定は私人間に適用されるか。
- 思想調査は，憲法19条に反するか。
- 特定の思想を理由とした雇用拒否は，憲法14条の信条による差別にあたるか。

原告：Tさん　被告：三菱樹脂

判決の内容
1. **東京地裁判決**（1967.7.17）　原告勝訴
本採用拒否は解雇権の濫用であるとした。
2. **東京高裁判決**（1968.6.12）　原告勝訴
思想・信条による差別と判断。
3. **最高裁判決**（1973.12.12）　破棄・差し戻し
私人間への直接効力なし　憲法14・19条は，「他の自由権的基本権の保障規定と同じく，国または公共団体の統治行動に対して個人の基本的な自由と平等を保障する」ことを目的とし，私人相互の関係を直接規律することを予定していない。
雇用拒否は違法ではない　憲法は経済活動の自由を保障しており，企業者が特定の思想，信条を有する者の雇い入れを拒んでも，「それを当然に違法とすることはできない」
思想調査は違法ではない　「企業者が，労働者の採否決定にあたり，労働者の思想，信条を調査し，……申告を求めることも，これを法律上禁止された違法行為とすべき理由はない」

その後　Tさん支援の輪がいっそう広がり，最高裁判決や企業の姿勢に対する疑問の声が高まる中で，当事者間で和解が成立し，Tさんは，13年ぶりに職場に復帰した。

解説 私人間の人権侵害　内心の自由を保障した憲法19条は，具体的には**国家権力などによる個人の思想調査を禁じた条文**と解釈できる。この裁判で最高裁は，憲法14・19条の規定は**企業・労働者間という私人相互の関係に対しては直接適用されない**とし，企業の雇用の自由を擁護した。しかし，**思想の自由**は絶対的に保障されるべきとして，判決に異論を唱える学説もある。

2 麹町中学校内申書訴訟 判例

事件のあらまし　内申書（調査書）の「校内で麹町中全共闘を名乗り，機関誌を発行。……学校側の指導説得をきかずにビラ配布や落書きをした」という記載などが理由で，受験したすべての高等学校入試に不合格になり進学が妨害されたとして，1972年，この内申書を作成した千代田区立麹町中学校を卒業した少年（当時16歳）が，千代田区と東京都に損害賠償を求めた訴訟。

争点
- 内申書の記載は，思想・信条をもとに生徒を評価しているか。
- 同記載は，思想の自由を保障した憲法19条に反するか。

原告：少年　被告：千代田区・東京都

判決の内容
1. **東京地裁判決**（1979.3.28）　原告勝訴
…内申書の記載は，少年が進学し教育を受ける権利を侵害したと判断し，原告の請求をほぼ全面的に認めた。
2. **東京高裁判決**（1982.5.19）　原告敗訴
3. **最高裁判決**　（1988.7.15）　上告棄却，原告敗訴
思想・信条自体を入学者選抜の資料としたとはいえない
（内申書の）いずれの記載も，思想・信条そのものを記載したものではないことは明らかであり，思想・信条自体を高等学校の入学者選抜の資料に供したものとは到底解することができないから，これを違憲であるという原告の主張は，その前提を欠き，採用できない。

解説 批判もある　内申書は，中学校が生徒の進学希望先の高等学校などへ生徒の成績・性格・行動を伝える書類のことで，入学者選抜の資料とされる。この訴訟で争われた内申書の記載について，裁判所は，性格・行動についての客観的事実を記載したものであり違法性はないと判断したが，思想・信条を容易に推測できるような内容であり許されないという批判もある。

人権規定の私人間効力　もともと憲法の人権規定は，国家（公権力）から個人（私人）の自由・権利を守るための規定であるが，現代では公・私間だけでなく私人間への適用も必要とされる。私人間への適用には次の2つの考え方があるが，②が通説である。

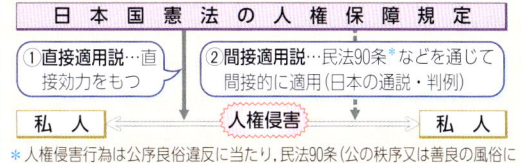

日 本 国 憲 法 の 人 権 保 障 規 定
① 直接適用説…直接効力をもつ
② 間接適用説…民法90条＊などを通じて間接的に適用（日本の通説・判例）

私 人　←人権侵害→　私 人

＊人権侵害行為は公序良俗違反に当たり，民法90条（公の秩序又は善良の風俗に反する事項を目的とする法律行為は，無効とする。）により無効などとする形。

重要用語 ㊱治安維持法　㊾自由権的基本権（自由権）　㊽精神の自由　㊻思想・良心の自由　㊼三菱樹脂訴訟　㊽信教の自由　㊽表現の自由　⑭公職選挙法

3 信教の自由 ●政教分離の原則とは何か？

第20条〔信教の自由，国の宗教活動の禁止〕① 信教の自由は，何人に対してもこれを保障する。いかなる宗教団体も，国から特権を受け，又は政治上の権力を行使してはならない。
② 何人も，宗教上の行為，祝典，儀式又は行事に参加することを強制されない。
③ 国及びその機関は，宗教教育その他いかなる宗教的活動もしてはならない。
第89条〔公の財産の支出又は利用の制限〕 公金その他の公の財産は，宗教上の組織若しくは団体の使用，便益若しくは維持のため，又は公の支配に属しない慈善，教育若しくは博愛の事業に対し，これを支出し，又はその利用に供してはならない。

●政教分離の原則と目的・効果基準
政教分離の原則 国家や政治は，宗教に干渉すべきでないとする原則。信教の自由を保障するための原則で，憲法20・89条で規定されている。
目的・効果基準 国家など公権力の行為が，憲法で禁止する宗教的活動かどうかを判断する基準。最高裁（津地鎮祭訴訟→①）によれば，憲法の政教分離の原則は，国家が宗教的に中立であることを要求するものではあるが，国家が宗教との関わり合いをもつことを全く許さないとするものではなく，宗教との関わり合いが相当とされる限度を超えるものと認められる場合，つまり，目的が宗教的意義をもち，その効果が宗教に対する援助，助長，促進又は圧迫，干渉等になるような行為を憲法20条③で禁止された宗教的活動と解すべきとする。

① 津地鎮祭訴訟 【判例】
事件のあらまし 三重県津市が，市立体育館の建設において，神道形式の地鎮祭*を公金で行ったことの違憲性を問う住民訴訟。

原告：住民　被告：津市長
争点 津市が行った地鎮祭は，憲法20条③が禁止する宗教的活動に当たるか。

判決の内容 ＊建築前に土地の神を祀り工事の無事などを祈願する儀式。
❶津地裁判決　（1967.3.16）　合憲
❷名古屋高裁判決（1971.5.14）　違憲
　…地鎮祭を，特定宗教による宗教上の儀式と判断。
❸最高裁判決　（1977.7.13）　合憲
目的・効果基準に照らし合憲 地鎮祭の目的は，建築着工に際し土地の平安堅固，工事の無事安全を願い，社会の一般的慣習に従った儀礼を行うという専ら世俗的なもの。その効果は神道を援助，助長，促進または他の宗教に圧迫，干渉を加えるものとは認められないとして，憲法20条③で禁止される宗教的活動にはあたらないと判断。

解説 目的・効果基準を示す 目的・効果基準（→右上）が用いられたこの判決は，同種の裁判に影響を与えた。しかし，戦前の国家神道が，国民を戦争に総動員する精神的支柱となったことの反省に立つ時，政教分離の原則の厳格な適用を求める動きは根強い。

② 愛媛玉ぐし料訴訟 【判例】
事件のあらまし 愛媛県が靖国神社と県護国神社に対し，1981〜86年間に合計16万6000円の玉ぐし料*などを公金から支出して奉納したことは違憲であるとして，市民団体が起こした訴訟。

原告：住民　被告：愛媛県知事ら
争点 愛媛県の玉ぐし料などの支出は，特定の宗教団体への特別な支援に当たり，政教分離の原則に反するか。

判決の内容 ＊神道の儀式の時に神前にささげる供物（金品）のこと。
❶松山地裁判決（1989.3.17）　違憲
❷高松高裁判決（1992.5.12）　合憲
　…神道の援助，助長の特別の関心を呼ぶとは考えられないと判断。
❸最高裁判決　（1997.4.2）　違憲，原告勝訴
目的・効果基準に照らし違憲 宗教的意義をもつことを免れず，特定の宗教に対する援助，助長，促進になり，県と靖国神社との関わり合いが相当とされる限度を超えるとして，政教分離の原則に違反すると判断。

解説 厳格さ示した最高裁違憲判決 津地鎮祭訴訟と同じ，目的・効果基準を厳格に用い，初めて最高裁が憲法の政教分離の規定をめぐり，違憲判決を下した。しかし，他の政教分離を争った訴訟結果から，厳密な判定を下すことの難しさが読み取れる。

③ 砂川政教分離訴訟（空知太神社） 【判例】
事件のあらまし 北海道砂川市が，市有地を，神社の敷地として無償で使用させていたことの違憲性を問う住民訴訟。

原告：住民　被告：砂川市長
争点 砂川市の行為は，特定の宗教への特別の援助に当たり，政教分離の原則に反するか。

判決の内容
❶札幌地裁判決（2006.3.3）　違憲
❷札幌高裁判決（2007.6.26）　違憲
❸最高裁判決　（2010.1.20）　違憲，破棄・差し戻し
明らかな宗教的施設であり違憲 一般人の目から見て，市が特定の宗教に対して特別の便益を提供し，これを援助していると評価されてもやむを得ない。社会通念に照らして総合的に判断すると，信教の自由の保障の確保という制度の根本目的との関係で相当とされる限度を超えると判断。

解説 各地に影響 この訴訟で裁判所は，神社は撤去せずとも有償で貸せば違憲状態は解消すると判断した（2012.2.16差し戻し上告審で確定）。日本では，寺社領を官有地に編入させた戦前の政策の影響で，現在も敷地が公有地という寺社が各地にある。判決を受け，各地で無償から有償に切り替える動きが進んでいる。

④ 政教分離の原則をめぐるその他の訴訟 【判例】

自衛官合祀拒否訴訟	殉職した自衛官をその妻の意思に反して山口県の護国神社に合祀（神として祀ること）→最高裁1988.6.1…●
箕面忠魂碑・慰霊祭訴訟	大阪府箕面市が，公費で忠魂碑を移転し，碑前での慰霊祭に市教育長らが参列→最高裁1993.2.16…●
岩手靖国訴訟	1979年，岩手県議会が首相や天皇の靖国神社公式参拝を求める決議を行った。また岩手県は，同神社に玉ぐし料などを支出していた。→仙台高裁1991.1.10確定…首相などの公式参拝・玉ぐし料支出×*
中曽根首相の靖国神社公式参拝（1985年）をめぐる訴訟	→福岡高裁1992.2.28確定・大阪高裁1992.7.30確定…△*
小泉首相の靖国神社参拝（2001〜06年の毎年）をめぐる訴訟	→最高裁2006.6.23…■，福岡地裁04.4.7確定・大阪高裁05.9.30確定…×*

注：●…合憲，△…違憲の疑い，×…違憲，■…憲法判断示さず
*原告の請求を棄却した上での判断

解説 神道と公権力 大日本帝国憲法下でも信教の自由は認められたが，国家神道は「宗教にあらず」とされ，戦没者などの霊を祀った靖国神社が中心となって軍国主義を支えた。また，極東国際軍事裁判で有罪となったA級戦犯が1978年に靖国神社に合祀された。このため，首相や閣僚の同神社参拝には賛否がある。

入試のツボ 判例は，名称よりも中身が重要。次の①〜③の争点と判決の内容をまとめておこう。①愛媛玉ぐし料訴訟（→②）〈12本，10追〉，②朝日訴訟・堀木訴訟（→p.80, 81）〈13本，11・08追〉，③『宴のあと』訴訟・『石に泳ぐ魚』訴訟（→p.88）〈14・12・11追，08本〉

4 表現の自由

第21条〔集会・結社・表現の自由，通信の秘密〕 ① 集会，結社及び言論，出版その他一切の表現の自由は，これを保障する。
② 検閲は，これをしてはならない。通信の秘密は，これを侵してはならない。

ナットク！ 表現の自由と公権力の衝突 （→p.64❸）

国民 ─ 政治を批判する言論活動 → 表現の自由 ← 抑圧 ─ 公権力
国民 ─ 公権力を脅かす言論活動の統制 →

表現の自由の保障は，政治の監視・改善につながるため，その制限が合憲かどうかは，より厳格に判断されるべき。

⊙表現の自由の制限は，どのような場合に許されるのか？

1 表現の自由を制約できる基準（芦部信喜『憲法』岩波書店など）

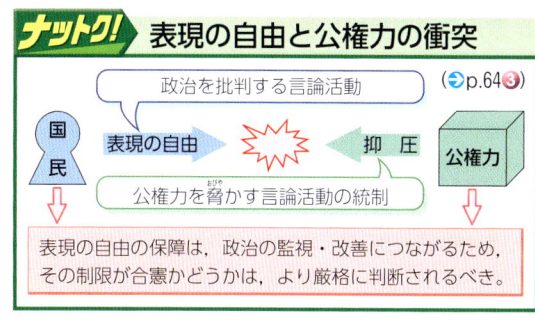

①二重の基準（→p.64）	表現の自由を含む精神の自由の規制立法は，経済の自由よりも厳しく違憲審査すべき。
②事前抑制の禁止	表現行為前に，公権力がその内容を審査し，不適当な場合に発表を禁止することを検閲といい，行政権による検閲は絶対的に禁止。ただし，事前に抑制しなければ個人の名誉・プライバシーに重大な損害が生じる場合などに，厳格かつ明確な要件のもと，裁判所による事前差し止めが許される。
③明確性	表現の自由を規制する内容や規制の範囲が漠然不明確な法文は無効。
④明白かつ現在の危険	表現行為が近い将来，重大な害悪を引き起こす危険が明白で，その害悪の発生が時間的に切迫していて，それを避けるために必要不可欠な規制である場合に許される。
⑤LRAの基準＊ ＊最高裁は未採用	より制限的でない他の選びうる手段（less restrictive alternative）がない時，つまり規制によって達成したい目的のために必要最小限度の内容であれば許される。

解説 壊れやすく傷つきやすい権利 表現の自由も，憲法12・13条の公共の福祉による制約を受ける。ただし，表現の自由は，公権力に都合の良いように統制されてきた歴史がある。そこで裁判では，表現の自由を規制する立法の合憲性を判定する基準として，左表のものが重要とされる。

2 東京都公安条例事件 判例

事件のあらまし 警察官職務執行法反対を掲げ，無許可でデモ行進をした学生運動の指導者らが，東京都公安条例違反で起訴された事件。
注：東京都公安条例の正式名称は「東京都集会，集団行進及び集団示威運動に関する条例」。道路などの公共の場所で集会や集団示威運動を行う場合は東京都公安委員会の許可を受けなければならないと定める。

検察官 — **争点** デモ行進のような集団示威運動の事前許可制を定めた東京都公安条例は，憲法21条に反するか。 — 被告人 学生運動の指導者ら

＊刑事訴訟規則の跳躍上告の規定により，第一審で法令が違憲と判決された場合，第二審を飛び越えて最高裁に上告できる。

判決の内容
❶東京地裁判決（1959.8.8） **違憲**…規制の対象が広範かつ一般的にすぎ，不許可時の救済規定もないのは違憲と判断。
❷跳躍上告＊最高裁判決（1960.7.20） **合憲**
東京都のデモ事前規制は合憲 表現の自由を口実にして集団行動により平和と秩序を破壊するような行動またはさような傾向を帯びた行動を事前に予知し，不慮の事態に備え，適切な措置を講じ得るようにすることはやむを得ない。

解説 デモの事前規制 多くの地方公共団体には，集会やデモなど集団行動の事前届出や許可制を定めた，いわゆる公安条例がある。この判決で最高裁は，集団行動の事前規制を合憲と判断した。しかし，集会やデモは国民の日常的な政治参加と意見表明の重要な手段であり，事前規制は許されないとして，判決への批判もある。なお，公安条例のない地方公共団体も，道路交通法77条を根拠に，デモを警察署長の許可制として事前規制している。

3 チャタレイ事件 判例

事件のあらまし 露骨な性的描写があると知りながら，D.H.ロレンスの小説『チャタレイ夫人の恋人』を翻訳・出版・販売したとして，翻訳者と出版社社長が刑法175条により起訴された事件。
注：刑法175条は，わいせつな文書・図画などを頒布・販売・公然と陳列した者を2年以下の懲役または250万円以下の罰金・科料に処すと定める。

検察官 — **争点**
・わいせつ文書の取り締まりを定めた刑法175条は，公共の福祉による表現の自由の制限として認められるか。
・訳書『チャタレイ夫人の恋人』は，取り締まるべきわいせつ文書か。
— 被告人 翻訳者・出版社社長

判決の内容
❶東京地裁判決（1952.1.18） 翻訳者は無罪
❷東京高裁判決（1952.12.10） 両被告人とも有罪
❸最高裁判決（1957.3.13） 上告棄却，両被告人とも有罪
わいせつ文書取り締まりは合憲 表現の自由も公共の福祉の制限の下に立つ。そして性的秩序を守り，最小限度の性道徳を維持することは公共の福祉の内容に含まれる。
訳書はわいせつ文書 わいせつ文書とは，羞恥心を害し，性欲の興奮・刺激を来し，善良な性的道義観念に反するもの。本訳書は，社会通念上認容された限界を超えていると判断。

解説 性表現の規制 最高裁は，人々の性意識は時代や場所で変わるが，**性行為の非公然性の原則**は変わらないと判断した。なお，『チャタレイ夫人の恋人』は，英文学界で芸術的に高く評価された小説で，様々な翻訳本が出版されている。この事件はそのうちの1つについてのものだが，1996年には完訳本が出版された。

4 立川市防衛庁宿舎ビラ投函事件 判例

事件のあらまし 市民団体のメンバー3人が，「自衛隊のイラク派兵反対」などと記載したビラを防衛庁宿舎に投函するために宿舎に立ち入ったとして，住居侵入罪で起訴された事件。

検察官 — **争点** ビラ配布に対する住居侵入罪の適用は，表現の自由を保障した憲法21条①に反するか。 — 被告人 市民団体メンバー

判決の内容
❶東京地裁判決（2004.12.16） 無罪
❷東京高裁判決（2005.12.9） 有罪

❸最高裁判決（2008.4.11） 有罪
住居侵入罪での処罰は表現を規制するものではない この裁判は「表現そのものを処罰することの憲法適合性が問われているのではない」のであり，たとえ表現の自由の行使のためであっても，管理権者の許可なく立ち入ることは管理権の侵害，そこで生活を営む者の私生活の平穏を侵害する。

解説 表現の自由の侵害にあたるか？ 住居侵入罪を適用して特定の政治的意見を摘発することは，表現の内容の規制であるとして，摘発・訴追行為自体の合憲性を厳格に判断すべきとの意見もある。

重要用語 ⑤公共の福祉 ⑧信教の自由 ⑨政教分離の原則 ⑩津地鎮祭訴訟 ⑪愛媛玉ぐし料訴訟 ⑫表現の自由

5 家永教科書訴訟 判例

事件のあらまし 家永三郎・元東京教育大学教授が執筆し、1953(昭和28)年以来用いられている高校用教科書「新日本史」と、文部省(現 文部科学省)の教科書検定制度をめぐり、家永さんが国を相手取って起こした3回にわたる訴訟。

第一次家永訴訟 1960年の学習指導要領改訂により、「新日本史」を書き直して検定申請したが、不合格となった。そのため修正して再申請したが、修正しなければ不合格という条件付合格となった。そこで、これらの処分を憲法の保障する「表現の自由」「学問の自由」「教育を受ける権利」などに反すると主張し、損害賠償と慰謝料の請求訴訟を起こした。

第二次訴訟 1966年の検定の際の不合格処分の取り消しを求めた。

第三次訴訟 1980年と1983年の検定の際に書き換えを求められたが、検定制度およびこの処分を違憲・違法として、国家賠償を求めた。

原告：家永さん
争点：文部省(現 文部科学省)の教科書検定制度は、憲法が禁じた検閲に当たるか。検定による処分は、表現の自由を保障した憲法に反するか。
被告：国

注：第二次訴訟の被告は文部大臣

判決の内容

	第一次訴訟	第二次訴訟	第三次訴訟
対象	1962・63年度検定	1966年度検定	1980-83年度検定
請求内容	国家賠償	不合格処分取り消し	国家賠償
提訴年月	1965年6月	1967年6月	1984年1月
一審 東京地裁	1974.7.16 原告一部勝訴。制度・運用は合憲、裁量逸脱あり	1970.7.17 原告勝訴。制度は合憲、不合格処分は違憲	1989.10.3 原告一部勝訴。制度・運用は合憲、裁量逸脱あり
二審 東京高裁	1986.3.19 原告敗訴。制度・運用は合憲、裁量逸脱なし	1975.12.20 原告一部勝訴。憲法判断せず 差し戻し判決 1989.6.27 原告敗訴。検定基準の変更で訴えの利益なし	1993.10.20 原告一部勝訴。制度は合憲、裁量逸脱あり
上告審 最高裁	1993.3.16 上告棄却	1982.4.8 東京高裁へ差し戻し	1997.8.29 原告一部勝訴

●主な検定意見に対する第三次訴訟最高裁の判断

	家永さんの原稿記述	検定意見(国の主張)	最高裁の判決
日本軍の残虐行為	日本軍はいたるところで住民を殺害したり、……婦人をはずかしめるものなど、中国人の生命・貞操・財産などに……多大の損害をあたえた	軍隊の士卒が婦女を暴行する現象は世界共通のことで、日本軍についてのみ言及するのは不適切。「婦人をはずかしめる」などの部分の削除を求める	検定当時の華北の貞操侵害については、特に取り上げて記述するほど特徴的に頻発・残虐だったとする学説・資料は存在しなかった **合法**
七三一部隊	ハルビン郊外に七三一部隊と称する細菌戦部隊を設け、……外国人を捕らえて生体実験を加えて殺すような残虐な作業を……つづけた	七三一部隊についてはまだ信用にたえうる専門的学術研究がない。教科書に取り上げるのは時機尚早。全文削除を求める	細菌部隊の存在と生体実験による多数の中国人等の殺害の大筋は、検定当時、学説で否定するものはないほど定説化していた **違法**

解説 教科書検定制度は合憲 第二次訴訟一審判決(杉本判決)は、検定制度自体は合憲だが、今回の処分は思想審査に及び憲法21条②が禁止する検閲にあたり違憲とした。しかし、第一次・二次訴訟とも最終的に家永さんが敗訴した。第三次訴訟の最高裁判決では、検定制度は合憲だが、検定意見の一部を違法と認めた。これらの訴訟は教科書・学校教育への国民の関心を高め、文部省に検定結果の一部公開に踏み切らせるなど成果をあげた。

●**インターネットと表現の自由** インターネットを使った犯罪や名誉毀損・プライバシー侵害に関するトラブルが発生している。携帯電話会社やインターネット接続会社には、情報の受け手から有害サイトを遮断する**フィルタリング**の提供が義務付けられている他、被害者の要求に応じて人権侵害サイトを削除できるが、行き過ぎると情報発信者の表現の自由の侵害にもつながる。一人ひとりの人権尊重の姿勢が重要である。(→p.91)

5 学問の自由

第23条〔学問の自由〕 学問の自由は、これを保障する。

① ポポロ事件 判例

事件のあらまし 1952年、東京大学内で学生団体の劇団ポポロが松川事件*を取材した演劇などを上演した会場で、私服警察官に暴行を加えたとして、学生が起訴された事件。

検察官
争点：
・憲法23条が保障する学問の自由の範囲はどこまでか。
・大学の学問の自由と自治は、学生の集会にも保障されるか。
被告人：学生

判決の内容 *1949年GHQ占領下の列車転覆事件。
❶東京地裁判決(1954.5.11) 無罪
　学生の行為を大学の自治に対する侵害への正当防衛と判断。
❷東京高裁判決(1956.5.8) 無罪
❸最高裁判決(1963.5.22) 差し戻し→有罪確定

学問の自由には大学の自治も含む 憲法の学問の自由は、学問的研究の自由とその研究結果の発表の自由、大学における教授や研究者が研究結果を教授する自由。そのために、大学の自治が認められている。学生の集会も目的が憲法の保障する範囲であれば大学の学問の自由と自治を享有する。

上演会は大学の学問の自由と自治に含まれない 今回の上演会は、真に学問的な研究と発表のためのものでなく、実社会の政治的社会的活動であり、大学の学問の自由と自治を享有しない。したがって、上演会に警察官が立ち入ったことは、大学の学問の自由と自治を犯すものではない。

解説 批判の声もある 学説では、警備活動のために警察官が大学の了解なしに学内に立ち入ることは原則許されないと考えられている。このため、最高裁判決に対する批判の声も上がった。

② 戦前の主な学問弾圧事件

滝川事件	1933年。京都帝大教授滝川幸辰の著書『刑法読本』などがマルクス主義的と非難され、休職処分。
天皇機関説事件	1935年。東京帝大教授美濃部達吉の**天皇機関説**(→p.37)が反国体的と非難され、著書発禁処分。
矢内原事件	1937年。東京帝大教授矢内原忠雄が政府の大陸政策を批判。著書が反戦思想として攻撃され辞職。

解説 国家権力による侵害 大日本帝国憲法下で**学問の自由**が国家権力によって侵害され、弾圧の対象となったことを反省し、日本国憲法では学問の自由が保障された。

入試クイズ：教科書の検定制度は、最高裁判所において違憲だと判断されている。○?×?〈15本〉(→5)　答：×

D｜自由権② 人身(身体)の自由

罪刑法定主義

第18条〔奴隷的拘束及び苦役からの自由〕 何人も，いかなる奴隷的拘束も受けない。又，犯罪に因る処罰の場合を除いては，その意に反する苦役に服させられない。

第31条〔法定手続の保障〕 何人も，法律の定める手続によらなければ，その生命若しくは自由を奪われ，又はその他の刑罰を科せられない。

第36条〔拷問及び残虐な刑罰の禁止〕 公務員による拷問及び残虐な刑罰は，絶対にこれを禁ずる。

1 人身の自由を保障するための原則

奴隷的拘束からの自由	憲法18条。人格を否定するような身体の拘束を禁止する原則。私人間にも直接効力あり。
適法手続き(適正手続)，罪刑法定主義	憲法31条。①刑罰を科す手続きは法で定め(適法手続き)，②犯罪と刑罰も成文法で定めるべき(罪刑法定主義)という原則。さらに，③それらの法の内容も適正でなければならない。米憲法修正5・14条の適正手続条項(due process of law)に由来。

不法な逮捕・監禁・拷問，権力者の恣意的な刑罰権の行使を排除

人身保護法 不当に身体を拘束された者を，裁判で迅速かつ容易に救済し，自由を回復させるための法律。警察官による不当な拘束だけでなく，私立の病院・教育・養護施設など民間人による不当な身体の拘束も，同法で救済される。1948年成立。

LOOK 虐待を防止するには？

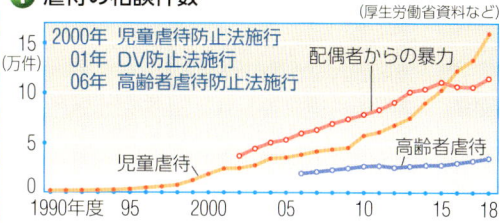

① 虐待の相談件数
（厚生労働省資料など）

- 2000年 児童虐待防止法施行
- 01年 DV防止法施行
- 06年 高齢者虐待防止法施行

配偶者からの暴力／児童虐待／高齢者虐待

② 虐待の種類と課題

子ども・高齢者への虐待 法律▼ 児童福祉法，児童虐待防止法，高齢者虐待防止法	身体的・性的・心理的暴力，ネグレクト(食事を与えない，家に閉じ込めるなど)，財産の不当な処分など。 **課題**▶子どもへの虐待はしつけとみなされることも多く発覚が遅れがち。児童相談所や介護施設との連携など，虐待させない環境の整備が必要。
DV(ドメスティック・バイオレンス) 法律▶DV防止法	配偶者や恋人など親密な人による暴力。 **課題**▶私人間の法律関係に警察権は関与すべきでないとの民事不介入の原則と，被害者保護とのバランスが難しい。

★2 刑事手続きの流れと憲法規定

---→釈放　⇒保釈　*1 捜査当局管轄。*2 法務省管轄。*3 やむを得ない理由がある時，10日の延長が可能

地位	手続き	機関	拘束場所	刑事手続き上の原則 注：( )は憲法の条項番号
被疑者	逮捕／48時間以内／送検／24時間以内／勾留決定／10日*3以内／→不起訴・起訴猶予・釈放／起訴	警察／検察	警察*1 留置場（警察留置施設＝代用刑事施設 ⇒p.77 A③）／拘置所*2	・**推定無罪の原則** 被疑者・被告人は，有罪判決が確定するまでは無罪として扱われる。 ・**適法手続き**(31) 法律の定める手続きによらなければ，自由を奪われ，刑罰を科せられない。 ・**令状主義**(33・35) 強制的な逮捕・捜索には独立・公平な立場の裁判官が発した令状が必要(現行犯は除く)。 ・抑留・拘禁に対する理由開示。**弁護人を依頼する権利**(34) ・**拷問の禁止**(36) ・**黙秘権**(38①) 自己に不利益な供述や意思に反する供述をしなくてよい。
被告人	裁判	裁判所		・**裁判を受ける権利**(32・37①) 裁判所で迅速な公開裁判を受けることができる。 ・証人に審問でき，証人を求めることができる(37②) ・**弁護人を依頼する権利**(37③) 国選弁護人(⇒p.84)がつく ・**補強証拠の法則**(38③) 自己に不利益な唯一の証拠が自白の時は有罪にならない。有罪とするには自白以外の証拠が必要。
受刑者	有罪	刑務所*2		・残虐な刑罰の禁止(36)

・**遡及処罰の禁止**(39) その行為がなされた時に適法だった行為を，その後の法律で犯罪と定められたからといって，さかのぼって処罰してはならない。
・**一事不再理**(39)(⇒p.379) 無罪判決確定後に同じ事件で再び責任を問うてはならず，同じ犯罪を再び裁判して処罰してはならない。(例外：有罪判決確定後の再審制度 ⇒p.76, 108)
・**刑事補償請求権**(40)(⇒p.84) 無罪が確定した場合は，国に補償を求めることができる。

解説 適法手続きの原則 大日本帝国憲法下の人権を無視した拷問・不法監禁などを反省し，日本国憲法は31～40条で詳細に刑事手続きを定めた。そこには，捜査から刑罰までに必要以上の苦痛を**被疑者**や**被告人**などに加えるべきでないという**適法手続き**(適正手続)の精神が見られる。しかし現実には，強引な取り調べや**代用監獄**の問題が指摘され，冤罪も発生している(⇒p.77)。

（見本）**逮捕状**（通常逮捕）

被疑者	氏 名	×田△郎
	年 齢	39歳　1972年 1月 20日 生
	住 居	名古屋市大正区昭和町1-2-3
	職 業	会社員
	罪 名	詐欺
被疑事実の要旨		別紙のとおり
引致すべき場所		大正警察署
有 効 期 間		平成 23 年 5 月 31 日まで

有効期間経過後は，この令状により逮捕に着手することができない。この場合には，これを当裁判所に返還しなければならない。有効期間内であっても，逮捕の必要がなくなったときは，直ちにこれを当裁判所に返還しなければならない。

上記の被疑事実により，被疑者を逮捕することを許可する。
　平成 23 年 5 月 24 日
　名古屋地方裁判所 大正支部
　　　　裁判官 織田 信長 ㊞

請求者の官公職氏名	大正警察署 司法警察員 警部 曹出 秀吉
逮捕者の官公職氏名	大正警察署 司法警察員 警部補 徳川 家康
逮捕の年月日時及び場所	平成 23 年 5 月 24 日 午前 10 時 00 分　大正警察署
記 名 押 印	大正警察署 司法警察員 警部補 徳川 家康 ㊞
引致の年月日時	平成 23 年 5 月 24 日 午前 10 時 16 分
記 名 押 印	大正警察署 司法警察員 警部補 徳川 家康 ㊞
送致する手続をした年月日	平成 23 年 5 月 25 日 午前 8 時 00 分
記 名 押 印	大正警察署 司法警察員 警部 上杉 謙信 ㊞
送致を受けた年月日	平成 23 年 5 月 25 日 午前 8 時 45 分
記 名 押 印	名古屋地方検察庁 検察事務官 伊達 政宗 ㊞

△逮捕状(見本)

●緊急逮捕と別件逮捕—冤罪(⇒p.77)の原因との指摘も—

緊急逮捕 殺人事件の犯人などで逃亡のおそれなど急を要する場合に，先に逮捕し，その後逮捕状を請求する手続き。刑事訴訟法で認められているが，憲法上問題があるという指摘もある。

別件逮捕 容疑はあるが逮捕の決め手が得られない場合に，別の犯罪の容疑で逮捕状をとり，本筋の事件を取り調べること。

▶**重要用語** ㊾自由権的基本権(自由権) ㊽表現の自由 ㊾人身(身体)の自由 ㊽罪刑法定主義 ㊿令状主義 ㊻冤罪 ㊼刑事補償請求権

3 刑罰の種類 (①〜⑥は刑罰の軽重の順。①が最も重い)

生命刑…生命の剝奪(→p.78)		強盗殺人罪・放火罪などに科せられる
①死刑	拘置所で絞首刑	
自由刑…自由の剝奪		
②懲役*	労働の強制を伴う 無期と有期(1か月から20年以下) 刑務所に収容し身柄を拘束する	
③禁錮*	労働の強制は伴わない 無期と有期(1か月から20年以下) 刑務所に収容し身柄を拘束する	受刑者の請願があれば労働に従事させることができる
⑤拘留	短期の自由剝奪 1日以上30日未満 拘留場に収容し身柄を拘束する	主に軽犯罪に対して科される
財産刑…犯人から一定金額を取り上げる		
④罰金	1万円以上	金銭を国に納める
⑥科料	千円以上1万円未満	
付加刑…上記の主刑とは別に行われる処分(財産刑の1つ)		
没収 追徴	犯罪行為で得た物を取り上げる。盗品の売却益他を没収できなかった場合、その対価を取り上げる	

＊罪を悔い改めた場合は、刑期の3分の1経過後(無期刑は10年経過後)、行政機関が保護観察(→p.114C❶)付で仮釈放できる(刑法28条)。

注：刑罰とは異なるが、公務員の義務違反・法令違反・非行などの場合に課す処分を懲戒といい、戒告・減給・停職・免職がある。

解説 罪刑法定主義 罪刑法定主義(→p.75■)に基づき、犯罪の種類や刑罰の内容は、あらかじめ**刑法**などの法律(成文法)で定められている。なお、これらの法律を定めるのは**国会**、裁判を行い刑罰の内容を法律に従って決めるのは**裁判所**、罪を償わせ再犯を防ぐために刑罰を執行するのは**行政機関**(法務省の管轄)である。

LOOK 刑事手続き○×クイズ

Q1 警察から「ちょっと話を聞きたい。署まで来て欲しい」と言われた。従わなければならない。

A1 ×。この警察の問いかけは「任意同行」という。逮捕状がなくても、被疑者が同意すれば取り調べを行うこともできる。ただし、この場合は被疑者が帰宅したいときはいつでも解放しなければならない。

Q2 検察は、取り調べが完全に終わるまで、いつまでも被疑者を帰さずにとどめておくこと(勾留)ができる。

A2 ×。取り調べのためといえども、人権の侵害を最小限に抑えるため、身体を拘束する期間が決められており、逮捕から最大で23日間である。

Q3 取り調べの際には、自分の答えたいことだけを話せばよい。

A3 ○。憲法では黙秘権が保障されている。取り調べで事実と異なる供述をした場合も、その供述調書は裁判で証拠とされてしまう。よって虚偽の供述は絶対すべきではない。身の潔白を信じてもらえない時は黙っていたほうがよい。

4 再審制度 (再審件数 →p.108)

❶ 再審請求の条件—白鳥決定 判例

冤罪の救済手段 再審とは、確定した有罪判決において事実認定に誤りがあることが分かった場合に、被告人を救済するために認められた非常救済手段である。

再審請求の条件 刑事訴訟法435条6号は「(無罪等を言い渡すべき)明らかな証拠を新たに発見したとき」とし、かつては真犯人が現れるなどよほどのことがない限り認められなかったが、白鳥決定で道が開かれた。

●**白鳥決定**(最高裁決定1975.5.20)注：再審請求は棄却された。

疑わしきは被告人の利益に 刑事訴訟法435条6号の「無罪を言い渡すべき明らかな証拠」であるかどうかは、もし当の証拠が確定判決を下した裁判所の審理中に提出されていたとするならば、はたしてその確定判決においてなされたような事実認定に到達したであろうかどうかという観点から、当の証拠と他の全証拠と総合的に評価して判断すべきであり、この判断に際しても、再審開始のためには確定判決における事実認定につき合理的な疑いを生ぜしめれば足りるという意味において、「疑わしいときは被告人の利益に」という刑事裁判における鉄則が適用される。

❷ 主な冤罪事件と再審裁判 判例

事件名	請求人	罪名	判決 (判決年)	再審 (確定年)
弘前大学教授夫人殺害事件	那須隆	殺人	懲役15年(1953)	無罪(1977)
加藤老事件	加藤新一	強盗殺人	無期懲役(1916)	無罪(1977)
免田事件	免田栄	強盗殺人	死刑(1951)	無罪(1983)
財田川事件	谷口繁義	強盗殺人	死刑(1957)	無罪(1984)
松山事件	斎藤幸夫	強盗殺人 放火	死刑(1960)	無罪(1984)
徳島ラジオ商殺害事件	冨士茂子	殺人	懲役13年(1958)	無罪(1985)
島田事件	赤堀政夫	殺人	死刑(1960)	無罪(1989)
足利事件	菅家利和	殺人	無期懲役(2000)	無罪(2010)
布川事件	桜井昌司 杉山卓男	強盗殺人	無期懲役(1978)	無罪(2011)
東京電力女性社員殺害事件	ゴビンダ・マイナリ	強盗殺人	無期懲役(2003)	無罪(2012)
松橋事件	宮田浩喜	殺人	懲役13年(1990)	無罪(2019)

●**加藤老事件の再審** 加藤さんは1915年に24歳で逮捕され、無期懲役刑に処せられた。当初から冤罪を叫び続け、6度目の再審請求でようやく再審が認められ、1977年、62年ぶりに86歳で無罪を勝ち取った。

(「朝日新聞」1977.7.7)

●**足利事件の再審** 再審で当時のDNA鑑定の誤りが判明し、菅家さんは無罪を勝ち取った。

メモ 公共の福祉による私有財産の制限の例として、空港建設用地の土地収用がある。成田国際空港建設の際(1960年代〜)は、住民・政党・学生による激しい建設反対闘争の中、国側は土地収用法(→p.79)に基づいて、土地の強制収用を進めた。

冤罪の防止

近年，冤罪事件（→p.76）が相次いで発覚し，警察・検察の捜査のあり方が問われている。資料をもとに冤罪の原因をまとめよう。そして，近年進められている取り調べの可視化の内容を確認し，その効果と課題を考えよう。

(別件逮捕 →p.75 2)

A 冤罪とその原因

❶ 誤認逮捕—パソコン遠隔操作事件—

2012年，インターネットを通した無差別殺人などの犯行予告が複数あり，計4人が逮捕された。2人が自白し，うち1人は未成年で，家庭裁判所で審判が行われ，保護観察処分（→p.110A）が下された。

誤認逮捕の発覚 しかし4人の逮捕後に，実は，パソコンがウイルス感染し，第三者による遠隔操作が可能であったとわかった。さらに真犯人を名乗る人物から警察などにメールが届き，全員の誤認逮捕が発覚した。

パソコン遠隔操作事件の流れ

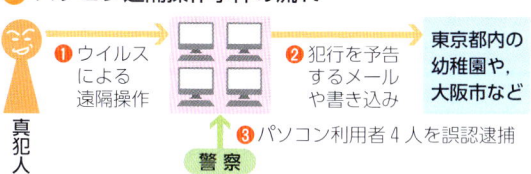

真犯人 → ❶ウイルスによる遠隔操作 → パソコン → ❷犯行を予告するメールや書き込み → 東京都内の幼稚園や，大阪市など
↑ ❸パソコン利用者4人を誤認逮捕
警察

解説 不十分な捜査 誤認逮捕の原因として，凶悪な予告内容から犯人確保を急ぐあまり，自白を重視し，アリバイ確認やパソコン解析など，被疑者が犯人ではない可能性についての捜査が不十分だったことが指摘されている。

❷ 強引な取り調べ—足利事件—

次の資料は，1990年に起こった足利事件（→p.76 4 2）で，無期懲役の有罪判決後，冤罪が明らかとなり，2010年に再審で無罪が確定した菅家さんの手記である。

> 「今から警察に行くからな。だから，着替えろ」と命令されました。自分はひどく気が小さい性格だったので，強い者に命令されると，何も反論できませんでした。……
> ……彼らは，自分たちにとって都合の悪い話には一切，耳を貸しません。「やってません」と言っても，調べは絶対に終わりません。自分の言い分も，アリバイも，聞き入れてはくれません。「絶対にお前なんだ」と繰り返し，呪文のように言い続けるだけなんです。
> ……むしろ自白しなければ解放されないと，そのときは思い込んでいました。精神的にも肉体的にも疲れてしまい，ウトウトと眠気を感じることもありました。先のことは，何も考えられませんでした。その場をどうにか逃れたくて，夜10時にもなれば，「もうどうでもいいや」とやけくそな気持ちになってしまいます。そうして，自分は，「分かりました。自分がやりました」とひと言，口に出して言いました。

（菅家利和『冤罪 ある日，私は犯人にされた』朝日新聞出版）

解説 自白偏重の傾向 警察捜査の問題として，この資料からも読み取れるように，自白偏重の傾向があり，強引な取り調べが行われた結果，虚偽の自白や冤罪が生まれているという指摘がある。

❸ 「代用監獄」—冤罪の温床—（刑事手続きの流れ →p.75）

▶**警察留置場** 逮捕後，勾留が決まった被疑者を，拘置所に移さずに引き続き警察留置場に拘禁できる。これを代用刑事施設という。2006年までは「代用監獄」と呼ばれていた。被疑者を逮捕後最大23日間，捜査当局の管理下に置けるため，迅速・円滑な捜査の遂行に必要と言われる。しかし，被疑者を心理的に圧迫し冤罪につながるという反対意見もある。

❹ 裁判官の姿勢—映画「それでもボクはやってない」—

▶**「人が人を裁く」公判のシーン**（周防正行監督） 主人公は，満員電車で痴漢と間違えられて現行犯逮捕・起訴された。日本の刑事裁判は，検察官が起訴権限をもち，裁判での影響力も強く，「起訴されたら有罪率99.9%」と言われる。検察官の主張を重視しがちな裁判官の姿勢も，冤罪の一因とされる。©2007フジテレビ/アルタミラピクチャーズ/東宝「それでもボクはやってない」

B 取り調べの可視化

❶ 主な国の取り調べの時間と可視化

アメリカ	・取り調べは通常1〜数時間。被疑者が**弁護人の立ち会い**を求めた場合，弁護人なしの取り調べは不可。 ・州ごとに可視化を規定。
イギリス	・取り調べは通常2回以下，合計1時間以内。**弁護人の立ち会い可**。 ・1980年代開始の可視化により**取り調べ技術も向上**。殺人・強姦・窃盗・傷害などの犯罪の被疑者の**全過程の録音**を義務付け。
韓国	・取り調べは連日，長時間。**弁護人の立ち会い可**。 ・犯罪を問わず，捜査機関の判断で録音・録画。録音・録画する場合はその回の取り調べの全過程を行う。
日本	・取り調べは連日，長時間。**弁護人立会い制度なし**。 ・取り調べの録音・録画は一部の事件で導入。

（法務省「取調べの録音・録画制度等に関する国外調査結果報告書」など）

❷ 可視化の義務付け

2016年，改正刑事訴訟法が成立*し，裁判員裁判の対象事件と検察の独自捜査事件について，被疑者の取り調べの全過程の録音・録画が義務付けられた。可視化によって，被疑者の供述が得にくくなるおそれがあることから，司法取引（捜査協力の見返りに裁判を被告人に有利に進める制度）が導入され，通信傍受（→p.89 3）の対象も拡大された。

新たな冤罪の可能性 しかし，可視化が義務付けられたのは，被疑者が逮捕された事件全体の約3%にとどまる。また，司法取引が導入されたことで，被疑者が罪を逃れるために虚偽の自白をしたり，関係のない人を巻き込んだりする可能性も否定できないとして，新たな冤罪を生む懸念もある。冤罪をなくすためには，自白偏重の捜査姿勢や，自白を重視しがちな裁判官の姿勢を見直すべきとの指摘もある。

*刑事司法改革関連法の一環。2019年6月1日施行。

▶重要用語 64罪刑法定主義 66冤罪 114再審

課題解決：死刑制度を考える

日本の刑罰は、絞首による死刑を最高刑としている。死刑がある国は日本だけではなく、国内外でその存廃が議論され、刑事司法制度の根幹に関わる重要な問題である。また、裁判員裁判では一般の国民が死刑判決に関わる場合もある。「対立の構図」で両論の違いを整理し、自分の考えを「Think & Check」をもとにまとめよう。

対立の構図

死刑制度を存続すべき		死刑制度を廃止すべき
❶罪なき人の命を奪った凶悪犯罪者の命を保障するという死刑廃止は、正義人道にかなわない。	思想・哲学	①死刑は国家権力による「生きる権利」の侵害である。死刑は憲法第36条が禁止する残虐な刑罰にあたる。
❷誰もが死を恐れて生活しているから、死刑に犯罪抑止力があることは明らかである。	犯罪抑止力	②犯罪抑止力の有無についての科学的根拠はない。また、死刑になりたくて犯行する者もいる。
❸誤判は刑事手続きの改善で解消すべき問題である。	誤判	③人が人を裁く裁判では、誤判の可能性がある。
❹死刑で遺族の悲しみを癒すことも正義につながる。	遺族の心情	④遺族の苦しみは、死刑ではなく、国家の経済的・心理的な支援制度を整えることで緩和すべき。
❺再犯の可能性もある。更生しても罪は消えないし、殺害された人を生き返らせることはできない。	犯人の更生	⑤凶悪犯罪者にも更生の可能性はあるので、国家が責任をもって更生させるべきである。
❻約8割の人が「死刑もやむを得ない」と考えている。（2014年「基本的法制度に関する世論調査」）	世論	⑥死刑の存廃は人権問題であり、世論に迎合するべきではない。

A 日本の死刑制度

❶ 法定刑に死刑のある犯罪
・刑罰に死刑を含む犯罪は19種類。殺人　強盗致死（暴行や脅迫により物を盗み人を死亡させた）　強盗・強制性交等及び同致死　航空機強取等致死（ハイジャックし人を死亡させた）　内乱首謀　外患誘致（外国と協力し日本に武力行使した）　現住建造物等放火　など

❷ 最高裁の死刑基準
「犯行の内容、動機、殺害方法の残忍性、結果の重大性、殺害された人数、遺族の被害感情、社会的影響、犯人の年齢、前科、犯行後の情状などを考慮して、その罪が誠に重大であり、犯罪予防の観点からも極刑（死刑）が止むを得ない場合」
（1983年判決。「永山基準」と呼ばれる。）

❸ 死刑の執行
・法務大臣が執行を命令
・原則6か月以内に執行。ただし実際は40年近く執行されていない者もいる。2019年8月現在で死刑確定者は111人。
・死刑確定者は、執行を当日の朝知らされる。
・公表は執行後、当日行う。

▶東京拘置所の死刑執行室
ボタン室　執行室

B 世界の死刑存廃状況

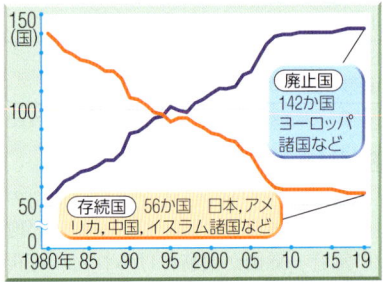

（グラフ）廃止国 142か国 ヨーロッパ諸国など／存続国 56か国 日本、アメリカ、中国、イスラム諸国など
1980 85 90 95 2000 05 10 15 19
（アムネスティ・インターナショナル＊資料）
＊死刑・拷問の廃止などをめざす団体

死刑廃止条約
国際人権規約B規約の第2選択議定書（→p.21❹）。1989年国連総会で採択。91年発効。締約国は2019年1月現在で86か国。日本は未批准

注：グラフ中の死刑廃止国には、事実上の死刑廃止国と、通常犯罪（戦時の反逆罪、破壊行為、宗教犯罪などや軍法による犯罪といった特殊犯罪以外の犯罪）についてのみ死刑を廃止した国を含む。

解説　死刑廃止国の最高刑　死刑廃止条約（→p.22❼）の締約国の最高刑は、恩赦以外に仮釈放を認めず、刑事施設に一生拘禁する終身刑（オランダ）や、仮釈放を可能とする終身刑（ドイツ・フランス）など。なお、日本では、死刑の次に重い刑は無期懲役刑で、10年後の仮釈放を可能とする。死刑ではなく仮釈放を認めない終身刑を設けることについての議論もある。

C 被害者の遺族の気持ち

消えない恨み　「犯人は、今でも許せません。娘には何の落ち度もなかったんです。それなのに、突然殺されるなんて」時折涙ぐんで、母親はそう言った。……「犯人からは謝罪の言葉などいっさいありません。事件以来、妻は寝込んでしまい、私たちの生活は一変してしまいました。死刑廃止？とんでもありませんよ」夫が妻の気持ちを代弁するように言った。

矛盾する思い　「犯人が憎いのは、どんな遺族でも同じでしょう。彼女が本当に犯人なら、死刑になっても当然だと思います。だけど、死んだ娘は戻って来ません。ならば、生きて罪を償ってもらいたいとも思います」母親は、言葉を1つひとつ選ぶように話した。「矛盾してるなと思います。でも、死刑という死のがけっぷちに立って、生命の尊さを知ってほしい。もう一度国が人を殺すなんて、やっぱりおかしいと思うんです」
（朝日新聞死刑制度取材班『死刑執行』朝日新聞社）

Think & Check

- 「対立の構図」の❶～❻・①～⑥を、最も共感したものから順に並べ替えてみましょう。
- あなたは、死刑制度を続けるべきだと思いますか。
- 様々な立場で死刑制度を考えてみましょう。例えば次の立場だったら、意見は変わりますか。
  被害者の子　　死刑確定者、及びその子
  判決を決める裁判員　　死刑を執行する刑務官

BOOK　坂本敏夫『死刑のすべて』文春文庫、浜井浩一『2円で刑務所、5億で執行猶予』光文社新書、団藤重光『死刑廃止論』有斐閣。また、法務省HP「死刑の在り方についての勉強会」、アムネスティ・インターナショナルHPも参考になる

E｜自由権③　経済の自由

1 職業選択の自由

第22条〔居住・移転・職業選択の自由、外国移住・国籍離脱の自由〕 ① 何人も、公共の福祉に反しない限り、居住、移転及び職業選択の自由を有する。
② 何人も、外国に移住し、又は国籍を離脱する自由を侵されない。

❶ 職業選択の自由の規制　●何のための規制か？

規制がないと…　例えば、医療行為をするには医師の国家資格が必要だ。誰もが自由に医療行為ができると、人々の生命や健康を脅かす危険があるからである。

規制の目的　つまりこれは、①公共の安全と秩序を維持し危険を防ぐための規制である（消極目的規制）。また、商店街などの小規模な小売店の保護のために大型スーパーの出店を制限する法律を制定するといったように、職業選択の自由は、②社会的・経済的弱者保護の政策のために規制されることもある（積極目的規制）。このように職業選択の自由を含む経済の自由は、①・②の目的から、精神の自由よりも強く規制される。

●規制の例
注：職業選択の自由には、自分が選んだ職業を遂行する自由、つまり営業の自由も含まれる。

業務に資格取得が必要	医師、弁護士、税理士、教育職員など
開業に登録・届出・許可が必要	理容業、飲食業、貸金業、クリーニング業など
開業許可の他、料金などに認可が必要	電気、ガス、鉄道、バスなど

❷ 薬事法距離制限違憲訴訟【判例】

事件のあらまし　広島県で薬局を営業するため知事に営業許可の申請をしたところ、薬事法に基づき条例で定めた距離基準に適合しないという理由で許可されなかった。そこで、薬事法と条例は、職業選択の自由を保障した憲法22条に反するとして、不許可処分の取り消しを求めた訴訟。

●訴訟当時の薬事法
第6条② ……薬局の設置の場所が配置の適正を欠くと認められた場合には、……許可を与えないことができる。
④ 第2項の配置の基準は住民に対し適正な調剤の確保と医薬品の適正な供給をはかることができるように、都道府県が条例で定める……

原告：薬局開業を希望する会社
争点　薬事法の規定は、憲法22条①に反するか。
被告：広島県知事

判決の内容
❶ 広島地裁判決（1967.4.17）　違憲
❷ 広島高裁判決（1968.7.30）　合憲
❸ 最高裁判決　（1975.4.30）　違憲

合理的でないので違憲・無効　職業の自由は、公共の福祉のために必要かつ合理的な方法で規制する必要があるが、薬事法6条②・④は、不良医薬品の供給の防止等の目的のために必要かつ合理的な規制とは言えず、違憲・無効。

2 財産権の保障

第29条〔財産権〕 ① 財産権は、これを侵してはならない。
② 財産権の内容は、公共の福祉に適合するやうに、法律でこれを定める。
③ 私有財産は、正当な補償の下に、これを公共のために用ひることができる。

❶ 土地収用法　［公布 1951.6.9　最終改正 2020.6.12］

第2条〔土地の収用又は使用〕　公共の利益となる事業の用に供するため土地を必要とする場合において、その土地を当該事業の用に供することが土地の利用上適正且つ合理的であるときは、この法律の定めるところにより、これを収用し、又は使用することができる。

第68条〔損失を補償すべき者〕　土地を収用し、又は使用することに因つて土地所有者及び関係人が受ける損失は、起業者が補償しなければならない。

解説　公共性と私有財産　公共のための土地収用や、戦場での自衛隊による物資収用（自衛隊法103条）など、公共のために私有財産が用いられる場合は、正当な補償を事業者に対して求めることができる（損失補償請求権）。また、これらの大規模な事業は、財産権だけでなく、生存権・環境権との関係でしばしば問題となる。

❷ 森林法共有林分割制限違憲訴訟【判例】

事件のあらまし　AとBは兄弟で、父の森林を2分の1ずつの持分で生前贈与され、共同管理することになった。父の死後、AがBに、森林の分割を請求した。しかし森林法186条がAの請求を認めない規定であったため、Aが、同規定は財産権の不当な制限であるとして、分割請求を認めることを求めた訴訟。

共有する森林　Aの持分（1/2）　Bの持分（1/2）
共有林の分割を請求　A × B
森林法186条　分割請求者の持分が1/2を超えていなければ、共有林の分割請求は不可。

●訴訟当時の森林法
第186条　森林の共有者は、……その共有に係る森林の分割を請求することができない。但し、各共有者の持分の価額に従いその過半数をもって分割の請求をすることを妨げない。

原告A
争点　森林法の規定は、憲法で保障された財産権の不当な制限に当たるか。
被告B

判決の内容
❶ 静岡地裁判決（1978.10.31）　合憲、原告（A）敗訴
❷ 東京高裁判決（1984.4.25）　合憲、原告敗訴
❸ 最高裁判決　（1987.4.22）　違憲、破棄差し戻し

森林法186条は違憲　森林保護という森林法制定の目的の達成のためには必要な限度を超えた不必要な規定であり、公共の福祉に合致しない財産権の制限に当たり違憲。
→判決後の1987年、森林法186条は廃止された。

解説　公共性と経済の自由　判決後の1975年、国会は薬事法を改正し、6条②・④は削除された。一方、同様に距離制限規定がある公衆浴場法では、距離制限による公衆浴場の質と経営の維持が国民の保険福祉につながるため、公共の福祉に適合するとして、最高裁は合憲と判決した（1955.1.26最高裁など計3件）。なお、自由権の規制立法の**違憲審査**は、精神の自由では厳しく審査し、経済の自由では比較的緩やかに審査するという二重の基準（●p.64）が示されている。

●重要用語　❺自由権的基本権（自由権）　❻職業選択の自由　❼財産権の保障

3 主な知的財産権（知的所有権） どのような権利なのか？

権利名称		知的創作活動の内容	保護期間
著作権（著作隣接権を含む）		小説，詩，美術，音楽などの文化的な創作物	著作者の死後，または公表後70年＊1
産業財産権	特許権	発明品	出願から20年＊2
	実用新案権	新しい工夫	出願から10年
	意匠権	新しいデザイン	登録から20年
	商標権	自己（自社）が取り扱う商品・サービスであることを示すマーク	登録から原則10年（更新可）
回路配置利用権		半導体の回路配置	登録から10年
育成者権		植物の新品種	登録から25年＊3

＊1 2018年12月30日施行 ＊2 医薬品などは5年延長可 ＊3 樹木は30年

解説 知的活動を財産として守る権利 人が知的創作活動で生み出したものを，一定期間，財産として守る権利を**知的財産権**という。現代では多くの企業が，特許使用料などの収入を経営に活用しており，国内外で知的財産権をめぐる競争が激化している（→LOOK）。高度な専門知識や迅速な処理が求められる知的財産権関連の訴訟では，**知的財産高等裁判所**（→p.112D❶）の果たす役割が大きい。

廃棄される偽ブランド品 ブランド品や，映画・ゲームソフトなどを無断でコピーし世間に出回らせる行為だけでなく，そうした商品の購入やダウンロードも禁止されている。

LOOK 企業の知財戦略

❶ 企業が注目する知的財産権

高度な技術力を生かす バブル経済崩壊後の経済成長戦略として，日本の高度な技術力を生かして知的財産を創造・保護・活用しようという動きが高まった。近年は，一定期間，独占的に使用できる**産業財産権**（→❸）を取得して独自の技術やブランドを守り，経営に活用する企業が増えている。

❷ 探してみよう！身近な産業財産権

- 特許権 例 車両盗難防止装置
- 実用新案権 例 チャイルドシート装置
- 意匠権 例 ボンネットのデザイン
- 商標権 例 車の名前

（特許庁資料）

❸ 知的財産権をめぐる主な訴訟 判例

＊登録の審査結果に不服があり，訴訟になった場合，第一審は特許庁審判部が担当する。

ヤクルト容器訴訟 乳酸菌飲料のヤクルトを製造・販売する会社が，ヤクルト容器を，自社と他社の商品を見分けるトレードマークにしようと商標登録出願したところ，特許庁から拒絶されたため，登録を求めた訴訟。

❶特許庁審判部審決＊（2010.4.12）請求を認めず
❷知財高裁判決（2010.11.16）確定 **容器の立体商標を認める** 長年にわたり使用された結果，容器だけで自他商品識別力を獲得したと判断。→ヤクルト容器

切り餅訴訟 越後製菓が，佐藤食品工業の切り餅が特許権を侵害しているとして，製造・販売禁止と損害賠償を求めた訴訟。
- 越後製菓（原告）の切り餅…側面の切り込みを，焼いた時に形が崩れずにきれいに膨らむ発明として特許権取得済 ↓特許権侵害
- 佐藤食品工業（被告）の切り餅…側面と上下面に切り込みあり

❶東京地裁判決（2010.11.30）請求棄却
❷知財高裁判決（2012.3.22）確定 **原告勝訴** 餅の側面に切り込みがあれば，上下面の切り込みの有無に関係なく，越後製菓の発明の範囲に含まれると判断。よって，佐藤食品工業の切り餅は越後製菓の**特許権を侵害していると判断**。佐藤食品工業に商品の製造・販売禁止と，約8億円の損害賠償の支払いを命じた。

F 社会権的基本権（社会権）（社会権の背景 →p.23ナットク）

❶ 生存権
生存権はワイマール憲法でどのように規定されているか（→p.20）。 探 （プログラム規定説 →p.81❷）

第25条〔国民の生存権，国の社会保障的義務〕 ① すべて国民は，健康で文化的な最低限度の生活を営む権利を有する。 ② 国は，すべての生活部面について，社会福祉，社会保障及び公衆衛生の向上及び増進に努めなければならない。

❶ 生存権をめぐる主な訴訟 判例 （朝日訴訟 →p.81，生活保護 →p.321）

牧野訴訟 牧野亨さんが，高齢福祉年金を夫婦で受給すると，国民年金法の規定支給額が削られるのは憲法14条に反すると提訴。	❶東京地裁（1968.7.15）…**受給制限は違憲と判断し，原告勝訴**。生活実態からみて，受給制限は夫婦の高齢者を単身の高齢者と差別していると判断。→判決後，受給制限規定は撤廃された。
堀木訴訟 障害福祉年金を受給している堀木文子さんが，夫と別れて一人で育てることとなった息子の児童扶養手当を，児童扶養手当法の併給制限（当時）で受けられないのは憲法13・14・25条に反すると提訴。	❶神戸地裁（1972.9.20）…違憲 ❷大阪高裁（1975.11.10）…合憲 ❸最高裁（1982.7.7）…高裁判決を支持，**原告敗訴**。憲法25条の具体化は，立法府の広い裁量にゆだねられており，著しく合理性を欠き明らかに裁量の逸脱・濫用と見える場合を除き，裁判所の審査判断に適しないと判断。
加藤訴訟（生活保護費預貯金訴訟） 生活保護費の受給者が，生活を切り詰めて蓄えた預貯金を「資産」と認定されて生活保護費を減額されたため，この処分は違法として提訴。	❶秋田地裁（1993.4.23）…**減額処分取り消し，原告勝訴**。預貯金は最低限度の生活を下回る生活によって蓄えたもので，生活保護費支給の目的に反しないと判断。
学資保険訴訟 生活保護費の受給者が，娘の高校進学を見据えて積み立てていた学資保険の満期返戻金約45万円が「資産」と認定されて生活保護費が減額されたため，この処分が憲法13・14・25・26条と生活保護法に反すると提訴。	❶福岡地裁（1995.3.14）…請求却下 ❷福岡高裁（1998.10.9）…**減額処分取り消し** ❸最高裁（2004.3.16）…高裁判決を支持，**原告勝訴**。最低限度の生活を維持しつつ，子の高校修学費用を蓄える努力をすることは生活保護法の趣旨目的に反しないと判断。

入試クイズ 朝日訴訟では，憲法上の生存権の規定は個々の国民に対して具体的な権利を保障したものであるとの最高裁判決が下されている。○？×？〈13本，11・08追〉（→F❷） 答：×

❷朝日訴訟　判例　Qプログラム規定説とは何か？

事件のあらまし
国立岡山療養所に肺結核で入院中の朝日茂さんは、長年の重患と無収入のため、厚生大臣(現 厚生労働大臣)が定めた基準に従った月600円の生活保護と、医療の扶助を受けていた。

1956年に実兄の所在がわかり、仕送り(月1500円)がされるようになると、扶助を打ち切られ、仕送りのうち、日用品費600円を残し、医療費を900円負担することになった。

こうして仕送り前と同じ結果となったため、朝日さんは、月額600円の基準が低すぎると岡山県知事、続いて厚生大臣に不服申し立てを行ったが、却下された。

そこで、朝日さんは57年8月、東京地裁に、現行の生活保護基準は、生活保護法と、憲法25条に違反するとして、厚生大臣の不服申し立て却下という裁決の取り消しを求めた訴訟を起こした。(生活保護 ⇒p.321)

原告 朝日さん
争点 生活保護の扶助基準は、健康で文化的な最低限度の生活に値するか。
被告 厚生大臣(当時)

● 入院患者への日用品費扶助の内訳(1か月)

品 目		年 間	月 額	品 目		年 間	月 額
衣類	肌　着	2年1着	16.66円	保健衛生費	理髪料	12回	60.00円
	パンツ	1枚	10.00		石けん		70.00
	補修布	4ヤール	43.33		洗顔	12コ	
	縫糸	30匁	8.75		洗濯	24コ	
	手拭タオル	2本	11.66		歯ミガキ粉	6コ	7.50
身廻品	足袋	1足	12.50		歯ブラシ	6コ	7.50
	下駄	1足	5.83		体温計	1本	8.33
	草履	2足	21.66		洗濯代		50.00
	縫針	20本	0.32		チリ紙	12束	20.00
	湯呑	1個	1.00	雑費	ハガキ	24枚	10.00
					切手	12枚	10.00
					封筒	12枚	1.00
					新聞代		150.00
					用紙代		20.00
					鉛筆	6本	5.00
					お茶	3斤	40.00
					その他		8.96
				計			600.00円

「シャツ(肌着)を2年1着というときは、同じシャツを夏冬をとおして着るということである。……実際にはそれでは生活はできない。」
(上告代理人による上告理由より)

＊現在は月額2万3110円以内(2019年10月)　(朝日茂『人間裁判』草土文化)

● 物価の違い
(「小売物価統計調査」)

1957年(岡山)		2019年(岡山)
20.00円	板チョコレート 1枚	105円
(1着)271.60円	男子半そでシャツ	(2着)1171円
10.00円	私鉄初乗り運賃	140円
20.00円	ノート 1冊	133円
145.67円	理髪料 1回	3636円
100.00円	歯磨き粉 1本	153円
330.00円	新聞 1か月	4344円

朝日さんの遺影を先頭に行進する支援団体

判決の内容

❶東京地裁判決(1960.10.19)　朝日さん勝訴
生活保護法は　憲法の生存権規定を現実化し、「『健康で文化的な生活水準を維持することができる最低限度の生活』を保障する保護の実施を請求する権利を賦与する」もの。
最低限度の生活とは　「単に辛うじて生物としての生存を維持できるという程度のもの」ではなく、「人間に値する生存」あるいは「人間としての生活」といい得るもの。
厚生大臣が定めた基準は　以上のことから、日用品費最高月額600円は、入院患者の「健康で文化的な生活水準」の維持には足りず、生活保護法に違反するとした。

❷東京高裁判決(1963.11.4)　第一審判決取り消し
本件基準は　低額の感はあるが違法とまで断定できないとして第一審判決を取り消し。
なお、上告後に上告人(朝日さん)が死亡したため、その相続人が訴訟を継承できるかどうかが新たに争点となった。

❸最高裁判決(1967.5.24)　上告人の死亡により訴訟終了
訴訟の継承について　訴訟は「上告人の死亡と同時に終了」しているので相続人が「承継し得る余地はない」とした。
憲法第25条第1項について　「すべての国民が健康で文化的な最低限度の生活を営み得るように国政を運営すべきことを国の責務として宣言したにとどまり、直接個々の国民に対して具体的権利を賦与したものではない」「具体的権利としては、……生活保護法によって、はじめて与えられている」
→同条項はプログラム規定であるという立場を明確にした。
(「朝日新聞」1967.5.24)

厚生大臣の判断について　当不当の問題が発生した場合、「政府の政治責任が問われることはあっても、直ちに違法の問題を生ずることはない」。ただし、「現実の生活条件を無視して著しく低い基準を設定する等憲法及び生活保護法の趣旨・目的に反し、法律によって与えられた裁量権の限界を超えた場合または裁量権を濫用した場合」は司法審査の対象となり得るとした。

解説「人間に値する生活」　朝日さんの請求は認められなかったが、朝日訴訟は、人々に改めて「健康で文化的な最低限度の生活とは何か」を考えさせ、生存権の実現を求める社会保障運動の先駆となった。また訴訟当時、日用品費の算出方式は、最低限必要と考えられる品物の値段を1つずつ積み上げて算出する方式だったが、後に一般世帯の消費水準を参考にして算出する方式に変わり、訴訟提起後の1964年には1575円にまで引き上げられた。

憲法25条①の生存権をめぐっては、法律や行政処分を同条項違反として国の責任を問えるのかといったことなどを論点に、様々な学説がある。朝日訴訟の最高裁判決は**プログラム規定説**に立ったとされる。

💮**プログラム規定説**　憲法の規定は、国家の単なる政治的指針を示したものにすぎず、**国民に対して具体的な権利を保障したものではなく、法的拘束力はない**とする考え方。この規定の実現は、立法権の裁量に委ねられ、国民は国に対して、その違反の法的責任を裁判で追及できないとされる。例えば、毎月のローン返済で生活に困っている人が、憲法25条のみに基づいて、国にローン補助を求める訴訟を起こしても敗訴するということ。

重要用語 ㉓ワイマール憲法　㉘財産権の保障　㉙知的財産権(知的所有権)　㉚社会権的基本権(社会権)　㉛生存権　㉒朝日訴訟　㊷公的扶助

2 教育を受ける権利

第26条〔教育を受ける権利，教育を受けさせる義務〕
① すべて国民は，法律の定めるところにより，その能力に応じて，ひとしく教育を受ける権利を有する。
② すべて国民は，法律の定めるところにより，その保護する子女に普通教育を受けさせる義務を負ふ。義務教育は，これを無償とする。

❶ 教育基本法

概要	1947年制定。教育の根本的な理念や原則を定めた法律で教育関係法令の根本法。国は同法に従い教育政策を行う
改正	2006年大改正。教育の目標に道徳教育の充実や伝統・文化の尊重(郷土愛・愛国心教育)が加わったことや生涯教育の理念が掲げられたことなどが改正のポイント。

❷ 義務教育制度(憲法26条②)

誰の義務?	保護者の義務。保護者は子に普通教育を受けさせる義務を負う。
普通教育とは?	小学校6年間，中学校3年間の教育をさす。
無償の範囲は?	国公立の授業料は無償，教科書は国公私立とも国庫が負担。教科書以外の学用品費，修学旅行費，クラブ活動費，PTA会費，学校給食費は有償で，個別に就学援助制度がある。

❸ 高等学校の授業料支援のしくみ

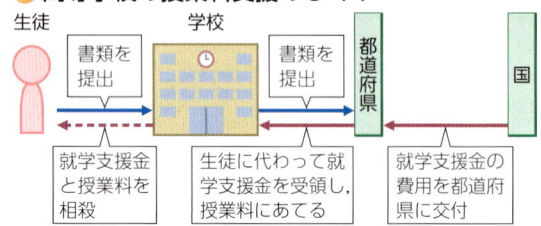

解説　無償化は国公立高校の授業料のみ 高等学校への進学率が98%に達した状況と，世界では高校無償化が一般的であることから，2010年度に公立高校の授業料(私立は授業料の一部)を国庫負担とする制度が導入された。2014年度からは，公立・私立を問わず，保護者の所得に応じて支給される制度に改正された。

❹ 主な国の教育支出対GDP比

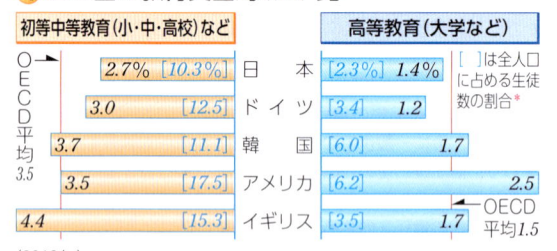

初等中等教育(小・中・高校)など		高等教育(大学など)	
2.7% [10.3%]	日本	[2.3%] 1.4%	
3.0 [12.5]	ドイツ	[3.4] 1.2	
3.7 [11.1]	韓国	[6.0] 1.7	
3.5 [17.5]	アメリカ	[6.2] 2.5	
4.4 [15.3]	イギリス	[3.5] 1.7	

OECD平均 3.5 / OECD平均 1.5
(2016年) *2015〜18年度。国によって異なる。 〔 〕は全人口に占める生徒数の割合*
(文部科学省資料など)

病院内学級 長期入院中の子どもの教育を受ける権利を保障するため，病院内に設けられた学校のこと。国立大学医学部附属病院などにある。子どもの体調に合わせて，授業が行われる。
▶パソコンを使った授業

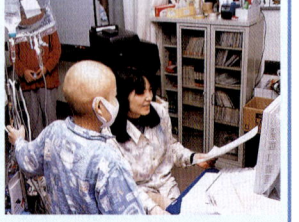

❺ 旭川学力テスト事件 【判例】

事件のあらまし 1961年度の全国中学校一斉学力調査に反対した被告人らが，北海道旭川市の中学校での調査テストを阻止しようと校舎内に侵入し，校長や職員などに暴行したとして，建造物侵入罪，公務執行妨害罪，暴行罪で起訴された事件。

●教育内容の決定権についての2つの学説

国家教育権説	国がもつ	検察側が主張
国民教育権説	親や教師がもち，国は教育を助成するための条件整備のみ行う	被告人側が主張

争点
・子どもへの教育内容の決定権は誰がもつか。
・全国規模の統一学力調査実施は違法であるか。

検察官 / 被告人(学テに反対し，中学校に侵入)

判決の内容
❶旭川地裁判決(1966.5.25) 無罪
学力調査テストは行政機関による教育への不当な介入であり，公務執行妨害が成立しないと判断。
❷札幌高裁判決(1968.6.26) 無罪(地裁判決を支持)
❸最高裁判決(1976.5.21) 有罪
国も親・教師も教育内容決定権をもつ 国家教育権説も国民教育権説のどちらも極端かつ一方的と否定。
国の介入は必要 家庭教育や学校選択の自由は親がもつ。私学教育や教師の教授の自由も，一定の範囲で認められる。しかし，子に教授内容を批判する能力がないことや，教育の機会均等のためにも，教師の自由の完全な保障は許されない。国は，広く適切な教育政策のため，必要かつ相当と認められる範囲で教育内容の決定権を有するとし，学力調査テストを適法と判断した。
→調査テスト実施という公務を妨害したとして，有罪判決。

解説　教育の機会均等 この事件の背景には，1950〜60年代の全国一斉学力調査が，学校や地方公共団体間における序列化や競争激化をもたらしたとの批判がある。教育の機会均等の立場から，国は科目数・授業時間などの教育の大綱的基準について決定権をもつとされる。しかし，国の行き過ぎた介入で教育の自主性が害されないよう，注意する必要がある。なお，全国規模の一斉調査は1964年度を最後に廃止されたが，2007年度から再開されている。

LOOK いくらかかる？教育費

●家庭が負担する学習費(子ども1人当たり)

①すべて公立だと…
大学(国立) 243／小学校 193万円／中学校 146／高等学校 137
16年間で719万円

②すべて私立だと…
大学 387／小学校 959万円／中学校 422／高等学校 290
16年間で2058万円

注：小・中・高校は学校教育費(授業料*・クラブ活動費・PTA会費など)，学校給食費(小中のみ)，学校外活動費(学習塾・習い事など)の合計。大学は4年制で，授業料・入学料の合計。*は公立の小中のみ家計負担なし(➡❷・❸)。
(2018年度) (文部科学省「子どもの学習費調査」など)

解説　所得による教育格差 各数値は平均で，小中学生の低所得世帯には学校教育費に対する就学援助制度がある。しかし，学習塾や習いごとなどの学校外活動にかける費用は，地域差以上に，保護者の所得による格差が大きい。このことが，子どもの将来の選択肢に影響を及ぼしており，教育機会の不平等につながっているという指摘もある。

◆メモ　教育基本法第1条〔教育の目的〕　教育は，人格の完成を目指し，平和で民主的な国家及び社会の形成者として必要な資質を備えた心身ともに健康な国民の育成を期して行われなければならない。

3 勤労者の権利

第27条〔勤労の権利義務，勤労条件の基準，児童酷使の禁止〕
① すべて国民は，勤労の権利を有し，義務を負ふ。
② 賃金，就業時間，休息その他の勤労条件に関する基準は，法律でこれを定める。
③ 児童は，これを酷使してはならない。

第28条〔勤労者の団結権・団体交渉権・その他団体行動権〕 勤労者の団結する権利及び団体交渉その他の団体行動をする権利は，これを保障する。

ハローワーク（公共職業安定所） 国民に安定した雇用機会を確保し，勤労の権利を保障するため，職業安定法に基づいて各地に設置されている。

公務員の労働基本権に関する訴訟 【判例】 （公務員の労働三権の制限→p.297）

全逓東京中郵事件	1958年，東京中央郵便局の職員ら（当時は公務員）に対して，勤務時間内にくいこむ職場大会への参加をそそのかしたとして，全逓労組の幹部らが起訴された事件。	❶東京地裁判決(1962.5.30)　無罪 ❷東京高裁判決(1963.11.27)　破棄差し戻し ❸最高裁判決(1966.10.26)　破棄差し戻し→無罪 **公務員の正当な争議行為に刑事罰は科されない**　労働基本権の制限は，公共性が強い職場・業務で，国民生活への重大な障害を避けるためにやむを得ない場合に考慮されるべきで，必要最小限度の制限にとどめなければならない。争議行為が，政治的目的である場合，暴力を伴う場合，不当に長期に及び，国民生活に重大な障害をもたらす場合以外は，正当な争議行為として刑事制裁は科せられないと判断。
全農林警職法事件	1958年，全農林労組の幹部が，農林省（現 農水省）の職員らに対して，警察官職務執行法改正反対のための，勤務時間内の職場大会への参加をあおったとして，起訴された事件。	❶東京地裁判決(1963.4.19)　無罪 ❷東京高裁判決(1968.9.30)　有罪 ❸最高裁判決(1973.4.25)　上告棄却，有罪 **公務員の争議行為をあおる行為は刑事罰の対象**　公務員の争議行為の禁止は合憲。また，問題となった職場大会は，警職法改正反対という政治的目的のためのものといえる。そのような違法な争議行為をあおる行為は，単なる争議への参加に比べ社会的責任が重く，それを犯罪として処罰することは，十分に合理性がある。

解説　公務員の労働基本権の制限　国民全体の利益を保障し，行政の中立性を保つため，公務員の労働基本権と政治的活動の自由には制約があるが，その制約は，合理的な理由があり，必要最小限度でなければならないとされる。最高裁は，**全逓東京中郵事件**では公務員の争議行為の処罰要件を緩める判断をしたが，後の**全農林警職法事件**や**全逓名古屋中郵事件**（最高裁判決1977.5.4）でその立場をくつがえした。しかし，公務員の争議行為を一律禁止とするこれらの判例に対しては批判が多い。

G 請求権

（ハンセン病国家賠償訴訟 →p.69）

1 請願権

第16条〔請願権〕 何人も，損害の救済，公務員の罷免，法律，命令又は規則の制定，廃止又は改正その他の事項に関し，平穏に請願する権利を有し，何人も，かかる請願をしたためにいかなる差別待遇も受けない。

❶ 請願法　　　〔公布1947.3　施行1947.5〕

第2条　請願は，請願者の氏名及び住所を記載し，文書でこれをしなければならない。
第5条　この法律に適合する請願は，官公署において，これを受理し誠実に処理しなければならない。

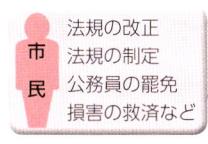

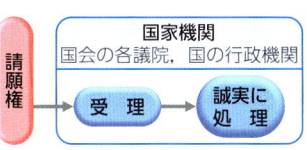

❷ 請願の流れ

市民（法規の改正／法規の制定／公務員の罷免／損害の救済など）→請願権→国家機関（国会の各院，国の行政機関）→受理→誠実に処理

❸ 国会への請願件数
（2019年第198回国会）

	衆議院	参議院
総数	3101件	3095件
内閣送付	530	293
審査未了	2571	2802
取り下げ	0	0
議決不要	0	0

解説　国に対する希望を述べる権利　請願は市民の重要な意思表明手段で，具体的な手続きは**請願法**に定められている。請願を受けた機関には誠実な処理が求められるが，請願内容の審議・判定・回答は求められていない。そのため，国会への請願による法律の制定例もある（売春防止法など）が，多くが会期末に一括上程されるなど，形式的に処理されている。

2 損害賠償請求権（国家賠償請求権）

第17条〔国及び公共団体の賠償責任〕 何人も，公務員の不法行為により，損害を受けたときは，法律の定めるところにより，国又は公共団体に，その賠償を求めることができる。

多摩川水害訴訟 【判例】

事件のあらまし　台風の影響で，1974年9月に多摩川左岸の改修済み堤防が決壊したことにより，家屋流失などの被害にあった住民33人が，河川管理責任のある国に損害賠償を求めた訴訟。

原告：住民　争点：国の河川管理に落ち度はあったか。　被告：国

判決の内容
❶東京地裁判決(1979.1.25)　住民勝訴
❷東京高裁判決(1987.8.31)　住民敗訴
❸最高裁判決(1990.12.13)　差し戻し→住民勝訴
河川管理の落ち度を認める　差し戻し控訴審（1992年12月17日）において，当時の技術水準からみて河川の安全性に問題があったことを認めた上で，水害予測が遅くとも3年前に可能であったにもかかわらず，国は必要な改修を怠ったとして国の責任を肯定。**住民側の請求を全面的に認めた。**

（「読売新聞」1990.12.13）

多摩川水害，逆転差し戻し判決
最高裁　被災住民救済に道
改修済み，国に一定の洪水防止義務
河川管理に初基準

解説　国・地方公共団体の賠償責任　公務員の違法行為の他，国や地方公共団体が設置・管理する道路・河川などが，当然備えているべき安全性を失っていたために国民に何らかの損害が生じた時は，国などが賠償責任を負う。具体的な手続きは**国家賠償法**（1947年公布施行）に定められている。

3 刑事補償請求権
Q どのような場合に補償を求めることができるか？

> 第40条〔刑事補償〕何人も，抑留又は拘禁された後，無罪の裁判を受けたときは，法律の定めるところにより，国にその補償を求めることができる。

● 補償内容と具体例

補償内容	①抑留・拘禁，懲役・禁錮	1日1000円以上1万2500円以下
	②死刑	本人死亡による財産上の損失額に，3000万円を加算した金額の範囲内
	③罰金・科料・追徴	徴収した金額に年5分の金利を加算
	④没収	処分前なら返付，処分後ならばその時価相当額
具体例	・免田事件…9071万2800円（7200円×1万2599日拘禁）（→p.76） ・加藤老事件…1795万8400円（3200円×5612日拘禁）（→p.76）	

注：①・②は，上記の範囲内で裁判所が事情を考慮して定める。

解説 刑事補償 無罪が確定したとき，その間の抑留・拘禁日数などに応じて国が補償を行う制度。憲法40条に基づく。その要件や手続きは，**刑事補償法**（1950年制定）に定められている。また，少年保護事件（→p.110）についても，**少年保護事件補償法**（1992年制定）に定められている。

4 裁判を受ける権利

> 第32条〔裁判を受ける権利〕何人も，裁判所において裁判を受ける権利を奪はれない。

● 隣人訴訟 **判例**

隣の家に預けた幼児が水死した事故で，幼児の両親が国や県，預けた夫婦などに対して損害賠償を求めた訴訟。地方裁判所が，隣家の過失を認め，損害賠償金の支払いを命じたが，判決後，原告夫婦に対し，全国から嫌がらせ電話や手紙が殺到したため訴訟を取り下げた。さらに被告夫婦にも非難が相次いだので控訴を断念し，結局，訴訟自体が消滅してしまった。

●隣人訴訟に対する法務省の見解（1983年4月）

人権の侵害 裁判を受ける権利は，どのような事実関係であっても，自己の権利または利益が不当に侵害されたと考える場合には，裁判所に訴えを提起してその主張の否についての判断及び法的救済を求めることができるとするものであり，国民の権利を保障するための有効かつ合理的な手段として近代諸国において等しく認められている最も重要な基本的人権のひとつであるところ，これが侵害されるに至ったことは人権擁護の観点からは極めて遺憾なことというほかはない。

国民の自覚 これを契機として，国民一人ひとりが，**法治国家体制のもとでの裁判を受ける権利の重要性を**再確認し，再びこのような遺憾な事態を招くことがないよう慎重に行動されることを強く訴えるものである。

（「朝日新聞」1983.4.9 見出し：裁判受ける権利守れ 再発防ぐ異例の見解 隣人訴訟で法務省）

LOOK 弁護士に依頼する時は？

裁判費用の大部分は弁護士費用 裁判を受ける時は，多くの人が，弁護士に訴訟代理人（民事裁判）や弁護人（刑事裁判）を依頼する。弁護士は職業なので，弁護士に依頼するとお金がかかる。裁判費用の大部分が弁護士費用であり，自力で弁護士に依頼できない人のために，国選弁護制度や法律扶助制度など，様々な制度がある。

❶ 弁護士への依頼費用の目安

	着手金	報酬金
わき見運転事故の刑事裁判における加害者の弁護	30万円前後（52.1％の弁護士）	30万円前後（45.0％）
少年事件の少年付添人	20万円前後（45.4％の弁護士）	20万円前後（34.1％）
離婚調停	20万円前後（45.1％の弁護士）	30万円前後（39.6％）

（日本弁護士連合会「アンケート結果にもとづく市民のための弁護士報酬の目安」2008年度）

解説 弁護士費用の内訳 弁護士費用は，**実費**（コピー代や交通費などの必要経費）と**弁護士報酬**の2種類。弁護士報酬には，依頼することで払う着手金と，成功の程度に応じて払う報酬金などがある。

❷ 国選弁護制度（刑事裁判）

> 第37条③ 刑事被告人は，いかなる場合にも，資格を有する弁護人を依頼することができる。被告人が自らこれを依頼することができないときは，国でこれを附する。

被疑者	**起訴前** 国選弁護制度の対象は次の事件の被疑者で，勾留状が発せられたり勾留を請求されている者に限定。 ・殺人・強盗など一定の重大犯罪事件（2006年～） ・窃盗・詐欺・恐喝事件など（2009年裁判員制度導入後～） ・全勾留事件（2018年～＊） ＊2016年6月3日の改正刑事訴訟法公布から2年以内に施行。 →その他すべての事件を対象とした**当番弁護士制度**あり。
被告人	**起訴後** 被告人には必ず弁護人がつき，法律の専門家である検察官と対等の立場で裁判を受けることができる。 **国選弁護制度** 経済上の理由などで弁護人を依頼できない場合，裁判所が**法テラス**（→p.112❶）を通じて弁護人を選び，**国費で旅費や報酬を支払う**制度。

解説 被疑者の国選弁護制度の拡大を 弁護人を依頼できない被疑者の中には，刑事手続きなどを詳しく知らないまま取り調べ（→p.77）を受け，不本意な供述調書に署名押印し，裁判で不利な立場に立たされてしまう人もいる。このため**司法制度改革**（→p.112）やその後の刑事訴訟法改正で，**国選弁護制度**の対象範囲が拡大された。

❸ 法律扶助制度（民事裁判）

民事法律扶助 民事裁判において，経済上の理由で弁護士への相談や依頼ができない人のために，法テラス（以前は法律扶助協会）が無料相談や弁護士費用の立替えをする。これにより，民事裁判においても裁判を受ける権利が保障されている。

❹ 当番弁護士制度（弁護士会による）

刑事裁判	民事裁判
被疑者やその家族などの求めで法律相談に応じる。1回目の接見は無料。	裁判が起きた場合に1回限りの無料相談として行うもの。一部地域の弁護士会で実施。

メモ 足利事件（→p.76❹）で無罪が確定した菅家さんへの刑事補償は，精神的な苦痛・財産上の損失・得られたはずの利益の喪失などが考慮され，無実の罪で拘束された1991～2009年の6395日間×1日1万2500円＝7993万7500円と算定された。

H 参政権

(請願権 ⇒p.83, 普通選挙制の歩み ⇒p.132)

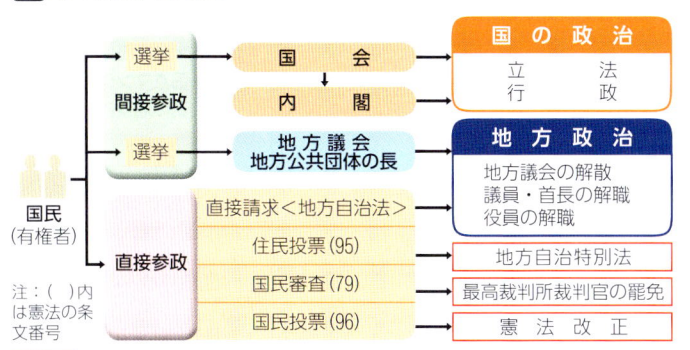

1 参政権の内容

```
          ┌─選挙─→ 国　会 ──┐      ┌─ 国 の 政 治 ─┐
間接参政 ─┤              内　閣 ──┘      │ 立　法      │
          │                               │ 行　政      │
          └─選挙─→ 地方議会              └─────────────┘
国民              地方公共団体の長        ┌─ 地方政治 ─┐
(有権者)                                   │ 地方議会の解散│
          ┌─ 直接請求＜地方自治法＞      │ 議員・首長の解職│
直接参政 ─┤ 住民投票(95) ────── 地方自治特別法 │ 役員の解職 │
          │ 国民審査(79) ────── 最高裁判所裁判官の罷免
          └─ 国民投票(96) ───── 憲法改正
```
注：( )内は憲法の条文番号

解説 政治に参加する権利 国民は主権者として、国政に参加する権利をもつ。**参政権**は、近代民主主義社会で確保されるべき重要な権利であり、日本も上の図のような参政権を保障している。公務員となる権利(**公務就任権**)も広い意味で参政権に含む場合がある。

第15条〔国民の公務員選定罷免権、公務員の本質、普通選挙・秘密投票の保障〕① 公務員を選定し、及びこれを罷免することは、国民固有の権利である。
② すべて公務員は、全体の奉仕者であつて、一部の奉仕者ではない。
③ 公務員の選挙については、成年者による普通選挙を保障する。
④ すべて選挙における投票の秘密は、これを侵してはならない。選挙人は、その選択に関し公的にも私的にも責任を問はれない。

2 在外日本人選挙権制限違憲訴訟 〔判例〕

事件のあらまし 外国に住む日本人(在外日本人)がもつ国会議員の選挙権を、比例代表選挙に限定する公職選挙法の規定が違憲であるとして、同法の改正を怠った国に慰謝料を求めた訴訟。

●当時の在外選挙制度(公職選挙法) (⇒p.135 5 ⑤)

衆議院	小選挙区…×	比例代表…○(1998年創設)
参議院	選挙区…×	比例代表…○(1998年創設)

注：外国に住む日本人に、○…選挙権あり、×…選挙権なし

争点 在外日本人の選挙権を制限した公職選挙法の規定は、国民に選挙権を保障した憲法に反するか。
原告：在外日本人　被告：国

判決の内容
❶東京地裁判決 (1999.10.28)　原告敗訴
❷東京高裁判決 (2000.11.8)　原告敗訴
❸最高裁判決　 (2005.9.14)　**違憲**, 原告勝訴

在外日本人の選挙権制限は違憲 1998年の制度創設以降、在外選挙が繰り返し実施されてきていること、通信手段が地球規模でめざましい発達を遂げていることなどによれば、在外国民に候補者個人に関する情報を適正に伝達することが著しく困難であるとはいえなくなったものというべき。在外選挙制度の対象となる選挙を当分の間両議院の比例代表選出議員の選挙に限定する公職選挙法の規定は、憲法15条①及び③、43条①並びに44条ただし書に違反する。

解説 在外選挙制度の拡大 違憲判決を受け、国会は**公職選挙法**を改正。2007年から、国会議員のすべての選挙における在外投票が認められるようになった。

3 戸別訪問禁止事件 〔判例〕

事件のあらまし 1976年衆院選の選挙運動期間中、女性2人が、それぞれ複数の有権者宅を訪問し、ある候補者への投票を依頼したとして、公職選挙法138条①違反の罪で起訴された事件。

●公職選挙法 (⇒p.135)
第138条① 何人も、選挙に関し、投票を得若しくは得しめ又は得しめない目的をもつて戸別訪問をすることができない。

争点 戸別訪問を禁じた公職選挙法の規定は、表現の自由を保障した憲法21条に反するか。
検察官：戸別訪問罪に問われた2人

判決の内容
❶松江地裁判決 (1979.1.24)　違憲、被告人は2人とも無罪
❷広島高裁判決 (1980.4.28)　違憲、被告人は2人とも無罪
❸最高裁判決　 (1981.6.15)　**合憲**, 破棄差し戻し

戸別訪問の禁止は合憲 戸別訪問の禁止は、意見表明そのものの制約を目的とするものではなく、戸別訪問が買収、利害誘導等の温床になり易く、選挙人の生活の平穏を害するほか、これが放任されれば、候補者側も訪問回数等を競う煩に耐えられなくなるうえに多額の出費を余儀なくされ、投票も感情にとらわれやすくなるなどの弊害を防止し、選挙の自由と公正を確保することを目的とする。公職選挙法138条①の規定は、合理的で必要やむをえない限度を超えるものとは認められず、憲法21条に違反しない。

解説 国民の政治意識を高める？ 戸別訪問は有権者が候補者と直接意見を交わせる機会であり、解禁すれば国民の政治意識が高まるのではないかという意見もある。なお、欧米諸国では、戸別訪問は最も有力な選挙運動の1つとして盛んに行われている。

LOOK 成年被後見人の選挙権

成年被後見人とは 「精神上の障害により事理を弁識する能力を欠く常況にある者」(民法7条)。例えば認知症などで財産管理に不安のある人のこと。本人や家族の申し立てを受けた家庭裁判所が、本人を法律的に支援し、財産を守る成年後見人を指定する制度を**成年後見制度**という。

（被後見13.6万人に選挙権 改正公選法成立 参院選で適用 「一律制限 許されず」 東京地裁）

※判決を受け、被告の国が控訴。その後公職選挙法が改正されたことを受けて、2013年7月、原告と国は和解に合意。

選挙権喪失規定に違憲判決 公職選挙法には、成年被後見人は選挙権・被選挙権を有しないとする規定があった。この規定について、2013年3月14日、東京地裁は、「成年後見制度の利用基準は財産を管理・処分する能力の有無であり、成年被後見人が総じて選挙権を行使する能力がないわけではない」として違憲と判決した※。判決を受け、国会は2013年5月、規定を廃止。同年7月の参議院議員選挙から、成年被後見人約13万6000人の選挙権・被選挙権が認められることになった。

(左「中日新聞」2013.3.15, 右「朝日新聞」2013.5.28)

重要用語 ㊶国民投票　㊼請求権　㊻刑事補償請求権　㊾参政権　⑩国民審査　⑭公職選挙法

それぞれどのような内容の権利であるか？また，日本国憲法のどの規定を根拠としているか？

Ⅰ 新しい人権

環境権

		内容・根拠・背景・問題点	本書の解説ページ・判例など
環境権	内容	良い環境を享受する権利。公害の差し止め請求や損害賠償請求ができる。日照権，嫌煙権，景観権，静穏権，眺望権を含む。	**環境権**（→p.87） **判例** ・大阪空港公害訴訟 ・国立マンション訴訟 ・鞆の浦景観訴訟 **関連法律** ・建築基準法…日照権 ・健康増進法…嫌煙権 ・景観法…景観権
	根拠	生存権（憲法25条）・幸福追求権（同13条）	
	背景	1960年代以降の高度経済成長のもとで，大規模な環境破壊が起こり，人間の生命や健康への被害が生じたことから主張されるようになった。	
	問題点	環境権を認めた最高裁判例はない。また，環境権の内容には明確な規定がなく，自然環境に限定する説，文化的環境（歴史・文化遺産）を含める説，社会的環境（公園・道路）までを含める説が対立している。	
知る権利	内容	公権力の保有する情報の公開を求める権利。	**知る権利**（→p.88） **判例** ・外務省秘密漏洩事件 ・博多駅テレビフィルム提出命令事件（→p.65） **関連法令** ・情報公開法（国）・条例（各地） ・特定秘密保護法
	根拠	表現の自由（憲法21条）を受け手側からとらえた。	
	背景	国家の役割が増大し，国家への情報の集中が進む一方，情報が国民に十分知らされないことが多くなった。そこで，主権者としての国民が，主体的に政治的な意見表明と判断をするために主張されるようになった。知る権利の保障のため，マスメディアの活動の自由も重要とされる。	
	問題点	国家機関から情報を収集する場合，国家機密との関係で一定の制約を受ける。また，個人情報の場合は，個人の自己情報コントロール権との調整が問題となる。	
プライバシーの権利	内容	私生活をみだりに公開されない権利。報道機関等による興味本位な私事の公開を事前に差し止めたり，損害賠償を請求できる。本人の承諾や正当な理由なく，顔や姿を写真・絵画にされて公開されない権利である肖像権も含む。 情報化が進み個人情報の流出などが問題となった近年では，自己に関する情報の流れをコントロールする権利（自己情報コントロール権）としても把握される。	**プライバシーの権利**（→p.88, 89） **判例** ・『宴のあと』訴訟 ・『石に泳ぐ魚』訴訟 ・京都府学連事件（→p.65） **関連法律・制度** ・住基ネット ・共通番号制度 ・個人情報保護法 ・通信傍受法
	根拠	個人の尊重・幸福追求権（憲法13条）	
	背景	もともとは19世紀末のアメリカで，ゴシップ誌による有名人の私生活の暴露が問題となり主張されるようになった。日本では『宴のあと』訴訟以来認められてきた。	
	問題点	表現の自由と対立する場合がある。特に政治家など公的に重要な地位にある人物の私生活を一般人と同一に考えるのかなど，その適用範囲が問題となっている。	
アクセス権	内容	情報の受け手である一般市民が，マスメディアに接近（アクセス）して自己の意見の表明を行う権利。マスメディアに対して，反論記事の無料掲載などを要求できる。	**アクセス権**（→p.89） **判例** ・サンケイ新聞意見広告訴訟 **アクセス権の類型** ①批判・抗議・要求・苦情 ②意見広告　③反論 ④紙面・番組参加 ⑤運営参加　⑥編集参加
	根拠	表現の自由（憲法21条）	
	背景	国家・政党・巨大企業がマスメディアを独占し，自己に有利な情報のみを一方的に流すことによって世論を操作する危険があるとして，主張されるようになった。	
	問題点	アクセス権を保障する法律（いわゆる反論権法）を制定する場合，マスメディアの表現の自由を不当に制限する危険がある。また，インターネットが普及した近年では，一般市民の情報発信の機会が広がってきている。	
自己決定権	内容	一定の個人的な事柄を，自分の意思で決める権利。例えば，次の①〜③の事柄を決定する自由。①妊娠や出産など家族のあり方（リプロダクティブ・ライツ）　②髪型や服装など自己の生き方　③医療拒否や尊厳死など自己の生命・身体	**自己決定権**（→p.89, 90） **判例** ・輸血拒否訴訟 **関連法律**・臓器移植法…臓器提供意思表示カード ・母体保護法…人工妊娠中絶の制約 ・未成年者喫煙禁止法 ・未成年者飲酒禁止法
	根拠	幸福追求権（憲法13条）	
	背景	多様な治療方法や人工的な生命維持，体外受精といった医学の進歩によって人々の価値観が多様化する中で主張されるようになった。	
	問題点	いわゆる尊厳死などによる「死ぬ権利」の認否や，治療方法について何歳から本人の意思を尊重するかなど，医療における自己決定権のあり方が議論されている。	
平和的生存権	内容	戦争や恐怖から解放され，平和に生存する権利。「平和を享受する権利」を意味し，憲法9条の戦争の放棄との関連で，平和を人権としてとらえるという意図に基づく。	**判例**・長沼ナイキ訴訟 ❶札幌地裁（1973.9.7） 　…原告勝訴，平和的生存権認める ❷札幌高裁（1976.8.5） 　…原告敗訴 ❸最高裁（1982.9.9） 　…原告敗訴（→p.49）
	根拠	憲法前文，「4つの自由」（→p.21）	
	背景	1960年代以降，具体的には自衛隊違憲訴訟において，基地付近の住民が基地の撤廃を裁判所に求める場合の「訴えの利益」を基礎づけるために主張されてきた。	
	問題点	権利の主体・内容・性質などの点で不明確な点があり，裁判で争うことのできる具体的な権利性に欠けるとされている。	

解説　憲法に直接規定されていない権利　新しい人権が主張された背景には，経済成長に伴う公害の発生や，情報化に伴う社会の変化，人々の人権意識の高まりがある。プライバシーの権利，パブリシティ権（→メモ）は，最高裁で認められた。また，個人情報保護法や情報公開法など，新しい人権の内容を実質的に保障する法律は制定されている。こうした状況から，日本国憲法を改正し新しい人権を明記すべきという主張もある（→p.40）。

◆メモ　商品の広告に顧客吸引力のある有名人の顔写真を使うというように，肖像や名前に商業的価値を認め，それらを排他的に利用する権利をパブリシティ権といい，2012年に最高裁判決で認められた。

1 環境権

① 主な環境権

日照権	**高層建築に対して一定の日当たりを確保する権利** **法律 建築基準法**(1976年改正)…日照権を法的に認めた。	◎都市部のマンション 周辺の日当たりや風通しを確保するため、上方の階の幅が狭くなっている。
嫌煙権	**非喫煙者がタバコの煙から身を守る権利** **法律 健康増進法**(2003年施行)…受動喫煙(喫煙者の周囲の人間がタバコの煙を吸うこと)防止を努力義務とした。 2018年の改正で、学校や病院、児童福祉施設、行政機関などは敷地内禁煙、それ以外で多くの人が利用する施設は原則屋内禁煙とし、罰則規定も設けられた。2020年4月1日全面施行。	◎県庁で屋外喫煙所が閉鎖(山形県 2019年7月1日)
景観権	**良好な景観の恵沢を享受する権利** **法律 景観法**(2004年施行)…特定地域の良好な景観保護のために、高さやデザイン・色などの具体的な規制を認めた。	
その他	**静穏権**…良い環境の中で平穏に生活する権利。 **眺望権**…良好な景観を眺める権利。	

② 大阪空港公害訴訟 【判例】

事件のあらまし 大阪空港の離着ルートのほぼ真下に居住する住民らが、航空機による騒音や振動などの公害、墜落の危険にさらされているとして、人格権と環境権に基づき、夜間飛行の禁止と損害賠償を請求した。

◎民家すれすれを飛ぶジェット機

原告 住民　**争点** 人格権や環境権に基づく夜間飛行差し止め請求を認めるか。　**被告** 国

判決の内容
❶**大阪地裁判決**(1974.2.27)　原告一部勝訴
人格権*に基づき、深夜の時間帯の差し止め請求を認めた。環境権は認めなかった。
❷**大阪高裁判決**(1975.11.27)　原告勝訴
一審で認めなかった時間帯を含む差し止めを全面的に認めた。
❸**最高裁判決**(1981.12.16)
夜間差し止め請求は却下　住民の被害は受忍限度を超えており空港側の対策は不十分と認定し、過去の被害についての損害賠償請求を認めたが、人格権や環境権にはふれず、夜間差し止め請求は却下した。

＊各人の人格に欠かせない、生命、身体、精神、名前、名誉、肖像、生活などに関する利益を総称して人格権という。

③ 国立マンション訴訟 【判例】

事件のあらまし　東京都国立市の住民や土地所有者などが、景観保護のため、高さが最高で43.65mの高層マンションの建設業者らに対して、マンション上層部の撤去を求めた訴訟。

原告 住民ら　**争点** 良好な景観の恵沢を享受する利益・権利は法律上保護されるか。　**被告** 建設業者・マンション購入者

判決の内容
❶**東京地裁判決**(2002.12.18)　住民勝訴
高さ20mを超える部分の撤去を命じた。
❷**東京高裁判決**(2004.10.27)　住民の請求を棄却、住民敗訴
❸**最高裁判決**(2006.3.30)　上告棄却、住民敗訴
景観利益は保護される　良好な景観に近接する地域内の住民の「景観の恵沢を享受する利益」は、法律上保護に値する。ただし利益をこえた権利である景観権としては認められず、景観利益の侵害を認めるには、高さ制限など、景観の保護を定める法令などに違反していることが必要である。
マンションは景観利益を侵害しない　建設当時、高さを制限する法令はなかったため、マンションは違法建築とはいえない。また、マンションは相当の容積と高さがあるが、外観に周囲の景観の調和を乱すような点があるとは認め難い。よって、住民の景観利益を違法に侵害するとはいえない。

解説 景観利益の保護
訴訟となったマンションが面する大学通りは、桜やイチョウの美しい並木で有名で、周囲の建物は、並木の高さに配慮し、20m前後に統一されている。また、マンション建設中の2000年には条例で20m以下に制限された。

◎大学通りに面するマンション

LOOK 鞆の浦景観訴訟 【判例】

1925年指定の名勝地　広島県福山市にある鞆の浦は、歴史的な景観が保全された港湾で、国立公園にも指定されている。しかし、同地域の道幅は狭く、渋滞が慢性化している。このため県と市は、湾の一部を埋め立てて橋を建設し、道路や公園などを整備する計画を立てた。

◎鞆の浦 映画「崖の上のポニョ」の舞台としても知られる。

住民の対立　計画の賛否をめぐって、**住民は対立**。福山市長に計画推進派が当選した一方で、計画反対派の住民が原告となって、広島県を相手取り、知事の埋め立て免許交付の差し止めを求める訴訟を起こした。
景観利益か公共事業か　2009年10月1日、広島地方裁判所は、鞆の浦の景観は「国民の財産ともいうべき公益」であり、埋め立て事業が景観に及ぼす影響は、「決して軽視できない重大なもの」であるとして、**計画反対派の住民の請求を認めた**。その後、知事は、埋め立て・架橋計画を中止し、景観を観光資源として生かす方針を示した。

重要用語 ⑫表現の自由　⑰生存権　⑱幸福追求権　⑲新しい人権　⑳環境権　㉑知る権利　㉒情報公開法　㉓プライバシーの権利　㉔個人情報保護法　㉕アクセス権　㉖自己決定権

2 知る権利

① 外務省秘密漏洩事件 【判例】

事件のあらまし 1972年、野党議員が、沖縄返還に伴う米軍用地の原状回復補償費400万ドルを日本政府が肩代わりするという「密約」を裏付ける外務省機密情報を暴露した。その情報提供者として、新聞記者(男性)と外務省の事務官(女性)が国家公務員法違反で起訴された事件。

検察 / 記者・事務官

争点 政府機関への取材の自由は、公務員の守秘義務を定めた国家公務員法に違反するか。

判決の内容
❶東京地裁判決 (1974.1.31) 無罪(事務官は有罪が確定)
❷東京高裁判決 (1976.7.20) 有罪
❸最高裁判決 (1978.5.31)   有罪

取材方法が不相当であり違法 国政に関する報道は「いわゆる国民の知る権利に奉仕するもの」であり、取材の自由を尊重すべきだが、情報入手のために事務官をそそのかした記者の行為は「個人としての人格の尊厳を著しく蹂躙し」、「正当な取材活動の範囲を逸脱している」と判断し、新聞記者の有罪が確定。

解説 取材の自由の限界 知る権利の保障、民主主義を実現する上で、政府機関への取材は憲法上保障されねばならない。一方で、公務員には守秘義務があり、違反者及び公務員をそそのかして情報を取得した者への罰則がある。裁判は、**取材方法が「法秩序全体の精神に照らし社会観念上、到底是認」できない場合は違法**として、取材の自由の限界を示した。

なお、日本政府は密約の存在を否定し続けたが、民主党政権下の2010年、外務省の有識者委員会が密約の存在を認めた。

② 情報公開制度

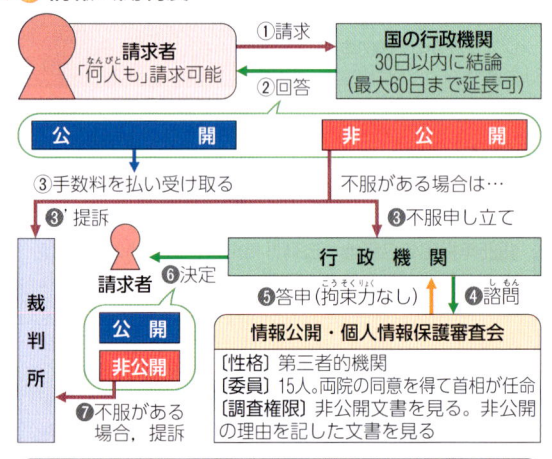

請求者「何人も」請求可能 →①請求→ 国の行政機関 30日以内に結論(最大60日まで延長可)
←②回答←
公開 → ③手数料を払い受け取る
非公開 → 不服がある場合は…
③'提訴 ③不服申し立て
行政機関
⑥決定 ⑤答申(拘束力なし) ④諮問
情報公開・個人情報保護審査会
〔性格〕第三者的機関
〔委員〕15人。両院の同意を得て首相が任命
〔調査権限〕非公開文書を見る。非公開の理由を記した文書を見る
⑦不服がある場合、提訴 → 裁判所
公開/非公開

● **不開示情報**
特定の個人・法人が不利益を被ったり、国家の安全や外交上の不利益につながると判断された情報は非公開。例えば…
- 特定の個人に関する情報…例 病歴
- 特定の企業に関する情報…例 先端技術に関する設備投資計画
- 防衛・外交に関する情報…例 他国と非公開の約束をした情報
- 犯罪捜査に関する情報…例 犯罪の内偵捜査情報
- 審議・検討・協議に関する情報…例 政策決定の検討状況
- 行政機関の運営に関する情報…例 公共事業の契約予定の内容

解説 政府の説明責任 情報公開法(2001年施行)で定められた**情報公開制度**は、国の行政機関がもつ情報の開示を、未成年者や外国人を含む市民が請求できる制度。民主主義実現の要ともいわれる。地方公共団体の情報公開制度は**情報公開条例**で定められている。

③ 特定秘密保護法 [公布 2013(平成25).12 施行 2014(平成26).12]

経過	2013.10.25安倍内閣法案提出、11.26衆院修正可決、12.6参院可決
特定秘密の範囲	防衛、外交、スパイ・テロ活動の防止に関する情報のうち、もれると国の安全保障に著しい支障を与えるおそれがあるもの。国務大臣など行政機関の長が判断。暗号などを除き、最長60年間、特定秘密として保護される
罰則	特定秘密をもらした公務員や、公務員を脅迫などして不正に取得した者は、10年以下の懲役
主な問題点	①特定秘密の範囲があいまい 秘密指定権をもつ人の裁量で、範囲が拡大する恐れ ②知る権利の侵害の恐れ 知る権利の保障のための配慮が明記されたが、正当な取材活動かどうかは当局の判断に委ねられ、マス・メディアなどの取材活動が阻害され萎縮する可能性がある ③プライバシーの侵害 特定秘密を取り扱う人は犯罪歴・家族状況・借金・飲酒の節度などが調査される(適正評価制度)

3 プライバシーの権利

①『宴のあと』訴訟 【判例】

事件のあらまし 三島由紀夫の小説『宴のあと』の主人公のモデルとされる男性が、「小説は、私生活をほしいままにのぞき見し、公表したものであり、耐え難い精神的苦痛を与えられた」として損害賠償を求めた訴訟。

原告 モデルの男性 / 被告 三島由紀夫と出版社

争点 プライバシーの保護は権利として認められるか。

判決の内容
❶東京地裁判決 (1964.9.28)
地裁でプライバシーの権利を認定 個人の尊厳と人格は、文学の芸術性とは無関係に尊重されるという立場からプライバシーの権利を認め、被告に80万円の損害賠償を命じた。
注:被告は控訴したが控訴判決前に原告が死亡。その後遺族と被告との間で和解成立。

解説 プライバシーの権利を確立 プライバシーの権利は、憲法には規定されていないが、この地裁判決以後、「芸術的価値が高いものであっても、それがプライバシーの侵害の違法性をなくすものではない」という司法判断が確立した。

②『石に泳ぐ魚』訴訟 【判例】

事件のあらまし 柳美里の小説『石に泳ぐ魚』の登場人物のモデルとされる人物が、プライバシーの侵害を理由として、単行本の出版差し止めと損害賠償を求めた訴訟。

原告 モデルの人物 / 被告 柳美里と出版社ら

争点 小説の出版は、原告の名誉を毀損し、プライバシー及び名誉感情を侵害しているか。

判決の内容
❶東京地裁判決 (1999.6.22) **公表はプライバシーの侵害**
モデルが推定されるうえ、現実と虚構が織り交ぜられて読者に誤解を与える危険性が高く、公表はプライバシーの侵害に当たるとして、小説の出版差し止めと損害賠償の支払いを命じた。

「私小説すべて訴えられる」(「中日新聞」1999.6.23)

❷東京高裁判決 (2001.2.15) 控訴棄却
❸最高裁判決 (2002.9.24)   上告棄却
注:小説は、修正を加え出版された。

論述にトライ! 情報公開法と個人情報保護法のそれぞれが制定された目的を各200字以内で説明しなさい。〈一橋大〉
(→② 2、③ 4)、キーワード:国民主権、知る権利、幸福追求権、プライバシーの権利

❓ 通信傍受法は、憲法のどの規定との関係で批判されているのか？

❸ 通信傍受法
[公布1999.8 最終改正2019.12]

第2条② この法律において「傍受」とは、現に行われている他人間の通信について、その内容を知るため、当該通信の当事者のいずれの同意も得ないで、これを受けることをいう。

第3条 検察官又は司法警察員は、……当該各号に規定する犯罪の実行、準備又は証拠隠滅等の事後措置に関する謀議、指示その他の相互連絡その他当該犯罪の実行に関連する事項を内容とする通信が行われると疑うに足りる状況があり、かつ、他の方法によっては、犯人を特定し、又は犯行の状況若しくは内容を明らかにすることが著しく困難であるときは、裁判官の発する傍受令状により、……通信の傍受をすることができる。

解説 通信の秘密・プライバシーの権利との関係 通信傍受法は、麻薬犯罪や銃器関連の犯罪などの組織的な犯罪捜査のため、**裁判官の令状**に基づいて、捜査機関による電話・メールなどの傍受(盗聴)を認めた法律。しかし、捜査中に犯罪と関係のない一般市民の通話が傍受された場合、**通信の秘密**(憲法21条)や**プライバシーの権利**を侵害するおそれがあるため、強い批判がある。

2016年、刑事司法改革関連法の成立(◆p.77 B❷)により、通信傍受の対象として、組織犯罪が疑われる詐欺・窃盗など9類型を追加。第三者の立ち合いも不要となった。これにより、迅速な捜査が可能になるという意見の一方で、捜査手法としての盗聴が日常的となる危険があるという指摘もある。

❹ 個人情報保護法

個人情報保護法は、個人情報を企業などの不正利用から保護し、流出を防ぐため、取り扱う際のルールを規定した法律。2003年成立、2015年改正。

(1) 個人情報を扱う民間事業者に対する義務認定

①利用目的をできる限り特定し、範囲外の利用をしない。
②不正取得しない。本人に利用目的を明示または公表する。
③保有する情報は正確で常に最新の内容であるよう努める。
④流出防止のための安全管理、従業者や委託先への適切な監督
⑤本人の同意がなければ第三者に情報提供しない。
⑥本人の開示・訂正・利用停止請求に応じる。　　　　など

(2) 主な改正ポイント

①個人情報の定義の明確化
- 氏名・生年月日など特定の個人を示す情報
- 指紋・顔認識データなどデジタル化された身体的特徴の情報
- 運転免許証番号やマイナンバー(◆p.268 LOOK)など
注:人種・信条・病歴・犯罪歴などの情報は、要配慮個人情報として厳重に取り扱い。

②適切な規律の下で個人情報等の有用性を確保
- 特定の個人を識別できないよう加工した情報は、一定の条件のもと、本人の同意がなくても第三者に提供可能

③個人情報の保護を強化
- 個人情報を第三者に提供する際、流通経路を確認できるよう記録を保存(トレーサビリティの確保)
- 不正に第三者に提供した者に対する罰則を規定

④個人情報保護委員会の新設…プライバシー保護のための監督・監視業務を一元的に行う第三者機関。

⑤国家間の個人情報取り扱い規定の整備
- 外国の第三者への個人情報提供は、本人の同意を得る、または日本と同水準で保護されると認められる場合など。

解説 ビッグデータの活用促進 情報通信技術の急速な発展にともなって集積される膨大な情報(ビッグデータ)は、新事業の開拓などイノベーションをもたらすと期待される。保護すべき情報を明確化し、それ以外の個人にかかわる情報を有効に活用する制度を整備するため、個人情報保護法が改正された。

❹ アクセス権

❶ サンケイ新聞意見広告訴訟 【判例】

事件のあらまし 1973年12月2日、自民党がサンケイ新聞に共産党を批判する意見広告を出した。これは回答を求める挑戦広告で、誹謗・中傷に満ちた内容だとして、共産党が同新聞社に、同一スペースの反論文の無料掲載を求めた訴訟。

原告:日本共産党　**争点** 反論文掲載請求権を認めるか。　被告:サンケイ新聞

判決の内容
❶東京地裁判決(1977.7.13)　原告敗訴
❷東京高裁判決(1980.9.30)　原告敗訴
❸最高裁判決(1987.4.24)　　原告敗訴

反論権は表現の自由を侵す危険あり 反論権の制度には、名誉あるいはプライバシーの保護に資するものがある。しかし、この制度を認めると、新聞を発行・販売する者に公的事項に関する批判的記事の掲載を躊躇させ、憲法の保障する表現の自由を間接的に侵す危険につながるおそれも多分に存する。反論権の制度を認めた具体的な成文法がないのに、反論文掲載請求権をたやすく認めることはできない。

解説 反論権の立法化はできるか マスメディアへの反論権(アクセス権の1つ)が問題とされた有名な訴訟。最高裁は、具体的な成文法のない反論権は認められないとしたが、反論権の立法化が合憲かどうかは明確に示さなかった。

❺ 自己決定権

❶ 輸血拒否訴訟 【判例】

事件のあらまし 信仰上の理由から輸血を固く拒否し、その意思を病院に伝えていた女性が、他に救命手段がなければ輸血するという医師の方針を事前に説明されずに手術で輸血されたため、精神的な苦痛を受けたとして、損害賠償を求めた訴訟。

原告:患者の女性　**争点** 医師は、治療方針の説明を怠ったか。そしてそれは、患者の自己決定権と信教の自由を侵害したか。　被告:病院を運営する国・医師ら

判決の内容
❶東京地裁判決(1997.3.12)　原告敗訴
❷東京高裁判決(1998.2.9)　 原告勝訴
高裁で自己決定権を認める 輸血以外に救命手段がなければ輸血するという治療方針について、患者への説明と同意が必要であったとして**自己決定権を認め**、損害賠償請求を認めた。
❸最高裁判決(2000.2.29)　上告棄却、原告勝訴
自己決定権には言及せず 患者が、輸血を受けることは自己の宗教上の信念に反するとして、輸血を伴う医療行為を拒否するとの明確な意思を有している場合、このような意思決定をする権利は、人格権の一内容として尊重されなければならないとして、損害賠償請求を認めた。

「同意得ず輸血 賠償命令」「エホバの証人 東京高裁が逆転判決 "患者側に自己決定権"」(「朝日新聞」1998.2.10)

解説 医療と自己決定権 最高裁は**自己決定権**には言及しなかったが、医師が治療方針の説明を怠り、治療方法を自らの意思で選択するという患者の権利を奪ったことへの責任を認め、**インフォームド・コンセント**(患者が医師から十分な説明を受けた上で、治療法に同意すること)の必要性を示した。

▶重要用語　❽知る権利　❽情報公開法　❽プライバシーの権利　❽個人情報保護法　❽アクセス権　❽自己決定権

2 東海大学安楽死事件 判例

事件のあらまし 1991年，大学附属病院の医師が，末期がんの男性患者の家族の強い要望を受け，悩んだ挙句に，すでに昏睡に陥っていた同患者に致死薬を注射し心臓マヒで死亡させたとして，殺人罪で起訴された事件。

検察官 ／ 争点 本件は安楽死に当たるか。／ 医師（被告人）

判決の内容
❶横浜地裁判決（1995.3.28） 被告人は有罪
安楽死に当たらない 医師による安楽死の四要件を示し，本件は①・③の要件を満たさないため安楽死に当たらないとして，懲役2年，執行猶予2年の有罪判決を下した。

●医師による安楽死の四要件
①患者に耐えがたい肉体的苦痛があること。
②死が避けられず，その死期が迫っていること。
③肉体的苦痛を除去・緩和のための方法を尽くし，他に代替手段がないこと。
④生命の短縮を承諾する患者の明示の意思表示があること＊。

＊治療行為の中止は，患者の意思が推定できる家族の意思表示でも可能と判断。

解説 安楽死の基準を定めるべきか この事件で示された要件は，あくまでも判決においての基準である。この事件以降も，安楽死事件がたびたび起きており，安楽死の基準を法制化すべきという意見もあるが，慎重な議論が必要である。

●尊厳死と(積極的)安楽死の違い

尊厳死	患者	死が不可避な末期状態の患者
	方法	本人の意思に基づき，延命治療せずに，人間としての尊厳を保ったまま死を迎えさせる。
	問題点・批判	・末期状態の患者が，自分の尊厳の尊重よりも，家族への経済的な負担を苦慮して延命治療を断る場合も考えられる。 ・意識不明で本人の意思の確認ができない場合，家族による意思の推定だけで延命治療を中止してよいか。
(積極的)安楽死	患者	耐えがたい肉体的苦痛があり，回復の見込みがない患者
	方法	本人の意思に基づき，薬剤の投与など，積極的な方法で死を迎えさせる。
	問題点・批判	・オランダ，ベルギー，ルクセンブルクなどでは安楽死が合法化されているが，日本では安楽死を認める法律は制定されていない。 ・医師の「殺人」または「自殺ほう助」ではないかという抵抗感を抱く人が多い。 ・患者の苦痛を死で解決するのではなく，終末期医療の充実を図るべきだ。

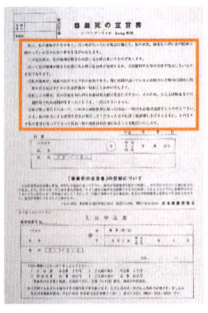

◀リビング・ウィル 尊厳死の生前意思で，日本尊厳死協会が発行・登録している。アメリカのカリフォルニア州では法的に効力をもつ。自分の傷病が現代の医学で不治であり，死期が近いと診断された場合，死期を引き延ばすためだけの延命措置の拒否，苦痛を和らげるための緩和医療の実施，回復不能な植物状態に陥った場合の生命維持装置の拒否などを宣言した文書。

クオリティ・オブ・ライフ（QOL，生命の質） 残された人生をいかに豊かなものにするか，いかに生きるかに重点を置く考え方。

3 脳死と臓器移植
(1)提供の意思表示

▶臓器提供意思表示カード（ドナーカード） 市役所や郵便局などで手に入る。健康保険証に意思表示欄がある場合もある。現在はネット登録も可能。

解説 臓器移植とは 病気や事故などで臓器が機能しなくなった患者に，人の健康な臓器を移植し，機能を回復させる医療を臓器移植という。1997年，臓器移植法が成立し，脳死になった人からの臓器移植が可能となった。2009年に改正され，それまでできなかった本人の意思が不明な場合の提供，15歳未満の提供も，家族の同意があれば可能となり，親族への優先提供も認められた。

(2)日本の脳死の定義

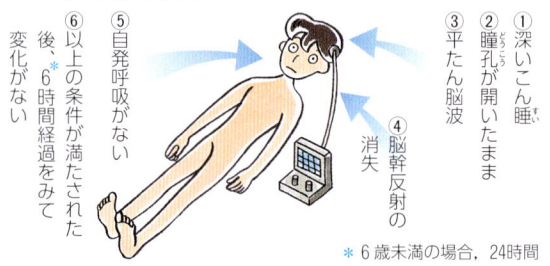

①深いこん睡　②瞳孔が開いたまま　③平たん脳波　④脳幹反射の消失　⑤自発呼吸がない　⑥以上の条件が満たされた後，6時間経過をみて変化がない

＊6歳未満の場合，24時間

●脳死と植物状態の違い

脳死	植物状態
・脳幹を含む脳全体の機能が永久に不可逆的に停止	・大脳と小脳の一部または全部の機能が停止
・自発呼吸ができず，人工呼吸器で循環機能を保っている	・脳幹が機能しているため，自発呼吸，血液循環が行える
・現在の医療では助からないとされている	・回復する可能性がある

(3)臓器提供件数の年次推移

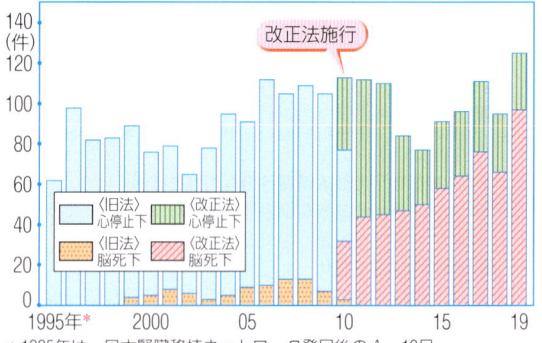

（日本臓器移植ネットワーク資料）
＊1995年は，日本腎臓移植ネットワーク発足後の4～12月

解説 臓器移植法の問題点 臓器移植法が改正され，脳死下での提供数は増えた。しかし，本人の意思が不明でも家族の同意で提供できることから，虐待を受けていた子どもから提供される危険性がある。また，親族への優先的な提供は，提供臓器の配分の公平性を欠くという意見や，善意である臓器提供は，「親族を救いたい」という自己の利益の尊重となじむのかという意見もある。さらに，脳死状態から心停止までに30日以上要する長期脳死の事例や，脳死判定の正確性への疑問もある。現時点では，脳死状態から回復する見込みは限りなく低いとされているが，将来的に医療が発展し，助かる可能性もある。

入試クイズ 新しい人権の1つとされる自己決定権は，公共的な課題について市民が集団として決定する権利であり，私的事柄を決定する権利を含まない。○？×？〈13本〉 答：×

インターネットと人権

Coming Up

インターネット上では，誰でも簡単に，世界中に向けて自分の考えを述べたり創作したものを発表したりでき，非常に便利である。しかし，一方でネット上での人権侵害が急増し，対策が急務となっている。ネット特有の事情を知り，人権侵害をなくすために何ができるか考えよう。

A この行動，○？×？

① 友達とケンカ。むしゃくしゃしたので悪口を書き込んで発散

② 彼女にフラれた腹いせに，彼女と撮った写真をネット上に公開

③ 個人のサイトにアップされていた人気アーティストのCD収録曲をダウンロード

④ ある事件の捜査対象者が知り合いだったと分かり，個人情報をネットに掲載

答え ①〜④すべて問題あり！

① 他人の悪口や根拠のないうわさをネット上に書き込むことは，**人権侵害**にあたる。匿名の書き込みでも発信者の特定は可能。内容によっては名誉毀損罪などに問われることも。

② 元交際相手などの性的な写真を無断でネットに公表する，いわゆる**リベンジポルノは犯罪行為**（リベンジポルノ防止法の公表罪）にあたり，3年以下の懲役または50万円以下の罰金。そのほか，公表させるために性的画像を第三者に提供する行為も罪に問われる（公表目的提供罪）。

③ 販売または有料配信されている音楽や映像を，正規の配信サイトでないことを知りながらダウンロードすることは**著作権侵害**にあたり，2年以下の懲役もしくは200万円以下の罰金（またはその両方）。

④ 他人の個人情報を無断でネットに掲載することは，**プライバシーの侵害**であると同時に，本人や家族などへの誹謗中傷に発展するなど，重大な人権侵害を招く。

●インターネットを利用した人権侵犯事件

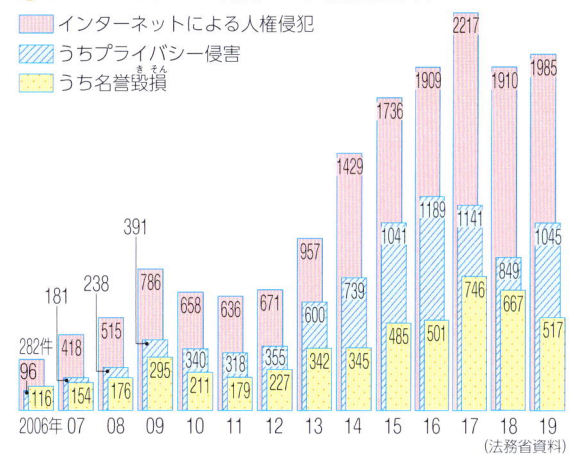

凡例：
- インターネットによる人権侵犯
- うちプライバシー侵害
- うち名誉毀損

年	人権侵犯	プライバシー侵害	名誉毀損
2006	282件	96	116
07	418	154	181
08	515	176	238
09	786	295	391
10	658	211	340
11	636	179	318
12	671	227	355
13	957	342	600
14	1429	345	739
15	1736	485	1041
16	1909	501	1189
17	2217	746	1141
18	1910	667	849
19	1985	517	1045

（法務省資料）

B ネットの人権侵害の特徴

気軽に，かつ匿名での発信が可能であるため，根拠に乏しい内容や，他人を傷つける悪質な情報が含まれることがある。また，コピー・加工が簡単なため，いったん拡散した情報は削除が難しい。インターネット上では，現実の世界より人権侵害の被害者にも加害者にもなりやすい。ネットの向こうにいる相手を意識し，自分が発信したことには責任が伴うことを十分に理解する必要がある。

●もし，人権侵害にあったら
- 保護者や先生など信頼できる大人に相談
- 身近な人に相談しにくい場合は，法務局の相談窓口へ
  → 誹謗中傷・画像などの削除依頼の方法や，被害者に代わってプロバイダへの削除を要請するなど，対処法を教えてくれる。
- インターネット人権相談受付窓口
  パソコン http://www.moj.go.jp/JINKEN/jinken113.html
  携帯 https://www.jinken.go.jp/soudan/mobile/001.html
- 子どもの人権110番（通話料無料）0120-007-110
- みんなの人権110番 0570-003-110
- 女性の人権ホットライン 0570-070-810

Look 「忘れられる権利」とは？

過去の犯罪履歴や誹謗中傷など本人に不都合な情報を検索結果から削除するよう，検索サービス事業者に求めることができる権利を「忘れられる権利」という。EUでは法的な権利として認められている。

表現の自由を重視 日本では「忘れられる権利」を規定する法律はないが，求める声は高まっている。しかし，認めれば表現の自由や知る権利を侵害する恐れがある。2017年1月，最高裁は，過去の逮捕歴を検索結果から削除するよう求めた男性の請求を棄却。「忘れられる権利」には言及しなかったものの，検索結果は検索事業者の表現行為であるとし，**表現の自由や検索結果の必要性とプライバシーの保護を比較し，「公表されない法的利益が優越することが明らかな場合」に削除が認められる**として，削除に厳格な要件が必要との判断を示した。（「朝日新聞」2017.2.2）

検索結果の削除 最高裁が初判断
表現の自由と比較し判断

重要用語 ⑫表現の自由 ⑪知る権利 ⑬プライバシーの権利 ⑯自己決定権

Coming Up

民主主義は万能か？

2016年のイギリスのEU離脱を問う国民投票（→p.345LOOK）やアメリカ大統領選挙（→p.27）の結果は、大衆迎合主義（ポピュリズム）の影響だという批判がある。国民の多数意見による決定がなぜ批判されるのか。民主主義の欠点を理解し、民主主義を実現するとはどういうことか、考えてみよう。

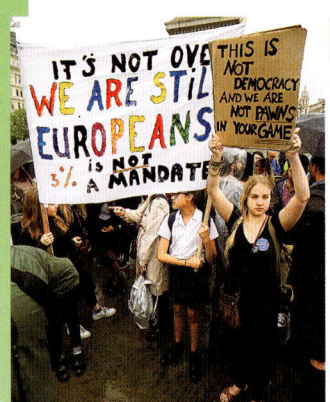

A 国民の選択は常に正しい！…か？

◁離脱決定後もEU残留を求める人
◁トランプ候補の支持者（2016年大統領選）

> 民主主義は最悪の政治形態らしい。ただし、これまでに試されたすべての形態を別にすれば話であるが。

▷チャーチル　イギリス元首相。

解説　国民の選択が常に最良とは限らない　国民の選択は尊重されるべきである。しかし、イギリスの国民投票では離脱派の主張の一部に誤りが発覚。アメリカ大統領選挙では移民排斥などの差別を助長する過激な言動も見られ、国民の怒りや分裂の危機を招いた。

B 民主主義は独裁政治を否定する？

●ナチスの勢力拡大と失業率

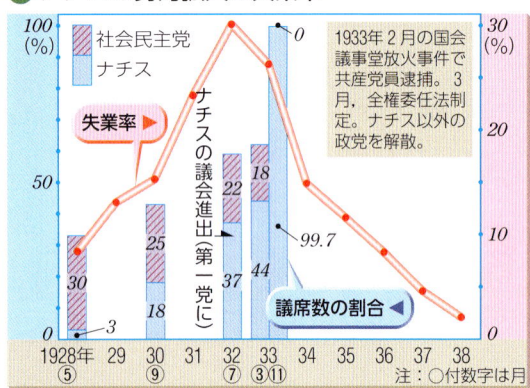

1933年2月の国会議事堂放火事件で共産党員逮捕。3月、全権委任法制定。ナチス以外の政党を解散。

（「岩波講座世界歴史27」など）

◁アウトバーン（1933〜42年工事）　高速道路と軍用道路を兼ねた。

◁フォルクスワーゲン　「国民車」という意味で、1938年に工場開業。ヒトラーがポルシェ博士に設計させたが、結局、国民には渡らず軍用車となった。

解説　民主主義から独裁は生まれた　第一次世界大戦後、敗戦国のドイツは巨額の賠償金などによって財政難に陥り、1929年の世界恐慌により経済混乱が頂点に達した。ヒトラーは巧みな演説で支持を集めてナチスの議席を伸ばし、1933年に首相に就任。アウトバーン（高速道路網）建設などの公共事業や自動車産業の振興によって急速に経済を回復させる一方、共産党や社会民主党を弾圧し、議会で全権委任法（→p.16[1]）を成立させ合法的に独裁政治を可能にした。ヒトラーは民主主義の中で生まれたのである。

C 民主主義は万能ではない

民主主義は、リンカーンの「人民の、人民による、人民のための政治」（→p.15[2]）に象徴されるように、人民が権力をもち、行使することである。しかし、権力を誰に委ねるかを決める過程で、「強いリーダー」をアピールし、国民の不満や不安をあおって一部の人を排除するような大衆迎合主義に熱狂的な支持が集まれば、民主主義は衆愚政治に堕落し独裁を生む危険をはらむ。民主主義を機能させるのは国民の選択次第である。

◁ヒトラーに熱狂する民衆（1938年）

大衆迎合主義（ポピュリズム）　ポピュリズムは、もともとは民衆が既成政治やエリート政治を批判する政治運動のことをいい、政治改革を促すエネルギーであった。しかし、近年では、大衆受けを過度に重視する否定的な意味（大衆迎合主義）で用いられることが多い。

D 民主主義を実現するには？

> 民主主義をめざしての日々の努力の中に、はじめて民主主義は見出される。

▷丸山真男　政治学者・思想家。

> 民主主義の眼目は、率直で力を込めた討論である。

▷サッチャー　イギリス元首相。

解説　表現の自由は民主主義の原則　国民投票や選挙は手段に過ぎない。民主主義の実現には、国民が様々な情報を入手し、自由に考え、議論し、より良い判断を下そうとする努力を続ける必要がある。この活動を支えるのが**表現の自由**（憲法第21条）であり、このため、他の権利に比べて優越的地位にある（→p.64B[3]）。

重要用語　[41]国民投票　[82]表現の自由　[213]世界恐慌

ポイント整理 ④

7 基本的人権の保障

A 日本国憲法の権利・義務 （→p.63〜65）

基本的人権
の一般原理
- 基本的人権の永久不可侵性（日本国憲法11条，97条）
- 基本的人権の保持責任，濫用禁止，利用責任（12条）
- 個人の尊重・幸福追求の権利（13条）

国民の三大義務…教育を受けさせる義務（26条），勤労の義務（27条），納税の義務（30条）

B 平等権 （→p.66〜70）

法の下の平等
（不合理・恣意
的な差別禁止）
- 国民は，人種，信条，性別，社会的身分又は門地により，政治的，経済的又は社会的関係において，差別されない（14条①）
- 両性の本質的平等（24条）→**男女雇用機会均等法**〔1985，97年改正〕
- 参政権の平等（44条），教育の機会均等（26条）

女性差別・同和問題・民族差別・体の不自由な人への差別などが問題とされる他，近年は永住・定住外国人の権利も議論されている

C 自由権的基本権（自由権）①—精神の自由 （→p.71〜74，91，92）

精神の自由…心の中で考えること（内心の自由）及びそれを外部に表現する自由
- 思想・良心の自由（19条）
- 信教の自由（20条）→政治と宗教（宗教団体）の結びつきを禁止する**政教分離の原則**
- 集会・結社・**表現の自由**，通信の秘密，**検閲**の禁止（21条）
- **学問の自由**（23条）…大学の自治も含む

D 自由権②—人身（身体）の自由 （→p.75〜78）

人身（身体）の自由…不当な拘束・迫害を受けず，身体の活動を不当に圧迫されない
- 奴隷的拘束及び苦役からの自由（18条），適法手続き・**罪刑法定主義**（31条）
- 逮捕，住居侵入・捜索・押収に関する**令状主義**（33，35条）→別件逮捕問題
- 不法な抑留・拘禁の禁止（34条）
- 拷問及び残虐な刑罰の禁止（36条）→死刑制度の存廃をめぐる問題
- 刑事被告人の諸権利（37条），自白強要の禁止・**黙秘権**（38条）
- 遡及及処罰の禁止・一事不再理（39条） → **冤罪**の防止

E 自由権③—経済の自由 （→p.79，80）

経済の自由…社会的弱者の生存保障のため「公共の福祉」により制限される
- 居住・移転及び職業選択の自由，外国移住・国籍離脱の自由（22条），**財産権**の保障（29条）

F 社会権的基本権（社会権） （→p.80〜83）

社会権…人間らしい生活のため国の積極的施策を要求する権利
- **生存権**（25条）…「健康で文化的な最低限度の生活」を営む権利
- 教育を受ける権利（26条）→**教育基本法**，義務教育制度
- 勤労の権利（27条），**労働三権**…**団結権**・**団体交渉権**・**団体行動権**（28条）
  →労働基本権→**労働基準法**，労働組合法，労働関係調整法（労働三法）

G 請求権 （→p.83，84）

請求権…基本的人権が侵害された場合，国家に救済を請求する権利
- **請願権**（16条），損害賠償請求権（国家賠償請求権）（17条）
- 裁判を受ける権利（32，37条），刑事補償請求権（40条）

H 参政権 （→p.85）

参政権…国民が政治に参加する権利
- **選挙権**（15条），公務員の選定・罷免権（15条①），被選挙権（43，44条）
- 最高裁判所裁判官の**国民審査**（79条②③），地方公共団体の長・議員の**選挙権**（93条），
- 地方特別法の**住民投票**（95条），憲法改正の**国民投票**（96条①）

I 新しい人権 （→p.86〜92）

① **環境権**…よい環境を享受する権利，**日照権**等←生存権，幸福追求権（25，13条）
② **知る権利**…国家情報の公開を求める権利←表現の自由（21条）
　　　　情報公開法，特定秘密保護法
③ **プライバシーの権利**…私生活をみだりに公開されない権利←個人の尊重，
　自己情報コントロール権としても把握。**個人情報保護法**　幸福追求権（13条）
④ **アクセス権**…個人が**マスメディア**を通じ意見表明する権利←表現の自由（21条）
⑤ **自己決定権**…一定の個人的事柄を自分の意思で決定できる権利←個人の尊重，幸福追求権（13条）

ポイント解説

A 日本国憲法の人権 日本国憲法は**基本的人権**を侵すことのできない永久の権利で，**公共の福祉**に反しない限り，国政の上で最大の尊重が必要と規定した。国民の様々な権利を保障する一方で，教育を受けさせる義務・勤労の義務・納税の義務を国民の三大義務としている。

B 平等権 **法の下の平等**は，人種・性別・家柄・地位・財産などの理由で不合理・恣意的な差別を受けないことを保障するものであり，法適用の平等，法内容の平等の概念を含む。しかし現実には様々な差別が存在し，解消の努力が必要である。

CDE 自由権 国民の自由を制限する国家の干渉を排除する権利が**自由権**であり，**精神の自由，人身（身体）の自由，経済の自由**から成る。日本国憲法は大日本帝国憲法と比較して広範な精神の自由を保障し，刑事手続きに関する詳細な規定を設けて人身の自由を保障している。一方，経済の自由は，社会的弱者救済のため，**公共の福祉**による一定の制限が認められている。

F 社会権 資本主義の発達に伴い，経済的・社会的弱者に実質的な自由と平等を保障する必要が生じてきた。20世紀に確立した**社会権**は，人間らしい生活を保障するための積極的な施策を，国家に要求する権利である。**生存権，教育を受ける権利，労働基本権**などがある。

G 請求権 請求権は権利の保障をより確実なものにするための権利で，国民は損害賠償請求や刑事補償請求，請願や裁判を通じて権利の侵害に対する救済を請求できる。

H 参政権 政治に参加する権利を**参政権**という。憲法は**選挙権**を保障し，憲法改正の**国民投票**など一部で直接民主制を取り入れ，国民の政治参加を保障している。
　2015年，公職選挙法が改正され，選挙権年齢が18歳以上に引き下げられた（2016年施行）。

I 新しい人権 情報社会の進展，公害・環境問題の発生など，日本国憲法施行後の急激な社会変化に伴う新たな問題に対し，**環境権，知る権利，プライバシーの権利，アクセス権，自己決定権，平和的生存権**などが主張されるようになった。これらの**新しい人権**は憲法に直接の規定はないが，判例を通じ具体的権利として認識されつつある。

8 国会の構成と権限

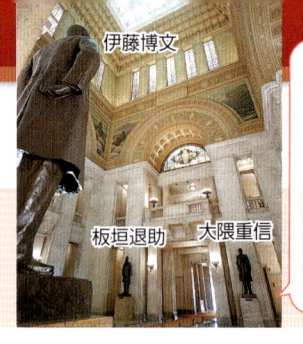

▶**国会議事堂の中央広間** 議会政治の基礎を築いた功労者として, 3人の銅像が並ぶ。国民の代表として選出された議員からなる国会のしくみと働きを確認して, 日本の議会制民主主義がどのように運営されているかを理解し, その課題を考えよう。

伊藤博文　板垣退助　大隈重信

4つ目の台座には銅像がない。4人目を選べず将来にもち越されたとも,「政治に完成はない, 未完の象徴」という意味とも言われる。

A 日本国憲法下の政治機構

前文 ……そもそも国政は, 国民の厳粛な信託によるものであつて, その権威は国民に由来し, その権力は国民の代表者がこれを行使し, その福利は国民がこれを享受する。……

第41条〔国会の地位・立法権〕 国会は, 国権の最高機関であつて, 国の唯一の立法機関である。

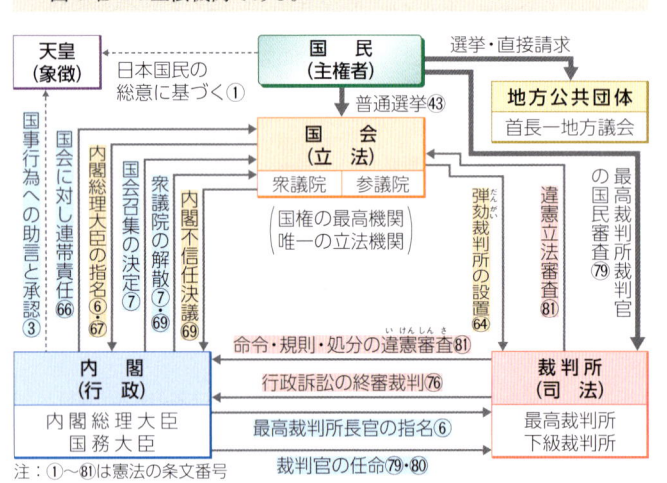

三権分立 日本国憲法は, 国家権力のうち, **立法権は国会, 行政権は内閣, 司法権は裁判所**に担わせ, それぞれが抑制し合い, 均衡を保つ**三権分立**のしくみを採用している。

立法権の独占と国会中心主義 主権者の国民を代表する議員からなる国会は,「**国権の最高機関**」として国政の中心に位置づけられ, 国家のルールである法律をつくる「**国の唯一の立法機関**」である。

議院内閣制(→p.98) 立法権と行政権の関係は, イギリス型の**議院内閣制**(→p.25)を採用し, 内閣は国会の信任に基づいて成立し, 国会に対して責任を負うと規定された。

司法の違憲法令審査権(違憲審査権) (→p.111) 裁判所には, 基本的人権の保障を実現するため, アメリカ型の**違憲法令審査権**(→p.26)が認められている。

注：天皇主権の大日本帝国憲法下では, 帝国議会は天皇の協賛機関。国務大臣は行政権の主体である天皇を輔弼(天皇の政治を助けること)し, 天皇に対してのみ責任を負った。裁判所には違憲法令審査権がなかった。(→p.36❷・42)

B 国会の構成と運営

1 国会の組織 ◉なぜ2つの議院があるのか？

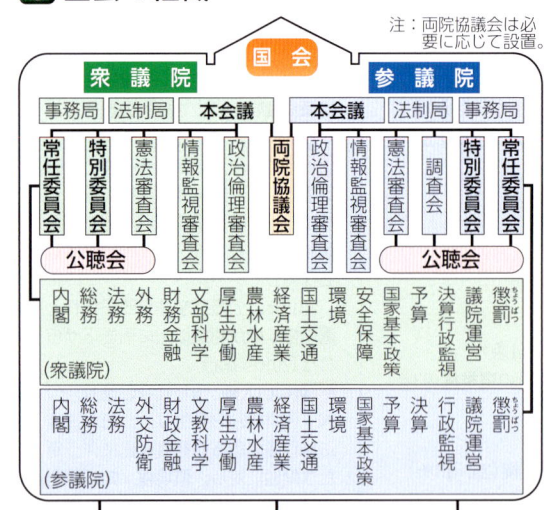

注：両院協議会は必要に応じて設置。

第42条〔国会の両院制〕 国会は, 衆議院及び参議院の両議院でこれを構成する。

第43条〔両議院の組織〕① 両議院は, 全国民を代表する選挙された議員でこれを組織する。
② 両議院の議員の定数は, 法律でこれを定める。

第44条〔国会議員及び選挙人の資格〕 両議院の議員及びその選挙人の資格は, 法律でこれを定める。但し, 人種, 信条, 性別, 社会的身分, 門地, 教育, 財産又は収入によって差別してはならない。

2 衆議院と参議院の比較

	衆議院		参議院*
定員	465人		248人
任期	4年(解散の場合は任期中でも資格を失う)		6年(3年ごとに半数を改選)
被選挙権	25歳以上		30歳以上
選挙区	比例代表176名〔11ブロック〕, 小選挙区289名〔小選挙区比例代表並立制〕		比例代表100名〔全国〕, 選挙区148名
解散	あり		なし(衆議院が解散のときは閉会)
緊急集会	なし		あり(衆議院が解散中に内閣が要請)

*2018年の法改正により, 参議院の議員定数は242人から6人増員。2019・2022年に3人ずつ増える。

解説 二院制(両院制)の理由 ①慎重な審議で一方の行き過ぎをチェック, ②異なる選出方法・任期で多様な民意を反映, ③**衆議院解散**時の緊急議事に**参議院**が対応するため, などがあげられる。解散がなく長期的視野で議論できる参議院には,「数の衆議院」に対する「理の参議院」としての役割が期待される。

入試クイズ 国会に設置されている委員会は, 法律案の審議のために公聴会の開催が義務づけられている。○？×？〈17本〉(→p.95❹)　答：×

3 国会の種類

種類	会期*1	召集	主な議題
常会 (通常国会)	150日間	毎年1回，1月中	新年度予算
臨時会 (臨時国会)	両議院一致の議決	内閣または衆参いずれかの議院の総議員の4分の1以上の要求	国内・外の緊急議事
特別会 (特別国会)	同 上	衆議院解散後の総選挙から30日以内	内閣総理大臣の指名
参議院の緊急集会	不 定	衆議院の解散中に緊急の必要がある場合。内閣が要求	国内・外の緊急議事*2

*1 通常国会は1回，臨時国会と特別国会は2回延長できる。
*2 次の国会開会後10日以内に衆議院の同意がない場合，効力を失う。

4 委員会制度 なぜ委員会が設けられるのか？

常任委員会
原則として全議員がいずれかの委員会に所属する。
●主な常任委員会
予算委員会 予算の審議を行う。与野党の実力者から内閣に対し国政全般についての質疑も行われる。
議院運営委員会 本会議の開会日時や議事日程など国会運営の協議を行う。
国家基本政策委員会 同委員会の衆参両院の合同審査会で，内閣総理大臣と野党党首との党首討論が行われる(→p.97)。

○予算委員会

特別委員会
特定案件の審議のため，会期ごとに議院の議決により設置。
●これまでに設置された主な特別委員会
東日本大震災復興特別委員会 東日本大震災の復興の総合的対策樹立のため，2011年常会で初めて衆参の各院に設置。東日本大震災復興基本法案の審議や災害廃棄物の処理・食品中の放射性物質についての国政調査などを実施。
郵政改革に関する特別委員会 郵政改革の問題調査のため，2011年常会で初めて衆議院に設置。郵政民営化法の改正案の審議や郵政事業についての国政調査などを実施。

公聴会
重要な案件の審査をするために両院の委員会・憲法審査会・参議院の調査会が開く会。総予算や重要な歳入法案・憲法改正原案については開会を義務付けられている。学識経験者や利害関係のある人に出席を求め(公募や政党の推薦をもとに委員が選ぶ)，意見を聴く制度。公聴会での意見に拘束力はない。

○公聴会

解説 少数の議員による審査 専門的知識をもつ少数の議員からなる委員会で十分に審議したうえで，議員全員が出席する本会議で最終的な意思決定をする。

職務を全うするため 国民を代表して政治を行う国会議員には，外からの干渉や圧力を受けず，独立して行動できるよう，様々な特権がある。一方で，一般的な労働者の年収は約497万円(2018年)であり，特権に対する国民の不満は根強い。東日本大震災を受け2014年まで歳費削減，参議院議員の増員に伴い2022年まで参議院議員の歳費自主返納がされているが，歳費や選挙制度の抜本的な見直しが必要との意見もある。

○**衆議院議員バッジ** 参議院と同じ直径20ミリだが，材質が違う。菊は伝統的に日本を代表する花の1つ。

国会の1年

1月	・**常会召集**(開会式は参議院で行う)
	・**首相の施政方針演説**など政府4演説(首相，外務大臣，財務大臣，経済財政担当大臣)と各党の代表質問
2月	・衆議院予算委員会**予算審議**(3～4週間)
	・予算，衆議院通過(下旬)
3月	・参議院予算委員会予算審議(3～4週間)
	・予算関連法案などの委員会審議始まる(中旬)
	・予算成立(下旬)
4月	・他の委員会で法案審議始まる
5月	・会期延長をめぐる与野党のかけ引き(下旬)
6月	・常会閉会(下旬)
7月	・議員の海外視察，国内施設の視察(公共施設など)
	・議員の選挙区の後援者，支持者への働きかけ
8月	
9月	・臨時会の召集をめぐるやりとり
10月	・**臨時会召集**
	・首相の所信表明演説と各党の代表質問
11月	・重要法案，補正予算などの審議
12月	・臨時会閉会

は国会開会期間

解説 法案成立をめぐるかけ引き 会期中に議決されなかった法案は，各議院によって閉会中審査(継続審議)の議決がされなければ廃案となる。そこで，与党は法案成立のため会期延長を図り，野党は廃案をねらい閉会にもち込もうとすることが多い。これに関して，審議不十分と主張する野党の了承を得ずに採決日を決め，「数の論理」で法案を成立させようとする与党の**強行採決**や，野党による**審議拒否**や**牛歩戦術**などの議事妨害には批判もある。

LOOK 国会議員の特権は何のため？

❶ 国会議員の特権

歳費特権 (憲法49条)	国庫から相当額の歳費(一般職の国家公務員の最高額以上)を受ける。
免責特権 (憲法51条)	両議院の議員は，議院で行った演説，討論，表決について，院外で責任を問われない。
不逮捕特権 (憲法50条)	両議院の議員は，法律の定める場合を除いては，国会の会期中逮捕されず，会期前に逮捕された議員は，その議院の要求があれば，会期中釈放しなければならない。 **現行犯や議院の許諾があれば逮捕可能** 会期中の国会議員でも現行犯，もしくは所属する議院の許諾があれば逮捕できる(国会法の規定)。

❷ 国会議員の主な待遇 (議員1人当たり年額，2019年)

歳費 約1553万円	公設秘書給与(3人分)*2
期末手当 約629万円	約1778万～2696万円
文書通信交通滞在費 1200万円	JR無料パス・航空クーポン
立法事務費*1 780万円	議員会館・宿舎利用

注：国会議員互助年金(議員年金)は2006年4月時点の現職議員までで支給廃止。私鉄・バスの無料パスは2012年に廃止。
*1 会派に交付。　*2 国から秘書に支給。　(衆議院資料など)

重要用語 ❽国会 ❽委員会制度 ❽公聴会 ❽不逮捕特権 ❽免責特権 ❽両院協議会 ❽議院内閣制 ⓰違憲法令審査権(違憲審査権)

C 国会の権限

1 国会及び各議院の権限

	権限	憲法	内容
立法関係	立法権	41条	国の唯一の立法機関
	法律案の議決権*	59条	両院一致の議決で法律を制定
	憲法改正の発議権	96条	憲法改正は，各議院の総員の3分の2以上の賛成で発議し，国民投票の過半数の賛成で成立する(→p.40)
対行政	条約承認権*	61条 73条	内閣が条約を締結するときは，国会の承認が必要
	内閣総理大臣の指名権*	67条	国会議員の中から指名する
	内閣不信任決議権衆	69条	衆議院は内閣不信任の決議案可決や，信任の決議案否決ができる
	財政処理	83条	もともと財政処理は行政権の作用であるが，国会の議決を必要とする
	予算の議決権*	60条 86条	国の歳入歳出はすべて予算に組み，国会の審議・議決が必要(衆議院に先議権)
	決算の審査	90条	歳入歳出の決算を国会が審査する
	財政状況の報告を受ける	91条	内閣から，少なくとも1回は財政状況の報告を受ける権限をもつ
	国政調査権各	62条	各議院は国政に対する調査を行い，証人の出頭・証言・記録の提出を要求できる
対司法	弾劾裁判所の設置	64条	裁判官を罷免するかどうか決定する弾劾裁判所を設ける。特別裁判所禁止の例外
	議員の資格争訟の裁判各	55条	各議院は議員の資格に関する争訟を裁判する。特別裁判所禁止の例外
自律権など	議院の規則制定権各	58条②	各議院は自らの議院の会議その他の手続き・内部規律などに関する規則を制定できる
	議員の懲罰権各	58条②	各議院は議院内の秩序をみだした議員を懲罰できる

注：衆…衆議院の権限，各…各議院の権限。それ以外は国会の権限。
赤字*は衆議院の優越が認められているもの(→2)。

2 衆議院の優越　なぜ衆議院の優越が認められるのか？

法律案の議決 (59条) (→4)	①衆・参議院で異なった議決をした ②衆議院が可決した法案を参議院で60日以内に議決しない	衆議院で出席議員の3分の2以上の多数で再可決し成立
予算の先議と議決 (60・86条) 条約の承認 (61・73条) 内閣総理大臣の指名 (67条)	①衆・参議院で異なる議決をした際，必ず開かれる両院協議会でも不一致 ②衆議院が可決した議案を参議院で30日以内(内閣総理大臣の指名は10日以内)に議決しない	衆議院の議決が国会の議決となる

*予算は，衆議院が先に審議(先議権)

解説 国会運営の停滞を回避 仮に衆参両院を対等とすると，両院の議決が一致せず国会運営が停滞した場合に，国民生活に影響が生じる。衆議院は，参議院より任期が短く解散もあり，選挙が頻繁であるため，国民の意思をより反映しているとされる。そこで，**衆議院の権限を少し強め，国会運営が停滞しないようにしている**。なお，実際に**衆議院の優越**が見られるのは，両院の多数派が異なるいわゆる「**ねじれ国会**」の時であるが，参議院多数派の野党の抵抗(審議引き延ばしなど)により法案成立までに長期を要す場合も多い。このため衆議院多数派の与党・政府は多くの場合，野党側にある程度譲歩した法案を作成し，協力を得ようとする。

内閣不信任決議 憲法第69条による衆議院の権限。法的拘束力あり。決議後，内閣総辞職か，衆議院解散が行われる。
内閣総理大臣・国務大臣の問責決議 憲法・法律の規定がなく法的拘束力はない。議院の意思の表明にすぎないが，参議院による問責決議を受け，国務大臣が辞任することもある。

3 定足数と議決

定足数：審議や議決を行うのに必要な最小限の出席者数のこと。

	定足数	議決
本会議	総員の3分の1以上	出席議員の過半数*
委員会	委員の2分の1以上	出席委員の過半数

*次の①～④は出席議員の3分の2以上。⑤は総員の3分の2以上。
①議員の議席を失わせる　②議員を除名する　③秘密会を開く
④衆議院における法律案の再議決　⑤憲法改正の発議

4 立法の過程(衆議院先議の場合)

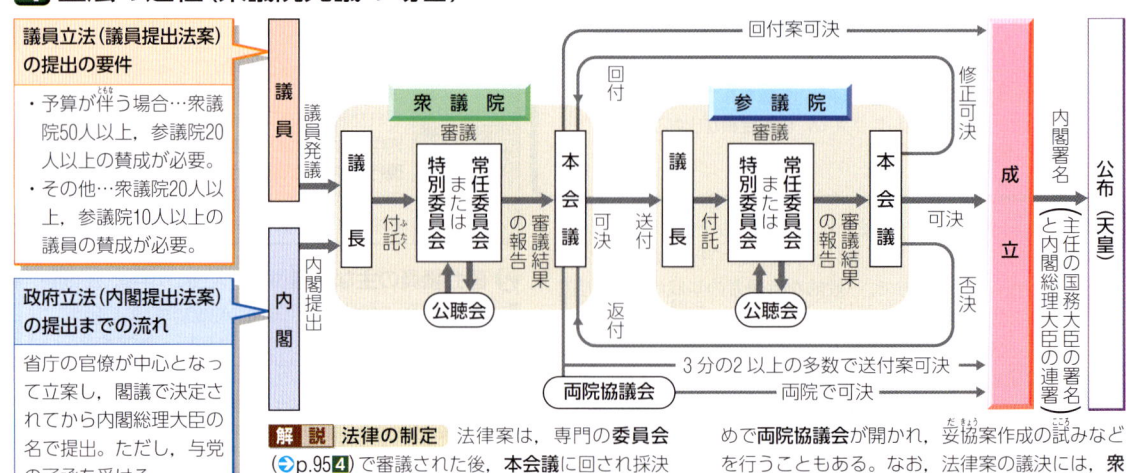

議員立法(議員提出法案)の提出の要件
・予算が伴う場合…衆議院50人以上，参議院20人以上の賛成が必要。
・その他…衆議院20人以上，参議院10人以上の議員の賛成が必要。

政府立法(内閣提出法案)の提出までの流れ
省庁の官僚が中心となって立案し，閣議で決定されてから内閣総理大臣の名で提出。ただし，与党の了承を受ける。

議員→議員発議→議長→付託→特別委員会または常任委員会→(公聴会)→審議の報告→衆議院本会議→可決→送付→参議院議長→付託→特別委員会または常任委員会→(公聴会)→審議の報告→参議院本会議→可決→成立→内閣署名(主任の国務大臣の署名と内閣総理大臣の連署)→公布(天皇)

回付案可決／回付／修正可決／否決／返付／3分の2以上の多数で送付案可決／両院協議会→両院で可決

解説 法律の制定 法律案は，専門の**委員会**(→p.95 4)で審議された後，**本会議**に回され採決される。両院で議決が異なる場合は，衆議院の求めで**両院協議会**が開かれ，妥協案作成の試みなどを行うこともある。なお，法律案の議決には，**衆議院の優越**(→2)が認められている。

入試クイズ　憲法上「衆議院の優越」が認められているものの，予算案は参議院に先に提出することができる。○？×？〈13本〉(→C2)　答：×

5 内閣総理大臣の指名

①指名の手続き
(1)国会議員の中から議決で指名する。
(2)衆参両院で、それぞれ選挙を行い、投票総数の過半数を必要とする。
(3)過半数に達しない場合は、決選投票をする。
(4)決選投票で同数の場合は、くじ引きをする。
(5)両院で異なる指名をし、両院協議会で意見が一致しない時は、衆議院を優先する。

②指名の結果 (2020年9月16日)

衆議院		参議院
314	菅　義偉（自民）	142
134	枝野　幸男（立民）	78
11	片山　虎之助（維新）	16
2	中山　成彬（希望）	0
1	小泉　進次郎（自民）	0
0	伊藤　孝恵（国民）	1
0	白票	3
462	投票総数	240

投票総数の過半数は、衆議院232、参議院121。

6 弾劾裁判所 （→p.107 6）

裁判官を罷免するかどうかを決定するために、国会は両議院の議員から成る弾劾裁判所を設置する。国会から独立してその職務を行う。

罷免できる場合
①職務上の義務違反や職務を怠った場合
②裁判官としての威信を失う非行を行った場合

▽弾劾裁判所

注：罷免の裁判の宣告から5年を経過した者は、本人の請求により、弾劾裁判所で資格回復の裁判が受けられる。

7 国政調査権

法律の制定・予算の議決などの権限や国政に関する監視機能を果たすための、各議院の次のような権限。手続きや方法は各議院規則や議院証言法に定められている。
①審査や調査のために議員を派遣する権限。
②内閣などに報告や記録の提出を求める権限。
③証人に出頭を求め、証言や記録の提出を求める権限。

●**議院における証人の宣誓及び証言等に関する法律**(抄)
（議院証言法） ［公布1947(昭22).12　最終改正2014(平26).6］

第1条〔証人の出頭・証言・書類提出の義務〕 各議院から、議案その他の審査又は国政に関する調査のため、証人として出頭及び証言又は書類の提出を求められたときは、この法律に別段の定めのある場合を除いて、何人でも、これに応じなければならない。

第5条の7〔尋問中の撮影・録音〕 ① 委員会又は両議院の合同審査会における証人の宣誓及び証言中の撮影及び録音については、委員長又は両議院の合同審査会の会長が、証人の意見を聴いた上で、委員会又は両議院の合同審査会に諮り、これを許可する。

第6条〔偽証の罪、自白による刑の減免〕 ① この法律により宣誓した証人が虚偽の陳述をしたときは、3月以上10年以下の懲役に処する。

解説 証人喚問 証人は、正当な理由なく出頭や証言を拒否したり、証言の際に虚偽の陳述をすると罪に問われる。このような厳格な規定のため、しばしば証人喚問の代わりに「参考人招致」が行われる。参考人は出頭を拒むことができ、罰則もない。なお、証人や参考人には、原則として旅費と日当が支給される。
議院証言法は1998年の改正により、証人の意見を聴いたうえで、証人喚問中の写真撮影やテレビ中継が許可されるようになった。

国内政治

D 国会の課題と改革
（議員立法 →p.101）

1 党首討論　●党首討論で何が期待されているか？

いつ	国会会期中は、原則毎週。内閣総理大臣（首相）が本会議や予算委員会に出席する週は行われない。
どこで	国家基本政策委員会の衆参両院の合同審査会
方法	内閣総理大臣と野党の各党首による45分間の討論

●2019年6月19日の党首討論

△枝野立憲民主党代表
　……今こそこの総合合算制度*と、そして医療、介護の質、量ともに、賃金の底上げによる充実というものを進めていくべきだと思っていますが、総理の御見解をお伺いします。

＊世帯の収入に応じて医療や介護の自己負担額に上限を設ける制度。

△安倍首相
　……まさに給付と負担のバランスでありますが、給付をするためには負担をしていただかなければならない。……経済を成長させ、収入をふやし、……税収も活用して、社会保障の基盤を厚くしていく、成長と分配の好循環をしっかりとつくっていくということであります。

解説 活発な議論を期待 党首討論は、イギリス議会にならって1999年に導入され、2000年に現在の形式となった。野党側には、政策の代案の提示など建設的で核心をつく質問、首相には論戦に応じた逆質問など、積極的な姿勢による活発な議論が求められる。

2 副大臣・大臣政務官（政務官）の導入

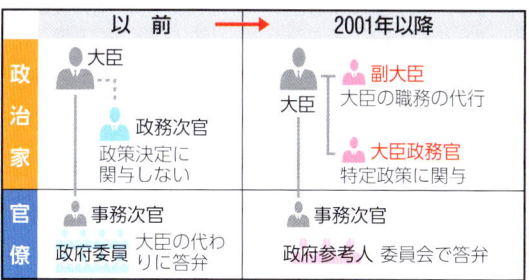

	以前	2001年以降
政治家	大臣	大臣
	政務次官　政策決定に関与しない	副大臣　大臣の職務の代行
		大臣政務官　特定政策に関与
官僚	事務次官	事務次官
	政府委員　大臣の代わりに答弁	政府参考人　委員会で答弁

●副大臣と大臣政務官（政務官）の役割

副大臣	大臣政務官（政務官）
国務大臣の職務の代行、国会答弁、政策の立案。	特定の政策・企画に参画して国務大臣を助け、政務を処理する。
通常は国会議員	

解説 政治家主導の政治を期待 かつては各省庁の局長級の官僚が政府委員として、大臣に代わり国会で答弁する政府委員制度が存在した。しかし、同制度は、官僚主導の政治の象徴とされ、専門知識を身に付けず責任感が希薄な大臣が多いという批判をうけ、1999年に廃止された。また、実際の役割が不明確であった政務次官も廃止され、2001年、副大臣と大臣政務官が導入された。副大臣は、大臣の代行も務め、政策の立案決定にも参画できる。これらは政治家主導の政治への転換を図る改革であるが、10年以上経過した現在も、専門知識をもつ官僚の力は強い。

●重要用語　92 両院協議会　93 弾劾裁判所　94 国政調査権　95 党首討論

9 議院内閣制と行政

▶**閣議** 内閣が政治方針を決める原則非公開の会議(概要は公表)。内閣総理大臣の主宰により,全ての国務大臣で構成される。定例閣議は火・金曜日に,緊急時は臨時閣議が行われ,議決は全会一致の原則をとる。内閣の権限や議院内閣制について学び,行政の今後のあり方を考えよう。

写真説明: 内閣官房長官(司会)／首相／硯箱

A 内閣の成立と国会

第65条〔行政権と内閣〕 行政権は,内閣に属する。

第66条〔内閣の組織,国務大臣の文民資格,国会に対する連帯責任〕 ① 内閣は,法律の定めるところにより,その首長たる内閣総理大臣及びその他の国務大臣でこれを組織する。
② 内閣総理大臣その他の国務大臣は,文民でなければならない。
③ 内閣は,行政権の行使について,国会に対し連帯して責任を負ふ。

第67条〔国会の内閣総理大臣の指名,衆議院の優越〕 ① 内閣総理大臣は,国会議員の中から国会の議決で,これを指名する。この指名は,他のすべての案件に先立つて,これを行ふ。

第68条〔国務大臣の任命と罷免〕 ① 内閣総理大臣は,国務大臣を任命する。但し,その過半数は,国会議員の中から選ばれなければならない。
② 内閣総理大臣は,任意に国務大臣を罷免することができる。

第69条〔衆議院の内閣不信任と解散又は総辞職〕 内閣は,衆議院で不信任の決議案を可決し,又は信任の決議案を否決したときは,10日以内に衆議院が解散されない限り,総辞職をしなければならない。

❶ 議院内閣制 ●内閣と国会はどのような関係か?

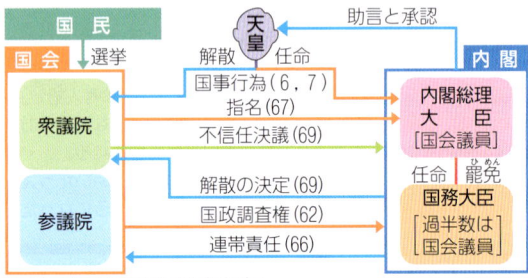

（図:国民—選挙—国会(衆議院・参議院)と内閣(内閣総理大臣[国会議員]・国務大臣[過半数は国会議員])の関係、天皇の国事行為(6,7)、指名(67)、不信任決議(69)、解散の決定(69)、国政調査権(62)、連帯責任(66)、助言と承認、解散、任命）
注:( )内の数字は憲法の条文番号

解説 内閣と国会の関係 議院内閣制とは,内閣を国民の代表である国会の信任の下に置き,一方,内閣は衆議院を解散し,国民の意思を問うことができるという互いに抑制し合う制度である。しかし,衆議院における多数党が内閣を組織する議院内閣制では,内閣・与党の暴走を防ぐために,野党・国民の監視が求められる。

❷ 内閣が成立するまで
注:( )内の数字は憲法の条文番号

- 内閣自らが解散を行うと判断した場合(7条3号)
- 内閣不信任決議案の可決または内閣信任決議案の否決(69)
- 内閣総理大臣が欠けた場合(70)*2
- 内閣自らが総辞職をすると判断した場合*2
- 衆議院議員任期満了の場合

任期満了前30日以内 → (54)衆議院議員の総選挙
衆議院を解散(10日以内)→40日以内→(54)衆議院議員の総選挙
30日以内*1 → (54)臨時国会 / 特別国会
(70)内閣の総辞職
(67)内閣総理大臣の指名(すべての案件に先立つ)
(68)内閣総理大臣が国務大臣を任命
(6,7)天皇による首相の任命と国務大臣・副大臣の認証
内閣成立

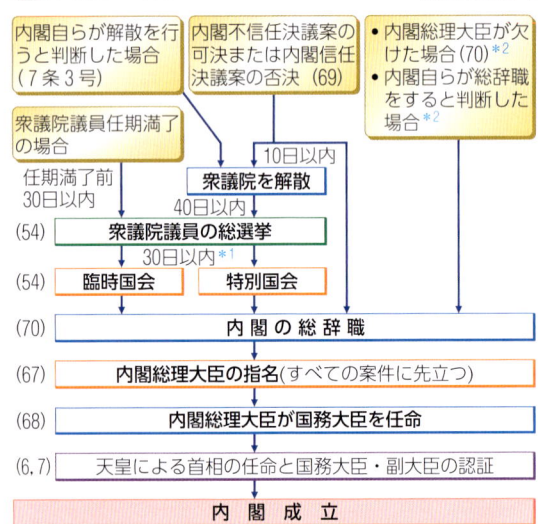

*1 総選挙の日から30日以内。任期満了の場合は,任期開始の日から30日以内。
*2 国会閉会中の場合,国会が召集され,内閣総理大臣が指名される。

LOOK 首相官邸はハイテク装備!

機能強化 2002年4月に完成した現在の首相官邸は,鉄骨鉄筋コンクリートづくりで震度7にも耐えられる構造。新官邸は地下1階にハイテク装置を備えた危機管理センターがあり,24時間体制で首相のもとへ情報を集め,迅速に首相が判断できる態勢が整えられた。

写真説明:
- 地震などの緊急事態に備えた屋上のヘリポート
- ひさしには太陽光パネル
- 東・西・南の三方面は,厚さ5cmの防弾ガラス張り

◎首相官邸

●首相官邸の構成

5F	首相執務室,官房長官執務室など
4F	閣議室,特別応接室など
3F	事務室,玄関ホールなど
2F	レセプションホールなど
西出入口 1F	記者会見室,記者クラブなど
B1F	危機管理センター

西側・東側(正面出入口)、約30m、内閣府へのトンネル

解説 装飾にもこだわり 新しい首相官邸は,木,石,和紙,ガラス,土(壁)を使用し,日本を感じられるつくりになっている。また,中庭には,天に向かって伸びる未来への挑戦を表す竹と,大地に腰を据えた力強さと安心感を表す石が使用されている。

入試クイズ 内閣総理大臣を国民の直接選挙により選出するとすれば,憲法改正が必要である。○?×?〈12本〉(●p.98憲法第67条) 答:○

3 日本国憲法下の衆議院解散

*1 回は、衆議院議員総選挙の回次。
*2 衆議院の内閣不信任決議を受けた解散（いわゆる69条解散）。1953・80・93年は、事実上、内閣不信任決議に伴う69条解散であるが、解散詔書には7条解散と書かれている。

回*1	解散年月日	内閣	解散の通称・原因など
24*2	1948.12.23	②吉田	なれあい解散 野党の不信任案を可決
25	52.8.28	③吉田	抜き打ち解散 国会召集後突然解散
26*2	53.3.14	④吉田	バカヤロー解散 首相が社会党の質問中に失言。内閣不信任決議を受け解散
27	55.1.24	①鳩山	天の声解散 社会党からの首相指名の見返りに早期解散を約束し、組閣後「解散は天の声」と答弁し解散
28	58.4.25	①岸	話し合い解散 自社両党首が話し合いで解散
29	60.10.24	①池田	安保解散 人心一新を理由に解散
30	63.10.23	②池田	所得倍増解散 経済成長の実績を背景に解散
31	66.12.27	①佐藤	黒い霧解散 政界不祥事相次ぎ解散
32	69.12.2	②佐藤	沖縄解散 沖縄返還決定を背景に解散
33	72.11.13	①田中	日中解散 日中国交正常化を背景に解散
34	76.12.5	①三木	解散ではなく、任期満了
35	79.9.7	①大平	増税解散 首相が安定多数政権を狙い解散
36*2	80.5.19	②大平	ハプニング解散 前回選挙の自民党大敗により党内分裂。反主流派欠席の本会議で野党の不信任案が可決され解散
37	83.11.28	①中曽根	田中判決解散 ロッキード事件第一審で田中元首相が有罪判決を受けた直後に解散
38	86.6.2	②中曽根	死んだふり解散 高支持率のまま解散し衆参同日選挙を企図した首相が、臨時会召集時に突然解散
39	90.1.24	①海部	消費税解散 消費税見直しか廃止かを問う解散
40*2	93.6.18	①宮沢	政治改革解散 政治改革の先送りで生じた混乱を収拾できず、不信任案が可決され、解散
41	96.9.27	①橋本	名無しの解散（争点がぼやけていた）
42	2000.6.2	①森	神の国解散 首相の発言が問題視され、解散
43	03.10.10	①小泉	マニフェスト解散 構造改革の成果を背景に解散
44	05.8.8	②小泉	郵政解散 郵政民営化法案の賛否を問う
45	09.7.21	①麻生	政権交代解散 民主党への政権交代を導いた解散
46	12.11.16	①野田	近いうち解散 解散を迫る野党に対し首相は「近いうち」と答え、その100日後に解散
47	14.11.21	②安倍	アベノミクス解散 経済政策の是非を問う
48	17.9.28	③安倍	国難突破解散 野党は加計・森友問題の説明が不十分として「疑惑隠し解散」と批判

解説 衆議院の解散 衆議院の解散については、憲法第7条と第69条に規定されている。**7条解散**は、内閣の助言と承認を必要とする天皇の国事行為により解散される。一方、**69条解散**は、内閣不信任決議案可決または、信任決議案の否決により内閣は衆議院の解散を決定できる。日本国憲法施行後において、任期満了による衆議院議員総選挙は1回しか行われていない。

B 内閣の働き

1 内閣の権限

表を元に、各機関への内閣の権限を矢印で示した図をつくってみよう。

	権限	憲法	内容
行政関係	行政に関する権限	65条 73条	行政権の主体となり、一般行政事務を執行
	法律の執行と国務の総理	73条1	法律を誠実に執行し、行政事務全般を統括管理
	外交関係の処理	73条2	重要な外交問題は、外務大臣に一任せず、内閣が処理
	条約の締結	73条3	批准を行う前あるいは後に、国会の承認が必要
	官吏に関する事務の掌理	73条4	国家公務員法にしたがって、政府職員関係の事務を行う
	予算の作成	73条5	国会に提出して審議を受ける
	政令の制定	73条6	憲法や法律の規定を実施するため、政令を制定する
	恩赦の決定	73条7	恩赦（慶事等の際、刑の執行免除を行うこと）を決定し、天皇が認証
対天皇	天皇の国事行為への助言と承認	3条 7条	天皇の国事行為は、内閣が助言と承認を行い、責任を負う
対立法	臨時国会の召集の決定	53条	召集は内閣が決定
	参議院の緊急集会の要求	54条②	衆議院の解散中に、必要があれば、緊急集会を要求
対司法	最高裁長官の指名と、その他の裁判官の任命	6条② 79条① 80条①	最高裁長官は内閣が指名し天皇が任命、他の裁判官は内閣が任命。下級裁判所裁判官は最高裁で指名し内閣が任命

2 内閣総理大臣の職務と権限

日本の首相とアメリカの大統領、どちらの権限が強いか。

- 国務大臣 → 任命権・罷免権をもつ(68) / 訴追に対する同意権(75)* / 大臣間の権限について不明点を裁定(内7)
- 国会 → 内閣を代表して、議案を提出し、一般国務や外交関係について報告(72)
- 行政機関 → 閣議の方針に基づいて、行政各部を指揮監督(72) / 行政各部の処分・命令の中止(内8)
- 法律・政令 → 内閣総理大臣の連署が必要(74)
- 安全保障会議 → 安全保障会議を開催し、議長となる(安4)
- 自衛隊 → 自衛隊の最高指揮監督権をもつ(自7) / 【緊急時】自衛隊の防衛出動を命令(自76) / 自衛隊の治安出動を命令(自78)
- 警察 → 大規模な災害・騒乱など緊急事態の布告、及び一時的な統制(警71、72)
- 閣議 → 閣議を主宰する(内4)
- その他 → 行政処分等の執行停止に対する異議の申述(行27) / 緊急調整の決定(労35の2) / 災害緊急事態の布告(災105)

*内閣総理大臣の訴追…内閣総理大臣も国務大臣なので、訴追に対する同意は、内閣総理大臣自らが行う。

注：（ ）内の数字は憲法の条文番号。（内）は内閣法、（安）安全保障会議設置法、（自）自衛隊法、（警）警察法、（災）災害対策基本法、（労）労働関係調整法、（行）行政事件訴訟法

解説 内閣総理大臣の権限強化 大日本帝国憲法のもとでは、内閣総理大臣を含む国務大臣（内閣）は統治権をもつ天皇を助言する輔弼機関とされ、天皇に対して責任を負った。日本国憲法は、国民主権・議院内閣制のもと、内閣に行政権を与え、内閣総理大臣を内閣の首長として位置づけ、広く権限を与えている。

重要用語 ❻議院内閣制 ❼閣議 ❽政令

C 内閣と行政機構

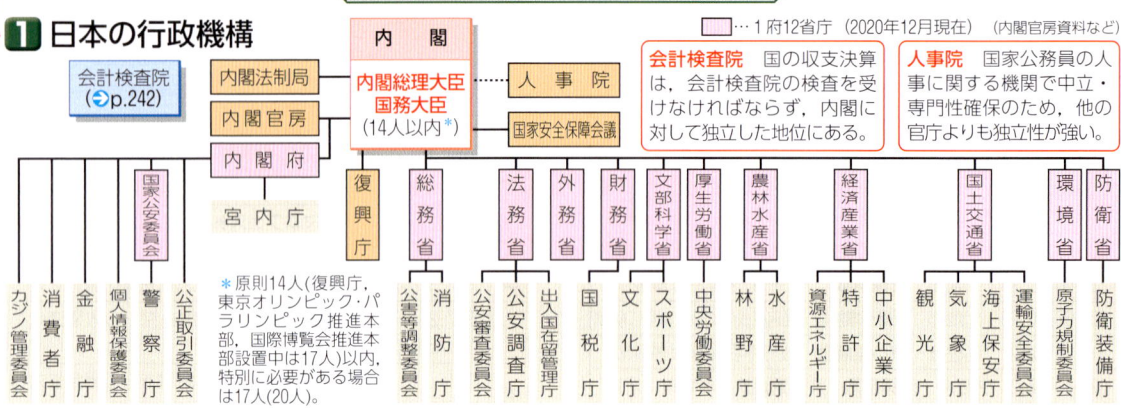

1 日本の行政機構

…1府12庁（2020年12月現在）（内閣官房資料など）

会計検査院 国の収支決算は、会計検査院の検査を受けなければならず、内閣に対して独立した地位にある。

人事院 国家公務員の人事に関する機関で中立・専門性確保のため、他の官庁よりも独立性が強い。

内閣
- 内閣総理大臣 国務大臣（14人以内*）
- 人事院
- 国家安全保障会議
- 内閣法制局
- 内閣官房
- 内閣府
  - 宮内庁
  - 国家公安委員会（警察庁）
  - カジノ管理委員会
  - 消費者庁
  - 金融庁
  - 個人情報保護委員会
  - 公正取引委員会
- 復興庁
- 総務省（公害等調整委員会、消防庁）
- 法務省（公安審査委員会、公安調査庁、出入国在留管理庁）
- 外務省
- 財務省（国税庁）
- 文部科学省（文化庁、スポーツ庁）
- 厚生労働省（中央労働委員会）
- 農林水産省（林野庁、水産庁）
- 経済産業省（資源エネルギー庁、特許庁、中小企業庁）
- 国土交通省（観光庁、気象庁、海上保安庁、運輸安全委員会）
- 環境省（原子力規制委員会）
- 防衛省（防衛装備庁）

＊原則14人（復興庁、東京オリンピック・パラリンピック推進本部、国際博覧会推進本部設置中は17人以内、特別に必要がある場合は17人（20人）。

① 中央省庁再編と内閣府

1府12省庁とは？ 2001年、それまでの1府22省庁は1府12省庁に再編され、縦割り行政の是正と行政組織のスリム化がはかられた。1府12省庁の1府は**内閣府**、12省庁は11省と国家公安委員会（警察庁を管理することから1庁と数える）。

内閣府 内閣機能強化のため、中央省庁再編で総理府や経済企画庁などを統合して設置。内閣の重要課題について企画立案や各省庁間を調整する機能（統合調整機能）を担い、内閣総理大臣の政策決定を支援する。

特命担当大臣 内閣府が担当する重要課題の特定の分野について、長である内閣総理大臣を助ける国務大臣（複数人）。これまでの特命担当大臣の担当分野は、経済財政政策、科学技術政策、少子化対策、消費者及び食品安全、金融、沖縄及び北方対策、原子力防災など。12省庁の長である国務大臣との兼任も多い。

② 中央省庁再編よりも後に設置された主な省庁

注：●の数字は設置年の下2ケタ。

防衛省 ⑦	防衛庁から移行。
復興庁 ⑫	東日本大震災後の復興のため2030年度まで内閣に設置。各省庁・地方公共団体の調整など、復興のための内閣の事務を内閣官房とともに助ける。
スポーツ庁 ⑮	2020年東京オリンピック・パラリンピック競技大会*の開催などを受けて文部科学省に設置。スポーツ振興、国際貢献など。
出入国在留管理庁 ⑲	増加する外国人旅行者の入管業務や外国人材受け入れの環境整備などに対応するため、入国管理局から移行。

＊2021年に延期。

D 行政機能の拡大と課題

1 政府の役割の変遷

●人々は政府に何を求めてきたか？ →p.23ナットク

18世紀　安価な政府が理想（夜警国家）
市民革命による権力分立、人権保障宣言
国家は、個人に経済的・政治的に干渉せず、社会の最小限度の秩序維持と治安確保に努めるべきとされた。

20世紀　福祉国家が理想
資本主義経済の進展・経済的格差の拡大
国家は、社会保障・教育・産業育成政策など、国民生活に積極的に関わり、弱者を救済すべきとされた。

20世紀後半～21世紀　行政国家批判
政府の役割を見直す行政改革の必要性
行政組織の肥大化・権力強大化、国会のコントロール不足、政府財政難、汚職事件などから行政改革が求められた。

2 委任立法

●委任立法の例

建築基準法（国会）
第29条　住宅の居室、学校の教室、病院の病室又は寄宿舎の寝室で地階に設けるものは、……衛生上必要な**政令で定める**技術的基準に適合するものとしなければならない。

第43条　建築物の敷地は、道路……に2メートル以上接しなければならない。……② 前項の規定は、次の各号のいずれかに該当する建築物については、適用しない。
(1) その敷地が幅員4メートル以上の道……に2メートル以上接する建築物のうち、……**国土交通省令で定める基準**に適合するもので、特定行政庁が交通上、安全上、防火上及び衛生上支障がないと認めるもの

建築基準法施行令（政令）
第22条の2　法第29条……の政令で定める技術的基準は、次に掲げるものとする。……

建築基準法施行規則（国土交通省令）
第10条の3　法第43条第2項第1号の国土交通省令で定める道の基準は、次の各号のいずれかに掲げるものとする。……

解説　行政権の強大化につながる　委任立法とは、法律の実施に必要な命令や細則を、法律の委任に基づいて、国会以外の行政機関などが定めること。**政令**（内閣）、**内閣府令**（内閣総理大臣）、**省令**（各省大臣）などがある。委任立法は政府の役割の複雑化・専門化により増えているため、立法権に対する行政権の優位を招くとの懸念もある。

論述にトライ！ 現代社会における「大きな政府」および「小さな政府」について、それぞれの特徴を示しながら700字以内で説明しなさい。〈12鹿児島大教育〉

3 行政国家における公務員

① 公務員数の推移

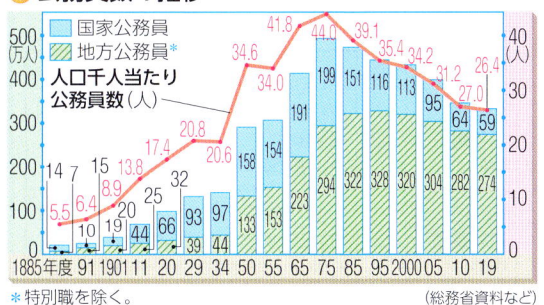

（総務省資料など）
＊特別職を除く。

解説 政府の役割の変化 政策が国民生活の様々な分野に拡大し行政組織が肥大化した現代の国家は、行政の権力が強い**行政国家**と呼ばれ、国会によるコントロール低下が指摘されている。

② 各国の公務員数

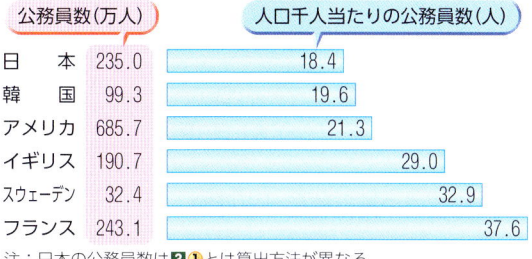

	公務員数（万人）	人口千人当たりの公務員数（人）
日　　本	235.0	18.4
韓　　国	99.3	19.6
アメリカ	685.7	21.3
イギリス	190.7	29.0
スウェーデン	32.4	32.9
フランス	243.1	37.6

注：日本の公務員数は **3** ① とは算出方法が異なる。
(2016年)　（「データブック国際労働比較」など）

解説 公務員の国際比較 一般に、経済の発展に伴い、政府の役割は増える。しかし、日本の場合は他国ほど増えず、結果的に公務員の人口比も少なくなった。

4 省庁別の許認可件数

15475件
| 国土交通省 18.1% | 厚生労働省 15.8 | 金融庁 15.2 | 経済産業省 14.6 | 農林水産省 11.4 | 環境省 6.9 | その他 18.0 |

（2017年4月現在）　（総務省資料）

解説 許認可行政 国民生活の保護のため、省庁は、行政手続法に沿って許認可や行政指導を行い、業界を規制する。しかし、規制が多すぎたり不適正だと様々な弊害が生じる。近年は、規制の緩和・撤廃を中心とした規制改革が進められている。

① 規制の役割と弊害

役割	弊害
・事故や環境破壊の防止 ・悪質商法などから消費者を守る ・業界の過当競争を防ぎ、倒産や失業を防止	・規制クリアのために時間や人件費が膨大にかかる。 ・規制は利権と結びつきやすく、政治家・官僚・財界(企業)が癒着する。 ・自由な競争が制限される。

② 許認可の例

重要文化財の輸出の許可	重要文化財を輸出しようとする者は、文化庁長官に許可を申請しなければならない。重要文化財の盗難、盗掘などの危険を回避することを目的としている。
運賃及び国土交通省令で定める料金の上限の変更の認可	鉄道運賃及び料金の上限の変更を行う際、鉄道運送事業者は、国土交通大臣に認可を申請しなければならない。運賃及び料金は上限内であれば認可なしで変更可能。独占的な事業を防ぎ、利用者利益の保護や鉄道事業の健全な発達を目的とする。

5 法案の提出・成立状況（通常国会）

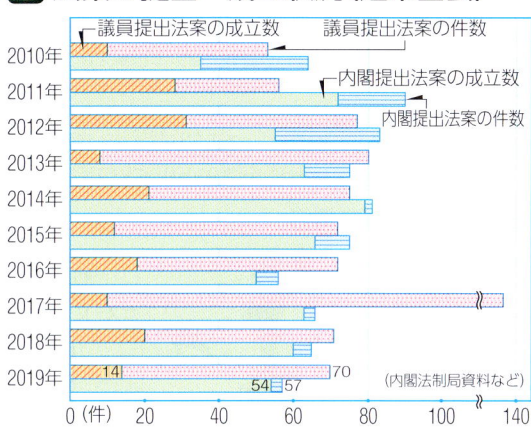

（内閣法制局資料など）

●議員立法（議員提出法案）の例

臓器移植法 (◎p.90)	1997年公布、改正法2009年公布 条件を満たせば、脳死者から臓器を移植できると定めた法律。さらに2009年の改正により、15歳未満の臓器移植が可能になった。
公職選挙法等の一部を改正する法律	2015年公布 選挙権や選挙運動など選挙に関して定めている公職選挙法を改正するための法律。この法律により、選挙権が18歳以上に引き下げられた。

解説 成立率の低い議員立法 法案には、各省庁が立案し内閣総理大臣名で提出される内閣提出法案(政府立法)と、議員提出法案(議員立法)の2種類がある。かつては件数・成立率ともに政府立法が圧倒的であった。近年、議員立法が増える傾向にあるが、政府立法に比べ、成立率が低いという課題がある。

●官僚制（ビューロクラシー）って、良いの？悪いの？（◎p.102 LOOK）

官僚制とは（マックス=ウェーバー）	官僚制の弊害（官僚主義）
①各組織の権限が規則で明確にされている ②上下関係が整備されている ③文書主義 ④マニュアル化	①法律にないことはしない法律万能主義 ②所管領域を守るため、組織間の連携が取れない縦割り行政 ③上司や上部機関には逆らわないという権威主義。自己の責任の回避にもつながる ④臨機応変な対応ができず、形式主義に陥る ⑤大量の文書を必要とする。手続きが煩雑になる

解説 官僚制の性質 全国どこでも同質の行政サービスを提供するためには、命令系統が明確で、マニュアルに準じて行動する組織が必要であり、業務の均質化に適している。しかし、組織が大きくなると融通がつきにくくなる。

6 官僚の「天下り」
❓天下りのどのような点が問題か？

❶ 官僚の退職後の再就職先

官僚の退職時の役職	→再就職先
総務省国際戦略局長	→日本生命保険相互会社法人顧問
財務省大臣官房付	→SBIホールディングス株式会社顧問
資源エネルギー庁長官	→東京海上日動火災保険株式会社顧問
特許庁長官	→株式会社日立製作所執行役常務

（2018年度）　　　　　　　　　　　　　　　　（内閣人事局）

❷ 高級官僚の再就職届け出件数

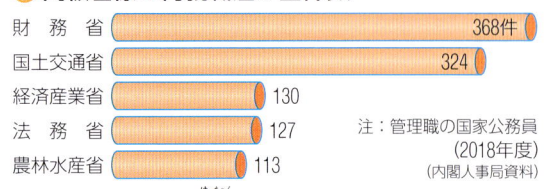

- 財務省　368件
- 国土交通省　324
- 経済産業省　130
- 法務省　127
- 農林水産省　113

注：管理職の国家公務員（2018年度）（内閣人事局資料）

解説　官僚と企業の癒着の一因　官僚（国家公務員）が，勤めていた省庁と関係の深い民間企業や団体に再就職することを**天下り**という。国家行政を支えていた官僚の能力を民間に生かせると，天下りを評価する意見もある。しかし，複数の企業を渡り歩いて巨額の退職金を手にしたり，省庁に働きかけて天下りした企業に便宜をはからせる元官僚がいるため，根強い批判がある。2009年の民主党政権発足後，行政機関による天下り斡旋は全面的に禁止されたが，事実上の天下りはなくなっていないという批判がある。

❸ 官僚の早期退職慣行

- ポストにつけず早期退職した職員　→　再就職（天下り）　→　民間企業・各種法人
  - 元高級官僚を高い給与で受け入れ，人脈や情報・仕事を得ることを期待
- 事務次官（各府省にただ1人）
- ポストにつけず早期退職した職員　→　再就職　→　その他
  - 教授・弁護士・公証人，税理士など

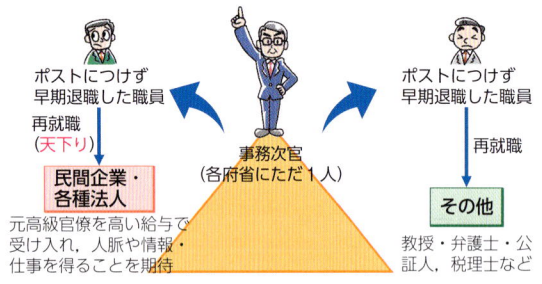

解説　官僚の早期退職慣行　官僚組織はたった1人の事務次官を頂点としたピラミッド型で，幹部に昇進できなかった官僚は，定年を待たずに退職するよう勧められ，多くが50歳代半ばで退職する。天下りの根本的な要因として問題視されている。

❹ 再就職支援

各府省 ⇔ 官民人材交流センター（内閣府）⇔ 再就職支援会社（民間）⇔ 企業など
職員 ⇔ 再就職支援会社

- 早期退職募集・再就職支援対象者に関する情報
- 再就職等監視委員会：再就職等規制に違反していないか監視する機関
- 早期退職募集の応募・再就職支援の希望
- 契約／職員の紹介／求人登録
- 再就職支援の利用／再就職先の提示

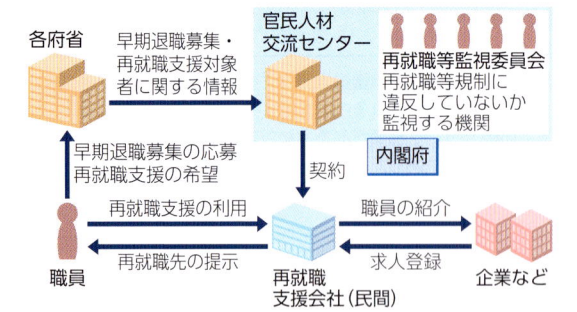

解説　国家公務員の再就職支援を一元化　従来は，各省庁で国家公務員の再就職の斡旋が行われていたが，不正な天下りを防ぐため，2008年内閣府に官民人材交流センターが設置され，国家公務員の再就職支援が一元化された。同センターの支援で再就職した官僚の名前や再就職先はウェブで公開されている。また，内閣人事局が2014年に設置され，幹部職員の人事が一元管理された。しかし，2017年，文部科学省の天下り斡旋が発覚するなど，不正な天下りはなくなっていないという批判がある。

Look 汚職と鉄のトライアングル

❶ 主な汚職事件

発覚年・事件	内閣	事件の概要と影響
1948年 昭和電工事件	芦田	昭和電工株式会社への融資をめぐる贈収賄事件　→内閣退陣，芦田首相逮捕（のち無罪判決）
1954年 造船疑獄事件	吉田	船主・造船業界と政官有力者間の，融資などをめぐる贈収賄事件　→鳩山一郎ら離党，吉田内閣退陣
1976年 ロッキード事件	三木	アメリカのロッキード社の航空機売り込みにからむ疑獄事件　→田中前首相逮捕，自民党初の衆議院過半数割れ
1988年 リクルート事件	竹下	リクルート社が，子会社の未公開株を竹下登ら政治家・官僚・財界人に譲渡　→宮沢蔵相辞任，翌年竹下内閣退陣
1992年 佐川急便事件	宮沢	自民党副総裁側が，東京佐川急便から5億円の献金を受領　→翌年宮沢内閣退陣，55年体制崩壊
2006年 防衛施設庁談合事件	小泉	防衛施設庁発注の空調工事の入札などで，官製談合が行われた。　→防衛施設庁廃止

（左「朝日新聞」2006.1.31　右「朝日新聞」1976.7.27）

❷ 癒着の構造

政治家 ― 企業（業界） ― 官公庁
- 企業→政治家：政治献金・支持
- 政治家→企業：業界に利益となる政策
- 政治家→官公庁：人事への影響
- 官公庁→政治家：情報提供など
- 企業→官公庁：天下り先の提供
- 官公庁→企業：許認可など業界に有利なはからい

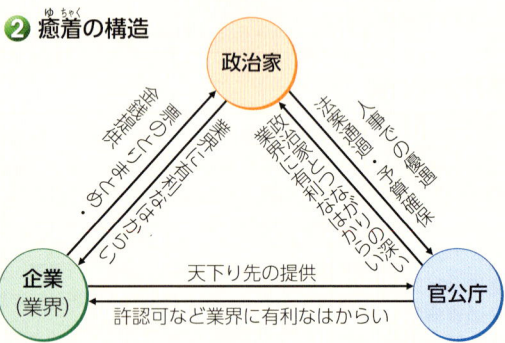

鉄のトライアングル　「族議員」（→p.126）と呼ばれる特定の省庁の政策決定に影響力をもつ国会議員（政治家），中央省庁の官僚，議員の地元や関連企業（業者）という政・官・業の三者が，お互いに利用し合って利益を追求する癒着のトライアングルが形成されている。この癒着構造は，政治家による汚職事件の多くの原因となっている。

　国会議員は「全国民を代表する選挙された議員」（憲法43条）であり，地域の代表者ではない。公務員である官僚は，「全体の奉仕者であって，一部の奉仕者ではない」（同15条）。私利私欲に走り，特定の企業のみが潤う鉄のトライアングルによって，国民すべてに対して平等に実行されるべき公共政策はゆがみ，国家財源が浪費される。

入試クイズ　人事院は，国家公務員に対する労働基本権の制約の代償措置として給与勧告などを行う。○？×？〈16本〉（→p.103❷）　答：○

E 行政の民主化

1 行政の民主化を進める方法

国政調査権 [立法府による] (→p.97)	両議院は、各々議員を派遣し、国政に関する調査を行い、これに関して、内閣・官公署などに証人として出頭・証言及び記録の提出を要求できる
行政委員会 [行政府による] (→2)	行政機関の一種だが、民主的・適正・能率的な行政を行うため、他の行政機関からある程度独立。アメリカにならって設置された。複数の委員による合議制。準立法的・準司法的役割を持つものもある
審議会 [行政府による]	中央の省庁や地方公共団体が設けた諮問機関。諮問された事項の調査・審議・答申を行う。法的拘束力はないが、民意を行政に反映させたり、知識人の意見により、行政を監視・抑制する役割がある
情報公開制度 [国民による] (→p.88)	行政の適正な運営を監視するために、行政のもつ情報の公開を請求できる制度。日本では、国に先行して多くの地方公共団体が条例を制定してきた。1999年に情報公開法制定
オンブズマン制度(→LOOK) [国民による]	行政に関する国民の苦情を聞き、それにより行政を監視・調査する制度。行政・立法府からも独立している。国レベルのオンブズマンは未実施
行政手続法(→3) (1994年施行)	公正で透明な行政運営のために、あらゆる分野の行政手続きに関して共通事項を定めた法律
国家公務員倫理法(→4)(2000年施行)	一定の職務級以上の国家公務員に対し、接待・金銭贈与の報告書提出などを義務付けた法律。人事院に国家公務員倫理審査会をおく

3 行政手続法

申請に対する処分の手続き	営業の許可などの申請について、審査基準を具体的に決め、閲覧可能にしておく
不利益処分の手続き	許可を取り消したり、営業の停止を命じたりする場合、その理由を示さねばならない
行政指導の手続き	役所が特定の事業者に指導・勧告・助言をする場合、その趣旨・内容と、行政指導の責任者を示す。処分ではないので、事業者の権利・義務に直接具体的な影響を及ぼさない
届出の手続き	行政への届出が正しい提出先に届いたら、返し戻したり、受け取りを拒否することはできない
命令等の手続き	命令を定める際に意見公募手続をおこなう

解説 行政手続き・処分の公正をめざして 行政指導や許可申請、不利益処分などについて、不明確で恣意的な取り計らいのないように、許可などの基準を明確にし、行政運営の公正さ、透明性を確保し、国民の権利を守ることを目的に制定された。

4 国家公務員倫理法

「国家公務員倫理規程」(政令)		職員の勤務に利害関係を有する者からの贈与の禁止
報告・公開義務	課長補佐級以上	1件5000円を超える接待・贈与・報酬の報告（1件20000円を超える部分の閲覧請求可能）
	審議官級以上	株取引・所得の報告
人事院に国家公務員倫理審査会設置		

2 国の主な行政委員会

◎それぞれ行政のどの分野にかかわる仕事をしているか？

区分の基準	行政委員会	仕事の内容	任命権者
不当な政治勢力の介入と官僚統制の排除をめざすもの	人事院	国家公務員の給与、労働条件の勧告などの人事行政	内閣
	国家公安委員会	警察行政を統轄・調整	首相
相対立する労使関係の利益を調整するもの	中央労働委員会	労働争議の斡旋・調停・仲裁、不当労働行為の判定	首相
行政上とくに専門知識が要求されるもの	運輸安全委員会	航空・鉄道・船舶事故の原因究明	国土交通大臣
	公害等調整委員会	公害紛争の斡旋・調停・仲裁・裁定	首相
特殊な事件について行政上の不備を補い決定をなすもの	公正取引委員会	独占禁止法の実施と運用	首相
	公安審査委員会	破壊活動防止法の運用を審査	首相

（地方公共団体の行政委員会→p.116）

注：委員等の任命には原則、国会両議院の同意が必要。なお、都道府県には**公安・人事・教育・労働・選挙管理委員会**など、市町村には**教育・農業・選挙管理委員会**などがある。

解説 行政の民主化を目指して 行政権の優越が進むと、官僚支配の行政に陥り、国民の利益が損なわれるおそれがある（→p.102LOOK）。それを防ぐには、国会の行政に対する監督権限を生かすこと、行政機関から独立した機関が機能すること、そして国民が直接行政を監視できる制度を確保することなどが必要である。

LOOK オンブズマン（オンブズパーソン）制度

オンブズマン制度とは、第三者機関が行政活動を住民の立場から監視し、行政の公正化・適正化をめざす制度。19世紀のスウェーデンで初めて導入された。日本では、**国家レベルの導入は未実施**だが、地方レベルでは神奈川県川崎市（1990年〜）をはじめ、各地で導入されている。

市民の苦情申し立て
・許認可などの行政処分
・職員の業務行為　など
→調査→改善の要請→オンブズマン→申立人への結果報告・市民へ公表

● 市民オンブズマン団体の活躍

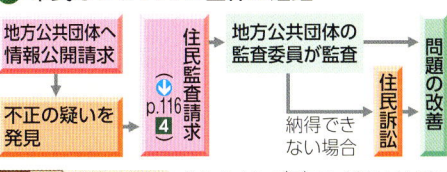

地方公共団体へ情報公開請求→不正の疑いを発見→住民監査請求(→p.116 4)→地方公共団体の監査委員が監査→（納得できない場合）住民訴訟→問題の改善

解説 民間の団体 公的なオンブズマン制度とは別に、弁護士や住民による民間の市民オンブズマン団体が積極的に活動しており、官官接待やカラ出張などの不正が明らかになっている。

重要用語 ⑧情報公開法 ㉔国政調査権 ⑩天下り ⑩族議員 ⑩行政委員会 ⑩オンブズマン（オンブズパーソン）制度

F 行政改革

1 行政改革の流れ

年	内閣	内容
1962	池田	第一次臨時行政調査会を設置→行政改革の必要性を提言
1981	鈴木	第二次臨時行政調査会を設置(～83) ・国鉄，電電・専売公社の民営化を答申 ↓80年代後半に民営化 85 日本電信電話公社→日本電信電話株式会社(NTT) 85 日本専売公社→日本たばこ産業株式会社(JT) 87 日本国有鉄道→JR(JR東海，JR東日本など)
1983	中曽根	臨時行政改革推進審議会を設置(～93)
1994	村山	行政改革委員会を設置(～97)
1996	橋本	行政改革会議を設置(～98) ・中央省庁の改革を提案
2000	森	「行政改革大綱」を閣議決定 ・①中央省庁再編，②特殊法人改革，③独立行政法人の導入，④地方分権改革などの推進を決める。
2004	小泉	「今後の行政改革の方針」を閣議決定 ・「官から民へ」・「中央から地方へ」構造改革推進 05 道路関係4公団の民営化(→3)
2006	小泉	行政改革推進法の施行 ・行政改革推進本部を設置(～11) 07 郵政3事業の民営化(→3)
2009	鳩山	内閣府に行政刷新会議(～12)，内閣官房(首相官邸)に国家戦略室(～12)を設置 ・政治家主導の政治をめざす。行政刷新会議で，国会議員や民間有識者などの仕分け人が公開の場で国の事業の要否を検討する事業仕分けを実施。
2013	安倍	行政改革推進本部を設置

解説　行政改革 複雑化し肥大化した行政機構に対し，高度経済成長期から行政改革が続けられている。中央省庁の再編，国の事業の廃止・民営化，国家公務員の削減などにより，**行政のスリム化**を行い，**情報公開制度**で**行政を透明化**し，政策運営をチェックし効率をよくする。また，**閣議発議権**や内閣府・内閣官房を強化して官僚主義から政治家主導の政治をめざしている。

❓行政改革はなぜ必要なのだろうか？

2 2000年代以降の行政改革の主な内容

改革の内容	解説・目的
中央省庁再編(→p.100)	2001年，1府22省庁から1府12省庁に移行。 目的　縦割り行政の弊害の排除，行政のスリム化 　　　内閣府・内閣官房の権限強化により官僚主導から政治家主導の政治にする
独立行政法人の導入	国営企業の多くを，国が運営に関与せず，民間の経営手法を取り入れた独立行政法人にする。 目的　行政のスリム化，事業の合理化・効率化 具体例　国民生活センター，国立美術館など
特殊法人改革(→3)	特殊法人の廃止，統合，民営化，独立行政法人化を推進 目的　行政のスリム化，経営手法の見直し 　　　コスト削減，サービス向上，経済の活性化
規制改革	規制緩和・撤廃を中心とした，許認可制度や行政指導の手続きの見直し。 目的　自由な競争を促し経済を活性化する 　　　手続きの簡素化によるコスト削減 具体例　大衆薬のコンビニ販売，航空運賃の自由化
地方分権改革(→p.118)	地方分権一括法の施行，**市町村合併**の推進，**三位一体の改革**など。 目的　地域独自のまちづくりの推進 　　　地方財政を自立させ，国の負担を減らす
公共サービス改革	2006年，それまで政府が行ってきた公共サービスに競争原理を導入し，政府と民間が対等に入札に参加し，価格・質の両面で最も優れた者がそのサービスを提供する市場化テスト(官民競争入札)導入。 目的　業務の効率化，コスト削減 　　　民間企業にビジネス機会を提供 具体例　ハローワークの一部の業務，旅券の窓口業務など

解説　行政改革の問題点 行政の効率化をはかるため，市場原理に一部をゆだね，行政改革・規制緩和が進められている。しかし，公共サービスの質の向上のためにも，事前のしっかりした調査と改革後の状況について定期的に見直すことが必要である。

3 特殊法人改革

① 道路公団の民営化

```
日本道路公団 ── 首都高速道路公団 ── 阪神高速道路公団 ── 本州四国連絡橋公団
         ↓
東日本高速道路／中日本高速道路／西日本高速道路／首都高速道路／阪神高速道路／本州四国連絡高速道路*
```

いずれも株式会社で，高速道路の建設・管理・料金徴収を行う。
*経営安定化時，西日本高速道路株式会社と合併。この他，独立行政法人日本高速道路保有・債務返済機構を設立

解説　民営化の背景 2005年，道路関係4公団が民営化された。民営化の目的は，約40兆円にのぼる債務の返済と，少ない負担で必要な道路の早期建設，民間のノウハウによる多様で弾力的な料金設定・サービス提供の実現である。それまでのコスト意識を度外視した道路建設のあり方の見直しが進められる一方，厳しいコスト削減主義から，安全性が置き去りにならないよう求められる。

② 郵政民営化

2007年　政府 1/3超株式保有*
→ 日本郵政株式会社 100%保有 全売却義務
→ 郵便局株式会社／郵便事業株式会社／株式会社ゆうちょ銀行／株式会社かんぽ生命保険

郵政株式売却凍結法(2009)

2012年　政府 1/3超株式保有*　…上場
→ 日本郵政株式会社 100%保有 全売却は努力目標
→ 日本郵便株式会社(郵便局株式会社と郵便事業株式会社が合併)／株式会社ゆうちょ銀行／株式会社かんぽ生命保険

*当時は100%保有。2015年以降一部売却

● 郵政民営化の流れ

2003	日本郵政公社設立
2005	郵政民営化関連法成立
2007	日本郵政グループ発足
2009	郵政株式売却凍結法成立(2012年廃止)
2012	郵政民営化関連法改正
2015	郵政グループ3社，株式上場

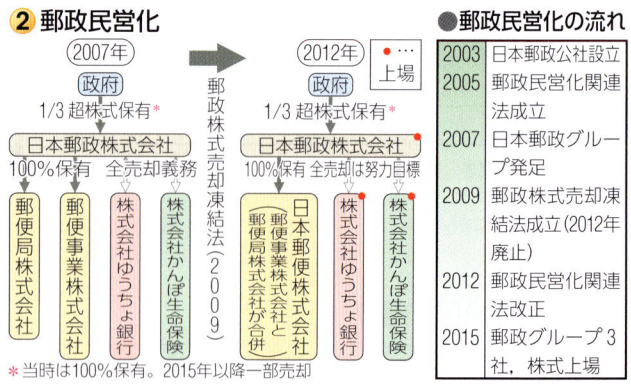

解説　民営化の流れ 郵政民営化は，小泉内閣時代(2001～2006年)に積極的に進められ，2005年の衆院選の争点にもなった。しかし，2009年に民主党政権下で郵政株式売却凍結法が成立し，民営化がストップした。その後，2011年の東日本大震災を受け，2012年，復興財源確保のために郵政株式売却を可能にするよう法改正がされ，上の図のように，当初よりも緩やかな民営化が可能になった。2015年，日本郵政グループ3社は株式市場に上場。政府は順次株式を売却し，東日本大震災復興財源にあてるとしている。

ポイント整理 5

8 国会の構成と権限

A 日本国憲法下の政治機構 (→p.94)
① 三権分立…立法権は国会, 行政権は内閣, 司法権は裁判所が担う
② 国会の地位…国権の最高機関であり, **唯一の立法機関**

B 国会の構成と運営 (→p.94, 95)
① 二院制(両院制)…衆議院(解散あり)・参議院(解散なし)
② 国会の種類─常会(通常国会), 臨時会(臨時国会), **特別会(特別国会)**
　　　　　　└参議院の緊急集会…衆議院の解散中に緊急の議事を審議する
③ 委員会制度…能率的な議会運営のため, 常任委員会や特別委員会で専門的な審議を行い, その後に本会議で意思決定を行う制度。委員会は公聴会を開く
④ 国会議員の特権…歳費を受ける権利, **免責特権**, **不逮捕特権**

C 国会の権限 (→p.96, 97)
① 国会・各議院の主な権限
・法律の制定
・予算の議決権, **条約承認権**, **内閣総理大臣の指名権**, 内閣不信任決議権(衆議院のみ)…対行政
・弾劾裁判所の設置…対司法
・**国政調査権**(各議院)…国政全般に関する調査(証人の出頭, 証言, 記録の提出)
② **衆議院の優越**…法律案・予算の議決, 予算の先議権, 条約の承認, 内閣総理大臣の指名

D 国会の課題と改革 (→p.97)
・党首討論や副大臣・大臣政務官の導入

9 議院内閣制と行政

A 内閣の成立と国会 (→p.98, 99)
① **議院内閣制**…内閣は国民の代表である国会の信任に基づいて成立し, 国会に対し連帯して責任を負う

```
内閣 ──衆議院の解散の決定, 連帯責任──→ 国会
　　 ←──内閣不信任決議, 内閣総理大臣の指名──
```

② 衆議院の解散と内閣の成立
　内閣不信任案を可決 ┐
　内閣信任案を否決　 ┴→内閣総辞職
　　　　　　　　　　　 衆議院の解散→衆議院議員総選挙の実施
→特別国会の召集→内閣の総辞職と内閣総理大臣の指名→国務大臣の任命
③ 内閣の組織─内閣総理大臣…国会議員の中から国会の指名により天皇が任命
　　　　　　└**国務大臣**…内閣総理大臣が任免, 過半数は国会議員

B 内閣の働き (→p.99, 100)
① 内閣の権限…閣議の決定に基づいた行政権の行使
・一般行政事務, 法律の執行, 外交関係の処理, 条約の締結, 予算の作成, **政令の制定**, 臨時国会の召集の決定, 恩赦の決定など
・天皇の国事行為に対する助言と承認
・**最高裁判所長官の指名**とその他の裁判官の任命
② 内閣総理大臣の職務と権限
・**国務大臣の任命**権・罷免権, **閣議の主宰**, 閣議方針に基づく**行政各部の指揮・監督権**
・内閣を代表して議案を提出, 一般国務及び外交関係について国会に報告など

C 行政機能の拡大と課題 (→p.100～102)
① 国家の役割
　夜警国家〔18～19世紀〕→福祉国家〔20世紀〕→**行政国家**〔20世紀〕
② 行政の専門化→合理的な行政運営のための**官僚制**(ビューロクラシー)の発達
　　　　　　　　　　　　　　　　行政指導などにより日本の経済成長に貢献
　　　↓
　　　　　　　内閣提出法案や**委任立法**が増大。成立率の低い**議員立法**
　官僚の「**天下り**」, 汚職と政治腐敗, **縦割り行政**などの弊害(官僚主義)

D 行政の民主化 (→p.103, 104)
① 行政の民主化の方法・**国政調査権**, **行政委員会**, 審議会
　　　　　　　　　　　・**行政手続法**に続き, **行政改革**, **規制緩和**の推進
② 国民による監視→**オンブズマン**(パーソン)制度(国レベルでは未実施), 情報公開制度

ポイント解説

A 日本国憲法下の政治機構 憲法は**国会**を国権の最高機関であり唯一の立法機関であると定めている。

B 国会の構成と運営 国会は**衆議院**と**参議院**の二院制で, 専門的な審議のため**委員会制度**を採用している。国会議員には, その職務を全うするため, 様々な特権が認められている。

C 国会の権限 国会は法律の制定の他に, **予算の議決権**, **条約承認権**, **内閣総理大臣の指名権**や**内閣不信任決議権**などの行政の監督権, **弾劾裁判所の設置**による司法の監督権, また各議院は**国政調査権**をもつ。両院の議決が異なった場合は**衆議院の優越**が定められている。なお, 両院の意見を調整する**両院協議会**の制度も設けられている。

D 国会の課題と改革 党首討論や副大臣・大臣政務官導入など, 政治家主導の政治への転換がめざされる。

A 内閣の成立と国会 内閣が国会の信任に基づいて成立し, 国会に対し責任を負う**議院内閣制**は, 行政に国民の意思を間接的に反映することができる。衆議院が内閣不信任案を可決すると, **内閣は総辞職**するか**衆議院の解散**を決定して総選挙を行う。総選挙後の特別国会ではすべての案件に先立って**国会議員の中から**内閣総理大臣の指名が行われる。内閣総理大臣は**国務大臣**を任命する。

B 内閣の働き 内閣は**閣議**の決定により行政権を行使し, 一般行政事務, 法律の執行のほか, 法律の範囲内で**政令**の制定が認められている。内閣総理大臣は, 国務大臣の任免権や行政各部の指揮・監督権をもつ。

C 行政機能の拡大と課題 資本主義の発達にともない, 国家の役割は**夜警国家**から**福祉国家**, さらには**行政国家**へと変化した。また, **行政の専門化**により, **官僚制**が発達したが, 一方では官僚の「**天下り**」, 汚職, 縦割り行政などの弊害も招いた。

D 行政の民主化 行政機能の拡大の弊害を防ぐためには, **行政の民主化**が必要である。まずは国会が**国政調査権**を有効活用し, **行政委員会**・審議会が本来の役割を果たすことが必要であり, **行政改革**, **規制緩和**の推進が期待される。国民による行政監視システムとしては, **情報公開制度**, **オンブズマン**(パーソン)制度がある。オンブズマン制度は, 地方公共団体では導入しているところもあるが, **国レベルでは未実施**である。

10 司法と国民

裁判にかかわる法律家のバッジ 大日本帝国憲法下では，司法権は天皇に属し，裁判は「天皇ノ名ニ於テ」行われた。日本国憲法下では，司法権は裁判所に属することになった。司法権の独立や裁判制度について学び，今後の課題を考えよう。

- **検察官**：菊の花弁と葉の中に紅色の旭日。秋の冷たい霜と夏の強い日差しにも見え，刑罰をめぐる姿勢の厳しさを象徴。
- **裁判官**：三種の神器の１つで，「正しいものを映す」という八咫の鏡の中に「裁」の字をデザイン。
- **弁護士**：正義と自由を示すヒマワリの中に，公正と平等を示す秤を配置。

A 司法権の独立

第76条〔司法権と裁判所，特別裁判所の禁止と行政機関の終審的裁判の禁止，裁判官の独立〕① すべて司法権は，最高裁判所及び法律の定めるところにより設置する下級裁判所に属する。
② 特別裁判所は，これを設置することができない。行政機関は，終審として裁判を行ふことができない。
③ すべて裁判官は，その良心に従ひ独立してその職権を行ひ，この憲法及び法律にのみ拘束される。

第78条〔裁判官の身分保障〕裁判官は，裁判により，心身の故障のために職務を執ることができないと決定された場合を除いては，公の弾劾によらなければ罷免されない。裁判官の懲戒処分は，行政機関がこれを行ふことはできない。

第79条〔最高裁判所の構成，国民審査，定年，報酬〕
① 最高裁判所は……その長たる裁判官以外の裁判官は，内閣でこれを任命する。
② 最高裁判所の裁判官の任命は，その任命後初めて行はれる衆議院議員総選挙の際国民の審査に付し，その後10年を経過した後初めて行はれる衆議院議員総選挙の際更に審査に付し，その後も同様とする。
③ 前項の場合において，投票者の多数が裁判官の罷免を可とするときは，その裁判官は，罷免される。

❶ 新旧憲法における司法の比較
注：（ ）内の数字は各憲法の条文番号

大日本帝国憲法		日本国憲法
天皇(57)	司法権の所属	最高裁判所と下級裁判所(76)
設置できる(60)	特別裁判所*	設置できない(76)
「天皇の名において」行使(57)	司法権の行使	良心に従い憲法と法のみに従って行使(76)
民事裁判・刑事裁判	司法権の範囲	民事裁判・刑事裁判・行政裁判
刑法違反，懲戒処分以外には罷免されない(58)	裁判官の罷免 (→4)	弾劾裁判の他，心身の故障を理由とした裁判の決定と，国民審査によってのみ罷免(78・79)
なし	国民審査 (→5)	直接，国民が最高裁判所裁判官を罷免する制度(79)
なし	違憲法令審査権 (→p.111)	法律，命令，規則又は処分が憲法に違反していないかを審査する権限(81)

*最高裁判所を頂点とする裁判所組織の系列外に設けられ，特定の身分や種類の事件の裁判をするところ（大日本帝国憲法時代の軍法会議・行政裁判など）。法の下の平等に反することから禁止されている。例外として，弾劾裁判所，議員の資格争訟を裁判する場合の議院がある(→p.386)。

❷ 司法権の独立 ❷裁判官と裁判所に様々な保障がなされているのはなぜか？

基本的人権の司法による保障 ← **司法権の独立**

裁判所の独立
- すべての司法権は最高裁判所および下級裁判所に属する 76条①
- 裁判所の自律権 77条
- 違憲法令審査権 81条
- 公開の原則 82条
- 特別裁判所の禁止 76条②(→❶, p.386)
- 行政機関による終審の禁止 76条②
- 最高裁判所の規則制定権 77条
- 最高裁判所の下級裁判所裁判官指名 80条①(→4)

裁判官の独立
- 裁判官の職権独立 76条③(→3)
- 裁判官の身分保障 78条
- 裁判官の経済的保障 79条⑥・80条②

（例外）
- 国会議員の資格争訟裁判 55条
- 裁判官の弾劾裁判 64条

注：数字は憲法の条項番号

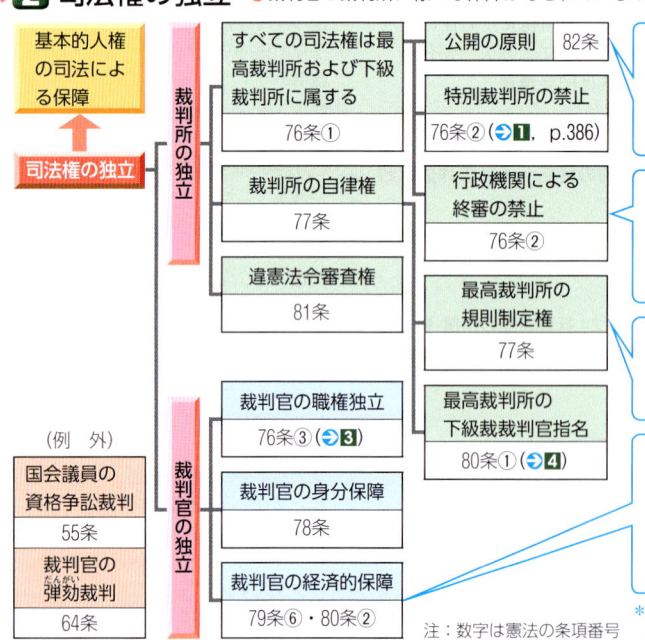

なぜ裁判は公開されるのか 誰でも自由に裁判を傍聴できるのは，裁判を公開することで，公正な裁判を確保するためである。ただし，家庭裁判所の審判・調停などはプライバシーに関わるため，傍聴は認められていない。

行政事件の裁判権も裁判所に属する 裁判所は民事・刑事事件のみならず，行政事件の裁判権ももつ。ただし，行政機関は「終審」は禁止されているが，「前審」としての裁決や決定などは認められている。

規則制定権とは 最高裁は，訴訟に関する手続き，弁護士，裁判所の内部規律や司法事務処理に関する事柄について規則を定めることができる。

相当額の報酬と在任中の減額の禁止*
例 最高裁長官の報酬は首相や両議院議長と同額とされる。
月額では201万円(2020年)
最高裁判事は月146万6000円
東京高裁長官は月140万6000円

*2005年，裁判官報酬法改正により減額された。最高裁は，「司法権の独立の侵害には当たらない」との姿勢を示している。

解説 公正な裁判のために 裁判が公正に行われるように，憲法では，裁判官は自らの良心のほかには法以外の何ものにも拘束されないこと，特別の理由なしにはやめさせられないことなど，一般の公務員より一段と強い身分の保障を認めている。

入試のツボ 公の秩序を害するおそれがあるなど，裁判官全員の意見が一致すれば，裁判は非公開にできる。ただし，判決の言い渡しと，政治犯罪や出版に関する犯罪，憲法で保障された国民の権利が関わる裁判は常に公開しなければならない。〈12本，11追〉

3 司法権の独立をめぐる事件 判例

＊大日本帝国憲法下

	大津事件＊	浦和充子事件	平賀書簡事件
	行政権からの独立	立法権からの独立	司法内部での裁判官の独立
あらまし	1891(明治24)年、来日中のロシア皇太子が、大津市を訪れた時、警備中の巡査津田三蔵にサーベルで切りつけられるという事件が起きた。皇太子は軽傷ですんだが、ロシアとの関係が悪化することをおそれた政府は、当時の皇室罪をあてはめて巡査を死刑にするよう図った。ところが、刑法には外国皇太子に対する規定はなかったので、司法内部は一般の殺人未遂として扱うほかはないとして政府と対立した。このとき児島惟謙大審院長(現在の最高裁判所長官に当たる)は、「**法の尊厳と裁判の独立を守ることこそ国家の自主性を確立する道である**」と説き、事件担当の裁判官を励ました。その結果、無期徒刑(懲役)の判決が下された。	夫が賭博にふけり妻子の生活を顧みないために、1948(昭和23)年、愚策に尽きて親子心中を図り、3児を殺したが自分は死に切れなかった母親(当時30歳)に対して、浦和地裁は懲役3年、執行猶予3年の判決を下した。 これに対して参議院法務委員会は、判決は子を親の私有物とする封建思想に基づくものとして、**国政調査権**(◆p.97)を行使し、証人喚問を行った。その結果、量刑が軽すぎると参議院議員に報告。最高裁は、国政調査権に名をかりた参議院法務委員会の調査は、司法権の独立を侵害するものであると抗議した。	1969(昭和44)年、**長沼ナイキ基地訴訟**(◆p.49)を担当していた札幌地方裁判所福島裁判事が、長沼ナイキ基地建設に関する国の処分に対して執行停止決定を下す前に、同地裁の平賀所長が、「国の裁量を尊重すべきだ」として訴訟判断に触れるような内容の手紙を福島裁判長あてに出していたことが明らかになった。平賀所長は、「個人的な意見を言ったまで」と弁明したが、最高裁判所では、「国民に疑いの念を抱かせた」として平賀所長に注意し、別の職務にかえさせることになった。
解説	児島大審院長は、政府の干渉から司法権を守ったことから、後に「護法の神」とも呼ばれた。しかし、「大審院長として担当の裁判官に指示したことは、独立であるべき裁判官への干渉である」という評価もある。  ◎児島惟謙	浦和充子事件は、参議院法務委員会が憲法第62条による国政調査権を行使したことによって、憲法と司法権の独立の問題として注目を集めた事件である。最高裁の抗議に対して、法務委員会は、国政調査権は国権の最高機関性に基づくものであり、司法権に対しても監督権を有するとしたが、学説の多くは最高裁の立場を支持した。	事件後、「憲法を擁護し、平和と民主主義を守る」ことを目的とした青法協の会員であった福島裁判事に、札幌高裁は平賀書簡を公開したという理由により口頭注意処分を行い、同時に最高裁は青法協会員の司法修習生の裁判官採用拒否や、会員の裁判官再任拒否処分を行った。これは「**裁判官の人権を最高裁自ら侵害するもので司法権の独立を放棄するものだ**」と批判された。

4 裁判官の任命と罷免

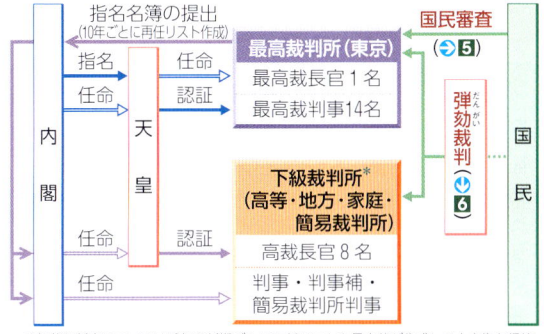

内閣 → 指名名簿の提出(10年ごとに再任リスト作成) → 天皇

最高裁判所(東京)
- 最高裁長官 1名
- 最高裁判事 14名

指名(内閣)→ 任命(天皇)→ 認証

下級裁判所＊(高等・地方・家庭・簡易裁判所)
- 高裁長官 8名
- 判事・判事補・簡易裁判所判事

任命(内閣)→ 認証(天皇)

国民審査(◆5)
弾劾裁判(◆6)
国民

＊下級裁の任官については10年の任期ごとに再任リストを最高裁が作成して人事権を行使。

裁判官がやめなければならない場合
①心身の故障のため職務をとれないと裁判で判断された場合
②弾劾裁判で罷免された場合
③国民審査で罷免された場合(最高裁の裁判官のみ)

・定年に達したとき(最高裁・簡裁は70歳、他は65歳)
・下級裁判所のみ任期10年。再任可能。

5 国民審査の流れ ◎誰が誰を審査するのか？

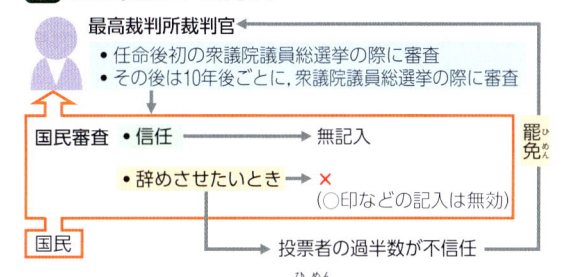

最高裁判所裁判官
・任命後初の衆議院議員総選挙の際に審査
・その後は10年後ごとに、衆議院議員総選挙の際に審査

国民審査
- 信任 → 無記入
- 辞めさせたいとき → × (○印などの記入は無効)

→ 投票者の過半数が不信任 → 罷免

●最近の国民審査の結果 ―罷免を可とする票数―

小池 裕	4,688,017 (8.56%)	大谷直人	4,358,118 (7.96%)
戸倉三郎	4,303,842 (7.86%)	木澤克之	4,395,199 (8.02%)
山口 厚	4,348,553 (7.94%)	林 景一	4,089,702 (7.47%)
菅野博之	4,394,903 (8.02%)		

(2017.10.22総選挙時) 注:( )内は有効投票数に占める罷免可票の割合

解説 形式的との批判も 国民審査で罷免された裁判官は、今までに1人もいない。国民審査では審査される裁判官の情報が少なく、正確な審査ができず形式的になっているとの批判がある。

6 弾劾裁判の手続き (◆p.97)

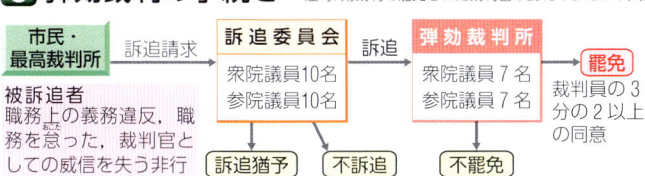

注:弾劾裁判で罷免された裁判官は2018年までに7人。

市民・最高裁判所 → 訴追請求 → **訴追委員会**(衆議院議員10名、参議院議員10名) → 訴追 → **弾劾裁判所**(衆院議員7名、参院議員7名) → **罷免** 裁判員の3分の2以上の同意

被訴追者:職務上の義務違反、職務を怠った、裁判官としての威信を失う非行

→ 訴追猶予 / 不訴追 / 不罷免

●これまでの弾劾裁判で罷免になった例

裁判官	訴追理由
東京地方裁判所判事補(1981.11.6)	破産管財人から背広などを贈られ、それを受け取った
大阪地方裁判所判事補(2013.4.10)	電車内で、カメラつき携帯電話で女性を盗撮した

●重要用語 93弾劾裁判所 108司法権の独立 109国民審査 116違憲法令審査権(違憲審査権)

B 裁判制度

1 裁判の種類と流れ

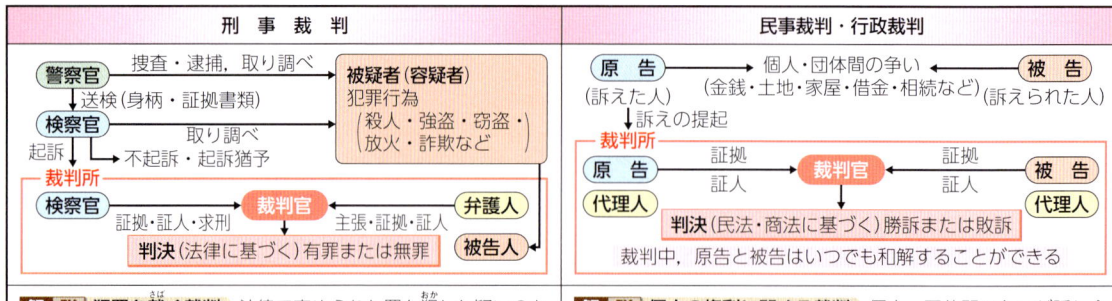

刑事裁判

警察官 →(捜査・逮捕，取り調べ)→ 被疑者(容疑者) 犯罪行為(殺人・強盗・窃盗・放火・詐欺など)
↓送検(身柄・証拠書類)
検察官 →取り調べ→
↓起訴 →不起訴・起訴猶予
―裁判所―
検察官 ─証拠・証人・求刑→ 裁判官 ←主張・証拠・証人─ 弁護人
判決(法律に基づく)有罪または無罪 / 被告人

解説 犯罪を裁く裁判 法律で定められた罪を犯した疑いのある者に，判決を下す裁判を**刑事裁判**という。国家を代表して，**検察官**が**被疑者**を**裁判所**に**起訴**する。被疑者は起訴されると**被告人**とよばれ，**弁護人**を依頼できる。刑事裁判は**公開**で，**適法手続き**と**罪刑法定主義**の原則(→p.75)に基づく。

民事裁判・行政裁判

原告(訴えた人) ─個人・団体間の争い(金銭・土地・家屋・借金・相続など)→ 被告(訴えられた人)
↓訴えの提起
―裁判所―
原告 ─証拠・証人→ 裁判官 ←証拠・証人─ 被告
代理人　　　　　　　　　　　　　　　　代理人
判決(民法・商法に基づく)勝訴または敗訴
裁判中，原告と被告はいつでも和解することができる

解説 個人の権利に関する裁判 個人・団体間の争いが話し合いで解決できない場合に開かれる裁判を**民事裁判**という。裁判中でも**和解**や訴訟取り下げができる。また，行政機関によって国民の権利が侵された場合，行政処分の取り消しを求めて国民が起こす裁判を**行政裁判**といい，民事裁判の1つとしてとらえられている。

2 三審制 ●三審制が設けられているのはなぜか？

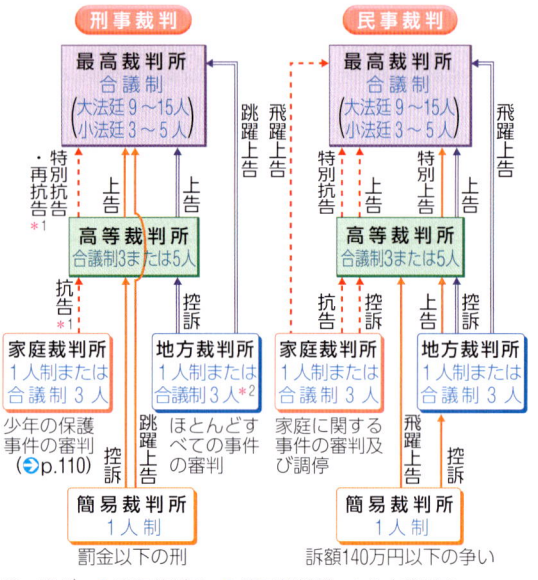

刑事裁判
最高裁判所 合議制(大法廷9〜15人／小法廷3〜5人)
↑特別抗告*1 ↑上告 ↑跳躍上告
高等裁判所 合議制3または5人
↑抗告*1 ↑控訴
家庭裁判所 1人制または合議制3人 ─少年の保護事件の審判(→p.110)
地方裁判所 1人制または合議制3人 ─ほとんどすべての事件の審判
↑跳躍上告 ↑控訴
簡易裁判所 1人制 ─罰金以下の刑

民事裁判
最高裁判所 合議制(大法廷9〜15人／小法廷3〜5人)
↑特別抗告 ↑上告 ↑飛躍上告
高等裁判所 合議制3または5人
↑抗告 ↑上告 ↑控訴
家庭裁判所 1人制または合議制3人 ─家庭に関する事件の審判及び調停
地方裁判所 1人制または合議制3人*2
↑飛躍上告 ↑控訴
簡易裁判所 1人制 ─訴額140万円以下の争い

第一審が，♥家庭裁判所 ↑簡易裁判所 ↑地方裁判所
*1 少年法にもとづく。 *2 一部は裁判員裁判(→p.112,113)

解説 慎重な審議で人権を守る 三審制は，裁判を慎重に行い，間違いをなくして人権を守るために，同一事件で原則3回まで裁判を受けられる制度。なお，確定判決に重大な誤りが発覚した時は，非常手段として，やり直しの裁判(**再審**)が認められている。

● **やり直しの裁判，再審とは？**(白鳥決定・冤罪→p.76)
再審 確定した判決について，重大な誤りが発覚した時に，当事者の請求によって行われるやり直しの裁判。
刑事裁判の再審 検察官・有罪判決を受けた本人などが，本人の利益のために，①証拠となった証言・書類などが虚偽・偽造・変造されていたことが証明された時，②確定判決の刑よりも軽い刑や無罪となるような明らかな証拠を新たに発見した時などに請求できる。

● **刑事裁判の再審**(2018年) (『司法統計』)

再審請求404人：簡易裁判所17　地方裁判所301　54　32
再審開始決定4人(確定数)：簡易裁判所3　地方裁判所1　最高裁判所

控訴 第一審判決に対する不服申し立てで，第二審の裁判所に裁判を求めること。
上告 第二審(控訴審)判決に対して，憲法や過去の判例に違反しているなどの理由で第三審の裁判所へ裁判を求めること。
特別上告 民事裁判において，上告審が高等裁判所の時，その判決が違憲であるとして最高裁判所に行う上訴。
跳躍上告・飛躍(飛越)上告 第一審が違憲判決の時などに控訴を飛び越えて上告裁判所に直接訴えること。一般的に刑事裁判では跳躍上告，民事裁判では飛躍(飛越)上告という。
抗告 判決ではなく，命令や決定に対する不服申し立て。特に，憲法違反などを理由に最高裁判所へ申し立てる抗告を**特別抗告**という。

3 裁判所の種類と所在地

最高裁判所		東京の1か所。
下級裁判所	高等裁判所	札幌・仙台・東京・名古屋・大阪・広島・高松・福岡の8か所(他に支部6か所) **知的財産高等裁判所** 知的財産権にかかわる訴訟を扱うため，東京高等裁判所の特別な支部として，2005年に設置。
	地方裁判所 家庭裁判所	各都道府県に1か所，北海道4か所の50か所(他に支部203か所)。支部も含め地裁・家裁は同じ所にある。家裁は他に出張所77か所。
	簡易裁判所	438か所

4 裁判所別・種類別の裁判件数・人員数 (2018年)

	民事・行政事件				刑事事件等				家事事件				少年事件	
	件数(件)	割合(%)	人員(人)	割合(%)	件数(件)	割合(%)	人員(人)	割合(%)	件数(件)	割合(%)			人員(人)	割合(%)
最高裁判所	6,830	0.4	3,848	0.4	—				—					
高等裁判所	34,052	2.2	9,580	1.0	52	0.005			—					
地方裁判所	588,904	37.9	266,844	28.5	—				—					
簡易裁判所	922,922	59.5	656,919	70.1	—				—					
家庭裁判所	—				—				1,066,332	99.995			66,219	100.0
合計	1,552,708	100.0	937,191	100.0	1,066,384	100.0							66,219	100.0

注：人員は被告人数。 (『司法統計』)

入試クイズ 検察審査会は，検察官が起訴した事件については，その起訴の当否を審査することはできない。○？×？〈12追〉(→6)　答：○

5 検察制度
Q 検察庁は，国の三権のどの権力に属するか？

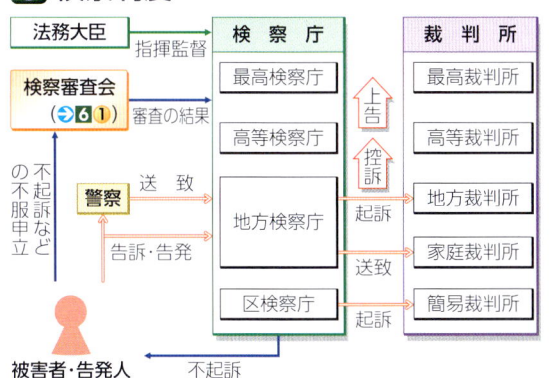

[法務大臣] —指揮監督→ [検察庁：最高検察庁／高等検察庁／地方検察庁／区検察庁] ⇔ [裁判所：最高裁判所／高等裁判所／地方裁判所／家庭裁判所／簡易裁判所]（上告・控訴・起訴・送致）

検察審査会（→⑥❶）←審査の結果

警察←送致／告訴・告発

被害者・告発人←不起訴／不起訴などの不服申立

解説　公益の代表者　検察制度は，行政権の一作用として法務大臣の指揮管轄下にある。検察庁に属する**検察官**は，裁判所に法の正当な適用を請求し，かつ，裁判の執行を監督する役割を負い，**公益**（公共の利益）の代表者として，**犯罪の捜査と公訴**（被疑者を裁判所に訴えること。起訴）を行う（→LOOK）。このため，他の国家権力から不当な圧力がかからないよう，ある程度の独立性が認められており，他省庁の公務員よりも厚い身分保障を受ける。

6 検察審査会

❶ 検察官が不起訴処分とした事件の流れ

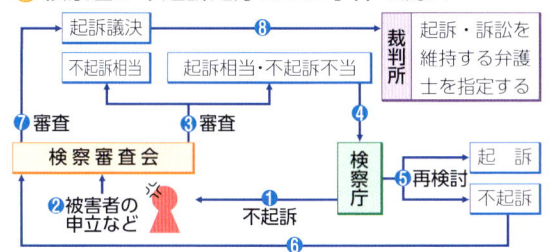

起訴議決→⑧→裁判所：起訴・訴訟を維持する弁護士を指定する
不起訴相当／起訴相当・不起訴不当
❼審査／❸審査
検察審査会
❷被害者の申立など→❶不起訴→検察庁→❺再検討→起訴／不起訴
❻

❷ 検察審査員の権限と義務

選任方法	20歳以上で選挙権のある人の中から抽選（除斥・辞退規定あり）。6か月の任期制。
役割	・被害者の申立や告訴などを受けて，検察官がした不起訴処分が適切かどうか審査する（❶の図中の❷・❸）。 ・被害者の申立がない不起訴処分も独自に審査できる。 ・検察官は，検察審査会の議決を参考に起訴すべきか否か再検討しなければならない（❹・❺）。 ・検察審査会の審査後に検察官が再び不起訴とした事件は，検察審査会の再議決によって，裁判所が指定した弁護士が起訴し裁判にできる（**強制起訴**，❻～❽）。
身分保障	旅費・日当・宿泊費支給。検察審査会の職務を理由とした解雇など不利益な扱いの禁止。
主な罰則	・正当な理由なく招集を拒否した…10万円以下の過料 ・各審査員の意見や多数決の人数などの秘密を漏らした…6か月以下の懲役又は50万円以下の罰金 ・審査した事件について，審査員やその家族に威迫行為をした…2年以下の懲役又は20万円以下の罰金

解説　民意の反映　検察審査会は，国民の良識を反映することで刑事手続きをより適正に行うための制度で，1948年の検察審査会法で設置された。2004年，同法が改正され，2009年の**裁判員制度導入**と同時に権限が強化された（❶の図中の❻～❽）。

（「朝日新聞」2014.8.1）
〔検察審，津波対応見送った原発事故　元会長ら「起訴相当」〕

LOOK　裁判の傍聴に行ってみよう

❶ いつ，どこに行けばよいの？

いつ	・土日・祝日・年末年始以外であれば，毎日何らかの法廷が開かれる。 ・団体で傍聴をする場合は裁判所へ事前に申し込む。 ・傍聴希望者が多い場合は事前に配布される傍聴券が必要な場合もあるので注意。
どこ	・初めての傍聴は，地方裁判所とその支部で開廷される**第一審の刑事裁判の第1回目**がわかりやすい。 ・各裁判所の総合案内窓口や法廷の入り口などで開廷予定表を確認できる。 ・家庭裁判所や簡易裁判所では，プライバシーを守るため，非公開で傍聴できない法廷もあるので注意。

解説　公開の原則　公正な裁判を行うため，憲法第82条で裁判の公開が定められている。このため，法廷が開かれていれば，原則として，事前に申し込まなくても傍聴できる。

❷ 持ち物・服装・注意点は？

傍聴の注意事項　法廷内では静かにして，裁判長の指示に従うこと。メモは取ってもよいが，撮影・録音機を許可なく持ち込むことは禁止。携帯電話などの電源は切ること。

●こんな服装はダメ！（ICレコーダー／ゼッケン・はちまき／ゆれると音のするアクセサリー／大きな荷物）

❸ 法廷では，どこで傍聴するの？

裁判官・裁判員／弁護人／被告人／検察官／証人／ここで傍聴する

注：法廷内の配置は，裁判所によって異なる。

❹ 裁判官・弁護士・検察官の役割は？

裁判官	憲法や法律に従って**公正な裁判**を行い，国民の基本的人権を守るという職責がある。**刑事裁判**では被告人側・検察官側，**民事裁判**では被告側・原告側の双方に言い分を主張させ，その主張を裏付ける証拠を出させて，**最終的な判決を下す**。
弁護士	基本的人権を擁護し，社会正義を実現することが使命。**刑事手続き**では弁護人として不当な捜査を監視し，冤罪が発生しないように被疑者の人権を守り，**民事手続き**では当事者の依頼を受け，代理人として裁判を争う。このように国民と裁判所を結びつける役割を担う。（弁護士依頼費用→p.84 LOOK）
検察官	**刑事手続き**にかかわり，次の2つの役割を担う。 ・捜査の結果，起訴・不起訴を最終的に判断し，公益の代表者として，犯罪の疑いのある者を裁判所に**起訴**する。 ・裁判で，被告人が有罪となる証拠を提示し，罪に応じた**刑罰**を科すことを求める。判決を不当と判断した場合は上訴（控訴・上告）する。

Coming Up 未成年者の犯罪と少年法

未成年者の犯罪は、刑事訴訟法（→p.17）とは別に少年法で定められ、成人とは異なる手続きで処分される。犯罪の処分手続きの流れや未成年者の犯罪の現状、少年法改正の内容を確認し、未成年者の犯罪防止には何が必要かを考えてみよう。

＊2018年、法改正により2022年4月から満18歳以上に変更。

A 少年法の保護主義

少年法とは 非行少年の矯正と保護処分、少年の刑事事件について定めた法律。1948年制定。
少年とは 20歳未満（満20歳以上は「成人＊」）
少年法の基本理念 知識と判断力に乏しく、人格的にも未熟な少年を保護し、教育を通じて更生させる**保護主義**
刑罰の緩和 成人の死刑・無期刑に当たる犯罪に対する18歳未満への刑罰は緩和される。
少年のプライバシー保護 家庭裁判所の審判は原則非公開（少年の刑事裁判は成人と同じく原則公開）。また、審判を受けることが決まった少年の名前・年齢・職業・住所・風貌など、本人と特定できるような記事や写真の掲載は禁止。

● 年齢別の犯罪の処分手続き　注：不処分・不起訴は省略

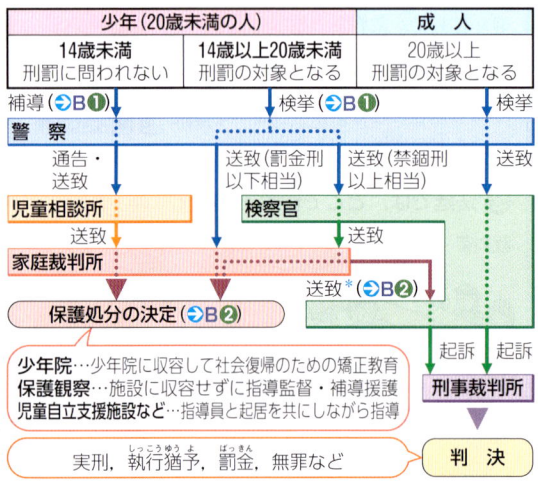

少年（20歳未満の人）		成人
14歳未満 刑罰に問われない	14歳以上20歳未満 刑罰の対象となる	20歳以上 刑罰の対象となる

補導（→B❶）／検挙（→B❶）／検挙
→ 警察
→ 通告・送致／送致（罰金刑以下相当）／送致（禁錮刑以上相当）／送致
→ 児童相談所／検察官
→ 家庭裁判所 → 保護処分の決定（→B❷）
送致＊（→B❷）／起訴／起訴
→ 刑事裁判所 → 判決

- **少年院**…少年院に収容して社会復帰のための矯正教育
- **保護観察**…施設に収容せずに指導監督・補導援護
- **児童自立支援施設**など…指導員と起居を共にしながら指導

実刑、執行猶予、罰金、無罪など

＊14・15歳は家庭裁判所の判断で送致。16〜19歳は故意の殺害事件は原則送致。

B 少年犯罪の現状

❶ 刑法犯少年の検挙人員　◎どう変化しているか？

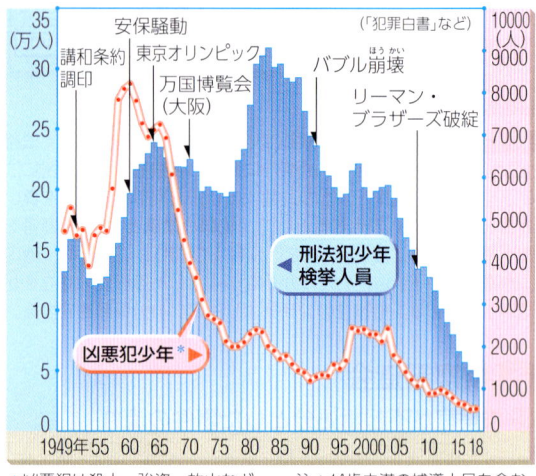

（グラフ：1949年〜2018年の刑法犯少年検挙人員と凶悪犯少年の推移。安保騒動、講和条約調印、東京オリンピック、万国博覧会（大阪）、バブル崩壊、リーマン・ブラザーズ破綻などが注記）

＊凶悪犯は殺人、強盗、放火など。　注：14歳未満の補導人員を含む。

❷ 少年犯罪の処分の内訳（家庭裁判所）

2018年 2万1062人
- 不処分・審判不開始など 59.7
- 検察官へ送致（刑事処分相当）0.5％
- 少年院へ送致 9.1
- 保護観察 30.1
- 児童自立支援施設・児童養護施設へ送致 0.6

注：14歳未満も含む。（「司法統計」）

解説 保護主義に基づく処分 検察官へ送致される殺人や強盗などの重犯罪を除くと、不処分や審判不開始、保護観察が多い。ここから、家庭裁判所は、刑罰よりも、保護処分や、事実上警察の補導で終わらせる不処分などを優先させていることがわかる。

C 少年犯罪の防止と被害者保護

❶ 少年法改正の主な内容（2000年代〜）

2000年改正・01年施行	●刑罰適用年齢：旧16歳→新14歳以上に引き下げ ●家裁の判断で検察官へ送致→旧16歳以上による故意の殺害事件は、原則検察官へ送致 ●審判：旧検察官の出席不可→新一定の事件で出席可
07年改正・施行	●14歳未満の少年院送致を可能に ・少年院の収容年齢下限（少年院法改正による）：旧14歳→新おおむね12歳以上に引き下げ
08年改正・施行	●被害者やその家族による審判の傍聴：旧不可→新殺人事件などで、家裁が傍聴を許可
14年改正・施行	●少年の刑事事件に関する処分規定の見直し： 旧最も重い有期刑は「5年以上10年以下の懲役」→新「10年以上15年以下の懲役」

解説 厳罰化・被害者保護の動き 1997年に神戸で起きた14歳少年による凶悪事件などをきっかけに、厳罰化や、被害者の権利・利益拡大を求める声が高まり、**少年法はたびたび改正されている。**

❷ 少年法に対する様々な意見

◎厳罰化以外にどのような対策が求められているのか？

＊死刑→無期刑、無期刑→有期刑に緩和

保護主義の立場	規定	厳罰化・被害者保護の立場
刑務所に入れて罰するだけでは根本的な解決にならない。犯罪の前兆を察知し未然に防ぐ体制整備が必要。	14歳未満には刑罰を適用しない	凶悪事件では刑罰を適用すべき。刑罰を科した方が効果のある子もいる。
むしろ18・19歳への死刑も適用すべきでない。	18歳未満の死刑・無期刑は緩和＊	凶悪事件では18歳未満も死刑を適用すべき。

❸ 少年非行の防止対策として求めること（世論調査結果）

- 有害サイトの浄化の強化 58.0％
- 就労・学業などの立ち直り支援の強化 45.3
- 少年や保護者の相談を受ける 45.2
- 非行少年を生まない社会づくり 42.8
- 喫煙や飲酒などの補導強化 39.9
- 少年犯罪の取り締まりの強化 39.0

（2015年）　注：複数回答、上位6項目　（「少年非行に関する世論調査」）

メモ 成人年齢や選挙権年齢が18歳に引き下げられ、少年法においても年齢の引き下げが議論されている。

C 違憲法令審査権（違憲審査権）

1 最高裁判所の違憲判決・決定 判例

	違憲とされた法律・処分	根拠となった憲法	違憲理由	国会などの対応
尊属殺人重罰規定違憲判決（→p.66）(1973.4.4)	刑法第200条（尊属殺の重罰規定）	第14条（法の下の平等）	尊属殺人と普通殺人の区別は違憲ではない。しかし、尊属殺人に対する刑罰の規定が普通殺人と比較して余りにも重く不合理であるので、違憲	国会は、1995年、尊属重罰規定を一括削除
薬事法距離制限違憲判決（→p.79）(1975.4.30)	薬事法第6条（薬局開設の距離制限）	第22条（職業選択の自由）	薬局開設の許可制自体は公共の福祉に適合する、必要かつ合理的な措置であるが、距離制限を定めた規定はそうとはいえず、違憲	国会は、薬事法第6条の制限条項を廃止
衆議院議員定数違憲判決（→p.137）(1976.4.14)(1985.7.17)	公職選挙法別表第1、附則第7～9項（選挙区と議員定数配分）	第14条（法の下の平等）	[1985年判決]議員1人当たり有権者数の格差が4.4倍に達していた定数配分規定は、憲法の選挙権の平等要求に反する。ただし選挙は有効	国会は、1986年5月、公職選挙法を改正して格差3倍以内とした
共有林分割制限違憲判決（→p.79）(1987.4.22)	森林法第186条（共有林の分割制限）	第29条①（財産権の保障）	森林法第186条の制限は、合理性に欠け、必要な限度を超えているとし、違憲（高裁に差し戻し）	国会は、森林法第186条を廃止
愛媛玉ぐし料違憲判決（→p.72）(1997.4.2)	愛媛県が靖国神社と県護国神社への玉ぐし料を公金から支出	第20条③（政教分離）、第89条（公の財産の支出・利用提供の制限）	靖国神社への玉ぐし料の奉納は宗教的な意義をもち、特定の宗教を援助・助長するものであり、相当とされる限度を超えるものであるため、違憲	元知事（故人）は、支出金を県に賠償
郵便法損害賠償規定違憲判決（2002.9.11）	郵便法第68,73条（損害賠償の責任範囲）	第17条（国の賠償責任）	紛失・破損以外で損害が生じた場合の書留について、故意や重大な過失で損害があった場合まで国の責任を免除するのは、合理性がなく違憲	郵便法第68～75条を改正
在外選挙権制限違憲判決（→p.85）(2005.9.14)	公職選挙法	第15条①③、第43条①、第44条ただし書（公務員選定罷免権）	国政選挙において、外国に住む日本人の選挙権を比例代表に限定するのは、国民に平等な選挙権を保障した憲法に違反する	公職選挙法改正、比例代表・選挙区両方を対象に（2007年6月施行）
国籍法違憲判決（→p.66）(2008.6.4)	国籍法	第14条（法の下の平等）	日本人男性と、外国人女性との間に生まれた子を、両親の婚姻の有無で、国籍取得の区別をするのは違憲	国籍法改正（2009年1月施行）
砂川政教分離違憲判決（→p.72）(2010.1.20)	北海道砂川市が所有する土地を、神社の敷地として無償提供	第89条（公の財産の支出・利用提供の制限）、第20条①（国の宗教活動の禁止）	土地を無償提供し利用させる行為は、相当とされる限度を超えるもので、公の財産の利用提供に当たり、宗教団体に対する特権の付与に該当するため違憲	市側が有償貸与に切り替え
婚外子相続差別違憲決定（→p.66）(2013.9.4)	民法900条4号ただし書き（婚外子の相続分を嫡出子の2分の1とする規定）	第14条（法の下の平等）	子にとっては自ら選択・修正する余地のない事柄を理由としてその子に不利益を及ぼすことは許されないとの考えが確立されてきており、違憲	民法900条4号但し書きを改正（2013年12月施行）
再婚禁止期間違憲判決（→p.67）(2015.12.16)	民法733条	第14条①（法の下の平等）、第24条②（婚姻の自由）	女性の再婚禁止期間100日を超える部分は、医療や科学技術の発達などで合理性を欠いた過剰な制約で違憲	民法733条改正（2016年6月施行）

解説　最高裁は「憲法の番人」　国会や行政官庁の一切の法律・命令・規則・処分が憲法に適合するかを審査する権能を**違憲法令審査権（違憲審査権）**といい、すべての裁判所がもつ。特に、最終審を行う最高裁判所は「憲法の番人」と呼ばれる。

2 違憲審査制の方式　最も大きな違いは何か？

	アメリカ型		ドイツ型
違憲審査権	各裁判所がもつ（憲法裁判所なし）		通常の裁判を行う司法裁判所ではなく、**憲法裁判所**が行う
違憲審査の方法	具体的な事件の裁判で、その解決に必要な範囲で、関係のある法令や行政処分の違憲審査を行う		司法裁判所から求められた具体的な事件に関する法令などの違憲審査のほか、具体的な事件がなくても、法令などの違憲審査ができる
主な国	アメリカ、日本、カナダ、インドなど		ドイツ、スペイン、オーストリア、ロシア、韓国など

解説　憲法裁判所の存在　違憲審査制は、**違憲審査権**を独占する憲法裁判所の有無で2つの方式に分かれる。日本はアメリカ型だが、最高裁の違憲判決が少ないことへの批判から、ドイツ型の憲法裁判所を設置して違憲審査の活性化を図るべきとの意見もある。

司法権の限界は？

統治行為論	高度に政治性のある行政・立法府の行為は、司法審査の対象外であるという考え方。 ●統治行為論が採用された判決の例 ・砂川事件最高裁判決(1959.12.16)…米軍駐留の憲法第9条違反が問われた（→p.49）。 ・苫米地訴訟最高裁判決(1960.6.8)…1952年の衆議院解散が憲法第69条（内閣不信任議決）によらずに行われたことの違憲性が問われた。
事情判決	行政府の処分・裁決は違法だが、取り消すと公益に著しい障害があると認められる場合に、取り消し請求を棄却する判決。 ●事情判決が採用された判決の例 ・衆議院議員定数不均衡訴訟最高裁判決(1976.4.14・1985.7.17)…一票の格差は違憲だが選挙は無効としないと判決（→1, p.137）
違憲判決の効力	ある事件の裁判で、ある法律条文の違憲判決が確定した場合、その条文の効力は、その事件に限って無効となり、その条文が即廃止、となるわけではないとされる。立法権をもつ国会による法律の速やかな改正・廃止が望まれる。

D 司法制度改革と裁判員制度

1 司法制度改革の背景と主な内容

批判
- **わかりにくさ** 法律用語が難しく、裁判が専門的でわかりづらい。縁の遠い存在である。
- **判決への疑問** 残虐な事件で予想よりも軽い判決が出るなど、一般の国民と法曹(裁判官・検察官・弁護士)の感覚にずれがある。また無実の人を有罪とした冤罪事件が発覚しており、起訴後の有罪率が高すぎる(2007年当時99.6％)。
- **時間と費用** 判決までの時間が長い。裁判費用が高い。
- **被害者の権利** 刑事裁判で、被害者が軽んじられている。

司法制度改革の推進 (■の数字は始まった年の西暦の下2ケタ)

裁判の迅速化
- 03 **裁判迅速化法施行** 第一審は2年以内の終了を目標。
- 04 **簡易裁判所の権限強化** 訴額上限を90万円から140万円に拡大。原則1日で判決が出る少額訴訟の請求額上限を30万円から60万円に拡大
- 05 **知的財産高等裁判所の設置** 専門知識が必要な特許権などの知的財産権にかかわる事件の第二審を行う。東京高等裁判所の特別な支部。
- 05 **公判前整理手続の導入**(→2)
- 06 **即決裁判手続の導入** 殺人や放火などの重大犯罪以外のうち、争いのない明白な事件について、起訴から14日以内に判決を出す刑事裁判の手続き。被疑者(被告人)・弁護人の同意が必要。上訴できない。
- 07 **裁判外紛争解決手続き(ADR)の利用促進** ADRとは、交通事故・労働・相続など身近なトラブルを当事者間で解決できない場合、第三者(弁護士や社会保険労務士、司法書士などの専門家・専門機関)が間に入り、裁判以外の方法で解決をはかること。ADRの知名度を上げ、利用しやすくするために、ADRの業務を行う民間団体に特例を与える認証制度が導入された。

扶助制度
- 06 **日本司法支援センター(法テラス)の開設** ①無料情報提供サービス、②国選弁護制度に関する業務、③民事法律扶助、④弁護士がいない地域への弁護士派遣、⑤被害者支援団体の紹介などを行う。
- 06 **国選弁護制度の拡充**(→p.84 LOOK)

法曹改革
- 04 **法科大学院(ロースクール)の開校**(→LOOK)
- 06 **新司法試験の導入**

市民参加
- 09 **裁判員制度の導入**(→2~6)
- 09 **検察審査会の権限強化**(→p.109 6)

被害者支援
- 08 **犯罪被害者参加制度の導入**(→p.114)
- 16 **証人らの氏名等の秘匿措置**

被疑者・被告人支援
- 16 **証拠リスト開示制度導入** 被告人や弁護人の請求で検察官は保管する証拠の一覧表を交付。
- 18 **被疑者の国選弁護制度拡大** 2016年刑事訴訟法改正により、対象が全ての勾留事件に拡大。
- 19 **一部事件における取り調べの全過程の録音・録画制度の導入**(2006年から一部試行) 裁判員裁判対象事件と検察独自捜査事件における取り調べの録音・録画が義務化された。

その他
- 16 **通信傍受の対象犯罪の拡大** 通信傍受の対象となる犯罪が、2016年に拡大。2019年には警察施設に専用機器が導入され、これまで通信事業者の施設でしかできなかった捜査上の通信傍受が警察施設でも可能になった。
- 18 **司法取引の導入** 他人の犯罪を明かす見返りに自身の刑事処分の軽減が得られる。(→p.77)

2 裁判員裁判の流れ

事件(→p.113 3)
↓
捜査・起訴
↓

公判前整理手続
裁判員の参加前に、裁判官、弁護人、検察官が裁判の進行計画を立てる。なお、手続き終了後の証拠請求は制限される。

内容
- 裁判の争点を整理する
- 裁判(公判)の日程を決める
- 裁判で使う証拠や証人を決める

被告人も出席できるけど、非公開だよ。

↓
裁判員選任手続き(→p.113 4)
↓

裁判員の仕事(通常3~5日程度)

公判 裁判官とともに公開の裁判へ出席する。

法廷(模擬裁判) 裁判員も証人や被告人に質問できる。なお、法廷内の配置は、裁判所によって異なる。(写真提供/最高裁判所)

評議 公判後、裁判官と裁判員は非公開の議論を行う。
事件を明らかにして、犯罪が成立するか、どのような刑罰がふさわしいか話し合うよ。

評決 有罪かどうか判定し、刑罰の内容を決める(量刑)。
- 全員一致が得られない場合は、多数決。
- 被告人に不利な判断をする場合は、1人以上の裁判官が多数意見に賛成していなければならない。

↓
判決宣告 法廷で裁判長が判決を宣告。同時に裁判員の仕事終了。

LOOK 法科大学院の現状

❶ 法曹になるには

法科大学院*1 2・3年間 / 司法試験予備試験*2 → 司法試験*3 → 司法修習1年間 → 司法修習生考試 → 法曹資格取得

*1 入学には原則、大学卒業と入試合格が必要。 *2 受験資格に制限なし。
*3 2020年度より法学部に法曹コースが創設可能に。法学部を1年短縮し5年(法学部3年、法科大学院2年)で司法試験の受験ができる。

❷ 各国の法曹人口(人口10万人当たり)

アメリカ	404.5人
イギリス	271.0
ドイツ	232.6
フランス	111.7
日本	37.8

(凡例:裁判官/検察官/弁護士) (2007~2019年の最新値)(「裁判所データブック」)

解説 抱える課題 豊かな人間性の育成や幅広い知識の取得、諸外国より少ない法曹人口の増加などをめざして法科大学院が開校。しかし、修了生の司法試験合格率が低迷し、志願者が減少。これを受け、募集停止・撤退が相次いだ。また、経済的負担が少なく、合格への近道として司法試験予備試験の利用が増えており、法科大学院の見直しが行われている。

メモ 日本では、1928年から陪審制が実施された。①被告人は陪審裁判を辞退できる。②陪審員は12人で直接国税3円以上を納める30歳以上の男性。③対象は死刑や無期懲役などに当たる事件だが、治安維持法違反や皇室に対する罪などは除外、という内容。戦争中の1943年に停止。

3 裁判員制度対象となった罪名の内訳

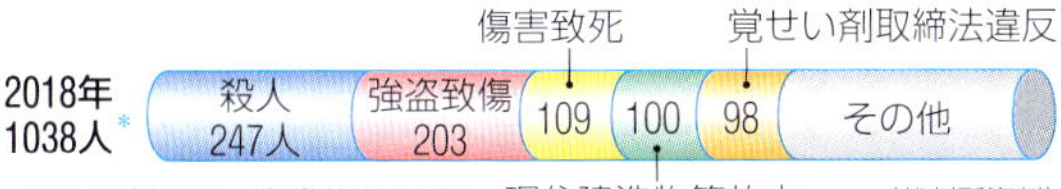

2018年 1038人　殺人247人　強盗致傷203　傷害致死109　覚せい剤取締法違反100　現住建造物等放火98　その他
※刑事裁判の第一審全体の1.9%
（裁判所資料）

解説　重大事件を扱う　裁判員裁判は、死刑や無期懲役（→p.76 3)）など重い刑罰の対象となる、殺人や強盗致傷などの犯罪を裁く**第一審**の**刑事裁判**で行われる。**裁判員**は裁判官とともに、被告人が有罪かどうかを判定し、有罪の場合、刑罰の内容を決める。

4 裁判員の選任手続き

守秘義務違反をするとどうなるのだろうか。

前年秋頃　裁判員候補者名簿の作成・通知　約30万人
裁判所ごとに、20歳以上で選挙権のある人の中から抽選し、翌年の**裁判員候補者名簿**を作成。辞退理由などを調べる調査票が送られる。

裁判員になれない人や辞退が認められた人は候補者にならない

裁判員になれない人	裁判員を辞退できる人
事件の関係者、国会議員、知事、市町村長、検察官、弁護士、警察官、自衛官、法律学の教授など	70歳以上の人、学生、5年以内に裁判員を務めた人、介護・育児などやむを得ない理由がある人など

公判6週間前　裁判員候補者の抽選・呼出状送付　50〜70人
公判日が決まると、候補者名簿からくじで**事件ごとに**裁判員候補者が選ばれ、辞退希望を聞く質問票と呼出状が送られる。

辞退が認められた人は呼び出されない

公判初日午前中　裁判員選任手続き（非公開）
裁判長が、辞退希望の理由や、不公平な裁判をする可能性がないか、候補者へ質問。検察官・弁護人（被告人）も同席し、除外したい候補者を原則各4人以内で指名できる。

↓抽選
裁判員6人
注：被告人が起訴事実を認めているなど争いがない場合、裁判官1人、裁判員4人。また、必要な場合、補充裁判員も選ぶ。

裁判員は、刑事裁判の基礎知識と事件の説明を受け、公平で誠実に職務を遂行することを宣誓する。

事前勉強は不要。法律や裁判の知識は裁判官が教えてくれる。

裁判員には、交通費と日当が支払われる。

裁判へ参加

解説　裁判員の心構えと義務　裁判員は、証拠をもとに、事件の真相を自分自身の経験も生かしながら判断する必要がある。また、評議で各裁判員が述べた意見など、裁判員にならないとわからないような秘密をもらしてはならないという**守秘義務**も課せられている。

●この行為、守秘義務違反！
あの裁判員が無罪と主張して譲らなかったの。
へ〜、そうなんだ〜
裁判員経験者

5 裁判員制度・陪審制・参審制の違い

	裁判員制度	陪審制	参審制
主な国	日本	アメリカ、イギリス	フランス、ドイツ、イタリア
選び方	事件ごとに裁判員を選ぶ	事件ごとに陪審員を選ぶ	一定の任期で参審員を選ぶ
仕事の内容	裁判官とともに、有罪か無罪か判断し、有罪ならば量刑判断を行う	陪審員のみで有罪か無罪か判断し、判事（裁判官）が量刑判断を行う	裁判官とともに、有罪か無罪か判断し、有罪ならば量刑判断を行う

注：青字は死刑廃止国

6 裁判員制度の課題

① 量刑判断の違い
（最高裁判所資料）

●殺人
裁判官のみの裁判（543人）：死刑・無期懲役 7.4%　懲役3年超〜30年 86.3　懲役3年以下（実刑）1.3　5.9　執行猶予 5.0
裁判員裁判（1531人）：81.4　8.3　4.4

●（準）強制わいせつ致死傷
裁判官のみの裁判（153人）：懲役3年超〜30年 35.3　22.2　懲役3年以下（実刑）　執行猶予 42.5
裁判員裁判（776人）：42.9　16.5　40.6

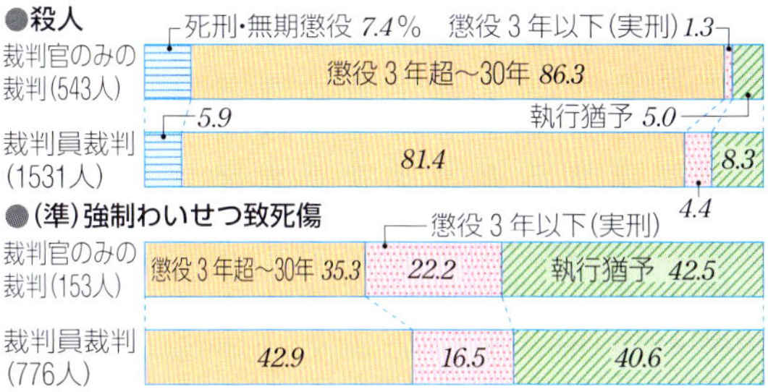

注：裁判官のみの裁判は2008年4月〜12年3月、裁判員裁判は2009年5月〜18年12月。

解説　裁判員の戸惑い　裁判官のみの裁判と比べて、裁判員裁判では、性犯罪は厳罰化の傾向があり、殺人や強盗致傷などは**執行猶予**（特に保護観察付き）（→p.114C）が多い。また、控訴審では第一審判決を破棄する割合が減るなど、**裁判員の判断が尊重される傾向**がある。しかし、量刑判断に戸惑う裁判員は多い。そこで、量刑判断の難しい重大な刑事裁判ではなく、軽罪や、国が被告となる行政裁判を対象とすべきとの意見がある。ただ対象を軽罪とすると、裁判員裁判の対象事件があまりにも多くなるということになる。また、国際的な密売組織が絡むことのある覚せい剤取締法違反事件は**市民のなじみが薄いので対象から外すべき**との意見もある。

② 時間

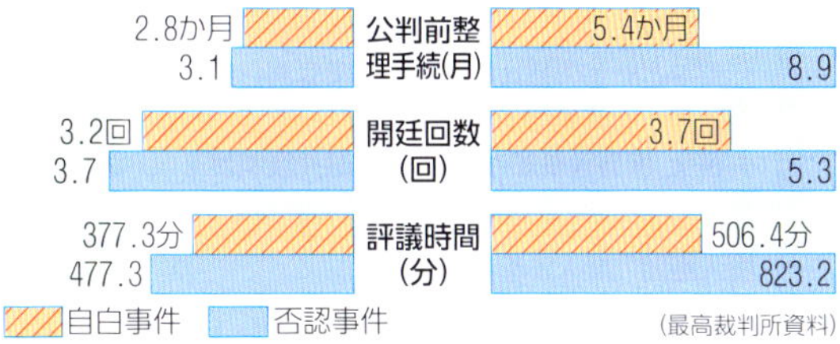

	導入直後(2009年5〜12月)の平均		2009年5月〜19年3月の平均
公判前整理手続(月)	2.8か月 / 3.1		5.4か月 / 8.9
開廷回数(回)	3.2回 / 3.7		3.7回 / 5.3
評議時間(分)	377.3分 / 477.3		506.4分 / 823.2

自白事件／否認事件
（最高裁判所資料）

解説　慎重な審理と裁判員の負担　被告人が罪を認めている自白事件よりも、認めていない否認事件は長くかかっている。また、審理や評議は長くなる傾向にあり、**裁判員の負担**は重くなっている。

③ 裁判員の思い
(2009年8月3〜6日に行われた裁判の裁判員の感想)

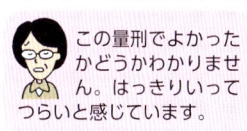

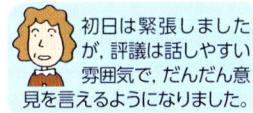

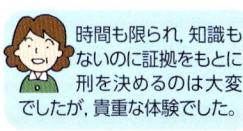

- 初日は緊張しましたが、評議は話しやすい雰囲気で、だんだん意見を言えるようになりました。
- この量刑でよかったかどうかわかりません。はっきりいってつらいと感じています。
- 評議では、自分自身の経験をもとに、率直に意見できました。……もっと複雑な事情や証人が多かったり、死刑がからむ場合は4日ではできないと思います。 
- 時間も限られ、知識もないのに証拠をもとに刑を決めるのは大変でしたが、貴重な体験でした。
- 会社にはお休みをいただきましたが、同僚には迷惑をかけたと思います。 
- 自分と年齢の近い被告人の不幸な生い立ちや、殺された被害者を通して、世の中の不条理を感じました。どうすれば社会が少しでもよくなるだろうかと考えました。 

解説　裁判員の心のケアが必要　最高裁のアンケート調査によると、多くの裁判員は、仕事の調整などで苦労しながらも、公判・評議に真剣に取り組み、「良い経験と感じた」という感想を抱いている。しかし、死刑や無期懲役刑など重い刑罰を含む量刑の判定や**守秘義務**などに対して精神的苦痛を感じる人も少なくない。

Coming Up 被害者の権利と犯罪者の更生

犯罪者への制裁は、どのように行われるのだろうか。また、犯罪被害者やその家族に対する権利保護は、どのようになされているのだろうか。犯罪被害者参加制度などの概要や、有罪判決を受けた犯罪者の処遇のあり方を確認し、再犯の防止と社会復帰のために何が必要か、考えよう。

A 犯罪者が受ける2つの制裁

（被疑者・被告人の権利 →p.75 **2**, 刑罰の種類 →p.76, 少年法改正 →p.110, 検察審査会の権限強化 →p.109 **6**）

仮に、AがBの財産5万円を盗んだとする。

自救行為の禁止 盗まれた5万円をBが自力でAから奪い返すような行為（自救行為）は原則禁止されており、Aへの制裁とBの権利保護は、国家が行うこととなる。

犯罪防止のための刑事責任 まず、Aは、刑事裁判で有罪とされた場合、犯罪者として刑務所などで刑が執行される可能性がある（→C）。この制裁を**刑事責任**といい、目的は、再犯の防止による社会秩序の維持である。

被害者救済のための民事責任 もう1つの制裁は、民事裁判でAに損害を賠償する責任を負わせることだ（民事責任）。目的は損害を受けた被害者の救済であるが、これだけでは不十分との指摘から、被害者の権利拡大のため、**犯罪被害者参加制度**（→B）などが整備された。

● 刑事責任と民事責任

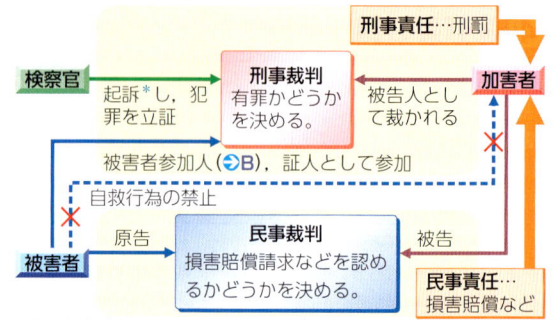

刑事責任…刑罰
検察官 → 起訴＊し、犯罪を立証 → **刑事裁判** 有罪かどうかを決める。 → 加害者（被告人として裁かれる）
被害者参加人（→B）、証人として参加
自救行為の禁止
被害者 → 原告 → **民事裁判** 損害賠償請求などを認めるかどうかを決める。 ← 被告 ← 加害者
民事責任…損害賠償など

＊犯罪行為が終わった時から一定期間が経過すると、起訴できない制度を**公訴時効**という。凶悪な犯罪にも認められていることが批判され、2010年、死刑にあたる罪の時効は廃止、その他の罪の時効期間が延長された。

B 犯罪被害者参加制度

対象	対象となる裁判	殺人、傷害、強制性交等、過失運転致死傷など一定の重大な事件の刑事裁判。2008年導入。
	対象者	犯罪被害者・家族、被害者・家族から委託された弁護士（**被害者参加弁護士**）。**国選弁護制度**あり（→p.84）。事前に検察官に申し出て、裁判所の許可を得る必要あり。
内容	証人尋問	証人に直接質問する。
	被告人質問	被告人に直接質問する。
	論告（証拠調べ終了後）	検察官とは別に、事実や法律の適用（求刑）について意見を述べる。
	被害者参加人への配慮	・名前や住所などを明らかにしなくてもよい。 ・被告人や傍聴席との間についたてを置ける。 ・別室や別の裁判所からテレビモニターを通じて参加できる。
目的		・被害者の前向きな人生の手助けにする。 ・より丁寧に審理し、**事件の真相の究明**につなげる。 ・被告人が有罪の場合、反省・更生を促す効果をもたらす。
懸念		・法廷が報復の場になりはしないか。 ・感情に流され冷静な判断が失われ、「**疑わしきは被告人の利益に**」という推定無罪の原則が崩れてしまわないか。

● 被害者を支援するその他の主な制度

損害賠償命令制度 第一審の刑事裁判中に申立を行うと、有罪判決となった後、同じ裁判官が引き続き損害賠償請求について審理し、加害者に損害賠償を命令できる制度。2008年導入。決定に異議申立がなされた場合は**民事裁判**に移行する（裁判記録は引き継がれる）。殺人や傷害・強制性交等など一定の犯罪事件の被害者が利用できる。裁判記録が引き継がれるので、新たに民事裁判を起こすよりも被害者に負担がかからない。

傍聴の優先、記録の閲覧・コピー 裁判を優先的に傍聴できるよう配慮される。当該事件の他、損害賠償請求に必要と認められれば、同様の犯罪事件の記録を閲覧・コピーできる。

犯罪被害給付制度 犯罪によって死傷し精神的・経済的な打撃を受けた被害者や遺族に、国が給付金を支給する制度。

C 犯罪者の更生

❶ 社会復帰までの流れ

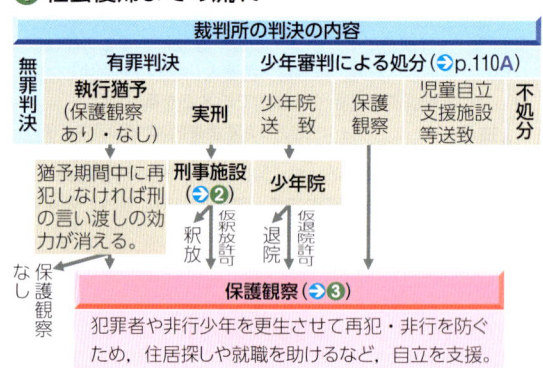

裁判所の判決の内容
- 無罪判決
- 有罪判決
  - 執行猶予（保護観察あり・なし）
  - 実刑 → **刑事施設**（→❷） → 釈放／仮釈放許可
- 少年審判による処分（→p.110A）
  - 少年院送致 → **少年院** → 退院／仮退院許可
  - 保護観察
  - 児童自立支援施設等送致
- 不処分

猶予期間中に再犯しなければ刑の言い渡しの効力が消える。

保護観察（→❸）犯罪者や非行少年を更生させて再犯・非行を防ぐため、住居探しや就職を助けるなど、自立を支援。

注：刑期満了による釈放時は保護観察なし。

解説 罪の償いと再犯防止 実刑判決を受けた者は、罪の償いと再犯防止のため、判決に基づき刑務所などの**刑事施設**に入れられ、刑の執行や再教育を受ける。また、保護観察付きの執行猶予判決を受けた者や、刑期満了前に仮釈放の許可を受けた者は、一定期間、**保護観察官**の指導・援護を受ける。このように社会の中で更生させ復帰を支援する制度を**更生保護制度**といい、ボランティアの**保護司**やNPOなどが運営する更生保護施設（宿泊場所・食事の提供や就職指導などを行う施設）に支えられている。

❷ 刑事施設入所者の罪名別割合（懲役・禁錮・拘留の受刑者）

総数1万8257人（2018年）
窃盗罪 34.8% ｜ 覚せい剤取締法違反 26.6 ｜ 詐欺罪 9.7 ｜ 傷害罪 4.7 ｜ 道路交通法違反 3.8 ｜ 強盗罪 2.0 ｜ その他 18.4
（「矯正統計年報」）

❸ 保護観察開始人員の内訳

総数3万845人（2018年）
保護観察処分少年 41.9% ｜ 仮釈放 39.9 ｜ 全部及び一部執行猶予 11.2 ｜ 少年院仮退院 7.0
（「犯罪白書」）

❹ 刑法犯検挙人員に占める再犯の割合

総数20万6094人（2018年）
初犯 51.2% ｜ 再犯 48.8
（「犯罪白書」）

11 地方自治

◀地域オリジナルのマスコットキャラクター 多くの地方公共団体が、各地の歴史や特産品を取り入れた「ゆるキャラ」と呼ばれる素朴なキャラクターをつくり、着ぐるみやオリジナルグッズにして、地域のPRに使っている。近年のまちづくりの動きにはどのようなものがあるだろうか。

A 地方自治のしくみ

住民投票
地方公共団体

ブライス（イギリスの政治家、1838～1922）
地方自治は民主政治の最良の学校、その成功の最良の保証人なり
（松山武訳『近代民主政治 第一巻』岩波書店）

トクヴィル（フランスの政治家、1805～59）
自由な人民の力が住まうのは地域共同体の中なのである。地域自治の制度が自由にとってもつ意味は、学問に対する小学校のそれに当たる。この制度によって自由は人民の手の届くところにおかれる。それによって人民は自由の平穏な行使の味を知り、自由の利用に慣れる。
（松本礼二訳『アメリカのデモクラシー』岩波書店）

1 日本国憲法の地方自治

地方自治の本旨

憲法第92条〔地方自治の基本原則〕 地方公共団体の組織及び運営に関する事項は、地方自治の本旨に基いて、法律でこれを定める。

団体自治：中央政府の干渉を受けず、地方公共団体独自の立場で方針を決定し、運営する
憲法第94条〔地方公共団体の権能〕 地方公共団体は、その財産を管理し、事務を処理し、及び行政を執行する権能を有し、法律の範囲内で条例を制定することができる。

住民自治：地方公共団体はその住民の意思によって運営される
憲法第93条〔地方公共団体の機関、その直接選挙〕 ② 地方公共団体の長、その議会の議員及び法律の定めるその他の吏員は、その地方公共団体の住民が、直接これを選挙する。

憲法第95条
地方特別法の住民投票 特定の地方公共団体だけに適用される法律は、その地方公共団体の住民の投票で過半数の賛成を得なければ、制定できない。

地方特別法 → 住民投票 → **国会**

地方自治法
直接請求権（→p.116）
・条例の制定、改廃請求
・事務の執行に関する監査請求
・議会の解散請求　・議員の解職請求
・首長の解職請求　・役員の解職請求

解説　地方自治の原則 地方自治の本旨になくてはならないのは、**団体自治**（ドイツで発達）と**住民自治**（イギリスで発達）の２つの要素である。地方自治は、地方公共団体が行う自治行政であり、それは住民の意思に基づいて、団体独自の立場で行わなければならない。

◎地方自治制度は戦後どのように変化したか？

2 地方自治のしくみ

① 日本国憲法下の地方自治
※副知事と副市町村長の定数は条例で定め、置かなくてもよい。

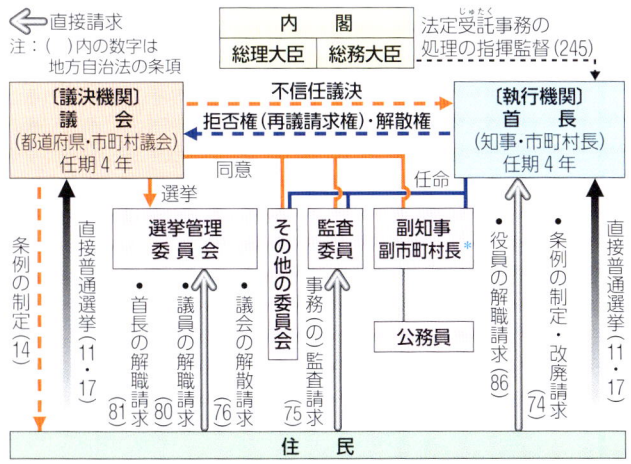

←直接請求
注：（ ）内の数字は地方自治法の条項

内閣（総理大臣・総務大臣）── 法定受託事務の処理の指揮監督(245)

〔議決機関〕**議会**（都道府県・市町村議会）任期4年 ⇔ 不信任議決／拒否権（再議請求権）・解散権 ⇔ 〔執行機関〕**首長**（知事・市町村長）任期4年

選挙管理委員会　監査委員　その他の委員会　副知事・副市町村長　公務員

条例の制定(14)／直接普通選挙(11・17)／首長の解職請求(81)／議員の解職請求(80)／議会の解散請求(76)／事務の監査請求(75)／役員の解職請求(86)／条例の制定・改廃請求(74)／直接普通選挙(11・17)

住民

解説　首長も議員も直接選挙 地方自治では、国政の議院内閣制とは異なり、首長と議会がそれぞれ住民に直接選挙される**二元代表制**を採用している。

② 戦前の地方自治制度 （総務省資料など）

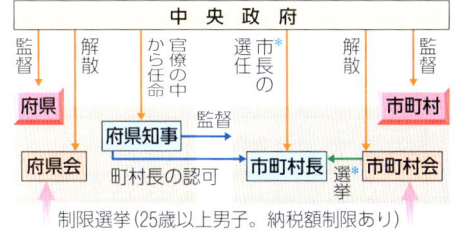

中央政府 ── 監督／解散／官僚の中から任命／市長の選任／解散／監督 ──

府県 → 府県知事 → 監督 → **市町村**
府県会　町村長の認可　**市町村長** ← 選挙 ← **市町村会**

制限選挙（25歳以上男子。納税額制限あり）

住民

※市長は、市会の推薦により内務大臣が選任。町村長は、町村会が選挙。
注：府県制（1899年全文改正）・市制町村制（1888年制定）による。府県会・市町村会議員の男子普通選挙は1926年導入

解説　地方自治の規定なし 大日本帝国憲法には地方自治の規定はなく、中央政府の監督下に置かれた。日本国憲法は地方自治を保障し、1947年には地方自治法が制定され、戦後、地方行政の主体は住民に移った。

地方公共団体
┬ 普通地方公共団体…都道府県・市町村
└ 特別地方公共団体…東京都の23区、地方公共団体の組合、財産区

メモ 「地方自治は民主主義の学校」とは、身近な問題を扱う「地方自治」に取り組むことによって、民主政治に参加する姿勢が少しずつ育つという考え方である。

重要用語 ⑫1 地方自治の本旨

3 主な地方行政委員会

種類	選任方法	権限
選挙管理委員会	議会選挙	選挙事務管理
監査委員	普通地方公共団体の長が議会の同意を得て任命	財務・経営の管理についての監査
人事委員会 公平委員会		人事行政に関する事務処理
教育委員会		教育行政管理
公安委員会*		警察の管理
都道府県労働委員会*	知事任命	労働関係調整

*都道府県が設置。

解説 公平な管理・運営 地方行政の公平な管理・運営をはかるため、首長からある程度独立した合議制の委員会が組織されている。しかし、地方公共団体の予算を調製し、それを執行する権限や、議会の議決を得なければならない案件の議案を提出する権限はもっていない。

4 直接請求権

●住民の権利にはどのようなものがあるか？

直接請求権とは 地方公共団体の住民が、直接、地方政治に参加できる機会を保障した権利である。

種類	必要署名数	請求先	請求の処理
条例の制定・改廃（イニシアティブ）	有権者の50分の1以上	首長	議会にかけ議決（過半数で成立）、結果を公表
事務監査*1	有権者の50分の1以上	監査委員	監査し、その結果を首長・議会に報告、公表
議会の解散 議員・首長の解職（リコール）	有権者の3分の1以上	選挙管理委員会	住民投票にかけ、過半数の賛成があれば解散または解職
主要公務員の解職（副知事・副市町村長・監査委員など）	有権者数が40万人を超える場合は*2	首長	議会（3分の2以上出席）にかけ、その4分の3以上の賛成があれば解職

*1 なお、違法・不当な公金の支出などについては、個々の住民が監査請求をすることができる。これを住民監査請求という。
*2 有権者40万超～80万人：(有権者数−40万)÷6＋40万÷3 以上
　有権者80万人超：(有権者数−80万)÷8＋40万÷6＋40万÷3 以上

イニシアティブ（国民発案、住民発案） 国民または住民が、法・条例の制定・改廃についての提案を行うこと
リコール（国民解職、解職請求権） 国民または住民が公職にある者を任期終了前に罷免させる制度
レファレンダム（国民投票、住民投票） 議会が重要案件を議決する場合、国民または住民の投票によって可否を決定すること

LOOK 各地のユニーク条例

朝ごはん条例	青森県鶴田町	「早寝、早起き、朝ごはん」を奨励して健康で長寿のまちづくりを進める
ふるさと農園に関する条例	茨城県大子町	町外者に約300坪の農園を20年間無償で貸与する
ギフチョウ保護条例	岐阜県揖斐川町	指定区域での許可のないギフチョウの採取を禁止する
美しい星空を守る井原市光害防止条例	岡山県井原市	夜空の明るさが前年度を下回ることを目標とする
ツルの里子宝お祝い条例	鹿児島県出水市	第3子以降の出生時・小学校就学時にお祝い金を贈る

解説 条例とは 地方議会が、国が定めた法令の範囲内で独自に制定する法令である。内容は、個人情報保護、情報公開、環境影響評価、まちづくり基本条例など多くの分野にわたり、「ポイ捨て禁止」など罰則規定を設けたものもある。地域の実情に合わせたユニークな条例も定められている。

5 住民投票

① 住民投票の主な種類

住民投票で問われる内容	法令根拠	結果の法的拘束力
国会がその地方公共団体のみに適用される特別法（地方自治特別法）を制定してもよいか。	日本国憲法第95条 他	あり
議会を解散するか。議員・首長を解職するか。(→4)	地方自治法	あり
政令指定都市を特別区に再編するかどうか。（例：大阪都構想 →下囲み）	大都市地域特別区設置法	あり
特定の問題について賛成か反対か。	条例	なし

注：この他、市町村合併特例法によって、合併協議会の設置を問う住民投票（法的拘束力あり）の実施が認められている。

② 条例により実施された主な住民投票

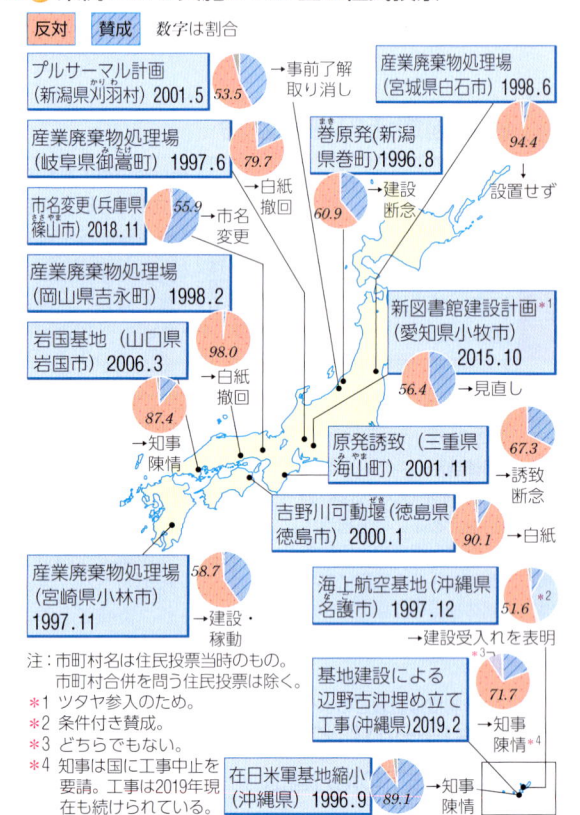

反対 賛成　数字は割合

- プルサーマル計画（新潟県刈羽村）2001.5　53.5　→事前了解取り消し
- 産業廃棄物処理場（宮城県白石市）1998.6　94.4　→設置せず
- 産業廃棄物処理場（岐阜県御嵩町）1997.6　79.7　→白紙撤回
- 巻原発（新潟県巻町）1996.8　60.9　→建設断念
- 市名変更（兵庫県篠山市）2018.11　55.9　→市名変更
- 産業廃棄物処理場（岡山県吉永町）1998.2
- 新図書館建設計画*1（愛知県小牧市）2015.10　56.4　→見直し
- 岩国基地（山口県岩国市）2006.3　98.0　→白紙撤回
- 原発誘致（三重県海山町）2001.11　67.3　→誘致断念
- 87.4　→知事陳情
- 吉野川可動堰（徳島県徳島市）2000.1　90.1　→白紙
- 産業廃棄物処理場（宮崎県小林市）1997.11　58.7　→建設・稼動
- 海上航空基地（沖縄県名護市）1997.12　51.6 *2　→建設受入れを表明
- 基地建設による辺野古沖埋め立て工事（沖縄県）2019.2　71.7 *3　→知事陳情*4
- 在日米軍基地縮小（沖縄県）1996.9　89.1　→知事陳情

注：市町村名は住民投票当時のもの。市町村合併を問う住民投票は除く。
*1 ツタヤ参入のため。
*2 条件付き賛成。
*3 どちらでもない。
*4 知事は国に工事中止を要請。工事は2019年現在も続けられている。

解説 住民投票 原発や産業廃棄物処理場の建設、市町村合併などの賛否を問う住民投票実施のために条例を制定する地方公共団体が増えている。憲法や法律で定められた制度として実施される住民投票と違い、結果は法的拘束力をもたないが、民意の直接反映の手段として注目を集めている。しかし、間接民主制の形骸化や、争点を単純化しすぎる可能性があるなどの問題点も指摘されている。

●大阪都構想実現せず

大阪都構想は、大阪市を廃止して特別区に再編する構想。都市計画やインフラ整備などの広域行政は大阪府に、福祉や教育など身近なサービスは区に役割分担し、二重行政の無駄の解消をめざす。一方で、特別区移行に伴う設備費用や、住民サービスの低下が懸念された。2015年と2020年の2度にわたる住民投票で賛否が問われたが、いずれも僅差で反対が上回った。

大阪都構想 反対多数
住民投票 再び小差
松井市長 任期限りで引退
（「朝日新聞」2020.11.2）

入試クイズ：有権者の3分の1以上の署名により直ちに首長は失職する。○？×？〈12本〉(→4)　　答：×

B 地方自治の課題と改革

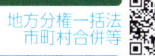

◎地方公共団体の財源はどれくらい国に依存しているか？

1 地方公共団体の財源

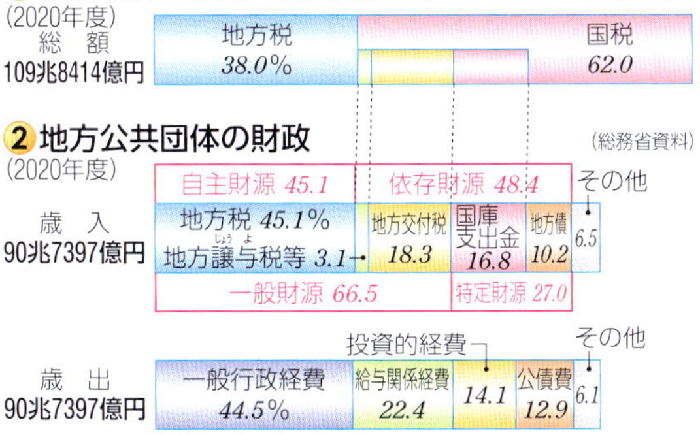

①国と地方の税金の配分（徴収時） （財務省資料）

(2020年度) 総額 109兆8414億円
- 地方税 38.0%
- 国税 62.0%

②地方公共団体の財政 （総務省資料）

(2020年度)
歳入 90兆7397億円
- 自主財源 45.1／依存財源 48.4／その他
- 地方税 45.1%／地方譲与税等 3.1／地方交付税 18.3／国庫支出金 16.8／地方債 10.2／6.5
- 一般財源 66.5／特定財源 27.0

歳出 90兆7397億円
- 一般行政経費 44.5%／給与関係費 22.4／投資的経費 14.1／公債費 12.9／その他 6.1

③主な都道府県の財政構成

自分が住む地方公共団体の財政はどうか。

	国庫支出金	その他	都道府県名	歳入総額(億円)	人口(万人)
地方税 69.4%	4.3	26.3	東京	78688	1374
地方交付税 5.2 — 5.9					
63.8%		25.1	神奈川	18622	919
54.9% 4.2→7.8		33.1	愛知	23018	757
21.9% 29.1 27.0		22.0	沖縄	7155	148
18.1% 38.8 14.7		28.4	高知	4453	72
17.0% 37.4 14.7		30.9	島根	4840	69

(2018年度) （総務省資料）

2 三位一体の改革

改革の背景
Ⅰ 国庫支出金（国からの補助金）は，国が使い道や事業内容を制約→委任事務が多く地方が国に従属的になり，地域の特性を生かした柔軟な政策が実施できない。（三割自治）
Ⅱ 補助金獲得のために，地方公共団体が中央官僚をもてなす「官官接待」が繰り返された。
Ⅲ 悪化した国と地方の財政を再建する必要がある。

三位一体の改革
①国に使途を指定された補助金を削減
②国の財政を圧迫している地方交付税制度を見直して交付金を削減し，地方の交付税への依存を弱める。
③一定の税源移譲によって地方が自由に使える財源である地方税収入を増やし，地方財政を自立させる。
上記3つを同時に行い，国の関与を減らし，地方の自主財源を増やし，独自の政策を行いやすくすることをめざす。

課題
2004〜06年度の3年間で
①約4.7兆円の補助金削減 ②約5.1兆円の地方交付税の抑制
③約3兆円の税源移譲(2007年より実施)
→国から地方への資金は約9.8兆円減らされたのに対し，地方が国から譲り受けた額は約3兆円でしかなかった。国の財政再建に重点が置かれて，かえって地方財政が圧迫されたという批判がある。
→人口が多く経済活動も活発な都市圏にある地方公共団体と，そうでない公共団体の財政格差が広がった。

国庫支出金 義務教育費や生活保護費の国庫負担金と補助金や委任事務の委託金などで，国が地方公共団体に対して資金の使途を指定して交付する。

地方交付税 地方公共団体間の格差を調整するため，国税から所得税・法人税の33.1%，酒税の50%，消費税の22.3%，地方法人税の全額が地方公共団体に配分されたもの。使い道に指定なし。

地方債 公共施設の建設・災害復旧事業などの経費に1会計年度を越えて行う借金。普通は政府関係機関・資金運用部など国の機関・市中銀行から借り入れる。起債するには原則として，協議で総務大臣または都道府県知事の同意を得るか，同意を得ない場合はあらかじめ議会に報告しなければならない。（国の許可制を廃止し，06年から事前協議制に移行）

地方譲与税 国税として徴収したものを一定基準で地方公共団体に譲与する税。地方揮発油譲与税，自動車重量譲与税など。

一般財源 国から使途を指定されない部分。

投資的経費 公共事業費・一般事業費・特別事業費など，地方公共団体としての社会資本部分。

LOOK 地方公共団体の「経営破綻」

増え続けた借金 北海道夕張市は，過疎化や高齢化，不況による観光客の減少で収入が減ったのに支出を減らせず，財政が悪化。借金を借金で返すという不適正な処理を続け，ついに2006年6月，破綻を表明した。

「財政再生団体」 夕張市は2007年3月，再生団体(07・08年度は財政再建団体)に指定され，国の管理下で18年かけて353億円の赤字を解消し財政再建をめざすことになった。

●破綻直後の変化
重い住民負担 2007年度より，市民税はそれまでの1.2倍。下水道使用料も1.7倍など，全国トップレベルに
低い住民サービス 市職員数・市長給与の削減，高齢者宅への配食サービス廃止，小・中学校の廃校など

▲新成人手づくりの成人式 市民や各地の支援金をもとに行われた。

●地方財政の借入金残高の推移と依存度

借入金残高：2016年度までは実績。17・18年度は年度末見込
地方債依存度：2017年度までは普通会計決算ベース。18・19年度は地方財政計画ベース

▶重要用語 122条例 123直接請求権 124イニシアティブ 125リコール 126レファレンダム 127地方交付税 128国庫支出金 129三割自治 130三位一体の改革

3 地方分権一括法の施行

① 地方公共団体の仕事の変化

```
公共事業
団体委任事務  →  自治事務
行政事務          法律の範囲で地方公共団体が地域の実情に合
                  わせて自主的に行う事務。独自の判断が可能。
機関委任事務      ・都市計画の決定　・飲食店営業の許可
                  ・学級編制の基準・就学校の指定
  存続する       ・病院・薬局の開設許可
  事務        →  法定受託事務
                  本来は国の事務だが、地方で処理した方が
                  効率的なものを地方公共団体が委任されて
                  行う仕事。国の指示や統制を受ける。
                  ・戸籍事務　　・国政選挙
                  ・パスポートの交付　・国道の管理
  国の直接執行事務
                ・国立公園の管理等
                ・駐留軍用地特措法における土地調査等への署名押印の代行等の事務
                ・信用協同組合の認可、検査及び業務改善命令等の事務
  事務自体の廃止
                ・国民年金の印紙検認事務
                ・外国人登録原票の写票の送付等に関する都道府県の経由事務
```

地方公共団体で扱えない仕事
外交・司法・刑罰に関する仕事

② 地方分権一括法の内容　◎一括法の目的は何か？

①**機関委任事務制度の廃止**　以前、地方公共団体は国の下部機関とみなされ、国の仕事を**機関委任事務**として代行していた（都道府県の仕事の8割、市町村の仕事の4割を占めた）。法施行後、地方公共団体の仕事は、それぞれの実情に合わせて行う**自治事務**と、法令によって国の仕事が地方に委託された**法定受託事務**に整理・削減された。

②**紛争処理制度の導入**　国が地方公共団体に是正を要求することがある。その要求について地方公共団体が不満をもった場合、**国地方係争処理委員会**に審査を申し出ることができる。その結果に対しても不満がある場合は、地方公共団体が国を高等裁判所に訴えることもできる。

③**「課税自主権」の拡大**　地方公共団体が独自に、税金を設けたり税率を上げたりできる。これによって、地方の権限が拡大し、個性ある地域づくりを進めるための財源を確保することをめざす。

解説　国と地方の関係を改革　地方分権一括法とは、2000年に施行された、改正地方自治法をはじめとする475本の法律の総称。一括法の目的は、国と地方の関係を、それまでの**中央集権型**の「上下関係」から、**地方分権型**の「対等・協力関係」へと改めることである。

③ 地方公共団体の主な独自課税

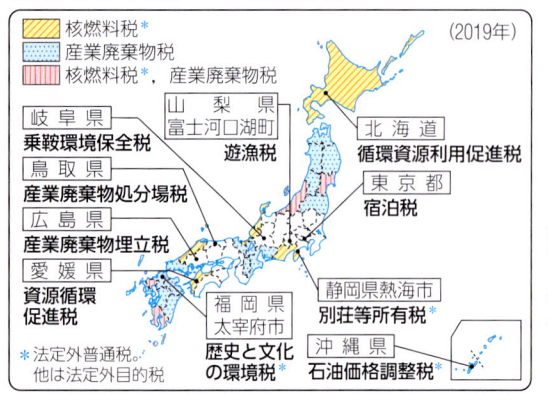

（2019年）
- 核燃料税*
- 産業廃棄物税
- 核燃料税*、産業廃棄物税

- 岐阜県：乗鞍環境保全税
- 山梨県富士河口湖町：遊漁税
- 北海道：循環資源利用促進税
- 鳥取県：産業廃棄物処分場税
- 東京都：宿泊税
- 広島県：産業廃棄物埋立税
- 愛媛県：資源循環促進税
- 福岡県太宰府市：歴史と文化の環境税
- 静岡県熱海市：別荘等所有税
- 沖縄県：石油価格調整税

＊法定外普通税。他は法定外目的税

4 平成の大合併　◎なぜさかんに合併が行われたのか？

① 市町村数の変化

明治の大合併 (1888年)	・近代的地方行政制度を整えるための、国による強制的な合併 ・最小でも小学校がもてる規模 ・市町村数、約5分の1…7万1314→1万5859
昭和の大合併 (1953〜61)	・消防、自治体警察、社会福祉、保健衛生など新しい事務が効率的に行える体制作り ・最小でも中学校がもてる規模 ・市町村数、約3分の1…9868→3472
平成の大合併 (1999〜2010)	・(特に国の)財政危機、地方分権、少子高齢化・人口減少への対応 ・市町村数、約2分の1…3232→1727

	市	町	村	計
1999年3月末	670	1994	568	3232
2010年3月末	786	757	184	1727

（総務省資料）

合併で政令指定都市に　通常は人口100万人以上の市が政令で指定され、一般の市よりも大きな権限と財源を認められた政令指定都市となるが、合併推進のため、人口70万人以上の市に要件が緩和された。これにより、近隣市町村と合併した浜松市、堺市、静岡市、新潟市が政令指定都市に移行した。

解説　市町村合併特例法　1990年代後半以降の市町村合併特例法（旧法）の改正で、合併した市町村に対して、①一定期間の議員定数の維持、②市制施行条件の緩和（人口3万人で市になれる）、③地方交付税額の据え置き、④合併特例債の発行などの特例が認められ、市町村の自主的な合併が進んだ。2005年4月には人口1万人未満の町村合併促進のため、新しい市町村合併特例法（新法）が施行された。新法では、合併前の地域のまとまりを生かせるよう、旧市町村単位で合併特例区や地域自治区を創設できる制度が導入された。

② 平成の大合併の効果

プラスの効果	①財政支出の削減 ・重複する施設・サービスの統合・廃止 ・将来的な議員数・職員数の減少 ②広域的なまちづくり ・介護・ゴミ問題などの地域共通の課題への対応 ③住民の多様なニーズに対応 ・利用できる施設の増加 ④存在感が高まり、知名度が上昇
マイナスの効果	①行政組織の肥大化による住民サービスの質の低下 ・住民一人ひとりへのきめ細かな対応が困難。 ・一部地域の課題に対して迅速かつ柔軟な決定が困難。 ・行政と住民との相互理解・信頼関係が薄れた。 ②市町村面積の拡大による周辺部の衰退 ・旧役所が閉鎖され役所が遠くなり、不便になった。 ③住民の地域への愛着の喪失 ・各地の歴史・文化・伝統などの個性が薄れる。

解説　独自のまちづくり　**独自課税**とは、自主財源である**地方税**として、独自の課税制度を**条例**で定めること。方法は次の2つ。
①もとからある税金の税率や課税方法などを改める方法。
②新しい税（**法定外税**）を創設する方法。使い道を定めた**法定外目的税**（**地方分権一括法**で新設）と、定めない**法定外普通税**がある。法定外税は、地方分権一括法で導入条件が緩和され、増えている。

論述にトライ!　都市部や中山間地域を問わず地域に存在する課題の中から、特に関心を持つ課題を1つ取り上げ、解決に向けての具体的アイディアと、行政・住民の双方が果たすべき役割を800字程度で述べなさい。〈鳥取大地域〉

5 構造改革特区制度

規制の緩和・撤廃 構造改革特区制度（2003年度〜）は，地方公共団体の提案を受け，内閣総理大臣が**市区町村**や地域を限定して規制を緩和・撤廃し，**地域活性化につなげる制度**。問題がなければ全国展開される。

構造改革特区の例

▶城下町いずしの街並み

城下町いずし"うなぎの寝床"町家特区（兵庫県豊岡市）	2010年認定。重要伝統的建造物群保存地区で，観光客は多いが滞在時間が短く，地元全体の活性化につながらないことが課題であった。また，高齢化による人口減少で空き家の増加が懸念され，保存地区内の空き家を利用した旅館営業を行い，観光による地域活性化を図る。2014年から全国展開。
あいち自動車輸送効率化特区（愛知県における16市町）	2010年認定。自動車産業に特化した地域において，特殊車両通行許可の長さの限度値を緩和し，多くの自動車を積載するトレーラーを導入。積載効率を高め，輸送コスト・交通量の削減，CO_2削減を可能にした。2014年から全国展開。

総合特区制度 規制緩和・撤廃に加え，**税金軽減や補助金など国が支援**し，地域活性化につなげる制度。**総合特区法**（2011年成立）に基づく。特定産業の国際競争力強化をめざす**国際戦略特区**と，地域の特性を生かした**地域活性化特区**がある。

LOOK 道州制をめぐる議論

地域主権改革 現在の都道府県を道・州として統合・整理し，権限を拡大させる制度。地方分権改革が進む中で議論されるようになった。賛否両論があり，道州間の経済格差の拡大や国家の一体感の喪失を心配し反対する意見もある。賛成派の中にも①都道府県をどのように道州に区分するのか，②現在の都道府県の権限や仕事はどのように道州と市町村に配分するのか，③国の権限や仕事をどの程度道州に移譲するのか，などの議論がある。

（地方制度調査会資料）

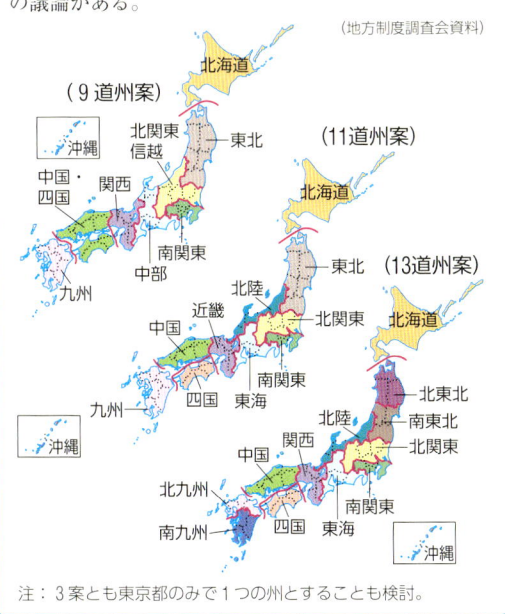

（9道州案）（11道州案）（13道州案）

注：3案とも東京都のみで1つの州とすることも検討。

6 ふるさと納税

Qふるさと納税はどのような制度なのか？

ふるさと納税とは 自分が生まれ育った地域などに寄付をすると，所得税や住民税が控除される制度。寄付のお礼として特産物などをもらえることもある。通常，税金は自分が現在住んでいる地域に納めるが，ふるさと納税は，応援したい地域を税金を通じて支援する仕組み。

メリット・デメリット ふるさと納税により，地方自治体の自主財源が増え，行政サービスの向上が期待されている。また，お礼に特産物を贈ることで，費用をかけず全国的に宣伝ができ，需要が増える。しかし，本来入るべき税金が入らず，税収が減る自治体が出ることや，行政サービスを受ける人が費用（税）を負担するという地方税の原則が崩れる懸念もある。また，高額な返礼品競争や，返礼品が海外のものなど地域の特産物とは異なる場合があり，問題視されるようになった。それを受けて，総務省は，寄付額の3割以下で，地場産品に限り，返礼品として認可することになった。

▶DVDが買いそろえられた図書館 ふるさと納税による寄付金で町の図書館に子ども向けアニメなどのDVDが買いそろえられた。

7 NPO（民間非営利組織）との連携

NPOとは 営利目的の団体に対し，営利を目的としない民間団体の総称。1998年，条件を満たすNPOに法人格を与え，活動しやすくする**特定非営利活動促進法（NPO法）**が成立。2001年からはNPO支援税制が開始し，行政と住民の橋渡しとしてまちづくりに貢献するNPOが増えている。

NPO法（特定非営利活動促進法）	1998年成立。社会貢献活動を行う非営利団体に法人格を与える法律。都道府県または政令指定都市に申請。法人格を与えられた団体は，NPO法人と呼ばれる。
NPO法人のメリット	・経済活動など，法人名で取引できる。 ・団体に対する信頼性が高まる。 ・税制の優遇措置が受けられる。
NPO法人の活躍分野	福祉，教育・文化，まちづくり，環境，国際協力など。地方公共団体と協働して事業を行うこともある。
NPO法人設立の要件	・営利を目的としない。 ・報酬を受ける役員が全体の3分の1以下。 ・宗教普及を目的としない。 ・特定の政党や候補者・議員の支持を目的としない。

解説　NPO法の課題 社会的使命を持って，公にない民ならではの取り組みで，自発的に公共政策を担っているNPO法人。営利を目的としないが，営利活動を行うことはできる。2019年5月時点で5万以上のNPO法人が存在するが，その多くは経済的に厳しい状況にある。日本では寄付の習慣が定着しておらず，行政の委託事業に資金を頼るうち，NPO法人の行政の下請け化が進んでいる。**市民社会に立脚した独自の活動を行うためには，経済的に自立できるしくみづくりが求められている。**

社会にLINK 自分たちの手で、まちは変えられる！

● 下の事例は、地域のどのような課題の解決をめざしているか？

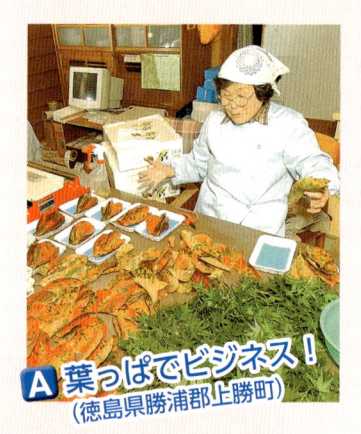

Ⓐ 葉っぱでビジネス！（徳島県勝浦郡上勝町）

上勝町では、高齢者でも取り組むことができる事業として、日本料理に添える「つまもの」を販売する葉っぱビジネスが行われている。

Ⓑ シャッターアートで落書き防止！（東京都中野区）

落書きの被害が後を絶たない商店街のシャッターに大学生がボランティアで絵をかき、落書きを防止。まちを明るくしている。写真は、武蔵野美術大学の鈴木蘭菜さん（当時）。

離島である海士町・西ノ島町・知夫村で廃校の危機にあった地域唯一の高校が、地域課題に取り組むなどの特徴的なカリキュラムを導入。都会にはない独自の魅力を追求し、離島・中山間地域では異例の学級増を果たした。

Ⓒ 地域に愛着を！「島留学」（島根県隠岐郡海士町・西ノ島町・知夫村）

Hop 情報収集　全国の地方公共団体の現状は？

各地方公共団体はどのような課題を抱えているのだろう。いくつかの現状を合わせて見てみよう。

●人口の増減
- 0％以上
- -1.5〜0％未満
- -3.0〜-1.5％未満
- -4.5〜-3.0％未満
- -4.5％未満

（2010〜15年）（総務省資料）

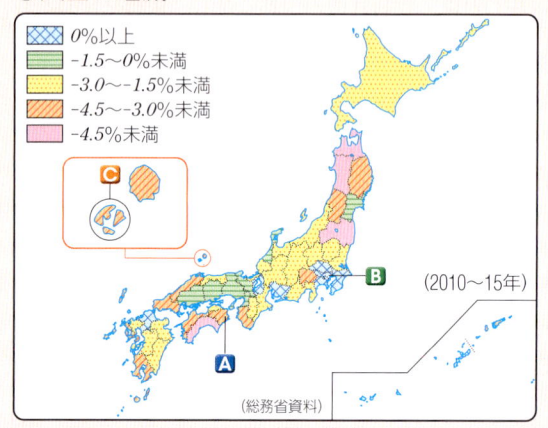

●高齢化
- 35％以上
- 30〜35％未満
- 25〜30％未満
- 25％未満

（2018年）（「高齢社会白書」）

●地方の収入（財政力指数）
- 0.9以上
- 0.7〜0.9未満
- 0.5〜0.7未満
- 0.5未満

注：財政力指数は、地方公共団体の運営に必要な経費に対し、税収などがどれほどあるかを示す数値。指数が高いほど、財源に余裕がある。

（2018年度）（総務省資料）

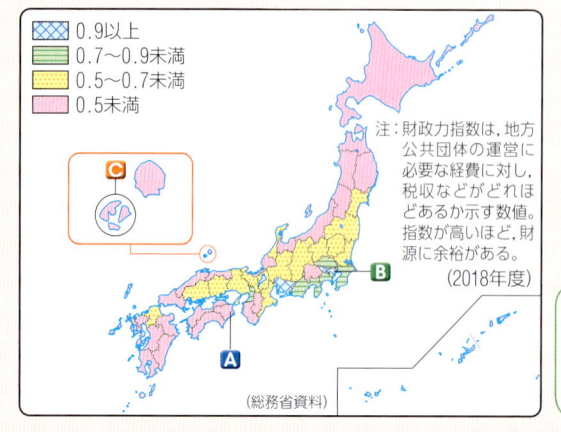

●地元就職を「（どちらかというと）希望しない」と答えた理由
注：複数回答。13項目中上位5項目を抜粋。

理由	%
都会の方が便利だから	38.3％
志望する企業がないから	38.1％
実家に住みたくない（離れたい）から	29.0％
地域にとらわれず働きたいから	24.6％
給料が安そうだから	23.1％

（マイナビ「Uターン・地元就職に関する調査」）

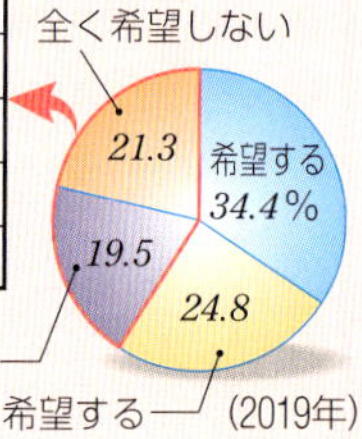

- 全く希望しない 21.3
- 希望する 34.4％
- どちらかというと希望しない 19.5
- どちらかというと希望する 24.8

（2019年）

人口減少や高齢化など社会全体の共通課題の他にも、様々な課題がある。キミの住んでいる、または気になるまちで困っていることはないかな？それをどう解決したらよいか、右ページで考えよう。

Step 考察　様々な課題をうむ要因を探ろう！

TRY　課題と要因を分析しよう

あなたの住んでいるまち，または気になるまちの課題とその要因は何か，次の手順で考えてみよう。

① 関係図左上に，あなたが調べてみたい市区町村名を書き入れよう。
② *Hop* で考えた課題のうち，あなたが考える最大の課題を関係図の中心の□□□に書き，その要因や考えられる影響，新たな課題などの関係を矢印でつなげてみよう。迷ったら**途中までの書き込み例**や，左下にある**考えるヒント！**内のキーワードを参考に分析してみよう。

(市区町村名)　　　　　の課題と要因の関係図

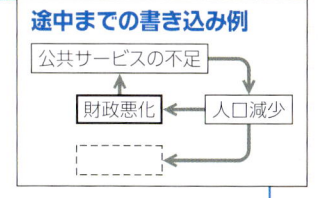

途中までの書き込み例
公共サービスの不足 ← 財政悪化 ← 人口減少

[最大の課題]

考えるヒント！
税収の低下　　高齢化　　少子化　　人口減少
公共サービスの不足　　財政悪化　　治安悪化
介護・社会保障の負担増　　晩婚（ばんこん）化　　若者の流出
地域産業の衰退（すいたい）　　学校の統廃合　　雇用減少
コミュニティの弱体化　　地域経済の低迷

キミの考えは？
最大の課題を解決するために，最も効果的な方法は何だろう？その根拠は何だろう？
また，左ページにあるA〜Cの様々な取り組みは，どの課題を解決するためのものかな？完成した上の関係図の中にあるかな？

Jump 参画案・評価　課題を解決するためには？

Check 検証しよう！

① 上の**キミの考えは？**で考えた，最大の課題を解決するための効果的な方法として，どのような取り組みが行えるかな？
② 考えた取り組みについて，下のチェックポイントを参考に検証しよう。

☐ その取り組みは，高校生のあなたができるか？社会人になってからだろうか？
☐ その取り組みを実行するために，どんなことが必要か？
☐ その取り組みに資金は必要？その財源は？
☐ その取り組みは誰かと協力するもの？また，行政との関わりは？
☐ その取り組みを行っているNPOなどはないか？
☐ その取り組みを行うにあたり，必要な手続きはあるか？

多くの地方公共団体やNPOなどの団体が，まちが抱えている課題を解決しようと，様々な取り組みを行っている。テレビの地域情報番組や新聞の地域欄，インターネットなどで紹介されているよ。解決したい課題の取り組みを参考にしてみよう！

事例紹介

財政難や過疎化・高齢化などの課題に取り組む海士町の挑戦において大切なことは3つあります。1つ目は，島のことを心から愛している住民が多いからこそ，なんとかしなくちゃ，という気持ちをみんなが持っていること。このままだと島が破綻（はたん）してしまうという危機感がある。2つ目は，よそ者に対するバリアが少なく，むしろ積極的に活用しようとしていること。隠岐（おき）は，かつては流刑の地。後鳥羽上皇などご配流（はいる）になられた方の中には学問所を開かれた方もいたそうです。また，北前船の寄港地として，様々な地域の文化を受け入れてきたという歴史もあり，そこにプライドを持っているんです。3つ目は，漁業だけでなく農業も根付いたこと。土を耕し，種をまいて育てていく農業は時間がかかります。まちづくりも同じ。長い目線での取り組みが大切だと理解している人が多いです。

◁阿部裕志（あべひろし）さん　2007年にトヨタ自動車を退職して，島根県の海士町に移住。海士町の地域活性化の取り組みを行う，株式会社　風と土と　代表取締役として，持続可能な生き方を社会に提案する活動を行っている（→p.224）。

重要用語　⑬NPO（民間非営利組織）

ポイント整理 ⑥

10 司法と国民

A 司法権の独立 (→p.106, 107)
①裁判所の独立…司法権はすべて最高裁判所及び下級裁判所に属する
②裁判官の独立…良心に従い独立して職権を行使，憲法・法律にのみ拘束される
③裁判官の身分保障…裁判官の罷免を限定
　　　　　　　　→心身の故障，弾劾裁判，最高裁判所裁判官の国民審査

B 裁判制度 (→p.108, 109)
①刑事裁判…法律に違反した疑いのある者に判決を下す裁判。検察官が被疑者を起訴
　└──適法手続きと罪刑法定主義の原則
②民事裁判…個人，団体間の財産や身分に関する権利・義務について，訴訟を起こした原告と訴えられた被告，当事者双方が争う裁判
③三審制…判決に不服な場合，上級裁判所に控訴，上告し3回まで裁判が可能
　→国民の人権を尊重し，間違いのない裁判をめざして慎重な審議をするため
　・再審…有罪確定後も判断材料に疑いが生じれば裁判をやり直す→冤罪の防止
④裁判所の種類─最高裁判所…終審裁判所であり「憲法の番人」と呼ばれる
　　　　　　　└下級裁判所…高等裁判所，地方裁判所，家庭裁判所，簡易裁判所
⑤検察審査会…抽選で選ばれた一般の人で構成。検察官が不起訴処分とした事件について，その適否を審査できる。

C 違憲法令審査権（違憲審査権） (→p.111)
具体的事件に際し，法律その他の国家行為が憲法に違反していないかどうかを判断する権限。すべての裁判所がもつ

D 司法制度改革と裁判員制度 (→p.112～114)
①裁判員制度…重大事件の第一審の刑事裁判が対象。有権者の中から，事件ごとに抽選で選ばれた裁判員が，裁判官とともに有罪・無罪の判定と量刑を行う。
②犯罪被害者参加制度…犯罪被害者が公判に参加し，直接証人や被告人に質問できる制度。

11 地方自治

A 地方自治のしくみ (→p.115, 116)
①地方自治の本旨→地方自治法の制定〔1947〕
　─団体自治…地方公共団体は国家の干渉を受けず，地方行政を自主的に行う
　─住民自治…地域住民の直接参加による，住民の意思に基づいた地方自治
　　→ブライス「地方自治は民主政治の最良の学校」
②地方公共団体（地方自治体）のしくみ
　─地方議会…一院制，条例の制定・改廃，予算の議決，首長の不信任決議権をもつ
　─首長（長）…行政事務全般の指揮・監督，条例の執行，議会の解散権をもつ
　─行政委員会…教育委員会，選挙管理委員会，人事委員会，監査委員など
③住民の直接請求権←直接民主制による住民参加の実現
　・条例の制定・改廃（イニシアティブ）　・事務監査　・議会の解散
　・議員・首長の解職（リコール）　・役員（副知事・副市町村長など）の解職
　・住民投票…特別法の制定，条例制定による特定問題の賛否（法的拘束力なし）。

B 地方自治の課題と改革 (→p.117～121)
①地方公共団体の財源┬自主財源…地方税
　　　　　　　　　　└依存財源…地方交付税，国庫支出金，地方債
　　└三位一体の改革の推進…地方の自主財源を増やし，国からの補助金を減らす
②地方公共団体の仕事の変化…機関委任事務の廃止←地方分権一括法の成立〔1999〕
　─自治事務…法律の範囲内で地方公共団体が独自に行う事務
　　　→都市計画の決定，学級編制の基準の決定など
　─法定受託事務…本来は国の役割であるが，法令によって国から地方公共団体に委任されている事務→国政選挙，パスポートの交付など
③地方分権一括法…国と地方の関係が，「上下」から「対等」へ
　　　　　　→地方公共団体独自の税の徴収や個性的な政策が行いやすくなった
④市町村合併→2000年代前半，市町村合併特例法により市町村の合併が進んだ
⑤NPO（民間非営利組織）…福祉・環境問題など様々な分野。行政と民間の協働

ポイント解説

A 司法権の独立 日本国憲法は司法の公正のため，裁判所のみに司法権を与えて**裁判所の独立**を確立し，**裁判官の独立**と**身分保障**を規定した。裁判官は，良心に従い，憲法・法律のみに従って裁判を行う。

B 裁判制度 裁判には，検察官の起訴により開始され，犯罪を裁く**刑事裁判**と，原告と被告が個人間の権利・義務に関して争う**民事裁判**とがある。裁判は**公開**が原則とされ，判決に不服がある場合は控訴，上告することができる（**三審制**）。また，裁判が終了しても，新たな証拠が出てきた場合には**再審**を請求できる。これらの裁判は，終審裁判所で「憲法の番人」といわれる**最高裁判所**と**下級裁判所**で行われる。

C 違憲法令審査権 裁判所は**違憲法令審査権**をもち，国民の自由と権利を守る重要な役割を果たしている。

D 司法制度改革と裁判員制度 近年は迅速で身近なわかりやすい裁判をめざして，**司法制度改革**が進められている。

A 地方自治のしくみ **団体自治**と**住民自治**からなる**地方自治の本旨**に基づき，**地方自治法**が制定された。**地方公共団体（地方自治体）**は条例の制定・改廃などを行う**地方議会**，行政事務全般を指揮・監督する**首長（長）**，**行政委員会**などにより構成される。議会と首長は不信任決議権と解散権により相互抑制と均衡の関係にある。地方政治には住民参加の実現のため，**直接請求権**が認められている。**住民投票**には，その地方公共団体のみに適用される特別法制定時に行われるものと，議会解散・議員・首長解職を求めるものと，条例を定めて特定の問題の賛否を問うものがある。

B 地方自治の課題と改革 地方公共団体の仕事は，地方が独自に行う**自治事務**と，国から委任される**法定受託事務**に分けられる。財源は自主財源である**地方税**，国からの**地方交付税**や国庫支出金，地方債の発行により賄われている。**地方分権一括法**の成立により，**機関委任事務**が廃止され，国と地方は，それまでの「**上下**」の関係から「**対等**」の関係になったが，補助金によって国に統制されているなどの問題もある。近年は，**市町村合併特例法**による市町村合併の推進や，**三位一体の改革**による国から地方への税源移譲など，**地方分権改革**が進められている。

12 政党政治

主な政党のシンボルマーク　政党のシンボルマークはそれぞれの党の理念を表している。政党とは何か。政党政治とはどのようなしくみで、どのような形態があるのだろうか。日本の政党の変遷を学び、現在の日本の政党政治の問題点を考えてみよう。

(2020年1月6日現在)

A 政党政治

1 政党とは　◎政党の役割とは何か？

エドマンド=バーク（イギリスの政治家, 1729〜97）
政党とは、ある特定の主義または原則において一致している人々が、その主義または原則に基づいて、国民的利益を増進せんがために、協力すべく結合した団体だ。
（丸山敬一『政治学原論』有信堂高文社）

●政党の主な機能
①世の中の様々な利益の集約と政策の形成
②政治的リーダーの育成
③市民を政治の世界へ誘導
④政権・政府の形成（与党）
⑤政府の批判・監督（野党）

政党政治を機能させるために、何が必要か。

解説　政党とは　議会政治を前提として、共通の主義・主張や信条、理想をもつ者が一定の政策の下に集結し、選挙で候補者を立て、政権を掌握して自党の政策・綱領に従った政治を実現しようとする持続的・組織的な政治団体である。

●政党の変遷

〜19c 制限選挙	→	20c〜 普通選挙
名望家政党　政治に参加できる教養や財産をもつ有力者（名望家）からなる政党。活動が議会内に限定されるため地方組織不要。	選挙権の拡大 / 有権者の大衆化	**大衆政党**　大衆とその組織によって支持される政党。大衆の支持の確保のため全国組織をもつ。党内を厳しく規律し一体性を強める。有権者の利益や意見を政治に反映しようとする。

●もし政党がなかったら…
選挙では様々な主張をもつ人がたくさん立候補するかもしれない。有権者は候補者の情報を得るのに苦労するだろう。また、議員が国会で政策を実現するために、一人ひとりに訴えかけて仲間を増やさなければならないだろう。
それは非常に効率が悪い。政党があることによって、政策が整頓され、有権者にも分かりやすくなる。立候補者も調整される。政策も実現されやすくなるのである。

2 政党政治の形態　◎それぞれの形態にはどのような特徴があるか？

注：長所・短所とも、そのような傾向があるのみで、必ずしもそうなるとは限らない。

	長　所	短　所	代表的な国
二大政党制	①有権者にとって政策の争点が理解しやすく、政党の選択が容易 ②政権が安定しやすい ③互いに他党をけん制することができる ④政治責任の所在が明白	①2つの政党の主張のいずれにも属さない政策の支持者の意見を吸収することができない ②政策の隔たりが大きいと政権交代によって政治の一貫性・連続性を失う ③少数意見が切り捨てられやすい	イギリス（労働党と保守党） アメリカ（民主党と共和党） （→p.25, 26）
多党制	①有権者が各人の意思に合った政党を選択できる ②少数意見を吸収しやすい	①連立政権になりやすく、政局が不安定 ②政治責任の所在が不明確 ③少数党が政局の主導権を握る可能性がある	フランス、イタリア、スウェーデン、ドイツ、日本
一党制	①長期にわたる安定した政権が可能 ②強力な政治が可能	①制度上、独裁政治が保障されるため、民主政治から離れる危険性がある ②人権や世論無視の政治になりやすい	中華人民共和国（→p.30） 朝鮮民主主義人民共和国 キューバ

解説　各政党制の特徴　政党の数やその勢力関係によっていくつかの政党制に分類されるが、主なものは上の3つである。政党制はそれぞれに一長一短があるので、安易に善し悪しを結論づけることはできない。また、小選挙区制では**二大政党制**（→p.25❸, 26❸）が、大選挙区制・比例代表制では多党制が定着するといわれている。

3 連合と連立

連合政権		単独政権
1党だけでは国会の過半数を占める政党がない場合、複数の政党が協力関係を結んで政権を担う		1党の議席数が過半数を大きく超えている場合は安定政権になり国会運営も円滑に進む。独占や停滞の弊害の可能性
連立政権	**少数単独政権**	
複数の政党によって内閣を構成	**閣外協力**　内閣は1党だけで組織し、一部の政党が協定を結んで協力する／**部分連合**　個別の政策課題ごとに与野党が一時的に協力して国会運営を進める	

4 会派

日本国憲法に「政党」を規定する条文はなく、国会では国会法に基づき、議員の団体を**会派**と呼ぶ。

● 国会の両議院内で活動をともにしようとする議員の団体。2人以上の議員で結成できる
→多くは政党単位または政党の連合で結成
● 委員数や会議・委員会等の**質疑時間**は、**所属議員数に比例**して各会派に割り当て
→会派に所属しない議員の活動の余地はせまい

重要用語　132 政党　133 二大政党制

B 日本の政党

❶ 主な政党

注：□は与党，ほかは野党。

政党	代表	議席・党員	概要
自由民主党	菅義偉 総裁	衆議院 282議席* 参議院 112議席* *議長含む 党員 約109万人	1955年，保守・親米・改憲を掲げ結党。93～94，2009～12年を除き政権を担当。
公明党	山口那津男 代表	衆議院 29議席 参議院 28議席 党員 約44万人	1964年結党。98年再結成。主な支持母体は宗教団体。
立憲民主党	枝野幸男 代表	衆議院 109議席* 参議院 43議席* *副議長含む	2017年衆院選の際に，民進党を離れた国会議員を中心に結党。20年再結成。
日本維新の会	松井一郎 代表	衆議院 10議席 参議院 16議席	2015年に維新の会を離れた国会議員で結党。2016年党名変更。
日本共産党	志位和夫 幹部会委員長	衆議院 12議席 参議院 13議席 党員 約27万人	1922年結党・45年再建。日本で最も古い政党。社会主義・共産主義，日米安保条約廃棄，護憲などを主張。
国民民主党	玉木雄一郎 代表	衆議院 7議席 参議院 9議席 党員 約2.5万人	2018年，国民党と民進党が合併して結党。20年再結成。
社会民主党	福島瑞穂 党首	衆議院 1議席 参議院 1議席 党員 約1.3万人	1945年，日本社会党として結党。革新・護憲を掲げ，55年には，野党第1党に。96年党名変更。
れいわ新選組	山本太郎 代表	参議院 2議席 構成員 24人	2019年，結党。同年の参議院議員選挙で議席を獲得した。
NHKから国民を守る党	立花孝志 代表	衆議院 1議席 参議院 1議席 党員 約30人	2013年，結党。2019年の参議院議員選挙で議席を獲得した。

注：議席数・党員は2020年11・12月調査。空欄は非公表または調査中。

❷ 戦後の主な政党系譜

◎55年体制とは何か？
注：西暦は下2ケタのみ記す

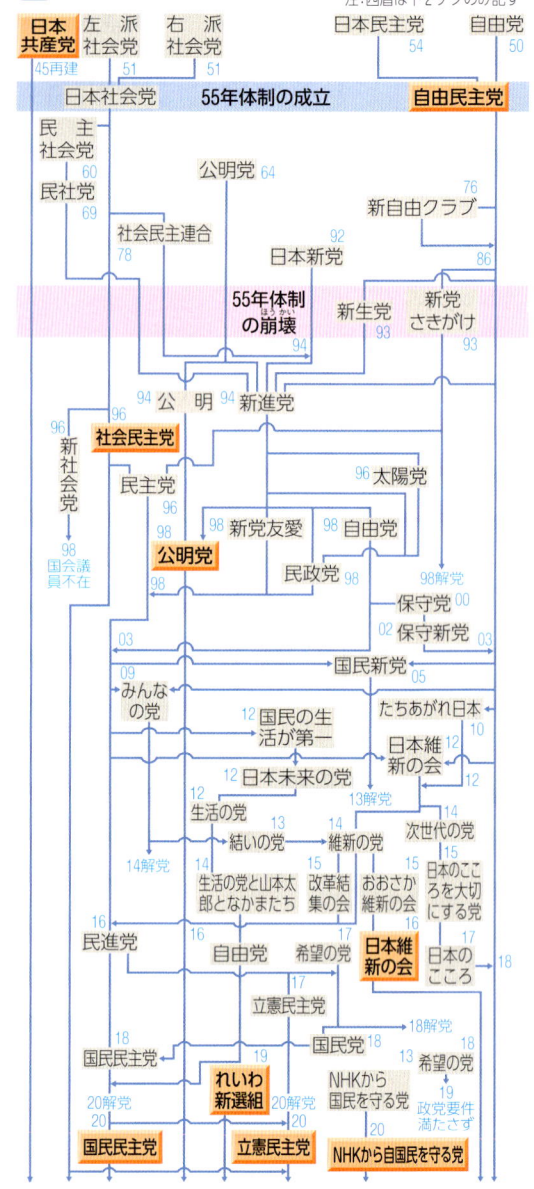

[政党系譜図：日本共産党(45再建)、左派社会党(51)、右派社会党、日本民主党(54)、自由党(50) から始まり、日本社会党と自由民主党による55年体制の成立、民主社会党(60)、民社党(69)、公明党(64)、新自由クラブ(76)、社会民主連合(78)、日本新党(92)、55年体制の崩壊、新生党(93)、新党さきがけ(93)、新進党(94)、公明(94)、新社会党(96)、社会民主党(96)、民主党(96)、太陽党(96)、新党友愛(98)、自由党(98)、公明党(98)、民政党(98)、保守党(00)、保守新党(02)、国民新党(05)、みんなの党(09)、たちあがれ日本(10)、国民の生活が第一(12)、日本未来の党(12)、日本維新の会(12)、生活の党(13)、結いの党(13)、維新の党(14)、次世代の党(14)、生活の党と山本太郎となかまたち(14)、改革結集の会(15)、おおさか維新の会(15)、日本のこころを大切にする党(15)、民進党(16)、自由党(16)、希望の党(16)、日本維新の会(17)、日本のこころ(17)、立憲民主党(17)、国民民主党(18)、希望の党(18)、れいわ新選組(19)、NHKから国民を守る党(19)、国民民主党(20)、立憲民主党(20)、NHKから自国民を守る党(20)]

主な政党の政権公約（一部を要約）

①消費税増税　②憲法改正

自由民主党	①2019年10月，消費税を10%にする。引き上げの際，軽減税率など混乱が生じないよう，対策を講じる。②憲法改正議論を活発にし，早期の憲法改正をめざす。
公明党	①複数税率導入に伴うレジ対応の説明会など実施。一部の世帯に「プレミアム付き商品券」事業を実施。②改正は否定せず。慎重な議論が必要。
立憲民主党	①増税は凍結。金融所得課税や法人税を見直し，公平な税制になるようにする。②憲法9条の改悪や解釈改憲反対。国民の権利拡大に寄与する論点で憲法議論を行う。
国民民主党	①軽減税率などが伴う増税反対。増税前に子ども国債を発行し，子育て支援を拡充する。②基本的理念・立憲主義を維持し，議論を進める。
日本維新の会	①増税反対。議員定数や歳費を削減，徹底的な行政改革を行う。②教育の無償化，統治機構改革，憲法裁判所設置を改憲項目とすることを提案。
日本共産党	①増税反対。大企業優遇税制や高額所得者優遇の保険料などを見直し，財源を確保する。②安倍政権が示している憲法9条改正に反対。
社会民主党	①増税反対。大企業への法人課税強化，防衛費を見直し財源を確保。②憲法改正反対。
れいわ新選組	①消費税は廃止。全国一律 最低賃金1500円「政府が補償」で引き上げ。年収200万円以下世帯をなくす。
NHKから国民を守る党	NHKと契約をしないと視聴できないスクランブル放送の実現をめざす。

注：2019年参議院議員選挙時。政党名は2019年7月現在の政党のもの。れいわ新選組，NHKから国民を守る党は，党の基本政策などをもとに作成。

戦後の政党政治年表
注：一部略。

政党乱立	1945年	終戦。様々な政党が乱立、離合集散を繰り返す
	46	戦後初の総選挙では日本自由党が第1党に
	51	サンフランシスコ平和条約締結をめぐり日本社会党が右派・左派に分裂
55年体制	55年	分裂していた日本社会党の右派・左派が統一されて日本社会党が誕生し、日本民主党と自由党が合同して自由民主党が誕生 →55年体制の成立
		●自由民主党(保守・改憲)と日本社会党(革新・護憲)の「二大政党制」となる。議席数の差から「1と2分の1体制」ともいわれ、これより自民党一党優位体制続く
		●55年体制の主な特徴 ・派閥政治…自民党内でどの派閥の領袖(トップ)が党総裁＝首相になるかという抗争が激しく、派閥間で「政権交代」が行われた →政局が安定する一方、派閥の資金集めをめぐる多くの汚職事件が発生 ・官僚主導…長期政権により、与党と各省庁の結びつきが強まった
55年体制のゆらぎ	76	ロッキード事件発覚(→p.102)
	88	リクルート事件発覚(→p.102)
		●70年代後半以降の相次ぐ政治汚職により、有権者の自民党離れが進む
	89	消費税導入。参院選で与野党の議席が逆転
	93年	総選挙で自民党の議席が過半数を大幅に下回る。非自民・非共産の細川連立内閣発足 →55年体制の崩壊

連立政権党首（1993年7月）

	94	「自社さ連立」の村山内閣発足
自民党中心の連立政権・二大政党化の進行		●55年体制の下、自民党と対峙していた社会党が自民党と組み、国民を驚かせた野党が結集し、新進党結成
	96	総選挙で民主党が自民・新進に次ぐ第3勢力に
	97	新進党が解党し、6政党に分裂
	98	参院選で自民党の議席減、民主党・共産党が躍進。「自自連立」小渕内閣発足(のち「自自公連立」)
	2000	自由党が連立解消、「自公保連立」森内閣発足。総選挙で民主党が躍進
	03	総選挙で社民党の議席減、民主党は議席増
		●民主党と自由党、自民党と保守新党がそれぞれ合併し、二大政党色強まる
	05	総選挙で自民党圧勝、単独で過半数の議席獲得
	07	参院選で自民党大敗
		●民主党が参議院の第一党になり、衆参で与野党が逆転する「ねじれ状態」が生じた
	2009年	総選挙で民主党が第一党となり政権を獲得
	10	参院選で民主党大敗。衆参で与野党が逆転する「ねじれ状態」
	12	消費税増税法案をめぐり民主党分裂
	2012年	総選挙で自民党が第一党となり政権に復帰
	14	総選挙で自民・公明党が圧勝
	16	参院選で憲法改正派の議席数が3分の2を超えた
	17	総選挙で自民・公明党が3分の2超えの議席確保
	19	参院選で自民・公明党が過半数の議席確保。憲法改正派の議席数3分の2届かず

歴代与党

期間	与党
1955.11～ [第3次鳩山～]	自民
83.12～86.7 [第2次中曽根]	自民、新自由クラブ
86.7～ [第3次中曽根～]	自民
93.8～94.4 [細川]	日本新、社会、新生など8党派
94.4～94.6 [羽田]	新生、日本新など5党
94.6～96.1 [村山]	社会、自民、新党さきがけ
96.1～96.11 [第1次橋本]	自民、社会、新党さきがけ
96.11～98.7 [第2次橋本]	自民
98.7～00.4 [小渕]	自民、自由(99.1～)、公明(99.10～)
00.4～03.11 [森・第1・2次小泉]	自民、公明、保守(新)
03.11～09.9 [第2・3次小泉、安倍・福田・麻生]	自民、公明
09.9～10.6 [鳩山]	民主、国民新、社民
10.6～12.12 [菅・野田]	民主、国民新
12.12～ [第2～4次安倍]	自民、公明

解説 日本の連立政権 日本では、1993年の細川内閣以降、連立政権が続いた。55年体制が始まってから自民党の一党優位体制が崩壊する93年までの間、連立政権が成立したのは83～86年の**第2次中曽根康弘内閣**であった。このときは**自民党と自民党から分離した新自由クラブとの連立政権**であった。

3 日本の政党の特徴と問題点

組織 地方や支部の組織が確立されておらず、政党活動の大半が候補者の私的な後援会組織に依存している。

政治資金 党員数が少なく、政治資金を党費だけでまかないきれないため、企業・団体献金の廃止への動きが徹底しない。

政策 55年体制崩壊後の連立政権によって、現在の政党の多くが与党経験のある政党の流れを汲んでいる。このため、与野党間の政治理念や基本政策などの違いが不明確といわれる。

党議拘束 政党が団結して政策を実現するため、予算や法律案の採決にあたり、あらかじめ党内で賛成か反対かを決めておくことが多い。審議の前に法案の可決か否決かが判明してしまうため、審議形骸化のおそれがある。

党議拘束されなかった法案・造反が出た法案

党議拘束は、所属議員の自由な投票行動を制限する。しかしながら、「臓器移植法案」のように、個人の思想・信条や死生観にかかわる法案では、多くの政党が党議拘束をかけなかった。

また、民主党野田政権下での2012年6月、政権公約に記載のない消費税増税法案では、与党議員から反対票に投じる造反議員が相次ぎ、造反議員からは離党届を出す者もおり、新党が結成された。

無党派層の拡大

無党派層とは 特定の支持政党をもたない有権者集団。近年では、単に政治的無関心から投票に行かない人々だけでなく、政治に関心があり、選挙ごとに投票行動を変える人々も含める。

無党派の理由 ①汚職がなくならない、②政党を支持しても政治が良くならない、③政党の政策の違いがはっきりしない、など

影響 1990年代以降、世論調査で全体の5割を超えることもあり、無党派層の動向は選挙結果に大きな影響を与えている。

直近の国政選挙結果

2017年衆議院議員総選挙後
総数465議席

衆	自民 284議席	29	55	50	22

立憲民主、希望、日本維新 11、公明、共産 12、社民 2、無所属

2019年参議院議員選挙後
総数245議席

参	自民 113議席	28	32	21	16	13	17

立憲民主、社民 2、N国 2、共産、公明、国民民主、日本維新、れいわ 2

注：政党名は選挙当時のもの

解説 焦点の1つである憲法改正 2017年の衆議院議員総選挙では憲法改正派の議席数が3分の2を超えた。しかし、2019年の参議院議員選挙では、憲法改正派の議席数は過半数に留まり、今後憲法改正についての動きが注目されている。

C 政治を動かすもの

●政党と利益集団の違いは何か？

1 政党と利益集団（圧力団体）

	政党		利益集団（圧力団体）
定義	思想・原則、政策などがある程度同じ人々が集まり、その集団に集約された意思や利益の実現をはかる		経済的、職能的な**特殊利益**などの達成のため、全国的組織をつくり、公権力に働きかける
特徴	①**政権獲得を目的**とし、綱領＊や政策の実現をはかる ②国民からの支持を広く得るため、対立する利益の調整をはかり、**国民的利益**を訴える ③働きかけの対象は、**国民全体** ④その主張・運動・結果について国民に対して**責任**を負う義務がある		①**政権獲得を目的とせず**、公権力に影響を与えることで利益の達成をはかる ②他集団と利害対立し、自己団体の**利益**を訴える ③働きかけの対象は、**政府・議会・政党・議員・官僚** ④運動の結果に対し、社会的**責任**を負わない

＊政党の基本方針。主義・主張や基本的な政策を示したもの

解説 圧力政治の問題点 利益集団が大きな影響力をもつ「圧力政治」では、利益集団を組織できない人々の声は、政治に反映されにくい。また、特殊利益と政治権力が結合し、政治腐敗を生じやすい。

2 利益集団（圧力団体）と政治

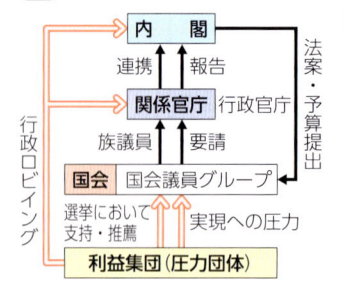

```
            内閣
         連携 ↑報告
         関係官庁 ←行政官庁
    族議員↑ ↑要請
    国会  国会議員グループ
    選挙において    実現への圧力
    支持・推薦
         利益集団（圧力団体）
```
行政ロビイング／法案・予算提出

職能的利益・主義の実現、特殊利益・主義の実現、地域的枠を越えた利益の実現

解説 公権力への働きかけ 社会の利害が多様化すると、政党の世論集約機能は低下する。それを補完し、特定の人々の意思を政治に反映させるのが**利益集団**である。利益集団は自己団体の利益の実現のため、資金提供や選挙時の候補者推薦などを武器に、政党や政治家などに働きかける。

ロビイスト 利益集団の代理人として、有利な法案の通過や、不利な法案の修正や否決のために議員に働きかけをする人。日本では職業的ロビイストはみられないが、長期保守政権の結果、利益集団との癒着から、保守政党の議員は、ロビイストのように行政部に働きかけ、見返りに利益集団から票と資金を受けるようになった。

族議員 特定分野に精通し、政策決定に強い影響力をもつ国会議員。（●p.102）

鉄のトライアングル 国会議員（政界）・官僚（官界）・企業（財界）の癒着構造のこと。議員は、官僚が属する省庁の予算確保や、企業の利益保護に協力。一方、官僚は議員の選挙区に有利な行政活動をし、企業は政治資金を提供する。汚職の要因となる。

鉄のトライアングル：国会議員（族議員）／企業／官僚

3 主な利益集団（圧力団体）

（厚生労働省「労働組合基礎調査」など）

	利益集団名	規模	内容
企業	日本経済団体連合会（日本経団連）	1624社・団体等（2019年11月）	「財界の総本山」といわれ、経済対策全般を政府に勧告・進言していた経済団体連合会（経団連）と、「財界労務部」といわれ、労働対策を進言していた日本経営者団体連盟（日経連）が、2002年に統合
企業	経済同友会	会員数1539人（20年3月）	経営者個人を会員とした財界団体。政府に経済問題を提言
企業	日本商工会議所（日商）	515会議所（20年4月）	全国各地にある商工会議所の総合団体。企業会員による財界組織
労働	日本労働組合総連合会（連合）	組合員数699万人（19年6月）	全日本民間労働組合連合会（1987年）と官公労組が統一
労働	全国労働組合総連合（全労連）	組合員数76万人（19年6月）	共産党系の統一労組懇を母体に結成された反「連合」組織
労働	全国労働組合連絡協議会（全労協）	組合員数11万人（19年6月）	社会党左派系の国労などを中心に結成された反「連合」組織
農林水産	全国農業協同組合中央会（JA全中）、全国漁業協同組合連合会（全漁連）、全国森林組合連合会（全森連）		
その他	霊友会、主婦連合会（主婦連）、日本医師会、日本遺族会		

LOOK ソーシャルメディアで政治に参加

ソーシャルメディア 大量に一方的に情報を発信するマスメディアに対し、ネット上で一般の人々が自由に文書・画像・映像などを投稿し、双方向に情報を伝達できるしくみ。facebook、ツイッターなどが代表。即時性があり、東日本大震災の折、安否確認に利用されたり、中東での民主化運動でも影響を与えるなど、その社会的役割は広がってきている。

●**政治家のツイッターのタイムライン** 逆時系列に、自分の考えや自分へ投稿した人の書き込みがずらっと並ぶ。多くの人の意見を知ることができる。

政治家の情報送受信 マスコミでは報道されない国会での出来事を政治家がツイッターでつぶやくなどして、従来とは異なる切り口の情報を得られるようになった。
　また、ツイッターなどで気軽につぶやかれた有権者の生の意見に直接触れ、政治家がそうした意見を政策に反映するという試みも行われつつある。

●**武雄市役所のfacebook** 市議会の生中継動画の配信、ツイッターを使った市職員と住民との交流などが行われている。

入試クイズ　日本では、企業から政党への寄付を法律で禁止している。○？×？〈08本〉（●p.127①）　答：×

D 政治資金

○政治資金はどのように動いているか？

1 政治資金規正法

政治団体や政治家の政治資金収支報告書の提出義務、献金（寄付）の制限などを定めた法律。

政治資金規正法（1994年改正）
- 企業・団体の政治家個人への献金禁止
- 政治団体への献金の制限
- 献金の収支報告書への明細記載を年間5万円超に引き下げ
- 支出の公開基準を1件1万円超に引き下げ※

※2007年の改正。2009年分から適用

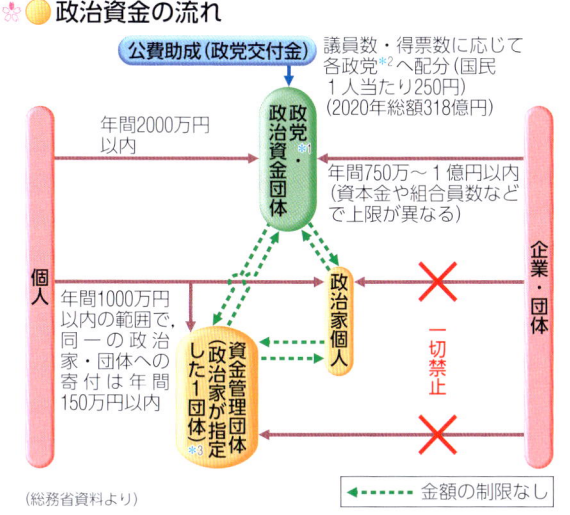

● 政治資金の流れ

- 公費助成（政党交付金）：議員数・得票数に応じて各政党※2へ配分（国民1人当たり250円）（2020年総額318億円）
- 個人 → 政党・政治資金団体：年間2000万円以内
- 企業・団体 → 政党・政治資金団体：年間750万～1億円以内（資本金や組合員数などで上限が異なる）
- 個人 → 資金管理団体（政治家が指定した1団体）※3：年間1000万円以内の範囲で、同一の政治家・団体への寄付は年間150万円以内
- 企業・団体 → 政治家個人：一切禁止
- 企業・団体 → 資金管理団体：一切禁止
- ←--- 金額の制限なし

（総務省資料より）

※1 ①国会議員が5人以上、②国政選挙の得票率が2％以上、のいずれかに当てはまる政治団体（政治資金規正法の規定）
※2 政党交付金は、※1の①に当てはまるか、国会議員を1人以上有し国政選挙の得票率が2％以上の政治団体に交付（政党助成法の規定）
※3 資金管理団体やその他の政治団体間での寄付について、同一団体へは年間5000万円以内

解説 チェックは市民の目で 政治資金規正法の抜け道として、政党支部を通して政治家個人に献金する「ひもつき献金」が行われる可能性や、政治団体間の資金のやりとりについて効果的な規制がないとの指摘がある。政治資金収支報告書や政党交付金使途等報告書の要旨は、官報などで公表される。また、市民は、報告書のコピーを請求したり、インターネットを通して報告書を閲覧することができる。

2 政党助成法

政党助成法（1994年制定）
- 国民の税金（公費）を政党に交付。公費の総額は、国の人口に250円乗じた額
- 1994年の政治資金規正法による献金の制限と同時制定
- 交付金の使い道は、5万円以上の支出に対し、公開を義務付ける

① 政党交付金の交付額

自由民主党	176億4772万円
国民民主党	51億178万円
立憲民主党	36億4221万円
公明党	30億1634万円
日本維新の会	15億6451万円
社会民主党	3億7532万円
NHKから国民を守る党	6983万円
れいわ新選組	6712万円

（2019年7月29日現在）（総務省資料）

② 政党の収入の内訳

（「官報」2019.11.29）

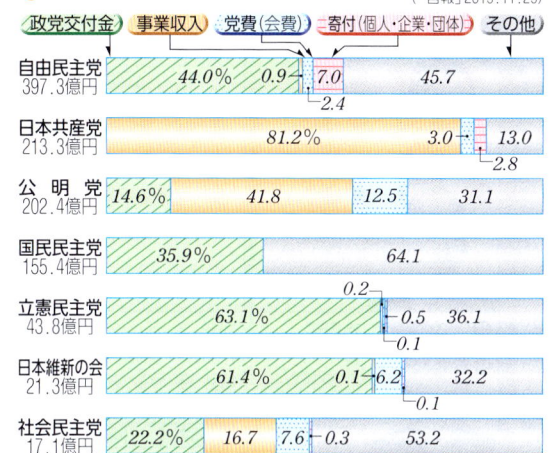

凡例：政党交付金／事業収入／党費（会費）／寄付（個人・企業・団体）／その他

政党	政党交付金	事業収入	党費	寄付	その他
自由民主党 397.3億円	44.0%	0.9	7.0	2.4	45.7
日本共産党 213.3億円		81.2%		3.0	13.0 / 2.8
公明党 202.4億円	14.6%	41.8	12.5		31.1
国民民主党 155.4億円	35.9%				64.1
立憲民主党 43.8億円	63.1%		0.2 / 0.5	0.1	36.1
日本維新の会 21.3億円	61.4%	0.1	6.2	0.1	32.2
社会民主党 17.1億円	22.2%	16.7	7.6	0.3	53.2
自由党 12.7億円	21.2%		0.3（党費）		78.5
希望の党 4.1億円	68.3%			0.6（寄付）	31.1

注：政党交付金は、①国会議員が5人以上、もしくは、②国政選挙の得票率が2％以上で国会議員が1人以上の政治団体に交付。日本共産党は政党交付金を拒否しており、その分の額は他政党に交付される。（2018年）

解説 なくならない企業・団体献金 政党の収入の内訳を見ると、自民党などは政党交付金による収入が多くを占めている。また、交付金はそもそも企業・団体献金を制限するために導入されたが、交付金を受けつつも、いまだに企業・団体献金に頼る体質も残り、これでは政党の自主性を損ねかねないとの指摘がある。

LOOK 政治とカネ

台所事情 2018年の国会議員全体の所得の平均は2657万円。自らの歳費（→p.95 LOOK）や政党交付金、政治団体からの寄付、パーティ事業収入などである。一般に支出の内訳の第1は私設秘書などの人件費で4分の1～3分の1ほどを占める。その次に事務所費、ポスター印刷など宣伝活動費と続く。ギリギリの運営に苦しむ議員も多い。

相次ぐ政治とカネの問題 不適切な献金などが問題となったことから、政治資金規正法が改正され、企業・団体の政治家個人への献金が禁止された。しかし、改正後も政治とカネの問題は後を絶たない。企業・団体から政治家個人への献金は禁止されているが、政党への献金は禁止されていない。また、政治資金の使途についても多くの疑惑が存在する。2016年6月には、当時の東京都知事が政治資金を私的用途で使用し、収支報告書に虚偽の記載をしたとして告発された。政治資金などの使途を制限する法律はなく、私的使用については不適切な部分があるが、東京地検特捜部は不起訴（起訴猶予）と発表した。

問われるモラル 政治に多額のカネがかかるとはいえ、金銭スキャンダルは、国民からの信頼を失墜させる。政治家一人ひとりのモラルの向上が求められる。

（「読売新聞」2016.6.16）

注：政党名は、統計年次のもの

歴代内閣と日本の歩み

戦後から現在へ

戦後日本経済の歩み → p.252

戦後の復興〜55年体制〜国際社会への復帰

注：㊸・㊹…は第何代かを示す。
◎は父が国会議員。

年代	政党	内閣総理大臣	日本のできごと	世界のできごと
1945.8 約2か月	非政党内閣	㊸ 東久邇宮稔彦（京都 皇族）	**日本の占領・民主化政策** 1945.8 ポツダム宣言受諾。（鈴木貫太郎内閣）(→p.38) ●食糧・日用品不足、敗戦処理→通貨供給量急増→**インフレ**	1945.6 ドイツ、東西に分裂 .10 国際連合成立 .11 中国で国共内戦
1945.10 約7.5か月	非政党内閣	㊹ 幣原喜重郎（大阪 外務官僚）	**日本の民主化政策** ①婦人参政権付与　②労働組合の結成奨励 ③教育制度の自由主義的改革 ④圧政的諸制度の撤廃　⑤経済機構の民主化	1946.3 チャーチル、「鉄のカーテン」演説(→p.162 ②)
1946.5 約1年	日本自由党・日本進歩党	㊺ 吉田茂（東京 外務官僚 妻の祖父が大久保利通）	1946.11 日本国憲法公布 .12 傾斜生産方式採用(→p.246)→**復金インフレ発生**	
1947.5 約9.5か月	日本社会党・民主党・国民協同党	㊻ 片山哲（和歌山 党人派（社会党））	1948.1 米陸軍長官ロイヤル「日本は共産主義の防壁」 →占領政策の転換 ①政治安定・強化　②経済復興　③「再軍備」	1947.6 マーシャル・プラン .9 コミンフォルム結成 **冷戦激化 アジアへ拡大**
1948.3 約7か月	日本社会党・民主党・国民協同党	㊼ 芦田均（京都 外務官僚（民主党）◎）	1948.7 政令201号公布(→p.297 ③ ②)	1948.6 ベルリン封鎖 .8 大韓民国成立 .9 朝鮮民主主義人民共和国成立 →南北朝鮮分断
1948.10 約6年2か月	民主自由党→自由党	㊽㊾㊿51 吉田茂（東京 外務官僚 妻の祖父が大久保利通）	1949.3 ドッジ、経済安定九原則実施について発表（ドッジ・ライン） 1950.8 警察予備隊発足→自衛隊に発展（1954）(→p.50) 1951.9 サンフランシスコ平和条約調印（単独講和）　**日本経済復興** 　　　　日米安全保障条約調印…安全保障をアメリカに依存 **1952.4 平和条約発効、独立回復＝主権国家となる**	1949.4 北大西洋条約機構成立 1950.6 **朝鮮戦争**勃発（53.7.休戦）(→p.163 ⑥)　**特需景気**
1954.12 約2年	日本民主党→自由民主党	52 53 54 鳩山一郎（東京 党人派◎）	1955.9 GATT加盟(→p.339) **55年体制の始まり**(→p.125) 1956.10 日ソ共同宣言調印（領土問題は未解決。(→p.193 ③) .12 国連加盟　→**国際社会への復帰**	1955.4 アジア・アフリカ会議 .5 ワルシャワ条約機構成立　**神武景気**
1956.12 約2か月	自由民主党	55 石橋湛山（東京 党人派）	**高度経済成長時代**	
1957.2 約3年5か月	自由民主党	56 57 岸信介（山口 商工官僚 佐藤栄作は弟）	1960.1 **新日米安保条約調印**(→p.52) 　　　…アメリカの日本防衛義務の明確化 .5 安保条約批准、衆院で強行採決→60年安保闘争 .6 安保条約自然承認	1958.1 EEC発足　**岩戸景気**
1960.7 約4年4か月	自由民主党	58 59 60 池田勇人（広島 大蔵官僚）	1960.12 **国民所得倍増計画**、閣議決定(→p.247 ①) **政治的混乱から経済の時代へ** 1964.4 OECD加盟→資本自由化の義務付け。先進国の一員に .10 東京オリンピック開催	1961.8 ベルリンの壁構築 1962.10 **キューバ危機**(→p.164 ①)　**オリンピック景気**
1964.11 約7年8か月	自由民主党	61 62 63 佐藤栄作（山口 運輸官僚 岸信介は兄）	1965.6 日韓基本条約調印(→p.193 ④)　●40年不況 1966.1 戦後初の赤字国債発行（1965年度補正予算） 1967.12 非核三原則表明→1971.11衆議院で決議(→p.51) 1968.4 小笠原返還協定調印→.6本土復帰　●GNPが資本主義国で2位に 1971.6 沖縄返還協定調印→1972返還	1965.2 米、ベトナム北爆開始 1967.7 EC発足 1971.8 ニクソンショック 1972.2 米中共同声明　**いざなぎ景気**
1972.7 約2年5か月	自由民主党	64 65 田中角栄（新潟 党人派）	1972.9 日中共同声明調印→日中国交正常化 **列島改造ブーム→地価高騰**。環境破壊の加速 1973.2 変動為替相場制に移行(→p.336 B)＝IMF体制崩壊、急激な円高 .10 **第1次石油危機**(→p.248 ①) .11 日ソ共同声明 **高度経済成長の終わり**	1973.1 ベトナム和平協定調印 .10 第4次中東戦争　**列島改造ブーム**

メモ　東久邇宮稔彦の首相在任期間54日は、史上最短。102歳という長寿記録は、世界の首相経験者としてギネス記録。

安定成長～55年体制の崩壊

政党	内閣総理大臣	日本のできごと		世界のできごと
自由民主党	⑥⑥ 三木武夫 徳島 党人派	1974 戦後初のマイナス成長 1975.7 改正公職選挙法・改正政治資金規正法公布 1976.2 ロッキード事件が暴露(→p.102) 1976.7 東京地検，収賄容疑で田中角栄元首相逮捕	自由民主党の派閥抗争	1975.4 ベトナム戦争終結 ●東西冷戦の緊張緩和 1975.11 第1回先進国首脳会議(サミット)
	⑥⑦ 福田赳夫 群馬 大蔵官僚	●内需拡大(公共投資の拡大など積極財政) 1978.8 日中平和友好条約(→p.193⑥) 1978.11 日米防衛協力の指針(ガイドライン)合意		石油危機をきっかけに始まった。
	⑥⑧・⑥⑨ 大平正芳 香川 大蔵官僚	●財政赤字問題化 1979.1 第2次石油危機 **安定成長の時代** 1980 自動車生産台数，アメリカを抜き世界第1位に		1979.1 米中国交樹立 イラン革命(～.2) .12 ソ連，アフガニスタン侵攻
	⑦⑩ 鈴木善幸 岩手 党人派	第二次世界大戦後～1970年代 ケインズ主義に基づく経済政策…大きな政府，福祉国家 ↓行き詰まり 1980年代 市場原理を重視した経済政策へ…小さな政府 ＝新自由主義経済(日本：中曽根内閣～)		●英，サッチャー内閣(1979～90) 1981.1 米大統領にレーガン ●アメリカ，双子の赤字
自由民主党・新自由クラブ	⑦⑪～⑦⑬ 中曽根康弘 群馬 内務官僚	1985.4 電電公社，日本専売公社の民営化。 →日本電信電話(NTT)，日本たばこ産業(JT)発足 .9 プラザ合意(→p.249①) 1987.4 国鉄分割，民営化。JR7社開業 **バブル経済の発生(→p.250)**	超低金利政策	1985 ソ連，ペレストロイカ開始 1986.4 チェルノブイリ原発事故 1987.10 ブラック・マンデー
自由民主党	⑦④ 竹下登 島根 党人派	1988.7 リクルート事件(→p.102) 1988.12 消費税法成立→1989.4実施(3%) 1989.1 昭和天皇逝去。平成と改元	バブル景気	●東欧諸国，社会主義を放棄 1989.6 天安門事件
	⑦⑤ 宇野宗佑 滋賀 党人派	1989.9 日米構造協議開始(→p.364)		
	⑦⑥・⑦⑦ 海部俊樹 愛知 党人派	1991.2 湾岸戦争支援90億ドルを含む補正予算成立 1991.4 海上自衛隊掃海艇，ペルシア湾へ出発 牛肉・オレンジ輸入自由化 1991 バブル崩壊 **平成不況始まる**		1989.11 ベルリンの壁崩壊 .12 マルタ会談 →冷戦終結 1991.1 湾岸戦争(～.3) .12 ソ連邦解体
	⑦⑧ 宮沢喜一 広島 大蔵官僚 ◎	1992.6 PKO協力法公布(→p.58) .9 自衛隊をカンボジアPKOに派遣 1993.7 第40回総選挙で自民党過半数割れ →.8 細川護熙非自民連立内閣誕生 **55年体制の崩壊**	失われた10年	1993.1 米大統領にクリントン

左側年表：
1974.12 約2年1か月
1976.12 約1年11か月
1978.12 約1年6か月
1980.7 約2年4か月
1982.11 約4年11か月
1987.11 約1年7か月
1989.6 約2か月
1989.8 約2年3か月
1991.11 約1年9か月
1993.8

LOOK 戦後日本を支えた歴代首相

唯一の皇族首相 戦後初の首相は，皇族の東久邇宮。軍部の抗戦派を抑え，無事占領軍を受け入れるため。

「ワンマン宰相」 吉田茂は，大日本帝国憲法下での，衆議院に議席を持たず首相になった最後の人物。5次にわたって内閣を組閣したのは吉田ただ一人。

初の社会党政権 片山哲は，新憲法下での初総選挙で第1党となった日本社会党の委員長で，国会からの指名を受けた初の首相。

初の自由民主党総裁 鳩山一郎は，「自主外交」としてソ連と国交を回復し，国連加盟を果たした。

『日本列島改造論』 田中角栄は，首相就任前の著書がベストセラーになり，列島改造ブームを巻き起こした。辞任後も政界に絶大な影響力を持ち「闇将軍」とよばれた。 →『日本列島改造論』

自民党の派閥抗争 田中角栄・福田赳夫の2派閥で激しい抗争があり，「角福戦争」と呼ばれた。

戦後政治の総決算 中曽根康弘は，ブレインを集めトップダウンで政策を決定し，官僚頼みの調整型政治を打破。

●重要用語 ㊸自衛隊 ㊼日米安全保障条約 ㊽PKO協力法 ⒅⒊湾岸戦争 ⒛⒐サンフランシスコ平和条約 ㉘消費税 ㉝⒌傾斜生産方式 ㉝⒍ドッジ・ライン ㉝⒎高度経済成長 ㉝⒏石油危機 ㊺⒌プラザ合意

戦後から現在へ

55年体制の崩壊～民主党政権誕生

注：❼❾・❽⓿…は第何代かを示す。
◎は父が国会議員。

期間	政党	内閣総理大臣	日本のできごと	世界のできごと
1993.8 約8.5か月	日本新党・日本社会党・新生党・公明党・民社党・さきがけ・社民連・民改連	⑲ 細川護熙 東京 党人派 （日本新党） 旧熊本藩主 細川家当主	1993.11 環境基本法成立（→p.272） .12 コメ市場の部分開放受諾 1994.1 小選挙区比例代表並立制導入など政治改革関連4法成立	1993.11 EU発足（→p.344）
1994.4 約2か月	新生党・日本新党・民社党・公明党	⑳ 羽田孜 長野 党人派 （新生党）		
1994.6 約1年6か月	日本社会党・自由民主党・さきがけ	㉑ 村山富市 大分 党人派 （社会党）	1994.11 税制関連法成立→1997.4 消費税5%に 1995.8 戦後50周年の談話を発表 …戦前・戦中の「侵略」「植民地支配」を公式に謝罪 ●金融機関の破綻相次ぐ（～1998）	1994.7 北朝鮮の金日成国家主席、死去 1995.1 WTO発足（→p.339）
1996.1 約2年7か月	自由民主党・社会民主党・さきがけ	㉒㉓ 橋本龍太郎 岡山 党人派 ◎	1996.4 普天間飛行場の返還を日米間で合意 ●日本版金融ビッグバン構想（→p.235） 1997.6 改正男女雇用機会均等法成立 1998.6 金融システム改革法成立 金融監督庁発足（→p.237）	1998.5 インド、パキスタン核実験
1998.7 約1年7か月	自由民主党・自由党	㉔ 小渕恵三 群馬 党人派	1998.10 金融再生関連法、金融早期健全化法成立 1999.2 日銀、ゼロ金利政策実施（～2000.8）（→p.234）⑤ .5 日米防衛協力の指針（ガイドライン）関連法 （周辺事態法など）成立（→p.52）	
2000.4 約1年1か月	自由民主党・公明党・保守党	㉕㉖ 森喜朗 石川 党人派	2000.7 金融庁発足 2001.1 中央省庁の再編（1府12省庁へ） .3 政府、日本経済は戦後初めて「緩やかなデフレ状態にある」と発表 日銀、量的緩和政策導入（ゼロ金利政策復活、～2006）	2000.6 南北朝鮮首脳会談 2001.1 米大統領にブッシュ
2001.4 約5年5か月	自由民主党・保守(新)党・公明党	㉗㉘㉙ 小泉純一郎 神奈川 党人派 ◎ 母方の祖父は元逓信大臣	2001.11 テロ対策特別措置法公布…テロとの戦い 2002.9 初の日朝首脳会談。日朝平壌宣言調印 2003.6 有事関連三法成立（→p.55） 2004.1 自衛隊、イラク派遣 .6 有事関連七法成立 2005.10 郵政民営化法成立 構造改革（→p.251）	2001.9 米同時多発テロ発生 .10 米英軍、アフガニスタン攻撃 2003.3 米英軍、イラク攻撃
2006.9 約1年	自由民主党・公明党	㉚ 安倍晋三 山口 党人派 ◎ 母方の祖父は岸信介元首相	●格差の拡大が社会問題化（→p.314） 2006.11 景気拡大期間がいざなぎ景気を超えた 2007.1 防衛省発足	2006.10 北朝鮮、核実験実施（2009,13,16年にも） .12 イラク、フセイン元大統領を処刑
2007.9 約1年	自由民主党・公明党	㉛ 福田康夫 群馬 党人派 ◎ 父は福田赳夫元首相	2008.7 北海道洞爺湖サミット 環境・貧困・食糧・核問題などの解決が世界的な課題として議題に ●原油価格高騰→食品などの値上げ相次ぐ	●米、サブプライムローンによる金融不安 2008.3 チベット騒乱
2008.9 約1年	自由民主党・公明党	㉜ 麻生太郎 福岡 党人派 ◎ 母方の祖父は吉田茂元首相	2008.10 日経平均株価、5年ぶりに1万円割れ 世界同時株安。100年に1度の世界的大不況（→p.341） 2009.8 第45回衆議院議員総選挙で自民党大敗。	2008.9 リーマン・ブラザーズ破綻。米、株価大暴落 2009.1 米大統領にオバマ
2009.9 約8.5か月	民主党・社会民主党・国民新党	㉝ 鳩山由紀夫 北海道 党人派 ◎ 祖父は鳩山一郎元首相	2009.9 鳩山由紀夫民主党代表、内閣総理大臣に指名 「政権交代」自民から民主へ .11 民主党政権、初の「事業仕分け」 2010.1 自衛隊のインド洋の給油活動、撤収 .5 普天間飛行場の県外・国外移設断念	●ギリシャ危機 2010.5 英国で戦後初の連立政権
2010.6 約1年3か月	民主党・国民新党	㉞ 菅直人 東京 党人派	2010.7 参院選で、民主党大敗。参院で与党過半数割れ .9 中国漁船が尖閣諸島付近の日本領海で海上保安庁巡視船に衝突 2011.3 東日本大震災。福島第一原子力発電所で、放射性物質が飛散する深刻な事故発生	2010.12 チュニジアで民主化を求める反政府デモ発生。アラブ世界へ民主化運動広がる

高度成長期・バブル経済期とは異なり、弱い景気拡大期だった。

失われた10年

金融不安発生

いざなみ景気

📝 メモ　小泉純一郎は、派閥政治を批判。人と群れない、贈答をしないなど、従来の政治家とは異なったため「永田町の変人」と評された。

民主党政権〜自民党の政権復帰

*Islamic Stateの略。

政党	内閣総理大臣	日本のできごと	世界のできごと
民主党・国民新党 (2011.9 約1年3か月 2012.12)	⑨⑤ 野田佳彦 千葉 党人派	2011.11 環太平洋パートナーシップ(TPP)協定交渉参加方針を表明 2012.8 消費税の税率引き上げを含む社会保障・税一体改革関連法成立 .12 第46回衆議院議員総選挙で自民党が圧勝 民主党の議席数は選挙前の4分の1に大幅減	2011.12 北朝鮮の金正日総書記、死去
自由民主党・公明党 (約7年9か月 2020.9)	⑨⑥〜⑨⑧ 安倍晋三 山口 党人派 ◎ 母方の祖父は岸信介元首相	**政権交代 民主から自民へ** 2014.4 消費税8％に .7 集団的自衛権行使容認を閣議決定 ●p.52LOOK 2015.6 選挙権年齢を18歳以上に引き下げ .9 安全保障関連法成立 2016.4 熊本地震 .5 伊勢志摩サミット開催 2017.6 天皇の退位特例法成立→.12 退位時期を閣議決定 2018.6 成人年齢を18歳に引き下げる法律が成立 .7 参議院議員定数6増 .12 米国を除く11国によるTPPが発効 2019.5 新天皇陛下即位。令和と改元 .6 G20大阪サミット開催 ●p.340 .10 消費税10％に。一部に軽減税率が適用 2020.3 東京オリンピック・パラリンピック延期を決定 .4 新型コロナウイルス感染症拡大防止のため、特別措置法に基づく緊急事態宣言を発令 ● **アベノミクスとは** 大規模な金融緩和、財政政策、成長戦略を柱とする経済政策。2015年には子育て・社会保障の充実など新しい目標が示され、一億総活躍社会がめざされた。	2014.3 露、クリミア併合を宣言 .6 「IS」*樹立宣言 ● 世界でテロが多発 ● 欧州にシリア難民流入 ● 北朝鮮の核問題 2016.6 英、EU離脱決定 2017.1 米大統領にトランプ 2018.6 初の米朝首脳会談 2020.1 英、EU離脱 ● 新型コロナウイルス感染症の世界的流行 .6 中、香港国家安全維持法施行
	⑨⑨ 菅義偉 秋田 党人派	2020.11 立皇嗣の礼(立皇嗣宣明の儀)	2021.1 米大統領にバイデン

● 衆議院議席数

●は解散後の特別国会で首相を輩出した政党 ▼は定数の過半数 ▽は定数の3分の2

回	選挙年月日	解散名	議席配分	定数
22	1946.4-10	1945.12-18 新選挙法解散	日本自由141 日本進歩94 社会93 日本協同14 共産5 諸派・無所属119	466
23	1947.4-25	1947.3-31 新憲法解散	131 126 国協31 143 31 4	466
24	1949.1-23	1948.12-23 なれ合い解散	●民主自由264 69 14 社会48 35 労農 29	466
25	1952.10-1	1952.8-28 抜き打ち解散	●自由240 改進85 右社57 左社54 26 4	466
26	1953.4-19	1953.3-14 バカヤロー解散	●自由199 35 76 66 72 5 12 共産1	466
27	1955.2-27	1955.1-24 天の声解散	112 自由(鳩山派) ●日本民主185 67 89 8 2	467
28	1958.5-22	1958.4-25 話し合い解散 **55年体制成立**	●自民287 社会166 13 1	467
29	1960.11-20	1960.10-24 安保解散	●296 145 民社17 6 3	467
30	1963.11-21	1963.10-23 所得倍増解散	●283 144 23 5 12	467
31	1967.1-29	1966.12-27 黒い霧解散	●277 140 30 5 公明25 9	486
32	1969.12-27	1969.12-2 沖縄解散	●288 90 31 14 47 16	486
33	1972.12-10	1972.11-13 日中解散	●271 118 19 38 29 16	491
34	1976.12-5	任期満了(ロッキード選挙)	●249 123 29 17 新自ク17 55 21 6	511
35	1979.10-7	1979.9-7 一般消費税解散	●248 107 35 39 57 19 6	511
36	1980.6-22	1980.5-19 ハプニング解散 **衆参同日選**	●284 107 12 32 社民連2 29 33 11 4	511
37	1983.12-18	1983.11-28 田中判決解散	●250 112 8 38 3 26 58 16	511
38	1986.7-6	1986.6-2 死んだふり解散 **衆参同日選**	●300 85 6 26 26 4	512
39	1990.2-18	1990.1-24 消費税解散	●275 136 14 16 4 22 5	512
40	1993.7-18	1993.6-13 政治改革解散	223 新生55 35 70 15 15 51 30 4	511
41	1996.10-20	1996.9-27 小選挙区解散 **55年体制崩壊**	●239 さきがけ13 日本新 新進156 民主52 26 10 社民15 さきがけ2	500
42	2000.6-25	2000.6-2 神の国解散	●233 公明31 保守7 民主127 自由22 20 19 21	480
43	2003.11-9	2003.10-10 マニフェスト解散	●237 34 保守新4 民主177 9 6 13	480
44	2005.9-11	2005.8-8 郵政民営化解散	●296 31 国民・日本6 民主114 共産9 社民7 17	480
45	2009.8-30	2009.7-21 政権選択解散	119 21 国民3 ●民主312 共産9 社民7 みんな5 4	480
46	2012.12-16	2012.11-16 近いうち解散	●293 31 維新54 民主56 日本未来の党9 共産8 みんな18 社民2	480
47	2014.12-14	2014.11-21 アベノミクス解散	●291 35 次世代の党2 維新41 民主73 生活の党2 共産21 社民2	475
48	2017.10-22	2017.9-28 国難突破解散	●284 29 希望50 日本維新11 立憲民主55 22 共産12	465

● 重要用語 282 ゼロ金利政策 336 環境基本法 386 男女雇用機会均等法

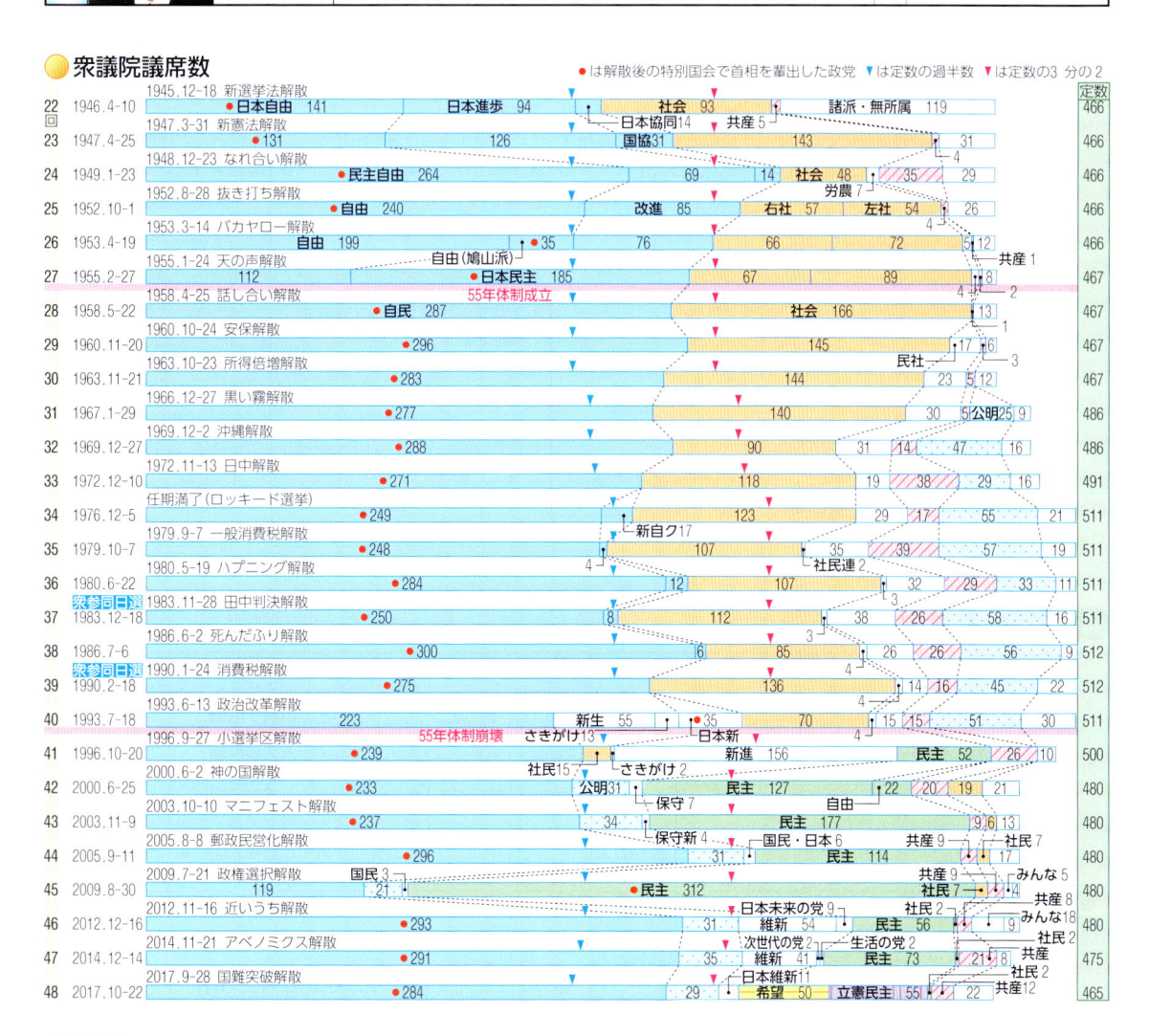

13 選挙制度

▶選挙カーの上での街頭演説 選挙運動の内容は公職選挙法で細かく決められており、例えば、走行中の選挙カーからは候補者名の連呼しかできない。国民のもっとも重要な政治参加の方法である選挙のしくみを理解し、現在の制度の問題点を考えてみよう。

A 選挙のしくみ

1 選挙の原則

1. **普通選挙** 一定の年齢に達したすべての国民に選挙権・被選挙権を与える。
2. **平等選挙** 有権者の1票を同価値と考え、平等に扱う。
3. **直接選挙（直接投票）** 有権者が直接候補者を選挙する。
4. **秘密選挙（秘密投票）** 有権者の投票内容を他人に知られないよう保障する。

2 主な国の普通選挙制の歩み

国	男性	女性
フランス	1848	1945
アメリカ	1870	1920
ドイツ	1871	1919
ニュージーランド	1879	1893
イギリス	1918	1928
日本	1925	1945
中国	1953	1953

解説 普通選挙 経済力や身分などで選挙権を制限するものを「制限選挙」という。多くの国で男女とも普通選挙が実現したのは、第二次大戦後。

3 選挙区制度の比較 ●それぞれどのような特徴があるか？

注：長所・短所とも、そのような傾向があるのみで、必ずしもそうなるとは限らない。

	小選挙区制	中選挙区制	大選挙区制	比例代表制
内容	1つの選挙区から1人を選出する制度	1つの選挙区から3〜5人を選出する制度	1つの選挙区から複数（2人以上）を選出する制度	政党の得票数に比例した数の当選人を政党に割り振る制度
長所	①大政党が出現しやすく政局が安定する ②二大政党制を促し政権交代されやすい ③選挙民が候補者の人物・見識をよく知ることができ、国会との距離感が近くなる ④選挙区内で同一政党の候補者がなく、政党本位の選挙になる （⑤選挙費用が節約される）	大選挙区制と小選挙区制のそれぞれの長所を生かそうとする。理論上は大選挙区制に含まれる	①**死票***が少ない ②小政党からも代表を出せる ③全国的で、有能な人物が選べる ④選挙干渉・情実・買収などの不正が行われにくい ***死票**…落選者に投票した票のこと。	①ほとんど**死票**がなくなる ②選挙は合理的に行われ、選挙費用が少額で済む ③個人の情実や因縁につながる票が少なくなる ④選挙民の政党支持の分布がそのまま議席に反映され政党本位の選挙になる
短所	①**死票**が多い ②少数派の意見が反映されにくく小政党に不利 ③全国的代表者の適格を欠く地域的な代表者が選出されやすい ④買収・供応・干渉が行われやすい ⑤**ゲリマンダー**の危険性が高い		①小政党の出現を促し、政局の不安定を招く ②選挙費が多額に上りやすい ③候補者と選挙民との結びつきが弱く、投票の判断がしにくい。選挙に関心を失いやすく棄権が増えやすい ④同一政党の候補者同士が争い政党本位の選挙になりにくい	①小党分立になる傾向があり、政局が不安定になりがち（連立政権になりやすい） ②候補者と選挙民との接触が弱まる ③政党に属さない人は、立候補できない

❶ゲリマンダー 自分の政党に有利な選挙区の区割を決めること。19世紀初め、アメリカの州知事ゲリーがつくった選挙区が、サラマンダー（ギリシャ神話のとかげ）に似ていたので、こう呼ばれる。

4 世界の選挙制度（世界の政治体制 ●p.24〜32）

*1 上限　*2 有効投票の過半数かつ有権者の4分の1以上の票を得た候補者が当選（1回目）。該当者がない場合、12.5%以上の得票率を得た候補者により決選投票（2回目）。
*3 2018年の法改正で、2019・22年に比例代表は各2・選挙区は各1増やし、242人から変更。

国	議院	任期	定数	人口（2019年）	選挙権	被選挙権	選出方法
イギリス	上院（貴族院）	——	不定	6753万人			首相が推薦し、国王が任命する貴族、聖職者
	下院（庶民院）	5年（解散あり）	650人		18歳以上	18歳以上	1区1人選出の**小選挙区制**
アメリカ	上院（元老院）	6年（2年ごとに約1/3ずつ改選）	100人	32906万人	18歳以上	30歳以上	各州2人選出の**小選挙区制**
	下院（代議院）	2年	435人		18歳以上	25歳以上	各州人口比例の**小選挙区制**
フランス	上院（元老院）	6年（3年ごとに半数を改選）	348人*1	6513万人	18歳以上	24歳以上	県選出代議士・県会議員・市町村会議員の中から有権者が選んだ選挙人団による間接選挙
	下院（国民議会）	5年	577人		18歳以上	18歳以上	**小選挙区**2回投票制*2
中国	全国人民代表大会	5年	3000人*1	146563万人	18歳以上	18歳以上	国民が選んだ各級の人民代表大会による間接選挙
日本	参議院	6年（3年ごとに半数を改選）	248人*3	12617万人	18歳以上	30歳以上	**比例代表**100人、**選挙区**148人*3
	衆議院	4年（解散あり）	465人		18歳以上	25歳以上	**小選挙区比例代表並立制**（比例代表176人、小選挙区289人）

入試クイズ 秘密選挙とは、有権者の自由な意思表明を守るため、投票の内容を他人に知られないことを保障する選挙の原則を意味する。○？×？〈17本〉（●1）　答：○

B 日本の選挙制度

❶ 日本の選挙制度（衆議院）の変遷
※男女の普通選挙が導入されて有権者数はどのぐらい増えたか？

注：内閣欄の①は第1次を示す。
＊地租・所得税など。地価総額600円の地租が15円。年収300円以上所得者に所得税課税（税率1～3％）。小学校教員初任給が月5円（1886年）の時代。

法改正 改正年と内閣	有権者の資格 性別・年齢	有権者の資格 納税	被選挙者の資格	選挙区制	法改正直後の総選挙	有権者数の全人口比と投票率
1889(明22) 黒田	満25歳以上の男子	直接国税＊ 15円以上	直接国税15円以上納める30歳以上の男子	小選挙区	第1回 (1890)	1.1%(45) 93.7
1900(明33) 山県②	制限選挙	直接国税 10円以上	満30歳以上の男子	大選挙区	第7回 (1902)	2.2(98) 88.4
1919(大8) 原		直接国税 3円以上		小選挙区	第14回 (1920)	5.5(307) 86.7
1925(大14) 加藤高明	男子普通選挙	—		中選挙区	第16回 (1928)	20.0(1241) 80.4
1945(昭20) 幣原	満20歳以上の男女	普通選挙	満25歳以上の男女（参議院は30歳以上）	大選挙区	第22回 (1946)	48.7(3688) 72.1
1947(昭22) 吉田①		—		中選挙区	第23回 (1947)	52.4(4091) 68.0
1994(平6) 細川				小選挙区比例代表並立	第41回 (1996)	77.6(9768) 59.6
2015(平27) 安倍③	満18歳以上の男女				第48回 (2017)	83.7(10609) 53.7

（総務省資料）

❷ 衆・参議院の選挙制度の違い
※選挙制度にはどのような問題点があるか？

衆議院		参議院
全国を289に分けた**小選挙区制**	選挙区	1～2つの都道府県を単位とした**選挙区制**。45選挙区
全国を11ブロックに分ける。政党に投票。各党の得票に応じて当選者を配分。選挙区と比例区の**重複立候補可**	比例代表	**全国単位**で各党の得票数（党＋個人票）を集計して当選者を配分。選挙区と比例の**重複立候補不可**
比例の名簿は同一順位に複数候補の記載可（重複立候補に限る）。選挙区の落選者が比例で当選可	比例名簿	比例の名簿は順位をつけずに記載（**非拘束名簿式**）。個人票の順に当選者を決める

解説 選挙制度の問題点 衆議院と参議院で選挙制度が異なるのは，衆参両議院で政党の構成比が異なることを期待されてのこととされている。

衆議院議員選挙では，長い間**中選挙区制**が採用されてきたが，同一政党の候補者同士が同じ選挙区で争うため政党本位の選挙になりにくく，カネもかかるという批判があったため，1994年の政治改革により**小選挙区比例代表並立制**が導入された。選挙区と比例代表区という異なる選挙区での重複立候補が可能となった。しかし，小選挙区で有効投票数の10分の1以下の候補が比例区で復活当選するなどの不備が指摘された。

2000年には，小選挙区での得票が一定数に届かなかった場合，重複立候補者は復活当選できない，比例区の当選者は政党を変わることができない，などが定められた。

● 変化する参議院比例代表選挙

特定枠の導入 2018年，公職選挙法改正により，参議院議員定数が6増加された。また，参議院の比例代表選挙で，**各党が一部に拘束名簿式を活用するか決められる特定枠**が導入された。

● 特定枠でどうなるの？
当選者が3人の場合

○○党の名簿
- 有名太郎（100万票）
- □山○子（40万票）
- △川×太郎（20万票） 特定枠
- ○山○男（10万票） 第1位
- ☆野☆子（5万票） 第2位

改定前の参議院比例代表選挙では，非拘束名簿式（→p.134）で，得票数の多い順に当選者が決められていた。しかし，**特定枠を活用すると，得票数に関係なく，特定枠の人が優先的に当選することが可能になる**。

背景と課題 今回の法改正は，一票の格差の是正と合区＊により擁立できなくなった候補者の保護が目的と考えられている。しかし，従来の非拘束名簿式と特定枠が混在することになり，有権者に混乱が生じることが懸念されている。また，特定枠の活用は政党の都合を優先することも可能になるため，政治不信につながるとの意見もある。

＊2015年の公職選挙法改正により，一票の格差を是正するために，鳥取・島根県，徳島・高知県をそれぞれ1つの選挙区とした。

LOOK ネット選挙運動

ネット運動解禁 2013年，インターネットを使った選挙運動が解禁された。これにより，SNS（ソーシャルネットワーキングサービス）で考えを表明できたり，政策をネットで調べられ，若者の政治的関心の向上が期待されている。一方で，情報格差（デジタル・デバイド）について高齢者などへの配慮が求められている。また，満18歳未満の選挙運動は禁止されており，連座制（→p.135）に対する違反は刑事処分の対象になり，重い処罰を受ける可能性がある。

● ネット選挙でできること

候補者・政党：
- 「私に一票を」と投票依頼
- SNS投票依頼
- ブログなどで政策PRや投票呼びかけ
- SNS候補者と議論

有権者：
- 投票依頼メールを転送
- SNSメールを転載
- 「○○候補に投票しよう」と呼びかけ
- SNS投票呼びかけ

注：✗は禁止事項
（「読売新聞」2013.4.20より）

重要用語 137普通選挙 138制限選挙 139直接選挙 140大選挙区制 141小選挙区制 142比例代表制 143公職選挙法 329情報格差（デジタル・デバイド）

◎小選挙区制と比例代表制それぞれの議席配分はどのようになっているか？

3 衆議院の選挙制度（小選挙区比例代表並立制）

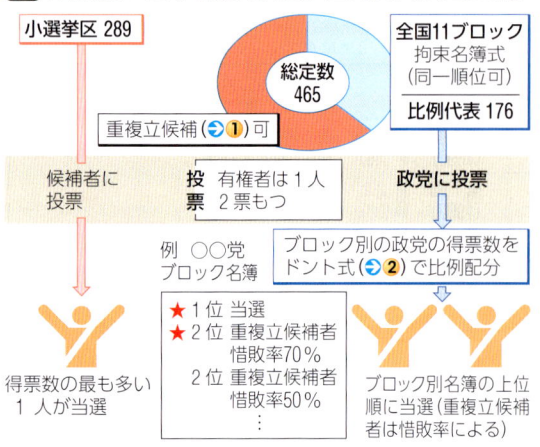

- 小選挙区 289
- 総定数 465
- 全国11ブロック 拘束名簿式（同一順位可）比例代表 176
- 重複立候補（→①）可
- 候補者に投票
- 投票：有権者は1人2票もつ
- 政党に投票
- 例 ○○党ブロック名簿
- ブロック別の政党の得票数をドント式（→②）で比例配分
- ★1位 当選
- ★2位 重複立候補者 惜敗率70%
- 2位 重複立候補者 惜敗率50%
- 得票数の最も多い1人が当選
- ブロック別名簿の上位順に当選（重複立候補者は惜敗率による）

注：惜敗率は小選挙区での当選者の得票に対する重複立候補者の得票数の割合。重複立候補者は同じ順位で比例代表の名簿に登録できる。

◎衆議院の選挙制度と異なる点はどこか？

4 参議院の選挙制度

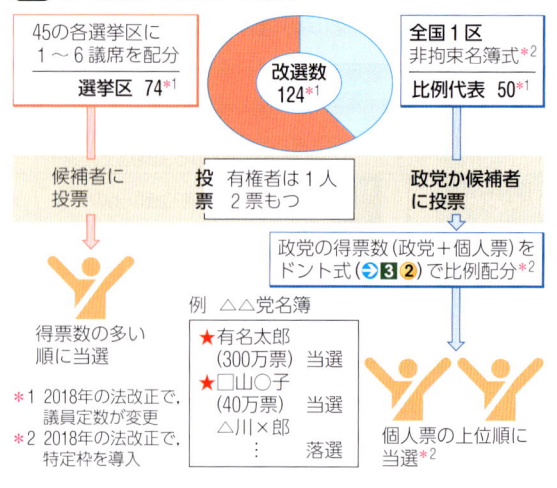

- 45の各選挙区に1〜6議席を配分 選挙区 74*1
- 改選数 124*1
- 全国1区 非拘束名簿式*2 比例代表 50*1
- 候補者に投票
- 投票：有権者は1人2票もつ
- 政党か候補者に投票
- 政党の得票数（政党＋個人票）をドント式（→③②）で比例配分*2
- 例 △△党名簿
  - ★有名太郎（300万票）当選
  - ★□山○子（40万票）当選
  - △川×郎 落選
- 得票数の多い順に当選
- 個人票の上位順に当選*2

*1 2018年の法改正で、議員定数が変更
*2 2018年の法改正で、特定枠を導入

① 重複立候補（衆議院）

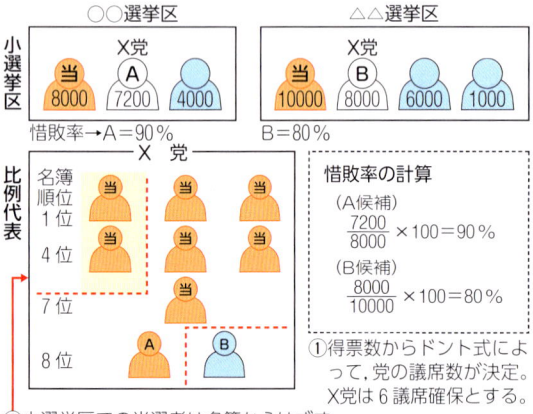

○○選挙区：X党 当 A 8000 / 7200 / 4000 　惜敗率→A＝90%
△△選挙区：X党 当 B 10000 / 8000 / 6000 / 1000　B＝80%

X党 比例代表 名簿順位
- 1位 当 当 当
- 4位 当 当 当
- 7位 当
- 8位 A B

惜敗率の計算
（A候補）$\frac{7200}{8000} \times 100 = 90\%$
（B候補）$\frac{8000}{10000} \times 100 = 80\%$

①得票数からドント式によって、党の議席数が決定。X党は6議席確保とする。
②小選挙区での当選者は名簿からはずす。
③残った人の中から名簿順に1位の2人、4位の2人、7位の1人と5人までが当選確定。
④8位の2人は惜敗率を用いて、当選者1人を確定。
⑤A候補は90%、B候補は80%で、A候補が当選。

② ドント式－比例代表選挙の当選人の決定方式－

名簿届出政党名	A党	B党	C党
名簿登載者数	4人	3人	2人
得票数	1000票	700票	300票
除数 1	①1000	②700	⑥300
除数 2	③500	④350	150
除数 3	⑤$333\frac{1}{3}$	$233\frac{1}{3}$	
除数 4	250		
当選人数	3人	2人	1人

A党、B党及びC党が候補者名簿を提出し、それぞれ4人、3人、2人の候補者が登載されていたとする。説明の都合上、選挙すべき議員の数は6人とする。

1. まず各政党の得票数を1.2.3…の名簿登載者数までの整数で割る。
2. 次に割って得られた商が表のように出てくるので、その商の一番大きい数値から順に数えていき、選挙すべき議員の数（この場合6番目）まで各政党に配分する当選人数を決める。
3. その結果、A党には3人が配分されるので、候補者名簿に記載された順位により、上位3人が当選人となる。

LOOK 新導入！「アダムズ方式」

2016年、衆議院の選挙制度が見直され、議席配分の計算式に、新たに「アダムズ方式」が導入されることが決まった。これは、人口比に応じて都道府県に議席を配分する方式で、2022年以降に適用される見通しだ。

なぜ導入？ 衆議院の選挙では、これまで有権者数と議員定数の比率が選挙区ごとで異なる「一票の格差」（→p.136）が問題とされてきた。アダムズ方式は、人口比に応じて議席を配分するため、「一票の格差」がより小さくなり、選挙の公平性が高まることが期待されている。

問題点 一方、アダムズ方式で実際に議席を配分すると、多くの地域で議席数が削減されるため、地方の切り捨てにつながるのでは、といった懸念もある。

計算方法

	人口（万人）
A県	250
B県	200
C県	10
合計	460

A・B・C 3県の議員定数は5である。3県の人口の合計は460万人で、議員1人当たりの平均人口は92万人である。

	人口（万人）	÷92万	議席配分（切り上げ）
A県	250	2.71…	3
B県	200	2.17…	3
C県	10	0.10…	1
合計	460		7

①各県の人口を議員1人当たりの平均人口で割り、小数点以下を切り上げる。すると、議席の合計が7になり、定数である5を超えてしまう。

	人口（万人）	÷125万	議席配分（切り上げ）
A県	250	2	2
B県	200	1.6	2
C県	10	0.08	1
合計	460		5

②割る数を増やしていき、議席の合計が5になる数を探す。各県の人口を125万で割ったとき、議席の合計が5となった。このように議席配分を決定する。

5 公職選挙法

① 主な公職選挙法改正

年号	改正点
1950(昭25)	公職選挙法公布
1982(昭57)	参議院議員選挙に拘束名簿式比例代表制の採用
1994(平6)	衆議院議員選挙に小選挙区比例代表並立制採用
	政党助成法成立，拡大連座制(→④)
1997(平9)	投票時間の延長，不在投票の要件緩和
1998(平10)	在外選挙制度の導入(→⑤)
2000(平12)	衆議院議員定数削減(比例代表20削減)
	参議院議員定数削減(比例代表4，選挙区6削減)
	参議院比例代表選挙に非拘束名簿式を採用
2003(平15)	期日前投票の導入，政権公約配布の解禁
2012(平24)	衆議院議員定数削減(小選挙区5削減)
2013(平25)	インターネット選挙運動解禁
2015(平27)	選挙権年齢満18歳へ引き下げ
	参議院議員選挙における2県間の合区
2016(平28)	期日前投票時間延長
	共通投票所の設置など
	衆議院議員定数削減(小選挙区6，比例代表4削減)
2017(平29)	衆議院小選挙区が新たな区割に変更
2018(平30)	参議院議員定数増員(比例代表4，選挙区2増加)が決定
	参議院比例代表選挙に，各党が一部に拘束名簿式を活用するか決められる特定枠を導入(→p.133 ②)

② 投票環境の向上

投票時間の延長	1997年の改正により，投票終了時刻が午後6時から午後8時に2時間延長された。また，市区町村の選挙管理委員会は事情がある場合において，一定の範囲内で投票時間を繰り上げ・繰り下げ(投票終了時刻は繰り上げのみ)を行うことが可能。
期日前投票	2003年の改正で，投票日前に役所などに出向き，投票日に投票できない理由を記入すれば投票日当日と同様に，投票箱に直接投票用紙を入れられる制度が導入された。2016年の改正により，投票時間が最大午前6時30分から午後10時まで拡大可能になった。
不在者投票*	名簿登録地以外の市区町村で投票を行うことができる制度。また，病気などで投票所に行くことが困難な人は，指定された病院や老人ホームで投票することが可能。
郵便投票	重い身体障害をもっていたり，寝たきりで要介護5に認定され，投票所に行くことができない人が対象。郵便での不在者投票ができる。2003年の改正により新たに代筆が認められるようになった。
洋上投票	日本国外を航海中の船員が船舶内でファックスを使って不在者投票することが可能になった。
国外不在者投票	海外に派遣されている自衛隊員や国際平和協力隊など特定組織に属する有権者が，すべての国政選挙・地方選挙に投票できるようになった。
在外投票(→⑤)	留学などによって，海外に住んでいる人が，国政選挙に投票できる制度。
共通投票所	2016年の改正により，駅やショッピングモールなどに投票所が設けられるようになった。有権者は，指定地区外でも投票が可能になった。
その他	2016年の改正により，投票所に同伴できる子どもの範囲が幼児から18歳未満に拡大された。

*投票期日には18歳になっているが，期日前は17歳の人は，期日前投票を行うことができないため，例外的に不在者投票を行うことができる。

③ 選挙運動の制限

*新聞社などの世論調査は人気投票に当たらないとされる。

認められていない選挙運動	制限つきで認められている運動
事前運動，複数候補者の立会演説会，署名運動，飲食物の提供，選挙に関する人気投票の公表* など	個人演説会，街頭演説，政見放送，電話など
戸別訪問…買収などの選挙違反行為を誘発するとして禁止(→p.85)	通常葉書・ビラ・新聞広告・選挙公報などの頒布
	国政選挙と地方の首長選挙の政権公約頒布…個人事務所や街頭演説会場などのみで行う

寄付行為の禁止
① 政治家の寄付禁止 お中元・お歳暮，選挙区内の人への葬式の際の供花や花輪などを贈る行為の禁止
② 祭りの際など政治家への寄付の勧誘・要求の禁止
③ 後援団体の寄付の禁止 市のイベントで賞品を贈ったり，葬式の際に花輪や香典を出す行為は禁止
④ 政治家による年賀状等のあいさつ状送付禁止
⑤ 政治家によるあいさつ目的の有料広告の禁止

解説 公正な選挙のために 公職選挙法では選挙運動について様々な規制を設けている。なお，憲法第21条の言論・表現の自由に違反するとの指摘もある戸別訪問の禁止について，最高裁は合憲判決を出している(地裁では違憲判決もある)。

④ 連座制

対象となる関係者	連座責任の対象となる罪と刑罰
総括責任者，出納責任者，地域責任者	買収罪等の悪質な選挙違反を犯し，罰金以上の刑に処された場合(執行猶予も含む)
候補者・立候補予定者の親族・秘書，組織的選挙運動管理者	買収罪等の悪質な選挙違反を犯し，禁錮以上の刑に処された場合(執行猶予も含む)

解説 連座責任とは 候補者と一定関係にある者が，上の表のような違反行為で刑に処された場合，その候補者の当選が無効になる制度。1994年の公職選挙法改正で，候補者の「連座責任」の範囲が拡大・強化された(拡大連座制)。連座責任で当選無効となった者は，その選挙区の公職選挙に5年間立候補できない(ただし，他の選挙区や小選挙区から比例代表へ移り立候補することは可能)。

⑤ 在外投票の方法

注：一時帰国者などは，日本国内でも投票できる(在外選挙人証が必要)。

●選挙人登録
「在外選挙人名簿」登録申請

●投票
① 在外公館投票
② 郵便投票

在外邦人有権者(満18歳以上，一定住所に3か月以上住む) → 在外公館 → 外務省 → 市町村選挙管理委員会(最終住所地が原則)

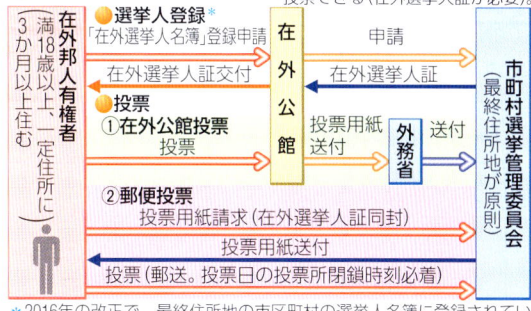

*2016年の改正で，最終住所地の市区町村の選挙人名簿に登録されている場合は，国外転出時にその地域の選挙管理委員に対して在外選挙人名簿登録の申請が可能になった。

解説 在外選挙制度の拡大 1998年の公職選挙法改正で，国外に住む日本人有権者が，国政選挙の比例区に限って投票できるようになった。2005年9月，最高裁は，国政選挙の比例区に限定した在外投票について，国会の「立法の不作為(怠慢)」を指摘し，違憲判決を下した。そこで2006年6月に公職選挙法が改正され，2007年6月より，国政選挙において，比例区・選挙区の両方で在外投票が認められるようになった(→p.85)。

C 日本の選挙制度の課題

1 投票率の推移 ●なぜ投票率が低下するのか？

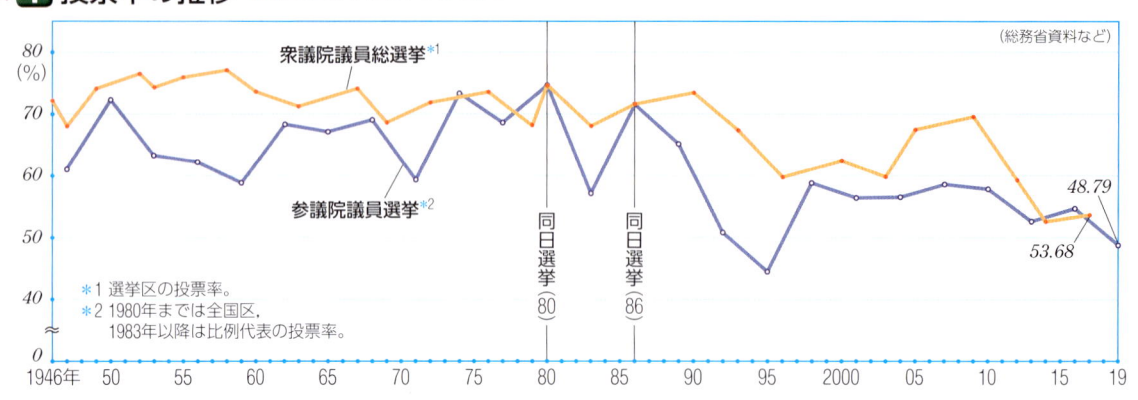

（総務省資料など）

衆議院議員総選挙*1
参議院議員選挙*2

同日選挙（80）
同日選挙（86）

48.79
53.68

*1 選挙区の投票率。
*2 1980年までは全国区、1983年以降は比例代表の投票率。

① 投票に行かなかった理由（複数回答）

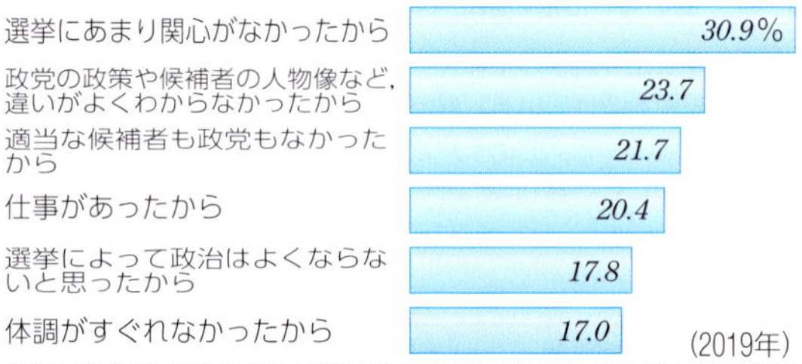

理由	%
選挙にあまり関心がなかったから	30.9%
政党の政策や候補者の人物像など、違いがよくわからなかったから	23.7
適当な候補者も政党もなかったから	21.7
仕事があったから	20.4
選挙によって政治はよくならないと思ったから	17.8
体調がすぐれなかったから	17.0

（2019年）
（「第25回参議院議員通常選挙全国意識調査」明るい選挙推進協会）注：上位6項目

解説 低投票率の原因 選挙にあまり関心がないなどの政治的無関心や、選挙によって政治はよくならないと思ったからなど、政治に対する無力感などが低投票率の原因としてあげられる。投

② 棄権者に罰則規定のある国

国	内容	
オーストラリア	罰金20〜50オーストラリアドル	厳格に適用
シンガポール	選挙人名簿から抹消	厳格に適用
ベルギー	罰金5〜25ユーロ、複数回の棄権で選挙資格停止	厳格に適用
アルゼンチン	罰金10〜20ペソ、3年間の公職就任・在職禁止	ゆるやか
ギリシャ	1カ月以下の入獄	ゆるやか

票率の低下は、人々の能動的な政治参加を前提とする民主主義社会にとって大きな問題である。棄権者に罰則規定を設ける国もあるが、有権者が政治に関心をもつことが重要である。

2 一票の格差 ●一票の格差とは何か？

① 衆議院議員1人当たり有権者数

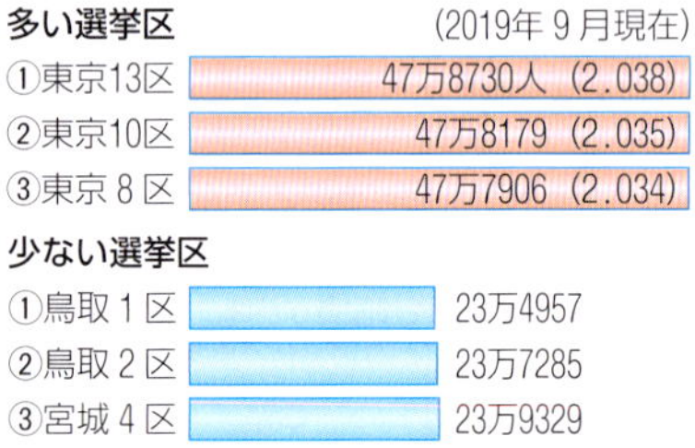

多い選挙区　（2019年9月現在）
①東京13区　47万8730人（2.038）
②東京10区　47万8179（2.035）
③東京8区　47万7906（2.034）

少ない選挙区
①鳥取1区　23万4957
②鳥取2区　23万7285
③宮城4区　23万9329

注：（ ）は鳥取1区との格差　（総務省資料）

ナットク！ 一票の格差とは

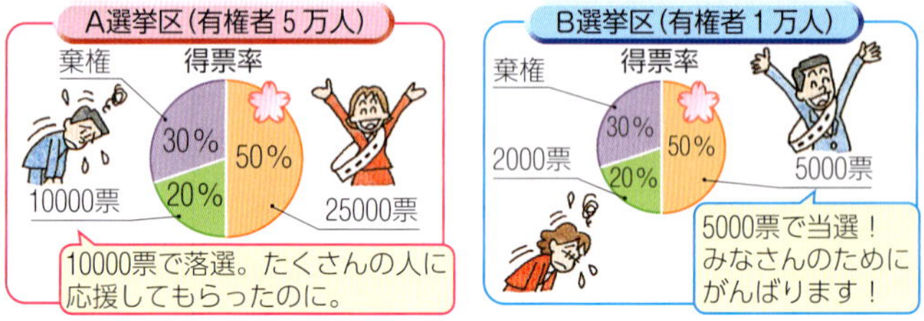

A選挙区（有権者5万人）
棄権 10000票 / 得票率 30% 20% 50% / 25000票
10000票で落選。たくさんの人に応援してもらったのに。

B選挙区（有権者1万人）
棄権 2000票 / 得票率 30% 20% 50% / 5000票
5000票で当選！みなさんのためにがんばります！

解説 異なる一票の重さ 有権者数と議員定数の比率が選挙区ごとで異なることを**一票の格差**という。投票価値の平等原則に違反しているとして、しばしば裁判で争われている（→23）。

② 「一票の格差」の推移

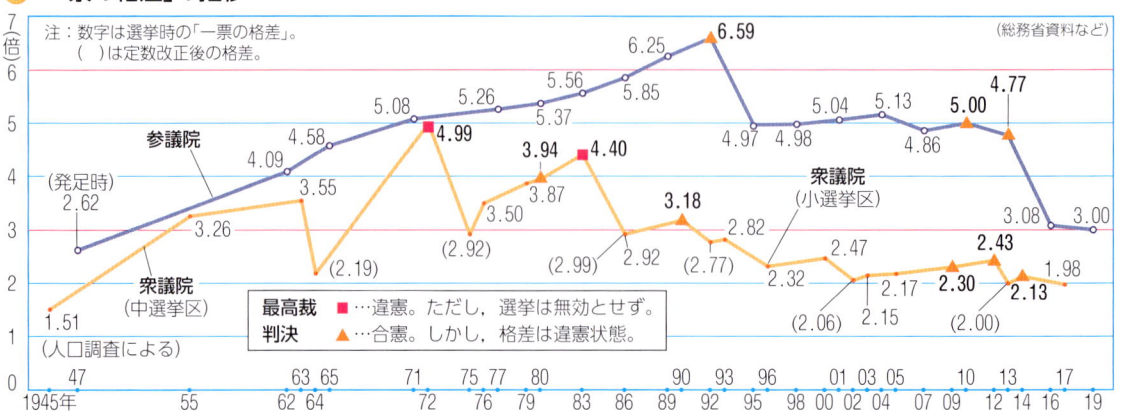

注：数字は選挙時の「一票の格差」。（ ）は定数改正後の格差。

参議院：2.62（発足時）、3.26、4.09、3.55、4.58、5.08、4.99、5.26、5.37、5.56、5.85、6.25、6.59、4.97、4.98、5.04、5.13、5.00、4.77、3.08、3.00

衆議院（中選挙区）：1.51、(2.19)、(2.92)、3.50、3.87、3.94、(2.99)、4.40、2.92、(2.77)、3.18

衆議院（小選挙区）：2.82、2.32、2.47、(2.06)、2.17、2.15、2.30、(2.00)、2.43、2.13、1.98

最高裁判決：■…違憲。ただし、選挙は無効とせず。▲…合憲。しかし、格差は違憲状態。

（人口調査による）

（総務省資料など）

メモ：日本では選挙は日曜日に行われるが、韓国では投票日は休日となり、日曜日には行われない。

❸ 議員定数不均衡訴訟の最高裁違憲（違憲状態）判決

選挙	最大格差	最高裁判決	判決の理由
第33回総選挙 (1972.12)	4.99倍	違憲。事情判決[*1] (1976.4)	選挙時，選挙区ごとの議員一人当たりの有権者数の格差は，違憲状態に達していた。また，この定数配分のもととなった公職選挙法の定数配分規定も，国会に認められた合理的期間[*2]を超えた8年余りもの間是正されておらず，違憲。しかし，選挙無効とすると公の利益に著しい障害を生じるなどの事情を考慮し，選挙は無効としない。
第36回総選挙 (1980.6)	3.94倍	合憲。格差は違憲状態 (1983.11)	格差は，75年の公職選挙法改正で是正されたが，その後広がり，選挙時には違憲状態に達していた。一方，選挙は改正から5年後で，格差是正の法改正を行うために国会に認められた合理的期間[*2]内にあり，同法の定数配分規定は合憲。
第37回総選挙 (1983.12)	4.40倍	違憲。事情判決[*1] (1985.7)	83年の判決で違憲状態が指摘された定数配分規定で選挙を実施しており，国会に認められた合理的期間[*2]内に是正が行われていないので，違憲。
第39回総選挙 (1990.2)	3.18倍	合憲。格差は違憲状態 (1993.1)	格差は，86年の公職選挙法改正による是正後に広がり，選挙時には違憲状態に達していた。一方，選挙は改正の約3年7か月後（＝合理的期間[*2]内）であり，同法の定数配分規定は合憲。
第45回総選挙 (2009.8)	2.30倍	合憲。格差は違憲状態 (2011.3)	各都道府県に1議席ずつ配分し，残りの議席数を人口比例で配分する「1人別枠方式」による格差は違憲状態である。しかし，この規定は合理的期間[*2]内に是正されなかったとはいえず，合憲。ただし，1人別枠方式の廃止などの立法的措置を講ずるべき。
第46回総選挙 (2012.12.16)	2.43倍	合憲。格差は違憲状態 (2013.11)	選挙区割りは投票価値の平等に反する状態。定数配分見直しの法改正成立後すぐ衆議院が解散され，区画の改定は選挙後になった。是正のための取り組みは評価できるため，違憲とはいえない。「1人別枠方式」の課題の解決に向けて取り組みがなされるべき。
第47回総選挙 (2014.12.14)	2.13倍	合憲。格差は違憲状態 (2015.11)	選挙区割りは，憲法の投票価値の平等に反する状態。憲法上要求される合理的期間[*2]内における是正がされなかったとはいえず，違憲とはいえない。国会で，制度の見直しを続けていく必要がある。
第16回参院選 (1992.7)	6.59倍	合憲。格差は違憲状態 (1996.9)	選挙時の格差は違憲状態に達していた。一方，選挙までに定数配分規定を是正しなかったことは国会の裁量権の限界を超えるものとはいえず（＝憲法が国会に委ねた判断の自由の範囲内であるということ），定数配分規定は合憲。
第22回参院選 (2010.7)	5.00倍	合憲。格差は違憲状態 (2012.10)	選挙時の格差は違憲状態に達していた。一方，選挙までに定数配分規定を是正しなかったことは国会の裁量権の限界を超えるものとはいえず，定数配分規定は合憲。

[*1] 処分または裁決は違法だが，取り消すと公益に著しい障害があると認められる場合に，取り消し請求を棄却する判決（行政事件訴訟法第31条）。この訴訟においては，選挙を無効とすると選挙をやり直すことになるため，事情判決の考えを適用し，違憲としつつも選挙無効の請求が棄却された。
[*2] 国会が格差を是正するために必要と認められた期間。どの程度の期間かは明確ではないが，5年程度と推測する説がある。

解説 投票価値の平等原則に違反 投票価値の平等原則（→p.132❶）は，議会制民主主義の基本であるが，実際には，一票の価値は異なっており，問題とされている。**衆議院では格差3倍，選挙制度の異なる参議院では格差6倍超えが最高裁判決の違憲の基準とされてきた。** しかし，学説の多くは衆議院では2倍未満の基準を支持し，下級裁判所でもこの基準に沿った判決が出ていた。2011年には最高裁も2.3倍の格差を違憲状態と判決したが，さらに格差が拡大した状態で12年に衆議院議員総選挙を行ったことに対し，高裁レベルではあるが初の選挙無効判決も出た。参議院では，12年に最高裁が5.0倍の格差を違憲状態と判決した。なお，最高裁で無効とされた選挙は両議院ともに一度もない。

LOOK 1回の選挙にかかるお金は？

1人の国会議員を選ぶのに 2019年の参議院議員選挙には，571.0億円の税金が使われた。国会議員1人を選び出すのに，約4.6億円かかっている計算になる。

候補者への公費負担 候補者の選挙運動費用の一部を公費で負担する制度がある。一定の制限はあるが，ポスターやビラの作成費，選挙カーの使用でかかる費用などが公費で負担されている。

供託金 立候補者は供託金を預ける必要がある。参議院選挙区選出議員では300万円になる。一定の得票に達しない場合，供託金は没収される。参議院選挙区では，有効投票者数÷選挙区の議員定数の8分の1。供託金没収の上，選挙にかかった費用の公費負担も受けられない。

◎候補者や政党のポスターを貼る所定の掲示板

◎開票作業 各投票所から集められた投票箱から投票用紙を出し，混ぜ合わせ，票を数える。

地方公共団体への委託費 選挙費の大部分は地方公共団体への委託費が占め，517.6億円かかっている。ポスター掲示場や投票用紙，投票所・開票所などの経費や，選挙啓発のポスターの費用などがある。

社会にLINK 18歳選挙権 若者の声を政治に届けるには？

Q1 なぜ，18歳以上に引き下げられたの？

高齢者の声：
- 医療費を安くして！年金がきちんともらえる社会に！老後の生活を保障して！
- 景気が良くなる政策を！税金の負担が重い！
- 正社員として働きたい！子育てしやすい社会に！大学の授業料の負担を減らして！

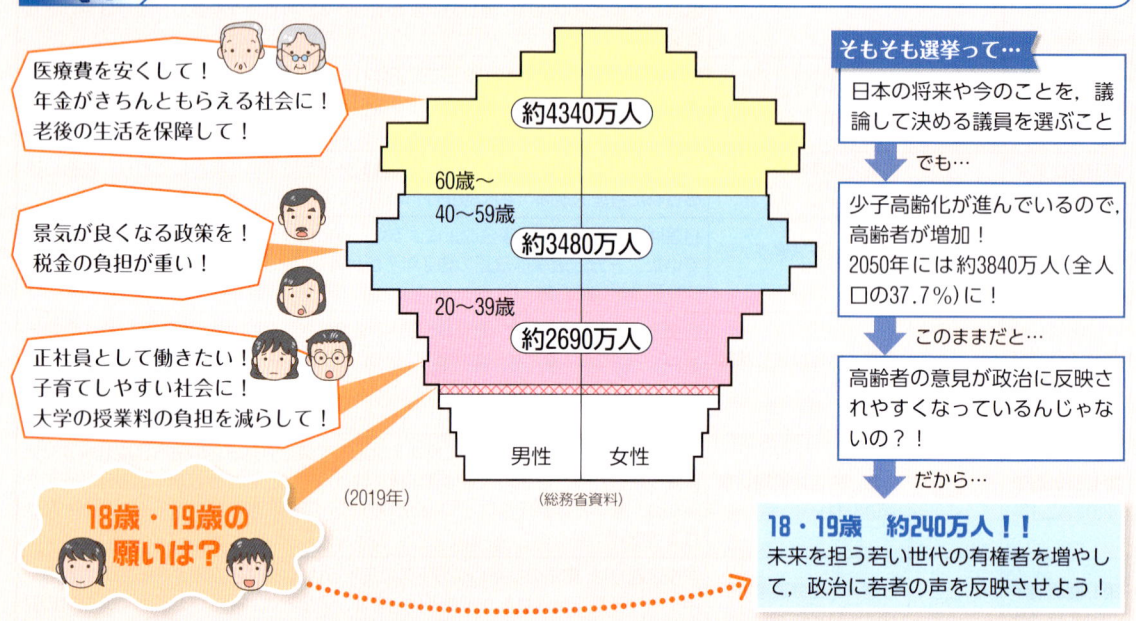

人口ピラミッド（2019年）（総務省資料）
- 60歳〜 約4340万人
- 40〜59歳 約3480万人
- 20〜39歳 約2690万人
- 男性／女性

18歳・19歳の願いは？

そもそも選挙って…
日本の将来や今のことを，議論して決める議員を選ぶこと

でも…
少子高齢化が進んでいるので，高齢者が増加！2050年には約3840万人（全人口の37.7％）に！

このままだと…
高齢者の意見が政治に反映されやすくなっているんじゃないの？！

だから…
18・19歳 約240万人！！
未来を担う若い世代の有権者を増やして，政治に若者の声を反映させよう！

Answer 1 若い世代の意見を，もっと政治に反映させるため！

世界では，選挙権年齢はどのような傾向にあるのかな。

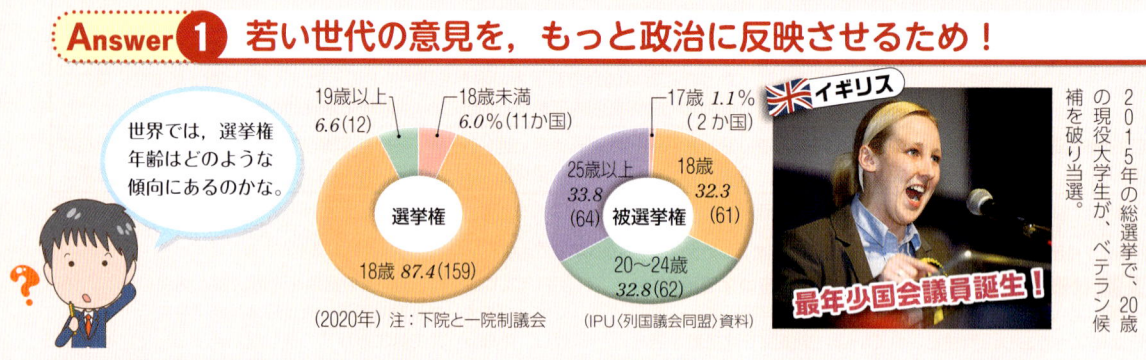

選挙権（2020年） 注：下院と一院制議会
- 19歳以上 6.6％（12）
- 18歳未満 6.0％（11か国）
- 18歳 87.4％（159）

被選挙権 （IPU〈列国議会同盟〉資料）
- 17歳 1.1％（2か国）
- 18歳 32.3％（61）
- 20〜24歳 32.8％（62）
- 25歳以上 33.8％（64）

イギリス 最年少国会議員誕生！
マリ・ブラックさん 2015年の総選挙で，20歳の現役大学生が，ベテラン候補を破り当選。

Q2 でも，投票に行くの，めんどくさい…行かなきゃダメ？

●18歳・19歳の人たちに聞きました！

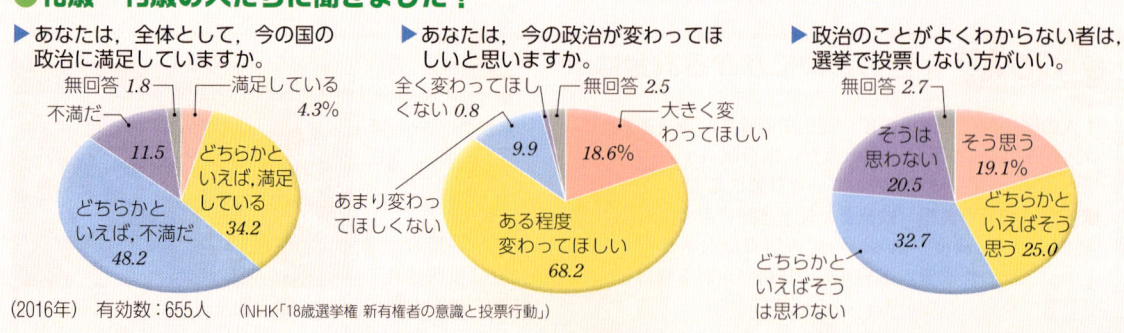

あなたは，全体として，今の国の政治に満足していますか。
- 無回答 1.8
- 満足している 4.3％
- 不満だ 11.5
- どちらかといえば，満足している 34.2
- どちらかといえば，不満だ 48.2

あなたは，今の政治が変わってほしいと思いますか。
- 全く変わってほしくない 0.8
- 無回答 2.5
- 大きく変わってほしい 18.6％
- あまり変わってほしくない 9.9
- ある程度変わってほしい 68.2

政治のことがよくわからない者は，選挙で投票しない方がいい。
- 無回答 2.7
- そう思う 19.1％
- どちらかといえばそう思う 25.0
- どちらかといえばそうは思わない 32.7
- そうは思わない 20.5

（2016年）有効数：655人（NHK「18歳選挙権 新有権者の意識と投票行動」）

Answer 2 権利の上に眠るな

▶市川房枝（1893〜1981）1924年に婦人参政権獲得期成同盟会を結成。女性の参政権獲得，地位向上のために尽力した。

権利は適切に行使してこそ意味をもつ。何もしなければ，いつの間にか思わぬ方向に政治が変わってしまうかもしれない…。

p.139 LOOKクイズの答え
①○　②×（住民票を移したのち3か月以上の居住実績がないと，選挙人名簿に登録されない。）

Q3 そうは言っても…私たちの1票で何か変わるの？

きみが実現してほしい項目は何かな？

❶ 2019年の参院選で考慮した政策課題

注：複数回答

	18・19歳		20～30歳代		40～50歳代		60歳以上	
1	消費税	64.3%	子育て・教育	63.0%	景気対策	57.6%	医療・介護	70.5%
2	景気対策	50.0	景気対策	50.7	年金	52.8	年金	68.0
3	子育て・教育	42.9	医療・介護	45.0	医療・介護	52.2	景気対策	46.6
4	医療・介護	14.3	年金	41.3	子育て・教育	39.0	消費税	33.1
5	雇用対策	14.3	消費税	38.3	消費税	31.1	子育て・教育	26.6

(明るい選挙推進協会資料)

❷ 年代別投票率

注：全国投票の中から抽出した一部の選挙区の平均。

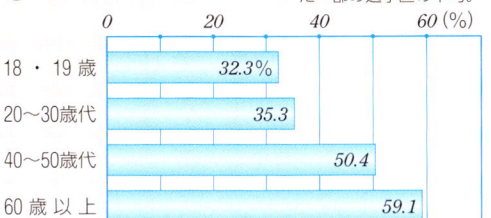

- 18・19歳　32.3%
- 20～30歳代　35.3
- 40～50歳代　50.4
- 60歳以上　59.1

(2019年参議院議員通常選挙時)　(総務省資料)

有権者	×	投票率	=	投票者数
18・19歳 約240万人	×	32.3%	=	約80万人
20～30歳代 約2690万人	×	35.3%	=	約950万人
40～50歳代 約3480万人	×	50.4%	=	約1750万人
60歳以上 約4340万人	×	59.1%	=	約2560万人

TRY
あなたが候補者だったら、当選するために、❶の表中の項目のうち、どの政策を重視しますか？優先度の高い順に、3つ選ぼう。

1. _____
2. _____
3. _____

若い世代の投票率が低いということは、どのような問題があるかな？

18・19歳の投票権が認められたことで、若い世代にとってどのようなメリットがあるのかな？

投票は1人1票。有権者全員に公平にチャンスがある。しかし、少子高齢化と若い世代の投票率低下で、世代によって投票者数に差が出ると、より多くの票を集められる世代の願いが優先されかねない。若者にとっては、不公平な政策が打ち出される可能性があるのじゃ。

Answer ❸ 若い世代の発言力を高めれば、変える力になる！

LOOK 投票率、19歳の壁を超えるには？

● 選挙クイズ　○？×？ (答えは左ページ欄外)

①公職選挙法の規定により、原則、住民票がある地域でしか投票できない。

②住民票を移せば、すぐにその地域で投票ができる。

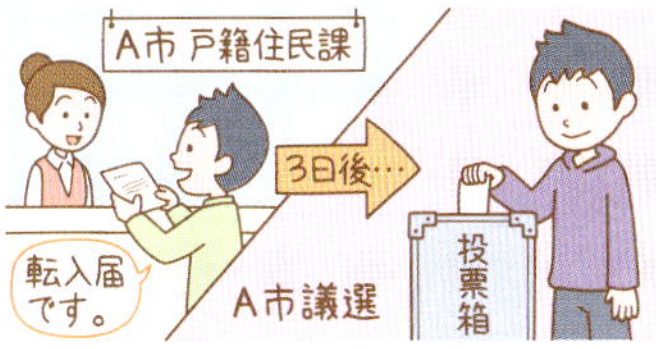

住民票を移さない理由
- 地元の成人式に出席できないから。
  → 事前に連絡すれば出席できる。
- 親の扶養家族ではなくなる。
  → 所得税の扶養控除は別居でも対象。
- いずれ地元に戻るので。
  → 住民基本台帳法で、引越しから14日以内に移すことが定められている。移さないと5万円以下の過料が科されることも。

2019年参院選では、18歳の投票率35.62%に対し、19歳は28.83%。19歳で棄権が増える大きな原因は、居住地に住民票がないこと。高校卒業後、進学や就職で他地域に引越しても、住民票を移さない人は約6割にも上るが、公職選挙法の規定により、投票は、原則、住民票がある地方公共団体でしかできない。地元に戻らなくても投票できる不在者投票制度があるが、認知度は低い。投票率向上には、こうした情報の周知徹底が必要である。

◆メモ　不在者投票は住民票を登録している地方公共団体の選挙管理委員会(A)から投票用紙などの書類を取り寄せ、現在滞在している地方公共団体の選挙管理委員会(B)で投票する。投票用紙はBからAに郵送されるが、投開票日までに届かないと無効。

Q4 でも，誰に投票するか，どうやって決めたらいいの？

●どんな人が立候補しているのかな？

候補A　新しい力を創出！
①地方の魅力を発掘して観光客を呼び込み，地域経済の活性化を日本の活力に。
②保育所を増設して女性の社会参画を促進。
③高齢者スポーツ・体力向上を推進，要介護人口を削減。
④モノづくりを担う若い世代の技能者・職人育成。
⑤原発稼働を進めて二酸化炭素排出量50％削減をめざす。

候補C　格差撲滅！平等社会実現
①原子力発電は全廃。
②すべての高校の授業料を無償化。
③正規・非正規雇用の同一労働・同一賃金を実現。
④障がいをもつ人の資格取得機会・費用を支援。
⑤一定所得以下の世帯の税率を軽減し，消費拡大・経済活性化

候補B　安心できるくらしを！
①消費税を5％に戻して，購買意欲を高め，経済を活性化。
②すべての人に最低限の年金を保障。
③返済しなくてよい奨学金制度を創設。
④地域ごとに自然エネルギーを活用し自給を促進。
⑤希望するすべての労働者を正規雇用化。

候補D　経済成長こそ力！
①起業を促進し，雇用を創出。
②高校生・大学生の留学費用を援助し，グローバルな人材を育成。
③裕福な人は年金額を減額し，社会保障の費用削減。
④原発を推進し，企業のエネルギーコスト削減。
⑤日本の技術の海外輸出を促進し，経済を活性化

A①・A②…のように番号を入れよう！

候補者や政策の情報をGETするには…
- 街頭演説
- 政見放送
- 選挙公報（各家庭に配布）
- インターネットでの選挙運動（ブログ，ツイッター）など
▷インターネットで街頭演説をチェック

政策を見てもよくわからない…
どこを重視すればいいの？基準がわからない…

あなたは，どんな社会になってほしい？3つ書こう。
- ＿＿＿＿＿＿＿＿＿＿
- ＿＿＿＿＿＿＿＿＿＿
- ＿＿＿＿＿＿＿＿＿＿

方法 1-a　政策をカテゴリー分けしてみよう！

景気	社会保障	教育

雇用・労働	エネルギー・環境

実際には，候補者によって，主張していないカテゴリーの政策や，1つの政策が複数のカテゴリーに属する場合もあるよ。

方法 1-b 「1-a」をもとに，カテゴリー別に優先順位を決めよう！

優先してほしいカテゴリー順に記入しよう。

優先順位の付け方は，p.8のダイヤモンドランキングを参考にしよう！

右の方法で点数をつけ，合計点を出そう！その際に，下のチェックポイントで各政策を評価しよう！

優先度 高→低

カテゴリー	候補A	候補B	候補C	候補D
例 1位 景気・財政	5点×3 =15点	-5点×3 =-15点		
1位				
2位				
3位				
4位				
5位				
合計				

点数をつけよう

① 各カテゴリーの政策
- 必ず実現してほしい ……… 5点
- どちらかといえば実現してほしい … 3点
- どちらかといえばやめてほしい … -3点
- 絶対にやめてほしい … -5点
- 該当なし ……… 0点

② カテゴリーの優先順位が
- 1位 ……… ×3
- 2位 ……… ×2
- 3位・4位 … ×1
- 5位 ……… ×0.5

このポイントで CHECK！

- 財源は確保できているかな？
- なぜその政策を打ち出しているのかな？世の中のニーズに応えているのかな？
- その政策で，困っている人を救えるのかな？
- 実現するための具体的な手段を打ち出しているかな？

合計点が高くても，絶対にやめてほしい政策を出している候補者の場合は，よく考えよう。選挙は，議員を選ぶのと同時に，議員になってほしくない人を落選させることもできる。

100％希望通りの候補者はいないので，「よりよい」候補者を選ぼう。自分の優先度が最も高いカテゴリーで，最も望ましい政策を出している候補者を選んだり，消去法で選ぶのもアリ！

方法 2 候補者だけではなく，政党の考え方でも見てみよう！

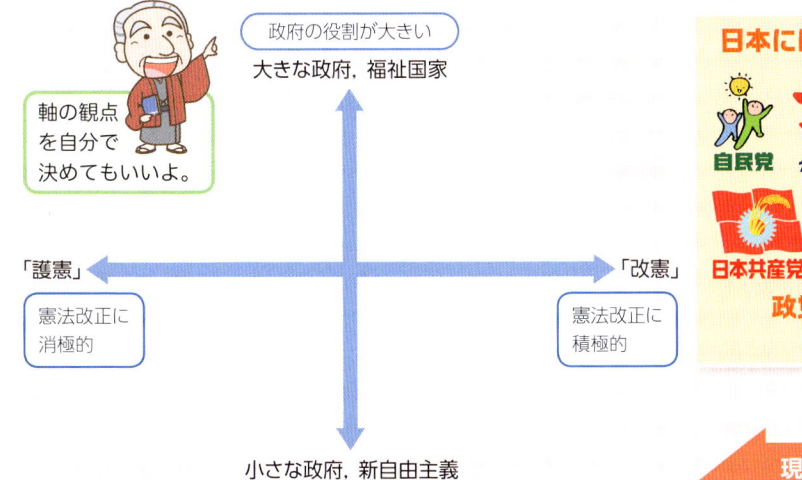

軸の観点を自分で決めてもいいよ。

```
        政府の役割が大きい
        大きな政府，福祉国家
              ↑
「護憲」 ←――――+――――→ 「改憲」
憲法改正に           憲法改正に
消極的              積極的
              ↓
        小さな政府，新自由主義
    政府の役割を限定して，個人・民間で対処
```

日本には主に以下の政党があるよ

自民党　公明党　立憲民主党　国民民主党（こくみん）　日本維新の会　社民党　日本共産党　NHKから国民を守る党　れいわ新選組

政党の考え方を知るには政権公約を見よう！

（2020年1月6日現在）

現在の政党を，左の軸に当てはめてみよう。

Coming Up メディア・リテラシー

マスメディア（新聞、テレビなど）やSNS（ソーシャルネットワーキングサービス）などから受ける多くの情報は、時間や制約、メディア自身の考え方など様々な条件の下で現実を再構成したものである。各メディアの特徴を理解し、気を付ける点はどこか、考えてみよう。

A メディアとは何か？

メリット		デメリット
・信頼性が比較的高い ・日々刻々の変化がわかる ・気になる部分だけを読むことができる	新聞 （→❶）	・書き手の視点・関心に制約される ・印刷・配達の時間が必要なので、速報性に劣る ・購読には費用がかかる
・映像があるのでわかりやすい ・生放送など、その状況を実際に見ることができる ・各局の記者や、専門家などによる解説も聞ける	テレビ （→❷）	・視聴率を上げるため、偏った内容やセンセーショナルな表現に陥る危険性がある ・過去の情報を手に入れにくい
・世界中の最新情報を素早く入手できる ・情報を発信することができる ・スマートフォンなどで手軽に読むことができる	インターネット （→❸）	・記事の中には信頼性の低いものや、ウソの情報もある ・拡散性が高く、ひとたび広がると訂正することが困難

（→p.52 LOOK、56、57）

❶ 新聞の特徴

(1) 同日の朝刊各紙の一面

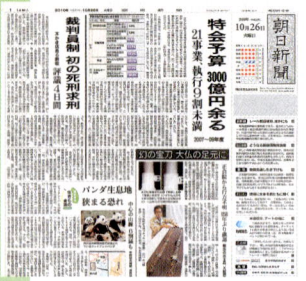

（「朝日新聞」2010.10.26）
（「読売新聞」2010.10.26） 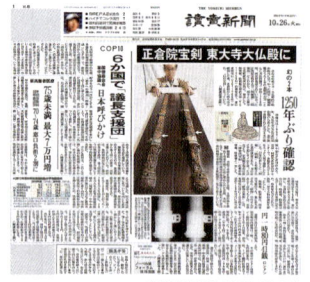
（「毎日新聞」2010.10.26）

解説 各新聞社の判断
どの内容を一面にするか、トップ記事にするかは、各新聞社の判断によるため、同じ日でも構成が異なる。判断基準は、①社会的な重要性、②読者の興味・関心、③内容の面白さなどである。また、トップ記事だけでなく、見出しの付け方においても各紙で異なる。

社説には、各新聞社の考えが表れている（→❶(2)）。新聞各紙の主張を読み取り、比較し、論拠・根拠を検証して自分の意見をまとめよう。

❷ テレビの特徴

解説 視聴率とは 番組やコマーシャルがどの程度見られているかを測る指標となる数値。必ずしもテレビ番組そのものの評価を直接的に示すものではない。だが、視聴率は、テレビ局の大きな収入源である広告料金を算定する際の指標になっているため、番組制作に大きな影響を及ぼしている。

（「朝日新聞」2003.10.25）

(2) 安全保障関連法成立に関する各社の社説

朝日新聞「社説（抜粋）」（2015.9.19）
　安倍内閣は、集団的自衛権は行使できないとしてきた歴代自民党内閣の憲法解釈を正反対にくつがえす閣議決定をもとに、法案化を進めた。その結果出てきたのが、自衛隊法など10本の改正案をひとつに束ねた一括法案と1本の新法だ。
　多岐にわたる論点を束ね、丸ごと認めるか否かを国会に迫る。これでは熟議などできはしない。衆院特別委の浜田靖一委員長（自民）でさえ、衆院での採決後に「法律10本を束ねたのはいかがなものか」と内閣に苦言を呈したほどだ。
　一括法案の中核にあるのは、違憲の疑いを指摘されてきた集団的自衛権の行使容認である。個々の改正点が政策的に妥当であるかを検討する前に、まずは憲法に適合しているのか判断すべきなのはあたりまえだ。

読売新聞「社説（抜粋）」（2015.9.19）
　多くの憲法学者が「違憲」と唱える中、一般国民にも不安や戸惑いがあるのは事実だ。
　だが、安保法案は、1959年の最高裁判決（→p.49❹）や72年の政府見解（→p.48❷1972.10）と論理的な整合性を維持し、法的安定性も確保されている。
　日本の存立が脅かされ、国民の権利が根底から覆される明白な危険がある──。そうした存立危機事態が発生した際さえも、憲法が武力行使を禁止している、と解釈するのには無理がある。
　政府が長年、集団的自衛権の行使を禁じる見解を維持してきたのは、今回の「限定的行使」という新たな概念を想定しなかったためだ。従来の解釈が、むしろ過度に抑制的だったとも言える。

毎日新聞「社説（抜粋）」（2015.9.19）
　集団的自衛権の行使容認は安倍晋三首相の長年の悲願であり、今回は昨夏、集団的自衛権の行使は違憲だとしてきた歴代内閣の憲法解釈を、強引に覆したことに始まる。
　だが、憲法違反だと憲法学者ら多くの専門家が批判し、反対世論が一段と強まったのに対し、首相らは砂川事件（→p.49❹）の最高裁判決（1959年）などを持ち出すだけで、最後まで説得力のある反論ができなかった。
　憲法98条は憲法は国の最高法規であり、それに反する法律は効力を有しないと明記している。当然、それは承知しているはずだが、首相の側近で今回の法整備をリードしてきた礒崎陽輔首相補佐官は「法的安定性は関係ない」と語った。
　再三指摘してきたように、この発言こそが安倍政権の本音だったろう。政権は行政権の範囲を逸脱し、憲法をゆがめたといっていい。

メモ 新聞の左上や右上に○版という表示があり、同じ日の新聞でも異なる版の場合がある。これは同じ日の新聞でも印刷を分けて新しい情報を入れているからである。

❸ インターネットの特徴

インターネットは，情報が早いスピードで伝わるため，新しい情報を素早く手に入れることができる。一方で，匿名での発信が可能なことから，間違った情報やあいまいな情報，時には人権を侵害するような悪質な情報が流される場合もある。

> どのようなメディアもメリット・デメリットがあり，誤りが存在する可能性がある。情報をうのみにせず，建設的，批判的に読み取り活用する，**メディア・リテラシー**の能力が大切になるよ。

ソーシャルメディアで情報を拡散する基準

内容に共感したかどうか	46.2%
内容が面白いかどうか	40.4
生活に役立つ内容かどうか	30.4
社会的に重要な内容かどうか	26.9
情報の信頼性が高いかどうか	23.5

注：11項目から抜粋して掲載。(2015)

(総務省「社会課題解決のための新たなICTサービス・技術への人々の意識に関する調査研究」)

解説 手軽に情報発信 ソーシャルメディアとは，インターネットを利用し，情報の発信・受信を双方向にやり取りできるメディア。ツイッターなどのSNSが挙げられる。SNSなどには，興味を持った投稿を「シェア」や「いいね」というボタンを押すことで，多くの人に拡散することができる機能があるものもある。しかし，その内容の真偽の確認を怠ると，知らない間にウソの情報を拡散してしまう恐れがある。また，どのような投稿を多く読んだか解析され，その内容と同類の投稿やニュースが優先的に表示されるようになっている。これにより，手に入れる情報に偏りがでる可能性がある。

B 広がるフェイク(偽)ニュース

熊本地震でライオン脱走？ 2016年，熊本を中心に震度7の地震が起こった。この際，地震の影響で動物園からライオンが逃げ出したというウソの情報がツイッターで流され，瞬く間に拡散された。動物園は電話応対に追われ，地元では不安が広がったという。情報を拡散した人たちの中には，注意喚起のために善意で行った人もいたが，かえって混乱を広める結果になってしまった。

真実は二の次？「ポスト・トゥルース」とは？

2016年，イギリスの伝統的な英語辞典を出版する会社が，2016年を象徴する言葉として「**ポスト・トゥルース**」を選んだ。この言葉は，直訳すると「脱真実」。これは，**真実や事実よりも個人の感情に訴えるものが重視される**という意味である。2016年のイギリスのEU離脱を問う国民投票やアメリカ大統領選において，人々は客観的な事実よりも，信念や感情をゆさぶる情報を重視したと言われる。この結果，フェイクニュースが数多く広まり，世論を大きく動かした。

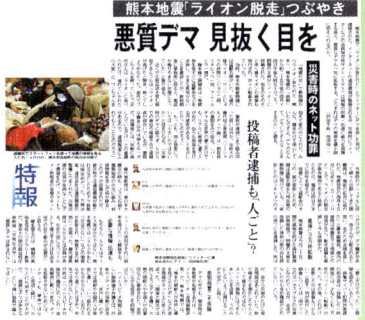

(「中日新聞」2016.7.23)

❶ なぜ，フェイクニュースが生まれるのか

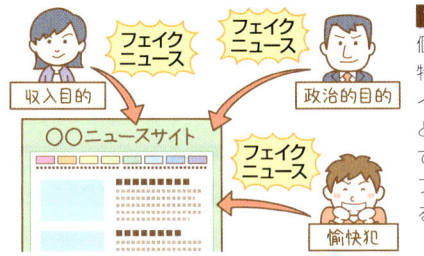

解説 様々な要因 フェイクニュースとは，偽の情報でつくられたニュースのこと。個人の発言の投稿なども含まれ，様々な要因で発信されている。例えば，選挙の際に，特定の候補者が有利になるような情報を流すなどの政治的な要因や，「熊本地震でライオン脱走」のような愉快犯によるものがある。また，ニュースや投稿を発信することで広告収入を得るために発信している場合もある。この場合，閲覧数を増やすことでより多くの広告収入を得られるため，真実よりも人々が求める情報を発信する。フェイクニュースの中には，ウソの情報の中に真実を混ぜることで，より信頼性があるように見えるニュースもあり，見分けることが困難であることも問題となっている。

❷ フェイクニュースに対抗するには？

ファクトチェック 政治家の発言や報道の真偽を確認する取り組みで，世界中でフェイクニュースの対策として行われている。日本でも，テレビ局内にネット上の情報が正しいか確認するチームが設けられたり，ファクトチェックを行う民間団体が設立されたりするなど様々な対策が実施されている。

◀フェイクニュースの検証サイト「クロスチェック」(2017フランス大統領選挙時) 読者が疑問を感じた画像やウェブサイトなどをクロスチェックに質問すると，各メディアが検証。その報告内容がSNSを通じて拡散される。
https://crosscheck.firstdraftnews.com/france-fr/

情報を賢く利用するための3原則

①**情報をうのみにしない**
手に入れた情報の真偽を判断する前に，情報を広めることはやめよう。様々な視点でニュースをチェックしよう。

②**情報源を確かめる**
インターネットの場合は，サイト自体に信頼性があるかも確認しよう。
例 http://www.mhlw.go.jp/ (厚生労働省ホームページ)
　　　　　　↑政府機関のドメイン名

③**複数の情報をみる**
情報の信頼性が高まり，発信者による意見の偏りに気づくことができる。

> 友達や家族など周りの人と話してみることで，その情報がフェイクニュースか，偏っている情報か気づくきっかけになるよ。

重要用語 145 マスメディア 146 メディア・リテラシー

14 世論と現代政治の課題

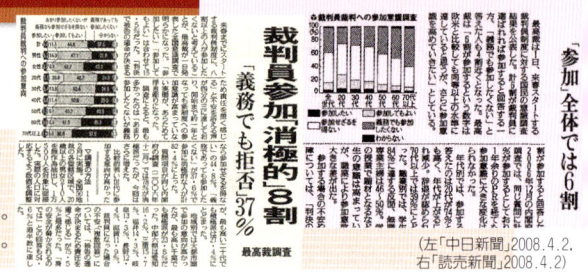

20代「裁判員やる」4人に3人
裁判員参加 消極的8割「義務でも拒否」57%　最高裁調査
参加 全体では6割

▶**同じ調査でも見出しで変わる印象**　どちらの新聞も，裁判員制度が始まる前に最高裁判所が発表した国民の意識調査のグラフをもとに書かれている。記事の見出し・内容によって，受け取る印象は変わってしまう。私たちが情報を入手し，意見を決め，発信する際の注意点は何だろうか。

(左「中日新聞」2008.4.2。右「読売新聞」2008.4.2)

A｜世論と政治

◎世論はどのように形成され，政治に反映されるか？

1 世論の形成と政治への反映

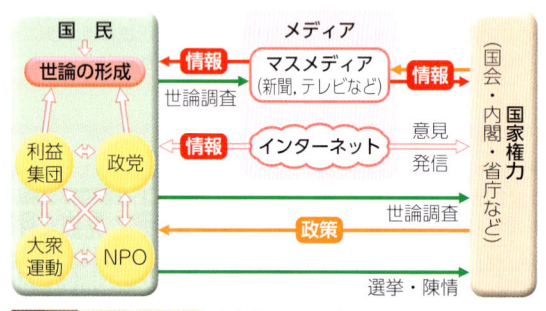

国民（世論の形成／利益集団／政党／大衆運動／NPO）⇔メディア（マスメディア〈新聞，テレビなど〉／インターネット）⇔国会・内閣・国家権力・省庁など

情報・世論調査・政策・意見発信・選挙・陳情

解説 メディアの力　大多数の国民が共通してもつ意見を**世論**といい，国の政策決定に大きな影響を与える。世論は，**マスメディア**などの情報をもとに形成される。自由な世論の形成には，報道の自由が不可欠である。国民も，国家権力や政治家，またメディア自身が報道を通して**世論操作**(→B①)していないか，注意する必要がある。近年，IT技術が向上し，より多くの情報公開と，市民が政策に意思を表示できる**eデモクラシー**の形が模索されている。

マスメディア　多数の人に向けて情報を送り出すシステムや媒体。新聞・テレビ・雑誌・ラジオなど。世論の形成に大きな影響力をもち，政治への影響も大きいため，国家の三権（立法・行政・司法）に次ぐ**「第四の権力」**とも呼ばれる。

マスコミ（マスコミュニケーション）　多数の人に向けた情報伝達。情報の提供が一方的になりやすい性質がある。

2 政治への民意の反映

Q：国政に民意は反映されているか

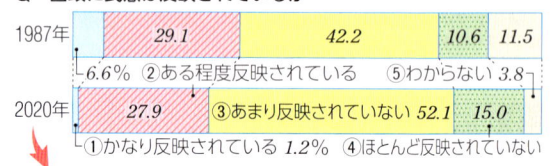

1987年：①6.6％　②29.1　③42.2　④10.6　⑤11.5（わからない3.8）
2020年：①1.2％　②27.9　③52.1　④15.0（②ある程度反映されている／③あまり反映されていない／④ほとんど反映されていない／①かなり反映されている／⑤わからない）

Q：(②〜④の人に) どうすれば民意が国政に反映されるか

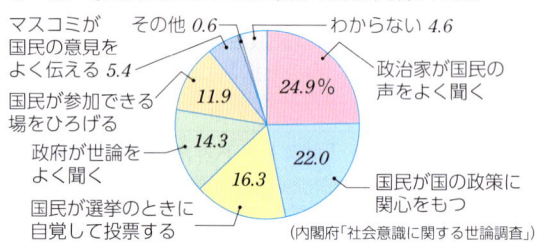

- マスコミが国民の意見をよく伝える 5.4
- その他 0.6
- わからない 4.6
- 政治家が国民の声をよく聞く 24.9％
- 国民が国の政策に関心をもつ 22.0
- 国民が選挙のときに自覚して投票する 16.3
- 政府が世論をよく聞く 14.3
- 国民が参加できる場をひろげる 11.9

(内閣府「社会意識に関する世論調査」)

解説 求められる民意の反映　世論調査によると，国民の大多数は，民意が国政に反映されていないと感じているようである。民意が反映されないと感じることは，国民の**政治的無関心**にもつながるため，その正しい反映が望まれる。民意を国政に伝える方法としては，選挙や世論調査，市民運動，パブリックコメント手続（→p.146）など様々である。これらの他にも，日常的に政治家が国民の声をよく聞くことや，国民が政策に関心をもつことのほかに，マスメディアにも国民の意見を伝える役割が求められている。

●憲法についての世論調査

	方法	質問	回答・結果
朝日新聞	2020年3月4日郵送による全国世論調査。公表は2020年5月3日	いまの憲法を変える必要があると思いますか。変える必要はないと思いますか。	変える必要がある 43%／変える必要はない 46／その他・答えない 11
日本経済新聞	2019年5月10〜12日テレビ東京と共に電話による全国世論調査。公表は2019年5月13日	あなたは憲法改正についてどう思いますか。	改正すべきだ 41%／現状のままでよい 48／どちらともいえない 4／いえない・わからない 7
読売新聞	2020年3月10日郵送による全国世論調査。公表は2020年5月3日	今の憲法を，改正する方がよいと思いますか，改正しない方がよいと思いますか。	改正する方がよい 49%／改正しない方がよい 48／答えない 3

解説 世論調査　人々の意見・考え方を調査することを世論調査という。公表される結果を参考に自分の意見を決める人が多く，社会への影響は大きい。
世論調査の一般的な方法は，対象者を無作為に抽出し，質問票に基づいて行う面接聴取である。信頼できる結果を導き出すには，質問票や聴取の方法が，知りたいと思うことを知るのに適しているかどうかが重要となる。
世論調査結果は，調査が行われた一定時期の反応の記録である。影響を受けやすく流動的な世論を，どのような方法で調査し分析していくのかが，世論調査の課題である。

LOOK 記者クラブ

記者クラブとは，公的機関などを継続的に取材するために大手メディアを中心に構成された任意組織。多くのクラブでは，会員記者以外は会見に出席できない。取材源の独占であり，どこのニュースも画一的になる，独自取材能力が低下するという批判もある。

▽官邸内の記者クラブによる会見

論述にトライ！　メディア報道と風評(うわさ)被害について，600字以内であなたの考えを述べなさい。〈12岡山大法〉(→p.146③)

B マスメディアの影響力

1 世論操作 ●報道の自由が保障されないとどうなるのか？

ヒトラー（1889〜1945）

「大衆の受容能力は非常に限られており、理解力は小さいが、そのかわりに忘却力は大きい。この事実からすべて効果的な宣伝は、重点をうんと制限して、そしてこれをスローガンのように利用し、そのことばによって、目的としたものが最後の一人にまで思いうかべることができるように継続的に行なわれなければならない。」
（ヒトラー『わが闘争1』黎明書房）

ヒトラーとマスメディア ヒトラーは、巧みな演説・宣伝によって、大衆の支持を得ていった。ヒトラー率いるナチス（国家社会主義ドイツ労働者党）は、1923年のミュンヘン一揆*後、選挙によって合法的に党勢を拡大した。1929年の世界恐慌後は突撃隊や親衛隊といったナチスの武装組織による暴力的手段も併用して、1932年、第一党となり、政権を掌握した。

ナチス政権下のドイツ（1933〜45年） ヒトラーは、独裁体制の地獄にあっても、マスメディアを巧みに操れば、大衆に天国の幻想を抱かせることが可能だと自負し、反政府的な情報をすべて統制した。マスメディアは、ファシズムの拡大に大きな役割を果たしたのである。

＊ヒトラーがワイマール共和国打倒をめざして起こした軍事クーデタ。失敗に終わったことで、ヒトラーは政権獲得の方法をクーデタから議会の議席獲得による合法路線へと転換した。また、この事件の裁判をきっかけにヒトラーの人気が高まった。

解説　報道の自由 現代社会において私たちが入手する情報は、マスメディアの提供するものがほとんどであるため、偏った情報は偏った世論を形成する。また、マスメディアの活動の自由が保障されなければ、自由な世論形成も困難となるだろう。

2 アナウンスメント効果
1 アナウンスメント効果の分類

アンダードッグ効果（負け犬効果）	バンドワゴン効果（勝ち馬効果）
劣勢であると報じられた政党・候補者に投票先を決めていない有権者が投票する効果。	優勢であると報じられた政党・候補者に投票先を決めていない有権者が投票する効果。

解説　公正な選挙 公職選挙法（●p.135）では、人気投票の公表は禁止だが、新聞社などが行う世論調査は人気投票に当たらない。このような選挙予測報道が、投票結果に影響を与えることをアナウンスメント効果という。しかし、選挙戦の最中、「圧倒的に優勢」と報道され、「自分一人が投票に行かなくても大丈夫だろう」と考える支持者が出たり、「危ない」と報道され、その陣営の必死な選挙運動で、結局マスメディアの選挙予測に反した結果になる場合がある。このようなことから、選挙の公正さを損なう恐れがあるとの声もある。

2 郵政民営化選挙前後の無党派層と主要政党支持率の推移

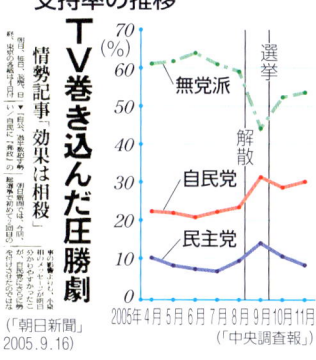

（「朝日新聞」2005.9.16）
（「中央調査報」）

解説　マスメディアと投票行動 2005年9月の総選挙では、「小泉劇場」がキーワードとなり、8月中旬からワイドショーの話題ランキングで「総選挙」が3週連続1位を獲得。選挙の結果に影響を与えたといわれる。

LOOK　表現による印象の変化　（メディア・リテラシー●p.142）

● あなたはどちらの課長の部下になりたいですか？

質問A
ある会社に次のような2人の課長がいた。甲課長は「規則をまげてまで、無理な仕事をさせることはありませんが、仕事以外のことでは人の面倒を見ません。」乙課長は「時には規則をまげて、無理な仕事をさせることもありますが、仕事のこと以外でも人の面倒をよく見ます。」もし、使われるとしたら、どちらの課長に使われる方がよいと思いますか。

質問B
ある会社に次のような2人の課長がいた。甲課長は「仕事以外のことでは人の面倒を見ませんが、規則をまげてまで、無理な仕事をさせることはありません。」乙課長は「仕事のこと以外でも人の面倒をよく見ますが、時には規則をまげてまで、無理な仕事をさせることもあります。」もし、使われるとしたら、どちらの課長に使われる方がよいと思いますか。

質問Aと質問Bは、質問文の前半と後半をひっくり返しただけで、回答の数字がすっかり変わった、という有名な例である。

Aの回答 圧倒的に乙課長の支持が高い。面倒を見る人情課長の支持率は、各年齢、職業階層とも一貫して70〜90％と高く、国民的な多数意見といえる。

Bの回答 ところが、前後の文をひっくり返し、質問Bのようにすると、甲課長48％、乙課長47％と、両課長の支持は肩を並べた。質問の前半と後半を入れ替えることによって、甲課長と乙課長のイメージががらっと変わったためである。

（岡本宏ほか『ケース・データにみる社会・世論調査』芦書房より）

解説　情報を正しくとらえるには マスメディアにはそれぞれ考え方の基準があり、情報を選択・加工して伝えようとする傾向がある。たとえば、新聞の社説は各新聞の考え方を明確に示しており、同じテーマを扱っていても主張が異なる。また、新聞が、ある問題に対する世論調査で全体の50％が賛成し、50％が反対していることを公表する際、見出しを「賛成50％」とするか、「反対50％」とするかによって読者の受ける印象は大きく変わる（●p.144上部）。マスメディアの提供する情報は、私たちが社会における様々な問題を考える際の大きな手助けとなるが、私たちはマスメディアに対して、常に批判的な視点をもって、関心を払うことが重要である。1つの情報に頼らずに複数の情報を見聞きして比べたうえで、何が正しいのかを判断していくことが求められている。

○どうすれば誤報を防げたのか？

3 問われる報道倫理

松本サリン誤報事件

1994年6月27日夜，長野県松本市の住宅街で有毒ガスが発生し，死者・中毒患者が出る大惨事となった。翌日夜，捜査本部は第一通報者の会社員，河野さん宅を家宅捜索し，薬品類数点を押収した。

誤報 29日の朝刊各紙は，河野さんが農薬調合に失敗して，有毒ガスが発生したという内容の報道を行った。マスメディアは捜査情報だけでなく，河野さんの周辺の事柄をセンセーショナルに報道し，プライバシーを踏みにじった。しかし，河野さんが自宅で薬品の調合をした事実はなく，これらの報道はまったくの誤報であった。

◇松本サリン事件を報じた新聞

❶：「読売新聞」1994.6.29．
❷・❸：「毎日新聞」1994.6.29．

反省点 逮捕された時点は，犯人かどうかの取調べが始まる段階である。マスメディアは，捜査情報への安易な依存をやめ，被疑者や被告人の人権に配慮して，慎重に裏付け調査を行い，公正かつ客観的な報道を行うように心がけるべきである。また，受け手である私たちも先入観を取り除き，報道が正しいかどうか気を配る姿勢は，犯罪事件によらず，正しい報道へのチェックになる。

この人に聞く　朝日新聞記者 乗京真知さん

Q 新聞記事の内容は，だれが決めるのですか。
A 記者は取材テーマを自分で決めます。どのようなテーマを選ぶか，どれくらいの分量の記事にするか。その選択自体に記者の特徴が表れます。
　私が取材で心がけていることは，偏見をもたない，ということです。思い込みが強いと事実がゆがんで見えるからです。まずは相手の主張をしっかり聞きます。その上で，ほかの取材結果と照らし合わせ，疑問をぶつけます。虚心坦懐な取材を積み重ねることで信頼関係が生まれます。

Q 最も印象に残っている取材は何ですか。
A 災害取材です。
　2011年の東日本大震災では，名古屋から応援取材で現地に入りました。東北沿岸の港町は壊滅状態に陥っていましたが，船を失った漁師たちが，がれきの中に大漁旗を掲げて再起を誓う姿に感銘を受けました。

（「朝日新聞」左2点2006.10.8．右2011.4.6）

　岩手宮城内陸地震(2008年)の被災者やサンマ漁師16人が死亡した海難事故(2006年)の遺族とは今も交流が続いています。災害取材は過酷で胸が痛みますが，強く生きる人々の物語を紡ぐことで，一人でも多くの人に被災地の現状と勇気を伝えられたらと願っています。

Q やりがいを感じるのはどのような時ですか。
A 熱意をもって取り組んできた取材成果を，紙面で届けられたときです。
　現場を直接見なければ，世の中で起こっていることの本当の姿は見えてこないものです。その姿をありありと伝え，社会に訴えかけることが，新聞記者の使命だと思っています。

Q 新聞の読み方についてアドバイスをお願いします。
A 新聞をすべて読むのは大変です。まずは自分のお気に入りのコーナーを一つ見つけることをお勧めします。

C 現代政治の課題

1 政治的無関心の分類

探究：政治的無関心による若者の投票率の低下はどのような影響があるか。

脱政治的態度	政治によって自分の要求や期待が満たされず，幻滅して引き下がる。「だれが当選しても同じ」と棄権するが選挙に全く無関心ではない。
無政治的態度	学問・芸術などに打ち込み，「政治は自分とは無関係」とする。政治的知識は低い。選挙の投票そのものに関心がなく，棄権する。
反政治的態度	自分の信じる価値が政治と衝突すると考え，政治を否定する。無政府主義者(アナーキスト)や宗教的神秘主義者に多い。選挙の投票そのものが無意味だとする。

解説 政治的無関心…現代政治の病理 H.D.ラスウェルは，政治的無関心(political apathy)を3つの類型に分けたが，現実の無関心の多くはこれらの混合状態にある。また，かつての無関心は，知識のなさに原因があるといわれていたが，今日は政治の複雑化・専門化，繰り返される政治家の汚職などに対し，虚無感を抱く人も少なくない。具体的な現象としては，**投票率の低下**(→p.136)，**政治的運動への不参加**などに現れているが，こうした現象が広がると，民主政治の崩壊にもつながる。

2 パブリックコメント(意見公募手続)

案件	寄せられた意見
地域整備方針(案)	従来の「車のための道路」という発想から，「歩行者のための道路」に方針を転換すべき。
一般医薬品のインターネット販売等	賛成。過疎化により店舗が偏在するようになっており，通信販売そのものは必要。
	反対。医薬品のネットを介した大量購入，転売も起こりやすくなり，悪質な事件を引き起こす原因にもなりかねない。

解説 パブリックコメント(意見公募手続) 行政機関が政令や省令などの命令を制定するに当たり，事前に案を示し，広く国民から意見や情報を募集すること。行政機関は国民からの意見を考慮し，策定の結果をインターネットで公示。パブリックコメントは，政府のホームページ「e-Gov」からも確認・応募できる。

赤字…入試の頻出用語

ポイント整理 7

12 政党政治

A 政党政治 (→p.123)
政党…共通の主義・主張をもつ人々が、政策の実現をめざして結成した政治団体
政党政治┬二大政党制…安定した政権。政治責任が明確。少数意見を吸収しにくい
　　　　└多党制…連立政権になりやすい。多様な意見を反映。政治責任が不明確

B 日本の政党 (→p.124, 125)
1955年　分裂していた**日本社会党**の再統一、保守合同による**自由民主党**の結成
　↓　→保守・革新政党が保守優位で対抗する「1と2分の1体制」=**55年体制**の成立
　　　←政・官・業の癒着構造による汚職事件の多発と政治腐敗、自民党批判
1993年　衆議院議員総選挙…**非自民の連立政権**(細川内閣)→**55年体制**の崩壊
2009年　衆議院議員総選挙…民主党が圧勝→自民・公明党から政権交代
2012年　衆議院議員総選挙…自民党が大勝→民主党から政権交代
無党派層の拡大←「汚職が減らない」、「政治が良くならない」などが主な理由

C 政治を動かすもの (→p.126)
利益集団(**圧力団体**)…自己団体の利益の実現をめざし、政府や**族議員**、関係省庁
　　　　　　　　　　　　に働きかける→政治腐敗を招く恐れ

D 政治資金 (→p.127)
企業などの献金が政治に影響力をもつ**金権政治**、カネと利権が結びつく政治腐敗
→**政治資金規正法**…企業・団体から政治家個人への献金の禁止など
　政党助成法〔1994年〕…公費で助成

13 選挙制度

A 選挙のしくみ (→p.132)
①選挙の原則…**普通選挙**、平等選挙、**秘密選挙**、直接選挙
②選挙権の拡大…日本では、第二次世界大戦後、日本国憲法公布に先立ち、**男女とも普通選挙の実現**
③選挙区制┬**大選挙区制**…1選挙区から複数を選出→死票が少なく、小政党も
　　　　　│(中選挙区制)　議席を確保。選挙費がかさむ
　　　　　├**小選挙区制**…1選挙区で1人選出→大政党が出現し政局安定。**死票**が多い。小政党を排除
　　　　　└**比例代表制**…各政党の得票数に比例して議席を配分する→国民の意思を反映。小党分立になりやすく、政局が不安定

B 日本の選挙制度 (→p.133〜135)

衆議院		参議院*
小選挙区比例代表並立制	選挙制度	選挙区制と比例代表制
289の小選挙区	選挙区	全国を45区
全国11ブロック、政党	比例区	**全国単位**、政党か候補者
○	選挙区と比例の**重複立候補**	×
拘束式	比例名簿	非拘束式

公職選挙法…国・地方選挙を規定。**戸別訪問禁止**など選挙運動の規制や、**在外投票**など投・開票手続きを定める

C 日本の選挙制度の課題 (→p.136〜141)
・投票率の低下→政治に対する不信感、政治的無関心の広がり
・議員定数不均衡による**一票の価値**の不平等→**一票の格差**

14 世論と現代政治の課題

A 世論とマスメディアの影響力 (→p.142〜146)
①世論…国民全体の意見。政策決定に影響力をもつ。新聞社などが人々の意見を調査し、**世論調査**として公表
②**マスメディア**…国民の「知る権利」の担い手として情報を提供→世論形成に影響
③**世論操作**…政治家など→働きかけ→マスメディア→報道→国民→誤った世論
④**メディア・リテラシー**が必要…マスメディアが伝える情報を、建設的・批判的に読み取る能力

B 現代政治の課題 (→p.146)
政治的無関心…選挙棄権、政治運動への不参加、無党派層←政治に対する不信感

*法改正により、参議院比例代表選挙に各党が一部に拘束名簿式を活用するか決められる特定枠が導入。

ポイント解説

A 政党政治　政党は国民の意見を集約し国政に反映させる。政党が中心となって行われるのが**政党政治**で、**二大政党制**、**多党制**、**一党制**がある。

B 日本の政党　日本では保守政党である**自由民主党**と革新政党である**日本社会党**が1と2分の1で対抗し合う**55年体制**が続いてきた。しかし政治腐敗に対する国民の批判が高まり、1993年総選挙で非自民非共産の連立政権が生まれ55年体制が崩壊した。2009年総選挙では、民主党が圧勝し政権交代したが、12年の総選挙では自民党が第1党に戻った。

C 政治を動かすもの　自己団体の利益のため活動する**利益集団**は、政党が集約しきれない民意を政治に反映させる議会政治を補う意味をもつが、**族議員**の介入など特定の団体の優遇と政治腐敗をもたらす危険もある。

D 政治資金　日本の政党は政治資金を企業・団体からの献金に依存してきた。カネと利権とが結びつく金権政治を防ぐため、**政治資金規正法**の改正、政党助成法の制定が行われた。

A 選挙のしくみ　国民が主権を行使する場として重要な選挙は、**普通選挙**、平等選挙、**秘密選挙**、直接選挙の原則に基づく。選挙区制には**大選挙区制**、**小選挙区制**があり、死票の問題、選挙費用などの点でそれぞれ長所と短所がある。**比例代表制**は、民意をより反映できる反面、小党分立の不安定な政治になりやすい。

B 日本の選挙制度　衆議院は、選挙費用の抑制などをめざし、中選挙区制を改め**小選挙区比例代表並立制**を採用した。参議院も、同様に選挙区制と比例代表制の両方を採用している。

C 日本の選挙制度の課題　議員定数不均衡による本来平等であるべき**一票の価値の不平等**、投票率の低下の改善が今後の課題である。**公職選挙法**についても、選挙費用の抑制や選挙運動を行う権利の確保が不十分との指摘がある。

A 世論とマスメディアの影響力　世論は、マスメディアなどに影響される。マスメディアを利用して世論操作が行われる危険もあり、**メディア・リテラシー**が必要である。

B 現代政治の課題　現代政治の最も重要な問題は国民の**政治的無関心**である。政治運動への不参加、選挙棄権などが現象として現れ、ひいては民主政治の崩壊へとつながる。

第2章 現代の国際政治

1 国際社会と国際法

▶**ウェストファリア会議** 1648年，三十年戦争の講和会議にヨーロッパ諸国の代表が集まり，各国の「主権」が認められた。こうして誕生した「国際社会」は，どのように成り立っているのか。また，どのような取り決めがなされているのだろうか。

A 国際社会の成立

◎国内社会と国際社会の違いは何か？

1 国内社会と国際社会の比較

○ある △不十分

国内社会		国際社会
個人（国民）	構成単位	主権国家
○憲法など	法	△国際法
○裁判所	司法機関	△国際司法裁判所（→p.150）
○国会	立法機関	△国際会議
○内閣	行政機関	△国連・国際機構
○警察	警察力	△国連（安保理）
○正当防衛	自衛権	△軍隊

解説 権力機関が不十分な国際社会 国際社会は独自の主権・国民・領域をもつ主権国家によって構成されるが，各主権国家を統制する権力機関がなく，しばしば自国の利益を主張する力と力の対立の場となり，戦争が繰り返されてきた。この反省から，国家の主権も正義の規律に従うべきであるとする**国際法**の考え方が生まれた。国際法の目的は，国家間に秩序と協調をもたらし，国際平和を維持・促進することにある。

2 ウェストファリア条約（1648年）

主な内容
- 領邦君主はその領土に応じ，外交主権を含むほとんど完全な独立主権を認められた。
- スイス・オランダの独立が正式に承認された。

三十年戦争（1618～48年）は，ドイツのキリスト教の新旧両派の争いに端を発する国際的宗教紛争。この戦争の講和会議が**ウェストファリア会議**であり，**近代史上初の国際会議とされる**。ここで締結された**ウェストファリア条約**では，神聖ローマ帝国内の領邦に，ほぼ完全な独立主権が認められた。それまで絶対的であったローマ教皇の権威は失墜し，神聖ローマ帝国は事実上解体。以後，対等な権利を持つ国家（**主権国家**）が，国際社会の構成単位となった。

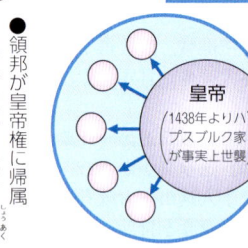

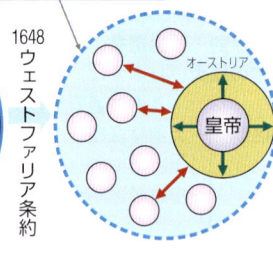

●神聖ローマ帝国の解体
○領邦　神聖ローマ帝国（962～1806）の境界

（左）皇帝が軍事・外交を掌握／領邦が皇帝権に帰属　1438年よりハプスブルク家が事実上世襲
1648 ウェストファリア条約
（右）領邦が独立主権を確立／皇帝権力は限定　オーストリア

B 国際法

◎なぜ国際法が必要とされたのか？

1 『戦争と平和の法』グロティウス

わたしは，……諸国民の間に，戦争〔の開始〕に対しても，また戦争遂行中にも通用するある種の共通法が存在するということを，完全に確信してはいたが，これについて著作を企てるについては，多くの重大な原因があった。わたしは，……戦争に関する放縦さをみてきた。すなわち，人々が些細な理由からあるいはまったく理由もなしに武器へと殺到し，いったんこれを手にすると，あたかも一片の布告によって公然と狂暴さが解き放たれ，あらゆる悪行が許されるかのように，神法および人法に対する尊敬の念が消え失せてしまうのである。

（筒井若水『現代資料国際法』有斐閣）

解説 国際法の父グロティウス オランダの外交官だった**グロティウス**（グロチウス，1583～1645）は，**三十年戦争**の惨禍を目にし，戦争の悲惨さを緩和するため，軍人や為政者の悪行を規制する正義の法があることを，自然法を基礎に説いた。**戦時においても国家が従うべき一定の規範が存在する**という考えは，その後の近代国際法の発展に重要な貢献をしたため，彼は「国際法の父」と呼ばれている。

◎国際法はどのように分類されるのか？

2 国際法の分類

成立による分類	国際慣習法	多数の国家が習慣的に繰り返してきた国際慣行を法的な性格として認めるもの[例：領土の不可侵，**公海自由の原則**[*1]，内政不干渉の原則，外交官の特権[*2]]
	条約	国と国の意思が合致して成立するもので，文書による国家間の合意（条約，協定，憲章など）[例：子ども（児童）の権利条約，国際連合憲章]
適用時による分類	戦時国際法	戦争時において適用されるもの。開戦の手続き・方法，捕虜の取り扱い，中立法規など[例：捕虜の待遇に関する条約，集団殺害犯罪防止及び処罰に関する（ジェノサイド）条約]
	平時国際法	通常の状態における国際社会を規律する。条約の一般的効力，紛争解決など[例：南極条約，ラムサール条約]

*1 現在では国連海洋法条約に規定
*2 現在では外交関係に関するウィーン条約に規定

入試クイズ　ウェストファリア条約は，ヨーロッパにおいて，主権国家を構成単位とする国際社会の成立を促した。○？×？〈12本〉（→A2）　答：○

3 様々な国際法

国際法はどのようなことを規制するために制定されているか？

① 主な国際条約

	条約（一部略称）	採択年	日本批准年	主な内容
戦時	開戦に関する条約	1907	1911	事前の明示的な意思表示のない開戦を禁止
	陸戦の法規慣例に関する条約	1907	1911	戦争時の様々な規制を定める
	毒ガス等の禁止に関する議定書	1925	1970	戦争時の毒ガス（化学兵器）の禁止
	不戦条約	1928	1929	国際紛争を解決する手段としての戦争及び国家の政策の手段としての戦争を放棄
	捕虜の待遇に関する条約	1949	1953	捕虜の人道的待遇を定める
人権	人種差別撤廃条約	1965	1995	女性・宗教差別以外の差別の撤廃を義務づける
国際犯罪	集団殺害罪の防止及び処罰に関する条約（ジェノサイド条約）	1948	未批准	集団殺害を平時、戦時にかかわらず、犯罪と確認し、防止と処罰を約束
外交・条約	外交関係に関するウィーン条約	1961	1964	公館、外交官の保護など、外交使節の特権を規定（→②）
環境・文化	世界遺産条約	1972	1992	世界に点在する文化・自然遺産を人類の財産として保護（→③）

② 日本総領事館は、日本の土地？

△瀋陽の日本総領事館に駆け込む北朝鮮の住民

2002年5月、中国東北地方・瀋陽の日本総領事館に、日本への亡命を図った朝鮮民主主義人民共和国籍の5人が駆け込んだ。5人はいったん総領事館の敷地内に入ったが、門前で警備していた中国の武装警官に連れ戻された。この問題をめぐり、日中両国は条約の解釈について真っ向から対立した。

中国の主張
「領事関係に関するウィーン条約」で定められた「公館施設を保護する義務」に基づいての行為である。

日本の主張
「外交関係に関するウィーン条約」では、「在外公館の不可侵権」が認められており、門の内側に入るには日本の同意が必要だ。

結局5人は亡命を果たしたが、条約の解釈に関する溝は埋まらなかった。

③ 破壊されたバーミヤン大仏

高さ38m　爆破前　爆破後

△顔面部分は、中世にイスラーム教徒によって、削られていた。
△ダイナマイトによって、大仏は跡形もなく消え去った。

失われた人類の遺産　アフガニスタン北東部のバーミヤンは、シルクロードの交差点に位置するため、4〜6世紀頃に仏教文化が栄え、2体の巨大な大仏が建造された。2001年3月、当時のターリバーン政権は、イスラームの偶像崇拝を禁止する教えにそむくものとして、バーミヤン大仏を含む国内の全仏像を破壊するよう指示。ユネスコをはじめ世界各国から非難されたが、結局大仏は完全に破壊されてしまった。アフガニスタンは世界遺産条約を締結しているが、バーミヤン大仏はまだ世界遺産として登録されていなかった（現在、破壊されたまま世界遺産に登録されている）。

LOOK 条約の締結過程

注：日本ではこのすべては条約の締結権を有する内閣が行うが、批准の前あるいは後に国会の承認が行われ、批准書には天皇の認証を必要とする。

国の代表者が行う

外交交渉	合意	採択	署名（調印）
全権委任状を有する者など、国の代表者が行う	原則的に口頭ではなく文書で行う	条約文作成の全参加国の同意が必要。国際会議方式では、3分の2の多数決	条約文の確定

国家機関が行う

批准	発効	登録
権限ある国家機関が代表者の署名した条約について最終的に国家の同意意思を確定	一般に、2国間条約の場合は批准書の交換により、多国間の場合は一定国数の批准書の寄託により発効	国連事務局へ登録

全権委任状　条約の交渉・採択・署名などを行う権限を証明するもの。日本では、内閣が発行し天皇が認証する。元首・政府の長・外務大臣・外交使節団の長は、全権委任状は不要

発効（簡略形式による条約）
署名のみで発効する条約。条約の増加と行政の権限拡大により、世界的に増加。共同宣言・合意覚書などの名がつく

（島田征夫『国際法』弘文堂より）

重要用語　㉕人種差別撤廃条約　⑮⓪ウェストファリア条約　⑮①国際法　⑮②公海自由の原則　㉟⑨世界遺産条約

4 国際司法裁判所（ICJ）【International Court of Justice】

- 設立　1945年
- 本部　ハーグ（オランダ）
- 内容　国家間の紛争を審理
- 裁判　当事国双方の同意による付託
- 根拠法　国連憲章第92条（全国連加盟国が当事国となる）

① 国際司法裁判所のしくみ

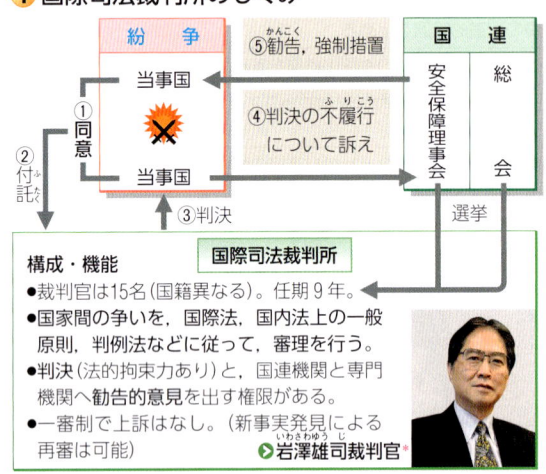

紛争
- 当事国 ①同意 ②付託 当事国 ③判決
- 国連総会・安全保障理事会
- ⑤勧告、強制措置
- ④判決の不履行について訴え
- 選挙

構成・機能（国際司法裁判所）
- 裁判官は15名（国籍異なる）。任期9年。
- 国家間の争いを、国際法、国内法上の一般原則、判例法などに従って、審理を行う。
- 判決（法的拘束力あり）と、国連機関と専門機関へ勧告的意見を出す権限がある。
- 一審制で上訴はなし。（新事実発見による再審は可能）

岩澤雄司裁判官＊
＊任期は2021年2月5日まで。

② 具体的な事例

パレスチナ占領地における分離壁構築の勧告的意見
（→p.183）　イスラエルがパレスチナ占領地に構築した分離壁について、国連総会はICJに勧告的意見を要請。2004年、ICJは**壁構築の違法性、壁構築の中止義務、賠償義務、またすべての国が違法な事態を承認しない義務**を宣言。国連に必要な行動を検討するよう意見表明した。

日本の調査捕鯨に対する中止命令
日本が南極海で行っていた調査捕鯨に対し、オーストラリアがその違法性を指摘して提訴。2014年3月、ICJは南極海での捕鯨中止を命じた。日本は捕獲数を縮小して15年に調査を再開。オーストラリアやニュージーランドが反発している。

（「朝日新聞」2014.4.1）
判決「科学目的と言えぬ」国際司法裁判所 南極海の調査捕鯨 中止命令 日本が全面敗訴

③ 主な課題・問題点

❶双方の同意の必要性　訴えられた国の同意があって初めて裁判が成立する。つまり、当事国双方が自国有利と考えた場合以外は裁判とならない。（→p.194❶）
注：ただし、互いに、事前にICJの管轄権を義務的に受け入れることを宣言していれば、一方の国の提訴に、他方の国は応じなければならない。上の②調査捕鯨に関する訴訟がこれに該当。

❷判決の執行能力　ICJは判決を執行する権限を認められていない。そのため、判決が履行されない場合は、国連安保理（→p.153）に対処を委託する必要がある。

5 国際刑事裁判所（ICC）【International Criminal Court】

- 設立　2003年
- 本部　ハーグ（オランダ）
- 内容　集団殺害、戦争犯罪などを指導した個人を処罰
- 裁判　締約国、国連安保理の付託
- 根拠法　ICCローマ規程
  123か国が批准（2018年。アメリカ、ロシア、中国は未批准）

① 国際刑事裁判所のしくみ

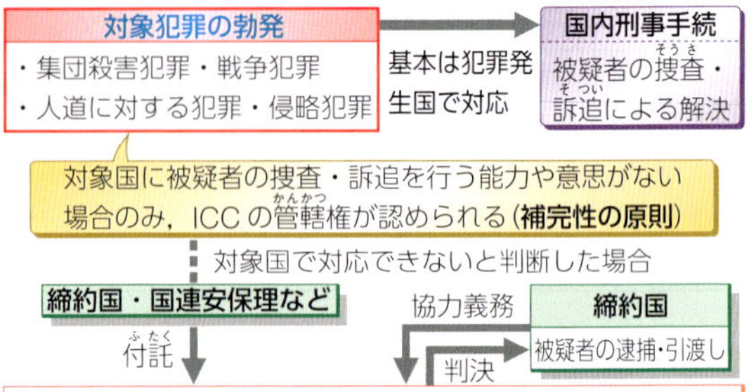

対象犯罪の勃発
・集団殺害犯罪・戦争犯罪
・人道に対する犯罪・侵略犯罪

基本は犯罪発生国で対応 → **国内刑事手続**（被害者の捜査・訴追による解決）

対象国に被疑者の捜査・訴追を行う能力や意思がない場合のみ、ICCの管轄権が認められる（**補完性の原則**）

対象国で対応できないと判断した場合

締約国・国連安保理など 付託 ←→ 協力義務 **締約国**（被疑者の逮捕・引渡し） 判決

構成・機能（国際刑事裁判所）
- 裁判官は18名（国籍異なる）。任期9年。
- **4重大犯罪**（集団殺害犯罪、人道に対する犯罪、戦争犯罪、侵略犯罪）に対する個人の責任の審理を行う。
- ICCローマ規程発効（2002年7月1日）後に行われた犯罪に限定。
- 二審制（刑罰には、拘禁刑、罰金、没収がある）。

② 具体的な事例

ルバンガ事件　コンゴ解放愛国者軍の指導者であるルバンガが子どもを強制的に徴兵した罪で逮捕された。2012年の判決では「子どもを兵士として動員させた**戦争犯罪**」として、禁固14年の刑が確定。子どもを兵士として使う者は誰でも裁かれることを世界に示す事例となった。

判決を受けるルバンガ被告／弁護人／ルバンガ被告

リビア指導者への逮捕状　2011年、リビアでは反政府デモ（→p.168）を鎮めるため、政府の武力制圧が行われ、多くの国民が殺害された。「**人道に対する犯罪**」の容疑でカダフィ他2名に逮捕状を発付した（カダフィは死亡のため手続きが終了）。

③ 主な課題・問題点

❶常任理事国・アジア諸国の不参加　国連安保理常任理事国のうちアメリカ、中国、ロシアが未加盟。安保理がICCに対する事態の付託や捜査権限を持っていることを考えると、常任理事国の参加は不可欠となる。また、アジア諸国の不参加が目立ち、特にインドやインドネシアなど人口の多い国々の参加が求められている。

❷ICC規程の見直し　侵略犯罪についての定義や、核兵器などの大量破壊兵器使用の問題などをどのように対応するかさらなる検討が必要。

●その他の国際裁判所

常設仲裁裁判所　国際司法裁判所に提訴するよりも手続きが容易で、国家間以外に国家と私人や法人との紛争も扱う。（→p.171②）

欧州人権裁判所　欧州評議会加盟国を対象とする人権救済機関。自由権の侵害に対して締約国や個人の訴えの裁判を行う。

旧ユーゴスラビア国際刑事裁判所（→p.184）

ルワンダ国際刑事裁判所　大統領の死亡を機に発生した内戦（→p.186）における大量殺害などを指示した指導者を裁く裁判。

カンボジア・クメール・ルージュ裁判特別法廷　1970年代に行われた虐殺を指導した、ポル＝ポト派の幹部を裁く裁判。

2 国際連合

2015年の国連総会 国際連合の発足から70年を迎えた2015年, 国連総会で「持続可能な開発目標（通称SDGs）」が策定された（→p.352）。国際連合は, 世界が直面する課題にどのように向き合っているだろうか。その活動や課題を理解しよう。

UN Photo/Cia Pak

A｜国際機構の成立

○国際連盟・国際連合はどのようにして成立したのか？
○平和維持の考え方はどのように変化してきたか？

1 国際連盟から国際連合への歩み

- **1914.7～ 第一次世界大戦**
- 1918.11 ↓戦争への反省
- **1918.1 ウィルソンの平和原則14か条**
  ①軍備縮小, ②民族自決の原則に基づく植民地問題の公正な解決, ③国際連盟の設立などを示す
  →ウィルソン

  ← 思想的影響 ―

  カントの永久平和論（1795年）（→p.152）
  人間を戦争の手段として扱ってはならないとし, 国際連盟設立の基本思想に影響を与えた
  →カント

- **1919.1 パリ講和会議**（平和原則14か条を基本原則とする）
  国際連盟の創設を決議

- **1919.6 ヴェルサイユ条約**
  第一次世界大戦の対独講和条約。この条約の第1編が国際連盟規約である

  戦争の違法化 第一次世界大戦後の国際協調の機運の中で, 戦争そのものを違法とする**不戦条約**が締結された。この条約は, 実効性の面で限界を抱えていたものの, 対立の平和的解決を目指す精神は現代にも引き継がれている。

- **1920.1 国際連盟成立**
- **1928.8 不戦条約**
  侵略戦争の放棄。自衛戦争は認める
- **1929.10 世界恐慌**
  ↓国際連盟の平和維持機能が不十分
- **1939.9～ 第二次世界大戦**
- 1945.8 ↓国際連盟の失敗への反省
- **1941.8 大西洋憲章**
  F.ローズベルト（米）とチャーチル（英）が, 国際連合の基本理念と戦後の平和構想について会談
- **1942.1 連合国共同宣言**
  ローズベルトが「United Nations（連合国）（→p.154）」という名称を初めて使用
- **1944.8～10 ダンバートン・オークス会議**
  米・英・ソ・中4か国代表が参集し, 国際連合設立の原則を具体化した「一般的国際機構設立に関する提案」を作成
- **1945.2 ヤルタ会談**
  米・英・ソの3首脳が, 国連安全保障理事会の表決方法（五大国の拒否権制→p.156）を決定
- **1945.4～6 サンフランシスコ会議**
  国際連合憲章（→p.154）を採択
- **1945.10 国際連合の正式成立**

2 勢力均衡から集団安全保障へ

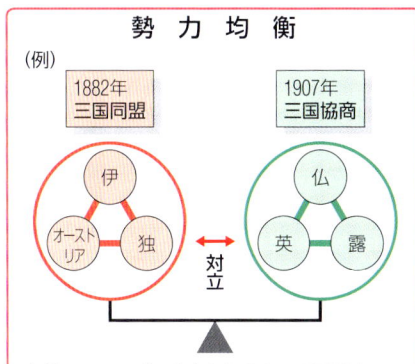

勢力均衡

（例）
- 1882年 三国同盟：伊・オーストリア・独
- 1907年 三国協商：仏・英・露

対立

中部ヨーロッパの安定をねらう三国同盟と, それに対抗して勢力均衡をはかる三国協商との対立は, **軍備拡張競争**に陥り, 第一次世界大戦を引き起こした。第二次世界大戦も同様の背景をもつ。

↓ 第一・二次世界大戦

集団安全保障

（例）
1919年　国際連盟規約
1945年　国際連合憲章

湾岸戦争（→p.167）
クウェート ← 侵略 ― イラク ← 制裁 ― 米・英・他

全世界的な国際平和維持機構の下に全加盟国が相互不可侵を約し, どの**1国でも侵略国になれば, 他の全加盟国が集団的制裁を加え, 国際平和を維持しよう**というもの。冷戦中は機能しなかったが, 湾岸戦争ではじめて機能した。

解説 勢力均衡と集団安全保障 **勢力均衡**とは, 敵対関係にある国家（群）の軍事力を均衡させ, 互いに攻撃できないようにして, 平和を維持しようというもの。しかし, 軍事力のバランスが崩れると戦争が発生する危険性から, 第一次世界大戦後に**集団安全保障**という新しい平和維持の方法が提唱され, 国際連盟・国際連合の基本原理となった。ただし, 国際連合憲章は, 平和維持のため加盟国が地域的取り決めをしたり, 地域的な機関を設けたりする, **地域的集団安全保障**※を認める立場にある。

※NATO, WTOなどは勢力均衡であって, 国連憲章のいう地域的集団安全保障ではないという説もある。

重要用語　155 国際連盟　156 国際連合　157 勢力均衡　158 集団安全保障　213 世界恐慌

3 カントの永久平和論 (→p.151❶)

平和維持のため 和平条約は１つの戦争を終結させようとするだけだが，**平和連盟はすべての戦争を永遠に終わらせようとするのである**。この平和連盟は，国家権力のような権力を獲得しようとするものではなく，ある国家と，その国家と連盟したそのほかの国家の**自由を維持し，保証することをめざす**ものである。……

この連合の理念は次第に広がってすべての国家が加盟するようになり，こうして**永遠の平和**が実現されるようになるべきである……。
(中山元訳『永遠平和のために』光文社)

◎カント

解説 国際連盟・国際連合の基礎となる考え ドイツの哲学者**カント**（1724～1804）は，互いの人格を尊重し合う社会を理想とした。論文『永久平和のために』では，国家は人の集まりであるから，物ではなく，道徳的人格として扱うべきとする視点を提示。国家を構成する人々の人格を害する戦争を防ぐ組織として，複数国家からなる連合の創設を説いた。

4 ウィルソンの平和原則14か条（抄）(→p.151❶)

1 〔**秘密外交の廃止**〕以後はいかなる秘密の国際的了解もあってはならず，外交は常に公正かつ公開的におこなわれるべきである。

4 〔**軍備縮小**〕各国の軍備を国内の安全確保と両立する限りの最低限にまで縮小するために，適当な保障が与えられるべきこと。

5 〔**民族自決の原則に基づく植民地問題の公正な解決**〕あらゆる植民地についての要求の自由，かつ偏見なき絶対公平な調整。その場合すべて植民地主権の問題の決定に当っては，その植民地住民の利害は，その支配権が定められるべき政府の正当な要求と平等の価値を持つという原則が厳守されなければならない。

14 〔**国際連盟の成立**〕大国小国ともに等しく政治的独立および領土保全との相互的保障を与える目的のために，一般的国際連合が特別の協約のもとに組織されなければならない。
(下中邦彦編『西洋史料集成』平凡社)

◎ウィルソン

解説「国際連盟の父」ウィルソン 1918年，アメリカ大統領**ウィルソン**は**平和原則14か条**を発表。**集団安全保障**という，勢力均衡に代わる国際体制の原則を示した。この国際連盟設立の構想は1919年，**ヴェルサイユ条約**に盛り込まれて実現し，彼は同年ノーベル平和賞を受賞した。しかしアメリカは議会の孤立主義*勢力により同条約を批准できず，国際連盟に加盟しなかった。

*孤立主義：アメリカ外交の基調となった伝統的な考え。ヨーロッパ列強との同盟・国際組織への加入に反対し，相互不干渉を主張した。

B 国際連合

1 国連加盟国の推移 (→p.155) ◎加盟国の数と地域バランスはいつ，どのように変化したか？

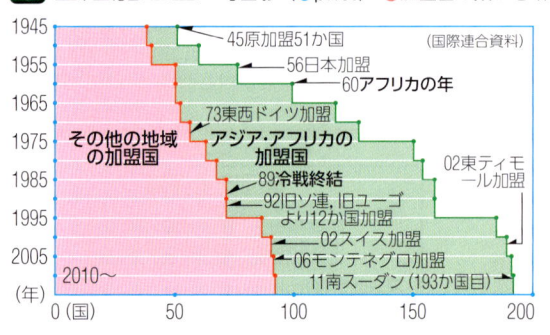

- 1945 45原加盟51か国
- 1955 56日本加盟
- 1965 60アフリカの年
- 1975 73東西ドイツ加盟 アジア・アフリカの加盟国
- 1985 89冷戦終結
- 1995 92旧ソ連，旧ユーゴより12か国加盟／02スイス加盟／02東ティモール加盟
- 2005 06モンテネグロ加盟
- 2010～ 11南スーダン（193か国目）

解説 全地球的組織 第二次世界大戦の「連合国（United Nations）」の組織として成立した国連には，今や世界のほぼすべての独立国が加盟している。加盟国の増加に伴い，アジア・アフリカ地域の加盟国が占める割合が大きくなり，一律に一国一票が与えられる総会では，同地域の発言力が強まっている。

◎独立を喜ぶ南スーダンの人々(→p.12❸)

2 国際連盟と国際連合の比較 ◎国際連盟と国際連合の違いは何か？

国際連盟 (League of Nations) 1920年設立 本部：ジュネーブ（スイス）		国際連合 (United Nations) 1945年設立 本部：ニューヨーク（アメリカ）
59か国（1934年） 発足時42か国 **大国の不参加**（米は不参加，ソ連は加盟が遅れ1934年） 日・独は1933年，伊は1937年に**脱退**。ソ連は1939年に除名	加盟国	193か国（2020年現在）発足時51か国。**初めから五大国参加**。 五大国…米・英・仏・ソ（現在はロシア連邦）・中（初めは中華民国〔台湾〕，1971年に中華人民共和国が加盟し代表権が台湾から移る）
・総会…全加盟国で構成 ・理事会…創設当初4常任理事国（英・仏・伊・日）と4非常任理事国の計8理事国（のちに常任と非常任の数が変動） ・事務局，常設国際司法裁判所，国際労働機関	組織	・総会…全加盟国で構成 ・安全保障理事会…5常任理事国と任期2年の10非常任理事国の計15理事国（→p.154，第23条）。常任理事国は**拒否権**をもつ ・事務局，経済社会理事会，国際司法裁判所（→p.150），信託統治理事会
・総会…全会一致制 ・理事会…全会一致制	表決の方法	・総会…一般事項は出席投票国の**過半数**，重要事項は3分の2以上で表決（→p.154，第18条） ・安全保障理事会…手続き事項は9理事国，他は5常任理事国を含めた9理事国の賛成で表決（→p.154，第27条）
・集団安全保障…**経済制裁のみ** ・国際協力…軍事同盟や経済ブロックのため成果は上がらず	機能	・集団安全保障…経済制裁と**国連軍による武力制裁**（→p.154，第41，42条） ・国際協力…世界の人類の基本的人権を擁護する専門機構をもつ
①米・ソ両大国の発足時の不参加 ②表決が全会一致制のため，運営が難航 ③制裁措置が経済封鎖のみで，**安全保障機能が不十分**	問題点	①冷戦時，米ソの拒否権の発動により，安全保障機能の行使が不十分 ②財政難（→p.158） ③冷戦後の安全保障機能の強化問題（→p.156）

入試クイズ：国連は冷戦が本格化すると，集団安全保障については，活動が難しくなった。○？×？〈11本〉(→❷)　答：○

3 国際連合の組織図

事務局 (Secretariat)
- 任務　国連活動の行政面を担当。
- 事務総長　最高責任者。安全保障理事会の勧告によって総会が任命。
- 国連本部（ニューヨーク）

国際司法裁判所 (→p.150) (International Court of Justice)
- 任務・構成　国連の主な司法機関。安全保障理事会と総会が選出する15人の裁判官で構成。任期9年。

信託統治理事会 (Trusteeship Council)
- 任務・構成　信託統治地域の施政を監督。最初は11地域あったが、全て独立したため、活動停止。安全保障理事会の常任理事国5か国で構成。

総会 (General Assembly)
- 任務・権限　国連の機能全般に関して討議し、加盟国・安全保障理事会に勧告
- 構成　全加盟国で構成。各国がそれぞれ1票をもつ
- 通常総会…毎年9月の第3火曜日から、およそ3か月間開催
- 特別総会…安全保障理事会の要請、加盟国の過半数の要請によって事務総長が招集
- 緊急特別総会…総会が開催されておらず、五大国の拒否権により安全保障理事会が機能しないとき、安全保障理事会の9理事国以上の要請、加盟国の過半数の要請があった場合、24時間以内に招集（→p.156）

安全保障理事会 (Security Council)
- 任務・権限　国際紛争や紛争になりやすい状態を調査して、調停方法や解決条件の勧告を行う。侵略行為があったかどうかを決定し、侵略防止のための経済封鎖を要請。経済封鎖などが不十分な場合、武力行動をとる
- 構成　常任理事国…5か国（アメリカ、ロシア、イギリス、フランス、中国）。任期なし。拒否権をもつ
非常任理事国…10か国（アジア・アフリカ5、ラテンアメリカ2、東欧1、西欧・その他2）。任期は2年、毎年半数ずつ総会で改選。

◎安全保障理事会

経済社会理事会 (Economic and Social Council)
- 任務・構成　国際的な経済、社会、文化、保健などの分野で調査や報告を行い、勧告する。54理事国。任期は3年。毎年18か国ずつ総会で改選。

総会によって設立された機関
- 国連児童基金 [UNICEF]　発展途上国の子どもの生活、教育、保健衛生の向上
- 国連パレスチナ難民救済事業機関 [UNRWA]　パレスチナ難民の教育・保健衛生などの援助
- 国連難民高等弁務官事務所 [UNHCR]　難民の国際的な保護と問題の解決（→p.187）
- 国連貿易開発会議 [UNCTAD]　貿易の振興による発展途上国の経済開発（→p.351）
- 国連大学 [UNU]　全地球的な緊急問題の研究
- 国連世界食糧計画 [WFP]　食料援助と緊急援助により、経済・社会の発展を図る
- 国連開発計画 [UNDP]　発展途上国へ技術協力や能力開発のための資金供与
- 国連環境計画 [UNEP]（→p.282 2）

補助機関
軍縮委員会
国連人権理事会 (UNHRC)

関連機関
化学兵器禁止機関 [OPCW]
世界貿易機関 [WTO]　関税及び貿易に関する一般協定 [GATT] に代わって設立された、世界貿易推進及び問題処理のための機構
国際原子力機関 [IAEA]　原子力の平和的利用を図り、軍事利用を防ぐ

諮問的補助機関
平和構築委員会 (PBC)

補助機関
テロ対策委員会
ルワンダ国際刑事裁判所 (ICTR)
旧ユーゴスラビア国際刑事裁判所 (ICTY)（→p.184）
軍事参謀委員会
国連平和維持活動 [PKO]（→p.156）

地域委員会	機能委員会	常設委員会
アフリカ経済委員会、アジア太平洋経済社会委員会、ヨーロッパ経済委員会、ラテンアメリカ・カリブ経済委員会など	統計委員会、社会開発委員会、女性の地位委員会、人口開発委員会、麻薬委員会、持続可能開発委員会など	計画調整委員会 政府間機関交渉委員会 非政府組織委員会

専門機関など＊
- 国連教育科学文化機関 [UNESCO]　教育・科学・文化を通じた国際協力を促進し、世界平和を図る（→p.282 2）
- 国連食糧農業機関 [FAO]　農村開発を促進し、飢餓の撲滅、農民の生活・労働環境を改善（→p.361）
- 世界保健機関 [WHO]　世界中の人々の健康を最高水準に保つ
- 国際労働機関 [ILO]　世界の労働者の労働条件と生活水準の改善（→p.293 1）
- 国際通貨基金 [IMF]　金融協力・貿易拡大を図る。国際収支不均衡に陥った加盟国を支援し安定化させる（→p.337）

- 国際電気通信連合 [ITU]
- 万国郵便連合 [UPU]
- 国際海事機関 [IMO]
- 国際農業開発基金 [IFAD]
- 国連工業開発基金 [UNIDO]
- 世界銀行グループ（→p.337）
  - 国際復興開発銀行 [IBRD、世界銀行]
  - 国際金融公社 [IFC]
  - 国際開発協会 [IDA]
  - 多国間投資保証機関 [MIGA]
  - 国際投資紛争解決センター [ICSID]

＊国連から独立した自治機関であるが、国連との連携関係をもつ。

NGO（非政府組織）（→p.196）

平和構築委員会 (PBC)　紛争から抜け出した国の半数が、5年以内に再び紛争状態に戻っている現状がある。そのため、紛争から永続的な平和に移行する際に直面する、さまざまな課題に戦略的に対応する機関として2005年に新設された。

国連人権理事会 (UNHRC)　世界の人権問題をより強化するため、国連人権委員会に替えて設置された常設理事会。人権と基本的自由への保護・促進・監視を行い、大規模・組織的な人権侵害に対応する。

重要用語　153 国際司法裁判所（ICJ）　155 国際連盟　156 国際連合　159 総会（国連総会）　160 拒否権　161 安全保障理事会　162 国連平和維持活動（PKO）

4 国際連合憲章(抄)

[採択 1945.6.26 発効 1945.10.24]

第1章 目的及び原則

第1条〔目的〕 国際連合の目的は、次のとおりである。
① 国際の平和及び安全を維持すること。そのために、平和に対する脅威の防止及び除去と侵略行為その他の平和の破壊の鎮圧とのため有効な集団的措置をとること並びに平和を破壊するに至る虞のある国際的の紛争又は事態の調整又は解決を平和的手段によって且つ正義及び国際法の原則に従って実現すること。
② 人民の同権及び自決の原則の尊重に基礎をおく諸国間の友好関係を発展させること並びに世界平和を強化するために他の適当な措置をとること。
③ 経済的、社会的、文化的又は人道的性質を有する国際問題を解決することについて、並びに人種、性、言語又は宗教による差別なくすべての者のために人権及び基本的自由を尊重するように助長奨励することについて、国際協力を達成すること。

第2条〔原則〕 この機構及びその加盟国は、第1条に掲げる目的を達成するに当っては、次の原則に従って行動しなければならない。
① この機構は、そのすべての加盟国の主権平等の原則に基礎をおいている。
③ すべての加盟国は、その国際紛争を平和的手段によって国際の平和及び安全並びに正義を危うくしないように解決しなければならない。
④ すべての加盟国は、その国際関係において、武力による威嚇又は武力の行使を、いかなる国の領土保全又は政治的独立に対するものも、また、国際連合の目的と両立しない他のいかなる方法によるものも慎まなければならない。

第4章 総会

第10条〔総則〕 総会は、この憲章の範囲内にある問題若しくは事項又はこの憲章に規定する機関の権限及び任務に関する問題若しくは事項を討議し、並びに、……国際連合加盟国若しくは安全保障理事会又はこの両者に対して勧告をすることができる。

第18条〔表決手続〕 ① 総会の各構成国は、1個の投票権を有する。
② 重要問題に関する総会の決定は、出席し且つ投票する構成国の3分の2の多数によって行われる。……
③ その他の問題に関する決定は、……出席し且つ投票する構成国の過半数によって行われる。

第5章 安全保障理事会

第23条〔構成〕 ① 安全保障理事会は、15の国際連合加盟国で構成する。①中華民国、フランス、②ソヴィエト社会主義共和国連邦、グレート・ブリテン及び北部アイルランド連合王国及びアメリカ合衆国は、安全保障理事会の常任理事国となる。総会は……安全保障理事会の非常任理事国となる他の10の国際連合加盟国を選挙する。
② 安全保障理事会の非常任理事国は、2年の任期で選挙される。……
注：①現在は中華人民共和国
　　②現在はロシア連邦

第27条〔表決手続〕 ① 安全保障理事会の各理事国は、1個の投票権を有する。
② 手続事項に関する安全保障理事会の決定は、9理事国の賛成投票によって行われる。
③ その他のすべての事項に関する安全保障理事会の決定は、常任理事国の同意投票を含む9理事国の賛成投票によって行われる。……

第6章 紛争の平和的解決

第33条〔平和的解決の義務〕 ① いかなる紛争でも継続が国際の平和及び安全の維持を危うくする虞のあるものについては、その当事者は、まず第一に、交渉、審査、仲介、調停、仲裁裁判、司法的解決、地域的機関又は地域的取極の利用その他当事者が選ぶ平和的手段による解決を求めなければならない。

第7章 平和に対する脅威、平和の破壊及び侵略行為に関する行動

第39条〔安全保障理事会の一般的権能〕 安全保障理事会は、平和に対する脅威、平和の破壊又は侵略行為の存在を決定し、並びに、国際の平和及び安全を維持し又は回復するために、勧告をし、又は第41条及び第42条に従っていかなる措置をとるかを決定する。

第41条〔非軍事的措置〕 安全保障理事会は、その決定を実施するために、兵力の使用を伴わないいかなる措置を使用すべきかを決定することができ、且つ、この措置を適用するように国際連合加盟国に要請することができる。この措置は、経済関係及び鉄道、航海、航空、郵便、電信、無線通信その他の運輸通信の手段の全部又は一部の中断並びに外交関係の断絶を含むことができる。

第42条〔軍事的措置〕 安全保障理事会は、第41条に定める措置では不充分であろうと認め、又は不充分なことが判明したと認めるときは、国際の平和及び安全の維持又は回復に必要な空軍、海軍又は陸軍の行動をとることができる。

第51条〔自衛権〕 ……国際連合加盟国に対して武力攻撃が発生した場合には、安全保障理事会が国際の平和及び安全の維持に必要な措置をとるまでの間、個別的又は集団的自衛の固有の権利を害するものではない。……

第8章 地域的取極

第52条〔地域的取極、地方的紛争の解決〕
① この憲章のいかなる規定も、国際の平和及び安全の維持に関する事項で地域的行動に適当なものを処理するための地域的取極又は地域的機関が存在することを妨げるものではない。但し、この取極又は機関及びその行動が国際連合の目的及び原則と一致することを条件とする。

第53条〔強制行動に対する安保理の許可〕
① ……いかなる強制行動も、安全保障理事会の許可がなければ、地域的取極に基いて又は地域的機関によってとられてはならない。もっとも、……敵国における侵略政策の再現に備える地域的取極において規定されるものは、関係政府の要請に基いてこの機構がこの敵国による新たな侵略を防止する責任を負うときまで例外とする。

旧敵国条項

　国連憲章の前文には、「われら**連合国**(the United Nations)の人民は……**国際連合**(the United Nations)という国際機関を設ける」という、第二次世界大戦の勝者である「連合国」と「国際連合」を同じ「the United Nations」と表現している。
　また国連憲章の第53・77・107条には、第二次世界大戦の敗戦国(日本、ドイツ、イタリアなど)を「enemy states(敵国)」または「enemy(敵)」と明記している。
　現在では世界のほとんどの国が加盟する組織となり、同条項は死文化している。国連総会ではこの条項を憲章上から削除する決議が採択されたが、効力発生に必要な批准国数には及ばず現在に至っており、日本・ドイツなどがこの表記の削除を求めている。

C 国際連合の歩み

赤字…安全保障問題(平和維持・軍縮など)　青字…人権問題　　…環境問題　　…南北問題(人口，食料，難民，旧植民地関連)

事務総長	年	できごと	国連の動き(決議)，特別会議など	条約・宣言の採択
リー(ノルウェー)	1945	第二次世界大戦終結	国際連合発足(51か国)	10月，国際連合憲章発効(→p.154)
	1946		ロンドンで第1回総会。ソ連，初の拒否権行使	軍縮大憲章
	1947		パレスチナ分割案採択(→p.182A❶)	
	1948	第1次中東戦争	初のPKO派遣(→p.157)	ジェノサイド条約，世界人権宣言(→p.21)
	1950	朝鮮戦争(→p.163)	安保理，北朝鮮非難決議→「国連軍」設置(正規の国連軍ではない)	
ハマーショルド(スウェーデン)	1951		平和のための結集決議(→p.156❷) 国連難民高等弁務官事務所(UNHCR)設置(→p.187)	
	1952		軍縮委員会開催	
	1953	朝鮮休戦協定	朝鮮問題特別総会	
	1956	第2次中東戦争 ハンガリー反ソ暴動	緊急特別総会① 緊急特別総会②，日本加盟	
	1958		緊急特別総会③(レバノン問題)	
	1959			子どもの権利宣言，南極条約
ウ゠タント(ビルマ 現ミャンマー)	1960	コンゴ動乱 アフリカの年	緊急特別総会④ アフリカより17か国加盟(→p.152)	植民地独立付与宣言
	1961	非同盟会議(→p.165❷)	中国加盟問題，重要事項に	
	1962	キューバ危機 (→p.164)	ウ゠タント総長による調停	部分的核実験禁止条約(→p.173❶) 人種差別撤廃宣言
	1964		国連貿易開発会議(UNCTAD)①開催(→p.351❹)	人種差別撤廃条約
	1965	ベトナム戦争本格化(〜75)(→p.164)		国際人権規約(→p.21)
	1966			婦人差別撤廃宣言
	1967	第3次中東戦争	緊急特別総会⑤，安保理でイスラエル撤退勧告 (→p.182A)	宇宙条約，初の非核地帯条約(→p.175)
	1968			核拡散防止条約(NPT)(→p.173❶)
ワルトハイム(オーストリア)	1971		中国，加盟→台湾は脱退	
	1972		人間環境会議 国連環境計画を創設	人間環境宣言 世界遺産条約(→p.149)
	1973		東西ドイツ加盟	
	1974	(1973年)第4次中東戦争	世界人口会議，世界食糧会議，資源特別総会	新国際経済秩序樹立宣言(→p.351❹)
	1978	ベトナム，カンボジア侵攻	世界人種差別撤廃会議，軍縮特別総会①	
	1979	ソ連，アフガン侵攻(→p.185)	インドシナ難民会議	女子差別撤廃条約(→p.22)
デクエヤル(ペルー)	1980	イラン・イラク戦争	緊急特別総会⑥，⑦(中東問題)	
	1981		緊急特別総会⑧(ナミビア問題)	非人道的兵器条約
	1982		緊急特別総会⑨(ゴラン問題)，軍縮特別総会②	
	1985	ペレストロイカ(→p.203)		
	1986		アフリカ特別総会	
	1988	イラン・イラク戦争停戦	軍縮特別総会③	死刑廃止条約
	1989	マルタ会談で冷戦終結(→p.166❶)		
	1990	東西ドイツ統一	子どもサミット	
	1991	イラク，クウェート侵攻 湾岸戦争(→p.167)	安保理，イラクへの武力行使容認 湾岸戦争停戦決議，韓国・北朝鮮同時加盟	
ガリ(エジプト)	1992	ユーゴ紛争，ソ連消滅 (→p.184)	地球サミット(→p.282❶)，ソマリアPKO派遣(→p.157❺)	
	1993	パレスチナ和平成立	安保理改革作業部会設置。ソマリアPKO撤退	
	1994		世界人権会議→国連人権高等弁務官設置	
	1995		信託統治理事会が活動停止，国際人口開発会議	総会にて，旧敵国条項削除を採択。NPTを無期限延長
	1996		世界女性会議	包括的核実験禁止条約(→p.173❶)
アナン(ガーナ)	1997		緊急特別総会⑩(イスラエルの入植地問題)	
	1998	インド・パキスタン核実験		
	2000	南北朝鮮首脳会談	特別総会女性2000年会議，ミレニアムサミット	
	2001	アメリカ同時多発テロ(→p.167)	小型武器会議，エイズ特別総会	
	2002	中東和平崩壊(→p.182)	子ども特別総会，環境開発サミット，スイス加盟	
	2003	イラク戦争(→p.167)		
	2005		G4の安保理拡大案，廃案(→p.158❷)	
	2006	北朝鮮がミサイル発射，核実験	→安保理で，北朝鮮の核実験に対する制裁決議(2009年，13，16，17年)	
潘基文(韓国)	2011	南スーダン独立		
	2012		国連持続可能な開発会議(リオ+20)(→p.282❶) 総会にて，パレスチナをオブザーバー国家*と承認する決議を採択	
	2014		総会にて，ロシアのクリミア編入の住民投票は無効との決議を採択	
	2015		持続可能な開発目標(SDGs)採択(→p.352)	
グテーレス(ポルトガル)	2017		核兵器禁止条約採択(2021年発効)(→p.176)	

＊国連の加盟国ではなく，投票権はない。

❶重要用語 ㉔世界人権宣言 ㉖国際人権規約 ⑰⓪朝鮮戦争 ⑰①キューバ危機 ⑰④ベトナム戦争
⑱①マルタ会談 ⑱③湾岸戦争 ⑱④アメリカ同時多発テロ ⑱⑤イラク戦争

D 国連の安全保障機能

国連による紛争処理は，効果的に機能しているだろうか？

❶ 国際連合の紛争処理システム

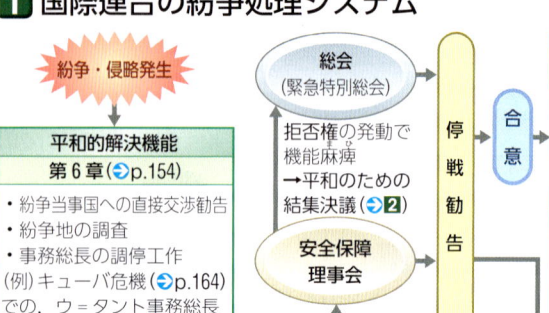

紛争・侵略発生

平和的解決機能 第6章（→p.154）
- 紛争当事国への直接交渉勧告
- 紛争地の調査
- 事務総長の調停工作
(例) キューバ危機（→p.164）での，ウ＝タント事務総長による米ソ調停(1962年)

総会（緊急特別総会） ← 拒否権の発動で機能麻痺 → 平和のための結集決議（→❷）

安全保障理事会

停戦勧告 → 合意

国連平和維持活動（PKO, PeaceKeeping Operations）6章半活動

国連平和維持軍（PKF）	停戦（選挙）監視団
・派遣決定は安保理か総会 ・停戦や撤兵を助ける ・自衛のための軽武装のみ ・派遣先の事前同意が必要	・安保理の停戦勧告の実行を監視（停戦監視） ・選挙の適正な実施の監視（選挙監視） ・非武装

複合型
・従来の平和維持軍と停戦（選挙）監視団に加えて，派遣地域の平和のために必要な支援（治安，道路などの社会基盤の整備，憲法制定，財政，外交，国防，メディアによる情報伝達など）を混合した平和維持活動

強制措置　第7章（→p.154）

非軍事的措置	軍事的制裁（国連軍による）
・経済制裁 ・外交断絶	・国連が統制する武装した連合軍 ・派遣先と対立した強制行動が可能

失敗 →

多国籍軍
・軍事的制裁の必要性
　↓
国連が統制せず，軍を提供した国々が指揮する部隊で結成
　↓
・安保理が強制行動許可を与える

解説「6章半活動」のPKO 国連憲章は，武力紛争が起こった際の対処策として，平和的手段（第6章）と，国連軍の派遣などの強制的な手段（第7章）を規定している。しかし，冷戦下で大国の思惑が一致せず，憲章第42・43条に基づく本来の国連軍はまだ一度も編成されたことがない。これに代わるものとして，慣行的に国連平和維持活動（PKO）が行われている。この活動は憲章に明確な規定がなく，第6・7章の中間的な性格であるため，「6章半の活動」といわれる。その目的はあくまでも紛争の再発を防ぐことにあるため，原則として自衛のため以外には武力を行使しない。軍事的制裁が必要となった場合には，多国籍軍が編成されることがある。

◉拒否権とは何か？

❷ 国際情勢を反映する拒否権

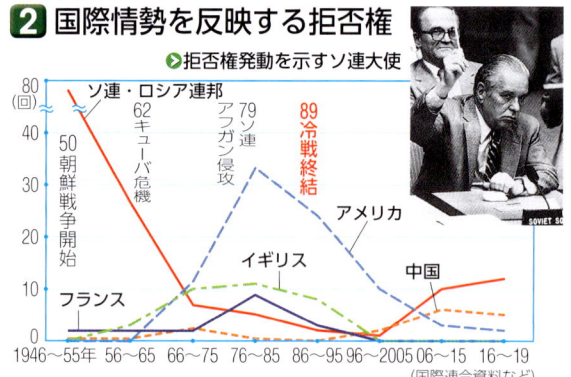

拒否権発動を示すソ連大使

グラフ：1946～55年から2016～19年までの各国（ソ連・ロシア連邦，アメリカ，イギリス，フランス，中国）の拒否権発動回数
- 50 朝鮮戦争開始
- 62 キューバ危機
- 79 ソ連アフガン侵攻
- 89 冷戦終結

解説　国際情勢を反映する拒否権 安全保障理事会の表決では，常任理事国に拒否権が認められており，5か国のうち1国でも反対すると決議は成立しない（「大国一致」の原則）。このため，大国による平和を乱す行為があったとき，安保理では非難や制裁の決議が行えず，大国に優位なしくみとなっている。これには，大国の足並みがそろわず実効性の伴わない決議を避ける役割もある。冷戦中は，米ソによる拒否権の行使がさかんに行われ安保理が機能しなかった。冷戦終結後は発動回数が減少している。

◉ **平和のための結集決議**(1950年11月)

背景 拒否権の行使で安全保障理事会が機能せず
　↓
総会（緊急特別総会）
・加盟国の3分の2以上の賛成で，加盟国に軍事的措置を勧告（拘束力はない）

注：総会が会期中でない時は，安保理9理事国か加盟国過半数の請求により，緊急特別総会（→❸）を招集できる

解説　拒否権への対抗手段 平和のための結集決議は，朝鮮戦争（→p.163）の際にソ連の拒否権行使によって安保理が適切な対応をできなかったことを機に，国連総会で採択された。これ以後，総会が平和維持に必要な措置を多数決で勧告できるようになったが，実際に軍事的措置が発動されたことはない。

❸ 緊急特別総会

＊1980.7～1982.8の間に5回行われている。

回数（年・月）	議題（拒否権発動国）	決議内容
第1回(1956.11)	スエズ運河(イギリス・フランス)	イギリス・フランス・イスラエル軍の即時停戦と撤退を要求する決議案を採択
第2回(1956.11)	ハンガリー問題(ソ連)	ソ連軍の撤退と，ハンガリー国民の政府選択権の確認などを要求する決議案を採択
第3回(1958.8)	レバノンなどの中東問題(ソ連・アメリカ)	ヨルダン・レバノンからの外国軍の早期撤退などを要請するアラブ10か国共同決議案を採択
第4回(1960.9)	コンゴ問題(ソ連)	国連を通さない単独の軍事援助の停止などを呼びかけた，アジア・アフリカ共同決議案を採択
第5回(1967.6～9)	中東問題(なし)	エルサレム併合中止と難民救済の決議案が成立
第6回(1980.1)	アフガニスタン問題(ソ連)	ソ連軍の即時撤退などの決議案を採択
第7回(1980.7)＊	パレスチナ問題(アメリカ)	イスラエルに対して，エルサレムを含む全占領地区からの，全面，無条件撤退を求める決議案を採択
第8回(1981.9)	ナミビア問題(アメリカ・イギリス・フランス)	ナミビアを不当に統治する南アフリカへの非難，包括的・全面的制裁措置を要求する決議案を採択
第9回(1982.1～2)	ゴラン併合問題(アメリカ)	イスラエルによるシリア領ゴラン高原併合措置を「侵略行為」と断定し，同国を国際的に孤立させることをめざす決議案を採択
第10回(1997.4)	エルサレム問題(アメリカ)	イスラエルの住宅建設計画を非難する決議案を採択

論述にトライ！ 冷戦終了前と後で，国際社会における武力紛争の数と活動中の国連PKOの数がどのように変化したのか，200字以内で述べなさい。〈一橋大前期〉（→❹）

4 国連平和維持活動(PKO) ○p.59

注：地図中の年号は日本の参加期間。

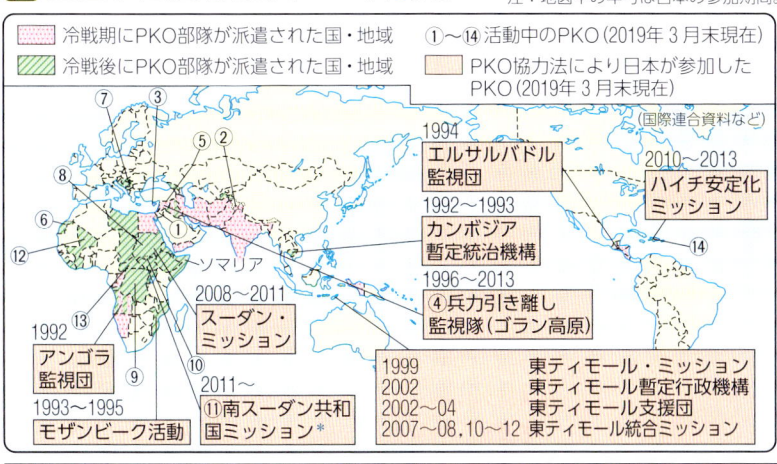

凡例：
- 冷戦期にPKO部隊が派遣された国・地域
- 冷戦後にPKO部隊が派遣された国・地域
- ①～⑭活動中のPKO(2019年3月末現在)
- PKO協力法により日本が参加したPKO(2019年3月末現在)

（国際連合資料など）

地図中記載：
- 1994 エルサルバドル監視団
- 1992～1993 カンボジア暫定統治機構
- 1996～2013 ④兵力引き離し監視隊（ゴラン高原）
- 2010～2013 ハイチ安定化ミッション
- 1992 ソマリア
- 2008～2011 スーダン・ミッション
- 1992 ⑬アンゴラ監視団
- 2011～ ⑪南スーダン共和国ミッション*
- 1993～1995 モザンビーク活動
- 1999 東ティモール・ミッション
- 2002 東ティモール暫定行政機構
- 2002～04 東ティモール支援団
- 2007～08,10～12 東ティモール統合ミッション

	名　称	総人員数	死亡者数	設立年月
①	国連休戦監視機構(パレスチナ,スエズ運河など)	374	52	1948.5
②	国連インド・パキスタン軍事監視団	117	11	1949.1
③	国連キプロス平和維持隊	1004	183	1964.3
④	国連兵力引き離し監視隊(シリアのゴラン高原)	1094	52	1974.6
⑤	国連レバノン暫定隊	11155	313	1978.3
⑥	国連西サハラ住民投票監視団	485	16	1991.4
⑦	国連コソボ暫定行政ミッション	351	55	1999.6
⑧	ダルフール国連・AU合同ミッション	10683	271	2007.7
⑨	国連コンゴ民主共和国安定化ミッション	20486	169	2010.7
⑩	国連アビエ暫定治安部隊	4786	35	2011.6
⑪	国連南スーダン共和国ミッション	19402	67	2011.7
⑫	国連マリ多面的統合安定化ミッション	16453	195	2013.3
⑬	国連中央アフリカ多面的統合安定化ミッション	15045	81	2014.4
⑭	国連ハイチ司法支援ミッション	1301	1	2017.10

(2019年3月末現在) ＊2017年5月,日本は施設部隊撤収。司令部要員は残留。

解説　冷戦期・後のPKO PKO部隊は，2019年3月末までに**71回編成**された。この内，冷戦下の40年間(～1989年)に編成されたのが**18回**，冷戦後に編成されたのが**53回**である。地域的に見ると，冷戦期にはアジアやアフリカへの派遣が多かったが，冷戦後はアフリカや東欧への派遣が増えた。また，冷戦期は東西対立を背景にした**国家間の紛争**が多く，PKO活動は国家の間に入り紛争の悪化や再発を防ぐことが主な使命だった。これに対し，冷戦後は，**一国内における内戦型の紛争**や，**民族紛争**へと変化していった。その結果，PKO部隊の任務も複雑化・多様化することになった。
(国際連合資料)

○冷戦後，PKOの役割はどのように変化したのか？

5 PKOの役割の変質

第1世代のPKO（伝統的PKO）
- 主に停戦監視，兵力引き離し
- 三原則＝①**当事国の同意**，②**中立保持**，③**自衛を超える武力は行使しない**

↓冷戦の終結，民族紛争の激化→国連の積極的関与

第2世代のPKO
- 複合的な機能（平和維持，選挙監視，国づくりの支援など）をもつPKO＝①②③は適用されるが，平和維持以上に，**平和構築の役割が大きい**…(例)国連カンボジア暫定統治機構(92～93年)➡成功

↓ガリ事務総長の提案「平和への課題」(1992年)

第3世代のPKO
- 紛争ぼっ発前の予防活動…(例)国連予防展開隊(マケドニア，95～96年)
- 平和強制部隊…(例)第二次国連ソマリア活動(93～95年)➡失敗
  = 当事国の受け入れ同意なしに派遣＝①に反する
    重装備で自衛の範囲を超えた武力行使＝③に反する

↓ブラヒミ報告(2000年)…平和維持機能と平和構築機能の連携強化を提案

第4世代のPKO
- 統合ミッション型(PKOと国連専門機関が統合して活動)
  (例)国連シエラレオネミッション(99～2005年)
= 三原則の修正
  ①**主な当事者**の合意…内戦下での「全当事者の合意」の限界
  ②不介入も含む中立性から**公平性**に
  ③住民の保護などのため武力行使が可能

PKO国別派遣人数の内訳 (国連資料)

1992年10月

1	フランス	4752
2	カナダ	2283
3	インドネシア	1988
30	日本	683
34	中国	488
44	アメリカ	119
	総計(全66か国)	45535

2020年4月

1	エチオピア	6656
2	バングラデシュ	6434
3	ルワンダ	6316
10	中国	2535
84	アメリカ	27
108	日本	4
	総計(全120か国)	82445

解説　担い手の変化 日本が初めてPKOに参加した1992年，PKOの派遣人数は，先進国が比較的大きな割合をしめており，日本は2002年4月には，東ティモールなどに700人以上を派遣していた。近年は発展途上国や中国からの派遣人数が増加している。

失敗に終わったソマリアPKO
武力強制措置の実施を許可され，紛争当事者の同意なしに派遣されたこのPKOは，81名の死者のほかに，現地住民にも多数の犠牲者を出した。部隊は一般住民や国際社会からの大きな批判を受け，撤退した。

△PKOに抗議する人々

解説　求められる役割の変化 冷戦後のPKOは，平和維持以上に，**平和構築の役割**が求められ，任務は複雑多岐に渡るようになった。しかし，平和強制(執行)部隊としての試みは，ソマリア内戦で失敗に終わり，国連は一時PKO派遣に消極的になった。その後，平和維持・構築機能の連携強化のため，三原則の見直しが行われた。中立・不介入ではなく公平性を堅持(和平合意違反に対し，遵守を求める)などの修正が加えられるなど，新たなPKOの形が模索されている。

重要用語　⑯⓪拒否権　⑯①安全保障理事会　⑯②国連平和維持活動(PKO)

E 国連の抱える問題

1 財政問題

① 国連の予算 －他地域との比較－

- アメリカ(2019年度)　3兆4220億ドル
- ニューヨーク市(2019年度)　892億ドル
- 東京都(2019年度)　673億ドル
- 国連*(2019年度)　約95億ドル
  *通常・平和維持活動・後方支援施設予算
  （外務省資料など）

② 国連分担金（通常予算分担率の推移）

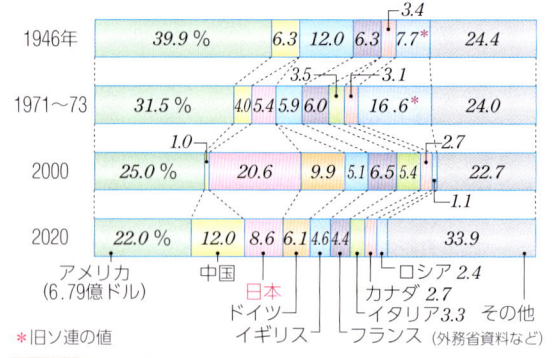

年	アメリカ			中国	日本	ドイツ	イギリス		フランス	カナダ	イタリア	ロシア	その他
1946年	39.9%		6.3		12.0	6.3	7.7*	3.4					24.4
1971～73	31.5%	4.0	5.4	5.9	6.0	3.5	3.1		16.6*				24.0
2000	25.0%	1.0		20.6	9.9	5.1	6.5	5.4	2.7	1.1			22.7
2020	22.0%		12.0	8.6	6.1	4.6	4.4			2.4	2.7	3.3	33.9

アメリカ(6.79億ドル)　中国　日本　ドイツ　イギリス　フランス　カナダ　イタリア　ロシア　その他
*旧ソ連の値　（外務省資料など）

③ 各国の未払い国連分担金

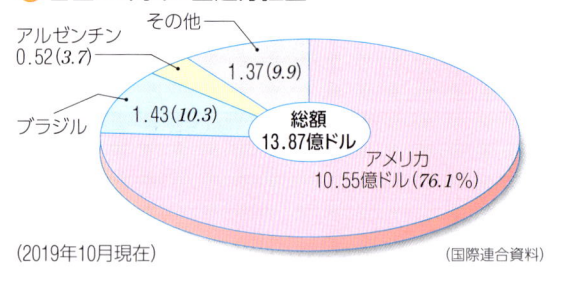

- アルゼンチン 0.52(3.7)
- その他 1.37(9.9)
- ブラジル 1.43(10.3)
- アメリカ 10.55億ドル(76.1%)
- 総額 13.87億ドル

(2019年10月現在)　（国際連合資料）

解説　厳しい国連の財政　アメリカ政府やニューヨーク市，東京都の財政規模と比較すると，**国連の財政規模は極めて小さい**。国連予算は加盟国がその能力に応じて負担する分担金形式を取っているが，**分担金の未払いがある**。過去2年間の分担金以上の支払いを延滞すると，原則総会での投票権を失うが，最大負担国であるアメリカは，国連のリストラと，分担金比率の見直しを求めて支払いを渋る傾向が強い。

2 安全保障理事会の改革問題

●安保理が抱える問題にはどのようなものがあるか？

安全保障理事会の問題点

① **加盟国の主権平等に反する拒否権**…常任理事国のうち1か国でも拒否権を発動すると議案が否決される。このような権限が，第二次世界大戦の戦勝国（米・英・ロ・仏・中）にしか認められていないというのは，あまりに時代錯誤であるとともに，加盟国の主権平等に反する

② **安全保障理事会の構成国の地域的偏り**…欧州に偏った構成国。欧州の国々の意見は常任理事国のアメリカ・イギリス・ロシア・フランスによって比較的反映されていると感じられるが，加盟国の3分の2を占めるアジア・アフリカなどの第三世界の国々の意見は反映されていないという不満がある

改革機運を促進する理由

① 加盟国の3分の2を占めた第三世界諸国
② 第二次世界大戦敗戦国の日本・ドイツの経済成長
→ 国際政治への発言力を強めた

改革案

① **拒否権の廃止**→特権の拒否権が奪われるので，常任理事国は反対し，不可能
② **構成国の拡大**→地域バランスに配慮した構成国の拡大は，合意可能

解説　安保理拡大への抵抗　2005年，国連創設60周年を機に，日本，ドイツ，インド，ブラジルの4か国(G4)は安全保障理事会の常任理事国入りをめざした。しかし，常任理事国入りをめざす国の隣国は，その国が国際社会における力を増大させることを懸念して反発する傾向がある。また，本来なら議論を主導すべき現常任理事国（五大国）も，常任理事国の拡大は自国の地位の相対的な低下を招くため，改革の進展に消極的である。結局，韓国・イタリア・パキスタンのコンセンサスグループ，アメリカ，中国が反対し，アフリカ連合(AU)の同調も得られず，G4の安保理拡大案は廃案となった。

LOOK 日本人の国連職員数

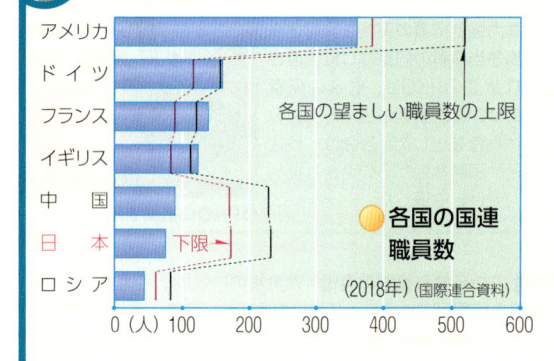

各国の望ましい職員数の上限
各国の国連職員数
（アメリカ／ドイツ／フランス／イギリス／中国／日本（下限）／ロシア）
(2018年)（国際連合資料）

日本に望まれる国連職員数は世界で2番目に多く，日本人の国連での活躍が世界的に期待されている。政府も，国際機関への若手の派遣など，人材の育成に努めているが，日本人の国連職員数は75人(2018年12月末現在)と，**望ましい職員数の下限(172人)にさえほど遠い状況**にある。理由としては，高い語学力や実務経験が求められることなどがある。なお，「望ましい職員数」は，国連予算の分担率や人口に，地理的バランスを加味して算出される。

●**国連職員・国連ボランティアになるには**

・国連職員
① 英語もしくはフランス語で職務遂行が可能であること
② 大学院修士課程卒以上の学位を取得していること
③ 学位取得分野での勤務経験
注：専門分野が文学・語学・体育・芸術だけの場合は，そのような関係の仕事がないので採用されない。

・国連ボランティア
① 英語，フランス語またはスペイン語の語学力
② 大学卒以上や専門資格の取得
③ 即戦力として活躍できるような職歴

ポイント整理 8

1 国際社会と国際法

A 国際社会の成立 (→p.148)
三十年戦争→**ウェストファリア条約**(1648年)→主権国家の誕生と国際社会の認識
国際社会…独立、平等な立場の**主権国家**を構成単位とする社会

B 国際法 (→p.148〜150)
① **グロティウス**…自然法の思想に基づき戦時でも従うべき国際法の必要性を説く
　（オランダ）→近代国際法の発展に貢献→「国際法の父」と呼ばれる
② **国際法**…国際社会における秩序を維持し、諸国間の関係を規律する法
　├ **国際慣習法**…多数の国家が行ってきた慣行を法的な性格として認めたもの
　└ 条約…国家間の合意を文書化したもの。協定・宣言なども条約に準ずる
③ **国際司法裁判所(ICJ)**…紛争当事国双方の付託により裁判を行い、国際紛争を法的に解決する。判決と勧告の意見を出す権限がある
　　国際刑事裁判所(ICC)…集団殺害犯罪、戦争犯罪などに対する、個人の責任を問う常設の裁判所。アメリカ、中国、ロシアなどは未加盟

2 国際連合

A 国際機構の成立 (→p.151, 152)
勢力均衡…対抗する各国の軍事力の釣り合いによって国際平和を維持
　　　　　→軍備拡張競争、軍事同盟の結成と拡大→第一次世界大戦のぼっ発
　　　　　←カント『永久平和のために』、**ウィルソン**「平和原則14か条」
集団安全保障…世界規模の国際機構を組織、侵略国には加盟国全体で制裁
国際連盟…全会一致制の決議方式→迅速な議会運営が困難
　（1920年　制裁の発動が不十分(決議は勧告が限度、侵略国には経済制裁のみ)
　　設立）　大国の不参加(米の不参加。ソ連は1934年加盟)、日・独・伊の脱退
　　　　　→第二次世界大戦のぼっ発→国際連盟の崩壊
国際連合憲章を採択→**国際連合**の設立(1945年)

B 国際連合 (→p.152〜154)
• 組織─**総会**…全加盟国により構成、国連に関するすべての問題を討議
　　　　　　　　加盟国や安全保障理事会に対して**勧告**を行う
　　　├**安全保障理事会**…国際平和と安全保障問題を検討
　　　│　　　　　　　　大国一致の原則→常任理事国による**拒否権**の発動
　　　├**常任理事国**(アメリカ、イギリス、ロシア、フランス、中国の5か国)
　　　├**非常任理事国**(総会で10か国が選ばれる。任期は2年)
　　　└**国際司法裁判所**、経済社会理事会、事務局、信託統治理事会
• 平和構築委員会(PBC)…紛争後の平和構築の際に直面する、様々な課題に対応
• 国連人権理事会(UNHRC)…大規模・組織的な人権侵害に対応

C 国際連合の歩み (→p.155)
総会、専門機関、**NGO(非政府組織)** の連携による国際協力の推進
• 軍縮…包括的核実験禁止条約などの採択、国連軍縮特別総会の招集
• 南北問題…**国連貿易開発会議(UNCTAD)** の設置
• 環境問題…国連人間環境会議→「人間環境宣言」、**地球サミット**、環境開発サミット
• 人権問題…世界人権宣言、国際人権規約の採択

D 国連の安全保障機能 (→p.156, 157)
• 紛争→国連による交渉勧告や調停工作などの、平和的解決→安保理による停戦
　勧告┬合意→平和維持活動
　　　└失敗→経済制裁→国連軍、多国籍軍による軍事的制裁
• 平和のための結集決議(1950年)…安保理が機能停止した場合、総会が強制措置を勧告
• **国連平和維持活動(PKO)**…紛争当事国の同意を原則に、軽武装の**国連平和維持軍(PKF)**、停戦違反を監視する**停戦監視団**などを派遣

E 国連の抱える問題 (→p.158)
• 財政問題…財政規模が小さい、**国連分担金**の未払い、平和維持活動費の増大
• 安全保障理事会の改革問題…**拒否権**の廃止、地域バランスに配慮した構成国の拡大
• 国連職員数…日本などは、望ましい職員数と実際の職員数とに大きな差がある

ポイント解説

A 国際社会の成立 ウェストファリア条約の締結により、国際社会は互いに独立・平等な立場の**主権国家**からなることが認識された。しかし、各主権国家を統制する機関がなく、戦争が繰り返された。

B 国際法 グロティウスは国際社会の秩序維持のため**国際法**の必要性を説き、その発展に貢献した。国際法には暗黙の合意に基づく**国際慣習法**と国家間の合意を文書化した**条約**があるが、統一的な立法機関はなく、違法行為に対する制裁が不十分などの問題もある。国際法を運用して国家間の紛争の裁判を行うのが**国際司法裁判所**である。国際刑事裁判所は、非人道的な行為を行った個人を裁く。

A 国際機構の成立 **勢力均衡**は軍事力のバランスが崩れる危険性をもち、戦争の全面的回避には至らなかった。カント、ウィルソンらの思想に基づき集団安全保障のしくみである**国際連盟**が設立されたが、全会一致の議決方式のため迅速な対応がとれず、有効な制裁手段を欠くなど十分に機能しなかった。その反省から新しい平和維持機構として、**国際連合憲章**に基づき**国際連合**が設立された。

B 国際連合 国際連合は全加盟国が参加する**総会**、国際平和に関する問題の決定権をもつ**安全保障理事会**、国際紛争を法的に解決する**国際司法裁判所**などにより構成される。安全保障理事会は大国一致の原則に基づき**拒否権**をもつ5**常任理事国**と、総会で2年ごとに改選される10**非常任理事国**とで構成される。

C 国際連合の歩み 国際連合は各**専門機関**、**NGO(非政府組織)** と協力しながら、多方面にわたる国際的協力関係の実現に向け、幅広い取り組みを行い着実な成果をあげている。

D 国連の安全保障機能 紛争が発生すると国連は、まず紛争当事国に交渉勧告・調停工作などを行い、次に**停戦勧告**を行う。勧告に合意した場合は、**国連平和維持活動**を展開する。勧告に合意しない場合は、**経済制裁、軍事的制裁**へと進む(日本は国連軍への参加を認めていない)。拒否権の発動により安保理が機能しない場合、**平和のための結集決議**に基づき総会が停戦勧告を行う。

E 国連の抱える問題 国連の役割が増大する一方で、分担金未払いなどによる財政難や**安全保障理事会**の改革問題など、多くの問題を抱えている。

3 国際政治の動向

A 戦後国際政治の流れ

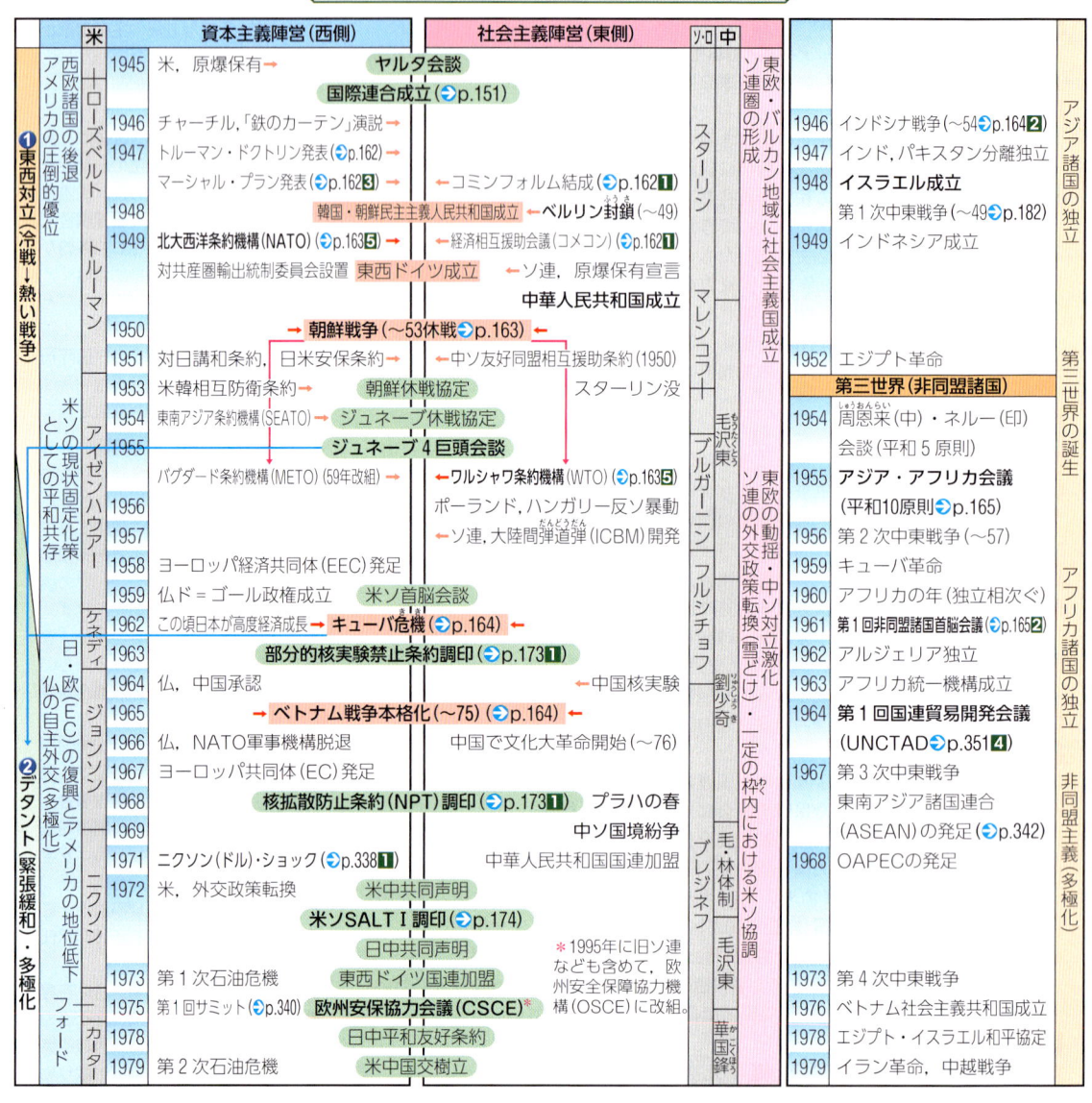

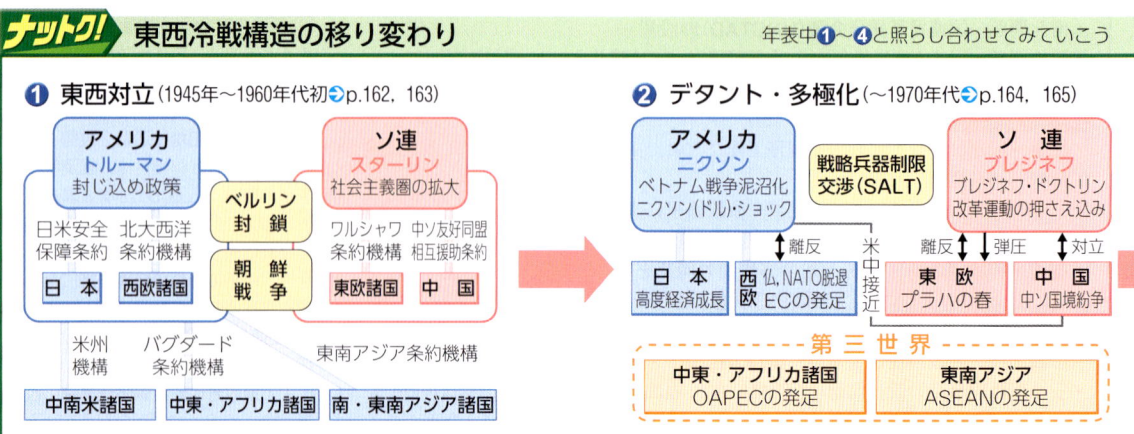

	米		資本主義陣営(西側)	社会主義陣営(東側)	ソ・ロ	中			アジア諸国の独立／第三世界の誕生／アフリカ諸国の独立／非同盟主義(多極化)
①東西対立(冷戦→熱い戦争) 西欧諸国の後退／アメリカの圧倒的優位	ローズベルト	1945	米, 原爆保有→ ヤルタ会談／国際連合成立(→p.151)		スターリン		東欧・バルカン地域に社会主義国ソ連圏の形成	1946	インドシナ戦争(~54→p.164❷)
	トルーマン	1946	チャーチル「鉄のカーテン」演説→					1947	インド, パキスタン分離独立
		1947	トルーマン・ドクトリン発表(→p.162)					1948	イスラエル成立／第1次中東戦争(~49→p.182)
			マーシャル・プラン発表(→p.162❸)	←コミンフォルム結成(→p.162❶)					
		1948	韓国・朝鮮民主主義人民共和国成立 ←ベルリン封鎖(~49)					1949	インドネシア成立
		1949	北大西洋条約機構(NATO)成立(→p.163❺)→	←経済相互援助会議(コメコン)(→p.162❶)					
			対共産圏輸出統制委員会設置 東西ドイツ成立 ←ソ連, 原爆保有宣言／中華人民共和国成立						
		1950	朝鮮戦争(~53休戦→p.163)←			毛沢東		1952	エジプト革命
		1951	対日講和条約, 日米安保条約 ←中ソ友好同盟相互援助条約(1950)		マレンコフ		ソ連の外交政策転換		第三世界(非同盟諸国)
		1953	米韓相互防衛条約→ 朝鮮休戦協定／スターリン没					1954	周恩来(中)・ネルー(印)会談(平和5原則)
	アイゼンハワー	1954	東南アジア条約機構(SEATO)→ ジュネーブ休戦協定						
米ソの現状固定化策としての平和共存		1955	ジュネーブ4巨頭会談		ブルガーニン		東欧の動揺・中ソ対立激化(雪どけ)・一定の枠内における米ソ協調	1955	アジア・アフリカ会議(平和10原則→p.165)
			バグダード条約機構(METO)(59年改組) ←ワルシャワ条約機構(WTO)(→p.163❺)						
		1956	ポーランド, ハンガリー反ソ暴動					1956	第2次中東戦争(~57)
		1957	←ソ連, 大陸間弾道弾(ICBM)開発		フルシチョフ			1959	キューバ革命
		1958	ヨーロッパ経済共同体(EEC)発足					1960	アフリカの年(独立相次ぐ)
		1959	仏ド=ゴール政権成立 米ソ首脳会談					1961	第1回非同盟諸国首脳会議(→p.165❷)
	ケネディ	1962	この頃日本が高度経済成長 キューバ危機(→p.164)					1962	アルジェリア独立
		1963	部分的核実験禁止条約調印(→p.173❶)					1963	アフリカ統一機構成立
②デタント(緊張緩和)・多極化 日・欧(EC)の復興とアメリカの地位低下／仏・欧の自主外交(多極化)		1964	仏, 中国承認 ←中国核実験			劉少奇		1964	第1回国連貿易開発会議(UNCTAD→p.351❹)
	ジョンソン	1965	→ベトナム戦争本格化(~75)(→p.164)←					1967	第3次中東戦争／東南アジア諸国連合(ASEAN)の発足(→p.342)
		1966	仏, NATO軍事機構脱退 中国で文化大革命開始(~76)						
		1967	ヨーロッパ共同体(EC)発足						
		1968	核拡散防止条約(NPT)調印(→p.173❶) プラハの春／中ソ国境紛争			毛・林体制		1968	OAPECの発足
	ニクソン	1971	ニクソン(ドル)・ショック(→p.338❶) 中華人民共和国連加盟						
		1972	米, 外交政策転換 米中共同声明		ブレジネフ				
			米ソSALT I 調印(→p.174)						
			日中共同声明						
		1973	第1次石油危機 東西ドイツ国連加盟	※1995年に旧ソ連なども含めて, 欧州安全保障協力機構(OSCE)に改組。		毛沢東		1973	第4次中東戦争
	フォード	1975	第1回サミット(→p.340) 欧州安保協力会議(CSCE)※					1976	ベトナム社会主義共和国成立
	カーター	1978	日中平和友好条約			華国鋒		1978	エジプト・イスラエル和平協定
		1979	第2次石油危機 米中国交樹立					1979	イラン革命, 中越戦争

ナットク！ 東西冷戦構造の移り変わり

年表中❶～❹と照らし合わせてみていこう

❶ 東西対立(1945年～1960年代初→p.162, 163)

- アメリカ（トルーマン）封じ込め政策
  - 日米安全保障条約／北大西洋条約機構
  - 日本／西欧諸国
- ベルリン封鎖／朝鮮戦争
- ソ連（スターリン）社会主義圏の拡大
  - ワルシャワ条約機構／中ソ友好同盟相互援助条約
  - 東欧諸国／中国
- 米州機構／バグダード条約機構／東南アジア条約機構
- 中南米諸国／中東・アフリカ諸国／南・東南アジア諸国

❷ デタント・多極化(～1970年代→p.164, 165)

- アメリカ（ニクソン）ベトナム戦争泥沼化／ニクソン(ドル)ショック
- 戦略兵器制限交渉(SALT)
- ソ連（ブレジネフ）ブレジネフ・ドクトリン／改革運動の押さえ込み
- 離反：日本（高度経済成長）／西欧（仏, NATO脱退 ECの発足）
- 米中接近
- 離反・弾圧・対立：東欧（プラハの春）／中国（中ソ国境紛争）

第三世界
- 中東・アフリカ諸国 OAPECの発足
- 東南アジア ASEANの発足

入試のツボ チャーチルの「鉄のカーテン」演説, トルーマン・ドクトリンなど, 第2次世界大戦後の流れをつくる発言をした人物・内容をまとめておこう。

年表：冷戦とポスト冷戦

	米		資本主義陣営（西側）	社会主義陣営（東側）	ソ・ロ	中		第三世界（非同盟諸国）	
③新冷戦	レーガン	1980	米ソSALTⅡ調印（→p.174） ←ソ連，アフガニスタン侵攻 米，日，西独など，モスクワ五輪不参加→ ポーランドで自主管理労組「連帯」結成		アンドロポフ／チェルネンコ	胡耀邦	社会主義路線の多様化	1980	イラン・イラク戦争（～88）	南北問題・新植民地主義との闘い
		1984	←ソ連など，ロス五輪不参加					1981	南北サミット（メキシコ，カンクン）	
		1985	ソ連，ペレストロイカ開始					1982	イスラエル，レバノン侵攻	
		1987	米ソ中距離核戦力（INF）全廃条約＊調印（→p.174）			趙紫陽	東欧革命			
		1989	＊2019年に失効。 東欧民主化，ベルリンの壁崩壊							
	ブッシュ（父）		**米ソ首脳マルタ会談で冷戦が終結（→p.166①）**		ゴルバチョフ					
④ポスト冷戦		1990	東西ドイツ統一（→p.166①）				民族主義の台頭	1990	イラク，クウェート侵攻	
		1991	湾岸戦争（→p.167） 米ソSTARTⅠ調印（→p.174） ユーゴ紛争始まる コメコン，ワルシャワ条約機構解体 （→p.344） ソ連解体，独立国家共同体（CIS）成立				中国の経済発展	1991	湾岸戦争（→p.167） 南ア，アパルトヘイト廃止（→p.186）	
	クリントン	1993	ヨーロッパ連合（EU）発足 米ロSTARTⅡ調印（→p.174）		エリツィン	江沢民		1993	カンボジア和平成立（→p.164②） イスラエルとPLO，暫定自治協定に調印（→p.182A②）	
		1995	仏，核実験 核拡散防止条約延長（→p.173①）					1995	ラビンイスラエル首相暗殺	
		1996	包括的実験禁止条約（CTBT）採択（→p.173①）					1998	インド・パキスタン核実験	
		2000	南北朝鮮首脳会談					2001	アフガニスタン暫定政権発足	民族紛争の激化
	ブッシュ（子）	2001	アメリカ同時多発テロ（→p.167)					2002	中東和平崩壊 アフリカ連合（AU）成立	
		2002	米ロ・モスクワ条約調印（→p.174） 日朝首脳会談…北朝鮮が日本人の拉致を認める		プーチン	胡錦濤		2003	イラク戦争（→p.167④）	
		2006	北朝鮮がミサイル発射，核実験実施 安保理，北朝鮮の核実験に対して制裁決議（2009, 13, 16, 17年）					2011	アラブ世界の民主化運動（→p.168）	
		2007	南北朝鮮首脳会談		メドベージェフ			2013	エジプトでクーデター	
	オバマ	2010	米ロ・新START調印（→p.174） 北朝鮮，韓国を砲撃					2014	イスラームスンニ派の過激派組織が「IS」樹立宣言。世界でテロ行為	
		2011	米軍がアル＝カーイダのオサマ・ビンラディン殺害					2015	イラン核合意（18年，米離脱）	
		2014	ロシアのクリミア「編入」を，欧米諸国等が違法占拠と非難		プーチン	習近平		2017	有志連合がISの拠点を奪還	
		2015	アメリカとキューバが国交回復					2020	イスラエルとUAE，バーレーン，スーダンが国交正常化に合意	
		2018	南北朝鮮首脳会談							
	トランプ	2020	米朝首脳会談（2019年2，6月にも実施） 英，EU離脱（→p.345 LOOK） 北朝鮮，南北共同連絡事務所を爆破 中国，香港国家安全維持法の成立・施行 米，ヒューストンの中国総領事館を閉鎖。中，成都の米総領事館を閉鎖							

LOOK 世界終末の時計

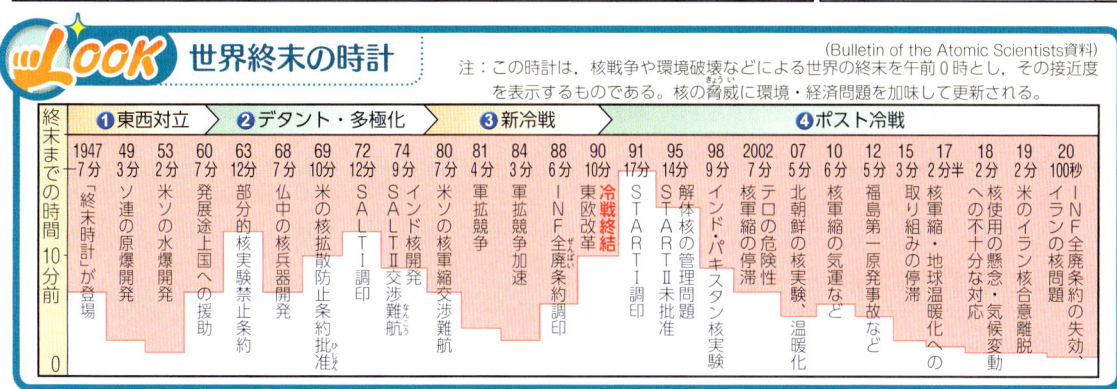

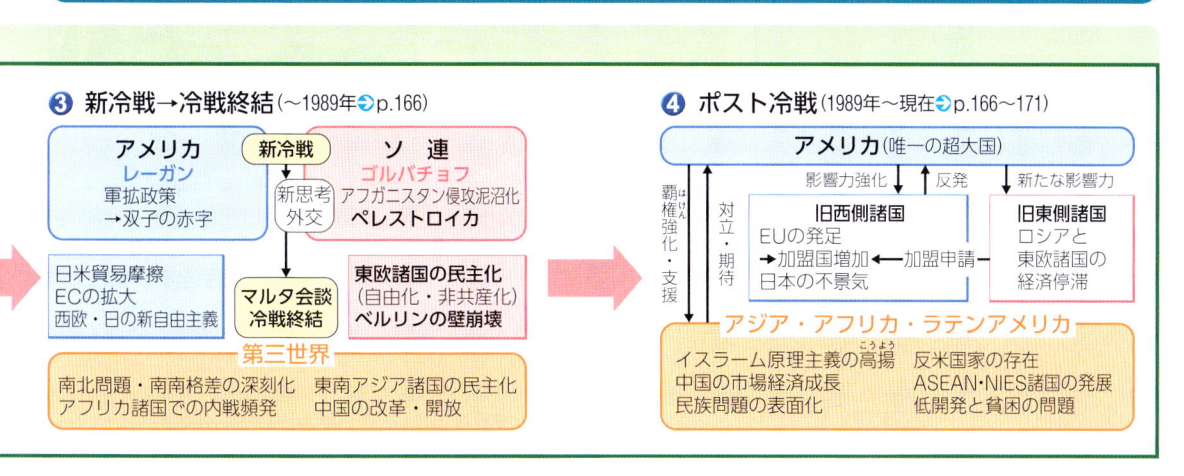

注：この時計は，核戦争や環境破壊などによる世界の終末を午前0時とし，その接近度を表示するものである。核の脅威に環境・経済問題を加味して更新される。
（Bulletin of the Atomic Scientists資料）

①東西対立　②デタント・多極化　③新冷戦　④ポスト冷戦

年	1947	49	53	60	63	68	69	72	74	80	81	84	88	90	91	95	98	2002	07	10	12	15	18	19	20
分	7分	3分	2分	7分	12分	7分	10分	12分	9分	7分	4分	3分	6分	10分	17分	14分	9分	7分	5分	6分	5分	3分	2分半	2分	100秒
出来事	「終末時計」が登場	ソ連の原爆開発	米ソの水爆開発	発展途上国への援助	部分的核実験禁止条約	仏中の核兵器開発	米の核拡散防止条約批准	SALTⅠ調印	インド核開発／SALTⅡ交渉難航	米ソの核軍縮交渉難航	軍拡競争	軍拡競争加速	INF全廃条約調印	冷戦改善／東欧改革	冷戦終結／STARTⅠ調印	解体核の管理問題／STARTⅡ未批准	インド・パキスタン核実験	テロの危険性／核軍縮の停滞	北朝鮮の核実験，温暖化など	核軍縮の機運	福島第一原発事故	核軍縮・地球温暖化への取り組みの停滞	核使用の懸念・不十分な対応	核軍縮・気候変動	米イランの核問題／INF全廃条約の失効，イランの核合意離脱

③ 新冷戦→冷戦終結（～1989年→p.166）

アメリカ レーガン：軍拡政策→双子の赤字
新冷戦
ソ連 ゴルバチョフ：新思考外交／アフガニスタン侵攻泥沼化／ペレストロイカ

日米貿易摩擦／ECの拡大／西欧・日の新自由主義 → マルタ会談 冷戦終結

東欧諸国の民主化（自由化・非共産化）／ベルリンの壁崩壊

第三世界：南北問題・南南格差の深刻化／アフリカ諸国での内戦頻発／東南アジア諸国の民主化／中国の改革・開放

④ ポスト冷戦（1989年～現在→p.166～171）

アメリカ（唯一の超大国）

覇権強化・支援 / 対立・期待 / 影響力強化 ↔ 反発 / 新たな影響力

旧西側諸国：EUの発足→加盟国増加←加盟申請／日本の不景気
旧東側諸国：ロシアと東欧諸国の経済停滞

アジア・アフリカ・ラテンアメリカ
イスラーム原理主義の高揚／反米国家の存在／中国の市場経済成長／ASEAN・NIES諸国の発展／民族問題の表面化／低開発と貧困の問題

●重要用語　⑮国際連合　⑯冷戦　⑰デタント（緊張緩和）　⑱第三世界

B 冷戦の始まり（1940年代後半〜50年代）

1 冷戦構造の形成
Q「冷戦構造」とは，どのようなものか？

資本主義陣営（西側）		対立		社会主義陣営（東側）
1947年 トルーマン・ドクトリン（主義） 米による共産主義の封じ込め政策	政治		1947年	コミンフォルム（共産党情報局，〜1956） 東欧各国の共産党の協力機関
1947年 マーシャル・プラン 米による欧州の経済復興への援助計画	経済		1949年	経済相互援助会議（コメコン，〜1991） 社会主義諸国の経済協力組織
1949年 北大西洋条約機構（NATO*） *North Atlantic Treaty Organization	軍事		1955年	ワルシャワ条約機構（WTO*，〜1991） *Warsaw Treaty Organization

解説 東西の対立 第二次世界大戦後，アメリカ・ソ連をそれぞれ頂点とする，2つの陣営の対立が始まった。西側からは，チャーチルの「**鉄のカーテン**」**演説**（→2）を前ぶれとして，冷戦の開始宣言というべき**トルーマン・ドクトリン**（→3）が発表された。これに対し，東側は各国の共産党の提携と情報交換を目的として，**コミンフォルム**を設置。東西の対立が進行した。

2 チャーチルの「鉄のカーテン」演説（1946年）

いまやバルチック海（バルト海）のシュテッティン（ステッチン）からアドリア海のトリエステまで，1つの鉄のカーテンがヨーロッパ大陸を横切っておろされている。……

▽チャーチルの「鉄のカーテン」演説（1946年3月）
チャーチル
トルーマン大統領

この『鉄のカーテン』を越えて西ヨーロッパまで手をのばしてきた各地の共産党第5列は，文明に対する挑戦である。……だから手遅れにならぬうちに，すべての国にできるだけ早く自由と民主主義を確立しなくてはならない。そのために民主諸国とりわけアングロ・サクソンの人々はしっかりと団結する必要がある。
（松本重治編『世界の歴史16』中央公論社）

解説 鉄のカーテン 1946年，戦中に英国首相を務めたチャーチルが米国のフルトンで演説をした。彼は，欧州が共産主義の東欧と自由主義の西欧に分かれている状態を，共産圏の閉鎖的秘密主義を皮肉って「欧州大陸には**鉄のカーテン**がおろされている」と評した。その後，冷戦の緊張状態を表す表現として盛んに用いられた。

3 トルーマン・ドクトリン（1947年）

もしギリシャが武装した少数派の支配に陥るならば，その隣国であるトルコへの影響は緊急かつ重大なものであろう。混乱と無秩序は，中東全体に波及するであろう。

△トルーマン

さらに，独立国家としてのギリシャが消滅するならば，戦争の損害を回復しつつ自国の自由と独立の維持のために大きな困難と闘っているヨーロッパ諸国に，深刻な影響を与えるであろう。

世界の自由な人民は，われわれが彼らの自由を維持することに支持を与えるよう熱望している。もしわれわれがわれわれの指導性にためらいを示すならば，われわれが世界の平和を危機にさらし，われわれ自身の国家の安寧を危くするであろうことは明かである。
（杉江栄一編『現代国際政治資料集』法律文化社）

解説 冷戦の始まり 1947年，アメリカ大統領トルーマンは，共産主義勢力が強まっていたギリシャ，トルコへの経済援助を要請する議会演説を行い，共産主義**封じ込め政策**を提唱した。これは，その後のアメリカ外交の基本路線となった。同年，国務長官マーシャルは，アメリカによる欧州の経済の復興と自立のための援助計画，**マーシャル・プラン**を発表したが，これは後に，共産主義の拡大を防ぐための西欧への軍事的援助という性格を強めた。

Q ヨーロッパはどのように西と東に分けられたのか？

4 第二次世界大戦後のヨーロッパ（冷戦下）

凡例：
- 鉄のカーテン
- NATO成立時の加盟国
- WTO成立時の加盟国

△空輸物資を待つ人々
テンペルホーフ飛行場に向かう米軍機

解説 ベルリン封鎖 第二次世界大戦後のベルリンは，米・ソ・英・仏による4か国共同管理（分割占領）下に置かれた。1948年6月，ソ連は西独地区の通貨改革に対抗して，西独本土から西ベルリンに至る交通路を遮断した（**ベルリン封鎖**）。西側は，西ベルリン市民の生活必需品供給のため，のべ27万回に及ぶ空輸作戦を展開して対抗した。この問題は1949年5月，ベルリン封鎖解除に関する米・ソ・英・仏四国協定が成立し，約11か月ぶりに解決した。その後，ヨーロッパにおける東西冷戦を象徴するベルリン問題は，**1961年，総延長160kmに及ぶ「ベルリンの壁」の構築**といったドイツの民族的悲劇をもたらした。

入試クイズ：アメリカはトルーマン・ドクトリンなど，東側陣営を封じ込めるための政策を実施し，共産主義勢力の拡大を阻止することに努めた。○？×？〈10本〉（→3）　答：○

5 冷戦期の東西対立（ヤルタ体制）
◎冷戦下の世界は、どのような状況だったのか？

ワルシャワ条約機構（WTO）1955年（1991年解体）
ワルシャワ条約に基づく、ソ連・ブルガリア・ハンガリー・東ドイツなど東欧社会主義8か国（うちアルバニアは1968年に脱退）による軍事同盟

北大西洋条約機構（NATO）1949年
ソ連に対抗し、アメリカや西ヨーロッパ諸国を中心に12か国が参加した軍事同盟。冷戦終了後は、東欧諸国も加盟（現在30か国）

中ソ友好同盟相互援助条約 1950年（1980年失効）

日米安全保障条約 1951年

米韓相互防衛条約 1953年

米華相互防衛条約 1954年（1979年、米と台湾が断交）

米比相互防衛条約 1951年

米州機構（OAS）1948年＊2

バクダード（中東）条約機構（METO）1955年（1959年CENTO、79年解体）
イラン・イラク・パキスタン・トルコ・イギリスによる反共産主義同盟

太平洋安全保障条約（ANZUS）1951年＊1

東南アジア条約機構（SEATO）1954年（1977年解体）
アメリカ・イギリス・パキスタン・フィリピン・タイなど8か国（うちパキスタンは1973年に脱退）による反共産主義同盟

＊1 ニュージーランドは、1984年に事実上離脱。
＊2 ベネズエラは、2017年に脱退を表明。

（1955年）□：西側　■：東側

解説　東西勢力の均衡
アメリカの共産主義勢力「封じ込め」は、太平洋側では日米安全保障条約を軸とした諸同盟を形成し、大西洋側にはNATO、その両者をMETO、SEATOで埋める、軍事同盟網をつくった。ソ連は、中ソ友好同盟を結び、WTOを発足させ、これに対抗した。

●冷戦期の主な国際紛争　●赤字は冷戦を反映した紛争

● **インドシナ戦争**（→p.164）

■ **カシミール紛争**　インドとパキスタンの間の国境に位置するカシミール地方では、住民の大半がイスラム教徒である一方で、支配者の王がヒンドゥー教徒であったため、1947年のインド、パキスタンの分離独立時に帰属が決まらなかった。その領有権をめぐり3度に渡る印パ戦争が勃発。

● **朝鮮戦争**（→6）

● **ハンガリー動乱**　1956年10月、ソ連スターリン主義政策に反発したハンガリーの民衆が、ナジ＝イムレの復権を求めて蜂起。ソ連の軍事介入につながり、ナジは処刑された。

● **ベトナム戦争**（→p.164）

● **チェコ事件**　ドプチェク第一書記が進めた自由化・民主化の改革（プラハの春）に対し、ワルシャワ条約機構軍が介入し、ドプチェクらをソ連に連行。自由化・民主化路線は阻止された。

■ **中ソ国境紛争**　中国とソ連の間では、1960年以降国際共産主義をめぐって路線論争と覇権争いが激化。1969年には、ダマンスキー島（珍宝島）で大規模な武力衝突が起こった。

● **ソ連のアフガニスタン侵攻**　ソ連がアフガニスタンに軍を送り、親ソ連派の共産主義政権を樹立。それに対しアフガニスタンの人々は反ソ連の武装組織を結成して武力闘争に突入。

● **カンボジア内戦**（→p.164）（→p.185）

■ **イラン・イラク戦争**（→p.167）　イスラム原理主義に基づくイラン革命の翌年、イラクのイラン侵攻をきっかけに開始。イラン革命拡大を懸念した周辺諸国はイラクを支援。その後のイラクのクウェート侵攻（→p.167 2）につながった。

6 朝鮮戦争（1950～1953年休戦）
◎朝鮮戦争が米ソの代理戦争といわれるのはなぜか？

北緯38度線を境に南北に分裂した朝鮮は、欧米自由主義とソ中社会主義の接点となっていた。1950年6月、北朝鮮軍が北緯38度線を越えて猛烈な勢いで進撃したことから、軍事衝突が始まり、韓国軍は圧倒され後退を続けた。これに対しアメリカは、国連緊急安保理に「北朝鮮による侵略非難・韓国援助」の決議を求めた。中国代表権問題で欠席戦術をとっていたソ連＊を除いて安保理は開催され、アメリカ案が採択された。

安保理の勧告により、アメリカ軍以下十数の加盟国の軍隊は「国連軍」の名を得た（**国連憲章に基づく国連軍ではない**）（→p.156 1）。この指揮は、アメリカ政府の任命した司令官にゆだねられ、アメリカ軍は日本を基地に、戦争に全力を投入した。「国連軍」4万が進撃すると、中国義勇軍も北朝鮮支持に加わり、激戦が繰り返された。朝鮮全土の80％が焦土となり、300万人がこの戦争の犠牲になった。　▶朝鮮戦争

1953年の休戦協定により、戦闘は停止したが、民族分断の悲劇は今も続いている。現在も韓国に駐留しているアメリカ軍は、「国連軍」ということになっている。

＊1950年8月から復帰し、北朝鮮非難決議案に対して拒否権を行使。これを機に、1950年11月の国連総会では、平和のための結集決議が採択された。（→p.156 2）

●朝鮮戦争の構図

1948年成立　**朝鮮民主主義人民共和国**　←支援←　**ソ連**（欠席）
　　　　　　　　　　　　　　　　　　　　　　　　　　　国際連合
　　　　　　　　　　　　　　　　　　　←義勇軍←　**中華人民共和国**（未加盟）

1950.6.25 国連安保理（ソ連欠席）北朝鮮非難決議

戦闘✕（1950.6～53.7休戦）

1950.7.7「国連軍」設置（司令官マッカーサー）

1948年成立　**大韓民国**　←「国連軍」の派遣←　**アメリカ**「国連軍」の主力

日本（特需景気）

1951.2.1 総会、中国非難決議

解説　アジアの熱い戦争　1950年、冷戦はアジアで「熱い戦争」に発展し、朝鮮戦争がぼっ発した。米ソ対立が激化する中で起こったこの戦争は米ソの代理戦争といわれ、これによって西ドイツのNATO軍編入や東南アジア条約機構（SEATO）結成など、アメリカ陣営の再軍備が促進された。これに対し、ソ連側も55年にワルシャワ条約機構（WTO）を成立させ、西側と対決する姿勢を示した。

▶重要用語　163冷戦　164北大西洋条約機構（NATO）　165ワルシャワ条約機構（WTO）　166トルーマン・ドクトリン　167マーシャル・プラン　168コミンフォルム（共産党情報局）　169経済相互援助会議（コメコン）　170朝鮮戦争　174ベトナム戦争　175カンボジア内戦　182イラン革命

C｜デタント（緊張緩和）(1960年代〜70年代)

1 キューバ危機 (1962年)
◎キューバ危機は，冷戦にどのような影響をもたらしたのか？

革命前のキューバ
キューバは，1898年の米西戦争でスペインから独立したが，それは名目的なものであり，アメリカがキューバを経済・軍事面で従属的な立場に置いていた。

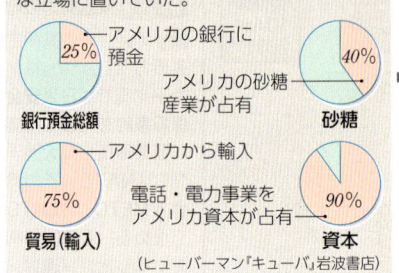

- 銀行預金総額：アメリカの銀行に預金 25%
- 砂糖：アメリカの砂糖産業が占有 40%
- 貿易（輸入）：アメリカから輸入 75%
- 資本：電話・電力事業をアメリカ資本が占有 90%

（ヒューバーマン『キューバ』岩波書店）

キューバ革命
1959年カストロら革命派は，米に支援されたバティスタ独裁政権を打倒。61年にはラテンアメリカ最初の社会主義政権を樹立した。

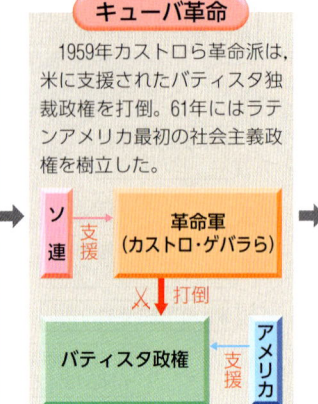

ソ連→支援→革命軍（カストロ・ゲバラら）→打倒→バティスタ政権←支援←アメリカ

キューバ危機
革命により社会主義国となったキューバに，1962年ソ連がミサイル基地を作ろうとした。これに対し，アメリカは海上封鎖を行い，緊張が高まったが，ソ連が譲歩し危機は去った。

◁航行中のソ連船を査察する米国の駆逐艦（手前）と海軍機

解説　核戦争の危機　1962年アメリカは，ソ連がキューバにミサイル基地を建設していることを確認した。当時のアメリカ大統領ケネディは，海上封鎖を実行してミサイル搬入を阻止。キューバからのミサイル攻撃に対しては，ソ連に報復するという警告を発し，ソ連の譲歩を引き出そうとした（**キューバ危機**）。ここに世界は米・ソの直接衝突による**核戦争の恐怖**にさらされた。結局，当時のソ連首相フルシチョフがミサイル撤去の見返りに，ケネディからキューバ不侵攻の約束をとりつけたため，世界戦争の危機は回避された。この事件を受けて，翌年，意図せぬ武力衝突を回避するため，米ソ間に**ホットライン（直通電話）**が設置された。また，**部分的核実験禁止条約（PTBT）**の締結によって初の核軍備管理が進む（◎p.173 1）など，**緊張緩和（デタント）**への機運が高まった。

2 インドシナ問題
親ソ…ソ連が支援　越…ベトナム

年	ベトナム関係（黒字）／カンボジア関係（青字）
1945	ベトナム民主共和国（北，親ソ中）独立宣言
1946	インドシナ戦争開始…フランスがベトナムの再植民地化を図る
1949	ベトナム国（南，親仏）成立／カンボジア王国独立（シアヌーク国王）
1954	ジュネーブ休戦協定に調印
1955	ベトナム共和国（南，親米）成立
1960	南ベトナム解放民族戦線結成
1965	米，北ベトナム空爆…ベトナム戦争本格化
1970	クーデターでシアヌークが失脚し，親米政権に
1973	ベトナム和平協定調印，米のベトナム撤退完了
1975	北ベトナムが南を解放…ベトナム戦争終結
1976	民主カンボジア（親中ポル＝ポト政権）成立（100万人を殺害）／ベトナム社会主義共和国成立…南北ベトナム統一
1978	ベトナムがカンボジアに侵攻
1979	カンボジア人民共和国（親越ヘン＝サムリン政権）成立／中国がベトナムに侵攻…中越戦争
1982	シアヌーク，ポル＝ポトら，反越連合政府を樹立
1989	ベトナムがカンボジアから撤退
1991	カンボジア和平協定調印
1993	国連の支援でカンボジア王国成立（シアヌーク国王）
1995	アメリカと国交樹立

◎冷戦下のアジアではどのような紛争が起こっていたのか？

1 ベトナム戦争

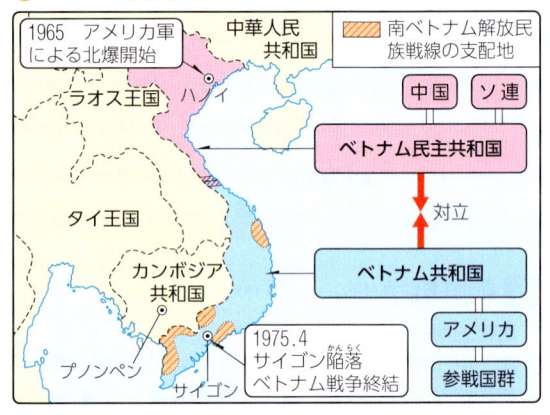

1965 アメリカ軍による北爆開始／1975.4 サイゴン陥落　ベトナム戦争終結
中華人民共和国／ラオス王国／タイ王国／カンボジア共和国／プノンペン／サイゴン
南ベトナム解放民族戦線の支配地
中国・ソ連→ベトナム民主共和国⇔対立⇔ベトナム共和国→アメリカ・参戦国群

解説　ベトナム戦争の背景　ベトナムでの共産軍の勝利によってインドシナ全域が共産主義化し，やがて東南アジア全体が共産主義の脅威にさらされることをおそれたアメリカは，ジュネーブ休戦協定成立後，フランスに代わってインドシナへの介入を行った。これは北ベトナムを支援するソ連・中国との対立を生み，ベトナム戦争は東西の**代理戦争**と化した。
　1968年，南ベトナム全土で決行された解放勢力による一斉攻撃で打撃を受けたアメリカは，世界的な反戦運動の圧力にも押されて撤兵を開始。その後南部が解放されて南北統一が実現し，ベトナム社会主義共和国が誕生した。

2 カンボジア内戦

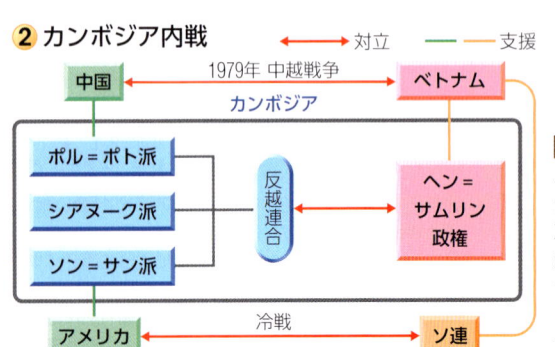

⇔対立　━支援

中国⇔（1979年 中越戦争）⇔ベトナム
カンボジア：ポル＝ポト派／シアヌーク派／ソン＝サン派　─反越連合─　ヘン＝サムリン政権
アメリカ⇔冷戦⇔ソ連

解説　カンボジア内戦の歴史　米軍のベトナム撤退後，1976年にポル＝ポト政権（中国支援）が成立。79年には**ヘン＝サムリン政権（ベトナム支援）**ができ，反ベトナムグループとの**内戦**になった。内戦は，冷戦終結やベトナム軍撤兵により沈静化。93年国連カンボジア暫定統治機構（UNTAC）の監視下で総選挙が実施され，シアヌークを国王とするカンボジア王国が成立した。2009年，大量虐殺を行ったポル＝ポト政権の元幹部を裁くカンボジア・クメール＝ルージュ裁判特別法廷が開廷した（◎p.150）。

メモ　キューバ危機後のホットライン設置など，敵対する国家や国家集団間で，誤解や誤算による武力紛争の発生や拡大を防止するための措置を，**信頼醸成措置（CBM）**という。（◎p.178）

D 多極化と第三世界の台頭(1960年代初頭)

アジア・アフリカ会議

1 二極化から多極化へ

Q 米ソ以外の新たな勢力には何があげられるか?

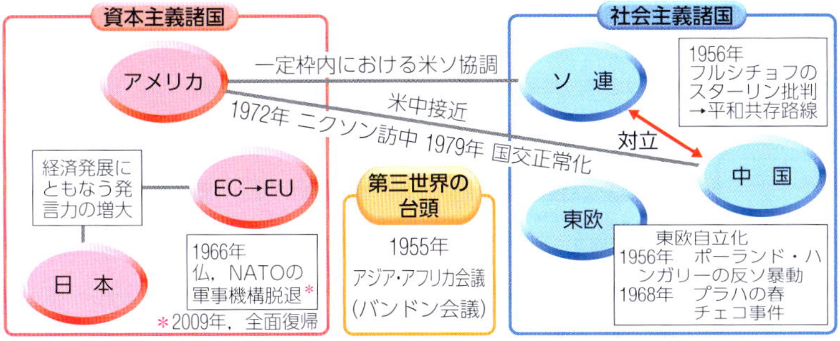

資本主義諸国
アメリカ
一定枠内における米ソ協調
米中接近
1972年 ニクソン訪中 1979年 国交正常化
経済発展にともなう発言力の増大
EC→EU
日本
1966年 仏，NATOの軍事機構脱退*
*2009年，全面復帰
第三世界の台頭
1955年 アジア・アフリカ会議(バンドン会議)
社会主義諸国
ソ連
1956年 フルシチョフのスターリン批判 →平和共存路線
対立
中国
東欧
東欧自立化
1956年 ポーランド・ハンガリーの反ソ暴動
1968年 プラハの春 チェコ事件

解説 **多極化する世界** 第二次世界大戦後，国際政治は米・ソ両大国をそれぞれの極として，東西両陣営に分かれて対立していた。しかし1960年代に入ると，西側陣営ではヨーロッパ共同体(EC)・日本の経済発展によって，アメリカの地位が相対的に低下し，東側陣営では中ソ対立の激化，東欧諸国のソ連に対する自立が見られた。また，第三世界勢力も台頭し，国際社会は多数の国が主導性を発揮する，多極化の時代を迎えることとなった。

2 平和5原則・平和10原則・非同盟諸国首脳会議

平和5原則(1954年)

❶領土保全と主権の相互尊重　❷相互不可侵
❸相互の内政不干渉　❹平等互恵
❺平和共存

平和10原則(1955年)　赤字：5原則を継承

①基本的人権と国連憲章の尊重　②主権と領土保全の尊重(❶)
③人類と国家間の平等(❹)　④内政不干渉(❸)
⑤単独・集団の自衛権尊重　⑥大国有利の集団的防衛排除
⑦武力侵略の否定(❷)　⑧国際紛争の平和的解決(❺)
⑨相互の利益・協力促進　⑩正義と国際義務の尊重

第1回非同盟諸国首脳会議(1961年)

①植民地主義の清算　②平和共存
③民族解放闘争の支持　④外国軍基地の一掃
⑤軍事同盟への不参加　⑥原水爆反対

周恩来(中国)
ネルー(インド)
インディラ=ガンディー(ネルーの娘)

◀ネルー・周恩来会談 1954年，両首脳がチベットをめぐる交渉に臨み，国際関係の前提として「**平和5原則**」を発表した。

◀アジア・アフリカ会議(バンドン会議) 1955年，日本を含むアジア・アフリカの29か国が集結。「平和5原則」を発展させた「**平和10原則**」を採択。

(モロッコ)
(セイロン)
スカルノ(インドネシア)
ナセル(エジプト)
ティトー(ユーゴスラビア)
(サウジアラビア)
(チュニジア)
(キューバ)
エンクルマ(ガーナ)
ネルー(インド)

解説 **第三世界の台頭** インドのネルー首相と中国の周恩来首相は「**平和5原則**」を発表し，これを世界の国々に適用すべきだとした。翌年，アジア・アフリカ諸国がバンドン(インドネシア)に集まり，**アジア・アフリカ会議**を開いた。会議では，「平和5原則」を具体化し，反植民地主義と民族自決主義を内容とする「**平和10原則**」が採択された。その後，**非同盟諸国首脳会議**が行われ，平和共存，反植民地を基本に団結した。

△第1回非同盟諸国首脳会議 1961年，東西両陣営のどちらの軍事同盟にも参加せず(非同盟主義)，平和共存・反植民地主義を主張するティトー・ナセル・スカルノ・ネルーの呼びかけで，ベオグラードで開催。現在でもこの首脳会議は開催されている。

Q アジア・アフリカ諸国の独立は，どのような影響を与えたのか?

3 アジア・アフリカの独立国

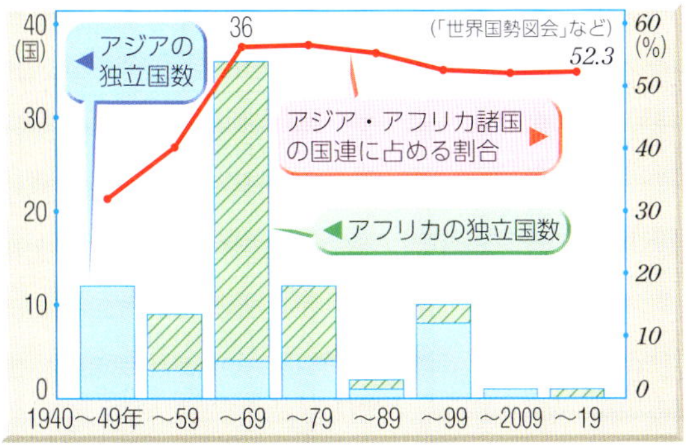

40 (国)
30
20
10
0
60 (%)
50
40
30
20
10
0
36
(「世界国勢図会」など)
52.3
アジアの独立国数
アジア・アフリカ諸国の国連に占める割合
アフリカの独立国数
1940~49年 ~59 ~69 ~79 ~89 ~99 ~2009 ~19

解説 **アジア・アフリカ諸国の独立** 帝国主義列強の支配下にあった，アジア・アフリカの植民地・従属国のほとんどがようやく独立を勝ち取ったのは，第二次世界大戦後のことである。特に1960年は国連で植民地独立付与宣言が採択され，17か国が独立し，「**アフリカの年**」と呼ばれたが，これは民族解放運動が高まる中，植民地を維持しようとする英仏に対し，**冷戦下で自らの勢力拡大を図る米ソ両大国の独立支援**があったことなどが理由としてあげられる。

これらの新興独立国は，自らが長年にわたって支配されてきた歴史的経験から，帝国主義的戦争に反対し，東西両陣営のいずれにも属さない**第三世界**を形成して，今日国際連合の中で大きな勢力となっている。

重要用語 (171)キューバ危機 (172)ホットライン (173)デタント(緊張緩和) (174)ベトナム戦争 (175)カンボジア内戦 (176)第三世界 (177)平和5原則 (178)アジア・アフリカ会議(バンドン会議) (179)平和10原則 (180)非同盟諸国首脳会議

E 冷戦の終結（1989年）

1 冷戦終結の要因

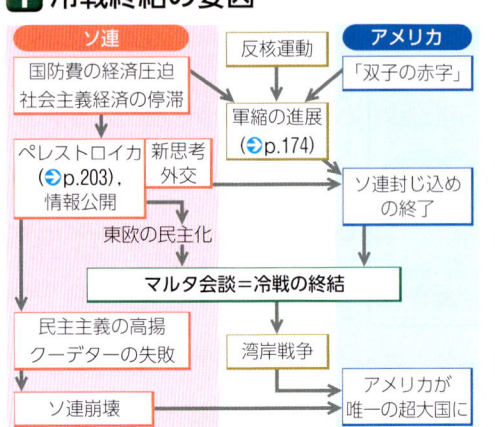

ソ連
- 国防費の経済圧迫
- 社会主義経済の停滞
- ペレストロイカ（→p.203），情報公開
- 東欧の民主化
- 民主主義の高揚
- クーデターの失敗
- ソ連崩壊

反核運動 → 軍縮の進展（→p.174）

アメリカ
- 「双子の赤字」
- 新思考外交
- ソ連封じ込めの終了
- 湾岸戦争
- アメリカが唯一の超大国に

マルタ会談＝冷戦の終結

○**マルタ会談**（1989年）　ブッシュ（父）大統領とゴルバチョフ最高会議議長が，東欧の改革支持や，ドイツの統一問題などをめぐり合意，冷戦の終結を宣言した。
（「朝日新聞」1991.12.22） 

ゴルバチョフ最高会議議長（ソ連）　G＝H＝ブッシュ大統領（アメリカ）

独立国家共同体が誕生
ソ連邦69年で消滅　ゴ大統領退陣決定

○**ソ連消滅**（1991年）　11の旧ソ連構成国によって，ゆるやかな主権国家の統合をめざす，独立国家共同体（CIS）が発足。ゴルバチョフ大統領が辞任し，69年間続いたソ連が消滅した。

解説　冷戦の終結　冷戦下の軍拡競争は，米ソ両国に巨額の財政負担を強いた。また，ゴルバチョフの**ペレストロイカ**，新思考外交によって東欧の民主化や東西対立の緩和がもたらされ，**マルタ会談**での**冷戦終結宣言**につながった。

2 冷戦後の主な国際問題・紛争

冷戦後の世界で新たに問題となったのは，どのようなことだろうか？

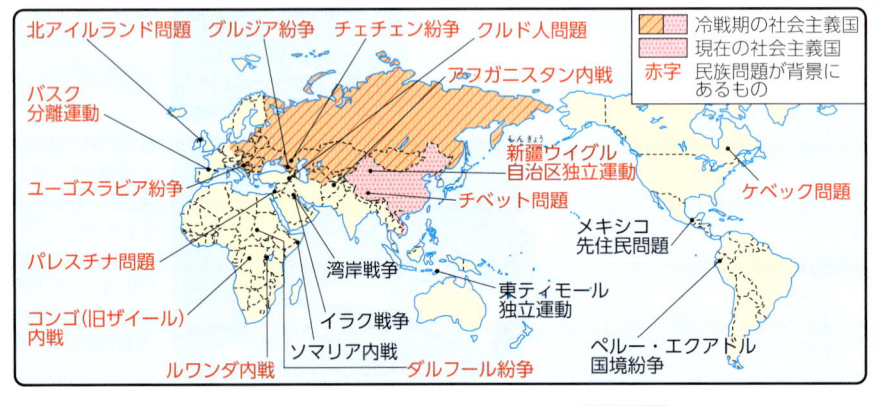

地図凡例：
- 冷戦期の社会主義国
- 現在の社会主義国
- 赤字　民族問題が背景にあるもの

地図中の紛争・問題：
- 北アイルランド問題
- グルジア紛争
- チェチェン紛争
- クルド人問題
- バスク分離運動
- アフガニスタン内戦
- 新疆ウイグル自治区独立運動
- ユーゴスラビア紛争
- チベット問題
- ケベック問題
- パレスチナ問題
- メキシコ先住民問題
- コンゴ（旧ザイール）内戦
- 湾岸戦争
- 東ティモール独立運動
- イラク戦争
- ルワンダ内戦
- ソマリア内戦
- ダルフール紛争
- ペルー・エクアドル国境紛争

解説　多発する民族紛争　冷戦期に米ソの代理戦争という性格を持っていた地域紛争（→p.163）は，冷戦終結後，**民族**を争点とするようになった。ソ連やユーゴスラビアでは，冷戦期に抑えられていた民族問題が噴出，各民族が独立を求めて国が解体し，その後**民族紛争**や民族間の対立が起こった。民族紛争はアジアやアフリカでもぼっ発し，虐殺や大量の難民が生じた。（→p.187）

3 冷戦後のヨーロッパ安全保障機構

欧州安全保障協力機構（OSCE）57か国

欧州連合（EU）27か国
アイルランド，フィンランド，キプロス，オーストリア，マルタ，スウェーデン

バチカン，スイス，アンドラ，セルビア，モナコ，ジョージア，サンマリノ，リヒテンシュタイン，ウクライナ*1，トルクメニスタン*2，ボスニア・ヘルツェゴビナ，モンゴル

*1 2018年，CIS脱退に関する大統領令に署名。
*2 2005年にCIS脱退。準加盟国に。

北大西洋条約機構（NATO）30か国
スロベニア，エストニア，アメリカ，フランス，リトアニア，イギリス，ドイツ，ラトビア，カナダ，ベルギー，チェコ，ノルウェー，オランダ，ハンガリー，アイスランド，スロバキア，ポーランド，トルコ，イタリア，デンマーク，アルバニア，ギリシャ，ブルガリア，モンテネグロ，スペイン，ルーマニア，北マケドニア，ポルトガル，ルクセンブルク，クロアチア

独立国家共同体（CIS）9か国
ロシア，アルメニア，ベラルーシ，アゼルバイジャン，カザフスタン，ウズベキスタン，モルドバ，キルギス，タジキスタン

（「外交青書」など）

解説　東欧諸国のNATO・EUへの加盟　NATOは地域全体の安定を目的とし，冷戦終結後いわば安全保障上の空白地帯となった**東欧地域へ拡大**を継続してきた。現在では，東欧諸国のほとんどがNATOに加盟するに至り，NATO拡大に反対の姿勢を示すロシアとも国境を接している（→p.169I）。また，EUについても2013年にはクロアチアが加盟するなど東欧諸国の加盟が続いている（→p.344③）。

ナットク！　冷戦後の国際社会

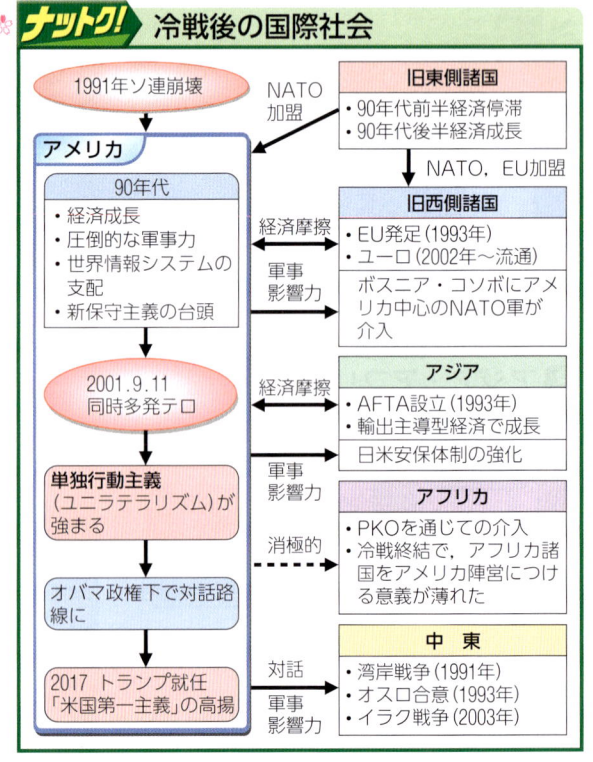

1991年ソ連崩壊

アメリカ
- 90年代
  - 経済成長
  - 圧倒的な軍事力
  - 世界情報システムの支配
  - 新保守主義の台頭
- 2001.9.11 同時多発テロ
- 単独行動主義（ユニラテラリズム）が強まる
- オバマ政権下で対話路線に
- 2017 トランプ就任「米国第一主義」の高揚

旧東側諸国（NATO加盟）
- 90年代前半経済停滞
- 90年代後半経済成長
→ NATO，EU加盟

旧西側諸国
- EU発足（1993年）
- ユーロ（2002年～流通）
- ボスニア・コソボにアメリカ中心のNATO軍が介入
（経済摩擦／軍事影響力）

アジア
- AFTA設立（1993年）
- 輸出主導型経済で成長
- 日米安保体制の強化
（経済摩擦／軍事影響力）

アフリカ
- PKOを通じての介入
- 冷戦終結で，アフリカ諸国をアメリカ陣営につける意義が薄れた
（消極的）

中東
- 湾岸戦争（1991年）
- オスロ合意（1993年）
- イラク戦争（2003年）
（対話／軍事影響力）

入試クイズ　アメリカはイラクのクウェート侵攻によって生じた湾岸危機に対して軍事行動をとらなかった。○？×？〈12本〉（→F2）　答：×

F 湾岸戦争～イラク戦争

1 中東地域の動向

青字：イラク関連

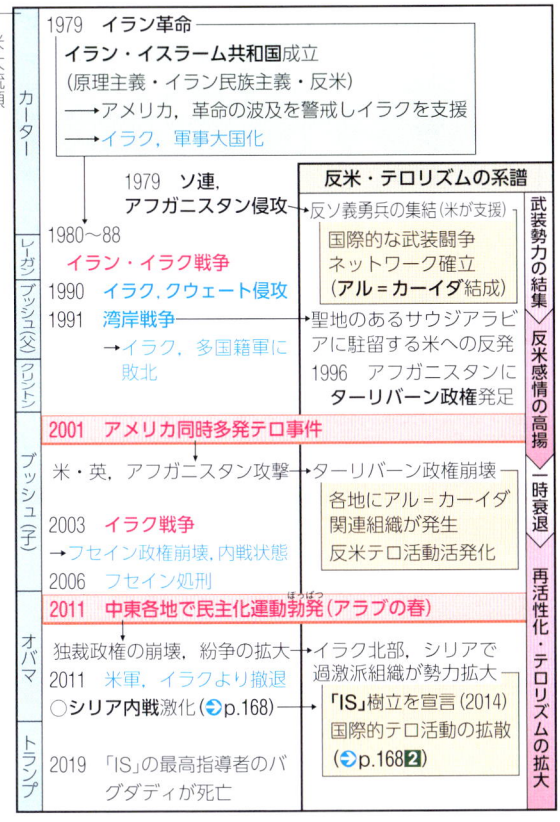

米大統領	年	出来事	反米・テロリズムの系譜	
カーター	1979	イラン革命 イラン・イスラーム共和国成立 （原理主義・イラン民族主義・反米） →アメリカ、革命の波及を警戒しイラクを支援 →イラク、軍事大国化		
レーガン	1979 1980～88	ソ連、アフガニスタン侵攻 イラン・イラク戦争	反ソ義勇兵の集結（米が支援） 国際的な武装闘争 ネットワーク確立 （アル＝カーイダ結成）	武装勢力の結集
ブッシュ(父) クリントン	1990 1991	イラク、クウェート侵攻 湾岸戦争 →イラク、多国籍軍に敗北	聖地のあるサウジアラビアに駐留する米への反発 1996 アフガニスタンにターリバーン政権発足	反米感情の高揚
ブッシュ(子)	2001 2003 2006	アメリカ同時多発テロ事件 米・英、アフガニスタン攻撃 イラク戦争 →フセイン政権崩壊、内戦状態 フセイン処刑	ターリバーン政権崩壊 各地にアル＝カーイダ関連組織が発生 反米テロ活動活発化	一時衰退
オバマ	2011 2011	中東各地で民主化運動勃発（アラブの春） 独裁政権の崩壊、紛争の拡大 米軍、イラクより撤退 ○シリア内戦激化（→p.168）	イラク北部、シリアで過激派組織が勢力拡大 「IS」樹立を宣言（2014） 国際的テロ活動の拡散（→p.168❷）	再活性化・テロリズムの拡大
トランプ	2019	「IS」の最高指導者のバグダディが死亡		

解説 中東の混迷 フセイン政権の崩壊や、「アラブの春」後の混乱で生じた権力の空白地帯で、過激派組織が勢力を拡大した。

●「イスラーム原理主義」とは
イスラーム（イスラム教）に基づいた伝統社会の復興をめざす思想。欧米型の近代化や社会・政治様式を採り入れたことが貧困をはじめとする諸問題の原因であると考えている。原理主義は、直接テロと結びつくものではない。しかし、原理主義勢力の中にはアル＝カーイダのように、イスラームの教義からは全く外れたテロを含む非合法活動を行う過激派が存在する。

2 湾岸戦争(1991年)

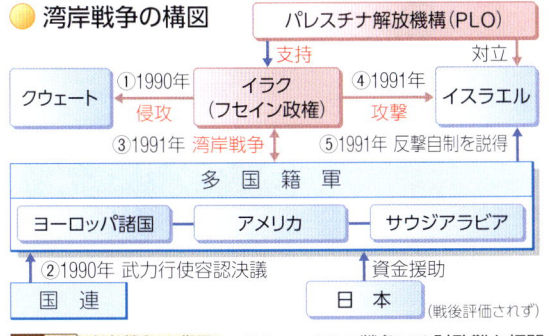

● 湾岸戦争の構図

パレスチナ解放機構(PLO)
支持（イラク）／対立（イスラエル）

クウェート ←①1990年 侵攻― イラク（フセイン政権） ―④1991年 攻撃→ イスラエル
③1991年 湾岸戦争　⑤1991年 反撃自制を説得

多国籍軍：ヨーロッパ諸国／アメリカ／サウジアラビア
②1990年 武力行使容認決議：国連
資金援助：日本（戦後評価されず）

解説 湾岸戦争の背景 イラン・イラク戦争での財政難を打開するため、イラクはクウェートに侵攻。それまで親イラク的だったアメリカも、多国籍軍の中心として攻撃した。これに対し、イラクはイスラエルによるパレスチナ占領を引き合いに出して反論。戦争はハイテク兵器を駆使した多国籍軍が勝利したが、パレスチナ問題解決の必要性が認識される契機となった。

3 アメリカ同時多発テロ(2001年)

◯旅客機が世界貿易センタービルに激突　2001年9月11日、ハイジャックされた旅客機がニューヨークの世界貿易センタービルやワシントンの国防総省に次々と激突。計3000人以上が死亡する大惨事となった。
Chao Soi Cheong／AP／WWP

◯アル＝カーイダの指導者オサマ・ビンラディン　2011年死亡。

解説 テロの標的となったアメリカ アメリカの親イスラエル的な中東政策への反感に加え、湾岸戦争以降、イスラームの聖地メッカのあるサウジアラビアにアメリカ軍が駐留を続けたことで、反米感情が高揚。イスラーム原理主義過激派組織アル＝カーイダが主導するテロ事件が発生した。アメリカはこの組織をかくまうアフガニスタンのターリバーン政権を攻撃、崩壊させた（→p.185❼）。

4 イラク戦争(2003年)

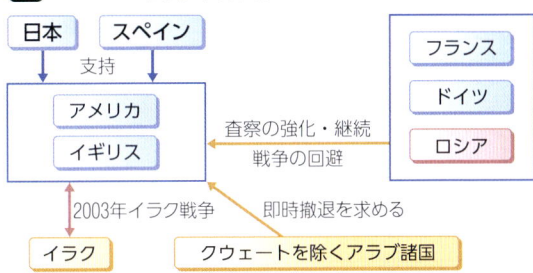

日本・スペイン → 支持 → アメリカ・イギリス ← 査察の強化・継続、戦争の回避 ← フランス・ドイツ・ロシア

アメリカ・イギリス →2003年イラク戦争→ イラク
即時撤退を求める → クウェートを除くアラブ諸国

解説 単独行動主義への傾斜 アフガニスタン攻撃以降、ブッシュ(子)大統領は、「テロに対する戦い」を掲げ、大量破壊兵器の保持が疑われていたイラク*を「悪の枢軸」と非難。先制攻撃も辞さない姿勢を示した。イラクは国連による査察を受けいれたが、大量破壊兵器の保持も廃棄も確認できなかった。2003年3月、アメリカはイギリスとともに武力攻撃を開始。**明確な安保理決議もなく、多くの国が反対する中での開戦は、アメリカの単独行動主義**を象徴する事件となった。　＊結局、大量破壊兵器は発見されなかった。

◯アメリカ軍により倒されるフセイン大統領像(2003年)

（『読売新聞』2003.12.16）
フセイン元大統領拘束
◯2003年12月、フセイン元大統領を拘束。2006年末、処刑。

● イラクの現状と課題

現状	・駐留米軍撤退後、台頭した武装勢力掃討のために再び米軍が派兵されたが、2020年、駐留軍を削減。 ・原油生産が良好だが、価格変動に経済が左右されるため、石油依存の産業構造からの脱却をめざす。
課題	・隣国シリアの内戦（→p.168）の影響もあり、テロと誘拐事件が多発。**治安の回復が急務**。 ・道路・住宅・病院・発電所などインフラの整備 ・国民全体の25％が貧困層。汚職と政治腐敗の一掃。

重要用語 ⓴北大西洋条約機構(NATO)　⓲マルタ会談　⓲イラン革命　⓲湾岸戦争　⓲アメリカ同時多発テロ　⓲イラク戦争　⓲単独行動主義(ユニラテラリズム)　㊾EU(欧州連合)

G 「アラブの春」〜シリア内戦

1 アラブの春

● 民主化運動の拡大

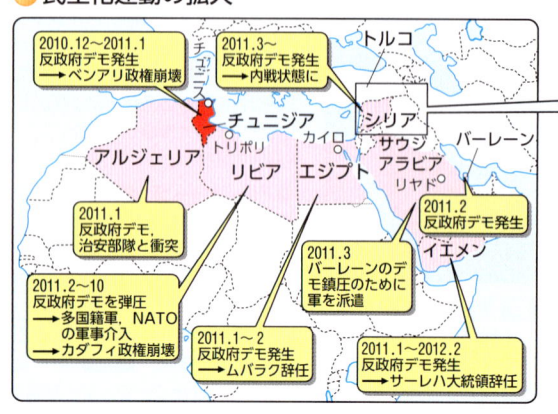

地図：
- 2010.12〜2011.1 反政府デモ発生 →ベンアリ政権崩壊（チュニジア）
- 2011.3 反政府デモ発生 →内戦状態に（シリア）
- 2011.1 反政府デモ、治安部隊と衝突（アルジェリア）
- 2011.2〜10 反政府デモを弾圧 多国籍軍、NATOの軍事介入 →カダフィ政権崩壊（リビア）
- 2011.3 バーレーンのデモ鎮圧のために軍を派遣（サウジアラビア）
- 2011.1〜2 反政府デモ発生 →ムバラク辞任（エジプト）
- 2011.2 反政府デモ発生（バーレーン）
- 2011.1〜2012.2 反政府デモ発生 →サーレハ大統領辞任（イエメン）

背景
- 高失業率、貧富の格差
- 長期独裁政権の腐敗

↓ チュニジア青年の焼身自殺

アラブの春
- 反政府デモ
- 長期独裁政権の崩壊

ソーシャルメディアによる波及

↓
- 政治の不安定化、内戦（リビア、シリア）
- 民主化（チュニジア）

解説 民衆が打倒した独裁政権 アラブ諸国の多くは、支配者一族が経済利益を独占する長期独裁政権であった。石油利権を求める欧米諸国が独裁を容認する一方、国内では貧富の格差が拡大。2010年、チュニジア青年の焼身自殺を受け、民主政治を求める反政府デモが発生した。この動きはソーシャルメディアを通じて拡散、各国で独裁政権が崩壊したが、民主化は必ずしも順調ではない。

カイロ・2011年2月2日 エジプトの民主化デモ
▲ムバラク 

解説 遠のく民主化 30年続いたムバラク政権が退陣したが、後任大統領への批判も強く、現在は元軍人の大統領が政権を担う。

2 シリア内戦

● シリア内戦と武装勢力

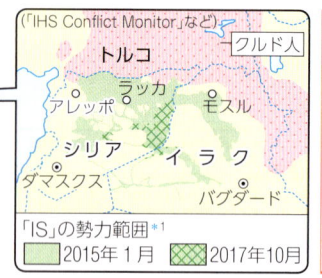

地図（「IHS Conflict Monitor」など）：トルコ、クルド人、アレッポ、ラッカ、モスル、シリア、イラク、ダマスカス、バグダード

「IS」の勢力範囲*1
- 2015年1月
- 2017年10月

「IS*2」の現状 シリアの混乱に乗じて、過激派組織ISが一時勢力を拡大。イラク政府や米軍などの支援を受けたクルド人勢力により、2019年にISの最後の拠点が制圧された。しかし近年、ISは再び活動を活発化させている。

解説 泥沼化する内戦 2011年、アサド政権と反政府勢力との間に内戦が勃発した。欧米諸国の反政府勢力支持に乗じて、**過激派組織も勢力を伸長**。クルド人も自治拡大の動きを見せるなど、混乱は激化。現在も内戦が続いている。

*1 2019年3月、アメリカはシリアとイラクのISの支配地域を100%解放したと発表。

❷ 内戦をめぐる国際関係

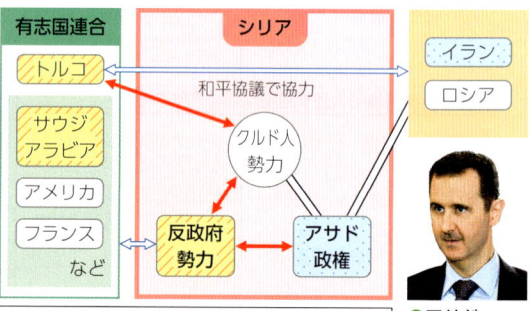

図：
- 有志国連合：トルコ、サウジアラビア、アメリカ、フランス など
- シリア：クルド人勢力、反政府勢力、アサド政権
- イラン、ロシア
- 和平協議で協力
- 対立／協力／支援
- スンナ派／シーア派

▲アサド・シリア大統領

▲**アメリカによるシリア攻撃** 2017年4月、化学兵器を使用したとされるアサド政権に対し、アメリカのトランプ政権がミサイル攻撃を実行。これに対しロシアが激しく反発。IS打倒のための協調を模索していた米ロ間の亀裂が深刻化した。

内戦が長期化しているのはなぜか？

この人に聞く

NHKニューデリー支局長（元カイロ支局長）太 勇次郎さん

Q エジプトの民主化運動を取材し、どのように感じましたか。
A エジプトの若者たちは、独裁的な政権により言論の自由を奪われ、汚職の蔓延により将来への希望を見出せずにいました。反政府デモに参加した若者たちは、警察の発砲にひるむことなく、命がけで前に進んでデモを続けました。エジプト国内の閉そく感を破り、なんとか国を良くしたいという若者たちの強い思いに驚かされました。

Q アフガニスタンでの紛争を取材した際には、日本に何を伝えようと思いましたか。
A アフガニスタンでは、紛争により、建物の多くが破壊されました。その建物の片隅で、何とか生き延びようとする人々の姿がありました。その状況を見て、武器を持って殺し合う人間の愚かさ、その愚かさを代理戦争として利用しようとする大国の思惑、紛争で苦しむのは社会的弱者であり、武力による紛争は何も生み出さないということを日本へ伝えなければならないと感じました。

Q 海外取材の中で、最も忘れられない取材について教えてください。
A アメリカ軍と戦っているイスラム過激派組織のメンバーにインタビューする機会がありました。19歳のこの若者は、「父はアメリカ軍によって殺害された。だから私は復讐のため武器を取った。私が死んでも弟や子どもたちが武器をとって戦う」と話していました。暴力は憎しみだけを生み、さらなる暴力につながっていくという負の連鎖。悲しい現実を身にしみて感じた取材でした。

エジプト議会選挙 混迷深める カイロ 25日 太 勇次郎

---

*2 Islamic Stateの略。メディアでは、「イスラム国(IS)」「過激派組織IS」等と表記されている。「イスラム国」という表記には、この組織が国であるという誤解や、イスラームへの偏見につながるという指摘がある。日本・米国政府、国連は、「ISIL」の表記を使用しているが、過去の組織名という指摘もある。

H　イランの核開発疑惑と周辺諸国

1 近年のイランの動向

2002	核兵器開発疑惑が浮上 アメリカのブッシュ(子)大統領,イランを「悪の枢軸」と批判
2005	保守強硬派(反欧米派)のアフマディネジャード大統領就任 →核開発拡大で欧米との関係悪化
2006	国連安保理が制裁決議採択
2011	アメリカ,イラン原油制裁法制定
2012	EU,イラン産原油の禁輸実施
2013	保守穏健派のローハニ大統領就任
2015	欧米など6か国と核合意(18年,米離脱)
2016	サウジアラビアと断交
2020	米,イラン革命防衛隊の司令官殺害

▶ハメネイ最高指導者　国家の最終決定権を持つイスラーム法学者。大統領を指示する立場にある。

◀ローハニ大統領　保守穏健派。欧米との関係修復や核開発問題の解決を期待されている。2017年再選。

イランと周辺諸国の関係

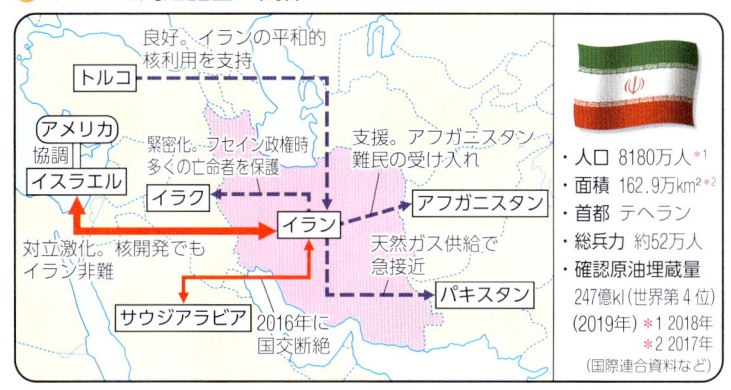

- トルコ：良好。イランの平和的核利用を支持
- アメリカ・イスラエル：対立激化。核開発でもイラン非難
- イラク：緊密化。フセイン政権時多くの亡命者を保護
- アフガニスタン：支援。アフガニスタン難民の受け入れ
- パキスタン：天然ガス供給で急接近
- サウジアラビア：2016年に国交断絶

・人口　8180万人*1
・面積　162.9万km²*2
・首都　テヘラン
・総兵力　約52万人
・確認原油埋蔵量　247億kl(世界第4位)
(2019年)　*1 2018年　*2 2017年
(国際連合資料など)

解説　イランと周辺諸国　イラン革命(→p.167■)以後,イランはアメリカやユダヤ教のイスラエルとの対立を深めてきた。ローハニ大統領の就任以降,欧米との対話路線に転換。核兵器開発疑惑に関しても,制裁解除で合意した。しかし,トランプ米大統領は,2018年に核合意からの離脱を表明し,制裁を再開した。また,イランは,イスラム教スンナ派のサウジアラビアとも対立しており,中東の不安定化の一因となっている。

スンナ(スンニ)派　サウジアラビアやシリアに多く,イスラーム教徒の約9割を占める。預言者ムハンマドの言行(スンナ)に従う人々の意。

シーア派　イランやイラクで多数派を占める。「シーア＝アリー(アリーの党派)」の略。ムハンマドの娘婿であるアリーとその子孫のみを後継者と認める。

I　ロシアの動向

1 第二次世界大戦後のソ連・ロシア

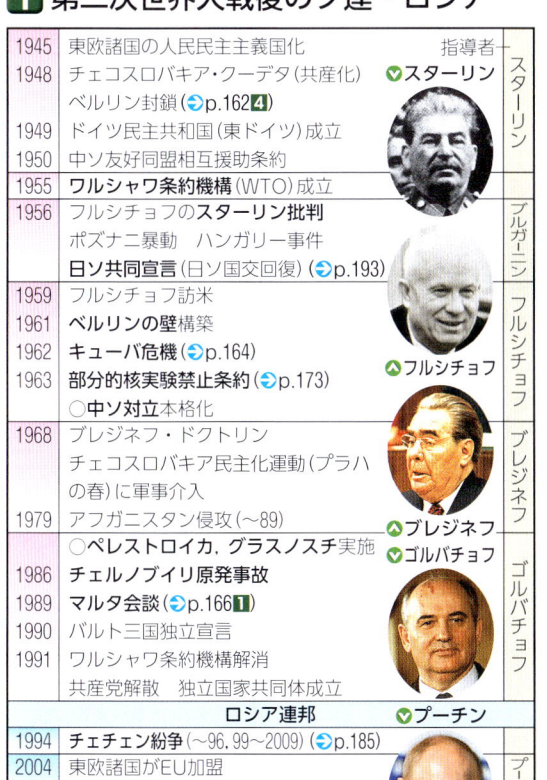

年	出来事	指導者
1945	東欧諸国の人民民主主義国化	スターリン
1948	チェコスロバキア・クーデタ(共産化) ベルリン封鎖(→p.162■)	
1949	ドイツ民主共和国(東ドイツ)成立	
1950	中ソ友好同盟相互援助条約	
1955	ワルシャワ条約機構(WTO)成立	
1956	フルシチョフのスターリン批判 ポズナニ暴動　ハンガリー事件 日ソ共同宣言(日ソ国交回復)(→p.193)	ブルガーニン
1959	フルシチョフ訪米	フルシチョフ
1961	ベルリンの壁構築	
1962	キューバ危機(→p.164)	
1963	部分的核実験禁止条約(→p.173) ○中ソ対立本格化	
1968	ブレジネフ・ドクトリン チェコスロバキア民主化運動(プラハの春)に軍事介入	ブレジネフ
1979	アフガニスタン侵攻(～89)	
	○ペレストロイカ,グラスノスチ実施	ゴルバチョフ
1986	チェルノブイリ原発事故	
1989	マルタ会談(→p.166■)	
1990	バルト三国独立宣言	
1991	ワルシャワ条約機構解消 共産党解散　独立国家共同体成立	
	ロシア連邦	プーチン
1994	チェチェン紛争(～96,99～2009)(→p.185)	
2004	東欧諸国がEU加盟	プーチン メドベージェフ
2007	ルーマニア,ブルガリアEU加盟	
2008	南オセチアをめぐり,グルジア(ジョージア)と戦闘	
2014	クリミア半島併合を宣言	プーチン

2 ウクライナ問題

- CIS加盟国
- NATO加盟国
※ロシアが違法に併合

解説　ロシアとウクライナ　1991年に独立したウクライナでは,東部と西部の対立が根強い。東部はロシア系住民の割合が高く,経済的にもロシアとのつながりが強い。一方の西部は,欧州志向が強く,EUとの結合にも期待を寄せている。

▶セヴァストーポリ港　ウクライナ独立後もロシアの黒海艦隊が駐留を続けている。北国ロシアにとって,冬でも凍結せず,地中海へとつながる港の確保は,不可欠であった。

解説　クリミア半島併合　2014年,ウクライナの親ロシア派政権が,EUとの連携を求める反政府運動によって崩壊した。これにロシアが反発,ロシア系住民が多いクリミア半島の要所を占拠し,住民投票を経てクリミア半島を一方的に併合。以後,ウクライナ東部では,親ロシア派の武装勢力と,ウクライナ政府軍との間で内戦が勃発,国家分裂の危機が生じた(2015年停戦合意。その後も戦闘が散発)。ロシアが併合を強行した背景には,**冷戦終結後に東方拡大を続けるEU,NATOへの警戒感がある**。ウクライナは西ヨーロッパとの緩衝地帯として,ロシアの安全保障上の重要地域であった。このようなロシアの動きに対して,アメリカやEU,日本は経済制裁を実施している。

J 朝鮮民主主義人民共和国（北朝鮮）問題

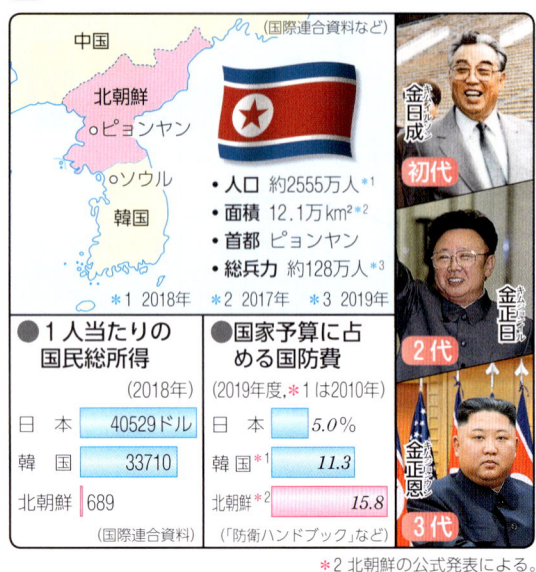

1 現在の北朝鮮

（国際連合資料など）

- 人口 約2555万人 *1
- 面積 12.1万km² *2
- 首都 ピョンヤン
- 総兵力 約128万人 *3

*1 2018年　*2 2017年　*3 2019年

●1人当たりの国民総所得（2018年）
日本	40529ドル
韓国	33710
北朝鮮	689

（国際連合資料）

●国家予算に占める国防費（2019年度。*1は2010年）
日本	5.0%
韓国 *1	11.3
北朝鮮 *2	15.8

（「防衛ハンドブック」など）

*2 北朝鮮の公式発表による。

金日成（初代）／金正日（2代）／金正恩（3代）

2 第二次世界大戦後の朝鮮半島

1945	日本の敗戦により植民地支配から解放。米ソ、南北分割占領
1948	大韓民国（李承晩）、朝鮮民主主義人民共和国（金日成）成立
1950	朝鮮戦争勃発（～1953休戦）（→p.163）
1965	日韓基本条約。日朝国交正常化（→p.193）
1985	南北の離散家族、初の相互訪問
1991	南北、国連に同時加盟。「南北非核化共同宣言」採択
1993	北朝鮮、NPT脱退宣言（のち、留保）
	北朝鮮、弾道ミサイル「ノドン」を発射
1994	北朝鮮の金日成主席が死去　核開発の凍結で米朝合意
1997	金正日労働党総書記が就任
1998	韓国、金大中大統領が就任、北朝鮮に対して「太陽政策」*をとる（→3）　*人的・経済的交流を基盤とし、対決姿勢をとらない。
	北朝鮮、弾道ミサイル「テポドン」を発射
2000	南北朝鮮首脳会談。離散家族の相互訪問再開
2002	日朝首脳会談にて日朝平壌宣言（→4）。北朝鮮は日本人拉致を認める。一部の拉致被害者、帰国
	北朝鮮、核開発の継続を認める
2003	北朝鮮、NPT脱退宣言
	韓国、盧武鉉大統領が就任。6か国協議開始
2004	一部の拉致被害者の家族、帰国
2005	北朝鮮は、核兵器の製造・保有を公式発表。6か国協議で核の放棄、NPTへの復帰などを共同声明
2006	北朝鮮ミサイル発射（09, 12, 14, 16, 17, 19年）、核実験（09, 13, 16, 17年）。安保理、核実験に対する制裁決議（09, 13, 16, 17年）
2007	南北朝鮮首脳会談
2008	韓国、李明博大統領が就任
2009	北朝鮮、6か国協議離脱宣言
2010	北朝鮮、韓国の延坪島に対して砲撃
2011	北朝鮮、金正日総書記が死去
2012	北朝鮮、金正恩労働党第一書記が就任
2013	韓国、朴槿恵大統領が就任
2017	韓国、文在寅大統領が就任
2018	南北朝鮮首脳会談。「完全な非核化」を共同目標に
	米朝首脳会談（2019年2, 6月にも実施）。北朝鮮が朝鮮半島の「完全な非核化」に取り組むことで合意
2020	北朝鮮、開城の南北共同連絡事務所を爆破

李承晩／文在寅

3 韓国と北朝鮮

① 南北対話の試み

◁南北朝鮮首脳会談（2000年6月）　金大中大統領は、北朝鮮との対話を掲げ（**太陽政策**）、初の南北首脳会談を実現した。2017年に就任した文在寅も、南北対話の進展を目指している。

金大中／金正日

② 今なお続く軍事的緊張

▷延坪島砲撃事件（2010年11月）　朝鮮戦争の休戦協定から60年以上が経過しているが、依然両国は戦争状態にある。軍事境界線上では、南北の兵士によるにらみ合いが続いている。

注：2018年、南北首脳会談での板門店宣言で、敵対行為の中止に合意。

4 日朝平壌宣言とその後

●日朝平壌宣言（2002年9月17日）の主な内容
1. 日朝国交正常化交渉を再開
2. 日本の植民地支配への反省と謝罪、北朝鮮の財産請求権の放棄、経済協力を協議
3. 相互の安全を保障
4. 核問題・ミサイル問題の解決の必要性を確認、北朝鮮のミサイル発射中断を延長

① 日本人拉致問題

◁北朝鮮による一部の拉致被害者の帰国（2002年10月15日）　5人の拉致被害者は約24年ぶりに日本の家族と対面することができた。

●未解決の問題点
① 日本政府が認定している12人の被害者がいまだ帰国できていない。
② 北朝鮮が「死亡」と通知してきた被害者の安否再調査は現在も未解決。
③ 北朝鮮は、拉致に関与した工作員の引渡しに応じていない。

② ミサイル発射問題

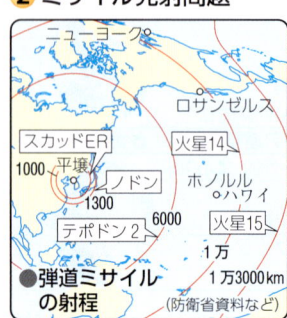

弾道ミサイルの射程：スカッドER 1000／ノドン 1300／テポドン2 6000／火星14／火星15 1万3000km

（防衛省資料など）

解説　ミサイル開発のねらい　北朝鮮は、軍事能力強化に加え、政治外交的観点や輸出による外貨獲得の観点から、ミサイル開発に高い優先度を与えている。2017年、アメリカ本土に届く大陸間弾道ミサイル「火星14」「火星15」の発射実験に成功と発表。アメリカと対等に交渉し、敵視政策撤回をめざすとみられる。

MOVIE　映画『ブラザーフッド』（2004年制作）は朝鮮戦争を扱った映画。民族を二分してしまった戦争と、それにより引き裂かれた兄弟の悲劇を描いている。

LOOK 北朝鮮と国際社会

進まない非核化交渉 2003年，北朝鮮のNPT脱退宣言を受け，北朝鮮の核問題を協議する場として日・米・韓・中・露・北朝鮮からなる6か国協議が行われた。2005年に北朝鮮が核兵器の放棄などを約束した共同声明を採択したが，2009年に北朝鮮はミサイル発射や核実験を行い，6か国協議からの離脱を宣言。その後，協議再開の見通しは立っていない。

金正恩体制に移行後もミサイル・核開発を加速させてきたが，2018～19年にかけて韓国やアメリカと首脳会談を行い，朝鮮半島の完全な非核化の実現をめざす宣言に署名。しかし，進展はみられていない。

北朝鮮の思惑 北朝鮮にとって核・ミサイル開発は，北朝鮮の体制維持と，アメリカの北朝鮮敵視政策撤回の切り札であり，非核化実現は容易ではない。

● 北朝鮮をめぐる国際関係

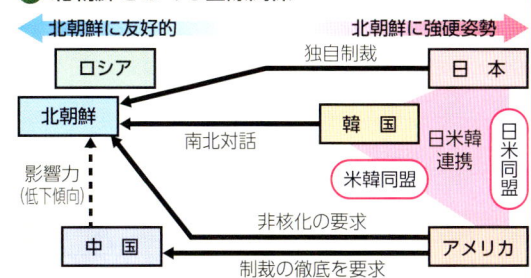

◎北朝鮮の軍事パレード（2017年4月）

国際社会は一枚岩になれるか？ 北朝鮮に対して，最大の経済的影響力をもつ国は中国である。アメリカは中国に対して，制裁の徹底を求めている。一方，中国では北朝鮮の崩壊による政治的混乱や難民の流入が警戒されている。また，ミサイル防衛等を目的とした，東アジアでのアメリカの軍事的影響力の増大に対する懸念も根強い。米中，米ロ関係も悪化しており，北朝鮮問題に対する団結した対応がとりにくい状況が続いている。

◎貿易品を積んだトラックが往来する中朝国境

K 中国の動向

1 戦後の中国

毛沢東 (1945～76)	1949年	中華人民共和国成立 中華民国，台湾へ移る
	54	中華人民共和国憲法公布
	59	チベット反乱（→p.185 9） ●中ソ対立表面化
	65	チベット自治区成立
	66	プロレタリア文化大革命（～76）（→p.30）
	71	国連代表権獲得
	72	ニクソン米大統領，訪中 田中首相，訪中。日中国交正常化
	75	新憲法採択
	76	第1次天安門事件 毛沢東死去。四人組逮捕
華国鋒 (76～81)	78	新憲法採択。日中平和友好条約（→p.193） ●改革開放政策（→p.203 3）
	79	米中国交正常化。中越戦争
胡耀邦(81～87)	82	新憲法採択（現行憲法）
趙紫陽 (87～89)	89	ゴルバチョフソ連共産党書記長訪中。 中ソ関係正常化。第2次天安門事件
江沢民 (89～2002)	92	中韓国交正常化
	97	香港，イギリスより返還
	99	マカオ，ポルトガルより返還
	01	中ロ友好条約　WTO（世界貿易機関）加盟
胡錦濤(02～12)	08	北京オリンピック
習近平 (12～)	13	「一帯一路」構想提唱（→p.353）
	15	中台首脳会談　◎習近平
	16	南シナ海領有権をめぐり， 中国の主張を認めない判決
	20	香港国家安全維持法施行

2 南シナ海をめぐる対立

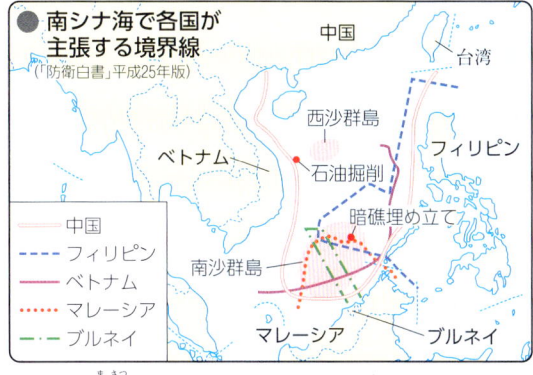

● 南シナ海で各国が主張する境界線（『防衛白書』平成25年版）

解説「摩擦の海」 南シナ海は，漁業資源や石油・天然ガス資源が豊富であり，中国・ベトナム・フィリピンなどがその領有を主張してきた。中国は近年，**南沙諸島（群島）**において大規模な埋め立てを行い，港湾や飛行場などを整備して軍事拠点化を進めている。このような動きに周辺諸国やアメリカは反発，フィリピンは2013年，中国の南シナ海における主張は，国連海洋法条約（→p.12）に違反するとして常設仲裁裁判所（→p.150）に提訴した。常設仲裁裁判所は2016年に，**中国の主張する境界線に法的根拠はない**という判決を下したが，中国は判決の受け入れを拒否（当事国には判決に従う義務があるが，従わなかった際の罰則規定はない）。2020年には，南シナ海を管轄する行政区の新設を発表するなど支配を強めており，周辺各国や国際社会からの批判が高まっている。

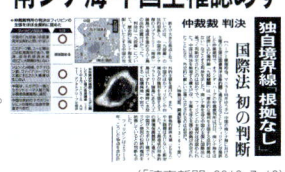

南シナ海 中国主権認めず（「読売新聞」2016.7.13）

4 核兵器・軍縮問題

第五福竜丸事件とゴジラ 1954年，米の水爆実験に日本漁船「第五福竜丸」が遭遇。人類初の水爆犠牲者が出た。同年，生き延びた恐竜が水爆実験で変異し，東京を破壊する映画「ゴジラ」が発表された。核の怖さと平和への祈りが込められている。核問題について考えてみよう。

「邦人漁夫ビキニ原爆実験に遭遇」「23名が原子病」（読売新聞，1954.3.16）
©1954東宝

A 核兵器の脅威

1 軍拡・軍縮年表
注：Aは原子爆弾，Hは水素爆弾，Nは中性子爆弾

時代	核保有	年	主な事項
東西対立（冷戦→熱い戦争）	米A	1945	米，広島と長崎に原爆投下
		1946	国連総会，軍縮大憲章採択
	ソA	1949	北大西洋条約機構（NATO）結成（→p.163 5）
		1950	ストックホルム・アピール採択（→4①）
	英A 米H	1952	国連軍縮委員会創設
	ソH	1954	米の水爆実験で第五福竜丸被爆（→3）
		1955	ワルシャワ条約機構（WTO）成立（→p.163 5）
			ラッセル・アインシュタイン宣言（→4②）
			第1回原水爆禁止世界大会開催（広島）
	英H	1957	パグウォッシュ会議（→4③）
			国際原子力機関（IAEA）設立（→B1）
デタント（緊張緩和）	仏A	1959	南極条約調印
		1962	キューバ危機（→p.164）
		1963	部分的核実験禁止条約調印。ホットライン設置（→B1）
	中A	1964	
	中H	1967	宇宙条約調印。中南米核兵器禁止（トラテロルコ）条約調印（→p.175 3）→その後，世界各地で非核兵器地帯条約が締結
	仏H	1968	核拡散防止条約（NPT）調印（→B1）
		1972	生物・毒素兵器禁止条約調印
			SALT Iに米ソ調印（→p.174）
	印A	1974	弾道弾迎撃ミサイル（ABM）制限協定書調印
		1975	全欧安全保障協力会議開催。ヘルシンキ宣言採択
		1978	国連軍縮特別総会開催（1982，1988年）
		1979	SALT IIに米ソ調印（→p.174）
			ソ連のアフガニスタン侵攻
新冷戦	米N ソN 仏N	1980	ミクロネシア・パラオに非核憲法
		1983	米，戦略防衛構想（SDI）発表 *2019年に失効
		1987	中距離核戦力（INF）全廃条約*に米ソ調印（→p.174）
冷戦の終わり		1989	マルタで米ソ首脳会談（→p.166 1）
ポスト冷戦		1990	欧州通常戦力条約（CFE条約）調印
		1991	ワルシャワ条約機構解体
			START Iに米ソ調印（→p.174）
		1992	中，仏，NPT加盟
		1993	START IIに米ロ調印（→p.174）
			化学兵器禁止条約調印（→p.177）
		1995	核拡散防止条約の無期限延長決定（→B1）
			中国とフランスが核実験を行う
		1996	包括的核実験禁止条約（CTBT）調印（→B1）
			国際司法裁判所が「核兵器の使用は，一般的に国際法違反」とする
		1997	対人地雷全面禁止条約調印（→p.177）
	パA	1998	インド・パキスタン核実験実施
		2002	モスクワ条約に米ロ調印（→p.174）
		2006	朝鮮民主主義人民共和国が核実験（09.13.16.17年）
		2008	クラスター弾に関する条約調印（→p.177）
		2010	新STARTに米ロ調印（→p.174）
		2013	武器貿易条約に調印
		2017	国連で核兵器禁止条約採択（2021年発効）（→p.176 8）

入試のツボ SALT，INF全廃条約，STARTは米ソ（ロ）間協定。PTBT，NPT，CTBTは多国間協定。それぞれの参加国と内容，問題点をまとめておこう。〈11本，10本〉

2 核軍拡へかりたてた「核抑止論」

核抑止論：敵から核攻撃を受けても，反撃できるだけの核兵器をもっていれば，お互いに核攻撃ができない（恐怖の均衡）。

反論：お互いが相手以上の核兵器をもとうとするので，際限なく軍拡競争が続いてしまう。

解説　恐怖の均衡　冷戦時代，米ソとも核抑止論を唱えて，核兵器の保有数と威力の増大に努めた。しかし，際限のない核軍拡競争は，両国に巨額の財政負担を強い，財政の悪化を招いた。

3 第五福竜丸事件と反核運動

▲ビキニ環礁の水爆「ブラボー」実験（1954年3月1日）

第五福竜丸事件　1954年3月，米が西太平洋ビキニ環礁で水爆実験を行った。その時，東方160kmの海上で操業中の漁船・第五福竜丸が放射能をおびた「死の灰」を浴びた。2週間後に静岡県焼津市に帰港し，23名が「急性放射能症」と診断され1人が死亡した。

解説　盛り上がる反核運動　この事件を機に，反核運動が広がった。翌年8月，広島で第1回原水爆禁止世界大会が開かれ，11か国が参加。1980年代初頭には，イギリス・オランダ・西ドイツなどで反核運動が展開された。これらの運動は，INF全廃条約（→p.174）にも影響を与えた。

▲保存されている第五福竜丸（東京）

4 世界的に広がる反核の動き

①**ストックホルム・アピール**（1950年）「原子兵器の絶対禁止」を世界平和評議会が全世界に呼びかけた。賛同する署名数は世界で5億人にのぼる。のちにキッシンジャー米元国務長官も，「この運動のために朝鮮戦争で核兵器を使うことができなくなった」と述べている。

②**ラッセル・アインシュタイン宣言**（1955年）　英の哲学者ラッセルと米の物理学者アインシュタインは，共同で宣言を発表し核戦争の危険性を訴えた。宣言には日本の湯川秀樹なども署名。この宣言が③パグウォッシュ会議の開催へと発展した。

③**パグウォッシュ会議**（1957年）　世界各国の科学者がカナダの漁村パグウォッシュに集まった。核兵器実験が大気圏で相次いでおり，核兵器の危険性，放射線の危害，科学者の社会的責任について討議された。

B 軍縮・軍備管理協定

1 核の多国間協定 ●各条約の問題点は何か？

	部分的核実験禁止条約（PTBT）	核拡散防止条約（NPT）	包括的核実験禁止条約（CTBT）
内容	大気圏，宇宙空間，水中における核実験を禁止する条約。限定的だが初めての核軍備管理協定。前年の米ソ核戦争寸前の状態に陥ったキューバ危機がきっかけとなった。	米，ロ（旧ソ連），英，仏，中を核保有国（核兵器国）と限定し，非保有国が核兵器を新たにもつこと，保有国が非保有国に核兵器を譲ることを禁止する条約。非保有国は，査察を含む保障措置協定を，国際原子力機関（IAEA）と結ぶことが義務づけられている。	部分的核実験禁止条約で除外されている地下核実験を含め，すべての核実験を禁止する条約。
成立・参加国	1963年，米，英，ソの間で調印，同年発効 締約国数：125か国（2019年）	1968年，米，英，ソの核保有国を含む62か国が調印，1970年発効 締約国数：192か国（2019年）。仏・中は冷戦終結後の1992年に締結。インド・パキスタン・イスラエルは未署名。北朝鮮は2003年脱退を表明。	1996年，国連総会で採択 2019年現在184か国が署名（インド・パキスタン・北朝鮮は未），168か国が批准（米・中・イスラエルは未）。発効要件国44か国のうちの批准は36。このため，未発効。
問題点・その後の動き	この条約は地下核実験を禁止していないため，すでに地下実験の段階に入った米ソのみに有利で，それ以外の国の核実験を阻むものという理由から，フランスと中国は未署名。しかし，フランスと中国の核実験も徐々に地下実験に変更され，地上での実験は，1980年の中国を最後に行われていない。	新たな核保有国の出現阻止（水平拡散）には効力があるが，核保有国の核の増大（垂直拡散）には無抵抗。このため非保有国には不公平感があり，インド・パキスタンは未署名。1995年，発効から25年目を迎え，NPT延長会議が開かれた。一部の非保有国の反対があったが，1996年中に包括的核実験禁止条約（CTBT）をまとめるという条件付きで，無期限延長が決定。その後は，5年ごとに運用検討会議が開かれている。	①爆発をともなわない実験（臨界前核実験）までは禁止していない，②核兵器の廃絶時期を盛り込んでいないなどの点で，公認核保有5か国の優位性を維持，強化するにすぎないとの批判がある。インドとパキスタンは署名せず，1998年に核実験を行った。1999年にはアメリカの上院が批准を否決。しかし2009年，国連安保理が核なき世界をめざす決議を採択し，その中には包括的核実験禁止条約（CTBT）の発効をめざすことが明記された。

国連、CTBT採択
賛成158カ国 インド、署名拒否表明
核爆発実験を禁止
（「朝日新聞」1996.9.11）

解説 核実験は減ったのか？ 部分的核実験禁止条約によって，地下以外での核実験が禁止されたが，地下では核実験が続けられた。さらに，包括的核実験禁止条約によって，爆発をともなうあらゆる核実験が禁止されたが，米ロは核兵器の信頼性保持を名目に，臨界前核実験（●p.176 5）を行っている。現実的にはこれらの条約は，現状を追認しているだけともいえる。

ナットク！ 核軍縮の流れ

部分的核実験禁止条約（PTBT）
最初の核実験の制限
地下実験以外の核実験を禁止
→地下核実験が進む米英ソのみ有利

↓

核拡散防止条約（NPT）
核不拡散の国際ルール
核保有5か国（米英ソ中仏）以外の新たな核保有国の増加を防ぐ
→核保有5か国の核廃絶には効果なし

↓

包括的核実験禁止条約（CTBT）
爆発を伴う核実験の制限
地下核実験も含め全核実験の禁止
→臨界前実験は禁止されていない
→核廃絶の時期が明示されていない
→核疑惑国が条約未批准

[International Atomic Energy Agency]
● 国際原子力機関（IAEA ●p.153）（1957年設立）

目的	原子力の平和利用を進め，世界の平和と健康と繁栄に貢献する
業務	**核の軍事利用への転用防止**（保障措置業務） **保障措置協定（1972年）による措置** 保障措置協定を締結している非保有国が，原子力発電に利用するウランやプルトニウムを軍事利用していないか，IAEAが確認する。 **追加議定書（1997年）による措置** ・保障措置協定で申告されていない原子力活動の申告を義務づける。 ・追加議定書を締結すると，保障措置で認められていない場所への補完的なアクセスを認める。 ●保障措置（査察）監視カメラの設置 **技術協力・援助業務** ソ連のチェルノブイリ原発事故の原因解明，事故再発の防止対策，汚染や住民の健康の調査
問題点	①核拡散防止条約に加盟していない国に対しては無力 ②追加議定書の締結を進めて，保障措置の実効性を高める必要がある（2019年3月現在，追加議定書の締約国は日本を含む134か国）

解説 IAEAの核査察 NPT加盟の非核保有国は，保障措置協定をIAEAと結び，核物質を扱うすべての施設をIAEAに申告して保障措置（査察）を受ける義務がある。当初の査察の役割は，申告された核物質の平和利用の確認で，査察員は申告された場所（原子力発電所など）にしか立ち入ることができなかった。しかし冷戦後，イラクと北朝鮮に核開発疑惑が起こり，隠れた核開発を発見できる査察体制が求められ，申告された施設以外への補完的なアクセスなどを認めた追加議定書が採択された。

●天野之弥IAEA事務局長（写真左，当時。2019年に亡くなる。）　右は潘基文国連事務総長（当時）

●重要用語　⑱部分的核実験禁止条約　⑲核拡散防止条約　⑲包括的核実験禁止条約　⑲第１次戦略兵器制限交渉（SALT I）
⑲中距離核戦力全廃条約　⑲戦略兵器削減条約（START）

2 米・ソ(ロ)の2国間協定（軍備管理協定）

注：〔交渉開始年，調印年〕

❓アメリカとロシア（ソ連）は，どのように軍縮を進めてきたのか？

❶ SALT Ⅰ（第1次戦略兵器制限交渉）〔1969年，1972年〕

対象…戦略（長距離）核弾頭の**運搬手段**＝大陸間弾道ミサイル（ICBM），潜水艦弾道ミサイル（SLBM）。戦略爆撃機は除く。

目標…総数を，**現状**（建造中のものも含める）**を上限**として，5年間凍結。

問題点…①MIRV（ミサイル1機に複数の弾頭をのせ，ミサイル発射後に弾頭を目標に向けて分離させ，誘導する方式）について規定がなかったので，米ソとも**MIRV化**に専念し，結局は核弾頭数の急増を招く。②米ソ間での，核戦力の均衡をつくり出すことが目的。核弾頭の削減には至らず（SALT Ⅱも同様）。

❷ SALT Ⅱ（第2次戦略兵器制限交渉）〔1972年，1979年〕

対象…戦略（長距離）核弾頭の**運搬手段**＝ICBM，SLBM，**戦略爆撃機**。

目標…総数を，**米ソとも2250を上限**とした。また，MIRV化されたICBM，SLBMにも上限を設定。

結果…条約は1979年に署名されたが，その年のソ連によるアフガニスタン侵攻によって批准されず，結局，**発効に至らなかった**。その後も両国は，条約に反する行動をとらなかったが，1986年にアメリカが条約の上限を超える核配備を行う。

❸ 中距離核戦力（INF）全廃条約〔1981年，1987年〕

対象…**中距離核ミサイル**（射程距離500〜5500km）

目標…**全廃**し，以後も同種の兵器をもたない。さらに廃棄状況を確認するための査察についても定める（1991年実施完了）。

問題点…①史上初の核弾頭の運搬手段の廃棄条約であるが，核弾頭そのものは廃棄の対象外。米ソは，核弾頭を運搬手段から取り外すだけで保有し続け，**核弾頭数は減らず**。②取り外された核弾頭数は，全体の8％。

注：2019年8月に失効。

❹ START Ⅰ（第1次戦略兵器削減条約）〔1982年，1991年〕

対象…核運搬手段に加え，戦略**核弾頭**。

目標…核弾頭の数量を，**米ソとも6000発に削減**。また，年7回までの抜き打ち査察ができる。

結果…1991年のソ連解体で，ロシア・ウクライナなど4か国が核保有国に。1994年ウクライナ議会が批准し発効。2001年，実施完了。2009年，失効。

問題点…①史上初の核弾頭の廃棄であるが，削減の中心は旧式化したICBMであり，最新のSLBMについては条約の枠外の上限が定めてあるのみ。②核弾頭解体後の核物質（プルトニウム）の処理・管理の方針が不明確。

❺ START Ⅱ（第2次戦略兵器削減条約）〔1992年，1993年〕

目標…核弾頭数を2007年末までに3000〜3500発に削減。また，**MIRVを全廃**。

結果…2002年，米の弾道ミサイル迎撃ミサイル（ABM）制限条約脱退を受け，**ロシアが無効声明**。

❻ モスクワ条約（戦略攻撃（核）兵器削減条約）〔2001年，2002年〕

目標…核弾頭数を2012年末までに1700〜2200発（現有の3分の1）に削減。

問題点…核弾頭の削減・処理の手段を双方の自由裁量としており，核弾頭を**実戦配備から外して貯蔵できる**。

＊条約は2021年2月に期限が切れるため，2021年に延長交渉に入る見通し。

❼ 新START（新戦略兵器削減条約）＊〔2009年，2010年〕

目標…2018年2月までに，戦略核弾頭の配備数を米ロとも1550発に削減。運搬手段は，配備数の上限を各700，未配備も含めた総計を各800に削減。

問題点…核弾頭の配備数を対象としており，配備から外した核弾頭の廃棄義務はない。

核運搬手段に上限 / **核運搬手段に米ソ等量の上限** / **核運搬手段の削減** / **核運搬手段と核弾頭の削減**

● SALTの合意内容

	SALT Ⅰ	SALT Ⅱ	
規制なし	4026 / 1200	11330 / 3820	戦略核弾頭
現状を上限に	1764 / 2568	2250 / 2250	戦略核弾頭の運搬手段
		1200 / 1200	MIRV 等量の上限

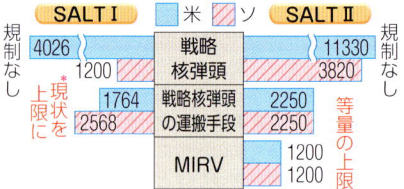

＊戦略爆撃機を除く　（アメリカ国務省資料など）

● MIRV（多弾頭ミサイル）の仕組み

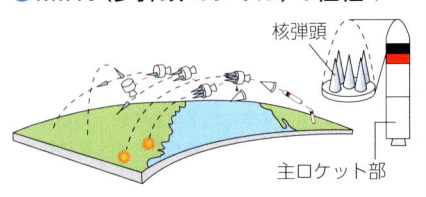

● 廃棄を義務づけられたミサイル数

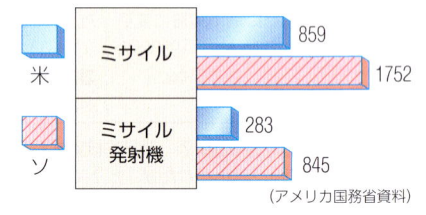

	米	ソ
ミサイル	859	1752
ミサイル発射機	283	845

（アメリカ国務省資料）

● 米ロの全核弾頭数の推移

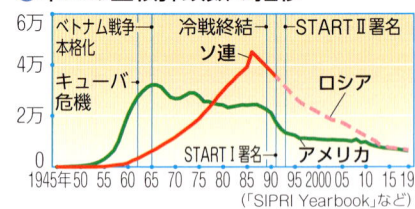

（「SIPRI Yearbook」など）

● START以降の戦略核弾頭数

1991年	❹署名前	1万〜1万2000
1994	❹批准時	7000〜9000
2001	❹達成	5500〜6000
2007	❺目標（無効）	3000〜3500
2012	達成 ❻目標	1700〜2200　配備から外して貯蔵可能
2018	達成 ❼目標	1550

（「外交青書」平成14年版など）

▶新START調印式

解説　米ソ核協定の進展　キューバ危機（◎p.164）で核戦争の危険が現実のものとなって以降，米ソは核軍縮を推進してきた。SALTは，「核兵器」そのものではなく，核を積むミサイルを制限するものであった。その後，INF全廃条約で初めてミサイルの廃棄がめざされ，STARTでは「核兵器」そのものの削減へと踏み出した。交渉進展の背景には，**冷戦**が終結して米ロが双方を壊滅させるまでの核を維持する必要がなくなったことがある。しかし現実は，米ロが戦力を維持する上で，大勢に影響のない条約が結ばれてきたといえる。一方で米ロは，**戦略防衛構想（SDI）**，**ミサイル防衛（MD）**計画など，核兵器を無力化する戦力の開発を推進した。

入試クイズ：核兵器における非核地帯を設定する条約は，ラテンアメリカ，南太平洋，東南アジアなどの各地域で採択された。○？×？〈11本〉→❸　　　答：○

3 核拡散の現状 ●現在，核兵器は世界にどれほど広がっているのか？

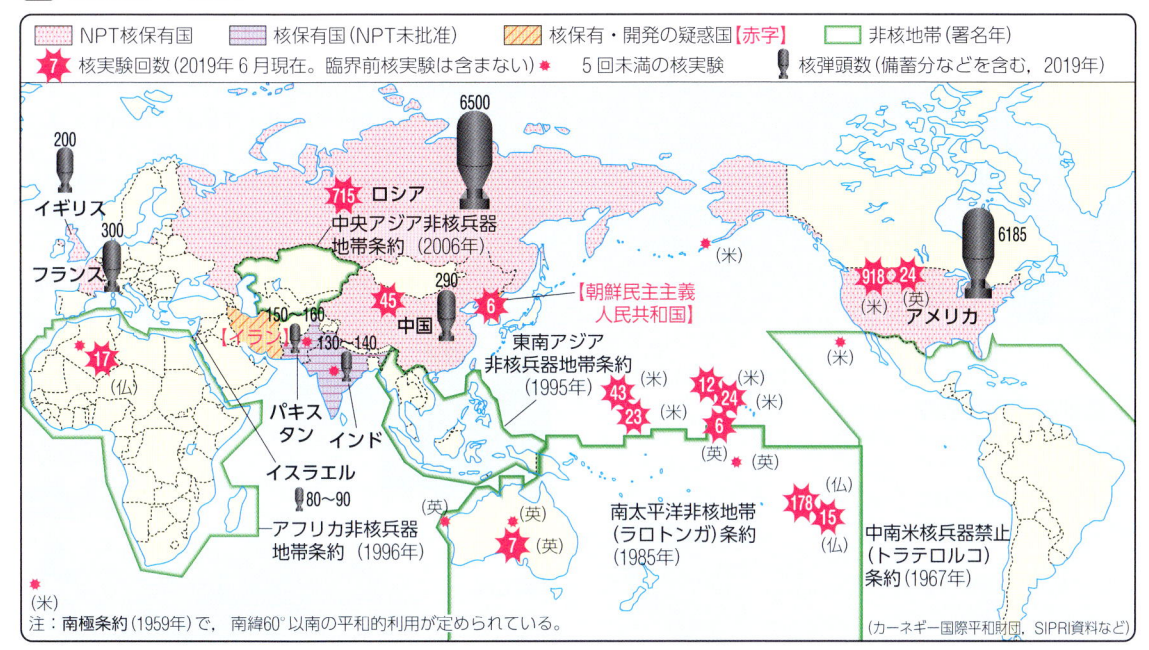

凡例：
- NPT核保有国
- 核保有国（NPT未批准）
- 核保有・開発の疑惑国【赤字】
- 非核地帯（署名年）
- 7 核実験回数（2019年6月現在。臨界前核実験は含まない）
- ＊ 5回未満の核実験
- 核弾頭数（備蓄分などを含む，2019年）

地図上の主な数値：
- イギリス 200
- フランス 300
- ロシア 6500，715
- 中国 290，45
- 【朝鮮民主主義人民共和国】6
- 【イラン】
- パキスタン 150〜160
- インド 130〜140
- イスラエル 80〜90
- アメリカ 6185，918，24（米）
- 中央アジア非核兵器地帯条約（2006年）
- 東南アジア非核兵器地帯条約（1995年）
- アフリカ非核兵器地帯条約（1996年）
- 南太平洋非核地帯（ラロトンガ）条約（1985年）
- 中南米核兵器禁止（トラテロルコ）条約（1967年）
- 17（仏），43，23，12，24，6（米），178，15（仏），7（英）

注：南極条約（1959年）で，南緯60°以南の平和的利用が定められている。
（カーネギー国際平和財団，SIPRI資料など）

解説 核兵器の拡散
冷戦時代より，五大国による核兵器の寡占状態が長く続いてきたが，1998年のインドとパキスタンの核実験によってその状態に終止符が打たれた。両国以外にも核兵器の保有が確実視される国や，過去に核開発を行ったことを表明した国もある。また，2004年にはパキスタンの核開発者が，朝鮮民主主義人民共和国（北朝鮮）・リビア・イランに核技術を流出させたことを認め，核の闇市場ともいうべき世界的ネットワークの存在が明るみに出た。ソ連崩壊後の混乱の中で，核関連企業・研究所から核技術や核物質が不正に持ち出されたとの情報もあり，国だけでなく，テロリストの手に核物質が渡ることも危惧されている。

●非核地帯
非核地帯とは，ある地域の複数の国家が条約を締結し，その地域において核兵器の生産や取得のみならず，他国による核兵器の配備も禁止するもの。**現在では，南半球のほぼ全域が非核地帯となっている。**中南米核兵器禁止条約（トラテロルコ条約）は**キューバ危機**（→p.164）が，南太平洋非核地帯条約（ラロトンガ条約）は太平洋でのフランスの核実験が動機になっている。

●核保有国（NPT未批准），保有・開発疑惑国

インド・パキスタン カシミール地方をめぐる3度の武力衝突（→p.186⓾）後，インドは1974年に核実験を実施。パキスタンも核兵器開発を加速させた。1998年5月にインドが，同月，対抗する形でパキスタンが核実験を行い，国際社会の緊張が高まった。

イスラエル 核保有宣言はしていないが，事実上の核保有国といわれる。

イラン（→p.169） 2015年に，欧米など6か国と核問題で合意が成立＊。ウラン濃縮活動の制限と，IAEAの査察受け入れを容認した。

北朝鮮（→p.170） IAEAと保障措置協定を締結したが，申告した核施設・核物質と実態が違うことが判明。2005年に核保有宣言。核実験を6度行っている。

「イラン核 最終合意」ウラン濃縮制限 経済制裁を解除（「毎日新聞」2015.7.15）

「北朝鮮6回目核実験」爆発規模 過去最大「ICBM用水爆成功」（「毎日新聞」2017.9.4）

＊2018年，アメリカが離脱。経済制裁再開。2019年以降，イランが段階的に合意の履行停止。

4 国際司法裁判所の勧告的意見＊

核兵器は一般に国際法違反 1994年，国連総会は国際司法裁判所（→p.150）に対し，核兵器の使用や威嚇は国際法に違反するか，勧告的意見を求めた。1995年に行われた口頭陳述では，核抑止にこだわるアメリカなど核保有国と，国際法違反と主張する非同盟諸国とが対立した。**勧告的意見に法的拘束力はなく**，自衛のための核兵器使用に関しては判断が示されていないことから，その解釈も分かれている。しかし，**国連の司法機関が「核兵器は非人道的」との立場を示した意義は大きく**，核軍縮を進める追い風になると期待された。

＊国際司法裁判所は，国連総会や特定の国連付属機関に要請された場合，勧告的意見を出す。拘束力はないが，裁判所の権威がともない，国連や付属機関での検討の指針となる。

勧告的意見（1996年）
- 一，**核兵器の使用・威嚇は一般的に国際法違反。**
- 一，ただし，自衛のための使用については判断できない。
- 一，国際社会は，核軍縮を進める義務がある。
- 一，他国の領土を脅かす目的で使用することはできない。

◁国際司法裁判所で核兵器使用の違法性について陳述する長崎市長（1995年11月7日） 広島・長崎両市の市長が陳述を行った。

■重要用語 ⓘ国際司法裁判所（ICJ） ⓘ第1次戦略兵器制限交渉（SALT Ⅰ） ⓘ中距離核戦力（INF）全廃条約 ⓘ戦略兵器削減条約（START）

5 世界で行われる核実験

❶ 核実験回数の推移

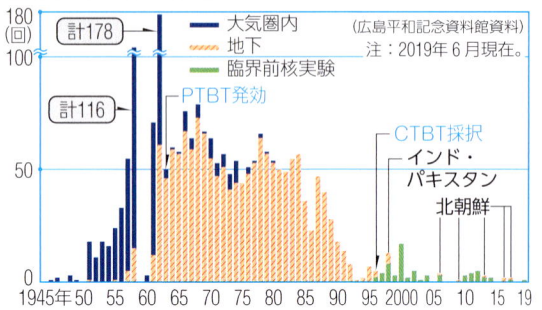

(広島平和記念資料館資料)
注：2019年6月現在。

凡例：大気圏内／地下／臨界前核実験

計178、計116、PTBT発効、CTBT採択、インド・パキスタン、北朝鮮

❷ 国別の核実験回数

* 米英共同の臨界前核実験は1回とカウントしている。

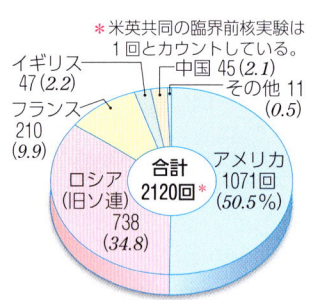

合計 2120回
- アメリカ 1071回（50.5％）
- ロシア（旧ソ連） 738（34.8）
- フランス 210（9.9）
- イギリス 47（2.2）
- 中国 45（2.1）
- その他 11（0.5）

（2019年6月現在）（広島平和記念資料館資料）

解説 核実験 核保有国は，核弾頭の性能向上や，古くなった核弾頭の性能の確認などのために，核実験を定期的に行ってきた。1945年以降の核実験の回数は，2000回以上に及んでいる。アメリカ，イギリス，旧ソ連は，1992年以降核実験を行っていないが，これは，コンピュータの進化によって，核実験を実際に行わなくても核開発を可能にするシステム（**臨界前核実験**）が，アメリカなどで開発されたことが大きく関係している。

臨界前核実験（未臨界実験） 臨界状態（核分裂の連鎖反応が継続的に起きる状態）の手前の段階でコンピュータのシミュレーションを行い，爆発を起こさずに核爆弾の性能を調べる実験。包括的核実験禁止条約（CTBT）（→p.173）では，核爆弾の実験的爆発が禁止されているので，米・ロなどではこの実験が行われる。しかし，核兵器廃絶を願う国際世論に対し，核戦力の維持と開発競争を示す形となり，反対も多い。

▽臨界前核実験が行われている研究所（アメリカ）

6 各国の核ミサイル数

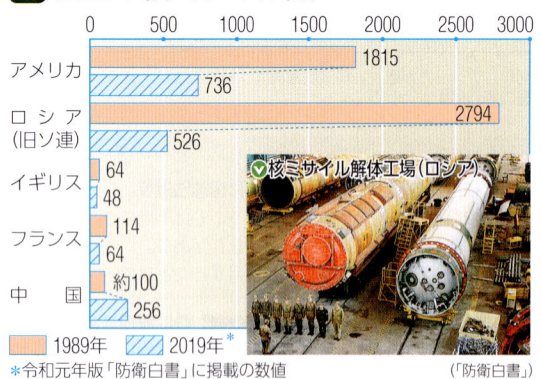

国	1989年	2019年*
アメリカ	1815	736
ロシア（旧ソ連）	2794	526
イギリス	64	48
フランス	114	64
中国	約100	256

*令和元年版「防衛白書」に掲載の数値
（「防衛白書」）

▷核ミサイル解体工場（ロシア）

解説 削減される核兵器 核弾頭はミサイルに搭載して目標に投下するため，核ミサイル数は核戦力を示すひとつの指標といえる。冷戦後，核ミサイル数は減少傾向にある。特に1987年に調印した中距離核戦力（INF）全廃条約*（→p.174）を受けて，アメリカ・ロシア（旧ソ連）の削減幅は大きい。　*2019年に失効。

7 ミサイル防衛（MD）

ミサイル防衛 核ミサイルや通常ミサイルの開発に対抗し，ミサイルを迎撃する技術も進む。冷戦中に，米ソ間の核弾道ミサイルを迎撃する技術開発が進行した。

冷戦後 非核保有国へのミサイル拡散が深刻化。米はミサイル防衛（MD）を打ち出し，北朝鮮，イラン，テロリストなどのミサイル攻撃から，自国だけでなく同盟国などを守る防衛システムの開発を進めているが，軍備拡張競争を招くといった批判もある。

◁ミサイル迎撃システム（PAC 3） 2012年4月，北朝鮮がミサイル（北朝鮮は人工衛星と主張）を発射した際に配備された。

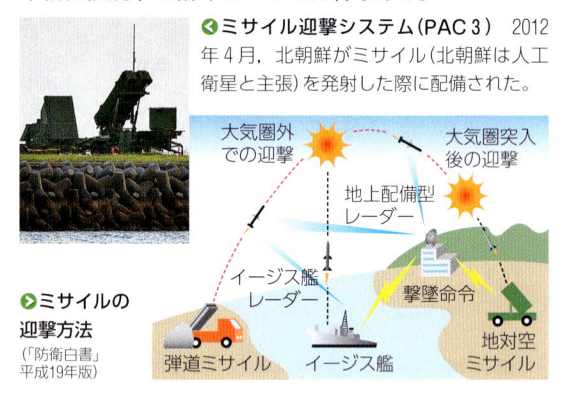

▷ミサイルの迎撃方法
（「防衛白書」平成19年版）

大気圏外での迎撃／大気圏突入後の迎撃／地上配備型レーダー／イージス艦レーダー／撃墜命令／弾道ミサイル／イージス艦／地対空ミサイル

8 核兵器禁止条約

● 交渉をめぐる各国の対立（2017年7月条約採択時）

賛成国（メキシコ，オーストリア，エジプトなど122か国）	反対・不参加国（アメリカ，ロシア，日本，中国など）
核兵器は化学兵器やクラスター爆弾（→9）と同様，**非人道的兵器**として禁止すべき。核拡散防止条約（NPT→p.173）で核保有国に課された核軍縮交渉が進展していない。	東アジアやヨーロッパでの安全保障上，**核の抑止力は不可欠**。核保有国が参加しない限り，条約に実効性は期待できない。核軍縮は，保有国の交渉によって段階的に進められるべき。

解説 多難な交渉 核兵器禁止条約は，核兵器の保有や開発，核による威嚇を法的に禁じるものである。非核保有国とNGO団体ICAN（核兵器廃絶国際キャンペーン。2017年ノーベル平和賞受賞）らが条約交渉を推進した。しかし，核保有国や，安全保障を「核の傘」に依存するNATO加盟国は反対。日本も，核保有国と非核保有国の対立を招きかねないとして批准していない。条約は，批准した国・地域が発効要件の50に達し，2021年1月に発効した。

👆LOOK サイバー攻撃の脅威

サイバー攻撃 国家が組織するサイバー軍やハッカー集団が，敵対する国の政治組織や生活インフラにインターネット上から攻撃（情報の不正持ち出し，コンピュータ・ウイルス感染など）を行うこと。容易に国境を越えて実行できるうえ，攻撃者の特定が難しい。2017年には，日本を含む約150か国が攻撃を受け，医療機関での診療が行えなくなるなどの被害が出た。

新たな戦争の場 アメリカ国防省はインターネット上の空間も一つの「戦場」であると定義し，サイバー攻撃に対してもミサイルなどの通常兵器による報復を辞さないと明言した。

▷サイバー被害150カ国に
（「中日新聞」2017.5.15）

メモ 対人地雷全面禁止条約が禁止するのは対人地雷だけであり，同じような機能を有する対人，対車両どちらにも使える破壊兵器は生産が続く。これにより多くの一般の人々が傷つけられているのが現状である。

9 その他の主な軍縮・軍備管理協定
◎軍縮・軍備管理協定の問題点はどのようなことか？

	化学兵器禁止条約	対人地雷全面禁止条約	クラスター弾に関する条約
内容	①化学兵器の開発，生産，使用，貯蔵を全面禁止する。②化学兵器・生産施設を発効後，原則10年以内に破棄する。化学兵器禁止機関の設置により，③違反の疑いがある施設を受入国の承諾なしに査察，④産業施設に対しても査察が認められる。イラン・イラク戦争や湾岸戦争（●p.167）がきっかけとなり，アメリカが条約締結を進めた。	対人地雷の使用，開発，生産，取得，貯蔵，保有，移譲を禁止する。地雷禁止国際キャンペーン（ICBL）などのNGOが強力なキャンペーンを行い，カナダなどの関係国を動かし，締結に至った（オタワ・プロセス）。また，地雷禁止国際キャンペーンはノーベル平和賞を受賞。	クラスター爆弾の使用，開発，保有を禁止する。対人地雷全面禁止条約と同様，NGOが各国政府に働きかけ，ノルウェー政府がリーダーシップを発揮し，締結に至った（オスロ・プロセス）。 ●クラスター爆弾
成立・参加国	1993年署名，1997年発効 締約国数：193か国（2019年） （イスラエルは署名済み未批准）	1997年署名，1999年発効 締約国数：164か国（2019年）	2008年署名，2010年発効 締約国数：106か国（2019年）
不参加国・問題点	中東有数の軍事大国エジプトや，アジアでは北朝鮮などが未署名。締約国のシリアでは，内戦において，化学兵器の使用が指摘されている。	アメリカ，ロシア，中国，インドなどの軍事大国や韓国，北朝鮮，イスラエル，イランなどが未署名。現在も未署名国が地雷を輸出しているため，紛争地域では地雷被害が続いている。	軍事大国であるアメリカ，ロシア，中国，インドなどが未署名。主要生産国，保有国が未署名のため，どこまで実効性があるのか疑問の声も少なくない。

❶ 化学兵器の全面禁止に向けて

第一次世界大戦において化学兵器の被害が出たことを受け，ジュネーブ議定書（1925年）で**戦争時の化学兵器の使用**は禁止されていたが，開発・生産・貯蔵までは禁止されていなかった。**イラン・イラク戦争**や**湾岸戦争**で化学兵器の使用やその疑いが指摘され，危機感を抱いたアメリカが条約締結を進め，化学兵器の開発・貯蔵・使用の**全面禁止**を定めた，**化学兵器禁止条約**が締結された。

●防護マスクをつけ，イラク戦争に向かう米兵

❷ 悪魔の兵器　地雷

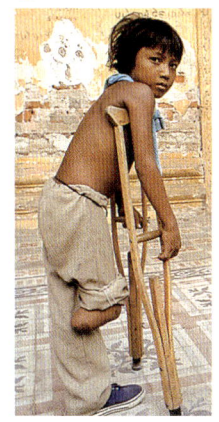

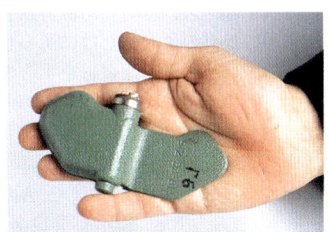

●地雷　地雷には，様々な種類があるが，これは空から蝶のように降ってくるバタフライとよばれるもの。子どもが手にとるとそこで爆発する。

●地雷で片足を失った少年（カンボジアの首都プノンペン）

対人地雷の目的は人を殺すことではなく，重傷を負わせ，敵の戦意を喪失させることである。一度敷設されればだれかが踏むまで半永久的に作動し，戦闘員だけでなく子どもや女性など非戦闘員も被害を受けることから，「悪魔の兵器」とよばれる。

❸ クラスター爆弾のしくみ

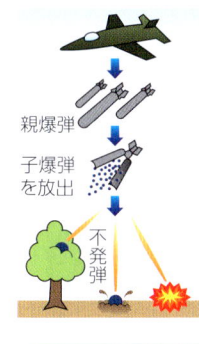

親爆弾
子爆弾を放出
不発弾

クラスター爆弾とは，親爆弾が空中で爆発し，数個～数千個の子爆弾を地上にばらまき，さらに子爆弾から数百個の鉄球が飛び出す兵器。子爆弾が不発で残ることが多く，一般市民が不発弾に触れて爆発被害にあう事態が多発しており，「第2の地雷」とよばれている。

武器貿易条約（ATT）　2013年，国連総会は，通常兵器の国際取引を初めて規制する「武器貿易条約」を採択。通常兵器（戦車・攻撃用ヘリコプター・ミサイルなど）が市民への攻撃や人道犯罪に使用される可能性がある場合，輸出入や自国領内の移動などを認めないとする内容である。　　　　　（「読売新聞」2013.4.3）

武器貿易条約を採択　国連総会，賛成多数で

LOOK　ロボット兵器が戦争へ

アメリカ軍は，人に代わって偵察や軍事作戦を行うロボットの開発を進めている。目的は，戦場での兵士の削減と犠牲の抑制。将来的には，人工知能（AI）が敵を判別・攻撃することも可能になるといわれている。これにより，攻撃側の人的被害が少なくなり，これまでよりも安易に戦争に突入することが懸念されている。また，人間の生死を機械に委ねることに対しての，人道的見地からの批判も根強い。

●無人飛行機　遠隔操作で偵察やミサイル攻撃できる。米軍がアフガニスタン（●p.167）でも導入している。
全長約11m

重要用語 ⑱化学兵器禁止条約　⑲対人地雷全面禁止条約　⑲クラスター弾に関する条約　㉑NGO（非政府組織）

C 軍縮の課題

1 国防費の変化 (→p.51 7)

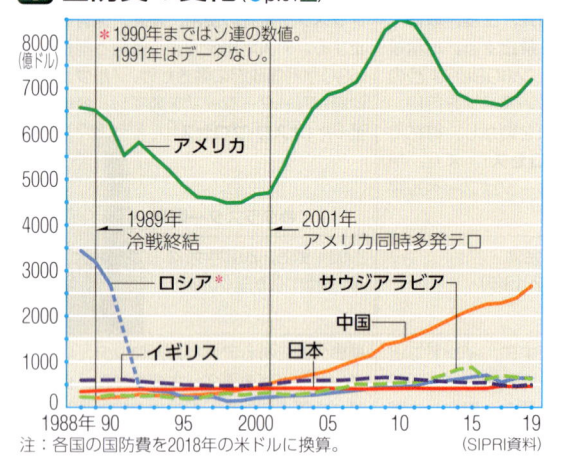

※1990年まではソ連の数値。1991年はデータなし。
注：各国の国防費を2018年の米ドルに換算。(SIPRI資料)

解説 冷戦からテロとの戦いへ 冷戦終結を受けて、1990年代にアメリカ・ロシアの国防費は減少した。しかし2000年以降、アメリカ同時多発テロ以後のテロとの戦いやイラク戦争への出費のため、各国の国防費は上昇している。中国の国防費は急増しており、一部の統計では世界第2位と見積もられている。

2 兵器の輸出・輸入

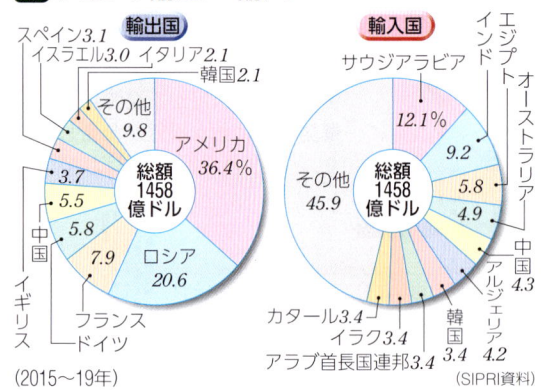

輸出国 総額1458億ドル
- アメリカ 36.4%
- ロシア 20.6
- フランス 7.9
- ドイツ 5.8
- 中国 5.5
- イギリス 3.7
- スペイン 3.1
- イスラエル 3.0
- イタリア 2.1
- 韓国 2.1
- その他 9.8

輸入国 総額1458億ドル
- サウジアラビア 12.1%
- インド 9.2
- エジプト 5.8
- オーストラリア 4.9
- 中国 4.3
- アルジェリア 4.2
- 韓国 3.4
- イラク 3.4
- アラブ首長国連邦 3.4
- カタール 3.4
- その他 45.9

（2015～19年）(SIPRI資料)

解説 兵器の拡散 世界の平和を守るべき安保理の常任理事国が、輸出国の上位に顔を並べている。第三世界諸国は、稼いだ外貨を軍備拡張にあて、国民生活を圧迫し、地域の緊張を高めている。

武器輸出三原則（→p.51 3）日本は、武器輸出三原則を設けて武器の輸出を原則禁止としてきたが、2014年4月、新たに**防衛装備移転三原則**が閣議決定され、条件を満たせば可能となった。2014年7月、政府はこの新原則のもとで初めて、日本企業がミサイルの部品をアメリカへ輸出することと、イギリスと共同研究を行うことを承認した。

●軍縮を阻む「死の商人」

新型兵器は、各地で開かれる「**国際兵器見本市**」で披露され、各国へ売られる。中には紛争当事者の双方に武器を売りつける者もおり、彼らは**死の商人**ともよばれる。この流れは、冷戦の終結を迎えても変わっていない。ロシアは経済を立て直す一手段として、兵器輸出に力を入れてきた。

◁国際兵器見本市（トルコ）

●信頼醸成措置（CBM）

敵対する国家や国家集団間で、誤解や誤算による武力紛争の発生や拡大を防止するための措置を、信頼醸成措置（CBM，Confidence Building Measures）という。軍事演習の事前通告や、国防白書の刊行、査察の容認などを通じ、相互の政治的意図と軍事能力を読みやすくし、**心理的な脅威を減らす**ことが目的である。近年では米中間の軍高官の相互訪問が行われた。

●信頼醸成措置の例
- キューバ危機後のホットライン設置（1963年）
  キューバ危機（→p.164）の後、米ソの間に設置された直通の通信回線。緊急事態の際、首脳同士が敏速に連絡をとり、危機を回避することをねらい、設置された。
- 欧州安全保障協力会議（CSCE）のヘルシンキ宣言（1975年）
  CSCEは、欧州の安全保障に関する地域的国際機関として冷戦下の1975年に設立。設立の際のヘルシンキ宣言には、軍事演習の事前通告などの信頼醸成措置が、国際文書として初めて、明記された。

LOOK ゲーム理論

ゲーム理論とは？ 人はみな、友達、同級生、親などさまざまな人間関係の中に生きている。他の人と接する場合、相手の立場や気持ちを考えて行動することが大切である。そのような人間行動を科学的に分析するために応用された理論がゲーム理論であり、東西冷戦時代の国家の関係などを考える際にも用いられてきた。

実際に考えてみよう では、国家間の協調的政策の実現について、次の表であらわされる国家間ゲームを用いて考えていこう。

（平成23年度センター試験「政治・経済」より）

		B国 協調的	B国 非協調的
A国	協調的	A国4点, B国4点	A国1点, B国5点
A国	非協調的	A国5点, B国1点	A国2点, B国2点

このゲームでは、A国とB国の2つの国家が、互いに相談できない状況で、「協調的」もしくは「非協調的」のどちらかを1回のみ、同時に選択する。そして、2国は該当するマスに書いてある得点を得る。ここで2国は自国の得点の最大化だけに関心をもつとする。それぞれの国はどのような選択をするのであろうか。

ゲームの結果は… A国が「協調的」の場合、B国は「協調的」で4点、「非協調的」を選ぶと5点を得る。A国が「非協調的」の場合、B国は「協調的」で1点、「非協調的」を選ぶと2点を得る。つまり、A国が「協調的」・「非協調的」のどちらでも、B国は「非協調的」であった方が得点は高い。この状況はA国とB国を入れ替えても同様で、2国が自国の得点の最大化だけを考えるならば、2国とも**非協調的**を選択することになる。ゆえに、協調的政策の実現には他のしくみが必要となるのだ。

実際は 現在、世界各国は、不要な軍事的衝突を防ぐためや、軍縮のため、対話による意思疎通と、協調的政策の実現に努力を続けている。これを信頼醸成措置（CBM）という。

▷米中の軍事交流風景
米国防総省提供

原爆の惨禍

Coming Up

広島・長崎は、奇襲による原爆投下で一瞬にして人間と他の生物、人工の施設、自然環境が殺りく・破壊された。生き残った被害者は、からだ・暮らし・心のすべての面で被害を受け、被害はその後も持続した。このような史上最悪の惨禍を知ることで、戦争の悲惨さについて考えてみよう。

A ヒロシマ・ナガサキの証言

▶広島市のようす（1946年3月）

▶原爆投下の瞬間に止まった時計（二川一夫寄贈／広島平和記念資料館提供）

そのとき 立ち上がって、うちに帰ろうとすると、近くでパチパチ音がする。見ると、家がパッと燃え上がるところだった。それで、大急ぎで、帰ろうとすると、ぼくの体から、煙がどんどん出はじめた。見ると、シャツがやぶれて、そのすそが、火を出して燃えるところであった。びっくりして、もみ消そうと思い、シャツをにぎったが、どうしたことか手に力が入らない。みると、ぼくの手はすっかり焼け、皮がなくなって、赤い肉が出ていた。

（永井隆『原子雲の下に生きて』中央出版社）

B 被爆者は今

被爆者は、直接被爆者・入市被爆者（爆発後2週間以内に爆心地から2km以内に入った人）・救護活動等による被爆者・胎内被爆者（女性被爆者の胎児であった人）に分類され、被爆者健康手帳を交付されている。2019年3月現在、国内外に14万8810人の被爆者が存在する。

●原爆症訴訟

被爆者のうち原爆放射線が原因で発病し、治療が必要な人は、国から原爆症と認定され、手当てが支給される。しかし基準が厳しく、認定件数はごくわずかであった。2003年、被爆者による集団訴訟が起こり、敗訴を重ねた国は認定基準を緩和。勝訴の原告には認定、敗訴の原告には基金による救済という措置がとられた。2014年には、国が新たな認定基準の運用を開始したが、新基準でも認定されない被爆者が国を提訴するなど、問題解決には至っていない。

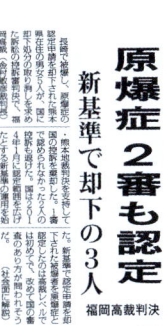

原爆症　2審も認定　新基準で却下の3人　福岡高裁判決（『読売新聞』2016.4.12）

C 拒否されたヒロシマの悲劇

原爆展論争 原爆投下から50年を経た1995年、米国で原爆投下の是非をめぐる論争がまき起こった。スミソニアン航空宇宙博物館が企画した原爆展がそのきっかけとなった。この展示では、戦争末期の日米両国の状況を究明に追い、原爆投下決定に至る過程についての議論も、いくつかの鋭いテーマ立てで盛り込まれるはずだった。

▶原爆を投下した「エノラ・ゲイ」号（スミソニアン博物館）

論点 例えば、「ドイツへの原爆投下はありえたか（アジア人への差別意識にも言及）」「事前警告やデモンストレーションは可能だったか」「原爆投下は正しかったか」などである。さらに、被爆資料などは日本から借り受け、市民が原爆によっていかに傷つけられたかを生々しく伝える予定であった。

原爆展の中止 しかし、この展示に対し全米退役軍人協会などが「原爆を否定的に描き、米軍人を侮辱している」と反発した。そして「戦争を始めたのは真珠湾攻撃を行った日本だ」「原爆投下によって、100万人の米兵の命が救われた」などの原爆投下を支持する世論もあり、この企画は事実上中止に追い込まれた。クリントン大統領（当時）も、「原爆投下は必要だった。謝罪すべきでない」と述べ、原爆に関する日米の意識の隔たりを物語ることとなった。しかし、中止に対しては、米国民の中からも批判の声が少なからず上がった。

（NHK取材班『アメリカの中の原爆論争』ダイヤモンド社などより）

D ローマ教皇の被爆地訪問

ローマ教皇来日 2019年11月、ローマ・カトリック教会の最高指導者である、ローマ教皇フランシスコが来日した。ローマ教皇の日本訪問は、1981年のヨハネ・パウロ2世（1920～2005）の来日以来、38年ぶり2回目であった。

▶長崎でスピーチをする教皇

長崎・広島への訪問 フランシスコ教皇は、被爆地である、長崎・広島を訪れた。フランシスコ教皇はスピーチで、核兵器は安全保障への脅威から私たちを守ってくれるものではないこと、核兵器の所有は平和につながらないことを訴え、核抑止力を否定した。また、原子力の戦争目的での使用や核兵器の保有についても、倫理に反するとした。フランシスコ教皇は、被爆地への訪問で、平和と核廃絶を訴えた。

メモ 広島への原爆投下による悲劇を、1人の少年を通して漫画で描いた自伝的作品として、『はだしのゲン』（中沢啓治、汐文社）がある。

ポイント整理 ⑨

3 国際政治の動向

A 戦後国際政治の流れ (→p.160, 161)
冷戦…米ソ二大国の対立による軍備拡大競争と軍事同盟の結成
デタント・多極化…米ソの二極体制→キューバ危機を経て，多極化の時代
新冷戦…ソ連のアフガニスタン侵攻，レーガン政権の対ソ強行政策
冷戦終結…ゴルバチョフの登場→マルタ会談で冷戦終結を宣言
ポスト冷戦…冷戦の終結による米ソの影響力低下→各地で民族・地域紛争が発生

B 冷戦の始まり・デタント(緊張緩和) (→p.162～164)
―戦後の東ヨーロッパを中心とした社会主義勢力の広がり
チャーチル「鉄のカーテン」演説(1946年)
冷戦…米ソ両大国を中心とした東西両陣営の対立
　　西側…アメリカ，資本主義諸国←対立→東側…ソ連，社会主義諸国
　　トルーマン・ドクトリン発表　　政治　コミンフォルム(共産党情報局)結成
　　マーシャル・プラン発表　　　　経済　経済相互援助会議(コメコン)成立
　　北大西洋条約機構(NATO)成立　軍事　ワルシャワ条約機構(WTO)成立
緊張　　　　ベルリン封鎖(1948～49年)，朝鮮戦争(1950～53年休戦)
緊張と緩和　キューバ危機(1962年)…米ソ全面核戦争の危機回避→デタント(緊張緩和)
緊張　　　　ベトナム戦争本格化(～75年)
新冷戦　　　ソ連のアフガニスタン侵攻(1979～89年)
緩和　　　　ゴルバチョフの登場とペレストロイカの展開，軍縮の進展

C 多極化と第三世界の台頭 (→p.165)
①多極化―西側…フランスのNATO離脱，日本・EC諸国の経済発展
　　　　―東側…中ソ対立の表面化，東欧諸国のソ連からの自立
　　　　―非同盟第三世界諸国の台頭
②第三世界の台頭
　　平和5原則・平和10原則・非同盟諸国首脳会議
　　植民地独立運動→アジア・アフリカの多数の独立国が誕生，「アフリカの年」(1960年)

D 冷戦終結後の世界 (→p.166～171)
①冷戦の終結…マルタ会談(1989年)で確認→東西ドイツの統一，南北朝鮮の国連加盟
②冷戦後の国際紛争　民族間の対立が表面化←米ソの影響力弱体化
　　　　　　　　　　　→世界各地で，民族・宗教をめぐる武力紛争が多発
③湾岸戦争(1990～91年)…クウェートに侵攻したイラクを多国籍軍が武力制裁
④アメリカ同時多発テロ(2001年9月11日)→米主導のアフガニスタン攻撃
⑤イラク戦争(2003年)…米英主導のイラク攻撃→フセイン政権崩壊
⑥北朝鮮問題，イラン核開発疑惑，アラブ世界の民主化運動の勃発，シリア内戦

4 核兵器・軍縮問題

A 核兵器と軍縮・軍備管理協定 (→p.172～178)
①核軍縮の流れ
軍備拡大と核兵器開発←核抑止論(核兵器の報復力で相手の攻撃を抑止)
　　　←キューバ危機の回避と米ソのデタント(緊張緩和)
軍備管理と　・部分的核実験禁止条約(PTBT)
核兵器の制限　・核拡散防止条約(NPT)…非核保有国はIAEAの査察を受ける義務
　　　　　　　・戦略兵器制限交渉(SALTⅠ，SALTⅡ) 米ソ
　　　←ゴルバチョフ政権の発足(冷戦が終焉に向かう)
より積極的　・中距離核戦力全廃条約(INF全廃条約)* 米ソ　　*2019年に失効。
兵器削減と　・戦略兵器削減条約(STARTⅠ，STARTⅡ) 米ソ(ロ)
核兵器廃絶　・包括的核実験禁止条約(CTBT)
　　　　　　・モスクワ条約 米ロ ・新START 米ロ
②核以外の兵器の軍縮条約
化学兵器禁止条約…化学兵器の開発，生産，使用，貯蔵などを全面禁止
対人地雷全面禁止条約…対人地雷の使用，開発，生産，貯蔵，移譲などを禁止
クラスター弾に関する条約…クラスター爆弾の使用，開発，保有などを禁止

ポイント解説

A 戦後国際政治の流れ 戦後の米ソ対立は冷戦となった。その後，両陣営からの離反と第三世界の台頭により多極化の時代へ移行，両国の再対立により新冷戦に入るが，マルタ会談で冷戦終結が宣言された。冷戦終結後は米ソの影響力低下にともない，抑え込まれていた民族・地域紛争が各地で発生している。

B 冷戦の始まり・デタント(緊張緩和) 戦後の社会主義勢力の拡大により米ソ関係は協調から対立へと変化，冷戦が始まった。両陣営は政治・経済・軍事面などで激しく対立。ベルリン封鎖，朝鮮戦争などが起こったが，キューバ危機の回避によりデタント(緊張緩和)が進展した。その後，ソ連のアフガニスタン侵攻を機に再び緊張が高まり，新冷戦の時代に突入したが，ゴルバチョフの登場とともに軍縮が進展した。

C 多極化と第三世界の台頭 1960年代に入ると，両陣営で米ソから自立する動きがみられ，第三世界勢力も台頭するなど，多極化と呼ばれる時代を迎えた。第三世界の国々はアジア・アフリカ会議(バンドン会議)に参加，平和5原則を具体化した平和10原則を採択し，非同盟諸国首脳会議を開催するなど，第三世界勢力の台頭を印象づけた。

D 冷戦終結後の世界 冷戦時代には，米ソの対立を背景とする代理戦争が各地で起こった。その後，マルタ会談で東西冷戦の終結が宣言された。冷戦後は，米ソの影響力が弱まったために，それまで抑え込まれていた民族紛争が，世界各地で起こるようになった。

A 核兵器と軍縮・軍備管理協定 冷戦は核抑止論に基づく軍備拡大競争をもたらしたが，キューバ危機を契機として核拡散防止条約，戦略兵器制限交渉など兵器制限と軍備管理が本格化した。さらに冷戦が下火になったことを機に中距離核戦力全廃条約，STARTⅠが結ばれ，冷戦後に包括的核実験禁止条約が結ばれた。

また，化学兵器を規制する条約には，大国も参加している。一方，対人地雷・クラスター爆弾を規制する条約はNGOが主導して締結を進めているが，アメリカや中国などが参加していない。

5 人種・民族問題

クリントン 米大統領
ラビン イスラエル首相
アラファト PLO議長

◎パレスチナ暫定自治協定の調印　1993年，イスラエルとパレスチナ解放機構（PLO）は，初めてお互いの存在を認め合った。しかし，その後も信頼関係を築くことはできず，紛争が続いている。なぜ，民族間での紛争が次々と起こるのだろうか。

A 様々な人種・民族問題

ユーゴスラビア紛争

1 主な民族問題・地域紛争

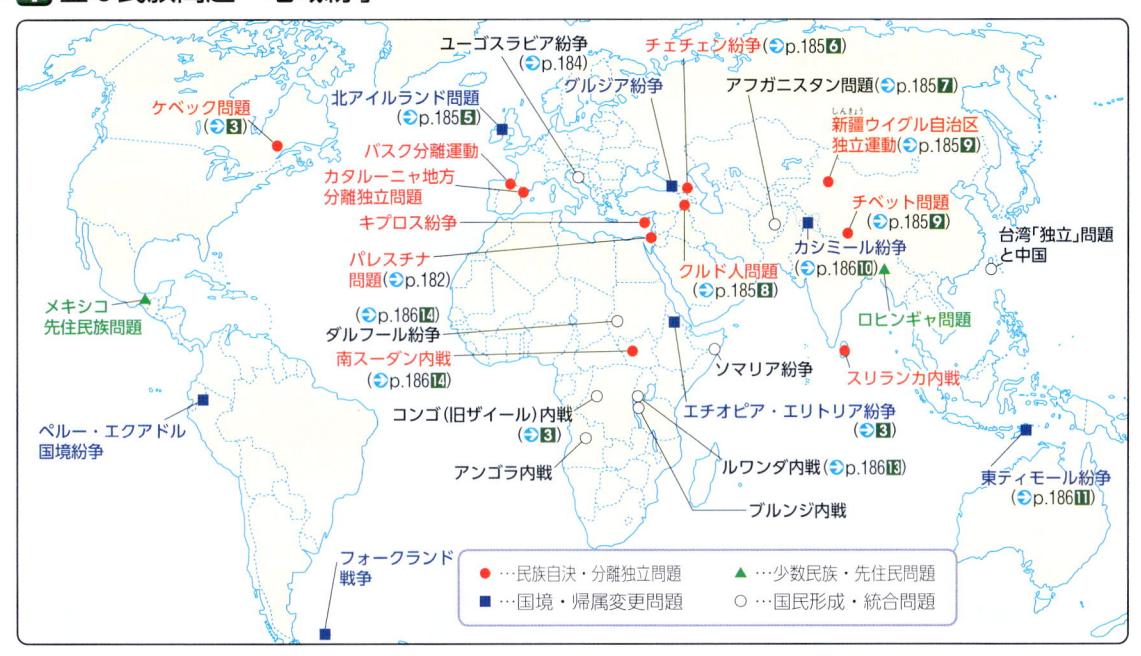

世界地図上の表示：
- ケベック問題（❸3）
- 北アイルランド問題（❸p.185 5）
- ユーゴスラビア紛争（❸p.184）
- グルジア紛争
- チェチェン紛争（❸p.185 6）
- アフガニスタン問題（❸p.185 7）
- 新疆ウイグル自治区独立運動（❸p.185 9）
- バスク分離運動
- カタルーニャ地方分離独立問題
- キプロス紛争
- パレスチナ問題（❸p.182）
- クルド人問題（❸p.185 8）
- チベット問題（❸p.185 9）
- 台湾「独立」問題と中国
- カシミール紛争（❸p.186 10）
- ロヒンギャ問題
- メキシコ先住民族問題
- ダルフール紛争（❸p.186 14）
- 南スーダン内戦（❸p.186 14）
- ソマリア紛争
- スリランカ内戦
- ペルー・エクアドル国境紛争
- コンゴ（旧ザイール）内戦（❸3）
- アンゴラ内戦
- エチオピア・エリトリア紛争（❸3）
- ルワンダ内戦（❸p.186 13）
- ブルンジ内戦
- 東ティモール紛争（❸p.186 11）
- フォークランド戦争

凡例：
- ●…民族自決・分離独立問題
- ▲…少数民族・先住民問題
- ■…国境・帰属変更問題
- ○…国民形成・統合問題

解説　民族紛争噴出の背景　第二次世界大戦後に生じた紛争の多くは，米ソ冷戦を背景としており，東西両陣営の代理戦争としての性格が強いものであった（❸p.163，164）。

冷戦の終結後（1989年～）は，第二次世界大戦後に独立を果たした国々に大きな影響力をもっていた米ソの力が後退し，これらの国々が抱える内部矛盾に歯止めをかける力がなくなった。その矛盾が「民族紛争」という形で噴出している。

2 人種・民族とは

人種　人類を，外見上の特色で分類したもの。モンゴロイド（黄色人種），コーカソイド（白人），ネグロイド（黒人）など

民族　言語・習慣・宗教など文化を共有し，仲間意識を共有する人々

解説　民族問題の発生　「民族」に明確な定義はなく，古代より国家のもとでの統一した支配を行うために，意図的な同化・統一政策がとられてきた。また，1つの国家の中に1つの民族しか存在しないということはまれである。そして複数の民族が存在する場合，主導権争いが起こったり，どちらかが独立を求めたりして紛争の原因となることがある。

◎これまでに，どのような人種・民族問題が発生しているのか？

3 人種・民族問題の類型

独立・自治を要求	チェチェン紛争，クルド人問題，チベット問題など	（❸p.185）
	ケベック問題（カナダ）	フランス系の住民が独立を求めている。1995年の住民投票では独立賛成が49.4％，反対が50.6％であった。
国内での勢力争い	ユーゴスラビア紛争	（❸p.184）
	アフガニスタン問題，ルワンダ内戦など	（❸p.185，186）
	コンゴ内戦（コンゴ民主共和国）	豊富な天然資源をめぐり，独立以降国内の利権争いが絶えない。他国も介入し，東部を中心に混乱が続いている。
国境・帰属関係	北アイルランド問題，カシミール紛争など	（❸p.185，186）
	エチオピア・エリトリア紛争	両国が植民地であった頃から帰属が曖昧だった，イイグラ三角地帯の領有権をめぐる武力衝突。
	パレスチナ問題	（❸p.182，183）
その他	アパルトヘイトなど	（❸p.186）
	アメリカ黒人問題	1960年代の公民権運動（❸p.23）によって，法制度上の差別はなくなったが，生活の中での差別は今も残る（❸p.191）。
	アボリジニー問題（オーストラリア）	先住民の子どもを，同化政策の一環として家族から離別させるなどの差別が行われた。近年，共生が進められている。

重要用語　199 ユーゴスラビア紛争　200 パレスチナ問題　201 アパルトヘイト

課題解決 パレスチナ問題を解決するには　エルサレム

長年迫害されてきたユダヤ人は，パレスチナに国家イスラエルを建設したが，それはパレスチナの領土を奪う結果となった。宗教や領土の問題，大国の思惑も絡み，パレスチナ情勢は混迷を深める。この課題に関する「対立の構図」を確認し，「Think & Check」で自分の考えを再点検し，まとめよう。

A パレスチナ問題の経過

❶ シオニズム～中東和平会議

- 1897　第1回シオニスト大会（バーゼル）
  - シオニズム運動の本格化

イギリスの二枚舌外交

- 1917　**バルフォア宣言**：英がパレスチナの地にユダヤ人国家の建設を約束
- 1915　**フセイン・マクマホン協定**：英がアラブ人にパレスチナの地の占有を認める
- 1920　イギリスによるパレスチナ委任統治
- 1920年代～　ユダヤ人の入植増加→アラブ人・ユダヤ人の対立激化
- 1939～45　ナチス・ドイツのユダヤ人迫害
- 1947　**国連総会，パレスチナ分割案可決（→B）**　拒否　**アラブ連盟結成**
- 1948　**イスラエル国建国**
- 1948～49　**第1次中東戦争（パレスチナ戦争）**
  - 原因：イスラエル建国に対するアラブ連盟の不満
  - **パレスチナ難民発生（約70万人）**→周辺アラブ諸国に移動
- 1956　エジプトのナセル大統領が**スエズ運河国有化宣言**
- 1956～57　**第2次中東戦争（スエズ戦争）**
  - 原因：スエズ運河国有化に反対する英仏とイスラエルが結託
- 1964　**パレスチナ解放機構（PLO）結成**
- 1967　**第3次中東戦争（6日間戦争，6月戦争）**
  - 原因：エジプトのアカバ湾封鎖に対するイスラエルの奇襲
  - ・イスラエルの領土5倍に　・パレスチナ難民
  - ・国連の調停（安保理決議242号の採択）（→B）
- 1973　**第4次中東戦争（10月戦争）**
  - 原因：第3次中東戦争での失地回復をめざすアラブ側の攻撃
  - ・アラブ産油国の**石油戦略→第1次石油危機**
- 1974　エジプト・イスラエル兵力引き離し協定
  - 国連，パレスチナ人の民族自決権承認。PLOにオブザーバー資格を与える決議採択
- 1978　キャンプ・デーヴィッド合意（アメリカ・エジプト・イスラエル3首脳）
- 1979　**エジプト・イスラエル平和条約**→1982 シナイ半島をエジプトへ返還
- 1987～インティファーダ（反イスラエル蜂起の過激化）
- 1988　PLO，パレスチナ国家樹立宣言
- 1989　**冷戦終結**：アメリカからイスラエルへの援助が減少
- 1991　**湾岸戦争**：PLOはイラクを支持して，アラブ諸国から孤立
- 双方の財政難
- 1991　**中東和平会議開催（マドリード）**…中東和平交渉開始

対立の構図

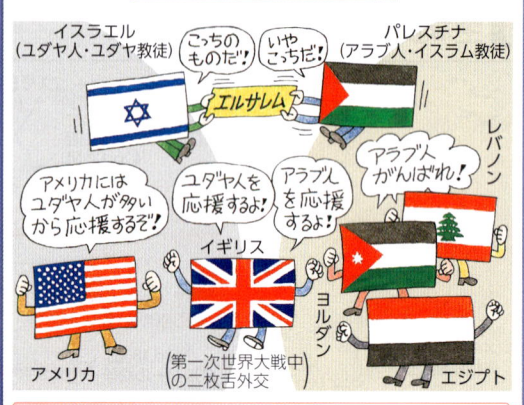

イスラエル（ユダヤ人・ユダヤ教徒）「こっちのものだ!」／パレスチナ（アラブ人・イスラム教徒）「いやこっちだ!」　エルサレム

アメリカ「アメリカにはユダヤ人が多いから応援するぞ!」　イギリス「ユダヤ人を応援するよ!」「アラブも応援するよ!」（第一次世界大戦中の二枚舌外交）　ヨルダン「アラブ人がんばれ!」　レバノン　エジプト

歴史的背景

ユダヤ人迫害　2世紀，ユダヤ人はローマ帝国によってパレスチナを追われ，各地に離散したが，キリストを死に追いやったとして，長い間迫害された。また，ナチス・ドイツの大虐殺（ホロコースト）により，多くがアメリカへ逃れた（以後ユダヤ人の資金力はアメリカ社会で大きな影響力をもち，アメリカはイスラエル寄りの政策をとる）。

シオニズム　19世紀末，「迫害を受けるのは自らの国家をもたないためだ。祖先が住み，神が約束した安住の地であるシオンの丘（パレスチナ）にユダヤ人国家を建設しよう」とするシオニズム運動が起こった。

❷ 難航する中東和平交渉
注：首相はイスラエル

- 1992～96　**ラビン首相，ペレス首相〈労働党〉…和平推進派**
- 1993　**パレスチナ暫定自治協定調印（オスロ合意）**
  - ・イスラエルとPLOが相互承認　・パレスチナ暫定自治を認める
  - ・最終地位交渉を開始
- 1994　パレスチナ人にガザ，イェリコでの先行自治を承認
- 1995　ラビン首相暗殺
- 1996～99　**ネタニヤフ首相〈リクード党〉…和平慎重派**
- 1996　イスラエル，入植地拡大→パレスチナ過激派，テロ再開
- 1999～2001　**バラク首相〈労働党〉…和平推進派**
- 2000　武力衝突，和平会議決裂
- 2001～06　**シャロン首相〈リクード党〉…和平慎重派**
- 2002　イスラエルがパレスチナ自治政府との交渉を拒否
- 2004　アラファトPLO議長死去（2005年，新議長にアッバス）
- 2005　イスラエル，ガザから撤退。
- 2006～09　**オルメルト首相〈カディマ〉…中道派**
- カディマの政策・目標…ガザからの撤退。ヨルダン川西岸の分離壁による国境画定
- 2009　パレスチナ自治区ガザに地上軍で侵攻
- 2009～　**ネタニヤフ首相〈リクード党〉…和平慎重派（現状→E）**
- 2009　非武装の条件を付けてパレスチナ国家樹立容認を明言

◆メモ　パレスチナは，2012年の国連総会で「オブザーバー国家」に認められた。投票権はないが，国連討議に「国家」として参加できる権利を有する。

B 領土の変遷

① 第1次中東戦争 (1948〜49年)
- パレスチナ分割案での
  - アラブ人国家
  - ユダヤ人国家
  - 戦争後のイスラエル

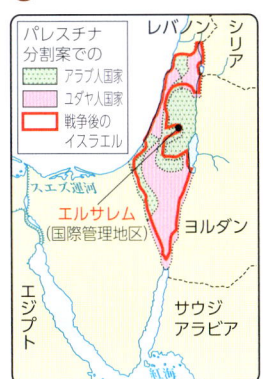

② 第3次中東戦争 (1967年)
- 戦争後のイスラエル占領地
- 赤数字 難民数*（1970年）

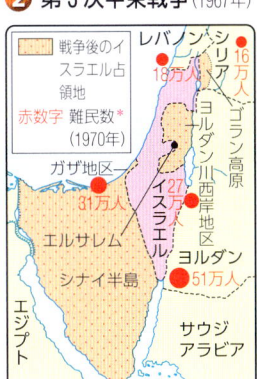

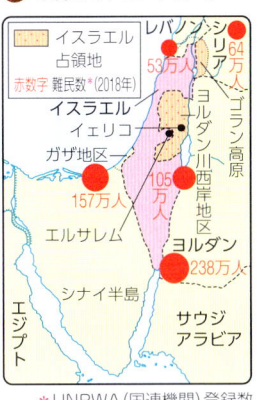

③ 現在のパレスチナ
- イスラエル占領地
- 赤数字 難民数*（2018年）

*UNRWA（国連機関）登録数

*2019年、アメリカのトランプ大統領は、ゴラン高原について、イスラエルの主権を認める文書に署名。しかし、国際社会はこの決定に反対している。

解説 中東戦争以降の領土問題
1943年時点では、ユダヤ人の土地はパレスチナの7％を占めるにすぎなかった。しかし、1949年には77％、1967年にはシナイ半島、ガザ地区、ヨルダン川西岸地区、東エルサレム、そしてゴラン高原*を占領し、100％を占めた。現在、パレスチナ自治区は約10％である。また、ゴラン高原は、軍事戦略上の要所であり、水源確保の上でも極めて重要で、イスラエル・シリア和平交渉の焦点となっている。パレスチナの撤退要求に対し、イスラエルは領土維持を主張している。

C エルサレム問題

◀エルサレム旧市街　エルサレムは、ユダヤ教、キリスト教、イスラーム（イスラム教）にとっての聖地である。

解説 首都問題　1947年の国連によるパレスチナ分割案（→B）では、エルサレムは国際管理地区とされた。しかし、イスラエルは、第1次中東戦争で西エルサレムを、第3次中東戦争では東エルサレムも占領した。イスラエルはエルサレムを首都と定めているが、国際社会では認められていない*。　*2017年12月、アメリカのトランプ大統領は、エルサレムをイスラエルの首都として承認することを表明。2018年にアメリカ大使館をエルサレムに移転。

D パレスチナ難民問題

難民登録されているパレスチナ人

場所	人数
ヨルダン川西岸地区	104.8万人
ガザ地区	157.0
レバノン	53.4
シリア	64.3
ヨルダン	237.6
合計	617.2*

(2018年)（UNRWA〈国連パレスチナ難民救済事業機関〉資料）

▶パレスチナ難民キャンプ

解説 必要となる国際的な援助　第1次中東戦争で約70万人（48年難民）、第3次中東戦争でも多くのパレスチナ人が祖国を追われて難民となった（67年難民）。現在もその数は増え続けており、生活環境は厳しい。彼らの帰還、補償などの問題をめぐっては、国際的な資金援助が必要となる。

*四捨五入のため、各項目の合計と一致しない場合がある。

E パレスチナ問題の現状

入植地の拡大　第三次中東戦争（1967年）以降、アメリカの支持を受けるイスラエルは、ヨルダン川西岸地区、ガザ地区（2005年撤退）の占領地の固定化をすすめてきた。ヨルダン川西岸のイスラエル人入植地は年々拡大の一途をたどっており、約40万人のイスラエル人が生活している。パレスチナ人の居住区は分断され、将来、一体性をもった国家をつくることは困難になっている。

▲イスラエルによる封鎖が続くガザ地区
イスラエルは、テロ対策などを名目に壁やフェンスを建設。パレスチナ人の移動や物資の流通はさまたげられ、生活は困窮している。

二国家共存は可能か？　パレスチナは、140近くの国から国家としての承認を受け、国連でも「オブザーバー国家」（→メモ）として認められている。しかし、イスラエルとパレスチナ間は暴力の応酬が続き、和平交渉は停滞。特に、トランプ政権下でアメリカがイスラエル寄りの政策を進め*、パレスチナを支援してきたアラブ諸国の足並みも乱れている。2つの「国家」の共存への道は困難を極めている。

Think & Check

- パレスチナ問題を解決するためには、どのような方法があるか。資料をもとに、あなたの解決方法をまとめてみよう。

あなたの考えは
- イスラエルとパレスチナのどちらかの主張に偏っていないですか。
- 領土・エルサレム・パレスチナ難民・入植地・分離問題についてもふれていますか。
- イギリス・アメリカなどの先進国、アラブ諸国の役割についてもふれていますか。
いろいろな国の立場になって見直してみましょう。

重要用語　163 冷戦　183 湾岸戦争　200 パレスチナ問題

*2020年、アメリカの仲介で、イスラエルとアラブ首長国連邦（UAE）・バーレーン・スーダンが国交正常化に合意（UAEとバーレーンは署名済み。2020年10月末現在）。イスラエルとアラブ諸国の国交正常化は1979年のエジプト、1994年のヨルダン以来。

4 ユーゴスラビア紛争

注：ユーゴスラビアでは，1971年よりムスリムが民族として承認された。

❶ 紛争の経過

1918年	第一次世界大戦終結 オーストリア・ハンガリー帝国，オスマン帝国が崩壊し，セルブ・クロアート・スロヴェーン王国成立
1945	ユーゴスラビア連邦人民共和国成立（ティトー首相*）
1980	ティトー大統領死去
1989	冷戦終結　　　　　　　*1953年以降は大統領

スロベニア，クロアチア 対 セルビアの紛争

1991.6	スロベニア，クロアチアが独立宣言。セルビアを中心とする連邦軍が両国を攻撃
1992.1	EC（→p.344）がスロベニア，クロアチアの独立を承認

ボスニアの紛争（ムスリム，クロアチア人 対 セルビア人）

```
クロアチア ─ ボスニア・ヘルツェゴビナ ─ ユーゴスラビア
              クロアチア人⇔セルビア人   セルビア
              ムスリム
NATO ─────────────── 空爆
```

1992.3	ボスニア・ヘルツェゴビナが独立宣言。紛争が拡大 国連保護隊（PKF→p.156❶）が派遣される
.4	セルビアとモンテネグロが（新）ユーゴスラビアを結成
1994.4	NATOがボスニアのセルビア人勢力に対して空爆
1995.12	ボスニア・ヘルツェゴビナ，クロアチア，ユーゴの3首脳がボスニア和平協定に調印

コソボ紛争（アルバニア人 対 セルビア人）

1998.2～.3	ユーゴのセルビア治安部隊がコソボ解放軍に対して掃討作戦を展開（紛争が激化）
1999.3	NATOがユーゴに対して大規模な空爆を実施
.6	セルビア勢力がコソボから撤退，空爆停止
2000.10	ユーゴのミロシェビッチ大統領が失脚
2001.6	ミロシェビッチ元大統領が旧ユーゴ国際刑事裁判所に引き渡される
2003.2	ユーゴ連邦が，連邦国家「セルビア・モンテネグロ」へ改編
2006.6	モンテネグロが独立
2008.2	コソボが独立

● ティトー死後のユーゴの動向

ユーゴスラビア連邦人民共和国成立（1945 首相：ティトー）
↓
ユーゴスラビア紛争の勃発（1991～）←─ 死去（1980）
連邦制崩壊（1992）

- スロベニア（1991）
- クロアチア（1991）
- ボスニア・ヘルツェゴビナ（1992）
  - ボスニア連邦（クロアチア人＋ムスリム）
  - セルビア人共和国
- 新ユーゴ連邦
  - セルビア・モンテネグロ（2003）
    - セルビア共和国（2006）
    - モンテネグロ（2006）
    - コソボ共和国（2008）
- マケドニア（1991）

◁ティトー（1892～1980年）

解説 人種のモザイク ユーゴスラビアは，「7つの国境，6つの共和国，5つの民族，4つの言語，3つの宗教，2つの文字，1つの国家」といわれ，異なる文化をもつ人々が複雑に混在していた（→❷）。独自の社会主義国家として1つにまとまっていたが，1980年のティトー大統領の死去と1989年の冷戦終結により，民族対立に起因する連邦制の崩壊が開始。1991年独立を宣言したクロアチア・スロベニアとこれを認めないセルビアとの間の紛争は，1992年ボスニア・ヘルツェゴビナに飛び火した。また，セルビア国内のコソボ自治州では，住民の多数を占めるアルバニア人が独立を求めて武装闘争を展開した。

❷ 複雑な民族分布
（民族分布1989年 国境は現在）

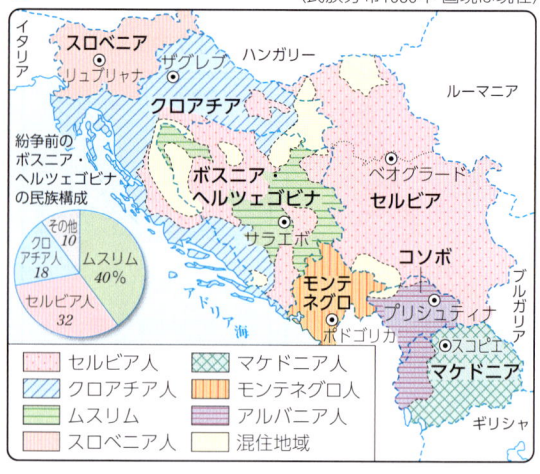

紛争前のボスニア・ヘルツェゴビナの民族構成
- セルビア人 32
- ムスリム 40%
- クロアチア人 18
- その他 10

凡例：セルビア人／クロアチア人／ムスリム／スロベニア人／マケドニア人／モンテネグロ人／アルバニア人／混住地域

❸ ボスニア紛争

▽紛争で破壊されたオリンピックスタジアム（1994年）
記念公園に並ぶ犠牲者の墓

解説 戦後欧州で最悪の紛争 独立を巡るボスニア・ヘルツェゴビナの民族紛争は，3年半で死者20万人，難民・避難民200万人と言われる戦後欧州で最悪の紛争に発展した。1995年，ボスニア和平協定により戦闘は終息。ボスニア・ヘルツェゴビナはボスニア連邦とセルビア人共和国という2つの主体から構成される1つの国家となった。

◁サラエボオリンピック（1984年）

❹ コソボ独立

コソボ紛争 1981年，ユーゴから独立を求めるコソボ自治州のアルバニア人と，これを認めないセルビア人のユーゴ政府との対立が発端。アルバニア人は，「コソボ民主同盟」を結成したが，ミロシェビッチ大統領は，警察によってアルバニア人の活動を弾圧した。

紛争の激化 「コソボ解放軍」の支持が広がった1998年，セルビア治安部隊は，掃討作戦を開始。アルバニア人に多数の死者，難民が発生した。

NATO軍の空爆 1999年に米英独仏口が調停に入った。しかしミロシェビッチ大統領は内政問題として和解案を拒否したため，NATO軍は空爆で武力行使を実行。ようやく停戦に至り，2008年にコソボは独立した。しかし，現在もセルビアはこれを認めておらず，コソボは国連への加盟も果たせていない。

△家を焼け出されるアルバニア系住民

旧ユーゴスラビア国際刑事裁判所 1991年以降のユーゴ領域で国際人道法の重大違反を犯した個人を裁く法廷。2001年にはミロシェビッチ元大統領が法廷に引き渡された。
▷ミロシェビッチ元大統領（2006年，拘留中に死亡）

◆メモ 外務省のホームページに，「各国・地域情勢」というコーナーがある。各国の歴史から現在の内政など，詳細が掲載されている。紛争が起きている国々などを検索して，調べてみよう。

5 北アイルランド問題

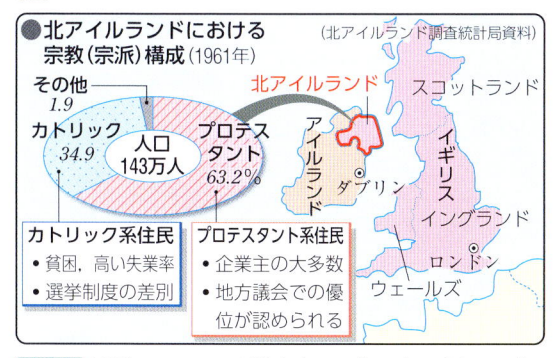

●北アイルランドにおける宗教(宗派)構成(1961年) (北アイルランド調査統計局資料)

- その他 1.9
- カトリック 34.9
- プロテスタント 63.2%
- 人口 143万人

カトリック系住民
- 貧困，高い失業率
- 選挙制度の差別

プロテスタント系住民
- 企業主の大多数
- 地方議会での優位が認められる

背景 1922年アイルランド独立時にイギリス領に残留した北アイルランドでは，政治・経済的に差別を受ける少数派のカトリック系住民と多数派のプロテスタント系住民が対立。68年以降，IRA（アイルランド共和軍）などによる帰属変更（イギリスではなくアイルランドへの帰属）を求めるデモやテロが頻発。

現状 1998年に歴史的な和平合意（ベルファスト合意）へ。99年には自治政府が発足したが，現在でも対立は残る。

6 チェチェン紛争

背景 イスラーム教徒のアジア系チェチェン人が住民の多数をしめるチェチェン共和国は，ロシアとの長い闘争の歴史を持つ。ソ連崩壊直前の混乱期からは独立を目指した武装闘争を展開。ロシアはカスピ海からロシアに至る**石油パイプライン確保のために**，この運動を抑え込んだ（●p.169 I）。

現状 チェチェン独立派指導者が相次いで殺害され，徐々に独立運動は下火になった。2009年にはロシアはチェチェン紛争の終結を宣言し，駐留軍を撤退している。しかしその後も，チェチェン武装勢力によるテロ事件が発生している。

7 アフガニスタン問題（●p.167）

1979年	**ソ連の侵攻**を受け，親ソ政権がたてられる→米・パキスタンは反政府ゲリラを支援，内戦が激化
1989	ソ連軍が撤退を完了
1992	ソ連軍撤退後も内戦状態→**共産主義政権が崩壊**
1996	**ターリバーン**（イスラーム原理主義勢力）が首都を制圧し，イスラーム政権を樹立
1997	反ターリバーンの三勢力が北部同盟を結成
2001	**ターリバーン政権が崩壊**，暫定政権発足
2004	新憲法制定，カルザイ大統領選出
2014	ガニ大統領●選出（2020再選）

背景 ソ連の支援を受けたアフガニスタン政府と，アメリカなどの支援を受けた反政府ゲリラの間の紛争という，冷戦構造下での内戦が発端。やがてターリバーンが大部分を制圧し，極端なイスラーム原理主義政策を行う。しかし，**アメリカ同時多発テロ**の首謀者とされるビンラディンをかくまったとして米英軍の攻撃を受け，ターリバーン政権は崩壊。しかし，治安は回復していない。

現状 2020年，アメリカとターリバーンが和平合意したが，アフガニスタン政府とターリバーンの交渉は難航している。

8 クルド人問題

クルド人の主な居住区
- トルコ 約1500万人
- シリア 130～170万人
- イラク 600～800万人
- イラン 約800万人
- クルド人自治区

（CIA「THE WORLD FACTBOOK」など）

○イラク戦争開始を喜ぶクルド人（2003年3月・イラク）

背景 クルド人の全人口は約3000万人で，トルコ・イラクの人口の約20%，イランの人口の約10%を占める。その居住区は，第一次世界大戦後に引かれた国境線によって分断されており，「国をもたない巨大民族」と呼ばれる。イラクのクルド人は，1980年代末，フセイン政権によって数千人が虐殺された。

現状 トルコは，分離独立を求めるクルド労働者党（PKK）と対立を続けており，シリア内戦（●p.168）に乗じたクルド人の勢力拡大にも警戒を示している。

9 中国の少数民族

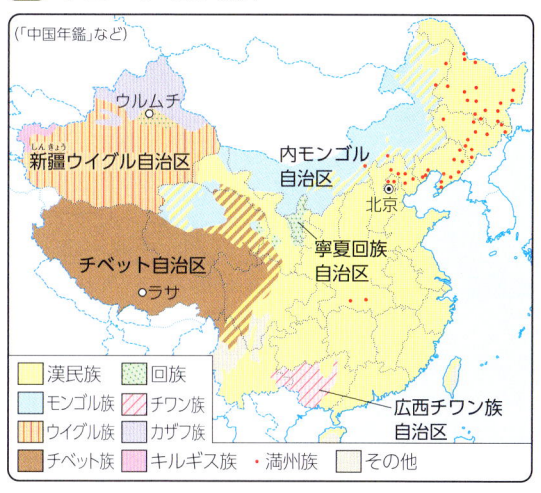

（「中国年鑑」など）

凡例：漢民族／モンゴル族／ウイグル族／チベット族／回族／チワン族／カザフ族／キルギス族／満州族／その他

背景 中国は，大多数をしめる**漢民族**と，公式に認められているだけでも55の少数民族からなる国家である。省と同レベルの5つの自治区が設定されているが，各民族の居住はモザイク状に入り混じっており，漢民族が多数派を占めている自治区もある。**少数民族が集中する西部は，東部との経済格差も大きく，**実質的な漢民族支配に対する不満も蓄積されている。

現状 チベット問題 チベットは1951年に中国に編入され，政治指導者ダライ＝ラマ14世がインドに亡命政府を樹立している。チベットに対する抑圧や経済格差への不満から，大規模な暴動も発生した。現在，中国政府はチベットの開発による不満の解消を図っているが，チベットが求める高度の自治は認めていない。

○ダライ＝ラマ14世

●新疆ウイグル自治区独立運動

新疆ウイグル自治区は中国全土の6分の1を占める。民族はトルコ系イスラーム教徒が多数である。中国の最大民族である漢民族とは，文化も宗教も言語も異なる。このため，文化，習慣，信仰を十分に理解されていないという不満や，中央との経済格差の拡大が原因となり，独立をめぐって中国政府との対立は深まっている。

重要用語　164北大西洋条約機構（NATO）　184アメリカ同時多発テロ　199ユーゴスラビア紛争

10 カシミール紛争

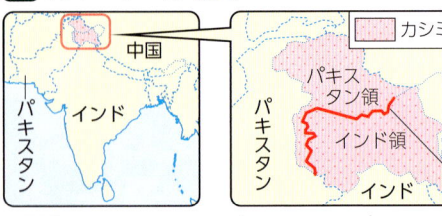

背景 1947年, インドとパキスタンがイギリスの植民地支配から独立した際, カシミール地方がインドとパキスタンのどちらに帰属するかをめぐる対立が発生。カシミール地方は, 住民の大半がイスラーム教徒, 藩王がヒンドゥー教徒であったため, 住民側をパキスタンが, 藩王側をインドが支持し, 3度の武力衝突に発展した。

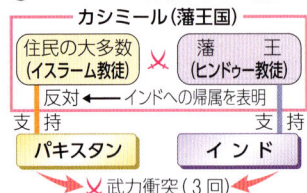

現状 3度目の印パ戦争はインド優勢で進んだため, 1972年の和平協定の停戦ラインはインドに有利なものとなった。1998年, 両国は核実験を行い(→p.176⑤), 緊張が高まった。

11 東ティモール紛争

背景 もともとティモール島は東半分はポルトガルが, 西半分はオランダが植民地として支配。その後, 西ティモールはインドネシアとして独立したが, 東ティモールはポルトガル領のままであった。1974年, ポルトガルが東ティモールから撤退する際, 独立派とインドネシアに併合を求める勢力が対立。内戦に発展した。

現状 1999年に独立の是非を問う住民投票で独立が決定。東ティモール共和国が独立を宣言した。しかし, コーヒー生産以外目立った産業がなく, 経済的な自立が難しい状態である。

エスノセントリズムを超えて

愛国心とエスノセントリズム 自国を愛することなしに, 他国を愛することはできない。その意味で愛国心をもつことは非常に重要である。しかし, 愛国心が排外主義的な傾向をもつと, **エスノセントリズム**(自民族中心主義)に陥るおそれがある。

文化相対主義 そこで必要なのは, 「自文化を基準にして異文化を優劣評価する態度をやめ, すべての文化は個々の存在価値をもっている」という**文化相対主義**の考え方である。

レヴィ-ストロースの文化相対主義 フランスの人類学者レヴィ-ストロースは, すべての歴史, 社会, 民族に共通して無意識的に存在する「構造」を明らかにしようとする構造主義を確立した。彼は, ブラジルの民族調査により, 太古から現在まで続く民族社会の思考と西欧社会の科学的思考は, 共通の構造をもっていることを明らかにし, 質的に優劣をつけられるものではないとした。これは, 「西欧的でない民族社会が, 西欧社会より劣っている」とする西欧中心の文化観を否定した文化相対論である。

◁**レヴィ-ストロース** (1908〜2009) フランスの人類学者。主著は『悲しき熱帯』『野生の思考』

12 アパルトヘイト

●**人種別人口構成**(1991年) 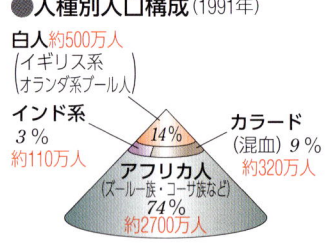
- 白人 約500万人 (イギリス系・オランダ系ブール人) 14%
- インド系 3% 約110万人
- カラード(混血) 9% 約320万人
- アフリカ人(ズールー族・コーサ族など) 74% 約2700万人

背景 アパルトヘイト(人種隔離政策)は, 20世紀初頭, 南アフリカ戦争(イギリス対ブール人)に敗れたブール人(オランダ移民)懐柔のためイギリスが始め, 白人政権により強化された。異人種との結婚を禁じ, 国民の約70%を占める先住民を国土のわずか13%の土地に隔離するなど有色人種に対する厳しい政策がとられた。

現状 1991年6月デクラーク大統領はアパルトヘイト諸法を撤廃。94年には黒人指導者のマンデラが, 黒人として初の大統領に就任した。現在は経済格差是正と経済発展が課題となっている。 ▷**マンデラ元大統領**(任1994〜99)

◁有色人種用トイレ(分離施設法)

13 ルワンダ内戦

●**ルワンダ難民の流出数**
- ザイール 約140万人
- ウガンダ 約1万人
- タンザニア 約27万人
- ブルンジ 約35万人 (内閣府資料)

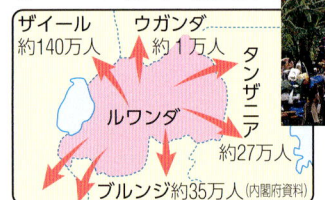

△周辺国に流出するルワンダ難民

背景 ベルギーが植民地として支配していた時代に, 言葉も宗教も変わらない少数派のツチ族, 多数派のフツ族の分類を利用した統治が行われたことから対立の歴史が始まる。80〜100万人が虐殺され, 難民200万人以上がザイールなど近隣諸国へ流入した。

現状 1994年, 虐殺を行ったフツ過激派を追放し平和を回復。国内に安定をもたらしたツチ族主体の「ルワンダ愛国戦線」のカガメ大統領が和解を進め, 経済成長を軌道に乗せた。

14 南スーダン内戦

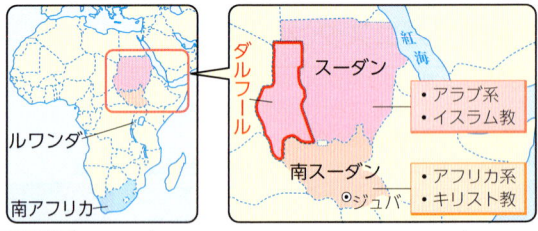

- スーダン: アラブ系・イスラム教
- 南スーダン(ジュバ): アフリカ系・キリスト教

背景 南スーダンは, 内戦を経た2011年に住民投票が行われ, 民族・宗教的に対立していたスーダンからの分離独立を果たした。

現状 2013年, ディンカ人の大統領派とヌエル人の副大統領派との間で内戦が勃発。豊富な石油利権をめぐって争いは泥沼化し, 数百万人の難民も発生。2018年, 停戦合意。2020年, 暫定政府設立。

●ダルフール紛争

スーダン西部のダルフールでは, アラブ系遊牧民族とアフリカ系農耕民族の間で, 昔からの水や牧草地をめぐる抗争を背景に, 2003年に政府・アラブ系民兵と反政府勢力の本格的な武力衝突が勃発。死者約20万人, 難民・避難民約200〜250万人という世界最大規模の人道危機に発展した。

MOVIE 映画『ホテル・ルワンダ』(2004年制作)はルワンダ内戦を扱った作品。実在するホテルマンの物語で, 虐殺から逃げてきた難民を, 働いているホテルに避難させ, 多くの命を奇跡的に助ける。民族同士が殺し合う悲劇を描いている。

B 難民問題

1 難民問題の現状

難民に対しては，どのような支援が必要か？

難民数の推移（パレスチナ難民を除く）
- 1980年〜2018年
- 冷戦の終結
- シリア，内戦状態に → 2036万人
- パレスチナ難民 617万人
（UNHCR資料など）

世界計 2653万人（2018年末）
- 発生国（10万人以上）
- 難民数（万人）

主な発生国：
- パレスチナ 617
- シリア 665
- イラク 37
- パキスタン 13
- 中国 21
- ミャンマー 115
- ベトナム 33
- スリランカ 11
- イラン 13
- アフガニスタン 268
- ソマリア 95
- エリトリア 51
- ルワンダ 25
- ブルンジ 39
- コンゴ(民) 72
- 中央アフリカ 59
- ナイジェリア 28
- マリ 16
- コロンビア 14
- (西サハラ) 12
- 南スーダン 229
- スーダン 72

（UNHCR資料など）

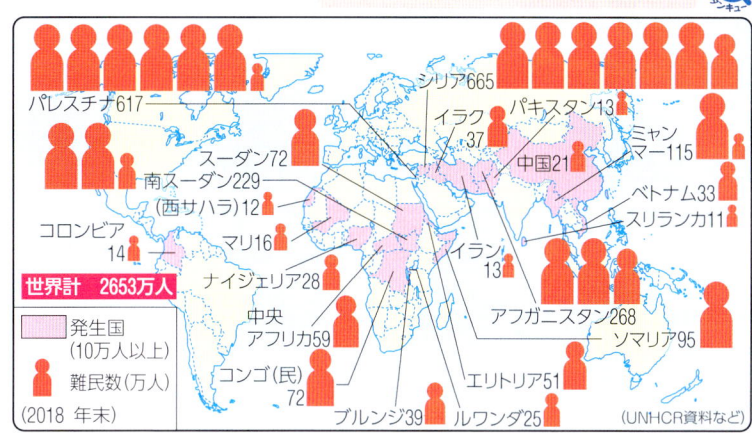

解説 急増する難民 冷戦終結後の民族紛争で増加した難民は，一時減少したが，シリア内戦（●p.168）の激化によって再び急増している。国連で難民の救済にあたるのが**国連難民高等弁務官事務所(UNHCR)**である。

2 難民の地位に関する条約（抄）
[採択 1951　発効 1954　日本批准 1981]

第1条〔定義〕A(2)……人種，宗教，国籍もしくは特定の社会集団の構成員であることまたは政治的意見を理由に迫害を受けるおそれがあるという十分に理由のある恐怖を有するために，国籍国の外にいる者……

第3条〔無差別〕 締約国は，難民に対し，人種，宗教または出身国による差別なしにこの条約を適用する。

第22条〔公の教育〕① 締約国は，難民に対し，初等教育に関し，自国民に与える待遇と同一の待遇を与える。

第33条〔追放及び送還の禁止〕① 締約国は，難民を，いかなる方法によっても，人種，宗教，国籍もしくは特定の社会的集団の構成員であることまたは政治的意見のためにその生命または自由が脅威にさらされるおそれのある領域の国境へ追放しまたは送還してはならない。
（UNHCR資料）

解説 難民とは この条約と1966年採択の議定書を合わせて「**難民条約**」と呼ぶ。難民の法的地位などについて定めている。中でも重要とされているのが，**難民をいかなる理由があっても再び生命や自由の危険のある国に送り返してはならない**という第33条の**ノン・ルフールマンの原則**である。また条約によれば，**難民**とは政治的な事情，迫害，紛争などで祖国から逃れざるを得なくなった人々をさし，飢餓や異常気象などの経済的な事情による**経済難民**は含まれない。また，国外に出ず，国内で避難生活を送る人は**国内避難民**という。

3 国連難民高等弁務官事務所(UNHCR)

1951年から，難民に避難先での生活援助をし，雇用や教育などの保護を与え，本国への帰還や庇護国，第三国への定住補助を行っている。2018年末現在，約135か国で501の事務所を展開しており，スタッフは11871人である。これまでに5000万人以上の難民の生活再建を支援し，ノーベル平和賞を2度受賞している。1991年〜2000年，緒方貞子さん(1927〜2019年)が高等弁務官を務めた。

▲難民キャンプを訪問する緒方さん(1991年)

この人に聞く

国連広報センター所長
（元国連難民高等弁務官事務所（UNHCR）職員）
根本かおるさん

Q UNHCRでの仕事はどのようなものですか。
A ネパールの難民キャンプで所長を務めた時は，政府の要人と難民のために交渉し，様々なNGOと協力して援助活動を指揮し，異なる国籍のスタッフが良い仕事ができるように事務所をまとめることが大きな仕事でした。そして，難民たちと直接語らうことを，私は一番大切にしていました。「難民」と一括りにすることで，見えなくなるものがあると思うのです。難民には1人1人顔があって，1つ1つのストーリーがあって，1つ1つの苦労と，1つ1つの希望がある。私たちと一緒です。困難な状況の中で懸命に生きる難民の姿に，自分自身が学ぶものも多くあります。

Q 高校生にメッセージをお願いします。
A 国際協力の方法は国連以外にも様々あります。「難民問題は自分たちにとって遠い問題」と思われがちですが，そうではありません。まず，知ることが協力への第一歩。そして，募金活動やイベントに参加するなど，関わり方は色々あるはずです。日本でも東日本大震災で多くの方々が避難生活を強いられましたが，世界の最貧国を含め，多くの国々から支援の手が差し伸べられ，「世界で生きる日本」ということが印象付けられました。困った時はお互い様です。広い視野に立って国際協力のことを考えてほしいと思います。

©国連UNHCR協会

LOOK 日本の難民政策

解説 日本と難民 日本の難民受け入れ数は，先進国の中では格段に少ない。日本が難民の出身国と遠く，申請数が少ないためである。加えて，審査も厳しく，認定の割合も低い。一方，日本のUNHCRへの拠出金額は世界有数である。また，2010年度からは，避難先の国に定住することも，母国へ帰ることもできない難民を，**第三国定住難民**として受け入れている。

●主な国の難民認定（2018年）

国名	申請数（人）	認定数（人）	認定の割合
ドイツ	31万9104	5万6583	17.7%
アメリカ	30万9083	3万5198	11.4%
イギリス	5万2575	1万2027	22.9%
日本	1万9514	42	0.2%
中国	505	39	7.7%

（UNHCR資料）

重要用語 201アパルトヘイト　202エスノセントリズム（自民族中心主義）　203難民の地位に関する条約　204国連難民高等弁務官事務所(UNHCR)

Coming Up

難民規制はテロを防ぐのか？

世界各地でイスラーム過激派組織によるテロが頻発し，イスラーム（イスラム教）に対する偏見が深刻化した。難民の中にテロリストが紛れ込んでいる可能性も否定できないなどの理由から，難民の入国を規制する動きもある。イスラームをめぐる動きと，シリア内戦が世界に与えた影響を知り，テロの拡散を防ぐためには何が必要なのか考えよう。

A 社会の分断？ ― 難民を受け入れるか ―

○難民受け入れに反対する人々（チェコ）

＊のちにイラクを除外するなど一部緩和。連邦最高裁判所は6月に一部執行を容認。大統領令の失効に合わせ，その後も新たな大統領令を発表。

2017年1月，アメリカのトランプ大統領が，シリア難民受け入れの無期限停止，中東・北アフリカ7か国＊の国民の90日間入国停止などの大統領令を発表。ヨーロッパでも，難民を排斥する勢力が支持を集めた。このような動きに反対する人々との間で，社会を二分する激しい対立が生じている。

（「毎日新聞」2017.1.29）

○入国制限に対する抗議デモ（アメリカ）

B なぜ難民はヨーロッパに向かったのか？

● 出身国別の難民数

2018年 2653万人
- シリア 25.1％（665万人）
- パレスチナ 23.3（617）
- アフガニスタン 10.1（268）
- 南スーダン 8.6（229）
- ミャンマー 4.3（115）
- その他 28.6

（UNHCR資料など）

→ 難民の主な移動経路

解説　ドイツをめざす難民　シリア内戦（→p.168）の泥沼化により国外に逃れた人々は，福祉が充実し，シリア難民の積極的受け入れ＊を打ち出したドイツをめざした。EUの規定では人々が最初に到着した国が保護申請を受け付け，難民か不法移民かを判断する。しかしギリシャやイタリアに負担が集中して管理が追い付かず，未申請の難民がドイツに向かった。EUは，難民受け入れを加盟国が分担するとしたが，反対する国もある。　＊のちに入国審査を導入。

○ギリシャと北マケドニアの国境封鎖の解除を求めるシリアとイラクの難民　大量の難民が押し寄せたため，移動ルートにあたる国々は，国境封鎖や受け入れ数制限などを行った。

C 難民受け入れを拒むのはなぜか？

○テロの負傷者を搬送する救急隊員（ニース，2016.7.14）

● 近年発生した主なテロ

2015.1	フランスで新聞社襲撃事件
2015.3	チュニジアの博物館で銃乱射，日本人3名死亡
2015.11	パリ同時多発テロ
2016.3	ベルギー連続テロ
2016.6	トルコのイスタンブール国際空港でテロ
2016.7	バングラデシュのダッカでテロ，日本人7名死亡
2016.7	フランスのニースでテロ
2017.5	イギリスのマンチェスターでテロ
2017.8	スペインのバルセロナとその近郊で連続テロ
2018.5	フランスのパリでテロ
2019.4	スリランカでテロ，日本人1名死亡

解説　テロリストの流入を警戒　近年，イスラーム過激派組織によるテロが欧米などで頻発している。難民受け入れに反対する人々は，テロリストが難民に紛れて入国することや，大量の難民が流入することによる治安の悪化を警戒する。トランプ大統領は，入国規制の大統領令は国家安全保障にとって必要と主張した。また，大量の難民を受け入れることによる経済的負担が財政を圧迫し，国民生活に影響が出るという意見もある。

メモ　ドイツは，第二次世界大戦時のユダヤ人迫害への反省から，戦後，憲法にあたる基本法で政治的に迫害されている者への庇護について定めている。

D 難民拒否は安全保障につながるか？

●イスラーム教徒に対するヘイトクライム*件数

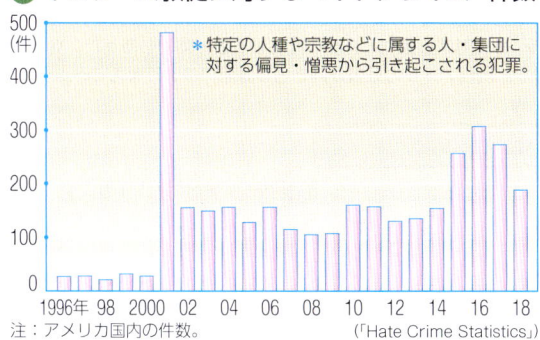

*特定の人種や宗教などに属する人・集団に対する偏見・憎悪から引き起こされる犯罪。

（グラフ：1996年から2018年までのアメリカ国内の件数。最大値は2001年の約480件）
注：アメリカ国内の件数。
（「Hate Crime Statistics」）

▶厳格な政教分離をとるフランスでは、2010年に「ブルカ」などイスラーム教徒の女性の顔を覆う被り物を公の場で着用することを法律で禁止。女性の人権抑圧の象徴という理由からだが、イスラーム教徒にとっては差別、フランス社会からの疎外であるとして批判がある。

「建国理念に反する」「女性抑圧の象徴」
「ブルカ」仏で禁止論
（「読売新聞」2009.6.24）

解説 隣人がテロリストに イスラーム教徒は世界各国で暮らしているが、宗教を理由とした偏見や差別、格差などによる行き場のない不満・怒りを募らせている場合も多い。欧米社会の中で居場所を失った人の一部が、過激派組織の思想に共感し、インターネットでの呼びかけに応じてテロ行為に走るホームグロウン・テロ（欧米で生まれ育った者が自国で起こすテロ）が問題となっている。

LOOK なぜ欧米がテロの標的に？

欧米諸国で頻発するイスラーム過激派組織によるテロ行為は、決して許されない。しかし、歴史的に、欧米諸国が石油や土地を得るなどの目的で中東諸国の政治に介入し、宗派対立や格差・弾圧を生んできた。今も解決できていないパレスチナ問題（→p.182）もその一つである。こうした歴史がイスラーム教徒の欧米への敵対心を生み、過激派の行動につながったという意見もある。

過激派組織ISが否定する、サイクス=ピコ協定（第一次世界大戦時にイギリスとフランスとの間で結ばれたオスマン帝国分割の秘密協定）をもとに引かれた国境も、民族や宗派を分断したとして、今日の中東の紛争の原点とされる。

●サイクス=ピコ協定によるオスマン帝国領の分割案
- イギリスの支配地域案
- フランスの支配地域案
- ロシアの支配地域案
- 現在の国境線

（地図：地中海、ダマスカス、バグダッド、クウェート、ペルシア湾、アラビア半島）

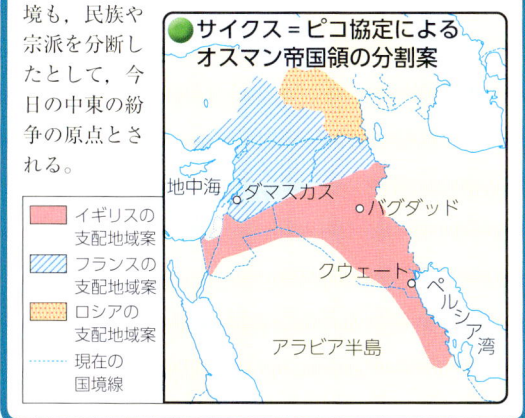

E イスラーム＝テロ組織か？

●テロ行為に対するイスラーム教徒の思い

いまテロ組織イスラーム国が行っていることは、すべてのムスリム*を罪人のような立場に追いやり、行われているすべての犯罪が全世界のムスリムに深刻な影響を及ぼしています。認識されねばならない点は、イスラームの最も重要な教えの一つが、公正な社会を実現し、人びととの間に平和をもたらすことにあります。暴力を唯一の手段と見なすこの残虐なテロ組織の考え方は、イスラームの教えとも、イスラームの生み出した文明ともまったく相容れないものです。

*イスラーム教徒　（東京ジャーミィ・トルコ文化センター）

「イスラーム原理主義*」は、『クルアーン』などイスラームの教えを忠実に行い、正しいイスラーム社会を作ろうという動きのことである。しかし、中東情勢が不安定化する中で、一部の人たちが、理想の実現のために暴力的な手段をとることをジハードととらえ実行するようになった。

*聖書の内容は一言一句正しいと考えるキリスト教原理主義からの造語。一般的には「イスラーム主義」、「イスラーム復興運動」など。

▶テロの犠牲者に花を手向けるイスラーム教徒の女性

解説 イスラームは平和の宗教 歴史的に、イスラーム教徒はジハードの呼びかけによって団結し、防衛し、拡大してきた。「ジハード」は日本では「聖戦」と訳されるが、本来は「神のために努力・奮闘すること」という意味である。自分の心の内に潜む悪や、自分の住む環境の不正・抑圧との闘いであり、すべてのイスラーム教徒に課される義務である。

F 敵意は問題を解決するか？

●空爆による一般市民の被害

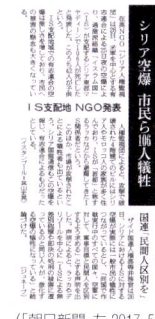

シリア空爆 1600人以上死亡
昨年9月から、民間人62人
IS支配地 NGO発表
シリア空爆 市民ら師犠牲 国連、民間人区別なく
NGO調査

（「朝日新聞」左2017.5.27、右2015.2.24）

▶シリアへの空爆 民間人の犠牲者も多い。

解説 「テロとの戦い」は成功か？ 同時多発テロ以降、アメリカをはじめとする欧米諸国は軍事力によってテロ組織を排除しようとしてきた。しかし、テロは世界に拡散し（→C）、戦闘によって子どもを含む多くの一般市民も犠牲となった。イスラーム教徒への差別や排斥、「テロとの戦い」がもたらした被害は、怒りの連鎖を引き起こす。対話によって互いを理解し、貧困・格差や差別といった不公正を正すような支援が平和にとって不可欠である。

Coming Up 多民族国家・アメリカ社会の分断

アメリカ合衆国は，建国期から多くの移民を受け入れることで繁栄を築いてきた「移民国家」である。一方でその繁栄は，少数派(マイノリティ)に対する差別と抑圧の歴史と表裏一体でもあった。なぜ人種間の対立が生じ，排斥が起こるのか。現代アメリカ社会が向き合う課題について考えてみよう。

A 「アメリカ人」とは誰か？

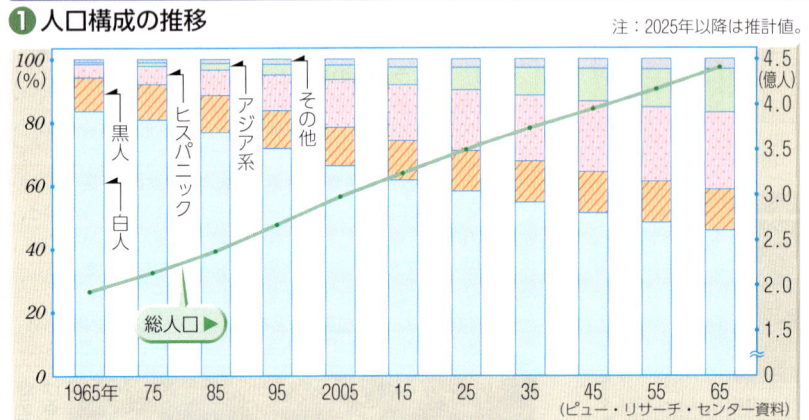

❶人口構成の推移
注：2025年以降は推計値。
（グラフ：白人・黒人・ヒスパニック・アジア系・その他の人口構成比と総人口の推移、1965年～65年、ピュー・リサーチ・センター資料）

解説 多様な「アメリカ人」 出生時に親と同じ国籍が与えられる日本(血統主義)と異なり，多くの移民を受け入れてきたアメリカでは，親の国籍に関係なく，アメリカ国内で生まれた者はアメリカ国籍となる(**出生地主義**)。建国以来，アメリカ国民の大多数を占めたのは，いわゆる「白人」の人々だった。しかし，その中でも，アイルランド系，南欧系といったルーツの違いが見られ，その社会的な立場も異なる。1965年の移民法改正以降は，**アジア系やラテンアメリカ系の移民が急増**(→B❸)。21世紀半ばには，「白人」の割合が50％を切るとも予想されている。

❷多民族国家のあゆみ
青字：黒人史関係

1830	強制移住法で先住民を西部に追放(→B❶)
	○アイルランドでの飢饉→アメリカへの移民が急増
1860年代	中国人苦力の増加(炭鉱労働，鉄道建設などに従事)西部への移民増加
1863	奴隷解放宣言→市民権承認(1868)，選挙権承認(1870)
	○反黒人組織クー=クラックス=クラン(KKK)各地で結成
1882	中国人排斥法→中国人に代わり，日本人の移民急増
1880〜90年代	黒人に対するリンチ事件，選挙権の剥奪が拡大 南欧・東欧からの移民の増加(**新移民**)
1896	最高裁判決「隔離しても平等であれば差別とは言えない」
1924	移民法制定→移民数制限 →KKK (日本人移民を事実上禁止) ○KKK再結成
1941	F.ローズベルト大統領の雇用差別禁止命令
1942	日系人の強制収容 →ヨーロッパ戦線への日系人部隊の投入
1954	ブラウン判決「隔離された教育施設は本質的には不平等」
1955	バス=ボイコット運動(**キング牧師**が主導)
1963	ワシントン大行進(→B❷)
1964	**公民権法**(人種差別撤廃)
	→アファーマティブ・アクション(積極的差別是正措置)導入
1965	移民法改正→移民数増大 アジア・ラテンアメリカ移民急増(→B❸)，不法移民の増大
1968	キング牧師暗殺
1986	移民改革統制法(IRCA) ①不法移民への合法的地位の付与 ②国境警備強化 ③不法移民を雇用した者に対する罰則
1992	ロサンゼルス暴動
2001	同時多発テロ事件(→p.167)
2009	オバマ大統領就任(初の黒人大統領)
2014	不法移民(約500万人)に合法的地位を付与
2017	トランプ大統領就任 イスラーム圏からの入国を禁止する大統領令(→p.188A) ヴァージニア州で白人至上主義者と反対派が衝突

→オバマ

❸「アメリカ人」のアイデンティティ
▷**星条旗への宣誓** アメリカでは，大リーグの試合前や，公立学校での授業前(行わない場合もある)など，様々な場所で国旗宣誓が行われている。

星条旗への忠誠の誓い
「神の名の下，すべての人々に自由と正義を与える，分割することのできない国を象徴する，アメリカ合衆国の国旗とその国家に対し，忠誠を誓います。」

解説 アメリカ統合の象徴 多民族国家であるアメリカでは，単一民族の統一国家というナショナリズムは形成されえない。国民性の拠り所は，「**自由**」「**平等**」といった建国の理念である。

何が不寛容を生むのか？
世界的な潮流 新たに流入してきた他者を敵視し，その排斥を求めることは，移民国家アメリカが繰り返し経験してきた歴史であるというだけでなく，現代の世界が直面している問題でもある(→p.188)。原因の1つは，新たな移民が，既存の労働者よりも低い賃金で働くことが多い点にある。これによる賃金水準の低下や失業率の上昇が，新移民に対する敵意に結び付いた。また，新移民が，自国(アメリカ)の価値観を共有できるか，という点が不安視されることも多い。

「取り残された」人々 アメリカでは，人種間の対立だけでなく，「白人」とされる人々の間でも，経済的な格差が深刻になっている。自らが繁栄から取り残されたと感じる人々の失望は，移民の排斥や自国第一を掲げるトランプ政権誕生の背景にもなった。

▷閉鎖された工場(オハイオ州)

メモ アファーマティブ・アクションとは，歴史的に差別を被ってきた少数派に対し，大学入試や就職試験において優遇措置を設ける制度。しかし，特定の人々の優遇はかえって人種対立を招くとの批判もある。

B 「マイノリティ」へのまなざし

❶ 先住民族の今

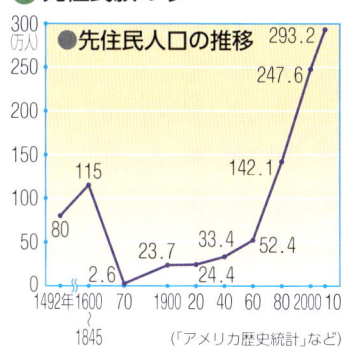

●先住民人口の推移

年	人口(万人)
1492	80
1600	115
1700	2.6
1845	23.7
1900	33.4
20	24.4
40	52.4
60	142.1
80	247.6
2000	293.2
10	

(「アメリカ歴史統計」など)

解説 先住民の苦難 19世紀以降、移民が増加を続ける一方、居住地を追われた先住民の人口は大幅に減少した。彼らの権利回復運動が本格化するのは20世紀の後半である。現在では560以上の部族が政府に公認されており、居留地では自治が行われている。

▶先住民プエブロ族の居留地区（ニューメキシコ州タオスプエブロ） 現在、全米に3万人以上のプエブロ族が存在しており、観光産業も重要な収入源となっている。

❷ アフリカ系アメリカ人とアメリカ社会

◀キング牧師
◀ワシントン大行進（●p.23）

解説 権利獲得までの歩み アメリカの建国期からマイノリティとして差別・迫害を受けてきたのが、かつての奴隷の子孫であるアフリカ系アメリカ人（いわゆる「黒人」）である。その存在は、南北戦争など、アメリカ史の転機において重要な意味を持ち続けてきた。彼らの権利獲得運動は1960年代に最高潮を迎え（**公民権運動**）、女性や先住民の運動にも大きな影響を与えた。

●現在も根深い偏見と対立

▶「黒人の命も大切だ」と書かれたプラカードを掲げ、デモに参加する人々（2014年） 2020年にも全米各地で大規模な抗議デモが行われた。

マイケル・ブラウン事件 2014年、当時18歳の黒人男性マイケル・ブラウンが白人警察官と口論になり、射殺された。警官が不起訴となったため、抗議デモが全米で発生。一部では暴力的な衝突に発展した。

この事件の背景として、未だ黒人に対する差別や偏見が根強く、犯罪捜査に際しても、黒人が過度に厳しい目を向けられる傾向にあることが指摘されている。法的に平等な立場が確立された現代においても、黒人と白人との相互不信は完全には解消されないままでいる。

❸ 急増するヒスパニック (アメリカ合衆国国勢調査局資料)

●ヒスパニックが多い地域

ヒスパニックの割合が15％以上の州（2018年）

解説 ヒスパニックとは 人種的概念ではなく、**スペイン語を主に話す中南米系移民**を指す。20世紀後半から流入が急増。出生率も高く、人口における割合も大きい（●A❶）。

▶メキシコとの国境に設けられたフェンス アメリカとメキシコでは、賃金の格差が非常に大きく、アメリカへの不法入国者も後を絶たない。アメリカは、数百万人に上る彼らの生活を保護するという課題を背負い続けており、今後の対応のあり方は、大統領選でも大きな争点となった。

LOOK 「多文化主義」の時代を生きる

「人種のるつぼ」から「サラダ・ボウル」へ

20世紀初頭から、アメリカは「**人種のるつぼ**」と呼ばれていた。これは、様々な文化・民族的背景を持つ人々が混ざり合い、「アメリカ人」という新たな国民性を生み出す、との思想を表現していた。しかしその実態は、当時圧倒的影響力を持ったヨーロッパ系の文化への同化であり、マイノリティの存在を軽視したものであったともいわれる。移民の出自がより多様になった1960年代以降、様々な民族の共存、多様性こそがアメリカの本質とする**多文化主義**の考えが生まれた。これは、様々な野菜が同じ皿の上に並ぶ、「**サラダ・ボウル**」に例えられている。

共存にむけて しかし、多文化主義の過熱は、時に自民族の優位を強調する**エスノセントリズム**（●p.186）へと陥りかねない。その先にあるのは他者の軽視と社会の分断であるとして、アメリカでは、多文化主義の思想は時として批判的に評価されることもある。異なった文化を持つ他者を尊重し、相互理解に努めていくこと。アメリカ社会が投げかける問いは重い。

◀イラン系住民による食料支援ボランティア 移民排斥の機運が高まる一方で、分断を乗り越え、共存を目指した取り組みも進む。

重要用語 202 エスノセントリズム（自民族中心主義） 205 公民権運動

6 国際政治の中の日本

▶ルワンダの村で水の衛生啓発活動を行う「水の防衛隊」 国際協力機構(JICA)の活動の1つ。発展途上国の水問題改善に役立つ技術や経験を持つ日本人を派遣し、貧困層や子どもの生活改善に寄与する。日本は世界の平和と繁栄のためにどう貢献していくべきか考えてみよう。

写真 今村健志朗/JICA

A 戦後の日本外交

戦後の日本外交は、どのような目的で展開されてきたか？

1 戦後の日本外交の歴史

1945	ポツダム宣言(→p.38)受諾→終戦・降伏と占領
1950	朝鮮戦争勃発(→p.163 6)
1951	サンフランシスコ平和(講和)条約(→2)調印→主権回復
	沖縄・奄美群島・小笠原諸島をアメリカの施政権下に
	日米安全保障条約調印
1952	日華平和条約
	→台湾(中華民国)を支持し、中華人民共和国を認めず
1953	奄美群島が日本に復帰
1956	日ソ共同宣言(→3)→国連総会が日本の加盟を可決
1957	日本外交の三原則 ①自由主義諸国との協調 ②国連中心主義 ③アジアの一員としての立場の堅持
	国連安保理の非常任理事国に当選
1960	日米安全保障条約を改定(→p.52)
1965	日韓基本条約(→4)に調印→日韓国交正常化
1968	小笠原諸島が日本に復帰
1970	日米安保条約、自動延長
1972	沖縄が日本に復帰(→p.60)
	日中共同声明(→5)
	→日中国交正常化、日華平和条約破棄
1975	第1回サミット(→p.340)に出席
1978	日中平和友好条約(→6)に調印
1991	日朝国交正常化交渉始まる
1992	PKO協力法成立、カンボジアへ自衛隊派遣(→p.58 2)
1996	沖縄の普天間飛行場の日本返還を日米合意(→p.60)
2002	小泉首相が訪朝、拉致被害者5人帰国(04年に家族帰国)
2004	イラク人道復興支援特別措置法により自衛隊をイラク派遣
2009	海賊対処法により自衛隊をソマリア沖へ派遣(→p.58 1)
2015	日韓外相会談で、慰安婦問題の解決策に合意(→4)
2016	オバマ大統領広島訪問(→p.179) 安倍首相真珠湾訪問

2 サンフランシスコ平和条約
（日本国との平和条約）（抄）

署名 1951.9.8
発効 1952.4.28

第1章 平和

第1条〔戦争の終了、主権の承認〕（a）日本国と各連合国との間の戦争状態は、第23条の定めるところによりこの条約が日本国と当該連合国との間に効力を生ずる日に終了する。

（b）連合国は、日本国及びその領水に対する日本国民の完全な主権を承認する。

第2章 領域

第2条〔領土権の放棄〕（a）日本国は、朝鮮の独立を承認して、済州島、巨文島及び鬱陵島を含む朝鮮に対するすべての権利、権原及び請求権を放棄する。

（b）日本国は、台湾及び澎湖諸島に対するすべての権利、権原及び請求権を放棄する。

（c）日本国は、千島列島並びに日本国が1905年9月5日のポーツマス条約の結果として主権を獲得した樺太の一部及びこれに近接する諸島に対するすべての権利、権原及び請求権を放棄する。

第3章 安全

第5条〔国連の集団保障、自衛権〕（c）連合国としては、日本国が主権国として国際連合憲章第51条に掲げる個別的又は集団的自衛の固有の権利を有すること及び日本国が集団的安全保障取極を自発的に締結することができることを承認する。

第5章 請求権及び財産

第14条〔賠償、在外財産〕（a）日本国は、戦争中に生じさせた損害及び苦痛に対して、連合国に賠償を支払うべきことが承認される。しかし、また、存立可能な経済を維持すべきものとすれば、日本国の資源は、日本国がすべての前記の損害及び苦痛に対して完全な賠償を行い且つ同時に他の債務を履行するためには現在充分でないことが承認される。……

（b）この条約に別段の定がある場合を除き、連合国は、連合国のすべての賠償請求権、戦争の遂行中に日本国及びその国民がとった行動から生じた連合国及びその国民の他の請求権並びに占領の直接軍事費に関する連合国の請求権を放棄する。

(大沼保昭編『国際条約集2007年版』有斐閣)

解説 日本、西側陣営に 冷戦が激化すると、アメリカは日本を西側陣営に組み込もうと対日講和を急いだ。1951年、連合国と日本の間に第二次世界大戦を終了させる講和条約（**サンフランシスコ平和条約**）が結ばれた。この講和会議に中国は招請されず、インド、ビルマ（ミャンマー）、ユーゴは不参加。東側のソ連、ポーランド、チェコスロバキアは調印を拒否したため、講和条約はアメリカをはじめとする**西側諸国中心の片面条約として成立し**、同時に結ばれた日米安保条約とともに、その後の日本の国際的地位を規定することになった。

◀全面講和を求める1951年のメーデー 講和条約をめぐり、単独講和（西側諸国側だけとの講和）と全面講和（ソ連などを含めた講和）のいずれを選ぶべきかという議論がおこった。

◀サンフランシスコ平和条約の調印式 吉田茂首相らが全権となり、48か国との間に平和条約を調印した。条約は翌年発効し、連合国による日本占領は終了して、日本は主権を回復した。

入試クイズ 発展途上国は、先進国による発展途上国への軍事介入を禁止するために、サンフランシスコ平和条約の作成を促した。○？×？〈09本〉(→2)　答：×

3 日ソ共同宣言(抄)
[署名 1956.10 発効 1956.12]

1 〔戦争状態の終了〕日本国とソヴィエト社会主義共和国連邦との間の戦争状態は、この宣言が効力を生ずる日に終了し、両国の間に平和及び友好善隣関係が回復される。

4 〔日本の国連加盟支持〕ソヴィエト社会主義共和国連邦は、国際連合への加入に関する日本国の申請を支持するものとする。

5 〔日本人の送還〕ソヴィエト社会主義共和国連邦において有罪の判決を受けたすべての日本人は、この共同宣言の効力発生とともに釈放され、日本国へ送還されるものとする。……

9 〔平和条約と2島返還〕日本国及びソヴィエト社会主義共和国連邦は、両国間に正常な外交関係が回復された後、平和条約の締結に関する交渉を継続することに同意する。
　ソヴィエト社会主義共和国連邦は、日本国の要望にこたえかつ日本国の利益を考慮して、歯舞群島及び色丹島を日本国に引き渡すことに同意する。ただし、これらの諸島は、日本国とソヴィエト社会主義共和国連邦との間の平和条約が締結された後に現実に引き渡されるものとする。

解説 ソ連との国交回復 1956年、日ソ共同宣言によって、国際法上交戦状態が継続していたソ連と日本の間に国交が回復。交渉は**北方領土問題**(→p.196)をめぐる対立で難航したが、平和条約の締結を棚上げして、共同宣言に合意するに至った。この宣言は**平和条約の締結後に、ソ連が日本へ歯舞・色丹を引き渡すことを規定**。また、ソ連が日本の国連加盟を支持したため、2か月後に**国連加盟が実現**した。

対米協調を最重要視した吉田茂内閣の方針と異なり、鳩山一郎内閣は「独立重視」「対米自主外交」を展開した。1956年、自らソ連を訪問し、10月19日、ブルガーニン首相との間で日ソ共同宣言に調印した。

(「朝日新聞」1956.10.20)

4 日韓基本条約(抄)
[署名 1965.6 発効 1965.12]

第2条〔旧条約の効力〕1910年8月22日以前に大日本帝国と大韓帝国との間で締結されたすべての条約及び協定は、もはや無効であることが確認される。

第3条〔韓国政府の地位〕大韓民国政府は、国際連合総会決議第195号(Ⅲ)に明らかに示されているとおりの朝鮮にある唯一の合法的な政府であることが確認される。

日韓請求権協定*

第2条〔財産・請求権―問題の解決〕① 両締約国は、両締約国及びその国民(法人を含む。)の財産、権利及び利益並びに両締約国及びその国民の間の請求権に関する問題が……完全かつ最終的に解決されたこととなることを確認する。

解説 大韓民国との国交正常化 1965年、**日韓基本条約**が結ばれ、日本と大韓民国の関係が正常化された。この条約で、「韓国併合」以前に締結の条約が「もはや無効」であること、大韓民国が朝鮮唯一の合法的な政府であることが確認された。また、同時に締結された協定で、**大韓民国の賠償請求権*は無償・有償の援助に置き換えられ、放棄された**。

条約締結の際、両国では反対運動が強く、韓国では与党のみ、日本では自民、民社両党の賛成だけで批准案が承認された。(「毎日新聞」1965.6.23)

*2015年、日韓は慰安婦問題で合意。内容は、日本の元慰安婦支援のための10億円拠出(賠償ではない)。安倍首相の心からのおわびと反省の表明。両政府の「最終的かつ不可逆的」な問題解決の確認など。

5 日中共同声明(抄)
[署名 1972.9]

1 〔国交の正常化〕日本国と中華人民共和国との間のこれまでの不正常な状態は、この共同声明が発出される日に終了する。

2 〔唯一の合法政府〕日本国政府は、中華人民共和国政府が中国の唯一の合法政府であることを承認する。

3 〔台湾の地位〕中華人民共和国政府は、台湾が中華人民共和国の領土の不可分の一部であることを重ねて表明する。日本国政府は、この中華人民共和国政府の立場を十分理解し、尊重し、ポツダム宣言第8項に基づく立場を堅持する。

5 〔賠償請求の放棄〕中華人民共和国政府は、中日両国国民の友好のために、日本国に対する戦争賠償の請求を放棄することを宣言する。

8 〔平和友好条約の交渉〕日本国政府及び中華人民共和国政府は、両国間の平和友好関係を強固にし、発展させるため、平和友好条約の締結を目的として、交渉を行うことに合意した。

日中間の戦争状態の終結と国交樹立を確認し、中国は対日賠償請求権の放棄を宣言した。

初の日中首脳会談　周恩来　毛沢東　田中角栄

(「朝日新聞」1972.9.29)

6 日中平和友好条約(抄)
[署名 1978.8 発効 1978.10]

第1条〔平和五原則及び武力不行使〕① 両締約国は、主権及び領土保全の相互尊重、相互不可侵、内政に対する相互不干渉、平等及び互恵並びに平和共存の諸原則の基礎の上に、両国間の恒久的な平和友好関係を発展させるものとする。

② 両締約国は、前記の諸原則及び国際連合憲章の原則に基づき、相互の関係において、すべての紛争を平和的手段により解決し及び武力又は武力による威嚇に訴えないことを確認する。

解説 中国との国交正常化 1949年、中華人民共和国(共産党)が成立し、国共内戦に敗れた中華民国政府(国民党)は台湾へ移った。アメリカの共産圏封じ込め政策に合わせて、1952年に日本は中華民国と日華平和条約を結んでいたが、1972年の米中接近の中で、同年、田中内閣が中華人民共和国との国交正常化に踏み切り、**日中共同声明**(→5)が出された。これによって日華平和条約は破棄され、1978年には**日中平和友好条約**が結ばれた。

天皇、訪中　日中国交20周年を記念して、日本の天皇が史上初めて、中国を訪れた。両国は日中不再戦を誓っている。

(「中日新聞」1992.10.24)

重要用語 ③ポツダム宣言　④日米安全保障条約　④PKO協力法(国連平和維持活動協力法、国際平和協力法)　⑳サンフランシスコ平和条約　④サミット(主要国首脳会議)

1 竹島問題の経緯

17世紀～	日本人が渡航して漁業を行う
1905年	❶閣議決定で竹島を島根県に編入
1946	❷GHQ覚書で，日本の範囲から暫定的にのぞく地域として，竹島などを列挙（領土の最終決定ではないと明記されている）
1951	サンフランシスコ平和条約…竹島は日本領に
1952	韓国が李承晩ラインを引き，竹島を韓国領と主張
1954	韓国の警備隊が常駐し，実効支配
1965	日韓基本条約締結
1999	日韓新漁業協定…竹島付近を暫定水域として，共同で資源管理する
2005	島根県が「竹島の日」（2月22日）を設定
2012	李明博韓国大統領が竹島を訪問

△竹島（島根県） 日本固有の領土。東島・西島と数十の岩礁からなる。

2 尖閣諸島の経緯

1895年	日本が，閣議決定で沖縄県に編入
1951	❶サンフランシスコ平和条約…尖閣諸島は，南西諸島の一部としてアメリカの施政下とされる
1971	❷沖縄返還協定…アメリカ，南西諸島の権利を放棄 ○東シナ海に石油埋蔵の可能性が浮上。中国・台湾が領有権の主張を始める
1972	日中共同声明…中国が尖閣諸島に関し一時棚上げを提案
1992	中国が領海法に尖閣諸島を中国領と明記
1996	日本の団体が，灯台を設置
2010	尖閣諸島付近で，違法操業の中国漁船が海上保安庁巡視船に衝突
2012	日本政府が尖閣諸島の国有化を閣議決定
2013	中国が尖閣諸島上空を含む防空識別圏を設定

△尖閣諸島（沖縄県石垣市） 日本固有の領土。5つの島といくつかの岩礁からなる。

B 日本の領土

日本と韓国の主張

争点	日本政府の見解	韓国の主張
竹島が日本領となった経緯	❶は竹島を日本領と再確認したもの。新聞にも発表され，密かに行われたものでも，奪い取ったものでもない	❶は外国にも日本国民にも知られず密かに行われたものである。日本が植民地支配を進める過程で，不法に奪ったものである
竹島の所有を定めた最終決定は何か？	❷に，竹島は日本から除かれるとされているが，❷は領土の最終決定ではない。実際，❷に明記された沖縄は，日本に返還されている	最終決定ではないとしている❷の項目は，必要があれば修正される可能性を残しているだけで，実際に修正する覚書は存在しない

解説 国際司法裁判所への合意付託を要求 竹島には，1954年以降，韓国が警備隊を置いているが，歴史的にも国際法上も日本固有の領土であるというのが日本の立場である。日本は韓国との友好関係維持を優先し，1962年以来，竹島問題に対して国際司法裁判所（ICJ）（→p.150）への付託をしてこなかった。しかし，韓国はその間，着々と実効支配を強化。この状態に，2012年，日本政府は平和的解決を図るため，韓国との双方合意による国際司法裁判所への付託を提案。しかし，韓国は応じていない。

注：尖閣諸島の面積…6.3km² 竹島の面積…0.23km²

解説 尖閣諸島国有化 尖閣諸島は，そもそも日本固有の領土であり，領土問題自体存在しないというのが日本の立場である。2012年，日本は平穏かつ安定的な維持管理のため，尖閣諸島の3島を国有地とした。

日本と中国の主張

争点	日本政府の見解	中国の主張
尖閣諸島が日本領になった経緯	1895年1月の閣議決定で日本領となったものである。下関条約で譲り受けた台湾には含まれない	下関条約の3か月前に日本が奪い取ったものである
尖閣諸島は台湾に含まれるのか，南西諸島の一部か？	尖閣諸島は台湾ではなく，南西諸島の一部である。❶でアメリカの信託統治領となり，❷で日本に返還されている。また，中国は❶の際に反対していない	日本はポツダム宣言を受諾しており，台湾に付属する尖閣諸島を返還したことを意味する。中国は❶に参加しておらず，認められない。アメリカは❷と尖閣諸島問題は関係がないとしている

メモ 政府が1981年に定めた「北方領土の日」とはいつか？ ①江戸時代の商人高田屋嘉兵衛が，北方領土での日口対立を解決した9月26日 ②日露和親条約に調印した2月7日 ③日ソ共同宣言に署名した10月19日

3 北方領土問題

❶ 北方領土問題の経緯

*1854年は太陰太陽暦。太陽暦では1855年。

1854年	❶日露和親（通好）条約*	択捉島と得撫島との間を国境とし、樺太を両国の雑居地とする
1875	❷樺太千島交換条約	樺太をロシアに譲り、得撫島から占守島までの千島列島を獲得
1905	❸ポーツマス条約	日露戦争終結。ロシアから樺太の南半分を獲得
1943	❹カイロ宣言（米英中）	「日本が暴力によって略取したすべての地域から駆逐される」連合国は領土不拡大の原則を明らかにした
1945	❺ヤルタ協定（米英ソ）	ソ連の対日参戦の見返りに、樺太南部と千島列島をソ連領とする秘密協定
	❻ポツダム宣言（米英中）	「日本の主権は本州・北海道・九州・四国と連合国が認める諸小島に限る」ソ連が対日参戦し、千島・北方4島を占拠
1951	❼サンフランシスコ平和条約（連合国と日本。ソ連・ポーランドは未調印）	日本は千島列島（北方4島含まず）などに対する権利を放棄
1956	日ソ共同宣言	日ソ国交回復。平和条約の締結後、ソ連が歯舞群島と色丹島を日本に引き渡す
1960	グロムイコ書簡	ソ連が、歯舞・色丹引き渡しの条件として「日本領土からの全外国軍隊の撤退」を加えることを伝えた
1973	日ソ共同声明	「未解決の諸問題（北方4島問題を含む）を解決して平和条約を締結する」
1991	ソ連崩壊。ロシアが引き続き、北方4島を占拠	
1993	東京宣言	「領土問題を解決して平和条約を締結する」
2001	イルクーツク声明	日ソ共同宣言、東京宣言の再確認
2009	北方領土問題等解決促進特別措置法改正（北方領土を「我が国固有の領土」と明記）	
2010	メドベージェフ露大統領の国後島訪問に日本抗議	
2014	ロシアの北方領土での軍事演習に対し、日本抗議	
2016	日ロ首脳会談で、共同経済活動への協議に合意	
2018	日ロ首脳会談で、日ソ共同宣言を基礎とした平和条約交渉の加速に合意（19年会談で交渉継続を確認）	

（外務省「われらの北方領土」）

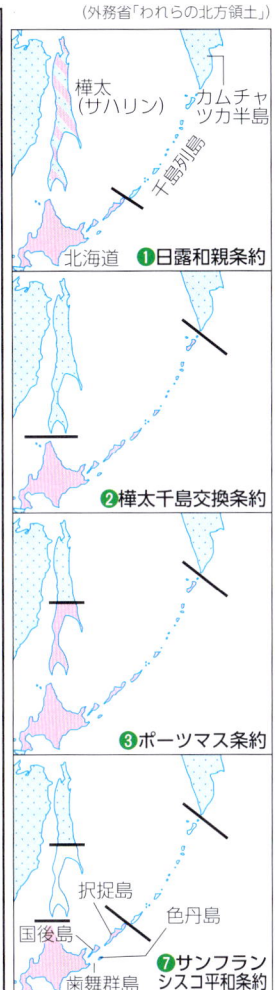

❶日露和親条約
❷樺太千島交換条約
❸ポーツマス条約
❼サンフランシスコ平和条約

△戦前の色丹島の小学校運動会　戦前は、北方4島に約1万7000人の日本人が住み、漁業・林業・鉱業（金・銀・硫黄）・畜産業（馬）を営んでいた。

△イルクーツク声明　日ソ共同宣言に従っての2島返還を、4島返還への出発点と考える日本と、問題の解決とするロシアとの間の溝が浮き彫りとなった。

どうなる？北方領土問題

本格的な領土交渉再開　2013年4月、日ロ両首脳の共同声明では、停滞が続く北方領土問題を「双方に受け入れ可能な形で最終的に解決する」決意が表明された。

停滞する交渉　しかし、2014年、ロシアのクリミア「編入」に対する制裁措置をめぐり関係が悪化し、交渉は停滞。2016年12月の日ロ首脳会談で北方4島での共同経済活動に関する協議開始に合意し、平和条約交渉の進展をめざした。

2島返還を先行　2018年11月、シンガポールで開かれた日ロ首脳会談で、1956年の日ソ共同宣言を基礎に平和条約交渉を加速することに合意。領土交渉の前進が期待された。しかし、ロシア側は返還後の歯舞・色丹2島の主権については今後の交渉対象であるとし、また、国後・択捉の返還交渉継続については言及していない。両国が受け入れ可能な解決策を見いだせるかが課題である。

争点	日本政府の見解	ロシア（ソ連）の主張
北方4島は千島列島（❷で日本領となり、❼で放棄した）に含まれるのか？	❷で千島列島とされている18島に、4島の名はない。4島は千島列島に含まれない	歯舞・色丹は北海道の一部だが、択捉・国後は千島列島に属する
❹で、日本は略取した地域から追い出されるとされているが、北方4島はそれに当たるのか？	千島列島は❷で日本領になったのであり、❹の「暴力によって略取した地域」には含まれない	千島列島は❹に規定され日本が略取した地域である
千島列島をソ連領と定めた❺の効力はあるのか？	❺は連合国が戦後処理の方針を述べただけで、領土についての最終決定ではない。日本は❺に参加しておらず、拘束されない	❺で、アメリカ・イギリスの同意を得て、4島のソ連への引き渡しが確認された
日本領を制限した❻は最終決定なのか？	領土の最終決定は❼によって行われた	日本は❻を受諾している。ソ連は❼に参加していない

❷ 北方4島の大きさと人口

（外務省資料など）

	歯舞群島	色丹島	国後島	択捉島	合計
面積（km²）	95	251	1490	3168	5003
参考（）内は、面積	小笠原諸島（104）	隠岐島（242）	沖縄本島（1207）	鳥取県（3507）	千葉県（5158）
現在のロシア人口（2016年）	ロシアの国境警備員のみ	2917人	7817人	5934人	16668人
終戦時の日本人	5281人	1038人	7364人	3608人	17291人

C｜NGO（非政府組織）による国際貢献

1 NGO

NGOとは　「Non-Governmental Organization」の略で，「非政府組織」を意味する。NGOとは，「政府」「国家」の枠にこだわらず，「地球」や「地域」を優先して考え，活動する非営利の組織である。例えば，地球環境問題に対処する際，各国政府は自国の利益を優先せざるを得ない。しかしNGOは，人類全体，そして生態系を含めた地球全体の利益を考えて行動する。そのため国連などの国際組織も，NGOとの協力を進めている。

世界のNGOの課題　ジェノバサミット（→p.340 5）で，「反グローバル」を掲げ，警官隊と衝突したNGOのように，自らの主張を通すため暴力に訴えるものも一部ある。多くのNGOは彼らとは一線を画すが，完全な排除は不可能で，今後のNGOの活動の障害となりかねない。

日本のNGOの課題　①規模が小さく，予算が少ない。②欧米のように政府がNGOを全面的に援助する体制が整っていない。③人手不足などがある。

●NGOの役割

各国の政府・国連　政策・条約　会議
協力，援助／策定に注文，遂行を監視／参加
市民／情報を提供，活動を呼びかけ／寄付などの協力
NGO

2 主なNGO

国際赤十字　赤十字国際委員会，各国赤十字社（9割以上の国で設立）などの総称。国際委員会は，**戦場での負傷者の保護**を目的とし，1863年スイスで設立。ノーベル平和賞3度受賞

アムネスティ・インターナショナル　世界から拷問や死刑制度など人権侵害をなくすため，1961年に活動を開始。政府からの援助は一切受けない。1977年ノーベル平和賞受賞

地雷禁止国際キャンペーン　対人地雷全面禁止条約の発効（1997年→p.177）を推進したNGOの集合体。1997年ノーベル平和賞を受賞

国境なき医師団　ナイジェリアでの救援活動に参加したフランス人医師を中心に，1971年に結成。EUやUNHCR（→p.187）と提携して，世界各地の**戦災地，災害被災地，難民キャンプなどでの救援活動**を行う。75の国と地域で活動（2018年）。1999年にノーベル平和賞を受賞

核兵器廃絶国際キャンペーン（ICAN）　核兵器の廃絶を目指し，被爆者の声を世界に伝える活動を展開。**核兵器禁止条約**（→p.176）の成立に貢献し，2017年ノーベル平和賞受賞

ピースウインズ　日本のNGOで，1996年に3人の若者によって設立された。コソボ，東ティモール，アフガニスタン，インドなどの**難民，被災者に対する救援**を行っている。2000年には政府・経済団体・NGOが協力して緊急人道支援を行う組織「ジャパン・プラットホーム」の設立に貢献

LOOK　日本の戦後補償

日本は，アジア諸国に対して大きな戦争被害を加えた。そして，日本政府は，それらの被害に対して，国家間で**戦時賠償**や経済協力（→p.355）を行ってきた。しかし，現在，アジア諸国の戦争被害者から**戦後補償**を求める訴えが出されている。

「戦時賠償」と「戦後補償」　「戦時賠償」とは，戦勝国が敗戦国から取り上げる金品や権利である。一方，「戦後補償」は，**戦争の勝敗に関係なく，戦争による精神的，物質的な被害に対する損失を償うもの**という考えがある。日本政府は，「戦後補償」の要求に対しては，「戦時賠償」，経済協力で解決済みという，「戦後補償」と「戦時賠償」を同一視する立場である。

ドイツの対応　ドイツは，1993年までに，約5兆9000億円の「戦後補償」を行っている。これにはドイツの「戦時賠償」が，ドイツ統一まで棚上げされてきたという背景がある。一方，日本は，朝鮮民主主義人民共和国以外の国とは，「戦時賠償」を完了させている。

戦後補償の要求にどのように応えるべきか　「戦後補償」に応えることによって，日本はアジアから真に信頼される国になるという意見もある。また，ドイツと日本の国家・戦争犯罪の質も量も，戦後の償い方も異なっているのだから，比較はできないという意見もある。

●日本に戦後補償を求めた主な訴訟・要求　―個人補償―

事項	補償を求めていた訴訟や要求（一例）	日本政府の見解・対応
韓国人の被爆者	1987年，韓国原爆被害者協会が23億ドルの補償を日本政府に要求 *1965年の日韓請求権協定	韓国との協定*で解決済みとしている。90年，40億円の医療支援決定
殺害された華人（華僑）	1989年，マレー半島で殺害された華人の被害者らが日本政府に補償を要求	マレーシアとの協定で解決済みとしている
サハリン残留の韓国人	1990年8月，戦後サハリンでの生活を強いられた韓国人らが1人1000万円の補償を求め訴訟（95年取り下げ）	永住帰国支援のため32億円の政府拠出を決定
韓国・台湾人の元日本軍人・軍属	1991年1月，日本軍の軍属（陸海軍に勤務の軍人以外の者）として動員され重傷を負った韓国人が援護法*の適用を求め訴訟（2001年最高裁棄却）	韓国との協定で解決済みとしている *1952年の戦傷病者戦没者遺族等援護法
韓国・台湾人のB・C級戦犯	1991年11月，B・C級戦犯に問われた韓国人ら7人が1人999万～5000万円の補償などを求め訴訟（99年最高裁棄却）	韓国との協定で解決済みとしている
中国・韓国・台湾人などの元いわゆる従軍慰安婦	1991年12月，韓国人の元いわゆる従軍慰安婦3人が1人2000万円の補償を求め訴訟（2004年最高裁棄却）	95年「アジア女性基金」発足（07年活動終了）2015年，日本と韓国は「最終的かつ不可逆的」な問題解決で合意（→p.193 4）。
中国人などの戦時動員（強制連行）	1995年6月，「花岡事件」の中国人被害者ら11人が，鹿島組に謝罪・補償を求め訴訟（2000年和解）	

注：1995年以降，731部隊，南京事件，平頂山事件，毒ガス遺棄，女子勤労挺身隊，徴用工などについても，補償を求めて訴訟が起こされている。

赤字…入試の頻出用語

ポイント整理 10

5 人種・民族問題

A 様々な人種・民族問題 (→p.181〜186)

①主な民族問題・地域紛争

独立を求めるもの	チェチェン紛争	ロシアからの独立をめざす
	クルド人問題	国をもたない巨大民族で、1980年代末にはフセイン政権によって数千人が虐殺された
	チベット問題	中国に対し、チベットの高度な自治を求める
	新疆ウイグル自治区独立問題	トルコ系イスラーム教徒が多数。漢民族と対立
国内での勢力争い	ユーゴスラビア紛争	異なる文化をもつ民族が1つの国(ユーゴスラビア)で複雑に混在。ティトーの死後、冷戦終結により独立を求める紛争へ。最終的には7つの国家に分裂
	アフガニスタン問題	ソ連の支援を受けたアフガニスタン政府と、アメリカなどの支援を受けた反政府ゲリラの冷戦期の紛争が発端
	ルワンダ内戦	少数派のツチ族と多数派のフツ族の対立
	南スーダン内戦	2011年の独立後、ディンカ人とヌエル人の対立が激化
国境・帰属に関わるもの	北アイルランド問題	少数派のカトリック系住民と多数派のプロテスタント系住民の対立
	カシミール紛争	宗教などの違いから、パキスタンとインドのどちらに帰属するかをめぐり、対立が発生
	パレスチナ問題	イスラエル(ユダヤ人・ユダヤ教徒)とパレスチナ(アラブ人・イスラム教徒)の対立。エルサレム問題、パレスチナ難民問題、入植地・分離壁(フェンス)問題など課題が多い
その他	アパルトヘイト	南アフリカで行われた人種差別政策。有色人種の権利を厳しく制限した

②エスノセントリズム(自民族中心主義)…自文化を基準に異文化を排除する考え方
→文化相対主義(すべての文化の存在価値を認める)の考え方が必要

B 難民問題 (→p.187〜189)

①難民の地位に関する条約…難民にも一般の外国人と同等の待遇を与えること、強制追放・送還の禁止などを定める
②国連難民高等弁務官事務所(UNHCR)…難民の国際的保護、救援活動の推進

6 国際政治の中の日本

A 戦後日本の外交 (→p.192, 193)

日本外交の三原則…①西側諸国との協調、②国連中心主義、③アジアの一員
- サンフランシスコ平和条約(1951年) ┐ 西側陣営との片面講和
- 日米安全保障条約(1951年) ┘ 日米協調を外交政策の中心に
- 日ソ共同宣言(1956年)…ソ連との国交回復→国連加盟が実現(1956年)
- 日韓基本条約(1965年)…大韓民国とのみ正式に国交正常化。日朝関係は断絶のまま
- 日中共同声明(1972年)…国交正常化→日中平和友好条約(1978年)

B 日本の領土 (→p.194, 195)

- 北方領土問題…ロシアが国後島・択捉島・色丹島・歯舞群島を不法占拠
- 竹島問題…韓国が不法占拠
- 尖閣諸島…中国が領有権を主張

C NGO(非政府組織)による国際貢献 (→p.196)

NGO(非政府組織)…利益追求を目的とせず政府から独立した民間団体
　世界のNGO…国際赤十字、アムネスティ・インターナショナル、国境なき医師団など

ポイント解説

A 様々な人種・民族問題 冷戦の終結、ナショナリズム(民族主義)の高揚にともない、民族の分離・独立運動が活発化し、新たな紛争が多発している。ユーゴスラビア紛争、パレスチナ問題など、民族・地域紛争は武力行使による多数の犠牲者と膨大な数の難民を生み出している。また、チェチェン紛争のようなソ連解体後の独立国家共同体(CIS)内でのさらなる民族の独立運動など各地で混乱が続いている。一方では、南アフリカ共和国のアパルトヘイト撤廃など、問題解決に向けて前進する動きもみられる。近年は、アメリカにおける人種間の対立や移民排斥運動、ヨーロッパでの難民受け入れをめぐる対立など、排外主義が各地で高揚し、他者への寛容さが失われつつある。今後は、さらなる民族間の協調と融和への努力が求められる。

B 難民問題 人種・宗教・政治的意見などを理由とする迫害を逃れ、外国に保護を求める人々が難民である。難民救済のため難民の地位に関する条約が採択され、国連難民高等弁務官事務所(UNHCR)を中心に、難民の支援活動が続いている。

A 戦後日本の外交 日本はサンフランシスコ平和条約、日米安全保障条約の締結により西側陣営に所属し、日米の協調を外交政策の中心に置いた。ソ連との国交は日ソ共同宣言によって回復し、国連加盟が実現した。その後、韓国・中国とも国交が正常化したが、朝鮮民主主義人民共和国との国交正常化は遅れている。

B 日本の領土 日本はロシアとの間に北方領土問題、韓国とは竹島の領有権問題を抱えている。ロシアとの領土返還交渉は難航し、韓国との交渉も先行きは不透明である。
　また、海底資源埋蔵の可能性が指摘されて以降、中国が尖閣諸島の領有権を主張。2012年、日本は尖閣諸島を国有化した。

C NGO(非政府組織)による国際貢献 NGO(非政府組織)は、発展途上国への独自の援助活動を推進し、国際世論への影響力を強めている。

1 経済社会の発展

第3章 現代経済のしくみと特質

▶政府の歳出削減を訴えるデモ(左)と予算削減に反対するデモ(右) アメリカでは、政府の経済への介入をめぐり、意見の対立がある。現在の経済体制はどのようにつくられ、どのような特徴・課題をもつのだろうか。

(私達は、経済的に正しい選択をしているか？ ➡p.205 LOOK)

A 資本主義経済と社会主義経済

1 資本主義経済と社会主義経済の比較(上段：原則 下段：現状) ●違いは何か？

資本主義経済		社会主義経済
生産手段の私有の下に、利潤追求を目的とした商品生産が私企業を中心に行われ、自由競争が展開される。	生産	生産手段の公有の下に、国家計画により生産が行われ(計画経済)、利潤概念はなく、自由競争は行われない。
金融・財政政策、公共事業など政府による計画的な経済運営が行われている(修正資本主義)が、近年、規制緩和の動きもある。		利潤概念の導入、私企業の一部公認など、経済発展のための政策がとられるようになっている。
需要・供給により価格は決定されるとともに、価格の動きにより需要・供給が調整される(価格機構)。	価格 (➡p.214)	国家が価格の体系を決定する。
独占・寡占のため、需要・供給によって価格が決定されないことがある(独占価格・管理価格)。		価格の自由化を進めている。
不況・恐慌時には企業の倒産が起こり、失業者が増大する。	失業	国営企業の倒産はなく、失業はない。
政府の経済成長・安定政策により大規模な失業はなくなっている。		企業の倒産や合理化のために失業者が出るようになっている。
所得の格差は大きく、貧富の差が生じやすい。	所得分配 (➡p.238 2)	労働の量と質により分配を受け、所得の格差は小さい。
所得再分配(累進課税・社会保障)により所得格差の縮小を図っている。		企業の経営内容によって所得が異なってきている。

解説 2つの経済体制 資本主義経済と社会主義経済は、お互いに影響を与え合いながら発展してきた。社会主義経済は、資本主義経済の欠点を克服するものとして唱えられ、ケインズ以後の資本主義経済では、完全な自由競争ではなく、政府による国民経済への積極的な関与が行われている(修正資本主義(混合経済) ➡p.201)。現在では社会主義経済の行きづまりからソ連は崩壊し、中国では「社会主義市場経済」が導入され、本来の特色であった「計画経済」「統制経済」から離れている(➡p.202 2、203 3)。

LOOK レモンをお金にかえる法

いよいよ、レモネードの売店をじぶんでつくることにしたんだね。さあ、**商売のはじまり、はじまり！**……

きみの商売のもくてきは、**利益**をあげることだ。つまり、レモンやさとうやコップを買ったり、売店をつくったりするのにかかったお金よりも、お客がきみのレモネードにはらうお金のほうが合計では多くなることを、きみはねがっているのさ。

売店をひらくのにつかったお金を**初期投資**という。きみのおこづかいからそのお金をだしたのなら、それは**自己資本**(➡p.231 1)だ。だれかにそのお金をかりたとしたら、きみは**資本貸付け**をうけたことになる。あとでそのお金は、ちゃんとかえさないといけないよ。……

「レモンしぼりのしごとはきついのに、賃金が安すぎるよ」とジョニーがもんくをいいだしたら、**労働争議**(➡p.304)というやっかいなもんだいがおこる。……

はらをたてたジョニーが、じぶんのレモネードの売店をひらく。ジョニーはこんどは**競争相手**だ。きみの店へいくのをやめて、ジョニーの店にやってくるお客もあるだろう。ジョニーがレモネードのねだんをきみの店より下げれば、つまり**安売り**すれば、なおさらだ。しかたなく、きみもレモネードのねだんを下げる。こうして**値下げ競争**がはじまる。こういうことのくりかえしを価格戦争という。

(ルイズ・アームストロング著 ビル・バッソ画 佐和隆光訳
『レモンをお金にかえる法』河出書房新社)

解説 資本主義とは 左の文は、『レモンをお金にかえる法』という絵本の一部である。この本は、労働者を雇用し、利益を追求して生産を行い、自由競争を展開することを原則とする資本主義経済のしくみをわかりやすく解説している。

入試クイズ アダム・スミスは、市場が諸個人の経済活動の調和をもたらすと主張した。○？×？〈08追〉(➡4) 答：○

B 資本主義経済の成立と確立

1 重商主義

海洋航路の開拓・新大陸の発見→市場の拡大→商業の発展

国内：国王 ←保護／税金→ 商人

海外との関係：
- 金銀の獲得（鉱山開発，植民地から獲得）【重金主義】
- 金銀の輸出禁止
- 輸出の奨励【貿易差額主義】
- 輸入の制限

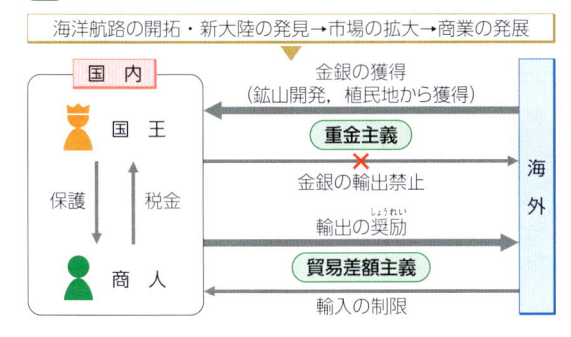

解説 資本主義の成立 15世紀頃，ヨーロッパでは海洋航路開拓で市場が拡大し，安く仕入れた商品を他の場所で高く売り利益を得る**商業資本主義**が成立した。16〜18世紀にかけてヨーロッパの絶対主義国家は，**貨幣（金銀）を唯一の富とみなす重商主義**（→p.204）という経済思想のもと国富の増大をめざした。前期は金銀の獲得・海外への輸出禁止（重金主義）によって，後期は国内産業の保護・輸出入の差額の増大（貿易差額主義）によって，富の蓄積を図った。重商主義政策によって商工業の発展が促進された結果，多くの商人が利益を得た。これによって獲得した富（資本）を背景に，**問屋制家内工業**や**工場制手工業**（**マニュファクチュア**）が営まれ，商品経済を発展させる契機となって，本格的な資本主義を準備することとなった。

2 囲い込み（エンクロージャー）

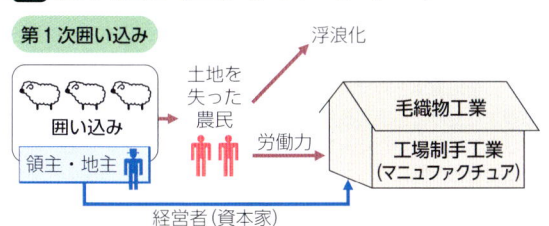

第1次囲い込み：領主・地主が土地を失った農民→浮浪化／労働力→毛織物工業・工場制手工業（マニュファクチュア）、経営者（資本家）

解説 賃金労働者の創出 16世紀頃のイギリスでは，市場拡大による毛織物需要の高まりを受け，領主や地主が農民から非合法的に農地を取り上げて牧羊地とする**第1次囲い込み**が行われた。土地を失った農民の一部は**工場制手工業**（**マニュファクチュア**）の賃金労働者となった。18世紀頃に展開された**第2次囲い込み**は，穀物増産のため大規模かつ合法的に行われ，**工場制機械工業**の賃金労働者を創出し，産業革命及び資本主義の確立につながった。

3 産業革命と産業資本主義

イギリスの産業革命

背景：
- 毛織物の**工場制手工業**（マニュファクチュア）の発達による資本の蓄積
- 大規模農業のため地主が農地を獲得（**第2次囲い込み**）→土地を失った農民は都市で工場労働者に
- 植民地戦争の勝利による市場の拡大
- 鉄，石炭などの豊富な資源
- 合理的精神の発達

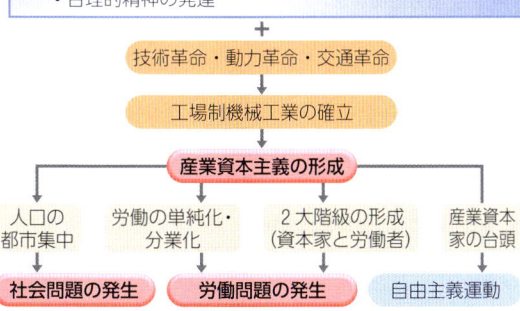

＋

技術革命・動力革命・交通革命
↓
工場制機械工業の確立
↓
産業資本主義の形成
↓
- 人口の都市集中 → 社会問題の発生
- 労働の単純化・分業化 → 労働問題の発生
- 2大階級の形成（資本家と労働者）
- 産業資本家の台頭 → 自由主義運動

解説 資本主義の確立 18世紀後半，**産業革命**はイギリスの伝統的な国民産業であった毛織物工業ではなく，新興の木綿工業から始まった。木綿工業における**工場制機械工業**の成立が様々な産業分野の機械化を推し進め，工場や機械を所有する資本家が労働者を雇用し生産を行うという，資本主義的な生産形態が社会全域に広がった。産業革命により資本主義は確立し，社会的に産業資本家が台頭した。また，**大量生産・大量消費**の時代が始まるが，同時にスラムの形成や低賃金・長時間労働などの問題も発生した。

4 『諸国民の富（国富論）』(1776年)

　個人の私利をめざす投資が，見えざる手に導かれて，社会の利益を促進する。もちろん，かれはふつう，社会一般の利益を増進しようなどと意図しているわけではないし，また自分が社会の利益をどれだけ増進しているのかも知らない。外国産業よりも国内の産業活動を維持するのは，ただ自分自身の安全を思ってのことである。そして，生産物が最大の価値をもつように産業を運営するのは，自分自身の利得のためなのである。

　だが，こうすることによって，かれは，他の多くの場合と同じく，この場合にも，**見えざる手に導かれて**，みずからは意図してもいなかった一目的を促進することになる。かれがこの目的をまったく意図していなかったということは，その社会にとって，これを意図していた場合にくらべて，かならずしも悪いことではない。**自分の利益を追求することによって，社会の利益を増進しようと真に意図する場合よりも，もっと有効に社会の利益を増進することもしばしばある**のである。

（『世界の名著31　アダム・スミス』中央公論社）

解説 自由競争を主張 アダム＝スミスは，個人の利己心に基づく行動が，「見えざる手」に導かれて，社会全体の利益を増進すると説き，政府の無用な規制を批判し，**自由競争**を主張した。この主張は，産業革命を推進した産業資本家たちの要求を代弁するものであった。国家の経済への干渉を排除し，自由競争に任せるべきという思想は**自由放任主義**（**レッセ・フェール**）といわれる。

人と思想　アダム＝スミス(1723〜90年)

人物　イギリスの経済学者・道徳哲学者。古典学派の創始者。重商主義政策がいきづまる時代を生き，産業革命が始まった頃に死去した。

主著　『諸国民の富（国富論）』

思想
- 私益の追求が，「見えざる手」によって，社会の福祉につながる予定調和説を説く。
- 重商主義的な政策を批判し，政府の役割は国防，司法，公共施設の整備など**最小限**にとどめるべきと主張。
  →この国家観は，「**安価な政府**」「**小さな政府**」，批判的な立場からは「**夜警国家**」と呼ばれる。
- 国の富の増大には，労働生産性（労働者1人当たりが生み出す富の大きさ）が強く影響すると主張。労働生産性向上の要因として，生産工程を細かく分ける**分業**に注目。

重要用語　⑪資本主義経済　⑫アダム＝スミス　⑮修正資本主義（混合経済）　⑳社会主義経済
㉓社会主義市場経済　㉚自己資本　㉘所得の再分配

C 資本主義経済の変容

1 独占資本主義

　1870年代および1880年代のアメリカでは，**企業連合**と呼ばれるようになったものの流行が非常に大きな注目を集め，競争ではなくて独占がほとんど常態と見られるほどになった。わけても**スタンダード・オイル社**は際立ったケースであった。この会社は，1879年にそれまでの競争会社を大きく統合したばかりでなく，あえて灯油の価格を引き下げ，地域市場で損をすることによって，傘下に入らない企業を淘汰しようとした。こうした企業が淘汰されると，価格を引き上げて，以前の損をとり戻した。……

　このようなやり方は公衆の利益に対する侵害であり，またさもなければありえたであろう競争を侵害するものだとして，1887年の州際通商法の成立を見た。この法律は，企業連合の行為のうち比較的有害なものや，その結果としての価格操作，たとえば鉄道がおこなっていたような価格操作を規制しようとした。そして3年後には，かの不滅の**シャーマン法***が成立した。この法律は，慣習法による独占の否認を成文法の形で確認したものであって，「諸州間または他国との間の取引または通商を制限するあらゆる契約，信託その他の形態での企業連合，または共謀は，違法である旨をここに宣言する」と規定した。もっと後の時期には，鉄道に対するより詳細な規制がおこなわれるようになった。

*独占禁止法　　　（J.K.ガルブレイス『経済学の歴史』ダイヤモンド社）

▲独占資本による議会支配

[解説] 独占資本主義と帝国主義　19世紀後半，世界で最も早く独占化が進行したのはアメリカであった。政府の**独占禁止立法**にもかかわらず，市場は少数の大企業に支配され，資本主義は**独占資本主義**の段階に入った。これまでの産業資本に銀行資本が結合して，**金融資本**と呼ばれる資本形態が出現する。これら金融資本の要求を受けた各国の政府は，資本の投下先としてのアジア・アフリカの植民地をめぐって激しく対立していくことになる。独占資本主義の段階に入った資本主義の，他国を支配し自国の利益の拡大をめざす傾向を**帝国主義**という。

▶テネシー川流域開発計画で建設中のワッツバー＝ダム　この公共事業によって，約300万人の周辺住民の生活が向上した。

2 世界恐慌　Q 世界恐慌は資本主義にどのような影響を及ぼしたか？

① 世界恐慌の構図

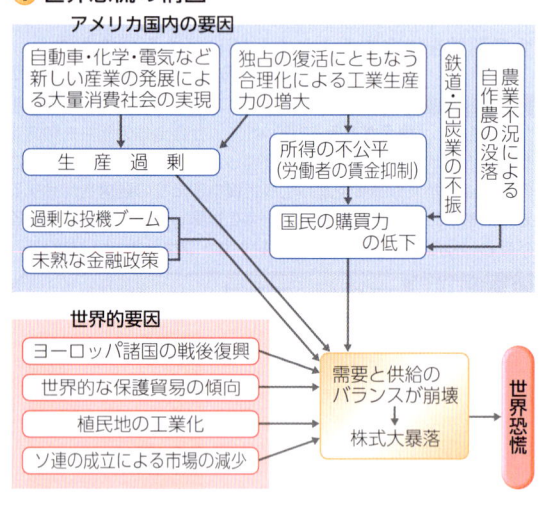

アメリカ国内の要因
- 自動車・化学・電気など新しい産業の発展による大量消費社会の実現
- 独占の復活にともなう合理化による工業生産力の増大
- 鉄道・石炭業の不振
- 農業不況による自作農の没落
- 生産過剰
- 所得の不公平（労働者の賃金抑制）
- 過剰な投機ブーム
- 未熟な金融政策
- 国民の購買力の低下

世界的要因
- ヨーロッパ諸国の戦後復興
- 世界的な保護貿易の傾向
- 植民地の工業化
- ソ連の成立による市場の減少

→ 需要と供給のバランスが崩壊 → 株式大暴落 → 世界恐慌

② 各国の失業者（1913～1937年）

	アメリカ	イギリス	ドイツ	フランス	イタリア
1913年	167 (4.3)	43 (2.1)	— (2.9)	— (4.7)	— (—)
19	55 (1.4)	45 (2.4)	69 (3.7)	— (—)	— (—)
25	145 (3.2)	123 (11.2)	66 (6.7)	1 (—)	11 (—)
29	155 (3.2)	122 (11.0)	190 (13.1)	1 (—)	30 (—)
33	1,283 (24.9)	252 (21.3)	480 (26.3)	31 (—)	102 (—)
37	770 (14.3)	148 (11.3)	91 (4.6)	38 (—)	87 (4.6)

単位：万人。（　）は失業率（％）　　（『近代国際経済要覧』東京大学出版会）

③ ニューディール政策

経済復興	**全国産業復興法**（NIRA，1933.6）　政府による産業統制と労働条件改善を規定
	農業調整法（AAA，1933.5）　過剰農産物を政府が買い上げ，農産物価格の下落を調整
社会改革	**テネシー川流域開発公社**（TVA，1933.5）　政府企業によるテネシー川流域の総合開発。失業者の救済と民間企業の電力独占を規制
	全国労働関係法（ワグナー法➡p.293 1, 1935.7）　NIRAの違憲判決を受けて成立。労働者の団結権・団体交渉権を保障
	社会保障法（連邦社会保障法➡p.316 1, 1935.8）　連邦政府による老齢年金，州政府による失業保険・公的扶助制度
外交	**善隣外交**　中南米諸国との関係改善
	ソビエト連邦の承認（1933.11）

[解説] 自由放任主義からの転換　最も早く資本主義が確立したイギリスでは，産業革命が終わったころから周期的な**景気変動**にみまわれた。原因は資本主義の無政府的生産による**過剰生産**にあると考えられるが，景気は常に自律的に回復してきた。しかし，1929年10月24日のニューヨーク・ウォール街の株式市場での株価大暴落から始まった**世界恐慌**は，これまでの不況と異なり，自律的回復の兆しを見せることはなかった。

　世界恐慌に対して，アメリカの**フランクリン＝ローズベルト大統領**は，不況で苦しむ失業者・企業救済のための**ニューディール政策**を実施し，政府が積極的に経済に介入した。この政策はケインズ（➡3）の理論に直接影響を受けたわけではないが，それと同じ側面をもっていた。

入試のツボ　アダム＝スミス，ケインズ，フリードマンの思想については頻出。マルクスの社会主義思想を含め，それぞれの思想の違いについて理解しておこう。〈17・13・12本，15・14・13追〉

3 修正資本主義 ●資本主義はどのように「修正」されたのか?

　今までの通念は,不景気のように苦しい時は,「もっと徳を積め——つまり,もっと無駄使いを止め,もっと切りつめよ」というのであった。しかしこのような行動は,かえって不況を深め苦しさを激しくする,というのが,かれ*の理論であった。そのような場合には,むしろ「大蔵省が古い,いくつかの壺に銀行券をみたし,それを廃炭坑の適当な深さのところへ埋めて,その後,都会のがらくたで表面までいっぱいにしておき……個人的企業にそれを掘り出させる」ことの方が失業をなくすという意味でまさっているというのである。

　そのような場合には浪費でも**有効需要**を増し,美徳となるという,この考えは,今までの通念を180度くつがえすものであった。それだけに批判も大きかった。もちろんケインズは,廃炭坑にある銀行券をほらせるということよりも,家を建てる方が賢明であるとはいう。しかしかれの真意は,**公共投資**は無駄な浪費であるという通念に対して,無駄でも**社会的には有意義**であることを主張して公共投資を擁護したのである。

*ケインズ　　　　　　　　　　(伊東光晴「ケインズ」岩波新書)

解説　政府の経済への介入を理論づける　公共投資などを通じた政府の経済への介入を主張する**ケインズ**の理論は,第二次世界大戦以後,各国で取り入れられた。ここに,経済的自由を理念とする資本主義は変容し,**修正資本主義**の段階に入った。このように,私的経済(民間部門)と公的経済が併存する経済は,**混合経済**と呼ばれる。国家の役割は増大し,**福祉国家**(行政国家・大きな政府)が登場した。(→p.100D1)

人と思想　ケインズ(1883〜1946年)

人物 イギリスの経済学者。マクロ経済学の創始者であり,大成者。

主著 『雇用,利子および貨幣の一般理論』(1936年)

思想
- 自由放任主義のもとでは,完全雇用を実現できない。
- 完全雇用を実現するには,**政府が公共投資などを行い,有効需要**(欲しいという単なる願望ではなく,購買力に裏付けられた需要)**を作る必要がある**(→p.226)
- →「大きな政府」「福祉国家」の理論的裏付け

● ケインズ理論

政府
┌─────────────┬─────────────┐
金融政策(→p.233)　　　財政政策(→p.239 5)
(公開市場操作・金利政策など)　公共投資
↓　　　　　　　　　　　↓
金利の低下　　　　　　有効需要を作る
↓　　　　　　　　　　　↓
民間投資増加　　　　　消費増大
└────────┬────────┘
失業者吸収
↓
完全雇用の実現

4 新自由主義 ●なぜ経済的自由を求める動きが起こったのか?

・1970年代…**スタグフレーション**(不況とインフレ)

レーガノミックス　　　　**サッチャリズム**
●レーガン米国大統領の政策　●サッチャー英国首相の政策

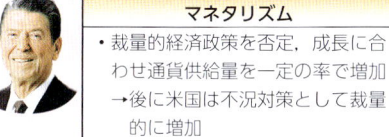

マネタリズム
・裁量的経済政策を否定,成長に合わせ通貨供給量を一定の率で増加
→後に米国は不況対策として裁量的に増加

「**小さな政府**」をめざす

レーガノミックス	サッチャリズム
・減税	・所得・法人税の減税,付加価値税の増税→現実は,増税
・規制緩和	・財政支出の削減
・防衛費以外の財政支出の削減,防衛力の強化→現実は財政支出拡大	・国営企業の民営・合理化
	・規制緩和,競争入札制度

結果

・インフレの緩和　　　　・80年代後半の景気回復
・双子の赤字(→p.249ナットク)　・失業・貧困の増大　貿易赤字

解説　「小さな政府」をめざす　1970年代の石油危機以後,先進国では不況下でインフレが起こる**スタグフレーション**(→p.227)が発生し,また,**財政赤字**が拡大した。ケインズ理論はこれらの問題を解決できなかった。1980年代,アメリカのレーガン政権,イギリスのサッチャー政権は,フリードマン理論を支柱とし,規制緩和や民営化などを進め,「小さな政府」をめざした。この考え方を**新自由主義**という。日本の中曽根政権,小泉政権下で行われた規制緩和や民営化(→p.104)も,新自由主義的な改革といわれる。

人と思想　フリードマン(1912〜2006年)

人物 アメリカの経済学者。1976年,ノーベル経済学賞受賞。

主著 『資本主義と自由』(1962年)『貨幣の最適量その他の論文集』(1969年)

思想

①貨幣量の操作を重視(マネタリズム)
　名目所得や物価の変動の要因は貨幣供給量の変動であるとし,経済の安定には,貨幣供給量を長期的な経済成長率に合わせて一定の率で増やす金融政策が必要という**マネタリズム**を主張。

②ケインズ批判
　ケインズ理論では,有効需要を創出するための財政支出,金利低下を目的とした金融政策を行うと,失業率が低くなるというが,これは一時的なことに過ぎない。人々は物価の上昇を予想し,生産量や雇用量を元の水準に戻す。よって,ケインズ理論に基づく裁量的な財政・金融政策は,**インフレ率を高めるだけで,失業率は改善されない**。

③「小さな政府」を主張
　ケインズのように需要を創出するのではなく,財・サービスを供給する側の企業を**規制緩和**や**民営化**により刺激し,市場原理を最大限に活用することを主張。「**小さな政府**」をめざす。
→レーガノミックス,サッチャリズムの理論的支柱

重要用語 ⑩行政国家　㉑資本主義経済　㉓世界恐慌　㉔ニューディール政策　㉕修正資本主義(混合経済)　㉖ケインズ　㉗有効需要　㉘新自由主義　㉙フリードマン　㉖⑨スタグフレーション

(資本主義経済と社会主義経済の比較 ➡p.198)

改革開放政策

D 社会主義経済

❶ 社会主義思想の発生　なぜ社会主義思想が生まれたのか？

産業革命期のロンドン　労働者流入で人口が急増したロンドンではスラムが形成された。道路はゴミであふれ共同便所の悪臭がたちこめる「太陽のない街」であった。人々は廃棄物で汚れたテムズ川の水を飲み、感染症が流行した。

社会主義思想発生の構図

- 社会問題 ← 人口の都市集中
  - 大衆の生活環境の悪化（住宅難・不衛生・貧困・犯罪など）
- 労働問題 ← 労働の単純化・分業化
  - 低賃金労働，長時間労働，劣悪な労働条件，女性・児童の酷使

↓　　　　　　　　　　　　　　　　　↓
労働運動（➡p.293）　　　　　　　社会主義思想

解説　資本主義の矛盾を打開するための思想　産業革命以後の資本主義の発展は、一方に豊かな資本家階級を形成し、他方に貧しい労働者階級を形成した。こうした矛盾に対して、人道的な立場から発言したのが、**オーウェン、サン＝シモン、フーリエ**らの初期社会主義者であった。しかし、彼らはこうした矛盾を打開するための具体的方策を示せなかったので、マルクスやエンゲルスらによって「空想的社会主義」と批判されるようになる。マルクスやエンゲルスは、資本主義の経済学的分析に基づいた自らの社会主義を「科学的社会主義」と呼んだ。

人と思想　マルクス（1818〜83年）

人物　ドイツ出身の科学的社会主義の創始者。フランスやベルギーへの移住・追放をへて、ロンドンに亡命した。

主著　『資本論』（全3巻，第1巻1867年出版）

思想
① **資本主義批判**—資本家による**搾取**
　商品の価値は、「生産手段に投じられる部分（工場・機械など）」、「労働力に投じられる部分（賃金など）」、「**剰余価値**（利潤、地代など）」から成る。剰余価値は、労働者が長時間労働などで賃金以上の価値を生産することから生まれるが、この価値は労働者に支払われず、資本家が**搾取**している。

② **社会主義革命の歴史的必然性を主張**
　資本主義社会は、革命により社会主義社会に移行する。生産手段は社会で共有され、国家が生産・分配を計画する（**計画経済**）。

❷ ソ連の社会主義とその崩壊

① ソ連の歩み

1917年	ロシア革命
1922	ソビエト社会主義共和国連邦成立…世界初の社会主義国誕生
1929	世界恐慌発生…ソ連は恐慌の影響をほとんど受けなかった
1970年代後半〜	慢性的な経済停滞
1985	ペレストロイカ開始（➡❸）
1989	東欧民主化・非共産化、ベルリンの壁崩壊
1991	ソ連解体。独立国家共同体（CIS）成立

解説　世界初の社会主義国の歩みと解体　マルクスの思想に影響を受けた**レーニン**（➡p.204）を指導者に、世界初の社会主義国家である**ソ連**が成立した。第二次世界大戦後、東欧ではソ連の影響を受け、社会主義国家が成立した。1970年代後半からソ連は慢性的な経済停滞に陥る。ゴルバチョフは**ペレストロイカ**を推進したが、経済を立て直すことはできなかった。東欧諸国で民主化・非共産化も起こり、1991年に**ソ連は解体**した。

② ソ連型社会主義経済の崩壊の原因　ソ連の社会主義経済は、なぜ失敗したか。

- **非効率的・官僚主義的な運営**：企業の経営努力の欠如と労働者の勤労意欲の減退
- **対外面での閉鎖的な姿勢**：技術交流の不足（ただし、資本主義国の輸出規制も原因）
- **政治・軍事を経済政策より優先**：GNPの10%を占める軍事支出などが企業の経済活動の全般を阻害
- **経済的自由の欠如**：人為的・非効率的な資源配分と、消費者の要求に応じない商品生産

→ **計画経済（官僚指令型）**

解説　官僚指令型経済の失敗　ソ連経済は1970年代後半以降、5か年計画がほとんど達成できず、**慢性的な停滞に陥った**。官僚指令型の計画経済は、国民の需要を反映した生産体制をとっていないためにモノ不足、モノ余りが発生し、また企業の生産意欲や労働者の勤労意欲を減退させた。その間も続いたアメリカとの軍拡競争は財政を圧迫し、ついに経済体制を改革せざるを得なくなったのである。計画経済は、**ゴルバチョフ**が推進した**ペレストロイカ**（改革、再編の意味）によって放棄された。

ソ連時代の国営店

メモ　社会主義国ソ連にできた最初のマクドナルドは、「笑顔と挨拶」で人気を呼んだ。2019年末現在、マクドナルドは世界119の国と地域に38695店あり（日本には2020年3月末現在、2906店）、グローバル経済の象徴とされている。

❸ ペレストロイカ (1985〜91年) ❓ペレストロイカは何をもたらしたか。

目標	財・サービスの売買を，政府管理によるものから人々の自由な売買へ移行する。＝計画経済を放棄して，市場経済を導入する。
主な内容	「綱紀粛正」…規律の強化，職場での禁酒。 新貿易制度…国が独占していた貿易活動を自由化する。 合弁企業法…西側企業との合弁企業の設立を認める。 個人労働法…サービス業(タクシー，レストランなど)での個人営業を認める。 国営企業法…企業に独立採算制，資金の自己調達制を導入。国が指令していた活動を自由化する。 賃貸請負制…国や集団が所有していた農地・機械などを，個人に貸し出す。 協同組合法…組合の活動分野を拡大し，価格統制から自由化する。
実態	経済は一層停滞・混乱し，極度のモノ不足に陥った。
失敗の原因	職場の混乱により生産・供給体制が崩壊。 流通機構が未確立。

▲ゴルバチョフ

解説 ペレストロイカの成果　1985年にソ連共産党書記長(のち最高会議議長，大統領)に就任したゴルバチョフは，停滞した社会主義経済を立て直すために，**ペレストロイカ**を推進した。外資の導入と経済の効率化・活性化をめざしたが，極端なモノ不足と激しいインフレを引き起こした。経済の立て直しには失敗したが，並行して行われた**グラスノスチ**(情報公開)，**新思考外交**(軍縮，他国への介入の停止など冷戦構造からの脱却) (→p.166①)によって，政治・外交面で著しく改革が進んだ。この動きは，やがて冷戦の終結，共産党の解体，ソ連の崩壊へとつながった。崩壊後には経済の混乱・停滞が続いたが，近年のロシアは豊富なエネルギー資源を背景に高い経済成長率を記録し続けている。しかし，貧富の差の拡大も生じている。(→p.354)

◀ソ連のモノ不足を伝える新聞
(「読売新聞」1990.12.9)

◀マクドナルドのモスクワ店
1990年1月にオープンした。

❸ 中国の社会主義の変容　❓中国はどのように経済を発展させたか？　中国経済の躍進と課題 →p.353

1949	中華人民共和国成立
1966〜76	プロレタリア文化大革命…劉少奇・鄧小平らを，資本主義化をめざす修正主義者と批判→経済混乱
1978	鄧小平，**改革開放政策**を打ち出す
1980	深圳，珠海，汕頭，廈門を**経済特区**に指定
1989	天安門事件…学生・市民による民主化運動→武力鎮圧。経済成長の一時停滞
1993	憲法に「**社会主義市場経済**」と明記
1997	第15回党大会で，株式制の本格導入を提唱
2001	WTO加盟(→p.339②)…世界基準に沿った市場経済へ
2004	憲法に私有財産保護を明記
2010	GDPで日本を抜き，アメリカに次ぐ世界第2位に

中国の経済開放区

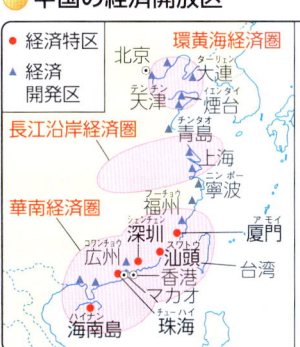

● 経済特区
▲ 経済開発区

環黄海経済圏
長江沿岸経済圏
華南経済圏

●…**経済特区**　外国からの資本・技術などを吸収する目的で設けられた区域。税制などで外資優遇策がとられる。金網などで区域外と隔離される。

▲…**経済開発区**　経済特区に準じた外資優遇策がとられる都市。経済特区と異なり，中国国内への開放が認められている。

解説 社会主義市場経済　中国は，1978年に**改革開放政策**を打ち出し，**経済特区**を設けて外国企業の進出や外資と中国資本の合弁企業の設立を促進した。1993年，社会主義の特色である公有制を残しながら市場経済を取り入れる**社会主義市場経済**を導入することが，憲法に明記された。その後，国有企業の株式会社化などが行われ，公有制は崩れつつある。2001年にはWTOに加盟した。経済成長は著しく，GDPは世界第2位である(2017年)。一方，都市と農村との間などで，経済格差が生じている。

Look　ベトナム　ドイは「変える」，モイは「新しい」

ドイモイ前

ドイモイ後

ベトナムは社会主義国であるが，1986年から経済の開放政策(**ドイモイ**(刷新)**政策**)をとり，めざましく経済が発展した。1995年には**東南アジア諸国連合(ASEAN→p.342)** に加盟した。ベトナム戦争で戦ったアメリカとも国交を回復し，アメリカ資本の流入もみられる。1997年のアジア通貨危機の影響で，一時成長にかげりが見えたが，その後は高成長を続け，2007年にWTOに正式加盟した。発展の裏で格差の拡大や環境破壊なども進んでおり，国内地場産業の未発達などの課題も残っている。

△モノが少ない。当時，ベトナムに行くには，日用生活品一式をもっていく必要があった。

△外国製のお酒，缶詰，ミネラルウォーター，扇風機，テレビなどモノにあふれている。

▶重要用語　174ベトナム戦争　220社会主義経済　221マルクス　222改革開放政策　223社会主義市場経済　224ドイモイ(刷新)政策　429WTO(世界貿易機関)　436東南アジア諸国連合(ASEAN)

E　経済思想

学派	代表者・著書	思想・影響など
重商主義	トマス＝マン…東インド会社の重役 『外国貿易によるイギリスの財宝』(1664年) 輸出商品の増大と輸入商品の抑制、中継貿易の重視、関税政策などによって貿易差額を増大すべき	16～18世紀にかけてのヨーロッパ絶対主義時代に支配的であった思想。貨幣すなわち金銀を唯一の富とみなし、その蓄積のために**保護貿易・産業の保護育成政策**がとられた。前期には金銀の輸出を禁止して富の蓄積を図る**重金主義**がみられ、後期には輸出入の差額を増大させることにより富の蓄積を図る**貿易差額主義**がみられる。
重農主義	◯ケネー 『経済表』(1758年) 農業生産のみが富の源泉であり、それ故に農業労働は生産的であるが、商工業労働は非生産的である。	18世紀後半のフランスに現れた思想。重商主義の保護政策に反対し、経済活動の**自由放任主義（レッセ・フェール）**を唱えた。また、コルベール主義（重商主義）により疲弊していた**農業の重要性**とその救済を訴えた。「**剰余価値**」の概念や「**経済循環**」の考え方は、後に影響を与えた。
古典学派	アダム＝スミス(◯p.199)…創始者 『諸国民の富（国富論）』(1776年) ◯マルサス 『人口論』(1798年) リカード(◯p.331) 『経済学および課税の原理』(1817年) J.S.ミル 『経済学原理』(1848年)	18世紀後半から19世紀にかけてイギリスを中心にみられた思想。資本主義経済のもつ諸現象を初めて統一的・体系的に捉えた意義が大きい。商品の価値は、その生産に費やされる労働の量によって決まるという「**労働価値説**」の基礎にたち、**自由主義的経済政策**を主張した。この主張は、当時の産業資本家たちの要求を代弁するものでもあった。
歴史学派	◯リスト(◯p.331) 『経済学の国民的体系』(1841年) 各国の経済発展段階は①未開状態、②牧畜状態、③農業状態、④農工業状態、⑤農工商業状態の5つに分けられる。ドイツのような第4段階にある国には、イギリスのような第5段階の国とは違った、保護政策が必要である。	19世紀の中頃に当時の後進資本主義国ドイツで起こった思想。古典学派の自由放任政策・自由貿易政策に反対し、自国の後進的な産業には**保護政策**が必要であると主張した。
社会主義学派（マルクス経済学派）	マルクス(◯p.202)…創始者 『資本論』(全3巻、第1巻1867年出版) 『経済学批判』(1859年) ◯レーニン…マルクス経済学を継承 『帝国主義論』(1916年) マルクス、エンゲルス 『共産党宣言』(1848年)	19世紀の中頃、資本主義経済の矛盾が高まった時期に、**マルクス**によって創始された思想。「**労働価値説**」を基礎に、資本主義経済の諸法則を体系的に解明し、資本主義社会がやがては社会主義社会へ移行せざるを得ない必然性をもつことを主張した。 帝国主義は資本主義の独占段階であり、これはまた資本主義の最終段階であるとともに、資本主義からより高度ある秩序への過渡期となる段階である。
近代経済学派　新古典学派	ワルラス 『純粋経済学要論』(1874～77年) マーシャル 『経済学原理』(1890年)	1870年代以降に相次いで登場した理論経済学の諸学説の総称。「**限界効用概念**」(経済行動の決定が最後に投下される単位量によってなされるという考え方)に基づく経済体系がつくり出されたが、結果として自由放任にその基礎をおくことで、新古典学派と呼ばれる。**ミクロ経済学**とも呼ばれる。
近代経済学派　ケインズ学派	ケインズ(◯p.201) 『雇用、利子および貨幣の一般理論』(1936年)	ケインズの『雇用、利子および貨幣の一般理論』に端を発した考え方を発展させていった学者の諸学説の総称。一国全体の失業・経済成長・物価などを対象とするため、**マクロ経済学**とも呼ばれる。
近代経済学派　マネタリスト	フリードマン(◯p.201) 『貨幣の最適量その他の論文集』(1969年)	ケインズ主義による需要創出のための裁量的な経済政策を批判。規制緩和や民営化などにより市場原理を最大限いかし、**通貨供給量を経済成長に合わせて一定の率で増やすこと**を主張した（**マネタリズム**）。
近代経済学派　その他	◯シュンペーター 『経済発展の理論』(1912年)	**イノベーション（技術革新）**(◯p.225❷)は経済を発展させる原動力で、これにより資本主義は発展するが、やがて技術革新を創造する資本主義精神は衰え、資本主義は安楽死すると考えた。また、技術革新は、古いものを破壊して新しいものを創造する「**創造的破壊**」を引き起こし、これを繰り返すことによって景気の変動（長期波動）をもたらすと主張した。

> **ミクロ経済学**　家計・企業などの個々の経済主体(◯p.207A)の経済行動による、市場を通した経済の動きを分析する学問。微視的経済学ともいう。
>
> **マクロ経済学**　経済全体の所得・消費・投資などの関係を分析する学問。巨視的経済学ともいう。

(トービン税◯p.341B、ピケティ◯p.315C❷)

入試クイズ　17世紀後半には、国の経済力は国内に存在する貨幣量に規定されるという考え方に基づき、欧州に自由貿易が普及した。○？×？〈13本〉(◯p.199❶、E)　　答：×

ナットク！ 経済思想の流れ

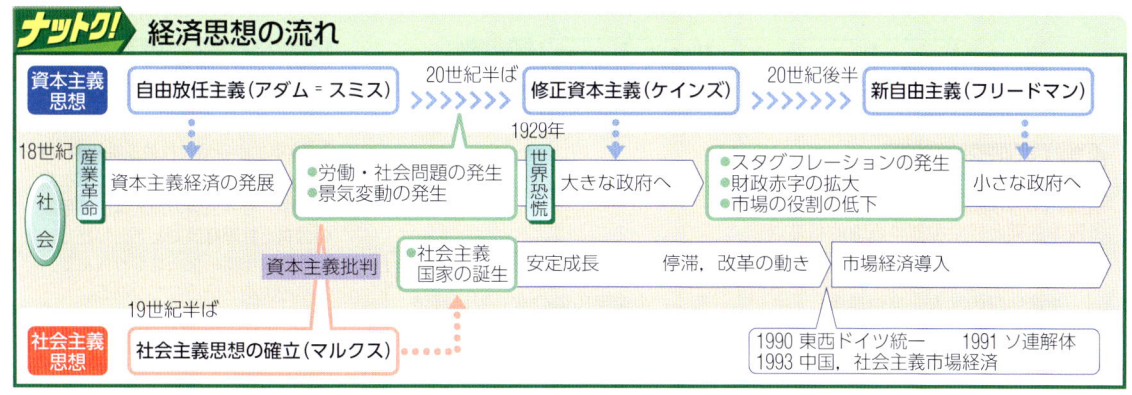

資本主義思想
- 18世紀：産業革命 → 資本主義経済の発展
- 自由放任主義（アダム＝スミス）
- 労働・社会問題の発生／景気変動の発生
- 20世紀半ば：1929年 世界恐慌 → 修正資本主義（ケインズ）→ 大きな政府へ
- 20世紀後半：スタグフレーションの発生／財政赤字の拡大／市場の役割の低下 → 新自由主義（フリードマン）→ 小さな政府へ

社会主義思想
- 19世紀半ば：資本主義批判 → 社会主義思想の確立（マルクス）
- 社会主義国家の誕生 → 安定成長 → 停滞，改革の動き → 市場経済導入
- 1990 東西ドイツ統一　1991 ソ連解体
- 1993 中国，社会主義市場経済

LOOK　私達は，経済的に正しい選択をしているか？

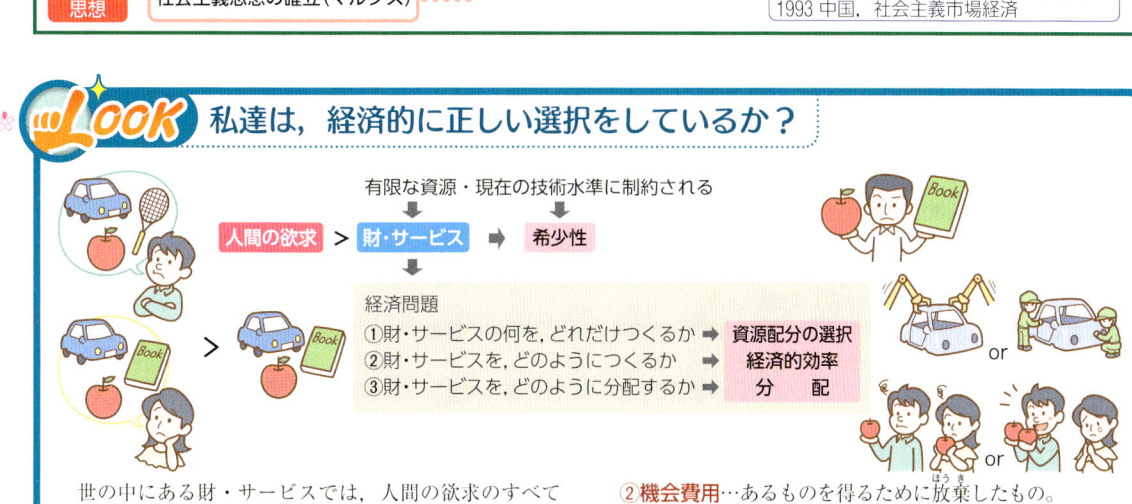

人間の欲求 ＞ 財・サービス → 希少性
（有限な資源・現在の技術水準に制約される）

経済問題
① 財・サービスの何を，どれだけつくるか → 資源配分の選択
② 財・サービスを，どのようにつくるか → 経済的効率
③ 財・サービスを，どのように分配するか → 分配

世の中にある財・サービスでは，人間の欲求のすべてを満たすことはできない。なぜなら，財・サービスをつくる資源（原料，労働者，機械，土地など）は有限であるし，それを加工する技術にも限界があるが，人間の欲求は無限だからである。

そこで，有限な資源・現在の技術水準で，できるだけ人間の欲求を満たすことが求められるため，様々な経済問題が発生し，経済的な選択が行われている。

経済問題には，
① 財・サービスの何を，どれだけつくるか（**資源配分の選択**）
② 財・サービスを，どのようにつくるか（**経済的効率**）
③ 財・サービスを，どのように分配するか（**分配**）　がある。

企業，消費者，政府は，そのような経済問題に対して，経済的な選択，意思決定をしている。意思決定をする時の原理は，次のとおりである。

●意思決定をする時の原理

① **トレードオフ**…何かを選択するということは，別の何かの選択をあきらめなければならない。自分の好きな何かを得るには，別の何かをあきらめなければならない。

例えば，A・Bという2つの商品を生産している工場で，A商品の生産を増やせば，B商品の生産を減らすことになる。また，ゲームに使う時間を増やせば，友達との会話・テレビ・睡眠・部活・勉強などの時間を減らすことになる。

② **機会費用**…あるものを得るために放棄したもの。

例えば，A・Bという2つの商品を生産している工場で，A商品の生産を増やした場合，B商品の生産を減らすことによる売り上げ・利益の減少。また，大学に進学した場合，大学に進学せずに働いて得ることができた賃金。これも機会費用である。

③ **限界的な便益と費用**…あるものを少し（限界的に）得て，あるものを少し放棄した時の便益と費用。合理的な人は，これを比較することで選択をする。限界的便益が，限界的な費用を越えた時に，人は行動することを選択する。

例えば，A・Bという2つの商品を生産している工場で，A商品の生産を少し増やして得る利益と，B商品の生産が減ることで発生する利益の減少。また，ゲームの時間を少し増やして得る満足度（効用）と，テレビを見る時間が減ることで発生する満足度の減少。

私達は知らず知らずのうちに経済的な選択，意思決定をしている。改めて自分の選択・意思決定は，経済的にかなっているか確かめてみよう。

重要用語 ⑪資本主義経済　⑫アダム＝スミス　⑮修正資本主義（混合経済）　⑯ケインズ　⑱新自由主義　⑲フリードマン　㉑マルクス　㉓社会主義市場経済　㉔イノベーション（技術革新）　⑭D.リカード　⑮F.リスト

ポイント整理 11

1 経済社会の発展

A 資本主義経済と社会主義経済 (→p.198)

①資本主義と社会主義の原則的相違点

資本主義		社会主義
生産手段の私有，自由競争	生　産	生産手段の公有，計画経済
需要と供給によって決定	価　格	国家が決定
景気変動があり不況時に増加	失　業	原則的にはない
所得格差が大きい	所得の分配	所得格差が小さい

②現状は，両経済体制ともに，相手の長所を取り入れて，自らの欠点を修正しつつある

B 資本主義経済の成立と確立 (→p.199)

①商業資本主義(15～18世紀)…資本主義の成立
　生産形態…問屋制家内工業，工場制手工業(マニュファクチュア)
　政策…重商主義→保護貿易政策によって，金銀や貨幣などの富の蓄積を図る
　影響…●資本(商業資本)の本源的蓄積
　　　　●賃金労働者の創出←第1次囲い込み

②産業資本主義(18世紀後半～)…資本主義の確立←産業革命←第2次囲い込み
　生産形態…工場制機械工業→分業・協業がさらに細分化・強化
　政策…自由競争(←アダム＝スミス『諸国民の富(国富論)』)，自由貿易推進
　　アダム＝スミスの思想
　　　●重商主義を批判し，自由競争を主張
　　　●私益の追求が「見えざる手」に導かれて社会の利益増進につながる
　　　　→政府の役割は最小限にとどめるべき…小さな政府，夜警国家
　影響…●資本家階級と労働者階級の形成
　　　　●低賃金・長時間労働などの労働問題　　→社会主義思想の発生
　　　　●人口の都市集中による社会問題

C 資本主義経済の変容 (→p.200, 201)

①独占資本主義(19世紀後半～)…独占資本が国内市場を独占的に支配
　国家による独占資本の支援・擁護
　金融資本(産業資本と銀行資本の結合体)の形成　→帝国主義
　→資本投下先を求めて植民地獲得へ

②修正資本主義(1933年～)…政府が経済に介入。福祉国家(大きな政府)
　きっかけ…世界恐慌(1929年)→市場に任せているだけでは景気が回復しない
　　　　　→ニューディール政策(米)…金融政策，積極的な公共事業(公共投資)
　裏付ける理論…ケインズの理論→政府による有効需要創出の必要性を主張
　影響…財政赤字，市場機能の低下，スタグフレーションを招く

③新自由主義(1980年代～)…「小さな政府」をめざす
　背景…財政赤字の増加，石油危機後のスタグフレーション→ケインズ理論の限界
　具体例…アメリカのレーガノミックス，イギリスのサッチャリズムなど
　裏付ける理論…フリードマンの理論
　　　　　●裁量的な政策(ケインズ的政策)を批判。通貨供給量を経済成
　　　　　　長率に合わせて一定の率で増加させる金融政策を主張。
　　　　　●民営化，規制緩和など経済の自由化を主張

D 社会主義経済 (→p.202, 203)

①マルクス…科学的社会主義の創始者
　●資本主義社会では，労働者は資本家から搾取されている
　●社会主義革命の歴史的必然性を主張

②ソ連…世界初の社会主義国(1922年成立)→1970年代後半から経済停滞
　　　　ゴルバチョフがペレストロイカ推進→失敗→1991年ソ連崩壊

③中国…改革開放政策の進展→社会主義市場経済…経済のみ資本主義を導入
　　　→世界貿易機関(WTO)に加盟(2001)
　　　課題…国有企業改革，インフレ抑制，失業・倒産への対応，貧富の格差解消など

ポイント解説

赤字…入試の頻出用語

A 資本主義経済と社会主義経済　資本主義の原則は**生産手段の私有**と**自由競争**，社会主義の原則は**生産手段の公有**と**計画経済**である。しかし，両者は，相手の長所を取り入れて，自らの欠点を修正しつつある。

B 資本主義経済の成立と確立　資本主義は**商業資本主義**により成立する。資本主義的生産形態はこの時期に，**問屋制家内工業**や**マニュファクチュア**によって社会に普及する。しかし，商品経済が社会全面をおおうほどではなかった。16世紀，イギリスの**第1次囲い込み**では，毛織物の原料である羊毛の増産に必要な牧羊場拡大のため，農民の土地が非合法的に取り上げられた。18世紀の**第2次囲い込み**は，穀物増産のために大農場を形成し，資本主義的な農業経営を行う必要から，議会の承認のもとで合法的に行われた。土地を追われた農民は都市で工場労働者となった。産業革命を経て，資本主義は確立した。**工場制機械工業**により**大量生産**が可能となり，商品経済は社会の全面をおおっていった。

C 資本主義経済の変容　独占資本主義の段階に入ると，産業資本と銀行資本が結合した**金融資本**が出現し，国内経済を掌握するとともに，資本投下先を求めて海外へ進出していく**帝国主義**の傾向が顕著となった。世界恐慌後は，政府が積極的に経済に介入した。これは資本主義本来の「経済的自由」を修正することであり，**修正資本主義**と呼ばれた。しかし，政府の活動の拡大は財政赤字を招き，また，1970年代，先進国ではインフレと不況が同時発生するスタグフレーションが起こった。裁量的な政策は批判されるようになり，政府の役割を縮小し，経済の自由化を促進する**新自由主義**の考えに基づく改革が，アメリカやイギリスなどで実践された。しかし，世界金融危機による不況などを受け，再び政府の介入を求める声も聞かれる。

D 社会主義経済　マルクスは，資本主義の矛盾を分析し，社会主義革命の歴史的必然性を理論づけた。世界初の社会主義国であるソ連は，1970年代後半以降経済停滞におちいり，**ペレストロイカ**を推進するも失敗し，1991年に崩壊した。ソ連解体後，市場経済への移行を推進したロシアは，近年高い経済成長率を記録している。中国は，**改革開放政策**を着実に進め，憲法にも「**社会主義市場経済**」を明記し，著しい経済成長をとげている。

経済の循環と企業

株主優待商品（日清食品グループ） 株式会社によっては、配当とは別に株主に自社商品などがプレゼントされる。企業のしくみと、最も一般的な株式会社のメリット・デメリットを理解しよう。また、企業はどのように競争に対応し、社会に対して責任を果たしているかを知ろう。

A 経済の循環

経済主体と経済活動
家計・企業のはたらきと政府の役割は何か？

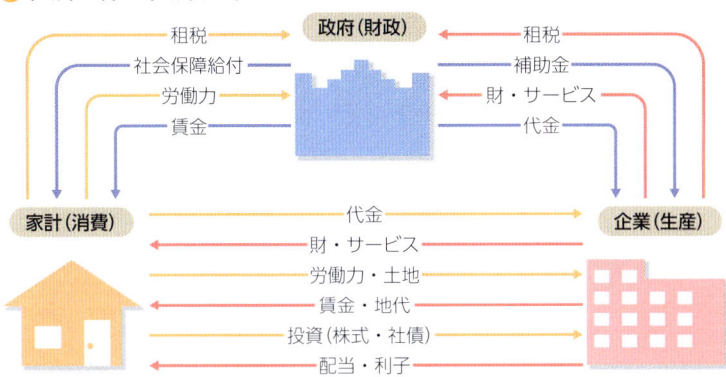

（図：政府（財政）・家計（消費）・企業（生産）の3つの経済主体間の関係。政府⇔家計：租税・社会保障給付・労働力・賃金。政府⇔企業：租税・補助金・財・サービス・代金。家計⇔企業：代金・財・サービス・労働力・土地・賃金・地代・投資（株・社債）・配当・利子）

解説 3つの経済主体 現代の経済は**家計・企業・政府**の3つの**経済主体**からなっている。消費行為の主体である家計は、企業に労働力・資本・土地という生産要素を供給し、賃金や配当などで収入を得て、**消費**や**貯蓄**を行う。家計の消費支出に占める食費の割合を**エンゲル係数**という。企業は、家計から生産要素の提供を受け、財やサービスを**生産・販売**して利潤を得る。政府は**財政活動**（→p.238）などを通して、家計・企業の経済活動の調整を行う。このように3つの経済主体は互いに密接に結びつき、経済活動を行う。

B 企業のしくみ

生産活動はどのようにして繰り返されるか？

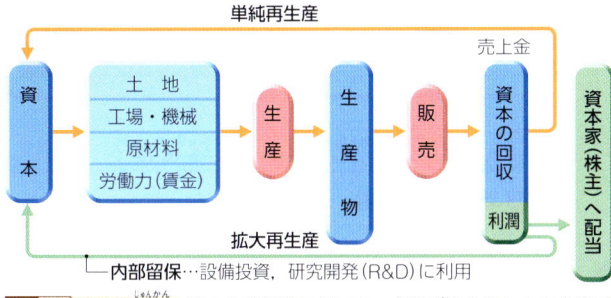

1 再生産のしくみ

（図：資本の循環。資本→土地・工場・機械・原材料・労働力（賃金）→生産→生産物→販売→資本の回収→売上金・利潤→資本家（株主）へ配当。単純再生産・拡大再生産・内部留保…設備投資、研究開発（R&D）に利用）

解説 資本の循環 資本主義経済において、企業が資本をもとに生産手段と労働力を購入し、商品を生産・販売して資本を回収し、利潤を得る過程を資本の循環という。利潤の一部を資本家に配当として分配し、残りを内部留保として蓄え、新たな設備投資にまわす場合を**拡大再生産**という。また、投資が拡大しない場合を**単純再生産**、資本の回収が十分にできない場合を**縮小再生産**という。

企業の売上高、利益、配当などの金額

	トヨタ自動車	ファーストリテイリング（ユニクロの持株会社）
売上高	29兆9300億円	2兆2956億円
売上原価、従業員の給与など	27兆4871億円	2兆380億円
営業利益…本業の利益	2兆4429億円	2576億円
純利益…本業以外の活動も含めた利益	2兆762億円	1626億円
配当金（純利益に占める割合）	6108億円（29.9%）	490億円（30.1%）
内部留保の累積額	23兆4276億円	9287億円

注：トヨタ自動車は2020年3月期、ファーストリテイリングは2019年8月期決算 （トヨタ自動車、ファーストリテイリング資料）

2 企業の種類
日本にはどのような種類の企業があるか？

私企業
- 法人企業
  - 会社企業（→p.210）
    - 株式会社
    - 合同会社
    - 合資会社
    - 合名会社
    - 有限会社
  - 組合企業
    - 農業協同組合
    - 健康保険組合
    - 生活協同組合など
- 個人企業：個人商店、農家など

公企業
- 国営企業
- 地方公営企業：バス、地下鉄、水道*など
- 特殊法人：日本政策金融公庫など
- 独立行政法人：国立印刷局、造幣局など

*2018年、地方公共団体が施設を所有したまま、民間企業が運営する方式の導入を促進する改正水道法が成立。

公私合同企業
- 日本たばこ産業株式会社（JT）
- 日本電信電話株式会社（NTT）
- 日本銀行　など

解説 大多数が私企業 企業は、民間資本からなる**私企業**、民間と公共の両資本からなる**公私合同企業**、公共資本からなる**公企業**に分けられる。日本では、私企業が大多数を占め、なかでも**株式会社**が最も多い。公企業は、民営化（→p.104）が進められてきた。

重要用語　225経済主体　226私企業　227公企業　228公私合同企業　229株式会社　287財政

わかりやすい経済講座 株式って何？

A どのようにお金を集めるか？

会社をつくって，大きく商売をやろうと考えた場合，たくさんのお金（資本金）が必要である。そのお金をどのようにして集めたらいいのだろうか。

● 資金調達の方法

外部金融…会社の外部から資金を調達する方法
├**直接金融**…株式や社債の発行
└**間接金融**…銀行などからの融資（→p.231 ❶）

内部金融…企業内部の資金源から調達する方法。利潤から配当などを差し引いた内部留保や減価償却積立金（機械など設備買い替えのための積立）など

借金か株式発行か 銀行から借りたり，社債を発行して集めたお金は，借金なので必ず返さなくてはならない（**他人資本**）。利益が出なかった場合は，返済が滞ってしまう。そこで注目されるのが，**株式発行**である。必要な資金を均一金額の株式に分け，それを買ってくれる人を募るのである。多くの人がその会社の将来性に期待すれば，広く資金を集めることができる。

株式会社のメリット 株式発行によって得たお金は，**株主**（株式を保有する出資者）に返済する必要がない（**自己資本**）。これが，銀行借り入れなどと違う点である。このため，経営者にとっては好ましい資金調達の方法といえる。また，**株式はいつでも自由に売買できる**ため，株主にとっても比較的出資しやすい方法である。

以前は株主には左の写真のような証券（**株券**）が渡されていたけれど，2009年から電子化され，今はなくなってしまったよ。電子化によって，株券の印刷・売買のために株券を移動させる費用が削減でき，売買スピードもアップしたんだ。

B 株式を公開する

店頭公開と上場 株式会社のよさは，広く資金を集めることができる点にあったが，そのためには株式を公開する必要がある。株式公開には，店頭公開と上場という2つの方法がある。

出資者が限定される店頭公開 店頭公開は，店頭市場に登録し，証券会社の窓口で株式を売ってもらうことである。この場合の短所は，売買の対象が基本的に証券会社のお客に限定されてしまうことである。

上場企業は信用力で資金を調達 一方，**上場**は，**証券取引所**（代表的なものが東京証券取引所）での株式の売買が認められることであり，上場した株式会社は，国内外から広く資金を集めることができる。株式の上場は，厳しい審査を通過した株式会社だけに認められており，上場することで社会的信用や知名度は増すが，それだけ企業の社会的責任も大きくなる。

● 上場のデメリット

経営の自由度が低下 企業は株主の意向を意識した経営を迫られることになる。株主が反対すれば，経営方針を転換せざるを得ないし，株を売却されるかもしれない。近年は株主の力が強く，短期的かつ確実な利益を求めるため，長期的な経営戦略が困難になった。独自の経営方針で事業を進めるため，上場を取りやめる企業もある。

（左から「朝日新聞」2005.7.26，2005.8.23）

上場していない企業の例 朝日新聞社，毎日新聞社，新潮社，小学館，竹中工務店，JTB，YKK，エースコック

M&A（→p.212）のリスク ある会社の株式を一定の割合以上買い集めれば，その会社を支配することができる。株式の持ち合いの解消が進む中，外資系企業や投資会社が日本企業を合併・買収する動きも出ている。

● 株の取得と経営への影響力

33.3%超	50%超	80%超
株主総会で3分の2以上の賛成が必要な重要事項の決定を阻止できる。	過半数の賛成が必要な取締役などの選任が可能になり，実質的にその会社を支配できる。	上位10株主の持株比率が全体の80%を超える状態が1年以上続くと上場廃止。

C 株価が変化するのはなぜか？

● 新聞の株価欄

【①銘柄】企業名
【②始値】前場（午前中の取り引き）の最初の株価
【③高値】その日の最も高い株価
【④安値】その日の最も安い株価
【⑤終値】後場（午後の取り引き）の最終の株価
【⑥前日比】前営業日に比べて △…株価が上昇した ▼…株価が下落した
【⑦売買高】売買が成立した株数（1000株）

①銘柄	②始値	③高値	④安値	⑤終値	⑥前日比	⑦売買高
食品						
グリコ	4675	4700	4615	4645	▼45	1435
カルビー	3365	3380	3345	3365	▼25	2268
キユーピー	2320	2323	2277	2285	▼32	2220
輸送用機器						
いすゞ	975	975	951.4	955.2	▼21.5	21302
トヨタ自	6932	6945	6900	6911	▼56	26382
三菱自	226	226	221	223	▼3	56824
↓1か月後						
食品						
グリコ	4450	4545	4435	4510	△130	2832
カルビー	3080	3080	3020	3025	▼10	5537
キユーピー	2260	2264	2232	2259	△13	3445
輸送用機器						
いすゞ	981	997	965	995	△37	34278
トヨタ自	7390	7503	7369	7503	△236	100753
三菱自	207	210	198	200	▼3	148591

（単位：円）注：売買単位は100株。

メモ 株式のルーツは17世紀初めのオランダにさかのぼる。アジアの香辛料を手に入れるための航海に必要な巨額の費用を，大勢で出し合い，成功した場合の利益を分配するしくみを取り入れたのが東インド会社である。

需要と供給の関係で決まる　上場した株式会社の株式は証券取引所で売買され，ここに株式市場が成立する。一般的に，どこの会社の株式を買うかを考えた場合，業績がよい会社や，これから成長すると見込まれる会社の株式を選ぶ。業績がよければ，配当も高いからである。その会社の株式の買い手が多くなれば，株価は上がる。逆に，業績が悪い会社の株式は買い手が減り，売り手が多くなるため，株価は下がる。こうして売買が行われるなかで，株価は当初の価格に関係なく上下するようになる。つまり，**株価もほかの商品の価格と同じように，需要と供給の関係によって決まる**のである。(→p.214)

◎東京証券取引所＊　日本の代表的な証券取引所。証券取引所では，株式を売りたい・買いたいという注文をとりまとめ，売買を成立させている。

＊2013年1月，大阪証券取引所と経営統合し，日本取引所グループを設立，その子会社となる。

売買が行われた銘柄と，その株価が回転しながら表示される。回転速度は8段階あり，売買が活発な時ほど速い。

正面スクリーンには，東証上場企業の株式の時価総額（株価×上場株式数），売買された株式数やその売買代金，日経平均株価などが表示される。

日経平均株価　東京証券取引所の一部上場企業のうち，日本を代表する企業225社の株価の平均。

株価は様々な原因で変化する。例えば，夏の気候が例年よりも暑くなれば，エアコンなどの売れ行きが良くなり，エアコン製造メーカーの株価は上がるが，反対に冷夏になると売れ行きが悪くなるため，株価は下がる。このほかにも，事件や事故，ライバル会社の動き，うわさなど，原因は様々である。

株価が下がったときに買い，上がったときに売れば，その差額がもうけとなる。このようなもうけを期待して，株式の売買を繰り返す投資家も多いが，株価の動きを予測することは，非常に難しい。

◎全米オープンテニスで決勝戦進出を決めた錦織圭選手（2014年9月6日）　テニスの4大大会の決勝戦進出は，男子選手としてはアジア初。活躍を受け，錦織選手やテニス関連銘柄の買い注文が増加。試合を独占放送するWOWOWの株価は，前週末に比べて，一時490円値上がりし，4880円に達した。

D 株価と景気の関係

株価の変化は，企業ごとに異なるが，株式市場全体の株価（平均株価）は，景気の変動と深く関わっている。

●**日経平均株価の推移**

注：株価は月末値，終値　　　　　　　　（日本銀行資料など）

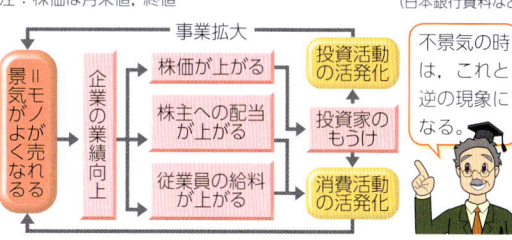

不景気の時は，これと逆の現象になる。

E 投資が社会を発展させる

投資活動が企業を育てる　ここで必要になるのが，本当によい会社，社会に必要とされる会社はどこかを見極めることである。株価の変動による利益のみを追求するのではなく，今後，社会の発展に貢献するであろう会社に投資することで，その会社の成長，そして社会の発展に貢献することにつながるのである。

LOOK　投資で事業を応援！

ファンドとは，個人や企業からお金を集め，それをもとに，投資会社などが運用すること。近年，特定の事業を応援するためのファンドが人気を集めている。自分の投資が，何かに貢献したことが見えることが魅力。

●**漫画『この世界の片隅に』のアニメ映画化**

戦時下の日常を描く『この世界の片隅に』は，インターネットを通じて不特定多数の人から資金を集めるクラウドファンディングにより，2016年に映画化された。出資は2160円からでき，出資者は制作情報や先行上映などの特典が受けられた。

片渕須直監督による『この世界の片隅に』（原作：こうの史代）のアニメ映画化を応援

●**被災地応援ファンド**　http://oen.securite.jp/

東日本大震災や熊本地震で被災した商店などの再建資金を集める。出資者は出資企業から製品などの特典を受け取れる。

重要用語　229株式会社　230自己資本　231他人資本　235合併・買収（M&A）　270直接金融　271間接金融

❸ 会社の形態

株式会社		有限会社	合同会社	合資会社	合名会社
公開会社	株式譲渡制限会社				
出資者					
有限責任					無限責任
株　　　主			社　　員*1		
経営者					
取締役3人以上、監査役1人以上	取締役1人以上、監査役はなくても可	取締役1人以上	業務を執行する社員（有限責任）	業務を執行する社員	業務を執行する社員（無限責任）
持分譲渡*2					
原則自由	株主総会の承認が必要	社員外への場合は社員総会の承認が必要	原則、他の社員全員の承諾が必要		
その他					
従来の株式会社制度に近い。大企業に適する	従来の有限会社のしくみを採用	中小企業などの小規模な会社が多い	ベンチャー・ビジネスの設立に適する	小規模な会社が多い	小規模な会社が多い（家族・親族経営）

無限責任 経営上の損失について、出資額を超えて無限に責任を負うこと。
有限責任 出資額を限度に責任を負うこと。つまり、もし会社が倒産しても、出資額を失うだけで、それ以上責任が生じることはない。このため、**出資者が有限責任しか負わない株式会社は多額の資本を集めやすい。**（→p.208）

*1 社団・社団法人の構成員（出資者）のことで、従業員のことではない。
*2 持分譲渡…有限会社・合同会社・合資会社・合名会社の社員としての地位・権利（株式会社の場合は株式）を他の人に譲渡すること。

会社法施行：有限会社と統合／新設できない／新設

会社法とは 2006年5月施行。これまでの会社に関する各種の法律を統合・再編成した。企業活動のグローバル化やIT化など、現代の経済情勢に対応し、経営組織の柔軟性を高め、起業しやすくすることで、経済の活性化をねらう。

会社法の主なポイント
① **有限会社の廃止（存続は可能）** 有限会社を株式会社に統合。中小規模であっても、対外的信用度が高い株式会社を設立しやすくした。
② **最低資本金制度の撤廃** 株式会社設立には、最低1000万円の資本金が必要という制限をなくし、資本金1円での起業も可能になった。
③ **合同会社の新設** 経営ルールを社員の総意で決定できる。高度な技術や専門知識をもつ人には、出資額が少なくても多額の配当を支払うこともでき、企業と研究者の共同研究やベンチャー・ビジネスの設立がしやすくなる。

❺ 株主代表訴訟

株主が取締役の責任を追及 取締役が会社に損害を与えた場合、本来であれば、会社がその責任を追及し、提訴すべきである。しかし、同僚を守る意識などから、会社が取締役の責任を追及しない場合もある。このような場合、**株主が会社を代表して、取締役を提訴**できる。これを**株主代表訴訟**という。1993年の商法改正で、訴訟手数料が一律8200円となったことから、訴訟件数が増加した（現在は13000円）。高額の賠償を命じる判決も多い。株主が勝訴した場合、賠償金は、訴訟を起こした株主ではなく、会社に支払われる。

● 福島第一原子力発電所の安全対策を怠ったとして電力会社の取締役らを提訴した訴訟

地震や津波の対策を怠って、会社に多額の損害を与えた経営陣27人*1
↓ 約5.5兆円の損害賠償を請求*2
（事故被害者への賠償を求める）
株主

*1 2016年に訴えを取り下げられ、5人となった。
*2 2016年約9兆円→17年約22兆円に増額 
（左『毎日新聞』2012.3.6、右『朝日新聞』2016.9.6）

● 所有と経営の分離とはどういうことか？

❹ 株式会社のしくみ（公開会社の場合）

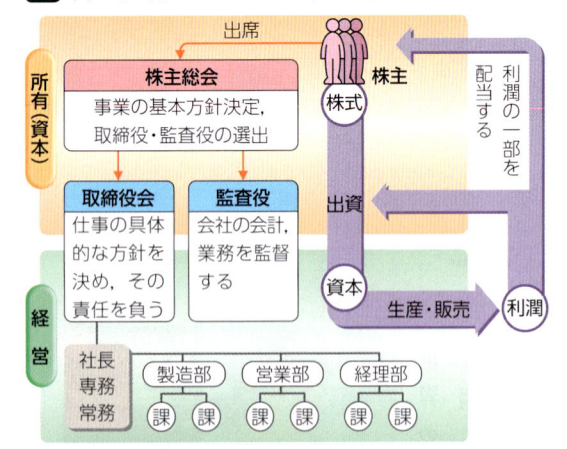

所有（資本）
- 株主総会：事業の基本方針決定、取締役・監査役の選出
- 出席：株主／株式
- 利潤の一部を配当する／出資／資本

経営
- 取締役会：仕事の具体的な方針を決め、その責任を負う
- 監査役：会社の会計、業務を監督する
- 社長・専務・常務
- 製造部・営業部・経理部（課）
- 生産・販売 → 利潤

解説 経営に携わらない所有者 株式会社では、出資者（会社の所有者）は**株主**と呼ばれる。一方、会社の経営は、**株主総会**で選出された経営者が担当する。これを**所有（資本）と経営の分離**という。株主総会では**1株1票制**のため、大株主ほど発言力が大きい。監査役を置かず、社外取締役を中心とした委員会を設置するとともに、業務執行を担当する執行役を置くことで、経営監督機能と業務執行機能を分ける株式会社（指名委員会等設置会社）もある。

株主の権利

① 配当を受け取る
持株数に応じて、会社の利益の一部を配当として受け取ることができる。ただし、利益が出なかった時や少ない時は、支払われないこともある。

② 株主総会での議決権
株主総会は年に1度開かれ、株主に対して経営方針の説明や監査報告、取締役・監査役の選出、配当の決定などが行われる。決議は多数決で行われ、株主は、持株数に応じて与えられた議決権を行使することで、自らの意思を表明できる。株主が経営をチェックできる場でもある。

入試クイズ：株式会社は、会社が倒産した場合、株式が無価値になることもあるが、会社の負債を株主が返済する義務はない。○ ? × ?〈09追〉→❸　　答：○

C 近年の企業の動向

1 所有者別持株比率の推移

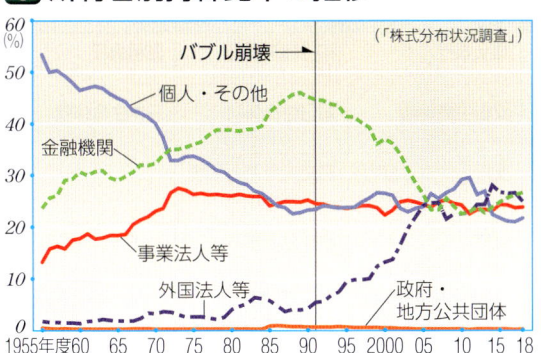

（「株式分布状況調査」）

バブル崩壊

個人・その他／金融機関／事業法人等／外国法人等／政府・地方公共団体

1955年度〜2018年

解説 外国の株主の増加 バブル景気以前の日本では，個人株主の持株比率は減少し，金融機関や事業法人など法人株主の持株比率が高い**法人化現象**がみられた。また，法人株主の中で，安定した資産を背景に積極的に株式投資を行う生命保険や損害保険など機関投資家の割合も高かった（**機関化現象**）。近年，経済のグローバル化が進み，**外国の株主の割合が増加**している。

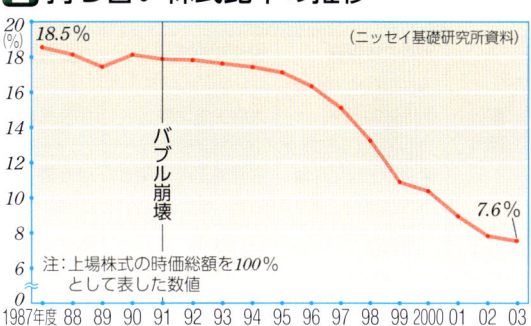

2 持ち合い株式比率の推移

18.5%　（ニッセイ基礎研究所資料）
7.6%
バブル崩壊
注：上場株式の時価総額を100%として表した数値
1987年度〜03

解説 株式の持ち合いと解消 戦後，経営権の安定を目的に，取り引きのある金融機関や企業などとの間で**株式の持ち合い**が行われ，**企業集団**（→p.212）が形成された。1964年の資本の自由化にあたり，外国資本による乗っ取り防止や取り引き先との関係強化のため，持ち合いは強化された。バブル崩壊後は業績悪化や株価下落で，持ち合い解消が進んだ。1990年代後半に金融機関の破綻が相次ぎ（→p.237 1 ①），解消が加速し，法人化現象は薄らいだ。

ナットク！ 持株会社と株式の持ち合いの違い

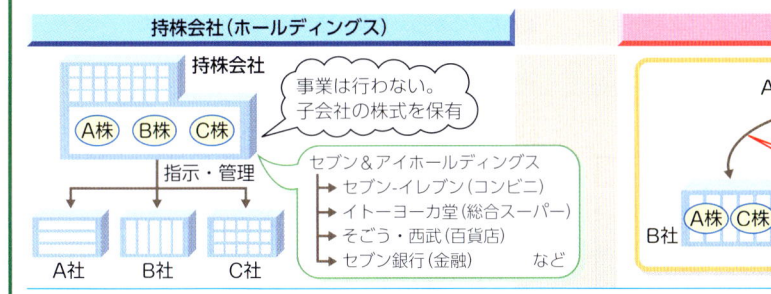

持株会社（ホールディングス）

持株会社
A株　B株　C株
事業は行わない。子会社の株式を保有
↓指示・管理
A社　B社　C社

セブン＆アイホールディングス
→セブン-イレブン（コンビニ）
→イトーヨーカ堂（総合スーパー）
→そごう・西武（百貨店）
→セブン銀行（金融）　など

株式の持ち合い

A社（B株 C株）
B社（A株 C株）　C社（A株 B株）
株式持ち合い
経営に干渉しない
企業集団

	特徴	
・子会社の株式を保有し，グループの中核として経営戦略の立案，子会社の統括・運営のみを行う会社。 ・株式保有を通じて企業を支配する独占組織を**コンツェルン**（→p.217 3）といい，戦前の財閥がこの形態にあたる。	特徴	・自らの事業を営む一方，他の企業と互いに株式を保有し合うこと。 ・財閥解体後，互いの経営に干渉しないことを前提とした**株式の持ち合い**が増加し，企業集団（→p.212）を形成。
・経営の効率化…事業の整理・統合やM&A（→p.212）が容易。子会社が各事業に専念することで意思決定がスピード化される。 ・グループ全体の利益を優先できる。	メリット	・容易に株を手放さないため，買収防衛策として有効。 ・株式売買が行われず，株価が安定する。 ・経営が安定し，長期的な経営戦略の展開が可能。
・独占・寡占（→p.217）を招き，自由競争を阻害するおそれがある。	デメリット	・閉鎖的…株主による経営監視機能の低下。 　取り引き関係が固定化し，合理化を阻害。

持株会社の禁止から解禁まで　●持株会社はなぜ禁止され，なぜ解禁されたのか？

1945 財閥解体（→p.245 3）
目的　財閥の支配力を弱め，自由競争を促進

→ **1947 独占禁止法制定 持株会社の設立禁止**
目的　財閥の復活防止
影響　資本力を強化するため，旧財閥系などで株式の持ち合いが進み，企業集団を形成

→ 持ち合い加速 → **1964 資本自由化**
→外資による買収防止のために持ち合い
影響　系列取り引きなどの閉鎖的企業慣行，株主総会の形骸化，企業の不祥事の多発

→ 持ち合い解消 → **1991 バブル崩壊**
・経営合理化として，不必要な株式を整理・売却
影響　外資による買収の増加
→競争力強化の必要性

→ **1997 独占禁止法改正 持株会社の設立解禁＊**（→p.218 5）
目的　国際競争力の強化
影響　M&Aの加速，企業集団崩壊

＊金融持株会社の解禁は1998年。

財閥解体は，戦後の経済の民主化政策の1つとして行われたよ。財閥は，日本経済を独占していたんだ。

注：持株会社には自ら事業を営むものもあるが（事業持株会社），一般的には，子会社の支配・運営に専念する企業（純粋持株会社）をいう。

▶重要用語　229株式会社　232所有（資本）と経営の分離　233株式の持ち合い　234持株会社　235合併・買収（M&A）　249寡占　250独占　253独占禁止法　303財閥解体

③ かつての6大企業集団の主な企業

注：（　）は社長会の名称。

	三菱グループ (金曜会)	三井グループ (二木会)	住友グループ (白水会)	芙蓉グループ (芙蓉会)	第一勧銀グループ (三金会)	三和グループ (三水会)
銀行 保険	東京三菱銀行 ↓【三菱UFJ銀行】	さくら銀行　住友銀行 ↓【三井住友銀行】←		富士銀行　第一勧業銀行 ↓【みずほ銀行】←		三和銀行
	明治生命保険 ↓【明治安田生命保険】	大樹生命保険	住友生命保険	安田生命保険	朝日生命保険	日本生命保険
	東京海上火災保険 ↓【東京海上日動火災保険】	三井海上火災保険 ↓【三井住友海上火災保険】←	住友海上火災保険	安田火災海上保険　日産火災海上保険 ↓【損害保険ジャパン】←		
商社 百貨店 食料品	三菱商事 キリンホールディングス	三井物産 三越→【三越伊勢丹】 日本製粉	住友商事	丸紅 サッポロビール 日清製粉グループ本社	伊藤忠商事	ニチメン→【双日】 高島屋 サントリーホールディングス
機械	三菱重工業 三菱自動車工業 三菱電機	三井E&Sホールディングス トヨタ自動車 東芝	住友重機械工業 NEC	クボタ 日産自動車 沖電気工業	川崎重工業 いすゞ自動車 富士通	日立造船 ダイハツ工業

解説　銀行中心の企業集団　高度経済成長(→p.247)前期，多くの企業は資金不足状態にあり，直接金融(→p.231①)が未発達な状況下で，銀行の融資を必要としていた。一方，銀行も激しい競争の中で，大口の顧客を求めていた。ここに，企業が特定の銀行と強い関係をもつ**メインバンク制**が成立する。

この時期，株式所有者は個人が多く(→p.211①)，企業には買収の危険があった。三菱・三井・住友の旧財閥系企業は，グループ企業間で株式を持ち合い，株主の安定化を図った。非財閥系企業も，資本自由化(→p.363①)で外資による買収の危険が高まったことなどから，同じ銀行と取り引きのある企業間で株式を持ち合った。こうして**6大企業集団**が形成され，日本の基幹産業はこれらの企業集団に支配されてきた(寡占→p.217)。企業集団は株式を持ち合うだけでなく，同じ系列の企業との取り引きを重視してきたが，この閉鎖的慣行は他国から批判された(→p.364④)。

1990年代以降，株式の持ち合い解消や銀行の再編(→p.237)が進んだことから，企業集団の結びつきは弱まった。

④ 企業の再編　●企業が合併・買収を行うのはなぜか？

① 合併・買収(M&A)の主な種類

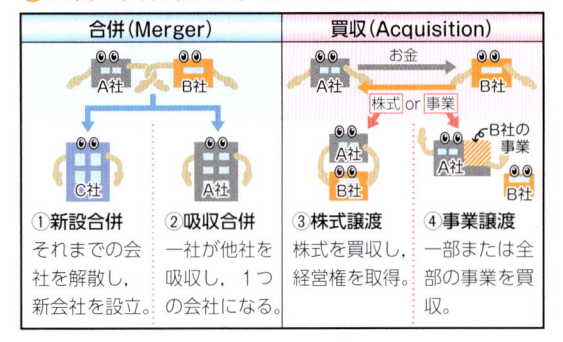

合併(Merger)
① 新設合併：それまでの会社を解散し，新会社を設立。
② 吸収合併：一社が他社を吸収し，1つの会社になる。

買収(Acquisition)
③ 株式譲渡：株式を買収し，経営権を取得。
④ 事業譲渡：一部または全部の事業を買収。

コングロマリット(複合企業)
自己の業種とは関係のない異業種の企業を合併・買収して巨大化を図る企業のこと。

② 企業の合併・買収(M&A)件数の推移

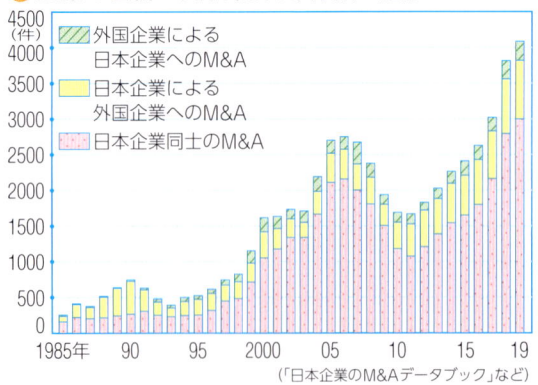

(「日本企業のM&Aデータブック」など)

凡例：外国企業による日本企業へのM&A／日本企業による外国企業へのM&A／日本企業同士のM&A

解説　企業提携　M&Aは企業の合併・買収の他，資本提携などを含めた企業提携をいい，**事業の効率化や事業拡大の手段**である。日本では，1990年代後半の持株会社の設立解禁や商法改正など，業界再編を円滑化する制度改革によって増加した。近年は，業界再編が活発な医療・IT・不動産などの業種で増加している。

M&A のメリット

アサヒ，カルピスを買収　2012年5月，飲料メーカー大手のアサヒグループホールディングスが，味の素の子会社であるカルピスの買収を発表した。買収額は約1000億円。

（味の素の伊藤社長（当時））本業の調味料事業に集中できる。

（アサヒグループホールディングスの泉谷社長（当時））買収で，弱かった乳酸菌飲料部門を補える。

M&Aによって，技術や人材などを最小限の手間で入手できるため，事業を一から立ち上げる時間や労力，コストが削減でき，効率的に新分野へ参入できる。また，規模の拡大による顧客基盤の強化が期待できる。

アサヒの場合，買収によってカルピスというダントツのブランド力と商品開発力を得ることにより，乳酸菌飲料部門を補完し，清涼飲料事業を強化できるわけである。

●国内清涼飲料メーカーの出荷量のシェア

1位	コカ・コーラ	28.4%
2位	サントリー	19.8%
	アサヒ+カルピス	11.8%
3位	伊藤園	10.5%
4位	キリン	9.7%
5位	アサヒ	9.2%
6位	大塚グループ	3.8%
7位	ダイドー	3.6%
	ポッカ+サッポロ*	2.9%
8位	カルピス	2.6%

(2011年)　*2011年経営統合
(「朝日新聞」2012.4.28より)

入試クイズ　多国籍企業の中には，その売上高が日本のGDPを上回る企業がみられるようになった。○？×？〈15本〉(→⑦)

答：×

5 コーポレート・ガバナンス(企業統治)

日本の企業経営の問題点
- 株主総会の形骸化…実質的討論がない,短時間で終了,総会屋との癒着
- 株主軽視…会社の主権者が株主であるという意識が低く,意見が反映されない。
- 監査役に,企業と関係の深い人物が就任

（「朝日新聞」2011.12.15）
企業統治に不信の目/脱創業家支配 険しい道/会見後

↓

経営監視機能の低下,不祥事多発(1990年代以降,表面化)

↓

コーポレート・ガバナンス(企業統治)の強化
① 社外取締役の増加…会社の利益と無関係の外部の視点から経営監視
② 株主の権限強化
- 情報公開(ディスクロージャー)…株主の判断材料
- 株主総会の機能強化…より多くの株主の出席を求める（開催日の分散,休日開催など）
- 株主代表訴訟（⇒p.210）

株主総会後の懇親会
機械部品メーカーTHKでは,自社の部品を使用した自動車,ゲーム機器などを展示。企業活動への理解の促進をねらう。 
写真提供／THK株式会社

解説 企業は誰のものか コーポレート・ガバナンスは,企業統治と訳される。所有(資本)と経営の分離(⇒p.210 4)が進むことで,出資者である株主の経営への影響力が弱まった。企業の不祥事など経営者の暴走が発覚し,企業を誰がどのように管理していくのかという企業統治のあり方が問われるようになった。近年は,企業には,株主を始め従業員や顧客,取引先など多くの利害関係者(ステークホルダー)に対する社会的責任があると考えられ,それらの意思・利益を反映した企業のあり方が求められている。

Q 企業は社会的責任を具体的にどのように果たすのか？

6 企業の社会的責任(CSR)

企業は,利潤追求だけでなく,社会の一員として**持続可能な社会に貢献する**責任がある。これを,**企業の社会的責任**(Corporate Social Responsibility)という。社会的責任を果たすことで,社会から信頼を得ている。

● 企業の社会的責任の原則と具体例
- **情報公開(ディスクロージャー)**により説明責任を果たす。
- 意思決定や活動の透明性を確保する。
- **法令遵守(コンプライアンス)**を徹底する。
- **利害関係者(ステークホルダー)**の利害を尊重する。

↓ 具体的には…

公正な事業	汚職防止,公正な競争など
対従業員	労働環境・人材育成システムの整備など
対消費者	消費者保護,社会に悪影響を与えない製品の提供
環境保全	汚染予防,廃棄物処理,省エネなど
地域社会	雇用の創出,フィランソロピー(ボランティア活動などの慈善活動),メセナ(芸術・文化活動への支援)

社会的責任を実現するための基盤となるのが…

↑

コーポレート・ガバナンス(企業統治 ⇒ 5)

コンプライアンス 法令遵守。法令だけでなく,公平・誠実などの倫理を尊重し,守ることも含まれる。
フィランソロピー 特に企業による,寄付・ボランティアなどの慈善活動。
メセナ 芸術・文化活動に対する企業の支援。美術館運営,演奏会の主催,芸術家への資金支援など。

ラグビークリニック(サントリー) 企業チームの選手による子ども向けのラグビー教室。

7 多国籍企業の売上高と各国のGDPの比較

アメリカ		194854 (32508)
中国		122378 (145263)
日本		48724 (12750)
ウォルマート(米)	小売	5144 (220)
Sinopecグループ(中)	石油	4146 (62)
ノルウェー		3995 (530)
ロイヤル・ダッチ・シェル(蘭)	石油	3966 (8)
中国石油天然気集団公司(中)	石油	3930 (138)
国家電網公司(中)	電力	3871 (92)
サウジアラムコ(サウジ)	石油	3559 (8)
BP(英)	石油	3037 (7)
パキスタン		3021 (20791)
エクソンモービル(米)	石油	2902 (7)
フォルクスワーゲン(独)	自動車	2783 (66)
トヨタ自動車(日)	自動車	2726 (37)

単位：億ドル

▨ 国　　□ 企業〔上位10社〕
注：( )内は人口・雇用者数で,単位は万人。
(2018年度。国は2017年)　　（国際連合資料など）

解説 巨大化する企業 多国籍企業とは,世界的視点で開発・生産・販売の最適地を選択し,世界的規模で活動する企業で,総売上高が一国のGDPを上回る企業もある。企業の多国籍化は,競争の激化や技術の発展,経済のボーダーレス化をもたらす(⇒p.330 LOOK)。また,発展途上国に進出した場合,設備投資や技術移転により相手国の工業化を促すが,鉱産物採掘などが多国籍企業に支配されたり,環境破壊が引き起こされたりすることもある。

インドのチキンマハラジャマック インドのマクドナルドのメニューには,牛肉は使われていない。インドにはヒンドゥー教徒が多く,ヒンドゥー教徒は宗教上の理由から牛肉を食べないためだ。世界119の国と地域に出店しているマクドナルドは,地域によって異なるメニューを提供し,進出先の文化に適応している。

重要用語 ㉜所有(資本)と経営の分離　㉟合併・買収(M&A)　㊱コングロマリット　㊲コーポレート・ガバナンス　㊳コンプライアンス(法令遵守)　㊴企業の社会的責任(CSR)　㊵フィランソロピー　㊶メセナ　㊷多国籍企業

わかりやすい経済講座 価格はどう決まるか？

A 前提

人間には様々な面があるが，その経済的側面に焦点を当てたのが「経済人」という人間類型である。「経済人」とは経済的合理性のもとに行動する人間，簡単に言い換えると，経済的に自分の得になることは進んで行い，損になることはやらないといった人間である。この「経済人」が，完全競争市場（→メモ）において価格に対してどう行動するかをグラフ上に表したものが需要・供給曲線である。ここでは，人間は「経済人」であるということ，そして完全競争市場ということ，この２つの前提が必要である。

B 需要曲線と供給曲線

●図１

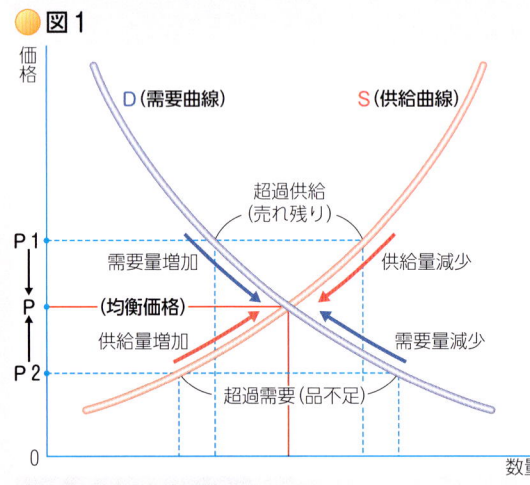

❶ 価格に対して需要者（消費者）はいかに対応するか
－需要曲線の導出－

価格が下がると多く買う 人間（経済人）が需要者（消費者）の立場にある場合，商品の価格が高ければ，買わないか，買うにしても数量を減らすだろう。逆に，価格が低ければ多くの人が買うだろうし，一人でその商品をいくつか買う人もいるだろう。
このように価格の高低によって購入量は増減し，これを縦軸を価格，横軸を数量とした図で示すと，図１のＤのように右下がりの曲線になると考えられている。これを需要曲線という。

❷ 価格に対して供給者（生産者）はいかに対応するか
－供給曲線の導出－

価格が上がると多く売る 一方，人間（経済人）が供給者（生産者）の立場にある場合，生産している商品の価格が高くなれば，もうけは大きくなるから，生産を増やして，もうけをもっと増やそうとすると考えられる。逆に，価格が低くなれば，もうけは少なくなるから，生産を減らすだろう。
需要曲線と同様に図で示すと，図１のＳのように右上がりの曲線になると考えられている。これを供給曲線という。

C 商品の種類によって曲線は変わる

商品の種類によって，需要・供給曲線も異なる。
供給曲線について，土地やコンサートのチケットのように供給に限りのあるものは，図２のＳ1のように垂直に近いものになる。逆に水のように供給に余裕のあるものは，Ｓ2のように水平に近いものになる。
需要曲線についても，生活必需品は価格が高くても買い，価格が低くても消費量はそれほど増えない（需要の価格弾力性が小さい）ので，曲線の傾きはＤ1のように急なものになる。一方，ぜいたく品は価格の影響を受けやすく（需要の価格弾力性が大きい），Ｄ2のように曲線の傾きはゆるやかなものになる。

●図２

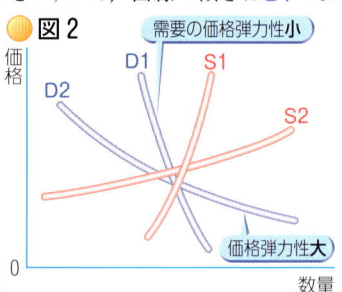

D 価格はどう決まるか

それでは価格はどのようにして決まるのだろうか。
供給過剰だと価格は下がる 価格が図１のＰ1の場合，供給量が需要量を上回る。売れ残っては困るから，供給側は価格を下げてでも売ろうとするだろう。この場合，価格は徐々に下落し，それに伴い，供給量の減少，需要量の増加が起こる。最終的に価格はＰに落ち着くことになる。
供給不足だと価格は上がる 一方，価格がＰ2の場合，需要量が供給量を上回り，品不足の状態になる。こうした場合，少々価格が高くても買い手はすぐに見つかるだろう。価格は徐々に上昇し，そして，価格上昇に伴って供給量の増加，需要量の減少が起こる。やはり価格Ｐに落ち着くことになる。
均衡価格 このように，価格が高すぎるときも，低すぎるときも，結局は妥当な価格Ｐに落ち着くことになる。この価格Ｐを均衡価格という。ただし，このような価格の動きは早急に行われるわけではなく，相当の時間が必要であろう。
価格が需要と供給を調整 ここで重要なことは，価格の動きに応じて需要と供給が調整され，最終的（一時的）には，この均衡価格において需要量と供給量が一致するということである。需要量と供給量を一致させる価格，それが均衡価格である。
ただし，これはあくまで経済理論上のことであって，現実の自由競争市場においては，この均衡価格を中心に，上下にある程度の幅をもって価格は推移すると考えた方がよいであろう。

| 需要 ＜ 供給 → 価格**下落** | → 需要 ＝ 供給 均衡価格 |
| 需要 ＞ 供給 → 価格**上昇** | |

●メモ 完全競争市場の条件…①需要者・供給者が小規模・多数存在し，価格に影響を与えられない。②彼らは，市場・商品の情報をすべて知っている。③商品はすべて同質。④市場の参入・退出が自由。

E 曲線の移動

条件の変化は需要・供給曲線をシフト（移動）させる。

❶ 需要曲線の移動

右へのシフト　一般的に**所得が上昇**した場合，**価格が同じでもより多く買うようになる**ので，需要曲線は図3のDからD3へ（右へ）シフトする。また，消費者に**人気のある商品**の需要曲線も右へシフトする。さらに，テレビなどで紹介された商品や，栄誉ある賞を受賞した書籍やCDなどの需要曲線も，一時的には右へ大きくシフトする。

左へのシフト　これとは逆に，需要曲線がDからD4へ（左へ）シフトすることがある。新製品の登場などによって**人気がなくなった商品**，例えば，フィルム式のカメラは，デジタルカメラが登場し，その機能が充実していくのに伴って需要が減り，その需要曲線を大きく左へシフトさせたはずである。このような商品は，やがて市場から姿を消すことになるかもしれない。この場合，需要曲線そのものがグラフの左側へ消え去ってしまったと考えることができる。

❷ 供給曲線の移動

右へのシフト　一般的に，**豊作**の場合は供給量が増えるので，供給曲線は図4のSからS3へ（右へ）シフトする。また，**技術革新**によって生産効率が上がったり，原材料価格の低下，労働者の賃金が低下したりした場合も，**同じ費用でより多く作ることができるようになる**ため，供給曲線は右へシフトする。

左へのシフト　これとは逆の場合に，SからS4へ（左へ）シフトする。つまり，**不作**の場合や，原材料価格の上昇，労働者賃金の上昇などによって，生産費用が上がった場合などである。また，**災害や戦争**などによって工場が被害を受けた場合も，商品の供給量が減少するため，左へシフトする。

上へのシフト　関税（→p.347），間接税（→p.240B❶）など供給者への課税によって，政策的にある商品の価格が税金分高くなる場合には，供給曲線はSからS5へと上方シフトする。（→p.219❷）

🟡 図3

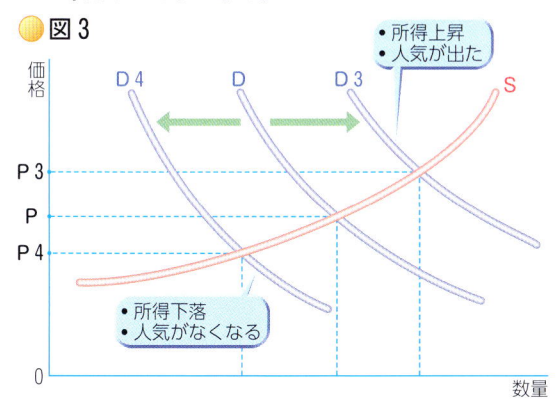

🟡 図4

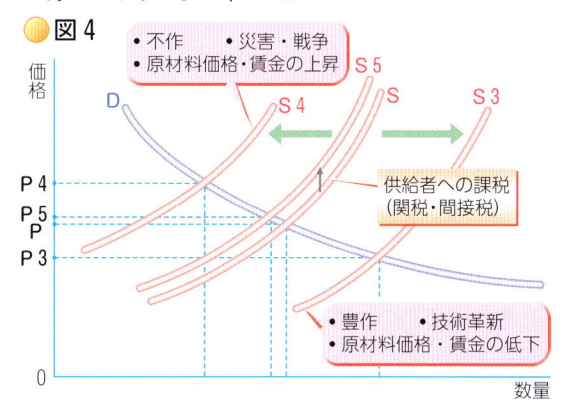

F 市場メカニズム

価格の自動調節機能　このように，価格には需要量と供給量を調節し，均衡させる働きがあった。これを，**価格の自動調節機能**という。価格によって需要量・供給量が調整される機構を，**市場メカニズム（市場機構，価格機構，価格メカニズム）**という。

資源の最適配分　市場メカニズムの下では，社会的に必要とされる製品の生産は増加し，不要な製品の生産は減少する。こうして，発展する産業には多くの労働者，資源，資金が投下され，**資源（原材料，土地，機械，労働力など）の最適配分**が実現される。

入試で腕だめし

右の図には，ある財の完全競争市場における当初の需要曲線と供給曲線とが表されている。いま，この市場において，均衡点がAからBに移動したとしよう。このような均衡点の変化を生じさせた要因として最も適当なものを，下の①〜④のうちから一つ選べ。〈17本〉

① この財を消費する消費者の所得が増加した。
② この財に対する消費者の人気が高まった。
③ この財にかけられる税が引き上げられた。
④ この財を生産する技術が向上した。

（答はp.216のページ下）

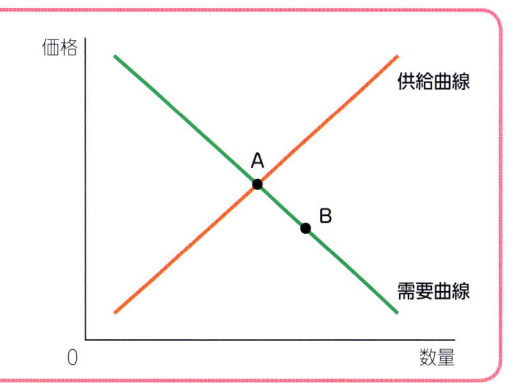

🔊 重要用語　244 完全競争市場　245 均衡価格　246 価格の自動調節機能　247 市場メカニズム（市場機構）

3 市場経済の機能と限界

▶**東京都中央卸売市場（豊洲市場）でのせりの様子** 市場とは，商品が自由に売買される場である。そこでは，価格はどのように決まるのだろうか。市場のしくみと限界，それに対して政府がどのような役割を果たしているか，理解しよう。

A 市場と価格

1 価格の種類

市場価格	商品が実際に市場で売買されるときの価格。需要と供給の関係で上下する。
均衡価格	需要と供給が一致したときの価格。市場価格は**価格の自動調節機能**により均衡価格に落ち着く。
生産価格	平均生産費に平均利潤を加えた価格。
自由価格	企業間の自由な競争のもとで成立する価格。競争価格ともいう。
独占価格	1社による独占市場での価格。広い意味で，寡占価格・管理価格を含める場合がある。
寡占価格	寡占市場において，少数の企業が協調して成立させる価格。
管理価格	有力企業が，**プライス・リーダー（価格先導者）**として一定の利潤が出る価格を設定し，他企業がそれにならう場合の価格。
統制価格	一定の目的により，国などによって統制される価格。水道料金※，郵便料金，公共交通機関の料金などの**公共料金**がこれに当たる。

※2018年，改正水道法が成立。地方公共団体が水道料金の上限を設定し，民間企業がその範囲内で水道料金を設定・運営する新方式が導入された。

2 価格の変化 ●価格が変化する／変化しないのはなぜか？

① 電卓の価格の推移

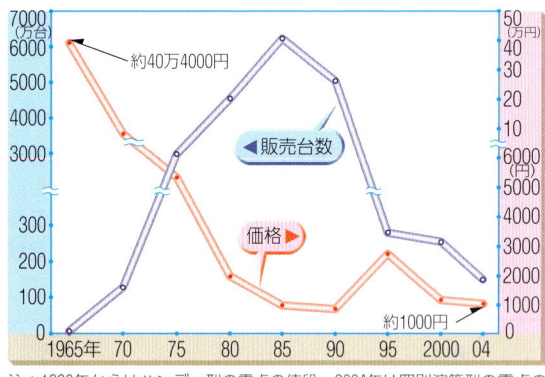

注：1980年からはハンディ型の電卓の値段，2004年は四則演算型の電卓の値段。
（「機械統計年報」）

解説 価格の低下 電卓のように製造技術の発達や企業間競争，生産規模の拡大などにより，価格が低下していくものもある。

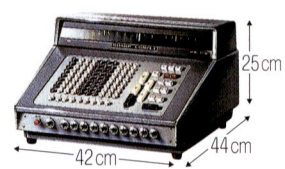

◀シャープのCS-10A・コンペット（1964年）　53万5000円で，車と同じくらいの値段だった。

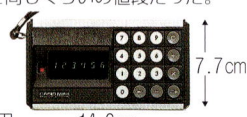

▶カシオミニ（1972年）　1万2800円

2 1人当たり航空旅客運賃の推移

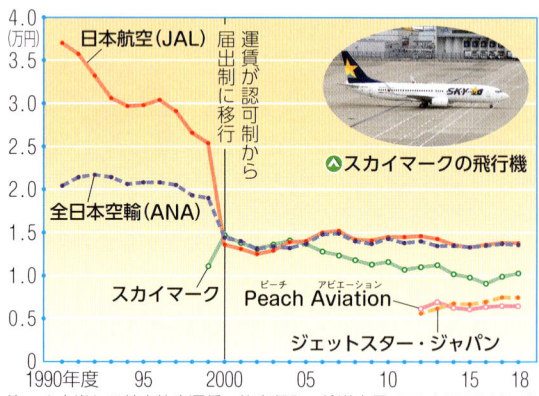

▶スカイマークの飛行機

注：1人当たり航空旅客運賃＝旅客収入÷輸送人員（国土交通省資料など）

解説 自由競争になると価格が下がる 日本の航空運送業は，政府により新規参入や運賃設定が規制されてきた。しかし，厳しい規制が問題とされ，1980年代半ばから参入規制の緩和や，運賃の自由化（認可制から届出制へ）が行われた。1998年に新規参入したスカイマークエアラインズは従来に比べて大幅に低い運賃を設定し，対抗して各社が値下げに踏み切り，全体的な運賃水準も低下した。2012年，3つの格安航空会社（LCC）が参入。更なる低運賃の登場で，航空業界がどう動くのかが注目されている。

3 ビールの価格の推移

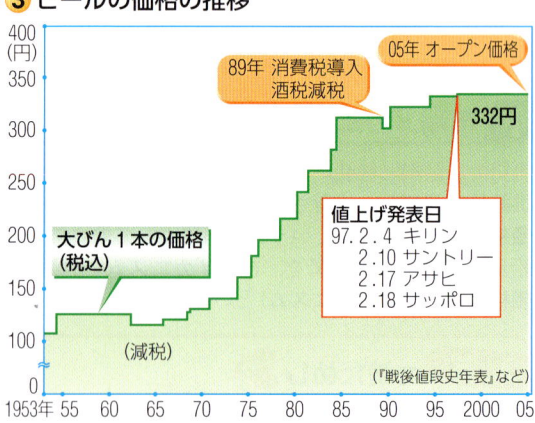

89年 消費税導入 酒税減税
05年 オープン価格
332円
値上げ発表日
97.2.4 キリン
2.10 サントリー
2.17 アサヒ
2.18 サッポロ
大びん1本の価格（税込）
（減税）
（『戦後値段史年表』など）

解説 価格の下方硬直性 少数の大企業により支配される**寡占**（→p.217）市場では，**管理価格**（→①）などのように価格が需給関係に左右されず，企業によって意図的に決定される場合がある。このため，需要が減少したり，合理化などによりコストが低下しても，価格が下がりにくくなる**価格の下方硬直性**がみられる。

　日本のビール会社は，管理価格によって価格競争を避けてきたが，規制緩和によって小売店の安売り競争が過熱し，ビール会社が設定する希望小売価格の影響力が薄れてきた。2005年から，ビール大手4社はビールを**オープン価格**化し，卸売業者や小売店が入荷価格にコストと適正な利益を加算する制度とした。

p.215の答…④　Bでは，Aよりも生産量が増え，価格が下がっている。そのため，要因としては技術革新や原材料価格の低下などが考えられる。（→p.215E）

B 寡占・独占とその対策

寡占化
独占禁止法等

1 日本の寡占の状況

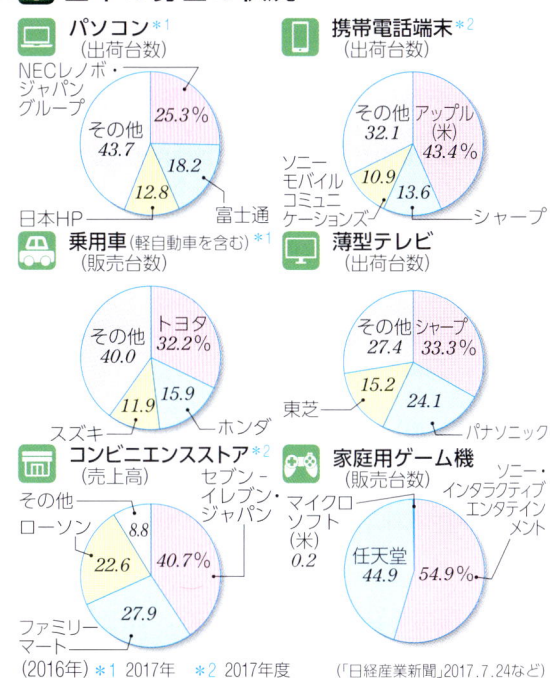

パソコン＊1（出荷台数）
- NECレノボ・ジャパングループ 25.3%
- その他 43.7
- 日本HP 18.2
- 富士通 12.8

携帯電話端末＊2（出荷台数）
- アップル（米）43.4%
- その他 32.1
- ソニーモバイルコミュニケーションズ 10.9
- シャープ 13.6

乗用車（軽自動車を含む）＊1（販売台数）
- トヨタ 32.2%
- その他 40.0
- スズキ 11.9
- ホンダ 15.9

薄型テレビ（出荷台数）
- シャープ 33.3%
- その他 27.4
- 東芝 15.2
- パナソニック 24.1

コンビニエンスストア＊2（売上高）
- セブン-イレブン・ジャパン 40.7%
- その他 8.8
- ローソン 22.6
- ファミリーマート 27.9
（2016年）

家庭用ゲーム機（販売台数）
- 任天堂 54.9%
- ソニー・インタラクティブエンタテインメント 44.9
- マイクロソフト（米）0.2

＊1 2017年　＊2 2017年度　（「日経産業新聞」2017.7.24など）

解説 市場占有率（マーケット・シェア）とは ある企業の製品が，その産業の市場全体に占める割合のこと。独占・寡占の程度を示す指標として用いられる。なお，寡占では価格の下方硬直性もみられるが，価格・品質・宣伝などの寡占的競争もみられる。

3 独占形態

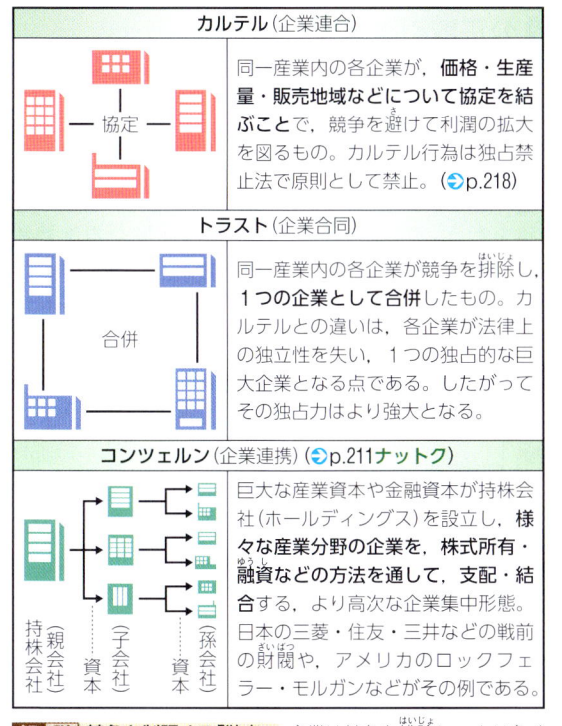

カルテル（企業連合）
同一産業内の各企業が，価格・生産量・販売地域などについて協定を結ぶことで，競争を避けて利潤の拡大を図るもの。カルテル行為は独占禁止法で原則として禁止。(→p.218)

トラスト（企業合同）
同一産業内の各企業が競争を排除し，1つの企業として合併したもの。カルテルとの違いは，各企業が法律上の独立性を失い，1つの独占的な巨大企業となる点である。したがってその独占力はより強大となる。

コンツェルン（企業連携）(→p.211ナットク)
巨大な産業資本や金融資本が持株会社（ホールディングス）を設立し，様々な産業分野の企業を，株式所有・融資などの方法を通して，支配・結合する，より高次な企業集中形態。日本の三菱・住友・三井などの戦前の財閥や，アメリカのロックフェラー・モルガンなどがその例である。

解説 競争を制限する「独占」 企業は競争を排除し，より多くの利潤を得るために相互に結びつく。市場の独占・寡占化が進むと，競争が制限され，価格の下方硬直化(→p.216 2 3)などが起こる。

◎企業はなぜ規模の拡大を図るのか?
2 規模の利益（スケール・メリット）

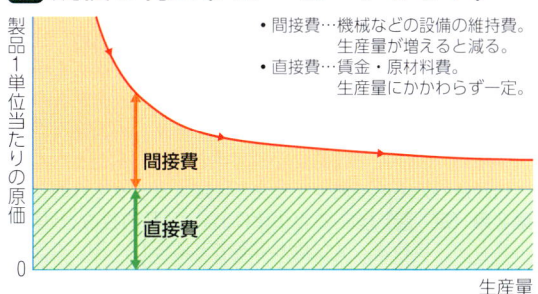

- 間接費…機械などの設備の維持費。生産量が増えると減る。
- 直接費…賃金・原材料費。生産量にかかわらず一定。

（縦軸：製品1単位当たりの原価、横軸：生産量）

解説 企業が生産を拡大させる理由 一定規模の生産設備で，生産量を増やすと製品1単位当たりの原価は減少し，企業の利潤は増える。これを**規模の利益（規模の経済性，スケール・メリット）**という。さらに，生産設備を拡大し，大量生産すると，規模の利益の効果がよりあらわれるといわれる。そのため，企業は生産規模を拡大し，寡占・独占へとつながっていく。

水道，ガス，電気など，大きな設備投資が必要な事業は，特に規模の利益の傾向が強く，独占になりやすい(→p.219 1)。このため，政府も地域ごとの独占を認めてきたが，近年は，既存の設備を使用した，小売業への参入自由化を進めている。2016年には電気，2017年にはガスの小売が全面自由化された。

LOOK 非価格競争って何？

非価格競争とは 価格の安さによってではなく，広告，デザイン，品質，アフターサービス，商品開発などで行われる企業間競争。市場の寡占化が進むと，価格競争が弱まり，非価格競争に重点が置かれることが多い。

消費者への影響 非価格競争により品質が向上したり，よりよいサービスが受けられるなどの利点がある一方，宣伝にかかった費用が商品に上乗せされたり，過剰な広告によって不要なものを購入してしまう恐れもある。

1 非価格競争の例 
- キャラクターをパッケージに使用した食品 
- コンビニのオリジナル冷凍食品：単身世帯，共稼ぎ夫婦などに好評。コンビニは，独自スイーツの開発，イートインスペースの設置など，非価格競争が激化している。
- 小分けの商品
- 少し高級

2 広告費の構成比

年	プロモーションメディア広告費＊1	テレビメディア	インターネット広告費 4.7	新聞	雑誌	ラジオ 3.0
2005年 5兆9625億円	33.3%	35.0		17.4	6.6	
2019年 6兆9381億円	32.1%	26.8	30.3	6.6	2.4	1.8

- テレビの15秒CM 1回 約300〜400万円＊2
- 新聞の全面広告5645万円（読売新聞朝刊，2017年4月）

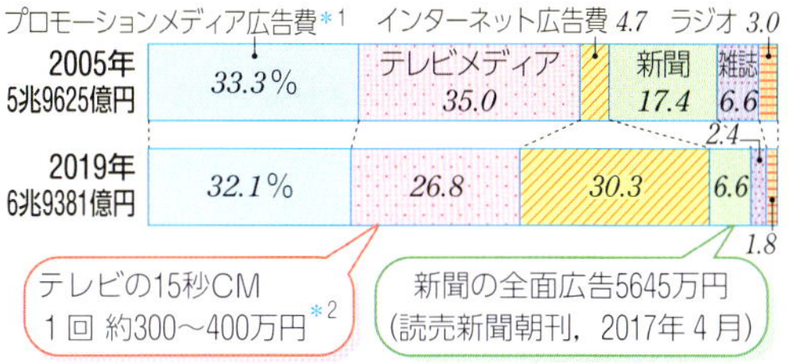

＊1 屋外広告，交通広告，折り込みチラシ，ダイレクトメールなど。
＊2 ゴールデンタイム。視聴率などにより異なる。（電通資料など）

重要用語 243市場 245均衡価格 246価格の自動調節機能 248管理価格 249寡占 250独占 251カルテル 252非価格競争

4 独占禁止法（抄）

[公 布 1947(昭22).4]
[最終改正 2019(令1).6]

私的独占の禁止及び公正取引の確保に関する法律

第1条〔目 的〕 この法律は，私的独占，不当な取引制限及び不公正な取引方法を禁止し，事業支配力の過度の集中を防止して，結合，協定等の方法による生産，販売，価格，技術等の不当な制限その他一切の事業活動の不当な拘束を排除することにより，公正且つ自由な競争を促進し，事業者の創意を発揮させ，事業活動を盛んにし，雇傭及び国民実所得の水準を高め，以て，一般消費者の利益を確保するとともに，国民経済の民主的で健全な発達を促進することを目的とする。

第2条〔定 義〕 ⑤ この法律において「私的独占」とは，事業者が，単独に，又は他の事業者と結合し，若しくは通謀し，その他いかなる方法をもつてするかを問わず，他の事業者の事業活動を排除し，又は支配することにより，公共の利益に反して，一定の取引分野における競争を実質的に制限することをいう。

⑥ この法律において「不当な取引制限」とは，事業者が，契約，協定その他何らの名義をもつてするかを問わず，他の事業者と共同して対価を決定し，維持し，若しくは引き上げ，又は数量，技術，製品，設備若しくは取引の相手方を制限する等相互にその事業活動を拘束し，又は遂行することにより，公共の利益に反して，一定の取引分野における競争を実質的に制限することをいう。

第3条〔私的独占又は不当な取引制限の禁止〕 事業者は，私的独占又は不当な取引制限をしてはならない。

第9条〔事業支配力が過度に集中する持株会社の禁止〕
① 他の国内の会社の株式（社員の持分を含む。以下同じ。）を所有することにより事業支配力が過度に集中することとなる会社は，これを設立してはならない。

第15条〔合併の制限〕 ① 会社は，次の各号のいずれかに該当する場合には，合併をしてはならない。
  1 当該合併によって一定の取引分野における競争を実質的に制限することとなる場合
  2 当該合併が不公正な取引方法によるものである場合

第27条〔設 置〕 ① 内閣府設置法（平成11年法律第89号）第49条第3項の規定に基づいて，第1条の目的を達成することを任務とする公正取引委員会を置く。
② 公正取引委員会は，内閣総理大臣の所轄に属する。

✴ 5 独占禁止法の主な内容

独占規制	・私的独占の禁止（3条） ・独占的状態の規制（8条の4）
経済力の集中規制	・他の国内の会社の株式を所有することで，事業支配力が過度に集中することになる会社の設立・転化の禁止（9条） ・金融会社の株式保有の規制（11条） ・合併の制限（15条） ・事業譲り受けなどの制限（16条）
カルテル規制	・不当な取引制限の禁止（3条） ・国際的協定・契約の制限規定（6条） ・事業者団体の一定の行為についての制限規定（8条）
経済力濫用規制	・不公正な取引方法の禁止規定（19条） 〈補助立法〉 ・下請代金支払遅延等防止法
適用除外制度	・小規模事業者及び消費者の共同行為（22条） 　小規模の事業者の相互扶助を目的とする協同組合を認める ・再販売価格維持行為（23条） 　出版物の質の安定や文化の振興・普及のため，著作物（書籍，新聞等）についての価格維持を認める
過去の適用除外制度	・不況カルテル 　厳しい不況時に企業が共倒れにならないように認めるカルテル（1999年の改正により条文削除） ・合理化カルテル 　カルテル以外に合理化する方法がない場合に，認められる（1999年の改正により条文削除）

解説 競争の促進 1947年，戦後の経済改革の一環として，アメリカの法にならって**独占禁止法**が制定された。私的独占・不当な取引制限・不公正な取引方法などを禁止し，事業者の公正かつ自由な競争の確保，国民経済の民主的で健全な発達の促進を目的としている。違反した企業に対しては，①企業分割 ②課徴金を課す ③報告を求める，などの罰則が設けられている。

独占禁止法の改正—持株会社の設立解禁 （→p.211 ナットク）

独占禁止法の制定により，持株会社の設立は禁止されてきたが，1997年の独占禁止法改正により，持株会社の設立が原則解禁され，「事業支配力が過度に集中する」場合のみ，規制の対象になった。戦後，自由競争を阻害するとして禁止されてきた持株会社は，国際競争の激化やバブル崩壊後の不況のなか，経営の効率化を図って競争力を得るために，必要性が高まった。

⦿公正取引委員会の役割は何か？

✴ 6 公正取引委員会

独禁法の番人 公正取引委員会は，委員長と4人の委員の計5人で構成された，合議制の国の行政機関である。**独占禁止法**の目的を達成するために設置され，「**独禁法の番人**」と呼ばれる。内閣府に属しているが，内閣からも他の機関からも指揮監督を受けることなく，独立して職務を行う。近年，グローバル化の進展や規制緩和（→p.101 4）などにより，公正取引委員会の役割の重要性は高まっており，予算，人員が強化されてきている。現在は，約840人の職員が働いている。

権限
①独禁法に基づく違反事件の排除
②経済実態調査や各種の届け出・報告の受理
③他の経済立法に対する独占政策からの調整
④不公正な取り引き方法の指定
⑤違反事件に対する検察庁への専属告発

◁通販サイトを運営するA社が，商品を一定額以上購入した際の送料を，出店者の負担にするよう求めた。公正取引委員会は，独禁法で禁止する不公正な取引方法にあたる疑いがあるとして，東京地方裁判所に緊急停止命令を申し立てた。A社はその後，全店舗一律の送料無料実施を見送り，緊急停止命令は取り下げられた。
（『毎日新聞』2020.2.11）

公取委 送料無料 独禁法違反疑い に立ち入り

入試クイズ：1997年に独占禁止法が改正され，独占禁止法に基づいて設置されていた公正取引委員会が，廃止された。○？×？〈13追〉（→6）　答：×

C 市場の失敗と政府の役割

1 市場の失敗（市場の限界）

		内容	政府の役割
市場メカニズムが機能しない	寡占・独占（→p.217）	市場が寡占化・独占化されると，生産者は価格をつり上げることができ，消費者は不利益を被り，資源の最適配分がなされない	・独占禁止法（→p.218）
	公益事業	初期の設備投資が多額になる水道，電気（送配電事業），ガスなどの公益事業は，規模の利益（→p.217②）によって，独占になりやすい	・独占を認める場合は，消費者が不利益を被らないように公共料金を定める
	情報の非対称性	経済主体の間で，もっている情報の量・質に違いがあること（例）生産者が商品の欠陥を隠し，消費者が気づかず購入した。→消費者は不利益を被り，資源の最適配分が達成されない	・製造物責任法（PL法）や消費者契約法などによる，消費者の保護（→p.265，266）など
外部性の存在（市場メカニズムは機能）	外部経済	他の経済主体から，市場を通さず（対価を払わず）に利益を受けること（例）駅ができて便利になった。養蜂家がミツバチを飼育すると，近くの果樹園はミツバチに果樹の受粉を助けてもらえる。など	・費用が回収できないため，市場に任せると供給が過少になる。そのため，補助金によって奨励する（→2）
	外部不経済	他の経済主体から，市場を通さず（対価を得ず）に不利益を被ること（例）公害，環境破壊など	・直接規制（大気汚染物質の排出量を規制するなど）・課税による外部不経済の内部化（→2）で，供給量を調節
市場が存在しない	公共財の供給	公共財（→3）は，お金を払っていない人を排除することが難しく，利益が出ないため，民間企業では供給されにくい	・社会に必要な公共財は，政府が供給する

解説 市場メカニズムの欠陥 市場メカニズム（市場機構）は，資源の最適配分を達成する（→p.215F）。しかし，市場メカニズムは完全競争市場の条件（→p.214メモ）を満たさないと機能せず，また，機能していても万能ではない。これを**市場の失敗（市場の限界）**という。政府は市場の失敗を補うために介入するが，無駄な道路建設や不要な規制を行うなどして，逆に市場のはたらきを阻害することもある。これを**政府の失敗**という。近年は規制緩和（→p.101）や民営化（→p.104）によって，これまで政府の役割と考えられてきた分野にも，市場原理を導入しようとする動きがみられている。

2 外部性への対策

探究：ガソリンに高い税金が課されている理由を考えてみよう。

外部経済	外部不経済
例 環境にやさしい太陽光発電の普及を推進したいが，自由競争下では数量Q_0で需要と供給が一致しているとする。	例 ある工場で需要と供給が一致する数量Q_0まで生産すると，温室効果ガスを排出しすぎて，社会に不利益があるとする。
対策 太陽光発電の生産に補助金を出す 補助金により生産コストが下がる →供給曲線がS_0からS_2にシフト →数量がQ_0からQ_2まで増加	対策 温室効果ガス排出に課税する 課税により生産コストが上がる →供給曲線がS_0からS_1にシフト →数量がQ_0からQ_1まで減少

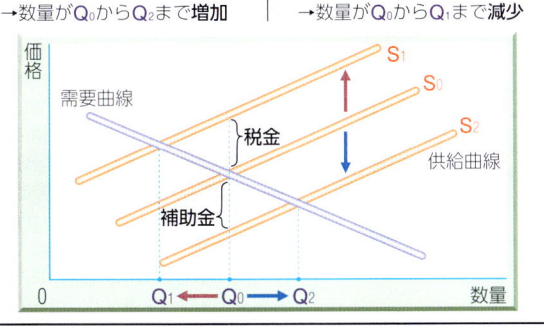

解説 政府の介入により市場の失敗を矯正 外部不経済によって発生する費用を課税により生産者に負担させたり，製品の価格に反映し受益者に負担させたりすることを，**外部不経済の内部化**と呼ぶ。

3 公共財

公共財とは 道路や公園など，**非排除性**や**非競合性**の性質をもつ財・サービスは，公共財と呼ばれる。公共財は，費用を負担せずに消費する者（**フリーライダー**，ただ乗り）が出てくるため，企業による供給は行われにくい。このような財のうち社会に必要なものは，政府が供給する。

非排除性 契約していない人やお金を払っていない人を，財・サービスの消費から排除できない性質。
非競合性 財・サービスを誰かが消費しても，他の人も消費できる性質。

公共財の特徴

お金を払っていない船にも，灯台の光は届く
→他の船もお金を払わなくなる
→商売が成り立たない

灯台の建設・運営費を払っている／払っていない〈フリーライダー〉

重要用語 251カルテル 253独占禁止法 254公正取引委員会 255市場の失敗（市場の限界） 256外部不経済 257公共財 326製造物責任法（PL法）

ポイント整理 12

2 経済の循環と企業

A 経済の循環 (→p.207)
経済主体
- 家計…企業に生産要素を供給し，賃金や配当を得て消費・貯蓄を行う
- 企業…家計から生産要素の提供を受け，財・サービスを生産・販売して利潤を得る
- 政府…財政活動を通して家計・企業の経済活動の調整を行う

B 企業のしくみ (→p.207～210)
①資本の循環
- 拡大再生産…設備投資の拡大により生産が増えること
- 単純再生産…生産が前回と同等の規模で繰り返されること
- 縮小再生産…設備投資が前回を下回り，生産が減ること

②企業の種類
- 私企業…民間資本からなる
- 公企業…公共資本からなる
- 公私合同企業…公共と民間の両資本からなる。第三セクター

③**株式会社**…資本金を少額で多数の**株式**に分割→多額の資金調達が容易になる
→大企業の出現→**所有(資本)と経営の分離**

　　　　　　　　配当(利潤の一部)
株主(資本金を提供) ←―――― 経営者…安定株主を歓迎
　　　　　　　　株主総会　選出

問題…株主の地位の低下，**株主総会の形骸化**，不祥事の多発←**株式の持ち合い**
- **株主代表訴訟**…株主が会社を代表し，不祥事を起こした役員などを提訴できる

C 近年の企業の動向 (→p.211～213)
①バブル崩壊→経営合理化→株式の**持ち合い解消**の動きが加速
②企業再編…経営の効率化，国際競争力強化の必要性
→**持株会社**の設立解禁→合併・買収(**M&A**)増加
③経済のグローバル化と国際競争の激化
　多国籍企業…複数の国にまたがって，世界規模で生産・販売活動を行う企業
　コングロマリット(複合企業)…関連のない業種の企業を買収・合併して規模を拡大し，巨大化を図る企業
④健全で効率的な経営と**企業の社会的責任(CSR)**
- **コーポレート・ガバナンス**(企業統治)の強化
- 法律や企業倫理の遵守(**コンプライアンス**)
- **メセナ**(文化支援活動)，**フィランソロピー**などの社会貢献

3 市場経済の機能と限界

A 市場と価格 (→p.214～216)
①**市場**…財・サービスの買い手(需要)と売り手(供給)が出会って，自由に売買を行う場所。商品市場のほか，**労働市場**，**金融市場**，**外国為替市場**などがある
②**市場メカニズム**…自由競争市場では，価格は**需要**と**供給**の関係で決まる
- 需要＜供給(供給過剰)→価格下落→需要増・供給減
- 需要＞供給(供給不足)→価格上昇→需要減・供給増
→需給一致＝均衡価格

価格の自動調節機能→資源の最適配分

B 寡占・独占とその対策 (→p.217, 218)
①企業→利潤追求→大規模化…**カルテル**，**トラスト**，コンツェルン
　規模の利益(経済性)　　　　→一部の大企業に生産が集中→市場占有率の拡大(シェア)
②**寡占市場**…少数の大企業が市場の大部分を支配している状態
→**管理価格**の形成→**価格の下方硬直性**→**非価格競争**(広告・宣伝など価格以外の競争)の激化→費用が価格に上乗せされる→物価上昇→消費者の負担増加
③**独占禁止法**…事業者の公正かつ自由な競争や，消費者の利益の確保を目的として制定された法律。**公正取引委員会**によって運用される

C 市場の失敗と政府の役割 (→p.219)
①独占・寡占の形成←独占禁止法による規制
②公害などの**外部不経済**←汚染者負担の原則などによる**外部不経済の内部化**
③非排除性や非競合性をもつ**公共財**の不足←政府による供給

ポイント解説
赤字…入試の頻出用語

A 経済の循環 現代の経済は**家計・企業・政府**の3つの**経済主体**からなる。経済主体は互いに密接に結びつき，経済活動を行う。

B 企業のしくみ 企業は，利潤を目的に生産を行い，利潤をもとに新たな**設備投資**を行って規模を拡大する「**拡大再生産**」を実現しようとする。

日本の私企業で最も多いのは**株式会社**である。企業の大規模化にともない，資本が多くの株主に分散し，株主は企業経営に関わることが少なくなった(**所有と経営の分離**)。さらに，企業は大量の**株式**を所有して経営を脅かす株主をきらい，容易に株式を手放さない安定株主を歓迎する。そこで，取り引きのある金融機関や関連企業などとの**株式の持ち合い**が盛んに行われた。このため，株主総会の形骸化や，株主の地位の低下が問題化した。

C 近年の企業の動向 バブル崩壊後，経営の合理化を進めるため，企業は不必要な株を売却し，株式の持ち合い解消が進んだ。また，競争激化に対応するため**持株会社**の設立が解禁され，企業の合併・買収が進んだ。

近年，企業の不祥事が相次ぐ中，**コーポレート・ガバナンス(企業統治)**のあり方が問われるようになった。また，**企業の社会的責任(CSR)**として，**メセナ**(文化支援活動)などの社会貢献活動を行う企業も増えてきた。

A 市場と価格 自由競争市場においては，市場価格をめやすに取り引きが行われる。価格には市場の需給関係を調節する**自動調節機能**(＝**価格機構**)があり，これを通じて社会全体の資源が最も効率的に配分される(**資源の最適配分**)。

B 寡占・独占とその対策 一部の大企業に生産が集中するようになった**寡占市場**では，有力企業が**プライス・リーダー**となって価格を設定する**管理価格**が形成されやすく，需要が減ったり，生産コストが下がったりしても価格が下がりにくくなる**価格の下方硬直性**が見られる。また，管理価格により価格競争が弱まると**非価格競争**が激しくなり，この費用が価格に上乗せされるなどの弊害が起こる。

C 市場の失敗と政府の役割 独占や公害，公共財の整備など，市場のしくみでは解決されない問題を**市場の失敗(限界)**という。解決には政府による規制や財政活動などが必要となる。

4 国民所得と国富

◁1週間分の食料を並べてみると　日本の国内総生産は世界トップクラスである。しかし，モノが豊富にあることと，「豊かさ」「幸福」は同じだろうか。国の経済規模を測る「国民所得」や「国富」とは何かを知り，これらが豊かさの指標となりうるのか考えてみよう。

A 経済活動と豊かさ

1 国民所得と国富
❓フロー，ストックとは何か？

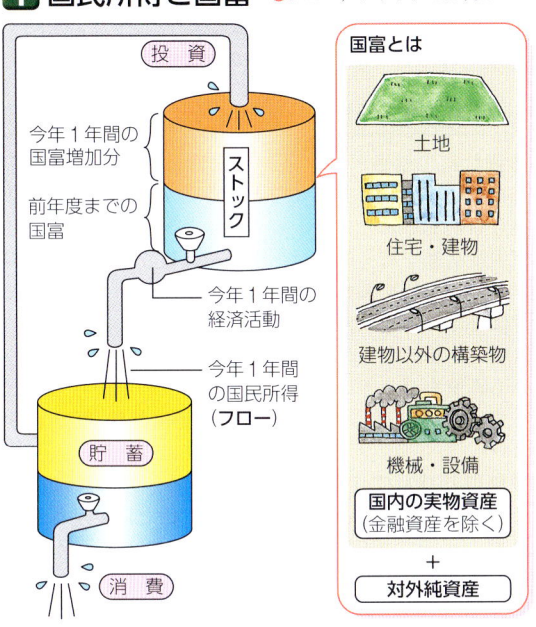

国富とは
- 土地
- 住宅・建物
- 建物以外の構築物
- 機械・設備

＝国内の実物資産（金融資産を除く）＋対外純資産

解説　国民所得を生み出す国富　一国内で，一定期間の経済活動によって新たに生み出されたものの量を**フロー**という。フローは，**国内総生産（GDP）**や**国民所得**などの指標によって表される（→p.222，223）。また，**国富**は**ストック**（蓄積高）と呼ばれ，これまでの経済活動によって蓄積された成果であり，国民所得などのフローを生み出す元本でもある。これは，社会資本（→2）を含むので，その国の生産力や福祉水準の指標ともなる。

●日本の国富の推移　単位：兆円

	1970年	1990年	2018年
①非金融資産	294.8	3481.0	3115.8
(1)生産資産	120.9	1002.1	1882.4
・固定資産	98.1	891.9	1661.8
住宅	20.7	208.3	375.9
その他の建物・構築物	52.0	511.9	1055.3
機械・設備など	25.4	173.8	218.8
・知的財産生産物	—	8.9	147.1
・在庫	22.8	101.3	73.6
(2)非生産資産（自然資源）	173.9	2478.8	1233.4
・土地	163.0	2477.4	1226.9
宅地	127.1	2114.8	1048.2
耕地	28.1	196.0	42.9
②対外純資産	1.7	50.5	341.6
③国富合計（①＋②）*	296.5	3531.5	3457.4

＊四捨五入により，①・②の合計と一致しない場合がある。
注：年によって計算の基準が異なる。
（国民経済計算）

2 社会資本の国際比較
❓社会資本とは何か？

① 1km²当たりの道路延長（2016年）
- フランス　1980 m
- 日本　930
- アメリカ　680
- 中国　490

注：日本は幅員5.5m以上。（「世界の統計」）

② 生徒1000人当たりの公立学校＊数（2016年度）
- フランス　4.94
- 日本（2018年度）　2.83
- アメリカ（2015年度）　1.95
- 中国　1.52

＊小学校・中学校・高校相当。（「諸外国の教育統計」）

解説　社会資本＝産業・生活の基盤　国民が共通で利用する施設・設備を**社会資本**という。利益を追求する私企業では供給されないため，政府が整備する必要がある。社会資本は，**産業関連社会資本**（道路や港湾，工業用地など）と**生活関連社会資本**（公共住宅，上下水道，国公立病院・学校・公園など）に分けられる。日本では，高度経済成長期に産業関連社会資本の整備が優先され，生活関連社会資本は立ち遅れた。しかし，現在は整備が進められている。

3 各国のGDPと1人当たりのGDP

GDP総額		1人当たりのGDP
20兆5802億ドル ①	アメリカ	62918ドル ⑨
13兆6082億 ②	中国	9532 ⑦③
4兆9713億 ③	日本	39082 ㉗
3兆9495億 ④	ドイツ	47514 ⑱
2兆7794億 ⑥	インド	2055 ⑭③
1兆8686億 ⑨	ブラジル	8921 ⑦⑥
1兆7205億 ⑩	韓国	33622 ㉚
7051億 ⑳	スイス	82709 ④
803億 ⑥⑧	エチオピア	735 ⑱⓪

（2018年）（国際連合資料）

注1：①，②…は順位
注2：1人当たりのGDPが大きい国の1位はモナコ，2位はリヒテンシュタイン，3位はルクセンブルク。

解説　人口の影響を受ける1人当たりのGDP　日本のGDPは長らく世界第2位であったが，2010年に中国に抜かれ，現在は世界第3位である（→p.253）。中国は，GDP総額では世界第2位であるが，人口が多く，1人当たりのGDPは先進国と比べて小さい。

重要用語　258国民所得　259国富　260社会資本　261国内総生産（GDP）

わかりやすい経済講座 GDP，GNPって何？

A 国内総生産（GDP）

GDP（国内総生産，Gross Domestic Product）は，一国内で，通常1年間に新たに生産された生産物（財・サービス）の総額である。この生産物は市場で売買される商品であり，GDPは市場で売買される商品の総額と言い換えてもよい。GDPはどのように算出するのだろうか。

小麦農家 → 小麦が12億円で売れた。 **12億円**

製粉業者 → 12億円で買った小麦から28億円の小麦粉をつくった。 28−12＝**16億円**

パン屋 → 28億円で買った小麦粉から40億円のパンをつくった。 40−28＝**12億円**

消費者 → 40億円でパンを買った。

上の例を一国の生産のすべてとすると，GDPは12億円・16億円・12億円を合計した40億円となる。製粉業者の材料としての小麦12億円，パン屋の材料としての小麦粉28億円は重複して計算されるので，こうした中間生産物の価格は除かねばならないからである。したがって，GDPは最終生産物の総額でもあり，上の場合の最終生産物であるパンの40億円と一致する。

> 国内総生産＝国内の総生産額−中間生産物の総額
> 　　　　　＝最終生産物の総額

なお，GDPには，**市場で売買される商品であれば社会的に好ましくないもの**（公害対策費，交通事故処理費など）でも含まれ，**市場で売買されないものについてはどんなによいもの**（ボランティア活動，家事労働など）でも含まれない。この点は，GDPの性格を考える上で注意すべき点である。

1980年代半ば以降，生産拠点を海外に移転する日本企業が増加し，日本国内の工場の減少，生産額の減少が**産業の空洞化**として問題視された（→p.366）。それまで，一国の経済規模を示す指標としては**GNP**（国民総生産，→B）が用いられることが多かったが，このような状況を背景に，GNPにかわって国内の生産総額を表すGDPが使われるようになってきた。

B 国民総生産（GNP）

GNP（国民総生産，Gross National Product）は，一国の国民が，通常1年間に生産した生産物の総額である。GDPに，海外で働く日本人が受け取った所得を足し，日本国内で働く外国人に支払った所得を差し引いて算出する。GDPが**領土**を基準にしているのに対し，GNPは**国民**を基準にしている。

> 国民総生産＝国内総生産＋海外からの純所得
> 　　　　　　　　　　（海外からの所得−海外への所得）

C 国民純生産（NNP）

GNPは新たに生産された生産物の総額であるが，**新たに生産された価値**ということになると，そこから除かなければならないものがある。

企業が生産活動を行う時には，工場や機械などの生産設備が必要である。工場や機械は一度の生産でその価値がなくなるわけではなく，何年間か使用される間に，その価値を徐々に減らしていくものとされている。このため企業では，この減っていく価値を補うということで売り上げの中から積み立てを行っている。こうした積み立てを**減価償却費**（**固定資本減耗**）という。

この減価償却費はGNPに算入されているが，これは機械など生産設備の価値が減った部分であり，新たに生産されたものではない。そこでGNPから減価償却費を差し引くことによって，新たに生産された価値，すなわち付加価値（ここでは市場価格表示の付加価値）である**NNP**（国民純生産，Net National Product）が算出されることになる。

> 国民純生産＝国民総生産−減価償却費（固定資本減耗）

D 国民所得（NI）

GNPもNNPも，市場価格で計算されていた。新たに生産された価値という観点からすると，市場価格には問題点がある。まず，商品の中には税金がその価格に含まれているものがある。この税金を一般的に**間接税**（→p.240・241）といい，消費税，酒税，揮発油税（主としてガソリンなどにかかる）などがある。この税金分だけ商品の価格は高く設定され，NNPはその分増加する。

逆に，本来の高い価格を設定した場合，外国企業の商品との競争に敗れてしまうことが考えられる時は，政府が**補助金**を出して保護・支援することがある。この時には商品価格は，補助金分だけ安く設定され，NNPはその分減少する。

NNPから，間接税分を差し引き，補助金分を加えたものが**NI**（国民所得，National Income）である。

NIに至ってはじめて，市場価格表示ではなく，**要素費用表示**で，純粋に一国で新たに生産された価値（付加価値）の総額をみることができる。

> 国民所得＝国民純生産−（間接税−補助金）

入試のツボ　GDP，GNPなどに含まれるものは，市場でお金が動いた分だけである。環境破壊による損失は市場を通していないため，計上されないので注意しよう。〈16本，12追〉

E 三面等価の原則

国民所得は、生産・分配・支出の3つの面から捉えることができる。それぞれ生産国民所得、分配国民所得、支出国民所得と呼ばれ、その額は理論上同じである。これを、国民所得の**三面等価の原則**という。

❶ 3つの国民所得

生産国民所得	国民所得を生産面でとらえたもの。どの産業でどれだけ生産されたかがわかる。
分配国民所得	国民所得を分配面でとらえたもの。国民所得がどこに分配されているかがわかる。
支出国民所得	国民所得を支出面でとらえたもの。支出は消費と投資*の形で行われる。消費と投資の割合をみることができる。

＊ここでの「投資」は、より多くの財・サービスを生産するために将来使用される財(機械などの設備・建造物)の購入や、将来販売される、または生産のために使用される予定の在庫などをさす。

❷ 3つの国民所得の見方　　＊単位は兆円

	項目	1970年		1990年		2018年	
生産国民所得	第1次産業	*3.8	6.5%	*8.5	2.5%	4.8	1.2%
	農林水産業	3.8	6.5			4.8	1.2
	第2次産業	25.9	44.0	124.1	36.5	94.2	23.5
	鉱業	0.5	0.8	0.8	0.2	0.1	0.0
	製造業	20.6	35.0	86.0	25.3	67.7	16.9
	建設業	4.9	8.3	37.2	11.0	26.4	6.6
	第3次産業	32.3	54.8	222.6	65.5	282.5	70.4
	電気・ガス・水道業	1.0	1.7	6.8	2.0	5.4	1.3
	卸売・小売業	9.4	16.0	50.0	14.7	59.4	14.8
	金融・保険業	3.3	5.6	28.0	8.2	20.0	5.0
	不動産業	4.3	7.3	27.8	8.2	36.3	9.1
	運輸・通信業	3.7	6.3	21.5	6.3	37.6	9.4
	サービス業	8.2	13.9	72.3	21.3	107.7	26.8
	公務	2.4	4.1	16.1	4.7	16.2	4.0
	帰属利子	-3.0	-5.1	-18.3	-5.4	―	―
	海外からの純所得	-0.2	-0.3	2.8	0.8	20.0	5.0
	合計(兆円)	59.5	100%	339.4	100%	401.5	100%
分配国民所得	雇用者報酬	31.3	52.6%	227.3	67.0%	283.7	70.7%
	財産所得	5.3	8.9	46.6	13.7	26.8	6.7
	企業所得	22.9	38.5	65.5	19.3	91.0	22.7
	合計(兆円)	59.5	100%	339.4	100%	401.5	100%
支出国民所得	民間最終消費支出	38.3	52.4%	234.7	52.7%	304.4	53.7%
	政府最終消費支出	5.5	7.5	59.0	13.2	108.3	19.1
	国内総資本形成	28.6	39.1	144.9	32.5	133.1	23.5
	総固定資本形成	26.0	35.6	142.3	31.9	132.0	23.3
	在庫変動	2.6	3.6	2.6	0.6	1.1	0.2
	経常海外余剰	0.8	1.1	6.9	1.6	21.2	3.7
	国民総支出	73.1	100%	445.6	100%	567.1	100%
	(控除)固定資本減耗	9.8		71.4		123.5	
	(控除)間接税-補助金	4.4		31.4		40.1	
	統計上の不突合	0.6		-3.3		-2.1	
	合計(兆円)	59.5		339.4		401.5	

注:暦年、名目、要素価格表示。数値は四捨五入のため、合計において一致しない場合がある。
(「国民経済計算年報」)

●1970年と2018年を比べてみると…

生産国民所得　第1次産業・第2次産業の割合が減り、第3次産業の伸びが著しいことから、**産業構造が高度化**(→p.248❷)していることがわかる。

分配国民所得　雇用者への分配が増加し、企業への分配が減少している。

支出国民所得　政府消費が大きく伸びている一方、企業の設備投資が中心となる国内総資本形成の割合は減少。

ナットク! 各指標の関係

総生産額	最終生産物	中間生産物
領土ベース 国内総生産(GDP)	←海外からの純所得	
国民ベース 国民総生産(GNP)		減価償却費―
国民総所得*(GNI)		
国民総支出*(GNE)		
国民純生産(NNP)		(間接税-補助金)
国民所得(NI)		
生産国民所得	第1次産業／第2次産業／第3次産業	
分配国民所得	雇用者報酬／財産所得／企業所得	
支出国民所得	民間消費／政府消費／民間・政府投資	経常海外余剰

(三面等価)

＊GNI(国民総所得, gross national income)はGNPの概念を所得面(分配面)から捉えたもの、GNE(国民総支出, gross national expenditure)は支出面から捉えたもので、それぞれGNP値と等しい。

上の指標はすべて、経済活動によって生み出されたものや価値の指標、つまり**フロー**の指標である。フローだけでなく、経済活動の結果蓄積された成果である**国富**(ストック)にも注目する必要がある。

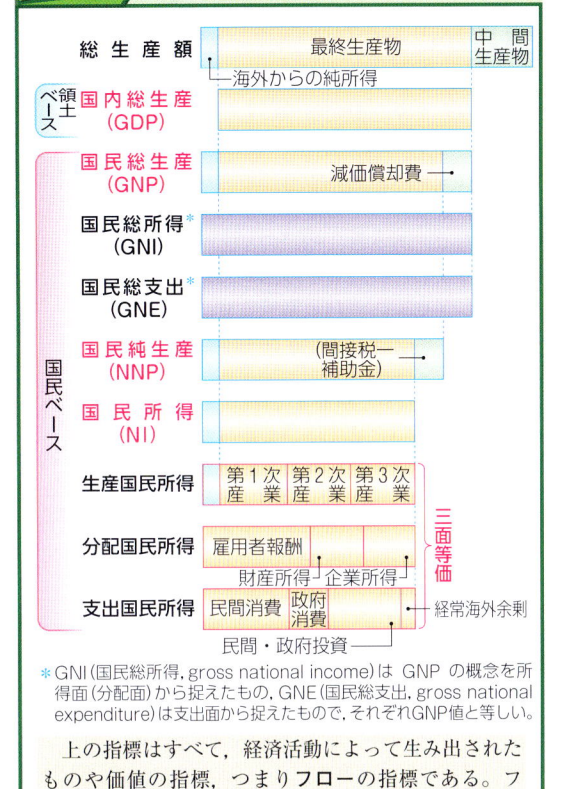

入試で腕だめし

次の表は、ある年の国民経済全体の活動水準を測るフローの諸指標の項目と金額との組合せの数値例を表したものである。表の数値例をもとにした場合に、諸指標A～Cと、金額ア～ウとの組合せとして正しいものを、下の①～⑥のうちから一つ選べ。〈13本〉

項目	金額
国内総生産(GDP)	500
海外からの純所得	20
間接税-補助金	40
固定資本減耗	100

A　国民純生産(NNP)
B　国民総生産(GNP)
C　国民所得(NI)

ア　380　　　イ　420　　　ウ　520

① A-ア　B-イ　C-ウ
② A-ア　B-ウ　C-イ
③ A-イ　B-ア　C-ウ
④ A-イ　B-ウ　C-ア
⑤ A-ウ　B-ア　C-イ
⑥ A-ウ　B-イ　C-ア

(答はp.225のページ下)

重要用語 258国民所得　259国富　261国内総生産(GDP)　262国民総生産(GNP)　469産業の空洞化

B 豊かさとは

1 豊かさとGDP　Q GDPは何を示す指標か?

ここに、平穏無事で、公衆衛生もゆきとどいた社会があるとします。ただ不幸にして少数の失業者があると仮定します。

この社会には、夏になっても蚊が一匹もいません。そこで何人かの失業者たちは、ある日、相談のすえ一案を練りました。どこかの国から蚊を輸入してきて、それを繁殖させ、同時に、蚊取り線香をつくって売ろうというのです。

この案は、すべてがうまくゆき、その社会では、いままではいなかった蚊に悩まされることになりましたが、蚊取り線香の生産は新たに生じ、失業者もなくなり国民所得はふえました。

さて、これを経済的福祉の向上といえるでしょうか。もちろん、いえそうもありません。

(都留重人『経済学はむずかしくない』講談社)

解説　GDP＝豊かさの指標？　GDPは市場で売買される商品を対象に、経済活動の規模を測る指標である。このため、福祉を向上させない経済活動であっても、商品の売買があればGDPに含まれる。一方、ボランティア活動や家事労働などは、市場で売買されないため、GDPに含まれない。このようなGDPの限界を受け、豊かさを測る指標も開発されてきた。**国民純福祉(NNW)**は、GNPから環境悪化の費用などを差し引き、家事労働の価値などを足した指標で、日本で作成された(1973年公表)。**グリーンGDP**は、GDPから環境破壊による経済的損失などを差し引いた指標であるが、その算出方法については国際的に議論が行われている。

LOOK 「世界で一番貧しい大統領」

質素な暮らし　大統領公邸ではなく、郊外の簡素な自宅に住み、常にノーネクタイにサンダル履き。友人から贈られた中古車に乗り、一般の人々と共に食堂で昼食をとる。そして、大統領としての給料の9割は、貧しい人のために寄付。ウルグアイのホセ・ムヒカ元大統領(任2010〜15年)は、このような暮らしぶりから「世界で一番貧しい大統領」と呼ばれ、多くの国民に慕われた。

▲愛車を運転するムヒカ元大統領

モノがあることが幸福か　彼は、モノをお金で買うのではなく、お金を稼ぐために働いた人生という時間で買っていると考える。多くのモノと引き換えに、人生の残り時間が少なくなってしまう生き方・社会のあり方に疑問を投げかけ、発展や幸福のあり方を問うている。

◀ムヒカ元大統領(1935〜)　貧しい家庭に生まれ、1960〜70年代には、当時の独裁政権と対立する組織に加わったことで、4回の投獄を経験した。2012年の国連持続可能な開発会議(リオ＋20)でのスピーチによって世界中から注目された。(ページ下の本の紹介も見てみよう。)

2 豊かな暮らしとは

よりよい暮らし指標

注：暮らしの11の分野について、各国を計測・比較する指標。

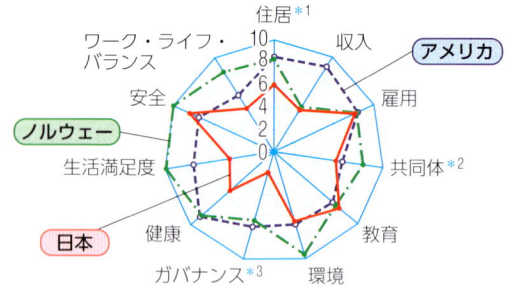

(住居*1、収入、雇用、共同体*2、教育、環境、ガバナンス*3、健康、生活満足度、安全、ワーク・ライフ・バランス)　アメリカ／ノルウェー／日本

*1 1人当たりの部屋の数、水洗トイレの整備率等
*2 困ったときに頼れる親戚・友人がいると回答した人の割合
*3 投票率、立法過程の透明性

(OECD「Better Life Index 2017年版」)

＊2018年10月、株式会社 風と土と に社名変更。

この人に聞く　海士町に移住して起業した 阿部裕志さん

Q 海士町に移住したきっかけは何ですか？

A もともとトヨタ自動車に勤めていましたが、島まるごと「**持続可能な社会のモデル**」をめざしている地域があると聞き、訪れたことです。海士町は高齢化・過疎化に悩んでいましたが、島の人が、島の魅力や課題を熱心に語り、どうすれば島が良くなるかを真剣に議論していました。そういう人たちに出会って、「まちの人と一緒に、みんなが幸せに生きていける社会を作りたい」と思ったんです。今は、「巡の環*」という会社を起ち上げて、島に雇用を生み出すビジネスモデルを作りながら、島外の人に、島の生き残りをかけた挑戦から学んでもらう研修を行っています。

島根県隠岐郡海士町　人口 2262人　65歳以上の割合 40.6%　(2019年)　(島根県資料)

Q 阿部さんが考える「幸せな社会」とは？

A 学生時代、自転車で国内外を旅してきました。その中で、**人間関係が希薄で、お金で何でも買えるけれど、人として「生きる力」が弱い**…そんな社会は限界なんじゃないかという思いを抱きました。でも、海士町には、思いやりのある支え合う生き方が大切にされているんです。

ここで暮らし始めて、**人や社会が持続可能であるためには、「暮らし」「仕事」「稼ぎ」の3つのバランスが大切**だと考えるようになりました。「暮らし」とは、自然とともに生きる力。「仕事」は地域社会を作っていくための活動。昔の農村社会のように、将来の世代のために地域に貢献することです。「稼ぎ」は周りの人が喜ぶ成果を上げながら必要な対価を得る労働。人と自然、人と人、人と労働のバランスがとれた新しい生き方を、この島で実践し、日本中に広めていきたいです。

▶島の生き方を学ぶ研修「**海士五感塾**」　漁師や農家の方たちから海士町の取り組みやそれに対する思いを学ぶ。

BOOK　くさばよしみ『世界でいちばん貧しい大統領からきみへ』(汐文社)　ホセ・ムヒカ元大統領の言葉を、イラストとともに伝えるメッセージブック。

5 経済成長と景気変動

◁ 映画「鬼滅の刃　無限列車編」(2020年10月)　漫画『鬼滅の刃』は社会的ブームを巻き起こし，さまざまな関連商品・サービスが登場した。経済波及効果は2000億円以上ともいわれる。景気とは何か，また，景気変動が国民生活に与える影響を理解しよう。

A　経済成長

1 経済成長率

経済成長率とは　前年度のGDPと比べたときの，本年度のGDPの増加率である。仮に前年度100兆円であったGDPが，本年度110兆円になれば，経済成長率は10％ということになる。

$$経済成長率 = \frac{本年度GDP - 前年度GDP}{前年度GDP} \times 100$$

物価の影響　上の経済成長率は，物価（◆p.227）の変動を考慮せずに算出している（**名目経済成長率**）。仮に，名目経済成長率が10％であり，物価上昇率も10％であった場合，実質的な経済成長率は0％である。

名目GDP → 物価上昇（下落）分 → 実質GDP

物価変動を考慮し，GDPデフレーター（物価指数）で名目GDPを修正したものを**実質GDP**といい，これを用いて算出した経済成長率を**実質経済成長率**という。

$$実質GDP = \frac{名目GDP}{GDPデフレーター} \times 100$$

$$実質経済成長率 = \frac{本年度実質GDP - 前年度実質GDP}{前年度実質GDP} \times 100$$

2 実質経済成長率の要因分解

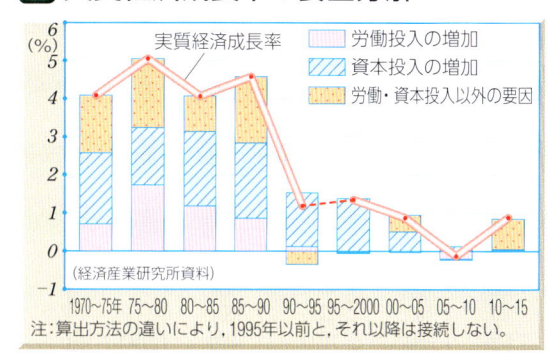

（経済産業研究所資料）
注：算出方法の違いにより，1995年以前と，それ以降は接続しない。

凡例：実質経済成長率／労働投入の増加／資本投入の増加／労働・資本投入以外の要因

解説　経済成長率伸び悩みの背景　労働者を増やしたり，新しい設備を導入したり，技術が進歩すると，生産は増える。この前提に立ち，実質経済成長率を，労働投入の増加による分，設備投資などの資本投入の増加による分，それ以外の要因による分（技術の進歩はここに含まれる）に分解したのが，上のグラフである。少子高齢化により労働投入が減り，生産拠点の海外移転などにより資本投入も減少して，GDPは伸び悩んでいる。今後は，女性・高齢者の働く環境を整備し，資本投入を促し，**イノベーション（技術革新）**により，GDPを増加させることが期待されている。

イノベーション　画期的な新技術や新しい組織・経営など，従来とは異なる新しいやり方を導入すること。技術革新，新機軸などと訳される。**シュンペーター**（◆p.204）は，イノベーションが経済を発展させる原動力になると主張し，また，景気変動をもたらす要因でもある（◆p.226 **2**）と説いた。

B　景気変動（景気循環）と政府の役割

好況と不況

1 戦後の日本の景気変動

（「国民経済計算年報」など）

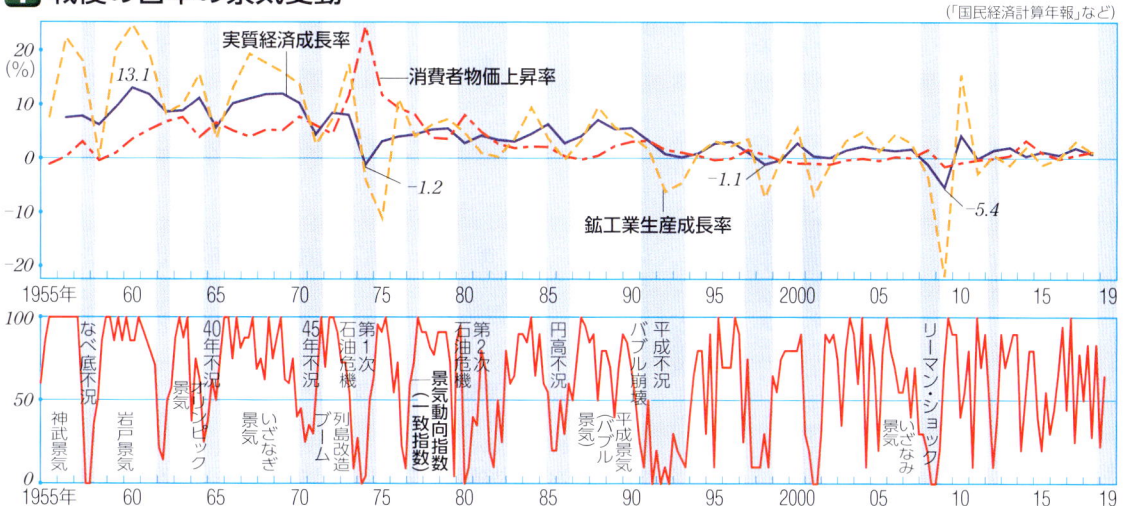

実質経済成長率／消費者物価上昇率／鉱工業生産成長率／景気動向指数（一致指数）

13.1　−1.2　−1.1　−5.4

景気の名称：神武景気／なべ底不況／岩戸景気／オリンピック景気／40年不況／いざなぎ景気／45年不況／列島改造ブーム／第1次石油危機／第2次石油危機／円高不況／平成景気（バブル景気）／バブル崩壊／平成不況／景気なみ／リーマン・ショック

▶ **重要用語**　261国内総生産(GDP)　263経済成長率　264イノベーション(技術革新)　265景気変動(景気循環)
p.223の答…④

2 景気変動の周期 ◎景気変動の要因は何か？

形　態	発見者	周期	要　因
キチンの波	J.K.Kitchin (米) 1923年発表	約40か月	**在庫循環**ともいわれる。企業の在庫量の増減から生じるとされる。
ジュグラーの波	C.Juglar (仏) 1860年発表	約10年	**設備投資循環**ともいわれる。機械設備の平均耐用年数から、10年程度の周期で、設備投資が集中することにより生じるとされる。景気循環の基本的な形態である。
クズネッツの波	S.S.Kuznets (米) 1930年発表	約20年	**建築循環**ともいわれる。建造物の平均耐用年数や建築期間の長さから、20年程度の周期で、建造物の建て替えが集中することにより生じるとされる。
コンドラチェフの波	N.D.Kondratiev (ソ) 1925年発表	約50年	金産出高、戦争、資源の大規模開発など様々な要因があるとされるが、とくに**イノベーション**（技術革新）を主因とする説が一般的である。

3 恐慌年表

イギリス	アメリカ	ドイツ	フランス	日　本
1825	—	—	—	—
1836 ⟩11	1837 ⟩11	—	—	—
1847 ⟩11	1848 ⟩11	1847	1847	—
1857 ⟩10	1857 ⟩9	1857 ⟩10	1857 ⟩10	—
1866 ⟩9	1865 ⟩8	1866 ⟩9	1867 ⟩10	—
1873 ⟩7	1873 ⟩8	1873 ⟩7	1873 ⟩6	—
1882 ⟩9	1882 ⟩9	1883 ⟩10	1882 ⟩9	—
1890 ⟩8	1893 ⟩11	1890 ⟩7	1891 ⟩9	—
1900 ⟩10	1903 ⟩10	1900 ⟩10	1900 ⟩9	1900 ⟩7
1907 ⟩7	1907 ⟩4	1907 ⟩7	1907 ⟩7	1907 ⟩13
1920 ⟩13	1920 ⟩13	—	—	1920 ⟩9
1929 ⟩9	1929 ⟩9	1929	1930	1929
1937 ⟩8	1937 ⟩8	—	1937 ⟩7	—
—	1948 ⟩11	—	—	—
1958	1957 ⟩9	—	—	—

（『近代経済学講座（基礎理論篇1）』有斐閣）

解説　繰り返す景気変動　世界の資本主義国では、1900年代半ばまで7～10年周期で恐慌が起こっていた。これは設備投資循環といわれる**ジュグラーの波**がよく表れている。しかし、その後は、不景気はあっても、恐慌といわれるものはほとんど起きていない。政府が経済に介入し恐慌が起きないよう対策をとるようになったからである。

LOOK 世界恐慌と政府の対策

第一次世界大戦後のアメリカの繁栄は、過剰な投機ブームに酔う資本家と農業不況で没落した農民、低賃金にあえぐ労働者が混在するアンバランスなものであった。生産が過剰になる一方、農民・労働者の購買力は低下し、需要と供給のバランスが崩壊した。このような経済状況の中、1929年、ニューヨーク株式市場での株価暴落をきっかけに、**世界恐慌**が発生。アメリカ政府は、景気を回復させるために積極的に公共事業などを行った（→p.200 2）。

▶**失業者**（1930年、ロンドン）　3か国語も話せる人々が失業した。

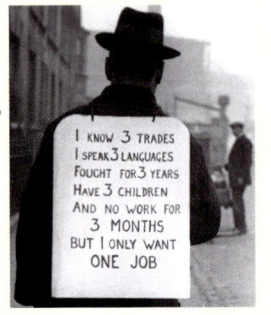

4 景気変動と政府の役割

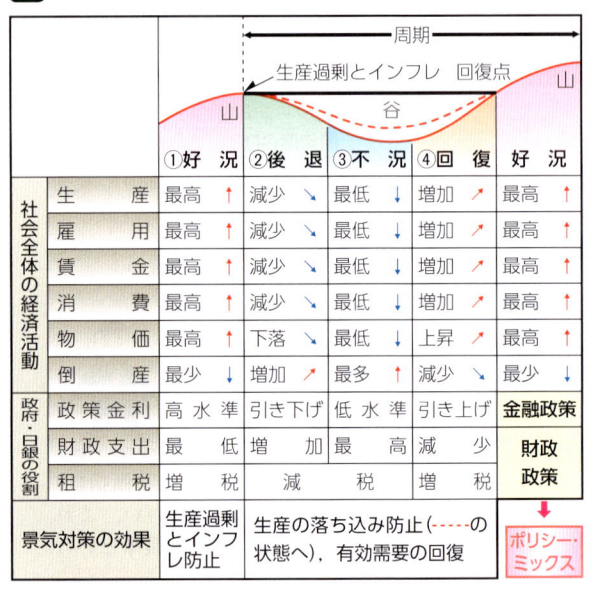

		①好況	②後退	③不況	④回復	好況
社会全体の経済活動	生産	最高 ↑	減少 ↘	最低 ↓	増加 ↗	最高 ↑
	雇用	最高 ↑	減少 ↘	最低 ↓	増加 ↗	最高 ↑
	賃金	最高 ↑	減少 ↘	最低 ↓	増加 ↗	最高 ↑
	消費	最高 ↑	減少 ↘	最低 ↓	増加 ↗	最高 ↑
	物価	最高 ↑	下落 ↘	最低 ↓	上昇 ↗	最高 ↑
	倒産	最少	増加 ↗	最多	減少 ↘	最少
政府・日銀の役割	政策金利	高水準	引き下げ	低水準	引き上げ	金融政策
	財政支出	最低	増加	最高	減少	財政政策
	租税	増税	減税		増税	
景気対策の効果		生産過剰とインフレ防止	生産の落ち込み防止（-----の状態へ）、有効需要の回復			ポリシー・ミックス

有効需要の原理

イギリスの経済学者**ケインズ**（→p.201）は、経済規模は**有効需要**によって決まると考え、有効需要の調整のために、政府の積極的な介入が不可欠であると考えた。

有効需要…単なる欲望ではなく、購買力の伴う需要のこと。

「お金はないけど、いつか車を買おう！」→有効需要ではない

「お金が貯まったから、車を買おう！」→有効需要

均衡　　供給 ＝ 消費＋投資＋政府支出＋（輸出－輸入）
↓不況　　　　　　減少　　減少
需要不足　供給 ＞ 消費＋投資＋政府支出＋（輸出－輸入）
有効需要増加のための政府介入　減税　金融緩和　公共投資
均衡　　供給 ＝ 消費＋投資＋政府支出＋（輸出－輸入）
↓好況　　　　　　増加　　増加
需要過剰インフレ　供給 ＜ 消費＋投資＋政府支出＋（輸出－輸入）

解説　景気変動に対する金融・財政政策　資本主義経済の特徴である景気変動（景気循環）は、好況→後退→不況→回復の4局面からなる周期で変動する。このような景気変動の波を抑えるために、政府・日本銀行は**財政政策**（→p.239 5）と**金融政策**（→p.233）を組み合わせ、経済目標を実現させる。こうした経済政策を**ポリシー・ミックス**という。

入試クイズ〈15本〉　資源開発投資の動向によって起こる中期の波動を、クズネッツの波という。○？×？　答：×

物価の動き 6

◀880円の激安ジーンズ 1990年代後半から，日本ではモノやサービスの価格が下がり，値下げをしてもモノ・サービスが売れにくい状態が続いた。物価の変動は，私たちの暮らしにどのような影響を与えるのか，理解しよう。

A 物価

1 企業物価・消費者物価の上昇率の推移

◎物価はどのように変動してきたか？

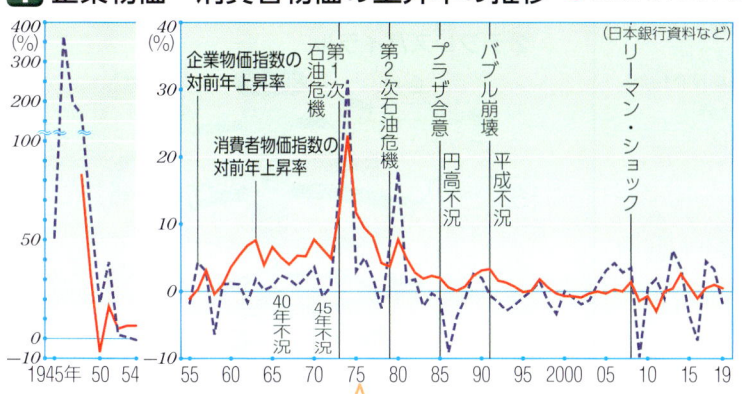

（日本銀行資料など）

企業物価指数の対前年上昇率／消費者物価指数の対前年上昇率／石油危機／第1次石油危機／第2次石油危機／プラザ合意／円高不況／バブル崩壊／平成不況／リーマン・ショック／40年不況／45年不況

解説　物価とその動き 一つひとつの商品やサービスの価格を総合した平均的な水準を**物価**という。物価が持続的に上昇して貨幣価値が下がり続ける現象を**インフレーション（インフレ）**という。逆に，物価が下がり続ける現象を**デフレーション（デフレ）**という。一般的に，好況期にはインフレが発生し，不況期にはデフレが発生する傾向があるが，不況にもかかわらずインフレが進行する現象を**スタグフレーション**という。急激な物価の変動は経済に悪影響を及ぼすので，政府や日銀は，財政・金融政策によってこれを防ぐ必要がある。（◎p.233, 239⑤）

日本の物価の動き
- **第二次世界大戦後**…急激なインフレ（ハイパーインフレ◎p.228①②）が発生。その後，ドッジ・ラインにより収束した（◎p.246）。
- **高度経済成長期**…次第に上昇し始め，特に，消費者物価の上昇率が高かった。これは，消費者物価の主要な柱である一般サービス部門において，賃上げ分に見合うだけの生産性の向上が図れなかったことが一因である。
- **1970年代**…スタグフレーションの発生。この時期の急激な物価上昇は，「狂乱物価」と呼ばれ，全国でパニックになった。（◎p.248C①）
- **1980年代後半**…バブル経済で，土地や株式の価格が高騰する資産インフレが発生したが，消費者物価や卸売物価は比較的安定していた。（◎p.250）
- **1990年代以降**…価格破壊，不況により1990年代以降デフレが発生。デフレスパイラル（◎p.228）が問題化した。

企業物価指数…企業間で取り引きされる商品の価格の変動を示す。国内企業物価指数，輸出物価指数，輸入物価指数で構成される。対象となる商品は1213品目。2003年1月より，卸売物価指数が企業物価指数に名称変更された。

消費者物価指数…消費者が購入する商品やサービスの価格の変動を示す。対象となる商品・サービスは，家計の消費支出の実態を反映できるように選ばれた585品目であり，数年ごとに品目の入れ替えが行われている。

LOOK パンの価格が1246875000000倍に!？

紙幣の大量発行が招いたインフレ 第一次世界大戦で敗れたドイツは，イギリスやフランスへの巨額の賠償金の支払いを科せられた。このため，ドイツ政府が紙幣を大量発行した結果，お金の価値は下がり，急激に物価が上昇した（ハイパーインフレーション）。

ライ麦パンの価格

年　月	価格（マルク/kg）
1914.12	0.32
1918.12	0.53
1922.12	163.15
1923. 4	474
1923. 6	1,428
1923. 8	69,000
1923. 9	1,512,000
1923.11	201,000,000,000
1923.12	399,000,000,000

◀札束で遊ぶ子どもたち

このような異常なインフレは，第二次世界大戦後のドイツや日本，1990年代後半のロシアなどでも発生し，近年ではアフリカのジンバブエで起こった。通常，適度に景気がよく，正常な経済状態の下では，物価は1年に2～3％上昇するといわれる。急激な物価の変動は，経済を混乱に陥れる。このため，物価の変動を正常に保つことは，経済を安定させるための重要な政策の1つである。

◎100兆ジンバブエ・ドル紙幣　ジンバブエでは，1990年代後半以降，不安定な政権下での様々な政策が経済の停滞と深刻な物不足を招き，物価が極度に上昇した。さらに，政府がインフレ打開のため，通貨単位の切り下げ（デノミネーション）と高額な紙幣の発行を繰り返し，ハイパー・インフレに陥った。2008年の物価上昇率は，年率2億3100万%に達した。その後，ジンバブエ・ドルは事実上流通停止となり，米ドル，人民元，日本円など，複数の通貨が法定通貨として流通している。

重要用語 213世界恐慌　216ケインズ　217有効需要　265景気変動　266物価　267インフレーション　268デフレーション　269スタグフレーション　270金融政策

B｜インフレーション（インフレ）とデフレーション（デフレ）

1 インフレーション

物価が継続的に上昇してお金の価値が下がることを，インフレーション（inflation：ふくらませることの意）という。

① 要因によるインフレの分類

●ディマンド・プル・インフレ（需要インフレ）
…景気の過熱により**需要（ディマンド）**が増加して供給を上回り，物価を引き上げる（プル）ことで生じる。

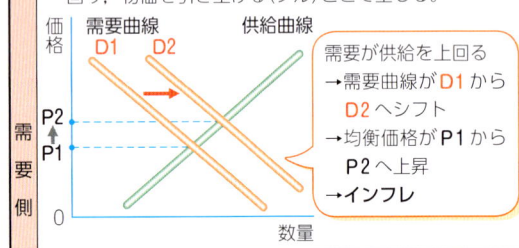

需要が供給を上回る
→需要曲線が D1 から D2 へシフト
→均衡価格が P1 から P2 へ上昇
→インフレ

- **財政インフレ**…財政支出の拡大による
- **信用インフレ**…過度の金融緩和，放漫な信用創造（→p.232⑥）による
- **輸出インフレ**…輸出増大による国内での商品不足，通貨量の増大による

●コスト・プッシュ・インフレ（費用インフレ）
…人件費や材料費などの，**費用（コスト）**増加が価格を押し上げる（プッシュ）ことで生じる。

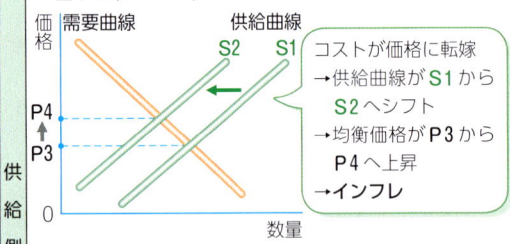

コストが価格に転嫁
→供給曲線が S1 から S2 へシフト
→均衡価格が P3 から P4 へ上昇
→インフレ

- **賃金インフレ**…賃金上昇分を価格に転嫁
- **輸入インフレ**…輸入原材料の価格上昇を価格に転嫁
- **管理価格（マークアップ）インフレ**…寡占・独占市場で管理価格が設定され，価格が引き上げられる
- **生産性格差インフレ**…生産性の高い産業での賃金上昇が，生産性の低い産業の賃金上昇を促すが，その分，生産性を向上できないと，商品価格が上昇し全体として物価が上昇する。

→不況時に物価が上昇する**スタグフレーション**（→p.227①）は，コスト・プッシュ・インフレによって説明される。
コスト上昇→価格の引き上げ→企業収入の圧迫→業績の悪化

② 速度によるインフレの分類

ゆっくり ← → 速い

名称	クリーピングインフレ（しのびよるインフレ）	ギャロッピングインフレ（駆け足のインフレ）	ハイパーインフレ（超インフレ）
現象	年率数%の物価上昇が続く状態。	年率10%を超える物価上昇が続く状態。	ひと月数十%以上の急激な物価上昇が続く状態。
事例	第二次世界大戦後の欧米など	1970年代日本の「狂乱物価」（→p.248①）など	第一次大戦後のドイツ，2000年代のジンバブエ（→p.227LOOK）など

2 デフレーション

物価が継続的に下落してお金の価値が上がることを，デフレーション（deflation：空気を抜くことの意）という。

① 主な要因

需要側	供給側（コスト）
不況により，消費の低迷，設備投資の減少などの**需要の減少**が生じ，供給超過になった場合	賃金や原材料費などの**費用が低下**した場合　（例）技術革新による生産効率の向上，円高による輸入原材料価格の低下など

② デフレスパイラル

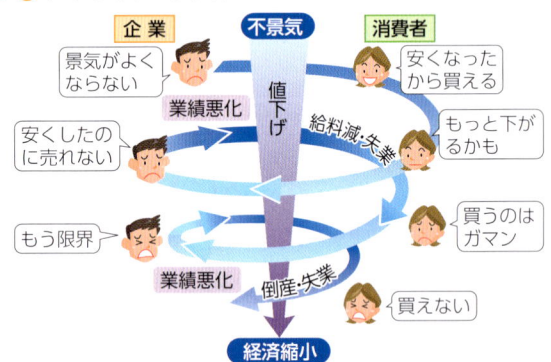

解説 物価下落と消費低迷の悪循環 一般的に，モノの価格が下がると，消費は伸びる。しかし，不況が長引くことで，人々は価格が下がっても消費を控えるようになり，これにより企業収益が悪化し，倒産や失業者が増加し，消費はますます低迷する。この悪循環を**デフレスパイラル**という。バブル崩壊後の日本はデフレスパイラルに陥り，物価下落は年率1％に満たない程度であったが，これが10年以上続いた。

探究 インフレ・デフレは国の借金にどのように影響するか？

③ インフレ・デフレの暮らしへの影響

インフレ		デフレ
名目賃金が変わらない場合，実質賃金は減少する。	賃金	名目賃金が変わらない場合，実質賃金は増加する。
借りている人は返済負担が軽くなる。貸している人は損をする。	ローンなどの債務・借金	借りている人は返済負担が重くなる。貸している人は得をする。
預金，国債など元本が金額で決まっている資産は，実質的に減少する。	金融資産	預金，国債など元本が金額で決まっている資産は，実質的に増加する。
実質的に減少し，受給者は生活水準が下がる。	年金	実質的に増加し，受給者は生活水準が上がる。
お金をモノに変えようと，一時的に消費が増えるが，長期的には消費を抑え，確実な預貯金を増やす。	消費	将来的な値下がりを期待し，控えめになる。実質金利が上がるため，住宅などの購入や企業の設備投資が減少する。

名目賃金…○○円のように額面で表すことができる賃金。
実質賃金…名目賃金で購入できる財・サービスの大きさ。名目賃金に物価上昇率を考慮に入れたもの。
実質賃金＝名目賃金÷消費者物価指数

4 物価安定のための対策

1 基本的政策…需要量と供給量のバランスを調整

	インフレ	デフレ
財政政策(→p.239⑤) 有効需要の調整	・政府支出を**抑制** ・**増税**	・政府支出を**増大** ・**減税**
金融政策(→p.233③) 通貨供給量の調整	通貨供給量を**抑制**	通貨供給量を**増大**

2 個別のインフレ対策

賃金インフレ	所得政策…賃金上昇を抑制
輸入インフレ	外国為替相場を円高に誘導→輸入価格低下
管理価格インフレ	競争促進…規制緩和,独占禁止法の適正な運用
生産性格差インフレ	近代化政策…農業や中小企業の生産効率化

解説 需給バランスの調整 政府・日本銀行は財政・金融政策を通じて,需給バランスを調整し,物価の安定を図る。近年の日本では,**デフレからの脱却**が課題である。日銀は2013年から,**消費者物価の前年比上昇率2％という物価安定の目標を導入**(インフレ・ターゲット(→p.234⑤))し,金融緩和を行っている。

5 物価上昇率と失業率との関係

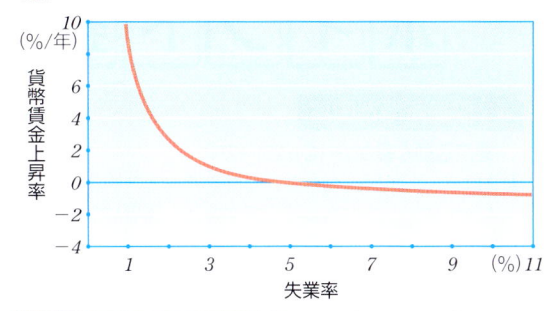

解説 トレード・オフの関係 経済学者フィリップスは,1861～1957年のイギリスの賃金上昇率と失業率との間に,右下がりの曲線の関係があることを示した。これは物価上昇率と失業率の関係として理解され,**失業をなくそうと財政支出を増やすとインフレが起こり,インフレを収束させようと引き締めを行うと失業率が高まる**という,トレード・オフの関係があるといわれた。実際には,曲線の形状は国や時代によって異なり,また,石油危機後のスタグフレーションのようにこの曲線では説明できない事象もある。

C 物価の国際比較

1 内外価格差

●東京の価格を100としたときの各都市の物価指数

	ワシントン	ベルギー	北京	ブラジル
卵(1個)	82.7	177.7	37.9	46.3
牛乳(1ℓ)	61.0	105.0	112.0	46.2
炭酸飲料(350cc)	101.5	159.8	55.6	129.6
バス初乗り運賃	101.5	154.8	16.4	62.1
テレビ	30.4	118.9	53.1	72.5

(2018年) (国際金融情報センター資料)

解説 日本の物価は高いか ある財・サービスの,国内価格と,海外価格を円換算したものの格差を,**内外価格差**という。日本は物価が高いといわれてきたが,その原因として,①安価な輸入品の流入を阻む関税障壁 ②生産性の低い産業への政府の規制や保護 ③国内の複雑な流通システムなどがあげられる。このため,規制緩和や技術革新によって,内外価格差の縮小が図られてきた。

●購買力平価

$1000 \div 10 = 100$
↓
$1 ドル = 100 円$

日本で1000円 アメリカで10ドル

異なる通貨の購買力の比較 野菜や肉など様々な商品が入った買い物かごがあるとする。この買い物かごの商品全体の日本での価格がa円,アメリカでの価格がbドルのとき,a÷b(日本での価格の,アメリカでの価格に対する比率)を**購買力平価**という。購買力平価は,OECD(→p.351④)や世界銀行(→p.337②)などが,調査対象品目(買い物かごに入れる商品)やその重みづけを考えながら算定している。

内外価格差との関係 購買力平価÷為替相場＝内外価格差である。購買力平価より為替相場のほうが円高(→p.336)だと日本の物価のほうが高くなり,購買力平価より為替相場のほうが円安だと日本の物価のほうが安くなる。

●購買力平価,為替相場,内外価格差の推移

(OECD〈経済協力開発機構〉資料)

購買力平価の使われ方 GDPや労働者の賃金などの国際比較を行う場合,通常,為替相場でドルに換算して比較する。しかし,為替相場は投機的取り引きなどの影響も受けるため,生活水準の観点での比較を目的とする場合は,購買力平価で換算する方法が適しているとされる。

Look ビッグマック指数

ビッグマックの購買力平価 イギリスの経済誌『エコノミスト』は,ビッグマック指数(ビッグマック価格で算出した購買力平価)を発表している。1商品で通貨の購買力を測ることには限界があるが,わかりやすく親しみやすい指標のため,注目されている。

	現地価格	ドル建て価格(ドル)	ビッグマック指数(/ドル)	為替相場(/ドル)
アメリカ	5.58ドル	5.58	1.00	1.00
日 本	390円	3.60	69.89円	108.44円
中 国	20.9元	3.05	3.75元	6.85元
ノルウェー	50クローナ	5.86	8.96クローナ	8.53クローナ

(2019年1月) (エコノミスト社資料)

ポイント整理 13

4 国民所得と国富

A 経済活動と豊かさ (→p.221〜224)

① フロー…1年間に生産された財やサービスの流れ＝国民所得
  ストック…一国のある時点での蓄え＝**国富**（国内の実物資産＋対外純資産）
② 国民所得＝経済活動の大きさを表す指標
  …市場で取り引きされないものは国民所得に含まれない
③ 国民所得の組み立て

国内総生産(GDP)	国内の総生産額 − **中間生産物**の総額＝最終生産物の総額
国民総生産(GNP)	GDP＋海外からの純所得（海外からの所得 − 海外への所得）
国民純生産(NNP)	GNP − **減価償却費**（固定資本減耗）
国民所得(NI)	NNP −（間接税 − 補助金）

④ 国民所得の三面等価の原則…国民所得を**生産・分配・支出**の面からとらえた場合，それぞれの金額は理論上等しい

5 経済成長と景気変動

A 経済成長 (→p.225)

経済成長…国内経済の規模の拡大＝国内総生産(GDP)の増加

実質経済成長率＝$\dfrac{\text{本年度の実質GDP} - \text{前年度の実質GDP}}{\text{前年度の実質GDP}} \times 100$

　└ 名目経済成長率から物価変動分を調整したもの

B 景気変動(景気循環)と政府の役割 (→p.225, 226)

① 景気変動の4つの局面…**好況→後退→不況→回復**
② 景気循環の周期
  ・**キチンの波**（約40か月，**在庫循環**）　・**ジュグラーの波**（約10年，**設備投資循環**）
  ・**クズネッツの波**（約20年，**建築循環**）　・**コンドラチェフの波**（約50年，**技術革新**が原因）
③ 政府の役割　＊近年，預金準備率操作は使われない傾向にある。

	好況時	不況時
財政政策	財政支出を抑制，増税	財政支出を増大，減税
金融政策	政策金利・預金準備率＊の引き上げ	政策金利・預金準備率の引き下げ
ポリシー・ミックス	生産過剰の防止 インフレの防止	生産の落ち込み防止・有効需要の回復

6 物価の動き

A 物価 (→p.227)

物価 ─┬─ 企業物価…企業間で取り引きされる商品の価格の平均的水準
　　　└─ 消費者物価…消費者が購入する商品やサービスの価格の平均的水準

B インフレーション(インフレ)とデフレーション(デフレ) (→p.228, 229)

① **インフレーション(インフレ)**…物価が継続的に上昇し，貨幣価値が下がる現象
  影響…債務の軽減⇔実質賃金減少や預貯金の目減りなど→定額所得者に打撃
② **デフレーション(デフレ)**…物価が継続的に下落し，貨幣価値が上がる現象
  アジア諸国からの安い製品の輸入，**バブル崩壊**後の需要不足→日本のデフレ
③ **デフレスパイラル**…物価の下落と景気の悪化が繰り返され，悪循環に陥った状態
④ 物価安定のための対策…需要量と供給量のバランスを調整

	インフレ	デフレ
財政政策	財政支出を抑制，増税	財政支出を増大，減税
金融政策	通貨供給量を抑制	通貨供給量を増大

C 物価の国際比較 (→p.229)

① **内外価格差**─日本…複雑な流通機構，公的規制→物価高→**国際競争力の低下**
② **購買力平価**…異なる通貨の購買力の比率。日本で100円の商品が，アメリカで1ドルであった場合→購買力平価は，1ドル＝100円

ポイント解説

A 経済活動と豊かさ　国民所得は，個人・企業・政府が1年間に生み出した付加価値の総額である。国民所得が生産された価値の流れ（**フロー**）を示すのに対し，国富はある時点までに蓄積された価値（**ストック**）を示すもので，**社会資本**も含まれるため，その国の福祉水準の指標ともなる。
　国民所得には市場で好ましくないもの（ゴミ増加によるゴミ処理費用など）も含まれてしまうため，国民所得の大きさ＝豊かさとは言いがたい。
　以前は，一国の経済活動の規模を示す指標には**GNP**が用いられてきたが，近年は企業の海外進出が進んだため，国内の経済活動の規模を示す指標である**GDP**が多く用いられる。

A 経済成長　経済成長率とは，前年度のGDPと比べた，本年度のGDPの増加率である。

B 景気変動と政府の役割　資本主義経済における**景気変動**は好況→後退→不況→回復の4つの局面が繰り返される。**不況**が深刻化し経済が大きく混乱する**恐慌**は，政府の景気対策により，近年はあまり見られなくなった。政府は，好況時には生産過剰や**インフレ**を防ぎ，不況時には**有効需要**の回復を図って景気変動の幅を小さくしようとする。また，完全雇用，物価の安定など，複数の目標を同時に実現するために，**財政政策**と**金融政策**を併用することが多い。これを**ポリシー・ミックス**という。

A 物価　物価の変化をみるには，基準時を100として上昇（下落）比率を示した**物価指数**を用いる。

B インフレとデフレ　物価が継続的に上昇して，貨幣価値が下がる現象を**インフレーション**という。また，石油危機以降は，不況時に物価が上昇する**スタグフレーション**が先進国に共通してみられた。インフレが発生する原因は様々で，複数の要素が関係し合っている場合が多い。
　バブル崩壊後や2008年のリーマン・ショック後の不況時には，デフレが発生した。
　激しい物価の変動は国民生活に影響を与えるため，政府は金融・財政政策などで物価の安定を図る。

C 物価の国際比較　日本の物価は高いといわれていたが，近年は規制緩和や技術革新により，**内外価格差**の縮小が図られている。

7 金融の役割

◁日本銀行　手前が旧館。奥のビルが新館である。金融のしくみと，日本の中央銀行としての日本銀行の役割を知り，金融と経済の動きがどのようにかかわっているかを理解しよう。また，近年の金融業界の変化について知ろう。

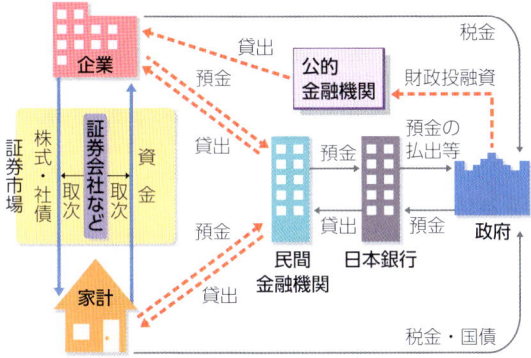

A｜金融のしくみ

1 金融の循環　●資金はどのように流通しているか？

（図：企業・家計・政府・公的金融機関・日本銀行・民間金融機関・証券会社などの間の資金の流れ。実線は直接金融、破線は間接金融）

解説　直接金融と間接金融　経済社会において資金の融通(資金の貸借)を行うことを**金融**という。金融市場は，資金の貸借を行う企業・家計・政府とその仲立ちをする**金融機関**からなる。

日本では，従来，**間接金融**が圧倒的な割合を占めていたが，近年では資金調達の方法が多様化し，大企業を中心に**直接金融**の割合も増加してきた。

●資金調達の方法

- **外部金融**……企業の外部から資金を調達する方法
  - **直接金融**…企業が**株式**や**社債**(→p.208)を発行して，家計から直接資金を調達する方法
  - **間接金融**…金融機関が仲立ちとなって，預金を企業に融資(貸し出し)することで資金を調達する方法
- **内部金融**……企業内部の資金源から調達する方法。企業の利潤から配当などを差し引いた内部留保や減価償却積立金など
- **自己資本**……企業内部で調達された資金。株式の発行による資金や，内部留保。他人資本と異なり，返済義務がない
- **他人資本**……社債の発行や銀行からの借入れによって調達した資金。負債

2 貨幣の機能

価値尺度	物やサービスの価値を通貨数量で置き換えることで，価値を比較できる	交換手段	モノ・サービスの交換の仲立ちをする機能
価値貯蔵機能	貨幣を交換手段などに使用せず手元に残すことで，価値を貯蔵することができる	支払手段	商品を先にもらって一定期間後に支払う信用取引などに伴う，債務の決済のための機能

3 通貨制度　●なぜ管理通貨制度に移行したのか？

	金本位制 (1897～1931年)		管理通貨制度 (1931年～現在)
概要	・通貨は金の保有量に基づいて発行 ・紙幣は自由に金と交換できる(兌換紙幣)		・通貨は国の信用に基づいて発行。中央銀行が供給量を管理 ・紙幣は金と交換できない(不換紙幣)
長所	物価が安定する		景気調整のための金融政策がとりやすい
短所	金の流出入で通貨量が決まるため，金融政策がとりにくい		通貨の発行量が増大し，インフレが生じやすい

解説　金本位制から管理通貨制度へ　日本では，1897年より金本位制が導入された。しかし，1929年の**世界恐慌**とそれに続く1930年代の金融恐慌の中で，各国は金輸出禁止，金兌換停止の措置をとり，金本位制は崩壊した。**日本も1931年に金本位制から離脱し，管理通貨制度に移行した**。これにより，金の保有量に関係なく，国の信用に基づいて通貨を発行できるようになった。

◁兌換紙幣

●「此券引換に金貨五圓相渡可申候」と書いてある。

LOOK 金利って何？

住宅ローンなどでお金を借りるとき，元金とは別に利子を支払う。反対に，銀行に預金をすると，銀行から利子が支払われる。**金利(利子)**とは，資金を借りる対価を示し，元金に対する割合(％，利子率)で示される。要するに**金利は，貸し借りするお金の値段**である。

金利の決まり方　ものの値段は，需要量と供給量の関係で決まる。金利も，お金の需要量と供給量で決まる。

需要＞供給	需要＜供給
・お金を借りたい人が多い ・世の中の資金量が少ない	・お金を借りたい人が少ない ・世の中の資金量が多い
金利Up ↗	金利Down ↘
お金を借りたい人が減る	お金を借りたい人が増える

日本銀行は，この原理を利用して**金融政策**(→p.233 3)を行っている。

重要用語　⑳自己資本　㉛他人資本　㉘直接金融　㉛間接金融　㉜通貨　㉝金本位制　㉞管理通貨制度　㉘金融政策

4 日本の主な金融機関

日本銀行	日本の中央銀行。政府への出納業務，紙幣の発行，市中の金融機関に対する取引などを行う（→p.233 **1**）		
公的金融機関	政府が全額・または大半を出資し，設立された金融機関。民間金融機関では難しい分野への融資などを行う。日本政策投資銀行，日本政策金融公庫などがある		
民間金融機関	預金取扱金融機関	普通銀行	預金，貸付，手形割引，為替取引などを行う（→**5**），株式会社組織の営利法人。規模・業務内容・形態などによって，都市銀行，地方銀行，第二地方銀行，信託銀行，ネット銀行などに分類できる
		信用金庫	・金融サービスは基本的に普通銀行と同じ ・利潤の追求を第一目的としない / それぞれ出資者が異なり，預金や融資などの対象にも一部制限がある。 / 出資者: 一定地域内の中小企業，個人などからなる会員
		信用組合	一定地区内の零細・中小企業者，勤労者などからなる組合員
		労働金庫	労働組合，生活協同組合等からなる会員など
		農林漁業金融機関	農業協同組合・漁業協同組合・農林中央金庫などがある。主に農業従事者，漁業従事者などが対象。金融サービス以外にも，農業経営の受託，漁業権管理などの事業も行う
	証券会社		株式や債券などの有価証券の引き受け，売買の取り次ぎなどを行う
	保険会社		免許により生命保険会社，損害保険会社の2つがある　→生命保険のパンフレット
	ノンバンク		預金等は受け入れず，貸出業務を行う。住宅金融会社，消費者信用会社など

5 銀行の業務

預金業務	要求払い預金（流動性預金）	当座預金	小切手（→写真）使用による資金の出し入れ。無利子
		普通預金	通帳式で預金の出し入れが常時可能。低利子（利子がつかないものもある）
		通知預金	7日間以上の据え置き期間を設け，預金者は2日前に払い戻しの通知をする
	預金定期性	定期預金	3か月，6か月，1年など一定期間払い戻しをしないことを契約した預金。期間が長いほど高利子
貸出業務	貸付	証書貸付	借用証書による資金の貸出
		手形貸付	借り手に，銀行を受取人として約束手形（→写真）を振り出させ，資金を貸し出す
		当座貸越	借り手が当座預金の残高を超えて手形や小切手を振り出した場合，一定限度内で銀行が立替払いを行うもの
	手形割引		商業手形などを，満期日までの利息分を差し引いて，手形所有人から銀行が買い取る
	コールローン		金融機関どうしのごく短期間の貸付
為替業務	内国為替		国内の遠隔地間の貸借の決済などを，実際に現金を送ることなく行う
	外国為替（→p.335）		為替取引を外国との間で行う
有価証券投資			国債や社債，株式に投資して資金運用する
信託業務			委託された財産を運用し，利益を委託者に還元する

解説 銀行の業務 銀行の業務は主に**預金・貸出・為替**の3つがある。このほか，**金融の自由化**（→p.235）により，これまで禁止されていた証券や保険などの運用や信託業務も行うようになった。

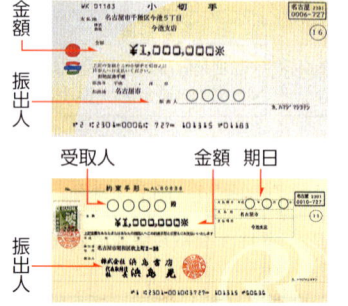

○小切手 振出人が銀行に対して，記載された金額を所持人に支払うことを委託する有価証券

○約束手形 振出人が受取人に対して，一定の金額を一定の期日に支払うことを約束した有価証券

為替のしくみ

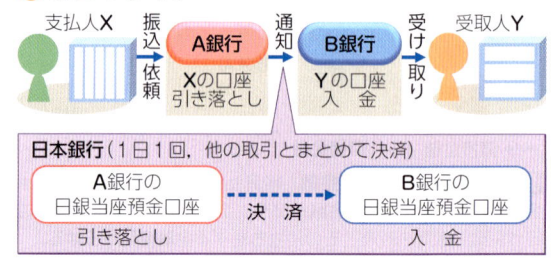

支払人X → 振込依頼 → A銀行 → 通知 → B銀行 → 受け取り → 受取人Y
Xの口座引き落とし　Yの口座入金

日本銀行（1日1回，他の取引とまとめて決済）
A銀行の日銀当座預金口座 ← 決済 → B銀行の日銀当座預金口座
引き落とし　　　入　金

6 信用創造　○預金はどのように増えていくか？

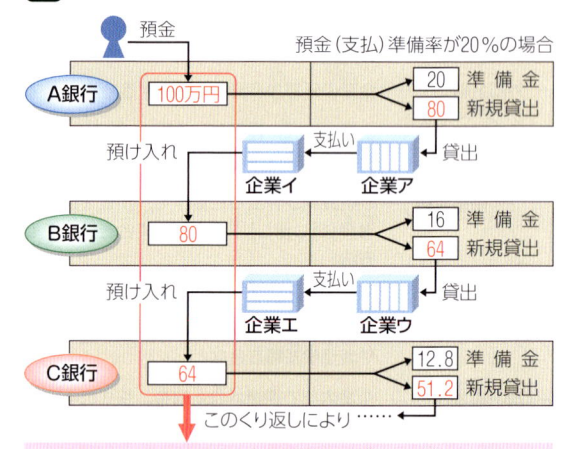

預金（支払）準備率が20％の場合

A銀行 100万円 → 準備金 20／新規貸出 80
預け入れ ← 企業イ ← 支払い ← 企業ア ← 貸出
B銀行 80 → 準備金 16／新規貸出 64
預け入れ ← 企業エ ← 支払い ← 企業ウ ← 貸出
C銀行 64 → 準備金 12.8／新規貸出 51.2
このくり返しにより……

預金総額＝100＋80＋64＋…＝**約500万円**＞最初の預金額（100万円）
最初の預金額（100万円）÷預金準備率（20％＝0.2）

解説 お金をつくり出す機能 銀行（図中A）は，預金のうち一部を預金準備のために残しておき，残りを企業（**ア**）などに貸し出す。企業（**ア**）は，貸し出されたお金を取り引き先（**イ**）への支払いなどにあて，支払いを受けた企業（**イ**）はこのお金を銀行（**B**）に預け入れる。すると銀行（**B**）は一部を預金準備金として残し，残りを企業（**ウ**）などに貸し出す。この繰り返しにより，銀行への預金額の総計は，最初の預金額よりも大きくなる。これを**信用創造**（**預金創造**）と呼ぶ。

信用創造は，銀行の帳簿上の数字が増えること。「預金は銀行にある，いつでも引き出せる」という信用によって成立する。銀行がお金を貸し出さなければ経済が停滞するため，信用創造は経済にとって重要なしくみである。

入試クイズ ノンバンクとは，預金業務と貸出業務を行う金融機関である。○？×？〈17本〉（→**4**）　答：×

B 日本銀行と金融政策

1 日本銀行の役割 ◎日本銀行の役割は何か？

政府の銀行	国庫金の出納(支出と収入)、国債償還利子払い、為替管理などの政府の出納業務を行う。
発券銀行	管理通貨制度のもとで、日本銀行券(紙幣)を独占的に発行する。 注:貨幣(硬貨)は政府が発行する。
銀行の銀行	一般企業や個人との取り引きは行わず、金融機関と取り引きを行う。資金繰りに問題が生じた金融機関に対する「最後の貸し手」の役割も果たす。

解説　3つの役割 日本銀行は、日本の**中央銀行**として、上にあげた3つの役割を通じて金利やお金の量を調整し、物価を安定させるための**金融政策**(→3)を実施している。1998年の日銀法改正により、内閣・財務省からの独立性が高まった。

◁**大口出納** 日本銀行が一般金融機関とお金のやり取りをする窓口。1日に、平均して約4543億円分のお金が出入りする。

2 マネーストック (旧マネー・サプライ。2008年6月名称変更)

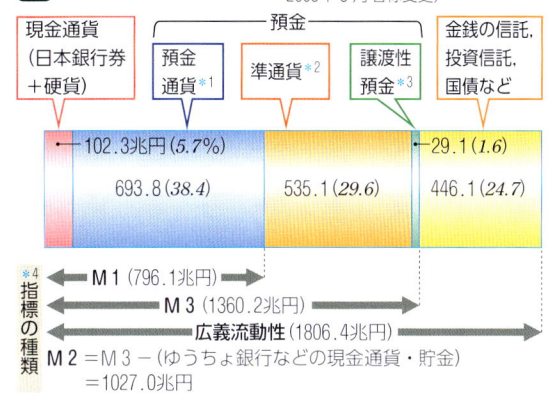

現金通貨(日本銀行券+硬貨) ← 102.3兆円(5.7%)
預金通貨*1 693.8(38.4)
準通貨*2 535.1(29.6)
譲渡性預金*3 29.1(1.6)
金銭の信託、投資信託、国債など 446.1(24.7)

*4 指標の種類
M1 (796.1兆円)
M3 (1360.2兆円)
広義流動性 (1806.4兆円)
M2 = M3 − (ゆうちょ銀行などの現金通貨・貯金) = 1027.0兆円

*1 当座預金、普通預金など　　*2 定期預金、定期積金など
*3 第三者に譲渡できる銀行の預金証書 (2019年平均)
*4 四捨五入のため、合計が総額に一致しない場合がある。(日本銀行資料)

解説　経済全体の通貨の総量 **マネーストック**とは、企業(金融機関を除く)や個人、地方公共団体が保有する通貨量の残高を集計したものである。預貯金や国債なども、引き出したり売ったりすれば通貨として利用できるので、統計に含まれる。通貨の定義や発行主体の違いによって、4つの指標に分けられる。マネーストックは、経済活動の大きさによって変化するため、金融政策を決定する上で判断材料の1つとなる。

3 金融政策 ◎日銀は何のために金融政策を行うのか？

① 金融政策のねらい

日本銀行法　第2条〔通貨及び金融の調節の理念〕 日本銀行は、通貨及び金融の調節を行うに当たっては、物価の安定を図ることを通じて国民経済の健全な発展に資することをもって、その理念とする。

解説　物価の安定を図る 日銀は**物価の安定**を図り、国民経済を発展させるために**金融政策**を行う。これは、物価が不安定な状況では、個人や企業が消費や投資の適切な判断ができなくなるためである。

② 金融政策決定会合

概　要	日銀の最高意思決定機関である**政策委員会**が、金融政策の方針を話し合い、決定する会合
開催頻度	年8回、各2日間。臨時開催も可能
構成員	9名(日銀総裁、副総裁2名、審議委員6名) ◎**黒田東彦日銀総裁**(任2013年4月〜)
議決方法	多数決
政府との関係	財務大臣と経済財政政策担当大臣(またはそれぞれの指名する職員)は、議決権をもたないが、会合に出席し、①意見を述べること、②議案を提出すること、③次回会合まで議決の延期を求めること、ができる。(議決延期の求めがあった場合、政策委員会は採否を決定)
決定内容の公表	会合終了後、すぐに公表。例:「無担保コールレートを0〜0.1%程度で推移するように促す」

◎金融政策決定会合の様子

③ 政策金利と無担保コールレート

政策金利とは　金融政策の方針を表す金利。現在の日本の政策金利は**無担保コールレート**(翌日物)である。

無担保コールレートとは　金融機関では、個人や企業の預け入れや預金の引き出しなどの資金の動きのために、その日の決済に必要な資金に過不足が生じる。金融機関どうしで短期間の資金の融通を行い、この過不足を調整する市場を短期金融市場(コール市場)という。無担保コールレートは、この市場の代表的な金利であり、市中金利などに影響を与える性格をもつ。通常の金融政策では、日銀は無担保コールレートを操作目標とし、この金利の誘導目標を発表し、実際の金利が誘導目標に近づくよう、**公開市場操作**を行う。

● コール市場

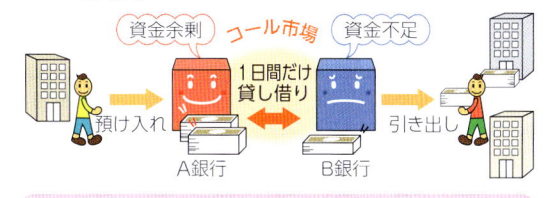

資金余剰　コール市場　資金不足
預け入れ　1日間だけ貸し借り　引き出し
A銀行　　　　　　　　　　　B銀行

◎ 金利自由化前の政策金利—公定歩合

以前は、日銀が金融機関に資金を貸し出す際の金利である公定歩合が政策金利であり、市中金利は公定歩合に連動するよう規制されていた。しかし、1994年に金利自由化が完了し、市中金利が公定歩合に連動しなくなったため、政策金利は無担保コールレートに変更された。公定歩合は、2006年に「基準割引率および基準貸付利率」に名称変更された。

重要用語 ㉗信用創造　㉗日本銀行　㉗マネーストック　㉗金融政策　㉗公定歩合　㉘公開市場操作(オープン・マーケット・オペレーション)　㉘金融の自由化

❹ 公開市場操作を主とした金融政策のしくみ

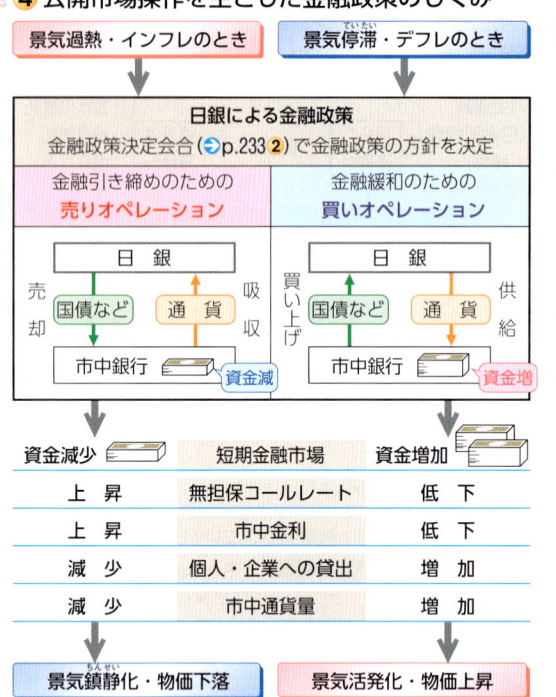

景気過熱・インフレのとき / **景気停滞・デフレのとき**

日銀による金融政策
金融政策決定会合（→p.233 ❷）で金融政策の方針を決定

金融引き締めのための **売りオペレーション**	金融緩和のための **買いオペレーション**
日銀 → 国債など売却 → 市中銀行、通貨吸収 → 資金減	日銀 ← 国債など買い上げ ← 市中銀行、通貨供給 → 資金増

資金減少	短期金融市場	資金増加
上昇	無担保コールレート	低下
上昇	市中金利	低下
減少	個人・企業への貸出	増加
減少	市中通貨量	増加

→ 景気鎮静化・物価下落 / 景気活発化・物価上昇

解説 現在の金融政策の中心 金融政策の中心的手段は、**公開市場操作**（オープン・マーケット・オペレーション）である。金融引き締め時は、**売りオペレーション**（資金吸収オペレーション）が行われる。日銀は金融機関に国債などを売って、金融機関の通貨を吸収する。すると、短期金融市場の資金量が不足し、無担保コールレートが上昇する。金融緩和時は、これとは逆の**買いオペレーション**（資金供給オペレーション）が行われる。公開市場操作の影響は、金利、個人・企業の借入、市中通貨量へと波及し、景気や物価に及ぶ。

なお、このほかの金融政策の手段の1つとして、**預金準備率操作**があるが、近年はほとんど実施されていない。

○ **日銀のオペレーション** 市場の変化を見極めて行う。

写真提供：「にちぎん」No.32 FOCUS BOJ 6／日本銀行

※ **預金準備率操作** 対象となる金融機関は、預金の一定割合を準備金として日銀に預け入れることが義務付けられている。この準備率を上下させることで、金融機関の貸出を増減させる金融政策の手段。近年はあまり使われておらず、1991年10月以来、預金準備率は変更されていない。

金融引き締め時	準備率引き上げ ➡ 金融機関の貸出減少
金融緩和時	準備率引き下げ ➡ 金融機関の貸出増加

❺ 非伝統的金融政策（1990年代以降）

年	政策	操作目標	主な出来事・景気の動き
1995〜1999.2	ゼロ金利（→❶）	無担保コールレート（→p.233 ❸）	金融機関の破綻相次ぐ 株価と地価の下落による資産デフレ、不良債権問題による金融不安 世界的なIT景気による一時的景気回復
2000.8			
2001.3	量的緩和（→❷）	日銀当座預金残高（下）	政府、日本経済が「緩やかなデフレ」にあると発表（2001.3） 景気回復の兆し（05頃）
2006.3 .7	ゼロ金利	無担保コールレート	景気回復期（いざなみ景気） 無担保コールレート誘導目標引き上げ続く（0％→0.25％→0.5％） リーマン・ショック（08.9） →円高などによる景気悪化の懸念 第二次安倍内閣成立（12.12）
2010.10	ゼロ金利		
2013.4	量的・質的金融緩和（→❸）	マネタリーベース（下）	「物価安定の目標」（消費者物価の前年比上昇率2％）の導入（13.1） 黒田東彦日銀総裁が就任（13.4） ※2016年9月、マイナス金利付き量的・質的金融緩和を強化する「長短金利操作付き量的・質的金融緩和」を導入。
2014.10	⇩拡大		
2016.1	マイナス金利付き量的・質的金融緩和＊（→❹）		

❶ **ゼロ金利政策**（1999.2〜2000.8、06.3〜.7、10.10〜13.4）
買いオペにより、**無担保コールレートを実質0％に誘導**する政策。銀行の貸出金利などを低く抑え、企業への融資を円滑にすることをねらった。

❷ **量的緩和政策**（01.3〜06.3）
買いオペにより、**日銀当座預金残高を5兆円程度に増額**（のち30〜35兆円程度にまで拡大）させる。操作目標を日銀当座預金残高という量的な指標にし、金利がゼロになってもなお資金供給を行うことで、ゼロ金利政策と同等以上の効果をねらった。

❸ **量的・質的金融緩和**（13.4〜16.1）
買いオペにより、**マネタリーベースを年間約60〜70兆円のペースで増加**（のち約80兆円に拡大）させる。消費者物価の前年比上昇率2％という「物価安定の目標」を達成するまで（**インフレ・ターゲット**→p.229 ❹）行うとした。

❹ **マイナス金利付き量的・質的金融緩和**（16.1〜）
2％のインフレ・ターゲット達成のため、**マネタリーベースを年間約80兆円のペースで増加**＊させる。さらに、日銀当座預金の一部に**0.1％のマイナス金利**を適用し、市中通貨量を増やすことをめざす。

＊2016年9月に、マネタリーベースの増加目標は撤廃したが、「物価安定の目標」を達成するまで続けるとした。

解説 デフレ脱却のための金融緩和 日本では、バブル崩壊後の景気後退でデフレが進み、1990年代後半以降、金融機関の破綻が相次いだ。そこで、1999年以降、デフレ脱却のためさまざまな金融政策が行われてきた。

2001年の量的緩和政策、2013年の量的・質的金融緩和などでは、操作目標を日銀当座預金残高、マネタリーベースといった量的な指標にし、買いオペレーションによって市場に大量に資金を供給している。このように、従来見られなかった金融政策は、**非伝統的金融政策**と呼ばれることがある。

日銀当座預金 金融機関が支払準備金として日銀に預けている預金。金融機関どうしの決済や、日銀と取引するときの決済にも使われる。
マネタリーベース 日銀が世の中に供給するお金（現金通貨〈日本銀行券と貨幣〉と日銀当座預金残高の合計）。信用創造（→p.232）の基礎となる。

● **マイナス金利って何？**
預金すると損?! マイナス金利は、日銀当座預金にマイナスの金利を適用する政策。つまり、**金融機関は日銀にお金を預けていると利子を支払わねばならず、損をすることになる**＊。そのため、企業や個人などへの貸し出しが増加し、世の中に出回るお金が増え、景気が活発化することが期待されている。

＊実際は、預金を3段階に分け、それぞれにプラス金利、ゼロ金利、マイナス金利を適用する。

日銀緩和 新局面 マイナス金利を導入（「朝日新聞」2016.1.30）

入試クイズ　中央銀行は、金融緩和政策として、政策金利を高めに誘導する。○？×？〈16本〉（→❹）　答：×

6 公定歩合，無担保コールレート，日銀当座預金残高，マネタリーベースの推移

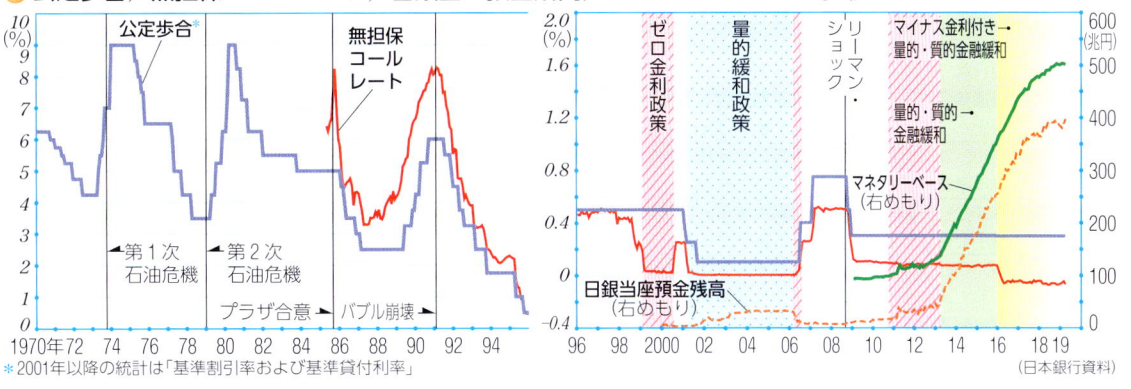

（日本銀行資料）
*2001年以降の統計は「基準割引率および基準貸付利率」

C 金融の自由化と競争の激化

1 自由化の流れ

護送船団方式（戦後～1970年代） 
① 金利規制
② 業務分野規制
・長期（1年以上）・短期金融（1年未満）の分離
・銀行・証券・信託業務の分離
③ 金融商品や店舗新設に対する規制
④ 国内と海外の金融市場の分断

目的：金融機関の倒産防止
背景：1945　終戦　産業の復興が急務
→家計の資金を調達し，企業へ低利で融資

- 金融システムの安定
- 高度経済成長の実現
- 非効率・横並び経営

法人の外部資金直接調達費

年	銀行借入	社債	株式
1970～74	83.9%	5.9	10.2
1975～79	63.8	17.7	18.5
1981～85	35.7	33.3	31.0

（「法人企業統計調査」）

金融自由化（1970年代後半～）
金利自由化
1979　自由金利の譲渡性預金導入
1985～94　預金金利の段階的自由化
金融業務の自由化
1980　改正外国為替法施行…外国との取引の原則自由化
1993　子会社設立による銀行・証券・信託の相互参入

証券（国債・株式）市場・社債市場との競合

資金調達方法の多様化
●企業の直接金融の増加
1973　石油危機
→国債の大量発行＝国債化

「2つのコクサイ化」
金融自由化は，「国債化」と「国際化」の2つの側面から進められた。
石油危機後に大量発行された国債は，自由金利の商品として出回った。今まで銀行に集中していたお金が国債市場へ移動することへの対策として，金利自由化への第一歩が進められた。
また，経済の国際化に伴い，アメリカからの市場開放要求が高まり，金融自由化が加速した。

外国の圧力への対応

国際化
日本の規制に対する批判の高まり
→1984　日米円ドル委員会報告
・日本の金融・資本市場の自由化
・外国金融機関の日本市場参入
1970～80年代　欧米金融市場の国際化→日本の金融市場空洞化

競争力強化

日本版金融ビッグバン（1996年）
原則
Free　市場原理が働く自由な市場
Fair　透明で公正な市場
Global　国際的で時代を先取りする市場
目的
・東京市場を欧米並みの国際金融市場に改革
・個人金融資産の有効活用
→金融制度の抜本的改革
・持株会社（→p.211）設立による銀行・証券・信託・保険の相互参入（1998年）
・新外為法施行（1998年）…外貨預金，海外との債券・株式売買の自由化など
・金融商品・サービス多様化
・市場・ルール整備
・銀行窓口での保険商品の販売解禁

1991　バブル崩壊（→p.237, 250）

- 金利・各種手数料などによる競争
- 新たな魅力ある商品の開発
- 消費者の自己責任による商品選択・運用が求められる

解説　護送船団方式から国際競争へ
証券市場の発達による資金調達方法の多様化や国際化の進行によって，日本の金融市場は緩やかな自由化に向かった。しかし，急速に自由化を進めて成長する欧米諸国と比べて，依然として残る規制は海外から批判を集め，日本の金融市場での取り引きの減少や外資系金融機関の撤退など，空洞化を招いた。さらにバブル崩壊後は，不良債権処理に追われる金融機関を，国際競争に対応できるよう改革する必要性に迫られたこともあり，**日本版金融ビッグバン**が掲げられ，自由化を急速に進めた。

護送船団方式　経営効率の最も悪い金融機関の存在を考慮して規制の条件を定め，すべての金融機関が存続できるようにする金融行政。

▲金利の自由化により登場した様々な金融商品

2 主な金融商品

◎…高い　○…やや高い　△…低い　＊…商品の内容による

商品	概要	安全性	流動性	収益性
預貯金	銀行などの金融機関に預けるお金。いつでも払い戻せる**普通預金**，一定期間預ける**定期預金**などがある。元本が保証されている。また，**ペイオフ**(→p.237②)の対象。	◎	◎	△
外貨預金	ドル，ユーロなどの外国通貨による預金。為替相場の変動次第で，元本割れするリスクがある。	△	△	＊
株式 (→p.208)	株式会社が発行する株券を購入する。値上がり益，配当，株主優待が得られるが，株価値下がりのリスクもある。	△	＊	◎
投資信託	販売会社が多くの投資家から資金を集め，専門家が運用する。まとまった資金で様々な商品に分散投資し，成果を分配する。	＊	＊	＊
債券 国債	資金を調達しようとする国や企業などが発行する証券。国が発行するものは**国債**，企業が発行するものは**社債**と呼ばれる。発行者は，お金を借りる代わりに利子を支払い，満期が来れば元本を返済する。	◎	○	△
債券 社債		＊	△	○
外国為替証拠金取引(FX)	一定の証拠金を担保に，外国通貨を売買する取引。元手となる資金の25倍まで取引でき，売買の差額で利益を得る。	△	○	◎

注：◎〜△は一般的な目安。また，外貨預金やFXなどは，使用する通貨の信用度やその国の情勢などにより大幅に差がある

- **安全性**…お金の減りにくさ
- **流動性**…資金としての利用しやすさ(現金に戻しやすいなど)
- **収益性**…利益の出やすさ

● 安全性と収益性の関係

（収益性高・安全性高＝存在しない／収益性高・安全性低＝FX，株式／収益性低・安全性高＝国債，預貯金／利用に注意が必要）

❓日本の金融資産は，どのような特徴があるか？

● 個人金融資産構成比の国際比較

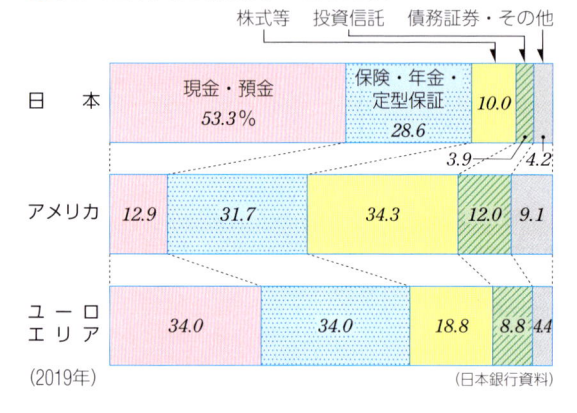

	現金・預金	保険・年金・定型保証	株式等	投資信託	債務証券・その他
日本	53.3%	28.6	10.0	3.9	4.2
アメリカ	12.9	31.7	34.3	12.0	9.1
ユーロエリア	34.0	34.0	18.8	8.8	4.4

(2019年) (日本銀行資料)

3 銀行業への新規参入

名称(開業年)	主な株主	サービス例
ジャパンネット銀行＊ (2000.10)	三井住友銀行，Zフィナンシャル	ヤフーのサービスと提携。ポイントサービスもあり
セブン銀行 (2001.5)	セブン-イレブン・ジャパン	ほぼ全店のセブン-イレブンにATMを設置
ソニー銀行＊ (2001.6)	ソニーフィナンシャルHD	セブン銀行・イオン銀行ATMで取引手数料が無料
楽天銀行＊ (2001.7)	楽天カード	利用に応じたポイントサービスあり
イオン銀行 (2007.10)	AFSコーポレーション	全国のイオンやミニストップなどにATM設置。ポイントサービスもあり
auじぶん銀行＊ (2008.6)	auフィナンシャルHD，三菱UFJ銀行	auの携帯電話ユーザーは特典が受けられる

＊…インターネット専業銀行(店舗・専用ATMをもたない銀行)

解説 新規参入で競争激化 規制緩和が進み，銀行業への参入障壁が低くなった。新規参入銀行は，インターネットを利用して店舗設備費や人件費などのコストを削減し，手数料が安い，24時間利用可能などのサービスを実現。既存の銀行は，価格・サービスで競争を強いられるようになった。新規参入銀行の課題は，親会社の経営に左右されない経営基盤の確立である。

LOOK 広がる電子マネーの利用

電子マネーとは お金を電子情報に書き換え，定期券などのICカードや，携帯電話などに取り込んだもの。あらかじめ入金(チャージ)した分だけ使えるプリペイド式と，使った分だけ請求されるポストペイ式がある。

○様々な電子マネー機能を備えたカード

拡大する市場 電子マネー市場は，近年急速に拡大しつつある。また，Suica(JR東日本)のような交通系のICカードは，カード同士の相互利用が進んでおり，全国の様々なエリアで利用できる。今後，電子マネーはさらに普及が見込まれるが，メリット・デメリットをふまえたうえで，利用のしかたを考えよう。

● 電子マネーの決済金額と発行枚数の推移

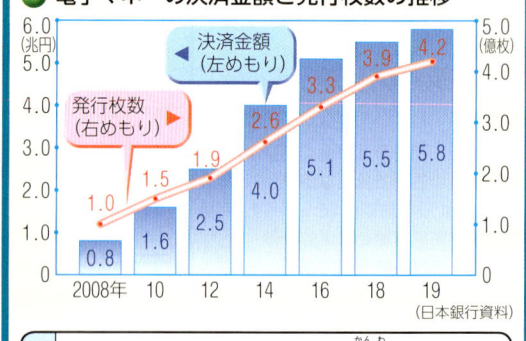

年	2008	10	12	14	16	18	19
決済金額(兆円)	0.8	1.6	2.5	4.0	5.1	5.5	5.8
発行枚数(億枚)	1.0	1.5	1.9	2.6	3.3	3.9	4.2

(日本銀行資料)

メリット
- 支払いが一瞬で済み，レジの混雑緩和になる。また，おつりの間違い防止になる
- 利用に応じてポイントが貯まるサービスもある
- 事業者側は，どのような人が何を買ったかという情報を入手でき，マーケティングに活用できる

デメリット
- プリペイド型はチャージ限度額があるため高額の買い物には不向き
- お金を使ったという実感をもちにくいので，無駄遣いに注意が必要

📖BOOK 池井戸潤『俺たちバブル入行組』(文春文庫) 大手銀行にバブル期に入行した半沢は，上司の融資の失敗の責任をなすりつけられ，逆境の中債権の回収に奔走する。元銀行員の著者が描く，銀行を舞台にした痛快小説。

D バブル崩壊と金融への影響

1 金融システム不安とその解消
◎金融システム不安を解消するために、どのようなことが行われたか？

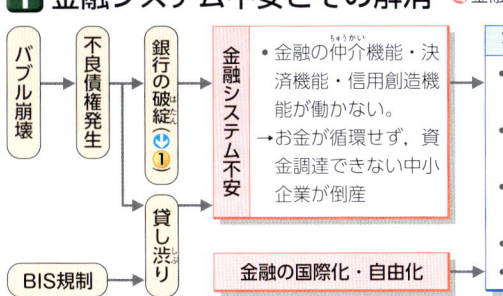

```
バブル崩壊 → 不良債権発生 → 銀行の破綻① → 金融システム不安
                                            ↓
                                          貸し渋り
BIS規制 ──────────────────────────────────────↑
```

- 金融の仲介機能・決済機能・信用創造機能が働かない。
  →お金が循環せず、資金調達できない中小企業が倒産

不良債権処理と金融システムの安定化
- ペイオフ凍結（1996年）…銀行の取り付け騒ぎ・倒産を防止（→②）
- 公的資金注入…銀行の自己資本の増強、貸し出し能力強化（→③）
- 金融監督庁設置（1998年）…金融機関の検査・監督（2000年に金融庁に改組）
- 経営健全化…破綻処理・合併（→④）
- 金融緩和政策（→p.234⑤）

金融の国際化・自由化

BIS規制 国際的に業務を行う金融機関に対する統一基準で、内容は、総資産（融資・債権）に占める自己資本の割合を8％以上とすることなど。不良債権処理で自己資本を減らす日本の金融機関は、自己資本比率の低下をおさえるため、貸し渋りを行った。

① 金融機関の破綻件数

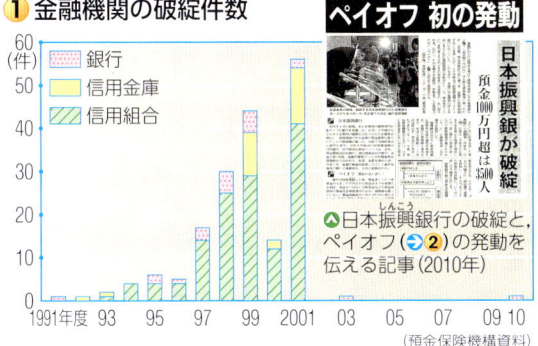

「相次いだ破綻」 金融機関は、バブル期に放漫な過剰貸し付けを行ったため、バブル崩壊後**不良債権**（→p.250）を抱えた。そして、破綻に追い込まれる金融機関が増加した。

③ 金融機関への公的資金注入

金融機関	注入額（億円）	返済完了年月
りそな	31,280	2015年6月
みずほ	29,490	2006年7月
三菱UFJ	22,000	2006年6月
三井住友	15,010	2006年10月
三井トラスト	7,103	2013年3月
住友信託	3,000	2004年1月

（「預金保険機構年報」）

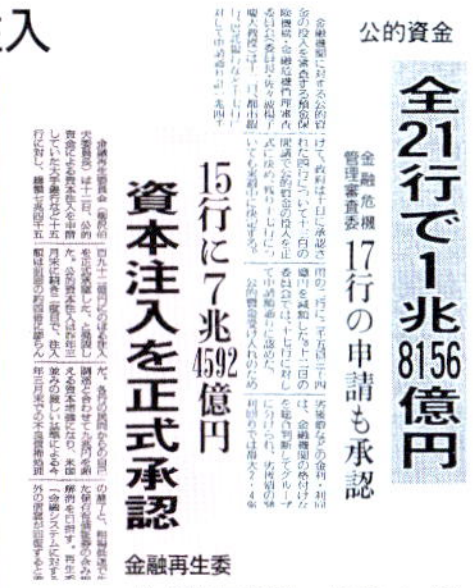

公的資金 全21行で1兆8156億円　金融再生委員会15行に7兆592億円、17行の申請も承認、資本注入を正式承認

（右「読売新聞」1998.3.13／左「朝日新聞」1999.3.13）

解説 金融システム安定化のために 金融機関の破綻が相次ぐ中、政府は金融システム不安を防ぐため、金融機関に公的資金を注入した。公的資金により資本増強を行った金融機関は、国に経営を厳しくチェックされ、経営の合理化を求められた。

② ペイオフの凍結と解禁

(1) 預金保護のしくみ

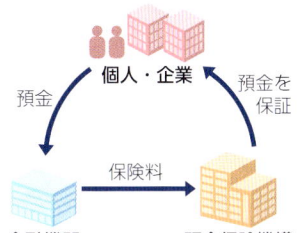

個人・企業 ─預金→ 金融機関 ─保険料→ 預金保険機構 ─預金を保証→ 個人・企業

解説 ペイオフとは 金融機関が破綻した際、預金保険機構が一定限度額まで預金を保護する制度。バブル崩壊後、金融機関の破綻が相次ぎ、政府は預金の取り付け騒ぎを防ぐため、制度を一時凍結し、預金を全額保護した。2005年に全面解禁となり、預金者が自己責任で金融機関を選ぶ時代になった。2010年、日本振興銀行が破綻し、初めてペイオフが発動された。

(2) ペイオフ制度の変遷

| 1971 ペイオフ導入 一定限度額まで預金保護 | → | 1996 ペイオフ凍結 預金全額保護 | → | 2002 段階的解禁／2005 全面解禁 一定限度額までの保護に戻る |

(3) 預金保護の範囲（預金保険対象金融機関） （金融庁資料）

預金保険の対象	当座預金、普通預金、別段預金*1	決済用預金*2は全額保護
		元本1000万円までとその利息
	定期預金、定期積金、ビッグ*3 など	元本1000万円までとその利息
対象外	外貨預金、譲渡性預金*4 など	保護対象外。破綻時の状況に応じて支払われる

*1 株式払込金、寄付金、内国為替の送金資金など銀行業務に該当しない預金。
*2 無利息、要求払い（いつでも引き出せる）、口座引き落としなどの決済サービスの提供という3条件を満たす預金。当座預金と無利息の普通預金。
*3 元本補てん契約のある金銭信託。
*4 銀行が発行する無記名の預金証書で、譲渡が可能な預金。

④ 経営健全化─業界再編

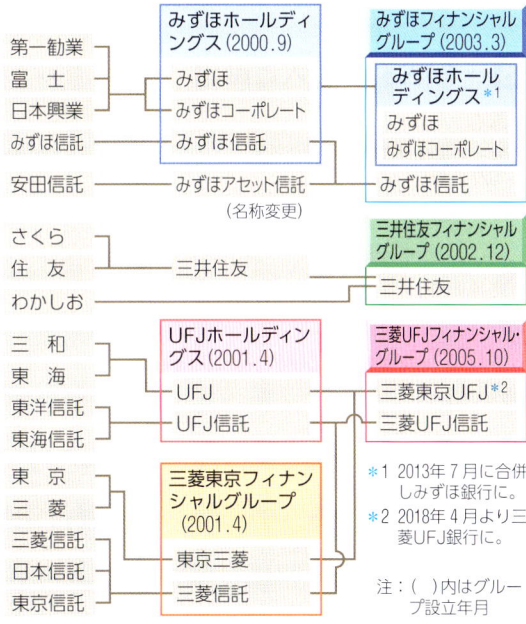

```
第一勧業 ┐
富士    ├→ みずほホールディングス(2000.9) → みずほ／みずほコーポレート／みずほ信託 → みずほフィナンシャルグループ(2003.3) → みずほホールディングス*1／みずほ／みずほコーポレート／みずほ信託
日本興業 ┘                                              （名称変更）
みずほ信託 ─→ みずほ信託
安田信託 ─→ みずほアセット信託

さくら   ┐
住友     ├→ 三井住友 → 三井住友フィナンシャルグループ(2002.12) → 三井住友
わかしお ┘

三和    ┐
東海    ├→ UFJホールディングス(2001.4) → UFJ／UFJ信託 → 三菱UFJフィナンシャル・グループ(2005.10) → 三菱東京UFJ*2／三菱UFJ信託
東洋信託 ┘
東海信託

東京    ┐
三菱    ├→ 三菱東京フィナンシャルグループ(2001.4) → 東京三菱／三菱信託
三菱信託 ┤
日本信託 ┤
東京信託 ┘
```

*1 2013年7月に合併しみずほ銀行に。
*2 2018年4月より三菱UFJ銀行に。

注：( )内はグループ設立年月

解説 大手銀行の再編 バブル崩壊により金融機関は不良債権を抱え、また、**日本版金融ビッグバン**（→p.235①）による規制緩和は、業界内の競争激化をもたらした。そこで、不良債権を円滑に処理し、国際競争力を強化するため、1998年に金融機関の持株会社設立が認められた。これをきっかけに、金融業界の再編が加速し、大手銀行は最終的に三大グループに集約された。この再編により、日本の銀行の資産総額は世界でもトップクラスの規模となった。

8 財政の役割

日本の借金時計 国と地方の長期債務残高が，刻々と増えていく様子を時計にしたものである。借金が膨らむ原因と，財政危機の問題点を理解しよう。また，財政及び租税のしくみと役割について理解し，日本の財政が抱える問題点とその対策について考えてみよう。

DEPT WATCH
日本の借金時計
日本の借金 1120兆7780億9913万円
http://www.takarabe-hrj.co.jp/debtwatch

A 財政のしくみ

1 財政のしくみ

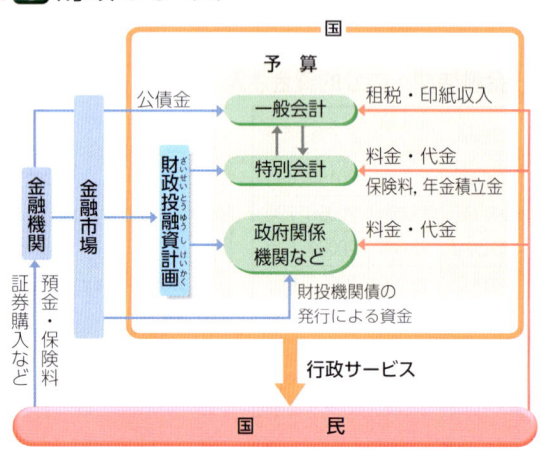

国 ─ 予算 ─ 一般会計 ← 租税・印紙収入
　　　　　　特別会計 ← 料金・代金，保険料，年金積立金
　　財政投融資計画 → 政府関係機関など ← 料金・代金
公債金 ← 金融市場 ← 金融機関 ← 預金・保険料，証券購入など ← 国民
財投機関債の発行による資金
行政サービス → 国民

解説 政府の経済活動 財政とは，国民から集めた税金，保険料などをもとに，国民生活に必要なサービスを行う国・地方公共団体の経済活動のことである。国の予算は**一般会計・特別会計・政府関係機関**の3つが基本となっており，それぞれは密接に関係している。いずれも国会の審議を経てその使い道が決められる。

2 財政の機能

①資源配分の調整
利潤追求を目的とする民間の経済活動では，外交・国防・司法・警察・教育・道路・港湾などの公共的な財・サービス（**公共財**）は十分に供給されない（→p.219 ❸）。こうした公共財を政府が供給し，市場の働きでは不十分な資源配分を補い，適切な資源配分を実現する機能をいう。

②所得の再分配
自由競争で生じる所得格差を是正する機能。これは，歳入面では**累進課税**（→p.241）により高所得者に高い税負担を求め，歳出面では，社会保障を通じて低所得者を保護することによって行われる。

③景気の安定化
あらかじめ組み込まれた制度によって，自動的に財政収支を増減させる**自動安定化装置**（ビルト・イン・スタビライザー）と，政府が意図的に財政収支を増減させる**裁量的財政政策**（フィスカル・ポリシー）の2通り（→p.239 ❺）の手段によって，景気を安定化に導く機能。

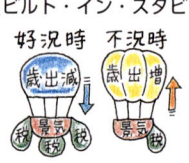

3 一般会計の歳入と歳出 ●戦前から戦後にかけて歳入・歳出の内訳はどのように変化したか？

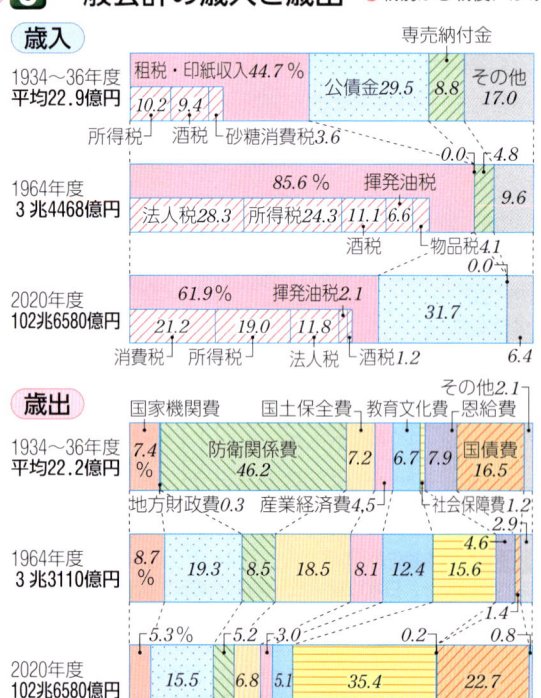

歳入

1934～36年度 平均22.9億円：租税・印紙収入44.7％（所得税10.2／酒税9.4／砂糖消費税3.6／0.0／4.8）　公債金29.5　専売納付金8.8　その他17.0

1964年度 3兆4468億円：85.6％（法人税28.3／所得税24.3／11.1／6.6／酒税／物品税4.1）揮発油税9.6　0.0　4.8

2020年度 102兆6580億円：61.9％（消費税21.2／所得税19.0／法人税11.8／酒税1.2）揮発油税2.1　31.7　6.4

2020年度予算を一般家庭に例えると…

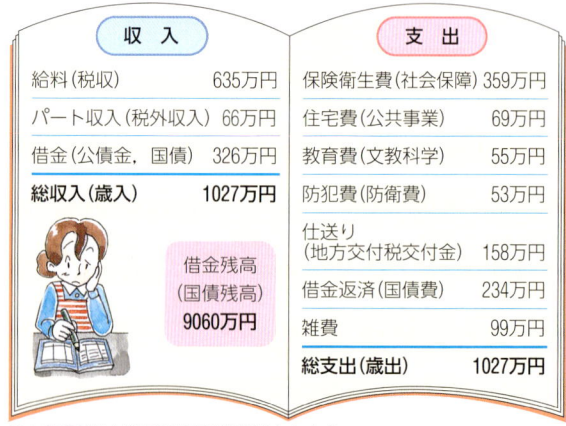

収入		支出	
給料（税収）	635万円	保険衛生費（社会保障）	359万円
パート収入（税外収入）	66万円	住宅費（公共事業）	69万円
借金（公債金，国債）	326万円	教育費（文教科学）	55万円
総収入（歳入）	1027万円	防犯費（防衛費）	53万円
借金残高（国債残高）9060万円		仕送り（地方交付税交付金）	158万円
		借金返済（国債費）	234万円
		雑費	99万円
		総支出（歳出）	1027万円

注：各項目は1兆円を10万円に縮小したもの。四捨五入のため，合計が総額に一致しない場合がある。（財務省資料）

歳出

1934～36年度 平均22.2億円：国家機関費7.4％　防衛関係費46.2　国土保全費7.2　教育文化費6.7　恩給費7.9　国債費16.5　その他2.1　地方財政費0.3　産業経済費4.5　社会保障費1.2

1964年度 3兆3110億円：8.7％　19.3　8.5　18.5　2.9　4.6　8.1　12.4　15.6　1.4

2020年度 102兆6580億円：5.3　5.2　3.0　15.5　6.8　5.1　35.4　22.7　0.2　0.8

注：2020年度は当初予算額。他は決算額。（財務省資料など）

解説 戦前は戦費中心，戦後は社会保障・地方財政中心 一般会計は国の基本的な経費を経理する会計である。歳入をみると，戦前は戦費調達のための**公債金**（国の借金）の割合が高かった。戦後は，1964年までは**租税**などが約9割を占めたが，1965年度に戦後初めて**公債**が発行され，以来，年々公債依存度は高くなっている。歳出については，戦前の戦費中心の予算から，戦後は**社会保障費**や**地方財政費**などが中心となった。最近は，**国債費**（借金の返済費）の割合が高い。

入試クイズ 政府が財政政策の手段として税の増減と公共支出の増減とをあわせて用いることを，ポリシー・ミックスという。○？×？〈16追〉（→❺）　答：×

4 財政法（抄） [公　布　1947(昭22).3／最終改正　2019(令1).5]

◎公債の発行について，財政法ではどのように定められているか？

第1条〔目的〕 国の予算その他財政の基本に関しては，この法律の定めるところによる。

第4条〔歳出財源の制限〕 国の歳出は，公債又は借入金以外の歳入を以て，その財源としなければならない。但し，公共事業費，出資金及び貸付金の財源については，国会の議決を経た金額の範囲内で，公債を発行し又は借入金をなすことができる。

第5条〔公債発行・借入金の制限〕 すべて，公債の発行については，日本銀行にこれを引き受けさせ，又，借入金の借入については，日本銀行からこれを借り入れてはならない。但し，特別の事由がある場合において，国会の議決を経た金額の範囲内では，この限りでない。

第14条〔歳入歳出予算〕 歳入歳出は，すべて，これを予算に編入しなければならない。

解説　財政の基本原則を規定 財政法は国の予算や財政の基本原則に関する法律である。第4条の建設国債の原則に従えば，赤字国債は発行できないが，1年限りの特例法を定めれば発行することができるため，**特例国債**ともいう。特例法は1965年に初めて制定され，その後，歳入不足のため1975年から1990年までと，1994年以降は毎年制定されている。(→p.242■)

> **建設国債の原則** 建設国債は社会資本整備などの公共事業費の財源として発行されるもので，資産となって次世代に残るため，財政法で発行が認められている。一方，**特例国債(赤字国債)** は一般会計予算の赤字を補うためのもので，次世代に負担を残すため，**財政法で発行が禁止されている**。

> **公債の市中消化の原則** 日銀引き受けによる公債発行を禁止し，個人や一般金融機関が公債を買い取る形で発行するという原則。公債を発券銀行である日銀が引き受ける(買い取る)と，政府の求めに応じて際限なく紙幣が発行され，インフレを引き起こす可能性がある。
> (例)戦後，日銀引き受けの復金債発行により，ハイパーインフレが発生(→p.227, 246■)

5 景気安定化の手段

好況：所得の増加 → 累進課税(→p.241)により実質的増税 → 有効需要の減少 → **景気抑制**
　　　　失業率の低下 → 社会保障関係費の減少

← 景気を自動的に安定させる(ビルト・イン・スタビライザー)

好況：増税 ← 有効需要の減少 ← **景気抑制**
　　　　公共投資の減少

→ 景気安定 ←

不況：所得の減少 → 累進課税により実質的減税 → 有効需要の増大 → **景気刺激**
　　　　失業率の上昇 → 社会保障関係費の増大

→ 景気を意図的に安定させる(フィスカル・ポリシー)

不況：減税 ← 有効需要の増大 ← **景気刺激**
　　　　公債発行　公共投資の増大

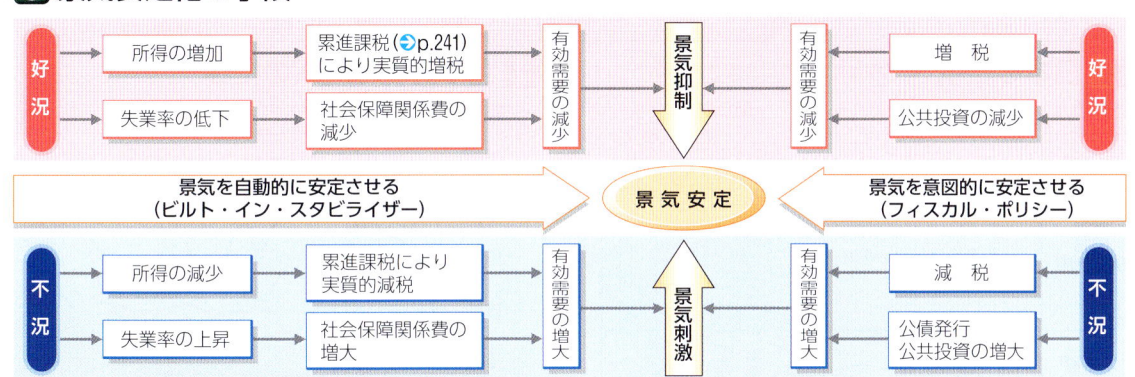

解説　財政による景気の安定化 財政による景気の安定化には**自動安定化装置(ビルト・イン・スタビライザー)** と**裁量的財政政策(フィスカル・ポリシー)** がある。前者は，景気を自動的に安定させる機能で，累進課税や社会保障など，財政の機能としてあらかじめ組み込まれた制度を通じて財政収支を増減させるものである。後者は，政府が積極的な対応を通じて，意図的に景気を安定に導く機能である。後者のケインズ的な財政政策が，財政赤字やインフレにつながったという批判がある(→p.201■)。

景気安定のため，財政政策と金融政策が同時に用いられることを**ポリシー・ミックス**と呼ぶ。

LOOK 特別会計って何？

特別会計とは 国の予算は，一般会計でまとめて歳入・歳出を行うことが原則である。しかし，特定の収入(年金保険料・復興特別所得税など)で行う特定の事業の会計は，一般会計から区別したほうが収支がわかりやすくなる場合がある。このような場合に設置されるのが**特別会計**である。例えば，2019年度は，年金特別会計，東日本大震災復興特別会計，エネルギー対策特別会計など，13の特別会計が設置されている。これらは，毎年その必要性を見直すとしている。

特別会計の規模 特別会計の歳出総額は391.8兆円(2020年度予算)であり，一般会計と比べて規模が大きい。この額には特別会計と一般会計との間の資金のやりとりなどが重複して計上されており，重複分を除いた実質額(純計額)は196.8兆円である。一般会計と特別会計を合計した純計額は，国の歳入・歳出の全体像を表す。

● 一般会計と特別会計の歳入・歳出純計額

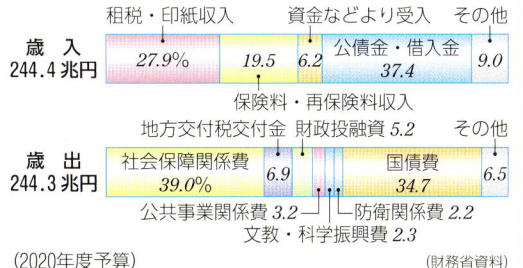

歳入 244.4兆円：租税・印紙収入 27.9% ／ 保険料・再保険料収入 19.5 ／ 資金などより受入 6.2 ／ 公債金・借入金 37.4 ／ その他 9.0

歳出 244.3兆円：社会保障関係費 39.0% ／ 地方交付税交付金 6.9 ／ 公共事業関係費 3.2 ／ 文教・科学振興費 2.3 ／ 防衛関係費 2.2 ／ 財政投融資 5.2 ／ 国債費 34.7 ／ その他 6.5

(2020年度予算)　　(財務省資料)

特別会計改革 特別会計に対しては，「予算のしくみが複雑になり，国民が財政を監視しにくい」「運用益などの剰余金が特別会計に積み立てられており，財政資金として活用されていない」などの批判があった。国は，特別会計の数を減らす(2006年度31→2019年度13)，剰余金を一般会計の財源にするなどの改革を行っている。

▶重要用語　257公共財　287財政　288所得の再分配　289国債　290公債の市中消化の原則　291自動安定化装置(ビルト・イン・スタビライザー)　292裁量的財政政策(フィスカル・ポリシー)

6 財政投融資のしくみ
◎財政投融資の目的は何か？

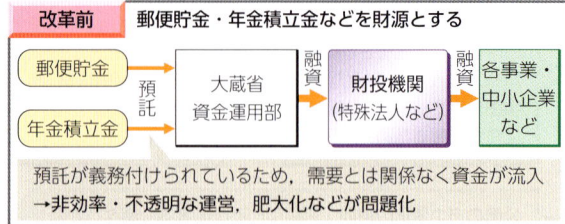

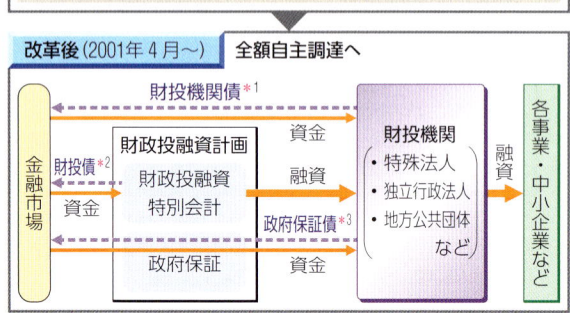

改革前 郵便貯金・年金積立金などを財源とする

- 郵便貯金 → 預託 → 大蔵省資金運用部 → 融資 → 財投機関（特殊法人など）→ 融資 → 各事業・中小企業など
- 年金積立金 →

預託が義務付けられているため，需要とは関係なく資金が流入
→非効率・不透明な運営，肥大化などが問題化

改革後（2001年4月～） 全額自主調達へ

- 金融市場 ⇄ 財投機関債*1 / 財投債*2（資金）/ 政府保証債*3（政府保証）
- 財政投融資計画（財政投融資特別会計）→ 資金・融資 → 財投機関（特殊法人・独立行政法人・地方公共団体など）→ 融資 → 各事業・中小企業など

財政投融資の使途別分類
（財務省資料）

総額 13.2兆円（2020年度）
- 社会資本 28.4%
- 中小零細企業 22.0
- 産業・イノベーション 15.4
- 海外投融資等 8.8
- 住宅 6.8
- 教育 3.9
- 農林水産業 4.5
- その他 10.2

解説　民間企業が供給できない事業に投資・融資　財政投融資は，社会資本整備や中小企業への支援のように，民間企業では対応が難しい大規模・長期の事業などに対し，租税によらず，債券の発行などによって調達した資金により，国が投資や融資などを行う公的な金融制度。特殊法人や政府関係機関などの財投機関を通じて国の政策を実現する目的があり，「**第二の予算**」とも呼ばれる。

かつては，郵便貯金や年金積立金などが主な財源であったが，資金需要に関係なく巨額の資金が集まることで，効率性の低下，財投の規模の肥大化などを招いた。これを受け，2001年の改革により，現在の債券などによって資金を集めるしくみとなった。

*1 公的機関が，自らの信用で発行する債券。
*2 政府が，自らの信用で発行する債券。
*3 公的機関が，政府（国）の保証を得て発行する債券。

B 租税のしくみ
（租税負担率 →p.328 4）

1 日本の租税
◎租税はどのように大別されるか？

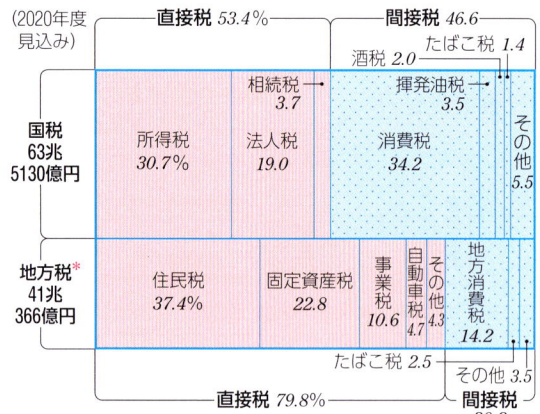

（2020年度見込み）

国税 63兆5130億円
- 直接税 53.4%：所得税 30.7%／法人税 19.0／相続税 3.7
- 間接税 46.6：消費税 34.2／揮発油税 3.5／酒税 2.0／たばこ税 1.4／その他 5.5

地方税* 41兆366億円
- 直接税 79.8%：住民税 37.4%／固定資産税 22.8／事業税 10.6／自動車税 4.7／その他 4.3／地方消費税 14.2
- 間接税 20.2：たばこ税 2.5／その他 3.5

（財務省資料など）
*東日本大震災による減免措置を含まない。

所得税　個人の所得に課税。累進課税（→4）のしくみをとる。
法人税　会社などの法人が得た所得（利益）に対して課税。所得税とともに日本の租税収入の中心である。
消費税　商品やサービスの取り引きに課税（→p.241）
揮発油税　主にガソリンに課税
住民税　法人や個人が，その所得に応じて自分の住んでいる都道府県や市町村に納める税金
固定資産税　土地や建物，機械設備などの固定資産に課税
事業税　法人や個人の事業に対して課税
自動車税　自動車所有者に課税。自動車の種類や用途，排気量などによって課税額が異なる

解説　国税と地方税，直接税と間接税　租税は，国が課し徴収する**国税**と地方公共団体が課し徴収する**地方税**に大別される。さらに，税を負担する人が直接納める**直接税**と，税を負担する人と納税する人が異なる**間接税**に大別される。

2006年度の税制改正では，地方分権の推進のため，所得税と住民税の税率が変更された。両者を合計した納税者の租税負担に変更はないが，所得税（国税）から住民税（地方税）へ，3兆円の税源が移ることになった（→p.117 2）。

2 主な国税の税収の推移
（財務省資料）

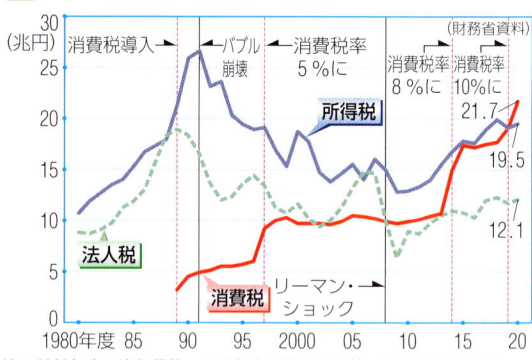

（兆円）消費税導入／バブル崩壊／消費税率5%に／消費税率8%に／消費税率10%に

2020年度：所得税 19.5／消費税 21.7／法人税 12.1

注：2020年度は当初予算。2019年度は補正後予算。それ以前は決算。

3 国税の直間比率
◎日本の国税の特徴は何か？

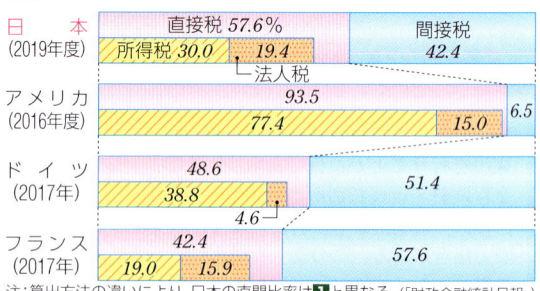

- 日本（2019年度）：直接税 57.6%（所得税 30.0／法人税 19.4）／間接税 42.4
- アメリカ（2016年度）：93.5（77.4／15.0）／6.5
- ドイツ（2017年）：48.6（38.8／4.6）／51.4
- フランス（2017年）：42.4（19.0／15.9）／57.6

注：算出方法の違いにより，日本の直間比率は1と異なる。（「財政金融統計月報」）

解説　直間比率の見直し　戦前，日本の国税の中心は間接税であった（1934～36年平均65.2%）が，戦後は1949年の**シャウプ勧告**以来，直接税中心となってきた。しかし，**高齢化**に伴って生産年齢人口（15～64歳）の割合が減り，所得税に頼る税体系では対応できなくなった。さらに，**高い累進課税**が勤労意欲をそぐ，**業種によって税の捕捉率が異なる**（→p.242 8）などの問題もあり，直間比率の見直しが進められている。1989年，間接税である消費税が税率3%で導入され，1997年に5%（うち地方消費税1%），2014年に8%（同1.7%），2019年10月に10%（同2.2%）に引き上げられた。一方，法人税は1987年より引き下げ傾向が続いている。

論述にトライ！「国家が所得分配に介入し，所得再分配を実施すること」の是非についてのあなたの考えを，その理由とともに800字以内で述べなさい。〈12奈良教育大教育〉（→3，4，5，p.314）

4 所得税と累進課税

●累進課税制度がとられている理由は何か？

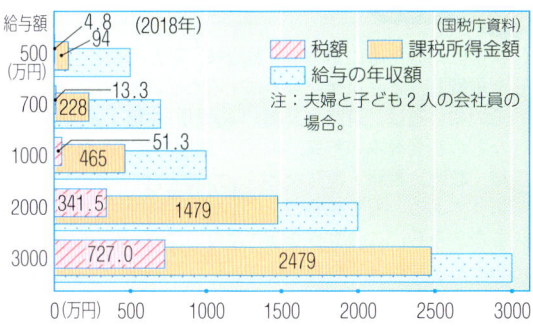

(国税庁資料)
注：夫婦と子ども2人の会社員の場合。

解説 所得が高いほど税率が高い 上のグラフから給与額500万円と3000万円の人を比較すると、給与額比1：6に対して、課税所得金額比は約1：26、税額比は約1：151となる。このように所得税は、累進課税制度の適用により所得の多い人にはより高い割合の負担を求める(垂直的公平)しくみとなっている。

1 所得税率

適用課税所得	税率
～195万円以下	5%
195万円超～330万円以下	10%
330万円超～695万円以下	20%
695万円超～900万円以下	23%
900万円超～1800万円以下	33%
1800万円超～4000万円以下	40%
4000万円超	45%

課税所得額 = 総収入 - 給与所得控除(農業や自営業の場合は必要経費) - 各種控除(基礎控除、配偶者控除など)

2 所得税額の計算例(課税所得650万円の場合)

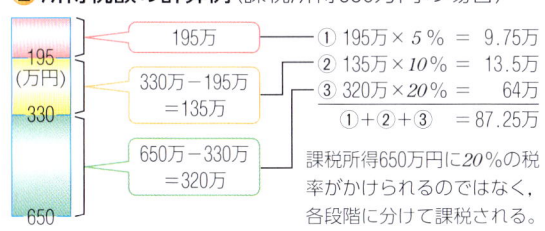

① 195万 × 5% = 9.75万
② 135万 × 10% = 13.5万
③ 320万 × 20% = 64万
①＋②＋③ = 87.25万

課税所得650万円に20%の税率がかけられるのではなく、各段階に分けて課税される。

(地方公共団体の独自課税 →p.118)

Look 世界の税金あれこれ

健康増進に 成人の肥満率が30.0%(OECD調査、2014年)というハンガリーでは、スナック菓子やケーキなど、塩分・糖分の多い食品に課税される**ポテトチップス税**と呼ばれる税金がある。食生活を見直し、肥満を改善することで、医療費などの歳出を減らすことがねらい。フランスや、アメリカの一部の州などでも、甘い飲料に課税される**ソーダ税**が導入されている。

渋滞緩和 また、イギリスでは特定のエリアへ特定の時間内に車で入ると課金されるという**渋滞税**がある。渋滞緩和と公共交通機関の利用促進がねらい。税収は公共交通システムの改善のために使われる。

飼い犬に課税 日本でもかつて、飼い犬に課税する「**犬税**」(市町村税)が課されていた。しかし、税収入が極めて少ないことから見直され、1982年にはすべての市町村で廃止された。なお、欧州の一部の国では現在も犬税が課されている。

5 所得税の所得再分配効果

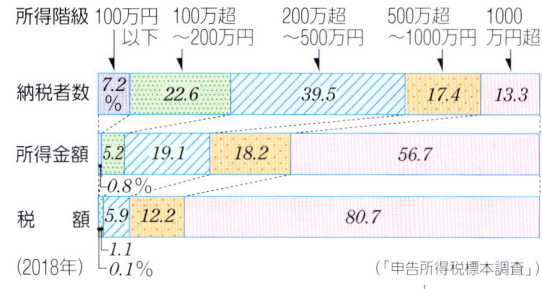

(2018年) (「申告所得標本調査」)

解説 所得の再分配効果 人数にして約1割を占めるに過ぎない所得階級1000万円超の人々が、累進課税制度により所得税額の約8割を負担していることから、**所得の再分配効果**がわかる。

6 消費税のしくみ

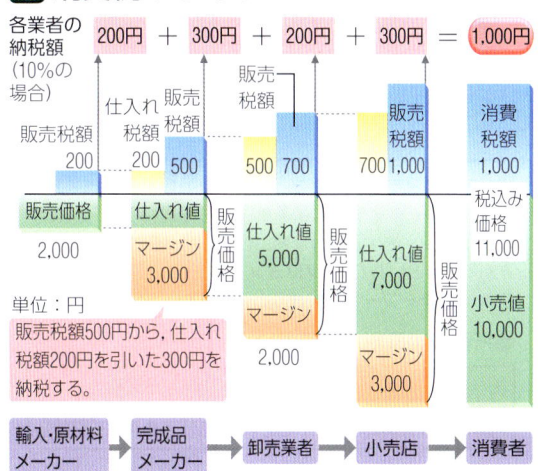

各業者の納税額 (10%の場合) 200円 + 300円 + 200円 + 300円 = 1,000円

販売額500円から、仕入れ税額200円を引いた300円を納税する。

輸入・原材料メーカー → 完成品メーカー → 卸売業者 → 小売店 → 消費者

解説 広く課税 消費税は、生産・流通の各段階の付加価値に課税する**付加価値税**であり、消費者が税を負担し事業者が納税する**間接税**である。1989年に導入された。同じ消費額に同じ税率を課すという点で公平であるが、所得の低い人ほど所得に占める税負担の割合が相対的に高くなる(**逆進性**をもつ)という問題がある。

7 各国の付加価値税と軽減税率

国	標準税率	軽減税率	軽減税率の対象品目
スウェーデン	25.0%	0%	医薬品など
		6.0%	書籍、新聞、旅客輸送など
		12.0%	食料品、宿泊施設の利用など
イギリス	20.0%	0%	食料品、国内旅客輸送、医薬品など
		5.0%	家庭用燃料及び電力など
ドイツ	19.0%	7.0%	食料品、新聞、旅客輸送、映画など
日本	10.0%	8.0%	酒類・外食を除く飲食料品、週2回以上発行の新聞の定期購読料

(2020年1月現在) (財務省資料など)

解説 軽減税率の課題 特定の品目の消費税率を標準税率よりも低くすることを**軽減税率**という。低所得者の税負担を軽くし、逆進性を緩和することが目的。世界では、標準税率の高いヨーロッパなどで多く導入されている。日本では、2019年10月の10%への消費税率引き上げに伴い、税率8%の軽減税率が導入された。税負担が軽減されることを評価する声がある一方、生活必需品は高所得者も購入するので、逆進性はさほど緩和されないといった意見もある。

重要用語 ㉘㉘所得の再分配 ㉙㉓財政投融資 ㉙㉔直接税 ㉙㉕間接税 ㉙㉖シャウプ勧告 ㉙㉗所得税 ㉙㉘消費税 ㉙㉙累進課税制度 ㉚垂直的公平

「垂直的公平」「水平的公平」とは何か？

8 所得税と消費税

	長所	短所
所得税	・累進課税により，負担能力に応じて課税できるため，**垂直的公平**に優れている。 ・負担者を特定できるので，各種控除などを設定することで，担税力に応じたきめ細かい配慮ができる。	・業種によって捕捉率が異なるため，水平的公平に欠ける。 ・高い税率が勤労意欲を阻害しやすい。 ・景気によって税額が変動するため，財源が安定しない。 ・少子高齢化で税収が減る。
消費税	・消費額が同じであれば担税力（所得額）も同じと考えられるため，**水平的公平**に優れている。	・所得が低い人ほど負担が重くなる（**逆進的**）。 ・負担者個々の事情を配慮しにくい。

解説 公平な税とは **垂直的公平**とは，税の負担力に応じて課税するという原則である。一方，**水平的公平**とは，等しい税の負担力をもつ人は等しい税負担をすべきであるという原則である。垂直的公平と水平的公平は，租税の公平負担の両輪である。一般に，所得税は垂直的公平に優れているが水平的公平に欠け，消費税は水平的公平に優れているが垂直的公平に欠けているといわれている。

捕捉率 国税庁が所得額をどのくらい把握できるかを表す割合をいう。就業形態による納税方法の違いから，捕捉率に差があり，給与所得者9割，自営業者6割，農業従事者4割であるといわれ，「**クロヨン**」（同じく，10割・5割・3割として「**トーゴーサン**」とも）と呼ばれた。

●所得税の納税方法の違い

給与所得者	源泉徴収（給与から天引き）
自営業者・農業従事者	確定申告（自分で計算して申告）

しかし，近年はこの不均衡はかなり改善されてきているという意見もある。

さらに，**マイナンバー制度**（→p.268 LOOK）の導入によって，捕捉率が上昇し，このような格差が解消され，税収の増加が期待できるという見方もある。

LOOK 税金のゆくえは？

税金は何のためにある？ 税金は，私たちの社会生活を維持し，より快適なものにするために使われている。その使い道は，道路や公園などの社会資本の整備，医療，教育，警察・消防など様々である。もし税金がなくなったら，このような仕事を私たち自身で行わなければならない。

●児童・生徒1人当たり年間教育費の負担額

小学生	87万6000円
中学生	101万5000円
高校生	98万5000円

注：公立。高校生は全日制（2016年度）（国税庁資料）

「無駄遣い」はないか？ 私たちが納めた税金が適切に使用されているかを監視するのが，**会計検査院**である。会計検査院は，内閣から独立した憲法上の機関として設置されている。毎年，国の歳入歳出などを正確性，合規性，経済性，効率性，有効性などの観点で検査し，検査報告を内閣に送付する。内閣はこれを国会に提出し，衆参両議院はこれをふまえて次年度予算を審議する。

◎会計検査院長

◎検査報告を首相（右，当時）に手渡す 2018年度決算の検査報告では，不適切な会計経理などが320件指摘され，金額にして1002億円にのぼった。

「無駄遣い」の原因は？ 非効率的な事業や，計画・需要見通しの甘さなどが指摘されている。例えば，外部から有料で借りた施設を利用せずに放置したり，想定よりも費用が割安で，資金が余ってしまったといった例がある。

税金を適切に使うために 現在，日本の財政は，歳出が増加する一方，税収は伸び悩み，危機的な状況にあるといわれている（→C）。このような中で，公共サービスを安定的に供給するには，会計検査院による検査は重要な役割を果たす。国民にも，税金の使い道に関心を持ち，財政を監視する姿勢が求められている。

C 財政赤字

1 一般会計の歳出総額，税収，公債発行額 ◎どのように推移しているか？

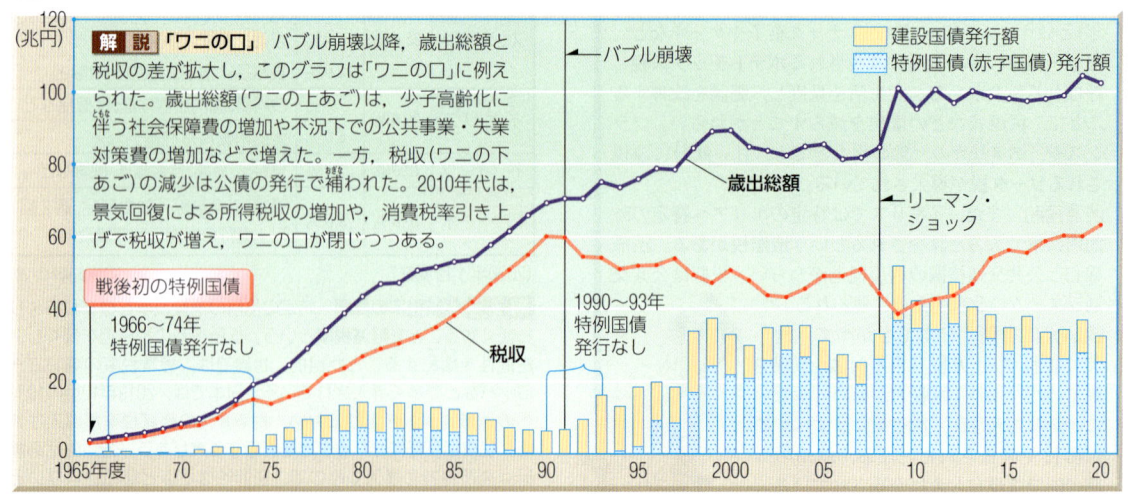

解説 「ワニの口」 バブル崩壊以降，歳出総額と税収の差が拡大し，このグラフは「ワニの口」に例えられた。歳出総額（ワニの上あご）は，少子高齢化に伴う社会保障費の増加や不況下での公共事業・失業対策費の増加などで増えた。一方，税収（ワニの下あご）の減少は公債の発行で補われた。2010年代は，景気回復による所得税収の増加や，消費税率引き上げで税収が増え，ワニの口が閉じつつある。

注：2018年度までは決算，2019年度は補正後予算案，2020年度は政府案 （財務省資料）

BOOK 神野直彦『財政のしくみがわかる本』（岩波ジュニア新書） 税金の負担が一番多いのは，最も所得が多い世帯ではない？戦後，日本が国の借金をゼロにした方法とは？日本の財政のしくみをやさしく解説し，これからの財政のありかたを考える。

2 公債残高，金利，利払費の推移

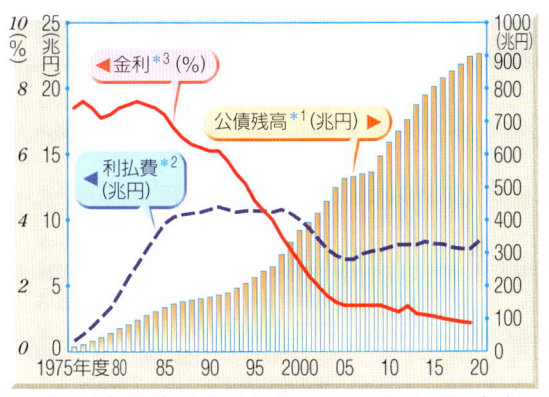

※1 各年度末残高。ただし19・20年度末は見込み。11年度以降は復興債などを含む。
※2 2018年度までは決算，19年度は補正後予算案，20年度は政府案。
※3 普通国債の利率加重平均
（財務省資料）

解説 累積する公債残高 公債発行額の増加により，公債残高の累積額も増加している。公債を発行すると，元金の返済に加え，利子の支払いが必要である。1980年代後半から金利が低下したため，公債残高は増加したにもかかわらず，利払い費は低く抑えられてきた。今後，金利が上昇すると，利払い費がさらに増加すると考えられる。

3 各国の政府債務残高の対GDP比

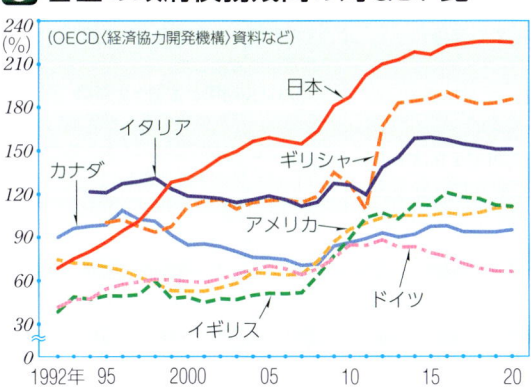

解説 先進国の中で最悪 1990年代，ヨーロッパ各国はEUの通貨統合実現のために財政の健全化を進めた。また，アメリカ経済も好調であった。一方，不況にあえぐ日本の財政状況は急速に悪化し，主な先進国の中で最悪の状況である。

日本の国債は誰がもっているの？

日本国債は，**約84%が国内で保有され**，海外の保有者は約13%に抑えられている。これが，海外保有比率の高い欧米の国債との大きな違いである。
2009年に巨額の財政赤字の発覚により財政危機に陥ったギリシャ（p.338 LOOK）の国債は，**約7割が海外から購入され，海外に対する借金**になっていた。(2019年12月末)（「資金循環統計」）
そのため，粉飾決算発覚により政府への信用が低下し，外国資本が引き上げられ，資金調達が困難になり海外に対する借金が払えなくなった。日本の国債はギリシャと同様の債務不履行にはただちに陥らないが，海外保有比率は年々高まっている。また，財政赤字は様々な問題をはらんでいる（→4）ため，**財政の健全化（→5）**が求められる。

●日本国債保有者の構成比 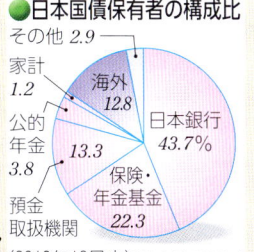
- その他 2.9
- 家計 1.2
- 海外 12.8
- 公的年金 13.3
- 保険・年金基金 22.3
- 預金取扱機関 3.8
- 日本銀行 43.7%

4 財政赤字の問題点

p.238 2 の財政の機能と比べてみよう。

財政の硬直化	借金の返済にかかる費用が多くなれば，政策のために使える金額が減り，本当に必要としているところに予算が振り分けられなくなる。
世代間不公平	（赤字）国債発行による利益は主に現在の世代が受けるが，その返済は将来の増税などによって，子や孫などの将来の世代が負うことになる。
所得分配上の問題	国債はすべての人が所有しているわけではない。一方，税金は広く国民から徴収する。借金を税金で返せば，国債を所有していない人から，所有している人への所得の移転が行われてしまう。
景気の抑制	国債を大量に発行することは，国と銀行の間に資金調達をめぐる競合を起こし，金利を上昇させることがある。金利が上昇すると，企業はお金を借りにくくなり，景気の拡大が抑制される。これを**クラウディング・アウト**という。

5 財政健全化をめざして

① プライマリー・バランスの黒字化

基礎的財政収支（プライマリー・バランス，PB） 財政状況を表す指標の1つ。政策に必要な経費を，その年度の税収でまかなえているかどうかを示す。次の式で表される。

PB =（歳入－公債金収入）－（歳出－国債費）

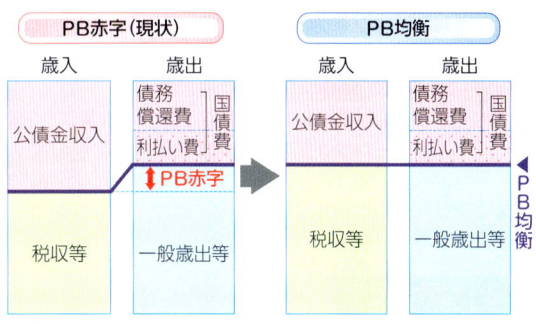

解説 赤字傾向が続く日本のPB 日本の現状のPBは赤字傾向にある（→2）。政策に必要な経費を税収でまかなえず，新たな借金が増えている。2010年の閣議決定で，**国・地方のプライマリー・バランスを2020年度までに黒字化すること**が目標とされたが，税収が想定よりも伸び悩み，2018年には黒字化の目標を2025年度にすることが閣議決定された。なお，公債金収入（新たな国債発行）より債務償還費（国債の返済金額）が少ないため，PBが均衡しても債務残高は利払い分増加する。将来的には，税収で国債利払い費を含めた歳出をまかなえるような財政再建が求められる。

② 日本のプライマリー・バランスの推移

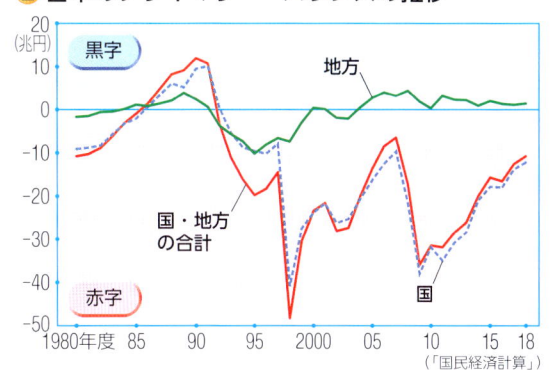

（「国民経済計算」）

重要用語 287財政 289国債 297所得税 298消費税 300垂直的公平 301水平的公平 302基礎的財政収支（プライマリー・バランス）

ポイント整理 14

7 金融の役割

A 金融のしくみ (→p.231, 232)
①金融…資金の貸借を行うこと。金融機関が仲立ちをする
- 直接金融…家計→証券市場で株式や社債を購入→企業
- 間接金融…家計・企業─預金→金融機関─貸付け→企業

②金本位制…金の保有量に基づいて通貨を発行。兌換銀行券→崩壊(1930年代)
→管理通貨制度…国の信用に基づいて通貨を発行。不換銀行券

③信用創造(預金創造)…銀行への預金→銀行の貸出の繰り返しにより，銀行への預金額の総計が，最初の預金額よりも大きくなること

B 日本銀行と金融政策 (→p.233~235)
①日本銀行の役割…政府の銀行，発券銀行，銀行の銀行
②金融政策…中央銀行(日銀)が行う。主要な手段は公開市場操作
- 金融引き締め…公開市場操作(売りオペ)→無担保コールレート上昇
  →市中金利上昇→市中通貨量減少→物価下落・景気鎮静化
- 金融緩和………公開市場操作(買いオペ)→無担保コールレート低下
  →市中金利低下→市中通貨量増加→物価上昇・景気活発化
- 非伝統的金融政策…ゼロ金利政策，量的緩和政策など。デフレ脱却をめざす

C 金融の自由化と競争の激化 (→p.235, 236)
①日本版金融ビッグバン…金融の自由化・国際化が進むなかで，大規模な規制緩和を行い，金融制度を抜本的に改革すること
→国際競争の激化，新商品・新サービスの登場

②異業種の銀行業参入…規制緩和によって参入が容易に
→自分の目的に合わせて金融機関を選択する自己責任の時代に

D バブル崩壊と金融への影響 (→p.237)
①ペイオフ…金融機関が破綻した際，預金保険機構が一定限度額まで預金を保護する
→バブル崩壊後，金融機関の破綻が相次ぐ→預金の取り付け騒ぎを防ぐため，制度を一時凍結。預金全額保護に→2005年に全面解禁

②金融機関への公的資金注入，金融監督庁設置→2000年に金融庁に改組
③金融業界の再編…不良債権処理→金融機関の合併→三大金融機関の誕生

8 財政の役割

A 財政のしくみ (→p.238~240)
①財政…国や地方公共団体が行う経済活動→戦前は軍事，戦後は社会保障中心
②財政の機能
- 資源配分の調整…私企業では供給できない公共サービス，公共施設の提供
- 所得の再分配…累進課税(高所得者に高率で課税)・社会保障(低所得者保護)
- 景気の安定化─自動安定化装置(ビルト・イン・スタビライザー)
  └裁量的財政政策(フィスカル・ポリシー)

③ポリシー・ミックス…金融政策と財政政策を一体的に運用
④財政投融資…郵便貯金や年金などの公的資金を公的機関に投資・融資(第二の予算)→公的機関の肥大化・非効率性が問題に→2001年に改革実施

B 租税のしくみ (→p.240~242)
①租税─直接税…納税者と税負担者が同一(所得税・法人税・相続税など)
    └間接税…納税者と税負担者が別(消費税・酒税など)
         →消費税の逆進性を緩和するため，軽減税率を導入

②税制の課題…直間比率の見直し，所得の捕捉率の不公平，高い累進税率

C 財政赤字 (→p.242, 243)
①公債(国債・地方債)…国や地方公共団体が不足する資金を補うために発行
②国債─建設国債…公共事業に当てる国債。1966年度の不況をきっかけに発行
    └特例国債(赤字国債)…一般会計の財源不足を補う国債。ほぼ毎年発行

③バブル崩壊後の不況対策→国債残高の急増→財政の硬直化，後の世代への負担増
→2025年度までに国・地方のプライマリー・バランス(政策に必要な経費を，その年度の税収でまかなえているかどうかを示す指標)を黒字化することが目標

ポイント解説

A 金融のしくみ 資金を融通(貸借)することを金融という。金融機関は預金・貸出・為替などの業務を行って企業・家計・政府の仲立ちをする。
　金融市場に出回るお金を通貨という。現在，日本では通貨量を中央銀行である日本銀行が管理して(管理通貨制度)，景気調節のための金融政策を行っている。

B 日本銀行と金融政策 日銀は，物価の安定を図るため，金融政策を行う。公開市場操作は，無担保コールレートに影響を及ぼし，最終的には市中金利，市中通貨量，物価，景気へと影響が波及していく。

C 金融の自由化と競争の激化 日本の金融機関は政府に厳しく規制されてきたが(護送船団方式)，そのしくみが諸外国から批判され，また，金融の空洞化を招いたため，大幅な規制緩和が行われた。これにより自由化が急速に進み，新商品や新サービスの登場，金融業界への新規参入など競争が激化した。

D バブル崩壊と金融への影響 金融機関は，不良債権処理と競争激化という厳しい状況に対応するため合併を行い，業界再編が進んだ。

A 財政のしくみ 財政とは，税金や国債発行による資金を公共的な分野に支出すること。政府が毎年，どこからいくら資金を集め，どこにいくら支出するかをまとめたものが予算。
　財政政策の機能には，①私企業では供給できない公共財を提供する資源配分の調整，②所得再分配，③景気の安定化がある。景気の安定化のためには，累進課税制度と社会保障制度により自動的に景気を調整する財政の自動安定装置(ビルト・イン・スタビライザー)と，税の増減と公共投資の増減により景気を調整する裁量的財政政策(フィスカル・ポリシー)がある。

B 租税のしくみ 租税には直接税と間接税があり，その比率を直間比率という。日本は直接税中心だったが，近年見直しが進められている。公平・中立かつ簡素な税制が望ましい。

C 財政赤字 国債は，財政法(1947年)によって，建設国債のみ認められている。しかし，特別の法律によって特例国債(赤字国債)が発行されてきた。巨額の国債残高には，様々な問題があり，解消のための早急な手だてが望まれる。

9 日本経済の歩み

1945年 / 2016年

◎東京の銀座の変化 日本経済は戦後の混乱から復興し、世界に例を見ない速さで成長し、世界有数の経済大国となった。復興から現在に至るまでの日本経済の歩みを理解し、現在の国民生活の背景を知ろう。

戦後日本経済の年表、主要経済指標のグラフ ➡p.252

A 戦後の復興

朝鮮特需

1 戦前の経済における財閥の支配

●財閥の払込資本金の内訳

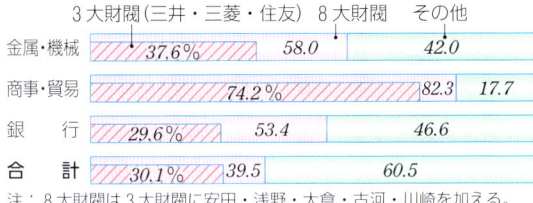

	3大財閥(三井・三菱・住友)	8大財閥	その他
金属・機械	37.6%	58.0	42.0
商事・貿易	74.2%	82.3	17.7
銀行	29.6%	53.4	46.6
合計	30.1%	39.5	60.5

注:8大財閥は3大財閥に安田・浅野・大倉・古河・川崎を加える。(1930年)
(柴垣和夫『三井・三菱の百年』中公新書より)

解説 財閥による独占体制 三井・三菱などの**政商**は、国の保護により**財閥**へと成長し、金融・工業・貿易の大部分を支配するようになった。各財閥は、同族が経営する財閥本社を**持株会社**(➡p.211)として、傘下に各分野の株式会社を設立して巨大ピラミッドを形成するという、**コンツェルン**(➡p.217 3)の形態を確立し、日本の資本主義は独占体制へと進行した。この時期に、日本の経済の特色である**二重構造**(➡p.254 3)が成立していくのである。

2 戦争で廃墟になった日本

① 国富被害 注:終戦時価格

	被害額	被害率
建築物	222億円	25%
工業用機械器具	80	34
船舶	74	81
電気・ガス供給設備	16	11
家具・家財	96	21
生産品	79	24
合計	643	25

(経済安定本部『太平洋戦争による我国の被害総合報告書』)

② 人的被害

	死亡者	負傷行方不明
軍人・軍属	1,555,308人	309,402人
一般国民	299,485	368,830
総数	1,854,793	678,232
総人口	72,147,000(1945年)	

(経済安定本部『太平洋戦争による我国の被害総合報告書』など)

◎東京大空襲の跡 隅田川 新大橋
◎空襲を受けた主な都市
(『日本の空襲』三省堂)

解説 廃墟からの再出発 太平洋戦争によって、国富(➡p.221)の約4分の1を失い、日本は廃墟と化した。最も重大な被害である人的被害は軍人・軍属・一般国民を合わせて、250万人ほどといわれている。このような状態から、日本経済は再出発することとなる。

3 経済の民主化(3大改革)

*1949年、全文改正

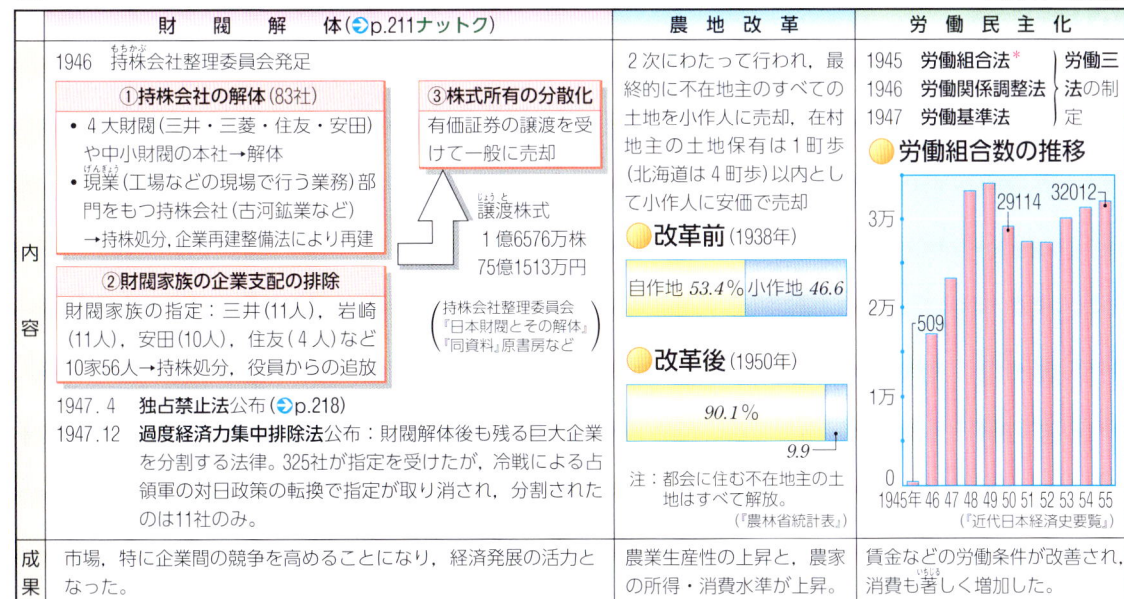

	財閥解体(➡p.211ナットク)	農地改革	労働民主化
内容	1946 持株会社整理委員会発足 **①持株会社の解体(83社)** ・4大財閥(三井・三菱・住友・安田)や中小財閥の本社→解体 ・現業(工場などの現場で行う業務)部門をもつ持株会社(古河鉱業など)→持株処分、企業再建整備法により再建 **②財閥家族の企業支配の排除** 財閥家族の指定:三井(11人)、岩崎(11人)、安田(10人)、住友(4人)など10家56人→持株処分、役員からの追放 **③株式所有の分散化** 有価証券の譲渡を受けて一般に売却 譲渡株式 1億6576万株 75億1513万円 (持株会社整理委員会『日本財閥とその解体』『同資料』原書房など) 1947.4 独占禁止法公布(➡p.218) 1947.12 過度経済力集中排除法公布:財閥解体後も残る巨大企業を分割する法律。325社が指定を受けたが、冷戦による占領軍の対日政策の転換で指定が取り消され、分割されたのは11社のみ。	2次にわたって行われ、最終的に不在地主のすべての土地を小作人に売却、在村地主の土地保有は1町歩(北海道は4町歩)以内として小作人に安価で売却 **●改革前**(1938年) 自作地 53.4% 小作地 46.6 **●改革後**(1950年) 90.1% 9.9 注:都会に住む不在地主の土地はすべて解放。 (『農林省統計表』)	1945 労働組合法* 1946 労働関係調整法 1947 労働基準法 労働三法の制定 **●労働組合数の推移** 509 (1945年) … 29114 … 32012 1945年 46 47 48 49 50 51 52 53 54 55 (『近代日本経済史要覧』)
成果	市場、特に企業間の競争を高めることになり、経済発展の活力となった。	農業生産性の上昇と、農家の所得・消費水準が上昇。	賃金などの労働条件が改善され、消費も著しく増加した。

解説 独占的経済支配の改善 GHQは、日本の産業・経済を支配した財閥の存在や、不在地主が小作料を徴収する寄生地主制による農村の窮乏、都市労働者の低賃金労働が日本の軍国主義の温床であると分析し、経済の民主化政策を行った。

重要用語 234持株会社 253独占禁止法 259国富 303財閥解体 304農地改革 373労働三法

国内経済

4 傾斜生産方式

Q 傾斜生産方式とはどういう政策か？

物資不足 →(資金・物資)→ 鉄鋼増産 →(鋼材)→ 石炭増産 →(石炭)→ 他部門増産
（石炭は鉄鋼増産へ戻る）
循環的拡大再生産

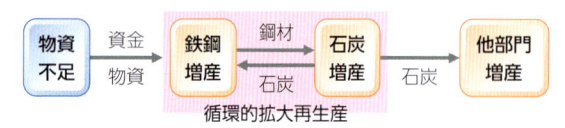

① 部門別石炭の配当量の推移

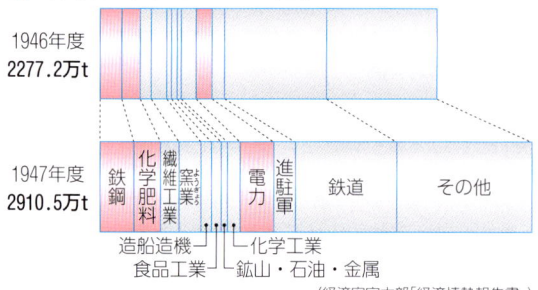

1946年度 2277.2万t
1947年度 2910.5万t
（鉄鋼／化学肥料／繊維工業／窯業／電力／進駐軍／鉄道／その他）
造船造機／食品工業／化学工業／鉱山・石油・金属
（経済安定本部「経済情勢報告書」）

② 戦後のインフレーション

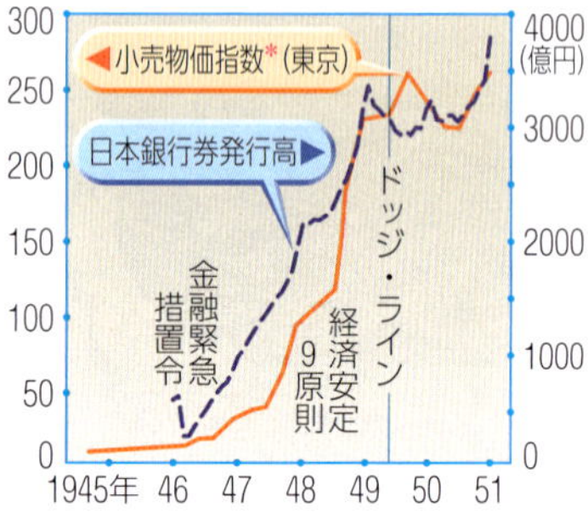

小売物価指数*（東京）
日本銀行券発行高
金融緊急措置令／ドッジ・ライン／経済安定9原則
1945年〜51年
*1934〜36年平均=1 （日本銀行資料）

解説　基幹産業の復興に重点をおく
戦後、生活物資の不足が問題となり、生産の再開が急務とされた。そこで、1947〜48年に、限られた資金・物資や労働力を**石炭・鉄鋼**部門に（のちに肥料・電力部門にも）重点的に投入して増産をはかり、生産が一定の基準に達した後、それを他の部門に流し、生産の全面的拡大をねらう**傾斜生産方式**という政策がとられた。この資金の大部分は**復興金融金庫**からの融資であり、日銀引き受けの「**復金債**」発行でまかなった。こうして、生産の拡大には成功したが、「復金債」の増発のため、インフレーション（**復金インフレ**）が進行した。

5 経済安定9原則とドッジ・ライン

Q ドッジ・ラインの効果は何だったか？

経済安定9原則（1948年）…GHQによる指令
〈目的〉経済安定とインフレ収束
〈内容〉①均衡予算、②徴税強化、③融資規制、④賃金安定、⑤物価統制、⑥貿易・為替管理の強化、⑦輸出の振興、⑧鉱工業生産の増強、⑨食糧供給の改善

↓具体化

ドッジ・ライン（1949年）…ドッジによる経済安定政策

> 日本の経済は両足を地につけずに竹馬に乗っているようなものだ。竹馬の片足は米国の援助、他方は国内の補助金の機構である。竹馬の足をあまり高くすると、ころんで首を折る危険がある。今ただちにそれを縮めることが必要だ。

①シャウプ勧告に基づく**直接税中心の税制の確立**　┐
②あらゆる補助金の削減　　　　　　　　　　　　　├ 超均衡予算の実現
　価格差補給金の廃止　　　　　　　　　　　　　　┘
③復金債の発行停止　　　　　　　　　┐インフレ抑制
④見返り資金特別会計の新設　　　　　┘物価安定
⑤**単一為替レートの設定**　　　　　　┐貿易振興
　（1ドル＝360円）　　　　　　　　 ┘国際経済への復帰

ドッジ（1890〜1964）

解説　日本経済の安定と自立のために　GHQ経済顧問ドッジは、日本経済を米国の援助と政府の補助金に頼る不安定な「**竹馬経済**」と表現した。**ドッジ・ライン**は黒字財政・インフレ収束と同時に生産縮小をもたらし、日本は深刻な不況（**安定恐慌**）に陥った。

超均衡予算　歳入が歳出を上回る黒字を前提とする予算。黒字によって日銀借入金などの借金返済が優先的に行われた。
価格差補給金　生産者価格が消費者価格を上回る場合に政府が支出する補助金。インフレ下の生活物資の価格安定のため、政府が企業に生産費の一部を補助金として支給した。
見返り資金　GARIOA・EROA（米国からの資金・物資援助）を売却して取得した資金。この資金を特別に積み立て、経済再建のため、国債の償還や公共・民間事業投資などに運用した。

6 朝鮮特需

① 製造工業生産指数の推移

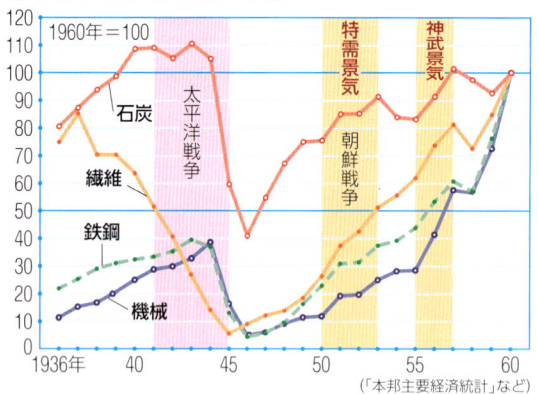

1960年=100
石炭／繊維／鉄鋼／機械
太平洋戦争／朝鮮戦争／特需景気／神武景気
1936年〜60年
（「本邦主要経済統計」など）

② 主要物資の契約高

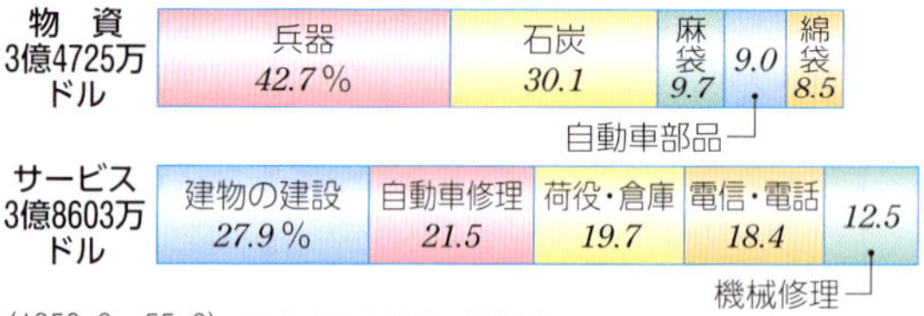

物資 3億4725万ドル：兵器 42.7%／石炭 30.1／麻袋 9.7／9.0／綿袋 8.5
　　　　　　　　　　　　　　　　　　　　　　　　　　　自動車部品
サービス 3億8603万ドル：建物の建設 27.9%／自動車修理 21.5／荷役・倉庫 19.7／電信・電話 18.4／12.5
　　　機械修理
（1950.6〜55.6）（有沢広巳・稲葉秀三編「資料・戦後二十年史」日本評論社より）

解説　特需景気　朝鮮戦争（1950〜53年休戦）（→p.163）の勃発で、日本経済は一変した。「国連軍」の主力を占める米軍から軍需物資の補充・修理などの特別調達需要（**特需**）が舞い込み、外貨が増え、生産が拡大し、ドッジ・ラインによる不況から脱出した。

朝鮮特需　戦車の修理に忙しい工場（神奈川県）

トヨタ自動車の危機と復興

ドッジ・ラインによる不況により、トヨタも莫大な借金を抱え経営危機に陥った。しかし、朝鮮戦争が勃発すると、米軍や警察予備隊から総額46億2800万円もの軍用トラックの注文があり、これによって増産を重ね、危機を脱した。

◆メモ　神武景気・岩戸景気の頃は、好況で需要が増えると国内の生産が追い付かず、輸入が増えた。そのため国際収支が赤字となるので、金融を引き締め、景気を落ち着かせた。国際収支赤字による経済成長の限界を、「国際収支の天井」という（→p.253グラフ）。

B 高度経済成長期

1 経済成長の主な要因

高い設備投資	**高い貯蓄率**…日本の貯蓄率は諸外国に比べて高く、この貯蓄が設備投資資金にまわった。 **技術革新**…外国の技術の導入が昭和30年代に急増。 **財閥解体**…企業間競争が高まり、設備投資を促進。 **「国民所得倍増計画」**…政府の高度成長策。財政融資による低利貸出、工場団地建設、税制優遇政策など。
豊富で良質な労働力	戦後、6・3制の義務教育制度により安価で良質な労働力が供給された。その後、高校・大学への進学率が高まり、さらに良質な労働力が供給された。
消費水準の向上	農地改革・労働民主化により、農民や労働者の所得水準が向上し、耐久消費財や家庭電化製品への国内需要が拡大した。「三種の神器」「3C」ブーム(→2)
ドル高・円安	1971年8月のニクソン・ショックまで、1ドル＝360円で相対的に安く、非常に輸出に有利であった。
豊富で安価な資源	第1次石油危機まで、安価な石油を大量消費することができ、重化学工業化が進んだ。
低い防衛費	憲法第9条及び日米安全保障条約により、諸外国と比べ防衛関係費が低く抑えられた。

月給を10年で2倍に！

政治的対立から経済の時代へ 1960年、池田勇人内閣は岸前内閣下での安保政策重視を一転させて経済政策を前面に打ち出し、「国民所得倍増計画」を政策の中心に据えた。これは、10年間で実質国民総生産を2倍にして完全雇用を達成し、農業と工業、大企業と中小企業、地域間などの格差是正をめざすものであった。

所得倍増の達成 政府は減税と公定歩合の引き下げ、財政支出の増大によって設備投資の促進と国民の購買力の増大を図り、さらに、貿易自由化の促進によって産業の国際競争力強化をめざした。日本全体が所得倍増にまい進した結果、経済は年11%に迫る勢いで成長し、1967年には目標を達成。高度経済成長を実現させた「国民所得倍増計画」は、戦後日本経済の大きな転換点となったが、都市部と農村、大企業と中小企業などの格差は拡大した。

●池田勇人首相

●民間設備投資と実質国民総生産

年度	民間設備投資	実質国民総生産
1960	7.1兆円	26.2兆円
1965	10.7	41.6
1970	29.9	72.1
1975	30.3	93.3

(経済要覧など)

◎大幅な設備投資を可能にした背景は何か？

① 各国の家計貯蓄率の推移

●貯蓄奨励のポスター

② 各国の投資率と成長率の推移

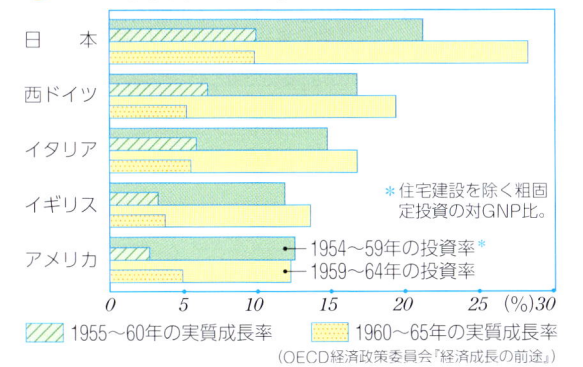

*住宅建設を除く粗固定投資の対GNP比。
・1954～59年の投資率*
・1959～64年の投資率
1955～60年の実質成長率　1960～65年の実質成長率
(OECD経済政策委員会『経済成長の前途』)

解説 高い貯蓄率に支えられた設備投資 特需により立ち直った日本経済は、1955年ごろから急激な設備投資が始まった。それを支えたのは、高い貯蓄率である。技術革新に伴う大幅な設備投資のための資金需要に対し、多額の貯蓄が銀行から企業に貸し出された(間接金融→p.231 ■)。このような、生産拡大のための投資の増大が関連産業の需要の増加を導き、新たな投資を呼び起こすという高投資による経済成長を、1960年の経済白書は「**投資が投資を呼ぶ**」と表現した。銀行と企業の関係は強化され、やがて銀行を中心とする**6大企業集団**(→p.212)が形成された。

2 主な耐久消費財の普及率

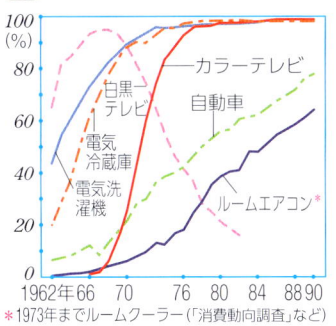

*1973年までルームクーラー(「消費動向調査」など)

●「三種の神器」

解説 大量消費社会の到来 農地改革や労働民主化による国民の所得上昇と生活水準の向上に伴い、消費意欲が高まった。1960年代には白黒テレビ・洗濯機・冷蔵庫の「**三種の神器**」が、70年代には自動車・カラーテレビ・クーラーの「**3C**」が普及した。

3 工業の生産別割合

(「工業統計表(産業編)」)

【従業者】

	金属	機械	化学	食料品	繊維	その他
1955年	11.7%	18.5	7.2	12.5	21.8	28.3
1974年	14.1%	31.9	4.5	10.0	13.2	26.3

【出荷額】

	金属	機械	化学	食料品	繊維	その他
1955年	17.0%	14.7	12.9	17.9	17.5	20.0
1974年	19.2%	30.3	13.0	10.3	6.6	20.6

重化学工業　　軽工業

解説 重化学工業化の進展 第2次産業の中では重化学工業が著しく発達した。特に、自動車、鉄鋼、電機などの部門は設備投資と技術革新によって急成長を遂げ、生産・輸出が大幅に伸び、経済成長率は平均約10%を記録した。しかし、1960年代後半になると、大量生産・大量消費時代の陰で慢性的インフレ、公害の多発、生活関連社会資本や福祉の立ち遅れなどの弊害が目立ち始め、「**くたばれGNP**」という流行語ができた。

LOOK 高度経済成長の光と影

高度経済成長によって人々の生活にはゆとりが生まれ，余暇の楽しみとしてマスメディアが発達した。また，東京オリンピック開幕直前の1964年10月には東海道新幹線が開業，翌1965年には名神高速道路が開通した。

しかし，経済発展を優先した結果，水質汚濁や大気汚染などの産業公害が発生した（●p.271❹）。また，自動車の普及は交通事故の増加を引き起こし，都市への人口集中は，過密・過疎問題を深刻化させた。

○『週刊少年サンデー』創刊（1959年） 同時に『週刊少年マガジン』も創刊され，週刊誌ブームが起こった。

○酸素ボンベを使う生徒（1973年7月） 大気汚染の進む羽田空港近くの小学校で使用された。撮影 熊切圭介

○東海道新幹線開業式（1964年10月1日） 東海道本線の特急で6時間30分の東京－大阪間を，「ひかり」号は4時間で走行。

○石油化学コンビナート（四日市市，1963年） 工場からのばい煙によりぜんそく患者が急増。

C 石油危機と安定成長期

❶ 各国の石油危機前後の実質経済成長率

◎石油危機は日本経済にどのような影響を与えたか？

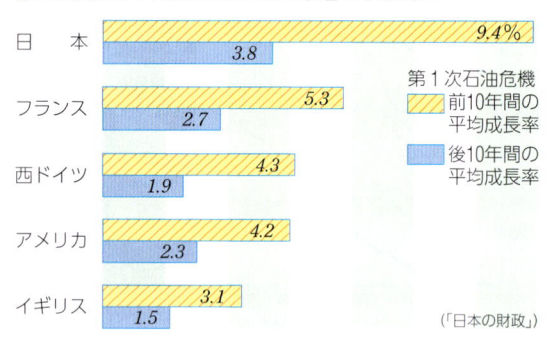

日本　9.4%／3.8
フランス　5.3／2.7
西ドイツ　4.3／1.9
アメリカ　4.2／2.3
イギリス　3.1／1.5

第1次石油危機前10年間の平均成長率／後10年間の平均成長率

（「日本の財政」）

解説 石油危機と日本経済 1973年の第1次石油危機で世界中が深刻な不況に陥った。資源の海外依存度が高い日本への影響は大きく，「狂乱物価」と呼ばれるほど物価が高騰した（●p.227❶）。金融引き締め（●p.234❹）など，政府が介入し需要を減らす**総需要抑制政策**で物価は鎮静化に向かったが，景気が急激に下降。翌1974年には実質経済成長率が**戦後初のマイナス成長**となった（●p.252グラフ）。その後，省エネ・省資源をめざす産業転換や企業の減量経営などにより不況を乗り越え，日本経済は安定的な成長をみせるようになった。

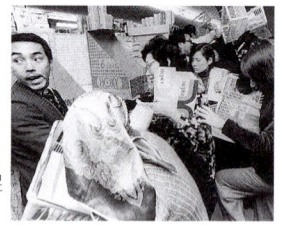

○買いだめに殺到する人々　トイレットペーパーなどの不足がうわさされ，混乱が起きた。

❷ 日本経済の変化
◎石油危機の前後で日本経済はどのように変わったか？

		石油危機前	石油危機後
経済全体の総称		「量」経済（モノ中心）	「質」経済（サービス・ソフト化）
時代区分		高度成長時代	情報経済時代 安定成長時代
産業構造	産業の特徴	重厚長大（エネルギー多消費型）	軽薄短小（省エネルギー型）
	主力産業	鉄鋼・自動車	エレクトロニクス・通信・バイオテクノロジー
	貿易姿勢	輸出重視	輸入重視
財政・金融	政府の性格	大きな政府	小さな政府
	公共投資の対象	道路・橋など全国ベース	大都市再開発，住宅の質の充実
	税体系	直接税重視	間接税重視
	金利体系	規制金利	自由金利
生活	生活観	同質化	多様化，区別化
	年齢	若者社会	高齢者社会
国際環境	通貨制度	固定相場制	変動相場制
	世界GNPに占める割合	5%	10%
	経済圏	大西洋の時代	太平洋の時代

（『ゼミナール日本経済入門』日本経済新聞社より）

産業別就業人口の推移

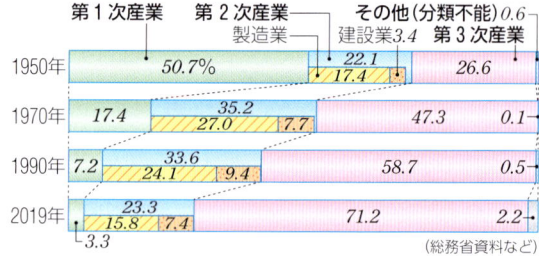

	第1次産業	第2次産業（製造業・建設業）	第3次産業	その他（分類不能）
1950年	50.7%	22.1（17.4）	26.6	0.6
1970年	17.4	35.2（27.0／7.7）	47.3	0.1
1990年	7.2	33.6（24.1／9.4）	58.7	0.5
2019年	3.3	23.3（15.8／7.4）	71.2	2.2

建設業3.4（1950年）

（総務省資料など）

解説 「量」経済から「質」経済へ 経済が成長し，生活水準が向上すると，モノよりも知識や情報などのソフトウェアに対する需要が高まり，第3次産業の比重が増大する。また，第3次産業以外の産業においても，ソフトウェアの役割が重要になってくる。この傾向を**経済のサービス化・ソフト化**という。日本では，石油危機を契機として進み，それまでの経済の量的拡大に代わり，生活の質の向上や個人の生きがいなどの「質的拡充」が重視された。

産業構造の高度化 経済が成長・発展するにつれて，産業の中心が第1次産業から第2次産業へ，さらには第3次産業へと移っていくことを**産業構造の高度化**という。これはペティによって指摘され，コーリン＝クラークによって実証されたため，**ペティ・クラークの法則**と呼ばれる。

◆メモ　第1次石油危機は，第4次中東戦争（●p.182❶）によって引き起こされた。産油国が産油削減・輸出制限・値上げを行い，原油価格が高騰した（●p.284❷）。

D プラザ合意と円高不況

◎対外直接投資が増えたのはなぜか？

1 円高の進行と日本経済

① 円相場と対外直接投資の推移
（「財政金融統計月報」など）

※年度。1995年度までは届出ベース，1996年度以降は実績ベース。

② 前川レポート（1986年）…輸出主導から内需主導へ

①輸出依存から内需主導型の活力ある経済成長への転換
②輸出入・産業構造の抜本的な転換
③適切な為替相場の実現とその安定
④金融・資本市場の自由化と国際化の推進
⑤国際協力による世界への積極的な貢献
⑥税制，特に貯蓄優遇税制の抜本的な見直し

解説 円高進行下の日本経済 アメリカの消費拡大とドル高・円安のもと，日本は輸出を拡大させ，石油危機による不況から脱した。しかし，外交面では貿易不均衡の拡大から**貿易摩擦**問題（→p.363）が発生した。1985年の**プラザ合意**により**円高**が急速に進み，日本の輸出産業は競争力を失い，深刻な不況に陥った（**円高不況**）。このため政府は1986年に**前川レポート**を発表。輸出主導型経済から**内需主導型経済**への構造転換をめざし，ソフトウェア，IC産業など知識集約型産業への転換を図ろうとした。また，円高と貿易摩擦を背景に企業の海外進出や海外企業の買収（M&A→p.212）が進み，対外直接投資額が増大した。（**産業の空洞化**→p.366）

◎円高は景気にどのような影響を与えるか？

2 円高による不況・好況

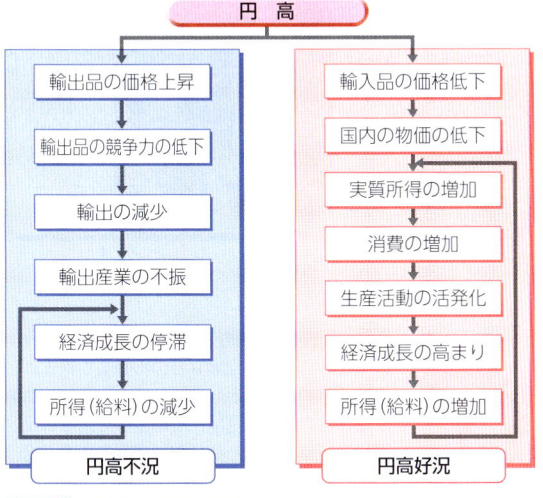

円高

【円高不況】
輸出品の価格上昇 → 輸出品の競争力の低下 → 輸出の減少 → 輸出産業の不振 → 経済成長の停滞 → 所得（給料）の減少

【円高好況】
輸入品の価格低下 → 国内の物価の低下 → 実質所得の増加 → 消費の増加 → 生産活動の活発化 → 経済成長の高まり → 所得（給料）の増加

解説 円高不況からの回復 円高は輸出産業に打撃を与えたが，一方で輸入価格を引き下げ，企業の輸入原料コストの低下と国内物価の低下をもたらした。また，公共事業費の増大や減税などの緊急経済対策によって内需拡大を図り，公定歩合を引き下げるなどの不況対策により，景気は回復し始めた。

プラザ合意

日・米・英・西独・仏による，ドル高是正に向けた為替市場への協調介入についての合意。1985年，ニューヨークのプラザホテルでの先進5か国財務相・中央銀行総裁会議（G5）において発表された。ドルに対する参加各国の通貨を切り上げることで，アメリカの輸出競争力の強化・貿易赤字の改善がねらいであった。

● アメリカの貿易赤字

年	赤字総額	対日赤字
1980	241	99
1982	317	168
1984	1078	336
1986	1527	550

単位：億ドル（「国際比較統計」など）

◎**日本車打ち壊し** 対日貿易赤字の拡大は労働者の解雇・賃金引き下げにつながり，日本製品不買運動が発生した。

ナットク！ なぜプラザ合意が必要だったのか？

バブル経済へとつながるプラザ合意は，そもそも財政赤字と貿易赤字というアメリカの「**双子の赤字**」の拡大と，基軸通貨ドルの高騰という不安定な状態が，世界経済に与える影響を回避しようとしたものである。

● アメリカ経済の動き

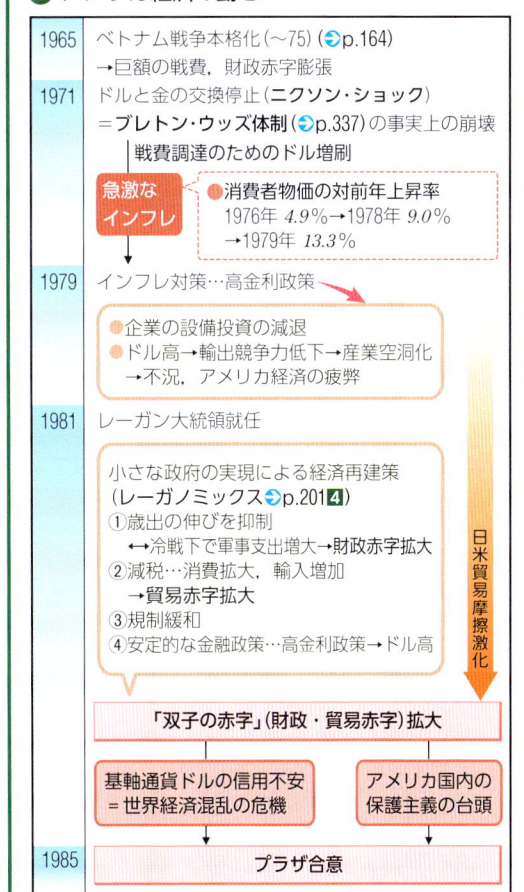

1965	ベトナム戦争本格化（〜75）（→p.164）
	→巨額の戦費，財政赤字膨張
1971	ドルと金の交換停止（ニクソン・ショック）
	＝ブレトン・ウッズ体制（→p.337）の事実上の崩壊
	戦費調達のためのドル増刷

急激なインフレ ●消費者物価の対前年上昇率
1976年 4.9%→1978年 9.0%
→1979年 13.3%

| 1979 | インフレ対策…高金利政策 |

●企業の設備投資の減退
●ドル高→輸出競争力低下→産業空洞化
→不況，アメリカ経済の疲弊

| 1981 | レーガン大統領就任 |

小さな政府の実現による経済再建策
（レーガノミックス→p.201 4）
①歳出の伸びを抑制
　←冷戦下で軍事支出増大→財政赤字拡大
②減税→消費拡大，輸入増加
　→貿易赤字拡大
③規制緩和
④安定的な金融政策…高金利政策→ドル高

日米貿易摩擦激化

「双子の赤字」（財政・貿易赤字）拡大

基軸通貨ドルの信用不安 ／ アメリカ国内の
＝世界経済混乱の危機 ／ 保護主義の台頭

| 1985 | プラザ合意 |

■重要用語 ⓷⓪⓻高度経済成長 ⓷⓪⓼石油危機 ⓷⓪⓽経済のサービス化・ソフト化 ⓷⓵⓪産業構造の高度化
④㉓ニクソン・ショック（ドル・ショック） ④㉕プラザ合意 ④㉙産業の空洞化

E バブル経済の発生とその崩壊

1 発生から崩壊までの流れ

＊企業や個人が本業以外で，余剰資金を土地・株式などに投資すること。

年	できごと
1985.9	プラザ合意（→p.249）
1986.4	前川レポート提出（→p.249）
1987.2	ルーブル合意…アメリカの貿易赤字が解消せず，逆に輸入品価格の上昇からインフレが発生。景気が後退。ドル安に歯止めをかけるため，先進各国に金利引き下げを要求
	さらなるドル売りを防ぎ，アメリカ経済の破綻を防止するため，日本の金利引き上げ見送り
.10	ニューヨーク株式市場，株価大暴落（ブラック・マンデー）
1989.5	公定歩合引き上げ（以後，1990年8月にかけて4回引き上げ）
.12	日経平均株価，史上最高値3万8915円
1990.4	大蔵省，金融機関の土地関連融資等総量規制導入
1991.5	地価税法成立
1992.8	日経平均1万5000円割れ

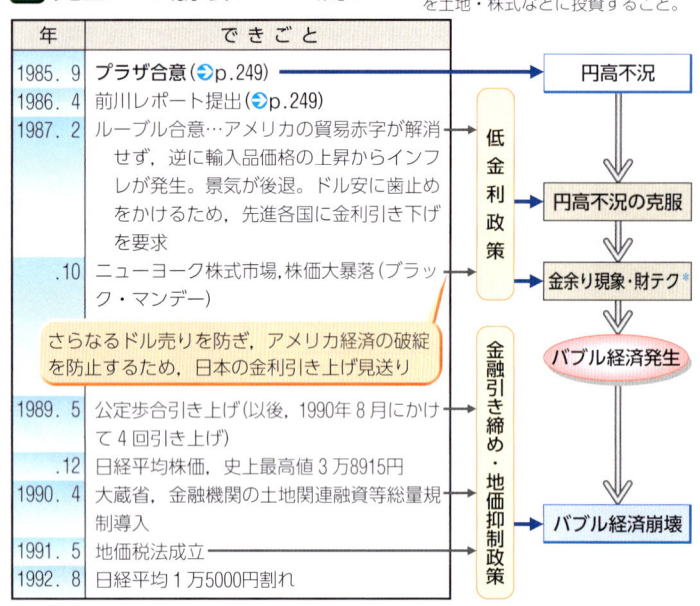

フロー：円高不況 → 低金利政策 → 円高不況の克服 → 金余り現象・財テク＊ → バブル経済発生 → 金融引き締め・地価抑制政策 → バブル経済崩壊

バブルの背景　土地は儲かる!?

戦後，日本では土地は必ず値上がりするという「土地神話」が定着していた。また，1980年代に中曽根内閣のもとで規制緩和が行われ，都市再開発が進められた。その結果，不動産・建設業者の土地需要が高まり，銀行も不動産融資に積極的になったため，地価は高騰した。

[解説] 金余りが生んだバブル経済

1987年のルーブル合意とブラック・マンデーによるアメリカ経済への影響を配慮し，日本の低金利政策は維持された。これによって生まれた余剰資金は土地・株式の購入に振り向けられ，これまで土地・株取り引きに関係がなかった企業・個人までもが値上がりによる利益を期待して売買を繰り返した。その結果，地価や株価は実際の価値をはるかに超えて高騰し，**バブル経済**に発展した。

地価の異常な高騰は，マイホームがもてない，相続税が払えないなどの弊害を生んだため，政府・日銀は金融引き締め・地価抑制政策を実施した。これにより地価・株価は暴落。バブル経済は崩壊し，長引く不況の幕開けとなった。

① 公定歩合の推移

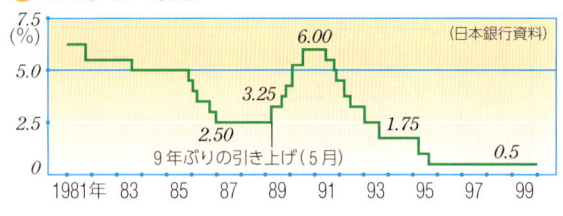

（日本銀行資料）
1981年：6.00、2.50（9年ぶりの引き上げ〔5月〕）、3.25、1.75、0.5

② 株価・地価・消費者物価の動き

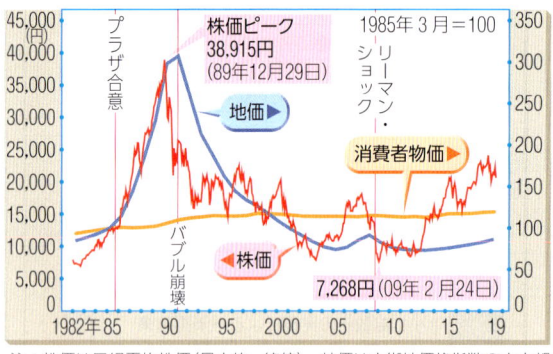

株価ピーク 38,915円（89年12月29日）
1985年3月=100
プラザ合意／バブル崩壊／リーマン・ショック
7,268円（09年2月24日）
注：株価は日経平均株価（月末値，終値），地価は市街地価格指数の六大都市全用途平均
（日本経済新聞社資料など）

LOOK　平成（バブル）景気に沸く日本

地価や株価の高騰を背景に，人々の消費意欲はかきたてられ，高級品が飛ぶように売れた。

◁ ゴッホの「ガシェ博士の肖像」高額落札　ニューヨークのオークションで，日本人が約125億円で落札。（1990年5月）

▷ 三菱地所，アメリカのロックフェラーセンター買収（1989年）　ロックフェラーセンターは映画の舞台としても有名。

『毎日新聞』1989.10.31

2 不良債権の発生　◉なぜ不良債権が発生したのか？

通常の融資
①担保／②融資／③投資／④利益／⑤借金返済／⑥担保返還
新規事業など
返済できない時は → 担保売却 → 融資の回収

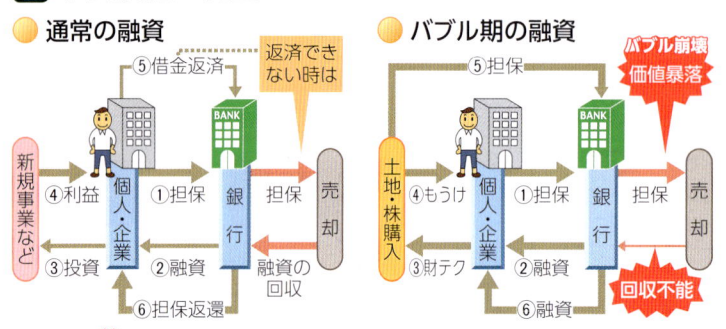

バブル期の融資
①担保／②融資／③財テク／④もうけ／⑤担保／⑥融資
土地・株購入
バブル崩壊 価値暴落 → 回収不能

[解説] 横行した銀行の過剰貸し付け

銀行が融資を行う場合，土地などの不動産や株式などの有価証券を担保として預かる。融資した金額が返済されない場合は，その担保を売却して返済に充てる。通常，融資額は担保の市場価格の7割程度であるが，バブル期には値上がりを見込んで市場価格と同等，もしくはそれ以上の金額を融資した銀行もあった。この放漫な過剰貸し付けがバブル崩壊の被害を拡大させ，回収不能となった借金は巨額の**不良債権**として銀行経営を圧迫した。

入試クイズ〈12本〉（→E1）　日本銀行による高金利政策の採用が，景気を過熱させ，バブル経済を発生させた。○？×？　　答：×

F 1990年代以降の経済

1 失われた10年

① 企業倒産件数と国内銀行貸出金対前年比

（日本銀行資料など）

② 不良債権額の推移

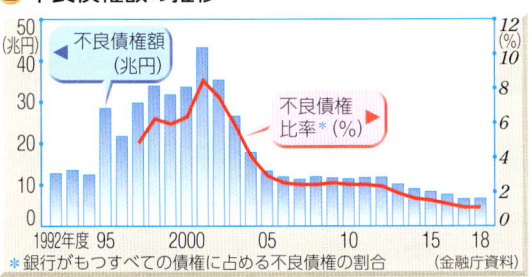

※銀行がもつすべての債権に占める不良債権の割合（金融庁資料）

解説 経済の長期低迷 バブル崩壊後の1990年代の経済低迷は、「失われた10年」と呼ばれる。平成不況では、不良債権の急増による金融機関の破たん（**金融不安**）と不況が同時に起こった。銀行は**不良債権**（→E2）により経営を圧迫された。融資に慎重になった銀行の**貸し渋り**（→p.254 5）は、不況下の企業活動をさらに圧迫し、業績が悪化し、倒産する企業が増加した。企業の倒産により、銀行の不良債権処理は一向に進まなかった。政府は銀行に多額の公的資金を注入し（→p.237）、日銀は金融緩和政策を実施して、不良債権処理の促進と資金の円滑な循環をめざした。

この間、企業は経営の合理化を進めた。2000年代前半から景気は回復し始めたが、財政赤字の拡大（→p.242）や非正規雇用の増加（→p.306）など、新たな問題が出てきている。

日銀の金融緩和政策（→p.234 5） ゼロ金利、量的緩和、量的・質的金融緩和、マイナス金利付き量的・質的金融緩和

2 小泉構造改革 ◎何をめざした改革だったのか？

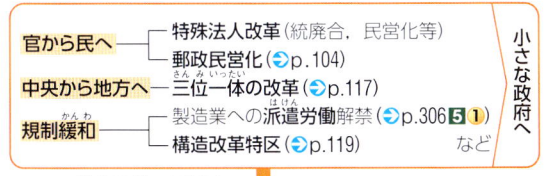

- 官から民へ ── 特殊法人改革（統廃合、民営化等）
  - 郵政民営化（→p.104）
- 中央から地方へ ── 三位一体の改革（→p.117）
- 規制緩和 ── 製造業への派遣労働解禁（→p.306 5 ①）
  - 構造改革特区（→p.119） など

→ 小さな政府

構造改革の影響は…

- 長期に渡る景気拡大期（2002.2～08.2）（→3）【光】
- 労働条件の悪化、非正規雇用者の増加【影】→所得格差の拡大（→p.315B ①）

解説 民営化と規制緩和 小泉内閣（2001～06年）は、財政健全化や経済活性化などを掲げ、**小さな政府**をめざす**新自由主義的政策**（→p.201）をとった。「改革なくして成長なし」を理念とした、民営化や他分野に渡る規制緩和をはじめとする大規模な**構造改革**である。この時期、日本の景気は回復傾向に向かい、2002年から始まった景気拡大は6年1か月に及んだ（→3）。一方で、所得格差の拡大など、改革の負の側面に対する批判もある。

3 戦後の主な景気拡大期

	いざなぎ景気	平成（バブル）景気	いざなみ景気
期間	1965年11月～70年7月（57か月）	1986年12月～91年2月（51か月）	2002年2月～08年2月（73か月）
実質経済成長率*	11.5%	5.4%	2.1%
雇用者報酬伸び率	114.8%	31.8%	−0.7%
消費者物価伸び率*	5.1%	2.0%	0.1%
失業率の変化	1.3%→1.2%	2.8%→2.1%	5.2%→3.9%

*年率換算　（「読売新聞」2009.1.30など）

> 景気回復の実感なし？収益増加は雇用者への賃金に還元されず。

4 地域・グループ別の経済成長率

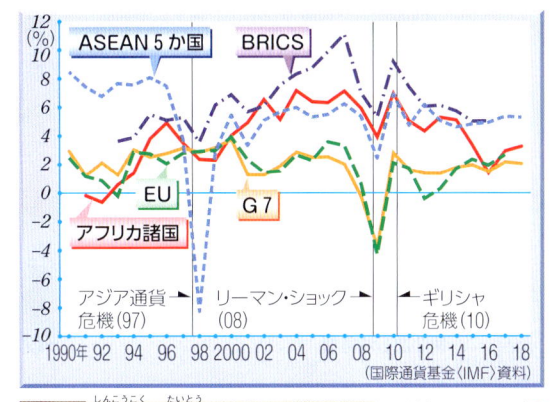

ASEAN5か国、BRICS、EU、G7、アフリカ諸国
アジア通貨危機（97）、リーマン・ショック（08）、ギリシャ危機（10）
（国際通貨基金(IMF)資料）

解説 新興国の台頭と連動する世界経済 近年、BRICS（→p.354）など**新興国**をはじめとするアジア・アフリカ諸国の成長が著しい。日本経済もこれらの国々の成長に支えられている。一方、サブプライムローン問題から始まった**世界金融危機**（→p.341）や**ギリシャ財政危機**（→p.338 LOOK）のように、一国内の経済が世界に波及するようになった。

◀世界各国での株価暴落を伝えるニューヨークタイムズ紙（2008年10月7日）
リーマン・ブラザーズ破綻以降、世界各国で株価が一斉に下落。世界金融危機が発生した。日本の日経平均株価も、一時1万円を下回った。

5 「アベノミクス」

「三本の矢」
①大胆な金融政策…金融緩和による通貨量増加と物価上昇
②機動的な財政政策…公共事業の増加による景気刺激
③民間投資を喚起する成長戦略…規制緩和など

「新三本の矢」
①希望を生み出す強い経済…GDP600兆円の実現
②夢を紡ぐ子育て支援…希望出生率（希望が実現した場合の出生率）1.8の実現
③安心につながる社会保障…介護離職ゼロの実現

解説 経済の再生をめざして 安倍内閣（2012～20年）は、デフレ脱却と持続的な経済成長の実現に向け、2012年から「**アベノミクス**」と呼ばれる経済政策を展開。2015年には一億総活躍社会の実現に向け、新たな柱として「新三本の矢」を掲げている。

重要用語 130 三位一体の改革　218 新自由主義　279 公定歩合　311 バブル経済　425 プラザ合意　433 世界金融危機　460 BRICS

日本経済の歩み

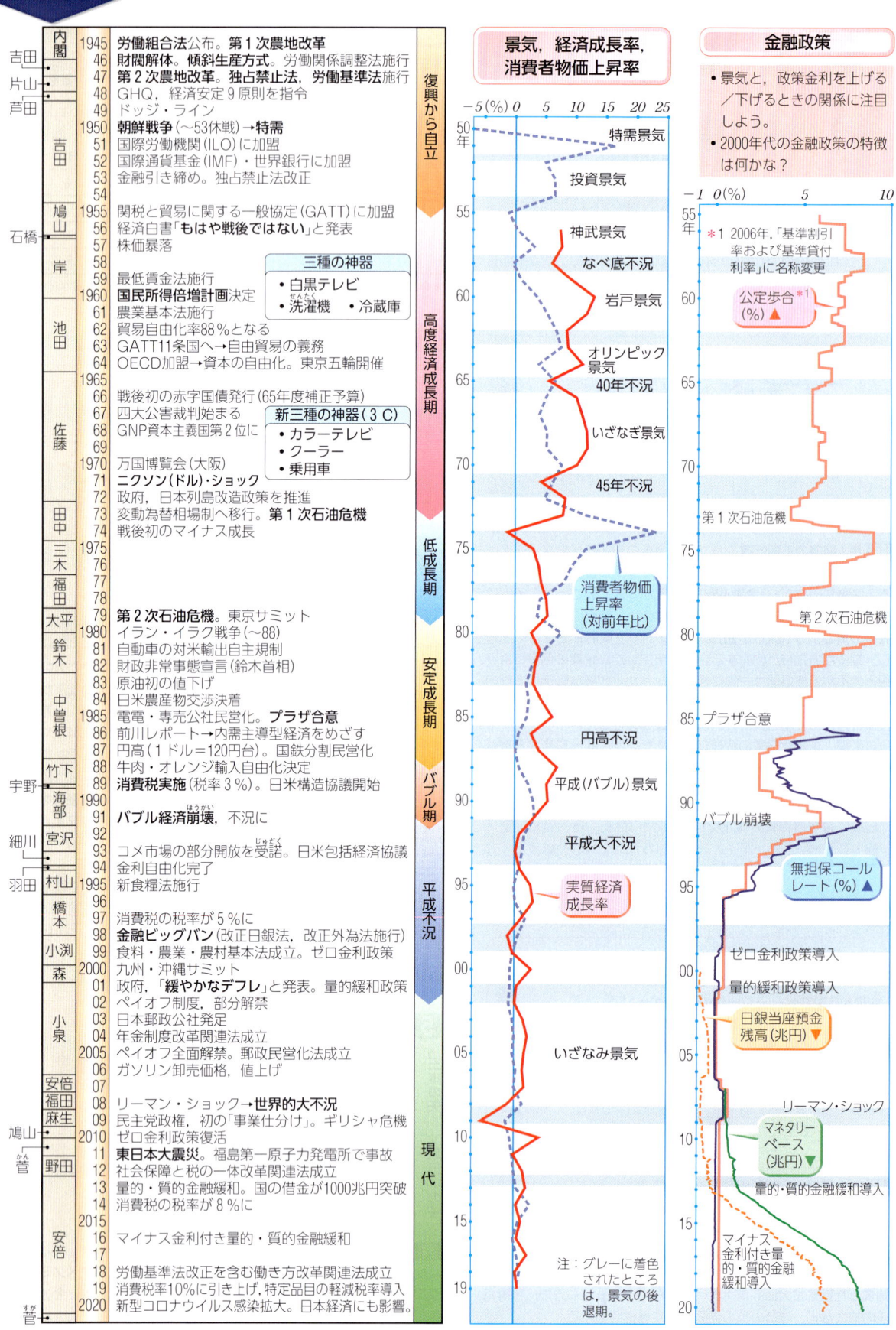

戦後から現在へ　　戦後歴代内閣と政治の歩み ➡ p.128〜131

年表（内閣・出来事）

内閣	年	出来事	時期区分
吉田	1945	労働組合法公布。第1次農地改革	復興から自立
片山	46	財閥解体。傾斜生産方式	
芦田	47	第2次農地改革。独占禁止法、労働基準法施行	
吉田	48	GHQ、経済安定9原則を指令	
	49	ドッジ・ライン	
	1950	朝鮮戦争（〜53休戦）→特需	
	51	国際労働機関（ILO）に加盟	
	52	国際通貨基金（IMF）・世界銀行に加盟	
	53	金融引き締め。独占禁止法改正	
	54		
鳩山	1955	関税と貿易に関する一般協定（GATT）に加盟	
石橋	56	経済白書「もはや戦後ではない」と発表	
	57	株価暴落	
岸	58		
	59	最低賃金法施行	
	1960	国民所得倍増計画決定	高度経済成長期
池田	61	農業基本法施行	
	62	貿易自由化率88％となる	
	63	GATT11条国へ→自由貿易の義務	
	64	OECD加盟→資本の自由化。東京五輪開催	
	1965		
	66	戦後初の赤字国債発行（65年度補正予算）	
佐藤	67	四大公害裁判始まる	
	68	GNP資本主義国第2位に	
	69		
	1970	万国博覧会（大阪）	
	71	ニクソン（ドル）ショック	
	72	政府、日本列島改造政策を推進	
田中	73	変動為替相場制へ移行。第1次石油危機	
	74	戦後初のマイナス成長	低成長期
三木	1975		
	76		
	77		
福田	78		
大平	79	第2次石油危機。東京サミット	
	1980	イラン・イラク戦争（〜88）	
鈴木	81	自動車の対米輸出自主規制	
	82	財政非常事態宣言（鈴木首相）	
	83	原油初の値下げ	安定成長期
中曽根	84	日米農産物交渉決着	
	1985	電電・専売公社民営化。プラザ合意	
	86	前川レポート→内需主導型経済をめざす	
	87	円高（1ドル=120円台）。国鉄分割民営化	
	88	牛肉・オレンジ輸入自由化決定	
竹下	89	消費税実施（税率3％）。日米構造協議開始	バブル期
宇野			
海部	1990		
	91	バブル経済崩壊、不況に	
宮沢	92		
	93	コメ市場の部分開放を受諾。日米包括経済協議	
細川	94	金利自由化完了	
羽田			
村山	1995	新食糧法施行	平成不況
	96		
橋本	97	消費税の税率が5％に	
	98	金融ビッグバン（改正日銀法、改正外為法施行）	
小渕	99	食料・農業・農村基本法成立。ゼロ金利政策	
森	2000	九州・沖縄サミット	
	01	政府、「緩やかなデフレ」と発表。量的緩和政策	
	02	ペイオフ制度、部分解禁	
小泉	03	日本郵政公社発足	
	04	年金制度改革関連法成立	
	2005	ペイオフ全面解禁。郵政民営化法成立	
	06	ガソリン卸売価格、値上げ	
安倍	07		
福田	08	リーマン・ショック→世界的大不況	
麻生	09	民主党政権、初の「事業仕分け」。ギリシャ危機	
鳩山	2010	ゼロ金利政策復活	現代
菅	11	東日本大震災。福島第一原子力発電所で事故	
野田	12	社会保障と税の一体改革関連法成立	
	13	量的・質的金融緩和。国の借金が1000兆円突破	
	14	消費税の税率が8％に	
安倍	2015		
	16	マイナス金利付き量的・質的金融緩和	
	17		
	18	労働基準法改正を含む働き方改革関連法成立	
	19	消費税率10％に引き上げ、特定品目の軽減税率導入	
菅	2020	新型コロナウイルス感染拡大。日本経済にも影響	

三種の神器
- 白黒テレビ
- 洗濯機
- 冷蔵庫

新三種の神器（3C）
- カラーテレビ
- クーラー
- 乗用車

景気、経済成長率、消費者物価上昇率

主な景気局面：
- 特需景気
- 投資景気
- 神武景気
- なべ底不況
- 岩戸景気
- オリンピック景気
- 40年不況
- いざなぎ景気
- 45年不況
- 消費者物価上昇率（対前年比）
- 円高不況
- 平成（バブル）景気
- 平成大不況
- 実質経済成長率
- いざなみ景気

注：グレーに着色されたところは、景気の後退期。

金融政策

- 景気と、政策金利を上げる／下げるときの関係に注目しよう。
- 2000年代の金融政策の特徴は何かな？

*1 2006年、「基準割引率および基準貸付利率」に名称変更

- 公定歩合*1（％）
- 第1次石油危機
- 第2次石油危機
- プラザ合意
- バブル崩壊
- 無担保コールレート（％）
- ゼロ金利政策導入
- 量的緩和政策導入
- 日銀当座預金残高（兆円）
- リーマン・ショック
- マネタリーベース（兆円）
- 量的・質的金融緩和導入
- マイナス金利付き量的・質的金融緩和導入

出典：国民経済計算，総務省統計局資料，日本銀行資料，財務省資料，財務省貿易統計，内閣府「年次経済財政報告」，「小売物価統計調査年報」，国際連合資料，IMF資料など

財政
- 財政規模はどのように推移してきたかな？

*2 政府の経済活動の大きさを示す指標の1つ。公的需要とは政府や公的企業による消費や投資などのこと。1979年度までと1980年度以降で，算出方法が異なる。

GDPに占める公的需要の割合(%) *2 ▲
戦後初の赤字国債発行
建設国債発行額（兆円）▼
福祉元年
赤字国債発行額（兆円）▼
バブル崩壊

貿易と為替相場
- 「国際収支の天井」(→p.246 メモ)を読み取ろう。（金融政策の公定歩合のグラフも合わせて見よう。）
- 貿易収支はどのように推移してきたかな？

輸出額－輸入額（億円）▲
貿易収支（兆円）▲
円相場（円/ドル）▼

GDPランキング
- 世界経済をリードしてきた国の移り変わりを捉えよう。

注：名目値。1969年までは名目GNPで，ソ連を除いたランキング。

	1位	2位	3位	4位	5位
55年	米	英	仏	西独	カナダ
	(1956～59年はデータなし)				
60	米	西独	英	仏	日
65			仏英	英仏	
			日	仏	英
70		西独			仏
	日				
75	ソ	日	西独		仏
80	日	ソ			
85		西独	ソ仏	仏	ソ伊
90		独			
95				英	伊英仏
00				英	仏
05		中		中英	仏
10	中	日			英
15					
18	米	中	日	独	英

ものの値段と流行語・世相を表す言葉
- 時代のイメージをもとう。

	平均月給	ノート	チョコレート (100g)

1950年
11,000円 / 24円 / 59円
「舶来品さようなら」
「もはや戦後ではない」

1960年
24,000円 / 20円 / 100円
「一生に一度のお買い物です」
（松下電器産業・テレビ）
「大きいことはいいことだ」
（森永製菓・チョコレート）

1970年
74,000円 / 40円 / 111円
「狭い日本そんなに急いでどこへ行く」
（交通安全運動標語）
「モーレツからビューティフルへ」
（富士ゼロックス）

1980年
257,000円 / 96円 / 223円
「5時から男のグロンサン」
（中外製薬・ドリンク剤）
「24時間戦えますか」
（三共・ドリンク剤）

1990年
370,000円 / 114円 / 193円
「いつかあんたも会社の肥やし」
（大日本除虫菊・防虫剤）
「人が減り　給料減って　仕事増え」
（サラリーマン川柳）

2000年
398,000円 / 129円 / 191円
「明日があるさ」
（コカ・コーラ・缶コーヒー）
「萌え～」
（2005年流行語大賞トップテン）

2010年
360,000円 / 144円 / 160円
「アベノミクス」
（2013年流行語大賞トップテン）

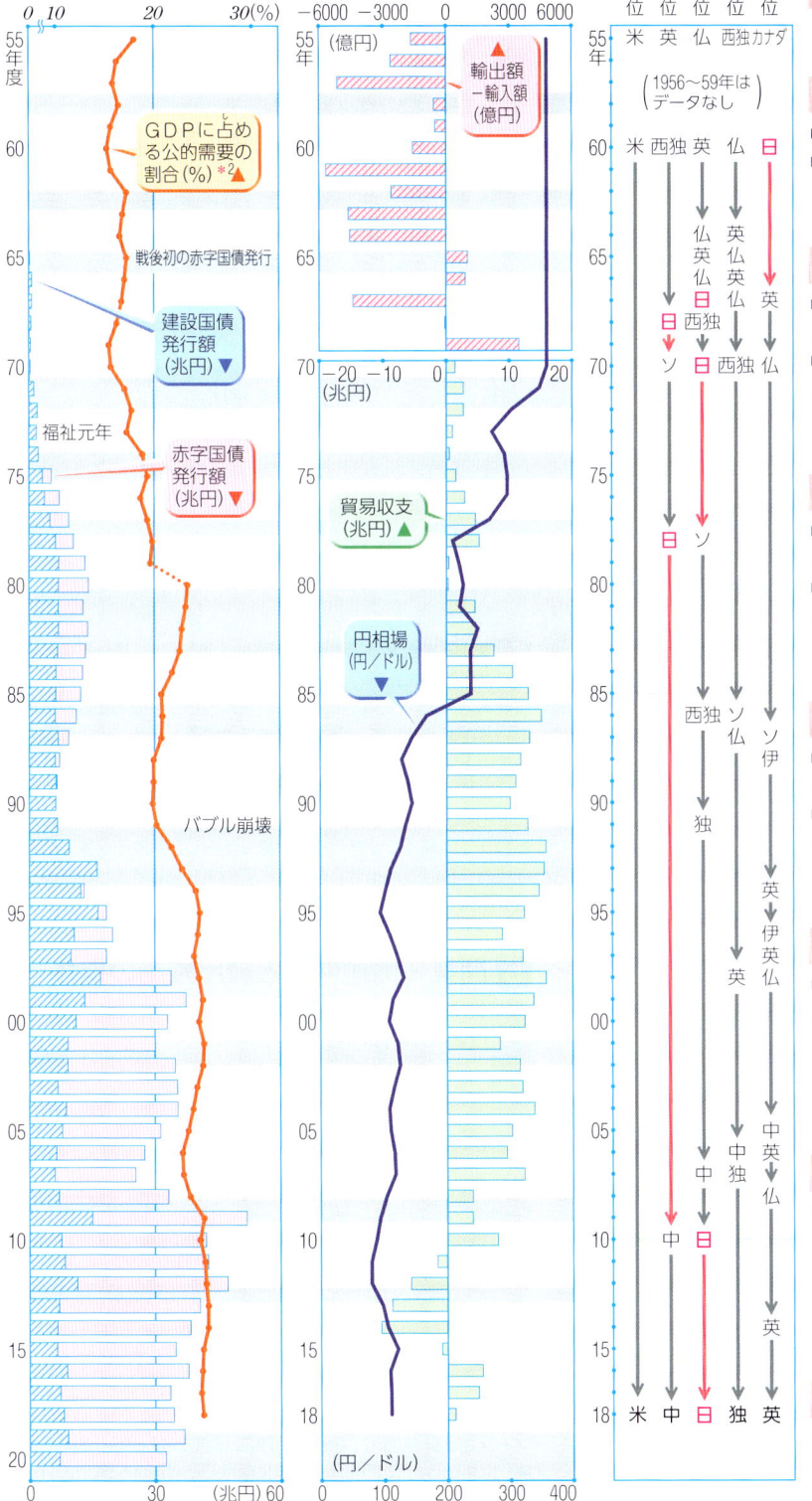

10 中小企業と日本経済

▶ロケットの部品も手がける北嶋絞製作所（東京都大田区） 日本の製造業は、中小企業の卓越した技術がなくては成り立たない。中小企業が日本経済のなかで果たす役割について理解し、その現状と、様々な取り組みについて調べてみよう。

A 中小企業の現状

1 中小企業の範囲（中小企業基本法第2条）

業　種	資本金	従業員
製造業その他の業種	3億円以下	300人以下
卸　売　業	1億円以下	100人以下
小　売　業	5000万円以下	50人以下
サービス業	5000万円以下	100人以下

注：資本金・従業員のどちらかの条件を満たせば中小企業

2 日本経済に占める中小企業の割合

①製造業（2017年）　（「工業統計調査」）

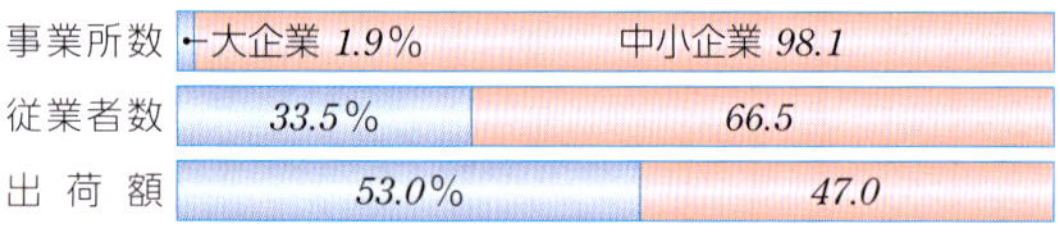

事業所数	大企業 1.9%	中小企業 98.1
従業者数	33.5%	66.5
出荷額	53.0%	47.0

注：従業者300人未満を中小企業とした。

②小売業（2016年、＊は2015年）　（「経済センサス」）

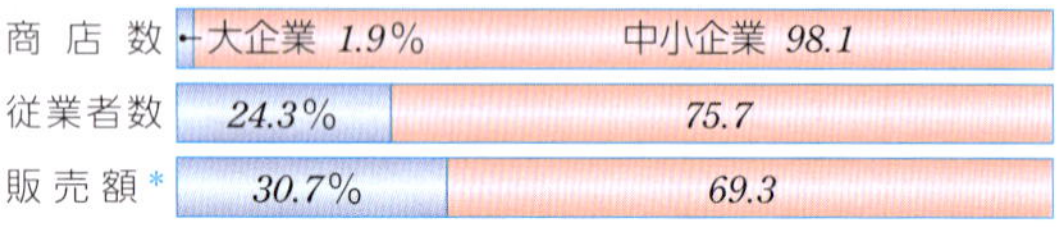

商店数	大企業 1.9%	中小企業 98.1
従業者数	24.3%	75.7
販売額＊	30.7%	69.3

注：従業者50人未満を中小企業とした。

解説　中小企業の存在の大きさ　事業所数で見ると、中小企業の割合は圧倒的に高い。また、中小企業は従業者数や製造業出荷額・小売業販売額でも大きな割合を占めており、日本経済において重要な役割を果たしている。中小企業の多くは地域との結びつきが強く、日用品や伝統品を製造する**地場産業**は、中小企業が支えているといえる。

3 大企業と中小企業の格差

◎どのような格差があるか？

①従業員1人当たりの格差（製造業） ②従業員1人当たりの販売額の格差

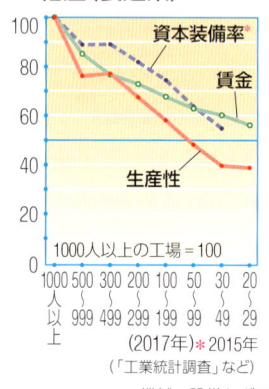

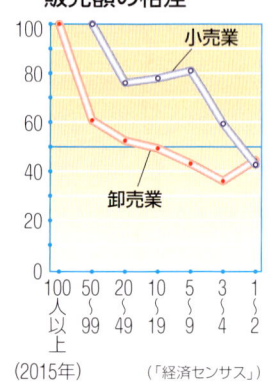

注：資本装備率＝機械・設備などの資本額／従業者数

注：卸売業は100人以上の企業＝100、小売業は50人以上の企業＝100としたときの指数。

解説　日本経済の二重構造　日本経済の中に、最先端の設備をもつ近代的な大企業と、前近代的な中小企業が並存し、両者の間に資本力、技術、生産性、賃金、1人当たりの販売額などにおいて格差がある状態を、**日本経済の二重構造**という。中小企業は大企業の下請けや系列企業になる場合が多く、景気により発注量を変えられるなど、**景気の調節弁**の役割を負わされてきた。しかし、国際化により系列の枠を越えて取り引きする企業や、既存の産業が扱っていない**ニッチ（隙間）産業**に進出し活躍する企業、革新的な技術や独自のアイデアをもとに新事業を開拓する**ベンチャー・ビジネス**（→p.255）を展開する企業も増えてきている。

4 製造業事業所数の推移

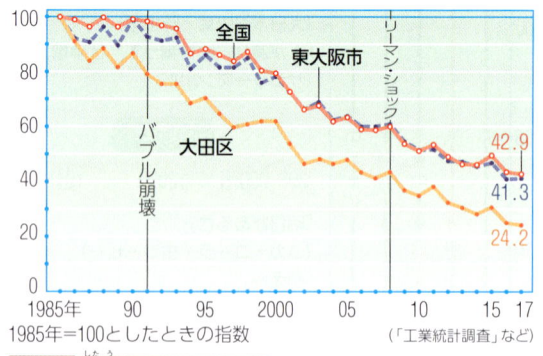

全国 41.3
東大阪市 42.9
大田区 24.2

1985年＝100としたときの指数　（「工業統計調査」など）

解説　下請け企業の経営危機　バブル崩壊後、**下請け企業**は親会社の経営不振により、経営危機に陥っている。特に下請け工場が集中する東大阪市と東京都大田区の事業所の減少は著しい。さらに、製造コストが安いアジア諸国との競争激化や大企業の海外進出による**産業の空洞化**（→p.366）なども倒産増加の一因となっている。

5 開業・倒産件数と貸出残高の推移

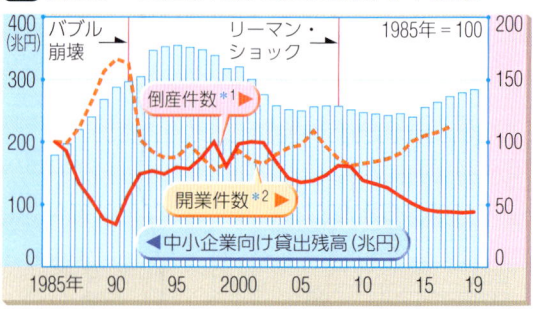

バブル崩壊　リーマン・ショック　1985年＝100
倒産件数＊1
開業件数＊2
中小企業向け貸出残高（兆円）

＊1 資本金1億円未満の法人・個人企業のうち、負債金額1000万円以上の企業数の指数。　＊2 会社の設立登記数の指数。（「中小企業白書」など）

解説　銀行と中小企業　バブル崩壊後、銀行は**不良債権**（→p.250）の処理に追われ、新規の融資を控える「**貸し渋り**」や返済期限前に貸出金を回収する「**貸しはがし**」を行った。さらに2008年の**リーマン・ショック**後、多くの銀行は融資に慎重になり、中小企業の資金繰りは悪化したが、2010年代後半には徐々に貸出金も増えていった。

6 中小企業と規制緩和

1 中小企業基本法の変遷

中小企業基本法(1963年制定)

- 大企業と比べて経営基盤の弱い中小企業を**保護**する
  ↓ 1980年代後半から規制緩和の流れの中で、中小企業への保護政策が国内外から批判を受ける
- 中小企業による経営革新・創業・経営基盤の強化に向けての**自助努力**を支援する(1999年改正)

解説 規制緩和と保護 中小企業基本法は、中小企業を政府の保護対象とし、大企業との格差是正を目的としてきたが、中小企業の自助努力を支援する方針に改正された。中小店舗保護政策では、大規模小売店舗法を廃止し、まちづくり3法(→6❷)を施行したが、郊外への大型店の出店が進み、中心市街地の衰退が加速したことから、まちづくり3法は2006年に改正され、大型店の郊外への出店規制が強化された。

2 中小店舗保護政策の変遷

大規模小売店舗法(1974年施行、2000年廃止)(→p.363❶)
…**中小小売店の保護**、大型店の出店を規制

↓ 海外からの市場開放の圧力、生活環境意識の高まり

まちづくり3法…大型店の出店規制の緩和
- 中心市街地活性化法(1998年施行)
  …中心市街地の整備・商業の活性化を推進
- 大規模小売店舗立地法(2000年施行)
  …大型店の出店に周辺地域の**生活環境の保持**を求める
- 都市計画法(1998年施行)
  …大型店の出店を地域ごとで適正化

↓ 中心市街地の空洞化・大型店の郊外出店は止まらず

まちづくり3法の改正(2006年)
…中心市街地への支援強化、大型店の郊外出店の規制強化

7 ベンチャー・ビジネス

1 ベンチャー・ビジネスの事例

ミドリムシで世界を救う!株式会社ユーグレナ

創業者の出雲充さんは、大学1年生のとき、グラミン銀行(→p.352 LOOK)のインターン(職業体験)としてバングラデシュを訪れた。そこには小麦や米が豊富にあるにもかかわらず、ビタミンやミネラルを含む食料が不足し、人々は栄養失調に苦しんでいた。出雲さんは貧困層に栄養素を提供するビジネスを起こすため農学部に進学し、そこでミドリムシが栄養素豊富な食料やバイオ燃料(→p.283 LOOK)になりうることを知った。しかし、当時はミドリムシを大量培養できず、事業化は困難であった。出雲さんは大学卒業後、銀行で働いた後、株式会社ユーグレナを起ち上げた。そして、農学部の後輩である鈴木健吾さんとミドリムシの大量培養の方法を研究し、2005年に成功した。現在、ユーグレナはミドリムシを使った機能性食品の開発・販売やバイオ燃料の実用化に向けた研究を行っており、将来的には世界の食料問題や環境問題の解決をめざしている。

▶ミドリムシクッキー

2 日米欧中のベンチャー・キャピタル年間投資額の推移

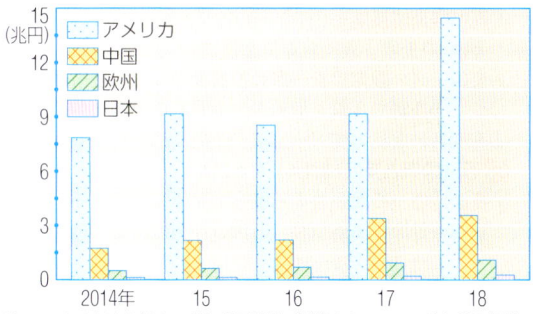

注:アメリカは1ドル=110.42円換算、欧州は1ユーロ=130.39円換算、中国は1人民元=16.70円換算。(ベンチャーエンタープライズセンター資料)

解説 資金面での支援 ベンチャー・ビジネスは失敗する可能性も高いため、投資にはリスクがともなう。しかし、投資が行われないと、ベンチャー企業は事業を拡大できず、経済も活性化しない。ベンチャー企業に投資・融資する機関を**ベンチャー・キャピタル**という。日本のベンチャー・キャピタルの投資額は、アメリカ、欧州、中国と比べて低い。現在、日本にはマザーズ、ジャスダックなどの新興企業向けの株式市場(→p.208)が存在しており、上場できるベンチャー企業は株式市場から資金を調達することもできる。

LOOK JAPANブランドを世界に

古くから地域の資源や伝統技術を活用して発展してきた日本各地の**地場産業**は、安い輸入品の増加などで苦しい立場に立たされている。しかし近年、商品の魅力を高めて、国内外にアピールしようという動きが高まっている。

● 産地でブランド化

福井県は、メガネフレーム生産で国内シェア93.1%を誇る。その中心地は鯖江市である。海外ブランドの委託を受けて生産していたが、産地統一ブランド「THE 291(フクイ)」を起ち上げ、「作る産地」から「売る産地」への転換を図っている。

▶東京ガールズコレクションでアピール アパレルブランドとコラボレートした(2009年)

©TOKYO GIRLSCOLLECTION by girlswalker.com 2009 S/S

● 世界と区別化

三重県の伊勢志摩地域は、真珠の世界的生産地。伊勢志摩では、厘珠と呼ばれる直径5ミリ未満の小粒の真珠を生産し、大粒の真珠を生産する世界との区別化を図っている。厘珠の生産には高度な技術を必要とし、国内では伊勢志摩でしかつくることができない。2016年開催の伊勢志摩サミットでは、この厘珠を使用したアクセサリーが各国の首脳らに贈られた。

▶伊勢志摩サミットで首脳らに贈られたアクセサリー 約3〜5ミリの厘珠が使用されている。

写真提供/三重県真珠振興協議会

▶伊勢志摩サミットに集まった各国首脳

重要用語 ⓷⓲中小企業 ⓷⓳日本経済の二重構造 ⓷⓵⓸ベンチャー・ビジネス ⓸⓺⓼大規模小売店舗法 ⓸⓺⓽産業の空洞化

ポイント整理 15

9 日本経済の歩み
戦前：財閥による経済支配＝**持株会社**による巨大ピラミッド（コンツェルン）の形成

A 戦後の復興 (→p.245, 246)

①経済の民主化
- 財閥解体…持株会社の解体，財閥家族の企業支配力排除
  → 企業間の競争活発化
- 農地改革…地主の土地を小作農に売却→自作農の創出
  → 農業生産力増大，農民の生活水準向上
- 労働民主化…労働三法の制定→**労働組合**の結成促進
  → 労働条件の改善→生活水準向上

（経済成長の原動力）

②戦後の経済…生活物資の不足→生産の再開を急ぐ必要性
- **傾斜生産方式**…石炭，鉄鋼，電力などの基幹産業の復興に重点をおく
  資金：復金債の増発→**インフレーション**の進行
- **ドッジ・ライン**（1949年）←具体化─経済安定9原則（1948年）
  → 超均衡（黒字）財政の実現，インフレ収束→生産の縮小→不況に（**安定恐慌**）
- 朝鮮戦争（1950～53年休戦）→**特需**により鉱工業生産が戦前水準に回復（1951年）

B 高度経済成長期 (→p.247, 248)

①**高度経済成長期**…1955年～1970年代初めにかけて日本経済が著しく成長した時期
⇒GNP資本主義国世界第2位に

②要因─高い設備投資，家計貯蓄率の高さ，技術革新，「**国民所得倍増計画**」
　　　─豊富で良質な労働力，消費水準の向上，豊富で安価な石油資源

③高度経済成長の弊害…**公害**の多発，福祉の立ち遅れ

C 石油危機と安定成長期 (→p.248)

①**石油危機**…石油価格の高騰→世界的な不況
日本：資源の海外依存，石油依存型の産業構造→深刻な不況，物不足
→「狂乱物価」→スタグフレーション→省エネ・省資源政策→産業構造の転換
- 「量」経済（モノ中心）──→「質」経済（サービス，情報などのソフトウェア中心）
- 「**重厚長大**」産業──→「**軽薄短小**」産業
  └鉄鋼，自動車など**素材型産業**　└ハイテク産業，**知識集約型産業**，情報産業など

②産業構造の高度化…産業の中心が第1次産業から第2次・第3次産業へと移る
　　　　　　　　　　　　　　　ペティ・クラークの法則
→経済のサービス化・ソフト化…第3次産業（サービス業）の増加。全産業で情報・知識等のソフト面の比重が高まる

D バブルとその崩壊 (→p.249, 250)

ドル高・円安のもと日本の輸出拡大→「**貿易摩擦**」問題←アメリカ，EU
→**プラザ合意**（1985年）…ドル高是正→急激な円高による輸出の減少
→円高不況・内需主導型経済…輸出依存からの脱却←前川レポート
　　　　　　　・企業の海外進出→**産業の空洞化**
　　企業（個人）の土地・株への投資増大←政府の超低金利政策
平成景気（バブル景気，1986～91年）…地価・株価の高騰（**バブル経済**）
→**バブル崩壊**（1991年）←地価・株価の下落←金融引き締め，土地取り引き監視
平成不況…**不良債権**問題の発生，リストラ・人員削減，価格破壊の進行

E 1990年代以降の経済 (→p.251)

バブル崩壊後，不良債権問題や企業の倒産などで，経済が低迷（失われた10年）
→小泉内閣による，大規模な「構造改革」（**民営化**や規制緩和など，新自由主義的政策）
→安倍内閣による「アベノミクス」（「三本の矢」）…金融緩和，財政支出・民間投資の拡大→「新三本の矢」…名目GDP600兆円，希望出生率1.8，介護離職ゼロ

10 中小企業と日本経済 (→p.254, 255)

①**中小企業**の現状…企業数・出荷額などで大きな割合を占め，日本経済を支えている
②**日本経済の二重構造**…大企業と中小企業が並存→資本力，生産性，賃金等において格差あり→大企業の**下請け**・**系列化**（景気の調節弁の役割）
⇒アジア進出を図る大企業や規制緩和の動きなどで二重構造は変化している
③中小企業への支援…特に金融面での支援が必要。「**中小企業基本法**」
④中小企業の取り組み…企業同士の連携，**ベンチャー・ビジネス**

ポイント解説
赤字…入試の頻出用語

A 戦後の復興　戦後，政府は物不足解消のため**傾斜生産方式**を採用して基幹産業の生産増強を図ったが，その資金を復興金融金庫の債券発行に頼り，インフレが生じた。これに対しては**ドッジ・ライン**が実施され，インフレは収束したが，生産が減少して**安定恐慌**にみまわれた。しかし，朝鮮戦争による**特需**で，景気は一気に回復した。

B 高度経済成長期　高度経済成長期にはGNPは平均約10％の成長を示した。家計の高い貯蓄率や技術革新，政府の経済成長政策などを背景に設備投資が拡大したことが要因である。しかし一方で，大気汚染や水質汚濁などの**公害**が多発した。

C 石油危機と安定成長期　1970年代に入ると，円の切り上げ（ニクソン・ショック）や変動相場制への移行などで経済成長は減速。さらに，1973年の**第1次石油危機**で，大きな打撃を受けた。その後，省エネ・省資源政策や産業の質的転換などにより，日本経済は経済のサービス化・ソフト化が進み，安定成長期に入った。

D バブルとその崩壊　1980年代には，ドル高・円安を背景に輸出を拡大したが，**貿易摩擦**や**プラザ合意**以降の**円高不況**に直面して，日本は内需主導型経済へと転換した。また，一方では企業の海外進出が進展し，**産業の空洞化**が起きた。その後，政府の超低金利政策などで土地や株への投資が増え，好景気となったが，金融引き締めなどによって**バブル経済**は崩壊し，平成不況となった。

E 1990年代以降の経済　バブル崩壊後の1990年代の経済低迷は，**失われた10年**と呼ばれた。小泉内閣（2001～06年）は大規模な**構造改革**を行い，この時期景気は回復に向かったが，所得格差の拡大など，新たな問題も出てきた。2012年，安倍内閣は経済政策「アベノミクス」を打ち出し，デフレ脱却による日本経済の再生と少子高齢化・人口減少対策による一億総活躍社会の実現をめざしている。

中小企業と日本経済　中小企業は大企業との間に生産性や賃金などで格差があり，大企業の**下請け**となったり，**系列化**されてきた。
近年では，産業の空洞化や規制緩和による大型店との競争など，新たな問題が生じている。中小企業は，独自の技術を生かしたり企業同士で連携したりして生き残りを図っている。

11 日本の農業・食料問題

◀エアドーム型の水耕栽培施設　直径20mの水槽があり，中央で苗を植えると，水槽が自動で回転し，成長に合わせて野菜が外側に移動，外側で収穫する。栽培環境はコンピュータが一括管理し，柱がないため均一に光があたる。これからの新しい農業のあり方について考えてみよう。

A 農業・食料の現状

日本の稲作

●日本経済における農業の地位はどのように変化したか？

1 農業の地位の変化

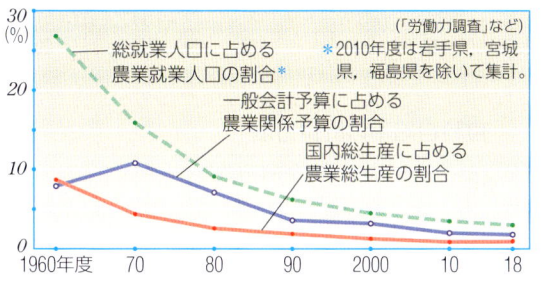

（「労働力調査」など）
* 2010年度は岩手県，宮城県，福島県を除いて集計。

- 総就業人口に占める農業就業人口の割合*
- 一般会計予算に占める農業関係予算の割合
- 国内総生産に占める農業総生産の割合

|解説| **農業の地位の低下** 1960年以降の高度経済成長期に，農村から工場のある都市へ労働力が移動した。このため農業就業人口や生産量は減少し，国民経済における農業の地位は低下していった。

2 農家数と農家区分の推移
●新しい農家の区分とは？

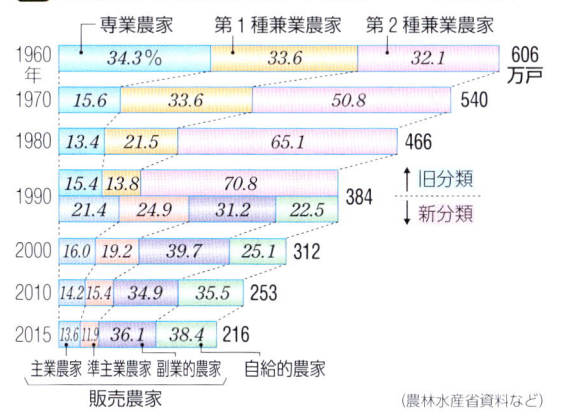

専業農家／第1種兼業農家／第2種兼業農家

年	専業	第1種兼業	第2種兼業	総数（万戸）
1960	34.3%	33.6	32.1	606
1970	15.6	33.6	50.8	540
1980	13.4	21.5	65.1	466
1990 旧	15.4	13.8	70.8	384
1990 新	21.4	24.9	31.2	22.5	
2000	16.0	19.2	39.7	25.1	312
2010	14.2	15.4	34.9	35.5	253
2015	13.6	11.9	36.1	38.4	216

主業農家／準主業農家／副業的農家／自給的農家
販売農家

（農林水産省資料など）

旧分類
- 専業農家…兼業従事者がいない農家
- 第1種兼業農家…農業所得が主で，兼業従事者がいる農家
- 第2種兼業農家…農外所得が主で，兼業従事者がいる農家

新分類
- 販売農家…経営耕地面積が30a（テニスコート11.5個分）以上，または農産物販売額が50万円以上ある農家
  - 主業農家…農業所得が主で，65歳未満の農業従事60日以上の者がいる農家
  - 準主業農家…農外所得が主で，65歳未満の農業従事60日以上の者がいる農家
  - 副業的農家…65歳未満の農業従事60日以上の者がいない農家
- 自給的農家…販売農家より生産規模が小さい農家

|解説| **農家数と農家区分** 工業化で農家数は減少し，農業以外で収入を得る兼業化が進んだ。家族の1人が他産業に就くと兼業農家，他産業を退職した高齢者のみでも専業農家となる区分が，農家の実態を表さなくなり，1995年から新分類が導入された。

●農業を支えているのはどのような人たちか？

3 農業の人口構成の推移

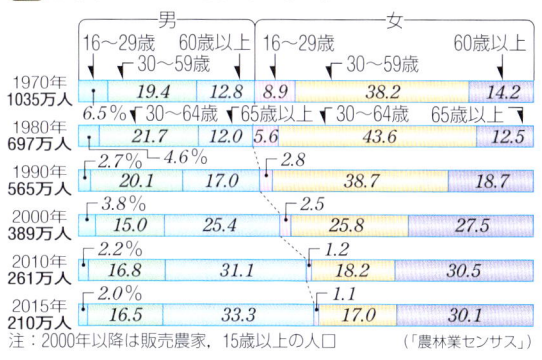

	男			女		
	16～29歳	30～59歳	60歳以上	16～29歳	30～59歳	60歳以上
1970年 1035万人	19.4	12.8	8.9	38.2	14.2	
1980年 697万人	6.5% 30～64歳 21.7	12.0	65歳以上 5.6	30～64歳 43.6	65歳以上 12.5	
1990年 565万人	2.7% 4.6% 20.1	17.0	2.8	38.7	18.7	
2000年 389万人	3.8% 15.0	25.4	2.5	25.8	27.5	
2010年 261万人	2.2% 16.8	31.1	1.2	18.2	30.5	
2015年 210万人	2.0% 16.5	33.3	1.1	17.0	30.1	

注：2000年以降は販売農家，15歳以上の人口　（「農林業センサス」）

|解説| **高齢者が労働力の中心** 農家の中では兼業化や若者の農業離れが進んだ。労働力の中心は高齢者となっており，後継者不足・耕作放棄地の増加（→p.260 1 2）が問題となっている。

4 農業の生産性
●日本の農業の生産性はどのようになっているか？

① 他産業との比較

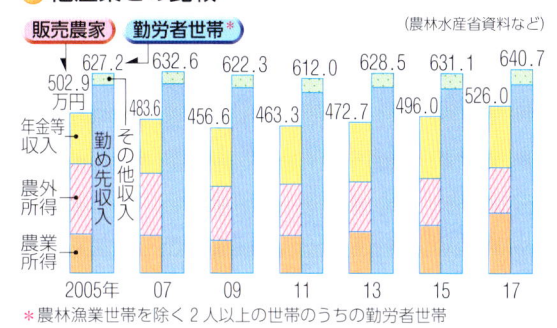

販売農家／勤労者世帯*　（農林水産省資料など）

年	販売農家(万円)	勤労者世帯
2005	502.9	627.2
07	483.6	632.6
09	456.6	622.3
11	463.3	612.0
13	472.7	628.5
15	496.0	631.1
17	526.0	640.7

農業所得／農外所得／年金等収入／勤め先収入／その他収入

*農林漁業世帯を除く2人以上の世帯のうちの勤労者世帯

② 国際比較

	日本	アメリカ	フランス
農地面積（万ha）	444	40555	2870
国土面積に占める割合（%）	11.8	41.3	52.3
就業者1人当たり農地面積（ha）	2.0	185.3	41.1
就業者1人当たり穀物生産高（t）[1]	4.7	219.4	93.6
収穫面積1ha当たり小麦生産高（t）[1]	3.6	3.2	6.8

（2017年，[1]は2018年）　（国連食糧農業機関（FAO）資料）

|解説| **規模の拡大が図りにくい** 農業技術の発達や機械化により，単位面積当たりの生産量は大幅に向上した。しかし，戦後の**農地改革**（→p.245 3）によって農地が細分化されたこと，**農地法**によって農地の賃貸や売買が規制されていたこと[2]，農家が先祖からの資産・遺産としての土地を手放したがらないことから，規模の拡大が図りにくく，諸外国と比べると就業者1人当たりの生産量が低い。[2] 2009年6月に成立した改正農地法で大幅に自由化された。

入試クイズ　高度経済成長期，農村人口の減少に伴って，農家戸数に占める第2種兼業農家の割合が低下した。○？×？〈10本〉（→2）　答：×

国内経済

5 農産物の内外価格差
日本の農産物はなぜ高いか？

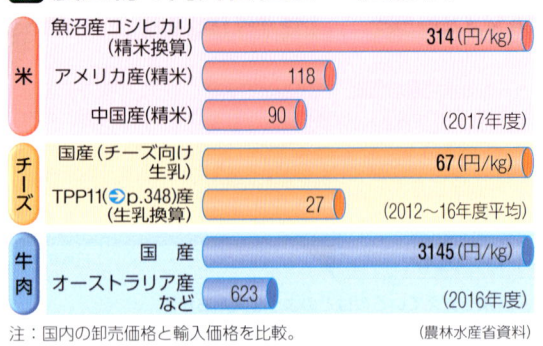

米	魚沼産コシヒカリ（精米換算）	314 (円/kg)
	アメリカ産（精米）	118
	中国産（精米）	90
		(2017年度)
チーズ	国産（チーズ向け生乳）	67 (円/kg)
	TPP11(→p.348)産（生乳換算）	27
		(2012〜16年度平均)
牛肉	国産	3145 (円/kg)
	オーストラリア産など	623
		(2016年度)

注：国内の卸売価格と輸入価格を比較。（農林水産省資料）

解説　日本の農産物価格は高い　日本の農産物は、労働者1人当たりの生産性の低さ、政府の農業政策による価格保護（→p.259 2 ①）などが原因で、外国と比べて価格が高い。このため、海外から安い農産物が流入（輸入自由化→p.259 2 ③）し、日本の農産物自給率の低下がますます進んでいる。

◁スーパーに並ぶ外国産の野菜と国産の野菜

食料の輸入については、**ポストハーベスト**（輸送中のカビや害虫を防ぐため、収穫後の農産物に散布する農薬）の問題など、安全性を不安視する意見もある。

6 低下する食料自給率
日本の食料自給率はどのようになっているか？

① 主要農産物の食料自給率（重量ベース）

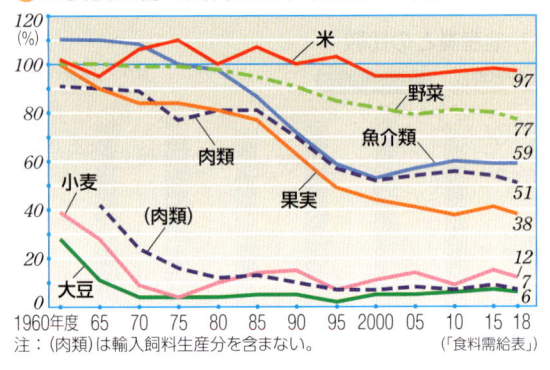

米97 野菜77 魚介類59 肉類51 果実38 小麦12 大豆7 （肉類）6

1960年度〜18　注：（肉類）は輸入飼料生産分を含まない。（「食料需給表」）

② 各国の食料自給率（カロリーベース）

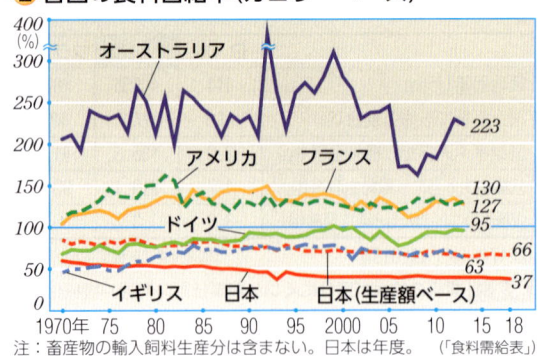

オーストラリア223　アメリカ130　フランス127　ドイツ95　イギリス66　日本37　日本（生産額ベース）63

1970年〜18　注：畜産物の輸入飼料生産分は含まない。日本は年度。（「食料需給表」）

各国の食料自給率（生産額ベース、2009年試算）（農林水産省資料）
- 日本 70%　イギリス 58%　ドイツ 70%
- フランス 83%　アメリカ 92%　オーストラリア 128%

日本人の食生活はどのように変化してきているのだろうか？

③ 日本の供給栄養量と自給率の変化

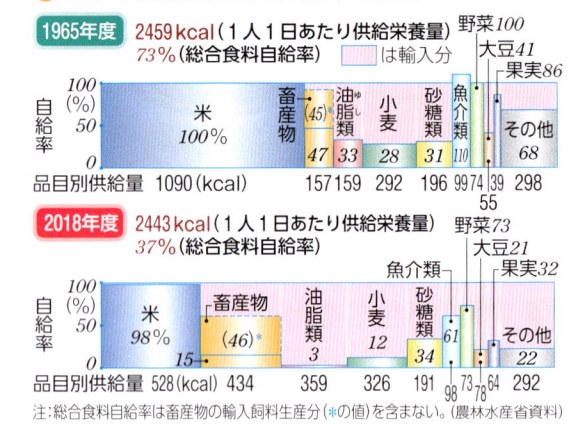

1965年度 2459kcal（1人1日当たり供給栄養量） 73%（総合食料自給率）　野菜100 大豆41 果実86　■は輸入分

米100%　畜産物(45) 47　油脂類33　小麦28　砂糖類31　魚介類110　その他68

品目別供給量 1090(kcal)　157 159　292　196　99 74 39 298

2018年度 2443kcal（1人1日当たり供給栄養量） 37%（総合食料自給率）　野菜73 大豆21 果実32

米98%　畜産物(46)* 15　油脂類3　小麦12　砂糖類34　魚介類61　その他22

品目別供給量 528(kcal)　434　359　326　191　98 73 64 292

注：総合食料自給率は畜産物の輸入飼料生産分（*の値）を含まない。（農林水産省資料）

食料自給率の計算方法

重量ベース	国内生産量÷国内消費仕向量 (国内消費仕向=国内生産+輸入−輸出∓在庫増減) ・品目別自給率や穀物自給率の算出に使用。
カロリーベース	1人1日当たり国内供給熱量÷1人1日当たり供給熱量 ・総合食料自給率の算出に使用。重量を供給熱量に換算し、各品目を足し上げて算出。
生産額ベース	国内生産額÷国内消費仕向額 ・総合食料自給率の算出に使用。重量を金額に換算し、各品目を足し上げて算出。

総合食料自給率は、カロリーベースと生産額ベースで大きく異なる場合がある。日本は、国内生産の割合が高い野菜のカロリーが低いことなどから、カロリーベースの方が低い。

B 政府の農業政策

食料・農業・農村基本法成立の背景と、その目的は何か？

① 基本法の移り変わり

農業基本法（1961年）

目的	・農業の発展と**農業従事者の地位向上** ・生産性と生活水準（所得）の農業と工業の格差是正
施策	・農業の選択的拡大…米の需要減少に対応し、**米以外の農産物への転作を図る** ・規模の拡大、機械化など**経営の近代化**　・流通の合理化 ・農産物価格の安定と農家の所得確保 ・農業従事者の福祉向上
結果	・機械化と技術革新により工業との格差が縮小 ・**規模の拡大は進まない**（→p.257 ④） ・食糧管理制度による**米作農家の保護**（→ 2 ①） 　→米以外の農産物への転作が阻害された ・生産者保護のための農家への補助金が、農業の合理化を阻害

食料・農業・農村基本法（1999年）

目的	国民生活の安定向上、経済の健全な発展
施策	・食料の安定供給の確保 ・農業の多面的機能の発揮 　国土の保全　水源のかん養　自然環境の保全 　良好な景観の形成　文化の伝承　など ・農業の持続的な発展　・農村の振興

入試クイズ　新農業基本法（食料・農業・農村基本法）は、農業を食料生産機能に特化させて農産物の安全性を確保することなどを目的として制定された。○？×？〈14追〉（→①）

答：×

2 米に関する政策　規制緩和はどのように進んだのか？

① 食糧制度の変遷

食糧管理制度　米の価格・流通規制
- 政府が米を全量買い上げ。流通と価格を管理
- 米の買い入れ価格を売り渡し価格よりも高く設定（逆ザヤ）
▶ 戦中・戦後の食糧不足の中で，米作農家保護と国民の食生活の安定が目的であったが，逆ザヤの負担が重くなりすぎた

↓（GATTウルグアイ・ラウンド交渉（1986〜94））

新食糧制度（1995年）　米流通の自由化
- 政府の全量管理を緩和
▶ 政府は備蓄米の買い入れとミニマム・アクセス米（→3）の運用のみ
- 従来の自由米（ヤミ米）を計画外流通米として公認
- 流通ルートの拡大
▶ 生産者は小売店や卸売業者，消費者への直接販売が可能に
- 集荷業者や販売業者が登録制に
▶ スーパー，コンビニでも米の販売が可能に

↓

改正食糧制度（2004年）　自由化の促進
- 計画流通制度の廃止　▶備蓄米以外は，米の販売を自由化
- 政府主導の減反政策から，段階的に生産者主導の生産調整に移行（→2）
- 生産者保護のために規制されていた米の価格が，市場で決定
- 年間20t以上扱う業者であれば，届け出だけで販売可能

解説　米政策の規制緩和　米は日本の基幹農作物であり，政府は流通と価格を統制・保護してきたが，このことが競争力を弱めたという批判がある。1993年のGATT交渉の決着（→3）を受け，米の市場開放に向けた準備として，1995年から新食糧法に基づく新食糧制度を実施し，流通の大幅な自由化を認めた。さらに，国際競争力を強化するため，2004年から改正食糧法に基づく改正食糧制度を実施し，市場原理を強化した。

② 米の生産調整

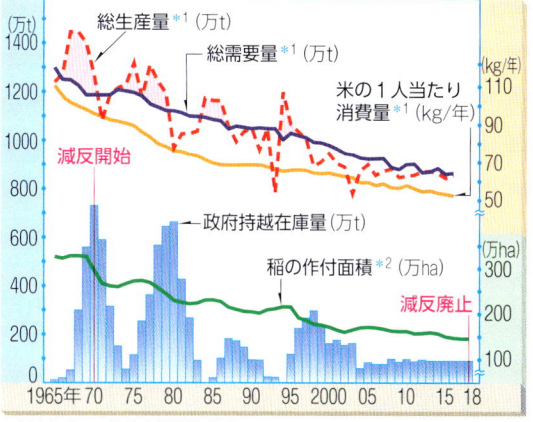

（グラフ：総生産量*1（万t），総需要量*1（万t），米の1人当たり消費量*1（kg/年），政府持越在庫量（万t），稲の作付面積*2（万ha））
減反開始／減反廃止
1965年〜18年
*1は年度　*2は水陸稲の合計
（「食料需給表」など）

解説　米余りの解消　米は，農家とその他の世帯との所得格差を補うために政府に高く買い取られ，生産過剰となった。そこで1970年から作付面積を減らす生産調整（いわゆる減反政策）を実施したが，食生活の変化による消費量の減少と，生産技術の向上で米余りは続いている。2018年からは新たな米政策が始まり，輸出の拡大や米粉の利用促進（→LOOK）など，新たな需要の開拓も含め，生産者が主体的に生産・販売を行う必要がある。

●生産調整の変遷
1970〜2003年…国が主導（いわゆる減反政策）。麦・大豆や飼料作物への転作優遇を中心に，主食用の米の作付面積を減らす。
2004〜17年…作付面積への配分から生産数量目標の配分に移行し，生産者主導で生産調整できるよう段階的に移行。2010〜17年は生産調整実施者に定額助成（戸別所得補償制度）。
2018年〜…国が設定する生産数量目標を廃止（減反政策の廃止）。戸別所得補償制度も廃止。

③ 国際化の進展　米の関税化

1993	GATTウルグアイ・ラウンド（→p.339 1 1 ）農業交渉の合意
	・農産物輸入の関税化
	→外国は，関税さえ払えば自由に輸出可能
	・ほとんど輸入のなかった農産物に，ミニマム・アクセス機会（→右）が与えられる。
	・米は1995年からの6年間，関税化猶予。その代償として，ミニマム・アクセス数量を上乗せされる。
1995	ミニマム・アクセス米輸入開始
1999	米の関税化＝市場開放
2001	WTOドーハ・ラウンド交渉開始…関税引き下げが焦点
2015	アメリカを含む12か国でTPP大筋合意（→p.347，348）
2018	アメリカ以外の11か国によるTPP11発効（アメリカは17年に離脱）

（新聞見出し）コメ開放決定　新ラウンド・事実上合意　首相が会見で陳謝　（「朝日新聞」1993.12.14）

解説　米の市場開放　日本は米の輸入制限を行ってきたが，GATTウルグアイ・ラウンド交渉の結果，1995年からミニマム・アクセス米の輸入を開始（76.7万トン，2016年度）。1999年からは関税化し，市場開放した。しかし，政府の保護を受けてきた日本の米は国際的に価格が高く，輸入米は1kg当たり341円（従価税換算値778％）の高関税がかけられ，実質的に輸入が制限されている。2018年発効のTPP11でも，日本の米の輸入には関税率維持など多くの例外措置が認められ，オーストラリアにのみ，無関税の輸入枠（当初3年0.6万トン，13年目以降0.84万トン）が新設された。

ミニマム・アクセス　最低輸入枠。輸入分はすべて政府が買い取り，加工用に販売したり，国際支援に使われている。

LOOK　米の消費量向上をめざして

米の自給率　低下する食料自給率の中でも，米はほぼ自給率100％を維持している（→p.258 6 1）。1965年度の総合食料自給率は73％で，カロリー摂取の44％は米で取っていた。2018年度では総合食料自給率は37％，カロリー摂取に占める米の割合は22％と減少している。ほぼ唯一自給可能な米の消費量をあげることが，自給率向上につながるのではないかと期待されている。

米粉の利用　食生活が多様化し，米食主体に戻すことは難しいが，近年の製粉加工技術の向上で，様々な米粉食品が出ている。パン・ケーキ・麺類など，小麦粉に代わり米粉の使用が可能になった。新食感が魅力の1つで，消費量向上が期待できる。

→米粉の商品

重要用語　315食料・農業・農村基本法　316食糧管理制度　317減反政策　318新食糧法　426GATT（関税と貿易に関する一般協定）　427ウルグアイ・ラウンド　429WTO（世界貿易機関）

C これからの日本の農業

1 農業経営の法人化 (会社の形態 ➡p.210)

Q 農地所有適格法人のメリットは何か？

農地所有適格法人…農地の取得・賃借ができる。農業関係者を中心に組織。法人形態は、農事組合法人、合名会社、合資会社、合同会社、有限会社、株式譲渡制限のある株式会社

一般法人…2009年から農地の賃借が可能になった。法人形態は、株式会社、特例有限会社、NPO法人など

法人化のメリット…経営管理能力・資金調達力・信用力の向上、新規就農の受け皿、農業従事者の福利厚生面での改善など

◆イオンアグリ創造株式会社の農場 耕作放棄地を活用。

解説 法人の農業参入 戦後の農地改革(➡p.245❸)によって崩壊した寄生地主制が復活しないように、農地法によって農地の売買・賃貸借が規制されたが、高度経済成長期から急速に離農や兼業化が進み、減反政策や輸入農産物の増大なども影響して、耕作放棄地が増大した。農地所有適格法人や一般法人への農地の賃貸など、規制緩和が進められ、耕作放棄地の活用や経営規模の拡大(➡p.257❹❷)が図られている。また、細切れの農地を耕作しているところも多く、農地整理による効率化も必要とされている。

❶ 農業参入法人数の推移（農林水産省資料）
一般法人／株式会社／有限会社／合名・合資・合同会社／農事組合法人（農地所有適格法人）

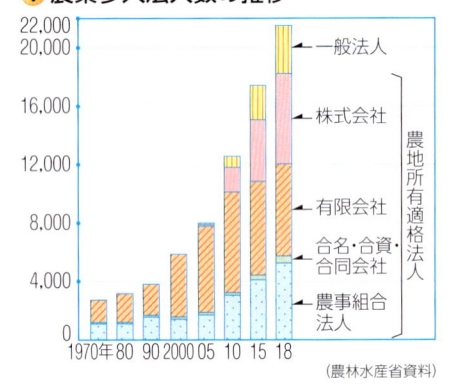

❷ 耕作放棄地の面積の推移（「農林業センサス」2015など）
富山県の面積（42.5万ha）とほぼ同じ

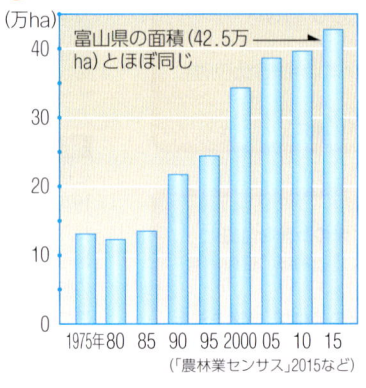

❸ 農地面積別農家数の推移（「農林業センサス」2015など）

年	1ha未満	1〜3ha	3ha以上
1970年	68.2%	28.8	3.0
1980年	69.7%	26.6	3.7
1990年	58.7%	34.7	6.6
2000年	57.8%	33.9	8.3
2010年	55.1%	33.9	11.0
2015年	53.4%	33.7	12.9

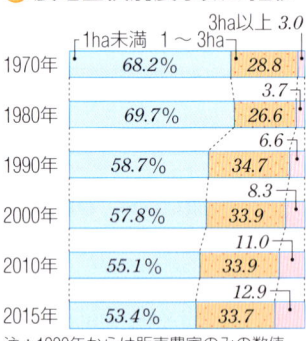

注：1990年からは販売農家のみの数値。

2 売れる農産物をつくる

❶ 日本の農産物を輸出する

近年、アジア諸国を中心に農産物の輸出が増加している。輸出拡大の背景には、世界的な日本食ブームと、経済成長が著しいアジア諸国の所得水準の向上がある。日本の農産物の品質の高さが人気を呼んでいる。

◆香港の百貨店で売られる福岡産高級いちご 香港では富裕層も多く、日本産の高級いちごが並ぶ。

❷ 6次産業化

生産 × 加工 × 販売

◆原材料の生産からアイスクリーム販売まで（伊賀の里モクモク手づくりファーム） ハムの加工販売や豆腐づくりも行っている。

解説 付加価値の創出 農林漁業者が第1次産業の生産だけでなく、第2次産業の加工、第3次産業の流通・販売を一体的に行うなどの取り組みを、6次産業化(＝第1次×第2次×第3次)という。従来、生産者は価格の決定ができなかったが、加工・販売などを行うことで付加価値を付け、納得する価格を付けることができる。農家の経営基盤の強化、地域の活性化などが期待できる。

LOOK 農業の「知」を集結 フードバレー

世界有数の野菜輸出国オランダ オランダの国土面積は、九州と同じくらいしかないが、近年、野菜と果物の輸出額を伸ばし、注目を集めている。

フードバレー オランダのワーヘニンゲン大学は、国の研究機関を統合。周辺には世界中の食品関連企業が集まる。こうした企業と連携することにより、情報を集約し、産業を超えた食品関連事業の成長センターの役割を担っている。大規模農業とは一線を画す、科学的技術や革新的な生産体制で集約的農業をめざし、大きな成果を上げている。ワーヘニンゲンは、アメリカのシリコンバレーになぞらえて、フードバレーと呼ばれている。

日本での取り組み 日本でも、北海道フード・コンプレックス構想が進められ、幅広い分野での研究・生産・販売活動の集積と輸出拠点化をめざしている。

●フードバレー 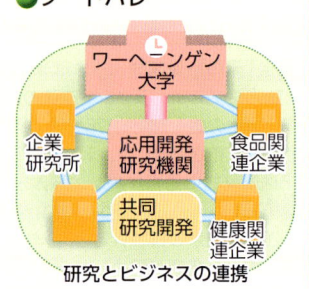
ワーヘニンゲン大学／企業研究所／応用開発研究機関／食品関連企業／共同研究開発／健康関連企業
研究とビジネスの連携

メモ 「ファストフード」に対し、「スローフード」という考え方がある。①伝統的な食材・料理を守る、②消費者に味の教育を進める、③質の良い食材を提供する小さな生産者を守る、という活動である。

食の安全

Coming Up

私達の食生活は豊かになったが，輸入農産物の安全性に対する不安や，食料安全保障の観点から自給率の向上も叫ばれている。技術革新で遺伝子組み換え食品など，これまでなかった食品を摂取するようになってきた。生命維持の基本である食の安全をどのように考えていけばよいだろうか。

A 食の履歴書

トレーサビリティ トレーサビリティとは，手に取った農産物などが，どこで生産され，どのように流通してきたかを確認できるシステム。日本では，BSE（牛海綿状脳症，俗に狂牛病）のまん延を防ぐために牛トレーサビリティ法が成立し，安全を欠く米の流通を防止するため，米トレーサビリティ法が成立した経緯がある。食品の事故等があった時に速やかに移動ルートを特定し，原因究明や食品回収が行えるようになっている。また，牛や米だけでなく，事業者側で他の食品にも範囲を広げる取り組みも行われている。

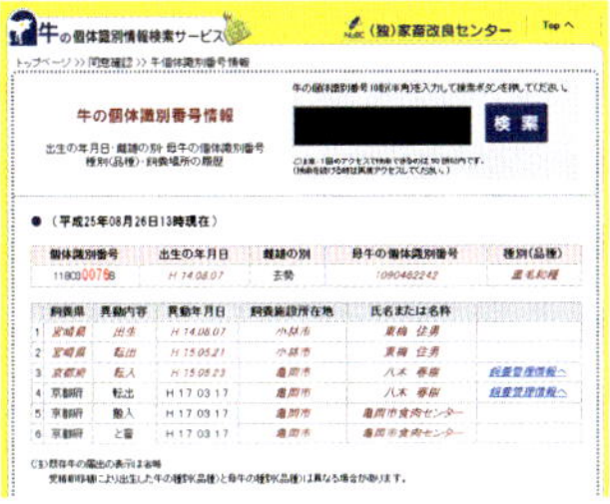

▶牛の個体識別番号から履歴をたどるHP　その牛の生年月日，親牛の情報，どこで生まれてどこで育てられたかなどがわかる。

B フードマイレージ

❓日本のフードマイレージが大きいのはなぜか？

主な国の品目別フードマイレージ

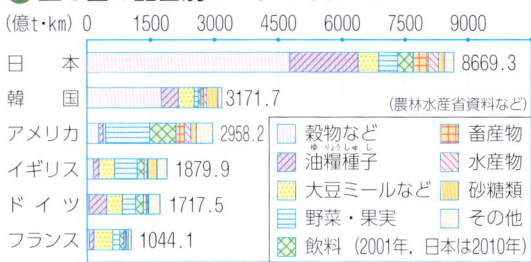

（億t・km）0　1500　3000　4500　6000　7500　9000

日本	8669.3
韓国	3171.7
アメリカ	2958.2
イギリス	1879.9
ドイツ	1717.5
フランス	1044.1

（農林水産省資料など）

凡例：穀物など／畜産物／油糧種子／水産物／大豆ミールなど／砂糖類／野菜・果実／その他／飲料　（2001年，日本は2010年）

解説　環境に与えるダメージ　食料を輸送する距離が長ければ，輸送に必要な燃料も多くなる。フードマイレージとは，「食料輸入量（t）×輸送距離（km）」で表される。日本のフードマイレージは他国に比べて，格段に大きい。燃料を多く使うとそれだけ二酸化炭素が多く排出され，地球温暖化にもつながる。そこで，地元で生産されたものを地元で消費する「地産地消」の考え方が見直され，地域に伝わる伝統的な野菜や郷土料理を，給食に取り入れる試みも行われている。伝統食には歴史的な由来をもつものも多く，地域の文化に気付く効果も期待されている。

C 食料安全保障

輸入がストップした場合の食事は？

朝
米　茶碗1杯
焼いも　2本
ぬかづけ　1皿

昼
焼きいも　2本
ふかしいも　1個
りんご　4分の1

夜
米　茶碗1杯
粉ふきいも　1皿
焼き魚　1切れ

・うどん　2日に1杯　　・牛乳　6日にコップ1杯
・みそ汁　2日に1杯　　・卵　　7日に1個
・納豆　　4日に3パック　・肉　　9日に1食

注：国産のみで2135kcal供給する時の食事。2011年度の値。成人男性の1日当たり必要エネルギー量は2000〜2400kcal。

食料安全保障　異常気象などによる不作や戦争による輸出規制など，不測の事態によって食料の安定供給に影響を及ぼす場合でも，国民が最低限必要とする食料を確保すること。

◀干ばつで不作となったトウモロコシ（アメリカ）　近年，異常気象によって世界各地で干ばつが発生して供給が不足し，しばしば値上げせざるを得ない事態に陥っている。

解説　「食料安全保障」での手段　食料安全保障では，非常時に緊急増産あるいは熱量効率が高い作物への生産転換，既存農地以外の土地利用で生産量を増やし，買い占め是正・配給を行うことによって必要な食料を確保することが考えられている。

D 遺伝子組み換え作物

❶遺伝子組み換え作物とは？

交配の場合　有用な遺伝子・不都合な遺伝子　交配　時間がかかる　目的の性質だけをもつ

遺伝子組み換え　有用な遺伝子だけを組み込む　早くて確実　組み込む遺伝子は，種を超えた様々なものから得ることが可能

解説　新しい性質　遺伝子組み換えとは，ある生物から目的の性質をもつ遺伝子を取り出し，性質を改良したい生物の中に組み込んで，新しい性質を与えることである。遺伝子組み換え作物を原料としてつくられた食品を遺伝子組み換え食品といい，安全性などの面で議論が起こっている。現在，日本ではその表示が義務付けられている。

❷遺伝子組み換え食品の利点と問題点

利点	問題点
・短期間での品種改良	・新しい性質を加えたことによって，新たな悪い性質が出る可能性
・厳しい環境で栽培可能な農作物の開発により，人口増加に伴う食料不足の解消	・長年の蓄積による影響（発がん性，新たな毒性）の可能性
・アレルギー原因物質などの除去	・人為的操作による生態系への影響

▶重要用語　304農地改革　319食料安全保障　320遺伝子組み換え

12 消費者保護

悪質商法に対して注意を呼びかけるチラシ 近年は、SNSを利用した悪質商法も増加し、手口も巧妙化している。架空請求などで、プリペイドカードによる支払いを要求される場合もある。消費者を保護するための制度や法律について知り、消費者として注意すべきことを考えよう。

A 消費者問題の歴史

1 消費者問題年表

注： は法律

1947	**独占禁止法、食品衛生法**制定
1948	主婦連合会（主婦連）結成
1951	日本生活協同組合連合会（日生協）結成
1952	全国地域婦人団体連絡協議会（地婦連）結成
1955	森永ヒ素ミルク中毒事件（→2）。スモン病発生
1956	全国消費者団体連絡会（全国消団連）結成
1961	日本消費者協会発足
1962	中性洗剤有害論争。サリドマイド事件（→2）
1968	**消費者保護基本法**公布。カネミ油症事件（→2）
1969	チクロ（人工甘味料）使用禁止
1970	スモン病問題化で、キノホルム（整腸剤）使用禁止（→2）。国民生活センター発足
1971	農薬BHC、DDT使用禁止
1972	全国消団連のPCB（ポリ塩化ビフェニール）追放大会
1973	第1次石油危機（物不足深刻化）
1974	石油業界やみカルテル事件。日本消費者連盟（日消連）発足
1976	**訪問販売法**制定
1978	金沢地裁、スモン訴訟に原告勝訴判決
1979	滋賀県、合成洗剤規制条例を制定
1983	**サラ金規制法**制定
1989	消費税導入。薬害エイズ（HIV）訴訟（→2）提訴。
1994	**製造物責任法（PL法）**（→p.266）制定
1996	薬害エイズ訴訟和解
1999	**JAS法**制定
2000	牛乳の集団食中毒事件。**消費者契約法**（→p.266）制定。訪問販売法を改正し、**特定商取引法**に。
2001	国内でBSE（牛海綿状脳症）感染牛発見
2002	食品表示偽装事件・無認可食品添加物混入事件多発
2003	**食品安全基本法**制定。**ヤミ金融対策法**制定
2004	消費者保護基本法を改正し、**消費者基本法**に。
2005	振り込め（オレオレ）詐欺。アスベスト被害（→p.273）。耐震強度偽装問題
2006	**貸金業法**改正（2010年完全施行→p.264 3）**消費者契約法**改正（消費者団体訴訟制度導入）
2008	中国産冷凍餃子中毒事件。汚染米転売問題。**薬害肝炎被害者救済特措法**制定…薬害C型肝炎患者（→2）に給付金を支給。対象者が少ないことが課題
2009	消費者庁発足。自動車会社が大規模リコール（～2010）**肝炎対策基本法**制定…すべての肝炎患者救済の理念を示す
2011	福島第一原子力発電所の事故…食品に含まれる放射性物質の濃度が注目され、深刻な風評被害も発生
2013	**食品表示法**制定…食品衛生法、JAS法、健康増進法の食品表示規定を統合し、わかりやすい表示をめざす化粧品会社が、健康被害が出た美白化粧品を回収。ホテルや百貨店等の食材虚偽表示。冷凍食品農薬混入事件
2014	中国の期限切れ肉使用問題
2016	廃棄食品横流し問題

2 食品被害と薬害

*その後の研究で、ダイオキシンの一種が原因物質であることが判明

食品被害	森永ヒ素ミルク中毒事件	1955年、森永乳業徳島工場で粉ミルクに多量のヒ素が混入。乳児に原因不明の発熱、嘔吐などの中毒症状が発生。73年、徳島地裁は森永の刑事責任を認めた。
	カネミ油症事件	1968年、米ぬか油製造工程で有毒なPCB*（ポリ塩化ビフェニール）が混入、皮膚疾患、しびれなどの症状を特徴とする「油症患者」発生。72年にPCBの使用禁止。
薬害	サリドマイド事件	1960年ごろ、大日本製薬が販売したサリドマイド剤（睡眠剤）をつわり止めとして服用した母親から、手足などが不自由な子どもが生まれた。販売停止・回収措置が遅れ被害拡大。
	スモン事件	1955年ごろからキノホルム（整腸剤）を使用した人に下半身麻痺、しびれなどの症状が発生。70年にキノホルムの使用・販売中止。
	薬害エイズ事件	HIVに汚染された非加熱輸入血液製剤を投与された血友病患者などが感染。危険を知りながら、販売中止・回収措置を怠った国や製薬会社などの刑事責任が問われた。
	薬害C型肝炎	出産や手術の際に止血剤として汚染された血液製剤を投与された人が、C型肝炎ウイルスに感染。血液製剤を製造販売した企業、製造を承認した国の責任が問われた。

B 消費者を取り巻く環境

1 市場の主権者は消費者？

消費者主権というけれど…
- CM
- うわさ
- 専門的すぎて何も分からない

実は生産者主権
- イメージのつくり手は企業
- 宣伝会議

解説 消費者は主権者か 本来、市場の主権者である消費者が自由に商品を選択し、消費者の好みが企業の生産のあり方を決める（**消費者主権**）。しかし、次のような影響で、消費者は企業より弱い立場にあることが多く、また、冷静な判断を失いがちである。

・**情報の非対称性**…経済主体間で、情報の量・質に差があること。消費者が欠陥や性能など商品の十分な知識をもつことは難しい。
・**依存効果**…企業の広告や宣伝に、個人の消費が影響されること。
・**デモンストレーション効果**…他人の消費行動に、個人の消費が影響されること。周囲の人が持っているから購入するなど。

入試クイズ 特定商取引法は、商品を購入したにもかかわらず、購入者が契約を一方的に解除することを禁止したものである。○？×？〈16追〉（→p.265 4）　答：×

2 契約

本を買う → 売買契約
CDを借りる → 賃貸借契約
クリーニングに出す → 請負契約

契約が成立するには
- 「売りたい」「買いたい」など，申し込みと承諾という**両者の意思が相互に一致**した時に成立する。
- 原則，**口頭で成立**する。

契約を解消できる場合
- 詐欺や強要などによる，自分の意思に反する契約の場合
- 未成年者＊が親など法定代理人の同意なしに契約した場合
  ただし，次の場合は未成年者の契約でも解消できない。
  ・小遣いの範囲内の契約の場合
  ・年齢を偽ったり，未成年者が保護者署名欄に無断でサインをして契約した場合
  ・結婚している場合
- 相手が契約内容を守らない場合
- 契約時に解消できるとした場合
- 当事者間で解消に合意した場合

＊2022年4月1日から，成人年齢は18歳に引き下げられ，18歳から法定代理人（親など）の同意なしに契約を結ぶことが可能になる。

解説 契約とは 2人以上の人の間で交わされる，法的責任を伴う約束を**契約**という。契約は成立すると，法的に守る義務が発生し，一方的には解消できない。違反した場合は，損害賠償を請求される場合がある。

● 契約自由の原則

- 締結の自由…契約を結ぶか結ばないかの自由
- 相手方選択の自由…誰と契約を結ぶかの自由
- 契約内容の自由…契約の内容を決める自由
- 方式の自由…契約方法を決める自由（契約書や口頭など）

解説 契約自由の原則 当事者の自由意思に基づいて契約を結ぶことを**契約自由の原則**という。契約自由の原則は，私法における，私的な権利・義務関係は個人の自由意思に基づいて決定すべきという私的自治の原則に基づいている。

● 保証人と連帯保証人

お金を借りる契約や賃貸住宅を借りる契約など，保証人を立てる契約がある。保証人になると，債務者が債務を実行しない場合に，債権者に代わって債務を実行しなければならない。また，「保証人」と「連帯保証人」には，次のような違いがある。

保証人…債権者に先に請求するよう求める権利や，債務者の財産の差し押さえを求める権利がある。また，保証人の人数＊に応じて債務額が分割される。

連帯保証人…債務者に請求していない場合や，債務者に財産がある場合でも，請求されれば応じなければならない。連帯保証人は債権者に対して，原則，全額の支払義務を負う。

友人などから依頼されて安易に保証人や連帯保証人を引き受け，自己破産（→p.264 **4**）する場合もあり，重い責任を負うことを理解する必要がある。

＊例えば保証人1人と連帯保証人1人がいる場合は2人と計算する。

3 悪質商法（問題商法）

他には，どんな手口があるか？

マルチ商法	「まず自分が商品を買って会員になり，新たな会員を紹介していくと，大きな利益が得られます」と言われて商品を買わされるが，新たに会員を紹介できず，損をする。
キャッチセールス	駅前や繁華街で，アンケート調査を装って近づき，喫茶店や営業所に誘い込む。巧みな言葉でアクセサリーや化粧品などの購入を勧められ，強引に契約させられる。
アポイントメント商法	「ハワイ旅行が当たりました。事務所までお越しください」などと電話で呼び出され，英会話教材や宝石などを売りつけられる。
資格（士）商法	「○○士」などの資格の習得を勧める手紙が届き，講座や通信教育の受講を勧める電話がかかる。あいまいな返事をすると契約したとみなされ，受講料や教材費を請求される。
ネガティブ・オプション（送り付け商法）	注文していない商品＊が一方的に送り付けられ，代金を請求される。一定期間内に商品を使用すると購入を承諾したとみなされる。代金引換郵便で送り付けられる場合もある。
かたり商法	「消防署の方から来ました」と官公庁と間違えるような言動や服装で消火器や浄水器などを売りつけられる。「法律で設置が義務付けられた」と契約を迫られる場合もある。
インターネット・トラブル	インターネットで商品を購入したが，画面で見たものと違う商品が届いたり，料金を支払ったのに商品が届かなかったりする。販売者に連絡がつかないことも多い。

簡単に儲かる話はない。友人の誘いでも慎重に

知らない人について行かない・出かけない。行ってしまっても，不要なものははっきりと断る

はっきりと断り，早めに電話を切る

身に覚えがなければ払わない。代金引換の場合は受取保留・拒否にする

身分証の提示を求め，本物の機関に問い合わせる

購入前に信頼できる店か，返品条件などを確認する

＊送り返す必要はなく，一定期間経過後は処分してよい。

解説 知識がないとだまされやすい 消費者に取り引きを持ち掛け，お金をだまし取る悪質商法は様々な手口がある。特に，高齢者や若年者は知識が乏しいと考えられ，ねらわれやすい。契約とは何か，悪質商法の手口，クーリング・オフ（→p.265）などの対処法を理解しておくことが重要である。

重要用語 253 独占禁止法　323 消費者基本法　324 消費者庁　326 製造物責任法（PL法）　327 消費者契約法

4 借金と自己破産 ●どのようなことに気をつければよいか？

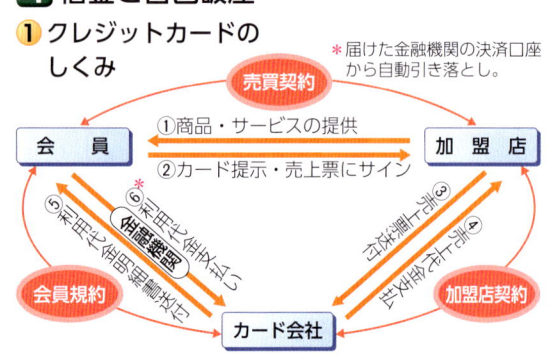

① クレジットカードのしくみ

*届けた金融機関の決済口座から自動引き落とし。

売買契約
会員 ①商品・サービスの提供 → 加盟店
　　 ②カード提示・売上票にサイン
会員規約 / 加盟店契約
カード会社

解説 クレジットカードの利用は借金 クレジットカードは、代金の支払いは後でよいという大きな魅力があるが、お金を使ったという感覚が希薄になり、使い過ぎる恐れがある。カードでの支払いは借金であると理解した上で利用することが大切である。

② クレジットカード発行枚数と自己破産件数の推移

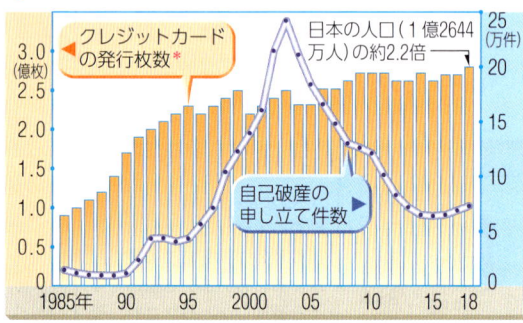

（グラフ：クレジットカードの発行枚数、自己破産の申し立て件数、1985年～2018年。日本の人口（1億2644万人）の約2.2倍）

*各年とも3月末の数値。2004年以後数値見直し。（日本クレジット協会資料など）

解説 多重債務と自己破産 自己破産件数は、クレジットカードや消費者金融のキャッシング（小口融資）による**多重債務**などで急増したが、貸金業者への規制(→③)や任意整理(→④)などで急減した。自己破産原因は生活苦・低所得が最も多く、11人に1人は浪費・遊興費が原因である。

多重債務 複数の金融機関から借金をして、債務がいくつも重なり、返済が困難になること。

💡LOOK 借りる前に考えよう！

利息の発生 金融機関は法律で定められた範囲内で貸し付けの金利を設定しており、お金を借りたら必ず利息を含めて返済しなくてはならない。無担保・保証人なしで貸し付けを行うクレジットカード会社や消費者金融などの貸金業者は銀行に比べて高金利で、多重債務に陥りやすい。また、借入総額制限で貸金業者から借りられなくなった人の中には、法外な高金利で貸し付けを行う業者（ヤミ金融）から借金する人もいる。返済できないと、脅迫的な取り立てにあうことも多い。

本当に必要？ 借りる前に、生活を見直し、借金が必要か、返済できるかを十分に検討する必要がある。

借金＝元金（最初に借りたお金）＋利息（元金×金利）
　　＝元金×（1＋金利）　　年利÷365×利用日数

例 30万円を年利18％で借りる。翌月に別の金融機関から年利18％で借金して返済することを繰り返すと…
・1か月の金利＝18％÷12か月＝1.5％
⇒5年後の借金＝30万円×$(1+0.015)^{60(か月)}$≒73万2966円

③ 貸金業法（2006年改正、2010年完全施行）

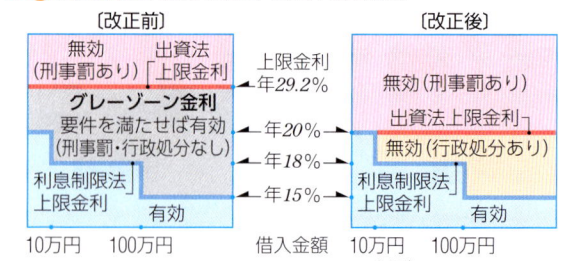

〔改正前〕
- 無効（刑事罰あり）
- 出資法上限金利 年29.2％
- グレーゾーン金利 要件を満たせば有効（刑事罰・行政処分なし） 年20％
- 利息制限法上限金利 年18％／年15％ 有効

〔改正後〕
- 無効（刑事罰あり）
- 出資法上限金利
- 無効（行政処分あり）
- 利息制限法上限金利 有効

10万円　100万円　　借入金額　　10万円　100万円

解説 多重債務の防止 多重債務問題の深刻化で、**貸金業法**が改正され、消費者金融をはじめとする貸金業者の上限金利を借入金額に応じて年15～20％に引き下げ、グレーゾーン金利（要件を満たせば有効となる、出資法と利息制限法の上限金利の間の金利）を撤廃し、借入総額を年収の3分の1までに制限するなどした。

④ 多重債務の解決法

任意整理	裁判所を介さずに、利息制限法に基づいて借金の減額などを債権者と交渉し、和解する。弁護士などの法律の専門家に依頼することが多い。
特定調停	裁判所の調停委員会が斡旋して、当事者間の合意を成立させる。
個人再生手続	破産する前に借金を整理できる制度。一定の条件下で継続的な収入が見込める場合、原則3年間の返済計画を作成。裁判所が認可し、計画通りに返済すれば、残額は免除される。
自己破産	裁判所の監督下で財産を処分して債権者に配分する。破産の手続きは、裁判所への申し立てにより始まる。

破産者になると……
①免責を受けるまでは、弁護士、公認会計士などになれない。
②信用情報機関に最長10年間破産記録が残るので、クレジットカードの利用ができない。
③破産手続き中は、裁判所の許可がなければ居住地を離れることができない。
④債務の取り立てが止まる。選挙権・被選挙権は制限されない。

解説 制約がある自己破産 自己破産は、返済を免除されることで生活の立て直しをはかる手段であるが、社会的・経済的な制約がある。また、申請すればすべての人が借金を免除されるわけではない。安易に考えるのではなく、生活を見直し、多重債務に陥らないようにすることが大切である。

●多重債務に陥らないために

- 将来の収入の見通しを慎重に考え、無理なく確実に返済できない場合はお金を借りない。
- 高金利の消費者金融やクレジットカードのキャッシングは安易に利用しない。
- 消費者金融やクレジットカードのキャッシングを利用する場合は、金利計算を必ずやってみる（→LOOK）。
- クレジットカードなどの枚数は、自分で管理できる範囲にとどめ、多くなり過ぎないように注意し、他人には貸さない。
- 安易に保証人（→p.263）にならない。
- 返済のための借り入れはしない。　　など

（金融広報中央委員会資料より）

論述にトライ！ AさんはTシャツを購入し、自宅で着用したところ、今までと同じようにMサイズを選んだはずなのに、全体にきゅうくつで、たいへん着心地悪く感じた。このような場合、あなたは消費者としてどのように考え、行動すべきだと思うか。消費者の権利と責任をふまえて、600字以内で論じなさい。〈群馬大教育〉

C 消費者保護行政

1 消費者の四つの権利

①安全である権利 危険な商品販売から保護される権利。

②知らされる権利 虚偽や誤った表示,広告,宣伝などから保護され,また,選択を行うために十分な知識が与えられる権利。

③選択できる権利 競争価格で種々の財,サービスにいかなる場合にも接することが保証される権利。

△ケネディ元大統領

④意見を聞いてもらう権利 消費者の意見が政策立案に当たって十分に考慮され,行政当局において公正かつ迅速に処理されることが保証される権利。

解説　消費者運動の基本理念 消費者問題が深刻化する中,アメリカのケネディ大統領は,特別教書(1962年)で**消費者の四つの権利**を示した。消費者の現実の地位を正しく認識したうえで,この権利を実現するための施策の必要性を指摘したのである。この権利は消費者運動の基本理念となり,また,消費者保護基本法のモデルともなった。

◎消費者保護基本法が改正された背景は何か?

2 消費者基本法

消費者保護基本法(1968年公布)
- 消費者保護行政の基本法
- 事業者の活動に一定の規制を加えるとともに,消費者を行政の**保護対象**と捉え,消費者利益の確保をはかる。
- 国・地方公共団体・事業者の責務を定め,消費者に対する危害防止,規格・表示の適正化,公正かつ自由な競争の確保,啓発活動及び教育の推進などについて定める。

↓

- 規制緩和の進展,市場原理の活用
- IT化・国際化の進展…新商品・サービスの登場,消費者トラブルの多様化・複雑化

↓

消費者基本法(2004年)
- 消費者の権利の尊重と,**消費者の自立の支援**
  …消費者の安全や教育機会の確保,被害をこうむった場合の迅速な救済措置などを消費者の権利として明記
- 事業者の責務の拡充
  …消費者の安全および取り引きにおける公平の確保,消費者に対して明確かつ平易な情報提供など
- 消費者の責務
  …消費生活に必要な知識習得,情報収集を積極的に行う,など

解説　保護から自立支援へ 1968年に制定された**消費者保護基本法**は,消費者保護行政の基本であった。しかし,販売方法の多様化により新しい消費者問題が発生し,行政はクーリング・オフ制度,製造物責任法,消費者契約法などで対応してきた。近年は,規制緩和が進み,市場原理が導入される中で,事業者の公平かつ自由な競争を促進し,その中で消費者が主体的に行動し,自らの利益を確保する必要が生じてきた。また,消費者トラブルも複雑化し,従来のような行政による事業者の活動の規制のみでは対応できなくなった。そのため,2004年,消費者保護基本法は,消費者の自己責任の確立を求めた**消費者基本法**に改正された。

3 消費者庁

消費者行政の一元化 2009年,**消費者庁**が発足した。これまで関係省庁ごとにバラバラに対応してきた縦割りの消費者行政では,いずれの省庁にも規制する法律がなく,責任の所在が明確でない「すき間事案」への対応が遅れ,被害の拡大を防止できなかった。この反省から,消費者庁は消費者行政の司令塔として情報を一元化し,迅速な対応と被害拡大の防止をめざす。

消費者行政のしくみ

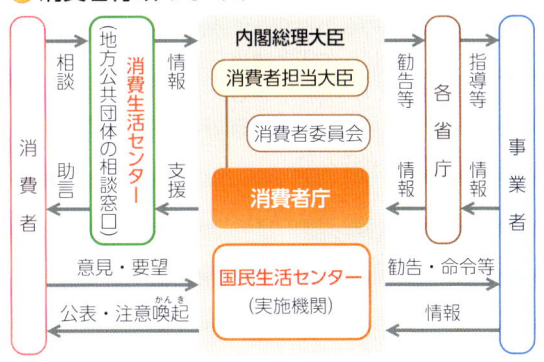

内閣総理大臣 — 消費者担当大臣 — 消費者委員会 — **消費者庁** — 国民生活センター(実施機関)

消費者 ⇔ 地方公共団体の相談窓口/消費生活センター(相談・情報・助言・支援)
消費者 → 意見・要望 → 消費者庁 → 公表・注意喚起
各省庁 ⇔ 事業者(指導等・情報)
消費者庁 → 各省庁(勧告等・情報) → 事業者(勧告・命令等・情報)

4 消費者を保護する制度

❶ クーリング・オフとは

訪問販売のセールスマンの巧みな勧誘にのせられたり,強引な勧誘に負けて冷静な判断ができずに商品の購入やサービスの契約をしてしまった場合に,一定の条件の下で消費者からの一方的な契約の解除を認める制度が**クーリング・オフ**である。**特定商取引法**などに規定されている。

クーリング・オフ を行うために

●クーリング・オフができる取引と期間
- 訪問販売,電話勧誘販売,訪問購入,エステ,学習塾,語学教室など…契約から**8日以内**
- 現物まがい商法…契約から14日以内
- マルチ商法,内職・モニター商法…契約から**20日以内**

●クーリング・オフできないもの
- 店に出向いて買ったもの[*1]
- 通信販売で買ったもの[*2]
- 訪問販売でも,法律で規制対象外とされる商品(使用後の化粧品・健康食品などの消耗品,現金で3000円未満の商品など)

通知書
次の契約を解除します。
契約年月日　○年○月○日
商品名　　　○○○○
契約金額　　○○○○円
販売会社　　○○○○
支払った代金○○円を返金し,商品を引き取ってください。
　　　　　　○○年○月○日
　　　　氏名　○○○○

①必ず**書面**で通知する。はがきでもよい。
②必要事項を書き,両面コピーをとって保管する。
③「特定記録郵便」または「簡易書留」で販売会社などの代表者にあてて送る。

[*1] キャッチセールス・アポイントメント商法・エステ・学習塾・語学教室など,店舗で契約しても,クーリング・オフできる場合もある。
[*2] 通信販売業者によっては返品条件を設けている場合もある。返品できるかどうかや返品条件について記載がない場合は,8日以内であれば返品できる。

重要用語　321多重債務　322消費者の四つの権利　323消費者基本法　324消費者庁　325クーリング・オフ

❷ 製造物責任法（PL法）(1994年制定) ❓どのような場合に適用されるか？

(1) PL法とは
Product Liabilityの略。**製品の欠陥により，利用者の身体や財産が被害を受けた場合，製造業者に過失が無くても賠償責任を問うことができる（無過失責任）**。製造業者の過失を立証する必要がなくなったため，被害者の迅速な救済が可能となった。

(2) PL法の定める欠陥とは
法律では，「通常あるべき安全性を欠いていること」と定義している。具体的には，製造物以外のものや人に損害をもたらすような製品の安全性の不具合をいう。つまり，まわりのものが壊れたり，普通に使っていてケガをした場合に，欠陥と認められる。

○テレビが映らなくなった。 → 欠陥でない
○テレビから火が出て火事になった。 → 欠陥

PL法にもとづく近年の訴訟
●事例1　食品に対する訴訟
2008年，当時1歳9か月の男の子が，凍らせたこんにゃくゼリーをのどに詰まらせて死亡。両親は，一般的なゼリーより弾力性があるこんにゃくゼリーは，食品としての安全性に欠陥があったとして，PL法にもとづいてメーカーに損害賠償を請求した。判決は，「通常の安全性を備えており，欠陥はない」として，地裁・高裁ともに原告側の訴えを棄却した。
同様の事故は過去にもたびたび起こり，訴訟にもなったが，いずれも和解。判決が出されたのは今回が初めて。

○事件を受けて改善された警告表示　右が改善後。

●事例2　化粧品に対する訴訟
美白化粧品の使用で，肌がまだらに白くなる白斑被害が出たとして，2013年以降，被害者らが化粧品製造販売会社に損害賠償を請求する訴訟を各地で起こした。化粧品製造販売会社は，治療費や慰謝料支払いなどの対応を進めている。

(3) どんなことに注意すればよいか
- 製品の警告表示や取扱説明書をよく読み，誤使用や目的外の使用を避ける。
- メーカーも，わかりやすい取扱説明書や，警告表示マークをつける。

口に入れない（おもちゃ）　発火注意（家電製品）
○警告表示マーク

(4) だれに請求するか
製品の製造業者，輸入品は輸入業者に請求する。事故があった場合は，製品を保存したり写真に撮っておく。

❸ 消費者契約法 (2000年制定)
事業者が消費者と結ぶ契約すべてを対象とし，不当な商品・サービスの売買契約の取り消しを可能にした法律。消費者の利益を守ることを目的とする。ただし，事業者に不適切な行為があったかどうかは，基本的に消費者が証明しなくてはならない。

●不適切な勧誘で契約した場合*

- 老人ホームで「個室」と説明されて入所申し込みをしたが，相部屋だった。→ 重要な項目について，うそをいっていた。
- 「絶対もうかる，当分円高にならない」といわれ，外国債を購入したが，円高になって損をした。→ 将来不確実なことを，確実だと断定的にいっていた。
- 隣に高層ビルが建つことを知っていながらそれを告げず，日当たり良好と説明され，マンションを購入した。→ 利益のみを強調し，都合の悪いことを知っていて隠した。
- 事務所でレジャー会員権の勧誘を受け，帰りたいといっても帰らせてもらえず，仕方なく契約した。→ 勧誘を拒否したにもかかわらず，強引に契約させた。

契約を取り消すことができる。
（不適切な勧誘によって，誤認もしくは困惑して契約したと気付いたときから1年以内で，契約から5年以内）

*2019年6月より，いわゆるデート商法や霊感商法などによる契約も取り消し可能な対象に追加。

●契約条項が消費者に一方的に不利益
- スポーツジムでけがをして治療費を請求したが，「いっさい損害賠償をしない契約になっている」といわれた。→ 事業者の損害賠償責任を免除（または制限）する条項
- 1年後の結婚式場を予約し，翌日にキャンセルしたら，費用の80％をキャンセル料として請求された。→ 不当に高額な解約金

契約条項の一部または全てを無効にできる。

LOOK 「コンプガチャ」問題

コンプガチャとは　2012年，オンラインゲームなどで使用されていた「コンプガチャ」というしくみが問題となった。これは，有料の「ガチャ」と呼ばれるくじによって絵柄のついたアイテムを集め，特定の組み合わせをそろえると，特別なアイテム等がもらえるしくみ。未成年者がコンプガチャに何十万円も課金したという保護者からの苦情が消費生活センター等に寄せられていた。

「カード合わせ」に該当　消費者庁は，この商法が景品表示法で禁止している「カード合わせ」にあたるとして，規制を発表。コンプガチャを提供していた会社はサービスの廃止を決定した。

●なぜ，「カード合わせ」は問題か？
例えば，サイコロを振り1～6の目をそろえる時，最初の目は6分の6，次の目は6分の5…と出る確率は低くなっていき，次の目をそろえるまでにかかる回数は次第に多くなりやすい。しかし，3つそろえるのにかかった回数と，残りの目をそろえるのにかかる回数が同程度だと錯覚しやすい。

13 高度情報社会

バーチャルリアリティを体験する女性 コンピュータ上につくり出された三次元空間を疑似体験するバーチャルリアリティは、情報を視覚的に共有する手段として、観光や医療などの様々な分野で活用され始めている。高度情報社会における情報との付き合い方について考えよう。

写真：毎日新聞社／アフロ

A 情報化の進展

1 インターネット利用者数と人口普及率の推移

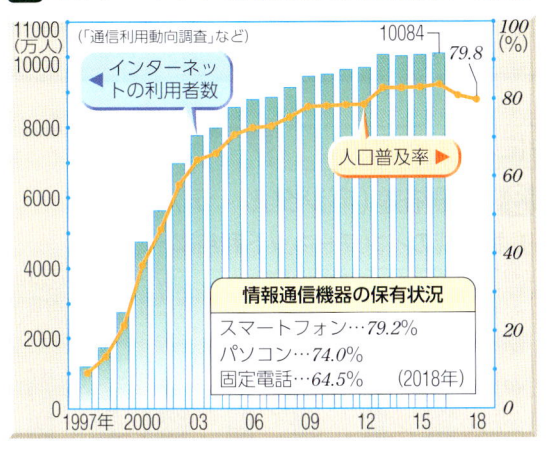

情報通信機器の保有状況
スマートフォン…79.2%
パソコン…74.0%
固定電話…64.5% （2018年）

解説 増加する利用者数 インターネット利用者数は年々増加し、人口普及率は約8割となっている。インターネット利用端末は、スマートフォンが59.5%、パソコンが48.2%、タブレット端末が20.8%と続いている。

2 電子商取引（e-コマース）の市場規模

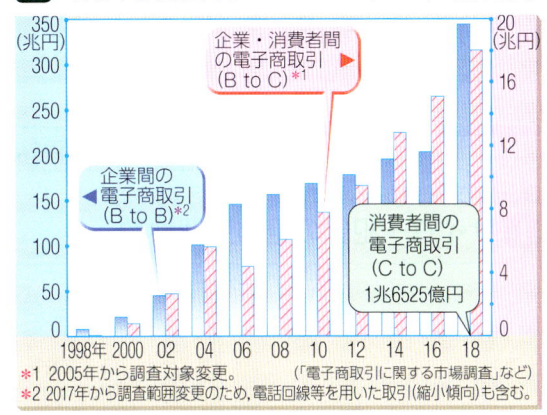

＊1 2005年から調査対象変更。（「電子商取引に関する市場調査」など）
＊2 2017年から調査範囲変更のため、電話回線等を用いた取引（縮小傾向）も含む。

解説 電子商取引の拡大 近年、インターネット上で商品の売買などの取り引きを行う**電子商取引（e-コマース）** が急激に拡大している。注文から支払いまでをパソコンや携帯電話を操作するだけで済ませられるという便利さが普及を促している。また、スマートフォンの普及などで、消費者間の取り引きも拡大している。

3 IoT社会

Q どのようなことが可能になるのか？

ICチップを使ったIoT社会のイメージ

- **教育・文化** 本に取り付ければ、万引き防止。図書館では本の検索・管理が容易になる。
- **レジャー** 入場チケットに取り付け、入場者の管理
- **販売** 商品に取り付ければ、レジを通るだけで合計金額が計算される。万引き防止にも
- **安全** 子どもの持ち物に取り付け、通学記録を発信すれば、防犯対策
- **金融** 紙幣にすき込めば、偽造防止

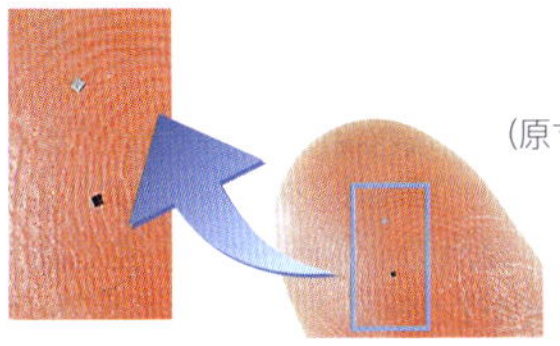

ICチップ（日立製作所） 0.4mm角と小さいが、この中に膨大な量の情報を記録できる。IoTの実現に不可欠な部品。

スマートコンタクトレンズ（Google） 糖尿病患者向けに涙に含まれる血糖値を測定し、インスリンを自動投与するレンズを開発。レンズにはワイヤレスセンサーやアンテナが内蔵され、データ通信を行う。

解説 IoT社会の到来 あらゆるモノがインターネットにつながり、モノが相互に通信・制御しあう**IoT**（Internet of Things）が、社会を変革させる技術として注目を集めている。モノどうしがネットワークでつながるという構想は1980年代後半に登場し、**ユビキタス＊社会**として期待されたが、近年の情報通信技術の急速な進展とコストの低下により、さらに進化したIoT社会として実現しつつある。ただし、情報の安全性の確保やプライバシーの保護などが課題である。

＊英語で「同時にいたるところに存在する」という意味。もとはラテン語。

4 ビッグデータの活用

ビッグデータとは 情報通信技術（ICT）の発達に伴い、インターネット上では膨大な情報がやり取りされ、蓄積されている。このインターネット上に蓄積された膨大なデータを、**ビッグデータ**という。ビッグデータを解析することで、新商品の開発やサービスの向上など、多岐にわたって役立てることができ、ビッグデータの活用に期待が高まっている。

活用事例 自動車の通った道や速度、急ブレーキを踏んだ位置などの走行情報を解析し、交通事故防止に活用する動きが始まっている。

コブのある道路 ビッグデータを解析し、交通事故の危険性がある道路に、車の速度を抑制するコブがつくられた。

重要用語 328 ビッグデータ

LOOK マイナンバー制度でどうなる？

マイナンバーは、日本に住民票をもつすべての人に、1人1つずつ割り当てられた12桁の番号で、税金や社会保障、災害対策などにかかわる複数の機関がもつ個人情報が、同一人物のものであることを確認するためのものである。2013年、マイナンバー法が成立、2016年1月からマイナンバーの運用が始まった。

●マイナンバーによって…
①国民の利便性が向上…税や社会保障の申請・手続きなどで必要な書類が減り、簡単に。
②行政の効率化…各種手続の情報処理にかかる時間・労力を削減。
③公平・公正な社会の実現…所得や行政サービスの状況を正確に把握でき、不正を防止。必要とする人に必要な支援が可能に。

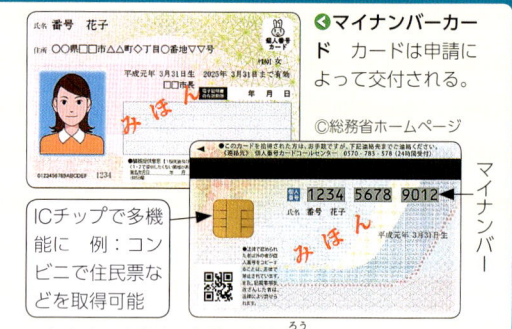

◀マイナンバーカード　カードは申請によって交付される。
©総務省ホームページ

ICチップで多機能に　例：コンビニで住民票などを取得可能

しかし、悪用の危険や情報漏えいによるプライバシーの権利の侵害などを懸念する声もあり、情報の適正管理と監視・監督の徹底が不可欠である。

B 高度情報社会における課題

◎どのような犯罪が行われているのか？

1 サイバー犯罪の相談受理件数

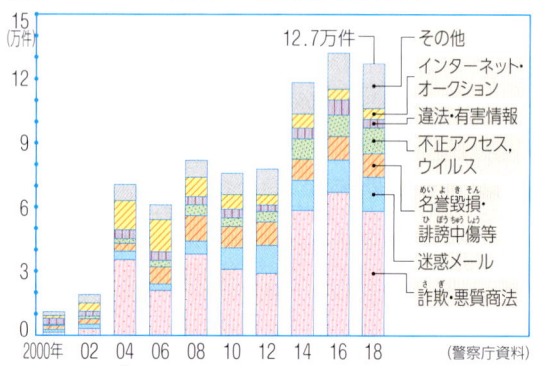

その他／インターネット・オークション／違法・有害情報／不正アクセス，ウイルス／名誉毀損・誹謗中傷等／迷惑メール／詐欺・悪質商法

12.7万件
（警察庁資料）

解説　後を絶たないサイバー犯罪　コンピュータやネットワークを悪用して行われるサイバー犯罪は、匿名性が高い、地理的・時間的制約を受けない、短期間に不特定多数の人に被害が及ぶなどの特徴がある。サイバー犯罪の相談受理件数は、インターネットの普及とともに急速に増加し、2004年以降は高い水準での推移を続けている。

2 近年の主な情報流出事件

（左から『毎日新聞』2016.6.27，『毎日新聞』2014.7.10，『朝日新聞』2013.7.24）

解説　増える個人情報流出　企業や行政機関、学校等がもつ個人情報が流出する事件が相次ぎ、問題となっている。データの入った記憶媒体の紛失や盗難、**コンピュータ・ウイルス**や**不正アクセス行為**[*]等によって、これらの事件が引き起こされることが多い。流出した情報は転売され、詐欺やなりすましなどに悪用される可能性があるため、情報を取り扱う組織の管理体制が問われている。

＊他人のID・パスワードなどを不正に利用したり、コンピュータプログラムの弱点を利用したりして、本来はアクセスする権限のないコンピュータやネットワークを利用すること。

3 情報格差（デジタル・デバイド）

① 世代別のインターネット利用率（「通信利用動向調査」）
2001年／2018年
6～12歳　13～19　20～29　30～39　40～49　50～59　60～

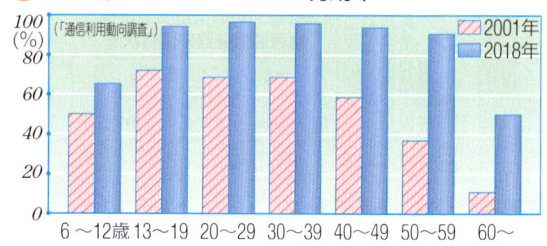

② 世界の所得水準別のインターネット利用者数構成比

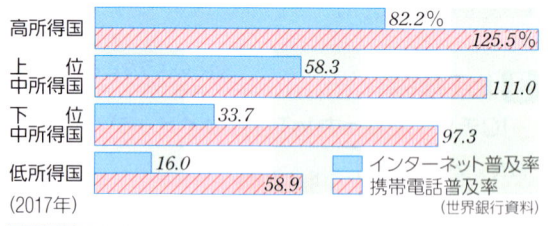

	インターネット普及率	携帯電話普及率
高所得国	82.2%	125.5%
上位中所得国	58.3	111.0
下位中所得国	33.7	97.3
低所得国	16.0	58.9

（2017年）（世界銀行資料）

解説　情報利用に格差　コンピュータなどの情報通信機器の普及に伴い、情報技術を使いこなせる人たちとそうでない人たちの間で、経済的・社会的格差が生じる問題を**情報格差（デジタル・デバイド）**と呼ぶ。先進国と発展途上国、年齢や所得の違いなどにより格差が生じるといわれており、世界的な課題となっている。

4 情報リテラシー　（知的財産権 ●p.80）

間違った情報	操作された情報
情報源は信頼できるものか？	情報の一側面だけが強調されていないか？

情報リテラシー

他人の権利を侵害する情報	偏見に基づいた情報
他人が作成したものを勝手に複製していないか？プライバシーを侵害する内容ではないか？	科学的な裏付けがされているか？差別を助長する内容ではないか？

解説　情報を選択し判断する能力　情報通信技術の発展により、現代社会には膨大な量の情報が飛び交っている。それらの中には、間違った情報や操作された情報も数多く存在する。情報を鵜呑みにせず、主体的に選択、判断する能力、すなわち**情報リテラシー**が求められている。なお、特にマスメディアを読み解く能力を、**メディア・リテラシー**（●p.142）とも言う。

重要用語　83プライバシーの権利　146メディア・リテラシー　329情報格差（デジタル・デバイド）

ポイント整理 16

11 日本の農業・食料問題

A 農業・食料の現状 (→p.257, 258)
① 高度経済成長期の工業化→農家の兼業化，労働力の中心が高齢者に
② 低い農業の生産性←農地改革による農地の細分化などで，規模の拡大が図れない
③ 高い農産物価格←生産性の低さや政府の保護政策
　→海外からの安い農産物の輸入増加→食料自給率の低下

B 政府の農業政策 (→p.258, 259)
① 農業基本法(1961年)→農業の選択的拡大，経営の大規模化・機械化→農業と他産業の格差の縮小をめざす→農政として十分な成果を上げなかった
　↓
　食料・農業・農村基本法(1999年)…食料の安定供給，国土や自然環境の保全など農業の多面的機能の発揮，持続的な発展，農村の振興が理念
② 食糧管理制度(1942～95年)…政府が米の価格と流通を管理←生産者保護
　政府保護下での過剰生産，米の消費量の低下→生産調整(1970～2018年 減反政策)
　⇒新食糧法(1995年施行)…生産・流通の政府の規制を緩和→米取り引きの自由化
　⇒改正食糧法(2004年施行)…計画流通制度廃止，自由化の進展

C これからの日本の農業 (→p.260, 261)
① 農地所有適格法人…不作付地や耕作放棄地の賃借を通した有効活用が期待される
② 輸出…品質の高さが好まれ，近年はアジア諸国などへの農産物の輸出が増加
③ 6次産業化…生産(第1次産業)×加工(第2次産業)×販売(第3次産業)。加工という付加価値が加わり，生産者が納得できる価格をつけられる
④ 食の安全…農産物などの生産・流通経路の可視化(トレーサビリティ)
　フードマイレージ→輸送燃料の消費も考慮した，地産地消の考え方へ
　自給率向上などによる食料安全保障，遺伝子組み換え食品の表示義務

12 消費者保護

A 消費者問題の歴史 (→p.262)
消費者問題←安全性や被害者救済への対策が不十分←生産者の利潤追求
・食品や薬品による健康被害…森永ヒ素ミルク中毒事件，薬害エイズ事件など

B 消費者を取り巻く環境 (→p.262～264)
① 消費者主権…消費者は市場において自由に商品を選択でき，消費者の好みが企業の生産のあり方を決める
　→現実は，消費者が十分な知識をもてない，うわさに流されるといったことも多い
② 悪質商法(問題商法)による被害
③ 多重債務，自己破産…原因にはクレジットカードの無計画な利用などがある

C 消費者保護行政 (→p.265, 266)
① 消費者の四つの権利(1962年)…ケネディ大統領が提示。消費者運動の基本理念
② 消費者基本法…消費者保護基本法(1968年)を2004年に改正。消費者の自己責任の確立を求める
③ 消費者庁(2009年)…縦割りの消費者行政で救済が遅れたことへの反省から発足
④ 消費者保護…クーリング・オフ，製造物責任法(PL法)，消費者契約法など
　→消費者自身による自己防衛や契約前の情報収集も必要

13 高度情報社会

A 情報化の進展 (→p.267, 268)
① インターネットの普及…2000年代から利用者が急増。パソコン，携帯電話，さらに近年はスマートフォンなどからアクセスする
② 電子商取引(e-コマース)…インターネット上の操作のみで商取引が可能
③ IoT社会…あらゆるモノがインターネットにつながる社会

B 高度情報社会における課題 (→p.268)
① サイバー犯罪…不正アクセスによる個人情報の流出などが起きている
② 情報格差(デジタル・デバイド)…情報技術を使いこなせる人とそうでない人との間に，経済的・社会的な格差が生じる問題
③ 情報リテラシー…情報を主体的に選択，判断する能力が求められている

ポイント解説

A 農業・食料の現状 高度経済成長期の工業化で日本の農業の地位は低下した。また，生産性の低さから農産物価格が高く，輸入が多いため，**食料自給率**は低い。

B 政府の農業政策 **農業基本法**は，農業と他産業との間の格差の是正を目的とした。新しい**食料・農業・農村基本法**(新農業基本法)は，農業の多面的機能を維持する支援策などを目的としている。また，**食糧管理制度**は，農業基本法制定以降，生産者保護のため運用されたが，1995年の新食糧法に基づいて新制度が導入され，流通面での規制が緩和された。

C これからの日本の農業 農家の高齢化・後継者不足などの問題を受け，**食料自給率**の向上，農業の多面的機能の維持や，生産性・所得の向上，若い担い手が参入しやすくするための施策が行われている。

A 消費者問題の歴史 大量生産・大量消費の時代になると，企業の利潤追求の陰で，消費者が被害を受ける**消費者問題**が発生した。

B 消費者を取り巻く環境 近年は，販売方法の多様化により，**悪質商法**による被害や，クレジットカードによる**多重債務**などが多発している。

C 消費者保護行政 2004年，**消費者保護基本法**は消費者の自立支援に重点を置いた**消費者基本法**に改正された。**消費者庁**は被害への迅速な対応と被害拡大防止をめざして発足した。
　消費者を保護する制度としては，一定の条件で契約を解除できる**クーリング・オフ**，欠陥商品から消費者を守る**製造物責任法**(PL法)，不当な契約から消費者を守る**消費者契約法**などがある。消費者は，契約の意味やトラブルの対処法を理解し，責任ある行動をとる必要がある。

A 情報化の進展 近年のインターネットの普及は社会を大きく変化させた。**高度情報社会**と呼ばれる現代では，世界中の情報を瞬時に双方向でやりとりすることができる。

B 高度情報社会における課題 誰もが簡単に情報を入手できるため，情報を主体的に選択・判断する能力(**情報リテラシー**)が求められている。

14 公害防止と環境保全

▶**燃料電池車と水素ステーション** 水素と空気中の酸素を利用して電気を生み出し走行する燃料電池車が排出するのは水だけで、走行時に二酸化炭素や窒素酸化物を排出しない。公害の歴史について学び、環境を守るためにできることを考えてみよう。

足尾銅山鉱毒事件
四大公害病等

A 公害の歴史と現状

1 日本の公害関係年表

■ 四大公害訴訟の公害（→3）
● 四大公害訴訟の公害に関すること

1890	足尾銅山（栃木）の鉱毒で渡良瀬川汚染（→2）
1920頃	●神通川（富山）流域に**イタイイタイ病**発生
1956	●**熊本水俣病**の存在が社会問題化
1961	●**四日市ぜんそく**多発
1964	●阿賀野川（新潟）流域に**新潟水俣病**
1967	**公害対策基本法**・航空機騒音防止法制定
1970	日本弁護士連合会が、新しい権利として**環境権**を主張。第64臨時国会（「公害国会」）で公害対策14法案成立、公害対策基本法の経済調和条項を削除
	汚染者負担の原則（PPP）導入（→p.272❶）
1971	**環境庁**設置
	●イタイイタイ病・新潟水俣病訴訟第一審で患者側勝訴
1972	大気汚染防止法、水質汚濁防止法に**無過失責任の原則**導入（→p.272❶）
	●四日市ぜんそく第一審・イタイイタイ病控訴審で患者側勝訴
1973	●熊本水俣病訴訟第一審で患者側勝訴
	被害救済の原則を定めた**公害健康被害補償法**制定
1974	大気汚染防止法改正時に初めて**総量規制**導入（→p.272❶）
1976	川崎市で全国初の**環境影響評価条例**成立
1979	琵琶湖富栄養化防止条例制定
1981	大阪空港公害訴訟で夜間飛行差し止め請求却下（最高裁）（→p.87）
1985	名古屋新幹線公害訴訟控訴審で、差し止め（減速）請求棄却判決。騒音の受忍限度基準設定
1993	**環境基本法**成立（公害対策基本法は廃止）（→p.272）
1995	●水俣病未認定患者救済の政治決着（一時金の支払いなど）
1996	●水俣病患者団体、チッソ・国・熊本県と和解。関西訴訟のみ審理継続
1997	**環境アセスメント法**（**環境影響評価法**）制定（→p.272）
1999	ダイオキシン類対策特別措置法制定（→p.273）
2000	**資源有効利用促進法**・**循環型社会形成推進基本法**制定（→p.274B❶）
2001	環境庁が**環境省**に格上げ
2004	●水俣病関西訴訟、最高裁で原告側勝訴。国と熊本県の行政責任が確定
2006	石綿（アスベスト）健康被害救済法制定（→p.273）
2009	●水俣病被害者救済特別措置法制定
	→2010年、水俣病未認定患者救済の政治決着（一時金の支払いなど）
2011	環境影響評価法改正。事業構想段階から環境に配慮する戦略的環境アセスメントの手続きを新設
2013	●水俣病の患者認定を求めた訴訟で、最高裁が水俣病を初認定（→LOOK）
	●イタイイタイ病、被害者団体と原因企業が、被害者への補償などで合意し、救済問題が決着
2017	公害防止を含む水銀の取り扱いを定めた**水俣条約**発効

2 日本の公害の原点—足尾銅山鉱毒事件

被害惨状 古河鉱業が経営する栃木県の足尾銅山から排出された鉱毒は渡良瀬川を汚染し、魚を死滅させ、流域の農作物に被害を与えた。特に、1890（明治23）年の洪水で、その被害は激化した。また、精錬所から排出される亜硫酸ガスは、森林を枯死させていった。

正造・農民と政府・企業の闘い これに対し、農民たちは銅山の操業停止と損害賠償を求める運動を起こし、地元出身の代議士、田中正造はその先頭に立って闘った。「鉱毒の害というものは、…地面がなくなると同時に人類もなくなってしまう。そのままに置けば人民は死に国家はなくなってしまう。」正造はこう警告し、10年もの間、議会で鉱毒問題を追及し続けた。

しかし、富国強兵・殖産興業策をとる明治政府と古河鉱業の強い結びつきは、正造や農民の訴えをさえぎる厚い壁であった。ついに正造は議員を辞職し、1901年には天皇に直訴するという非常手段をとった。このことは人々に衝撃を与え、鉱毒問題は社会問題へと発展した。

▲抗議運動をしていたころの田中正造（49歳）

谷中村の廃村 結局政府は鉱毒流出の原因を治水問題とすりかえ、谷中村遊水地計画を推進。栃木県会は村全体を買収し、住民の抵抗にもかかわらず、家屋を強制的に解体。谷中村は明治近代国家建設の犠牲となり、滅びていった。

▶渡良瀬川源流域（日光市足尾町、2016年）銅山の煙害によって荒廃した土地は約3500haで、東京ドーム約749個分になる。

▶足尾町での植樹活動（2016年） 約100年前から植樹や種まきなどが行われ、荒廃地の半分ほどまで緑化された。動物から苗木を守る必要もあり、元に戻すには長い年月がかかる。

急斜面での植樹は大変だけど、植えた木が足尾で成長していくことを考えると、やりがいを感じる！

入試クイズ　足尾銅山から排出された鉱毒による被害をうけて、公害対策基本法が制定された。○？×？〈16本〉（→3）　答：×

3 四大公害訴訟（四大公害裁判）

注：被害者数は2019年3月末までの合計。
四日市ぜんそくは2018年3月末までの合計。

		新潟水俣病	四日市ぜんそく	イタイイタイ病	水俣病（熊本水俣病）
被害発生地域		1964年ごろ，新潟県阿賀野川流域	1960年ごろ，三重県四日市市コンビナート周辺	戦前から，富山県神通川流域	1953年ごろ，熊本県水俣地区周辺
症　状		知覚・運動障害などの神経症状や，内臓などに影響	ぜんそく発作にみまわれり，呼吸困難をおこす。	骨がボロボロになり，「痛い痛い」と言い，亡くなる。	知覚・運動障害などの神経症状や，内臓などに影響
原　因		工場廃水中のメチル水銀	亜硫酸ガス	カドミウム	工場廃水中のメチル水銀
被害者	被認定者	715人	2104人	200人	2282人
	現存被認定者	138人	358人	4人（要観察者1人）	339人
訴訟	提訴日	1967年6月12日	1967年9月1日	1968年3月9日	1969年6月14日
	被告	昭和電工	昭和四日市石油ほか5社	三井金属鉱業	チッソ
	判決日	1971年9月29日	1972年7月24日	1972年8月9日（控訴審）	1973年3月20日
	判決	患者側全面勝訴　企業側に，反証がない限り，因果関係は推認され立証できるとし，工場廃水のメチル水銀を原因とした。	患者側全面勝訴　コンビナートを形成している企業は，共同して責任を負わなければならない（共同不法行為）。	患者側全面勝訴　疫学的方法で因果関係が証明できれば賠償請求ができるとし，鉱山から流れるカドミウムを原因とした。	患者側全面勝訴　チッソ工場廃水のメチル水銀と水俣病発病との因果関係は肯定できる。
	判決の意義	四日市ぜんそく，イタイイタイ病，熊本水俣病の各裁判のきっかけとなった。企業の過失責任を初めて認定。	ぜんそくは，非特異的で因果関係の立証が困難であるが，被害者救済の立場から厳密な立証は不要とした。	裁判が因果関係立証のために長期化することを避け，被害者の早期救済を図ることを優先させた。	四大公害訴訟中，最大規模の訴訟。工場廃水の安全確認を怠ったチッソに過失責任があるとした。

解説　公害対策を促した四大公害訴訟　患者側が全面勝訴した四大公害訴訟は，企業や行政の公害への取り組み姿勢を大きく変えさせた。1967年には**公害対策基本法**が制定され，1971年には**環境庁**が設置された。また，裁判を通じ，被害者の原状回復が最優先で金銭補償はその手段にすぎないという**被害救済の原則**が確立した。しかし，これらの裁判では，国や地方公共団体の対応の遅れに関する責任（行政責任）は直接問われなかった。行政責任を最高裁が認めたのは，水俣病関西訴訟判決（2004年）においてである。

LOOK　水俣病未認定の問題

認定されない患者たち　現在の水俣病認定基準は1977年に定められたもので，認定されれば補償金などを受け取ることができる。しかし，手足の感覚障害と，他の症状の組み合わせが確認事項としてあり，感覚障害のみの患者などは認定申請を棄却された。結果として未認定患者は増加し，国や県などを相手に，損害賠償や棄却処分の取消しなどを求める訴訟が相次いだ。

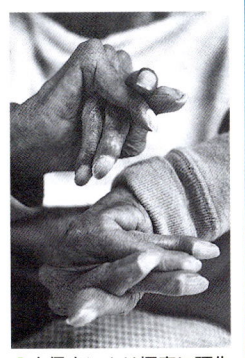

○水俣病により極度に硬化した患者の手
撮影　桑原史成

政治決着による救済　1995年と2009年の2度にわたり，国は未認定患者に対し，医療費や一時金などを支給する政治決着を図ってきた。高齢化などの事情もあり，多くの患者がこれを受け入れたが，いまだに救済の枠から外れる患者もいる。

最高裁による初の認定　2013年，最高裁判所は感覚障害のみの女性（故人）を，水俣病と初めて認定した。

新たな運用指針　この判決を受け，環境省は2014年，認定基準の新たな運用指針を提示。複数の症状確認という条件に，手足の感覚障害だけでも認定するという補足がなされた。しかし，原因物質との因果関係の証明も必要であり，認定の幅は広がっていないとの声もある。

4 公害病の認定患者

○被害はどのような地域に多いか？

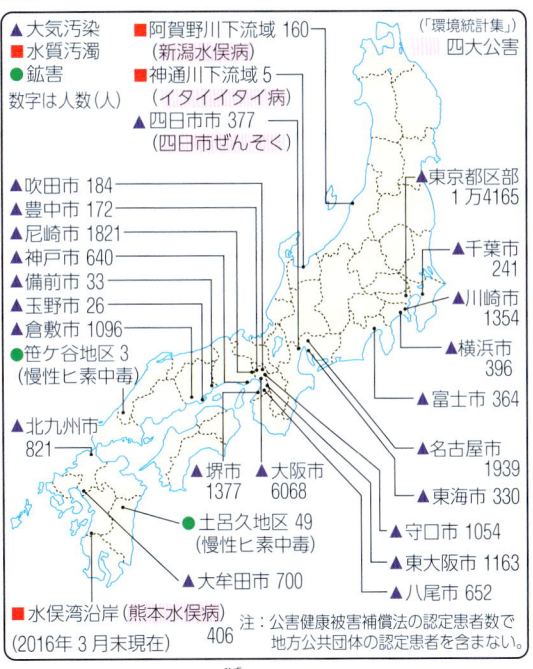

▲大気汚染
■水質汚濁
●鉱害
数字は人数（人）

- ■阿賀野川下流域 160（新潟水俣病）
- ■神通川下流域 5（イタイイタイ病）
- ▲四日市市 377（四日市ぜんそく）
- ▲吹田市 184
- ▲豊中市 172
- ▲尼崎市 1821
- ▲神戸市 640
- ▲備前市 33
- ▲玉野市 26
- ▲倉敷市 1096
- ●笹ケ谷地区 3（慢性ヒ素中毒）
- ▲北九州市 821
- ▲堺市 1377
- ▲大阪市 6068
- ●土呂久地区 49（慢性ヒ素中毒）
- ▲大牟田市 700
- ■水俣湾沿岸（熊本水俣病）406（2016年3月末現在）
- ▲東京都区部 1万4165
- ▲千葉市 241
- ▲川崎市 1354
- ▲横浜市 396
- ▲富士市 364
- ▲名古屋市 1939
- ▲東海市 330
- ▲守口市 1054
- ▲東大阪市 1163
- ▲八尾市 652

（「環境統計集」）四大公害
注：公害健康被害補償法の認定患者数で地方公共団体の認定患者を含まない。

解説　高度経済成長期の歪み　1960年代の高度経済成長期には，生産が増大して経済が発展した反面，生産第一主義により企業が公害対策への投資を怠り，政府も十分な規制を行わなかったため，**産業公害**が多発した。産業公害の被害は，重化学工業が発展した太平洋ベルト地帯に集中している。また，都市化が進むにつれて，自動車の排気ガスによる大気汚染，騒音，ゴミの増加などの都市公害・生活公害が増加している。（→p.272 LOOK）

◆重要用語　80環境権　330四大公害訴訟（四大公害裁判）　331公害対策基本法　332環境庁　334汚染者負担の原則（PPP）　335無過失責任の原則　336環境基本法　337環境アセスメント（環境影響評価）　339ダイオキシン　340アスベスト

5 公害苦情受理件数 ●どのような公害が多いか？

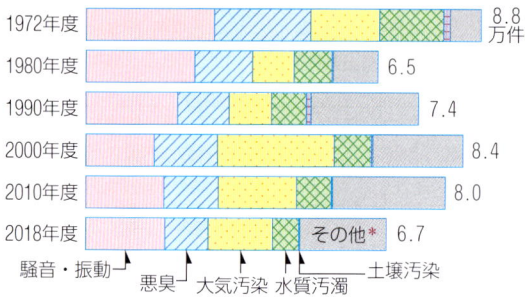

年度	件数
1972年度	8.8万件
1980年度	6.5
1990年度	7.4
2000年度	8.4
2010年度	8.0
2018年度	6.7

騒音・振動／悪臭／大気汚染／水質汚濁／土壌汚染／その他*

*1994年度より路上駐車、ペットの被害などは除く。（公害等調整委員会資料）

解説 公害苦情 環境基本法（→B2）が規定する騒音・振動・悪臭・大気汚染・水質汚濁・土壌汚染・地盤沈下を**典型七公害**といい、苦情の多くを占める。2018年度の典型七公害以外の苦情件数のうち約4割が廃棄物投棄によるもので、廃棄物投棄の約8割が家庭生活から発生した一般廃棄物である。

Look あなたも公害の加害者？

大量のゴミ／生活排水／騒音・排気ガス／ゴミのポイ捨て／ペットの不始末

高度経済成長期には産業公害が多発したが、近年では都市・生活公害の被害が増えている。私たちの何気ない行為が、公害を引き起こす場合もある。公害の加害者になっていないか、生活を見直してみよう。

B 公害の防止と対策

1 企業と国の公害・環境保全への対応

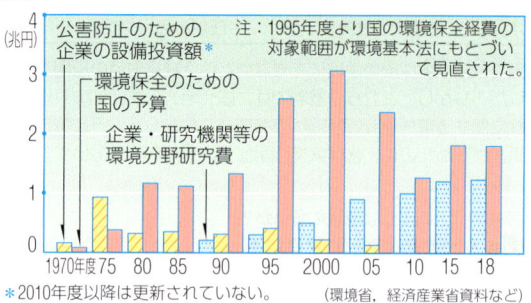

公害防止のための企業の設備投資額*／環境保全のための国の予算／企業・研究機関等の環境分野研究費

注：1995年度より国の環境保全経費の対象範囲が環境基本法にもとづいて見直された。

*2010年度以降は更新されていない。
（環境省、経済産業省資料など）

解説 公害対策から環境保全へ 公害の社会問題化で、国や企業が公害防止・環境保全に取り組むようになり、技術開発が進められている。1990年代後半頃から、環境対策や環境保全のためのコストと効果を評価する**環境会計**を導入する企業が増加している。

● 公害問題に関する原則・規制 （拡大生産者責任 →p.274B2）

① **汚染者負担の原則（PPP）** 汚染発生者が汚染防止費用や環境回復のための費用などを負担しなければならない（**外部不経済の内部化** →p.219 2）という原則。1972年のOECD（経済協力開発機構）環境委員会で国際ルールと定められた。日本では、1970年制定の公害防止事業費事業者負担法や、1973年制定の**公害健康被害補償法**に取り入れられている。

② **無過失責任の原則** 公害による被害が出た場合、公害発生者に故意や過失がなくても損害賠償責任を負わせるもの。大気汚染防止法や水質汚濁防止法に取り入れられている。

③ **濃度規制・総量規制** 濃度規制は、汚染発生源の工場・事業場の煙突ごとに、汚染物質の排出濃度を規制する方式。
総量規制は、一定の地域ごとに、汚染物質の排出総量を規制する方式で、発生源の密集地でも環境基準を達成でき、大気汚染防止法や水質汚濁防止法に取り入れられている。

2 環境基本法 （個別法 →p.274B1）

都市・生活公害、廃棄物問題、地球環境問題などの広がり
- 規制の手法を中心とする従来の枠組み（**公害対策基本法・自然環境保全法**等）では対処しきれない
- 国・地方公共団体のみならず、事業者・国民などすべての主体が対応していく必要がある

↓

環境基本法（1993年）

〈基本理念〉
- 現在及び将来の世代の人間が豊かな環境を享受でき、将来に継承する
- 環境への負荷の少ない持続的発展が可能な社会をつくる
- 国際的協調による環境保全の積極的推進

● 国、地方公共団体、事業者、国民の責務を明らかにする
● **環境基本計画**（環境保全のための総合的・長期的な施策）、公害防止計画（公害防止を総合的に講じるための計画）などの規定

解説 環境政策の基盤 都市・生活公害の増加や地球規模の環境問題などにより、これまでの**公害対策基本法**や自然環境保全法の枠組みでは不十分になったため、1993年に**環境基本法**が制定された（公害対策基本法は廃止）。この法律は、環境保全についての新たな理念や試みを示しており、日本の環境政策の基盤である。この法律に、国が講ずるための施策として**環境アセスメント**（→B3）の推進が明記され、1997年に環境アセスメント法が成立した。

3 環境アセスメント（環境影響評価）

● 環境アセスメントの流れ

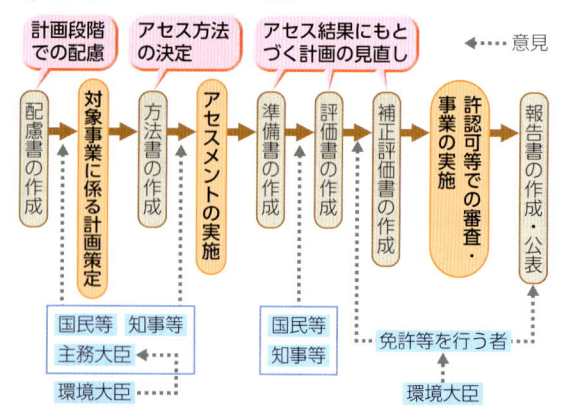

計画段階での配慮 → アセス方法の決定 → アセス結果にもとづく計画の見直し ← 意見

配慮書の作成 → 対象事業に係る計画策定 → 方法書の作成 → アセスメントの実施 → 準備書の作成 → 評価書の作成 → 補正評価書の作成 → 事業の実施 → 許認可等での審査・ → 報告書の作成・公表

国民等／知事等／主務大臣／国民等／知事等／環境大臣／免許等を行う者／環境大臣

解説 環境破壊を未然に防ぐ 1997年に成立した**環境アセスメント法（環境影響評価法）**は、環境破壊を引き起こすおそれのある事業に対して、事前に環境への影響を調査・予測し、住民の意見を反映した上で事業計画の変更・見直しを行い、環境破壊を未然に防ぐための法律である。さらに、2011年の改正により、計画立案段階から環境への影響を考慮する手続き（戦略的環境アセスメント）が新設された。

入試クイズ PPP（汚染者負担の原則）では、騒音の激しい国道沿いの住民が、防音壁設置の費用を負担する。○？×？〈14追〉（→B1）　　答：×

C | 新しい公害

1 産業廃棄物の不法投棄

豊島への不法投棄 戦後の経済成長の中で大量生産・大量消費・大量廃棄をしてきた結果、大量の産業廃棄物（産廃）が都市や工場から豊島（香川県）に持ち込まれ、不法投棄された。住民は1993年に公害調停を申請し、2000年、県は処理業者への適切な指導・監督を怠った行政責任を認め、産廃などの撤去を行うこととなった。2003年に開始された廃棄物などの処理は2019年7月に完了し、現在は地下水の浄化などを進めており、事業全体で800億円を超える費用がかかるといわれる。

▶豊島に不法投棄された産廃 不法投棄現場からはダイオキシンなどの有害物質も検出された。

▲掘削穴のあいた不法投棄現場 撤去された産廃などの量は、約91.3万トンに達した。かつては美しい砂浜が広がっていた。

豊島の教訓 香川県は、反省に基づき、産廃排出事業者の責任を法や制度で徹底し、不法投棄・不適正な処理を防止できるよう管理体制を強化している。

2 ハイテク汚染

ハイテク汚染とは IC（半導体）や電子部品などの製造過程で使用されるトリクロロエチレンやテトラクロロエチレンなどの化学物質が工場から漏れ出し、土壌や地下水が汚染され、**ハイテク汚染・IT汚染**と呼ばれて問題になっている。こうした物質は発がん性が疑われており、環境だけでなく人体にも悪影響を及ぼす可能性がある。

化学物質との付き合い方

化学物質は、ペットボトルや医薬品など身近な製品の原料で生活に不可欠だが、生物や環境への影響を明らかにするには時間がかかる。重大な影響を及ぼすおそれがある場合、安全が確認できるまでは、因果関係が科学的に明らかでなくても予防的措置をとるとする**予防原則**などが必要とされる。

予防的措置 ＞ 因果関係の証明

環境は破壊されると、回復することが不可能、または、かなりの時間を要する。

3 ダイオキシン類

身体や環境への影響 一般に、ポリ塩化ジベンゾ－パラ－ジオキシン、ポリ塩化ジベンゾフラン、コプラナーポリ塩化ビフェニルらを含めて、「**ダイオキシン類**」と呼ぶ。これらの化学物質は発がん性や、環境ホルモンとしてのはたらきなど、身体や環境への影響が心配されている。

日本での発生源 ダイオキシン類は、化石燃料を原料としたものを燃焼すると発生するため、廃棄物の焼却時に発生しやすく、日本でも問題となった。1999年に排出を規制するダイオキシン類対策特別措置法が制定され、有害物質の出にくい素材を使用したり、ダイオキシン類の発生を抑える高温の焼却炉を使用するなどの対策がとられている。

▶ダイオキシン対策の焼却炉（東京都）

環境ホルモン 体外から入って正常なホルモンの動きをかく乱する化学物質。正式名称は「外因性内分泌かく乱化学物質」。環境省（当時環境庁）は、1998年に環境ホルモンと疑われる物質をリストアップしたが、これが認定されたものと誤解され、社会的混乱を引き起こした。2016年には、環境省は環境ホルモンの環境リスクを適切に評価・管理するため、試験法の開発や知見の収集・発信などを進めるとした。

4 アスベスト（石綿）

多用されてきたアスベスト アスベストは、天然の鉱石で、細長い繊維状の物質。軽くて燃えにくく、化学薬品にも強い。加工がしやすく、建物の耐火材・断熱材などに広く使用されてきた。

がん発症の危険性 アスベストを吸い込むと、10～40年の潜伏期間を経て、中皮腫（がんの一種）や肺がんを発症する危険性がある。この健康被害は1970年代に指摘され、日本でも1975年に建材への吹きつけが禁止されたが、安価で代替が困難であるため規制が遅れた。アスベストが1％以上含まれる製品の製造・使用が禁止されたのは2004年であった。

被害救済 2006年、労災補償で救済できない石綿工場の周辺住民、元従業員の遺族などを対象とした**石綿健康被害救済法**が制定された。また、2014年の最高裁判決を受け、国は損害賠償金を支払うことになった。

▶防護服をつけてのアスベスト除去作業

●重要用語 ③③①公害対策基本法 ③③③典型七公害 ③③④汚染者負担の原則（PPP） ③③⑤無過失責任の原則 ③③⑥環境基本法 ③③⑦環境アセスメント（環境影響評価） ③③⑧ハイテク汚染 ③③⑨ダイオキシン ③④⓪アスベスト

Coming Up 循環型社会の実現をめざして

大量生産・大量消費・大量廃棄がもたらしたゴミ問題は、環境破壊を引き起こし、将来の資源の枯渇の危険性を高めた。限りある資源を有効に使い、環境への負荷を少なくする循環型社会の実現のために、政府や企業が行っている対策について知り、私たちにできることを考えてみよう。

A ゴミの現状と循環型社会の理念

❶ ゴミの量の推移と埋立処分場の残量

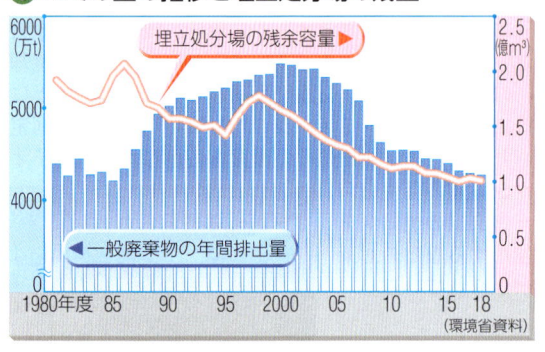

解説 限界が近づく埋立処分場 生活が物質的に豊かになるにつれ、私たちは大量のゴミを出してきた。2000年頃から、ゴミの年間排出量は減少してきているが、埋立処分場の残余容量は限界が近づいてきている。

❷ 循環型社会と３R*

*不要なものを断るRefuseや、修理して使うRepairを加え４Rや５Rとする場合もある。

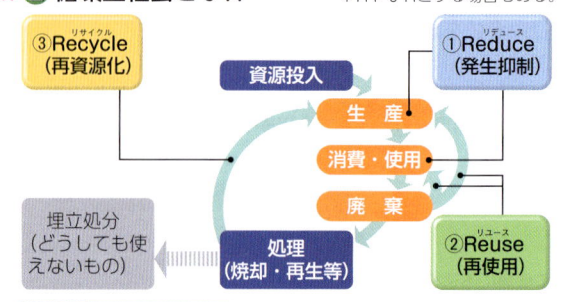

③Recycle（再資源化）／①Reduce（発生抑制）／②Reuse（再使用）
資源投入 → 生産 → 消費・使用 → 廃棄 → 処理（焼却・再生等）→ 埋立処分（どうしても使えないもの）

解説 循環型社会とは 循環型社会とは、2000年に制定された循環型社会形成推進基本法の中で、「**天然資源の消費量を減らして、環境負荷をできるだけ少なくした社会**」と定義されている。それまでの大量生産・大量消費・大量廃棄型の社会経済から、資源・エネルギーの循環的な利用がなされる社会をイメージした言葉として使われるようになった。循環型社会を実現するために、３R（Reduce、Reuse、Recycle）が呼びかけられている。

B リサイクルに関する法律

❶ 基本法と個別法

環境基本法 — 循環型社会形成推進基本法
- 廃棄物処理法
  - 容器包装リサイクル法（→❸）
  - 食品リサイクル法　食品の製造・加工販売業者に、廃棄物の再資源化を義務付けた。
  - 建設リサイクル法　工事受注者に建築物の分別解体、廃材の再資源化を義務付けた。
- 資源有効利用促進法
  - 家電リサイクル法（→❷）
  - 自動車リサイクル法　自動車の処理・解体後の廃棄物のリサイクルを自動車メーカーに義務付けた。
  - 小型家電リサイクル法　デジカメやゲーム機など、小型家電のリサイクルを努力義務とした。
  - グリーン購入法　国の機関にリサイクル品など環境負荷の少ない製品の購入を義務付けた。

❷ 家電リサイクル法（2001年施行）

リサイクルの料金例
- 洗濯機・衣類乾燥機　2530円
- テレビ　2970円
- エアコン　990円
- 冷蔵庫・冷凍庫　4730円

注：メーカーにより異なる。

消費者 → 家電小売店 → 家電メーカー
- 家電の引き渡し／料金の支払い
- 家電の引き取り
- 家電の引き取り／リサイクル

解説 拡大生産者責任 家電リサイクル法は、**洗濯機・衣類乾燥機、テレビ**（ブラウン管式・液晶式・プラズマ式）、**エアコン、冷蔵庫・冷凍庫**の４品目を対象とし、これらを捨てる際、消費者が料金を支払い、小売店が引き取り、生産者が処理・リサイクルすることを義務づけている。生産者の責任を廃棄にまで拡大することを**拡大生産者責任（EPR）**といい、リサイクルしやすい製品の開発を促す。購入時に料金を支払う自動車やパソコンと違い、廃棄時に支払う方式は、不法投棄を助長しているともいわれる。

❸ 容器包装リサイクル法（1997年施行）

対象品目：ガラス製容器・ペットボトル・プラスチック及び紙製容器包装

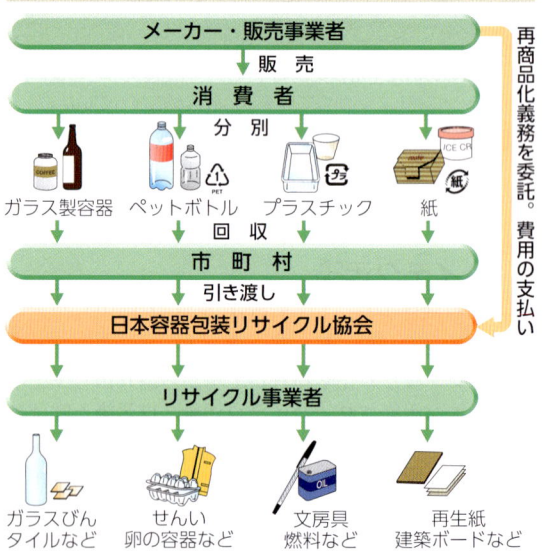

メーカー・販売事業者 → 販売 → 消費者 → 分別（ガラス製容器／ペットボトル／プラスチック／紙）→ 回収 → 市町村 → 引き渡し → 日本容器包装リサイクル協会 → リサイクル事業者 → ガラスびん・タイルなど／せんい・卵の容器など／文房具・燃料など／再生紙・建築ボードなど

再商品化義務を委託。費用の支払い。

解説 容器包装の削減をめざす 家庭から出るゴミの約55％を占める容器包装の回収とリサイクルを義務付けたのが**容器包装リサイクル法**である。ガラス製容器・ペットボトル・プラスチック製及び紙製容器包装の４品目を対象とし、消費者と地方公共団体、事業者の役割を明確にした。その結果、容器包装のリサイクルが進展し、循環型社会への意識も向上したが、容器包装の発生・排出抑制が不十分、分別収集・再商品化のためのコストの増大などが課題として残された。このため、2006年に施行された改正容器包装リサイクル法では、新たに廃棄物発生を抑制することが目標とされた。

メモ　2003年10月から、資源有効利用促進法にもとづいて、家庭から出される使用済みパソコンもリサイクルの対象となった。

C 国内の取り組み

❶ 企業の取り組み

廃棄物ゼロに取り組むビール業界 ビール業界は、比較的早い段階で、廃棄物ゼロ(ゼロ・エミッション)に向けて取り組み、国内のビール各社は、すべて達成している。また、ビール酵母の入ったヨーグルトなどを開発することで、再資源化の用途も拡大している。さらに、ビールびんは、**デポジット制**(小売店が販売時に消費者から容器代を預かり、容器を返却すると代金が戻ってくる制度)により、何度でも再利用している。

● ビール製造における工場内廃棄物処理

	排出	再利用
①原料	アルミ、ポリ袋	アルミ地金、製鉄高炉還元材
②製麦		
③仕込み	ビール粕	飼料
④発酵	余剰酵母	飼料、健康食品(乾燥ビール酵母)原料
⑤貯蔵		
⑥ろ過	ケイソウ土	土壌改良材
・洗びん	びんくず	ビールびん原料
・空びん	生ビール樽	ステンレス地金
・検査	缶ぶた包装紙	段ボール原料
⑦缶詰め、びん詰め、樽詰め		
⑧検査		
⑨出荷	段ボール	段ボール原料
	ビールケース	プラスチックパレット原料

(キリンビール資料より)

解説 ゼロ・エミッション ゼロ・エミッションとは、国連大学が提案した構想で、ある産業から排出される廃棄物や副産物が、別の産業の資源として活用され、結果的に廃棄物を生み出さない生産のしかたをめざすものである。複数の企業が連携することによって実現するもので、循環型社会に必要なシステムであるといえる。

❷ 地方公共団体の取り組み

牛のふんをエネルギーに変える 岩手県の葛巻町では、毎日大量に出る家畜の排せつ物からバイオガスを取り出し、電気と熱を供給している。また、林業が盛んであることから、木材を加工する過程で出るおがくずや木の皮から、木質ペレットと呼ばれる燃料を製造するなど、産業廃棄物ともいえるものを、有効なエネルギーにリサイクルしている。そのほかにも、風力発電と太陽光発電も積極的に行われ、町全体の電力自給率は100%を超えている。

▶**バイオガスプラント** 牛のふんと生ゴミを発酵させてバイオガスを作る施設。

❸ 市民の取り組み

大量消費・大量廃棄の見直し 簡易包装の商品を選ぶ、リサイクルショップを利用する、捨てるときは分別するといった意識や行動が、循環型社会を実現するために求められている。

▶**減装商品** 容器の包装が少なく、でるゴミが少ない(Reduce)。

D 海外の取り組み

❶ リターナブル容器によるリユース

デポジットや課税を利用 ヨーロッパでは、日本よりもデポジット制による**リターナブル容器**(回収・洗浄し、再利用する容器の総称)の使用が浸透している。びんだけではなくペットボトルもリターナブル容器として使用されており、日本のものよりも厚くて丈夫に作られている。デンマークでは、リターナブル容器に高いデポジット代を課して回収率を上げるいっぽう、紙コップ、プラスチックのナイフやフォークなどの使い捨て容器には課税を行い、購入抑制を図っている。ヨーロッパの国々では、**デポジット制**や課税を利用して、リユースを徹底するしくみづくりが行われている。

▶再使用のため洗浄されたペットボトル

❷ ドイツのリサイクルシステム

リサイクル費用を含む商品 ゴミ先進国であるドイツでは、企業が共同で資源回収会社を作り、商品に緑の矢印マークをつけた。このマークのついた商品は、あらかじめ資源回収会社に回収費用を払ってあるので、リサイクルボックスへ入れればその会社が回収し、リサイクルをする。分別、リサイクルがしやすい材料のものは価格が安く、リサイクルしにくい材料のものは高くなっている。日本の容器包装リサイクル法では、回収は自治体が、処理は企業が行うというように分担しているが、ドイツでは収集から処理までを企業が行うという点で異なる。

▶リサイクルマークのついたゴミを集めるリサイクルボックス(ドイツ)

重要用語 339 環境基本法　341 循環型社会　342 3R　343 資源有効利用促進法(リサイクル法)　344 家電リサイクル法　345 容器包装リサイクル法　346 ゼロ・エミッション

D 環境保全活動

1 ナショナル・トラスト運動

日本の主なナショナル・トラスト運動

100平方メートル運動の森・トラスト（北海道）知床国立公園内の自然保護のため，斜里町が1977年に開始した運動。2010年に保全対象地の取得を完了し，現在は森の再生を行っている。

知床国立公園 知床は2005年に世界自然遺産に登録された。

天神崎の自然を大切にする会（和歌山県）別荘開発が計画されていた土地を買い取る運動。1987年に国から自然環境保全法人の第1号に認定

鎌倉風致保存会（神奈川県）鶴岡八幡宮の裏山1.5haを買い取り，宅地造成計画を中止させた。日本のナショナル・トラスト活動の第1号

（日本ナショナルトラスト協会資料）

解説　自然と文化財を守ろう　ナショナル・トラスト運動は，自然や歴史的産物を開発から守るために寄付金を集め，土地を買い取ったり寄贈を受けたりして保存・管理する運動である。1895年にイギリスで始まり，今では世界中に広がっている。

2 諫早湾干拓事業

戦後の食糧不足→水田開発のために干拓開始
→米余りによる減反政策→畑地造成と防災対策を目的に干拓
→潮受け堤防による湾の締め切りで干潟が失われる

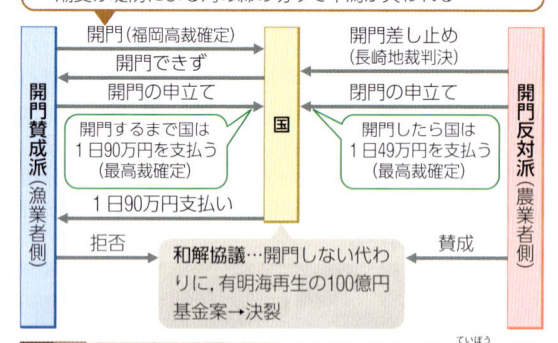

開門賛成派（漁業者側）
- 開門（福岡高裁確定）
- 開門できず
- 開門の申立て
- 開門するまで国は1日90万円を支払う（最高裁確定）
- 1日90万円支払い
- 拒否

国

開門反対派（農業者側）
- 開門差し止め（長崎地裁判決）
- 閉門の申立て
- 開門したら国は1日49万円を支払う（最高裁確定）
- 賛成

和解協議…開門しない代わりに，有明海再生の100億円基金案→決裂

解説　環境保護と干拓の対立　1997年に湾が潮受け堤防で締め切られ，漁業関係者は養殖ノリの不作などの被害を訴え，福岡高裁は5年間の排水門開門を国に命じた。一方，開門による農作物への塩害のおそれから，干拓地の農業関係者が開門の差し止めを求め，長崎地裁が認めた。その結果，国は開門と開門禁止の相反する法的義務を負うことになった。裁判所の和解勧告を漁業関係者側が拒否し，交渉は決裂。問題は解決していない（2020年7月現在）。

3 環境マネジメントシステム「ISO14001」

ISOとは，世界の規格を統一する国際標準化機構という国際民間組織の略称である。1992年の地球サミット（→p.282①）の成果を受け，96年にISOが環境に関する国際規格として環境マネジメントシステム「ISO14000」シリーズをつくった。そのうちの「ISO14001」は，**企業や組織が，環境保全に取り組んでいるかを審査する**もので，専門機関によって審査され，基準を満たしていると認められた企業（組織）は，認証を受けて登録される。

日本では，これ以外に環境に関する国際規格がないため，他の国と比べて登録件数が多い。また，認証取得が外国との取り引き条件になっていることも多く，取り引きのために取得する企業もある。2020年5月現在では，16308件の登録がある。

マネジメントシステムの流れ

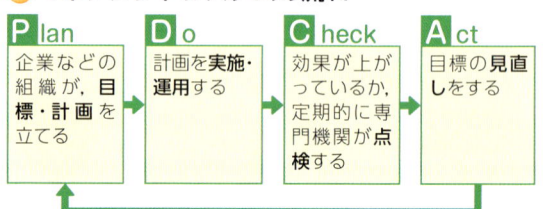

Plan　企業などの組織が，目標・計画を立てる
→ **D**o　計画を実施・運用する
→ **C**heck　効果が上がっているか，定期的に専門機関が点検する
→ **A**ct　目標の見直しをする

このように，「P-D-C-A」の4つのサイクルを踏み，目標を達成することが求められる。認証後も，このサイクルを繰り返す。

解説　継続的な改善がねらい　ISO14001は具体的な対策の内容を定めたものではないため，どのような対策をとるかは，個々の企業や組織にゆだねられている。各組織の実情にあった無理のないシステムを構築し，継続的に改善していくことが求められる。

LOOK 日本の環境技術を世界へ

公害なき発展をめざして　かつて公害先進国といわれた日本。その失敗を乗り越えるなかで培ってきた技術が，今，経済発展をめざす国々から注目を集めている。

環境技術の普及に積極的な地域の1つが，北九州市である。北九州国際技術協力協会では，発展途上国からの研修員の受け入れや，現地での技術指導を行っている。

太陽光発電パネルの設置実習　地球温暖化の進行や原発問題などで，クリーンエネルギーへの関心が高まり，多くの海外研修生が訪れる。

インドネシアのスラバヤ市で生ゴミ堆肥化の技術指導　現地のNGOや市と協力し，生ゴミを堆肥化するコンポストを普及させ，ごみの減量に成功。衛生面の向上にも貢献。この技術はインドネシア各地に普及している。

15 地球環境問題

◁地球シミュレータが解析した21世紀末の地球　赤色から黄色に近づくほど気温上昇が大きいことを表す。地球の未来にとって環境問題は非常に深刻である。環境破壊を防ぐために、自然と人間との関わりを見直し、人間の生活と環境とのあり方を考えてみよう。

画像提供／東京大学気候システム研究センター・国立環境研究所・地球環境フロンティア研究センター・文部科学省「人・自然・地球共生プロジェクト」

A 自然と人間

1 地球環境の破壊
◎どこで、どのような地球環境の破壊が起きているのか？

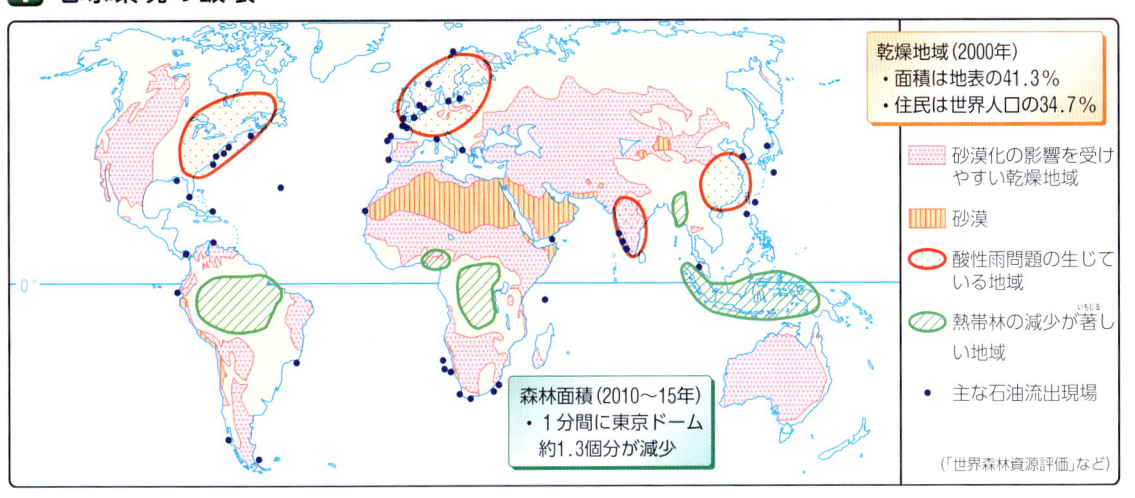

乾燥地域（2000年）
- 面積は地表の41.3％
- 住民は世界人口の34.7％

凡例：
- 砂漠化の影響を受けやすい乾燥地域
- 砂漠
- 酸性雨問題の生じている地域
- 熱帯林の減少が著しい地域
- 主な石油流出現場

森林面積（2010〜15年）
- 1分間に東京ドーム約1.3個分が減少

（「世界森林資源評価」など）

2 問題群としての環境問題
◎環境問題の要因にはどのようなものがあるのか？

（『環境白書』平成2年版）

先進国 → 高度な経済活動・開発援助
（国際取り引き）／化学物質の使用／化石燃料の使用
（フロン）（炭酸ガス等）（硫黄酸化物）（窒素酸化物）
→ 海洋汚染／オゾン層の破壊（p.280）／地球温暖化（p.278〜280）／酸性雨（p.280）
→ 野生生物種の減少／環境配慮が不足した場合
→ 森林破壊（p.281）／砂漠化（p.281）／発展途上国の公害問題
（焼畑・耕作等）（木材生産）（過放牧・過耕作等）
→ 有害廃棄物の越境移動（p.281）
貧困・対外債務／人口の急増／経済活動水準の上昇
← 発展途上国

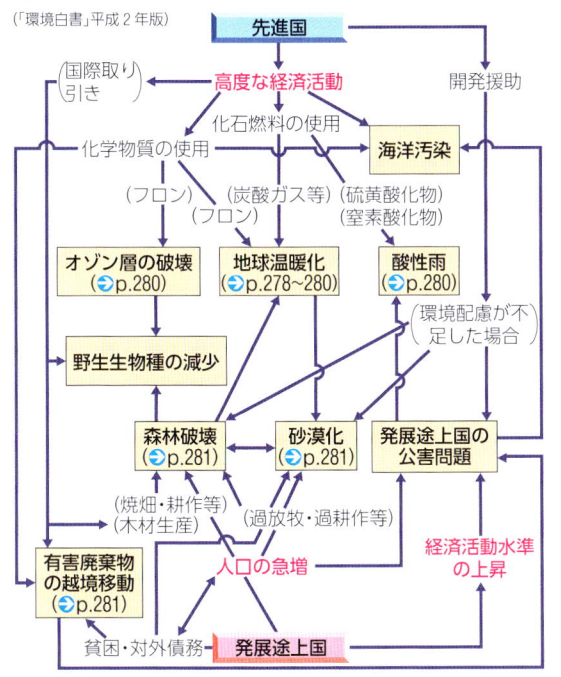

解説　環境問題の要因と対策　環境破壊の要因としては、発展途上国の人口増加や、先進国における資源の浪費に傾きがちな大量生産・消費・廃棄などがあげられる。そのため、先進国は発展途上国に対する環境改善の資金、技術の提供を進めるとともに、自らの生産、消費のあり方を改めることが求められている。

3 『沈黙の春』
▷レイチェル＝カーソン（1907〜64）

豊かな自然　アメリカの奥深くわけ入ったところに、ある町があった。生命あるものはみな、自然と1つだった。町のまわりには、豊かな田畑が碁盤の目のようにひろがり、穀物畑の続くその先は丘がもりあがり、斜面には果樹がしげっていた。……

呪い　ところが、あるときどういう呪いをうけたわけか、暗い影があたりにしのびよった。いままで見たこともきいたこともないことが起りだした。若鶏はわけのわからぬ病気にかかり、牛も羊も病気になって死んだ。どこへ行っても、死の影。……そのうち、突然死ぬ人も出てきた。何が原因か、わからない。大人だけではない。子どもも死んだ。元気よく遊んでいると思った子どもが急に気分が悪くなり、2、3時間後にはもう冷たくなっていた。

沈黙の春　自然は沈黙した。……ああ鳥がいた、と思っても、死にかけていた。ぶるぶるからだをふるわせ、飛ぶこともできなかった。春がきたが、沈黙の春だった。

（レイチェル＝カーソン『沈黙の春』新潮文庫）

解説　文明社会への警告　レイチェル＝カーソンはアメリカの科学ジャーナリスト。1962年出版の『沈黙の春』ではDDT＊などの農薬による環境汚染について、鋭い警告を与え、環境保護の大切さを認識させた。

＊有機塩素系殺虫剤

重要用語　349地球温暖化　351オゾン層の破壊　352酸性雨　353森林破壊　354砂漠化

国内経済

277

Coming Up 地球温暖化を防ぐために

地球温暖化を防ぐための枠組みづくりにおいて、先進国と発展途上国などの間で対立が続いてきたが、2015年に新たな枠組みが採択された。温室効果ガス排出の現状や地球温暖化を防ぐための取り組みについて知り、今後、私たちはどうしていくべきか考えてみよう。

注：二酸化炭素は、単位量当たりの温室効果がメタンやフロンなどより低いが、大気中濃度が高く、温暖化の主原因とされる。

A 二酸化炭素排出の現状

❶ 世界のエネルギー起源二酸化炭素排出量

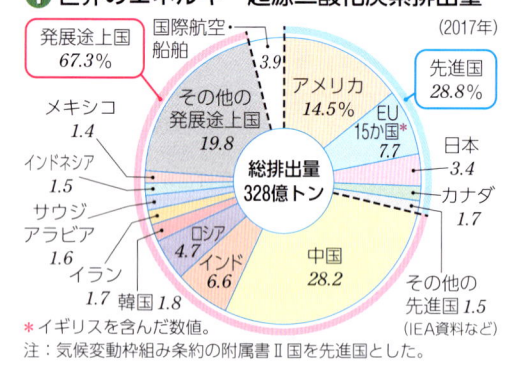

（2017年）総排出量 328億トン

- 発展途上国 67.3%
  - 国際航空船舶 3.9
  - その他の発展途上国 19.8
  - メキシコ 1.4
  - インドネシア 1.5
  - サウジアラビア 1.6
  - イラン 1.7
  - 韓国 1.8
  - インド 6.6
  - 中国 28.2
- 先進国 28.8%
  - アメリカ 14.5
  - EU 15か国* 7.7
  - 日本 3.4
  - カナダ 1.7
  - ロシア 4.7
  - その他の先進国 1.5

＊イギリスを含んだ数値。
注：気候変動枠組み条約の附属書Ⅱ国を先進国とした。
（IEA資料など）

❷ 各国の二酸化炭素排出量の推移

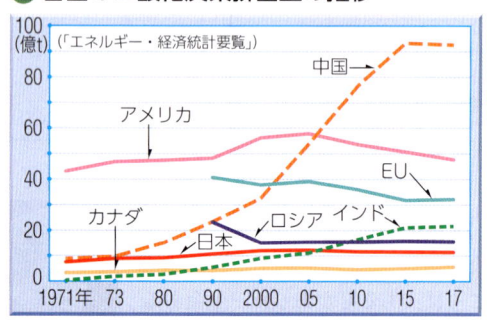

（グラフ：中国、アメリカ、EU、インド、ロシア、日本、カナダ 1971年〜17年）
「エネルギー・経済統計要覧」

❸ 1人当たりの二酸化炭素排出量とGDP 1ドル当たりの二酸化炭素排出量

（2017年）（IEA〈国際エネルギー機関〉資料）
注：二酸化炭素換算
■1人当たり排出量(t)
■GDP 1ドル当たり排出量(kg)

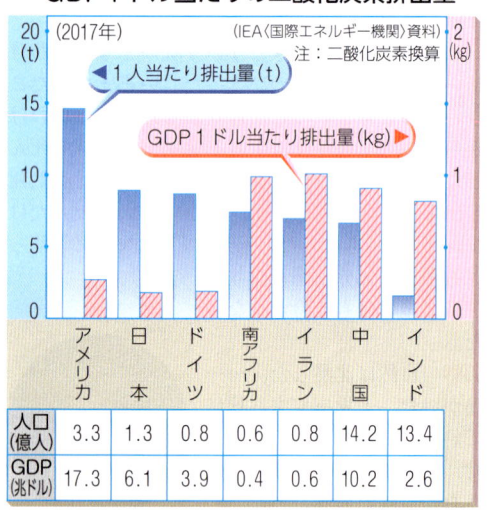

	アメリカ	日本	ドイツ	南アフリカ	イラン	中国	インド
人口（億人）	3.3	1.3	0.8	0.6	0.8	14.2	13.4
GDP（兆ドル）	17.3	6.1	3.9	0.4	0.6	10.2	2.6

解説 増加する二酸化炭素 近年、経済成長が著しい中国・インドなどで二酸化炭素排出量が増加しているが、1人当たり排出量は先進国の方が多い。GDP 1ドル当たり排出量は、少ないほど経済活動が効率化できているという指標となるが、先進国より発展途上国の方が多い。

B 温室効果ガス排出削減交渉

❶ 気候変動枠組み条約締約国会議の歩み

1992年	●**気候変動枠組み条約**（地球温暖化防止条約）採択（94年発効） **内容** 温室効果ガス濃度の安定化を目標に、地球温暖化がもたらす影響を防止するための枠組みを定める。1995年より毎年、気候変動枠組み条約の締約国会議（COP）を開催する **課題** 具体的な削減義務を規定していない	温暖化対策の開始
1997	**COP 3**（温暖化防止京都会議）…京都（日本） ●**京都議定書**採択（2005年発効） **内容** 温室効果ガス排出量削減の数値目標を国別に設定。2008〜2012年の間に、先進国全体で1990年比5.2％削減。日本は6％の削減義務を負う **課題** ①経済成長が著しく、温室効果ガスの主要排出国となった中国やインドなどの新興国を含む**発展途上国の削減義務がない** ②守れなかった場合の措置が明確に示されていない	京都議定書の発効
2001	アメリカが京都議定書から離脱	
2004	ロシアが京都議定書に批准 →2005年**京都議定書発効**	
2011	カナダが京都議定書から離脱	ポスト京都議定書問題
2012	COP18 …ドーハ（カタール） ●ドーハ合意 **内容** 京都議定書の延長期間（第2約束期間）を2013〜2020年とする（**日本・ロシアは不参加**） **課題** 京都議定書の第2約束期間に削減義務を負う国の排出量は**世界の約15％のみ**	
2015	COP21 …パリ（フランス） ●**パリ協定**（2016年発効） **内容** すべての締約国が温室効果ガス排出量削減目標を5年ごとに国連に提出し、対策を行うことを義務化。2020年以降に、平均気温の上昇を産業革命前から2度未満とし、さらに1.5度未満になるよう努力する **課題** 目標達成の義務はない	パリ協定の発効
2017	アメリカがパリ協定からの離脱を表明（2020年11月離脱）＊	

＊大統領選に勝利した民主党のバイデンは、協定復帰の方針（2020年11月現在）。

❷ 京都メカニズム ●京都メカニズムとは何か？

京都メカニズム	**共同実施（JI）**…先進国*同士が共同で温暖化対策事業を実施した場合、事業による削減量を当事国間で分け合う。
	クリーン開発メカニズム（CDM）…先進国*が発展途上国に温暖化対策事業の技術・資金支援をした場合、事業による削減量を当事国間で分け合う。
	排出量取引（ET）…削減義務国間で、余っている排出枠を取り引きする。

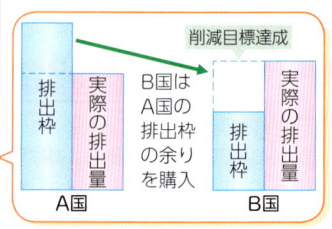

＊ロシアなどの市場経済移行国を含む、気候変動枠組み条約の附属書Ⅰ国。

解説 市場原理の活用 京都議定書では、排出量削減のほか、植林活動による森林増加分を削減量に加えることや、**京都メカニズム**（市場原理を活用した国家間取引のしくみ）が認められている。パリ協定でも市場原理を活用した国家間取引のしくみが導入される。

削減目標達成：A国の排出枠の余りをB国が購入→B国はA国の排出枠の余りを購入

入試クイズ 京都議定書のクリーン開発メカニズムは、先進国間で実施される。○？×？〈17本〉（→B❷） 答：×

❸ 先進国と発展途上国の対立

水没の危機にある国
(→p.280B❷)
「このままでは生活が困難になる。すべての国が排出削減に取り組むべきだ。」

発展途上国
「これまで温室効果ガスを排出してきた**先進国が率先して削減すべきだ**。温室効果ガス削減のための資金支援は先進国が果たすべき役割だ。」

先進国
「先進国のみが温室効果ガス削減と資金支援の義務を負ってきた。温室効果ガス排出量が増えている**発展途上国も削減義務を負うべきだ**。」

解説　温暖化をめぐる対立　京都議定書は、発展途上国に温室効果ガス排出削減義務がなく、先進国と発展途上国の間で削減義務や資金支援などについての意見の対立があった。パリ協定では、すべての締約国が削減に取り組み、発展途上国も自主的に資金支援を行うことになったが、そのルール作りでも、先進国と発展途上国、水没の危機にある国と産油国などにおいて対立がみられる。

❹ 京都議定書からパリ協定へ

	2008年〜	2013年〜	2020年〜
	京都議定書		パリ協定
枠組み・全体目標	(第1約束期間) 1990年比で5.2%削減	(第2約束期間) 1990年比で18%削減	気温上昇を産業革命前から2度未満とし、1.5度未満に向け努力
先進国・市場経済移行国　EUなど	削減義務あり	削減義務あり	目標達成義務なし〔5年ごとの削減目標の提出を義務化〕
先進国・市場経済移行国　日本 ロシア カナダ*	削減義務あり	削減義務のない自主的取り組み	目標達成義務なし〔5年ごとの削減目標の提出を義務化〕
先進国・市場経済移行国　アメリカ	削減義務なし	削減義務のない自主的取り組み	目標達成義務なし〔5年ごとの削減目標の提出を義務化〕
発展途上国	削減義務なし	削減義務のない自主的取り組み	目標達成義務なし〔5年ごとの削減目標の提出を義務化〕

＊カナダは2011年に京都議定書から離脱

❺ 主な国の温室効果ガス排出削減目標

日本*	2030年度までに2013年度比で26%削減 (2005年度比で25.4%削減)
アメリカ	2025年までに2005年比で26〜28%削減
EU	2030年までに1990年比で40%以上削減
ロシア	2030年までに1990年比で25〜30%削減
中国	2030年までに2005年比でGDP当たり二酸化炭素排出量を60〜65%削減
インド	2030年までに2005年比でGDP当たり排出量を33〜35%削減
ブラジル	2025年までに2005年比で37%削減 2030年までに2005年比で43%削減

注：COP21に向けて各国が国連に提出した、2020年以降の削減目標案。

解説　削減目標達成に向けて　各国がCOP21に向けて掲げた目標を達成した場合でも、気温上昇を産業革命前と比べて2度未満に抑えることはできないと推計されている。2017年の気候変動サミットでは、温暖化対策への投資の拡大が確認された。2018年には、各国に削減目標の引き上げを促すために、温室効果ガスの排出削減に向けた優れた取り組みを各国で共有する「タラノア対話」が実施された他、パリ協定の実施に必要なルールが採択された。

＊菅総理大臣は、2020年10月の所信表明演説で、2050年までに温室効果ガスの排出量を全体としてゼロにする脱炭素社会をめざすとした。

(環境税　→p.283)

C 日本の取り組み

❶ 日本の部門別二酸化炭素排出量の推移

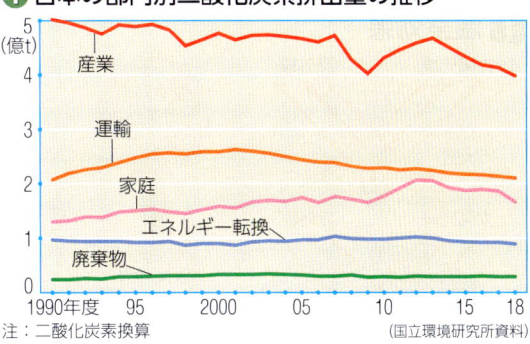

(1990年度〜2018年、産業・運輸・家庭・エネルギー転換・廃棄物)
注：二酸化炭素換算
(国立環境研究所資料)

解説　今後の取り組み　日本の二酸化炭素排出量は、産業部門では減少傾向にあるが、家庭部門は増加傾向にある。また、2011年の福島第一原発事故の影響で火力発電の稼働が増え、二酸化炭素排出量が増加したが、削減努力や植林、京都メカニズムの活用などにより、京都議定書の削減目標である6%削減を達成した。今後は、パリ協定に基づいて定められた、2030年までに2013年比で26%の排出削減が目指される。

❷ 環境モデル都市

高い目標を掲げた活動　温室効果ガス削減は、様々な分野で、長期的に活動していくことが望まれる。そのため、全国から23の市区町村が「**環境モデル都市**」として選定され、より高い目標を掲げて先駆的な取り組みに挑戦している。

豊田市の取り組み　例えば、自動車の生産で有名な豊田市では、公用車のエコカー化、市民向けのエコカー導入支援、環境にやさしい車両による公共交通ネットワークの構築など、地域の強みを生かした取り組みを中心に行っている。

● 選定された環境モデル都市

大都市	北九州市、京都市、堺市、横浜市、新潟市など
地方中心都市	飯田市、帯広市、富山市、豊田市、松山市など
小規模市町村	下川町、水俣市、宮古島市、梼原町、御嵩町など
東京特別区	千代田区

❸ 二酸化炭素回収貯留 (CCS)

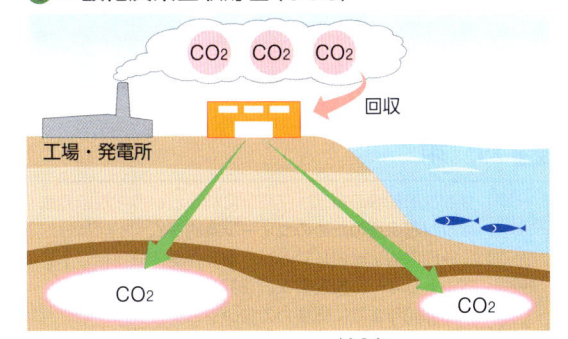

解説　二酸化炭素を埋める　北海道苫小牧では、二酸化炭素を地下に埋める技術(CCS)の実証実験が始まっており、温室効果ガスを減らす有効な手段として期待されている。しかし、埋めるのに適した場所が限られていること、将来漏れ出す可能性があること、漏れ出した場合の環境・人間への影響が未知数であることなどが指摘されている。

重要用語 ❸❹❽地球温暖化　❸❹❾京都議定書　❸❺⓪パリ協定
❸❺❼気候変動枠組み条約(地球温暖化防止条約)

それぞれの環境問題の原因は何か？対策についても考えてみよう　　　（→p.278）

B｜地球温暖化

1 温室効果

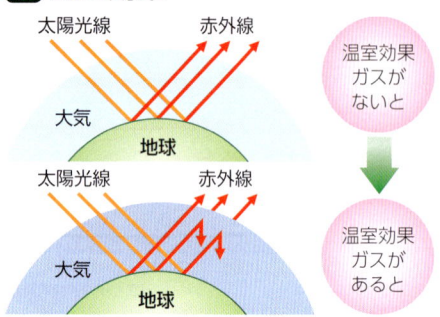

温室効果ガスがないと / 温室効果ガスがあると

解説 温暖化のしくみ 地球は太陽光を受けて温まる一方で、熱を赤外線の形で宇宙に放射している。この赤外線を吸収し、再び地表に戻すのが二酸化炭素・メタンガス・フロンガスなどの**温室効果ガス**である。近年は二酸化炭素などの濃度が急激に上昇し、温室効果が高まっている。

注：温暖化の原因は温室効果ガスではなく、太陽活動などの自然現象によるものだという説や、そもそも温暖化していないという説もある。

2 温暖化が及ぼす気候変動・影響

- 降水量が減り、農作物の収穫が減少。砂漠化が進む（アフリカ）
- 洪水が増加し、沿岸低地に住めなくなる（熱帯アジア）
- 海面が上昇し、水没の危険がある（ツバル／小さな島国）
- 極地 氷山や氷河の氷解
- マラリアなどの熱帯の病気が高地まで広がる（南アメリカ）

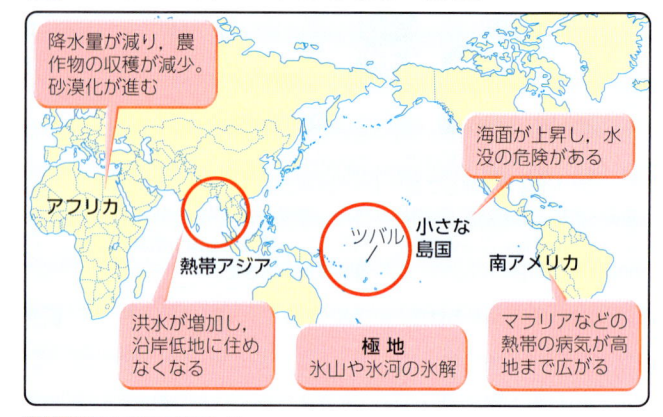

解説 温暖化の影響 世界では、21世紀末には、1986〜2005年よりも海面が最大82cm上昇するという予測もある。日本では海面が1m上昇すれば、砂浜の90％は消失し、臨海の都市部は水没する可能性がある。また、植物の絶滅、害虫の増加による農作物への影響、深刻な水不足なども予想される。

C｜オゾン層の破壊

1 原因と現状

フロンの濃度の増加 → オゾン層の破壊 → 地上の紫外線量の増加

人体への被害：白内障の増加／皮膚がんの増加／免疫機能の低下
生態系への被害：海洋生態系の変化／作物収量の減少

解説 フロンがオゾン層を破壊 オゾン層は、地上から10〜50km上空にあり、有害な紫外線を吸収している。フロンはスプレーのガス、クーラーや冷蔵庫の冷媒などに利用されてきた。

オゾンホール 南極上空におけるオゾンの量を示す。赤色の部分は量が多く、黄、緑、青、紫色になるにしたがって量が少なくなる。
1979年10月／2015年10月（NASA）

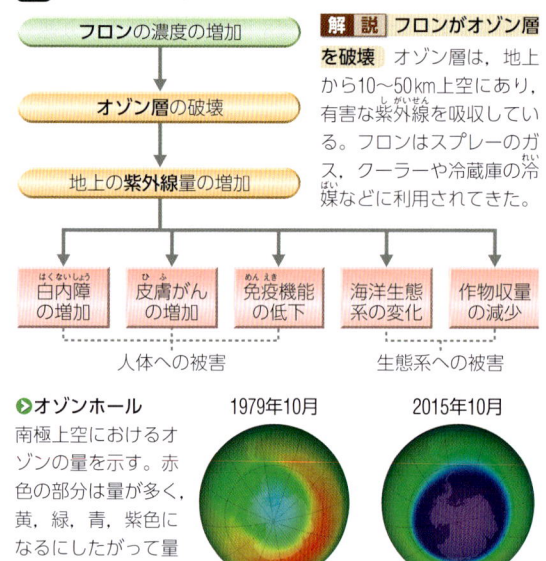

2 対策

1974	オゾン層破壊の原因はフロンにあるという学説の発表
1985	**オゾン層保護のためのウィーン条約**採択（88年発効）→国際的に協調してオゾン層の保護に取り組む
1987	**モントリオール議定書**採択（89年発効）←具体化 →2010年までに破壊力の強いフロン全廃、2030年までに破壊力の弱いフロン原則全廃、2019年から温室効果の高い代替フロン段階的削減
2010	世界気象機関と**国連環境計画（UNEP）**が、オゾン層の破壊に歯止めがかかったと発表
今後	**フロン全廃**。長期的には大気中のフロン濃度は減少し、1980年代以前の水準への回復は2050年以降の見込み

D｜酸性雨

1 原因と現状

化石燃料の燃焼による**硫黄酸化物、窒素酸化物**の排出
↓
大気中で硫黄酸化物が**硫酸**、窒素酸化物が**硝酸**に化学変化
↓
酸性雨（ph5.6以下）
↓
影響：●森林の枯死 ●湖の魚の死滅 ●建物や彫像の侵食

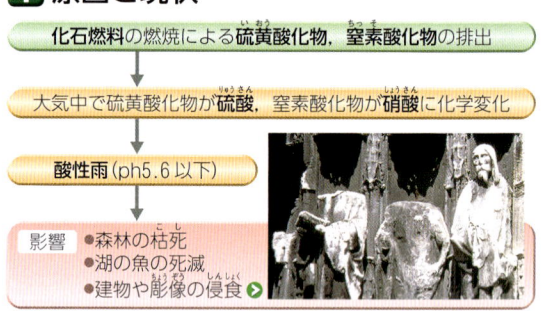

解説 国境を超える酸性雨 酸性雨の原因物質は風に乗って移動するため、**汚染源と被害地は必ずしも一致せず**、一国内だけの問題に収まらない。日本では、高度経済成長期に酸性雨の被害が大きく、対策を進めてきたが、近年は経済発展の著しい東アジア地域から汚染物質が飛来し、日本で酸性雨を降らせている。

2 対策

ヨーロッパ	●**長距離越境大気汚染条約**（1979年） 各国に越境大気汚染の防止を求め、酸性雨の影響に関する研究の推進や、国際協力の実施などを規定 ●**ヘルシンキ議定書**（1985年） 硫黄酸化物（SO_x）に関する議定書 ●**ソフィア議定書**（1988年） 窒素酸化物（NO_x）に関する議定書
アジア	●**東アジア酸性雨モニタリングネットワーク**（2001年〜） ・日本の提言で、日本・中国・韓国・ロシアなどが参加 ・共通の手法で酸性雨を監視し、東アジアでの酸性雨の状況について共通理解を持つ ・環境や人への影響を防ぐための情報交換を行う

解説 日本の技術を東アジアに ヨーロッパでは、様々な対策の結果、酸性雨の被害は改善している。しかし、発展の著しい東アジアでは深刻な状況が続いており、日本の優れた**脱硫技術**を東アジアの酸性雨対策に活かすことが望まれる。

論述にトライ！ オゾン層の破壊にフロンガスが大きく関わっている。フロンガスとオゾン層の関わりについて250字以内で説明しなさい。〈香川大医〉（→C1）

E 森林破壊

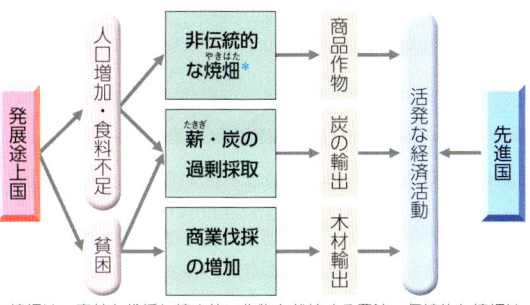

1 原因と現状

発展途上国 → 人口増加・食料不足／貧困 → 非伝統的な焼畑※／薪・炭の過剰採取／商業伐採の増加 → 商品作物／炭の輸出／木材輸出 → 活発な経済活動 ← 先進国

※焼畑は，森林を伐採し焼き払い作物を栽培する農法。伝統的な焼畑は，数年ごとに場所を移して焼畑を行い，土地が十分に回復したら再び畑として利用する。新たに参入した住民らによる非伝統的な焼畑は，土地の回復を待たずに焼くため，土地が疲弊してしまう。

解説 減少する森林 2010〜2015年で世界の森林面積は1654万ha減少した。この面積は日本の面積の約44％に当たる。伐採された木材は，先進国のキャンプ用木炭の原料など，私たちの経済活動にも利用される。特に，日本は**大量の木材輸入国**である。森林の破壊は，様々な地球規模の問題につながるが，現在，森林破壊に対処する国際条約は存在しない。

◀減少する熱帯林　1973年／2003年

2 対 策

①木材伐採・輸出の制限
- インドネシア，マレーシアは，丸太などの輸出規制・禁止
- タイは，天然林の全面伐採禁止

②森林原則声明(1992年地球サミットで採択)
法的拘束力はないが，緑化の行動や発展途上国の取り組みに対して国際的な援助や協力の必要性が示された。

③NGO，企業などによる植林
近年，先進国では，京都議定書においてCO₂を削減したと認められることから，政府と協力して発展途上国で植林を行う団体も多い(クリーン開発メカニズム →p.278B❷)。

F 砂漠化

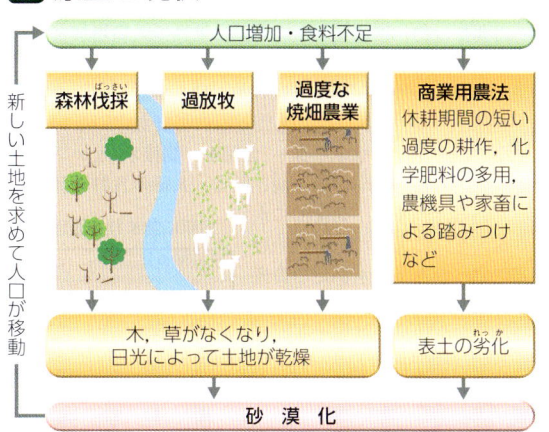

1 原因と現状

人口増加・食料不足 → 森林伐採／過放牧／過度な焼畑農業／商業用農法(休耕期間の短い過度の耕作，化学肥料の多用，農機具や家畜による踏みつけなど) → 木，草がなくなり，日光によって土地が乾燥／表土の劣化 → 砂漠化 ← 新しい土地を求めて人口が移動

解説 貧困や気候変動につながる砂漠化 砂漠化の影響を受けやすい乾燥地域は，世界の地表面の約41％を占めており，そこで暮らす人々は20億人以上に及ぶ。砂漠化は，作物の不作や水不足を引き起こし，貧困の原因となる。

2 対 策

砂漠化対処条約 正式名称「深刻な干ばつ又は砂漠化に直面する国(特にアフリカの国)において砂漠化に対処するための国際連合条約」。1994年採択。1997年，102か国が参加した第1回会議が開催され，砂漠化防止のための長期的な行動計画の作成や先進国の資金・技術援助などが定められた。

◀マイクロキャッチメント(中国) 植え付けた苗木を囲むように半円形またはV字状に盛り土をし，その中を流れる雨水を逃がさず土中にしみこませる方法。　写真提供／鳥取大学乾燥地研究センター：山中典和

▶点滴栽培(カタール) 小さな穴を開けたホースから水を流して植物に与える。土壌中には保水剤として，紙オムツに使われている吸水性樹脂が入っている。

G 有害廃棄物の越境移動

輸出量		輸入量	(環境省資料など)
15.2万t	ドイツ (2009年)	217.3万t	
66.7	フランス (2006年)	161.4	
40.5	カナダ (2009年)	48.1	
0.3	韓国 (2006年)	29.5	
16.2	イギリス (2009年)	15.1	
21.6	日本 (2018年)	2.8	

注：統計対象の有害廃棄物は国により異なる。

▲輸出された廃家電を分解する男性(ベトナム) 廃家電には有害物質を含むものもある。

解説 ゴミの輸出規制 1980年代，自国よりも規制が緩く，処理費用が安いという理由で，発展途上国に有害廃棄物が輸出された。しかし，輸出先での不適切な処理や，引き取りを拒否され海洋に投棄するといった問題が深刻化したため，1989年に**バーゼル条約**が採択された。日本ではバーゼル法により，特定有害廃棄物の輸出に政府の承認を必要とするが，国内の処理技術の向上や廃棄物の削減も必要である。

バーゼル条約 (1989年，スイスのバーゼルで採択)
- 特定の有害廃棄物の輸出入を規制…輸出時は輸出先の事前了解が必要。輸出が契約通りできなかった場合は輸出国が引き取りを含む措置を行うことなど。
- 規制対象となる特定の有害廃棄物※…鼠駆除剤(農薬など)や鉛蓄電池など有害物質を含むゴミ(2021年より，リサイクルに適さない汚れたプラスチックゴミも対象)。

※放射性廃棄物は含まれない(他条約で輸出入を規制)。

●重要用語 348地球温暖化　351オゾン層の破壊　352酸性雨　353森林破壊　354砂漠化　360国連環境計画(UNEP)

Look 世界の水が不足する

増える水需要 1900年からの約100年間で、世界の水の需要量は約10倍に達した。原因は世界の**人口増加**と、それに伴う**食料増産**である。

バーチャルウォーター 海外から輸入する農産物や工業製品を、仮に国内で生産した場合に必要な水の量のことを、バーチャルウォーター(仮想水、間接水)という。日本は、食料自給率が約4割と低く、大量の食料を輸入している。つまり、間接的に水を大量に輸入している。そのため、世界中が水不足で農産物生産が減少した場合、日本は食料を十分に確保できなくなる可能性がある。

●食事に含まれる仮想水

牛丼1杯	1890ℓ
チーズバーガー	1050ℓ
月見そば	750ℓ
牛乳1杯	110ℓ

◎高機能膜を利用した海水淡水化プラント(イスラエル) 従来の石油を燃やし、海水を熱して淡水化する方法より低コストでできる。日本では福岡、沖縄、海外では中東などで利用されている。

水は無限ではない このような状況から、21世紀は水争奪が戦争の原因になりうるという指摘もある。深刻化する水不足対策として、海水の淡水化事業や、少量の水で育つ農産物の開発などが行われているが、何よりもまずは、水は有限であること、また、食品の廃棄はその生産に使われた大量の水を無駄にすることであると理解すべきである。

H 環境保全の取り組み

1 国際的な動き
◎国際的には、どのように取り組まれているのか？

1971	ラムサール条約採択
1972	ローマクラブが「成長の限界」*を発表
	国連人間環境会議
	開催地：ストックホルム
	・「かけがえのない地球(only one earth)」をスローガンに、「人間環境宣言」を採択
	・国連環境計画(UNEP)を設立
	世界遺産条約採択
1973	ワシントン条約採択
1985	オゾン層保護のためのウィーン条約採択(→p.280 C2)
1987	モントリオール議定書採択(→p.280 C2) ←具体化
1989	バーゼル条約採択(→p.281 G)
1992	**国連環境開発会議(地球サミット)**
	開催地：リオデジャネイロ
	・リオ宣言(21世紀の地球環境保全のための原則)採択
	・アジェンダ21(リオ宣言達成のための行動計画)採択
	・生物多様性条約 調印
	・気候変動枠組み条約(地球温暖化防止条約)調印
1994	砂漠化対処条約採択(→p.281 F2)
1997	気候変動枠組み条約第3回締約国会議(COP3、温暖化防止京都会議)(→p.278 B)
2002	**持続可能な開発に関する世界首脳会議(環境・開発サミット)**
	開催地：ヨハネスブルク
	・アジェンダ21の実績の検証
	・「ヨハネスブルク宣言」、アジェンダ21を促進するための「実施計画」を採択
2005	京都議定書発効
2010	生物多様性条約第10回締約国会議(COP10)
2012	**国連持続可能な開発会議(リオ+20)**
	開催地：リオデジャネイロ
	・環境の保護と経済成長の両立をめざす**グリーン経済**が先進国・発展途上国の共通の取り組みであると認識された
2013	水銀に関する水俣条約採択。2017年発効
2015	京都議定書に続く**パリ協定**採択(→p.278 B)。2016年発効

*現在のままの人口増加、工業化が続けば、環境は自然が許容できる範囲を超えて悪化し、100年以内に成長は限界点に達すると警告した。

「持続可能な開発(発展)」をめざして

地球サミットには、約180の国・地域の代表と8000に及ぶNGO(→p.196)が参加した。ここでは、将来の世代が得るはずの経済的・社会的利益をそこなわず、環境を利用していこうという、「持続可能な開発(発展)」の基本理念が共通の認識になった。

◎閉幕式のあとのガリ国連事務総長(一番左)ら(1992年当時)

2 野生生物や自然の保護

条約

ラムサール条約(1971年採択)
締約国数：170か国(2019年) 日本は1980年締結
正式名称：「特に水鳥の生息地として国際的に重要な湿地に関する条約」 多様な生物が生息し、水の浄化作用もある湿地を登録・保護するための条約

世界遺産条約(→p.149 3 1、283 2)(1972年採択)
締約国数：193か国(2019年) 日本は1992年締結
人類共通の財産として未来に受け継いでいくべき、自然・文化遺産を登録・保護するための条約

ワシントン条約(1973年採択)
締約国数：182か国(2019年) 日本は1980年締結
正式名称：「絶滅の恐れのある野生動植物の種の国際取引に関する条約」

生物多様性条約(1992年調印)
締約国数：195か国(2019年) 日本は1993年締結
生物種・生態系・遺伝子などの多様性の保護、遺伝子資源の利用と公正な利益配分を目的とし、先進国による発展途上国への技術的・経済的支援を求める条約

国際機関

国連教育科学文化機関(UNESCO)(1946年設立)
本部：パリ(フランス)
世界遺産条約に基づき、自然・文化遺産の保護を行う。義務教育の普及や無形文化遺産の保護なども行う

国連環境計画(UNEP)(1972年設立)
事務局：ナイロビ(ケニア)
国連諸機関の環境に関する活動を総合的に調整する

入試クイズ 国連環境開発会議では、京都議定書が採択された。○？×？〈15本〉 答：×

1 日本の主なラムサール条約登録地

登録湿地数 52か所

クッチャロ湖、釧路湿原、宮島沼、霧多布湿原、厚岸湖・別寒辺牛湿原、仏沼、ウトナイ湖、佐潟、蕪栗沼・周辺水田、片野鴨池、伊豆沼・内沼、三方五湖、尾瀬、琵琶湖、奥日光の湿原、宍道湖・中海、谷津干潟、秋吉台地下水系、渡良瀬遊水地、荒尾干潟、慶良間諸島海域、宮島、藤前干潟、くじゅう、串本沿岸海域、藺牟田池、坊ガツル・タデ原湿原、漫湖（2019年3月現在）（環境省資料）

△釧路湿原

2 世界自然遺産

世界の主な自然遺産	登録数：213か所（2020年7月現在） グランドキャニオン（アメリカ），グレートバリアリーフ（オーストラリア），ガラパゴス諸島（エクアドル），キリマンジャロ国立公園（タンザニア），黄龍（中国）　など
日本の自然遺産	登録数：4か所（2020年7月現在） 屋久島（鹿児島県），白神山地（青森県・秋田県），知床（北海道），小笠原諸島（東京都）

写真提供／環境省小笠原自然保護官事務所

△小笠原諸島（東京都）　2011年に新たに自然遺産に登録された。

▷ギアナ高地のアンヘル滝（ベネズエラ）　落差979mで世界一の滝。

3 環境税

環境税とは　環境に悪影響を与える経済活動を抑制するためにかける税金を，環境税という。このうち炭素税は，二酸化炭素排出量に応じて，石油，天然ガス，石炭などの化石燃料に課税するもので，フィンランドが1990年に世界で初めて導入し，北欧諸国が次々に導入した。現在ではドイツやイギリスなども導入している。

日本でも導入　2012年10月，日本でも「地球温暖化対策税」が導入された。課税対象は化石燃料の輸入者や採取者だが，課税分は化石燃料の価格に反映されるため，電気・ガス料金などの値上がりが見込まれる。2016年にかけて3段階で引き上げられた。年間，約2600億円の税収は二酸化炭素排出抑制施策に使われる。

電気・ガス料金の値上がりは，家計や企業への負担を重くするため（すべて消費者に転嫁されれば，1世帯あたり約1200円／年），見直しを求める声もある。

◎私達にできることは何か？

4 Think Globally, Act Locally

環境問題に取り組む姿勢として，「地球規模で考え，地域で行動しよう」という「Think Globally, Act Locally」が掲げられている。現在は，環境に配慮した生活を送る消費者をめざそうとする「グリーン・コンシューマー」の考え方も浸透してきている。

◁マイボトルの使用　ペットボトルや紙コップなどの使い捨て容器のごみが出ない。持参したマイボトルに飲料を提供するサービスを行っている飲食店もある。

▷ワンガリ＝マータイ（1940〜2011）　ケニアの環境活動家で，ノーベル平和賞の受賞者。「MOTTAINAI」運動を展開し，風呂敷の使用などを呼びかけた。

LOOK 注目されるバイオ燃料！

（バイオマス発電 ⇒p.288 2 1）

バイオ燃料とは　植物を原料にして作り出された燃料を，バイオ燃料という。植物は光合成により二酸化炭素を吸収するので，バイオ燃料を燃焼しても，**理論上は空気中の二酸化炭素は増えない**。そのため，地球温暖化の防止，石油代替エネルギーとして注目されている。バイオ燃料には，植物を発酵させて作りだすバイオエタノールと，植物油を加工して作り出すバイオディーゼルの2種類がある。

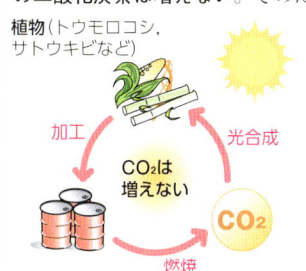

植物（トウモロコシ，サトウキビなど）
加工 → 光合成 → CO₂は増えない → 燃焼 → CO2

バイオ燃料の課題　しかし，バイオ燃料を作る際，石油などのエネルギーを大量に消費する。トウモロコシの場合，1ℓの化石燃料を使用して，1.1ℓのバイオエタノールしか作り出せないという試算もある。

森林の減少　また，バイオ燃料の原料となる食物の作付けを増やすため，熱帯雨林の開発が進み，かえって二酸化炭素を増やす結果となり，生態系への影響も心配されている。

食料を奪う　さらに，バイオ燃料の需要が増えると，原料となるトウモロコシや大豆などの需要が増え，価格が高騰し，**発展途上国の人々が食料を購入できなくなる**という問題もある。そのため，現在では食料とならない植物や廃棄物（紙ごみ，樹皮，おがくずなど）を利用したバイオ燃料の開発も進められている。今後の課題は，石油より安価に，大量生産することである。

▷藻の屋外培養施設（デンソー）　藻は生産効率がよく，生産時の資源の使用量も少ない。将来は自動車用燃料への展開をめざしている。

▶重要用語　㉟㉟国連人間環境会議　㉟㉟国連環境開発会議（地球サミット）　㉟㉟気候変動枠組み条約（地球温暖化防止条約）　㉟㉟持続可能な開発（発展）　㉟㉟世界遺産条約　㉟㉟国連環境計画（UNEP）　㉟㉟環境税

国内経済

16 資源・エネルギー問題

▶地熱発電の廃熱で温めた海水を使用した世界最大の露天風呂「ブルーラグーン」(アイスランド) アイスランドは、主要エネルギーの6割以上を地熱発電でまかなっている。資源の有限性を知り、今後の利用・開発のあり方を考えてみよう。

エネルギー革命
レアメタル等

A｜世界の資源・エネルギー問題

1 世界の資源・エネルギー問題の歩み

産業革命以前
- 火、風、水、家畜などの自然のエネルギーを利用
- エネルギー使用量は少ない

18〜19世紀
産業革命
新たな動力(蒸気機関)の発明、エネルギー使用量の増加

1950年代
エネルギー革命
- 主要なエネルギー源が石炭から石油へ
- メジャー(国際石油資本)による石油産業の独占

  メジャー 石油の採掘から販売までを行う大企業。かつては世界石油市場を支配したが、OPECの出現で地位が低下。98年以降、合併・買収が進み、現在、エクソンモービル、ロイヤル・ダッチ・シェル、BP、シェブロン、トタルの5社がスーパーメジャーと呼ばれている。

1960〜70年代
資源ナショナリズム(→1)
- OPEC(石油輸出国機構)、OAPEC(アラブ石油輸出国機構)の結成。メジャーとの原油価格交渉

  OPEC イラン、イラク、サウジアラビア、クウェート、ベネズエラ、リビア、アラブ首長国連邦、アルジェリア、ナイジェリア、ガボン、アンゴラ、赤道ギニア、コンゴ共和国 13か国(2020年7月現在)

- 2度の石油危機(→p.248)…原油輸出の制限・中断による原油価格の高騰
  →石油に依存してきた先進国は、**エネルギー安全保障**のため、**産業構造の見直し**や**新エネルギー・省エネルギー技術の開発**を迫られる

  エネルギー安全保障 市民生活や経済産業活動、国防等に必要な量のエネルギーを、合理的な価格で、安定的に確保できること。

1980年代
- 石油需要の減少、非OPEC諸国の産油量増加の中で、OPECが石油を増産・安売りしたため、価格暴落
- 原油価格は**市場で決定される**ようになる

1990年代
- 石油価格下落のため、石油多消費社会へ再び移行
- 湾岸戦争(→p.167)(1991年)による原油価格の高騰

2000年代〜現在
- 中国・インドなど**新興国の石油需要の増加**
- **中東情勢の悪化** ・油田老朽化による**産出量の減少**
- 投資資金の**原油市場への流入→原油価格の高騰**
- シェール革命により北米で天然ガス・石油増産、世界経済の減速で需要の減少→原油価格下落(→2)

なぜ資源ナショナリズムが起こったのか？

1 資源ナショナリズム

資源ナショナリズム
自国の利益のために、自国産出資源・設備の国有化や生産・販売の決定を行う
・OPECの原油価格値上げ
　→石油危機→先進国に打撃

新国際経済秩序(NIEO)樹立宣言
天然資源に対する保有国の恒久主権の原則(1974年) (→p.351[4])

解説 資源の恒久主権 戦後、世界の資源は、先進国の少数の大企業によって独占されていた。1950年代ころ、資源保有国(特に発展途上国)が、経済の自立をめざして資源の所有権を主張する動きが広まった。こうした**資源ナショナリズム**の高まりを受け、1974年の国連資源特別総会で、資源に対する主権は保有国にあり、保有国の利益のために資源は利用されるべきという原則(**資源の恒久主権**)が確認された。

2 原油価格の推移

＊1バレルは約159リットル。石油をつめて運んだ樽に由来する。

(ドル/バレル＊)注:1985年7月までは月次統計。以降は年次統計
― 固定販売価格(OPECが定める)
― スポット価格(市場に連動する)

第1次石油危機、第4次中東戦争、イラン革命、第2次石油危機、イラン・イラク戦争、湾岸戦争、イラク戦争、リーマン・ショック、「アラブの春」
(外務省資料など)
1972年 75 80 85 90 95 2000 05 10 15 18

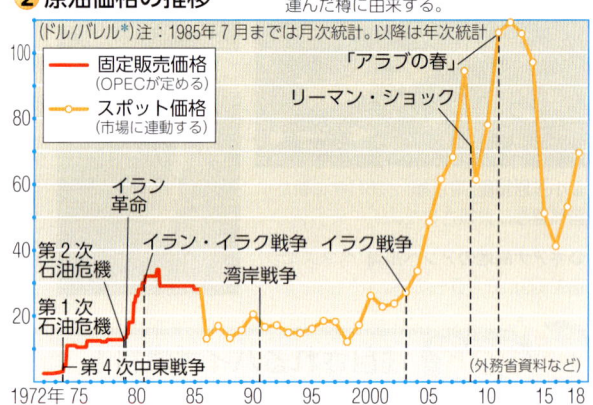

3 主な資源の産出国・地域

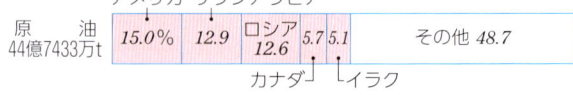

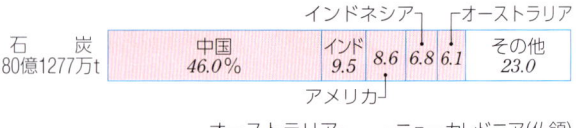

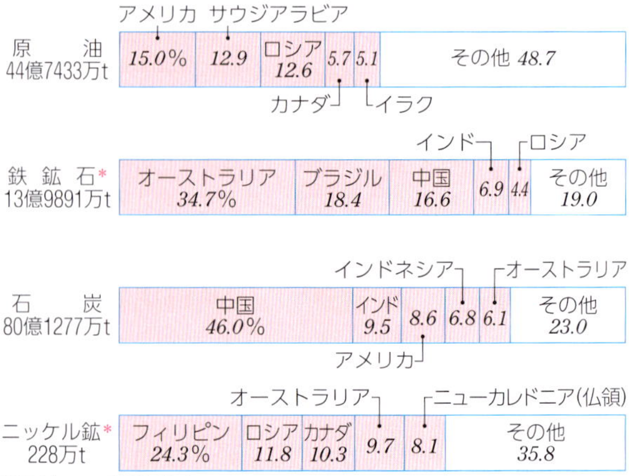

| 原油 44億7433万t | アメリカ 15.0% | サウジアラビア 12.9 | ロシア 12.6 | カナダ 5.7 | イラク 5.1 | その他 48.7 |

| 鉄鉱石＊ 13億9891万t | オーストラリア 34.7% | ブラジル 18.4 | 中国 16.6 | インド 6.9 | ロシア 4.4 | その他 19.0 |

| 石炭 80億1277万t | 中国 46.0% | インド 9.5 | インドネシア 8.6 | アメリカ 6.8 | オーストラリア 6.1 | その他 23.0 |

| ニッケル鉱＊ 228万t | フィリピン 24.3% | ロシア 11.8 | カナダ 10.3 | オーストラリア 9.7 | ニューカレドニア(仏領) 8.1 | その他 35.8 |

(2018年、＊は2015年) (「Minerals Yearbook」など)

📝**メモ** 石油・石炭・天然ガス・地熱などの自然からそのまま得られるエネルギーを一次エネルギーと呼び、一次エネルギーを変換・加工した電気やガソリンなどを二次エネルギーと呼ぶ。

2 主な資源の埋蔵量・可採年数

	原油	石炭	天然ガス	ウラン	鉄鉱石
埋蔵量	1592億kℓ	5214億トン	113兆m³	213万トン	1010億トン
	2626億kℓ	6987億トン	194兆m³	482万トン	850億トン
可採年数	46.2年	146.3年	53.7年	66.7年	181.7年
	56.4年	102.3年	52.6年	81.1年	60.7年

（上段：1989〜91年，下段：2014〜18年）　（「世界国勢図会」など）
注：原油・天然ガス・ウランは確認埋蔵量，それ以外は経済的採掘可能な埋蔵量。経済的採掘可能な埋蔵量は確認埋蔵量より小さくなる。

解説　再生不可能な枯渇性資源　埋蔵量を年間生産量で割ったものが可採年数である。埋蔵量は今後の探査・探鉱や技術進歩による回収率の上昇によって増加することが予想されるが，これらの資源が有限であることは確かであり，その対策が急がれている。

LOOK 都市鉱山って？

希少な金属「レアメタル」　携帯電話，パソコンなどのハイテク製品には，必ずと言ってよいほどレアメタルが使用されている。レアメタルとは，産出量が少ない金属，鉱石から取り出すのが難しい金属，埋蔵が地域的に偏在している金属などの総称で，多くを中国からの輸入に頼っている。2010年の尖閣諸島沖での中国の漁船と日本の巡視船との衝突後には，レアアース*の対日輸出が禁止され，資源の安定確保が課題となった。

ゴミの山は宝の山？　そこで進められているのが，携帯電話やデジタルカメラなどの小型のハイテク製品のリサイクルである。日本ではこれらが大量に廃棄されており，このゴミの山は「**都市鉱山**」と呼ばれる。都市鉱山からレアメタルを効率的に取り出すことができれば，資源の安定供給に役立つ。現在は，回収と金属の抽出にかかるコストがまだ高く，今後は効率的に取り出す方法の確立が課題だ。

＊レアアースはレアメタルに含まれる。

△レアメタルを取り出すために回収された使用済み小型家電

3 地域別のエネルギー消費と人口

◎エネルギー消費と人口のバランスはどうなっているか？

＊1980年まではソ連。（「世界の統計」など）

1960年 29.1／70年 46.9／80年 58.8／2016年 131.7億t（46.8%　53.2%）／2016〈人口〉74.6億人（その他55.3%　44.7%　インド／日本／中国／ロシア*／アメリカ）

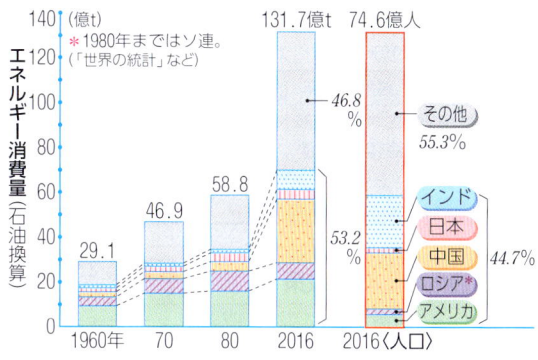

解説　エネルギー消費と人口のアンバランス　エネルギー消費は年々増加しており，半分以上を上位5か国が消費している。上位5か国のうち，中国・インド以外の3か国が世界人口に占める割合は，非常に低い。

4 エネルギー消費の格差

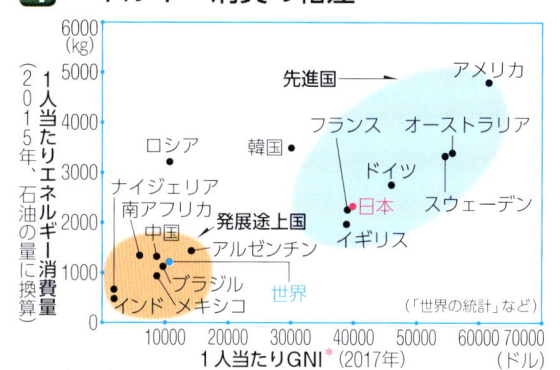

◎エネルギーを多く消費しているのはどこか？

（先進国：アメリカ，オーストラリア，フランス，ロシア，韓国，ドイツ，日本，スウェーデン，イギリス）
（発展途上国：ナイジェリア，南アフリカ，中国，アルゼンチン，ブラジル，インド，メキシコ）

＊2000年以降，新国民経済計算は，GNP（国民総生産）にかわって，ほぼ同様のGNI（国民総所得）を採用。

解説　エネルギー消費の不公平　地域別のエネルギー消費では，発展途上国の割合が大きくなりつつある。しかし**1人当たりエネルギー消費量**でみると，**先進国と発展途上国の間には大きな格差**がある。発展途上国で生活する人々には，生命を維持するため，また生活向上のためにもっと多くのエネルギーが必要である。しかしこれらの地域では人口が著しく増加しており，人口増加に見合うエネルギー源の確保が問題となる。

5 発展途上国のエネルギー問題
◎なぜ先進国と発展途上国の間に対立がおこるのか？

石油危機直前の1971年のエネルギー需要は，先進国を100とすると，発展途上国は15と大きな差があった。しかしその後，発展途上国のエネルギー消費量の増加は著しく，先進国の増加率をはるかに上回る国もある。発展途上国におけるエネルギー消費の増加率が大きいのには3つの理由がある。

(1) **人口増加率が高い**　2010年から2015年の人口増加率は，先進国が0.4%なのに対し，発展途上国は1.4%である。

(2) **経済成長率が高い**　特にアジアでは経済成長率の高い国が多く，年率5%を超える国もある。

(3) **省エネルギー技術の遅れ**　省エネルギー技術が発展・普及していないために，省エネルギー型経済になっていない。

今後，同じ傾向が続けば，世界のエネルギー需要は増え続け，2030年には1.4倍（2007年比）になる見込みだ。増加するエネルギー需要と，環境・資源のバランスをめぐり，先進国と発展途上国の間で対立が起きている。

先進国と発展途上国の主張

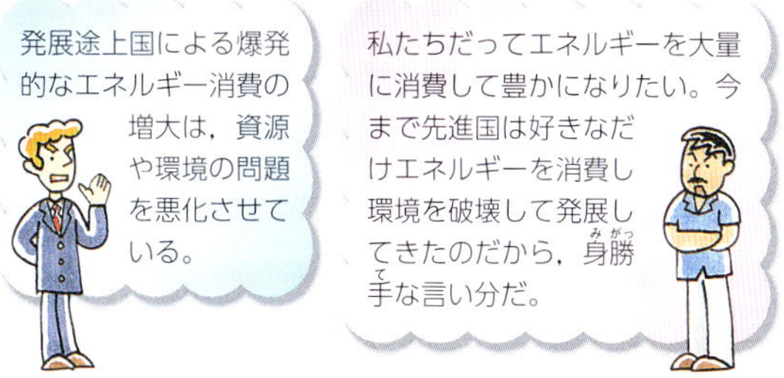

発展途上国による爆発的なエネルギー消費の増大は，資源や環境の問題を悪化させている。

私たちだってエネルギーを大量に消費して豊かになりたい。今まで先進国は好きなだけエネルギーを消費し環境を破壊して発展してきたのだから，身勝手な言い分だ。

重要用語　183湾岸戦争　308石油危機　362資源ナショナリズム　363OPEC（石油輸出国機構）　455新国際経済秩序（NIEO）樹立宣言

B 日本の資源・エネルギー問題

1 日本のエネルギー政策の変遷
◉日本のエネルギー政策はどのように変わってきたのか？

民主党から自民党に政権交代

1945年～	1950年代～	1973年～	1979年～	1980年代半ば～	2011年～	現在
戦後復興期	高度成長期	第1次石油危機後	第2次石油危機後	経済のグローバル化	原発事故後	現在
「傾斜生産方式」（⇒p.246）による国内の石炭の増産	エネルギー革命（⇒p.284❶）（主要エネルギーが石油に）	・石油の安定供給の重視 ・電源開発の促進による，原発の進展	・石油代替エネルギーと，省エネの推進 ・世界最高水準のエネルギー使用効率を達成	・エネルギーの安定供給 ・環境へ配慮したエネルギー使用・開発	・原発の見直し ・再生可能エネルギーの推進	・原発再稼動の推進 ・再生可能エネルギーの推進

石油危機以降の政策

- サンシャイン計画(1974) 新エネルギー技術研究開発
- ムーンライト計画(1978) 省エネルギー技術研究開発
- 地球環境技術開発(1989) 環境負荷低減に関する技術研究開発

→ ニューサンシャイン計画(1993)

解説 3分野に関する技術開発 石油危機を経験した日本は，3つの国家的プロジェクトを発足させた。さらに1993年にはこれらを一本化させた「ニューサンシャイン計画」が発足，2000年度まで研究開発を進めてきた。2001年の省庁再編に伴い，名称はなくなったが，その後も研究は続けられている。

新・国家エネルギー戦略（2006年）
- 石油依存度を40％以下の水準に
- 原発の割合を30～40％以上にする 等

革新的エネルギー・環境戦略（2012年9月）
- 原発に依存しない社会の実現
- グリーンエネルギー革命の実現
- エネルギーの安定供給

エネルギー基本計画（2014年4月）
- 原発は重要なベースロード電源*
- 再生可能エネルギーの導入を積極的に推進 等

＊低コストで安定的な発電ができる電源

2 主要資源の輸入先

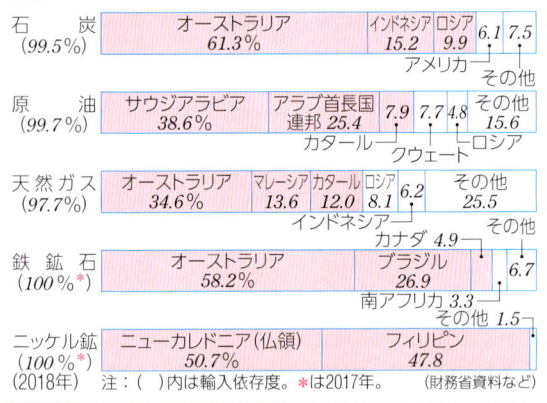

石炭（99.5％）：オーストラリア 61.3％ ／ インドネシア 15.2 ／ ロシア 9.9 ／ アメリカ 6.1 ／ その他 7.5

原油（99.7％）：サウジアラビア 38.6％ ／ アラブ首長国連邦 25.4 ／ カタール 7.9 ／ クウェート 7.7 ／ ロシア 4.8 ／ その他 15.6

天然ガス（97.7％）：オーストラリア 34.6％ ／ マレーシア 13.6 ／ カタール 12.0 ／ ロシア 8.1 ／ インドネシア 6.2 ／ その他 25.5

鉄鉱石（100％*）：オーストラリア 58.2％ ／ ブラジル 26.9 ／ カナダ 4.9 ／ 南アフリカ 3.3 ／ その他 6.7（1.5）

ニッケル鉱（100％）：ニューカレドニア（仏領）50.7％ ／ フィリピン 47.8

(2018年) 注：（）内は輸入依存度。＊は2017年。（財務省資料など）

解説 不安要素が多い資源供給 日本は資源の多くを輸入に頼っている。また，輸入先が少数の国々に偏っているため，供給が止まった場合に混乱を招く恐れがある。

3 エネルギー別供給割合
◉日本が依存しているエネルギーは何か？

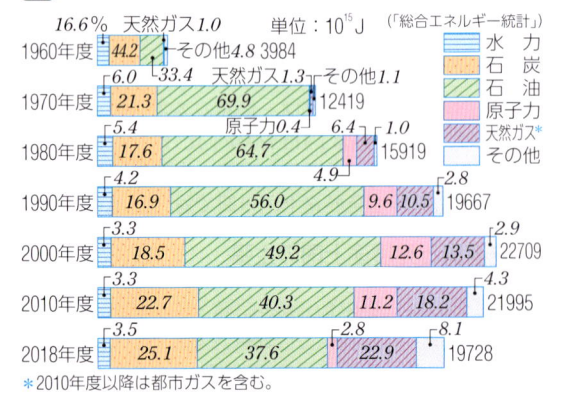

単位：10^{15} J（「総合エネルギー統計」）

凡例：水力／石炭／石油／原子力／天然ガス*／その他

年度	水力	石炭	石油	原子力	天然ガス	その他	計
1960年度	16.6	44.2	33.4		1.0	4.8	3984
1970年度	6.0	21.3	69.9	0.4	1.3	1.1	12419
1980年度	5.4	17.6	64.7	4.9	6.4	1.0	15919
1990年度	4.2	16.9	56.0	9.6	10.5	2.8	19667
2000年度	3.3	18.5	49.2	12.6	13.5	2.9	22709
2010年度	3.3	22.7	40.3	11.2	18.2	4.3	21995
2018年度	3.5	25.1	37.6	2.8	22.9	8.1	19728

＊2010年度以降は都市ガスを含む。

解説 多様化するエネルギー源 1970年代の石油危機以降，日本は石油依存の割合を低下させるため，原子力や天然ガスの開発，省エネ政策に取り組んできた。また，地球環境問題や資源の枯渇の問題を受け，再生可能エネルギー（⇒p.288❶）の開発・導入も進めている。

4 原子力発電（⇒p.290）

❶ 各国の原子力発電の割合

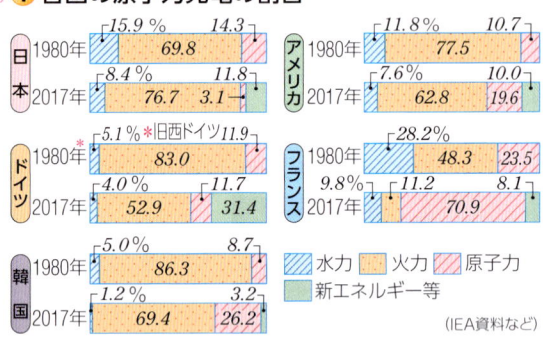

凡例：水力／火力／原子力／新エネルギー等

日本
- 1980年：15.9％／69.8／14.3
- 2017年：8.4／76.7／3.1／11.8

アメリカ
- 1980年：11.8／77.5／10.7
- 2017年：7.6／62.8／19.6／10.0

ドイツ
- 1980年：5.1*／83.0／11.9（旧西ドイツ）
- 2017年：4.0／52.9／11.7／31.4

フランス
- 1980年：28.2／48.3／23.5
- 2017年：9.8／11.2／70.9／8.1

韓国
- 1980年：5.0／86.3／8.7
- 2017年：1.2／69.4／26.2／3.2

（IEA資料など）

解説 各国の政策 原子力発電は少量のウランから大量のエネルギーを得ることができるため，石油代替エネルギーとして各国で使用されてきた。しかし，福島第一原発の事故を受け，原子力発電の見直しを進める国もある（⇒p.291D）。

❷ 日本の原子力発電所

主な原子力発電所：泊／大間／東通／福島第一／福島第二／女川／東海／東海第二／柏崎刈羽／敦賀／美浜／大飯／高浜／志賀／島根／玄海／川内／伊方／浜岡

凡例：廃止・廃炉中／停止・検査中／運転中／建設中

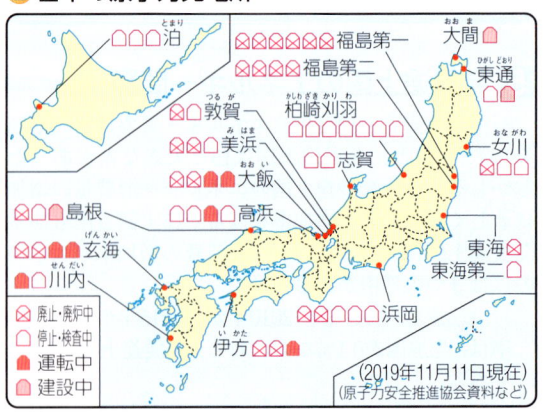

(2019年11月11日現在)（原子力安全推進協会資料など）

解説 原発再稼働へ 福島第一原発事故後，各地の原発は再稼働が難しい状況だったが，再稼働のための**新規制基準**が施行され（⇒p.290A❷），川内原発が適合し，2015年8月に事故後初めて新基準によって原発が再稼働した。現在，各地の原発の適合審査が行われている。

メモ：2011年度は，福島の原発事故の影響により，27年ぶりに石油火力発電の割合が原子力発電の割合を上回った。

* 1995年の事故で試運転停止。2010年5月試運転再開後，同年8月事故で停止。2012年，機器の点検漏れが発覚。翌年には無期限の停止命令が。2016年12月に政府は廃炉を正式決定，高速増殖炉の開発は継続する方針。

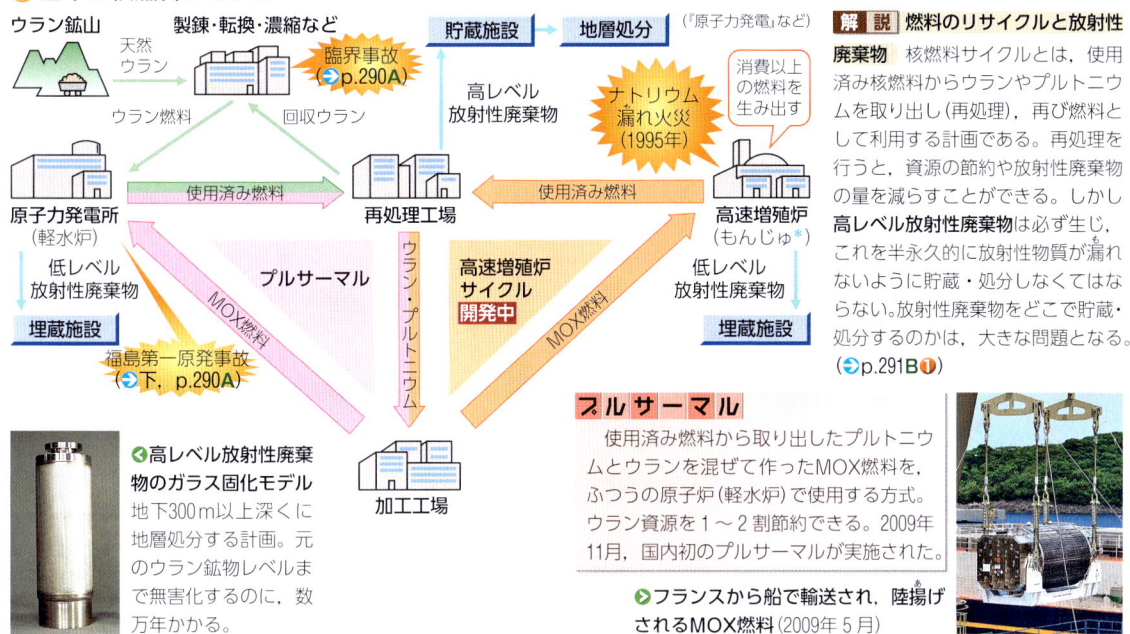

③ 日本の核燃料サイクル

ウラン鉱山 → 天然ウラン → 製錬・転換・濃縮など（臨界事故 ➡p.290A）→ 貯蔵施設 → 地層処分（『原子力発電』など）

回収ウラン／ウラン燃料／使用済み燃料／高レベル放射性廃棄物／ナトリウム漏れ火災（1995年）／消費以上の燃料を生み出す

原子力発電所（軽水炉） ← 使用済み燃料 → 再処理工場 ← 使用済み燃料 → 高速増殖炉（もんじゅ*）

低レベル放射性廃棄物 → 埋蔵施設
プルサーマル／ウラン・プルトニウム／MOX燃料
高速増殖炉サイクル 開発中
低レベル放射性廃棄物 → 埋蔵施設

福島第一原発事故（下，p.290A）

加工工場

高レベル放射性廃棄物のガラス固化モデル 地下300m以上深くに地層処分する計画。元のウラン鉱物レベルまで無害化するのに，数万年かかる。

解説 燃料のリサイクルと放射性廃棄物
核燃料サイクルとは，使用済み核燃料からウランやプルトニウムを取り出し（再処理），再び燃料として利用する計画である。再処理を行うと，資源の節約や放射性廃棄物の量を減らすことができる。しかし**高レベル放射性廃棄物**は必ず生じ，これを半永久的に放射性物質が漏れないように貯蔵・処分しなくてはならない。放射性廃棄物をどこで貯蔵・処分するのかは，大きな問題となる。（➡p.291B❶）

プルサーマル
使用済み燃料から取り出したプルトニウムとウランを混ぜて作ったMOX燃料を，ふつうの原子炉（軽水炉）で使用する方式。ウラン資源を1～2割節約できる。2009年11月，国内初のプルサーマルが実施された。

▷フランスから船で輸送され，陸揚げされるMOX燃料（2009年5月）

福島第一原子力発電所 事故から廃炉へ

❶ 原子力発電のしくみ
→ 水蒸気の流れ
→ 水の流れ
→ 海水の流れ

原子炉建屋／圧力容器／格納容器／使用済み燃料プール／燃料／炉心／発電機／タービン／復水器／海
注：沸騰水型原子炉の例

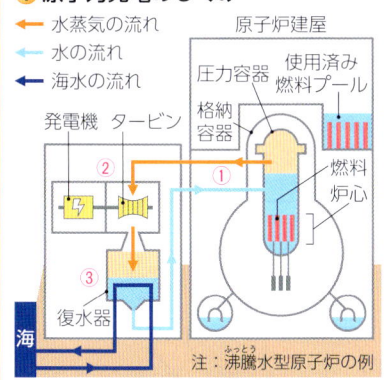

① 原子炉の熱で発生した水蒸気をタービンに送る
② その水蒸気でタービンを回して発電する
③ タービンを回した水蒸気を復水器で冷やし水に戻す（通常，冷却には海水を使用）

❷ 福島第一原子力発電所の事故の経過
例：1号機 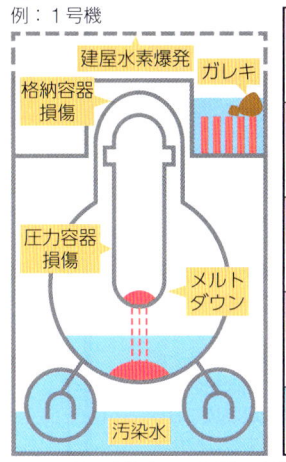
建屋水素爆発／ガレキ／格納容器損傷／圧力容器損傷／メルトダウン／汚染水

1号機	地震・津波で全電源喪失→冷却できずメルトダウン→水素発生，圧力・格納容器損傷→水素爆発→放射性物質が放出
2号機	地震・津波で全電源喪失→冷却できずメルトダウン→水素発生，圧力・格納容器損傷→建屋から水素・放射性物質が放出
3号機	残ったバッテリーが枯渇→冷却できずメルトダウン→水素発生，圧力・格納容器損傷→水素爆発→放射性物質が放出
4号機	地震・津波で全電源喪失→使用済み燃料プールの水温上昇，3号機から水素流入→水素爆発
5・6号機	残った6号機の非常用電源を利用し冷却→冷温停止

注：事故時4～6号機は定期検査中で，4号機は圧力容器内に燃料がなかった。

事故の状況 2011年3月11日の東日本大震災とそれに伴い発生した津波によって，福島第一原子力発電所では電源を喪失し，炉心や使用済み燃料を冷却できなくなる事態が起きた。炉心が溶けるメルトダウンが起こり，発生した水素が損傷した圧力容器・格納容器から漏れ出して，水素爆発を引き起こした。これにより，放射性物質が飛散する深刻な事故となった。（➡p.290A❶）

廃炉に向けて 福島第一原子力発電所の廃炉作業は，解体・廃棄物処理に加え，汚染水（➡p.291B❶）の対策，溶けて固まった燃料の取り出しといった作業が必要となる。原子炉内は極めて放射線量が高くガレキもあるため，溶けて固まった燃料は場所や状態の把握が難しく，取り出しには調査や回収方法の検討が必要となる。放射性廃棄物の処分場所や方法なども課題である。すべての廃炉作業の完了は，2041～51年を予定されている。

▷**3号機の格納容器下部の岩状の物体** ロボットを使用した格納容器内の調査で溶けて固まった燃料と思われる物体が見つかった。

写真提供／国際廃炉研究開発機構

▷**建屋上部にカバーが設置される3号機** 使用済み燃料プールから燃料を取り出すときに放射性物質が飛散するのを防ぐため，カバーが設置された。

◆重要用語 ❸⓼石油危機 ❸⓺❹原子力発電 ❸⓺❺放射性廃棄物 ❸⓺❻臨界事故 ❸⓺❼再生可能エネルギー

C 再生可能エネルギー・省エネルギー

1 エネルギーの種類　●新エネルギーとは何か？

実用化段階	エネルギー全般	●石油		
	石油代替エネルギー	●石炭	●天然ガス	●原子力
	再生可能エネルギー			
		●大規模水力発電	●地熱発電（フラッシュ方式）	
普及段階	新エネルギー	●中小規模水力発電 ●太陽光発電 ●太陽熱利用 ●風力発電 ●地熱発電（バイナリー方式）	●雪氷熱利用 ●温度差熱利用 ●バイオマス発電 ●バイオマス熱利用 ●バイオマス燃料製造	
研究開発段階		（●波力発電）	（●海洋温度差発電）	（●潮流発電）

革新的なエネルギー高度利用技術
- ●燃料電池
- ●クリーンエネルギー自動車
- ●天然ガスコージェネレーション　など

（資源エネルギー庁資料など）

解説　エネルギーの開発　再生可能エネルギーは、自然の営みの中で再生され、枯渇の心配がなく、発電時に二酸化炭素を排出しない。このうち、技術的に実用段階に達しつつあるが、経済性の面での制約から普及が十分でないものを**新エネルギー**という。石油代替エネルギー、地球温暖化対策として普及が期待される。エネルギーを効率的に利用する燃料電池や**コージェネレーション(熱電併給)システム**（→22）も注目されている。

2 新エネルギーなどの開発

① 自然のエネルギー

●ユーラス六ヶ所ソーラーパーク（青森県）東京ドーム約50個分の土地を利用し、約51万枚のパネルを設置。総発電量は一般家庭の約3万8000世帯相当。

●小水力市民発電所「元気くん1号」　中小規模水力発電とは、小さな河川や用水路などの水流を利用した発電。山梨県都留市では、市役所前を流れる家中川の2mの落差を利用し、発電を行っている。

解説　バイオマス発電　間伐材・生ごみなどの生物資源をバイオマスという。植物由来のバイオマスを燃焼しても、植物は光合成で二酸化炭素を吸収しており、理論上は空気中の二酸化炭素は増えないといわれる。

② 燃料電池

解説　燃料電池を利用したコージェネレーションハウス　燃料電池とは、水素と酸素を化学反応させて電気を発生させる装置のことで、排出物は水だけなので、クリーンなシステムとされる。また、**コージェネレーション(熱電併給)**とは、1つのエネルギー源から電気と熱を取り出すことにより、従来システムでは40％程度だったエネルギー効率を、75～80％まで高めることができる。

LOOK 燃える氷「メタンハイドレート」

「燃える氷」　メタンハイドレートは、水分子の中にメタンガスが閉じ込められた氷状の物質で、永久凍土や深海底下など、低温・高圧の環境に存在する。化石燃料の1つだが、燃焼時の二酸化炭素排出量は、**石油や石炭の60～70％**。世界中に広く存在し、日本周辺にも、大量に存在するといわれている。実用化されれば、発電燃料、燃料電池、都市ガスなど様々な用途に使用できる。エネルギー自給率の向上や雇用の創出なども期待できる。

●燃焼するメタンハイドレート
提供／(独)石油天然ガス・金属鉱物資源機構

■メタンハイドレートの存在が確実または有力とされている海域 (2009年)
（メタンハイドレート資源開発コンソーシアム資料）
メタンガス産出試験海域(2013、2017年)

実用化への課題　現在は、他のエネルギーと比べてコストが高い。採算が取れないとされていたが、大規模生産・普及にこぎつけた**シェールガス**のように、コストの低下が期待されている。また、海底開発による環境汚染や生態系への影響なども課題である。

技術の確立をめざして　2013年に海底のメタンハイドレートからメタンガスの採取に世界で初めて成功した。2017年にも海洋産出試験を行い、商業化生産に必要な技術の確立をめざしている。

シェールガス　地下2000～3000mの頁岩の隙間にある天然ガスのこと。採掘に高度な技術が必要なため、実用化が進まなかった。2000年代の技術革新で採算が取れるようになり、アメリカで生産量が急増。安定供給がのぞめるようになった。この変化は「**シェール革命**」と呼ばれた。

論述にトライ！　風力エネルギーの特徴を説明するとともに、その利用を広めていくにあたって、これから解決すべき課題について400～600字で述べなさい。〈鹿児島大農〉（→❶）

この人に聞く
カエデの種子型風車を開発
福島大学教授 **島田邦雄博士**

▶**カエデの種子型風車**（風力発電） 羽の直径15cm程度の，小型の風車。エアコンの風でも2時間で携帯電話1台の充電が可能。

Q どのようないきさつで開発されたのですか。
A 震災時，一番困ったのが携帯電話と乾電池の充電でした。意外と身近なところが落とし穴になることがわかり，早急に小型風車を開発しなければならないと思いました。

Q なぜ，カエデの種子の形にされたのですか。
A カエデの種子は子孫を残すために，微風でも遠くまで飛ぶしくみになっています。そのため，これを風車にすれば，確実によく回るだろうと思ったからです。自然界に存在するものは，すべて長い進化を経ていますので，人が人工的に作るものよりもしっかりできていますし，信頼性も高いです。

Q 今後，どのようなエネルギー社会にしていきたいですか。
A 再生可能エネルギーを主体とした社会にしたいです。そうすることが，原発における放射能の問題や地球温暖化の問題を解決することにつながり，地球全体もよくなっていくと思います。

❸ 省エネルギー (省資源 ▶p.274)

❶ スマートグリッド

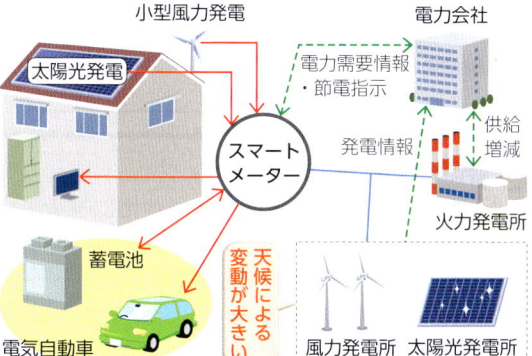

解説 賢く電力を利用 スマートグリッドは，ITを活用して電力を効率よく使うための送電網である。発電所から一方的に電力を送るのではなく，いつ・どこで・どのくらい電力を使っているかという情報をリアルタイムで把握し，無駄を減らす。

❷ 再生可能エネルギー固定価格買取制度

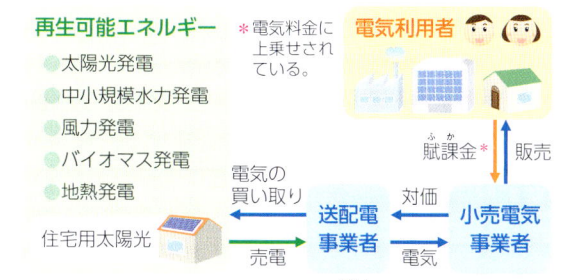

解説 再生可能エネルギーの普及を促進 固定価格買取制度は，家庭や企業が再生可能エネルギーで発電した電気を，電力会社が一定期間，一定の価格で買い取り，電気利用者が賦課金を支払うしくみ。2012年の導入後，予想を上回る発電量の増加に対応できないとして，新規買い取りを一時停止する電力会社もあった。このため2017年に制度が改正され，普及促進がめざされている。

❸ 電化製品の消費電力の推移

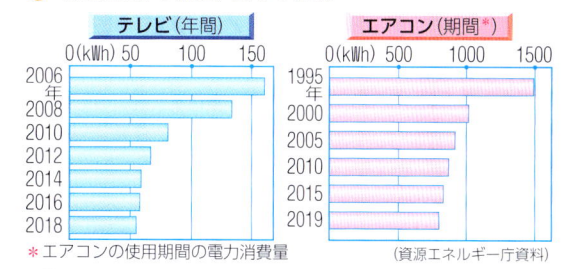

テレビ（年間） / エアコン（期間※）

＊エアコンの使用期間の電力消費量 （資源エネルギー庁資料）

解説 省エネ製品の開発 石油危機以降，企業の多くは，省資源・省エネルギー製品の開発を進めてきた。電化製品の省エネ性能を高めることは，地球温暖化防止にも役立つ。また，製品そのものだけではなく，製造する工場の省エネ化や，製造過程の廃棄物をなくすゼロ・エミッション（▶p.275C❶）も進められている。

❹ 省エネラベリング制度

家電製品やガス石油機器などが，トップランナー方式（最も省エネ性能が優れた製品を基準とする方式）による省エネ基準に達しているかどうかを表示する制度を，「省エネラベリング制度」という。基準を達成した製品は，緑のマークが表示される。光熱費が安くなる省エネ製品の選択や省エネ性能の向上を促し，家庭部門のエネルギー消費量の削減がめざされている。

目標年度2018年 / 省エネ基準達成率 ○○○% / 年間消費電力量 ○○○kWh/年

製品がどの程度，基準（製品区分ごとに定められている）を達成しているかを%で示す。
製品のエネルギー消費効率や年間消費電力量を示す。
（省エネルギーセンター資料）

LOOK 電力システム改革

日本の電気事業は，各地域の電力会社10社が独占してきたが，2016年4月に**電力の小売全面自由化**が行われ，電気の購入先を選べるようになった。2020年4月からは，送配電事業の中立性を高めるため，発電・小売事業と送配電事業を分離する**発送電分離**が行われている。新規事業者の参入による競争で，電気料金の低下が期待されているが，海外では電気料金の上昇や電力供給が不安定になるなどの問題も起きている。

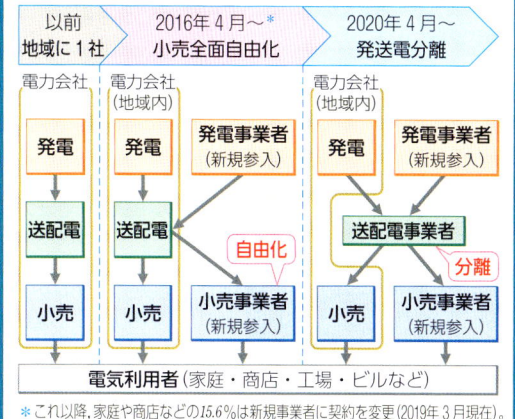

以前 地域に1社 / 2016年4月〜※ 小売全面自由化 / 2020年4月〜 発送電分離

※これ以降，家庭や商店などの15.6%は新規事業者に契約を変更（2019年3月現在）。

▶重要用語 ㉞ゼロ・エミッション ㊴原子力発電 ㊴再生可能エネルギー

課題解決

原子力発電を今後どうすべきか?

2011年3月11日、東日本大震災の影響を受け、福島第一原発で深刻な事故が発生した。これにより、原発の安全性に対する信頼が崩れ、存廃について様々な角度から議論されるようになった。この課題に対する「対立の構図」を確認し、「Think & Check」で自分の考えを再点検しまとめよう。

対立の構図

原子力発電は存続?廃止?

	安全性	環境・資源	経済への影響
▲存続	新規制基準を満たす、新しい原発のみを使用すれば、安全性は高いのではないか(→A❷)。	化石燃料は近い将来枯渇すると言われている(→p.285❷)。再生可能エネルギーは発電量が少なく、原発に頼らざるを得ない。また、原発は発電時のCO_2排出量が少ない。	原発のかわりに再生可能エネルギーを増やすと、電気料金が上がる(→C❶)。そうすると、日本の企業が海外移転を進め、失業者が増加し、経済に悪影響を与える(→C❷)。
	各発電の安全性を判断する情報が足りない。隠さずに情報公開してほしい。	各地で大規模太陽光などの、再生可能エネルギーの開発が進んでいる(→p.288)。徐々に再生可能エネルギーの比率を高め、原発の比率を減らしていけばよい。	廃止した場合、原発で働いている人の雇用対策や、原発を抱える地方公共団体への補助金の打ち切りへの対応はどうするのか(→C❷)。
廃止▼	もし事故が起これば、被害は広範囲に、しかも長期間に及ぶ(→A❶)。福島で避難区域に指定された人たちは、今も避難生活を強いられている。地震の多い日本で原発を使い続けるのは、リスクが高すぎる。	原発の燃料であるウランも有限である(→B❷)。また、原発は核のごみを出し続ける。処分方法も、最終処分場も決まっておらず(→B❶)、原発事故で発生した汚染水による環境破壊も深刻である(→B❶)。	再生可能エネルギーの技術開発を進め、その技術を新たな成長産業につなげる。再生可能エネルギーや原発の廃炉は、新たな雇用を生む可能性がある(→C❷)。

A 安全性

❶ 原発事故の危険性

◁1986年4月26日深夜、旧ソ連のチェルノブイリ原発で爆発事故が発生。多くの死者や重い放射線障害などに苦しむ人が出た。放射性物質は広くヨーロッパに飛散した。

◁1999年9月30日、茨城県のJCO東海事業所で、臨界事故が発生。日本の原子力開発史上初めて死者を出す惨事となった。
(「朝日新聞」1999.10.1)

◁水素爆発で建屋が骨組みだけになった福島第一原子力発電所(2011年3月18日)
2011年3月11日の東日本大震災により、福島第一原子力発電所はすべての電源を喪失し、原子炉や使用済燃料を冷却できなくなった。このため、核燃料や炉心が溶け、水素爆発が発生。放射性物質が飛散する深刻な事故をおこした。放射線を受ける量が一定の水準を超えるおそれがある地域の人々が、避難を強いられた。

❷ 新規制基準の施行 (2013年7月)

新規制基準は、自然災害等の対策を強化し、重大事故やテロ対策も盛り込まれた。新規制基準と同時に、原発の運転期間を原則40年に制限する制度も施行された*。
*基準をクリアすれば1回に限り最大20年間の運転延長も認められる。

新規制基準のポイント

地震対策	・最大40万年前の地層まで調べ、活断層の有無を調査 ・活断層の真上に重要施設を作ることを禁止
津波対策	・原発ごとに起こり得る最大の津波を想定し、防潮堤や防水性の高い扉で重要機器を守る
火災対策	・防火設備の強化(燃えにくい電気ケーブルなど)
大事故対策	・地震や放射線に耐える作業拠点を整備 ・フィルター付きベント(放射性物質の放出を抑えながら、原子炉の圧力を下げる)の整備 ・独立した外部電源を複数もつ ・非常用発電機、バッテリー、電源車などの整備
テロ対策	・通常の制御室とは別に、単独で原子炉の冷却を続けることのできる緊急時制御室を設ける

解説 地震・津波対策の強化 新規制基準では、福島第一原発事故の反省から、地震や津波対策を大幅に強化した。基準以下の原発は改修工事が必要で、老朽化が進んだ原発ほどその工事は大がかりになる。採算が取れない場合は、廃炉になる可能性も高い。

原子力規制委員会 原子力の安全規制と事故防止の役割を一元的に担う国の行政組織。2012年、環境省の外局として発足し、事務局として原子力規制庁が設置された。原子力施設の安全性を判断する新規制基準を作成し、原子力施設の運転の可否を審査する。また、放射線モニタリングの司令塔機能も担う。

入試クイズ EU(欧州連合)諸国では、2011年の福島第一原子力発電所の事故の後、ドイツを除いて脱原発の動きが進んでいる。○?×?〈13追〉(→D)　　答:×

B 環境・資源

❶ 核のごみ処理

▶**青森県六ケ所村の高レベル放射性廃棄物貯蔵管理センター** 核燃料サイクル（◉p.287）を経た高レベル放射性廃棄物が，冷却のため一時的に貯蔵されている。原子力発電を行う限り，核のごみは出続ける。最終処分場が決定しないまま，原子力発電を続けることに批判が集まっている※。

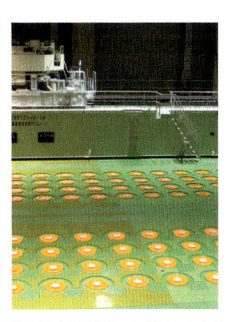

※2020年，北海道寿都町と神恵内村で，最終処分場選定の第一段階である文献調査（論文・データによる地層調査）を開始。

◀**高濃度汚染水を処理した後の水が詰められたタンク** 福島第一原発では，核燃料を冷却するために使用した放射性汚染水をタンクに詰めて保管しているが，地下水の流入などで汚染水は増え続け，汚染水漏れなどの事故も起こった。このため，原発周辺の地盤を凍結させたり，地下水を井戸でくみ上げて流入を防ぐ対策などが試みられているが，新たな汚染水は発生し続けている。

❷ 世界のウラン埋蔵量

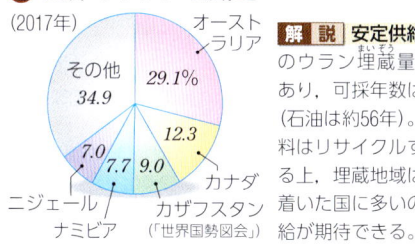

（2017年）
- オーストラリア 29.1％
- カザフスタン 12.3
- カナダ 9.0
- ナミビア 7.7
- ニジェール 7.0
- その他 34.9

（「世界国勢図会」）

解説 安定供給が可能 世界のウラン埋蔵量は約482万tであり，可採年数は約81年である（石油は約56年）。しかし，核燃料はリサイクルすることができる上，埋蔵地域は政治的に落ち着いた国に多いので安定した供給が期待できる。

C 経済への影響

❶ 各発電の発電原価

(1) 資源エネルギー庁発電コスト検証グループ試算

原子力	10.1～円/kWh
LNG火力	13.7
石油火力	30.6～43.4
風力（陸上）	21.6
地熱	16.9
大規模太陽光	24.2

※国家財政から支出されているコストを含む（日本原子力研究開発機構の運営費，電源立地地域に対する交付金など）。

(2) 大島堅一立命館大学教授（当時）試算※

原子力	10.25円/kWh
火力	9.91
水力	7.19

（(1)は2014年，(2)は1970～2010年度平均）

解説 原発は高い？安い？ (1)の資源エネルギー庁の試算では，原子力発電は他の発電に比べて安い。しかし，(2)の大島堅一教授の試算では，火力や水力より高い。また，原発事故の損害賠償額，廃棄物処理費用なども膨大である。

❷ 雇用への影響

(1) 小野善康大阪大学教授試算

●2020年に「脱原発」を完了し，再生可能エネルギー発電量を20％（09年度総発電量比）にする場合の新規雇用者数（2018年）[1]

廃炉 再生可能エネルギー導入	34万人
波及効果[2]	25万人

→最大59万人の新規雇用

[1] 不況時の試算。好景気で，失業者がいない場合は，既存の分野から新たな分野に雇用を回すことで損失が出る可能性もある。
[2] 雇用が増加したことにより，人々の消費が増加し，それによる新たな雇用の創出など

(2) 日本経済団体連合会試算

●2030年度の各原子力発電比率の場合の失業者数

原発比率	0％	15％	20～25％
失業者数	486万人 (2020年0％の場合，493万人)	419万人	405～412万人

解説 雇用増か？失業者増か？ 原子力発電関係に従事する人は約5万人おり（電力会社，原子炉メーカー，独立行政法人），原発を廃止した場合，こうした人々が失業する恐れがある。
　しかし，(1)の小野善康大阪大学教授の試算によると，原発を廃止し，エネルギー転換を推進した場合，廃炉や再生可能エネルギーにビジネスチャンスが生まれ，**新規雇用が最大で59万人生まれる**。一方，(2)の日本経済団体連合会は，原発を廃止することによる電気料金の値上がりで，企業が海外移転を進め，**産業の空洞化**（◉p.366）が進むことにより，失業者が増加すると試算している。

D 世界の動向

ドイツ	日本の原発事故を受け，2022年までに全原発の廃止決定
スイス	国民投票により2050年までに全原発を廃止し，原発の新設をしないことを決定
フランス	原子力比率を低減する計画だが，温暖化対策を優先し今後も原発を活用する方針。原発輸出推進は維持
アメリカ	1979年のスリーマイル島事故以来，原発建設を凍結。2001年，原発推進に転換。2013年，35年ぶりに4基が新規着工。一方で安価なシェールガス開発の進展などによりコスト面から新規建設計画はスローペース
ロシア	ソ連崩壊後，原発の新規建設が途絶えたが，2000年代に新規原発の運転開始。現在も建設・計画が進む。
中国	経済成長で電力需要が増加。原発の電力量拡大を進め，2010年代後半に世界有数の原発大国となった。
韓国	2017年，大統領は脱原発への政策転換を宣言。原発を徐々に縮小し，再生可能エネルギーを拡大する方針。
ベトナム	原発建設計画は，日本の原発事故などを理由に中止

解説 世界の原発政策 福島第一原発の事故を受け，一部の先進諸国では原発政策の見直しが行われた。しかし，新興国や発展途上国などでは，経済成長に伴う電力不足に直面し，原発の建設が進められている国もある。

Think & Check

●日本の原子力発電を今後，どうすべきだと考えますか。

あなたの考えは，次の点について配慮ができていますか。
- 原発の安全性への対処
- 電力の安定供給
- 地球温暖化
- 日本経済への影響
- 原発の核のごみの処理

重要用語 ❸❻❹原子力発電 ❸❻❺放射性廃棄物 ❸❻❻臨界事故 ❸❻❼再生可能エネルギー

ポイント整理 17

14 公害防止と環境保全

A 公害の歴史と現状 (→p.270〜272)
①明治政府の殖産興業政策，政府主導の工業化→足尾銅山鉱毒事件…公害の原点
②高度経済成長期…重化学工業化，生産第一主義→産業公害の多発
- 四大公害…新潟水俣病，四日市ぜんそく，イタイイタイ病，水俣病(熊本水俣病)
- 都市化→生活排水による水質汚濁，ゴミの増加，騒音などの都市・生活公害の増加

B 公害の防止と対策 (→p.272)
①公害の社会問題化→公害対策基本法制定(1967年)。環境庁設置。汚染者負担の原則(PPP)，無過失責任の原則，総量規制の導入
②都市・生活公害の増加，地球規模の環境問題の深刻化
→公害対策基本法を廃止し，環境基本法制定(1993年)。環境アセスメント法(環境影響評価法)(1997年制定)。環境庁を環境省に昇格(2001年)

C 新しい公害 (→p.273)
- 産業廃棄物の不法投棄問題，ハイテク汚染，ダイオキシン類，アスベストなど

D 循環型社会をめざして，環境保全 (→p.274〜276)
① 3 R…Reduce(ゴミの発生抑制)，Reuse(再使用)，Recycle(再資源化)
②リサイクルに関する法律…容器包装リサイクル法，家電リサイクル法など
③ナショナル・トラスト運動…土地を買い取るなどして，自然や歴史的産物を守る

15 地球環境問題

A 自然と人間 (→p.277)
世界的な人口増加，先進国の経済活動，大量生産・消費・廃棄→地球環境問題

B 様々な地球環境問題 (→p.278〜282)
①地球温暖化→化石燃料の大量消費による温室効果ガス排出量の増加
　　対策…気候変動枠組み条約(地球温暖化防止条約)(1992年採択)，京都議定書(1997年採択)，パリ協定(2015年採択)など
②オゾン層の破壊→スプレー，冷媒などに利用されるフロンの大量消費
　　対策…モントリオール議定書(フロン規制を具体化，1987年採択)など
③酸性雨→工場，自動車などから排出される硫黄酸化物や窒素酸化物
　　対策…排煙脱硫・脱硝装置の設置，東アジア酸性雨モニタリングネットワークなど
④その他の環境問題→森林破壊，砂漠化(1994年砂漠化対処条約採択)，有害物質の越境移動(1989年バーゼル条約採択)，野生生物種の減少(1973年ワシントン条約採択，1992年生物多様性条約採択)など

C 環境保全の取り組み (→p.282, 283)
1972年　国連人間環境会議→「人間環境宣言」，国連環境計画(UNEP)発足
1992年　国連環境開発会議(地球サミット)→リオ宣言…「持続可能な開発(発展)」
2002年　持続可能な開発に関する世界首脳会議(環境・開発サミット)
2012年　国連持続可能な開発会議(リオ+20)

16 資源・エネルギー問題

A 世界の資源・エネルギー問題 (→p.284, 285)
産業革命(エネルギー使用量の増加)→エネルギー革命(石炭から石油へ)→資源ナショナリズム(OPECの結成と石油危機の発生)→先進国は資源の有限性を自覚

B 日本の資源・エネルギー問題 (→p.286, 287)
- 石油危機以後，資源の有限性を認識し省エネ・省資源政策，クリーン・エネルギーの導入開発などにより石油依存からの脱却をめざす
- 乏しい資源・偏る輸入先→資源の安定供給という課題

C 再生可能エネルギー・省エネルギー (→p.288, 289)
再生可能エネルギー…太陽光発電，風力発電，バイオマス発電など
- 自然の営みの中で再生可能↔発電コストが高い。安定供給の面での不安

D 原子力発電の是非 (→p.290, 291)
廃止か存続か┬廃止…大事故の危険性，放射性廃棄物処理の問題など
　　　　　　└存続…大量のエネルギー供給が可能，廃止すると電力不足のおそれ

ポイント解説

A 公害の歴史と現状　高度経済成長期には経済成長が優先され，産業公害が各地で起こり，四大公害訴訟などを通じて公害防止を求める運動が展開された。

B 公害の防止と対策　公害が社会問題化し，公害対策基本法の制定や環境庁の設置などが行われた。その後，地球環境問題の深刻化などを受けて，環境基本法が制定された。また，事業の環境への影響を事前に調査・予測し，事業計画を見直す環境アセスメント法が制定された。

C 新しい公害　近年は，産業廃棄物の不法投棄，ハイテク汚染やダイオキシン類などの化学物質による公害などが問題となっている。

D 循環型社会をめざして，環境保全　資源を有効に使い，環境への負荷をできるだけ少なくする循環型社会を実現するために3Rが呼びかけられ，リサイクルに関する法律・制度は整いつつある。

A 自然と人間　人間の様々な経済活動は，広域的な影響を与える地球環境問題を発生させてきた。

B 様々な地球環境問題　地球温暖化による気候変動は砂漠化を，砂漠化や森林破壊は生物多様性の喪失を引き起こす。このように，地球環境問題は相互に結びついている。

C 環境保全の取り組み　国際的な取り組みとして，国連人間環境会議，地球サミット，環境・開発サミットなどが開かれてきた。また，国レベルでは環境税の導入，個人レベルではグリーン・コンシューマーなどの取り組みが行われている。

A 世界の資源・エネルギー問題　産業革命・エネルギー革命はエネルギー消費量を増大させた。

B 日本の資源・エネルギー問題　日本の資源の輸入依存度は高く，輸入先も少数の国に偏っている。石油危機以後は資源の有限性を自覚し，省エネ・省資源や石油代替エネルギーの開発・導入をめざしている。

C 再生可能エネルギー・省エネルギー　コージェネレーション(熱電併給)のような効率的なエネルギー利用技術の開発も進んでいる。

D 原子力発電の是非　石油代替エネルギーとして原発の開発が進められてきたが，福島第一原発事故以後はその是非が問われている。

17 労使関係と労働市場

プロ野球 スト決行
日本プロ野球組織と日本プロ野球選手会は、球団の合併・再編問題について交渉が決裂。プロ野球史上初のストライキとなった。

◁ストライキを決行した日本プロ野球選手会　労働者には、ストライキを行う権利が保障されている。労働者の権利と、それを守る法律について知ろう。また、雇用のあり方や労働条件について生じている問題を知り、これからの働き方はどうあるべきか、考えてみよう。

（「読売新聞」2004.9.18）

A 世界の労働運動

1 世界の労働運動の歩み

1799	（英）団結禁止法制定
1811	（英）機械打ちこわし運動（ラッダイト運動）起こる
1824	（英）労働組合の合法化
1833	（英）工場法制定…年少者の労働時間の制限などを規定
1838	（英）チャーティスト運動起こる
1848	○資本主義の弊害が表面化→社会主義思想の発展
	（仏）二月革命
	マルクス・エンゲルス『共産党宣言』発表…労働者の国際的団結を提唱
	（独）三月革命
1864	第1インターナショナル（国際労働者協会）発足（～76）
1868	（英）労働組合会議（TUC）成立
1871	（英）労働組合法制定
1878	（独）社会主義者鎮圧法制定
1886	（米）「メーデー」の起源となったストライキが起こる
	アメリカ労働総同盟（AFL）成立…職業別組合（→p.296❶）
1889	第2インターナショナル（国際社会主義者大会）発足（～1914）
1906	（英）労働党成立。労働争議法制定
1917	ロシア革命
1919	第3インターナショナル（コミンテルン）発足（～43）
	国際労働機関（ILO）発足
1935	（米）全国労働関係法（ワグナー法）成立
1938	（米）産業別労働組合会議（CIO）成立
	…産業別組合（→p.296❶）。AFLから分裂
1945	世界労働組合連盟（WFTU）成立
1946	ILO憲章採択
1947	（米）労使関係法（タフト・ハートレー法）成立
1948	ILO第87号条約採択…結社の自由と団結権の保護
1949	ILO第98号条約採択…団結権・団体交渉権の適用
	国際自由労働組合連盟（ICFTU）成立
1955	（米）AFLとCIOが合同してAFL＝CIO結成
1977	アメリカがILOを脱退（1980年復帰）
1979	国連で女子差別撤廃条約（→p.22）採択

団結禁止法　労働運動を禁止するために制定された法律。しかし、労働者は労働組合を作って団結し、労働運動が激化。1824年に廃止された。

機械打ちこわし運動　機械化により職場を奪われた熟練労働者たちが行った機械の打ちこわし運動。

チャーティスト運動　社会のあり方自体に問題があるとして、労働者の政治的権利（男子普通選挙など）を求め、集会・請願デモなどを行った運動。

第1インターナショナル　マルクス指導による、世界初の国際的労働者組織。労働者の解放や階級支配の廃絶を主張した。

第2インターナショナル　各国の社会主義政党の代表によって結成された。労働に関する運動だけではなく、政治闘争や、植民地問題、反戦運動も行った。第一次世界大戦により崩壊。

国際労働機関　労働条件の国際的改善をめざす組織。国際連盟の一機関として設置された（現在は国連の専門機関→p.153）。

全国労働関係法　労働者の団結権・団体交渉権を保障し、使用者の不当労働行為を禁止した法律。　→労働組合の発展

労使関係法　次のような内容を規定した法律。
- 使用者の不当労働行為責任を軽減
- クローズド・ショップ（→p.296❷）を違法とする
- 組合幹部に非共産員であるという宣言を要求できる
- 大規模な争議に対し、政府権限で80日間の争議行為禁止命令が出せる　→労働組合活動後退

解説　イギリスの労働運動　イギリスでは世界に先がけて労働運動が起こった。それは過酷な労働条件や女性・年少者の酷使という状況の改善を求めるものであった。イギリスで始まった労働運動は、その後ヨーロッパ各国に広がっていった。

2 イギリスの産業革命時の労働問題

① イングランド・ウェールズのコレラによる死亡者数

流行年	死亡者数
1831－32	2万1882人
1848－49	5万5201人
1853－54	2万4516人
1866	1万4378人

（村岡健次・川北稔編著『イギリス近代史』）

解説　経口伝染するコレラ　19世紀には、工業化に伴い、急激な都市化、人口の過密化が生じた。しかし、上下水道、住居環境などの社会資本の整備が追い付かず、都市部の貧しい労働者階級の人々の衛生状態は最悪であった。そのため、水を介して経口伝染するコレラが大流行した。1800年代半ばの労働者・家事使用人の死亡者の平均年齢は、農村地域が33～38歳だったのに対し、都市部では16～19歳であった。

◁**鞭で打たれる少年労働者**（1840年頃）　産業革命期のイギリスでは、安価な労働力として女性や少年が雇用されたが、その労働条件は極めて劣悪なものであった。

② 工場で働く少女の一日（1832年）

解説　悲惨な労働実態　一日19時間に及ぶ就労など、年少者の悲惨な実態が議会に報告され、1833年、未成年の就労制限などを定めた工場法成立の根拠となった。

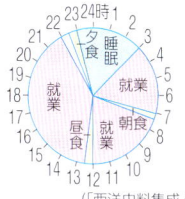

（「西洋史料集成」）

重要用語　❷⑦女子差別撤廃条約　❸⑥⑧チャーティスト運動　❸⑥⑨労働組合

293

3 労働運動の発生 Q なぜ労働運動が発生したのか？

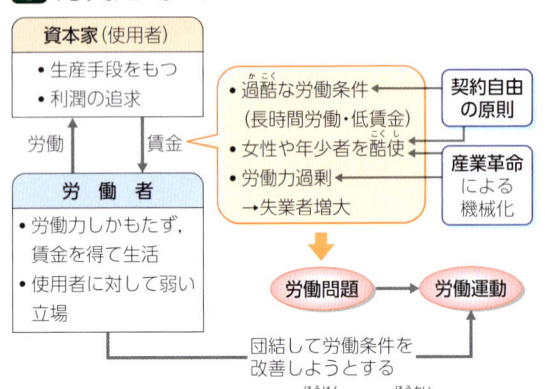

資本家(使用者)
- 生産手段をもつ
- 利潤の追求

↕ 労働 / 賃金

労働者
- 労働力しかもたず、賃金を得て生活
- 使用者に対して弱い立場

- 過酷な労働条件（長時間労働・低賃金）← 契約自由の原則
- 女性や年少者を酷使
- 労働力過剰 → 失業者増大 ← 産業革命による機械化

↓

労働問題 → 労働運動

団結して労働条件を改善しようとする

解説 労働条件の改善を求めて 封建社会が崩壊し、**資本主義社会**が確立すると、生産手段をもつ**資本家**と、労働力の対価として得る賃金を頼りに生活する**労働者**の2つの階級が生まれた。

利潤を追求する資本家は労働者に長時間・低賃金労働を強要した。また**産業革命**により機械化が進み、熟練労働者より賃金の低い女性や年少者が雇われるようになり、その分労働力が過剰となって失業者が増え、労働者の立場は一層弱くなった。そこで労働者たちは団結して**労働組合**をつくり、労働条件の改善や労働者の権利の確立を求める**労働運動**を起こした。

LOOK 悲運の発明家たち

技術革命の功罪 技術革命は、作業能率を向上させ、生産性を高めたが、同時に熟練労働者の職を奪い、失業者を発生させた。そのため、発明家の中には悲運な運命を遂げた者もいた。

ジョン＝ケイ (1704〜64頃)	織布の能率を2倍にした「飛び杼」を発明。仕事を奪われると、織布工らに非難される。訴訟費用で破産、フランスで貧困死
ハーグリーヴズ (1720頃〜78)	多軸紡績機を発明。**機械打ちこわし運動**（●p.293■）で暴徒が機械を破壊。職工仲間の迫害や資本家との訴訟に苦しむ
カートライト (1743〜1823)	失業を恐れる織布工の襲撃で工場破壊。特許権も失い、政府の償金で余生を送る

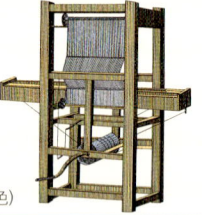

カートライトの力織機(1785) 紡績機による綿糸大量生産に対し、織布工不足を補うために制作。動力に蒸気機関を導入し、織布工1人が複数の織機を運転できるようになった。（着色）

B 日本の労働運動

1 日本の労働運動の歩み（戦前）

政府の動き	年	労働運動・労働組合の動き
	1886	甲府雨宮製糸工場でスト（日本最初のスト）
資本主義の発展 ← 日清戦争(1894〜95)		**労働運動発展の出発点**
	1897	職工義友会…労働組合の結成を呼びかける
		労働組合期成会設立…片山潜・高野房太郎など。工場法成立を要求 → 鉄工組合（日本最初の労働組合）、日本鉄道矯正会、活版工組合などができる
治安警察法制定…労働者の団結、争議行為禁止（●p.295）	1900	
農商務省『職工事情』刊行	1903	
独占資本主義・帝国主義へ前進 ← 日露戦争(1904〜05)		**労働運動低迷の時代**
	1907	足尾・別子銅山のスト暴動化、軍隊出動
大逆事件…天皇暗殺計画の容疑で幸徳秋水ら死刑、社会主義者大量検挙	1910	労働運動「冬の時代」
工場法制定…日本初の労働者保護立法だが、不備が多かった（1916年施行、●p.295）	1911	
	1912	**友愛会**設立…鈴木文治ら。労使協調に基づく労働者の地位の向上をめざす
独占資本主義の段階へ ← 第一次世界大戦(1914〜18)		若年女性労働者の繊維産業から成年男性労働者の重化学工業へと産業構造が変化し、**労働運動の発展の条件が整った**
	ロシア革命(1917)—影響	
日本、ILOに加盟	1919	大日本労働総同盟友愛会…友愛会から改称
	1920	日本最初のメーデー（上野公園）
	1921	日本労働総同盟…大日本労働総同盟友愛会から改称。共産主義の影響で戦闘的になり、自由平等の革命的綱領を決定
治安維持法制定…普通選挙法との抱き合わせ。政治参加を拡大する一方で、労働運動を弾圧（●p.37）	1925	日本労働総同盟分裂（第1次分裂）→除名派、日本労働組合評議会結成『女工哀史』刊行
	1926	日本労働組合同盟結成（総同盟の第2次分裂）。共同印刷争議（千数百人解雇、組合側惨敗）。日本楽器争議（従業員の約4分の1解雇）
3・15事件…共産党員・戦闘的労働者の弾圧 特別高等警察を全県に設置	1928	
	1929	労働組合全国同盟成立（総同盟の第3次分裂）
国家総動員法制定。日本、ILOを脱退	1938	
第二次世界大戦(1939〜45)		
大日本産業報国会発足	1940	日本労働総同盟解散。労働者は戦時体制に動員

BOOK 小林多喜二『蟹工船・党生活者』（新潮文庫） 戦前のオホーツク海で操業する「蟹工船」（蟹を加工し、缶詰にする船）において、劣悪な環境で働く労働者たちのストライキの様子を描いたプロレタリア文学。

2 日本の女工の労働問題

① 製糸女工の1日 (1901年2・10月後半 長野県諏訪郡平野村)

起床など	5：25 ～ 5：40	（15分間）
朝　食	5：40 ～ 5：55	（15分間）
就　業	5：55 ～ 11：00	（5時間5分）
昼　食	11：00 ～ 11：15	（15分間）
就　業	11：15 ～ 17：00	（5時間45分）
夕　食	17：00 ～ 17：20	（20分間）
就　業	17：20 ～ 21：00	（3時間40分）
入浴など	21：00 ～ 22：30	（1時間30分）
総労働時間：14時間30分		

(農商務省編『職工事情』)

解説 劣悪な労働条件 明治期の日本では、生糸輸出は欠かせない外貨獲得手段であり、生糸生産のための製糸業を支えていたのは女工たちであった。彼女たちは低賃金、労働強化による劣悪な労働条件、虐待など精神的・肉体的に悲惨な状況の中、糸取りに励んだ。そこには、自分たちが日本や工場を支えているという自負もあった。

② 飛騨の女工の後日の感想

内容	項　目		
食事	良い 90%	普通 10%	まずい 0%
労働	普通 75%	楽 22%	苦痛 3%
賃金	高い 70%	普通 30%	低い 0%
検査	苦痛 90%	普通 10%	楽 0%
病気	普通 50%	冷遇 40%	厚遇 10%
総括	良い 90%	普通 10%	否 10%

注：明治～大正にかけて働いた580名の聞き取り結果。1960年代の調査。　(山本茂実『あゝ野麦峠』)

解説 厳しい労働環境の中で 貧しい農家出身の女工の中には、厳しい労働条件にかかわらず、家よりも工場の生活の方がよいと感じる者も少なくなかった。

●製糸工場で働く女工たち

●治安警察法の目的は何か？

③ 治安警察法(抄)(1900年公布,1945年廃止)(→p.37)

第17条　左ノ各号ノ目的ヲ以テ他人ニ対シテ暴行、脅迫シ若ハ公然誹毀シ又ハ第二号目的ヲ以テ他人ヲ誘惑若ハ煽動スルコトヲ得ズ。
1　労務ノ条件又ハ報酬ニ関シ協同ノ行動ヲ為スベキ団結ニ加入セシメ又ハ其ノ加入ヲ妨グルコト。
2　同盟解雇若ハ同盟罷業ヲ遂行スルガ為使用者ヲシテ労務者ヲ解雇セシメ若ハ労務ニ従事スルノ申込ヲ拒絶セシメ又ハ労務者ヲシテ労務ヲ停廃セシメ若ハ労務者トシテ雇傭スルノ申込ヲ拒絶セシムルコト。
3　労務ノ条件又ハ報酬ニ関シ相手方ノ承諾ヲ強ユルコト。

解説 労働運動を抑圧する法律 治安警察法は第17条で「他人に対して暴行、脅迫」などをすること、特にストライキのために「他人を誘惑若は煽動」することを禁止し、**労働者の団結や争議行為を抑圧するもの**であった。この法律の制定によって、高まりつつあった日本の労働運動は後退させられた。なお、第17条は労働者の正当な権利を害するものとして世論の激しい反対により、1926年に削除された。

●工場法は労働者保護法として十分機能したか？

④ 工場法(抄)(1911年公布, 1947年廃止)

第1条　本法ハ左ノ各号ノ1ニ該当スル工場ニ之ヲ適用ス。
1　常時15人以上ノ職工ヲ使用スルモノ
第2条　工場主ハ12歳未満ノ者ヲシテ工場ニ於テ就業セシムルコトヲ得ズ。但シ本法施行ノ際10歳以上ノ者ヲ引続キ就業セシムル場合ハ此ノ限ニ在ラズ。
行政官庁ハ軽易ナル業務ニ付就業ニ関スル条件ヲ附シテ10歳以上ノ者ノ就業ヲ許可スルコトヲ得。
第3条　工場主ハ15歳未満ノ者及女子ヲシテ1日ニ付12時間ヲ超エテ就業セシムルコトヲ得ズ。
第4条　工場主ハ15歳未満ノ者及女子ヲシテ午後10時ヨリ午前4時ニ至ル間ニ於テ就業セシムルコトヲ得ズ。

解説 日本初の労働者保護法 イギリスより78年遅れて、1911年に日本の**工場法**が成立した(1916年施行)。工場法は日本最初の労働者保護立法で、その主な内容は①12歳未満の年少者の雇用禁止、②15歳未満の年少者及び女性の労働時間の制限(1日12時間以内、深夜業禁止)などであった。しかし、多くの例外規定があり、また15人未満の工場には適用されないなど不備な点が多く、当時の労働者保護立法の国際水準には到底及ばないものであった。

5 日本の労働運動の歩み(戦後)

1945	治安維持法廃止。**労働組合法**制定(49年、全文改正)
1946	**労働関係調整法**制定。総同盟再建。産別会議結成
1947	占領軍、2・1ゼネスト中止指令。**労働基準法**制定
1948	政令201号制定…公務員の争議行為を禁止(→p.297③)
1949	国鉄労使対決→下山事件・三鷹事件・松川事件 →労組の闘争活動に打撃
1950	日本労働組合総評議会(総評)結成
1952	血のメーデー事件。破壊活動防止法制定
1953	スト規制法制定。 ILO98号条約批准…団結権、団体交渉権の保障
1955	**春闘**(→p.296 LOOK)始まる
1959	**最低賃金法**制定 三井・三池争議(～60)…炭鉱労働者の解雇に対する反対争議
1960	身体障害者雇用促進法制定
1964	全日本労働総同盟(同盟)結成
1965	ILO87号条約批准…結社の自由、団結権の保障
1966	**全逓東京中郵事件**で最高裁無罪判決 →刑事免責の適用(→p.83③)
1973	**全農林長崎事件**他2件で最高裁有罪判決 →刑事免責否定
1975	公労協、スト権奪還スト。雇用保険法制定
1985	**男女雇用機会均等法**成立(→p.311B①) **労働者派遣法**成立(→p.306⑤)
1987	全日本民間労働組合連合会(連合)発足 →民間労組の全体的統一
1989	**日本労働組合総連合会(新「連合」)**発足 →労働組合組織の官民統一 **全国労働組合総連合(全労連)**、全国労働組合連絡協議会(全労協)発足
1991	育児休業法成立
1993	**パートタイム労働法***成立(→p.306④)
1995	育児休業法を改正し、**育児・介護休業法**成立(→p.311B②)
1997	労働基準法改正(→p.311B①)…女性保護規定の撤廃 男女雇用機会均等法改正
2003	労働者派遣法改正(→p.306⑤)
2007	**労働契約法**成立、パートタイム労働法*改正
2018	働き方改革関連法成立

*「パートタイム・有期雇用労働法」に名称変更(2020年4月施行)。

●重要用語　369労働組合　371春闘　380パートタイム労働法　386男女雇用機会均等法　388育児・介護休業法

C 日本の労働組合の現状

1 労働組合の種類 ❓日本の労働組合はどの形態が多いか？

種類	組織の形態	特徴
企業別組合	同一企業の正規従業員で組織	日本ではほとんどの労働組合がこの形をとる。他の先進国ではあまり見られない。
産業別組合	同一産業の労働者が、職種や熟練度に関わりなく組織	欧米では主流。日本では一般に、企業別組合が鉄鋼・自動車など産業ごとに連合する「連合体」として組織される。
職業別組合	同一職種・職業の、一定の技能を習得した熟練労働者が組織	活版工、鉄工など。イギリスには現在も残っているが、現在の日本ではほとんどみられない。

2 ショップ制 ❓ショップ制とは何か？

オープン・ショップ	従業員が組合に加入するか否かは自由であり、組合を脱退しても解雇されない。使用者は非組合員を雇用することもできる。
ユニオン・ショップ	採用時は組合員でなくてもよいが、雇用後は一定期間内に組合に加入しなければならず、未加入者や脱退者は解雇される。日本で多く採用されているが、「使用者が必要と認めた場合は解雇しなくてもよい」などの但し書きがある「尻抜けユニオン」である場合が多い。
クローズド・ショップ	使用者は必ず組合員の中から従業員を雇用しなければならず、脱退した従業員は解雇される。日本ではほとんどみられない。

解説 ショップ制とは 労働組合の組合員である資格と、従業員である資格の関係を規定する労使間の協定のことを、**ショップ制**という。組合員の雇用を確保し、組合の組織強化を図るための制度。一般的には、オープン・ショップ以外は**労働協約**（→p.299❶）の中に規定され、特別の定めがない場合は、オープン・ショップと見なされる。

3 労働組合組織率 ❓組織率低下の原因は何か？

1 労働組合組織率と労働争議件数の推移

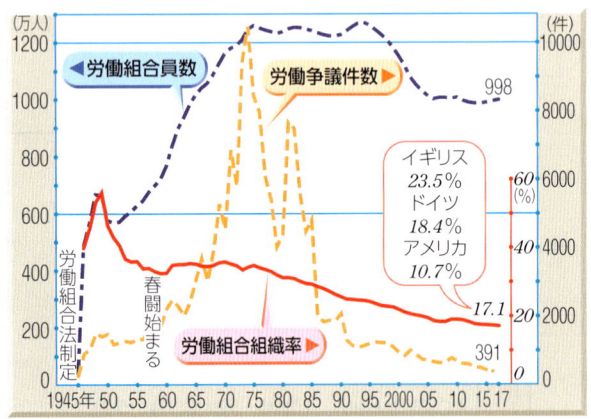

（グラフ：労働組合員数、労働争議件数、労働組合組織率の推移。1945年～2017年。労働組合法制定、春闘始まる、998（件）、17.1（%）、391 などの表示。イギリス 23.5%、ドイツ 18.4%、アメリカ 10.7%）
注：アメリカ・イギリス・ドイツは2016年。（「労働統計要覧」など）

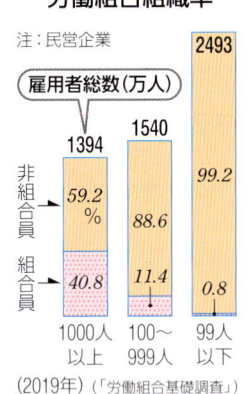

2 企業規模別の労働組合組織率
注：民営企業
- 1000人以上：雇用者総数1394万人、組合員40.8%、非組合員59.2%
- 100～999人：雇用者総数1540万人、組合員11.4%、非組合員88.6%
- 99人以下：雇用者総数2493万人、組合員0.8%、非組合員99.2%
（2019年）（「労働組合基礎調査」）

3 産業別の労働組合組織率
- 農業,林業,漁業 1.4%（第1次産業）
- 製造業 26.1（第2次産業）
- 電気・ガス・熱供給・水道業 59.3
- 金融・保険業 45.0
- 公務 34.0
- 運輸・郵便業 24.2
- 情報通信業 15.9
- 卸売・小売業 15.1
- 教育,学習支援業 14.7
- 宿泊・飲食サービス業 8.9
- 医療,福祉 6.3
- 不動産・物品賃貸業 2.6（第3次産業）
（2019年）（「労働組合基礎調査」）

解説 変革を迫られる労組 労働争議は1955年以降、春闘（→LOOK）を中心に行われてきたが、70年代をピークに減少。近年は、使用者と労働者の個別の紛争が増加している（→p.304）。

労働組合組織率は、1970年代以降低下を続けている。この原因としては、①第3次産業の増加（サービス業は事業規模が小さく、組織化が困難）、②正社員の減少（→p.306❺❶）、③若者の組合離れなどがあげられる。一方で、全体の組織率を押し上げるほどにはなっていないが、パートタイム労働者の増加により、パートタイム労働者の労働組合員数は増えつつある。

LOOK 春闘って何？

春闘とは 毎年春に労働組合が経営側に対して行う、賃上げ闘争のこと。1950年代半ばから始まり、1960年代の高度経済成長期に発展・定着した。交渉は、同じ業種で足並みをそろえて行われ、通常、自動車、電機などの業績のよい産業から開始される。ここでの交渉結果が「春闘相場」となり、他の産業へと波及していく。

○春闘の要求書を手渡す

近年の春闘 バブル崩壊後は、不況のために賃金水準を引き上げるベースアップ（ベア）が困難になった。そのため近年は、急増する非正規労働者の待遇改善や、長時間労働の改善など、交渉内容が多様化している。

●春闘における賃上げ率の推移

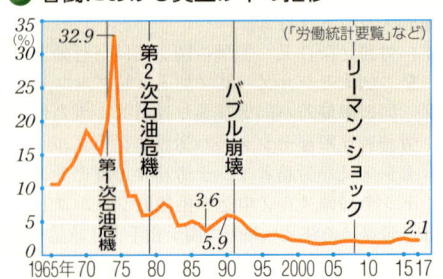

（グラフ：1965年～2017年。第1次石油危機で32.9%、第2次石油危機、バブル崩壊で3.6、5.9、リーマン・ショック、2.1。「労働統計要覧」など）

解説 官製春闘 2014年より、政府が経済界に対して賃上げを求める「官製春闘」が行われている。賃上げにより消費を促進し、デフレを脱却することがねらい。これにより賃上げが実施された企業もあるが、景気の先行き不安から、慎重な企業もある。

入試クイズ〈16本〉→❸ 非正規労働者にも、待遇改善を求めて労働組合を結成する権利が認められている。○？×？　答：○

D 労働基本権と労働三法

1 憲法と労働法の法体系

関連する労働法 （ ）は制定年，赤字…労働三法

憲法第27条	勤労の権利 (第1項)	・職業安定法(1947)…この法律に基づき，公共職業安定所(ハローワーク)が設置されている。 ・障害者雇用促進法(1960) ・雇用保険法(1974)…失業者への失業給付や失業予防など，雇用安定事業に関する法律 ・男女雇用機会均等法(1985) (→p.311B❶) ・高年齢者雇用安定法(1986)…70歳までの就業機会の確保が努力義務
	勤労条件の基準の法定 (第2項)	・**労働基準法**(1947)…労働条件の最低基準を規定している (→p.298～302) ・労働者災害補償保険法(1947) ・最低賃金法(1959)…労働者に賃金の最低額を保障する法律。労働基準法第28条に基づく。 ・労働者派遣法(1985)…労働者派遣事業の適正な運営と，派遣労働者の保護に関する法律 ・パートタイム・有期雇用労働法(1993) (→p.306❹) ・育児・介護休業法(1995) (→p.311B❷) ・労働契約法(2007)…労働契約に関する，民事ルールを規定した法律
	児童の酷使禁止(第3項)	・**労働基準法** ・児童福祉法(1947)
憲法第28条	労働三権 ・団結権 ・団体交渉権 ・団体行動権(争議権)	・**労働組合法**(1945。1949全文改正)…労働者の労働三権を具体的に保障する(→p.303，304) ・**労働関係調整法**(1946)…労働争議の処理や争議行為の制限規定などを定める(→p.304)
	労働三権の例外	・国家公務員法(1947)　・地方公務員法(1950) ・行政執行法人労働関係法(1948) ・地方公営企業労働関係法(1952) ・スト規制法(1953)

2 労働三権

◎労働三権とは何か？

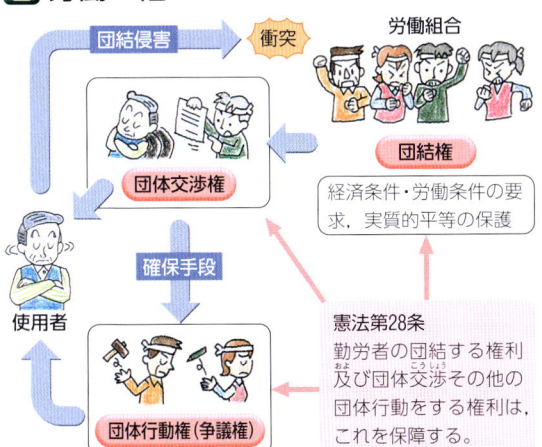

労働組合 — 団結権
団結侵害 / 衝突
団体交渉権
使用者
確保手段
団体行動権(争議権)

経済条件・労働条件の要求，実質的平等の保護

憲法第28条
勤労者の団結する権利及び団体交渉その他の団体行動をする権利は，これを保障する。

解説 勤労の権利と労働三権 憲法第27条で**勤労の権利**を，第28条で労働者の**団結権，団体交渉権，団体行動権(争議権)**の**労働三権**を保障している。これら4つの権利を**労働基本権**という。団結権とは，労働組合をつくり団結する権利，団体交渉権とは，労働条件の維持改善のため使用者と交渉する権利，団体行動権とは，ストライキなどの争議行為(→p.304❼)を行う権利である。

3 公務員の労働三権の制限

◎日本で公務員の労働三権が制限されているのはなぜか？

		団結権	団体交渉権	争議権	関係法
民間企業(→❶)		○	○	○	労組法2，6条 労調法8,36,37条 スト規制法
国家公務員	自衛官	×	×	×	自衛隊法64,108条
	警察・海上保安庁・刑務所職員	×	×	×	国家公務員法98条，108条の2，108条の5
	一般職員	○	△	×	
	造幣局・国立印刷局職員など	○	○*	×	行政執行法人労働関係法3，4，8，17条
地方公務員	警察・消防職員	×	×	×	地方公務員法37，52，55，58条
	一般職員	○	△	×	
	公営企業職員(市電,市バス,水道など)	○	○*	×	地方公営企業労働関係法3，5，7，11条

○容認，△協約締結権なし，×否認
＊管理及び運営に関する事項は団体交渉の対象外。

❶ 民間企業労働者の労働三権の制限

一般事業	工場などの安全保持の施設の停廃・妨害行為の禁止(労調法36条)
船員	船舶が外国の港にあるときや人命・船舶に危険が及ぶとき争議行為は禁止(船員法30条)
公益事業	10日前までに争議行為を予告する義務。**緊急調整***が決定した場合，50日間争議行為が禁止される(労調法37，38条)
電気・炭鉱工業	電気の供給停止，鉱山の保安停廃行為の禁止(スト規制法2，3条)

＊内閣総理大臣が中央労働委員会の意見を聞いて決定する

❷ 各国の公務員の労働三権

	団結権	団体交渉権	争議権
アメリカ	○ FBI*1，軍人などを除く。	△ 手続き事項(業務評価の方法等)は認められる。	×
ドイツ	○	○ 官吏*2には労働協約締結権なし。	○ 官吏*2を除く。
イギリス	○ 警察官と軍人を除く。	○ 労働協約は法的拘束力なし。	○ 警察官と軍人などを除く。
フランス	○ 軍人を除く。	△	○ 警察官，看守，司法官などを除く。

＊1 アメリカ連邦捜査局　＊2 行政において中心的役割を果たす公務員

解説 公務員の労働三権 1948年の**政令201号**の制定により公務員の労働三権は制限され，特に争議行為(→p.304❼)は全面的に禁止された。公務員は公共性が強く，国民生活への影響が大きいという理由からである。この代償措置として，**人事院**(→p.100❶)を設け，給与改定勧告や不利益処分の審査などを行っている。

公務員の争議権をめぐっては，**スト権奪還スト**(1975年)や裁判などで争われ，全農林警職法事件での「後戻り判決」(→p.83❸)以降は，労働三権の制限を承認する立場がとられてきた。**国際労働機関(ILO)**は，2002年から日本に対して，公務員の労働三権は自衛官や警察職員などの例外を除いて原則的に認めるべきであると指摘を繰り返しているが，見直しには至っていない。

↓重要用語　⓷⓺⓽労働組合　⓷⓻⓪企業別組合　⓷⓻➀春闘　⓷⓻➁労働基本権　⓷⓻➂労働三法　⓷⓻➃労働三権の制限
⓷⓼⓪パートタイム労働法　⓷⓼➂障害者雇用促進法　⓷⓼➅男女雇用機会均等法　⓷⓼➇育児・介護休業法

✤ 4 労働基準法の主な内容

章	条	項目	内　　容
1 総　則	1.	労働条件の原則	労働条件は**労働者が人たるに値する生活を営むための必要を充たすべきもの**でなければならない。**この法律の労働条件の基準は最低のもの**であるから，向上を図らなければならない
	2.	労働条件の決定	労働者と使用者が**対等の立場**で決定する（→p.299 5 1）
	3.	均等待遇	国籍，信条又は社会的身分による差別的取り扱いの禁止
	4.	男女同一賃金の原則	女性であることを理由とする賃金差別の禁止（→p.299 5 3）
	5.	強制労働の禁止	暴行，脅迫などによる強制労働の禁止
	6.	中間搾取の排除	法律で許される場合のほか，他人の就業に介入して利益を得ることを禁止する
	7.	公民権行使の保障	労働時間中に選挙権などの公民権を行使できる
2 労働契約	13.	労基法違反の労働契約	労働基準法の基準に達しない労働条件を定める労働契約は無効。無効部分は本法の基準を適用
	15.	労働条件の明示	労働契約締結の際，使用者は労働者に賃金や労働時間などの労働条件を明示しなければならない
	16.	賠償予定の禁止	労働契約不履行の時の違約金や，損害賠償額を予定する契約の禁止
	17.	前借金相殺の禁止	使用者は前借金と賃金を相殺してはならない
	19.	解雇制限	業務上の負傷・疾病，女性の出産による休業期間，及びその後30日間の解雇禁止（→p.300 4）
	20.	解雇の予告	**最低30日前に予告**しなければならない。予告をしない場合，30日分以上の平均賃金を支払う
3 賃　金	24.	賃金の支払	**通貨**で，**直接**労働者に，**全額**を，**毎月1回以上**，**一定期日**に支払う（→p.300 5）
	25.	非常時払	出産，疾病，災害などの非常の場合，支払日前でも賃金を支払う
	26.	休業手当	使用者の責任による休業の場合，平均賃金の60％以上を支払う
	28.	最低賃金	賃金の最低基準は最低賃金法の定める基準とする（最低賃金は，地域別に定められている）
4 労働時間，休憩，休日及び年次有給休暇 （→p.300 6）	32.	労働時間	休憩時間を除き，**1週間40時間以内。1日8時間以内**
	34.	休憩	労働時間が6時間を超える場合は**最低45分**，8時間を超える場合は**最低1時間**の休憩を，労働時間の途中に原則として一斉に与える
	35.	休日	**毎週最低1回**，もしくは4週間に4日以上の休日を与える
	36.	時間外・休日労働	組合又は労働者の過半数の代表との書面協定が必要
	37.	割増賃金	時間外・休日労働に対し，25％以上50％以下の割増賃金を支払う（平成6年の政令5では時間外労働は25％，休日労働は35％増し）。時間外労働が月60時間を超えた場合，超過分については50％以上（中小企業は2023年4月より実施）。深夜労働に対しては25％以上
	39.	年次有給休暇	6か月継続勤務で8割以上出勤の場合に**10日**，6か月を超えて継続勤務する日から数えて2年目までは1年毎に**1日ずつ**加算。3年目以降は1年毎に**2日ずつ**加算。最高20日とする
6 年少者 （→p.301 7）	56.	最低年齢	**満15歳未満の児童の雇用禁止**（映画・演劇など例外あり）
	58.	未成年者の労働契約	親又は後見人であっても，未成年者に代わって労働契約を締結することはできない
	59.	未成年者の賃金授受	親又は後見人であっても，未成年者に代わって賃金を受け取ってはならない
	61.	深夜業	**満18歳未満の者の深夜労働**（午後10時～午前5時）禁止
6-2 妊産婦等 （→p.301 8）	65.	産前産後	**産前6週間，産後8週間の休業**を保障
	67.	育児時間	1歳未満の子どもを育てる女性は，休憩時間の他に1日2回各々30分の育児時間を請求できる
	68.	生理休暇	生理休暇の請求を保障
8 災害補償 （→p.302 9）	75.	療養補償	業務上の負傷・疾病の時，使用者は療養費を負担
	76.	休業補償	75条の療養期間は平均賃金の60％の休業補償を行う
	79.	遺族補償	業務上死亡した労働者の遺族に対し，平均賃金の1000日分の遺族補償を行う
9 就業規則 （→p.302 10）	89.	作成及び届出の義務	常時10人以上を雇用する使用者は，始業・終業時刻，休憩時間，休日，賃金及び支払方法などの事項についての就業規則を作成し，行政官庁に届け出る
	90.	作成の手続	就業規則の作成・変更時には，労働組合又は労働者の過半数を代表するものの意見を聴く
11 監督機関 （→p.302 11）	97.	監督組織	労基法施行のために，厚生労働省に労働基準主管局，各都道府県に都道府県労働局，各都道府県管内に**労働基準監督署**（労働基準監督官が置かれる）を置く
	104.	監督機関に対する申告	労基法違反の事実がある場合には，労働者は行政官庁や労働基準監督官に申告できる。その申告を理由とする解雇や不利益な取り扱いは禁止

解説　労働者の生存権を保障　労働基準法は，憲法第25条の**生存権**（→p.80 1）の理念に基づいて，労働者の生存権を保障するために制定された。労働条件についてほとんどの領域について定めた労働者保護法である。第1条で「労働条件は**労働者が人たるに値する生活を営むための必要を充たすべきもの**でなければならない」とその基本理念をうたい，さらに，「**本法の基準は最低のもの**」として労働条件のさらなる向上への努力を義務づけている。したがって，この法律の基準以下の労働協約や就業規則は無効となり，基準以下の労働条件を適用した使用者には刑事罰が科される。

●労働基準法の近年の主な改正
（　）内は施行年。○は条文番号

2003年（2004年） 雇用形態の多様化に対応	・有期労働契約の契約期間上限を1年から3年に延長 14 ・客観的に合理的な理由を欠く解雇は無効に 18 ・裁量労働制（→p.300）の導入手続きの緩和 38
2008年（2010年） 仕事と生活の調和	・時間外労働の割増賃金率の引き上げ（大企業）37 ・年5日分まで時間単位での有給休暇を取得可能に 39
2018年（2019年～） 「働き方改革」	・残業時間の上限を規制 36（→p.308 B 2） ・1人1年あたり5日間の**年次有給休暇の取得義務化** 39 ・高度な専門職に就く高所得者は一定の条件のもと，残業代や休日手当の適用除外に（高度プロフェッショナル制度）41 ・時間外労働の割増賃金率の引き上げ（中小企業）37

入試クイズ　労働基準法は，使用者に対して，労働者が女性であることを理由として，賃金について差別的取扱いをすることを禁止している。○？×？〈14本〉（→3）　答：○

5 労働基準法(抄) (→p.298)

公　　布　1947(昭22).4
最終改正　2020(令2).3

第1章　総則

第1条〔労働条件の原則〕　① 労働条件は，労働者が人たるに値する生活を営むための必要を充たすべきものでなければならない。
② この法律で定める労働条件の基準は最低のものであるから，労働関係の当事者は，この基準を理由として労働条件を低下させてはならないことはもとより，その向上を図るように努めなければならない。

第2条〔労働条件の決定〕　① 労働条件は，労働者と使用者が，対等の立場において決定すべきものである。
② 労働者及び使用者は，労働協約，就業規則及び労働契約を遵守し，誠実に各々その義務を履行しなければならない。

第3条〔均等待遇〕　使用者は，労働者の国籍，信条又は社会的身分を理由として，賃金，労働時間その他の労働条件について，差別的取扱をしてはならない。

第4条〔男女同一賃金の原則〕　使用者は，労働者が女性であることを理由として，賃金について，男性と差別的取扱いをしてはならない。

第5条〔強制労働の禁止〕　使用者は，暴行，脅迫，監禁その他精神又は身体の自由を不当に拘束する手段によって，労働者の意思に反して労働を強制してはならない。

第6条〔中間搾取の排除〕　何人も，法律に基いて許される場合の外，業として他人の就業に介入して利益を得てはならない。

第7条〔公民権行使の保障〕　使用者は，労働者が労働時間中に，選挙権その他公民としての権利を行使し，又は公の職務を執行するために必要な時間を請求した場合においては，拒んではならない。但し，権利の行使又は公の職務の執行に妨げがない限り，請求された時刻を変更することができる。

第2章　労働契約

第13条〔この法律違反の契約〕　この法律で定める基準に達しない労働条件を定める労働契約は，その部分については無効とする。この場合において，無効となつた部分は，この法律で定める基準による。

第15条〔労働条件の明示〕　① 使用者は，労働契約の締結に際し，労働者に対して賃金，労働時間その他の労働条件を明示しなければならない。……

---

5 労働基準法　●労働基準法とは，何を定めたものか？

① 労働条件の決定 (→第2条)

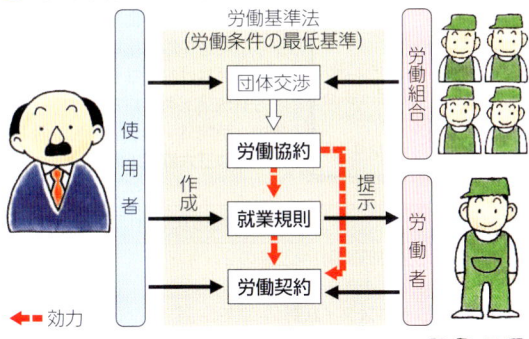

労働協約…使用者と労働組合が労働条件などについて協議の上に合意締結した団体契約。

就業規則…使用者が賃金・労働時間などの労働条件や職場の規律などを定めたもの。作成した就業規則を労働基準監督署に届ける。

労働契約…使用者と労働者が個々に契約する。

解説　労働条件の決定　労働条件を決める時は，**労働者と使用者が対等な立場でなければならない**。しかし，労働者個人は使用者に対して弱い立場にあるので，**労働組合**(→p.296)をつくり，**団体交渉**を通じて基準を決めることが認められている(労組法14条)。こうして結ばれるのが**労働協約**であり，これが**就業規則**や**労働契約**に効力を有する。就業規則や労働契約については，労働協約に違反する部分は，無効となる(→②)。

② 労働協約・就業規則・労働契約の効力の優先関係

労働協約の内容は，憲法や労基法などの最低条件を満たさなければならない。また，労働協約に違反する部分の就業規則(労基法92条)や労働契約(労契法16条)は無効となる。

就業規則の内容に達しない条件を定める労働契約は，その部分について無効となる。(労働契約法第12条)

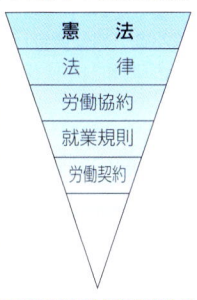

〔例〕就業規則で労働時間が1日7時間と定めてあれば，労働契約において8時間と定めてあっても効力はなく，7時間働けばよい。

労働協約，就業規則，労働契約の順に効力があるので，労働協約より劣った就業規則や労働契約は，労働協約の水準まで引き上げなければならない。

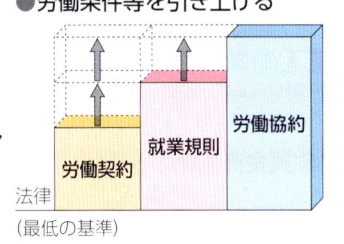

●労働条件等を引き上げる

③ 男女同一賃金の原則 (→第4条)

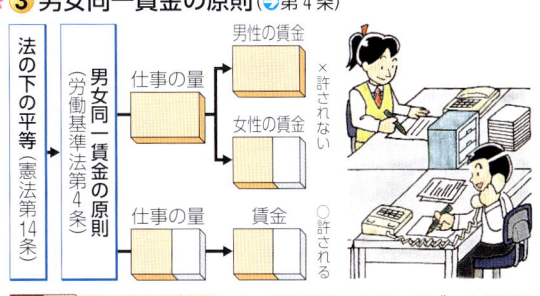

解説　男女差別の禁止　同一価値労働にかかわらず，女性であるという理由だけで賃金に差をつけることを禁止する。労働者の技能，経験，成績などによる合理的な差別を禁止するものではない。

第19条〔解雇制限〕① 使用者は，労働者が業務上負傷し，又は疾病にかかり療養のために休業する期間及びその後30日間並びに産前産後の女性が第65条の規定によって休業する期間及びその後30日間は，解雇してはならない。……

第20条〔解雇の予告〕① 使用者は，労働者を解雇しようとする場合においては，少くとも30日前にその予告をしなければならない。30日前に予告をしない使用者は，30日分以上の平均賃金を支払わなければならない。……

第3章 賃 金

第24条〔賃金の支払〕① 賃金は，通貨で，直接労働者に，その全額を支払わなければならない。……
② 賃金は，毎月1回以上，一定の期日を定めて支払わなければならない。……

第25条〔非常時払〕使用者は，労働者が出産，疾病，災害その他厚生労働省令で定める非常の場合の費用に充てるために請求する場合においては，支払期日前であっても，既往の労働に対する賃金を支払わなければならない。

第26条〔休業手当〕使用者の責に帰すべき事由による休業の場合においては，使用者は，休業期間中当該労働者に，その平均賃金の100分の60以上の手当を支払わなければならない。

第28条〔最低賃金〕賃金の最低基準に関しては，最低賃金法（昭和34年法律第137号）の定めるところによる。

第4章 労働時間，休憩，休日及び年次有給休暇

第32条〔労働時間〕① 使用者は，労働者に，休憩時間を除き1週間について40時間を超えて，労働させてはならない。
② 使用者は，1週間の各日については，労働者に，休憩時間を除き1日について8時間を超えて，労働させてはならない。

第34条〔休憩〕① 使用者は，労働時間が6時間を超える場合においては少くとも45分，8時間を超える場合においては少くとも1時間の休憩時間を労働時間の途中に与えなければならない。
② 前項の休憩時間は，一斉に与えなければならない。ただし，当該事業場に，労働者の過半数で組織する労働組合がある場合においてはその労働組合，労働者の過半数で組織する労働組合がない場合においては労働者の過半数を代表する者との書面による協定があるときは，この限りでない。

第35条〔休日〕① 使用者は，労働者に対して，毎週少くとも1回の休日を与えなければならない。
② 前項の規定は，4週間を通じ4日以上の休日を与える使用者については適用しない。

❹ 解雇の制限

- 合理的理由がない解雇権濫用による解雇（労働契約法16条）
- 業務上の負傷・疾病による療養期間，産前・産後の休業中，及びその後の30日間の解雇（労基法19条）
- 30日前に予告をしない場合の解雇。この場合は30日分以上の平均賃金を支払わなければならない（労基法20条）
- 差別待遇になる場合の解雇（労基法3条）
- 不当労働行為による解雇（労組法7条）
- 解雇同意条項を無視した解雇（労働協約）
- 婚姻・妊娠・出産等を理由とする女性の解雇（均等法9条）

解説 解雇の制限 解雇が使用者側の自由に任されると，賃金を頼りにしている労働者の生活が脅かされることになる。このため解雇には法令，労働協約，就業規則などによる制限がある。

❺ 賃金支払いの5原則（→第24条）

(1) **通貨払い**（小切手は不可）
〈例外〉• 現物給与…法令もしくは労働協約に別の定めがある場合
• 賃金の口座振込…次の要件を満たす場合
1. 労働者の同意を得ること
2. 労働者の指定する金融機関の，その労働者名義の預金または貯金口座に振り込まれること

(2) **直接払い** 直接，本人もしくは使者に支払う。労働者の親権者など法定代理人に支払うことも禁止。

(3) **全額払い** 賃金の一部を控除して支払ってはならない。
〈例外〉• 法令に別の定めがある場合…所得税や地方税などの源泉徴収，健康保険や厚生年金などの社会保険料の控除等
• 労使協定がある場合…第24条に基づく協定

(4) **毎月1回以上支払い** ─ 賃金の支払いの遅延を防ぐための原則
(5) **定期日払い** ─

❻ 労働時間の原則と例外

| 法定労働時間 | 1日8時間，1週40時間（第32条） |

法定労働時間の例外
- 非常事態の時間延長（第33条）
- 三六協定による時間延長（第36条）

使用者は，時間外労働や休日労働をさせるとき，労働組合又は組合がない場合には従業員代表者と協定を結ばなければならない。これは労基法第36条に規定されているため，時間外・休日労働協定のことを通称三六協定と呼ぶ。

法定労働時間の変更
- 変形労働時間制（第32条の2・4・5）
  1か月，1年，1週間単位
- フレックスタイム制（第32条の3）
- 裁量労働制（第38条の3・4）
- 特別の定め（第40条）
  鉄道やサービス業など公衆の不便を避けるために必要な場合

法定労働時間の適用がない場合（第41条）
- 農業，水産業に従事する者
- 監督又は管理的地位にある者，機密の事務を取り扱う者
- 監視又は継続的労働に従事する者
（行政官庁の許可が必要）

変形労働時間制 一定の期間内において，1週間の平均労働時間が，法定労働時間（原則40時間）内に収まっていれば，特定の日または週に法定労働時間を超えて労働させることができる制度。1か月単位，1年単位，1週間単位のものがある
フレックスタイム制 1か月以内の一定期間における総労働時間を定めておき，出社・退社の時刻を労働者にゆだねる制度。
裁量労働制 時間ではなく，質や成果で報酬を決定するのが適切な業務の場合に，一定時間働いたとみなし，実際の働き方や労働時間は労働者の裁量に任せる制度。デザイナー，弁護士などの専門的業務や，事業運営の企画・立案・調査など，一部の業務に限られている

入試のツボ 変形労働時間制，フレックスタイム制，裁量労働制のそれぞれの違いを確認しておこう。〈12本，16追〉

第36条〔時間外及び休日の労働〕 ① 使用者は，当該事業場に，労働者の過半数で組織する労働組合がある場合においてはその労働組合，労働者の過半数で組織する労働組合がない場合においては労働者の過半数を代表する者との書面による協定をし，厚生労働省令で定めるところによりこれを行政官庁に届け出た場合においては，第32条から第32条の5まで若しくは第40条の労働時間（以下この条において「労働時間」という。）又は前条の休日（以下この条において「休日」という。）に関する規定にかかわらず，その協定で定めるところによつて労働時間を延長し，又は休日に労働させることができる。……

第37条〔時間外，休日及び深夜の割増賃金〕 ① 使用者が，第33条又は前条第1項の規定により労働時間を延長し，又は休日に労働させた場合においては，その時間又はその日の労働については，通常の労働時間又は労働日の賃金の計算額の2割5分以上5割以下の範囲内でそれぞれ政令で定める率以上の率で計算した割増賃金を支払わなければならない。ただし，当該延長して労働させた時間が1箇月について60時間を超えた場合においては，その超えた時間の労働については，通常の労働時間の賃金の計算額の5割以上の率で計算した割増賃金を支払わなければならない。

第39条〔年次有給休暇〕 ① 使用者は，その雇入れの日から起算して6箇月間継続勤務し全労働日の8割以上出勤した労働者に対して，継続し，又は分割した10労働日の有給休暇を与えなければならない。

② 使用者は，1年6箇月以上継続勤務した労働者に対しては，雇入れの日から起算して6箇月を超えて継続勤務する日（以下「6箇月経過日」という。）から起算した継続勤務年数1年ごとに，前項の日数に，次の表……に掲げる労働日を加算した有給休暇を与えなければならない。……

6箇月経過日から起算した継続勤務年数	労働日
1年	1労働日
2年	2労働日
3年	4労働日
4年	6労働日
5年	8労働日
6年以上	10労働日

第6章 年少者

第56条〔最低年齢〕 ① 使用者は，児童が満15歳に達した日以後の最初の3月31日が終了するまで，これを使用してはならない。

第58条〔未成年者の労働契約〕 ① 親権者又は後見人は，未成年者に代つて労働契約を締結してはならない。

第59条 未成年者は，独立して賃金を請求することができる。親権者又は後見人は，未成年者の賃金を代つて受け取つてはならない。

第61条〔深夜業〕 ① 使用者は，満18才に満たない者を午後10時から午前5時までの間において使用してはならない。ただし，交替制によつて使用する満16才以上の男性については，この限りでない。

第6章の2 妊産婦等

第65条〔産前産後〕 ① 使用者は，6週間（多胎妊娠の場合にあつては，14週間）以内に出産する予定の女性が休業を請求した場合においては，その者を就業させてはならない。

② 使用者は，産後8週間を経過しない女性を就業させてはならない。ただし，産後6週間を経過した女性が請求した場合において，その者について医師が支障がないと認めた業務に就かせることは，差し支えない。

③ 使用者は，妊娠中の女性が請求した場合においては，他の軽易な業務に転換させなければならない。

第66条 ② 使用者は，妊産婦が請求した場合においては，第33条第1項及び第3項並びに第36条第1項の規定にかかわらず，時間外労働をさせてはならず，又は休日に労働させてはならない。

③ 使用者は，妊産婦が請求した場合においては，深夜業をさせてはならない。

第67条〔育児時間〕 ① 生後満1年に達しない生児を育てる女性は，第34条の休憩時間のほか，1日2回各々少なくとも30分，その生児を育てるための時間を請求することができる。

② 使用者は，前項の育児時間中は，その女性を使用してはならない。

第68条〔生理日の就業が著しく困難な女性に対する措置〕 使用者は，生理日の就業が著しく困難な女性が休暇を請求したときは，その者を生理日に就業させてはならない。

7 未成年者の労働契約（→第6章）

- 満15歳に達した日以降の最初の3月31日（中学校を卒業する年度末）までは原則労働禁止*1（第56条）
- 親権者，または後見人による労働契約の締結は禁止。労働契約が未成年者に不利である場合，親権者・後見人などは契約を解除することができる（第58条）
- 賃金を親権者や後見人が受け取ることは禁止（第59条）

満18歳未満の場合

- 時間外労働，休日の労働，変形労働時間制（→p.300 ⑥）下での労働は原則禁止（第60条）
- 深夜業は原則禁止*2（第61条）
- 危険有害業務（有害ガスの発散する場所での業務，毒劇物を扱う業務など）の禁止（第62条）

*1 健康・福祉に有害でない業務や，映画・演劇の子役では，労働基準監督署長の許可があれば可能
*2 満16歳以上の男性を交代制で使用する場合は，深夜業も可能

解説 未成年者を保護 労働基準法では，未成年者に対し特別の保護規定を置いている。これは，肉体的・精神的に未熟な未成年者を，健康や福祉を害する労働や，不当に賃金を搾取しようとする親権者などから守るためである。

8 産前産後休業の取扱い（→第65条）

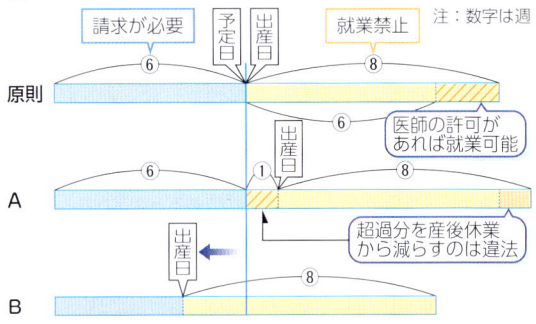

注：数字は週

原則・A・B の産前産後休業の図
- 請求が必要（予定日前6週間）
- 就業禁止（出産後8週間）
- 医師の許可があれば就業可能（産後6週間経過後）
- 超過分を産後休業から減らすのは違法

解説 出産における休業規定 出産前の休業について，労働基準法は，出産予定日前の6週間において，労働者から休業の請求があった場合，それを認めなければならない。請求がなければ就業させても問題ない。また，出産後の休業については，使用者は，請求の有無にかかわらず，出産後8週間以内の女性を働かせてはならない。出産が予定日よりも遅れ，出産前休業に入ってから6週間を超過した場合（**A**）であっても，出産後は8週間の就業禁止とし，出産前休業の超過分を産後休業で埋め合わせることは違法となる。この場合，産前休業の超過分は，通常の欠勤扱いにできる。

第8章　災害補償

第75条〔療養補償〕① 労働者が業務上負傷し，又は疾病にかかった場合においては，使用者は，その費用で必要な療養を行い，又は必要な療養の費用を負担しなければならない。

第76条〔休業補償〕① 労働者が前条の規定による療養のため，労働することができないために賃金を受けない場合においては，使用者は，労働者の療養中平均賃金の100分の60の休業補償を行わなければならない。

第77条〔障害補償〕労働者が業務上負傷し，又は疾病にかかり，治った場合において，その身体に障害が存するときは，使用者は，その障害の程度に応じて，平均賃金に別表第2に定める日数を乗じて得た金額の障害補償を行わなければならない。

第9章　就業規則

第89条〔作成及び届出の義務〕① 常時10人以上の労働者を使用する使用者は，次に掲げる事項について就業規則を作成し，行政官庁に届け出なければならない。次に掲げる事項を変更した場合においても，同様とする。

(1) 始業及び終業の時刻，休憩時間，休日，休暇並びに労働者を2組以上に分けて交替に就業させる場合においては就業時転換に関する事項

(2) 賃金(臨時の賃金等を除く。以下この号において同じ。)の決定，計算及び支払の方法，賃金の締切り及び支払の時期並びに昇給に関する事項

(3) 退職に関する事項(解雇の事由を含む。)

(3の2)〜(10)　(略)

第90条〔作成の手続〕① 使用者は，就業規則の作成又は変更について，当該事業場に，労働者の過半数で組織する労働組合がある場合においてはその労働組合，労働者の過半数で組織する労働組合がない場合においては労働者の過半数を代表する者の意見を聴かなければならない。

第92条〔法令及び労働協約との関係〕① 就業規則は，法令又は当該事業場について適用される労働協約に反してはならない。

第93条〔労働契約との関係〕労働契約と就業規則との関係については，労働契約法(平成19年法律第128号)第12条の定めるところによる。

第11章　監督機関

第97条〔監督機関の職員等〕労働基準主管局(厚生労働省の内部部局として置かれる局で労働条件及び労働者の保護に関する事務を所掌するものをいう。以下同じ。)，都道府県労働局及び労働基準監督署に労働基準監督官を置くほか，厚生労働省令で定める必要な職員を置くことができる。

第104条〔監督機関に対する申告〕① 事業場に，この法律又はこの法律に基いて発する命令に違反する事実がある場合においては，労働者は，その事実を行政官庁又は労働基準監督官に申告することができる。

② 使用者は，前項の申告をしたことを理由として，労働者に対して解雇その他不利益な取扱をしてはならない。

❾ 災害補償の種類（→第8章）

種類	原因	補償内容
療養補償	業務上の傷病	必要な療養費 〔打切補償〕3年経過して傷病が治らない場合は平均賃金1200日分で補償を打ち切る
休業補償	業務上の傷病による休業	休業期間中，平均賃金の60％
障害補償	業務上の傷病により障害が残った場合	障害の程度に応じて平均賃金の最高1340日〜50日分 （6年間の分割補償が可能）
遺族補償	業務上死亡したとき	遺族に平均賃金の1000日分 （6年間の分割補償が可能）
葬祭料	業務上死亡したとき	葬祭を行う人に対し平均賃金の60日分

解説　災害補償　労基法の災害補償の特色は，労働災害に対する使用者の無過失責任にある。つまり労働者に生じた傷病・死亡が，「業務上」のものであると認定されれば，使用者に過失がなくても補償を請求できる。

自殺は労災」逆転認定　08年，居酒屋チェーン店の従業員の女性（当時26歳）が自殺したのは，長時間労働によるストレスが原因だとして，12年に労働災害に認定された。こうした過労による自殺が認定されるケースが近年増えてきている（→p.308 A❶）。企業は，自殺者を出さないための適切な労働時間や賃金体系の管理が求められている。

居酒屋チェーン運営会社の調理担当の—さん（当時26歳）が08—は，抑うつ状態となる

居酒屋従業員　時間外月140時間　決定書によると，深　夜の調理担当の—さん　(東京都大田区)の従業員—さん(当時26歳)が08

神奈川
（『毎日新聞』2012.2.22）

❿ 就業規則に記載する内容（→第89条）

項目	細目
労働時間 休暇等	始終業時刻，休憩，休日，休暇，交替勤務の要領
賃金関係	賃金の決定，計算，支払方法，締切日，支払時期，昇給，臨時の賃金，最低賃金
人事	退職(解雇の事由を含む)，退職手当，表彰・制裁
福利厚生	食費・作業用品などの労働者負担
安全	安全衛生，災害補償，業務外の傷病扶助等
教育	教育訓練
その他	事業場の労働者のすべてに適用される定めをする場合

赤字…絶対的明示事項(必ず記載しなければならない事項)
黒字…相対的明示事項(ルールを定める場合に記載しなければならない事項)

解説　就業規則の作成　常時10人以上の労働者を使用する事業場においては，就業規則を作成し，所轄労働基準監督署長に届け出なければならない。なお，就業規則は，9人以下の事業場でも作成するように努めるのが望ましい。また，作成した就業規則は，配布したり，事業場に掲示したりするなど，労働者に周知しなければならない。

⓫ 労働基準法の監督機関（→第11章）

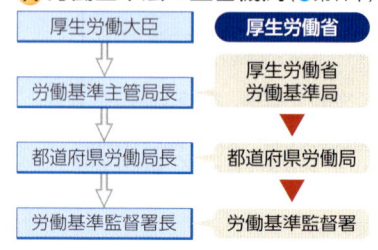

厚生労働大臣 → 厚生労働省
　↓
労働基準主管局長 → 厚生労働省労働基準局
　↓
都道府県労働局長 → 都道府県労働局
　↓
労働基準監督署長 → 労働基準監督署

解説　労働基準監督官　各機関には，労働基準監督官が置かれる。これは，職場に立ち入り，問題の改善や災害の防止，災害補償の業務などを行い，労働者の安全や健康の確保を図る専門職員である。

入試クイズ　労働委員会は，労働者委員と使用者委員の二者構成で構成されている。○？×？〈16本〉(→❻❷)　　答：×

6 労働組合法（抄）

公　　布　1945(昭20).12
全文改正　1949(昭24).6
最終改正　2018(平30).6

第1章　総則

第1条〔目的〕① この法律は，労働者が使用者との交渉において対等の立場に立つことを促進することにより労働者の地位を向上させること，労働者がその労働条件について交渉するために自ら代表者を選出することその他の団体行動を行うために自主的に労働組合を組織し，団結することを擁護すること並びに使用者と労働者との関係を規制する労働協約を締結するための団体交渉をすること及びその手続を助成することを目的とする。

② 刑法(明治40年法律第45号)第35条の規定は，労働組合の団体交渉その他の行為であつて前項に掲げる目的を達成するためにした正当なものについて適用があるものとする。但し，いかなる場合においても，暴力の行使は，労働組合の正当な行為と解釈されてはならない。

第2条〔労働組合〕この法律で「労働組合」とは，労働者が主体となつて自主的に労働条件の維持改善その他経済的地位の向上を図ることを主たる目的として組織する団体又はその連合団体をいう。但し，左の各号の一に該当するものは，この限りでない。

(1) 役員，雇入解雇昇進又は異動に関して直接の権限を持つ監督的地位にある労働者，使用者の労働関係についての計画と方針とに関する機密の事項に接し，そのためにその職務上の義務と責任とが当該労働組合の組合員としての誠意と責任とに直接にてい触する監督的地位にある労働者その他使用者の利益を代表する者の参加を許すもの

(2) 団体の運営のための経費の支出につき使用者の経理上の援助を受けるもの……

(3) 共済事業その他福利事業のみを目的とするもの

(4) 主として政治運動又は社会運動を目的とするもの

第3条〔労働者〕この法律で「労働者」とは，職業の種類を問わず，賃金，給料その他これに準ずる収入によつて生活する者をいう。

第2章　労働組合

第6条〔交渉権限〕労働組合の代表者又は労働組合の委任を受けた者は，労働組合又は組合員のために使用者又はその団体と労働協約の締結その他の事項に関して交渉する権限を有する。

第7条〔不当労働行為〕使用者は，次の各号に掲げる行為をしてはならない。

(1) 労働者が労働組合の組合員であること，労働組合に加入し，若しくはこれを結成しようとしたこと若しくは労働組合の正当な行為をしたことの故をもつて，その労働者を解雇し，その他これに対して不利益な取扱いをすること又は労働者が労働組合に加入せず，若しくは労働組合から脱退することを雇用条件とすること。ただし，労働組合が特定の工場事業場に雇用される労働者の過半数を代表する場合において，その労働者がその労働組合の組合員であることを雇用条件とする労働協約を締結することを妨げるものではない。

(2) 使用者が雇用する労働者の代表者と団体交渉をすることを正当な理由がなくて拒むこと。

(3) 労働者が労働組合を結成し，若しくは運営することを支配し，若しくはこれに介入すること，又は労働組合の運営のための経費の支払につき経理上の援助を与えること。……

(4) 労働者が労働委員会に対し使用者がこの条の規定に違反した旨の申立をしたこと若しくは中央労働委員会に対し第27条の12第1項の規定による命令に対する再審査の申立てをしたこと又は労働委員会がこれらの申立てに係る調査若しくは審問をし，若しくは当事者に和解を勧め，若しくは労働関係調整法(昭和21年法律第25号)による労働争議の調整をする場合に労働者が証拠を提示し，若しくは発言をしたことを理由として，その労働者を解雇し，その他これに対して不利益な取扱いをすること。

第8条〔損害賠償〕使用者は，同盟罷業その他の争議行為であつて正当なものによつて損害を受けたことの故をもつて，労働組合又はその組合員に対し賠償を請求することができない。

6 労働組合法　❶ 不当労働行為（→第7条）　◎不当労働行為とは何か？

不利益取り扱い（1号）	①労働組合の組合員である ②組合に加入したり組合を結成しようとした ③労働組合の正当な行為をした	これらを理由に解雇または不利益な扱いをすること
黄犬契約（1号）	①労働組合に加入しない ②労働組合から脱退する	これらを条件に労働者を採用すること
団体交渉の拒否（2号）	団体交渉の申し入れをしたにもかかわらず，正当な理由なしに拒否すること	
支配・介入（3号）	労働組合の結成・運営に対して使用者が支配・介入すること	
経費援助（3号）	労働組合の運営に要する費用を使用者が援助すること	
救済申請等を理由にする不利益取り扱い（4号）	①労働委員会に対して不当労働行為の救済命令の申し立てをした ②不当労働行為の救済命令に対して再審査の申し立てをした ③①・②及び労働争議の調査の場合に証拠を提出し，発言した	これらを理由に解雇または不利益な扱いをすること

解説　不当労働行為とは　労働組合法では，左のような行為を**不当労働行為**とし，禁止している。これは，憲法で保障された**団結権・団体交渉権・団体行動権（争議権）**の保障を具体化したものである。不当労働行為が発生した場合，労働者または労働組合は**労働委員会**（→❷）に申し立て，救済を求めることができる。

❷ 労働委員会の主な仕事

- **不当労働行為の審査**…不当労働行為の事実認定と，その事実があった場合の救済措置
- **労働争議の調整**（斡旋・調停・仲裁，→p.304❼）
- **労働組合の資格審査**…労働組合法に基づいた要件を備えているかどうかの審査。公益委員が行う。

解説　労働委員会の構成　労働委員会は，労働組合法により国（中央）と各都道府県に設置されており，労働に関する審査や，労働争議の調整などを行う。公益委員（公益を代表する者。弁護士，大学教授など学識経験者），労働者委員（労働者を代表する者。労働組合役員など），使用者委員（使用者を代表する者。経営者，会社役員など）から構成される。

第3章　労働協約
第14条〔労働協約の効力の発生〕 労働組合と使用者又はその団体との間の労働条件その他に関する労働協約は，書面に作成し，両当事者が署名し，又は記名押印することによつてその効力を生ずる。

第15条〔労働協約の期間〕 ① 労働協約には，3年をこえる有効期間の定をすることができない。

第4章　労働委員会
第19条〔労働委員会〕 ① 労働委員会は，使用者を代表する者（以下「使用者委員」という。），労働者を代表する者（以下「労働者委員」という。）及び公益を代表する者（以下「公益委員」という。）各同数をもつて組織する。

② 労働委員会は，中央労働委員会及び都道府県労働委員会とする。

第19条の2〔中央労働委員会〕 国家行政組織法（昭和23年法律第120号）第3条第2項の規定に基づいて，厚生労働大臣の所轄の下に，中央労働委員会を置く。

第19条の3〔中央労働委員会の委員の任命等〕 ① 中央労働委員会は，使用者委員，労働者委員及び公益委員各15人をもつて組織する。

第19条の4〔委員の欠格条項〕 ② 次の各号のいずれかに該当する者は，公益委員となることができない。
(1) 国会又は地方公共団体の議会の議員
(2) 特定独立行政法人の役員，特定独立行政法人職員又は特定独立行政法人職員が結成し，若しくは加入する労働組合の組合員若しくは役員

第20条〔労働委員会の権限〕 労働委員会は，第5条，第11条及び第18条の規定によるもののほか，不当労働行為事件の審査等並びに労働争議のあつせん，調停及び仲裁をする権限を有する。

第27条〔不当労働行為事件の審査の開始〕 ① 労働委員会は，使用者が第7条の規定に違反した旨の申立てを受けたときは，遅滞なく調査を行い，必要があると認めたときは，当該申立てが理由があるかどうかについて審問を行わなければならない。……

7 労働関係調整法（抄） ［公布 1946(昭21).9／最終改正 2014(平26).6］

第1章　総　則
第1条〔法律の目的〕 この法律は，労働組合法と相俟つて，労働関係の公正な調整を図り，労働争議を予防し，又は解決して，産業の平和を維持し，もつて経済の興隆に寄与することを目的とする。

第4条〔自主的解決〕 この法律は，労働関係の当事者が，直接の協議又は団体交渉によつて，労働条件その他労働関係に関する事項を定め，又は労働関係に関する主張の不一致を調整することを妨げるものでないとともに，又，労働関係の当事者が，かかる努力をする責務を免除するものではない。

第7条〔争議行為〕 この法律において争議行為とは，同盟罷業，怠業，作業所閉鎖その他労働関係の当事者が，その主張を貫徹することを目的として行ふ行為及びこれに対抗する行為であつて，業務の正常な運営を阻害するものをいふ。

第2章　斡　旋
第13条〔斡旋員の任務〕 斡旋員は，関係当事者間を斡旋し，双方の主張の要点を確め，事件が解決されるやうに努めなければならない。

第3章　調　停
第19条〔調停委員会の設置〕 労働委員会による労働争議の調停は，使用者を代表する調停委員，労働者を代表する調停委員及び公益を代表する調停委員から成る調停委員会を設け，これによつて行ふ。

第4章　仲　裁
第34条〔裁定の効力〕 仲裁裁定は，労働協約と同一の効力を有する。

第5章　争議行為の制限禁止等
第37条〔公益事業に対する抜打争議行為の禁止〕 ① 公益事業に関する事件につき関係当事者が争議行為をするには，その争議行為をしようとする日の少なくとも10日前までに，労働委員会及び厚生労働大臣又は都道府県知事にその旨を通知しなければならない。

---

7 労働関係調整法　労働争議の処理

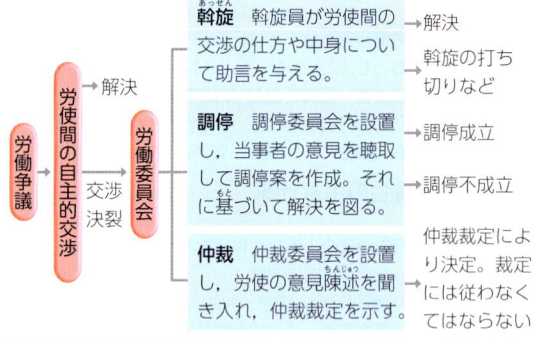

労使間の自主的交渉　→解決
交渉決裂 → 労働委員会
- **斡旋** 斡旋員が労使間の交渉の仕方や中身について助言を与える。→解決／斡旋の打ち切りなど
- **調停** 調停委員会を設置し，当事者の意見を聴取して調停案を作成。それに基づいて解決を図る。→調停成立／調停不成立
- **仲裁** 仲裁委員会を設置し，労使の意見陳述を聞き入れ，仲裁裁定を示す。仲裁裁定により決定。裁定には従わなくてはならない

[解説] 労働争議と労働委員会 労働関係調整法は，労働関係の公正な調整を図り，労働争議の予防・解決を目的とする。労使間の紛争は自主的解決が建て前であるが，それが困難な時に**労働委員会**が**斡旋・調停・仲裁**を行い，解決を図ることを定めている。労働争議により国民の経済活動が著しく阻害される場合，または国民生活が危険にさらされる恐れがある場合，内閣総理大臣が**緊急調整**の決定を下すと争議行為は50日間凍結され，最優先で解決が図られる（●p.297 3 1 ）。

個人と使用者の争いを解決するには

解雇・配置転向などの労働条件や職場環境などについて労働者個人と使用者の争いの場合，以下の解決方法がある。

(1) 個別労働紛争解決促進法に基づく解決（2001年）
…使用者と労働者の争いを簡易・迅速に解決する。

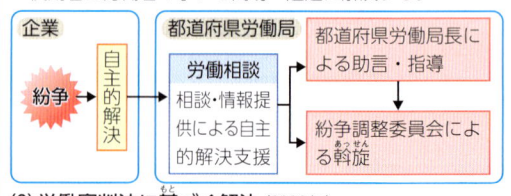

企業　紛争 → 自主的解決 → 都道府県労働局　労働相談　相談・情報提供による自主的解決支援 → 都道府県労働局長による助言・指導／紛争調整委員会による斡旋

(2) 労働審判法に基づく解決（2006年）
…(1)では解決しにくい紛争の場合。より実効性が高い。

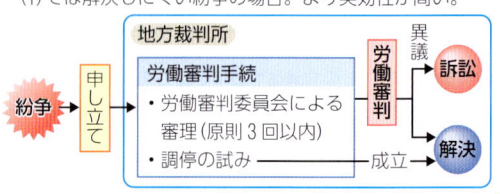

紛争 → 申し立て → 地方裁判所　労働審判手続
・労働審判委員会による審理（原則3回以内）
・調停の試み
→ 労働審判　異議 → 訴訟／解決　成立 → 解決

入試クイズ 2000年以降の日本において，年齢や勤続年数を重視する賃金体系を改める企業が増加した。○？ × ？〈15追〉（●3）　　答：○

E 労働市場の変化

◎景気と求人倍率・失業率はどのような関係があるか？

1 求人倍率と年齢別完全失業率の推移

注：1963〜72年は、沖縄を含まない。2011年の完全失業率は推計値。（「労働力調査」など）

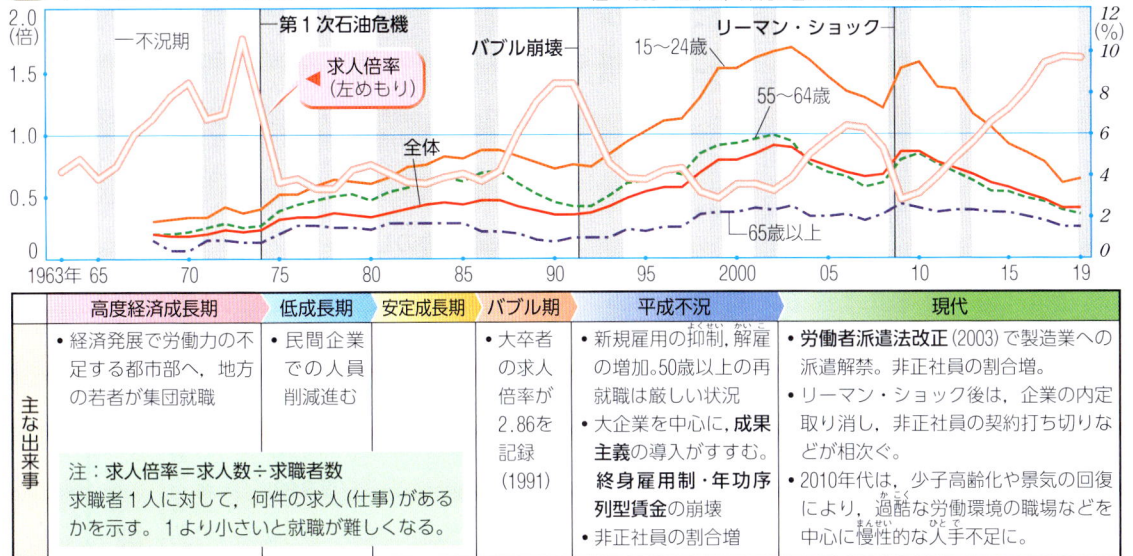

	高度経済成長期	低成長期	安定成長期	バブル期	平成不況	現代
主な出来事	・経済発展で労働力の不足する都市部へ、地方の若者が集団就職	・民間企業での人員削減進む		・大卒者の求人倍率が2.86を記録(1991)	・新規雇用の抑制、解雇の増加。50歳以上の再就職は厳しい状況 ・大企業を中心に、成果主義の導入がすすむ。**終身雇用制・年功序列型賃金の崩壊** ・非正社員の割合増	・**労働者派遣法改正**(2003)で製造業への派遣解禁。非正社員の割合増。 ・リーマン・ショック後は、企業の内定取り消し、非正社員の契約打ち切りなどが相次ぐ。 ・2010年代は、少子高齢化や景気の回復により、過酷な労働環境の職場などを中心に慢性的な人手不足に。

注：**求人倍率＝求人数÷求職者数**
求職者1人に対して、何件の求人（仕事）があるかを示す。1より小さいと就職が難しくなる。

解説 戦後日本の労働市場 求人倍率・失業率は景気の変動に大きな影響を受ける。好景気の場合は、求人数が増え、新規雇用が促進されるため、求人倍率が上がり失業率が下がる。不景気の場合は、新規雇用の抑制や人員削減が行われるため、求人倍率が下がり、失業率が上がる。こうした影響は、特に15〜24歳の若い世代や、55歳以上の中高年世代が受けやすい。

2 各国の失業率の推移

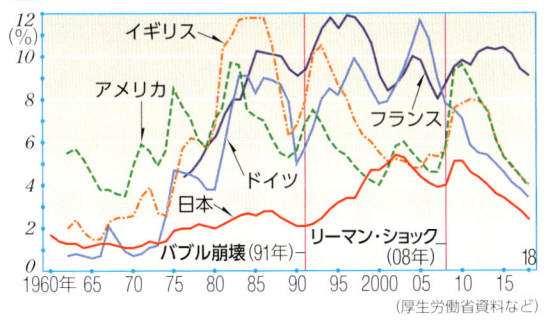

（厚生労働省資料など）

解説 雇用形態の変化 終身雇用制と年功序列型賃金という雇用形態は、失業率を低く抑える役割を果たしていた。しかし、バブル崩壊直後は雇用形態の変化により、失業率が上昇した。

3 年俸制導入率の推移

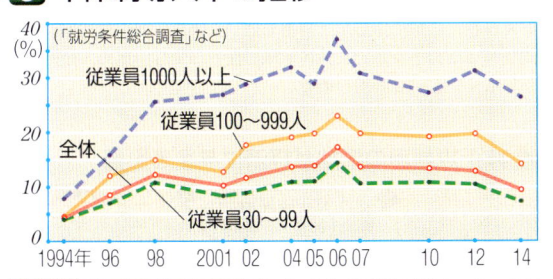

解説 成果主義的な賃金体系 年功序列型賃金制は、高い経済成長率・若い労働力によって支えられていた。しかし、バブル崩壊後は制度の維持が難しくなり、年俸制のような成果主義的な賃金体系を導入する企業が増えた。こうした賃金体系は、勤労意欲を喚起し、企業間競争力の強化にもつながるとされるが、仕事によっては成果の基準を明確にできない、評価されなかった人の勤労意欲が失われる、収入が不安定になるなどの面もある。

> **終身雇用制** 一度採用した者は、特別の事情がない限り定年まで雇う制度。将来が保障されることで会社との信頼関係が生まれ、労働意欲・能力の向上につながり、豊富な人的資源が生み出された。また、技術の伝承・維持にも有効とされるが、企業体質が閉鎖的になるという意見もある。
>
> **年功序列型賃金** 勤続年数が長くなるほど賃金が上昇する制度。会社及び経済全体が成長している時代には労働者を定着させ、また熟練労働者の流出を防ぐ効果があったが、バブル崩壊後の低成長の時代においては経営を圧迫するとして、弊害が指摘されるようになった。
>
> ●終身雇用制、年功序列型賃金に企業別組合（→p.296 1）を合わせ、**日本的経営方式（日本的雇用慣行）**と呼ばれる。

◎労働力人口の減少の原因は何か？

4 労働力人口と進学率の推移

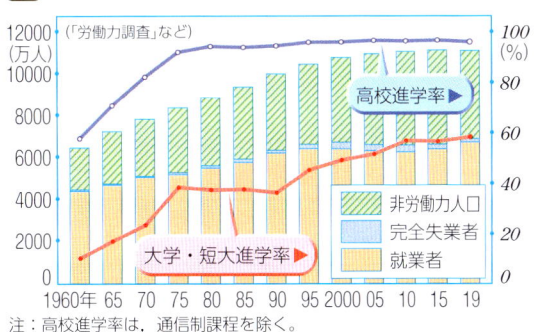

注：高校進学率は、通信制課程を除く。

解説 少子高齢化と進学率の上昇 **労働力人口**とは、満15歳以上の就業者と、完全失業者の合計。**非労働力人口**とは、労働力人口以外をさし、学生、高齢者、家事に専念する人などが含まれる。高校・大学進学率の上昇に加え、少子高齢化（→p.322）の影響により労働力人口は伸び悩んでいる。なお、男性の労働力人口は近年減少しているが、高齢者・女性は微増傾向にある。

重要用語 377 終身雇用制　378 年功序列型賃金　379 年俸制

5 雇用形態の変化

❶ 雇用形態別雇用者数の推移

注：役員を除く。

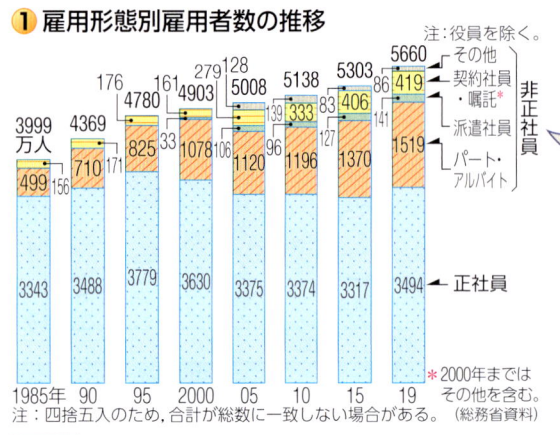

年	合計(万人)	正社員	パート・アルバイト	派遣社員	契約社員・嘱託	その他
1985年	3999	3343	499	—	—	156
90	4369	3488	710	—	—	171
95	4780	3779	825	—	—	176
2000	4903	3630	1078	33	—	161
05	5008	3375	1120	106	279	128
10	5138	3374	1196	96	333	139
15	5303	3317	1370	127	406	83
19	5660	3494	1519	141	419	86

*2000年まではその他を含む。
注：四捨五入のため、合計が総数に一致しない場合がある。（総務省資料）

解説 企業の合理化と規制緩和 1990年代以降の不況で企業が合理化や新規雇用の抑制を進めた結果、非正社員の需要が高まった。特に派遣労働者は、1985年の**労働者派遣法**制定時には専門的知識等を必要とする業務のみが対象であったが、2004年からは製造業への派遣の解禁、派遣期間の延長などが認められたため、市場が急速に拡大した。しかし、派遣労働者の不安定な立場が問題となり、2012・15年改正により、日雇派遣の原則禁止、対象となる派遣労働者に対し、雇用安定措置等を実施することが派遣会社に義務付けられた。2018年の「働き方改革」における改正では、派遣先企業の正社員との不合理な待遇差を設けることが禁止された。

派遣労働者…労働者派遣事業者（派遣元企業）と雇用契約を結び、要請があった企業（派遣先企業）に派遣され、そこでの指揮命令に従って業務を行う者。
契約社員…正社員とは別の労働契約を結んで働く者。雇用期間の定めがある。
パートタイム労働者…1週間の所定労働時間が正社員よりも短い労働者のこと。
アルバイト…一般的には学業や本業のかたわら、臨時に働く者。パートタイム労働者と明確な区別はない。
フリーター…15～34歳の男性または未婚の女性（学生を除く）で、パート・アルバイトとして働く者またはこれを希望する者。

● **派遣労働のしくみ**

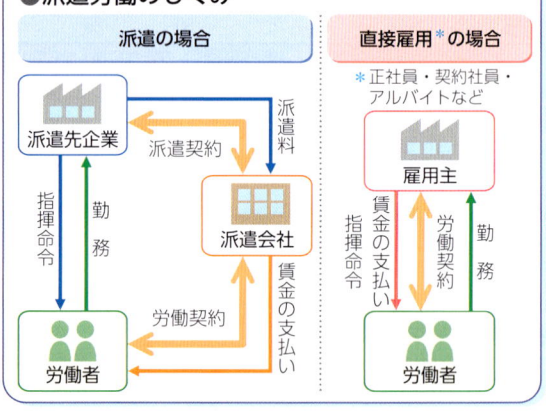

派遣の場合：派遣先企業 ― 派遣契約 ― 派遣会社、派遣会社 ― 労働契約・賃金の支払い ― 労働者、派遣先企業 ― 指揮命令・勤務 ― 労働者、派遣先企業 ― 派遣料 ― 派遣会社

直接雇用*の場合：雇用主 ― 労働契約・賃金の支払い・指揮命令・勤務 ― 労働者
*正社員・契約社員・アルバイトなど

❷ 非正社員（パート）*を雇用する理由（2016年）

① 1日の忙しい時間帯に対処するため…41.6％
② 人件費が割安なため…41.3％
③ 仕事内容が簡単なため…36.0％
④ 人を集めやすいため…27.7％
⑤ 正社員の代替要員の確保のため…23.1％

注：複数回答可。（厚生労働省資料）
*名称に関わらず、所定労働時間が正社員よりも短い労働者。

❸ 非正社員を選んだ理由

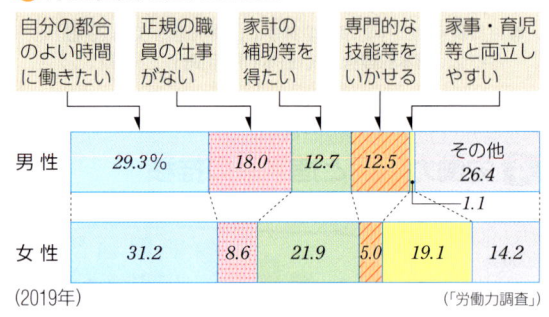

	自分の都合のよい時間に働きたい	正規の職員の仕事がない	家計の補助等を得たい	専門的な技能等をいかせる	家事・育児等と両立しやすい	その他
男性	29.3%	18.0	12.7	12.5	1.1	26.4
女性	31.2	8.6	21.9	5.0	19.1	14.2

（2019年）（「労働力調査」）

❹ パートタイム・有期雇用労働法
公　布 1993(平5).6
最終改正 2020(令2).3

目的	パートタイム・有期雇用労働者の雇用管理の改善措置を行い、公正な待遇を実現する
対象	1週間の労働時間が、同じ事業主に雇用されている通常の労働者に比べて短い労働者。または、期間の定めのある労働契約を締結している労働者。名称は問わない
主な内容	・労働条件を**文書**などで**明示**する（第6条） ・賃金や教育訓練は、労働者の**職務の内容、成果、意欲、能力、経験**などを考慮して**決定**する（第10、11条） ・パートタイム・有期雇用労働者から、**通常の労働者へ転換する機会をつくる**（第13条）　など

❺ 年代・雇用形態別の年収

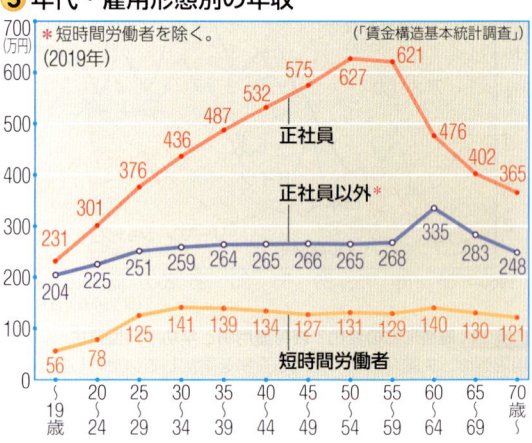

*短時間労働者を除く。（「賃金構造基本統計調査」）（2019年）

年齢	正社員	正社員以外*	短時間労働者
19歳～	231	204	56
20～24	301	225	78
25～29	376	251	125
30～34	436	259	141
35～39	487	264	139
40～44	532	266	134
45～49	575	265	127
50～54	627	268	131
55～59	621	335	129
60～64	476	283	140
65～69	402	248	130
70歳～	365		121

解説　正社員との格差 非正社員の賃金は正社員に比べて低く抑えられ、年齢に応じた上昇率も低い。また、雇用契約期間に期限があるため不安定で、教育訓練の機会も少ないため、技術習得がしにくいという問題がある。

❻ 非正規雇用の増加が経済に与える影響

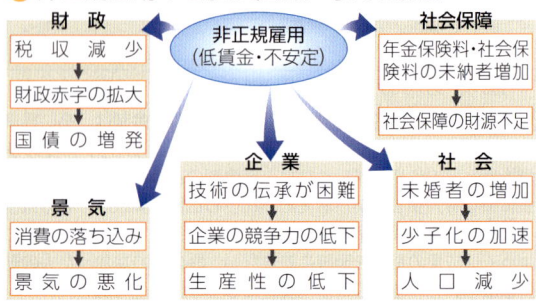

非正規雇用（低賃金・不安定）

- **財政**：税収減少 → 財政赤字の拡大 → 国債の増発
- **景気**：消費の落ち込み → 景気の悪化
- **企業**：技術の伝承が困難 → 企業の競争力の低下 → 生産性の低下
- **社会保障**：年金保険料・社会保険料の未納者増加 → 社会保障の財源不足
- **社会**：未婚者の増加 → 少子化の加速 → 人口減少

入試クイズ　2000年以降の日本において、サービス残業（残業手当が支払われない残業）がなくなった。○？×？〈15追〉　答：×

F 様々な労働問題

○長時間労働の問題点は何か？

1 各国の1人当たりの年間総実労働時間の推移

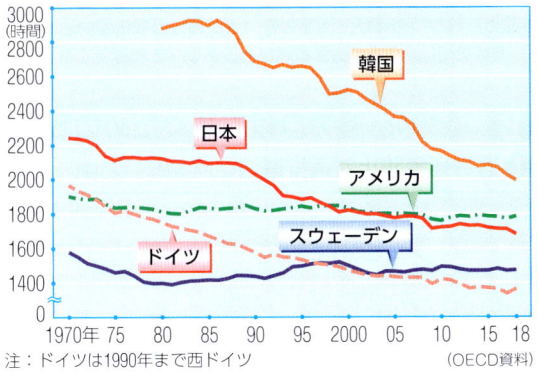

注：ドイツは1990年まで西ドイツ　（OECD資料）

解説　労働時間は減少したか　日本は，1990年頃から年間総実労働時間1800時間を目標として時短政策を進めてきた。しかし，非正規雇用の増加により，見かけ上は全体の労働時間が減少しても，一般の正社員の労働時間は必ずしも短縮せず，時間外手当の支払われない「**サービス残業**」なども問題となった。そのため，一律の時短政策を見直し，労使が労働現場の実態に合わせて労働時間を決める方式に転換した。

2 労働生産性の国際比較

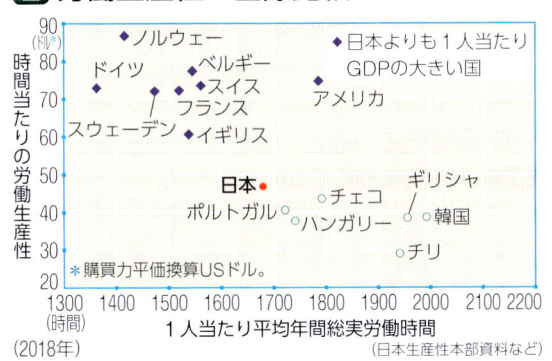

※購買力平価換算USドル。
（日本生産性本部資料など）

解説　日本の生産性は高いか　グラフから，1人当たり年間総労働時間が短い国の多くは，労働生産性も高いことが読み取れる。また，これらの国の多くは，日本よりも1人当たりGDPが大きい。

3 65歳以上の労働者数の推移

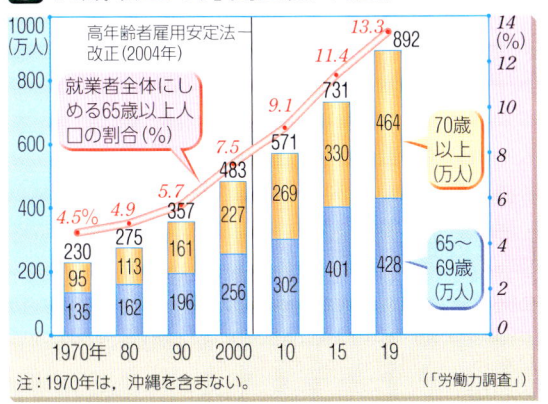

注：1970年は，沖縄を含まない。（「労働力調査」）

解説　高齢者の雇用の延長　高齢者の雇用について定めている**高年齢者雇用安定法**では，定年退職年齢が65歳未満の企業について，①定年の引き上げ，②継続雇用制度の導入，③定年の定めの廃止のいずれかの措置を導入することを義務づけている。また，2020年の改正で，70歳までの就業機会の確保が努力義務になった。

4 障がい者雇用率の推移

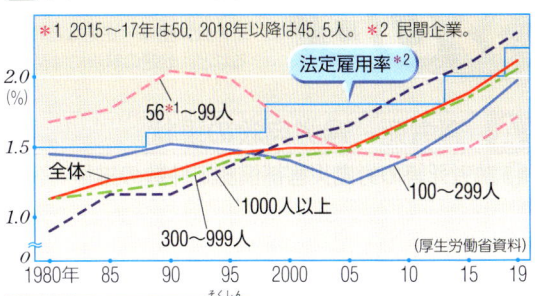

※1　2015～17年は50，2018年以降は45.5人。※2　民間企業。
（厚生労働省資料）

解説　障がい者雇用の促進　障がい者の自立を進め，共生社会を実現するための法律として，**障害者雇用促進法**（1960年制定）がある。同法では，企業や国，地方公共団体などに障がい者の法定雇用率を定め，企業が満たしていない場合には納付金を徴収する（従業員数が少ない場合は一部適用除外）。2018年，中央省庁や地方公共団体，裁判所などで，障がい者雇用数への不適切な計上があったことが発覚。制度の適切な運用が求められている。

5 外国人労働者数の推移

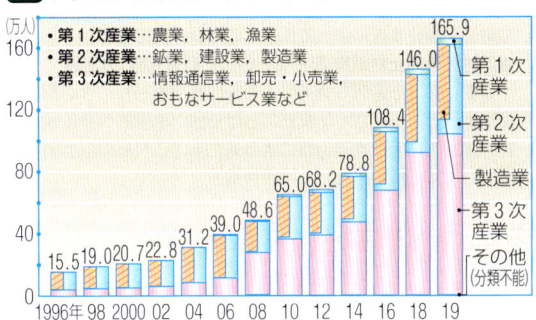

- 第1次産業…農業，林業，漁業
- 第2次産業…鉱業，建設業，製造業
- 第3次産業…情報通信業，卸売・小売業，おもなサービス業など

注：2007年の制度改正により，それ以前の統計と接続しない。（厚生労働省資料）

解説　外国人労働者の受け入れ　日本における外国人労働者数は，年々増加している。政府はこれまで，大学教授や医療関係者など，高度な知識や技術をもつ人材については積極的に受け入れる方針を打ち出してきたが，単純労働に携わる外国人労働者の受け入れは，産業や国民生活への影響が大きいとして，一部の例外を除き，事実上認めてこなかった。一方で，技能実習生として入国した外国人が，単純労働に低賃金で従事させられるなどの問題も生じている。2018年，少子化による労働力不足を背景に，政府は外国人労働者の受け入れ拡大方針を固めた（→LOOK）。

LOOK 外国人労働者受け入れ拡大へ

2018年12月，出入国管理及び難民認定法の改正法が成立し，外国人労働者の受け入れ拡大が決まった。

	特定技能1号	特定技能2号
日本語や仕事の能力など	技能	熟練
	できない	家族の帯同	できる
在留期間	5年	更新可能

何が変わる？　特定技能1号と，特定技能2号という新たな在留資格が設けられる（試験によって認定）。

技能実習生制度への批判　なお，技能実習生（→5）は，技能実習の経験が3年以上あれば無試験で特定技能1号に移ることができるが，賃金不払いや違法残業など，課題の多い技能実習制度が残されることに疑問や批判の声がある。

重要用語　380 パートタイム労働法　381 サービス残業　383 障害者雇用促進法

Coming Up

過労死・過労自殺の問題

日本における過労死・過労自殺の問題は、1980年代後半から大きく注目されるようになった。国・地方公共団体・企業などによる対策も進められつつあるが、現在も若い人が過労自殺に追い込まれるなど、問題の解決には至っていない。現状を知り、今後の労働環境がどうあるべきか考えてみよう。

A 過労死・過労自殺の現状

❶ 過労死等の労働災害補償認定件数の推移

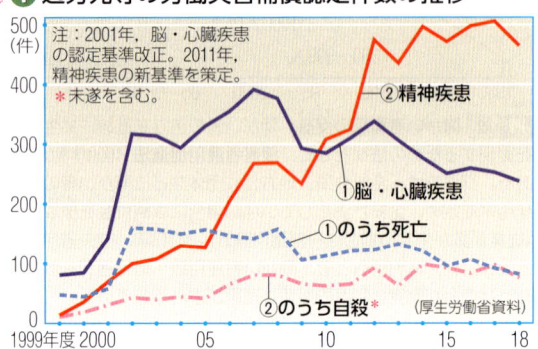

注：2001年、脳・心臓疾患の認定基準改正。2011年、精神疾患の新基準を策定。
＊未遂を含む。
①脳・心臓疾患
①のうち死亡
②精神疾患
②のうち自殺＊
（厚生労働省資料）

過労死 働きすぎによって引き起こされる死のこと。
●過労死等防止対策推進法（→B❶）の「過労死等」の定義
①業務における過重な負荷による脳血管疾患もしくは心臓疾患を原因とする死亡 ②業務における強い心理的負荷による精神障害を原因とする自殺による死亡 ③これらの脳血管疾患もしくは心臓疾患もしくは精神障害

❷ 年次有給休暇の付与日数と取得率

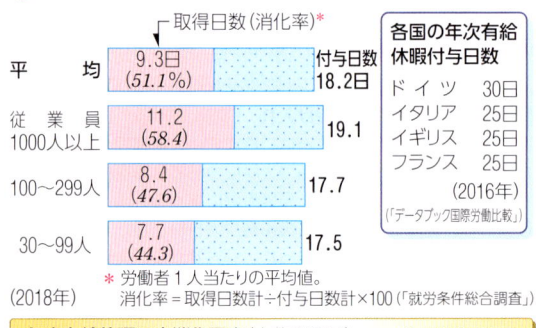

	取得日数（消化率）＊	付与日数
平　　均	9.3日（51.1％）	18.2日
従業員1000人以上	11.2（58.4）	19.1
100～299人	8.4（47.6）	17.7
30～99人	7.7（44.3）	17.5

各国の年次有給休暇付与日数
ドイツ　30日
イタリア　25日
イギリス　25日
フランス　25日
（2016年）
（「データブック国際労働比較」）

＊労働者1人当たりの平均値。
（2018年）　消化率＝取得日計÷付与日計×100（「就労条件総合調査」）

年次有給休暇の未消化理由（上位3項目）　注：複数回答可
① 業務量が多く休んでいる余裕がない（45.1％）
② 職場の人に迷惑がかかる（41.9％）
③ 休みの間、代替してくれる人がいない（32.8％）
（2015年）　　　（労働政策研究・研修機構資料）

解説 消化できない有給休暇 日本の年次有給休暇付与日数はヨーロッパ諸国に比べて少ない。また、消化率も全体平均が50％ほどで、企業規模が小さくなるほど低くなっている。

❸ 職業生活に関する強い不安・悩み・ストレス

強い不安・悩み・ストレスがある 58.0％	強い不安・悩み・ストレスがない 41.7

不明 0.3

項目	％
仕事の量・質	59.4
仕事の失敗、責任の発生等	34.0
対人関係（パワハラ・セクハラ含む）	31.3
役割・地位の変化等	22.9

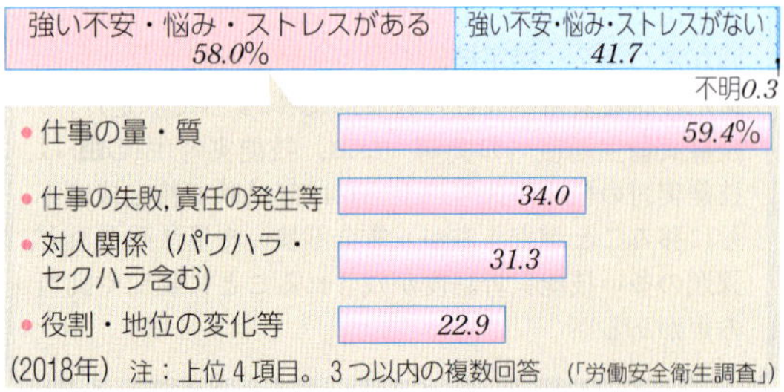

（2018年）　注：上位4項目。3つ以内の複数回答　（「労働安全衛生調査」）

B 過労死・過労自殺を防ぐための政策

❶ 過労死等防止対策推進法（2014年11月1日施行）

目的	過労死等の防止のための対策を推進し、過労死等がなく、仕事と生活を調和させ、健康で充実して働き続けることのできる社会の実現に寄与する
主な取り組み	・過労死等に関する調査研究 ・教育活動、広報活動等を通じた啓発 ・過労死に関する相談ができる体制の整備 ・民間団体の過労死等防止活動への支援　など

❷ 残業時間の上限「月100時間未満」規制

労働基準法　労働時間は1日8時間、週40時間、残業は原則禁止
しかし…　　　　　　　　　　　　　　　＊2019年4月より施行

これまで	「働き方改革」による変更点＊
・労使が合意して協定を結び、労働基準監督署長に届け出れば、月45時間、年間360時間まで残業ができる（「36（サブロク）協定」→p.300）。 ・さらに「特別条項」を結べば制限なく残業ができる	・「36協定」締結による残業時間の上限を法律に明記。罰則による強制力をもたせる ・特別条項を結んだ場合の残業の上限時間を最大月100時間未満とする（年間上限720時間など条件あり）

解説 月100時間未満は適切か 2018年6月、「働き方改革」関連法が成立。これにより、残業時間の上限を月100時間未満にするとした。これまでは、事実上制限なく残業ができるしくみであったため、制限を設けた点について評価する声がある一方で、「月100時間」は労災認定基準となっている時間（いわゆる「過労死ライン」）のため、長すぎるという意見もある。また、過労死・過労自殺は長時間労働だけではなく、パワーハラスメントが要因になっている場合もあるので、包括的な対策が望まれている。

C 過労死等のない社会をめざして

●海外の取り組み—EUの勤務間インターバル制度

制度なし：勤務終了時刻　通常の始業時刻　勤務
一定の休息時間をとれるよう、始業時刻をくり下げる
制度あり：勤務　勤務間インターバル　勤務

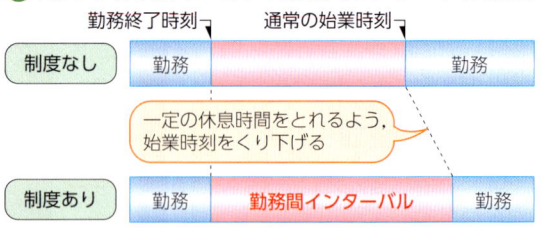

解説 休息時間を規定 EU諸国では、「勤務間インターバル制度」が導入されている。これは、終業時刻から次の始業時刻までの間隔（インターバル）を規定するもの。「働き方改革」により日本でも普及促進がめざされることになったが、現状で導入している企業は3.7％（2019年）にとどまっている。

▶2015年12月、大手広告代理店の新入社員だった24歳の女性が、過重労働による過労の蓄積とストレスなどにより、過労自殺に追い込まれた（2016年労災認定）。女性の母親は「命より大切な仕事はない」と語り、労働環境の改善を訴えている。
（「毎日新聞」2016.10.8）

新入社員過労自殺　残業月105時間　労基署認定　休む心もスタスタ

入試クイズ　過剰な労働による過労死や過労自殺が、労働災害と認定される事例が生じている。○？×？〈16本〉（→A❶）　答：○

「ブラックバイト」って何？

Coming Up

近年，「ブラックバイト」と呼ばれるアルバイトが問題となっている。ブラックバイトとはどのようなものだろうか。また，なぜこのような問題が生じたのだろうか。問題点とその背景を知り，ブラックバイトの被害に遭わないためにはどうしたらよいか，今の自分にできることを考えてみよう。

A ブラックバイトを見抜けるか？

●アルバイト先で…これって問題あり？なし？

①有給休暇を取りたいと言ったら…
「アルバイトに有給休暇なんてあるわけないでしょ」

②ケーキの販売ノルマを達成できなかったら…
「達成できなかった分は，買い取りね！給料から引いておくからね」

③14日間，休みがない！
「もう疲れた…休みたい…」「明日テストなのに…」

④アルバイトを辞めたいと言ったら…
「辞めるとみんなに迷惑がかかる。損害賠償を請求するぞ」

答え　①～④すべて「問題あり」！

①**パート・アルバイトでも，条件を満たせば年次有給休暇がもらえる**　労基法第39条1項（→p.301）は，年次有給休暇が付与される条件を①6か月間継続勤務し，②全労働日の8割以上出勤していること　としている。

②**給料の天引きは違法。買い取り義務もなし**　労基法第24条1項（→p.300）は，「賃金は，通貨で，直接労働者に，その全額を支払わなければならない」としており，天引きは違法。また，法的に買い取りの義務はない。

③**休みが取れないのは違法**　労基法第35条1項（→p.300）は，週1日は休みを与えなければならないとしている（特別の定めがある場合は，4週を通じて4日以上）。

④**損害賠償請求は違法**　民法第627条1項は，期間の定めのない労働者はいつでも退職の申し入れができ，申し入れから2週間で退職できる*としている。このため，損害賠償請求は違法。

*会社によっては就業規則で2週間以上の申し入れの予告期間を定めている場合もあり，就業規則・民法のどちらを優先するかは，状況に応じて異なる。退職したいときは，まずは就業規則を確認しよう。

●どのようなトラブルがあるか？
●アルバイトで何らかのトラブルがあった人の割合
（大学生，大学院生，短大生，専門学校生）

トラブルがあった 48.2%	トラブルはなかった 51.8

●労基法違反に関するトラブル（上位3項目）
・準備や片付けの時間に賃金が支払われなかった…13.6%
・1日に労働時間が6時間を超えても休憩時間がなかった…8.8%
・実際に働いた時間の管理がされていない…7.6%

●労使間のトラブル（上位3項目）
・採用時に合意した以上のシフトを入れられた…14.8%
・一方的に急なシフト変更を命じられた…14.6%
・採用時に合意した仕事以外の仕事をさせられた…13.4%

（2015年）　（厚生労働省資料）

B ブラックバイトとは

冒頭のマンガのような，違法なアルバイトが問題となっている。なかでも，正社員並みの仕事を任されたり，シフトを一方的に決められたりすることによって，学生生活に支障をきたすようなアルバイトは，ブラックバイトと呼ばれる。

●ブラックバイト問題の構造

【学生側】
●生活費を稼ぐため，アルバイトを辞められない
・授業料が高い
・奨学金制度の不備
・不況による仕送りの減少
●労働法に対する無知

【企業側】
●賃金の安い学生を戦力とすることで，コストを下げたい
サービス競争の激化

↓
ブラックバイト

解説　立場の弱さを利用　一部の企業が，学生の無知や，立場の弱さを利用し，問題を引き起こしている。このような問題は学生だけではなく，中高年のパート・アルバイトに対しても生じているという。

C ブラックバイト被害に遭わないために

(1)**事前の情報収集**　労働基準法（→p.299～302）など，労働に関する法律の知識を得ておくことが大切。厚生労働省やNPOなどがマニュアル・パンフレットをインターネット上で公開しているので，確認してみよう。

(2)**証拠を残す**　雇用契約書は必ず保管し，勤務時間・拘束時間などおかしいと思うことがあれば，メモをしたり，写真を撮るなどして証拠を残しておこう。

(3)**相談機関**　国の相談機関（労働基準監督署，総合労働相談コーナーなど）や，労働組合のホットライン，NPOなどがある。無料で利用できるものも多い。

●アルバイト側も注意！

アルバイト店員が，来店した有名人の個人情報をネット上に書き込んだり，職場で不適切な写真を撮影し，SNSに投稿するといった行為が問題となっている。これらの行為は，他者の権利を侵害するだけではなく，企業の評判を下げ，廃業に追い込んでしまう場合がある。また，本人も損害賠償を請求されたり，退学処分など，社会的制裁を受ける可能性がある。

アルバイト店員の立場であっても，社会の一員として，他者の権利を尊重し，法令を守って行動することが求められる。

Coming Up ― 働く男女の平等

1985年に男女雇用機会均等法が成立して以来，女性の就労環境は徐々に改善されてきたものの，依然として男性との間には差があり，家事の負担や，出産・育児などでキャリアを諦めざるを得ない女性もいる。女性と男性とが対等に働くことのできる社会とはどうあるべきか，考えてみよう。

A 女性をとりまく労働環境・社会の現状

❶ 女性の年齢別労働力率の国際比較

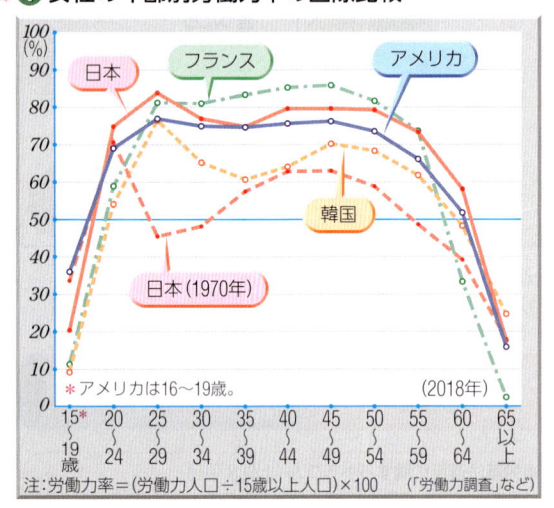

（日本，フランス，アメリカ，韓国，日本(1970年)，2018年）
*アメリカは16〜19歳。
注：労働力率＝（労働力人口÷15歳以上人口）×100　（「労働力調査」など）

解説　M字型雇用　日本の女性の年齢別労働力率は，結婚・出産・育児などと重なる時期に，Mの字を書くようにいったん落ち込んでいる。近年は，会社の産休・育休制度が整ってきたことや，不況などにより仕事を続ける女性が増え，カーブの底は1970年に比べて浅くなってきた。

❷ パートタイム労働者数の推移

年	パートタイム労働者数(万人)	うち女性	女性のパート比率(%)
1970年	216	130	12.2
80	390	256	19.3
90	722	501	27.9
95	896	632	31.6
2000	1053	754	36.1
05	1266	882	40.6
10	1414	966	43.0
15	1634	1110	46.7
17	1607	1123	45.2

（「労働統計要覧」）

❸ 男性の賃金を100としたときの女性の賃金（2016年）

	日本(1980年)	日本(2018年)	韓国	アメリカ	ドイツ	イギリス	スウェーデン
	43.6	73.3	68.6	81.9	84.3	85.9	88.0

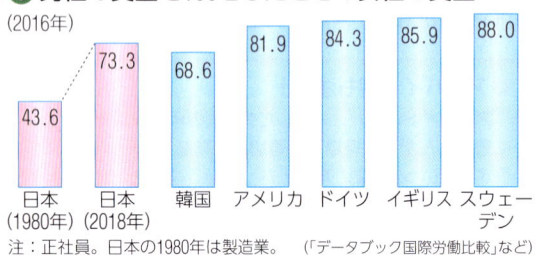

注：正社員。日本の1980年は製造業。　（「データブック国際労働比較」など）

解説　賃金の男女差　男女の賃金に差がある要因としては，女性の勤続年数が男性よりも短いこと，男性と同様の十分な教育機会が与えられないこと，管理職に女性が少ないことなど（→❹）がある。

❹ 国会議員・管理職に占める女性の割合

（参議院議員 14.7→22.9，衆議院議員 2.0→10.1，係長 5.0→18.3，課長 →11.2，部長 1.1→6.6　1990〜2019年）
注：議員は原則選挙時。　（「男女共同参画白書」など）

●各国の国会議員*に占める女性の割合

スウェーデン	47.0%
ノルウェー	41.4%
フランス	39.5%
イギリス	33.9%
アメリカ	23.8%
韓国	19.0%

（2020年5月1日現在）（IPU資料）　*二院制の場合は下院の数字。

解説　政策・方針決定の場に関われない女性　国会議員や管理職に占める女性の割合は，長期的には上昇傾向にあるが，依然として低い。このため，特別な措置を設けることによって，これまでの慣行や固定的な性役割分担意識を解消する取り組み（**ポジティブ・アクション**）を行う企業もある。

ポジティブ・アクション　これまでの慣行や，性的役割意識による男女労働者間の格差を解消するための，企業の自主的な取り組みのこと。具体的には，女性管理職の増加や，女性が少ない職種への積極採用・配置の拡大，そのための研修・教育訓練の実施などである。これにより，女性社員の意欲・責任感の向上と社内活性化などが期待されるが，優遇されない人への逆差別になるという意見もある。
また，諸外国の中には国会議員や企業役員などの一定割合を女性に割り当てる**クオータ制**を取り入れている国もある。

❺ 6歳未満児をもつ夫婦の行動時間

注：有職者

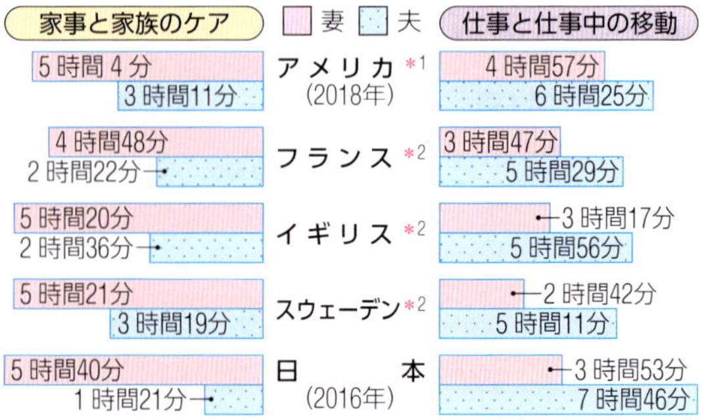

	家事と家族のケア 妻／夫	仕事と仕事中の移動 妻／夫
アメリカ*1 (2018年)	5時間4分／3時間11分	4時間57分／6時間25分
フランス*2	4時間48分／2時間22分	3時間47分／5時間29分
イギリス*2	5時間20分／2時間36分	3時間17分／5時間56分
スウェーデン*2	5時間21分／3時間19分	2時間42分／5時間11分
日本 (2016年)	5時間40分／1時間21分	3時間53分／7時間46分

*1 世帯内に6歳未満児がいる18歳以上の人。（「社会生活基本調査」など）
*2 6歳児を含む。統計年は国によって異なる（1998〜2001年）。

解説　女性の家事負担　日本の男性は，女性に比べて家事・育児にかける時間が少なく，また，欧米諸国と比較しても少ない。男性の積極的な家事・育児への参加が望まれるが，長時間労働による疲弊なども指摘されている。

📖 BOOK　熊沢 誠『女性労働と企業社会』（岩波新書）　男女雇用機会均等法のもと，女性に対する性差別はなくなったのだろうか。多様化する現代の女性の働き方の実像を，データと調査をもとに描きだす。

B 女性の労働に関する法律

❶ 労働関係法改正のポイント
❓どのような点が変わったか？

	内容	改正前	改正後
男女雇用機会均等法	募集・採用・配置・昇進	男女差別の防止は企業の努力義務	男女差別禁止
	定年・退職・解雇、教育訓練・福利厚生	男女差別禁止	変更なし
	違反企業への制裁措置	なし	企業名公表
	職場のセクハラ防止	なし	企業に防止義務
	ポジティブ・アクション	規定なし	国が支援
労働基準法	女性の時間外労働	原則年150時間以内	撤廃
	女性の休日労働	原則禁止	撤廃
	女性の深夜業	特殊業種（看護師など）以外禁止	撤廃

解説 男女平等の職場をめざして 1985年に成立した**男女雇用機会均等法**は、1997年に改正法が成立し、大幅に強化された。同時に労働基準法の女性保護規定も撤廃された。これは、女性の職域を広げる一方、女性に男性と同じ長時間労働を強いる面もある。

その後、均等法は改正によって拡大・強化されてきており、2016年の改正では、女性の妊娠・出産等を理由としたハラスメント（嫌がらせ）の防止措置をとることが事業主に義務付けられた。

❷ 育児・介護休業法
公布 1991（平3）.5
最終改正 2019（令1）.6

対象	男女労働者。1年以上の勤務実績など一定の条件を満たせば、アルバイトや契約社員など有期従業員も取得可能
休業期間 育児	・子が1歳になるまで（保育所が見つからないなど、場合によっては最長2歳になるまで） ・両親がともに育児休業を取得する場合は、子が1歳2か月になるまで
休業期間 介護	要介護状態にある家族（配偶者、父母及び子、配偶者の父母、及び厚生労働省令で定めるもの）1人につき通算93日間
事業主の責務	・育児・介護休業の申し出を拒むことはできない ・休業を理由とする解雇・不利益取り扱いは禁止。また、上司・同僚がこれを理由に就業環境を害することがないよう、防止措置をとらなければならない。 ・3歳までの子を養育する労働者に対し、短時間勤務制度・所定外労働の免除の義務化 ・労働者本人または配偶者の妊娠・出産等を知った場合に育児休業等の制度を知らせることは努力義務

注：休業中の賃金補償の規定はなく、就業規則等に従う。ただし、雇用保険法に基づき、休業開始後6か月間は休業前賃金の67%、それ以降は50%支給

❓男性の取得率が低いのはなぜか？

●企業規模別の育児休業取得率 （2018年度）

	500人以上	100～499人	30～99人	5～29人	合計
男性	7.79%	6.02	3.38	6.94	6.16
女性	96.0%	92.2	76.3	77.2	82.2

（「雇用均等基本調査」）

解説 育児と仕事の両立のために 1995年、育児休業法は介護休業法を盛り込んだ**育児・介護休業法**に改正された。しかし、男性の育児休業取得率は低く、理由として「職場の雰囲気」「休業中の収入の減少」「仕事が忙しい」などがあげられる。このため、育児休業ではなく、有給休暇を利用する父親も多い。このような状況を受け、2017年の改正では、育児休業等の制度を知らせることや、育児目的休暇の創設などが事業主の努力義務とされた。

C 女性も男性も活躍できる社会へ

❶ 様々な日本の取り組み

⑴時短が女性の活躍を後押し 株式会社リクルートスタッフィングは、「スマートワーク」という取り組みを行っている。これは、より生産性が高く、効果的な働き方のこと。「時間当たりの生産量」を重視し、移動時間の活用、会議の削減といった時短を進めたことで、社員の**仕事と家庭の両立**への自信や意欲が高まった。2018年度現在、同社の女性管理職比率は42.1%に達している。

⑵イクボスから雰囲気を変える 家事・育児をする男性は若い世代を中心に増えつつあるが、会社から早く帰宅できたり、育児休業を取りやすいなど、上司や職場の理解がなければ、仕事と生活の両立は難しい。そこで、ワーク・ライフ・バランスについて理解のある上司である「イクボス」が求められている（女性管理職も対象）。

▶厚生労働省の「イクボス宣言」 まずはトップが「イクボス宣言」をすることが、職場の環境や雰囲気を変えていくことにつながるという。

⑶家事の負担を外部委託（アウトソーシング） 掃除や洗濯などの日常の家事を代わりにやってもらう家事代行サービスが注目を集めている。一部の企業では、こうした家事代行サービスの利用を社員への福利厚生として提供している。また、このような場合に、企業に対して助成金を支給する地方公共団体もある。現状では、費用の負担等を理由に、一般的にはなっていないが、今後、共稼ぎ世帯の増加により需要の拡大が見込まれている。

◀研修を受ける外国人の家事代行スタッフ（ダスキン） 2015年、東京都や神奈川県などの国家戦略特区で、それまで認められていなかった外国人労働者による家事代行サービスが解禁された。

❷ 各国の女性の就業率と出生率

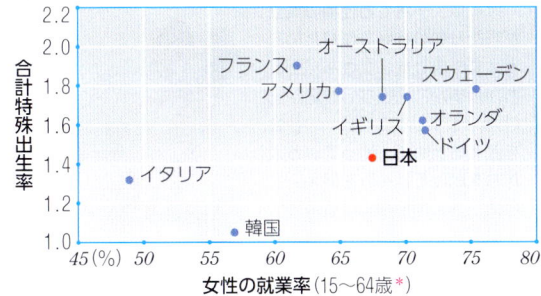

＊アメリカ、イギリス、イタリアは16～64歳。
（2017年） （「データブック国際労働比較」）

解説 就業率と出生率は両立できる グラフから、日本より女性の就業率が高い国の多くは、出生率も高い。女性も男性も働き自立することが当たり前であるという考えの国は、男女ともに働きやすい環境を整えており、出生率も高い水準を維持している。

重要用語 ㊊男女雇用機会均等法 ㊋ポジティブ・アクション ㊌育児・介護休業法

G これからの労働のあり方

1 ワーク・ライフ・バランス

ワーク・ライフ・バランス（仕事と生活の調和）　一人ひとりがやりがいを感じながら働き、その責任を果たすとともに、家庭や地域生活などにおいても多様な生き方を選択・実現すること

	2020年までの数値目標（抜粋）
就労による経済的自立が可能な社会	・就業率　20～64歳………80％（82.5％） 　　　　　25～44歳女性…77％（77.6％） ・フリーターの数　124万人（約138万人）
健康で豊かな生活のための時間が確保できる社会	・週労働時間60時間以上の雇用者の割合 　　　　　　　　　　　　5％（6.4％） ・年次有給休暇取得率　70％（52.4％）*1
多様な働き方・生き方が選択できる社会	・第1子出産前後の女性の継続就業率 　　　　　　　　　　　55％（53.1％）*3 ・男性の育児休業取得率　13％（6.16％）*1 ・男性の育児・家事時間　2時間30分/日 　　　　　　　　（1時間23分/日）*2

注：（　）内は2019年の値。*1は2018年　*2は2016年　*3は2010～14年

[解説] 多様な働き方・生き方の実現　ワーク・ライフ・バランス社会の実現に向け、2007年、政労使による「ワーク・ライフ・バランス憲章」とその推進のための行動指針が策定された。一部は数値目標が設定され（上の表）、状況に応じて改定されている。

近年は、**ディーセントワーク**という考え方が注目されている。これは、働きがいのある人間らしい仕事、すなわち収入、職場における権利、雇用保険などセーフティネット、平等な機会・待遇など、望ましい環境が反映された仕事のことである。ワーク・ライフ・バランス社会実現の中核となる概念として注目されている。

この人に聞く
認定NPO法人フローレンス代表　**駒崎弘樹さん**

△障害児保育園ヘレン

フローレンスは、障害のあるお子さんの預け先がないという「障害児保育問題」に取り組むため、「障害児保育園ヘレン」を開園。看護師、作業療法士、研修を受けた保育スタッフによって、普通の保育園や幼稚園では預かることが難しい、医療的ケアが必要な障害のあるお子さんの保育を行っている。

ぼくは、**子育てと仕事の両立が当たり前の社会を作りたい**と考えてきました。女性なら子どもか仕事か、男性なら家庭か出世か、そうした二者択一の社会を変えるために、困っている人たちを助けるしくみを整え、さらに、誰も困らなくなるように企業のあり方や働き方を変える必要がありました。

お金を稼ぐ「働く」、地域社会や家族に対しての「働く」。二者択一ではなく、**人生におけるいくつもの「働く」をそれぞれ充実させられることがワーク・ライフ・バランスの実現と考えています。**男女関係なく、仕事は仕事で成果を出しながら、社会のためにも家族のためにも生きることが可能な社会にしたい。保育に関わる問題の解決は、そのための手段です。

2 ワークシェアリング

ワークシェアリング…一人ひとりの労働時間を短縮し、仕事をより多くの労働者で分け合うしくみ。1人当たりの賃金は減少する

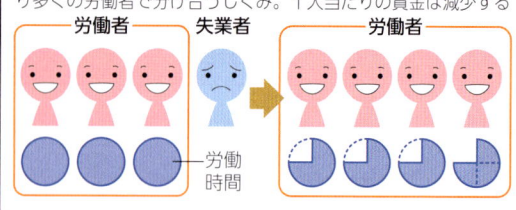

種類	・**緊急避難型**…不況による一時的な業績悪化の回避 ・**雇用維持型**…中高年従業員の雇用確保 ・**雇用創出型**…失業者に新たな就業機会の提供 ・**多様就業対応型**…勤務形態を多様化し、女性や高齢者などより多くの労働者に就労機会を提供
普及が進まない理由	・サービス残業が多く、労働時間が明確でない。 ・研究開発など、業種によっては導入が難しい。 ・同一価値労働・同一賃金ではない…年功序列賃金や、正社員・非正社員での賃金水準の違いのため、時短分の賃金計算や労務管理が複雑になる。

[解説] ワークシェアリングの可能性　ワークシェアリングの導入国としてはオランダが有名だが、日本では緊急避難的に導入されるのみであった。しかし、働き過ぎ（→p.307）や、少子高齢化による労働力人口（→p.305）の減少が指摘されるなか、中長期的な視点から見れば、正社員と非正社員の格差を是正し、多様就業対応型のワークシェアリングを導入することは、人材の確保と、ワーク・ライフ・バランスの実現が期待できる。

Look テレワークの活用

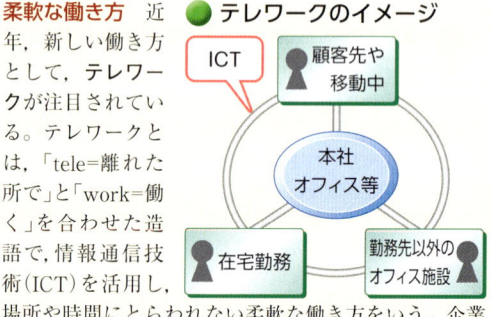

柔軟な働き方　近年、新しい働き方として、テレワークが注目されている。テレワークとは、「tele＝離れた所で」と「work＝働く」を合わせた造語で、情報通信技術（ICT）を活用し、場所や時間にとらわれない柔軟な働き方をいう。企業に勤務する雇用型と、個人事業者や小規模事業者などが行う自営型がある。自営型は、**在宅ビジネス**（Small Office Home Office ＝**SOHO**）とも呼ばれる。

●テレワークのイメージ（ICT：顧客先や移動中、本社オフィス等、在宅勤務、勤務先以外のオフィス施設）

メリット　自宅や出先機関などで仕事をすることができるため、通勤や移動の負担が減り、ワーク・ライフ・バランスの実現につながる。また、育児や介護を抱える人や、障がいのある人など、これまで通勤が困難だった人も働きやすくなる。

普及の課題　2020年、新型コロナウイルス感染症の拡大防止のためにテレワークを導入する企業が増加した。メリットの一方で、労働時間や働きぶりなどの労務管理の困難さやセキュリティ対策、押印などの業務慣行がテレワーク向きでない、職場内や取引先とのコミュニケーション不足などが課題としてあげられた。

ポイント整理 ⑱

17 労使関係と労働市場

A 世界の労働運動 (→p.293, 294)

①労働問題の発生

資本主義経済 ── 資本家(生産手段をもつ) ⇔ 対立 ⇔ 労働者(賃金に頼る生活)　賃金／労働力

産業革命による機械化
- 労働力過剰で失業者増大
- 女性や年少者の酷使
- 長時間労働，低賃金労働
→労働問題

②労働運動・労働組織の発展←労働問題
- イギリス──機械打ちこわし(ラッダイト運動)→労働者の組織化＝**労働組合**結成
  └チャーティスト運動…普通選挙権獲得運動→ヨーロッパ各国へ拡大
- 組織の国際化
  ┌1848年：マルクス，エンゲルス
  社会主義思想の発展→『**共産党宣言**』…労働者の国際的団結の必要性を説く
  →**第1インターナショナル**(国際労働者協会)…世界初の国際労働者組織
  国際労働機関(ILO) 発足(1919年)

B 日本の労働運動 (→p.294, 295)

①日清戦争後…**資本主義**の確立，産業革命の進行→劣悪な条件下での労働 →労働運動の発生
- 1897年　労働組合期成会…**労働組合**結成 ←弾圧── 1900年 **治安警察法**
- 1911年　**工場法**…日本初の労働者保護立法
- 1912年　友愛会→日本労働総同盟→労働運動の発展←弾圧── 1925年 **治安維持法**
  　　　　(1921年)　　└分裂・解散(1940年)←1938年　国家総動員法

②第二次世界大戦後
- 民主化政策→治安維持法廃止・**労働三法**制定→**労働組合**の結成が進む
- 1955年　**春闘**(賃上げ交渉)の始まり→不況，労働環境の変化→交渉内容の多様化
- 1987年　連合発足…同盟・中立労連・新産別・総評(民間の労組系)が統一
- 1989年　新「**連合**」発足…官民の労組が統一 ⇔ 全労連・全労協

C 日本の労働組合の現状 (→p.296)

①形態…大半が**企業別組合** ⇔ 欧米は**産業別組合**が主流
　　　　　└企業と労組の関わりが深い→交渉能力が弱い
②組織率の低下…**第3次産業**の増加，**パートタイム労働者**の増加，若者の組合離れ
　　　　　　　　└一般的に事業所の規模が小さい→組織化が困難
　　　　　　　→労働組合の再編成の必要性

D 労働基本権と労働三法 (→p.297〜304)

①労働基本権──勤労の権利(憲法第27条)
　　　　　　　└**労働三権**(憲法第28条)…**団結権・団体交渉権・団体行動権(争議権)**
　　公務員…労働基本権の制限←政令201号制定→人事院の設立
②労働三法──**労働基準法**…労働条件の最低基準を定める
　　　　　　├労働組合法…労働三権を具体的に保障→労働組合の結成による団
　　　　　　│　　　　　　体交渉，労働協約の締結，争議行為を認める
　　　　　　└労働関係調整法…労働争議の予防・解決を図る
　　　　　　　　　　　　　　→**労働委員会**による斡旋・調停・仲裁

E 労働市場と労働問題 (→p.305〜309, 312, 314, 315)

①日本的経営方式の崩壊…バブル崩壊後，**リストラ**の増加，**成果主義**的な賃金体系(**年俸制**)の導入など，それまでの**終身雇用制・年功序列型賃金**が崩れる
②非正規労働者の増加…**労働者派遣法**の改正(2003年)により，製造業への派遣労働が解禁→**ワーキングプア**など，貧困・格差社会が問題化
⇔正社員への負担が増え，働きすぎによる**過労死**も問題に
- パートタイム・有期雇用労働法(1993年)…パートタイム・有期雇用労働者の待遇改善
③多様化する労働市場…外国人労働者の増加，高齢者雇用，障がい者雇用など
④これからの働き方…ワーク・ライフ・バランス(仕事と生活の調和)の実現のため，**ワークシェアリング**，テレワークなど新しい働き方も
- 働き方改革(2018年)…多様な働き方の実現，生産性の向上などをめざす

F 女性をとりまく労働環境 (→p.310, 311)

①雇用・昇進・待遇などでの男女差別→1985年 **男女雇用機会均等法** (1997年，2006年に改正・強化)
　　　　　　　　　　　　　　　　　1997年　労働基準法改正…女性保護規定の撤廃
②M字型雇用…育児と仕事の両立が困難→1995年 **育児・介護休業法**

ポイント解説

A 世界の労働運動　資本主義経済は，**資本家**と**労働者**の2つの階級を生んだ。資本家は利潤を追求して労働者に長時間・低賃金労働を強要した。また，産業革命で機械化が進み，女性や年少者が低賃金で雇われる一方で失業者が増えた。そこで労働者は団結して労働運動を起こすようになった。

労働運動は**イギリス**で始まり，その後，『**共産党宣言**』で国際的団結が呼びかけられ，**第1インターナショナル**が発足，1919年には国際連盟の一機関として**ILO**が設立された。

B 日本の労働運動　日本では戦前，労働組合期成会や友愛会，日本労働総同盟などが結成されたが，**治安警察法**や**治安維持法**など，政府の弾圧により解散に追い込まれた。日本初の労働者保護立法であった**工場法**は適用範囲が狭いなど不備が多かった。

戦後は，**労働三法**の制定により労働運動が公認され，労働組合の結成が進んだ。

C 日本の労働組合の現状　日本の労組は大半が**企業別組合**で，単独では交渉力が弱いので，多くは全国組織に加入している。

近年，組織率の低下などから，労組は再編成の必要に迫られている。1987年には**連合**の発足で民間の労組が統一，1989年には新「**連合**」が発足し，労組の官民統一がなされた。

D 労働基本権と労働三法　日本国憲法は**労働基本権**を保障しており，これに基づいて，**労働三法**やその他の労働法が制定された。しかし，**政令201号**の制定により，**公務員**の労働三権は制限されている。

E 労働市場と労働問題　バブル崩壊後の不況で労働者のリストラが進んだり，賃金体系に**年俸制**を導入する企業が増えるなど，**終身雇用制・年功序列型賃金**という日本特有の雇用慣行は崩壊した。以降，フリーターや**派遣労働者**などの，**非正社員**の割合が増加し，賃金や社会保障などの面で正社員との格差問題が浮上した。また，長時間労働やストレスなどによる**過労死**が問題となっている。

F 女性をとりまく労働環境　男女雇用機会均等法や育児・介護休業法などが施行されたが，差別の残存や制度が活用しにくいという現実がある。また，経済のサービス化が進み，女性の**パートタイム労働者**が増加しているが，雇用条件などで不利な立場にある。

Coming Up 格差問題を考える

2006年、「格差社会」が新語・流行語トップテンに選ばれた。それから約10年が経過した2015年、格差について論じた本が世界的ベストセラーになるなど、格差問題は再び注目を集めている。日本の格差は拡大しているのだろうか。現状を知り、これからの社会がどうあるべきか、考えてみよう。

A 日本の格差の現状

●格差を測る指標―ローレンツ曲線とジニ係数

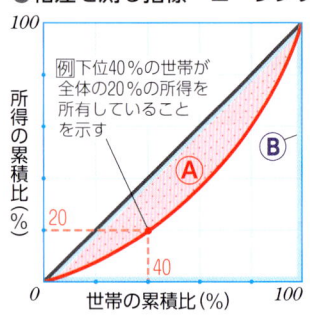

解説　ローレンツ曲線とは　世帯を所得の低い順番に並べ、横軸に世帯の累積比を、縦軸に所得の累積比をとり、世帯間の所得分布を示したもの。すべての世帯が同じ所得を得ている場合、ローレンツ曲線は45度の直線になる。ローレンツ曲線が45度の直線から離れ、下方へ膨らむほど、所得格差があることを示す。また、45度の直線とローレンツ曲線に囲まれた部分Aの面積と、45度の直線と縦・横軸でつくられる三角形Bとの面積比を**ジニ係数**（●❶❷）という。ジニ係数は0〜1の間をとり、0に近いほど所得格差が少なく、1に近いほど所得格差が大きいことを示す。一般的に、ジニ係数が0.3〜0.4の時が、格差はあるものの競争が促進されて、適当な状態であるが、0.4を超えると社会不安を引き起こす恐れがあるとされる。

❶ジニ係数の推移（●ジニ係数については上）

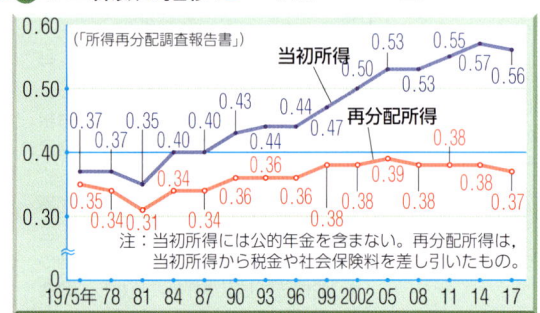

注：当初所得には公的年金を含まない。再分配所得は、当初所得から税金や社会保険料を差し引いたもの。

❷各国のジニ係数と相対的貧困率

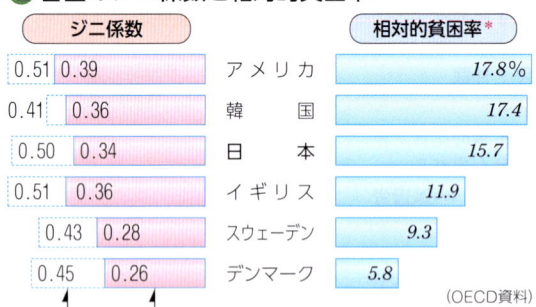

ジニ係数		国	相対的貧困率*
0.51	0.39	アメリカ	17.8%
0.41	0.36	韓国	17.4
0.50	0.34	日本	15.7
0.51	0.36	イギリス	11.9
0.43	0.28	スウェーデン	9.3
0.45	0.26	デンマーク	5.8

当初所得　再分配所得
（2015〜17年）
（OECD資料）
＊国民の所得を低い方から順番に並べ、真ん中の値の半分に満たない人の割合
注：❶とはジニ係数の算出方法が異なる。

絶対的貧困　衣食住など、人間が生きていくうえで必要とする最低限のものが満たされていない状態を貧困とする。主に、発展途上国での貧困の把握に用いられる。

相対的貧困　それぞれの属する社会での一般的な生活水準に達していない状態を貧困とする。主に、先進国での貧困の把握に用いられる。

❸世帯別の可処分所得階級分布（2017年、「国民生活基礎調査」）

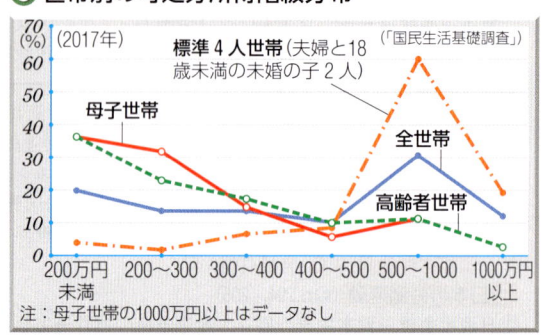

解説　母子世帯の貧困　グラフより、母子世帯の約4割が年収200万円未満である。女性は男性に比べ、不安定で低収入の非正規労働に就かざるを得ない場合が多く（●p.310❷❸）、経済的に不利な立場に置かれている。また、定年退職した高齢者は、一般的に主な収入が年金になり、所得が減少する。

❹日本の年齢階級別ジニ係数と改善度

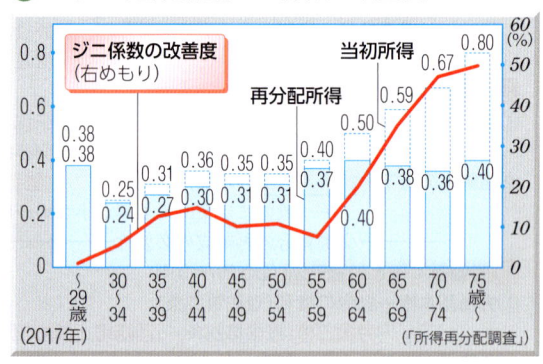

解説　高齢世帯の格差　一般的に、年齢が上がるほどに、所得格差は拡大する傾向にある。初任給での差は小さくても、その後の職種、昇進、企業の規模などによって、所得の差が拡大するからである。その差は定年退職後にも及ぶ。このため、高齢化によって社会全体の格差が広がってみえるという意見もある。

高齢者の格差は税金や社会保障などの所得再分配によって大幅に改善されているが、若年層の改善度は低く、若年層の貧困が見過ごされている可能性も指摘されている。

Q 日本はどの世代の貧困率が高いか？

❺世代別相対的貧困率の国際比較
（2014〜18年、国によって異なる）
（OECD資料）

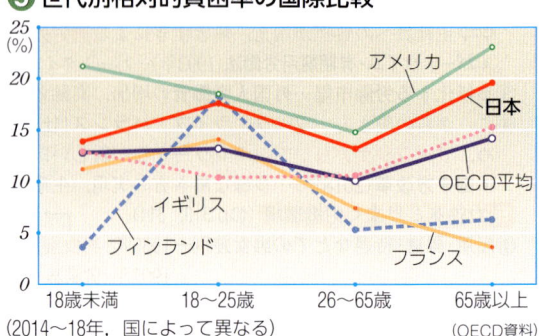

メモ　奨学金には、お金を貸し出す「貸与型」と、返済しなくてよい「給付型」がある。また、大学等によっては授業料免除制度などもあるので、経済的に心配な場合は、先生や保護者と相談し、調べておこう。

B 格差の背景と影響

❶ 格差の背景にあるものとは　◎格差の原因は何か？

格差拡大の要因の1つとして，正社員が非正社員に置き換えられたことが挙げられる。2001～06年まで続いた小泉政権下で，製造業での派遣労働の解禁などの規制緩和が推し進められた（→p.306❺❶）。これにより，非正規労働者が若い世代を中心に増加した。非正規労働者は正社員に比べて賃金が低く，雇用も不安定なため，**ワーキングプア**になる可能性が高いと言われる。

▶炊き出しに並ぶ「年越し派遣村」の人々（2009年）　リーマン・ショック後，多くの非正社員が雇い止めによって失業したことをきっかけに，非正規雇用の問題が表面化した。

ワーキングプア　働いても，生活保護水準もしくはそれ以下の収入しか得られない人々のこと。「働く貧困層」などと訳される。不況による就職難や，会社の倒産による失業，病気，高齢など，様々な理由で低所得の非正規雇用に就かざるを得ないケースが多い。こうした人々の中には，雇い止めによって会社の寮を退去せざるを得なかったり，職業が不安定なため賃貸住宅が借りられないといった理由で，ネットカフェや路上などで寝泊まりせざるを得ない人もいる。

❷ 格差の影響—子どもの貧困

親の経済的な困窮は，子どもにも影響を及ぼす。栄養不足や医療にかかれないことによる健康面での格差，家庭内に経済的困窮を抱えることによるストレス，さらに，教育費の不足により，将来の選択肢が限られてしまい，貧困から抜け出す機会が奪われてしまう可能性がある。格差の固定化を防ぐ対策が求められている。

(1) 日本の子どもの相対的貧困率の推移

解説 高まる子どもの相対的貧困率　日本はOECD加盟国の中でも，子どもの相対的貧困率が高いと言われている。グラフより，2015年は，計算上は約7人に1人が相対的貧困状態である。
注：「子ども」とは17歳以下の者。（「国民生活基礎調査」）

◎OECD平均と比べ，日本の貧困にはどのような特徴があるか？

(2) 世帯主の就労状態別の貧困率

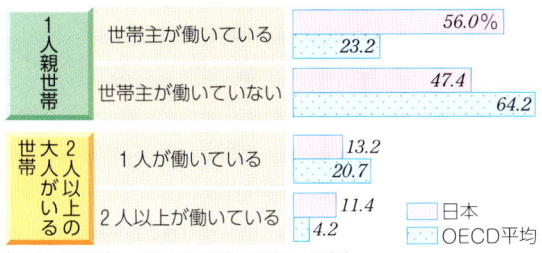

1人親世帯		日本	OECD平均
世帯主が働いている		56.0%	23.2
世帯主が働いていない		47.4	64.2

大人2人以上のいる世帯		日本	OECD平均
1人が働いている		13.2	20.7
2人以上が働いている		11.4	4.2

（日本は2012年，OECD平均は2012～15年）（OECD資料）

C どのような社会をきずいていくか

❶ 格差に対する様々な意見

格差を肯定する意見	格差を否定する意見
努力をした人も，しない人も「平等」では，努力する意欲がわかない。こうした社会では，経済が停滞する。	中間層が減って，貧しい人が増えると，消費が減り，景気の悪化や，治安の悪化などにつながる。

❷ 様々な社会政策の考え方

①労働と福祉を結びつける　…ワークフェア

公的扶助などの福祉（welfare）の受給要件として，労働（work）を求める政策。1980年代以降，福祉経費削減という観点でつくり出され，アメリカやイギリスでは，このような政策が行われてきた。一方，北欧諸国では，「就労を促進するために福祉を拡大する」という考え方のもと，職業訓練や教育に力を入れ，労働者の雇用能力の拡大を図る**アクティベーション**が福祉政策と並行して行われている。

②労働と福祉を切り離す　…ベーシック・インカム（BI）

政府が福祉政策を行わない代わりに，国民全員に無条件で支給する，最低限の生活を送るために必要な額の現金のこと。公的扶助による就労意欲の減退を防ぎ，貧困者であるといったレッテルが貼られることを避けることができる。

BI導入には巨額の財源が必要になるため，各国で議論や社会実験はされているものの，実際に導入している国はない。

●資本主義は格差を拡大する？

フランスの経済学者，トマ＝ピケティ（1971年～）は，資本主義社会における格差拡大の要因を次の式で表した。

「r（資本収益率）＞g（経済成長率）」

これは，土地や株式などの資本から得られる収益率が，経済成長率よりも常に大きいことを表している。つまり，経済が成長し所得が増えても，資本をもつ豊かな層は，**資本からより大きな収入（配当，利子など）を得るため，格差は広がり続ける**のだという。

彼は，このような格差の是正のためには，高額所得者の課税逃れを防ぐ，**資本に対するグローバルな累進課税**が効果的だと主張する。

▶ピケティ　著書『21世紀の資本』は世界的ベストセラーになった。

LOOK 「子ども食堂」

全国で「**子ども食堂**」という取り組みが広がっている。これは，経済的な理由で十分に食事をとれない子どもや，1人で食事をする「**孤食**」の子どもたちなどに，NPOやボランティア，地域の飲食店経営者などが中心となって，無料または格安で食事を提供する取り組みである。栄養のある食事を提供することで，子どもたちの健康の格差を是正するだけではなく，様々な状況に置かれた子どもや保護者を温かく迎え入れ，サポートをする場所にもなっている。

▶子ども食堂の様子　利用者は，ゆっくり，話しながら，楽しく食べる。食事の後片付けは子どもたちも自主的に手伝うという。

18 社会保障と社会福祉

▶**ユニバーサルデザイン** 年齢や性別，身体能力を問わず，すべての人が使いやすいように配慮されたデザインを，ユニバーサルデザインという。誰もが暮らしやすい社会を築くには何が必要か，考えてみよう。また，少子高齢化が進む中で社会保障制度をどうすればよいか，考えよう。

▶持ちやすいフォークとスプーン

▶刺すときだけ針が出る画鋲

▶駅の案内標識 地理に不慣れな人や，外国人にも分かりやすい。

A 社会保障制度の発展

1 世界の社会保障制度の歩み

1601	（英）エリザベス救貧法制定
	産業革命
1883	（独）疾病保険法制定
1884	（独）労働者災害保険法制定
1889	（独）老齢・廃疾保険法制定
	ビスマルクの社会政策3部作
1911	（独）ドイツ国保険法制定（各種社会保険の統一）
	（英）国民保険法制定（失業保険制度の始まり）
1917	（ソ）国家社会保険制度開始
1919	国際労働機関（ILO）第1回総会
1929	世界恐慌
1935	（米）社会保障法（連邦社会保障法）制定（社会保障という言葉を初めて使用。ニューディール政策の一環。●p.200 3）
1942	ILO「社会保障への途」採択
	（英）ベバリッジ報告発表
1944	ILOフィラデルフィア宣言「所得保障に関する勧告」「医療保障に関する勧告」採択
1946	（英）国民保険法制定
1948	（英）国民扶助法制定。国連，世界人権宣言採択
1952	ILO「社会保障の最低基準に関する条約（102号条約）」採択
1953	国際社会保障会議，社会保障の原則と基準を決定
1964	ヨーロッパ社会保障法典採択（デンマーク，西ドイツなど8か国が参加。ILO102号条約より高水準をめざす）

解説 貧困救済から社会保障へ 資本主義の成立により，何の生活保障ももたない労働者は，失業による貧困に脅かされるようになった。これに対し，1601年にイギリスで**貧困者救済**のための**救貧法**が制定され，ドイツでは1883年に**初の社会保険制度**である**疾病保険法**が制定された。しかし，これらは貧困者救済や労働者対策の社会保険の域を出ず，国民すべてを対象とした**権利としての社会保障**が確立したのは，イギリスの**ベバリッジ報告**に基づく社会保障の制度化によってであった。

公的扶助制度

エリザベス救貧法（イギリス）1601年
貧困者の救済措置 救貧法は，貧困は個人の責任とする立場に立って，労働能力のある貧困者は作業所に収容して強制的に労働させ，労働能力がない貧困者を救済するというものであった。富裕者には，貧困対策用の救貧税が課せられた。これは公的扶助の考え方の源となった。

▶エリザベス1世

社会保険制度（防貧制度）

ビスマルクの疾病保険法（ドイツ）1883年 
世界最初の社会保険 1873年の経済恐慌による慢性不況で，失業による貧困が増大すると，貧困は個人の責任ではなく社会の責任であるとして，労働者は相互扶助の組合をつくり，労働運動を起こすようになった。これに対しビスマルク（▶写真）は，労働運動を弾圧（ムチ）する一方で，労働者の懐柔策として疾病保険などの社会保険（アメ）を推進した（**アメとムチの政策**）。

社会保障制度の確立

ベバリッジ報告（イギリス）1942年
権利としての社会保障 社会保険のあり方を検討するため設けられた社会保障制度改革委員会の委員長ベバリッジは，「社会保険及び関連制度」という報告書を作成。6つの基本原則などを掲げ，社会保障のあるべきすがたを明示した。（●2）

社会保障の国際的原則

フィラデルフィア宣言 1944年
1944年，ILO（国際労働機関，●p.153）総会で採択された宣言で，加盟国の労働，社会保障政策の基調をなすべき原則を定めたもの。それまで，労働者の権利とされていた社会保障の権利を，**すべての人に共通の普遍的な権利**に高めた。

2 ベバリッジ報告

イギリスでは第二次世界大戦中の1941年，チャーチル首相により，ベバリッジを委員長とする社会保障制度改革委員会が設置され，翌年，3つの指導原理と6つの基本原則に基づく報告書が公表された。このとき，国民の88％がその採用を望んだといわれている。

3つの指導原理
①革命的なること。
②広範な社会政策の一環たること。
③国家と個人との協力を前提とすべきこと。

6つの基本原則
①給付は均一で最低生活を保障するものでなければならない。
②保険料を単一にして，所得の大小により納入する保険料に等差を設けない。
③運営機関の責任の統一。統一的機関として社会保障省を設置。
④適正な保険給付を行うこと。給付額とその支給期間を適正妥当なものにすること。
⑤すべての人に適用し，すべての事故に保障を与えること。
⑥区別を設けること。置かれている生活条件に応じて保障される必要があるという考えから，全国民を，
（1）被用者 （2）その他の有業者 （3）労働年齢の既婚女性たる妻
（4）その他無職の労働年齢者 （5）労働年齢に達しない者
（6）労働年齢以上の退職者　の6つの層に区別した。

解説 社会保障制度の確立 イギリス政府は，このベバリッジ報告に沿って社会保障の制度化を進めた。家族手当法（1945年），国民産業災害保険法（1946年），国民保険法（1946年），国民保険サービス法（1946年），国民扶助法（1948年），児童法（1948年）が相次いで制定され，この6つの法律によって「**ゆりかごから墓場まで**」といわれる統一した制度としての**社会保障制度**が実現した。

入試クイズ：公的扶助は，自然災害の被災者に対して，最低限度の生活を保障する制度である。○？×？〈15追〉（●p.317 2）　答：×

B 日本の社会保障制度

1 日本の社会保障制度の歩み

■は福祉六法

1874	恤救規則　日本の公的扶助のはじまり
1905	鐘紡共済組合…日本初の民間労働者の扶助組織
1907	帝国鉄道庁職員共済組合…日本初の官業労働者の扶助組織
1922	健康保険法　日本の社会保険のはじまり
1923	恩給法
1929	救護法…恤救規則廃止
1931	労働者災害扶助法．労働者災害扶助責任保険法
1938	国民健康保険法
1941	労働者年金保険法
1944	厚生年金保険法…労働者年金保険法の廃止
1946	生活保護法．日本国憲法…第25条に生存権が規定される　社会保障制度の確立
1947	労働者災害補償保険法．失業保険法．児童福祉法．保健所法(全面改正)
1949	身体障害者福祉法
1950	生活保護法(全面改正)
1954	厚生年金保険法(全面改正)
1958	国民健康保険法(全面改正)　国民皆保険(1961年達成)
1959	国民年金法　国民皆年金(1961年達成)
1960	精神薄弱者福祉法(1997年，知的障害者福祉法に改称)
1963	老人福祉法
1964	母子福祉法(1981年，母子及び寡婦福祉法に改称)
1971	児童手当法
1973	70歳以上の高齢者，及び一部の身体障害者の医療費無料化制度実施　福祉元年
1974	雇用保険法…失業保険法廃止
1982	老人保健法(高齢者医療費の自己負担復活)
1984	健康保険法改正…被保険者本人負担1割
1985	国民年金法改正…基礎年金導入→1991年より20歳以上の学生も強制加入
1986	老人保健法改正…医療費の一部自己負担
1994	健康保険法改正…病院給食の患者負担拡大など／国民年金法改正…支給開始を65歳に段階引き上げ
1995	育児休業法を育児・介護休業法に改正
1997	健康保険法改正…被保険者本人負担2割／介護保険法(●p.320③)制定(以後，定期的に見直し)
2000	健康保険法改正…高齢者・高所得者の負担増／介護保険制度導入
2001	確定拠出年金法…自己責任型の年金
2002	健康保険法改正…被保険者本人負担3割／老人保健対象年齢の引き上げ
2004	年金制度改革(●p.320⑦)
2006	高年齢者雇用安定法改正…65歳定年制導入
2008	後期高齢者医療制度施行
2010	社会保険庁を廃止し，日本年金機構発足
2012	社会保障と税の一体改革関連法成立(●p.325)
2015	共済年金を厚生年金に統一。公務員も厚生年金に加入し，保険料率も段階的に厚生年金に統一
2017	年金受給資格期間が25年から10年に短縮

解説　社会保障の意義　人は誰でも年をとり，また，病気やけがなど予想していなかったできごとによって働けなくなることがある。そのような事態に，自分の力だけで備えておくのは難しい。どのような場合でも，すべての人が安心して暮らせるように，社会全体で支え合うしくみが**社会保障制度**である。日本の社会保障制度は，戦前に開始された制度もあるが，戦後，憲法第25条の**生存権**を保障することを理念として，整えられてきた。

◆重要用語　❸❽❾育児・介護休業法　❸❽❾社会保障法(連邦社会保障法)　❸❾⓪ベバリッジ報告　❸❾❶社会保険　❸❾❷公的扶助　❸❾❸社会福祉　❸❾❹公衆衛生　❸❾❺国民皆保険・国民皆年金　❸❾❻医療保険　❸❾❼年金保険

2 日本の社会保障制度の体系

社会保険	医療保険	すべての国民がいずれかの健康保険に加入することにより，安く治療を受けることができる(●p.318)。国民健康保険，健康保険，船員保険，各種共済組合
	年金保険	日本に居住する20歳以上60歳未満のすべての人が，いずれかの年金保険に加入することによって，高齢になった時や障がいをおった時に年金が支給される。国民年金，厚生年金保険(●p.319)
	雇用保険	働く人が加入する保険で，失業した時に一定期間保険金が支給される。労働者，事業主がそれぞれ保険料を負担。
	労働者災害補償保険	働く人が全額会社負担で加入し，業務による傷病の時に保険金が支給される。
	介護保険	40歳以上の国民が加入する保険で，介護が必要になった時に介護サービスを受けることができる。
公的扶助(生活保護)		国が，生活に困っている家庭に対して，健康で文化的な最低限度の生活を保障する制度。(生活扶助，教育扶助，住宅扶助，医療扶助，出産扶助，生業扶助，葬祭扶助，介護扶助の8つ)
社会福祉		国や地方公共団体が，児童，高齢者，障がい者，母子・父子家庭の支援をしたり，施設などをつくる。
公衆衛生	公衆衛生	国や地方公共団体が，国民の健康を守るために，保健所を中心にして感染症予防対策などを行う。
	環境衛生	国や地方公共団体が，生活環境の整備や公害対策・自然保護を行う。

解説　複雑な制度と給付格差　日本の社会保障制度は社会保険，公的扶助，社会福祉，公衆衛生の4部門からなり，その中心は**社会保険**である。このうちの**医療保険**や**年金保険**は被保険者の属する保険によって制度が異なり，給付にも格差がある。また少子高齢化に伴う問題への対応も迫られている。

① 福祉社会を形づくる考え方

社会保障
- **自助**…けがや病気，高齢など，将来のリスクに対して，自分で健康管理や貯蓄などを行って備えること。
- **共助**…将来のリスクに対して，お金(保険料)を出し合い，共同で備えること。社会保険の考え方。
- **公助**…すべての人が平等に最低限度の生活を営むことができるように，政府が税金を使って支援すること。公的扶助の考え方。

日本の社会保障制度としての社会保険には，税金も投入され，公助と共助から成り立っている。

② 日本の社会保険のしくみ

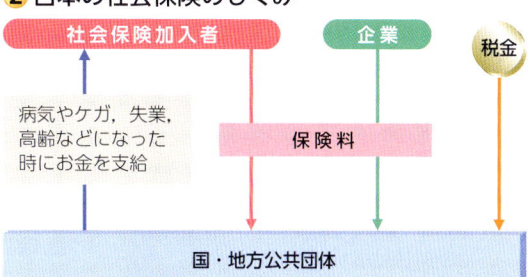

社会保険加入者 ／ 企業 ／ 税金　→　保険料　→　国・地方公共団体　→　病気やケガ，失業，高齢などになった時にお金を支給

C 社会保険

1 医療保険

① 主な医療保険制度

＊1 2017年3月末。　＊2 ％は月収に対する割合。2018年度。共済組合は2016年度（2018年6月現在）　＊3 2016・17年度。　（厚生労働省資料など）

制度			保険者＊1	被保険者	加入者数＊1 本人 家族	財源 保険料＊2 本人	財源 保険料＊2 事業主	財源 国庫負担	疾病・負傷時の負担 本人	疾病・負傷時の負担 家族
被用者保険	健康保険	協会けんぽ（一般）	全国健康保険協会	健康保険組合のない事業所（主に中小企業）の被用者	2243万人 1564	5.00%（全国平均）	5.00%（全国平均）	給付費等の16.4%	義務教育就学前2割 義務教育就学後から70歳未満3割 70歳以上75歳未満2割（現役並み所得者3割） 注：2014年3月末までに70歳に達している者は1割 注：医療費の負担額は上限が設けられており、上限を超えた場合は、超過分が支給される（高額療養費制度）。	
		組合管掌健康保険	健康保険組合	健康保険組合のある事業所の被用者	1628 1318	9.22%（平均，推計。労使負担率は組合により異なる）		定額（予算補助）		
		健保法第3条第2項被保険者	全国健康保険協会	臨時・季節的な被用者	1.3 0.6	150～1235円（日額）	240～1995円（日額）	給付費等の16.4%		
	船員保険		全国健康保険協会	船員	5.8 6.4	4.55%	6.10%	定額		
	共済組合	国家公務員等共済組合	20の共済組合	国家公務員	451 418	4.00%（平均）	4.00%（平均）			
		地方公務員等共済組合	64の共済組合	地方公務員		4.77%（平均）	4.77%（平均）			
		私立学校教職員共済組合	1事業団	私立学校教職員		4.24%（平均）	4.24%（平均）			
地域保険	国民健康保険		市町村・国民健康保険組合	農業者、自営業者等 被用者保険の退職者	3294	1世帯当たり平均保険料調定額（年額）142287円（2017年度）		市町村は給付費等の41%、国民健康保険組合は35.9～47.3%		
	後期高齢者医療制度		都道府県単位の広域連合	75歳以上、65～74歳で障害認定を受けた者	1678	1人当たり平均保険料額　5785円（月額）＊3		約33%	1割（現役並み所得者3割）	

解説　国民皆保険　1955年，社会保障5か年計画が出され，国民はすべていずれかの保険に強制的に加入することになり，1961年に**国民皆保険**が達成された。医療保険制度では，制度間の給付内容などにおける格差が問題となっている。また，高齢化に伴う**国民医療費の増加**への対応も迫られている。2002年の改正では，被保険者本人，及びその家族の医療費負担が3割に引き上げられた。また，2008年には，老人保健にかわって後期高齢者（長寿）医療制度が導入された。

② 保険診療のしくみ

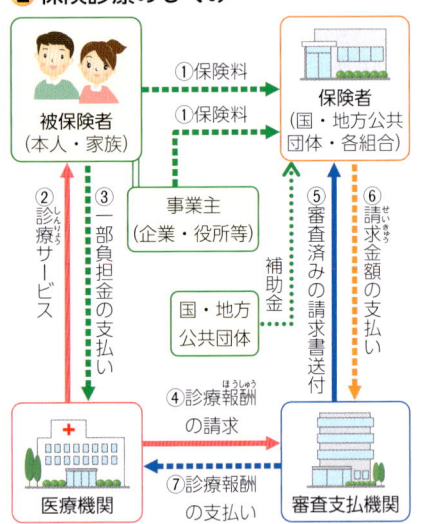

①被保険者（健康保険・船員保険・共済組合は事業主も）は，毎月保険者に保険料を支払う。
②③治療が必要になった場合は，医療機関にかかり，被保険者は一部負担金を支払う。
④⑤医療機関は，審査支払機関の審査を経て，保険者に診療報酬を請求する。
⑥⑦保険者は審査支払機関を経て，医療機関に診療報酬の支払いを行う。

③ 国民医療費

探究　薬の価格はどのように決まるか？

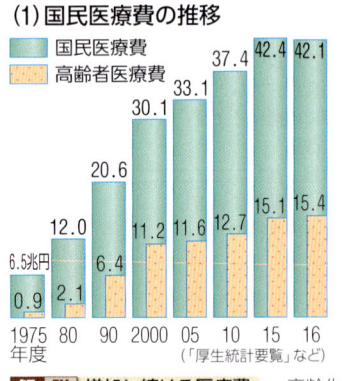

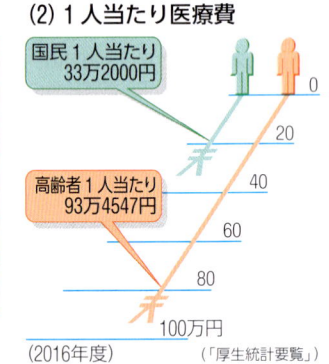

(1) 国民医療費の推移

国民医療費／高齢者医療費（兆円）
1975年度 6.5／0.9
80 12.0／2.1
90 20.6／6.4
2000 30.1／11.2
05 33.1／11.6
10 37.4／12.7
15 42.4／15.1
16 42.1／15.4
（「厚生統計要覧」など）

(2) 1人当たり医療費
国民1人当たり 33万2000円
高齢者1人当たり 93万4547円
（2016年度）（「厚生統計要覧」）

解説　増加し続ける医療費　高齢化や医療技術の高度化を背景に，国民医療費は約40年間で約6倍に増加した。また近年は，製薬技術の進歩により高額な新薬の使用が増え，薬剤費の増加も問題となっている。

(3) 国民医療費の財源別構成割合

年度	公費	国庫	地方	保険料	事業主	被保険者	患者負担	その他
1990年度 20.6兆円	31.4%	24.6	6.8	56.4	24.5	31.9	12.1	
2000年度 30.1兆円	33.2%	24.7	8.5	53.4	22.7	30.7	13.4	0.1
2017年度 43.1兆円	38.4%	25.3	13.1	49.4	21.1	28.3	11.6	0.6

（厚生労働省「国民医療費」）

解説　公費割合の上昇　1990年代以降，保険料の割合が低下し，公費の割合が上昇している。要因としては，高齢化や非正規雇用の増加により，国民健康保険や後期高齢者医療制度の被保険者が増加していること（これらの財源は公費の割合が大きい）が考えられる。

入試クイズ　厚生年金保険は，その保険料の全額を事業主が負担している。○？×？〈17本〉　答：×

2 年金保険

① 公的年金制度 (2018年3月末)
(厚生労働省資料など)

制度		被保険者	加入者数	財源 保険料*2	財源 国庫負担	支給開始年齢	老齢(退職)年金平均年金月額
国民年金	第1号被保険者	20歳以上60歳未満の自営業者・学生	1505万人	16340円(2018年4月)	基礎年金に係る費用の1/2	65歳	5.6万円
国民年金	第2号被保険者	会社員・公務員	4130	──			
国民年金	第3号被保険者	第2号被保険者の配偶者*1	870	──			
厚生年金	一般厚生年金被保険者	70歳未満の一般被用者及び船員・坑内員, 農協等の職員	3911	18.3%(2018年9月)		男性:62歳*4 女性, 坑内員・船員:61歳*4	14.9
厚生年金	国共済厚生年金被保険者	国家公務員等	107				
厚生年金	地共済厚生年金被保険者	地方公務員等	285			62歳*4	
厚生年金	私学共済厚生年金被保険者	私立学校の教職員	55	15.416%*3			

*1 被扶養届け出をすれば国民年金加入とされ, 保険料は免除
*2 %は月収に対する割合。厚生年金は労使がほぼ半額ずつ負担
*3 2018年9月。段階的に18.3%まで引き上げられる
*4 段階的に65歳まで引き上げられる

② 年金制度のしくみ

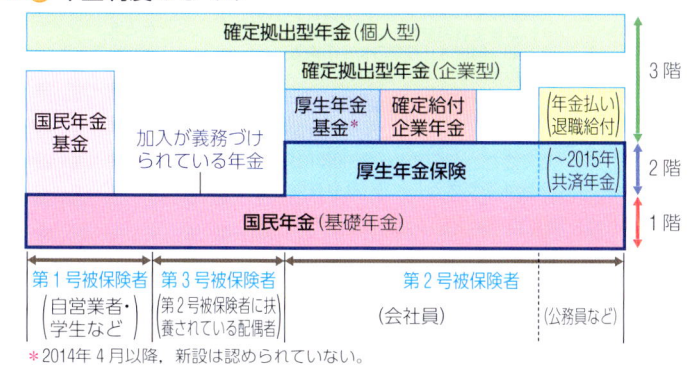

確定拠出型年金(個人型)					3階
		確定拠出型年金(企業型)			
		厚生年金基金*	確定給付企業年金	年金払い退職給付	
国民年金基金	加入が義務づけられている年金	厚生年金保険		～2015年共済年金	2階
		国民年金(基礎年金)			1階
第1号被保険者(自営業者・学生など)	第3号被保険者(第2号被保険者に扶養されている配偶者)	第2号被保険者(会社員)		(公務員など)	

*2014年4月以降, 新設は認められていない。

解説 職種による違いの解消へ 職種によって分かれていた年金制度は, 加入する制度によって給付や負担が異なるという問題から1985年に一元化され, 20～59歳のすべての人が加入する国民年金と, 職種別の上乗せ分(厚生年金など)となった。さらに, **2015年10月より共済年金は厚生年金に統一された**。会社員と公務員は, 厚生年金に加入すると同時に, 国民年金にも加入する。

③ 確定拠出型年金(日本版401k)

	確定給付型* (もらう水準を固定)		確定拠出型年金 (支払額を固定)
特徴	あらかじめ給付水準を定め, それをまかなう保険料を徴収し, 企業などが運用する		あらかじめ定められた額を拠出し, 加入者個人が運用。運用実績で給付額が決まる
長所	年金額があらかじめわかるため, 老後の生活設計がしやすい		負担した分が給付額に反映されるので, 世代間の不公平は生じない
短所	財政難に陥ると, 後の世代の負担が重くなる		運用次第で給付額が変化し, 不安定である

*厚生年金基金, 確定給付企業年金, 国民年金基金

解説 自己責任型の制度 年金制度の3階部分に, 2001年から**確定拠出型年金**が導入された。アメリカの内国歳入法401条k項に基づく確定拠出型年金になぞらえて, **日本版401k**とも呼ばれる。給付額が運用次第で変化する自己責任型の年金制度といえる。

◎日本はどの方式を採用しているか?

④ 積立方式と賦課方式

	積立方式		賦課方式
しくみ	掛け金を積み立てておいて, 運用利益を加えて, 老後に給付を受ける	しくみ	現役世代が納めた保険料を, 今の高齢者への年金給付にあてる
長所	少子高齢化が進んでも, 現役世代の負担には影響がない	長所	インフレの進行や給与水準の変化にも対応しやすい(価値が目減りしにくい)
短所	インフレが進行すると積立金が目減りする	短所	少子高齢化が進んだ場合, 現役世代の負担が重くなる
採用国	シンガポール, マレーシア(民間従業員)など	採用国	フランス・スウェーデン(一部積立)・イギリス・ドイツ・アメリカなど

解説 積立方式と賦課方式 日本の公的年金制度は積立方式でスタートしたが, 1960～70年代にインフレが続いたことに加え, 積立金不足のおそれがあったことから, 賦課方式を加えた修正積立方式に変わった。現在では, 賦課方式を中心とし, 積立方式を取り入れている。

⑤ 世代別の保険料負担額と年金給付額 (2015年試算)

2015年の年齢 ( )は生年	厚生年金*1 保険料(万円)A	厚生年金*1 給付(万円)B	厚生年金*1 倍率B÷A	国民年金*2 保険料(万円)C	国民年金*2 給付(万円)D	国民年金*2 倍率D÷C
70歳(1945年)	1000	5200	5.2	400	1400	3.5
60歳(1955年)	1400	4600	3.3	500	1200	2.4
50歳(1965年)	2000	5300	2.7	800	1300	1.6
40歳(1975年)	2600	6200	2.4	1000	1500	1.5
30歳(1985年)	3300	7500	2.3	1300	1900	1.5
20歳(1995年)	4100	9200	2.2	1500	2300	1.5

*1 同年齢の夫婦で, 夫が20歳から60歳まで加入し, 妻はその間第3号被保険者であると仮定。
*2 20歳から60歳まで第1号被保険者で保険料を納付すると仮定。1人分の試算。
注:経済が再生し, 労働市場への参加が進み, 人口増加率は現在と同程度と仮定。金額は物価上昇率で現在の価値に換算。(厚生労働省資料)

解説 世代間の格差 日本は少子高齢化に対応するため, 現役世代の保険料を今の高齢者の給付にあてており(**世代間扶養**), 保険料率も段階的に引き上げている。このため, 若い世代は多くの保険料を負担しなければならず, 世代によって負担と給付の比率に格差がある。

6 国民年金未納率の推移

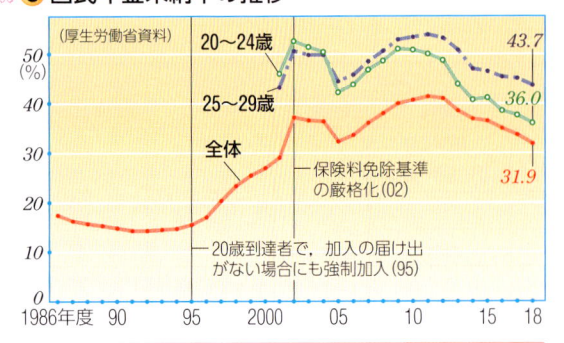

(厚生労働省資料)

グラフ:
- 20～24歳: 43.7
- 25～29歳: 36.0
- 全体: 31.9
- 保険料免除基準の厳格化(02)
- 20歳到達者で、加入の届け出がない場合にも強制加入(95)
- 1986年度～18年

●国民年金の主な未納理由(滞納者、上位3項目)
① 保険料が高く、経済的に支払うのが困難…70.6%
② 納める保険料に比べて十分な年金額が受け取れない…6.5%
③ 年金制度の将来が不安・信用できない…6.3%
(2017年) 「国民年金被保険者実態調査」

解説 不安定な収入 国民年金の未納率が上昇した背景として、厚生年金の加入条件を満たさず、収入が不安定なパート・アルバイトなどが増加したことがあると考えられる。

●経済的な理由で保険料の納付が難しいときは…
未納のままにせず、次のような免除・猶予制度を利用することで、受給資格期間や年金額に反映される。
①…受給資格期間への算入 ②…年金額への反映
注：×の場合、定められた期間内は追納・後納制度あり

	どのような制度？	①	②
全額免除・一部納付	本人・世帯主・配偶者の前年所得が一定額以下の場合や、失業した場合に、保険料を全額または一部免除される	○	○
保険料納付猶予	20歳以上50歳未満で、本人・配偶者の前年所得が一定額以下の場合、納付が猶予される	○	×
学生納付特例	在学中の保険料納付が猶予される	○	×
未納(手続きをしない場合)		×	×

7 年金関連改革の主な内容

年金制度改革 (2004年)	① 国民年金、厚生年金の**保険料を2017年まで段階的に引き上げ** ② **給付額の抑制・給付水準の引き下げ**(2023年度以降は、40年間平均的な賃金で勤務してきた会社員と扶養配偶者というモデル世帯で、現役世代の年収の50.2%) ③ 基礎年金の国庫負担を、2009年度までに、3分の1から2分の1に引き上げ
社会保険庁改革 (2007年)	・2007年、社会保険庁が管理する年金納付記録のうち、誰のものか分からない記録が5000万件に上ることが発覚 →**社会保険庁廃止**。年金業務を新設の**日本年金機構**(2010年1月発足)に移管
社会保障と税の一体改革 (2012年)	① 年金を受給するために必要な加入期間を、**25年から10年に短縮**→無年金者を減らす ② 厚生年金と共済年金の統一。公務員は厚生年金に加入し、保険料率も厚生年金に統一 ③ パートなど短時間労働者の厚生年金への加入条件を緩和

3 介護保険制度
●なぜ介護保険制度が導入されたか？

1 介護保険のしくみ
(厚生労働省資料など)

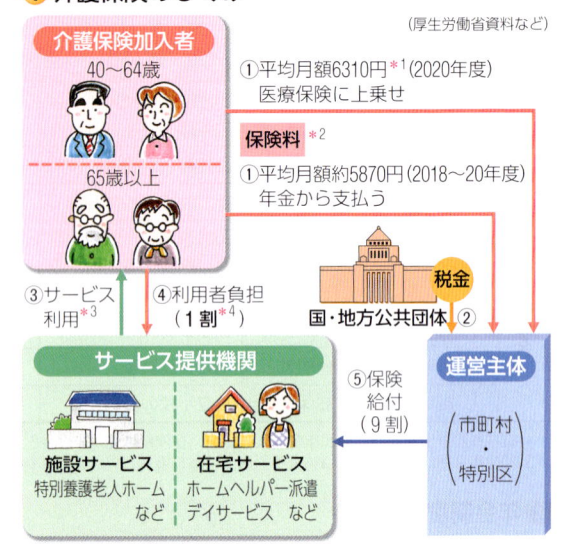

- 介護保険加入者 40～64歳
- 65歳以上
- 保険料*2
  - ① 平均月額6310円*1 (2020年度) 医療保険に上乗せ
  - ① 平均月額約5870円(2018～20年度) 年金から支払う
- 税金 国・地方公共団体 ②
- ③ サービス利用*3
- ④ 利用者負担(1割)*4
- サービス提供機関
  - 施設サービス：特別養護老人ホームなど
  - 在宅サービス：ホームヘルパー派遣、デイサービスなど
- ⑤ 保険給付(9割)
- 運営主体：市町村・特別区

*1 事業主負担を含む。　*2 地方公共団体によって異なる。
*3 40～64歳は16種類の特定の病気にかかっている人が利用できる。
*4 所得280万円以上の人は2割。340万円以上の人は3割。

解説 介護は社会全体で 少子高齢化(→p.322)と核家族化の進展によって、家族だけでは介護を担いきれないという問題が生じてきた。このため、2000年に**介護保険法**が施行され、介護を社会全体で支えるしくみ(社会保険方式)が導入された。

2 介護保険の現状と将来推計
(厚生労働省資料)

	2000年度	2017年度	2025年度(見込み)
65歳以上被保険者数	2242万人	3488万人	3610万人
要介護(要支援)認定者数	256万人	641万人	771万人
介護保険給付費*1	3.2兆円	9.4兆円	15.3兆円
65歳以上保険料(月額)*2	2911円	5514円	7200円

*1 利用者負担を除く。　*2 全国平均

3 介護保険制度の主な改正

低所得者への配慮	・低所得者に対する保険料負担の軽減[2005年] →保険料軽減の拡充[2014年]
給付の見直し	・入所者の食費・居住費を保険給付の対象外に(低所得者には補助あり)[2005年] →低所得でも、預貯金1000万円以上の入所者は、食事補助を保険給付の対象外に[2014年]
自己負担額の見直し	・年金収入等が280万円以上の人は、自己負担額を2割に(標準は1割)[2014年] →年金収入等が340万円以上の人は、自己負担額を3割に[2017年] ・利用時の月額自己負担上限を、37200円から44400円に引き上げ[2017年]
その他	・介護予防サービス(→)の導入[2005年] →ボールを使ってストレッチ　介護が必要な状態にならないため、あるいは重度化しないためのサポート。

解説 持続可能な制度へ 介護保険制度は、定期的に見直すことになっている。高齢化に伴い介護保険の費用が増大している(→2)ことから、持続可能な制度にするため、加入者の経済力に応じて負担を求める制度に変更されてきている。

入試クイズ：公的介護保険は、市町村と特別区が運営主体となっている。○？×？〈17本〉(→3①)　答：○

(生存権にかかわる訴訟 ▶p.80)

D 公的扶助（生活保護）

1 生活保護法（抄）
公　布　1950（昭25）.5
最終改正　2020（令2）.6

第1条〔この法律の目的〕この法律は、日本国憲法第25条に規定する理念に基き、国が生活に困窮するすべての国民に対し、その困窮の程度に応じ、必要な保護を行い、その最低限度の生活を保障するとともに、その自立を助長することを目的とする。

第2条〔無差別平等〕すべて国民は、この法律の定める要件を満たす限り、この法律による保護（以下「保護」という。）を、無差別平等に受けることができる。

第3条〔最低生活〕この法律により保障される最低限度の生活は、健康で文化的な生活水準を維持することができるものでなければならない。

第4条〔保護の補足性〕保護は、生活に困窮する者が、その利用し得る資産、能力その他あらゆるものを、その最低限度の生活の維持のために活用することを要件として行われる。

解説 公的扶助の基本理念 生活保護法は憲法第25条の生存権に基づいて制定された、公的扶助の基本理念である。

2 最低生活費（東京都23区など*1の場合）
単位：円

家族構成(年齢)	生活扶助*2	住宅扶助*3	教育扶助*4	合計
夫(33)、妻(29)、子(2)	158910	69800	—	228710
単身世帯(75)	73170	53700	—	126870
母(35)、子(10)、子(7)	192700	69800	5200	267700

受給者の収入が算出額より少なかった場合、その差額を支給

（2019年10月現在）（厚生労働省資料などより作成）
*1 生活様式・物価の違いで6つの区分あり。　*2 冬季は地区別に加算あり。　*3 東京都の上限額。　*4 他に教材・給食・交通費は実費支給。学習支援費は年間16000円以内の支給。

解説 最後のセーフティネット 生活保護は、預金や資産を売却し、親族からの扶助を得てもなお、厚生労働省が定める基準で算出された最低生活費に満たない場合に受給できる。受給額は、国・地方公共団体が税金で負担する。2018年、生活保護世帯の子どもが大学や専門学校に進学した時に最大30万円の進学準備給付金を支給する制度を創設。

3 生活保護の被保護世帯数と生活保護費の推移
●受給が増えているのはどの世帯か？

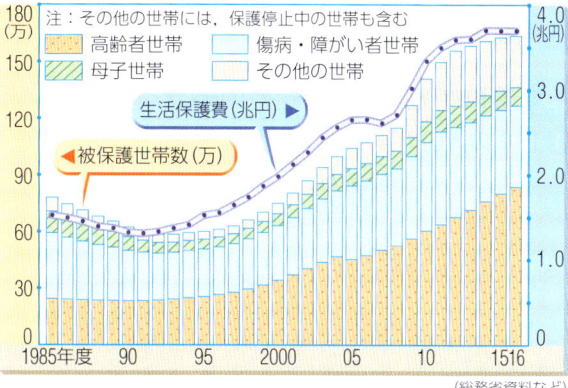

注：その他の世帯には、保護停止中の世帯も含む
高齢者世帯　傷病・障がい者世帯　母子世帯　その他の世帯
生活保護費(兆円)　被保護世帯数(万)

（総務省資料など）

解説 増える受給 生活保護の受給は、バブル崩壊後の不況や高齢化を背景に増加している。2008年のリーマン・ショック以降、雇用情勢が悪化する中、働けるのに仕事がなく生活保護を受給するケースが増えた。

4 生活保護の課題

不正受給	生活保護費の不正受給は総額約140億円（約37000件）にのぼる（2018年度）。給料や年金、親族からの仕送りを申告しないケースが多い。
就労意欲の低下	生活保護を受給すると、働く意欲が減退してしまう人もいる。その要因の1つとして、最低賃金で働いて得られる金額より、生活保護費の方が高くなってしまう場合があることが挙げられる。
不適切な運用	一部の行政で、無理解・知識不足などから、適切に生活保護を給付しないケースがあり、孤独死や餓死につながった。また、職員不足が深刻な地域もある。
「貧困ビジネス」	生活困窮者を宿泊施設に入居させ、生活保護費を受給させて住居費・食費などの名目で過剰に徴収するといった「貧困ビジネス」が問題になっている。

解説 生活の保障と自立へ 生活保護の目的は、生活保護法（●1）にあるように、「最低限度の生活を保障し、その自立を助長すること」である。適切な受給と、就労意欲を削がない制度づくり、法律にのっとった行政の対応などが求められている。

E 社会福祉

1 保育所の定員数と待機児童数

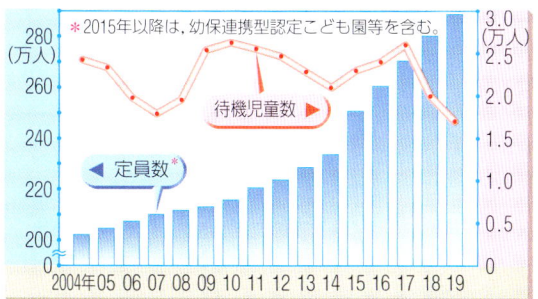

*2015年以降は、幼保連携型認定こども園等を含む。
待機児童数　定員数*

注：2011年は岩手県、宮城県、福島県の8市町を除いて集計（厚生労働省資料）

解説 待機児童問題 保育所の定員は増加しているが、保育所に入れない待機児童の問題は解消されていない。保育サービスの充実は、少子化対策（●p.323）に不可欠と考えられている。

2 身近なバリアフリー

●**ノンステップバス** 交通機関や街のバリアフリー化は、バリアフリー新法（2006年施行）で促進されている。

●**補助犬の同伴について啓発するマーク** 身体障害者補助犬法（2002年施行）により、公共施設、交通機関、ホテルなどは、補助犬の同伴を拒否することが禁じられている。

ノーマライゼーション 高齢者や体の不自由な人などハンディキャップをもつ人々も、すべて一緒に普通に暮らす社会こそがノーマルな社会だという考え方。

重要用語　392公的扶助　393社会福祉　399介護保険制度　400ノーマライゼーション　401バリアフリー

Coming Up 少子高齢社会から人口減少社会へ

少子高齢化が急速に進展している。政府は出生率回復のために様々な対策を行ってきたが、2005年、出生率は死亡数を下回り、日本の人口は自然減に転じた。少子高齢化の原因とその影響を知り、これからの社会を豊かで活力あるものにするためには、どうしたらよいか考えてみよう。

A 日本の少子高齢社会の現状

❶ 日本の人口の移り変わり

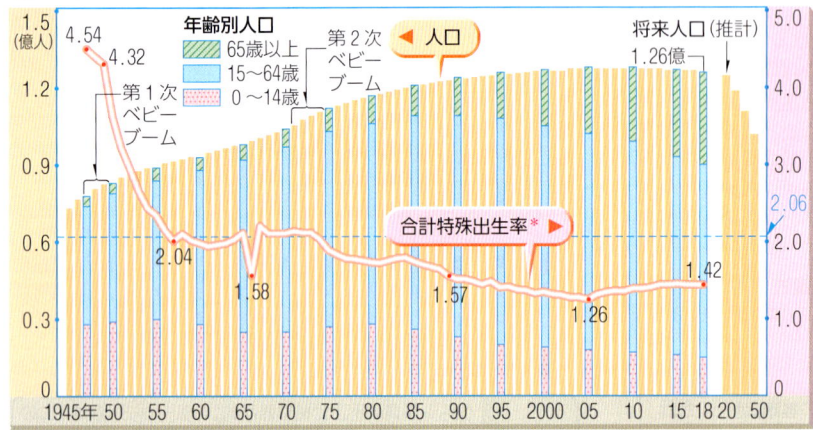

（グラフ：年齢別人口（65歳以上、15〜64歳、0〜14歳）と合計特殊出生率の推移、1945年〜2050年）
- 第1次ベビーブーム：4.54、4.32
- 合計特殊出生率：2.04、1.58、1.57、1.26、1.42
- 将来人口（推計）：1.26億
- ＊1人の女性が一生の間に産む子どもの平均数。人口を維持するには2.06（2017年）必要。2018年は概数（厚生労働省資料など）

❷ 理想の子ども数をもたない理由
注：予定子ども数が理想子ども数を下回る夫婦を対象。複数回答。上位5項目。
- 子育てや教育にお金がかかるから：46.9％
- 高齢で産むのはいやだから：33.2
- 欲しいけれどできないから：19.6
- 育児の心理的、肉体的負担：14.6
- 健康上の理由：13.7
（2015年）「出生動向基本調査」

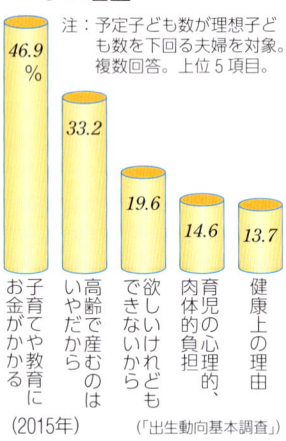

❸ 65歳以上人口の割合の推移

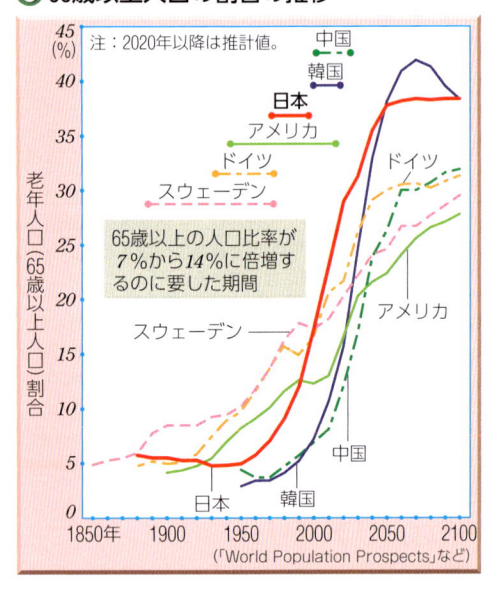

（グラフ：日本、中国、韓国、アメリカ、ドイツ、スウェーデンの老年人口（65歳以上人口）割合の推移、1850年〜2100年）
注：2020年以降は推計値。
65歳以上の人口比率が7％から14％に倍増するのに要した期間
出典：「World Population Prospects」など

進む少子化 第二次世界大戦後は、海外からの復員や引き揚げにより「ベビーブーム」となったが、避妊手段の急速な普及などにより、合計特殊出生率は急激に減少。1970年前後に「第2次ベビーブーム」となったものの、その後は再び低下している。

少子化の要因 女性の社会進出に伴う晩婚・未婚化により、1人の女性が出産する子どもの数は減少した。仕事と育児の両立の問題や経済的理由などから、子どもを産まない、または理想の人数まで産まない夫婦も多い。近年では、正社員になれず、生活が安定しないために結婚に踏み切れない人や、結婚観の多様化から、生涯結婚しない人も増えている。

高齢化の進展 戦後、栄養状態が改善され、医療技術が進歩したことで、平均寿命がのびた。これが出生率の低下と同時に起こったことで、日本では高齢化が急速に進んだ。1970年に**高齢化社会**（65歳以上人口の全人口に占める割合が7％を超える社会）、1994年に**高齢社会**（14％を超える）に突入した。

そして人口減少社会へ 2005年に初めて日本人の出生数が死亡数を下回り、2007年からは自然減が続いている。また、2016年、総務省が日本の総人口（外国人も含む）が減少に転じたと発表した。日本は人口減少社会に突入している。

❹ 少子高齢化と人口減少、このままいくと日本はどうなる？

経済
- 労働人口の減少（2019年6886万人→2040年5460万人＊）
  →専門知識や熟練技術などの不足
- 貯蓄率が低下→投資の抑制
- 市場規模の縮小・消費減少
  →競争力の低下、経済成長の抑制

財政
- 税収減少→財政赤字の拡大
- 1人当たりの国債残高の増加

社会保障制度
- 社会保障関係費の増大
- 保険料収入の減少
  →給付の引き下げと保険負担の増加
- 介護の負担が増加、介護人材の不足

教育
- 学校の統廃合が進む
- 数字上は大学受験者全員が入学可能

社会
- 核家族化・少子化
  →社会性・ルールを学ぶ家庭の教育機能の低下
- 不動産価格の下落、空き家の増加
- 過疎化の進行、交通渋滞・就職難の緩和

＊経済成長が進まず、若者、女性、高齢者などの労働参加が現状のまま推移した場合の推計。経済成長・労働参加が進んだ場合は推計6195万人。

論述にトライ！ 「出生率の低下と子どもの数が減少傾向にあること」を、政府はなぜ「問題」として認識したのか、社会・経済的な観点から、100字以内で述べなさい。〈一橋大〉

B 少子高齢化に対する施策

❶ 高齢者対策 　どのように変化してきたか？

年	対　策
1989	**ゴールドプラン**（高齢者保健福祉推進10か年戦略）策定…ホームヘルパー、デイサービス、ショートステイなど在宅福祉と、特別養護老人ホームなど施設福祉サービスの基盤整備の促進
	↓急速な少子高齢化
1994	**新ゴールドプラン**…ゴールドプランの目標の引き上げ
1997	**介護保険法**成立（2000年導入）（→p.320）
1999	**ゴールドプラン21**…介護保険制度導入をふまえ、在宅・施設福祉サービス基盤や人材の拡充、高齢者の健康づくり・介護予防・生きがい活動支援、高齢者に配慮した地域づくり、福祉教育の推進など
2005	**高齢者虐待防止法**成立…虐待の防止、迅速で適切な支援
2012	**オレンジプラン**（認知症施策推進5か年計画）策定…認知症の早期診断・早期対応の推進、人材の育成など
2015	**新オレンジプラン**策定…認知症対策の国家戦略

解説　介護支援から活力ある高齢社会へ　少子高齢化が急速に進展するなかで、高齢者の介護が課題となった。当初は施設の整備に焦点が置かれていたが、次第に介護サービスの質や、高齢者が生きがいをもって社会に参加できる活力のある高齢社会に重点が置かれるようになった。

▶**認知症カフェ**　認知症の患者とその家族や、介護・医療の専門家、地域住民などが集いコミュニケーションをする。オレンジプランにも位置付けられ、日本全国で広がりつつある。

❷ 少子化対策、子ども・子育て支援策

年	対　策
1990	前年の合計特殊出生率1.57と判明…過去最低記録を下回る
1994	**エンゼルプラン**策定…子育てと仕事の両立支援、子育てのための生活環境整備
1999	**新エンゼルプラン**策定（エンゼルプラン見直し）
2003	**少子化社会対策基本法**…総合的な少子化対策の推進　**次世代育成支援対策推進法**…子育て環境整備のため、地方公共団体と企業が行動計画を策定
2004	**少子化社会対策大綱**策定
	↓実現のための具体的施策
	子ども・子育て応援プラン（新新エンゼルプラン）
2008	新待機児童ゼロ作戦…保育サービスなどの充実・強化
2010	**子ども・子育てビジョン**…保育所と幼稚園の機能をあわせもつ「認定こども園」制度の改善・普及など
2012	**子ども・子育て関連3法**（子ども・子育て支援法、認定こども園法、関係法律の整備に関する法律）成立　→2015年　子ども・子育て支援新制度施行
2013	待機児童解消加速化プラン…2017年度末までに、**約40万人分の保育の受け皿を確保し、待機児童**（→LOOK）の解消をめざす（2015年に**約50万人分に拡大**）
2016	子ども・子育て支援法改正…企業が従業員のための保育施設の設置・運営などを行う場合に補助金を支給
2017	**子育て安心プラン**…2018年度・19年度末までの2年間で、待機児童解消に必要な約22万人分の予算を確保。2018年度〜20年度末までの3年間で、女性就業率80％に対応できる**約32万人分**の保育の受け皿を整備。**幼児教育の無償化**＊を閣議決定（2019年10月より実施）

＊認可施設に通う3〜5歳児、低所得世帯の0〜2歳児が対象。認可外施設は一部補助。

LOOK　待機児童・「隠れ待機児童」問題

待機児童とは　保育園に入りたくても、定員の都合で入れない児童のこと。入園できないことで、勤めていた仕事を諦めざるを得ない場合や、高額な育児サービスを頼まざるを得ない場合などがあり、問題となっている。
「隠れ待機児童」　また、都道府県知事等から認可されている保育施設を希望して入れなかった人のうち、他に利用できる施設があるが、様々な理由で特定の施設を希望し待機している場合や、保護者が求職活動を行っていない場合などは、待機児童数にカウントされない。このようなケースは「隠れ待機児童」とも呼ばれる。厚生労働省は、2015年からこの数を公表。待機児童数が全国で約1.7万人とされるのに対し、「隠れ待機児童」は約8.0万人にのぼった（2019年4月現在）。保育制度のより一層の充実が求められている。

▶2016年3月、国会前でSNSを通じて集まった人たちが保育制度の拡充を求めて抗議集会を行った。ネット上に匿名で投稿された、保育園の入所選考に落選した保護者のブログが国会で取り上げられたことがきっかけとなった。

C 人口減少社会をどう生きるか

❶ 少子化関連指標の国際比較　＊2016年（2017年）

	日本	アメリカ	スウェーデン	フランス
合計特殊出生率	1.43	1.76	1.78	1.90
家族関係政府支出のGDP比	1.58%（2017年度）	0.64%（2015年度）	3.54%（2015年度）	2.93%（2015年度）
長時間労働者の割合（週49時間以上）（米は2012年）＊	男性28.6%　女性9.1%　計20.1%	男性21.8%　女性10.2%　計16.4%	男性9.9%　女性4.1%　計7.1%	男性14.6%　女性6.1%　計10.5%

❷ フィンランドの事例（日本の育児休業制度 →p.311B❷）

育児休業制度	①母親休業…産前30〜50日から105勤務日間。はじめの56日間は給与の90％、その後は70％を支給 ②父親休業…54勤務日。はじめの3週間は、母親と同時に取得可能。残りは母親が取得していない場合に取得可能。給与の約70〜75％を支給。**はじめの3週間分の男性の取得率は80％を超える** ③親休業…母親か父親、または両方が取得できる。母親休業終了後〜158勤務日
各種手当	・母親手当…育児パッケージ（▶写真）もしくは現金170ユーロ 　▶ベビーケアアイテムやベビー服など、約60点が入っている。 ・児童手当…児童1人につき毎月支給。子どもが増えると増額。ひとり親の場合の加算もあり
保健・保育制度	・無料の保健施設がすべての地方公共団体にあり、保健師が子どもの成長・発達、親の育児をサポート。 ・すべての子どもたちに保育施設を用意することは、地方公共団体の義務。母親の就労の有無に関わらず、誰もが保育園に入れる権利をもつ。**待機児童はゼロ**

解説　充実の子育て支援　男女格差の少ない国として知られるフィンランド。他の先進国と同様に少子高齢化が進んでおり、子育て支援を充実させることで、出生率の向上がめざされている。

🔑重要用語　❸❸❹ワーク・ライフ・バランス　❸❾❾介護保険制度　❹⓿❷少子高齢社会

課題解決 今後の社会保障のあり方を考える

少子高齢化の急速な進展などによって、社会保障給付費は急増している。一方、現役世代はこれ以上の負担を担えなくなってきており、社会保障制度は岐路に立たされている。今後の社会保障制度がどうあるべきかについて「対立の構図」を確認し、「Think＆Check」で自分の考えを再点検しよう。

● 対立の構図 ●

社会保障の給付と負担のバランスを、どうすべき？

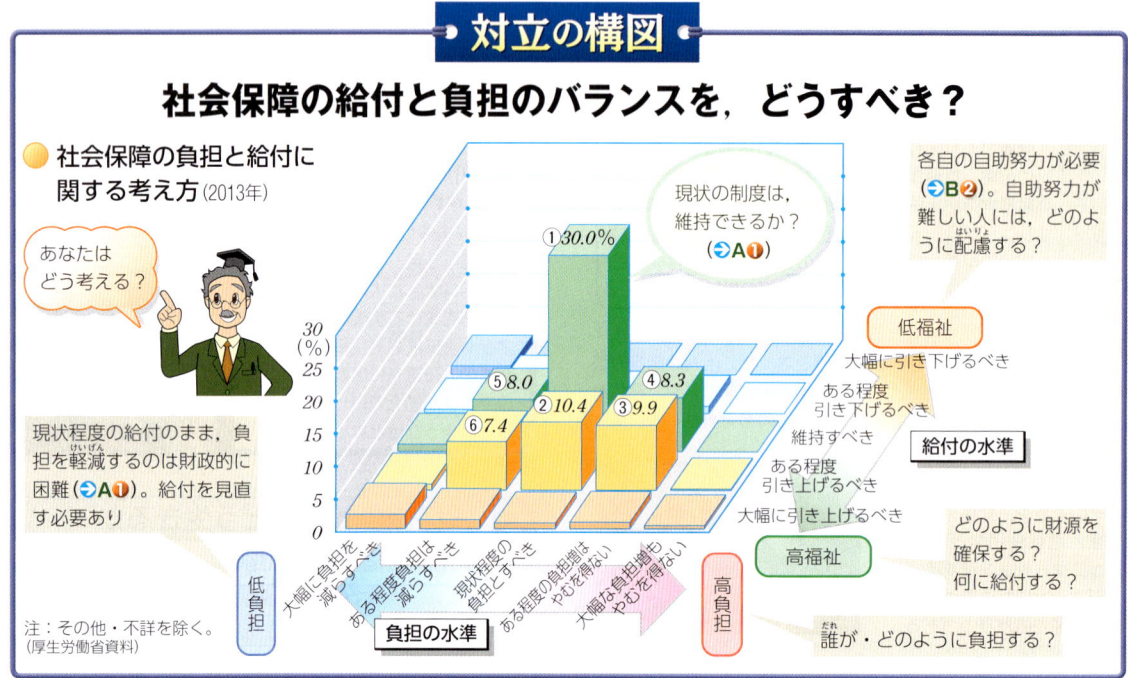

● 社会保障の負担と給付に関する考え方（2013年）

あなたはどう考える？

現状程度の給付のまま、負担を軽減するのは財政的に困難（→A❶）。給付を見直す必要あり

現状の制度は、維持できるか？（→A❶）

- ① 30.0%
- ② 10.4
- ③ 9.9
- ④ 8.3
- ⑤ 8.0
- ⑥ 7.4

負担の水準：低負担～高負担
大幅に負担を減らすべき／ある程度負担は減らすべき／現状程度の負担とすべき／ある程度の負担増はやむを得ない／大幅な負担増はやむを得ない

給付の水準：低福祉～高福祉
大幅に引き下げるべき／ある程度引き下げるべき／維持すべき／ある程度引き上げるべき／大幅に引き上げるべき

各自の自助努力が必要（→B❷）。自助努力が難しい人には、どのように配慮する？

どのように財源を確保する？何に給付する？

誰が・どのように負担する？

注：その他・不詳を除く。（厚生労働省資料）

A 日本の社会保障の現状とこれまでの改革

❶ 社会保障給付費と項目別社会保障財源の推移 ●現状の制度は、維持できるか？

主な年金関連制度改革
- 国民皆保険・国民皆年金の達成（1961）
- 基礎年金の導入（85）
- 学生の国民年金制度への強制加入（89）
- 厚生年金の支給開始年齢の実質的引き上げ＊（2000）
- 確定拠出型年金の導入（01）
- 国民年金・厚生年金の保険料段階的引き上げ（04）（→❸）
- 社会保障と税の一体改革（12）（→❹）

＊男性は2013年度から、女性は2018年度から12年かけて60歳から65歳まで引き上げ。

資産収入／その他／社会保障給付費／事業主／被保険者／公費負担／保険料収入

● 公費の負担割合（2017年度）
国庫 66.7%
地方公共団体 33.3
公費の多くは借金

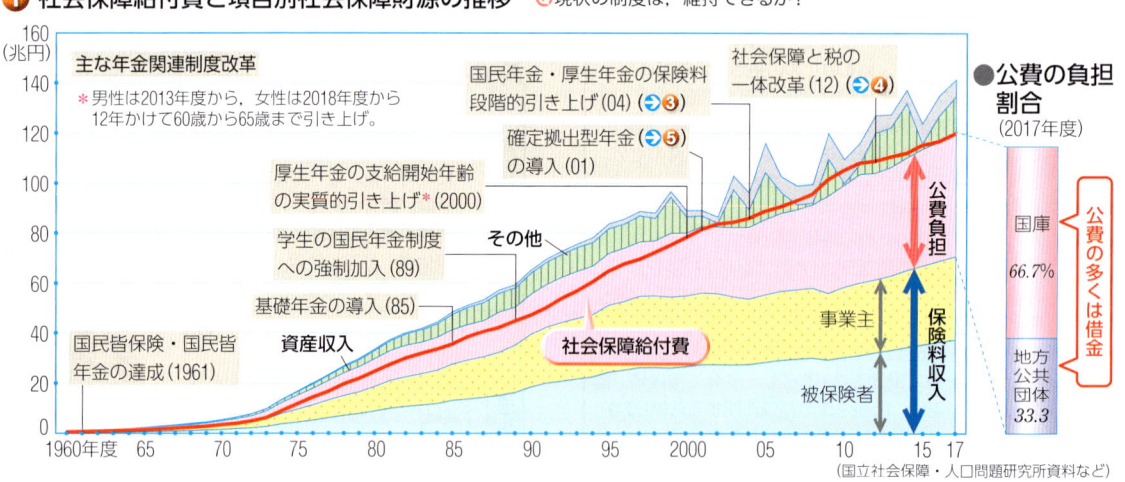

（国立社会保障・人口問題研究所資料など）

解説 持続可能性が低い 社会保障給付費は、1970年代から高齢化の進展などを背景に増加し続けている。一方、社会保険料収入は1990年代後半から少子化・不況などによって伸び悩み、その差額は税金や国債発行などによってまかなわれている。国債発行額は年々増加しており（→p.242 C❶）、多額の国債発行は財政の硬直化や世代間の不公平など、様々な問題を引き起こす。

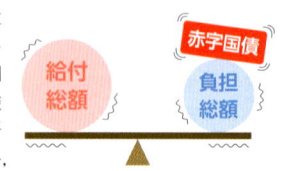

給付総額／負担総額／赤字国債

❷ 医療保険の自己負担額の変遷　注：外来の場合

高齢者（70歳以上）	被用者保険本人
1973年…負担なし（1983年より定額負担）	1973年…定額
2001年…1割（月額上限あり）	1984年…1割
2002年…1割（現役並み所得者は2割）	1997年…2割
2006年…1割（現役並み所得者は3割）	2003年…3割
2008年…70～74歳は2割、75歳以上1割（現役並み所得者は3割）	

◆メモ 2018年、政府は2025年度に基礎的財政収支（プライマリーバランス。その年の国債返済費以外の歳出を税収でまかなえているかを示す指標）の黒字化をめざすとした。

❸ 各保険料率の推移

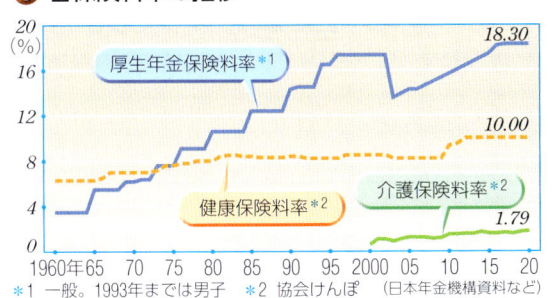

グラフ：1960年〜2020年の保険料率推移
- 厚生年金保険料率*1：18.30
- 健康保険料率*2：10.00
- 介護保険料率*2：1.79

*1 一般。1993年までは男子　*2 協会けんぽ　（日本年金機構資料など）

[解説] 引き上げが続く保険料率　各保険料率は、引き上げが続いている。国民年金の保険料は、2004年の法改正により、2005年度から2017年度まで毎年280円*引き上げられた。また、国民年金保険料は、所得額に関わらず定額である。そのため、所得が低い人にとっては、所得に占める保険料の割合が高くなる（**逆進性**をもつ）。さらに、保険料の未納（→p.320❻）も問題になっており、低年金・無年金者が増加すると、生活保護世帯が増加する可能性がある。　*その年の物価や賃金の伸び率に合わせて額面は変動。

❹ 消費税増収分の使途

（2020年度）
幼児教育・保育・高等教育の無償化、子ども子育て支援新制度の実施、医療・介護保険制度の改革など

| 将来世代への負担のつけ回し軽減 5.8兆円 | 社会保障の充実 3.89 | 基礎年金の安定化 3.4 |

消費増税による経費増への対応 0.6
（内閣官房資料）

[解説] 社会保障の財源に　2012年成立の**社会保障と税の一体改革関連法**により、当時5％だった消費税率は段階的に10％まで引き上げられた。増収分は、すべて社会保障の財源とされ、高齢者だけでなく、子育て世代を含む**全世代型の社会保障制度**の実現のために使われる。

❺ 確定拠出型年金（日本版401k）改革

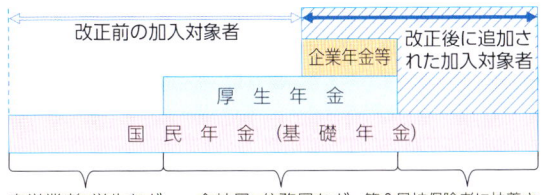

図：改正前の加入対象者／改正後に追加された加入対象者
- 企業年金等
- 厚生年金
- 国民年金（基礎年金）
- 自営業者・学生など（第1号被保険者）
- 会社員・公務員など（第2号）
- 第2号被保険者に扶養されている配偶者（第3号）

[解説] 自助努力の選択肢として　確定拠出型年金（→p.319❸）の個人型は、これまでは加入できる人が限られていたが、法改正により、2017年から原則20歳以上60歳未満であれば誰でも加入できるようになった。これにより、自助努力の選択肢が広がったが、各自の責任・判断によって運用する必要がある。

ここも見よう！
- 国民医療費の推移（→p.318❸）
- 世代別の保険料負担額と年金給付額（→p.319❺）
- 生活保護の被保護世帯数と生活保護費の推移（→p.321❸）

Ｂ　持続可能な社会保障をめざして

❶ 日本の地方自治体の取り組み─長野県

草の根の減塩運動　長野県は1950年代、塩分摂取量の多い食生活を背景に、高い脳卒中死亡率が問題になっていた。そこで、1960年代より全県を挙げての「減塩運動」を推進した。ボランティアなどが各家庭を訪ね、味噌汁・漬物の漬け汁などの塩分濃度を測り、具体的な減塩をアドバイス。また、塩分の排出を促す野菜の摂取を促進したりした。

長寿1位に　これらの活動を続け、男性は1990年、女性は2010年に平均寿命が全国1位となった。さらに、医療費も全国平均と比べて抑えられている。

△味噌汁の塩分濃度を測る様子

❷ 低福祉・低負担─アメリカ

改革前　日本のような国民皆保険制度はない。公的医療保険は、高齢者・障がい者向けの**メディケア**、低所得者向けの**メディケイド**のみ。それ以外は民間の保険に加入するが、保険料が高く、無保険者が5000万人いると言われていた。

2010年 医療保険改革法成立（通称「オバマケア」）
- 医療保険への加入を原則義務化（未加入の場合は罰金*）
- メディケイドの範囲拡大　など

成果　無保険者が1000万人以上減少
課題　健康状態のよくない加入者が増加した一方で、若年層の加入が想定よりも少なく、保険金の支払いに対応するため、保険料が値上がり

*2017年、トランプ大統領の改革により2019年から罰金の廃止が決定。

❸ 高福祉・高負担─スウェーデン

おもな年金制度	・賦課方式と積立方式の組み合わせ。保険料率は将来にわたり18.5％で固定し、景気の悪化や収入減は、受け取り年金額によって調整する。毎年、将来の年金受取額を通知し、透明性の向上を図る ・十分な積立ができなかった人には、国の財源による「保証年金」を支給
企業に対する施策	・高い保険料を負担するが、福利厚生は国の仕事とし、企業は福利厚生の責任を負わない ・業務効率化しなければ生き残れない
その他の社会保障	・子育て支援、再就職支援などにも重点を置き、幅広い年齢層がメリットを実感しやすい

↓
高い国民負担率でも、1.2％の経済成長率
（日本は1.0％、いずれも2019年）

ここも見よう！
- 社会保障の規模と国民の負担（→p.328❸）
- 政策分野別社会支出の割合（→p.328❹）

Think & Check
- 50年後の自分が安心して暮らすために、今、行うべき社会保障改革プランを作ってみましょう。

あなたのプランは
- どの立場の人も安心して暮らせるものですか。
- 立場によって不利な扱いを強いられている人はいませんか。
- 財源は確保されていますか。
- 将来の世代に負担を残していませんか。

重要用語　❷❽❾国債　❸❾❻医療保険　❸❾❼年金保険　❸❾❽厚生年金

社会にLINK　ノーマライゼーション社会の実現へ！

クイズ 次のマーク，キミはいくつ知ってる？（答えはページ下）

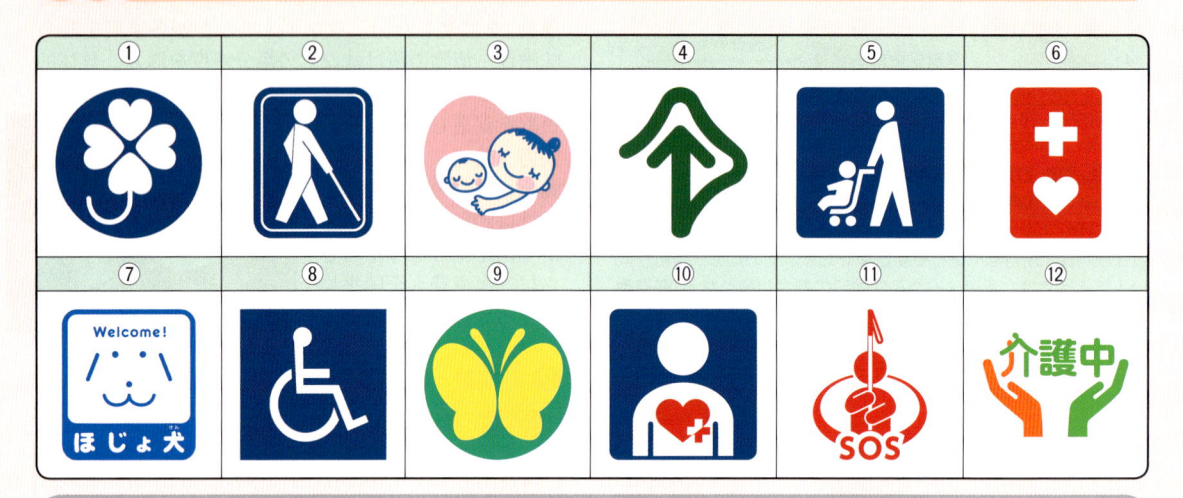

| ① | ② | ③ | ④ | ⑤ | ⑥ |
| ⑦ | ⑧ | ⑨ | ⑩ | ⑪ | ⑫ |

●次のA～Lから選んでみよう！

- A 聴覚障害者標識
- B 身体障害者標識
- C 盲人のための国際シンボルマーク
- D ベビーカーマーク
- E ほじょ犬マーク
- F マタニティマーク
- G ハート・プラスマーク
- H 介護マーク
- I 障害者のための国際シンボルマーク
- J 耳マーク
- K ヘルプマーク
- L 「白杖SOSシグナル」普及啓発シンボルマーク

Hop　情報収集　ノーマライゼーションとは何か？

障がいのある人もない人も，互いに支え合い，生き生きと暮らしていける社会が普通の社会であるという考え方を，ノーマライゼーション（→p.321 E2）といい，その実現がめざされている。また，ノーマライゼーションを推進するための考え方として，バリアフリーとユニバーサルデザイン（→p.316 導入）がある。冒頭クイズのさまざまなマークも，ノーマライゼーションを実現するための取り組みの1つといえる。

```
        ノーマライゼーション
         ↑          ↑
   バリアフリー    ユニバーサルデザイン
   生活をするうえでの障  誰もが利用しやすい製
   壁（バリア）をなくす  品・空間デザイン
```

TRY　マークの意味と背景を調べよう

キミが特に興味をもった，もしくは知らなかったマークを1つ選び，次の5つの観点で調べてまとめてみよう。

キミが選んだマークは…	
①どのような意味か？	
②背景となった課題は何か？なぜマークが作られたのか？	
③どのような場所にある（どのような人がつけている）か？	
④マークがあることによってどのような効果があるか？	マークをつける側…
	マークを見る側…
⑤そのマークを見かけたら，キミはどうする？	

マークの答え：①-B 身体障害者標識　②-C 盲人のための国際シンボルマーク　③-F マタニティマーク　④-J 耳マーク　⑤-D ベビーカーマーク　⑥-K ヘルプマーク　⑦-E ほじょ犬マーク　⑧-I 障害者のための国際シンボルマーク　⑨-A 聴覚障害者標識　⑩-G ハート・プラスマーク　⑪-L 「白杖SOSシグナル」普及啓発シンボルマーク　⑫-H 介護マーク

Step 考察 私たちの「バリア」はどこにある？

●4つの「バリア」

厚生労働省「平成12年度版 障害者白書」によると，障がい者が生活するうえで，次の4つのバリアがあるという。これらのバリアは，解消が進んでいるだろうか。

①物理的なバリア	②制度的なバリア
歩道や出入口の段差，スロープや手すりがないなど，物理的な障壁。	障がいがあることを理由に，資格や免許などを与えることを制限するといった障壁。
③文化・情報面のバリア	④意識上のバリア
音声案内，点字，手話通訳，わかりやすい表示の不足などによる文化・情報面での障壁。	心ない言葉や視線，障がい者を「守られ，保護される人」ととらえるといった心の障壁。

左の4つのバリアを，キミが解消が遅れていると思う順番に並べてみよう。Hopで調べたマークに関する課題について考えてもいいし，社会の一般的な状況について考えてもいいよ。

考えてみよう！ 障がいではないけれど，次のような人たちも，生活するうえで「バリア」を感じることがあるようだよ。どのようなバリアがあるのかな？
- 高齢者　・妊娠中の女性
- 持病のある人，病気の人
- 乳児・幼児を子育て中の親
- LGBTの人　・外国人　など

Jump 参画案・評価 問題解決のため，プランを作ろう！

次の①・②について考えてみよう。
① キミはどのようなバリアを解消したい？理由も合わせて考えよう。
② ①で考えたバリア解消のために取り組んでみたいことは何？プランを考えよう。今すぐにできないことでもOK！

さらに，プランを考えたら，右の観点で見直してみよう。最初から完璧なプランが作れなくても大丈夫。見直しながら，よりよいものにしていこう。

Check 作ったプランを検証しよう！
- □その取り組みは，継続的に行うものか？それとも，一度の取り組みで終了するものか？
- □継続的に行うものであれば，持続可能性はある？
- □1人で行えるものか？他の人の協力が必要なものか？
- □資金は必要か？必要ならどこから集める？
- □取り組みによって不利益を被ったり，大きな負担がかかる人はいないか？
- ➡□目標は実現可能か？

事例紹介

❶広がるユニバーサルツーリズム

年齢や障がいの有無に関わらず，誰もが気兼ねなく楽しめる旅，「ユニバーサルツーリズム」が注目されている。

○トラベルヘルパー（NPO法人日本トラベルヘルパー協会）サポートが必要な人の外出支援の専門家。移動の手助けや食事や入浴の介助など，様々な支援を臨機応変に行う。旅行会社がヘルパーを紹介するなど，旅行会社との連携も始まっている。
©SPIあ・える倶楽部

○トイレ情報アプリ「Check a Toilet」（NPO法人Check）車いす用スペースやおむつ交換台などを備える「多機能トイレ」情報を地図上に示すアプリ。トイレが心配で外出をためらう人の，心理的なハードルを下げることができる。

このような様々な取り組みによって，障がいの有無に関わらず，旅行や外出を楽しめる人が増えつつある。しかし，宿泊予約サイトにはバリアフリーに関する情報が少ないなど，まだ課題もある。

❷「障がい者千人雇用」を達成！－岡山県総社市

岡山県総社市は，2011年から「障がい者千人雇用」という目標を掲げ，取り組みを進めてきた。取り組みの開始時に180人だった就労者は，6年後の2017年5月には1003人まで増加し，その目標を達成した。

取り組み内容 障がい者を対象とした就職面接会，広報紙やシンポジウムなどによる幅広い広報活動，「障がい者千人雇用センター」を設置し，企業と障がい者のマッチングなどを行った。

雇用の連鎖 当初は障がい者を雇用することに消極的だった企業も，障がい者を雇用し，共に働くうちに，職場の団結力が高まり，雰囲気が良くなったという。そして，それを見た他の企業が障がい者雇用をはじめる…というように，採用する企業が増えていった。市は，次は1500人雇用をめざすことを表明し，取り組みを継続している。

○総社市の障がい者を対象とした就職説明会の様子 このような様々な活動の積み重ねによって，総社市は大幅に障がい者雇用を増加させた。
提供／総社市

F 社会保障制度の問題点

1 社会保障関係費の推移 ◎どの部門の割合が高いか？

*社会保障4経費(年金，医療，介護，少子化対策)に関する予算額を明確化するため，内訳を見直している。

社会保障額(兆円)：0.2（1960年度）／3.9（75）／11.6（90）／20.4（2005）／35.9（2020*）

内訳構成：
- 社会保険費：36.0% → 59.3 → 61.9 → 77.8 → 78.3（年金・医療・介護給付費）
- 失業対策費：17.0 → 4.4 → 3.0 → — → 0.1（雇用労災対策費）
- 生活保護費：24.7 → 13.6 → 9.6 → 2.3 → — （少子化対策費）
- 社会福祉費：7.4 → 15.7 → 20.7 → 9.4 → 8.5（生活扶助等社会福祉費）
- 保健衛生対策費：14.9 → 7.0 → 4.8 → 8.1 → 11.7
- （未分類）：— → — → — → 2.4 → 1.4

国の予算に占める割合(%)：11.5／18.4／17.5／24.8／34.9
（財務省資料）

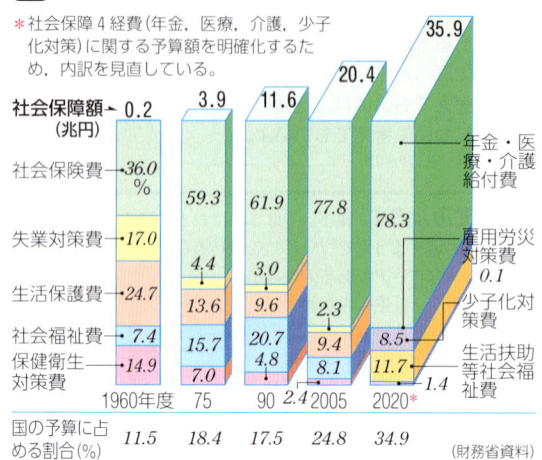

解説 日本の社会保障関係費 日本は1961年に「国民皆保険・国民皆年金」を達成。その後，高齢化によって社会保障関係費は増大している。内訳では，**社会保険費**や**社会福祉費**の占める割合が高まった。(2000年度の介護保険制度創設により社会福祉費の一部が社会保険費に移行。)

2 社会保障給付費の推移

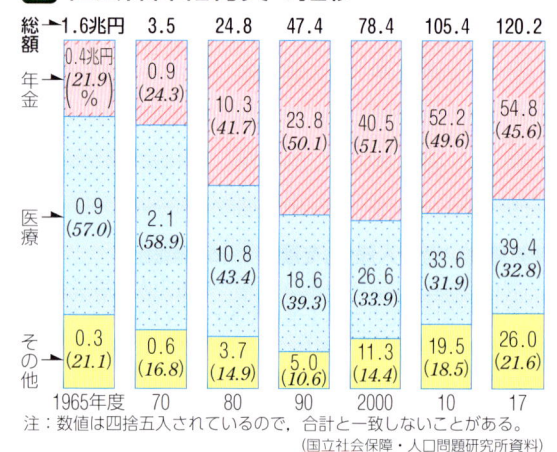

総額：1.6兆円(1965年度)／3.5(70)／24.8(80)／47.4(90)／78.4(2000)／105.4(10)／120.2(17)

年金：0.4兆円(21.9%)／0.9(24.3)／10.3(41.7)／23.8(50.1)／40.5(51.7)／52.2(49.6)／54.8(45.6)

医療：0.9(57.0)／2.1(58.9)／10.8(43.4)／18.6(39.3)／26.6(33.9)／33.6(31.9)／39.4(32.8)

その他：0.3(21.1)／0.6(16.8)／3.7(14.9)／5.0(10.6)／11.3(14.4)／19.5(18.5)／26.0(21.6)

注：数値は四捨五入されているので，合計と一致しないことがある。
（国立社会保障・人口問題研究所資料）

3 社会保障の規模と国民の負担

社会支出*1の対国民所得比(2015年度)／国民負担率(2016年)＝租税負担率*2＋社会保障負担率*3

国	社会支出対国民所得比	租税負担率	社会保障負担率	国民負担率
フランス	45.1%	40.8	26.5	67.2
スウェーデン	41.5	53.6	5.2	58.8
ドイツ	36.2	31.2	22.2	53.4
日本	30.7(2017年度)	25.4	17.4	42.8
イギリス	30.7	36.3	10.5	46.9
アメリカ	30.6	24.7	8.4	33.1

*1 OECD基準による。社会保障給付費のほか，施設整備費など直接個人に移転されない費用を含む。
*2 国税と地方税の合計の国民所得に対する割合。
*3 保険料など社会保障負担額の国民所得に対する割合。
注1：四捨五入のため，*2と*3の合計が国民負担率に一致しない場合がある。
注2：日本の国民負担率のみ2019年度見通し。（財務省資料など）

解説 高福祉・高負担 社会支出の対国民所得比が高い国ほど，税や保険料などの国民の負担も大きい傾向がある。国民負担率の中身に注目すると，租税負担を大きくするか，社会保障負担を大きくするかは国によって異なる。

4 政策分野別社会支出の割合 ◎日本は，どの分野への支出が多いか？

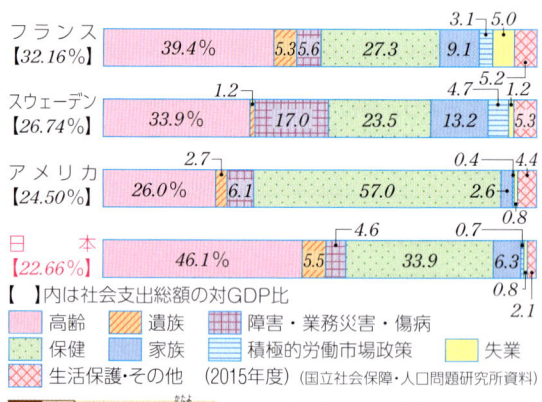

国【対GDP比】	高齢	遺族	障害・業務災害・傷病	保健	家族	積極的労働市場政策	失業	生活保護・その他
フランス【32.16%】	39.4%	5.3	5.6	27.3	9.1	3.1	5.0	—
スウェーデン【26.74%】	33.9	1.2	17.0	23.5	13.2	4.7	1.2	5.3
アメリカ【24.50%】	26.0%	2.7	6.1	57.0	2.6	0.4	4.4	0.8
日本【22.66%】	46.1%	5.5	4.6	33.9	6.3	0.7	0.8	2.1

（2015年度）（国立社会保障・人口問題研究所資料）

解説 政策分野の偏り 日本は，高齢者と保健分野の比率が大きい。体の不自由な人たちへの支援，少子化対策などの家族政策，失業者への教育訓練などの充実を求める意見もある。

LOOK 国によって異なる社会保障のあり方

社会保障の類型 社会保障のあり方は，北欧型，大陸型，アメリカ型に大きく分けられるという。それぞれの類型で公的社会保障の規模は異なり，政府が供給しない福祉は，家族や市場，地域社会やNPOなどが担っている。社会保障のあり方は，女性や高齢者の労働を促進するか，解雇規制が弱いか強いかといった労働政策や，少子化対策などの家族政策と密接に関係している。社会保障のあり方から，その国のめざす社会を読み取ることができる。
日本は？ 日本は，どの類型にも属していないが，**家族の役割が大きい点は大陸型に似ており，全体としての社会保障給付規模が小さい点でアメリカ型に似ている**といわれる。今後，高齢化の進展により社会保障給付が増える中で，どのような負担と給付のあり方をめざすのか，検討する必要がある（→p.324）。

● 社会保障の類型

	北欧型	大陸型	アメリカ型
代表的な国	スウェーデン，ノルウェー	フランス，ドイツ，イタリア	アメリカ，カナダ
公的社会保障の規模	大規模（大きな政府　政府の役割大）	中～大規模（カトリックの伝統から，家族の役割大）	小規模（小さな政府　市場の役割大）
負担・給付のあり方	・高福祉・高負担 ・財源は税中心 ・すべての人に平等に給付	・職域ごとの社会保険が中心 ・職業上の地位に応じた給付	・低福祉・低負担 ・民間保険中心 ・市場での能力に応じた給付

重要用語 391社会保険　393社会福祉　395国民皆保険・国民皆年金

ポイント整理 19

18 社会保障と社会福祉

A 社会保障制度の発展 (→p.316)
- **エリザベス救貧法**(1601年)…**公的扶助**の始まり
- ビスマルクの疾病保険法(1883年)…社会保険の始まり
- **ベバリッジ報告**(1942年)…社会保障の制度化=「ゆりかごから墓場まで」
  - →国民の権利としての社会保障確立
- ILOフィラデルフィア宣言(1944年), **世界人権宣言**(1948年)

B 日本の社会保障制度 (→p.317)
① 日本の社会保障制度の歩み
- 戦前―恤救規則…貧困者の救済措置。日本の公的扶助の始まり
- 健康保険法…社会保険の始まり
- 戦後―日本国憲法…生存権(第25条)の規定→国民の権利としての社会保障

② 日本の社会保障制度の体系
- **社会保険**…病気, 高齢, 失業, 介護, 労働災害に対する保険の給付
  - **医療保険, 年金保険, 雇用保険, 労働者災害補償保険, 介護保険**
- **公的扶助**(**生活保護**)…生活困窮者への保護
- **社会福祉**…児童, 母子家庭, 障がい者, 高齢者などに対する援護育成
- **公衆衛生**…国民の健康の維持・促進, 生活環境の保全

C 社会保険 (→p.318〜320)
① 医療保険…**国民皆保険**(1961年達成)←1958年 国民健康保険法(全面改正)
- 健康保険(会社員), 船員保険(船員), 共済組合(国家・地方公務員など)
- **国民健康保険**(農業・自営業者など)
- 老人保健(1982年老人保健法)→**後期高齢者医療制度**(2008年〜)

② 年金保険…国民皆年金(1961年達成)←1959年 国民年金法
- **国民年金**(基礎年金)……20〜60歳の日本に住むすべての人が加入 ┐
- **厚生年金保険**…………会社員・公務員など→基礎年金に上乗せ ┘ 公的年金
  - └公務員が加入していた**共済年金**は2015年に厚生年金に統一
- 企業年金……………企業・組合が実施。2001年に確定拠出型年金導入
- 日本の年金制度…**修正積立方式**(世代間扶養のしくみ)→世代間の不公平が問題に
- 年金改革…年金改革関連法(2004年)→保険料引き上げ。給付水準引き下げ
  - 社会保険庁改革(2007年)→社会保険庁廃止。日本年金機構発足
  - 社会保障と税の一体改革(2012年)→消費税増収分を社会保障財源に

③ 介護保険…介護の負担を社会全体で支えるしくみ。40歳以上が保険料を負担。

D 公的扶助 (→p.321)
- **生活保護法**…公的扶助の基本理念(1946年制定, 1950年全面改正)
  - 困窮者に健康で文化的な最低限度の生活を保障←憲法第25条

E 社会福祉 (→p.321, 326, 327) □…福祉六法
- ノーマライゼーションの実現…すべての人がともに普通に生活できる社会
  └バリアフリー社会, ユニバーサルデザインの考え方
- 児童, 母子家庭←**児童福祉法**, **母子及び寡婦福祉法**
- 障がい者←**身体障害者福祉法**, **知的障害者福祉法**, 障害者雇用促進法
- 高齢者←**老人福祉法**
- 高齢社会…施設・設備, 制度の充実が必要→**介護保険制度**の成立

F 人口減少社会 (→p.322, 323)
- 少子化…晩婚・未婚化, 経済的理由 ┐
- 高齢化…医療技術の発達による平均寿命の延び ┘ 少子高齢社会
  - →日本の**合計特殊出生率**の回復が課題
  - →・子どもを産みたい人が安心して産める社会の実現
    - ・高齢者の活力を生かした社会の実現

G 社会保障制度の問題点 (→p.324, 325, 328)
- 制度間の格差…保険料, 給付額, 年金支給開始年齢など
- 財源確保の問題…**高齢化**にともなう社会保障費の増大
  - 少子化により, 保険料を負担する現役世代の減少

ポイント解説

A 社会保障制度の発展 社会保障は疾病や高齢, 失業から人々を守り, 公的に最低限度の生活を保障するものである。イギリスのベバリッジ報告によって全国民を対象とする制度としての社会保障が確立した。

B 日本の社会保障制度 日本では, 戦前に恤救規則が実施されたが, 救済の対象となる貧困者が制限されるなど, 十分なものではなかった。戦後, 日本国憲法が制定され, 第25条に生存権と国の社会保障義務が規定され, 国民の権利としての社会保障が確立した。日本の社会保障制度は, 社会保険, 公的扶助, 社会福祉, 公衆衛生の4部門からなる。

C 社会保険 社会保険は, 疾病, 高齢, 失業, 介護, 労働災害に対して加入者が保険料を積み立て, 一定の給付を受ける制度である。その中心は医療保険と年金保険で, ともに「国民皆保険」「国民皆年金」が実現。しかし, 少子高齢化の急速な進展を受けて, 保険料の引き上げや給付水準の引き下げ, 消費税増税による財源確保などの改革が行われている。また, 2000年には介護にかかる費用を社会全体で負担するために, 介護保険制度が導入された。

D 公的扶助 公的扶助は生活保護法に基づき, すべての生活困窮者に対し, 困窮の程度に応じて必要な保護を行うもので, 全額公費でまかなわれる。

E 社会福祉 社会福祉は, 援護を必要とする児童や心身障がい者, 高齢者などに対し, 必要な施設やサービスを提供するものである。

障がい者や高齢者を含め, 誰もが普通に暮らせる社会が正常な社会であるという考え方をノーマライゼーションという。この考え方に基づき, バリアフリー社会を実現するために, 本当に役立つサービスや施設の充実をめざす必要がある。

F 人口減少社会 少子高齢化の進展により, 2005年に日本の人口は自然減に転じた。日本経済や社会保障制度などへの影響が懸念されている。

G 社会保障制度の問題点 高齢化が急速に進展したため, 医療費や年金など, 急増した社会保障費の財源をどのようにして確保するかが課題である。そこで, 医療保険の被保険者本人負担の増加や年金保険の保険料引き上げ, 支給開始年齢の引き上げ, 社会保障財源を確保するための消費税増税などが行われている。

第4章 現代の国際経済

1 貿易と国際収支

▶**車の積み出し港** 世界の国々は，貿易や国際的な株の売買で，深く結びついている。しかし，各国は使用通貨が異なるため，貿易や国際的な株の取り引きには，通貨の交換が必要である。貿易や通貨交換のしくみ，世界経済の安定の取り組みについて学ぼう。

A 世界の貿易

1 世界の貿易額の推移
●世界の貿易額は，どのように変化してきたか？

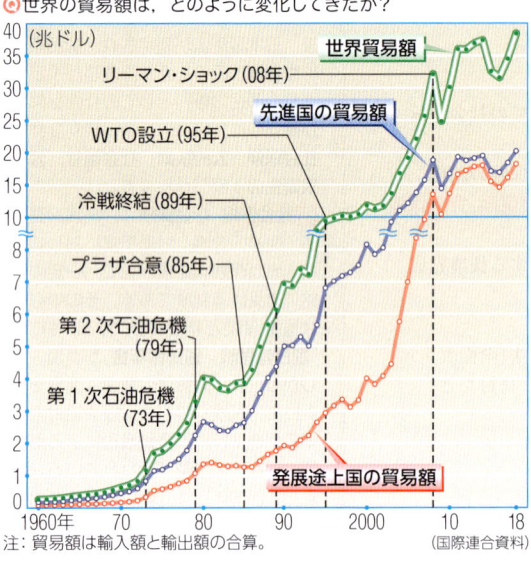

（グラフ：1960年～18年の世界貿易額・先進国の貿易額・発展途上国の貿易額の推移。主な出来事：第1次石油危機（73年），第2次石油危機（79年），プラザ合意（85年），冷戦終結（89年），WTO設立（95年），リーマン・ショック（08年））
注：貿易額は輸入額と輸出額の合算。（国際連合資料）

2 輸出総額の地域別割合（→p.362 A 2）

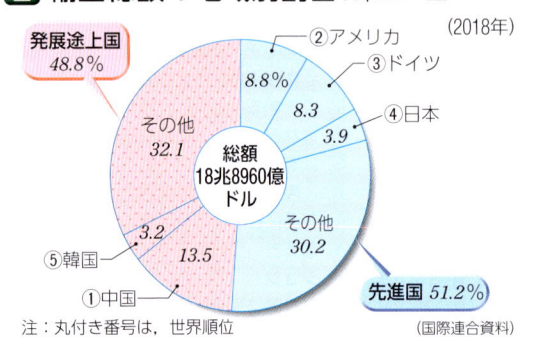

（円グラフ 2018年 総額18兆8960億ドル）
- 発展途上国 48.8％（その他32.1／①中国13.5／⑤韓国3.2）
- 先進国 51.2％（その他30.2／④日本3.9／③ドイツ8.3／②アメリカ8.8）

注：丸付き番号は，世界順位。（国際連合資料）

3 先進国と発展途上国の輸出相手先

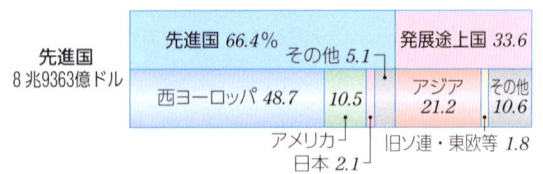

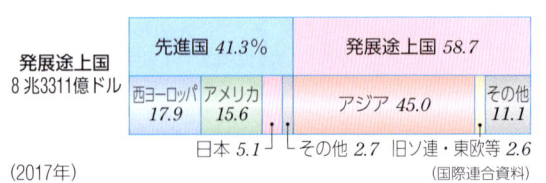

先進国 8兆9363億ドル
- 先進国 66.4％（西ヨーロッパ48.7／アメリカ10.5／日本2.1／その他5.1）
- 発展途上国 33.6（アジア21.2／旧ソ連・東欧等1.8／その他10.6）

発展途上国 8兆3311億ドル
- 先進国 41.3％（西ヨーロッパ17.9／アメリカ15.6／日本5.1／その他2.7）
- 発展途上国 58.7（アジア45.0／旧ソ連・東欧等2.6／その他11.1）

（2017年）（国際連合資料）

4 水平的分業と垂直的分業

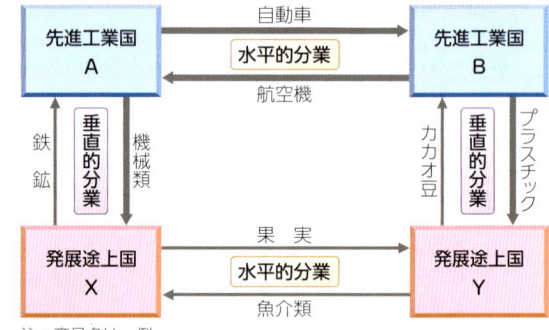

（図：先進工業国A ⇔ 先進工業国B（自動車／水平的分業／航空機）、先進工業国A ⇔ 発展途上国X（鉄鉱／垂直的分業／機械類）、先進工業国B ⇔ 発展途上国Y（カカオ豆／垂直的分業／プラスチック）、発展途上国X ⇔ 発展途上国Y（果実／水平的分業／魚介類））
注：商品名は一例。

解説 国際分業 世界では，自国で生産しきれない商品を貿易することで補う**国際分業**が行われている。先進工業国間では，単価の高い工業製品を貿易することで補完し合うような，**水平的分業**が進んでいる。一方，先進工業国と発展途上国との間で，工業製品と食料・原料を貿易する分業体制を**垂直的分業**という（モノカルチャー経済→p.350）。かつては，日本とアジアの国々は，垂直的分業が多かった。近年は，日本企業のアジア進出，アジアの経済発展により，アジア各国から衣類，家電製品などの製品が日本に輸入され，水平的分業に変わりつつある。

LOOK 世界に広がる多国籍企業

世界の貿易総額の約3分の1が多国籍企業（→p.213 7）の企業内の貿易とされる。巨大多国籍企業は，世界中から大量に安く資材を仕入れ，世界中にものを販売する。こうした企業の存在が，経済の国際化を一層進めている。

世界のスターバックスコーヒー 78以上の国と地域に，3万を超える店舗がある（2019年）

◎モスクワ（ロシア）
◎上海（中国）
◎ドバイ（アラブ首長国連邦）

入試クイズ リカードは，発達段階の異なる国家間では，自由貿易を行うべきではないということを明らかにした。〇？×？〈13本〉（→p.331） 答：×

比較生産費説 なぜ貿易を行うのか？

わかりやすい経済講座

A 国際分業と比較生産費説

外国と比べて比較的得意な商品を輸出し，比較的不得意な商品は外国から輸入する**国際分業**を行うと，相互に利益があるとする理論が，イギリスの経済学者D.リカード（1772～1823）の提唱した**比較生産費説**である。

リカードは，生産物の価格はその生産のために投入された労働量によって決定されるとした。これを**労働価値説**という。例えば，一国内において10人の労働者が1か月働いて生産した商品Aは，5人の労働者が1か月働いて生産した商品Bよりも価格が高いという考え方である。

I	1単位の生産に必要な労働者数	
	ラシャ（毛織物の一種）	ぶどう酒
イギリス	150人	300人
ポルトガル	100人	50人

（2/3の労働者で生産／1/6の労働者で生産）

例えば，表Iのように，ポルトガルの方が，イギリスと比べて，ラシャ，ぶどう酒とも安く生産でき，生産性が高いとする。この場合，ポルトガルは，イギリスに対して，どちらの商品も**絶対優位**にある。しかし，どちらの商品もポルトガルで生産した方が得とはいえない。

特化前	II	ラシャ（毛織物の一種）		ぶどう酒	
		労働者	生産量	労働者	生産量
	イギリス	150人	1単位	300人	1単位
	ポルトガル	100人	1単位	50人	1単位
	合計		2単位		2単位

特化後	III	ラシャ（毛織物の一種）		ぶどう酒	
		労働者	生産量	労働者	生産量
	イギリス	450人	3単位		
	ポルトガル			150人	3単位
	合計		3単位		3単位

仮に，表IIのように，イギリスの労働者を450人，ポルトガルの労働者を150人として，両国でラシャとぶどう酒を生産した場合は，両国でラシャは2単位，ぶどう酒は2単位生産される。

これを，表IIIのように，イギリスがポルトガルに比べて**相対的に安く生産できる**（比較優位。非効率の程度が低い）ラシャに，すべての労働者を傾け生産に専念（**特化**）した場合，イギリスはラシャを3単位生産できる。逆に，ポルトガルは，相対的に安く生産できるぶどう酒の生産に専念すると，ぶどう酒を3単位生産できる。つまり，両国で，比較優位にある商品に生産を特化することによって，両国でより多くの商品を生産でき，増えた商品を貿易によって交換すれば，今までよりも多くの商品を消費でき，お互いが豊かになる。この理論を**比較生産費説**という。

B 自由貿易と保護貿易

比較生産費説に基づいて，イギリスがラシャの生産に特化し，ポルトガルがぶどう酒の生産に特化するとどのようなことになるだろうか。ラシャは工業製品であり，ぶどう酒は農業製品である。イギリスはラシャの生産を足がかりにして工業化を押し進めることができるが，ポルトガルの方はいつまでたっても工業化を達成することができず，農業国にとどまることになる。

自由貿易 リカードの生きた時代は，世界で最初の産業革命がはじまったイギリスが「世界の工場」としての地位を確立しつつあった時である。すなわち，自由貿易で自国の工業製品を世界に輸出することはイギリスの国益であり，リカードが比較生産費説に基づいて自由貿易を主張することは，イギリスの国益にかなったことでもあった。

保護貿易 これに対し当時，イギリスより工業化が遅れ，農業国の段階にあったドイツで経済学者F.リスト（1789～1846）は，各国の経済発展段階には違いがあり，ドイツのように発展の遅れた国では，国内の幼稚産業を保護するために輸入品に**関税**（→p.339①）をかけたり，輸入制限をする保護貿易政策をとることが必要であると主張した。

世界恐慌への対応として各国で採用された保護主義的な貿易政策が，世界貿易を縮小させ，第二次世界大戦の原因の1つとなったことへの反省から，戦後はより自由な貿易をめざす体制が整えられた。この体制のもと，発展途上国など国内に生産性の低い産業を抱えている国ではその実情に応じた措置をとりながらも，保護主義的な動きをとらず，より自由な貿易を実現する方向へと国際協力を進めていくことが必要である。

入試で腕だめし

次の表はA，B各国で，工業製品と農産品をそれぞれ1単位生産するのに必要な労働者数をあらわす。これらの生産には労働しか用いられないとする。また，各国内の労働者は，この二つの産業で全員雇用されるとする。下の表から読み取れる内容について，下の文章中の（　）の中から適切なものを選べ。〈11本改〉

	工業製品	農産品
A国	2人	4人
B国	12人	6人

いずれの産業においてもA国はB国よりも労働生産性が①（高い・低い）。ここで農産品の生産をA国が1単位減らしB国が1単位増やすとする。すると生産量の両国の合計は，農産品では変わらないが工業製品については②（1.5・0.5）単位増える。

（答はp.332のページ下）

▶重要用語 213世界恐慌　242多国籍企業　403比較生産費説　404D.リカード　405F.リスト　406自由貿易　407保護貿易

わかりやすい経済講座 国際収支をどうみるか？

A 国際収支とは

国際収支とは，一国の一定期間の外国とのモノ・サービス・カネの取り引きの収支であり，これをまとめたものが**国際収支表**である。国際収支表の各収支をみることで，その国の外国とのモノ・サービス・カネの流れの特色をつかむことができる。

国際収支表は，各国比較をできるようにという観点から，ＩＭＦ（国際通貨基金●p.337）の国際収支マニュアルに基づき，作成・公表されている。IMF国際収支マニュアルは2008年に第6版が公表され，日本では2014年より第6版準拠の新形式の統計に移行した。

B 日本の国際収支表

（単位：兆円）

旧形式			新形式			2018年	2019年
経常収支			経常収支		財・サービスの取り引き，所得の受け払いなどの収支	19.4	20.1
	貿易・サービス収支			貿易・サービス収支	財・サービスの取り引きの収支	0.1	0.5
		a 貿易収支		a 貿易収支	モノの輸出入による代金の受け取り（輸出）と支払い（輸入）の収支	1.1	0.4
		b サービス収支		b サービス収支	輸送，旅行，その他のサービス（金融，通信，著作権・特許権の使用料など）取り引きの収支	−1.0	0.1
	所得収支			第一次所得収支	海外資産（海外の支店・工場，株・債券など）からの利益（配当や利子を含む），海外の企業などから得た給料などの所得の収支	21.3	21.0
	経常移転収支			第二次所得収支	国際機関への拠出金，政府などによる食料や医療品などの無償援助，海外で働く人々の本国への送金など，対価をともなわない資金移動の収支	−2.0	−1.4
資本収支（名称廃止）			資本移転等収支		対価をともなわない資金移動のうち，無償資金援助による海外での道路や港湾建設などの社会資本形成，債務免除などの収支	−0.2	−0.4
	投資収支		金融収支		対外金融資産・負債（直接投資，株・債券・金融商品の売買，輸出入代金・外貨準備など）の収支	20.0	24.3
	その他資本収支						
外貨準備増減			外貨準備		政府と日本銀行が保有する外貨（ドル）を集計したもの。受け取ったお金が，支払ったお金よりも多ければ外貨の準備が増加し，逆の場合は減少する。この外貨準備は，輸入代金支払いのために必要である。	2.7	2.8
誤差脱漏			誤差脱漏		差額の調整額	0.8	4.6

注：四捨五入のため，合計が総額に一致しない場合がある。

（財務省資料）

旧形式
経常収支 ＋ 資本収支 ＋ 外貨準備増減 ＋ 誤差脱漏 ＝ 0

新形式
経常収支 ＋ 資本移転等収支 − 金融収支 ＋ 誤差脱漏 ＝ 0
（資産−負債）

国際収支表は，同価値のものを交換するという考えに基づき，財・サービスと，カネのやり取りが同時に記載（複式計上方式）されている。

例えば，日本のトヨタ自動車から米国の自動車販売会社へ自動車を100億円輸出すると，米国の自動車販売会社は指定された米国の銀行の口座に100億円を振り込む。この行為は，国際収支表では貿易収支に100億円，金融収支（資産）に100億円計上される。つまり，**国際収支表は，すべての取り引きがゼロになるように計上されている**。

次に，計上する際の符号の付け方は，経常収支と資本移転等収支では，**資金の流入はプラス，資金の流出はマイナス**に計上する。金融収支では，**資産・負債の増加をプラス，資産・負債の減少をマイナス**に計上する。

●国際収支の各項目の符号の意味

項目	符号の意味	
経常収支 資本移転等収支	プラス…資金の流入 マイナス…資金の流出	注：旧形式から変わらない。
金融収支	**資産**（日本から海外への投資）−**負債**（海外から日本への投資） プラス…資産の方が多い（資金の流出） マイナス…負債の方が多い（資金の流入）	注：新形式から変更された。

p.331の答…①高い ②1.5 A国は工業製品3単位，農産品0単位，B国は工業製品0.5単位，農産品2単位を生産できるようになり，A国・B国合計で工業製品3.5単位，農産品2単位を生産できるようになる。

B 国際収支

1 戦後の日本の国際収支の推移
◎国際収支の推移から何がわかるか？

	1946~50年平均	51~55	56~60	61~65	66~70	71~75	76~80	81~85	86~90	91~95
	復興期		高度経済成長期			低成長期		安定成長期	バブル期	崩壊後
経常収支	145	105	23	−272	1240	1382	2326	23318	69082	112296
貿易収支(輸出−輸入)	−188	−393	93	391	2725	5382	11153	33949	84934	131534
輸出	395	1507	3120	5887	13454	39415	93792	154992	247981	360030
輸入	583	1900	3027	5496	10729	34033	82639	121043	163047	228496
サービス収支及び所得収支	−68	442	−21	−608	−1310	−3665	−8015	−9088	−11943	−11199
経常移転収支	401	55	−50	−55	−175	−335	−1137	−1543	−3909	−8039
資本収支	−16	−13	−23	146	−410	−2404	−4066	−32211	−89540	−43497

(単位：100万ドル)　注：IMFの基準が設けられる前の旧型式で計上されたもの。
(「通商白書」1984年・「日本国勢図会」より)

復興期
- 復興のための輸入超過
  →**貿易収支の赤字**
- アメリカの経済援助
  →**経常移転収支の黒字**
- 朝鮮特需(◎p.246)
  →**サービス収支の黒字**

高度経済成長期
- 高度経済成長(◎p.247)
  →**貿易収支は黒字に拡大**
- 貿易規模の拡大による輸送費や、技術導入による特許使用料の支払い増大
  →**サービス収支の赤字の増加**

低成長期
- 変動相場制による円高や2度の石油危機の影響(◎p.248)で日本企業が海外進出
  →**資本収支の赤字**増加

安定成長期以後
- 円高による海外旅行ブーム
  →**サービス収支の赤字**拡大
- 大幅な貿易収支黒字の発生
  →**経常収支**が莫大な**黒字**
- 海外への投資(企業の海外進出)
  →**資本収支**は大幅**赤字**

2 近年の経常収支の推移
◎どのような特徴が見出せるか？

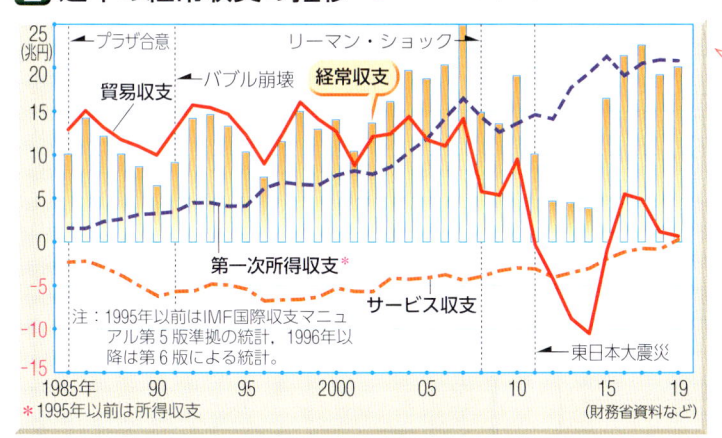

(グラフ：1985年～2019年の貿易収支、経常収支、第一次所得収支※、サービス収支の推移。プラザ合意、バブル崩壊、リーマン・ショック、東日本大震災の時期を示す。)
注：1995年以前はIMF国際収支マニュアル第5版準拠の統計、1996年以降は第6版による統計。
※1995年以前は所得収支
(財務省資料など)

貿易収支 長く黒字が続いていたが、2011年の東日本大震災の影響で、原発が停止し、天然ガス・石油の輸入が増え、そこから赤字が続いていた。2016年に黒字となったが、2019年は輸出額の減少が輸入額の減少を上回ったため、黒字幅が縮小した。

サービス収支 長く赤字が続いていたが、2019年、訪日外国人客の増加などにより、黒字化した。

第一次所得収支 日本は長年にわたる貿易黒字を原資とし、海外に子会社を設立したり、海外証券へ投資したりしてきた(金融収支)。この投資の収益により、近年第一次所得収支の**黒字**が拡大し、2005年には貿易収支の黒字額を上回った。**貿易立国**から**投資立国**へと変化しつつある。

3 日本の直接投資・証券投資の推移

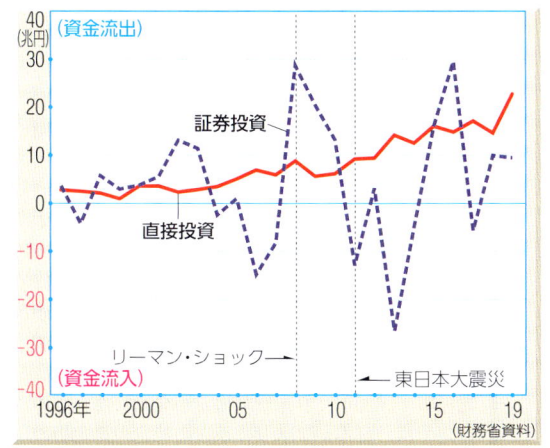

(グラフ：1996年～2019年の直接投資と証券投資の推移。リーマン・ショック、東日本大震災の時期を示す。)
(財務省資料)
注：IMF国際収支マニュアル第6版準拠の統計。黒字は対外投資の増加・対内投資の減少、赤字は対外投資の減少・対内投資の増加を示す。

解説　直接投資と証券投資の動き 黒字(資金流出)が続く直接投資の大部分は、対外直接投資(日本から海外への投資、◎p.249①、366)である。証券投資額は、景気の変動に大きく影響される。2008年のリーマン・ショックの際は、その後証券投資額の大幅な減少が見られた。

直接投資 海外支店や工場の設置など、直接的な経営支配を目的とする、資本・技術等の輸出のこと。

証券投資 配当や利子の入手など、資産運用のための投資で、企業経営には直接参加しない。

◎マルチ・スズキの販売店(インド) マルチ・スズキは日本の自動車メーカースズキと、インド政府との合弁会社として設立された。現地ニーズにあった小型乗用車を提供し、圧倒的シェアを獲得した。

重要用語　408国際収支　409経常収支　410貿易収支　411サービス収支　412第一次所得収支　413直接投資　414証券投資

4 主な国の経常収支の推移

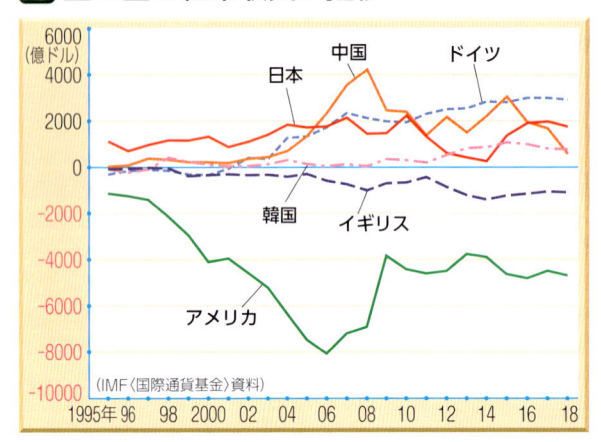

(グラフ：1995年～2018年の日本・中国・ドイツ・韓国・イギリス・アメリカの経常収支、単位：億ドル、IMF〈国際通貨基金〉資料)

6 各国の外貨準備高の推移

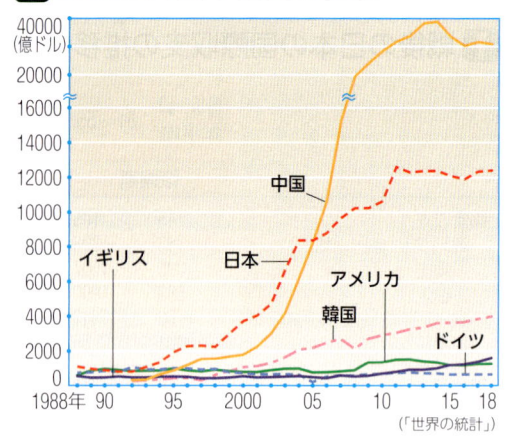

(グラフ：1988年～2018年のイギリス・日本・中国・アメリカ・韓国・ドイツの外貨準備高、単位：億ドル、「世界の統計」)

解説 外貨準備高 外貨準備高とは、政府・中央銀行が保有する金や外貨のことで、対外的な支払いに用いられ、その国の国際的信用力を示す。日本の外貨準備高は、貿易収支の黒字により大幅に増大し、世界一であった。しかし2006年、中国の外貨準備高が日本を抜き、世界一となった。

5 主な国の国際収支

● 日本に入ってくる、または出ていくお金は1年間でどれくらいになるか？ (2019年)

	日本	トルコ	中国	ドイツ	アメリカ
経常収支	1845	87	1413	2748	−4984
貿易収支	35	−166	4253	2478	−8662
サービス収支	11	369	−2611	−228	2498
第一次所得収支	1926	−125	−330	1032	2570
第二次所得収支	−126	10	103	−534	−1389
資本移転等収支	−38	0.3	−3	−3	−0.1
金融収支	2218	6	−570	2286	−3959

注：IMF国際収支マニュアル第6版による統計。 (単位：億ドル)
四捨五入のため、経常収支は内訳の合計と一致しない場合がある。(IMF資料)

解説 日本と中国の特色 日本は、長い期間赤字であったサービス収支が2019年に黒字化。貿易収支・第一次所得収支も黒字である。中国は、中国製品が世界中に輸出され、貿易収支は大幅な黒字。また、経済成長により外国旅行者が増え、サービス収支が赤字である。

国際収支の発達段階

● 日本はどの段階か？ (内閣府資料より)

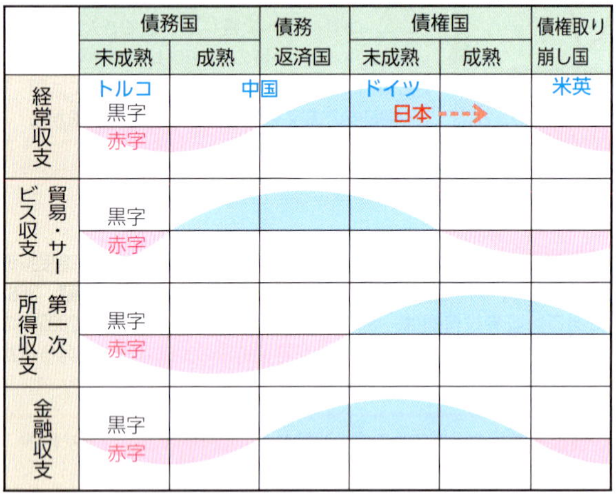

	債務国		債務返済国	債権国		債権取り崩し国
	未成熟	成熟		未成熟	成熟	
経常収支	トルコ 赤字	中国 黒字		ドイツ 日本→		米英
貿易・サービス収支		黒字 赤字				
第一次所得収支		黒字 赤字				
金融収支		黒字 赤字				

解説 経済発展と国際収支の変化 一国の国際収支は、経済発展に伴って変化していくと言われている。経済発展の初期段階では、国際競争力が低く、外国からの借り入れもあるため、経常収支は赤字、金融収支も赤字となる。輸出産業が成長して国際競争力がついていくと、貿易・サービス収支が黒字化していき、経常収支も黒字となる。その後、賃金の上昇・高齢化などにより国際競争力が低下し、再び貿易・サービス収支が低下すると言われている。日本は現在、未成熟な債権国の段階にあると言われているが、成熟した債権国に変わる可能性が出ているという見方もある。

LOOK 国際収支から見るアメリカ経済

● アメリカの経常収支の推移

(グラフ：2008年～2019年のアメリカの貿易収支・サービス収支・第一次所得収支・第二次所得収支、経常収支、単位：億ドル、IMF資料)

貿易収支 アメリカは、貿易収支の赤字により経常収支が赤字であることが特色である。アメリカ商務省が発表した2019年の貿易統計では、モノに関する貿易収支の赤字は前年よりも減少し、2018年に過去最大に膨らんだ対中国の貿易赤字も、関税引き上げの影響もあり、縮小した。貿易赤字は縮小したものの、依然として深刻である。

対中国 対中国の貿易赤字は、アメリカにとって大きな課題である (→p.364 2)。2018年、アメリカが中国からの輸入品に関税をかけ、中国が報復にアメリカからの輸入品に関税をかける制裁措置が行われた。米中貿易摩擦は、世界経済への影響が大きく、解決が望まれている。

対日本 2020年に日米貿易協定が発効した。この協定では、日本がアメリカからの特定の農産物の関税を撤廃することなどが定められている。

BOOK 伊藤元重『[図解]「通貨と為替」がわかる特別講義 経済ニュースがスラスラ読める！』(PHP研究所)
為替についてとてもわかりやすく解説してある本。

C 外国為替と為替相場

1 外国為替のしくみ
◎外国との取り引きの決済はどのように行われているのか？

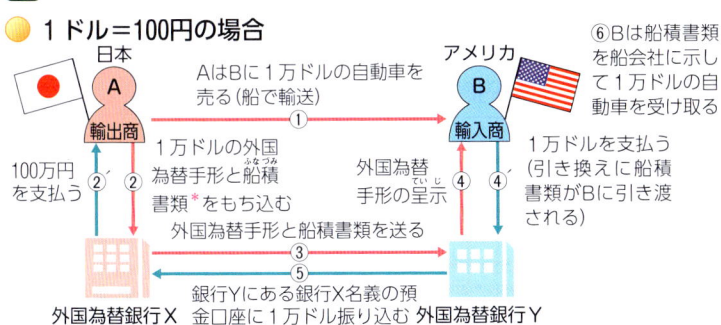

1ドル＝100円の場合

日本／アメリカ
A（輸出商）→B（輸入商）
① AはBに1万ドルの自動車を売る（船で輸送）
② 1万ドルの外国為替手形と船積書類*をもち込む
③ 外国為替手形と船積書類を送る
④ 外国為替手形の呈示／1万ドルを支払う（引き換えに船積書類がBに引き渡される）
⑤ 銀行Yにある銀行X名義の預金口座に1万ドル振り込む
⑥ Bは船積書類を船会社に示して1万ドルの自動車を受け取る

A→100万円を支払う／外国為替銀行X／外国為替銀行Y

*船積書類とは，船荷証券，保険証券，貨物の中身を示した送り状などをいう。

解説　外国為替とは　為替とは，現金輸送のコストと危険を省くため，遠隔地間の金銭上の債権・債務の決済，あるいは資金移動を，現金の輸送をせずに，金融機関を通じて行うしくみである。資金移動が国内で行われる場合は**内国為替**，外国との間で行われる場合は**外国為替**という。外国為替では，現金の代わりに**外国為替手形**をやりとりする。例えば，外国為替銀行XとYは，あらかじめ結んだ契約に基づき，お互いの銀行にそれぞれの名義で預金口座を開き，BがAに代金を支払うことを保証した信用状を発行し，外国為替手形を用いた貿易取り引きを行う。

2 外国為替市場

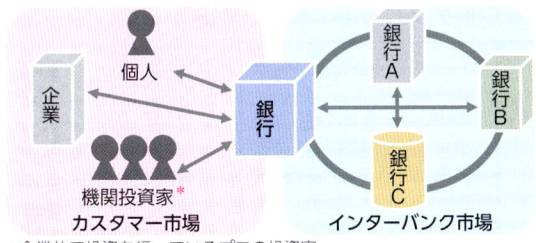

企業／個人／機関投資家*　→　銀行　→　銀行A／銀行B／銀行C
カスタマー市場／インターバンク市場

*企業体で投資を行っているプロの投資家

解説　外国為替市場　通貨と通貨を交換する外国為替市場は，特定の場所をもたない。市場は，カスタマー（対顧客）市場や一般的に**為替レート（外国為替相場）**が決まるインターバンク（銀行間）市場などがある。従来は**銀行（ディーラー）**が，仲介業者（ブローカー）を通し，電話での取り引きが多かったが，近年では手数料が安く早い，コンピュータでの取り引きが大半を占める。また，ブローカーを介さず銀行間での直接取り引きが多くなった。為替レート安定のため，政府や中央銀行による市場の介入を，**公的介入（平衡操作，為替介入）**という。日本政府は1990年代から2000年代前半にかけ，急激な円高に歯止めをかけ，景気回復を図るために，円売り・ドル買いを行った。公的介入は長期的にみると消費者や輸入業者の利益につながらず，国際的にも批判されており，自粛される傾向にあるが，近年では2010年，11年に介入が行われた。

この人に聞く
貿易立国「日本」を支える
三菱UFJ銀行 外国為替ディーラー
野村拓美さん

Q やりがいは何ですか。
A 一般的に，国境を越えた商品の売買（貿易）や，人の移動（旅行，出張など）には，通貨の交換が必要となります。私たちの仕事は，貿易立国「日本」，世界で活躍する「日本企業」・「日本人」を支えるものだと自負しています。

為替レート（外国為替相場）　国境を越える取り引きを為替で決済する場合は，各国で使用されている各通貨を一定の比率で交換する必要がある。この交換比率を，為替レートという。為替レートは，各国通貨のアメリカ・ドルに対する交換比率で表され，ドルは**基軸通貨**と呼ばれる。ドルが国際的な決済に使用されている理由は，強大な経済・軍事力をもつアメリカの通貨として世界から信用されているからである。輸出入を行う企業は，為替レートが1円動くだけでも大きな影響を受ける。1円の円高で，ある自動車会社は50億円の損失，石油を大量に輸入する電力会社全体では，110億の利益と言われている。

3 円相場の推移
◎円相場はどのような時に変動するのか？

注：東京市場終値，月末ベース（日本銀行資料など）

- 円高（1973.7）経常収支の大幅な黒字
- 円高（1978.8）経常収支の改善
- 73.2～14円の変動相場制移行
- 第1次石油危機
- 73.10 キングストン合意
- 76.1
- 78.12～79 第2次石油危機
- 85.9.22 プラザ合意
- 87.2.22 ルーブル合意（為替相場安定）
- 91.4 バブル崩壊
- 円高（1995.4.19）79円75銭　内需冷えこみによる輸出増
- 97.7 アジア通貨危機
- 円高（2008.12.18）ドル売りによる円高
- 08.9 リーマンブラザーズ破綻
- 円高（2011.10.28）75円84銭　欧州財政・金融危機による円高
- 円安（2013.5.11）101円96銭　日銀による過去最大の金融緩和の影響
- 円安（1980.4）第2次石油危機（原油高騰）による経常収支の悪化
- 円安（1974.8）第1次石油危機（原油高騰）による経常収支の悪化

解説　円相場の変動とその要因　為替レートは通貨に対する需要と供給の関係で変動する（→p.336B）。通貨に対する需要と供給は，経常収支，景気，政局など様々なことに影響を受けている。例えば，バブル崩壊後の不況では，内需が落ち込み，輸出が増加した。輸出した商品の代金（外貨）を円に換えるため，円の需要が増加になり，円高になったと見られている。

▶重要用語　408国際収支　409経常収支　410貿易収支　411サービス収支　412第一次所得収支　413為替レート（外国為替相場）

わかりやすい経済講座　円高・円安とは?

A 円高・円安とは何か?

通貨の交換比率を，**為替レート**（外国為替相場，→p.335）といい，為替レートにおいて円の価値がドルに対して上がることを**円高ドル安**，円の価値がドルに対して下がることを**円安ドル高**という。

現在　1ドル＝100円（1円＝0.01ドル）
→ 1ドル＝50円（1円＝0.02ドル）ドルの価格↘，円の価格↗　**円高ドル安**
→ 1ドル＝200円（1円＝0.005ドル）ドルの価格↗，円の価格↘　**円安ドル高**

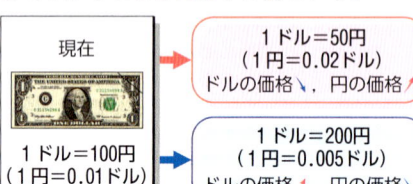

例えば，1ドル＝100円のとき，「1ドルは100円と交換できる」ということを示している。これは，モノの値段と同じように，1ドルの価格が100円だと考えることができる。1ドル＝50円になると，ドルの価格が安くなり，円が高くなったと考えることができる（**円高ドル安**）。1ドル＝200円になると，ドルの価格は高くなり，円の価値は安くなった（**円安ドル高**）。

B 為替レートはなぜ変動するのか?

かつて，為替レートは1ドル＝360円のように固定されていた（**固定為替相場制**→p.338①）が，現在では**変動為替相場制**になっている。

変動為替相場制においては，為替レートは原則，通貨（実際には**外国為替手形**→p.335①）に対する需要と供給（→p.214, 215）の関係で変動する。

円の需要 ＞ ドルの需要	円の需要 ＜ ドルの需要
ドルを売って，円を買いたい人が多い	円を売って，ドルを買いたい人が多い
↓	↓
ドルの価値が下がり，円の価値が高まる	円の価値が下がり，ドルの価値が高まる
↓	↓
円高ドル安	**円安ドル高**

円の需要が増える主な要因		ドルの需要が増える主な要因
・海外へ商品を輸出→輸出品の代金をドルでもらい，国内で使用するため円に換えたい	貿易	・海外の商品を輸入→輸入品の代金の支払いをドルで行うため，ドルに換えたい
・海外の企業が日本に出店，日本の企業を買収・海外の投資家が日本の株式や債券を購入する	資本取引	・海外に工場を建てる・日本の投資家が海外の株式や債券を購入する
・高い→日本にお金を預けたい	日本の金利	・安い→海外にお金を預けたい

この他にも，**為替差益**のみを求めた**投機マネー**（ハイリスク・ハイリターンの売買差益をねらって短期的に動く，巨額資金）も為替レートに影響を与える。また，インフレ率が高い場合，購買力が下がるため，インフレ率が低い国の通貨に対して，為替レートが下落するという考え方もある（**購買力平価**→p.229）。

C 円高・円安になるとどうなるか?

❶ 円高のメリット・デメリット

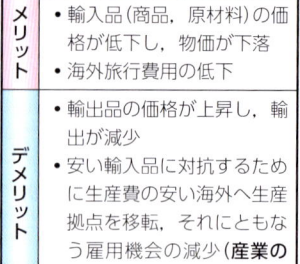

メリット	・輸入品（商品，原材料）の価格が低下し，物価が下落・海外旅行費用の低下
デメリット	・輸出品の価格が上昇し，輸出が減少・安い輸入品に対抗するために生産費の安い海外へ生産拠点を移転，それにともなう雇用機会の減少（**産業の空洞化**→p.366）

（新聞見出し）減産，挽回さなかの75円台　超円高うめく輸出産業　東海の中小メーカーから　「発注，海外に回る」「減給検討」廃業も　（「朝日新聞」2011.8.20）

❷ 円安のメリット・デメリット

メリット	・輸出品の価格が低下し，輸出が増える・輸出企業の収益上昇による賃金上昇と雇用機会の増加・外国から日本への旅行者が増加
デメリット	・輸入品（商品，原材料）の価格が上昇し，物価が上昇・海外旅行費用の上昇

（新聞見出し）円安NY一時120円台　7年4カ月ぶり　（「朝日新聞」2014.12.5）

D 円高と円安，どちらがよいのか?

基本的には，日本の経済力にふさわしい為替相場が最も望ましい。日本の経済力が強くなれば円高（円の対外的な価値が高まる）になり，経済力が弱くなれば円安（円の対外的な価値が下がる）になる。国の経済力は，その国の経済の基礎的条件（ファンダメンタルズ，例えば経済成長率，国際収支，物価，金利など）で表される。

しかし，日本は輸出産業が多いため，急激な円高になるとそのデメリットの面が表れやすい。

入試で腕だめし

1ユーロ＝131円であるとき，日本のある電気機械の企業が自社製品をユーロ圏で販売し，2億ユーロの売上げがあった。その半年後に1ユーロ＝111円になったとき，この企業が同じ数量の同じ製品をユーロ圏で販売し，相変わらず2億ユーロの売上げがあったとすれば，円に換算した売上げはどのくらい増加または減少するか。正しいものを，次の①～④のうちから一つ選べ。〈12本〉

①20億円増加する。
②40億円増加する。
③20億円減少する。
④40億円減少する。

（答はp.338のページ下）

メモ 2014年円安が進み，1ドル＝120円台まで下落。これは2007年以来の7年ぶりの円安水準だった。要因は，第2次安倍政権で推進された大規模な金融緩和，②日本の貿易赤字，③アメリカの景気回復などがある。

国際経済のしくみ

◁欧州議会場　欧州議会場は，長く独仏が領有権を争ったアルザスに置かれており，統合をめざす決意を示すといえる。今日の国際社会では，グローバル化，国際協調，地域経済統合などの動きが盛んである。こうした動きはなぜ始まり，世界に何をもたらすのだろうか。

《仏，アルザス地域圏の首府ストラスブール》

A｜ブレトン・ウッズ体制（IMF・GATT体制）

1 ブレトン・ウッズ体制成立まで　◉ブレトン・ウッズ体制はなぜ発足したか？

1870年代
金本位制
各国の金保有量に見合う兌換通貨を発行
○為替の安定
×各国が金融政策を取りにくい

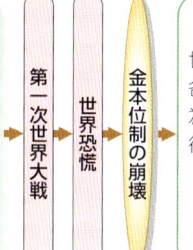

1914 第一次世界大戦
1929 世界恐慌
1930年代 金本位制の崩壊
ブロック経済
世界恐慌の不況の中，各国が関税切り上げ・為替切り下げ競争を行う
→世界経済の縮小　各国の対立が深まる

1939 第二次世界大戦
戦後 ブレトン・ウッズ体制

解説　戦前の反省から自由貿易へ　第一次世界大戦前は，金本位制（●p.231 3）のもとで，安定した為替レートが保たれていた。しかし，金本位制は金の保有量に通貨供給量が制約されるため，各国が独自の金融政策を行うことが難しい。1929年の世界恐慌の不況の中で，離脱する国が相次ぎ，金本位制は崩壊した。そして，各国が関税の引き上げ，為替切り下げ競争を行い，ブロック経済化し，対立を深めた（●p.343 LOOK）。これが，第二次世界大戦の一因になったとも言われている。ブレトン・ウッズ体制（● 2）は，こうした戦前の失敗への反省から生まれた。

2 ブレトン・ウッズ体制　◉ブレトン・ウッズ体制は何を目的としているのか？

ブレトン・ウッズ協定
1944年7月に，連合国44か国の代表がブレトン・ウッズ（アメリカ，ニューハンプシャー州）に集まって開かれた連合国通貨金融会議で締結された協定。戦後の新しい国際通貨金融の運営方針を決めたもので，国際通貨基金（IMF）協定条文と国際復興開発銀行（IBRD）協定条文がある。これによってIMFとIBRDが設立された（→ブレトン・ウッズ体制）

IMF（国際通貨基金）
1945年設立　加盟189か国（2019年現在）　本部：ワシントン
目的　国連の他の国際協力機関とともに世界経済の拡大均衡，加盟国の所得水準の上昇，雇用の拡大を推進するなど
機能
① 為替レートの安定…各国は金及び米ドルに対する自国通貨の固定レート（平価）を設定し，これを維持する（ただし，1973年以降，主要国が変動為替相場制になり，この機能はなくなった（●p.338 1）
② 為替制限を撤廃…為替の自由化のことで，外国為替の売買や保有を自由にする
③ IMFからの短期資金融資…一時的な国際収支（●p.332）不均衡に陥った国に対し，IMFが提案した経済政策を受け入れるという条件で，外貨資金供与の便宜が与えられる

国際復興開発銀行（IBRD，世界銀行）
1945年設立　加盟189か国（2019年現在）　本部：ワシントン
目的　戦災国の復興と発展途上国の開発を援助
機能　加盟国の政府または企業に資金の長期的（平均15～20年）な貸し出しを行う

世界銀行グループ
IBRDの融資条件は厳しく，企業融資の場合は政府の保証を必要とする。また，金利も高い。こうした欠点を補うため，国際開発協会（IDA），国際金融公社（IFC），多国間投資保証機関（MIGA），投資紛争解決国際センター（ICSID）が設立され，世界銀行グループを形成している

GATT（関税と貿易に関する一般協定）（●p.339 1）
1948年発効　加盟164か国・地域（2019年現在）
1994年のウルグアイ・ラウンドの合意（マラケシュ協定）により，1995年，WTO（世界貿易機関）に発展（●p.339 2）
目的　世界の貿易と雇用の拡大
機能　①関税の軽減　②輸出入制限の軽減・撤廃　③その他貿易に関する障害の軽減・撤廃

解説　自由主義経済安定のために　第二次世界大戦の終わり頃，アメリカを中心にして，国際経済をより自由で開放的なシステムに変革しようという動きが起こった。国際金融安定のためのIMF（国際通貨基金）協定と，国際復興開発銀行（IBRD）協定に，貿易面でのGATTを加えた，ブレトン・ウッズ体制は，為替の安定，発展途上国の援助，自由貿易の促進によって貿易の拡大を図り，資本主義諸国の経済を発展させることを目的としている。なお，1995年にGATTはWTOに発展した（●p.339 1）。

LOOK　日本の戦後復興を支えた世界銀行

戦後の日本は，世界銀行から巨額の貸し付け（1953～1966年，8億6290万ドル，利率4.625～6.625％，31件）を受けた。借りた資金により，発電所・新幹線・高速道路を建設し，製鉄所・自動車工場・造船所などの製造設備を整え，戦後復興を果たした。貸し付けの返済が終わったのは，1990年である。現在，日本は，世界銀行の第2の資金供与国となり，発展途上国の発展のために貢献している。

◉黒部第四ダム（富山県）1963年に完成した。

重要用語　273 金本位制　415 為替レート（外国為替相場）　416 ブレトン・ウッズ協定　417 IMF（国際通貨基金）　419 国際復興開発銀行（IBRD，世界銀行）　420 GATT（関税と貿易に関する一般協定）

B 国際通貨体制

◎戦後，通貨制度の安定にはどのような対策がとられたのか？
◎円相場はどのような時に上下しているのか？

❶ 国際通貨制度の変遷

ブレトン・ウッズ（IMF・GATT）体制

固定為替相場制

1949.4～ 　**金・ドル本位制**
金1オンス（＝約31g）⇔35ドル　1ドル＝360円
IMFは**為替相場の安定**のため，第二次世界大戦の荒廃をまぬがれ圧倒的優位にあるアメリカのドルを基軸通貨（国際通貨）とし，金との交換を保証する**固定為替相場制**（上下1％の変動幅を認める）をとった

↓

変動為替相場制

1960年代～　**ドル危機***
アメリカは，ベトナム戦争による軍事支出の増大や対外援助などによって経常収支が赤字に→ドルを金に交換する動きが強まり，大量の金が米から流出（米ドルの信認が低下し基軸通貨としての地位が揺らぐ）

↓

1971.8　**ニクソン（ドル）・ショック**
金⇔交換停止⇔ドル
ニクソン米大統領，突然ドルと金の交換停止を発表〈ブレトン・ウッズ体制の崩壊〉

▲ニクソン

スミソニアン体制

固定為替相場制

1971.12　**スミソニアン協定**
1ドル＝308円
国際通貨の混乱を防ぐため，ワシントンのスミソニアン博物館で先進10か国の財務相・中央銀行総裁会議が開かれ，**固定為替相場制をドル切り下げで調整**

↓

キングストン体制

変動為替相場制

1973　主要国は**変動為替相場制**に移行

1976　**キングストン合意**
ジャマイカの都市キングストンで，IMF暫定委員会が開かれ**変動為替相場制への移行を正式承認**。金に代わり**SDR（特別引き出し権）*** を中心的準備資産とする

❷ 円相場の推移

（円/ドル）　350　300　250　200　150　100　50

1945年～
44.7　ブレトン・ウッズ協定調印
49.4　日本，1ドル＝360円を設定
52.8　日本，IMF・IBRDに加盟
69.7　IMFはSDR（特別引き出し権）を創設

1970
71.8　ニクソン（ドル）・ショック
　 12　スミソニアン協定調印
73.3　円の変動為替相場制本格スタート
　 10　第1次石油危機

1975
76.1　キングストン合意
78.12　第2次石油危機
　　 ぼっ発

1980

85.9　プラザ合意
87.2　ルーブル合意→為替相場安定
　　　　　　　　　→ドル高是正
　 10　ブラックマンデー
　　　→世界主要市場で株価大暴落

1990
93.4　日米首脳会議
　　 （クリントン米大統領，円高容認発言）
　 94　メキシコ通貨危機→ペソ暴落
　　　　　　　　　　→米ドルも売りが先行
1995
97.7　アジア通貨危機

2000

2005

プラザ合意	ルーブル合意
1985年	1987年
G5は，ニューヨークのプラザホテルで，**ドル高を是正**するため，ドル売りの協調介入を合意。当時，米国は財政・貿易赤字（「双子の赤字」）を抱え，ドル安によって輸出を増やし赤字を解消したかった。	G7は，パリのルーブル宮殿で，円高ドル安を是正し**為替を安定**させるため，日米両国が協調介入を合意。

11.10.28
75円84銭

2010

2015

2019
（日本銀行資料など）

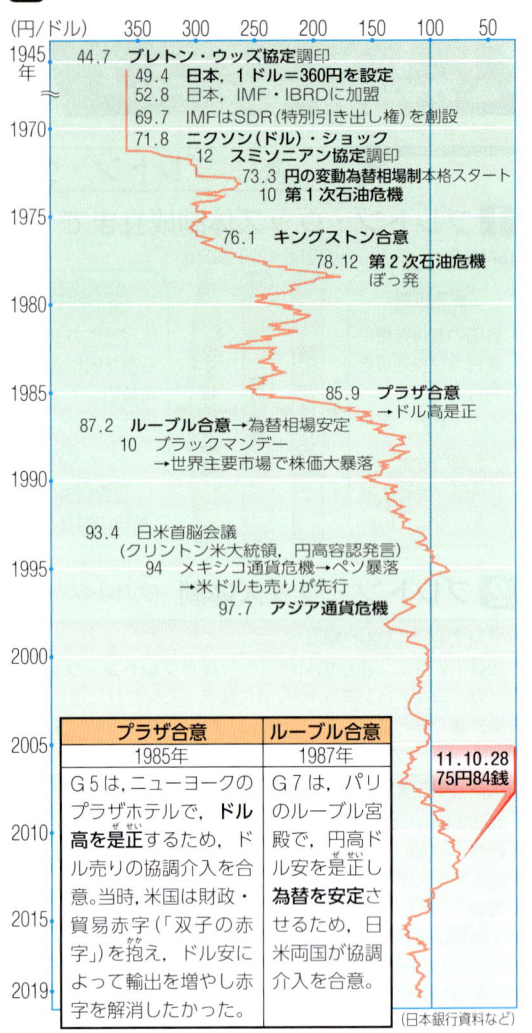

＊SDR（特別引き出し権） 1969年に，国際的な信認が低下しつつあったドルや金にかわる国際決済手段としてつくられた。IMF加盟国が，国内に外貨が不足した状態に陥ったときに，あらかじめ出資割当額に比例して配分されているSDRと引き換えに，外貨を豊富に保有している他の加盟国から外貨を引き出せる権利を指す。

● **IMFの厳しい融資条件**
　IMFからの融資を受けるためには，IMFから提示された経済政策を受け入れなければならない。IMF側からみれば，順調な経済成長のための処方箋なのだが，融資を受ける側からみると内政干渉に映るばかりか，拒絶すると自動的に世界銀行のメンバーからもはずされるので，その処方箋は絶対的であり重くのしかかる。また，IMFの処方箋は，出資額の多いアメリカなど先進国にとって政治的に重要な国ほど甘いとの批判もあり，近年では，IMFの業務見直しも議論されている。

LOOK ギリシャ財政危機

　2009年，ギリシャ政府が巨額の財政赤字を隠していたことが発覚し，ギリシャの国債が暴落した。この国債を大量に購入していた欧州の銀行は経営が悪化，世界的に株価・ユーロが下落した。このため，2010年から**EUとIMFは，ギリシャが緊縮財政と赤字削減を行うことを条件**に，同国に支援を行ってきた。2018年，ギリシャの財政収支が徐々に黒字化していることから，EUは支援終了を発表。今後もEU・IMFの監視は継続するが，これまでの緊縮財政の反動で財政赤字に逆戻りしないか懸念されている。

PIGS（ピッグス） 世界は，ギリシャ危機が，財政状態の悪いポルトガル，イタリア，スペインに飛び火することを恐れている。財政状況の悪いこれら4か国は，頭文字からPIGSと呼ばれている。

◎**財政緊縮策に反対する人々**
（2015年7月，ギリシャ）

---

p.336の答…④　1ユーロ＝131円から，1ユーロ＝111円になったということは，20円分円高になったということである。よって，20円×2億＝40億円分の売り上げが減少する。

C 貿易体制と国際協調

1 GATT（関税と貿易に関する一般協定）

① GATT・WTOのラウンド交渉
※第11回定例閣僚会議（2017年12月）開催時

交渉の名称	交渉年	参加国数	主な交渉内容	関税の平均引き下げ率
第1〜4回 一般関税交渉	1947〜56		関税引き下げ	
ディロン・ラウンド（第5回）	1961〜62	26	〃	7（％）
ケネディ・ラウンド（第6回）	1964〜67	62	関税引き下げ方式を関税率一括引き下げ方式に変更，アンチダンピング措置	35
東京ラウンド（第7回）	1973〜79	102	関税引き下げ，非関税障壁低減	33（工業品）
ウルグアイ・ラウンド（第8回）（→p.259 ③）	1986〜94	123	農業分野の自由化，サービスや知的財産権分野のルール作成，WTO設立	日本が60，アメリカ・EUが30（工業品）
ドーハ・ラウンド（ドーハ・開発アジェンダ）（第9回）（→p.259 ③）	2001〜（停滞）	164※	農業分野の貿易自由化，アンチダンピング措置の濫用防止，環境と貿易，発展途上国の発展問題	

② GATTの三原則

①自由	関税と非関税障壁の撤廃（例外としてセーフガード（→2①）あり。WTOにも継承）
②多角	多国間交渉（ラウンド）
③無差別	・最恵国待遇…ある国に対して関税を引き下げると，すべての加盟国に適用される ・内国民待遇…輸入品に対して，国内品と同じ待遇を与える

解説 GATTの役割 GATTは，自由貿易の拡大のため，貿易の流れを阻む障壁を多国間の交渉によって取り除くことを目的とした。貿易の流れを阻む障壁とは，国内産業の保護などのために輸入品に課せられる関税や，輸入数量の制限，輸入手続きの煩雑さなどを指す。このうち，関税以外の輸入制限を非関税障壁という。GATTのラウンド交渉により，関税の引き下げが行われ，非関税障壁の低減が進んだ。1995年に発足したWTO（世界貿易機関）はこうしたラウンド交渉の成果である。しかし同時に，参加国の増加により，農業分野の交渉では特に参加国間の利害関係が目立つようになった（→p.259 ③）。

2 WTO（世界貿易機関）
◎WTOはGATTとどう違うのか？

① GATTとWTOの比較

GATT		WTO
関税と貿易に関する一般協定（多国間協定の1つ）	正式名称	世界貿易機関（国際機関）
弱い	紛争処理強制力	強い（→②）
モノ	紛争処理の対象	モノ・サービス・知的財産権（世界知的所有権機関[WIPO]と協力関係）
2〜3年	処理期間	15か月以内の解決が目安
規定があいまい	貿易ルールの有無など	自由貿易のためのルールが確立している
コンセンサス方式 調印国の1国でも反対したら対抗措置は実施できない	紛争処理の決定方法	ネガティブ・コンセンサス方式 全加盟国の反対がない限り対抗措置の実施が可能
重要な貿易問題がGATTを通さずに行われることが多かった	問題点	アメリカなど主要国の脱退で弱体化する可能性がある

●WTOの貿易制限措置（貿易救済措置）
貿易の自由化をめざすWTOだが，例外として次のような貿易制限措置を認めている。

アンチダンピング措置 ダンピングとは，製品を国内市場よりも低い価格で外国に売ることを指す。ダンピングが明らかになれば，輸入国政府は関税の引き上げなどのアンチダンピング措置をとることができる。

セーフガード（緊急輸入制限） 輸入国政府は，調査により輸入の急増が国内産業に重大な損害を与えると判断した場合，その産品について関税の引き上げまたは輸入制限などを行うことができる（→p.365）。

解説 強化された権限 GATTは，多国間協定のかたまりのようなもので，国際機関ではなかった。これが，1994年のウルグアイ・ラウンドの最終合意であるマラケシュ宣言によって，国際機関として生まれ変わった。大きな特色としては，モノだけでなく知的財産権（→p.80）やサービス貿易などの分野において国際的なルールが確立されたこと，加盟国間の紛争を処理する「貿易裁判所」的な機能が強化されたことがあげられる。

② WTOの紛争処理手続き

- A国がB国に協議要請
- 協議不成立の場合，パネル（審査委員会）を設置
- 6か月以内に審査完了
- パネル報告
- 全会一致で反対しない限り採択

解説 手続きの実効性の強化 A国がB国をWTOの紛争解決機関に提訴した場合，独立した立場の構成員からなるパネル（審査委員会）が設置される。パネルは審査後，両国の主張を判断した報告を発表する。GATTの規則ではB国が反対すればこの報告は採択されなかったが，新しい規則では「各国が全会一致で報告を採択しないと決定しない限り，報告は採択される」と定めているため，スムーズに決定が行われ手続きが進行する。B国が，パネル報告に従わない場合，WTOの承認を受ければ，A国は輸出入制限や高い関税をかけるなどの対抗措置をとることができる。こうした措置は，紛争になった分野以外でも可能。

（右「読売新聞」2014.8.8，左「中日新聞」2014.8.8）

レアアース
中国輸出規制「不当」 WTOに提訴 日米欧 勝訴確定
レアアース日米欧 勝訴確定 WTO上級委 中国の違反認定

2012年，日本・米国・EUは中国によるレアアースの輸出規制がWTOの規定に違反するとして提訴し，14年に勝訴が確定した。

▶重要用語 ⑥知的財産権 ⑱SDR ⑳固定為替相場制 ㉑変動為替相場制 ㉒ドル危機 ㉓ニクソン・ショック ㉔スミソニアン協定 ㉕プラザ合意 ㉖GATT ㉗ウルグアイ・ラウンド ㉘非関税障壁 ㉙WTO ㉚セーフガード

3 サミット（主要国首脳会議） Qサミットは何のために行われるのか？

1 サミットの歴史
*2014年のロシアによるクリミア「編入」を国際法違反とし、ロシアのサミット参加を停止。

第1回(1975)	日本、アメリカ、イギリス、フランス、西ドイツ(1990年東西ドイツ統一)、イタリアをメンバーとしてサミットはじまる
第2回(1976)	カナダが加わる。G7体制に
第5回(1979)	東京サミット(日本で初のサミット)
第12回(1986)	東京サミット。G7による財務相・中央銀行総裁会議を設立
第17回(1991)	ソ連 ゴルバチョフ大統領出席
第18回(1992)	ロシア エリツィン大統領出席(以後、毎年ロシア大統領出席)
第23回(1997)	ロシアが正式メンバーとして加わる(G8)
第27回(2001)	ジェノバ・サミット(イタリア)。グローバル化への抗議デモ発生（→5）
第32回(2006)	サンクトペテルブルク・サミット(ロシア初のサミット)
第34回(2008)	北海道洞爺湖サミット(日本)、ワシントンD.C.で第1回G20サミット
第40回(2014)	ブリュッセル・サミット(ベルギー)*
第45回(2019)	ビアリッツ・サミット(フランス)*

解説 世界のトップが集まる会議 G7やG8、G20の「G」はGroupの頭文字で、例えばG7は主要7か国を表すGroup of Sevenの略である。このグループがかかわる会議は、大きく分けて首脳会議(サミット)と財務相・中央銀行総裁会議がある。先進国の首脳が一堂に会し、世界的な経済問題を話し合う場として始まったサミットは、毎年、各国もち回りで開催され、議題は世界情勢の変化に対応してきた（→2）。一方、財務相・中央銀行総裁会議は、国際経済や通貨の問題について先進諸国間で意見を調整してきたが、1997年のアジア通貨危機を受け、1999年から新興国も含めたG20で話し合われるようになった。

2 サミットの役割の変遷

1975年
石油危機下での世界的不況をきっかけに、経済問題を議題として始まる
↓
1980年以後
ソ連のアフガニスタン侵攻（→p.163 5）をきっかけに、政治問題も議題とする
→西側の結束を示す場に
↓
1990年代（冷戦終結後）
旧東側国のロシアも取り込み、地域紛争など世界的な政治問題を扱う
↓
現在
経済問題はG20で協議され、G7では開発や安全保障が議題に

3 各サミット参加国

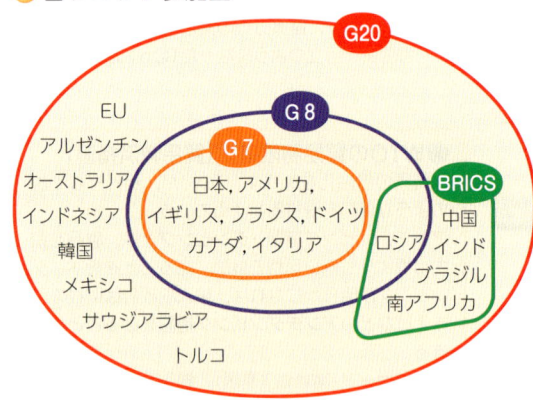

G20: EU、アルゼンチン、オーストラリア、インドネシア、韓国、メキシコ、サウジアラビア、トルコ
G8: （G7に加え）
G7: 日本、アメリカ、イギリス、フランス、ドイツ、カナダ、イタリア
BRICS: 中国、ロシア、インド、ブラジル、南アフリカ

解説 国際経済協調の第一のフォーラム、G20 アジア通貨危機を契機に始まったG20による財務相・中央銀行総裁会議は、2008年の世界金融危機（→p.341）への対応や経済協力を話し合うため、首脳級の会議に格上げされ、その第1回が2008年にワシントンD.C.で開かれた。2009年の会合で、G20サミット(金融・世界経済に関する首脳会合)を国際経済協力について協議する第一の場として位置づけることを決定。これは、新興国が国際経済において大きな影響を及ぼすようになり、先進国だけでは世界経済について協議しきれなくなったことの表れである。議題は世界経済を中心に、貿易・投資、開発、気候・エネルギー、テロ対策などにわたる。

4 2020年 リヤド・サミット（サウジアラビア）

（外務省資料より）

●新型コロナウイルス感染症への対応
- 診断・治療・ワクチンへの安価かつ公平なアクセスを確保。
- ウイルスの拡散を抑え、人命・雇用・所得を守りつつ、経済回復を支援するため、あらゆる政策手段を継続。
- 低所得国における債務の支払い猶予措置。
- パンデミックによる不平等・貧困に対する取り組みの加速。

●世界経済の回復
- 自由・公正な貿易・投資環境を実現し、開かれた市場を維持。
- 信頼性のある自由なデータ流通、及びデジタル化を加速。

●持続可能な未来
- 地球を保護し、持続可能な未来の構築への責任を果たす。
- パリ協定署名国は、その完全な履行を再確認。

首相官邸からオンラインでサミットに参加した菅首相 新型コロナウイルス感染症拡大の影響で、オンラインで行われた。

出典：首相官邸ホームページ
(https://www.kantei.go.jp/jp/99_suga/actions/202011/22g20.html)

5 サミットと反グローバル

抗議デモ 2001年ジェノバ・サミット(イタリア)の期間中、会場の周辺で15万人規模の抗議デモが連日行われた。この活動は、NGO(非政府組織、→p.196)や人権団体、労働組合などが主体となっており、インターネットを通じての呼びかけに集まり行われたものだった。デモは警官隊との衝突に至り、1人が死亡した。また、2017年のハンブルク・サミットにおいてもサミット期間中、約1万人が抗議デモに参加。一部の参加者が警官隊と衝突し、負傷者が出た。

ハンブルク・サミット期間中に行われたデモ デモを行った人々の主張は、冷戦終結後の世界的な傾向となっているグローバル化（グローバリゼーション）は、①先進国や巨大企業による経済支配に有利にはたらき、世界や各国内での貧富の差を広げる、②地球環境や地域固有の文化を破壊するといったものであった。

メモ 世界金融危機は格差への不満に火をつけ、2011年9月、アメリカのウォール街で格差是正を求めるデモが行われた。このデモは高い失業率にあえぐ10代後半から20代の若者が中心となり、インターネットを通して呼びかけられた。

2つの世界的な経済危機

Coming Up

金融の自由化やグローバル化によって、世界経済における資金の移動が飛躍的に拡大する中で、1997年にアジア通貨危機、2008年に「100年に一度」といわれる世界金融危機が発生した。この2つの危機がどのように世界を不況に巻き込んでいったのか、また、その対策についても確認しよう。

A 2つの危機はなぜ起こったか？

❶ アジア通貨危機（1997年）

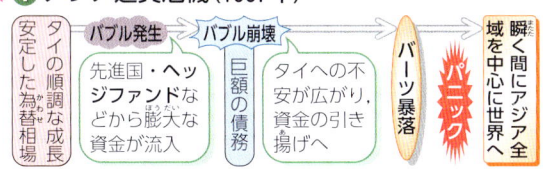

タイの順調な成長・安定した為替相場 → バブル発生（先進国・ヘッジファンドなどから膨大な資金が流入）→ バブル崩壊（巨額の債務、タイへの不安が広がり、資金の引き揚げへ）→ バーツ暴落 → 瞬く間にアジア全域を中心に世界へ（パニック）

解説　タイからアジア全域を中心に世界へ　1980年代後半から、東南アジア諸国は順調な経済発展を遂げており、日本をはじめとする先進国・**ヘッジファンド**などから株・バーツ（タイの通貨）などの購入のため、大量の資金が流入した。しかし、輸出の減少・バブル崩壊から、資金引き揚げが始まり、1997年にはタイのバーツが暴落、それがパニック状態でアジア全域へ広がっていき、各地で金融危機が発生した（**アジア通貨危機**）。IMF（→p.337❷）はアジア諸国に資金援助を行った。この危機の影響は、アジアのみならずロシアや中南米などにも伝播した。

ヘッジファンド　一部の富裕層や金融機関から資金を預かり、世界的規模で投資を行い、高い利益を得る組織の総称。

❷ 世界金融危機（2008年）

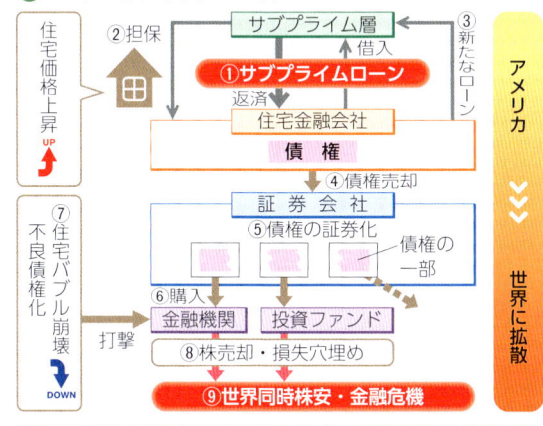

住宅価格上昇UP → ②担保 → サブプライム層 → ③新たなローン・借入 → ①サブプライムローン → 返済 → 住宅金融会社 → 債権 → ④債権売却 → 証券会社 → ⑤債権の証券化 → 債権の一部 → ⑥購入 → 金融機関・投資ファンド → ⑧株売却・損失穴埋め → 打撃 → ⑨世界同時株安・金融危機（⑦住宅バブル崩壊 不良債権化DOWN）／アメリカ → 世界に拡散

サブプライムローン　通常なら金融機関が貸したがらない低所得者（サブプライム層）向けの住宅ローン。住宅価格が上昇し続けたアメリカでは、返済不能になっても住宅を担保に新たなローンを組み返済資金にできたため、住宅金融会社は資金を貸し付けた。このローンの債権（お金を返してもらう権利）は他の債権と組み合わされ、**証券化商品**として金融機関・投資家に売られた。しかし、2006年半ば以降住宅価格が下落。この債権を組み込んだ証券化商品に投資していた世界中の金融機関・投資家に損失を与えた。

解説　アメリカから世界へ　2008年9月、アメリカの大手証券会社リーマン・ブラザーズが破綻。サブプライムローン関連の証券化商品で巨額の損失を抱えたためである。これをきっかけに金融不安が高まり、銀行の資金繰りは悪化。さらに、経済全体への悪影響を懸念して株を売る動きが加速し、株価が一気に下落した。影響はアメリカ国内にとどまらず、**世界各国で経済が一気に悪化**した。輸出に依存して景気拡大してきた日本にも、**円高**と**株価下落**という形で波及し、景気が急激に減速した。

❸ 2つの危機の背景・影響

○タイのバブル崩壊、バーツ暴落により、急いで銀行で換金する投資家たち（1997年8月26日）

○世界の主要市場で株価が下落（2008年9月16日、リーマン・ブラザーズ破綻の翌日）

解説　グローバル化と自由化の波　現代の金融市場では、ある通貨が値上がりすると予測されると一気に買われ、下がりそうになると一気に売られるなど、常に巨額なお金が動いている。このように、高い利益を求める**ヘッジファンド**などによって、一国のGDPよりも大きな金額が国境を越え動いており、グローバル化が進んでいる。全ての国の経済は密接につながっており、一国の経済が悪化すると瞬く間に世界に波及する。一方で金融の自由化も進められ、今まで金融商品にならなかったものまで商品化された。このため、**世界金融危機**では、様々な債権が証券化されることで、証券の中にどのような危険性がある債権がどれだけあるのかわからず、不安が広がった。

B 金融規制の動き

規制強化と反発　過去の金融危機を反省し、金融に規制を設ける動きがある。G20（→p.340）では、為替相場の安定化を目的とした**トービン税**の導入などについて言及された。また、数多くの富豪たちがタックスヘイブン（租税回避地）を利用して、税から逃れていることも問題視されており、金融規制が強化される傾向にある。しかし、規制を設けることで銀行の収益が低下する恐れがあることや、国際経済の低迷が懸念されることから、反対の声も存在する。

トービン税　1970年代、トービン博士が提唱した税。外国為替取引の際に、低率の税を課すというもの。

LOOK　タックスヘイブン（租税回避地）

租税回避　世界各地で、海外企業を誘致するために課税をなくす、または低くする国・地域のこと。この制度を悪用し、租税回避や脱税に利用していると問題になっている。

○1万8000社以上の企業が登記していたビル（イギリス領ケイマン諸島）

重要用語　㉚NGO（非政府組織）　㉛サミット（主要国首脳会議）　㉜ヘッジファンド　㉝世界金融危機

D 地域経済統合

❶ 世界の主な地域経済統合

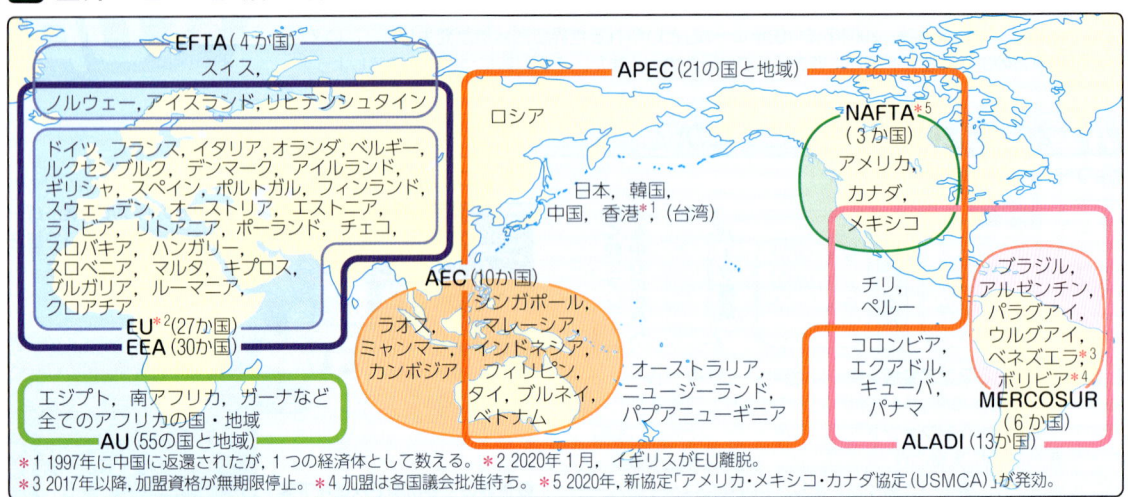

EFTA（4か国）: スイス, ノルウェー, アイスランド, リヒテンシュタイン

EU*²（27か国）: ドイツ, フランス, イタリア, オランダ, ベルギー, ルクセンブルク, デンマーク, アイルランド, ギリシャ, スペイン, ポルトガル, フィンランド, スウェーデン, オーストリア, エストニア, ラトビア, リトアニア, ポーランド, チェコ, スロバキア, ハンガリー, スロベニア, マルタ, キプロス, ブルガリア, ルーマニア, クロアチア

EEA（30か国）

APEC（21の国と地域）: ロシア, 日本, 韓国, 中国, 香港*¹, 台湾

NAFTA*⁵（3か国）: アメリカ, カナダ, メキシコ

AEC（10か国）: ラオス, ミャンマー, カンボジア, シンガポール, マレーシア, インドネシア, フィリピン, タイ, ブルネイ, ベトナム

オーストラリア, ニュージーランド, パプアニューギニア

チリ, ペルー

MERCOSUR（6か国）: ブラジル, アルゼンチン, パラグアイ, ウルグアイ, ベネズエラ*³, ボリビア*⁴

ALADI（13か国）: コロンビア, エクアドル, キューバ, パナマ

AU（55の国と地域）: エジプト, 南アフリカ, ガーナなど全てのアフリカの国・地域

*1 1997年に中国に返還されたが、1つの経済体として数える。 *2 2020年1月、イギリスがEU離脱。
*3 2017年以降、加盟資格が無期限停止。 *4 加盟は各国議会批准待ち。 *5 2020年、新協定「アメリカ・メキシコ・カナダ協定（USMCA）」が発効。

		名称 人口・GNI*⁶	設立年・種類	概要
先進国間の地域統合	ヨーロッパ	欧州共同体（EC） ↓ 欧州連合（EU） 5.1億人・18.8兆ドル	1967年 1968年 関税同盟 1993年 共同市場 1999年 共通通貨	欧州経済共同体（EEC）・欧州石炭鉄鋼共同体（ECSC）・欧州原子力共同体（EURATOM）の三者を統合して、欧州共同体（EC）が設立され、1993年には、市場統合がほぼ完成した。さらに、これまでの経済共同体から超国家的なヨーロッパ連合をめざす欧州連合条約（マーストリヒト条約）が1993年に発効して、ECは欧州連合（EU）と呼ばれるようになった（→p.344）。2016年、イギリスは国民投票でEU離脱を選択。2019年、総選挙で離脱を主張する保守党が過半数の議席を獲得し、2020年1月にEUを離脱した。
		欧州自由貿易連合（EFTA） 0.1億人・1.2兆ドル	1960年 自由貿易協定	EECに対抗して、加盟国間の工業製品の自由貿易の実現、西ヨーロッパ諸国をおおう単一市場の形成などを目的として創立。しかし、現在ではEFTA諸国のEU加盟が進む（→p.344⑤）。
		欧州経済領域（EEA） 5.2億人・19.3兆ドル	1994年 自由貿易協定	EUとEFTAの合意により発足。EEA域内では、ヒト・モノ・サービス・資本の移動が自由となり、工業製品は域内での関税がゼロになる。域外に対しても、より調和のとれた税率適用に努める。しかし、多くの国がEFTAを脱退し、EUに加盟している現在、必要性が問われている。
	アメリカ	北米自由貿易協定（NAFTA） 4.9億人・23.7兆ドル	1994年 自由貿易協定	アメリカ, カナダ, メキシコで自由貿易圏をまとめ、将来は他の中南米諸国にも広げるという構想。貿易・投資の自由化、貿易紛争処理手続きなど、様々な内容を含む。2008年には域内すべての関税が撤廃された（→p.343）。2017年から協定内容の再交渉が行われ、2020年に新協定「アメリカ・メキシコ・カナダ協定（USMCA）」が発効した。
先進国と発展途上国間の地域統合		アジア太平洋経済協力会議（APEC） 29.4億人・51.7兆ドル	1989年 地域協力	オーストラリアのホーク元首相の提唱により発足した。アジア太平洋初の経済協力を目的とする政府間公式協議体。急速に進行しつつある世界全域の経済ブロック化に対抗しつつ、「開かれた地域協力」を掲げ、より開放的な自由貿易圏をつくることをめざしている（→p.343）。
発展途上国間の地域統合	アジア	ASEAN経済共同体（AEC） 6.5億人・2.9兆ドル	2015年 自由貿易協定	東南アジア諸国連合（ASEAN）は、1967年、参加国の経済・政治・文化・社会の協力を目的に設立。1993年、域内の経済協力拡大のため、AFTAを設立。2015年末、AFTAを原型とするASEAN経済共同体（AEC）が発足。関税の撤廃は目指しているが、国内産業保護策は残る緩やかな経済統合。
	中南米	ラテンアメリカ統合連合（ALADI） 5.6億人・5.0兆ドル	1981年 自由貿易協定	ラテンアメリカ自由貿易連合（LAFTA）が行き詰まった後を受けて設立された経済協力機構。ラテンアメリカ各国の経済開発を促進し、相互の関税引き下げなどの実施を目的とする。
		南米南部共同市場（MERCOSUR） 3.0億人・2.7兆ドル	1995年 関税同盟	域内の関税や非関税障壁を撤廃し、対外共通関税を設ける関税同盟。将来的には共同市場をめざす。
	アフリカ	アフリカ連合（AU） 12.8億人・2.3兆ドル	2002年 地域協力	アフリカの55か国・地域が加盟する世界最大級の地域機関である。より高度な政治的・経済的統合の実現と、紛争の予防・解決をめざし、アフリカ統一機構（OAU）から発展改組された。2019年、アフリカ域内の自由貿易を促進する「アフリカ大陸自由貿易圏（AfCFTA）設立協定」が発効した。

注：参加国は2020年7月現在。人口・GNIは2018年の数値で、EU・EEAの数値にはイギリスを含む。
*6 2000年10月以降、新国民経済計算は、GNP（国民総生産）にかわって、ほぼ同様のGNI（国民総所得）を採用。

（国際連合資料など）

入試クイズ: APEC（アジア太平洋経済協力会議）に、中南米の国は参加していない。○？×？〈12本〉　答：×

◎地域経済統合は，世界経済にどのような影響を与えるのか？

2 地域経済統合の段階と影響力（→p.342）

段階	内容	具体例
❶FTA（自由貿易協定）	域内関税・数量制限の撤廃	NAFTA AEC
❷関税同盟	域外共通関税	MERCOSUR
❸共同市場	資本・労働の自由移動	EU
❹経済同盟	域内経済政策の調整	EU
❺完全な統合	超国家機関による政策の統一	

❶人口　❷GNI　❸世界の輸出に占める割合

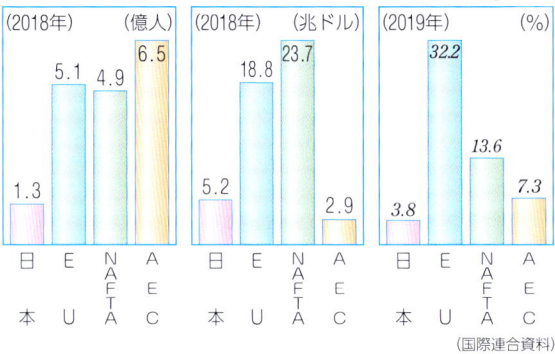

（2018年）（億人）　（2018年）（兆ドル）　（2019年）（%）

日本 1.3　EU 5.1　NAFTA 4.9　AEC 6.5
日本 5.2　EU 18.8　NAFTA 23.7　AEC 2.9
日本 3.8　EU 32.2　NAFTA 13.6　AEC 7.3

（国際連合資料）

解説　世界経済における地域経済統合　地域経済統合は冷戦終結後に増え，世界各地に大小の経済圏が設立されている。こうした経済圏は，域内に対しては自由貿易，域外に対しては保護貿易となりうる（→LOOK）。グラフからも読み取れるように，人口，GNI，輸出などのあらゆる分野において経済的な影響力が大きい。

LOOK 経済ブロックの長所・短所

ブロック化とは　ある地域の各国間でのヒト・モノ・カネの出入りを自由にして，地域経済を活性化させること。しかし，経済ブロック加盟国が，非加盟国との貿易に際して不利な条件をつけるなどの保護主義的政策をとると，それに対抗するために世界各地に経済ブロックが形成される。

戦前のブロックの失敗　実際，1929年の世界恐慌後に，保護主義的な経済ブロックが形成され，結果的に国際貿易の縮小・産業の衰退・多くの失業者をもたらし，第二次世界大戦の原因の1つとなった（→p.337❶）。このように保護主義的な経済ブロックは，一時的に地域経済を発展させるが，長期的には国際経済の発展を阻害する可能性がある。

開かれた経済ブロック　そのようなことにならないために，経済ブロック間での関税などの障壁をより低くして，開かれた経済ブロックをつくっていく必要がある。

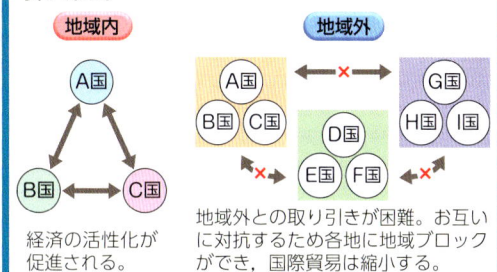

地域内：A国・B国・C国　経済の活性化が促進される。

地域外：A国・B国・C国／D国・E国・F国／G国・H国・I国　地域外との取り引きが困難。お互いに対抗するため各地に地域ブロックができ，国際貿易は縮小する。

3 北米自由貿易協定（NAFTA）

アメリカ，カナダ，メキシコの3か国間の貿易自由化をはじめとする経済の統合をめざす協定。

協定のポイント*

①北米産品の関税を撤廃
- 協定発動後，大部分の北米産品の関税を撤廃。その他の品目の関税も，2008年にすべて撤廃。

②原産地規則（ローカルコンテント）
- 北米産の認定を受け関税上の優遇措置を受けるには，原材料の一定割合以上が北米産でなければならない。
- 乗用車などについては，現地調達比率を段階的に引き上げ，2002年以降は62.5％以上。

③農業分野
- 3国共通の合意はつくらず各国間で合意。自由貿易をめざすが，協定によっては関税を残す例外品目を設ける。

EUとの相違点　NAFTAは，この他にも，エネルギー，知的財産権，投資，金融サービスなどの分野で締約国間の障壁や規制を減らしていく規則があり，実効性の高い紛争解決手続きもある。しかし，対外共通関税，労働力移動の自由化，経済政策の協調を内容に含まない。

EUが経済と政治の両方の統一をめざしている（→p.344）のに対し，NAFTAはあくまで経済中心のまとまりといえる。

＊2020年，新協定「アメリカ・メキシコ・カナダ協定（USMCA）」が発効。乗用車部品の現地調達比率の引き上げや，米国に輸出する乗用車が年間260万台を超える場合に高関税を課すこと，生産の約4割を一定水準以上の高賃金労働者が担うことなどが規定されている。

4 アジア太平洋経済協力会議（APEC）

先進国と発展途上国による，アジア太平洋地域の経済協力組織。近年ではテロ対策など地球規模の問題も扱う。

活動の3つの柱

①貿易・投資の自由化…ボゴール目標（94年）達成をめざす。
　ボゴール目標…先進国は2010年＊まで，発展途上国は2020年までに自由で開かれた貿易及び投資を達成するという目標。
　＊目標は達成されていないが，顕著な進展あり

②貿易・投資の円滑化…域内でできるだけ統一された基準を採用して，貿易・投資を行いやすくし，「開かれた地域協力」をめざす。

③経済・技術協力…域内の発展の格差縮小と障害除去をめざす。域内が援助・被援助の関係を乗り越え，対等なパートナーとして，自主的に国際協力を推進していくよう促す。

APECのなかの日本　2017年，海外に住む日本人の74％の100万人がAPEC地域に住んでいる他，APEC地域への日本からの直接投資も多い。また，2018年の日本の貿易総額の74％をAPEC地域が占める。日本は，APECの一員として今後さらに域内の協力を進める必要がある。

●APECの大きさ

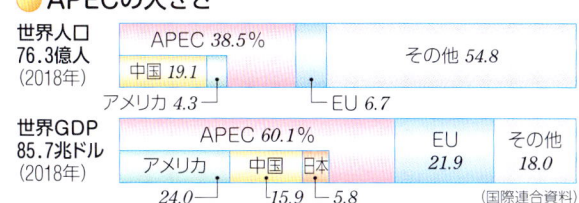

世界人口 76.3億人（2018年）：APEC 38.5％／中国 19.1／アメリカ 4.3／EU 6.7／その他 54.8

世界GDP 85.7兆ドル（2018年）：APEC 60.1％／アメリカ 24.0／中国 15.9／日本 5.8／EU 21.9／その他 18.0

（国際連合資料）

重要用語　❹❸❹北米自由貿易協定　❹❸❺アジア太平洋経済協力会議　❹❸❻東南アジア諸国連合　❹❸❼ECSC　❹❸❽EEC　❹❸❾EURATOM　❹❹⓿EFTA　❹❹❶EC　❹❹❷欧州連合条約　❹❹❸EU　❹❹❻FTA

5 欧州連合（EU）

EUのメリットとデメリットは何か。

① 統合への歩み ― EUはどのように拡大してきたのか？

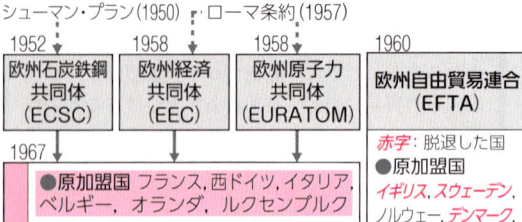

- シューマン・プラン(1950)
- ローマ条約(1957)

1952	1958	1958	1960
欧州石炭鉄鋼共同体(ECSC)	欧州経済共同体(EEC)	欧州原子力共同体(EURATOM)	欧州自由貿易連合(EFTA)

赤字：脱退した国

●原加盟国：イギリス、スウェーデン、ノルウェー、デンマーク、オーストリア、スイス、ポルトガル
●新加盟国：フィンランド、アイスランド、リヒテンシュタイン

欧州共同体（EC）

- 1967 ●原加盟国 フランス、西ドイツ、イタリア、ベルギー、オランダ、ルクセンブルク
- 1968 域内関税の撤廃と域外共通関税の設定（関税同盟の成立）
- 1973 イギリス、アイルランド、デンマーク加盟
- 1979 欧州通貨制度（EMS）発足、欧州通貨単位（ECU）導入
- 1981 ギリシャ加盟
- 1986 スペイン、ポルトガル加盟
- 1987 単一欧州議定書発効
- 1992 欧州連合条約（マーストリヒト条約）調印(1993.11発効)。ECの経済・通貨統合、政治統合をめざす
- 1993.1 市場統合がスタート→ヒト・モノ・サービス・資本の移動が自由化
- 1993.11
- 1994.1 EEA（→p.342）発足

欧州連合（EU）

- 1995.1 オーストリア、フィンランド、スウェーデン加盟
- 1997.6 アムステルダム条約（新欧州連合条約）調印。多数決制導入、多段階統合への道をひらく
- 1999.1 共通通貨ユーロ導入（2002.1 ユーロ貨幣、市中流通）
- 2001.2 ニース条約調印。多数決制の採用分野を拡大
- 2004.5 エストニア、ラトビア、リトアニア、ポーランド、チェコ、スロバキア、ハンガリー、スロベニア、マルタ、キプロス（10か国）加盟
- 2004.10 欧州憲法制定条約（欧州憲法）調印。発効せず
- 2007.1 ブルガリア、ルーマニア加盟
- 2007.12 欧州憲法に代わる、リスボン条約調印。欧州理事会議長（EU大統領）や外務・安全保障政策上級代表（EU外相）を新設
- 2013.7 クロアチア加盟
- 2016.6 イギリスは国民投票でEU離脱を選択
- 2020.1 イギリス、EU離脱

将来の目標
- 共通の外交・安保政策を展開し、国連で主導権を発揮する
- ドルにかわり、ユーロは外国為替市場での主役に躍り出る
- 環境保全問題に取り組み、持続可能な文明へと転換

③ EC（EU）の拡大

注：赤字はユーロ参加国

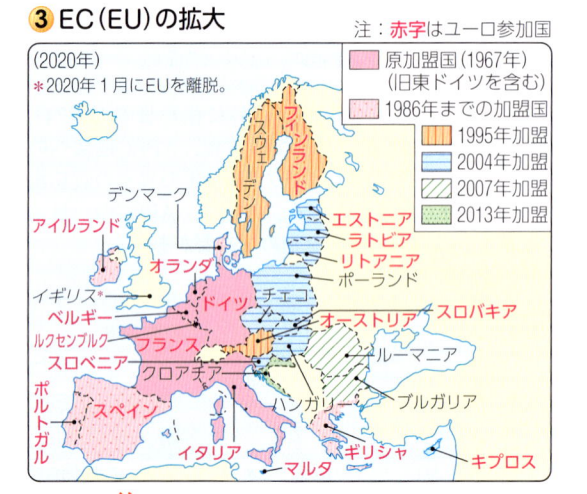

（2020年）
*2020年1月にEUを離脱。

- 原加盟国(1967年)（旧東ドイツを含む）
- 1986年までの加盟国
- 1995年加盟
- 2004年加盟
- 2007年加盟
- 2013年加盟

② ユーロ（EURO）の影響と課題

欧州共通通貨 2002年、EU12か国でユーロの市中流通が始まり、欧州の通貨統合が達成された。ユーロ圏人口は3億を超え、EUがめざす、外交・司法を含む政治統合の土台となるとされる。

△ユーロ硬貨は8種類、紙幣は7種類

A ユーロ参加のための厳しい条件

(1) **インフレ率** 最もインフレ率の低い3か国の平均値を1.5%より多く上回らない
(2) **財政** 財政赤字の対GDP比3%以内、政府債務残高の対GDP比60%以内
(3) **為替** 過去2年間、為替相場が通常変動幅内で、切り下げが行われていない
(4) **金利** 長期国債の利回りが(1)の3か国の平均値を、2%より多く上回らない

解説 不安が残るままのユーロ導入 安定した通貨統合実現のため、ユーロ参加には厳しい条件が課されている。しかし、実際には多くの国で財政条件が満たされないまま、1999年にユーロが導入された（各国の政府債務残高の対GDP比→p.243）。ギリシャ財政危機（→p.338 LOOK）の際、財政条件の重要性が再認識された。
注：EUに非加盟、正式な協定なしでユーロを使用している国もある。

B ユーロのメリット・デメリット

メリット	デメリット
①両替の不要・為替変動による差損の心配がないため、国境を越えた人の動きや企業の取引が活発化 ②加盟各国の価格差がはっきりし、競争が激しくなり物価が下がる	ユーロ圏の金融対策は欧州中央銀行が行うため、各国が景気対策を取りにくい

解説 統一通貨の課題 統一通貨の導入は、ヒト・モノ・カネの動きをより流動的にし、経済を活発化させる効果が期待される一方、各国独自の経済政策を行うことができないというデメリットがある。国独自の通貨の場合、国の経済力が落ちれば通貨価値が下がり、輸出品の価格面での国際競争力が上がる。それにより、景気の回復、税収増などが見込める。しかし、**通貨統合している場合は国の経済力が落ちてもそれに見合うほど通貨価値は下がらない**。また、**独自の金融政策が行えないため、景気を好転させることが難しい**。

解説 EUの歩み 戦前、ドイツ・フランスの国境地帯でとれる資源をめぐり、両国は対立し戦争が引き起こされてきた。そこで、資源を共同で管理する機関をつくり、和平をめざすため統合の動きが始まった。1967年にはECに、1993年にはEUに発展。さらに、EUは2004年に25か国、2007年に27か国に拡大、2013年にはクロアチアが加盟した。新加盟国には旧社会主義国も含まれ、「平和で分断のないヨーロッパ」というEU悲願の目標に近づくものである。また、2009年、リスボン条約の発効により、「大統領・外相」にあたるポストが創設され、政治統合が一歩進んだ。今後は、新加盟国の経済成長とEU独自の安全保障強化、南北分断の状態にあるキプロスの再統合、トルコのEU加盟など**イスラーム圏との融和**といったことが課題となる。さらに2016年、イギリスは国民投票によりEU離脱を選択した（→p.345 LOOK）。EU各国では、ギリシャ債務危機や移民問題によって、反EU派が勢力を伸ばしている。これが、引き金となり「**離脱ドミノ**」が起こることが警戒されている。

入試クイズ：EU（欧州連合）では一元的な金融政策を実施するため、全域にわたって共通通貨ユーロが導入されている。○×？〈13本〉（→5 2、3）　答：×

LOOK 難航するイギリスのEU離脱

EU離脱を選択 2016年，イギリスではEUからの離脱を問う国民投票が行われた。離脱を示す投票数がわずかに上回り，EUからの離脱を選択した。

●2016年の国民投票における各立場の主張

離脱派	・人の移動が自由なため移民が増加し，雇用環境の悪化，社会保障の負担増加，住宅や学校の不足，治安の悪化を招いている。 ・EUへの巨額の拠出金がなくなれば，その分をイギリスのために使える。 ・EUによる規制が多く，独自の政策ができない。
残留派	・EU域内の共通関税を採用できない可能性があるなど，経済への打撃が大きい。 ・EUと共同でテロなどの脅威に対応できる。 ・移民は多くの税金を払っており，また，イギリス経済において重要な労働力。 ・離脱すれば，残留派が多いスコットランドの独立再燃，北アイルランドの和平に悪影響。

滞るEU離脱協定案 国民投票の結果を受け，イギリスはEUから離脱する際の協定を作成するため，離脱交渉を行った。しかし，EUと合意した離脱協定案がイギリス議会で承認されず，離脱交渉期限が3度も延期された。これを受け，再度国民に離脱を問うため議会下院が解散され，2019年12月に総選挙が実施されることとなった。

EU離脱派の保守党勝利 EU離脱が大きな争点となった総選挙は，EU離脱を実施すると公約を掲げていた保守党が過半数の議席を獲得。これにより，2020年1月，イギリスはEUから離脱した。

その後 2020年末までは，離脱の影響を回避するために現状を維持する移行期間となり，貿易協定などの交渉を行っている（2020年11月現在）。

◉EU離脱の瞬間を喜ぶ人々（ロンドン）

6 FTA・EPA (→p.346, 347)

1 FTA・EPAとは ◉FTA・EPAが急増したのはなぜか？

EPA（経済連携協定） Economic Partnership Agreement
ヒト・モノ・カネの移動（FTAに加え，投資，知的財産権など）の自由化・円滑化を図り，幅広い経済関係をめざす

FTA（自由貿易協定） Free Trade Agreement
貿易障壁（関税，輸出入制限など）の削減・撤廃

解説 1990年代に急増 FTA・EPAは国家間の経済活動の自由化協定で，1990年代に急増した。背景には，**WTO（世界貿易機関）の交渉難航**（→p.339②）がある。1990年代以降，多くの発展途上国がWTOに加盟し，先進国と発展途上国の利害対立が表面化した。そのため，全会一致の原則をとるWTO交渉よりも，比較的短期間で合意に達することができ，当事国の国内状況にも柔軟に対応できるFTA・EPAを優先する国が増えてきたのである。

2 日本の主なEPA (2020年現在) (外務省資料)

	国名	発効年		国名	発効年
アジア	シンガポール	2002	中南米	メキシコ	2005
	マレーシア	2006		チリ	2007
	タイ	2007		ペルー	2012
	インドネシア	2008		コロンビア	交渉中
	ブルネイ	2008	欧米	スイス	2009
	ASEAN	2008		カナダ	交渉中断中
	フィリピン	2008		オーストラリア	2015
	ベトナム	2009		トルコ	交渉中
	インド	2011		EU	2019
	モンゴル	2016	その他	GCC [*1・3]	交渉延期
	中国・韓国 [*3]	交渉中		TPP [*4] (→p.346,347)	2018
	韓国	交渉中断中		RCEP [*2]	2020署名

*1 ペルシア湾岸諸国の地域協力機構。 *2 ASEANと日本・中国・韓国・インド・オーストラリア・ニュージーランド。2020年，インドを除く15か国で署名。 *3 FTA *4 アメリカを除く11か国による新協定。

解説 潮流に乗り遅れた日本 FTA・EPAは加盟国・地域間での貿易を優遇するブロック経済的な性格がある。日本は長年，WTO交渉を重視してきたことから，FTA・EPAには消極的であったが，世界のFTA・EPAの動きが加速する中で日本もFTA・EPA交渉にも乗り出した。

ナットク！ 国際経済の中での自由貿易の進展

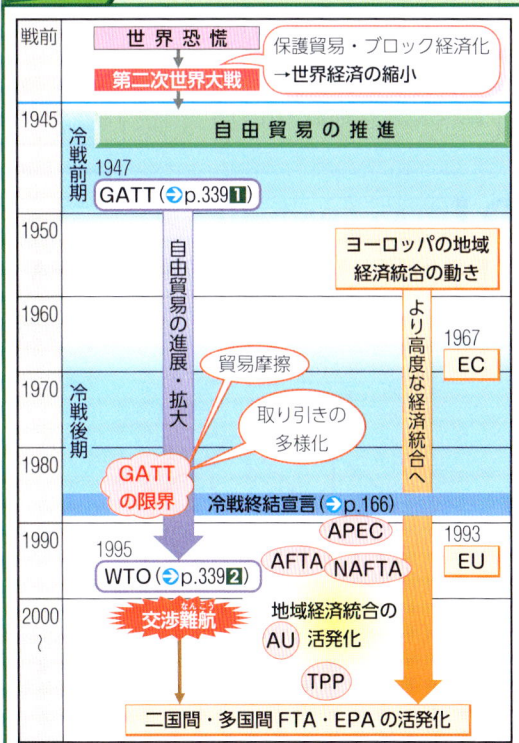

戦前	世界恐慌 → 第二次世界大戦	保護貿易・ブロック経済化 →世界経済の縮小
1945	自由貿易の推進	
冷戦前期	1947 GATT (→p.339①)	
1950		ヨーロッパの地域経済統合の動き
1960	自由貿易の進展・拡大	より高度な経済統合へ
		1967 EC
1970	冷戦後期 貿易摩擦	
1980	取り引きの多様化 GATTの限界	冷戦終結宣言 (→p.166)
1990	1995 WTO (→p.339②)	APEC AFTA NAFTA 1993 EU
2000～	交渉難航	地域経済統合の活発化 AU TPP
	二国間・多国間FTA・EPAの活発化	

解説 より多様な自由貿易へ 戦後，GATTは自由貿易を推進し，拡大をもたらしたが，1970年代以降は貿易摩擦問題の発生や，サービス・知的財産など取り引きが多様化。GATTのルールでは対応しきれなくなり，WTOに発展した。しかし，近年は貿易交渉の難航から，**FTA・EPAが活発化**している (→6①)。また，**冷戦の終結**により，共産主義諸国が市場経済に移行したことや，**EC（EU）**(→p.344⑤)の動向は，世界的に**地域経済統合**を促した。地域経済統合は，特定の国との間で経済関係を強化するために行われるもので，戦前のブロック(→p.343LOOK)とは意味合いが異なる。

重要用語 ㉙WTO ㊲ECSC ㊳EEC ㊴EURATOM ㊵EFTA ㊶EC ㊷欧州連合条約 ㊸EU ㊹リスボン条約 ㊺ユーロ ㊻FTA ㊼EPA

国際経済

345

課題解決

日本はFTA・EPAにどう向き合っていくべきか？

2017年，アメリカはEPA（→p.345）の1つである環太平洋パートナーシップ（TPP）協定を永久に離脱すると表明した（→p.348）。一方，2019年，日欧EPAが発効した。現在，世界では様々なFTA・EPAが締結されている。日本の貿易の特徴を理解し，経済連携にどう向き合うべきか，自分の考えをまとめよう。

対立の構図

日本は外国とのFTA・EPAを促進（そくしん）すべきか？

国内の意見		海外の意見
促進すべき	**促進すべきでない**	
市場の拡大 国内での成長は限界が近づいている。新しい経済圏で貿易を促進し，成長につなげるべきだ（→A）。	**国内の農業が衰退する** 外国産の安い農産物が入ってきたら，日本の農産物ではたち打ちできなくなる（→B❶）。	自動車，牛肉，保険などで市場の開放をすべきだ。
輸出産業に追い風 関税がなくなれば，海外メーカーとの価格競争力が強まり，売上アップがのぞめる（→B❶）。	**食料の安全保障** 食料自給率が下がる。輸入がストップした場合，食料が確保できなくなるのでは？（→p.261）	関税が撤廃（てっぱい）されて，日本車がたくさん入ってくるのは困る。
コスト削減 原料を輸入に頼っている商品のコスト削減ができ，収益が増える（→B❶）。	**食の安全をおびやかす** 海外のゆるい安全基準をのまされ，安全でない食品が増加するのでは？	日本は，自動車，医薬品，インフラなどの分野で非関税障壁を取り除くべきだ。
物が安くなる 海外からの輸入品が安く買えるようになるのはうれしい。	**公的医療の範囲縮小** 混合診療が増え，医療費が高くなったら困る（→B❸）。	日本は食品の安全基準や，知的財産権の保護ルールを国際的な基準に合わせるべきだ（→B❷）。
		経済規模の大きな国が自由貿易圏に加わるのはうれしい。

A FTA・EPAの現状

●日本が関係している主な多国間FTA・EPA

黒字…現在交渉中　赤字…発効済み
＊1 2018年，アメリカを除く11か国の新協定が発効。
＊2 2020年11月，インドを除く15か国で協定に署名。

日欧EPA　日本，EU
日中韓FTA　日本，中国，韓国
TPP＊1　日本，カナダ，オーストラリアなど計12か国
東アジア地域包括的経済連携（RCEP）＊2　日本，中国，韓国，オーストラリアなどと，ASEAN諸国の計16か国
（2020年）

●各FTA・EPAの経済規模 （2018年）

	人口（億人）	貿易総額（億ドル）	名目GDPの合計（億ドル）※（ ）は世界のGDP比率
RCEP＊3	36.7	115453	275310（32.1％）
日中韓FTA	16.4	72502	201985（23.5％）
TPP＊4	5.0	58997	110388（12.9％）
日欧EPA＊5	6.4	143605	237195（27.6％）
米欧FTA＊5	8.4	171517	392427（45.7％）

＊3 インドを含む。　＊4 アメリカを除く。　＊5 イギリスを含む。
（国際連合資料など）

▶日中韓FTA第1回交渉（2013年3月26日）　左から中国，韓国，日本の交渉担当者。

◀メキシコとのEPA締結後，輸入量が増えたマンゴー　日本とメキシコのEPAは2005年に発効した。発効前の2004年のマンゴー輸入額は約10億円だったが，発効後の2006年には16億円に増加した。

解説 FTA（自由貿易協定）・EPA（経済連携協定）により巨大な貿易・経済圏を形成　WTO（→p.339）での交渉の遅れから，1990年代からFTA・EPAが急激に増加した。こうした経済連携を行うことにより，市場が拡大し，競争が促進（そくしん）される。また，国際市場や国際関係において，影響力を強めることができる。非加盟国間でも，連鎖反応的にFTA・EPAの締結が促進される可能性も高い。日本は二国間FTA・EPAで潮流に乗り遅れたと言われており，新たな二国間FTA・EPAの締結を進めるとともに，TPPなどの多国間のEPAに参加し，巻き返しを図っている（→p.345）。政府は，自由貿易の推進は対外通商政策の柱であるとし，経済連携を推進することで海外の活力を取り込みたいとしている。

メモ TPPやRCEP，日中韓FTAは，APEC参加国・地域で自由な貿易を行うアジア太平洋自由貿易圏（FTAAP（エフタープ））実現のための道筋とされている。

B TPP・日欧EPA交渉時の主な争点

*1 11か国による新協定では凍結
*2 11か国による新協定では一部凍結

●2015年12か国によるTPPの主な大筋合意内容（→p.348）

●輸入（→❶）
①米…関税（341円/kg）は維持。豪州に対して、日本の無関税輸入枠を段階的に増やす。
②牛肉…関税を段階的に削減。38.5%から16年目で9%。
③マグロ、サケなど…十数年で関税撤廃。

●輸出（→❶）
①農林水産物…米、牛肉、水産物、茶などで関税撤廃。
②工業製品…99.9%の関税撤廃。

●その他（→❷、❸）
①新薬*1…製薬会社の独占的販売期間を実質8年以上に。
②著作権*1…保護期間を著作者の死後70年以上に。
③ISD条項*2…投資家と国との紛争解決手続きも規定。

解説 巨大経済圏の誕生 2015年、世界の国内総生産（GDP）の約4割を占める、環太平洋パートナーシップ（TPP）協定が大筋合意された。しかし、2017年、アメリカのトランプ大統領がTPPから離脱することを表明。2018年、アメリカを除く11か国による

●日欧EPAの主な交渉妥結内容

●輸入（→❶）
①ソフト系チーズ（カマンベールなど）…輸入枠を設け、15年間で無税に。
②ワイン…関税を即時撤廃。
③パスタ・チョコレート菓子…10年間で関税撤廃。

●輸出（→❶）
①農林水産物…醤油、牛肉、緑茶などで関税撤廃。
②工業製品…乗用車は8年目に、一部の自動車部品が即時撤廃。

●その他（→❷）
①知的財産一般…双方の高レベルの制度を利用。
②地理的表示（GI）…双方の産地などの商品ブランドを保護する制度。

新協定が署名され、同年、発効した。これにより、協定内容が適用される。また、世界の国内総生産の約3割を占める、日欧EPAにおいても、2019年に発効し、巨大経済圏の誕生に注目が集まっている。

❶ 関税の撤廃　Q関税を撤廃するメリット・デメリットは何か？

(1) 日本の高関税品目

品目	関税率(%)
こんにゃく	1706
米	778*
バター	360
小麦	252
牛肉	38.5

注：従価税換算値。自由貿易協定を締結していない国・地域に対する関税。
*341円/kg（農林水産省資料）

(2) 輸出品にかかる関税の日韓比較

	品目	韓国(%)	日本(%)
EUへの輸出*1	乗用車	0	10→0*2
	トラック	0	3.5～22→0*2
	カラーテレビ	0	14→0*2
米国への輸出*3	乗用車	0	2.5
	トラック	25→0	25

*1 2019年4月現在。欧韓FTAは2011年、日欧EPAは2019年に発効。 *2 乗用車・トラックは8年目、カラーテレビは6年目に撤廃。 *3 2019年現在。米韓FTAは2012年に発効（トラックなどの一部は、撤廃時期延長）。（日本貿易振興機構資料）

解説 関税の撤廃 FTA・EPAで最も大きな争点となるのが、関税の撤廃である。特に、多数の国が参加する協定では、各国、保護したい分野と輸出を強化したい分野があるため交渉が難しい。

❷ 知的財産権（→p.80）

主な争点	日本への影響（○…利点　×…懸念）
①知的財産権の保護強化	○海賊版や模造品の取り締まり強化 ×侵害国が協定に参加していなければ、効果は薄い
②医薬品の特許延長	×安価なジェネリック医薬品*の普及を阻害する

*使用されていた薬の特許が切れた後に、同じ品質で製造販売される低価格の薬。

解説 知的財産権の保護 近年、著作権などの知的財産権の保護は、EPA・FTA交渉時の大きな争点である。11か国によるTPPでも、アメリカ離脱によって凍結された項目の多くは知的財産に関するものである。しかし、日本は著作権保護期間を50年から70年に引き上げるなど法改正を行い、凍結された項目の一部を自主的に実施している。

❸ その他　Qどのような問題点があるか？

(1) 混合診療の拡大

賛成意見	・海外の最新の医療を受けられるようになる ・サービスが多様化し、さまざまな治療を選択できる
反対意見	・営利目的病院への医療関係者の集中、薬・医療機器の自由診療への提供により、公的保険の適用範囲が縮小し、**国民皆保険制度**（→p.317❶）が機能しにくくなる ・医療の格差が生まれる

解説 混合診療とは 健康保険が使える保険診療と、保険で認められていない自由診療を併用すること。日本では原則として禁止*されているが、日本でのシェア拡大をねらい、混合診療の解禁を求めている国もある。

*自由診療自体は禁止されておらず、自由診療を行う場合は保険適用部分も自由診療扱いとされる。

(2) ISD条項

国際投資紛争解決センター

ISD条項 海外の投資家や企業が、投資先の国で損失を被った場合に訴えることのできる制度。

解説 訴訟濫用のおそれ 日本も、EPAや投資協定の中にISD条項を取り入れているが、アメリカなどとの協定にISD条項を取り入れることで、訴訟が濫用されるのではと懸念されている。

例 カナダの産業廃棄物をアメリカで処理する事業を行うアメリカ企業が、カナダ政府の廃棄物輸出禁止措置で事業継続が不可能に。この措置は、他国企業からカナダ企業を保護する意図があるとされ、損害賠償の支払いが命じられた。

Think & Check

●あなたが内閣総理大臣だったら、どのようにFTA・EPA戦略を進めていこうと思いますか。
●どんな国と、どのような経済連携を進めますか。

あなたの政策は…
●誰かに大きな負担をかけていませんか。
●負担をかけているとしたら、その対策まで考えられていますか。
●将来の世代の人たちも幸せに暮らせますか。

重要用語　69知的財産権　395国民皆保険・国民皆年金　428非関税障壁　429WTO　446FTA　447EPA

Coming Up

どうなる？TPP

2015年に大筋合意したTPP（環太平洋パートナーシップ協定）は，グローバル化が進む中，非常に大規模な経済連携協定になると期待されていた。しかし，2017年，アメリカのトランプ大統領がTPP離脱の大統領令に署名した。TPPの意義と経緯から，経済のグローバル化について考えよう。

A TPPとは

TPPとは，貿易や投資の自由化，知的財産など幅広い分野でルールの構築を目指す経済連携協定のこと。2006年にシンガポール，ニュージーランド，チリ，ブルネイによる経済連携を目標としたP4協定（環太平洋戦略的経済連携協定）から始まり，日本は2013年に交渉に参加。2017年，アメリカが離脱を表明し，2018年，11か国による新協定が発効された。

● アジア太平洋地域における自由貿易・経済連携枠組み

RCEP	APEC		TPP
		アメリカ←	
インド	中国 韓国		日本 オーストラリア ニュージーランド
ASEAN			
カンボジア ミャンマー ラオス	インドネシア タイ フィリピン		シンガポール ブルネイ ベトナム マレーシア
	台湾 香港 ロシア パプアニューギニア		カナダ ペルー チリ メキシコ

B 難航した交渉

2006年	4か国	P4協定発効
2010年	8か国	P4協定に加え，アメリカ，オーストラリア，ペルー，ベトナムが参加し，交渉を開始
	9か国	マレーシアが交渉参加
2011年		カナダ，メキシコが交渉参加の意向表明
2012年	11か国	カナダ，メキシコの2か国が交渉参加
2013年		日本が交渉参加を表明
		日本とアメリカで，自動車分野などを2国間で交渉をすることを合意
	12か国	日本が交渉に参加
2014年		TPP首脳級会合。交渉妥結の時期を示せず
2015年		アメリカ，議会に貿易促進権限（TPA）法*案提出 貿易促進権限（TPA）法成立 **TPP大筋合意**（→p.347）
2016年		TPP署名式 アメリカ大統領選，トランプ候補が当選 日本，TPPを国会承認，関連法成立
2017年		日本，承認に必要な国内手続き完了を通知
	11か国	**トランプ大統領，TPPから永久に離脱する大統領令に署名**（→C）
		11か国による新協定が大筋合意
2018年		11か国による新協定署名式（→D）
		日本を含む6か国が国内手続きを終え，発効（→D）

＊貿易促進権限（TPA）法は，各国と結んだ通商協定をアメリカ議会が審議する際に，その内容の修正を禁じる法律。これにより，大統領は議会が交渉内容を事後的に修正することを防ぎ，交渉をスムーズに行うことが可能になる。

C アメリカのTPP離脱

アメリカ，離脱表明
2017年，アメリカのトランプ大統領が，TPPから永久に離脱すると大統領令に署名した。大統領令には，TPP離脱とともに，アメリカ産業の発展を促し，労働者を守り，賃金を引き上げることを目的に二国間貿易交渉を進めていくことも明記されていた。

△大統領令に署名したトランプ大統領

背景 リーマンショック以降，アメリカ経済が回復しているにも関わらず，所得の向上を感じられない人々がいる。これは，自由貿易により，国内工場が海外移転したり，海外から安い製品が輸入され，自分たちの職場が奪われたり，賃金が上がらないと考える人々が存在するからである（→p.190）。トランプ大統領は，そういった人々の支持を得てTPP離脱の大統領令に署名した。

自由貿易により，経済格差が拡大されたとの考えがある一方で，自由貿易の影響だけでなく，国内の雇用問題などに対して適切な支援がなされていないとの考えもある。

D 11か国による新協定，発効

11か国による新協定 2017年のアメリカのTPP離脱で，2015年に大筋合意した協定は発効のめどが立たなくなった。アメリカ抜きのTPPに，慎重な姿勢を示す国もあったが，TPPの利益を実現することで合意し，早期発効を目指す方針を明記した共同声明を採択。2018年，11か国による新協定（→p.347）署名式が行われた。

発効 11か国による新協定は，署名国のうち6か国が国内手続きを終えた60日後に発効すると規定された。2018年10月に6か国（メキシコ，日本，シンガポール，ニュージーランド，カナダ，オーストラリア）が国内手続きを終えたことを受け，同年12月に発効した。

△11か国による新協定の内容を説明するベトナムと日本の閣僚

ポイント整理 20

1 貿易と国際収支

A 国際分業と貿易 (→p.330, 331)
- 比較生産費説(リカード)…各国が得意部門の生産に特化し、互いに貿易することで利益を得る国際分業・国際貿易の理論的根拠
- 自由貿易論…先進国(工業)と発展途上国(農業)の垂直的分業を合理化
  → 発展途上国の工業化、経済発展を阻害
- 保護貿易論(リスト)…発展途上国には関税・輸入制限など国内産業保護政策が必要

B 国際収支 (→p.332〜334)
- 国際収支…貿易など国際経済取り引きの収入と支出をまとめたもの
  - 経常収支
    - 貿易・サービス収支…商品の貿易収支,旅行・運輸などサービス収支
    - 第一次所得収支…雇用者報酬,海外投資による投資収益
    - 第二次所得収支…国連分担金,食料・医薬品などの無償資金援助
  - 資本移転等収支…無償で社会資本形成,債務免除など
  - 金融収支…海外支店設置など直接投資,利子・配当が目的の証券投資
    - 外貨準備…政府や中央銀行が保有する金や外貨の増減

C 外国為替と為替相場 (→p.335, 336)
- 為替レート(外国為替相場)…異なる通貨の交換比率
  - 固定為替相場制(固定相場制)…各国政府の政策により一定の交換レートを維持
  - 変動為替相場制(変動相場制)…外国為替市場での外貨の需給バランスなどにより相場が変動

2 国際経済のしくみ

A ブレトン・ウッズ体制(IMF・GATT体制) (→p.337)
世界恐慌→金本位制の崩壊→ブロック経済化による世界経済の縮小
→各国対立が進み,第二次世界大戦の一因に→新しい国際通貨体制が求められる
ブレトン・ウッズ協定
- IMF(国際通貨基金)…為替レートの安定,国際収支不均衡国への資金融資
- 国際復興開発銀行(IBRD,世界銀行)…戦災国の復興・発展途上国の開発を援助
- GATT(関税と貿易に関する一般協定)…輸出入制限の撤廃,貿易を促進

B 国際通貨体制 (→p.338)
- ブレトン・ウッズ体制(1947年)…固定為替相場制(金・ドル本位制)
  ↓ ドル危機…アメリカの対外支出増加→ドルに対する信認低下→大量の金流出
- ニクソン(ドル)・ショック(1971年8月)…金とドルの交換停止
- スミソニアン協定(1971年12月)…通貨価値の多国間調整(ドルの切り下げ)
  ↓ 主要国が変動為替相場制に移行(1973年)
- キングストン合意(1976年)…変動為替相場制を承認,SDR(特別引き出し権)の強化

C 貿易体制と国際協調 (→p.339, 340)
GATT(関税と貿易に関する一般協定)締結(1947年)
  貿易自由化を推進→貿易障壁の撤廃をめざし,多国間交渉(ラウンド)を行う
  ケネディ・ラウンド,東京ラウンド…関税引き下げ,非関税障壁の低減
  ウルグアイ・ラウンド…農産物の自由化,知的所有権・サービス分野の交渉
WTO(世界貿易機関)設立(1995年)…GATTを発展的に改組。権限を強化
  ドーハ・ラウンド…WTOルール作り,環境と発展途上国の開発問題を扱う
サミット(主要国首脳会議)…サミットでは安全保障問題や開発などについて,新興国も含めたG20では経済問題について協議される

D 地域経済統合 (→p.342〜348)
- 欧州共同体(EC)(1967年)…域内関税を撤廃,域外共通関税を設定
  市場統合(1993年)…人・モノ・サービス・資本の移動が自由化
- 欧州連合(EU)(1993年)←欧州連合条約(マーストリヒト条約)調印(1992年)
  - ヨーロッパ経済地域(EEA)発足(1994年)←欧州自由貿易連合(EFTA)
  - 通貨統合→共通通貨ユーロ(EURO)の導入(1999年)
  - 政治統合→リスボン条約の発効(2009年)…大統領・外相にあたるポストの創出
- アジア太平洋経済協力会議(APEC)(1989年),北米自由貿易協定(NAFTA)*(1994年)
- ASEAN経済共同体(AEC)(2015年)…東南アジア諸国連合(ASEAN)域内の関税撤廃を目指す

*2020年,新協定「アメリカ・メキシコ・カナダ協定(USMCA)」が発効。

ポイント解説

赤字…入試の頻出用語

A 国際分業と貿易 リカードが説いた比較生産費説によると,国際分業による国際貿易は各国に利益をもたらす。しかし先進国が工業,発展途上国が農業に特化する垂直的分業は,発展途上国に不利となるため,リストは,発展が遅れた国には保護貿易政策が必要であると主張した。

B 国際収支 国際収支とは,1国の一定期間の外国とのモノ・サービス・カネの取り引きの収支をまとめたものである。

C 外国為替と為替相場 通常,国際間の取り引きは外国為替により決済される。為替レート(外国為替相場)が常に一定の範囲内にあるのが固定為替相場制(固定相場制),外貨の需給バランス,国際情勢などにより変動するのが変動為替相場制(変動相場制)である。

A ブレトン・ウッズ体制 戦後の国際通貨体制を支えたのはブレトン・ウッズ協定により設立されたIMF(国際通貨基金),国際復興開発銀行(IBRD,世界銀行)である。IMFと貿易協定であるGATTによる国際経済体制を,ブレトン・ウッズ体制という。

B 国際通貨体制 ブレトン・ウッズ体制は金との交換を保証したドルを基軸通貨(国際通貨)とする,金・ドル本位制による固定為替相場制であった。ドル危機によりアメリカは金・ドルの交換を停止(ニクソン・ショック)し,スミソニアン協定で通貨調整が行われたが固定為替相場制は崩壊,主要国は変動為替相場制に移行した。キングストン合意では基軸通貨であるドルの不足を補うために創設されたSDR(特別引き出し権)が強化された。

C 貿易体制と国際協調 自由貿易の拡大をめざすGATTは,関税引き下げ,非関税障壁の低減を進めてきた。ウルグアイ・ラウンドでは知的所有権・サービス分野の交渉が行われ,GATTを強化したWTO(世界貿易機関)の設立に合意した。

D 地域経済統合 欧州共同体(EC)は貿易統合に続き市場統合を実現,欧州連合(EU)へと発展。市場拡大による規模の利益を享受できる地域経済統合の動きは,世界中に広がり,多くのFTA・EPAが締結されている。2015年,環太平洋パートナーシップ(TPP)が大筋合意し,2018年,アメリカを除く11か国の新協定が発効。また,2019年,日欧EPAが発効した。

3 南北問題

貧富の格差 2枚の写真のうち左の写真の少女は飢えでしゃがみこんでおり，それをハゲワシが狙っている。少女は助かったが，この村では1日に数十人が餓死していた（スーダン，1998年）。なぜこの少女のような貧しい人が生まれるのだろうか。

「ハゲワシと少女」（スーダン）　食品の廃棄（日本）
撮影／ケビン・カーター

A 南北問題

UNCTAD

1 人間開発指数（HDI）にみた南北問題の現状

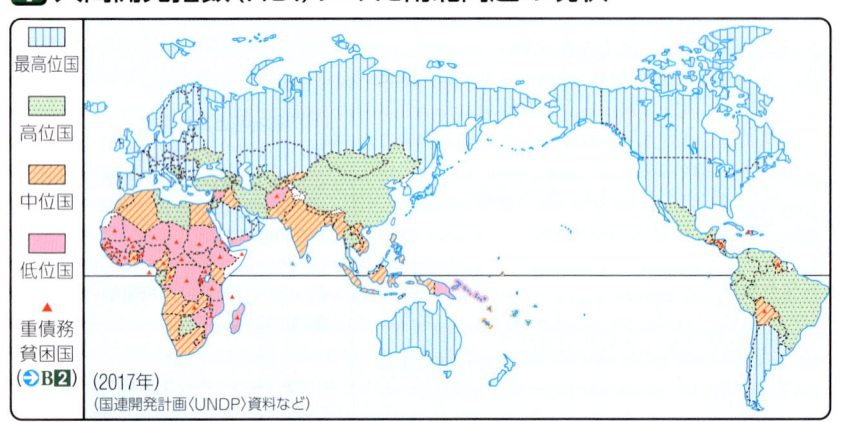

凡例：最高位国／高位国／中位国／低位国／重債務貧困国（●B2）
(2017年)（国連開発計画〈UNDP〉資料など）

なぜ南北の格差が生じているのか？

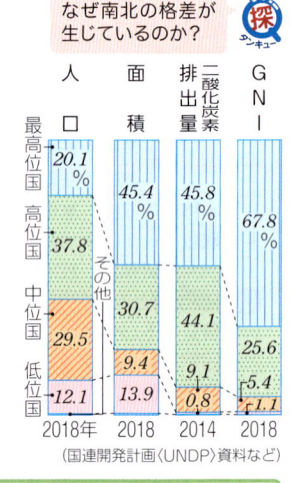

	人口	面積	二酸化炭素排出量	GNI
最高位国	20.1%	45.4%	45.8%	67.8%
高位国	37.8	30.7	44.1	25.6
中位国	29.5	9.4	9.1	5.4
低位国	12.1	13.9	0.8	1.1
	2018年	2018	2014	2018

（国連開発計画〈UNDP〉資料など）

解説 地球のアンバランス　先進国と発展途上国の間に，非常に大きな経済格差がある問題を**南北問題**という。主に先進国が地球の北側に，発展途上国が南側に位置することからこう呼ばれる。また，発展途上国の中でも特に経済発展が遅れている国を，**後発発展途上国**（**LDC**, Least Developed Country）という（●B11）。

人間開発指数（HDI）　各国の発展の度合いを，経済中心の数値でなく人間中心の数値で表すもので，**国連開発計画（UNDP）**が発表。保健（平均寿命），教育（教育年数），経済（GNI）の指数から算出。

2 南北の格差

*1 中等教育は，日本の中学校・高等学校に相当する。　*2 1日に必要なカロリー摂取量は，風土・人種・性別・年齢・体格などにより異なるが，日本では，男性が2650kcal，女性が1950kcalが平均値（18〜29歳）。

①中等教育就学率*1（2016〜2017年）
- タンザニア　23.2%
- バングラデシュ　61.6
- アメリカ　92.2
- 日本　99.4

②平均寿命（2016年）
- タンザニア　64歳
- バングラデシュ　73
- アメリカ　79
- 日本　84

③人口1万人当たり医師数（2008〜2016年）
- タンザニア　0.5人未満
- バングラデシュ　5
- アメリカ　26
- 日本　24

④1人1日当たり食料供給*2（2013年）
- タンザニア　2208kcal
- バングラデシュ　2450
- アメリカ　3682
- 日本　2726

3 モノクルチャー経済　モノカルチャー経済とは何か？

①輸出品目別割合

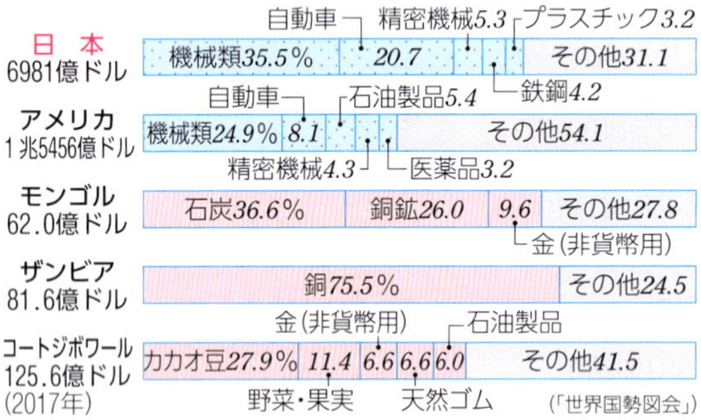

日本 6981億ドル	機械類35.5% ／自動車20.7 ／精密機械5.3 ／プラスチック3.2 ／その他31.1
アメリカ 1兆5456億ドル	機械類24.9% ／自動車8.1 ／石油製品5.4 ／精密機械4.3 ／医薬品3.2 ／鉄鋼4.2 ／その他54.1
モンゴル 62.0億ドル	石炭36.6% ／銅鉱26.0 ／金（非貨幣用）9.6 ／その他27.8
ザンビア 81.6億ドル	銅75.5% ／金（非貨幣用）／石油製品／その他24.5
コートジボワール 125.6億ドル	カカオ豆27.9% ／11.4 ／6.6 ／6.6 ／6.0 ／その他41.5　野菜・果実　天然ゴム

(2017年)「世界国勢図会」

②一次産品の国際価格指数の変動
(1995年=100)（IMF資料）
原油／銅／カカオ豆／コーヒー／小麦　1985年〜2019年

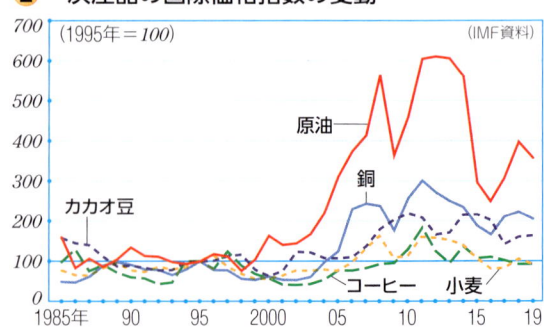

解説 南北格差が生じる理由　発展途上国の経済は，数種類の**一次産品**（農産物・水産物・鉱物など，未加工で自然から採取したままの産物）の輸出に頼っており，これを**モノカルチャー経済**という。これは，発展途上国の多くが，**第二次世界大戦以前に欧米諸国の植民地**であり，その時代に特定の食料，嗜好品，工業原料などに限定した生産を強要されていたことが背景にある。先進国が輸出している工業製品に比べて一次産品は，①利益が少なく，②値上がり幅が小さく，③世界経済や天候などの影響で価格が不安定である。また，鉱物の場合は，やがて必ず枯渇するという問題もある。

入試クイズ　国連の経済社会理事会で，下部組織としてDAC（開発援助委員会）が設置された。○？×？　〈11追〉（●A4）　答：×

350

4 南北問題に取り組む組織
Q 南北問題に取り組む組織には、どのようなものがあるのか？

DAC（開発援助委員会）		国連貿易開発会議（UNCTAD）
1960年、OECD（経済協力開発機構）の下部組織として設立（翌年改組）。発展途上国への効果的な援助の調整・促進が目的。毎年、閣僚級会議を開催。本部：パリ（フランス）　加盟：先進29か国とEU（2019年現在）		1964年、発展途上国が主導権を握る国連総会直属の常設機関として設立。貿易と開発に関する南北問題の討議が目的。4年に一度、総会を開催。本部：ジュネーブ（スイス）　加盟：195の国・地域（2019年現在）
	1960年代	プレビッシュ報告（1964年）…**一次産品**の価格安定化、発展途上国への関税免除や低関税率といった**特恵関税制度**の実施要求
「基本的人間ニーズ（人間の生活に最低限必要なもの）」の充足の必要性について報告	1970年代	**新国際経済秩序（NIEO）樹立宣言**（1974年、国連総会で採択）…自国の天然資源の自由な管理（**資源ナショナリズム**、◎p.284）、多国籍企業の活動の規制などにより、先進国に有利な国際経済制度を改善
「持続可能な開発（現在と将来を満足させられる開発）」の必要性について報告	1980年代	累積債務の軽減について検討
新開発戦略の採択（1996年）…①発展途上国は自国の開発に主体的に取り組み、先進国も協力する、②政府による以外の手段も考慮に入れ、各国の事情に適した援助を行う	1990年代以降	環境問題、UNCTADの機構改革、グローバル化の恩恵をすべての国が受けるべきと主張（2000年）「サンパウロ精神」（2004年総会の議長声明）…後発発展途上国への支援増大とWTO新ラウンド（◎p.339 1 1）の交渉加速を主張
国連総会はODA額の対GNI比目標（0.7%）（◎p.355 4）を定めたが、DAC加盟国の多くが未達成	課題	南北対話の行きづまり

B 南北問題の新展開

南南問題
NIES

1 南南問題
Q 南南問題とは何か？

① 南北・南南問題の発生

| 北 | 先進工業国（アメリカ・EU・日本など） |

↕ 南北問題

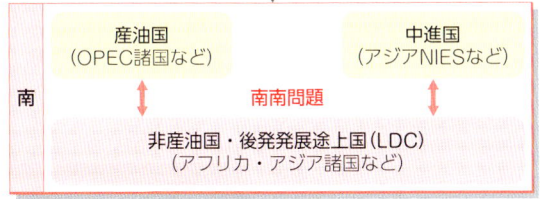

| 南 | 産油国（OPEC諸国など） ←→ 中進国（アジアNIESなど） |
↕ 南南問題
| | 非産油国・後発発展途上国（LDC）（アフリカ・アジア諸国など） |

[解説]「南」の格差　石油危機以降、「南」の国々の中で、**アジアNIES**など工業が発達した中進国や、石油資源の豊富な産油国のように、先進国に近い水準に到達した国々と、経済発展が遅れ、貧困から抜け出せない**後発発展途上国（LDC）**などとの間に格差が広がっている。こうした問題を「**南南問題**」という。後発発展途上国は、1人当たりのGNI（1025ドル以下）や人口（7500万人以下）などを基準に、2018年現在アフリカの33か国、アジアの9か国、その他5か国が国連により指定されている。

② 1人当たり国民総所得（GNI）
*1996年にOECDに加盟、発展途上国を援助する立場となった。
（世界銀行資料）

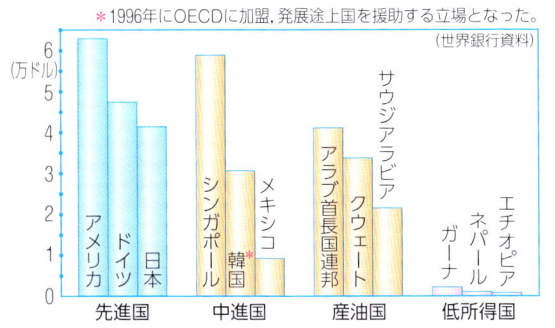

先進国：アメリカ、ドイツ、日本
中進国：シンガポール、韓国*、メキシコ
産油国：サウジアラビア、アラブ首長国連邦、クウェート
低所得国：ガーナ、ネパール、エチオピア

注：2000年以降、新国民経済計算は、GNP（国民総生産）にかわって、ほぼ同様のGNI（国民総所得）を採用。
（2018年）

△ インドのビル群と貧しい人々　発展途上国の大部分では、貧富の差が極めて大きい。

△ ブルネイの王宮　ブルネイでは所得税・養育費・医療費が無料である。

2 累積債務問題
● 債務総額と対GNI比

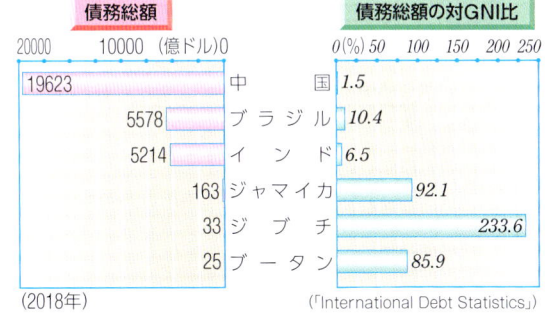

	債務総額（億ドル）	債務総額の対GNI比(%)
中国	19623	1.5
ブラジル	5578	10.4
インド	5214	6.5
ジャマイカ	163	92.1
ジブチ	33	233.6
ブータン	25	85.9

（2018年）（「International Debt Statistics」）

[解説] 債務危機と対策　発展途上国は、先進国から資金を借り入れ、経済発展をめざした。しかし、石油危機以後は世界的な不況により返済が困難になり、**対外債務**が膨らんでいった。80年代にはメキシコなど中南米諸国が債務危機に陥り、**デフォルト（債務不履行）**の危機が生じたとして、世界的問題となった。**累積債務問題**は、債務総額の高い国よりも、債務総額の対GNI比の高い国（**重債務貧困国（HIPC）**）の方が深刻である。それらの国々に対しては、**リスケジューリング（返済繰り延べ）**や帳消しが行われ、状況は多少改善されている。

重要用語 ㊷資源ナショナリズム　㊸南北問題　㊹一次産品　㊺モノカルチャー経済　㊻DAC　㊼OECD　㊽国連貿易開発会議　㊾特恵関税制度　㊿新国際経済秩序樹立宣言　㊶南南問題　㊷後発発展途上国　㊸アジアNIES　㊹累積債務問題

3 格差の解消をめざして

① 持続可能な開発目標（SDGs）

目標① あらゆる場所のあらゆる形態の貧困を終わらせる

目標② 飢餓を終わらせ、食料安全保障と栄養改善を実現し、持続可能な農業を促進する

目標③ あらゆる年齢のすべての人々の健康的な生活を確保し、福祉を促進する

目標④ すべての人々へ公正な質の高い教育を提供し、生涯学習の機会を促進する

目標⑤ 男女平等を達成し、すべての女性及び女児の能力強化を行う

目標⑩ 各国内及び各国間の不平等を是正する

目標⑫ 持続可能な生産消費形態を確保する

目標⑬ 気候変動及びその影響を軽減するための緊急対策を講じる　など

解説　国際社会共通の目標　2015年、国連総会で、2016年から2030年までの国際社会共通の目標を定めた、「持続可能な開発のための2030アジェンダ」が策定された。その中で設定された17の目標が**持続可能な開発目標（SDGs）**である。これは、2001年に設定された**ミレニアム開発目標（MDGs**、2015年に期限を迎えた）の後継であり、保健・教育などの残された課題と、環境問題・格差拡大といった新たな課題の克服を目指すものである。

② フェアトレード（公正な取引）

公正な取引により自立を支援　フェアトレードとは、環境や人にやさしい方法で発展途上国の人々が作った商品を、公正な値段で継続的に購入し、彼らの自立を支援することである。最終的な目標は、発展途上国の人々が貧困から抜け出し、輸出だけに頼らない真の自立を果たすことである。

日本での課題　北欧諸国ではフェアトレードラベル商品は普及してきたが、日本ではまだ認知度が低く、売り上げも少ないのが現状である。

▶ **フェアトレード認証ラベルのついたコーヒー**　一定の基準を満たしていると認められた商品に貼られている。

●主な国のフェアトレード認証ラベル商品の総売上高と1人当たり年間売上高

国	総売上高（円）	1人当たり年間売上高（円）
アイルランド	333億	7099
スイス	704億	8405
イギリス	2556億	3855
アメリカ	1181億	365
日本	114億	89

（2016年）　（フェアトレードインターナショナル資料）

Look　貧困から自活への支援

① マイクロクレジット —グラミン銀行の成功—

マイクロクレジットとは、貧しい人に資金を無担保で少額融資し、自活を支援するものである。従来の銀行が貧しい人への融資を避けてきた中、バングラデシュのムハマド＝ユヌスはグラミン銀行を設立し、マイクロクレジットを実践した。このしくみにより自活の手段を得て、貧困から抜け出せる人々も増えた。

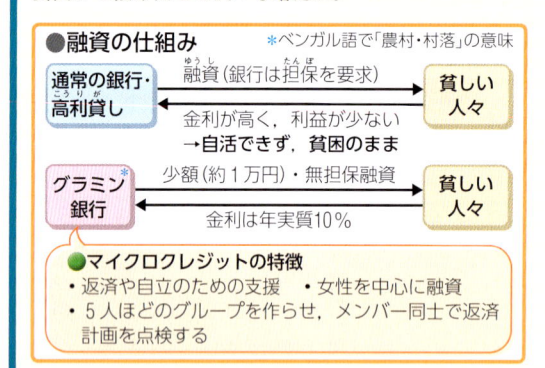

●融資の仕組み　*ベンガル語で「農村・村落」の意味

- 通常の銀行・高利貸し → 融資（銀行は担保を要求） → 貧しい人々
  - 金利が高く、利益が少ない → 自活できず、貧困のまま
- グラミン銀行 → 少額（約1万円）・無担保融資 → 貧しい人々
  - 金利は年実質10％

●マイクロクレジットの特徴
- 返済や自立のための支援　・女性を中心に融資
- 5人ほどのグループを作らせ、メンバー同士で返済計画を点検する

▶ **グラミン銀行の職員に借金を返済する女性達**
女性は、家族のことを考えて融資を使い、返済率も高い。女性が経済力をつけると、家族が貧困から抜け出せることが分かってきた。

（REUTER／AFLO）

② BOP市場開拓の動き　*「Base of the Pyramid」または「Bottom of the Pyramid」の略。

グラミン銀行は、これまで援助の対象であった**BOP層**（年間所得3000ドル未満の人々）でビジネスを成功させ、生活水準の向上にも貢献し、注目を集めた。BOP層の人々は、世界に約40億人存在し、**市場規模は5兆ドル**にのぼるとも言われている。新たな市場としても期待されている一方で、ビジネスが発展途上国の社会的課題の解決につながるのか、懐疑的な見方も存在する。

▶ **各家庭を訪問してヨーグルトを売る女性と運転手**　フランスのダノン社と設立したグラミン・ダノン・フーズは、栄養価の高いヨーグルトをバングラデシュの人々に安く提供。原料の牛乳はマイクロクレジットの融資を受けた現地の酪農家から仕入れる。

Roger Richter/Uniphoto Press

通常の企業が目指す利益最大化とともに社会貢献をも目的とするグラミン銀行のような企業活動を、**ソーシャル・ビジネス**と名付けたい。寄付を元とした援助ではなく、ビジネスとして成り立つ支援が広まれば、今より多くの企業や人が参加できると考えられる。

▶ **2006年のノーベル平和賞を受賞したグラミン銀行元総裁ムハマド＝ユヌス**　グラミン銀行は、2019年5月現在、918万人に融資を行い、マイクロクレジットは世界数十か国に広がった。

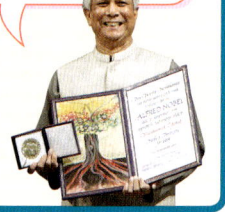

C 新興国の動向

1 各国の経済成長率の推移
● 経済成長率が高い国はどこか？

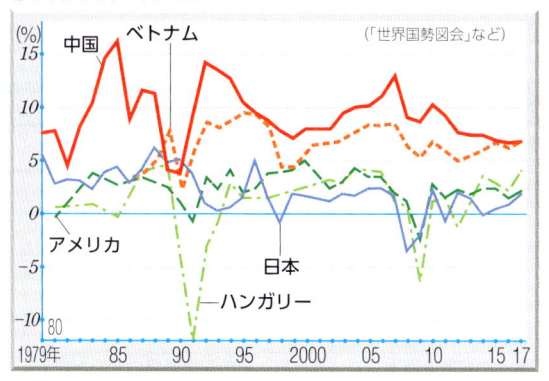

(グラフ：中国、ベトナム、アメリカ、日本、ハンガリー　1979年～2017年「世界国勢図会」など)

2 中国経済の躍進（改革開放政策 → p.203 3）

① 中国の輸出入額と対世界輸出シェア

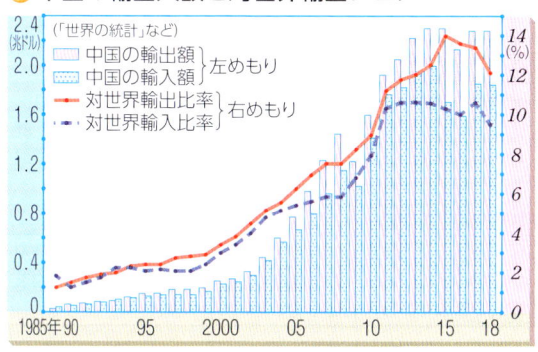

(グラフ：中国の輸出額、中国の輸入額、対世界輸出比率、対世界輸入比率　1985年～18年「世界の統計」など)

解説　急増する中国貿易　中国の貿易は1990年代から急速に増加し、外貨準備高は日本を抜いて世界第1位となった（→p.334 6）。また、中国は日本の最大の貿易相手国だが、日中貿易では日本の貿易赤字が続いており、2001年には一部の品目に対して暫定的にセーフガード（緊急輸入制限、→p.365 2）を実施した。

▲経済特区深圳　中国には経済特区・経済開発区（→p.203 3）が設けられており、外資優遇策がとられている。

② 中国のWTO加盟

保護や補助を受けてきた中国経済　→　WTO加盟　市場経済の導入　国際化　→　構造改革の促進
① 行政改革　汚職の根絶
② 金融改革　インフレの抑制
③ 国有企業改革　生産性の向上　慢性的な赤字の克服
→　さらなる持続的な発展

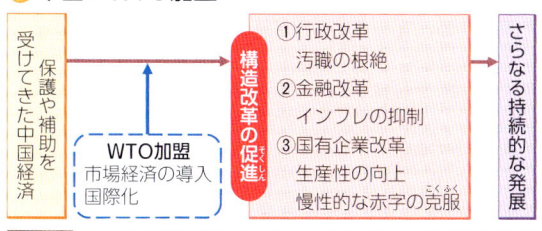

解説　さらなる発展を　2001年、中国はWTO（世界貿易機関 →p.339）に加盟した。これまで保護や補助を受けてきた中国経済をより国際化させ、さらなる発展をめざすためであった。しかし、市場経済の導入により、格差が広まったという指摘もある。

3 中国経済の課題

なぜ中国国内で格差が生じているのだろうか？

① 省別のGDP

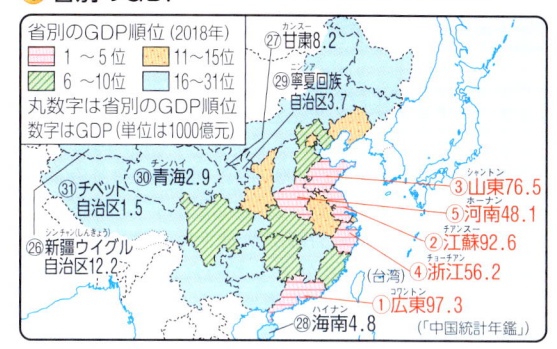

省別のGDP順位（2018年）
1～5位 / 6～10位 / 11～15位 / 16～31位
丸数字は省別のGDP順位
数字はGDP（単位は1000億元）

㉗ 甘粛 8.2
㉙ 寧夏回族自治区 3.7
㉚ 青海 2.9
㉛ チベット自治区 1.5
㉖ 新疆ウイグル自治区 12.2
③ 山東 76.5
⑤ 河南 48.1
② 江蘇 92.6
④ 浙江 56.2
① 広東 97.3
㉘ 海南 4.8
「中国統計年鑑」

② 農村の課題

農村の問題
① 農村と都市の所得格差
・公式統計でも農村の所得は、都市の3分の1
② 社会資本の未整備
・人口当たり病床数が都市の約半分
・水道、電気、電話の未整備
③ 開発に伴う環境破壊、公害
④ 開発に伴う土地の強制収用
・農民の暴動に発展する場合もある

↓

政府の対策
① 農村の義務教育費の免除、農民にかかる農業税の廃止
② 社会資本の整備
③ 汚染物質排出量の削減、家電製品のリサイクル、太陽熱温水器の普及政策

▲工場排水で汚染された井戸水を飲まざるを得ない中国の農民　この村の死因の約7割がガンである。

解説　地域経済格差の拡大　経済発展の一方で、中国国内では経済特区が集中する沿岸部と、内陸部の経済格差が深刻化している。都市への人口流入や、企業の倒産・経営合理化のための失業率の増加も問題である。また、国民の戸籍は出生地により農村戸籍と都市戸籍に分けられ、公共サービスの内容も異なる。そのため、出稼ぎ労働者は、都市で満足な社会保障や教育を受けられない。

LOOK 中国の発展と経済戦略

中国は近年、自国の経済発展を背景に、国際社会での経済的影響力を強めている。習近平国家主席は、中国とヨーロッパを陸・海路で結ぶ「一帯一路」の経済圏構想を掲げ、積極的な対外投資を展開。2015年のアジアインフラ投資銀行（AIIB）の設立はその取り組みの1つで、2020年5月には102の国と地域が加盟（見込みを含む。日米は不参加）。しかし、多額の債務を抱えることなどを嫌い、計画の中止や見直しを表明する国もあり、今後の動向が注目される。

●開業式典で演説する習近平国家主席

重要用語 ㊴WTO（世界貿易機関）　㊵セーフガード（緊急輸入制限）

Coming Up: BRICSとは

「BRICS」とは，今後高い経済成長が望めるブラジル(Brazil)，ロシア(Russia)，インド(India)，中国(China)，南アフリカ(South Africa)の頭文字をつなげた造語である。現在の状況と課題を確認し，バランスの取れた発展のために何をすべきか，どのような国際的協力が必要か考えよう。

A 「BRICs」から「BRICS」へ

ブラジル，ロシア，インド，中国の4か国を指す「BRICs」という言葉は，2001年に，世界的な証券会社ゴールドマンサックス社が初めて使用した。2009年からBRICs4か国の首脳会議が開催されており，2011年からは同様に経済発展が著しかった南アフリカも加わった(BRICS)。2020年代後半には，中国がアメリカを抜いてGDP世界第一位になると予想される。

❶ BRICS・日本・アメリカのGDP予測

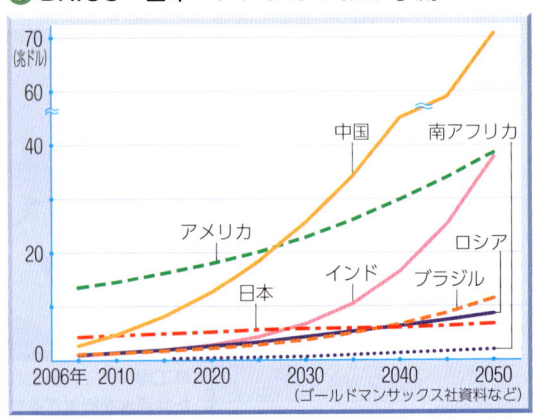

◎日本の高度経済成長の要因と比較してみよう。(→p.247)

❷ 発展の要因

(1) **豊富な天然資源**…BRICSだけで，世界の石炭の約7割，鉄鉱石・ボーキサイトの約5割，ニッケル鉱の約3割，原油・天然ガスの約2割を産出。

(2) **豊富な労働力**…BRICSだけで，世界人口の約4割を占める。また，働き手となる15〜64歳の割合が高い。

(3) **外資の積極的な導入**…先進国の企業の技術を吸収し，生産性が向上

(4) **購買力をもった中間層の増加**

(5) **経済の自由化**…中国・ロシアが計画経済から市場経済へ(→p.202・203)。ブラジル・インドも統制から自由化へ。

(門倉貴史『BRICs新興する大国と日本』平凡社，みずほ総合研究所『BRICs』東洋経済新報社などより)

◀インドの首都デリーのショッピングモール　インドには，購買力のある富裕層・中間層が約2億人いるといわれており，これは日本の人口を上回る消費市場があることになる。しかし，人口が多いため，一人当たりのGDPは決して高くはない。また，経済成長から取り残された農村部との格差は大きい(→B)。

B 岐路に立つ「BRICS」

❶「BRICS」の影響と課題

❶貧富の差が大きい
中国では，都市部と農村部の所得格差が3倍以上と言われている(→p.353❸)。所得格差を小さくし，消費を担う中産階級を増やしていかないと，成長にブレーキがかかる。また，貧富の差は国民の不満を生み，社会不安の原因になりうる。

❷資源に左右される経済
多くの資源を産出しているため，その国際価格の変動が経済に及ぼす影響が大きい。近年の資源価格の低下により，ロシア・ブラジルなど資源輸出国の経済は低迷しつつある。一方，資源輸入国のインドはその恩恵を受け，順調な経済成長を続けている。また，現時点では非効率なエネルギー使用も多いといわれている。

❸経済発展に伴う環境の悪化
産業化・工業化の優先により，安価な技術や方法が選択され，環境への対策が十分に行われてこなかったため，大気汚染，廃棄物処理問題，森林破壊，砂漠化など，公害・地球規模の環境問題(→p.277)が深刻化。

❹食肉輸入の増加
経済発展による食生活の肉食化が進み，飼料となる穀物の需要が増加。それにより，穀物価格が上昇し，発展途上国が穀物を輸入できなくなる可能性も生じている。

解説　「持続可能な開発」へ　経済発展により，豊かになる一方で，様々な課題も生じている。しかし，BRICSや発展途上国は，先進国の豊かな生活を支えるため，環境破壊や，エネルギー消費をしてきた側面もある。先進国の高度な省エネ・環境保護技術を導入し，経済発展と環境保護の両立を実現させる「持続可能な開発」(→p.282❶)への転換が求められている。また，「BRICS」の国々にも利害の対立があり，5か国の連携には課題も多い。

◀ブラジルで発生したデモ(2016年2月)　経済危機などにより，公務員への賃金未払いが生じたリオデジャネイロ州では，州議会前でデモが行われた。

❷ ポスト「BRICS」

NEXT11	VISTA
バングラデシュ，エジプト，インドネシア，イラン，韓国，メキシコ，ナイジェリア，パキスタン，フィリピン，トルコ，ベトナムの11か国。ゴールドマンサックス社が人口の多さなどに着目し，2005年に提唱。	ベトナム，インドネシア，南アフリカ，トルコ，アルゼンチンの5か国を，英語の国名の頭文字をつなげて呼んだもの。門倉貴史(経済評論家)が天然資源や政情安定度などに着目し，2006年に提唱。

解説　今後の経済成長への期待　BRICSに次ぐ成長が期待されているのが，NEXT11，VISTAと呼ばれる国々である。労働人口の多さや政情の安定，外国資本の導入などがその根拠とされる。

メモ　NEXT11，VISTAの一員であるトルコは，中東とヨーロッパの間に位置する地理的条件と安価な人件費を生かし，近年自動車組み立て輸出がさかんである。

D 日本の政府開発援助（ODA）

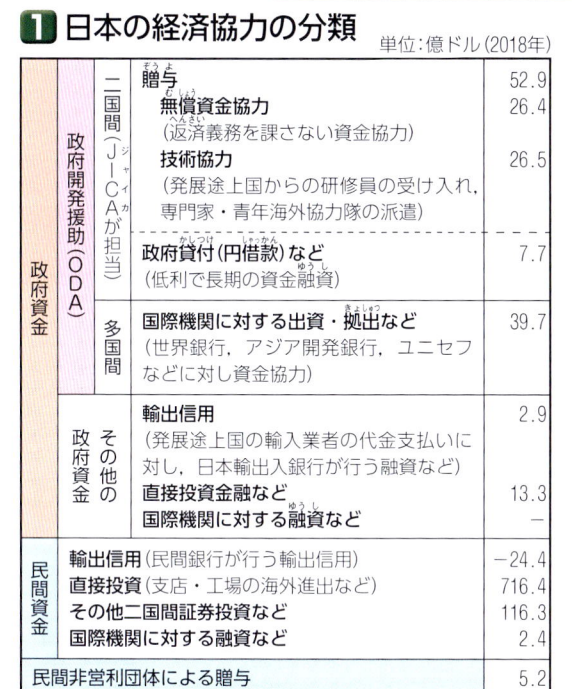

[Official Development Assistance]

1 日本の経済協力の分類
単位：億ドル（2018年）

政府資金	政府開発援助（ODA）	二国間（JICAが担当）	贈与		52.9
			無償資金協力（返済義務を課さない資金協力）		26.4
			技術協力（発展途上国からの研修員の受け入れ，専門家・青年海外協力隊の派遣）		26.5
			政府貸付（円借款）など（低利で長期の資金融資）		7.7
		多国間	国際機関に対する出資・拠出など（世界銀行，アジア開発銀行，ユニセフなどに対し資金協力）		39.7
	その他の政府資金		輸出信用（発展途上国の輸入業者の代金支払いに対し，日本輸出入銀行が行う融資など）		2.9
			直接投資金融など		13.3
			国際機関に対する融資など		―
民間資金			輸出信用（民間銀行が行う輸出信用）		-24.4
			直接投資（支店・工場の海外進出など）		716.4
			その他二国間証券投資など		116.3
			国際機関に対する融資など		2.4
民間非営利団体による贈与					5.2

注：純額（過去の援助の債務返済額を差し引いた額）ベース（『開発協力白書』）

◉日本は発展途上国にどのような援助を行っているのか。

2 主な国のODA額の変遷と内訳

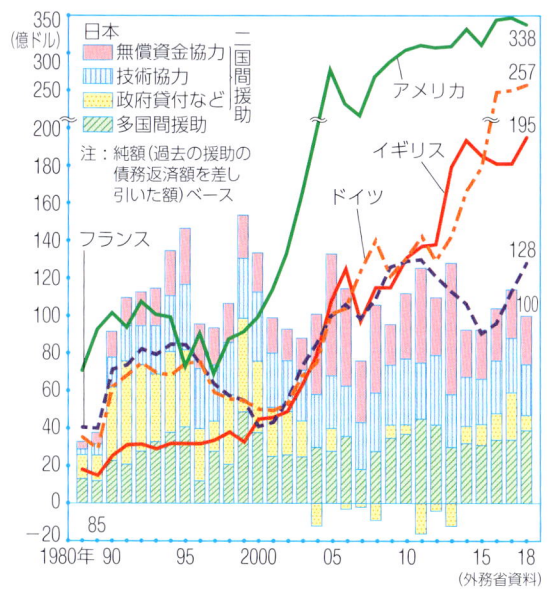

【解説】**日本の援助の歴史** 終戦・降伏直後，日本は**援助を受ける側の国**であったが，1954年以後，戦争への賠償の意味も兼ねてアジア・太平洋諸国向けに援助が開始された。**60年代半ば以降は，DAC（→p.351 4）加盟国として援助国に転換し，1991〜2000年に10年連続で世界一の援助国となった**。財政悪化などの理由から2000年以降ODA予算が削減され，2001年には世界一の援助国の座をアメリカに譲ったが，現在でも世界有数の援助国である。
　一方，他の先進国では冷戦終結後援助額が伸び悩んだが，2000年以降**増額**している。国連がミレニアム開発目標（→p.352）を掲げたことや，テロなどの脅威が貧困から生じているとの認識がある。

3 二国間ODAの地域別内訳

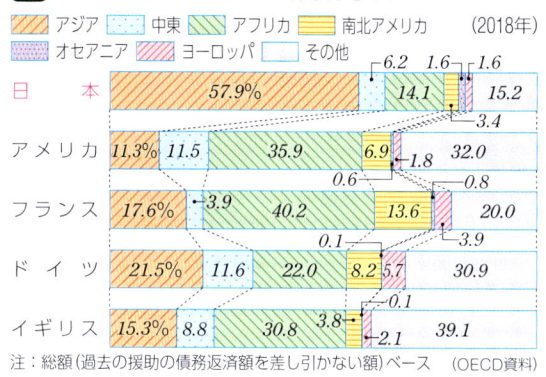

凡例：アジア／中東／アフリカ／南北アメリカ／オセアニア／ヨーロッパ／その他（2018年）

国	アジア	中東	アフリカ	南北アメリカ	オセアニア	ヨーロッパ	その他
日本	57.9%		14.1		6.2	1.6	15.2 / 1.6
アメリカ	11.3%	11.5	35.9	6.9	0.6	1.8	32.0 / 3.4
フランス	17.6%	3.9	40.2		13.6		20.0 / 0.8
ドイツ	21.5%	11.6	22.0	8.2	0.1	5.7	30.9 / 3.9
イギリス	15.3%	8.8	30.8	3.8		2.1	39.1 / -0.1

注：総額（過去の援助の債務返済額を差し引かない額）ベース　（OECD資料）

【解説】**日本はアジア重視** 日本のODAは**対アジア援助の割合が大きく，1970年には94.5％を占めていた**。しかし，アジア諸国の発展に伴い**その比率は低下し，近年は対アフリカ・中東援助が増加**している。中国へのODAは，①軍事費の増大や他国への武器輸出，②経済発展（→p.353 2），③中国自身が他国に援助していることなどから，2006年で円借款を終了。そして，2021年度末ですべての中国へのODAを終了。フランスやイギリスはかつての植民地であるアフリカ諸国への援助が多い。

4 日本のODAの特色

① 供与額とGNI比率
*1 国民（海外で働く国民も含む）全体の所得の合計を表したもの

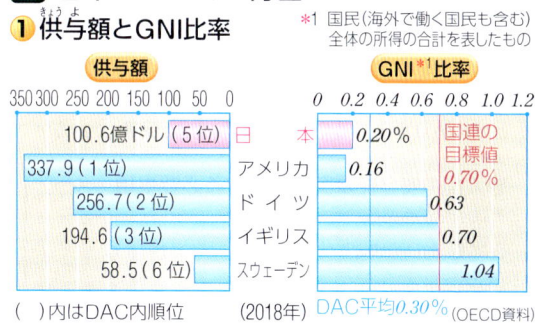

供与額（億ドル）
- 日本：100.6（5位）
- アメリカ：337.9（1位）
- ドイツ：256.7（2位）
- イギリス：194.6（3位）
- スウェーデン：58.5（6位）

（　）内はDAC内順位　（2018年）

GNI*1比率
- 日本：0.20%
- アメリカ：0.16
- ドイツ：0.63
- イギリス：0.70
- スウェーデン：1.04

国連の目標値 *0.70%*
DAC平均0.30%（OECD資料）

② 贈与比率とアンタイド比率
*2 純額（過去の援助の債務返済額を差し引いた額）ベース

贈与比率*2（無償資金協力／技術協力）
国	無償資金協力	技術協力	計
日本	52.4%	33.4	19.0
アメリカ	90.8	88.2	2.6
フランス	36.4	23.0	13.4
イギリス	64.3	58.4	5.9
ドイツ	66.4	44.5	21.9

アンタイド比率
- 日本：75.0%
- アメリカ：61.3
- フランス：99.6
- イギリス：100.0
- ドイツ：98.2

（外務省資料）（2018年）（2018年）

注：贈与比率…ODA供与額中の，返済義務のない資金額の割合。
　タイド…援助金の使い道を援助供与国の企業に限定すること。援助供与国の，発展途上国への輸出や海外投資の拡大をねらったもの。アンタイドはそのような限定がないこと。

【解説】**援助額と援助形態** 日本は，1990年代のピーク時に比べ順位を落としたものの，今なお世界有数の援助国である。**GNI比率はDAC諸国（→p.351 4）の平均を下回り**，国連の目標値には遠く及ばない。援助形態については，日本のODAはアジア諸国への政府貸付（円借款）が多く，贈与比率が低いことが特徴であった。しかし，近年，貧困率の高いアフリカ諸国への無償資金援助の割合が増え，贈与比率は高くなっている。また，以前は**タイド（ひもつき）**が多いとの批判を受けていたが，1980年代以降は改善された。

◆重要用語 ❹DAC（開発援助委員会）　❺BRICS　❻政府開発援助（ODA）

5 日本のODAの明と暗

今後のODAにおいて重視されるべきことは何か？

❶ 住民の安全を守るトンネル
―パキスタン　コハット・トンネル―

日本による支援 約126億円の円借款を供与し、コハット峠に全長1885mのトンネルを建設。

結果 カーブが多く、事故が多発していた交通の難所が、安全かつ短時間で通行可能に。

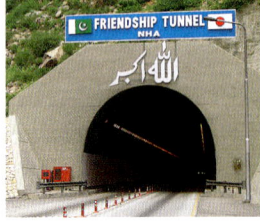

評価 交通状況が改善したとして、パキスタン政府も高く評価。

△コハット・トンネル

解説 援助対象国にとって役立つ援助を　日本の援助は発展途上国の成長過程に大きく貢献してきた。しかし一部の援助は、環境破壊を招いたり、援助対象国に重い対外債務負担を負わせているという指摘もある。近年、援助評価体制が整備されつつある。

❷ 住民の反発を受けたダム
―インドネシア　コトパンジャン・ダム―

日本による支援 インドネシア政府に対し、住民の移住に対する補償や環境への配慮を要請したうえで、ダム建設資金を援助。

結果 補償が不十分で生活基盤が奪われ、環境破壊も進んだとして住民が反発。

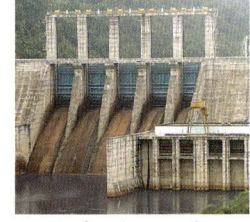

△コトパンジャン・ダム

評価 住民が日本政府や企業を提訴。
→2015年、最高裁が上告を棄却。住民の主張を認めず。

LOOK 人間の安全保障

人間の安全保障とは？　人間の安全保障という概念が初めて取り上げられたのは1994年の国連開発計画（UNDP）の報告書で、その後国際社会における取り組みとして広まった。グローバル化が進んだ現在の国際社会で、**地球規模の課題（環境破壊、難民・貧困、対人地雷、人権侵害など）に効果的に対処するには、国家がその国境と国民を守るという伝統的な「国家の安全保障」の考え方のみでは対応が難しい。そこで、国家の安全保障を補完し、強化するものとして提唱されたのが、人間一人ひとりに焦点を当てる考え方「人間の安全保障」**である。

●人間の安全保障実現における必要事項
- 紛争や武器拡散からの人々の保護
- 紛争後の平和維持のための基金設立
- 貧困地の公正な貿易と市場の支援
- 最低生活水準の実現
- 基礎保健医療の完全普及実現
- 基礎教育の完全普及による人々の能力の強化　など

「人間の安全保障基金」　国連では現在、「人間の安全保障」が重視されており、基金が設立されている。人間の生存・生活・尊厳を確保していくことが目的で、NGO（p.196）と連携を強め、活動を行っている。2016年末までに日本は累計約4億ドルを拠出している。

●人間の安全保障基金の支援実績件数（外務省資料）

- 中東・アラブ地域：12
- 複数地域にまたがる案件：7
- 欧州：23
- 中南米・カリブ諸国：31
- アフリカ：69
- アジア太平洋・中央アジア：96件
- 合計238件（4億4254万ドル）
（1999〜2016年）

▶人間の安全保障基金による自転車修理の技能習得支援（アフガニスタン）
写真提供／UN PHOTO／ESKINDER DEBEBE

この人に聞く

青年海外協力隊に参加し、ウガンダで支援活動した**新家美穂**さん

Q どのような使命を持って、派遣国に行かれましたか。
A 「支援する現地の人が幸せになる活動をする」という強い気持ちがありました。

Q 派遣国で行った2年間の活動内容を教えてください。
A 現地の住民の生活向上に寄与する活動を行いました。特に力を入れた、熱効率の良い改良かまどの普及活動は、調理時間の短縮、煙による健康被害の低下などの効果が見られ、女性と子どもの生活の改善につながりました。また、住民から新たな住民へ改良かまどの作り方を教えるという住民間普及にも成功し、女性の自立意識の向上に貢献しました。

Q 現地の人々は日本の協力隊をどう思っていますか。
A 協力隊は、モノやお金を渡すのではなく、技術協力で人々に貢献します。その形が受け入れられない場面もありましたが、次第に「現地の人が主体となってやる」協力隊の活動が理解されるようになり、協力隊との活動を何よりも喜んでくれる人が増えていきました。

●隊員になるまで
注：2018年秋募集以降、JICA海外協力隊の制度が変更された。

- 20〜69歳
- 自分の技術・知識や経験を開発途上国のために生かしたいと、強い意欲をもつ人

↓
年に2回、応募書類を受け付け
↓
一次選考…技術審査、語学力審査、健康診断
↓【合格】
二次選考…面接、問診
↓【合格】
派遣前訓練…語学力、生活に必要な知識の習得（約70日間）
↓
訓練終了
↓
2年間の海外派遣

発展途上国に原則として2年間滞在し、活動を行う。2019年12月までに92か国に対して4万人以上が派遣された。最近では女性の派遣が全隊員の半数以上を占める。

メモ　青年海外協力隊のようにODAの一環として派遣されるボランティアの1つに、シニア海外協力隊がある。青年海外協力隊に比べ、実務経験15年程度以上など、一定以上の経験・技能等が求められる。

これからのODAを考える

Coming Up

日本のODAは、「自助努力の支援」という独自の考えに基づいて行われ、現在でも世界有数の援助国である。一方、近年では、テロの温床となる貧困を解決することが、安全保障上重視されるようになったことや、国連がミレニアム開発目標（MDGs）、持続可能な開発目標（SDGs）を設定したことを受け、欧米の支援額が増加している。これからのODAについて考えてみよう。

A 日本のODAの特殊性

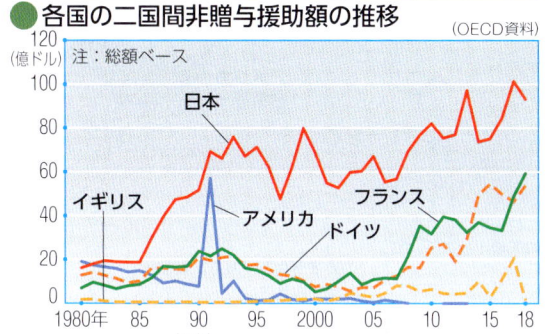

● 各国の二国間非贈与援助額の推移　（OECD資料）

解説　突出した円借款　日本の場合、非贈与援助の大半が円借款（政府貸付）である。1980年代半ば以降、日本はアジア諸国を主な対象に円借款を積極的に行った。高い円借款額の背景の1つには、日本自身が戦後、アメリカや国際機関から資金を借りてインフラを整備し、経済発展してきたという歴史がある。日本は「自助努力の支援」を援助の基本姿勢としている。

●ODAで人工衛星　—発展途上国が求めるものも変化—
日本はODAで初めて、人工衛星を円借款でベトナムに提供する。2011年、甚大な被害の出たタイの洪水がきっかけで、避難対策などを検討するための観測衛星が必要となった。しかし、ベトナムには独自技術がないため、日本に協力を依頼してきた。日本は、レーダ地球観測衛星の打ち上げ、宇宙センター建設、人材育成などのODAによる支援を決定した。今後、アジアを中心にこのような需要が増えると見込まれる。

B 世界のODA援助先の変化

● 全DAC諸国二国間ODAの地域別内訳の推移と、アジア・アフリカにおける贈与・政府貸付の割合

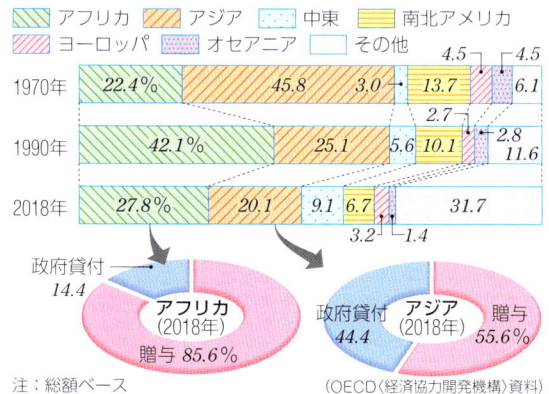

凡例：アフリカ／アジア／中東／南北アメリカ／ヨーロッパ／オセアニア／その他

年	アフリカ	アジア	中東	南北アメリカ	ヨーロッパ	オセアニア	その他
1970年	22.4%	45.8	3.0	13.7		4.5	6.1・4.5
1990年	42.1%	25.1	5.6	10.1	2.7	2.8	11.6
2018年	27.8%	20.1	9.1	6.7	3.2	1.4	31.7

アフリカ（2018年）：政府貸付 14.4／贈与 85.6%
アジア（2018年）：政府貸付 44.4／贈与 55.6%

注：総額ベース　（OECD（経済協力開発機構）資料）

解説　アジアからアフリカへ　世界のODAは、1970年代はアジアに最も流入していたが、その後アフリカへの援助が増加している。アジア諸国は政府貸付（借款）を受けて経済発展を遂げることに成功したが、アフリカ諸国は政府貸付が重い対外債務負担となる国が多く、贈与の割合が高い。日本の円借款は、アフリカにおいては機能しにくいのである。

C 近年のODA政策の変遷

1991	湾岸戦争…日本は巨額の資金援助を行ったが、国際社会から評価を得られなかったと批判／援助対象国の民主化や人権、軍事政策などとODAとの関係見直し
1992	**ODA大綱**（1992年6月閣議決定） (1)環境と開発の両立 (2)軍事的用途や国際紛争助長につながる使用は回避 (3)発展途上国の軍事支出、大量破壊兵器・ミサイルの開発・製造、武器の輸出入の動向に注意 (4)発展途上国の民主化の促進、市場経済導入への努力、基本的人権と自由の保障に留意
90年代後半	**ODAの見直し**　背景に日本の財政赤字、国益や効率性を重視すべきといった世論
2001	アメリカ同時多発テロ→アメリカODA予算増額／日本、ODA額減額。首位をアメリカに譲る
2002	EU諸国、ODA予算増額姿勢
2003	**新ODA大綱**（2003年8月閣議決定）　主な改正点 ・従来のODA大綱の4原則は堅持 ・ODAの目的として「わが国の安全と繁栄の確保」をあげ、国益重視の理念を盛り込む ・「人間の安全保障」（●p.356）などの視点を盛り込む ・NGOとの連携強化、国民参加の拡大を示す
2007	日本、ODA額世界第5位（純額ベース）に後退
2015	**開発協力大綱**（2015年2月閣議決定）　主な改正点 ・民政目的・災害救助活動などの非軍事分野に限り、他国軍に対する活動支援を容認。軍事転用の可能性が無いかは個別具体的に検証する ・開発が進んだ中所得国にも、必要に応じた協力を行う

D 新たなODAを模索する日本

①**民間企業の活用**（『官』の限界を『民』が補う）
従来の援助は、日本政府が民間企業に援助を発注し、費用は全額日本政府が負担していた。新たな取り組みは、企業自ら援助内容を企画・展開。日本政府は補助金を出すが、それを超えた場合は、企業が経費を負担する。一方、企業は援助国で新たな市場開拓や知名度の獲得などメリットも多い。国としても援助の質は落とさず、支出を抑えることができる。

②**地方公共団体のノウハウを活用**（『国』がもたない技術の提供）
日本の地方公共団体が援助国の都市開発を支援する試み。実例として、みなとみらい地区などの開発で経験豊富な横浜市とフィリピンが連携し開発を進めている。上下水道、廃棄物処理、交通など都市全体の住みやすさの向上をめざし、ノウハウの部分で支援する。国はこの連携のサポートを行う脇役になる。包括的な技術協力を地方公共団体が行うということで、新たなODAのモデルであると世界から注目が集まる。

重要用語　210 NGO（非政府組織）　461 政府開発援助（ODA）　462 人間の安全保障

社会にLINK

考えよう，目の前にある南北問題

世界を魅了するチョコレート，支えているのは誰？

●チョコレートの歩み

中南米の「神の食べ物」
カカオの原産地は中央・南アメリカ。古代より「神の食べ物」として珍重されていた。種をすりつぶし，水やトウモロコシの粉と混ぜ合わせて飲まれていた。 
→カカオの実

ヨーロッパとの出会い
大航海時代以降，カカオ豆がヨーロッパにもたらされる商品となる。

植民地支配とカカオ生産（17〜18世紀）
ヨーロッパ諸国が中南米の植民地支配とカカオ生産を拡大。
→プランテーション農園設立。アフリカからの黒人奴隷が栽培の担い手となる。

世界商品へ（19世紀〜）
固形チョコレートが誕生。大量生産により市民の楽しむ商品となる。カカオ豆の需要が拡大し，西アフリカの植民地でも栽培が始まる。
→現代のモノカルチャー経済（→p.350③）の背景

●カカオの生産国と輸入国

*インドネシアは生産量・輸入量ともに上位10か国以内。

カカオ豆生産量上位10か国
カカオ豆輸入量上位10か国（2017年）

カカオベルト カカオの生産地は，緯度20度以下の赤道直下の国々に集中している。
（FAO資料）

→日本のチョコレート売り場 日本人1人あたりの年間消費量は約2kg。

→カカオ農園で働く児童 ©ILRF（コートジボワール）

輸出用のカカオは大量生産が基本。農家には，「チョコレートを見たことがない」という人も多いそうだ。

まるで強制労働のようだった。しかし，家族を支えるために仕事をする以外に選択肢がなかった…。
（NPO法人ACEホームページより）

Hop 情報収集 カカオ輸出国が抱える問題とは？

●「極度の貧困」状態にある人々の割合

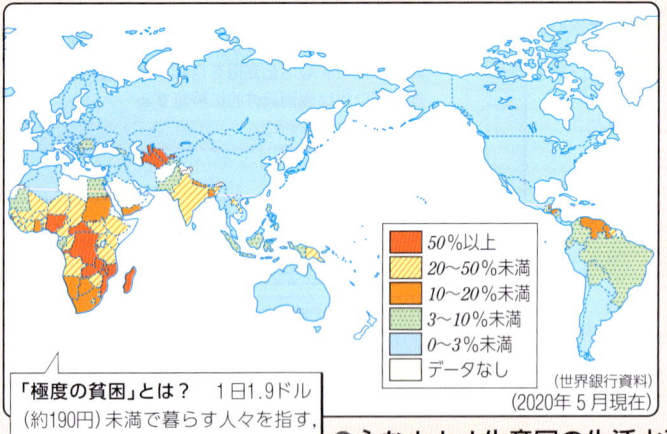

- 50%以上
- 20〜50%未満
- 10〜20%未満
- 3〜10%未満
- 0〜3%未満
- データなし

（世界銀行資料）（2020年5月現在）

「極度の貧困」とは？ 1日1.9ドル（約190円）未満で暮らす人々を指す，世界銀行の指標。世界で約7億人（2015年）がその状態にあり，特にサハラ砂漠以南の地域に多い。

生活の水準が低くなってしまうのは，貿易だけが原因なのかな…？

●カカオの需要・供給と国際価格

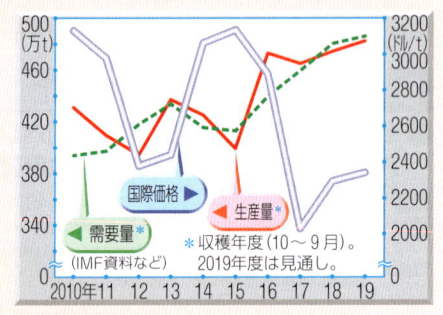

国際価格／生産量／需要量
*収穫年度（10〜9月）。2019年度は見通し。
（IMF資料など）

解説 安定しない収入 カカオの生産量は，自然環境の影響によって大きく左右される。また，その国際価格はしばしば投機の影響で変動し，農家の収入が少なく，不安定化する要因となっている。

●主なカカオ生産国の生活水準

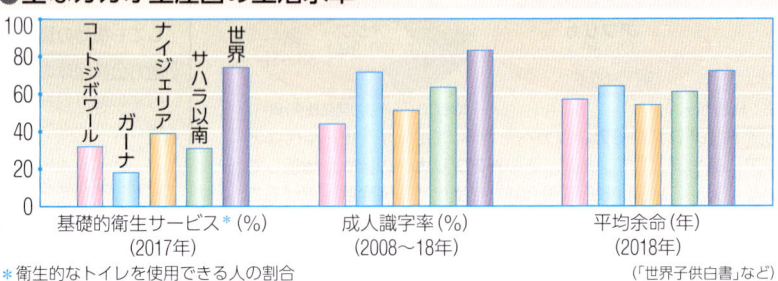

コートジボワール／ガーナ／ナイジェリア／サハラ以南／世界

基礎的衛生サービス*（%）（2017年）／成人識字率（%）（2008〜18年）／平均余命（年）（2018年）

*衛生的なトイレを使用できる人の割合
（「世界子供白書」など）

Step 考察 「貧困の悪循環」を解消するには？

●連鎖する貧困（例）

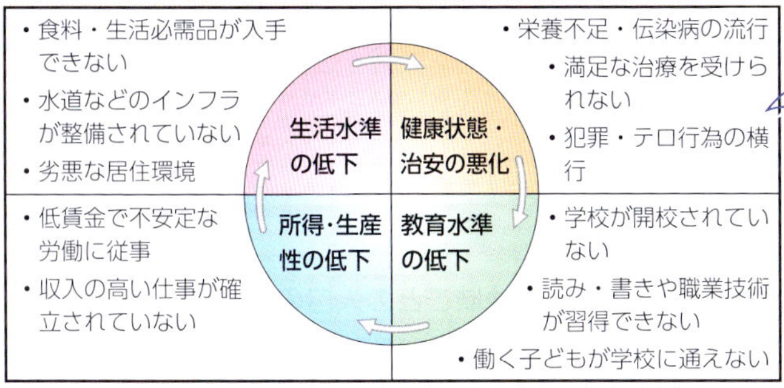

- 食料・生活必需品が入手できない
- 水道などのインフラが整備されていない
- 劣悪な居住環境
- 低賃金で不安定な労働に従事
- 収入の高い仕事が確立されていない

（中央の循環図）
生活水準の低下 → 健康状態・治安の悪化 → 教育水準の低下 → 所得・生産性の低下

- 栄養不足・伝染病の流行
- 満足な治療を受けられない
- 犯罪・テロ行為の横行
- 学校が開校されていない
- 読み・書きや職業技術が習得できない
- 働く子どもが学校に通えない

これらの問題は…
- どの問題から優先的に解決するべきだろうか？またそれはなぜか？
- 誰が対処・解決に責任を持つべきだろうか？
- 長期的な取り組みが必要なものはあるだろうか？
→ *Jump* の事例をもとに、支援のあり方を考えてみよう

色々な問題が関連しているのが難しい所じゃ。これを「プラスのサイクル」に変えるにはどうしたらよいかのう？

Jump 参画案・評価 様々な取り組みから学ぼう

事例紹介

❶みんなに優しい！NGO「TABLE FOR TWO」

食堂のヘルシーメニュー1食につき、20円（発展途上国の給食1食分）が寄付される。発展途上国の「飢え」と先進国の「飽食」という不均衡を解決する取り組みで、大学の食堂でも行われている。写真提供／TABLE FOR TWO

❷「健康格差」をなくす母子手帳

医療が整備されていない発展途上国では、乳児・妊産婦の死亡率が高い。そのような国々で母子の健康管理のために導入されたのが、日本の母子手帳である。国際協力NGO「HANDS」やJICAなどの機関が共同で、現地の風土や習慣に合わせて作成・配布している。継続的な医療サービスの定着を目標に、母子のケアのための人材育成も進められている。

▲配布された母子手帳を持つ親子

❸生産者とともに歩むチョコレートづくり

カカオ豆の生産から加工までを一元管理するのが、Bean to Barと呼ばれるチョコレートづくりである。東京のチョコレート店Minimalは、現地の農家と共同でカカオの品質向上に努めている。大量生産とは異なる生産のあり方を提示することは、農家にとっての新たなやりがいを生み出すことにもつながっている。

▶カカオ農家とのワークショップ（インドネシア）

❹「買う」ことから始まる国際支援

フェアトレード（→p.352）の認証基準では、公正な価格での取引だけでなく、児童労働の禁止など、労働環境の改善も求められている。また、企業が独自の支援策を設けた商品もあり、それらの購入が、生産国への支援に直結する。

◀フェアトレードチョコレート（森永製菓の「1チョコ for 1スマイル」）　商品の売り上げの一部がカカオ生産国に寄付される。

Check これらの取り組みは…
- □個人でも取り組む（参加する）ことができる？
- □短期的に大きな効果が期待できる？
- □支援先の社会の改善や自立に結びつく？

TRY 様々な立場から考えよう

南北格差や貧困を克服するために、あなたができることはなんだろうか？また、支援する立場と、支援を受ける立場の人々がそれぞれ考えなければいけないことはどんなことだろうか？

自分の力でできること	国連などの国際機関に期待すること

民間企業に期待すること	支援を受ける側の人々が考えること

重要用語　449南北問題　450モノカルチャー経済

4 人口・食料問題

▶ **人口抑制のため一人っ子を奨励する看板（中国）*** 世界人口は爆発的に増加している。一方、食料生産の伸びの鈍化が予想され、人口と食料のアンバランスから飢餓が発生している。人口と食料の問題にどのように取り組むべきか考えてみよう。

*2015年、中国は「一人っ子政策」廃止を決定

A 人口問題

1 世界の人口動向
❓人口はどのように増えてきたのか？

① 世界人口の推移

解説 20世紀以降の爆発的な人口増加 産業革命以降、世界の人口は急激に増加してきた。特に、第二次世界大戦後の急激な人口増加を、**人口爆発**という。こうした人口の急増により、世界では食料不足（→B）や水不足（→p.282 LOOK）の問題が生じている。

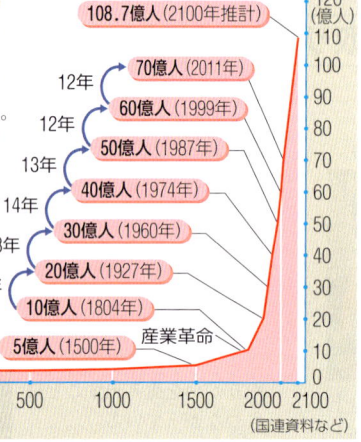

- 108.7億人（2100年推計）
- 70億人（2011年）— 12年
- 60億人（1999年）— 12年
- 50億人（1987年）— 13年
- 40億人（1974年）— 14年
- 30億人（1960年）— 33年
- 20億人（1927年）— 123年
- 10億人（1804年）
- 5億人（1500年）
- 農耕牧畜開始／紀元前8000年
- 産業革命
- 注：中位推計
- （国連資料など）

② 地域ごとの人口の変化

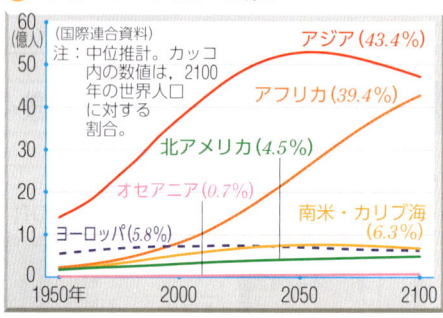

（国際連合資料）
注：中位推計。カッコ内の数値は、2100年の世界人口に対する割合。
- アジア（43.4%）
- アフリカ（39.4%）
- 北アメリカ（4.5%）
- オセアニア（0.7%）
- 南米・カリブ海（6.3%）
- ヨーロッパ（5.8%）

解説 人口問題の南北格差 世界の人口増加率は1.2%、後発発展途上国は2.4%、先進工業地域は0.4%で格差がある。アフリカを中心とする発展途上国では激しい人口増加が続き、そのために生じた開発遅滞や貧困、環境破壊が問題となっている（→②②）。一方、先進工業国では出生率の低下による高齢化が進んでおり、人口は長期的には減少に向かいつつある。

❓なぜ人口爆発が起こるのか？

2 人口爆発の原因と影響

① 人口ピラミッド
- **富士山型（ピラミッド型）[多産多死]** エチオピア
- **つりがね型[少産少死]** アメリカ
- **つぼ型[少産少死]** 日本
- 日本の人口問題（→p.322）
- （2015年）（国際連合資料）

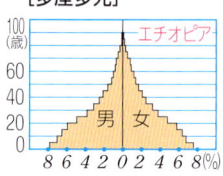

解説 富士山型からつぼ型へ 発展途上国の人口ピラミッドは、**多産多死**で**富士山型（ピラミッド型）**である。先進国は、**少産少死**型で出生率がほぼ一定であれば、**つりがね型**になる。さらに、出生率が毎年減少していくと、**つぼ型**に移行する。

② 人口爆発と貧困・飢餓

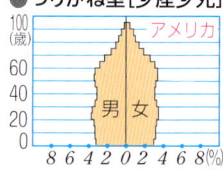

背景
- ◎死亡率の低下
  - 衛生状態の改善
  - 乳児死亡率の低下
  - 平均寿命の延長
- ◎高い出生率
  - 労働力の確保
  - 老後の扶養
  - 宗教上の理由

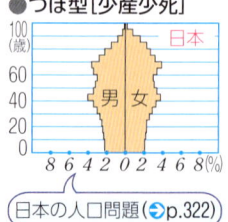

多産多死から多産少死へ変化 → 人口爆発／都市化

影響
- 都市の住環境の悪化
- 教育の遅れ、失業
- 環境破壊
- ◎貧困・飢餓

3 取り組み

① 国連人口基金（UNFPA）

概要	世界の人口問題を、単なる数の問題ではなく、人間の尊厳の問題として取り組んでいる国連機関
目的	・貧困削減　・望まない出産を失くす。 ・安全な出産　・エイズ対策 ・女性が尊厳ある人生を送る。など
活動	・家族計画の推進、避妊薬の開発、広報・教育活動 ・1974年　世界人口会議 ・1984年　国際人口会議 ・1994年　国際人口開発会議

② 女性の識字率と人口増加

女性の識字率（2015年） / 人口増加率（2010～2015年）

国	女性の識字率(%)	人口増加率(%)
ニジェール	11.0	4.00
マリ	22.2	2.98
パキスタン	42.7	2.11
ガーナ	71.4	2.39
ペルー	91.5	1.32
コロンビア	94.7	0.98
チリ	96.5	1.07

（国際連合資料など）

解説 女性の地位と人口問題 女性の識字率が低い発展途上国では、健康や保健に関する知識が不十分であることが多く、乳幼児死亡率が高い。そのため、時には望むよりも多くの子どもを出産することもあり、人口増加率が高い。また、民族によっては、女性に妊娠・出産の自己決定権が認められず、出生率が高まる場合もある。したがって、出生率を抑制するためには、**女性の教育水準の向上や社会的地位の改善が必要**といわれている。

論述にトライ！ 地球上では食料不足が問題になっている地域がある一方、飽食により食料が無駄になっている地域もある。この地域間のアンバランスを改善するにはどうしたらよいか、500～800字であなたの考えを論じなさい。〈富山大卒〉

B 食料問題

1 世界の食料動向

1「HUNGER MAP」 ●栄養不足の人々は, どの地域に多いのか?

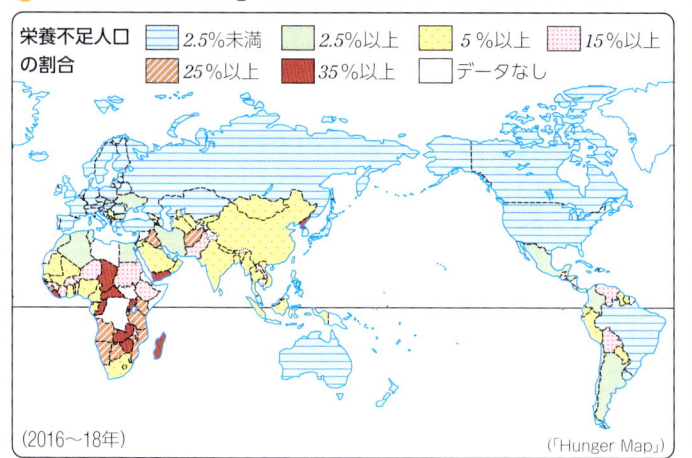

栄養不足人口の割合: 2.5%未満 / 2.5%以上 / 5%以上 / 15%以上 / 25%以上 / 35%以上 / データなし

(2016～18年) (「Hunger Map」)

なぜ食料動向に地域間の格差が生じるのか?

2 食料の分配格差 世界人口 76.3億人(2018年)

- 世界ではおよそ8億2100万人が飢えに苦しんでおり, そのほとんどが発展途上国に住んでいる。
- 飢餓蔓延率が最も高いアフリカ地域の中で, 特に東アフリカは, 人口の3分の1近くが栄養不足。
- 南アジアとサハラ以南のアフリカ地域では, 3人に1人の子どもが発育阻害(低身長)。

(国連世界食糧計画資料より)

- 世界全体で18歳以上の**19億人超**が太りすぎ, そのうち**6億5000万人超**が肥満と推計されている。
- かつて肥満は高所得国の問題だと思われていたが, 現在は低・中所得国でも問題になっている。
- 5歳未満の子どもでも, 世界全体で4100万人が太りすぎ・肥満と推計されている。

(世界保健機関資料より)

2 なぜ食料問題が起こるのか

1 発展途上国で飢餓が起こるしくみ

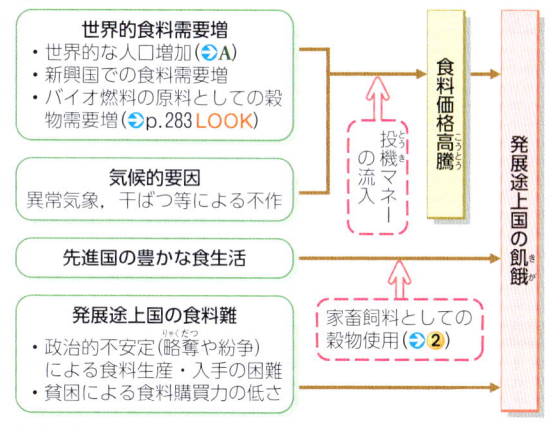

- 世界的食料需要増
  - 世界的な人口増加(●A)
  - 新興国での食料需要増
  - バイオ燃料の原料としての穀物需要増(●p.283 LOOK)
- 気候的要因
  - 異常気象, 干ばつ等による不作
- 先進国の豊かな食生活
- 発展途上国の食料難
  - 政治的不安定(略奪や紛争)による食料生産・入手の困難
  - 貧困による食料購買力の低さ

→ 投機マネーの流入 → 食料価格高騰 → 発展途上国の飢餓
← 家畜飼料としての穀物使用(●2)

解説 行き渡らない食料 世界的な食料需要の増加や, 気候変動による不作等で食料価格が高騰すると, 購買力の低い発展途上国の人々は食料を手にいれることが難しくなる。また, 発展途上国の中には, 政治的に不安定で, 食料生産が困難な国もある。こうした事情に加え, 先進国の豊かな食生活も大きな影響を及ぼしている(●2)。

2 肉1kgをつくるには

- 穀物11kg → 牛 → 1kg
- 6kg → 豚 → 1kg
- 4kg → 鶏 → 1kg

注: 実際に使われる穀物量は飼育方法等により変動する。とうもろこし換算による試算。
(農林水産省資料)

解説 分配のアンバランス 肉1kgをつくるのに, それ以上の穀物を家畜に食べさせて育てる必要がある。肉が中心の先進国の食生活は, 大量の穀物を間接的に消費している。そのため, 食料が足りずに起こる飢餓は, 先進国の食生活を見直せば計算上克服できるとも言われている。つまり, **分配のアンバランス**が飢餓の大きな要因の一つである。

3 飢餓をなくすために

1 国連食糧農業機関(FAO)

1945年 国連食糧農業機関(FAO)設立
世界の食糧を増産し, 農民の生活を改善し, 栄養状態の向上を図る。

↓ 約50年

1996年 世界食糧サミット
ローマ宣言…世界の約8億4000万人の栄養不足人口を2015年までに半減させる。

↓

2002年 世界食糧サミット5年後会合
- このままでは, ローマ宣言の達成は不可能
- 先進国にGNPの0.7%の援助を求めた

↓

2009年 世界食糧安全保障サミット
世界食糧安全保障サミット宣言…ローマ宣言達成のために次の行動をとることを宣言。
- ODAを増額し2015年までにGNPの0.7%とする
- 発展途上国の小規模・女性農業者への支援強化
- バイオ燃料についての国際的な対話を求める など

2 国連世界食糧計画(WFP)

◀WFPからの食料支援を受け喜ぶ難民の家族
©WFP/Rose Ogola

WFPは, 国連唯一の食料支援機関である。1961年に, 国連総会とFAO総会の決議により設立され, 1963年から活動をしている。2016年, WFPは, 82か国で, 約8200万人に食料支援を行った。日本は, 世界第6位のWFPの支援国である(2016年)。

解説 先進国と発展途上国の協力望む 世界中の人々の栄養状態を向上させようとFAOとWFPが設立された。しかし, 今でも多くの人々が飢餓に苦しんでいる。同じ地球に, **大量の食べ残しをごみとして捨てる人々**と, **飢餓に苦しむ人々がいるという不平等**を, 今こそ先進国と発展途上国が協力して解消すべきである。

5 国際経済における日本

▶**日米包括経済協議** 戦後，日本は大量の製品を輸出し高度成長を遂げてきた。しかし，このことはアメリカとの間で貿易摩擦を引き起こすことになる。日米両国は，どのように解決を図ってきたのだろうか。そして，中国の台頭により変化する貿易問題について学ぼう。

A｜日本の貿易

1 日本の貿易額の推移

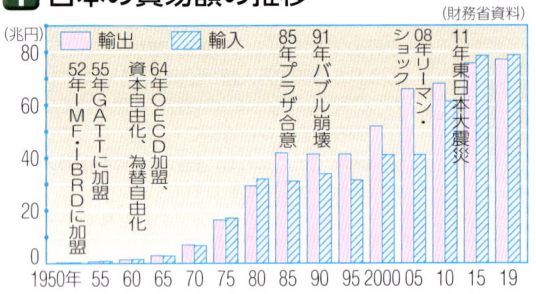

（財務省資料）

凡例：輸出／輸入

年表注記：
- 52年 IMF・IBRDに加盟
- 55年 GATTに加盟
- 64年 OECD加盟，資本自由化，為替自由化
- 85年 プラザ合意
- 91年 バブル崩壊
- 08年 リーマン・ショック
- 11年 東日本大震災

2 世界の輸出に占める日本の割合

*1990年までは旧西ドイツのみ。

凡例：アメリカ／ドイツ*／イギリス／日本／フランス／中国

注記：プラザ合意（ドル高是正）／円高

高度経済成長期

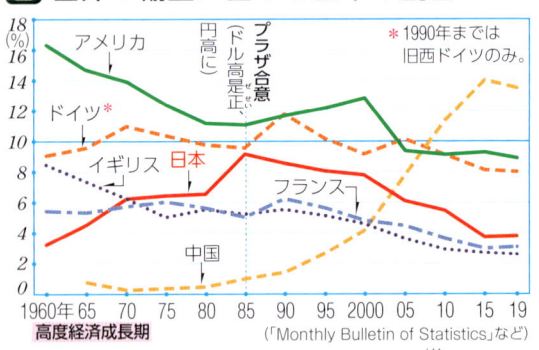

（「Monthly Bulletin of Statistics」など）

解説 貿易国日本 日本の貿易は高度経済成長に伴って増加し，世界有数の貿易国にまで成長した。しかし，80年代後半から90年代前半は**貿易摩擦**（→B）や円高傾向などで，輸出は頭打ちとなった。さらに最近は安い中国製品におされて割合を下げている。

3 日本の輸出入先の変化

●日本の輸出入先はどのように変化しているのか？

輸出

年	アジア	中国	北アメリカ	アメリカ	ヨーロッパ	南アメリカ	オセアニア	アフリカ
1970年	30.0%	3.0	37.6	31.4	17.6	7.5	4.2	
1990年	34.6	2.1	36.3	31.5	22.9	3.1	1.1	2.0
2019年	57.2	19.1	24.0	19.8	13.5	1.3	2.7	1.3

輸入

年	アジア	中国	北アメリカ	アメリカ	ヨーロッパ	南アメリカ	オセアニア	アフリカ
1970年	29.2%	1.4	36.6	29.6	13.5	5.2	9.6	5.9
1990年	41.9	5.1	27.3	22.4	19.8	1.7	6.3	3.0・1.2
2019年	59.1	23.5	13.9	11.0	15.9	1.2	7.1	2.8

（財務省資料）

解説 変化する貿易 日本の戦後の貿易相手国は，輸入・輸出ともに長らくアメリカが中心であったが，近年，輸入・輸出ともに**中国の割合が増加**している。人件費の安いアジアの国々で製品を作り，日本に輸入する貿易が増えたことや，2008年の世界金融危機により欧米諸国が不況になったことなどが影響している。

4 日本の輸出品目の変化
●日本の輸出入品目は，何が増え，何が減少しているのか？

① 輸出品目別割合の推移
（財務省資料など）

年	食料品	繊維品	化学品	金属品	機械類	事務用機械	半導体等	自動車	自動車部品	その他
1950年	6.3%	48.6	1.9	18.5	10.0					14.7
1960年	6.6	30.2	4.2	13.8	25.3	0.3	0.1	1.9	0.3	19.9
1970年	3.4	12.5	6.4	19.7	46.3	6.9	1.7	0.6	0.4	11.7
1980年	1.2 4.8	5.2	16.4	17.9	62.8	1.8	1.6	1.8		9.6
1990年	0.6 5.5	6.8	7.2	17.8	75.0				4.7	9.6
2019年	1.0 11.4	2.5 7.4	15.6	3.8 4.7 5.2	63.3					15.7

② 輸入品目別割合の推移（同左）

年	食料品	繊維原料	金属原料	木材	鉱物性燃料	機械類	化学品	原料品	加工製品	繊維製品	金属品	その他
1950年	42.2%	37.2	1.8	0.3	5.5	0.8						12.2
1960年	12.2	17.6	15.0				5.9	49.1	22.2 16.5 9.0			
1970年	13.6	5.1	14.3	3.8	20.7		6.8	35.4 8.3	30.3 12.2 5.3			
1980年	10.4	1.7 6.0			49.8	7.0	2.3	16.9	22.9 4.4 4.1	1.7		
1990年	13.4	1.1 3.9	3.2		24.2	17.4	5.5	12.1	50.3 6.8 6.9			
2019年	9.1 6.2	0.1 4.0	0.5		21.6	32.2	5.3	63.1	10.4 5.1			

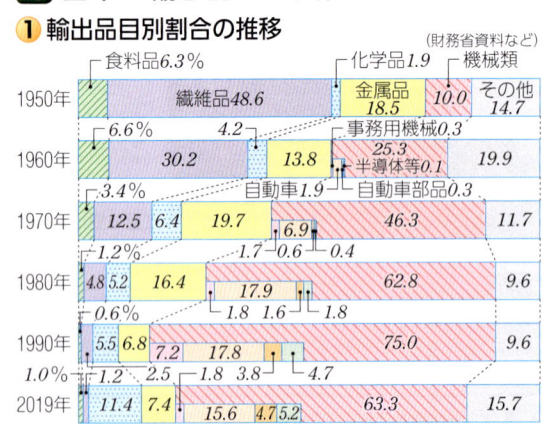

解説 貿易構造の変化 輸出品目をみると，かつて大きな割合を占めていた**繊維品は減少**し，**機械類が輸出の大半を占める**ようになった。なかでも自動車，自動車部品，半導体等電子部品，事務用機械などの機械類が輸出の中心品目となっている。

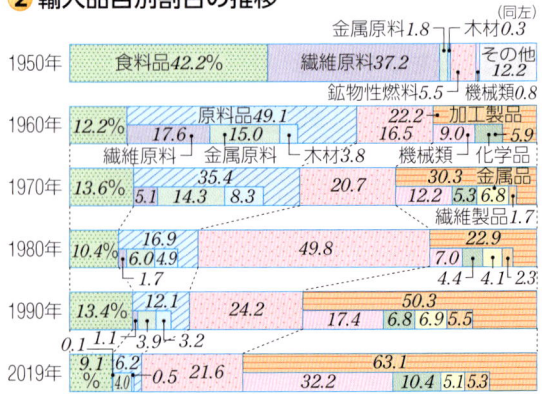

一方，輸入の主要品目は，戦後まもないころは食料品，その後は**原料品**，工業化が進むと**エネルギー資源**と変化し，1990年代以降は，アジアの工業化の進展や日本企業の海外生産などによって**製品輸入の割合が高まっている**。

入試クイズ 安定成長期には，自動車の輸出が急激に増加したことにより日米間で初めての貿易摩擦が生じた。○？×？〈10本〉（→B①） 答：×

5 主要品目の輸出依存度

- デジタルカメラ 87.9%*
- 工作機械 71.3
- 合成繊維織物* 69.4
- 乗用車 52.1
- 硫酸アンモニウム 44.1
- 鉄鋼(粗鋼換算) 38.1
- 自動車用タイヤ 29.5
- セメント* 17.7
- 電気冷蔵庫 3.4
- ルームエアコン 1.0

(2018年)
(経済産業省資料など)
*は数量ベース

解説 輸出の主力は高付加価値商品 日本の輸出の中心は、技術水準の向上によって付加価値がより高くなった商品である。一方で、**アジア諸国の工業化の進展や海外生産比率の上昇**などによって、国内の生産額そのものが減少し、**輸出額が低下**している商品もある(例えば、電気冷蔵庫・ルームエアコンなど)。

● 知的財産権をめぐる紛争

グローバル化でモノやヒト・情報の移動がより激しくなったことや、生産工場を海外に移す企業が増えたことなどに伴い、世界レベルでの**知的財産権**(→p.80)の侵害が懸念されるようになった。近年、大企業同士で知的財産権をめぐる争いが起こっている。

知的財産権に関するルールは国によって異なるため、GATTの**ウルグアイ・ラウンド**交渉(→p.339 1 1)では知的財産権保護の強化がなされたが、高度な技術を保有する先進国と、技術を生かし経済発展をしたい発展途上国との間で意見が異なる。

● 最近の主な特許紛争 → …訴えた方向

2007.3	3M(米国)→日立など11社 リチウムイオン電池関連の特許侵害で、3Mが日立など日米中11社を提訴
2011.4	アップル(米国)⇔サムスン(韓国) スマートフォンの特許やデザインについて両社が10か国で訴訟合戦。各国で判決が異なる。

B 日米経済摩擦

1 日米経済摩擦の歴史
● 貿易摩擦から経済摩擦へ、どのように移り変わってきたのか?

日本経済の発展と国際化	日米経済摩擦
1949 1ドル=360円の単一為替レート実施 外国為替・外国貿易管理法制定 → 対外取引は原則禁止、例外的に自由 1950 外資法制定 1952 IMF・IBRD(→p.337 2)に加盟 1955 GATT(→p.339)に加盟 1963 GATT12条国から11条国*1へ移行→自由貿易の義務 1964 IMF14条国から8条国*2へ移行→為替自由化の義務 OECDに加盟→資本自由化の義務。先進国と認められる 1971 スミソニアン協定(1ドル=308円)(→p.338 1) 1973 変動為替相場制に移行	1957 **繊維製品摩擦(1950年代〜)** 綿製品の対米輸出自主規制 1969 **鉄鋼摩擦(1960年代〜)** 鉄鋼の対米輸出自主規制 1974 **大規模小売店舗法**(大店法)施行 →大規模小売店舗の規制 **テレビ摩擦(1960年代末〜)** 1977 カラーテレビの対米輸出自主規制 **自動車摩擦(1970年代〜)** 1981 自動車の対米輸出自主規制 **半導体・農産物摩擦(1980年代〜)** 1986 日米半導体協定締結 工作機械の対米輸出自主規制 1987 米国、日米半導体協定が遵守されていないとして日本製パソコン、カラーテレビ、電動工具に報復関税(後に解除) 1988 牛肉・オレンジ輸入自由化の日米交渉妥結 米国で「包括通商法(スーパー301条, →p.364)」成立 1989 米国、スーパー301条の対日適用決定 →両国の話し合いで適用見送り **日米構造協議**(→p.364)開始(〜90) 1992 改正大店法施行…規制緩和 →海外の大規模小売店舗の対日進出 1993 **日米包括経済協議**(→p.364)開始(〜01) 1995 日米自動車交渉 1996 日米半導体交渉 1997 日米鉄鋼摩擦(米業界がダンピング提訴) 2000 **大規模小売店舗立地法**施行(大店法廃止) 2002 米国、鉄鋼セーフガードを発動。これに対して日本やEUなどはWTOに提訴し、勝訴 →米国は措置を撤廃(2003)

*1 GATT11条国:国際収支の不均衡を理由とした輸入数量制限を認められていない国。
*2 IMF8条国:国際収支の不均衡を理由とした為替管理を認められていない国。

軽工業 → 重工業 → ハイテク

解説 次々とおこる貿易摩擦 日本は戦後の経済発展・産業構造の変化に合わせ、そのときどきに盛んに生産したものを輸出することで経済成長してきた。日本の輸出額は、70年代の10年間で約4倍になっている。その結果、日本にとって最大の貿易相手国であるアメリカとの間では、日本の一方的な黒字状態が続き、貿易摩擦が問題視されるようになった。日本はその度に、輸出の自主規制、現地生産への切り替え、二国間協定の締結などを行って対応してきたが、アメリカは**スーパー301条**(→p.364)という強権を発動して対抗した。やがて、根本的原因である日米の経済構造の違いを埋めるために、1989年には**日米構造協議**(→p.364)が行われ、排他的取り引き慣行(建設業界の入札談合など)の是正や独占禁止法の運用強化などによる系列企業取引の監視などが、日本側の改善事項として合意された。93年からは、構造問題と個別の産業分野交渉を組み合わせた**日米包括経済協議**(→p.364)が創設され、交渉が引き継がれた。

貿易摩擦 貿易のアンバランスを原因として、貿易黒字国と赤字国の間に生じる紛争のこと。日米間では1950年代から繊維、鉄鋼、カラーテレビ、自動車、半導体・農産物と次々と貿易摩擦が生じてきた。

経済摩擦 貿易の問題だけではなく、投資や産業政策など、経済のあらゆる面で対立すること。日米間では、1980年代後半より問題視されるようになった。

重要用語 69知的財産権(知的所有権) 465日米貿易摩擦 466日米構造協議 467日米包括経済協議 468大規模小売店舗法

2 アメリカの貿易赤字額の推移

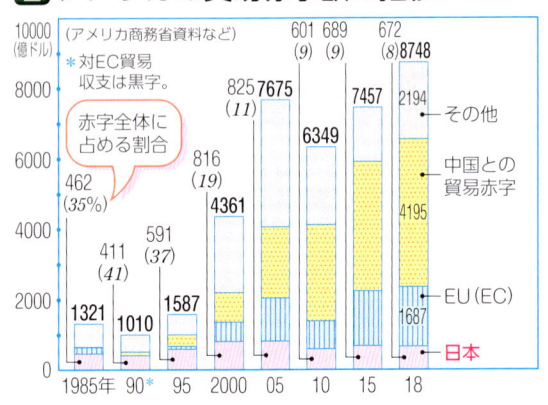

解説 巨大なアメリカの貿易赤字 世界経済が拡大を続け，各国の貿易収支の不均衡が大きくなる中で，アメリカの貿易赤字は大幅に拡大していった。1990年代まで，アメリカの貿易赤字に占める日本のシェアは大きく，この貿易ギャップが日米摩擦を引き起こした。しかし，現在は中国，EUとの割合のほうが大きくなっている。（⇒C❶❷）

> **アメリカの赤字** アメリカの赤字は，**貿易収支**の赤字と，**財政収支**の赤字が共存する，「**双子の赤字**」（⇒p.249ナットク）と呼ばれている。アメリカは内需主導型の経済であり，アジアや新興国からの輸入を呼び込みやすく，世界経済をけん引してきた。しかし，膨大な赤字はいつかドルの暴落を引き起こすのではないかと懸念する意見もある。

◎アメリカは，どのように貿易赤字の解消を図ったのか？

3 スーパー301条

標的は日本 アメリカは，外国製品の大量流入に対抗するため，1988年，包括通商法「**スーパー301条**」を制定した。これは，「諸外国の不公正な貿易慣行（**非関税障壁**＊⇒p.339❶）により，アメリカの産業が損害をこうむった場合，適切な報復措置をとることができる」というものである。事実上，日本を標的としたものであるといわれ，1989年，日本，インド，ブラジルが不公正貿易国に指定された。その後2度延長され，1997年に期限切れとなったが，1999年から2001年の間，復活した。

WTO違反？ 2国間の貿易問題は，通例GATT，WTO（⇒p.339）に提訴するという手順を踏む。しかし，この法律はアメリカによる一方的な制裁で，**WTO違反の可能性がある**。

＊非関税障壁…関税以外の方法で，事実上の輸入制限を行うもの。輸入量の上限設定，各国特有の基準・認証制度，輸入手続きを煩雑にする通関制度，商慣行など

●スーパー301条のしくみ

- 米通商代表部が不公正貿易国を議会に報告
  ↓
- 不公正貿易国を調査，同時に相手国と交渉開始
  ↓
- 相手国と不公正除去協定の締結を交渉
  ↓
- 協定が成立しない場合，対抗措置（高い関税など）をとる

（「朝日新聞」1999.4.3）

4 日米の経済協議

◎貿易摩擦の解消には，どのような対策がとられているのか？

❶ 日米構造協議（1989～90年）

日米間の貿易不均衡の原因である，両国経済の構造的な障壁を解消し，貿易市場の開放をめざす。

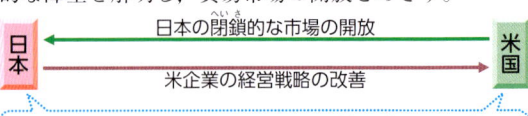

日本 ←日本の閉鎖的な市場の開放― 米国
日本 ―米企業の経営戦略の改善→ 米国

> ①排他的な取り引き慣行（建設業界の入札談合など）の是正
> ②独占禁止法などで系列企業取り引きの監視を日本が行うことで合意

❷ 日米包括経済協議（1993～01年）

(1) マクロ経済 日本の貿易黒字削減と米国の財政赤字削減などを協議

(2) 分野別協議
- 政府調達（電気通信・医療機器）…「外国製品・サービスの額と市場占有率の進展を毎年評価する」という客観基準に合意。
- 自動車…日本企業の米国製自動車部品の自主購入計画発表。日本の車検制度の規制緩和。
- 半導体…多国間で協議するしくみを新設。民間が市場占有率を調査することで合意。
- 保険…商品・料率の認可の自由化・弾力化。免許・商品の認可基準の明確化。米国の州で異なる規制の調和。

(3) 地球規模での協力 深刻になりつつある環境・人口問題などを協議

日本 ←黒字削減の数値目標を要求― 米国
日本 ―管理貿易につながるとして反発→ 米国

> 経常黒字削減の数値目標は設けず，半導体など個別分野で，「数値目標」ではない市場参入の度合いを測る「客観基準」を設けることで合意。

LOOK 「Japan bashing」から「Japan passing」へ

1980年代
日米貿易摩擦に反発したアメリカでは，「**ジャパン・バッシング（日本叩き）**」の動きが巻き起こった。日本車の大量流入によってアメリカ車が売れなくなり，職を失った人々による日本車の打ち壊しや，日本製品不買運動が起こった。中には，日本車「叩き放題」のサービスを行う米国車販売店まで現れた。
→日本車打ち壊し（⇒p.249❶）

1990年代以降
日本はバブル崩壊後の不況から抜け出せず，「失われた10年」を過ごした。その間に「**ジャパン・パッシング（日本素通り）**」の傾向が強まり，世界の目はアジア地域に向くようになった。今では「**ジャパン・ナッシング（日本無視）**」という言葉までも聞かれる。
→世界の輸出に占める日本の割合（⇒p.362A❷）

入試クイズ 日米構造協議では，日本経済の制度，慣行，規制が議論の対象とされた。○？×？〈08本〉（⇒❹❶） 答：○

C 中国をめぐる貿易問題

1 中国との貿易摩擦

① 日中貿易摩擦

近年，中国の経済発展(→p.353②)を受け，中国との貿易摩擦も問題となっている。

日本政府は，2006年度版「不公正貿易報告書」の中で，中国の貿易に関する問題点を4つ指摘している。

① 中国進出の日本の自動車メーカーの自動車に対して，**ローカルコンテント**(現地の部品・原料の使用)を実質的に要求。ローカルコンテントによる差別的な取り扱いは，WTO違反。
② 模倣品・海賊版などの不公正商品
③ 中国のアンチダンピング措置(輸出国内より安い価格で輸出された商品に対する対抗措置)の恣意的な運用。
④ 過剰な有毒化学品輸出入規制

これ以外にも，安全性を欠いた中国の農産物，医薬品も問題となっている。中国は，WTO加盟以来，国内の法整備を進めてきたが，運用面でまだ課題が多い。国際経済の発展のために，WTOのルールに基づいた貿易と外国企業の進出環境の整備が望まれる。

● 対中国輸出入額の推移

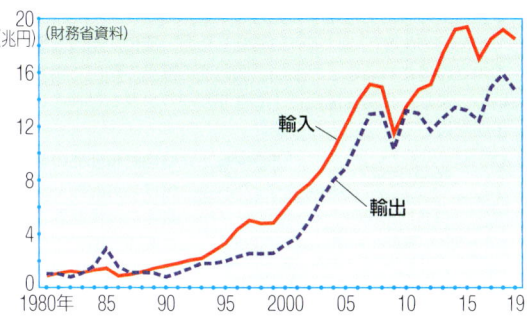

解説 対日貿易黒字 中国は1978年の**改革開放政策**(→p.203③)により社会主義市場経済化を進め，1988年からは日本に対して貿易黒字が続いている。

② 米中貿易摩擦

最大の貿易赤字国 中国との貿易摩擦は，アメリカとの間でも深刻である。アメリカは，2000年頃から中国に対する貿易赤字が拡大してきており，現在は日本を超えて最大の貿易赤字相手国である(→p.364②)。

人民元の切り上げを要求 中国は長い間，人民元をドルと連動させる固定相場制(ドル・ペッグ制)を採用してきた。しかし，貿易赤字の拡大を受けてアメリカが**人民元の切り上げ**(ドルに対して，人民元の価格を上げる)を求めてきた。2005年以降，人民元は徐々に切り上げられているが，通貨当局の介入により，為替レートの変動幅は一定の範囲内に制限されている(**管理フロート制**)。

人民元の切り上げ 人民元の対ドル相場が上がると，輸出競争力が下がり，国内経済が停滞し，雇用に影響が出ることが懸念されている。一方で，購買力が上がり，投資や資源の輸入が有利になるといった利点もある。経済力に見合った通貨の切り上げは，輸出主導型から内需主導型への構造転換を進める上で不可欠とも言われている。

2 セーフガード (→p.339②)

セーフガードの問題点 セーフガード(緊急輸入制限)発動については，国内産業に競争力がつかない，輸出国との関係が悪化する，などの問題点が指摘されている。

セーフガード発動の経緯
輸入急増→国内産業に打撃→政府が調査に乗り出す
→ 調査終了前でも，国内産業が危機的状況にあるときは，200日以内の暫定セーフガードを発動できる。
→ 調査が終了し，損害等が認定されると，8年以内の確定セーフガードを発動できる。

日本初のセーフガード 日本政府は2001年4月，輸入が急増したネギ，生シイタケ，畳表の輸入農産物3品目の関税を引き上げる暫定セーフガードを，2001年11月まで発動した。結果，輸入量は減少したが，3品目の主要輸出国の中国は猛反発し，日本製の自動車などに対して100%の追加関税を課し，対抗措置をとった。日本と中国は交渉の結果，2001年12月に，①日本は確定セーフガードを発動しない，②中国は対抗措置を撤回する，③両国はネギなどの貿易量抑制に向けた協議機関をつくる，この3点で合意した。

しかし，セーフガード終了を受けて国内産業は再び打撃を受け，根本的な解決はまだなされていない。

▶セーフガード発動は国内でも賛否が分かれた。 (「朝日新聞」2001.4.24)

ナットク！ 円相場と貿易の変化

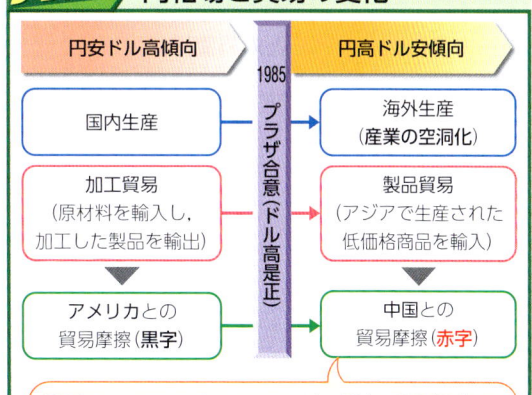

円安ドル高傾向 → 1985 プラザ合意 (ドル高是正) → 円高ドル安傾向

- 国内生産 → 海外生産(産業の空洞化)
- 加工貿易(原材料を輸入し，加工した製品を輸出) → 製品貿易(アジアで生産された低価格商品を輸入)
- アメリカとの貿易摩擦(黒字) → 中国との貿易摩擦(赤字)

2007年より，アメリカにかわり日本の**最大の貿易相手国**に

解説 変わる日本の貿易 日本は1973年に固定為替相場制から変動為替相場制に移行(→p.338①)し，円安ドル高傾向の下，**輸出主導型経済**で経済成長を果たしてきた。しかし，アメリカとの貿易摩擦(→p.363)が激化。1985年のプラザ合意(→p.338②)以後は，ドルに対して円高傾向が続いた。これにより，近隣のアジア諸国で生産された商品の価格が相対的に下がり，製品を輸入する**製品貿易**が増加した。また，海外に生産拠点を移す企業も増えた(**産業の空洞化**→p.366)。こうした背景により，貿易摩擦の相手国も，アメリカから中国へと移ってきている(→①)。

▶重要用語 ㊻プラザ合意 ㊼GATT ㊽非関税障壁 ㊾WTO ㊿セーフガード ㊿日米構造協議 ㊿日米包括経済協議 ㊿産業の空洞化

Coming Up 産業の空洞化

日本は，貿易摩擦や円高などにより，1980年代後半から海外での生産を行うようになった。この生産拠点の海外移転を，「産業の空洞化」とネガティブに捉えるかどうかは，議論が分かれている。日本の製造業は，どのように変わり，どこへ向かおうとしているのだろうか。

A 生産拠点の海外移転

◁ユニクロ 中国の安い労働力を使って，衣料の価格破壊を引き起こした。現在は，中国の人件費が上がってきたことを受け，ベトナム，バングラデシュ，インドネシアなどでの生産を増やしている。

生産拠点の海外移転の原因
①アメリカなど先進国との貿易摩擦
②プラザ合意後の円高による，日本製品の価格競争力の低下
③日本の高い人件費

欧米
・貿易摩擦の解消
・円高対策

中国などのアジア
・安い人件費 ・安い土地代
・安い電気，水道代
・巨大な市場

日本
●生産減少
↓
・雇用の減少
・設備投資の減少
・輸出の減少

●物価の下落（安い逆輸入品）

解説 海外生産が進んだ理由 1980年代後半から，生産拠点の海外移転が起こった。アメリカなど先進国との貿易摩擦を解消するために輸出相手国内で現地生産するようになったこと，1985年のプラザ合意後に進行した円高による日本製品の価格競争力の低下，日本における人件費の上昇などが，その原因である。

❶ 日本の海外生産比率と対外直接投資

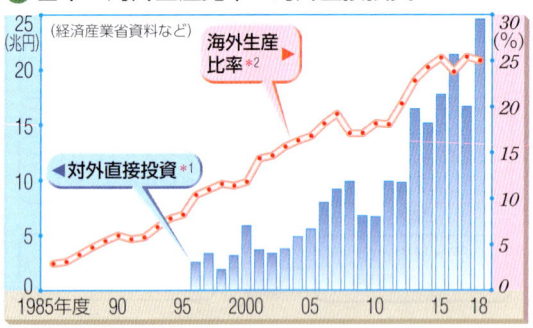

*1 海外に企業をつくったり，外国企業の経営権を取得したりすること
*2 現地法人売上高÷（現地＋国内）法人売上高×100（製造業）

❷ 業種別の海外生産比率

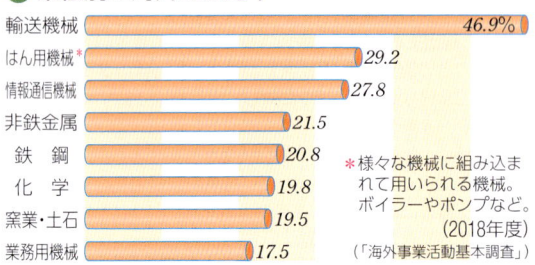

輸送機械	46.9%
はん用機械*	29.2
情報通信機械	27.8
非鉄金属	21.5
鉄鋼	20.8
化学	19.8
窯業・土石	19.5
業務用機械	17.5

*様々な機械に組み込まれて用いられる機械。ボイラーやポンプなど。
(2018年度)（「海外事業活動基本調査」）

B 産業の空洞化の議論

産業の空洞化 生産拠点の海外移転により，国内生産・雇用・GDP（国内総生産）が減少し，国内産業が衰弱化することは「産業の空洞化」と呼ばれる。しかし，現在起こっている事態を「産業の空洞化」と捉えるかどうかには，様々な議論がある。

● 産業の空洞化と捉える見方

海外生産比率の上昇や，製造業の事業所数の減少に着目すると，現在の日本の製造業は，空洞化していると捉えられる。中小企業が廃業し，中小企業間のネットワークが弱体化していることも指摘されている。ものづくりの技術が伝承されず，技術水準が低下することも危惧されている。

● 産業の空洞化と捉えない見方

●**製造業の衰退を否定する見方**
量産品の生産工場は海外に移転したが，高付加価値製品は国内で製造されることが多い。国内産の部品の輸出も増えている。また，企業は国内に1つはマザーファクトリーとして工場を残していることが多い。

◁自動車部品の組み付け（宮城県の工場）高度な技術を要する，自動車や電気製品の部品の輸出は増加傾向にある。

▷アップル社（アメリカ）のスマートフォン「iPhone 5」の，タッチパネル式液晶，バッテリー，カメラなど，部品の5割超は日本の企業が製造している。このように，海外企業の製品でも，部品は日本の企業が製造していることも少なくない。日本の部品技術は最高水準を保っており，大きな利益を上げている。
（「朝日新聞」2012.10.6）

●**製造業の衰退を容認しつつ，産業の空洞化を否定する見方**
生産拠点の海外移転は，産業構造の高度化（→p.248❷）の1つの過程である。日本の産業はサービス産業に移行し，短期的には解雇される労働者が出るが，長期的には解雇された労働者も，競争力のある他の産業に吸収されるだろう。

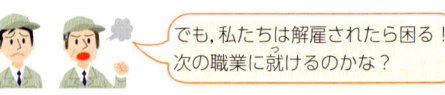

でも，私たちは解雇されたら困る！次の職業に就けるのかな？

成長のためには 現状の捉え方は様々であるが，今後，日本の国際競争力を成長させるには，流出した生産拠点にかわる産業の創出が必要である。また，サービス産業化が進むのであれば，製造業で働いてきた労働者の職業訓練の機会が必要となろう。現状を的確に認識して，変化に対応することが求められている。

ポイント整理 21

3 南北問題

A 南北問題 (→p.350, 351, 358, 359)
①南北問題←経済発展阻害←一次産品の輸出に依存するモノカルチャー経済など
②南北問題への対策
- OECD(経済協力開発機構)の下部機関, DAC(開発援助委員会)による援助の促進
- 国連貿易開発会議(UNCTAD)…発展途上国が主導権を握る会議
  プレビッシュ報告…一次産品の価格安定化, 特恵関税制度の実施要求

B 南北問題の新展開 (→p.351, 352)
発展南南問題
- OPEC(石油輸出国機構)など資源保有国(特に産油国)…資源ナショナリズムの高まり→新国際経済秩序(NIEO)樹立宣言(1974年)
- アジアNIES, ASEAN諸国, 中国(沿岸部)…外国資本の積極的導入など

停滞
- 後発発展途上国(LDC)…貿易赤字・累積債務の慢性化, 人口増加, 食料危機など

中南米諸国の累積債務問題→リスケジューリング(返済繰り延べ)などの措置

C 新興国の動向 (→p.353, 354)
中国経済…改革開放政策→WTO(世界貿易機関)に加盟(2001年)
⇔経済特区が集中する沿岸部と, 内陸部の経済格差が深刻化

D 日本の政府開発援助(ODA) (→p.355～357)
政府開発援助(ODA)…政府の財政資金による援助
日本のODAの特色
- 供与額…世界有数だが, 対GNI比率は低い
- 内容…アジア諸国重視の有償援助(借款)から, アフリカ諸国への無償援助へ
- ひもつき(タイド)…かつては, 援助金の使途を日本企業に限定
  →現在は, ひもなし(アンタイド)が大半を占める

4 人口・食料問題

A 人口問題 (→p.360)
人口爆発…世界人口が増加しており, 特に発展途上国の人口爆発が著しい
取り組み…国連人口基金(UNFPA)による, 広報・教育活動など

B 食料問題 (→p.361)
食料の配分格差…食に溢れる先進国と, 飢餓問題が生じる発展途上国
取り組み…FAO(国連食糧農業機関), WFP(国連世界食糧計画)など

5 国際経済における日本

A 日本の貿易 (→p.362, 363, 366)
①貿易構造の変化
保護貿易政策における加工貿易…原材料を輸入, 国内で生産した工業製品を輸出
　　↓プラザ合意(1985年)による急激な円高・ドル安の進展→円高不況
国内製造業の海外移転┬安価な労働力, 原料確保のため東南アジア・中南米へ進出
　　　　　　　　　　└アメリカ・EU諸国で現地生産→貿易摩擦緩和
産業の空洞化→国内産業の衰退→内需主導型経済への構造転換→最終製品の輸入(逆輸入など)が増加, 輸出の主力は高付加価値商品に

②貿易相手の変化
アメリカ中心からアジア中心に変化→現在は中国が最大の貿易相手国

B 日米経済摩擦 (→p.363, 364)
貿易摩擦┬貿易収支の大幅な黒字←主にアメリカ・EU諸国との貿易不均衡
　　　　└アメリカの双子の赤字(財政赤字と貿易赤字)
経済摩擦…建設・金融・流通分野などに摩擦が拡大, 日本的経営・慣行に対する反発
　　↓日米経済摩擦→スーパー301条の適用による輸入制限
　　　　日米構造協議(1989～90年)…非関税障壁の撤廃, 公共投資の拡大
　　　　日米包括経済協議(1993～01年)…産業分野別交渉, 市場開放の数値目標要求

C 中国をめぐる貿易問題 (→p.365)
- 日中貿易摩擦…2001年, 日本が暫定セーフガード(緊急輸入制限)実施
- 米中貿易摩擦…現在は日本を超えて, 中国がアメリカの最大の貿易赤字相手国に

ポイント解説

赤字…入試の頻出用語

A 南北問題 南北問題とは, 発展途上国(南)と先進国(北)との経済格差とそれにともなう諸問題をいう。発展途上国では, 一次産品の輸出に依存するモノカルチャー経済が経済的自立を阻害している。南北問題対策として開発援助委員会, 国連貿易開発会議などが設置され, 政府開発援助が進められている。

B 南北問題の新展開 石油危機以降, 発展途上国の中でも, OPEC諸国などの資源保有国と非保有国との利害が対立した。また, 急速な経済成長を遂げた新興工業経済地域(NIES)と, アフリカに多くある後発発展途上国との経済格差も拡大した。このように, 「南」の発展途上国間の利害対立や経済格差の問題を南南問題という。

C 新興国の動向 BRICSに次いで, NEXT11, VISTAなどの国々が台頭。

D 日本の政府開発援助(ODA) 日本の政府開発援助(ODA)は供与額が近年減額傾向にあり, 対GNI比率はDAC諸国の平均値を下回る。増加するアフリカへの援助は, 贈与の割合が増加した。近年は民間企業や地方公共団体の技術やノウハウを活用している。

A 人口問題 世界人口は増加しているが, 先進国は少子化などにより, 長期的には減少に向かいつつある。

B 食料問題 家畜の飼料作物やバイオ燃料の原料としての穀物需要も, 発展途上国の飢餓の一因である。

A 日本の貿易 1960年代, 強い国際競争力をもっているにもかかわらず保護貿易政策をとる日本に対する批判が強まり, 貿易・為替の自由化, 資本の自由化が進められた。プラザ合意による円高の進展は日本企業の海外進出, 多国籍化を進めたが, 国内では産業の空洞化が懸念されるようになった。政府や国内企業は, 高付加価値の商品の開発に力を入れている。

B 日米経済摩擦 アメリカやEU諸国との貿易不均衡は貿易摩擦を発生させた。日本は輸出自主規制, 市場開放などを行ったが摩擦はさらに拡大, 経済摩擦に発展した。特に日米経済摩擦は深刻で, 1989年には日米構造協議が, 1993年からは日米包括経済協議が開かれ, 交渉が行われた。

C 中国をめぐる貿易問題 アメリカは貿易間赤字軽減のため, 人民元の切り上げを求めた。

わかりやすい小論講座

A 小論文の基本

1 小論文と作文の違い

作文	・自分の感想や印象を述べる。
小論文	・社会現象，問題を分析したり，それに関する自分の見方や考え方を述べる。 ・読み手に正確に意見もしくは意思を伝えるために，筋道の通った論理的な文章を書く。

2 小論文の手順，時間配分（100分の場合）

① 設問文の読み込み （5分)
↓
② 課題文，資料等の読み込み （15分)
↓
③ 構成メモの作成 （20分)
↓
④ 文章化 （30分)
↓
⑤ 推敲 （10分)
↓
⑥ 清書 （20分)

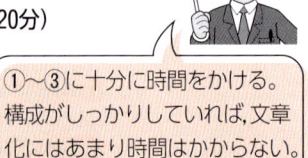

①～③に十分に時間をかける。構成がしっかりしていれば，文章化にはあまり時間はかからない。推敲は落ち着いて必ず行うこと。

3 設問文を読み込む

・何が問われているのか，条件は何か，何を論述すればよいのか。
・自分の意見が求められているのか，資料などの客観的な読み取りが求められているのか。

出題者の意図を見抜こう。

4 問題のパターン別小論文の書き方

● 問題パターン

①課題文要約型	題材として与えられた文章の要約が求められる
②論題型	「～について述べよ。」という論題が与えられ，その論題に関する自分の考えをまとめることが求められる
③資料読み取り型	題材として与えられた資料（グラフ，図表，絵など）が示す意味や問題点を読み取り，自分の見方，考え方をまとめることが求められる

①～③のパターンは併用されることが多いよ。

・説得力をもたせるためには，「根拠」「理由付け」「主張」の要素が必要。(→p.10)
・「効率」「機会・結果の公正」という視点も考えよう！

❶ 課題文要約型の書き方

・読みながら重要な言葉，文章をマークし，各段落の内容をまとめる。
・段落相互の関係を確認する。
・客観的な読み取りを求めているので，自分の意見を交えないよう注意する。
・著者が最も言いたい主題をはっきりさせる。

読み取る時に各段落の内容や，段落間の関係をまとめた構成メモを作ると頭の中が整理できるよ。

❷ 論題型の書き方

(1) 論題型のいろいろなパターン

題材がある場合	題材の中に論述すべき内容のヒントや出題者の求めているものが隠されているので，題材をよく読み込む。
使用すべきキーワードが与えられている場合	キーワードから連想されるものを書き上げ，つながり，構成をよく練って論述する。

(2) 書き方のコツ

・最初に結論を決定する。結論は独創性に富んだものの方が高く評価される。
・しかし，筋道の通った論理で結果を導かなければならない。論理的な文章が構成できない場合には，結論を考え直す。
・結論の妥当性を根拠づける客観的，具体的事例や自分自身の経験などをあげる。
・各段落の内容や具体例，段落間の関係をまとめた構成メモを作ってから文章化する。(→p.369 5)

❸ 資料読み取り型の書き方

(1) 資料を読み取るために

・資料が示している内容の意味や問題点を把握し，その現象の原因を考える。
・資料が複数ある場合には，各資料が示している内容の関連性を考える。
・資料を提示した出題者の意図を見抜く。出題者の意図とは全く逆の資料の見方をしても説得力があれば高評価が期待できる。

(2) 書き方のコツ
- 資料の示している内容の意味や問題点を並列して述べるだけではなく，意味や問題点などの相互関連性も論述する。
- 自分の考え方まで求められている場合には結論を明快に論述する。

5 構成メモの作成

❶ 段落構成の仕方

序論（導入，問題提起，自分の意見）

本論（論拠）
- 考察の材料（課題文・資料から読み取ったこと，事実，体験など）
- 自分の考察（反対意見に対する考察を含めてもよい）

結論（自分の意見のまとめ）
- 論拠を踏まえた自分の意見
  この構成が説得力のある構成といわれる。必ずこの構成でなければいけないということではない。大切なことは，自分の意見を明確にし，説得力のある論拠を示すことである。

❷ 書き方のコツ
- 字数が500字以下のような短い小論文では，段落構成の形式にこだわることはない。
- 各段落に何を書くか。キーワードとなる言葉や文章を書き出す。
- それぞれのキーワードや文章の関係（対立，影響，理由，方法など）を明記し，矢印や線で結ぶ。
- 各段落の大まかな字数配分を決める。
- 書き出しに工夫する。読みたいと思わせるような文章を考える。

6 書き方の注意点

❶ 文章化
- 文体を統一する。通常，話し言葉は避け，文末表現は常体「だ」「である」を用いる。
- 俗語や流行語を用いない。
- 字数不足，字数超過のないようにする。字数制限がある場合には，少なくとも9割以上は書く（1000字制限の場合は900字以上）。制限字数は1字でも超えない。
- 主語と述語を対応させる。
- 助詞（て，に，は，を）を正しく用いる。
- 簡潔，明快でひきしまった文章を書く。そのために，一文をむやみに長くしない。
- 疑問形の文を組み込むなど，単調化を防ぐ工夫をする。また，同じ語句や表現の重複を避ける。

❷ 推敲
- 誤字，脱字はないか。
- 不正確，不適切な表現はないか。
- 内容に不足や矛盾はないか。
- 論旨が明快で読み手が理解しやすいか。

❸ 清書
- 楷書で丁寧に書く。

7 日ごろの準備

❶ 知識の吸収

ある程度の知識がないと質の高い小論文を書くことは難しい。内容が貧弱では高い評価は得られない

課題文要約型	課題文の内容と関連する知識をもっていた方が課題文を理解しやすい
論題型	書くべき素材となる知識がないことには何も書けない
資料読み取り型	資料の示している内容に関連する知識をある程度もっていないと，その内容の意味や問題点が理解しにくい

本書を十分に活用するとともに，毎日の生活の中で，小論文で問われやすい事柄については新聞や本などで知識を吸収しておく

❷ 読むことと書くことを繰り返す
- 興味や関心，疑問をもった内容の**新聞記事，本**を読んで，内容を要約するとともに自分の考えをまとめる。
- 小論文の過去問題に挑戦してみる。

8 小論文でよく問われる項目

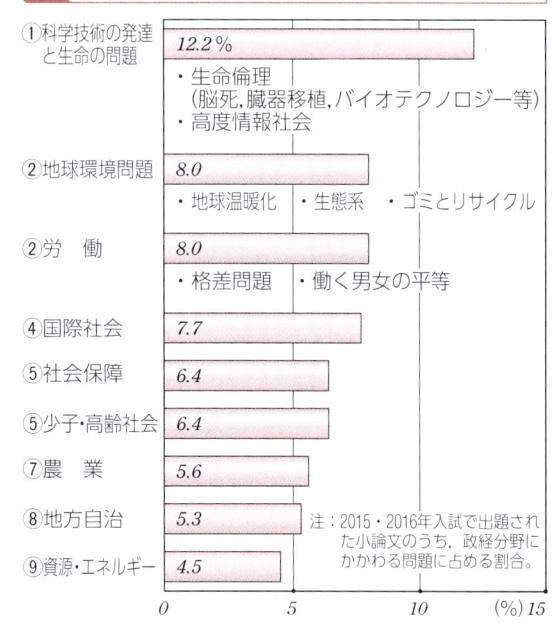

①科学技術の発達と生命の問題　12.2％
・生命倫理（脳死，臓器移植，バイオテクノロジー等）
・高度情報社会

②地球環境問題　8.0
・地球温暖化　・生態系　・ゴミとリサイクル

③労働　8.0
・格差問題　・働く男女の平等

④国際社会　7.7

⑤社会保障　6.4

⑥少子・高齢社会　6.4

⑦農業　5.6

⑧地方自治　5.3

⑨資源・エネルギー　4.5

注：2015・2016年入試で出題された小論文のうち，政経分野にかかわる問題に占める割合。

わかりやすい小論講座 check an essay

B 実例問題

1 資源・エネルギー問題 （2012年滋賀大学 改）

次の文章を読んで、あとの問に答えなさい。

　デンマークの首都コペンハーゲン。青空の広がる岸辺に行くと、10基余りの風力発電機の風車が勢いよく回っていた。バルト海の対岸に目をやると、遠くに黒い建物の影が見える。スウェーデンのバーセベック原発だ。「脱原発」の方針に沿って1999年に1号機、2005年に2号機の運転が止められた。核燃料は運び出され、廃炉作業が行われている。閉鎖された原発と、追い風を受ける風力発電。北欧で起きる変化を象徴しているようだ。

　この変化をさらに加速させる長期戦略が最近、デンマーク政府から公表された。80年代に原発導入を断念して以来、石油や石炭などの化石燃料と、風力やバイオマスといった自然エネルギーの2本柱でやってきた。今後は自然エネルギーに一層力を入れ、2050年には風力発電などで人々の生活を支え、化石燃料からの脱却を目指すというのだ。海洋に巨大な風力発電機を建設する。電気自動車に風力発電の電力をためて、利用する。こうした挑戦を成功させるための実証実験が始まった。いま電力生産の3割を占める自然エネルギーを20年までに6割強に増やすのが当面の目標だ。現在、70億人の世界人口は2050年には90億人を超える。エネルギー消費は向こう四半世紀の間に3割以上増える見込みだ。厳しさを増す条件下で小国がどのように生き残りを図るか。長期戦略はそのための安全保障政策でもある。気候変動とエネルギー問題を担当するリュッケ・フリース大臣は語る。「福島第一原発の事故で世界の原発離れが進めば、石油の争奪戦は激化するだろう。まずは風力発電を輸出産業の柱に育てていきたい」

　スウェーデンはいま、原発の数を現行の10基に抑える政策をとる一方、省エネ型のエコタウン作りを各地で進めている。エネルギーの大量消費時代の終えんをにらんだ動きだ。第3の都市マルメの海岸部にあるウエスタンハーバー地区。古い工場街から現代的な街への再生は、自然エネルギーの巧みな利用によって実現した。目を引くのが、海水を使った地域冷暖房システムだ。地下深くに海水を貯蔵し、ヒートポンプで冷やしたり温めたりして夏の冷房、冬の暖房に利用する。住宅のゴミは自動搬送システムで焼却炉に運ばれ、熱や電気のエネルギーを取り出す。首都ストックホルムでは、自宅下に掘った地中熱を暖房に利用する住宅や、メタンガスで走る公共バスが珍しくない。忘れてならないのは、自然エネルギーの利用拡大に向けて、政府がさまざまな手立ての活用に努めてきたことだ。木質バイオマスの急速な普及は、炭素税の導入によって化石燃料の価格を割高にしたことが引き金となった。送電線を開放する電力市場の自由化も、熱と電力を供給するコージェネレーションの企業や小規模発電事業者の市場参入を促した。水力発電大国のノルウェーなどと共に北欧の共通電力市場をつくったことで、電力不足時には互いに融通しあえるようになった。欧州連合（EU）は、国の大小とは関わりなく、再生可能エネルギーの普及目標の達成を義務づけてもいる。経済成長とエネルギー消費が切り離され、別々な動きを見せるのは、こうした手立ての積み重ねによる変化なのだろう。

　デンマーク経済は80年以来着実に拡大したが、エネルギー消費はほぼ横ばいだった。スウェーデンの経済は90年から17年間に5割ほど拡大したのに、温暖化ガス排出量は9％減った。日本の経済は同じ期間中に3割弱の拡大にとどまり、温暖化ガス排出量は9％も増えた。

　「わが社の省エネ技術は世界一」と日本企業が鼻を高くしている時に、北欧諸国は社会全体で、省エネと「脱化石燃料」に黙々と取り組んでいたのだ。化石燃料の輸入を減らした分を新時代へのエネルギー投資に回すことで国内に産業と雇用を生みだす。それが北欧流の「成長戦略」にほかならない。日本はいま、原発事故への対応と夏の電力不足という難題に直面している。だが未来に目を向けて、自然エネルギー拡充への手を打っておくことは私たちの世代の責務だろう。まずは北欧の経験を、東日本大震災の被災地の復興に生かせないだろうか。大量のがれきから木材を仕分けて、発電や地域暖房に利用できないか。エネルギーの地産地消に近づくため風力・太陽光発電、さらに小型水力や地熱利用にも挑戦したい。日本の産業界には、北欧に負けないほどの技術の蓄積がある。電力業界や省庁の既得権益の壁を打破し、自然エネルギー社会へと離陸する。日本はその力を十分持っている。

（朝日新聞社説　平成23年5月22日）

問1　この文章には、「北欧が示す未来図　自然エネルギー社会へ」というタイトルがついています。北欧のエネルギー戦略を、150字程度でまとめなさい。

問2　これからの日本のエネルギー政策について、あなたの意見を500字程度で述べなさい。

問1にチャレンジ　文章要約型の克服

ステップA 設問文の読み込み

条件としては、
①北欧のエネルギー戦略の要約
②150字程度という字数制限・字数配分を考えながら、著者の意見の核心をまとめよう。

ステップB 対策

極意
①段落ごとのキーセンテンス（中心になる文章）に下線を引く。課題文の赤の下線を見てみよう。
②段落ごとに内容をまとめる。
③「構成メモ」にまとめると段落ごとの関係をつかみやすい。

ステップC まとめる

構成メモを元に第2段落と第3段落の北欧のエネルギー戦略を論理的にまとめよう。字数が限られているので、無駄を省き、要点を絞って、簡潔な文章にしよう。

●課題文の構成メモ

「北欧のエネルギー戦略」

第1段落 導入 「北欧の現状」
　北欧が「脱原発」と「風力発電」へ変化

第2段落 具体例 「北欧の戦略」
①デンマーク…将来、化石燃料から脱却し、自然エネルギー量を倍増へ
　理由 石油争奪戦の回避・安全保障政策
　効果 風力発電を輸出産業に育成
②スウェーデン…省エネ型のエコタウン作りが進行
　理由 エネルギーの大量消費時代の終えん
　対策 炭素税・電力市場の自由化・市場参入の促進

第3段落 結論 「北欧・日本の未来」
①北欧の「成長戦略」…省エネと脱化石燃料により、国内に新たな産業と雇用を生み出す
②日本の未来…技術と既得権益の打破で、自然エネルギー社会へ

問2にチャレンジ

論題型の克服
ステップＡ 設問文の読み込み

条件としては、
①これからの日本のエネルギー政策をどうしていくか自分の意見を述べる。
②500字程度。

ステップＢ 対策

極意　課題文はあるが、純粋に自分の意見が求められているので、課題文について論評する必要はない。しかし、自分の意見をまとめる際の参考にしよう。
　また、課題文にない意見、政策を追加しないと、課題文と同じ内容になってしまいアピール度が弱くなってしまう。
　論理的な文章が構成できない場合には、結論を考え直す必要も出てくる。構成メモを作成しよう。

ステップＣ まとめる

次のような事柄を字数配分を考えて述べる。
・自分の意見
・意見の理由…説得力が増す
・具体的な政策
・自分の意見のまとめ…簡潔に
p.284〜291も参考にしよう。

解答例

問1
　北欧のエネルギー戦略とは、自然エネルギーの利用拡大をめざし、化石燃料消費からの脱却を図ることである。これは、今後、激化する原油争奪戦に対応する安全保障政策でもある。また、化石燃料の輸入減少分を新時代へのエネルギー投資に回すことで、国内に新たな産業と雇用を生み出す、北欧独自の経済成長戦略ともなっている。(151字)

問2
　これからの日本のエネルギー政策は、化石燃料と原子力の発電比率を減らし、自然エネルギーの比率を高める。また、自然エネルギー・省エネ技術開発を促進させ、産業化を進めるべきである。
　なぜなら、化石燃料は有限で必ず枯渇する。また、福島第一原発事故では、自然は人知を超えた力をもっており、人は間違った判断をすることが明らかになった。今こそ、日本の技術力で、日本と世界のエネルギー、環境問題を解決しながら、経済発展を続ける持続可能性のある社会をつくる決心をすべきである。
　具体的な自然エネルギー開発政策としては、自然エネルギー開発に対する補助金・規制緩和、太陽電池パネル・小型風力・水力発電装置購入時の補助金を進める。省エネ技術開発政策としては、電気を無駄なく使うスマートグリッドの普及、自動車・列車などの交通機関の省エネ技術の向上を、規制緩和と財政政策で後押ししていく。
　現在の日本の財政状況から考えると規制緩和が中心となると考える。しかし、政策の優先順位を変え、新規の道路・空港建設を控えることによって、エネルギー開発に財政資金も十分に投入すべきである。
　日本の技術、知恵を生かして、化石燃料・原子力に頼らない社会をつくることが、日本の責務と考える。(517字)

用語解説

●**持続可能な社会**
　将来の世代が得るはずの経済的・社会的な利益を損なわない形で、現在の世代が環境を利用していこうという「持続可能な開発」の基本理念がある社会のこと。

●**スマートグリッド**
　電力の流れを供給側・需要側の両方から制御し、最適化できる送電網のこと。従来の送電線は、大規模な発電所から一方的に電力を送り出す方式だが、需要のピーク時を基準とした容量設定ではムダが多かった。そのため、需要側と供給側との双方から電力のやりとりができる、「賢い」送電網が開発されている。

●**補助金**
　政府(国と地方公共団体)が、ある特定の政策目標を達成するために、第三者である企業、民間団体、個人に対して交付する経費のこと。融資と違い、相手方に返済の義務はない。

参考　課題文に対する意見表明型の克服

課題文を参考に自分の考えが求められている場合は、自分の立場をはっきりさせる。
①課題文の考えに賛同する立場で、自分の考えを追加する
②課題文の考えに条件付きで賛同する立場
③課題文に反対する立場

①の立場は、付け加える事項をしっかりアピールしないと、課題文と同じ内容になってしまうので注意する。
②③の立場は、構成メモを見て、著者の論理構成の弱いところを見つけ論述する。

2 社会保障 (2016年広島大学 改)

問 以下の図表は、「子どもの貧困」と「世界各国・各地域の経済力」に関する資料である。
これらの資料に関するあとの設問に答えよ。

図1 子どもの相対的貧困率の国際比較

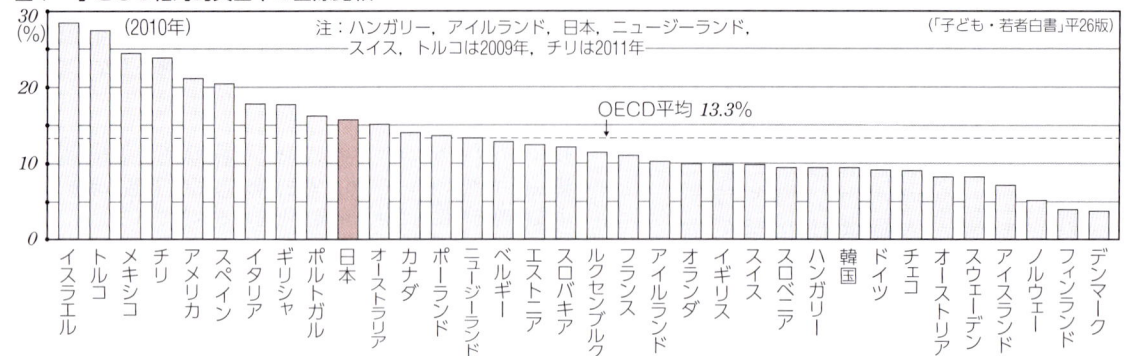

(2010年) 注:ハンガリー,アイルランド,日本,ニュージーランド,スイス,トルコは2009年、チリは2011年 (「子ども・若者白書」平26版)

OECD平均 13.3%

イスラエル、トルコ、メキシコ、チリ、アメリカ、スペイン、イタリア、ギリシャ、日本、ポルトガル、オーストラリア、カナダ、ポーランド、ニュージーランド、ベルギー、エストニア、スロバキア、ルクセンブルク、フランス、アイルランド、オランダ、イギリス、スイス、スロベニア、ハンガリー、韓国、ドイツ、チェコ、オーストリア、スウェーデン、アイスランド、ノルウェー、フィンランド、デンマーク

表1 世界の国内総生産(名目GDP)の構成比 (%)

国(地域)	2009	2010	2011	2012
世界				
GDP(10億ドル)	58,949.9	64,406.4	71,218.9	72,689.7
構成比	100.0	100.0	100.0	100.0
アジア	29.7	31.5	32.8	34.1
日本	8.5	8.5	8.3	8.2
イラン	0.6	0.7	0.7	0.8
インド	2.3	2.6	2.7	2.6
インドネシア	0.9	1.1	1.2	1.2
韓国	1.4	1.6	1.6	1.6
サウジアラビア	0.7	0.8	0.9	1.0
シンガポール	0.3	0.4	0.4	0.4
タイ	0.5	0.5	0.5	0.5
中国	8.7	9.2	10.3	11.5
トルコ	1.0	1.1	1.1	1.1
フィリピン	0.3	0.3	0.3	0.3
香港	0.4	0.4	0.3	0.3
マレーシア	0.3	0.4	0.4	0.4
北アメリカ	29.0	28.1	26.6	27.2
アメリカ合衆国	24.5	23.2	21.8	22.3
カナダ	2.3	2.5	2.5	2.5
メキシコ	1.5	1.6	1.6	1.6
南アメリカ	5.0	5.8	5.9	5.7
アルゼンチン	0.5	0.6	0.6	0.7
ブラジル	2.7	3.3	3.5	3.1
ヨーロッパ	31.9	29.7	29.6	27.7
イギリス	3.7	3.6	3.5	3.4
イタリア	3.6	3.2	3.1	2.8
オランダ	1.4	1.2	1.2	1.1
スペイン	2.5	2.2	2.0	1.8
ドイツ	5.6	5.1	5.1	4.7
フランス	4.4	4.0	3.9	3.6
ポーランド	0.7	0.7	0.7	0.7
ロシア	2.1	2.4	2.7	2.8
アフリカ	2.5	2.7	2.7	2.8
南アフリカ	0.5	0.6	0.6	0.5
オセアニア	2.0	2.3	2.4	2.4
オーストラリア	1.7	2.0	2.1	2.2

(「世界の統計」)

図2 OECD加盟国＊のひとり親家庭における相対的貧困率

＊7か国を抜粋

トルコ 57.3%
日本 52.1 / 57.9
アメリカ
イギリス
フランス
スウェーデン
デンマーク

凡例: ひとり親世帯全体／ひとり親が働いていない世帯／ひとり親が働いている世帯

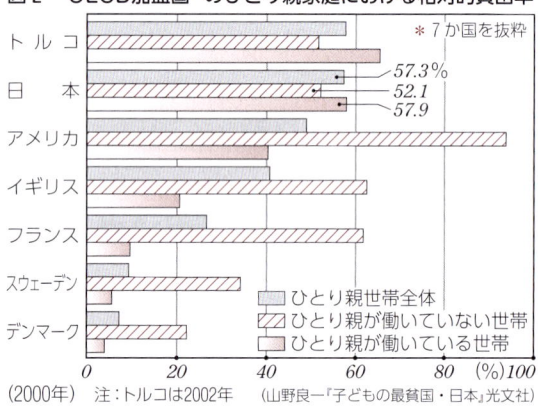

(2000年) 注:トルコは2002年 (山野良一『子どもの最貧国・日本』光文社)

図3 子どもの相対的貧困率に対する政府による介入の効果

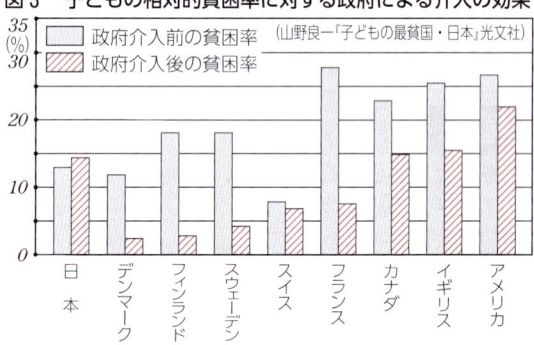

(山野良一『子どもの最貧国・日本』光文社)

凡例: 政府介入前の貧困率／政府介入後の貧困率

日本、デンマーク、フィンランド、スウェーデン、スイス、フランス、カナダ、イギリス、アメリカ

(2000年。日本は2000年前後。スイス、フランスは2001年、イギリスは1999年)
注:OECD加盟国(9か国を抜粋)について、政府による介入が行われる前後で貧困率がどの程度変化するかを示したもの。政府は、市場経済のなかで家族が働いて得た所得(市場所得)に対して、税金や社会保険料を課し、代わりに子どもに関する手当などを給付している(山野)。山野は、このような対応を税金と所得保障による政府の介入と表現している。

問1 図1および表1から日本における子どもの相対的貧困率に関して読み取れることについて述べよ(200字以内)。

問2 図2から日本におけるひとり親家庭の相対的貧困率に関して読み取れることについて述べよ(200字以内)。

問3 図1・2・3および表1のそれぞれから読み取れることをふまえて、日本における①子どもの貧困の特徴をまとめ、さらに②子どもの貧困という問題をどのように解決していくべきか、あなたの考えを述べよ(①と②で合計600字以内)。

問1にチャレンジ

資料読み取り型の克服
ステップ A 設問文の読み込み

条件としては，
①日本の子どもの相対的貧困率について。
②図1と表1から，読み取る。
③200字以内。

ステップ B 対策

資料から分かることについて，
①特徴を読み取る。
②読み取ったことからの考察を記述する。
例えば，「国内の経済的な格差が，子どもにも及んでいること」。

問2にチャレンジ

資料読み取り型の克服
ステップ A 設問文の読み込み

条件としては，
①日本のひとり親家庭の相対的貧困率について。
②図2から読み取る。
③200字以内。

ステップ B 対策

極意
国際比較資料の場合は，
①日本の世界的な位置を読み取る。
②日本と各国のグラフを比較して読み取る。

問3にチャレンジ

資料読み取り型の克服
ステップ A 設問文の読み込み

条件としては
①日本の子どもの貧困の特徴をまとめ，自分が考える解決策を論述する。
②図1～3，表1から読み取る。
③600字以内。

ステップ B 対策

極意
資料を読み取る際のポイント
①設問文を読み，前の答えが利用できるか検討。
　この問題では，問1と問2の答えが利用できるため，新しく読み取る図表は図3のみ。
②他の項目と比較し，特色を読み取る。
③上位・過半数・下位などの項目に着目。

論述のポイント
①読み取ったことを念頭に入れ，論述。
　この問題では，特徴の読み取りと解決策の論述が求められている。読み取った特徴に対応する解決策を記述していくと書きやすい。
②具体策を論述。
　解決策の論述は，まず抽象的な方策を書き，そして具体策を挙げるとよい。

解答例

問1
　日本の国内総生産は全世界の1割近くを占めており，経済的にはアメリカや中国に次ぐ大国である。しかし日本の子どもの相対的貧困率はOECD加盟国平均の13.3%を上回り，約15%の子どもたちが経済的に困窮している。またアメリカでの子どもの相対的貧困率は約20%となっている。これらの状況から，現在の日本はアメリカと同じく親の経済格差が広がり，それが子どもにも及んでいると考えられる。(183字)

問2
　日本のひとり親家庭の相対的貧困率は，全体では57.3%と半分を上回り，図中のOECD加盟国では第2位である。また，ひとり親の労働の有無に着目すれば，ひとり親が働いていない家庭の相対的貧困率が51.6%である一方，働いている家庭では57.8%である。このように，ひとり親が就業した方が高い相対的貧困率を示す傾向は，図中のOECD加盟国ではトルコと日本のみのため，日本におけるひとり親家庭の貧困の特徴だといえる。(195字)

問3
　日本における子どもの貧困には3つの特徴がある。まず，世界第3位の国内総生産にもかかわらず，貧困状態の子どもの割合がOECD加盟国の平均より高いことだ。2つ目は，ひとり親家庭の相対的貧困率の高さだ。ひとり親家庭の半分以上が経済的に困窮し，労働をしてもそれが改善されない状態である。最後に挙げられるのは，手当の支給や税金の徴収といった所得に対する政府の介入が，子どもの相対的貧困率を改善するのではなく，むしろそれを強めていることだ。他のOECD加盟国では政府介入により貧困率は下がっているため，日本の状況は例外的である。
　これらの問題を解消するには，有効な手段が3つある。最初に，家庭の所得の改善が挙げられる。直接的な対策では，最低賃金の上昇や男女間の賃金格差の解消が有効だ。間接的には，育児中の親やひとり親でもフルタイムの労働ができるよう，保育施設を増やすことが挙げられる。2つ目は，特に貧困率が高いひとり親家庭に対する支援だ。ひとり親が好条件で労働できれば，労働が貧困改善につながっていく。そのためには経済的な保障だけでなく，資格や免許の取得に向けた就業支援などの充実が欠かせない。また，近年問題になっている離婚後の養育費滞納の解決も必要だ。最後に，格差の是正に向けた政府介入の見直しが挙げられる。具体的には，子どもに関する手当の増額や，子どものいる家庭に課される税金や社会保険料の減額が必要だ。(597字)

3 農業 (2016年横浜市立大学)

問 我が国の食料自給率について、あなたの考えを1000字以内にまとめて述べなさい。

問題にチャレンジ

論題型の克服

ステップ A 設問文を読み込もう

条件としては、
①日本の食料自給率について、自分の考えを述べる。
②1000字以内。

ステップ B 構成メモをつくろう

論題型は論述の自由度が高い。その分、最初にしっかり文章構成を考えてつくる。次の構成メモを参考にしよう。

●構成メモ①（生徒作品例）

第1段落	日本の食料自給率の低さ
第2段落	その原因
第3段落	食料自給率を向上させるための具体的対策
第4段落	自分の意見のまとめ

●構成メモ②

第1段落	食料自給率の定義
第2段落	日本の食料自給率の現状
第3段落	食料自給率向上のための課題
第4段落	課題への具体的な対策と自分の意見のまとめ

ステップ C 原稿用紙をうめよう

自分の構成メモに合わせて、小論文を記述してみよう。小論文が完成したら、「生徒作品例」、「小論博士の添削」、「修正した小論文」を読んで、どこがどのように修正されたか順番に確認していこう。

生徒作品例

日本の食料自給率は現在4割を切っており、先進国の中では特に低い数値である。品目別にみれば、米はほとんど自給できているものの、小麦や大豆などの自給率は低く、大部分を輸入に頼っている。また、インドや中国、東南アジアなどが現在経済的に発展し、食料輸入国となりつつある。このような状況が続けば、世界的な不作が起きた際に、安定した食料の供給が難しくなるだろう。このため、現在食料自給率の上昇は急務となっている。

食料自給率が低い原因として、戦後の産業構造の高度化がある。第二次・第三次産業従事者が増え、農業をはじめとする第一次産業従事者が減少した。これにより農業の生産量は低下していった。そして農業従事者は減少し続け、今や高齢化が問題になっている。またもうひとつの原因として、食生活の洋風化も挙げられる。小麦や①肉類の需要が高まったため、穀類を大量に輸入するようになったからだ。そして、食料自給率が低い一方、売れ残り商品や食べ残しの廃棄が多いことも問題のひとつである。

食料自給率を向上するためには、まず農産物を大量に生産しなければならない。具体的には、1割近い自給率の②穀物を中心に供給を増大させ、国産穀類を安価に提供することで需要を満たす。これは、家畜の飼料のほとんどを輸入農産物に頼っていることを考えれば、肉類の自給率向上にもつながる。もちろん農業従事者の減少と高齢化対策として、後継者も増加させなければならない。例えば農家に補助金を出したり、付加価値の高い有機農業を奨励したりすることで、農家の儲からないイメージを解消していく。また、都会から地方へ移住するUターン現象やIターン現象が近年広まっているが、③若者が農村に移住できるような環境を整えるのも有効だ。④若者が農村に移住できる環境を整えることで、UターンやIターンが増え、農業の後継者が増加する。そして、消費者の側からも食料自給率を上げるためにできることがある。例えば、食品を買うときはできるだけ国産のものを選ぶようにすべきだ。また食べ残しや期限切れ食品の廃棄もできるだけ減らす。この問題は一般家庭だけでなく、食料品店や外食産業でも同じである。

食料自給率の上昇は、生産者や行政だけでは解決しない。私たち一人一人が当事者意識を持って努力していかなければならない問題である。(956字)

「小論博士の添削」を読めば、自分の小論文をどのように修正すればよいか、見えてくるはずだよ。もう一度見直し、書き直してみよう。

●小論博士の添削～ここを修正しよう～

「定義」を明確に！
下線部aのように，「食料自給率」とはどのようなものなのか，しっかり定義する。定義があいまいだと，原因の説得力・対策の有効性を読み手が判定しにくい。

因果関係を明確に
下線部①のような，直接的には因果関係がないものについては，説明を行い，因果関係を明らかにする必要がある。

具体的に，簡潔に，説得力をもった記述に
- 下線部②には，増大させる方法が書かれていない。また，国内需要を満たすまで小麦や大豆の自給率を引き上げることは，実現可能性が極めて低く，説得力がない。
- 下線部③は，どのような環境なのか書かれておらず，具体性に欠けている。
- 下線部④は，文字数を稼ぐため，同じ内容を言い換えている。

数値とキーワードは有効
下線部bのように，数値やキーワードを入れると説得力が増す。しかし，数値が違っていたり，間違った解釈の用語を使っていたりすると逆効果になるので注意しよう。

段落の最初・最後のつなぎの文章は有効
下線部cのように，段落を意味づけることにより，読みやすくなる。

自分の意見を見直し，補強する
下線部dのように，対策としてあげた案を補強する文章を入れる。1つ目の下線部では具体策を追加し，2つ目では対策がもたらす効果を追加している。
自分の意見を見直し，メリットやデメリットが他にないか検討すると書きやすい。

修正した小論文

a食料自給率とは，ある国の食料がどれだけ自国で生産されているかを計測する指標だ。計測するための尺度として日本でよく用いられるのはカロリーベースのものである。

日本の食料自給率はカロリーベースで約4割と，先進国の中では特に低い。農産物別では，b米や野菜の自給率は8～9割程度で高いものの，小麦や大豆の自給率は1割前後だ。また肉類の自給率は5割以上で，比較的高く思える。しかし飼料作物の多くを輸入に頼っていることを考えれば，飼料を国産にした上での食肉自給率はかなり低くなるだろう。そして世界的な食料需要の高まりや気候変動などが原因で，安定した食料輸入が将来的に難しくなるおそれがあるため，現在食料自給率の上昇は急務となっている。

cなぜ日本の食料自給率は低いのだろう。まず，戦後に産業構造が高度化し，第1次産業に従事する労働者が減ったことが挙げられる。また，食生活が洋風化し小麦や肉類の需要が増えたことも要因の一つである。国内の生産体制がそれに対応できず，穀類を大量に輸入する結果になったからだ。さらに，輸送技術の発達も挙げられる。スーパーにさまざまな国から輸入された野菜や果物があるように，今では新鮮な食品でも安価に輸入が可能なのだ。また，食料自給率が低いにも関わらず，食べ残しや売れ残り商品が大量に廃棄され，食品が有効に利用されていないのも問題である。

c以上の点を踏まえ，食料自給率の上昇のため，2つの農業政策を提唱したい。最初に挙げられるのは，農地の大規模化と生産性の向上だ。具体的には，耕作放棄地の買い取りや借り上げに対して補助金を出すことで，農地を集約し農産物を安価に生産できる仕組みを作っていく。この点では，d大きな資本を持つ食品加工や小売，バイオ産業といった他業種の参入を推進することも有効だろう。2つ目は，生産者が農産物の加工や販売にも関わる，いわゆるb農業の6次産業化だ。これは農産物の付加価値を生産者に還元する仕組みでもあり，d農業のイメージを向上させ，農業従事者を増やすことにもつながる。そして，食品の有効利用のため，食べ残しや賞味期限切れ食品などの廃棄もできるだけ減らしていかなければならない。これは消費者だけでなく，外食産業や流通業など，食に関わるすべての人にいえることである。食料自給率の上昇は，生産者と消費者が一丸となって取り組むべき課題だ。（973字）

日本国憲法

公布 1946(昭和21).11.3　施行 1947(昭和22).5.3

朕は，日本国民の総意に基いて，新日本建設の礎が，定まるに至つたことを，深くよろこび，枢密顧問の諮詢及び帝国憲法第73条による帝国議会の議決を経た帝国憲法の改正を裁可し，ここにこれを公布せしめる。

御名御璽
　昭和21年11月3日

内閣総理大臣兼		吉田　茂	国　務　大　臣　斎藤隆夫
			逓　信　大　臣　一松定吉
外　務　大　臣			商　工　大　臣　星島二郎
国　務　大　臣	男爵	幣原喜重郎	厚　生　大　臣　河合良成
			国　務　大　臣　植原悦二郎
司　法　大　臣		木村篤太郎	運　輸　大　臣　平塚常次郎
内　務　大　臣		大村清一	大　蔵　大　臣　石橋湛山
文　部　大　臣		田中耕太郎	国　務　大　臣　金森徳次郎
農　林　大　臣		和田博雄	国　務　大　臣　膳桂之助

日本国憲法

日本国民は，正当に選挙された国会における代表者を通じて行動し，われらとわれらの子孫のために，諸国民との協和による成果と，わが国全土にわたつて自由のもたらす恵沢を確保し，政府の行為によつて再び戦争の惨禍が起ることのないやうにすることを決意し，ここに主権が国民に存することを宣言し，この憲法を確定する。そもそも国政は，国民の厳粛な信託によるものであつて，その権威は国民に由来し，その権力は国民の代表者がこれを行使し，その福利は国民がこれを享受する。これは人類普遍の原理であり，この憲法は，かかる原理に基くものである。われらは，これに反する一切の憲法，法令及び詔勅を排除する。

日本国民は，恒久の平和を念願し，人間相互の関係を支配する崇高な理想を深く自覚するのであつて，平和を愛する諸国民の公正と信義に信頼して，われらの安全と生存を保持しようと決意した。われらは，平和を維持し，専制と隷従，圧迫と偏狭を地上から永遠に除去しようと努めてゐる国際社会において，名誉ある地位を占めたいと思ふ。われらは，全世界の国民が，ひとしく恐怖と欠乏から免かれ，平和のうちに生存する権利を有することを確認する。

われらは，いづれの国家も，自国のことのみに専念して他国を無視してはならないのであつて，政治道徳の法則は，普遍的なものであり，この法則に従ふことは，自国の主権を維持し，他国と対等関係に立たうとする各国の責務であると信ずる。

日本国民は，国家の名誉にかけ，全力をあげてこの崇高な理想と目的を達成することを誓ふ。

第1章　天皇

第1条〔天皇の地位・国民主権〕天皇は，日本国の象徴であり日本国民統合の象徴であつて，この地位は，主権の存する日本国民の総意に基く。

第2条〔皇位の世襲と継承〕皇位は，世襲のものであつて，国会の議決した皇室典範の定めるところにより，これを継承する。

第3条〔天皇の国事行為と内閣の助言・承認及び責任〕天皇の国事に関するすべての行為には，内閣の助言と承認を必要とし，内閣が，その責任を負ふ。

第4条〔天皇の権能の限界，国事行為の委任〕① 天皇は，この憲法の定める国事に関する行為のみを行ひ，国政に関する権能を有しない。
② 天皇は，法律の定めるところにより，その国事に関する行為を委任することができる。

第5条〔摂政〕皇室典範の定めるところにより摂政を置くときは，摂政は，天皇の名でその国事に関する行為を行ふ。この場合には，前条第1項の規定を準用する。

第6条〔天皇の国事行為(1)―任命権〕① 天皇は，国会の指名に基いて，内閣総理大臣を任命する。
② 天皇は，内閣の指名に基いて，最高裁判所の長たる裁判官を任命する。

語　注

朕　秦の始皇帝以来，皇帝や天皇が「われ」の意に用いる。

枢密顧問　大日本帝国憲法下の天皇の諮問機関である枢密院の構成員。議会からも独立し，内閣の施政を左右できた。

諮詢　相談。問い図ること。

裁可　天皇が政治各機関の案文を承認し許可すること。

御名御璽　大日本帝国憲法下で，天皇が議会の協賛した法案などを確定的に成立させるためや，天皇の意思表示の勅語などへの署名押印。

帝国憲法と日本国憲法（⇒p.42）　天皇主権を国民主権に変更することは国家体制の根本の変革なので，帝国憲法第73条の手続きによる新憲法制定は疑問とされた。しかし，日本の再建，米ソの対立，連合国軍の占領下といった条件の中で，憲法改正の延引はできず，第73条による手続きで行われた。

前文　フランスやアメリカ合衆国など前文のある憲法は多い。前文を改めるにも第96条の改正手続きが必要である。

恵沢　慈恵と恩沢，めぐみ。

惨禍　むごいわざわい。

主権　ここでいう主権とは，国の政治のあり方を最終的に決定する力。（⇒p.12）

信託　信用して委託する。主権在民の国家基本概念。

福利　幸福と利益。

普遍の原理　あまねくすべてにあてはまる基本法則。

詔勅　勅語ともいい，天皇の意思の表明。

恒久　久しく変わらないこと。

崇高　気高く尊いこと。

専制　1人の判断で事を決めること。

隷従　奴隷のように意思を殺して従うこと。

偏狭　度量の狭いこと。

恐怖と欠乏　1941年，米大統領F.D.ローズベルトが議会にあてた教書で，信教の自由をあげて，言論・信仰・欠乏から・恐怖から，の4つの自由を示した。「恐怖から」とは戦争のない平和を，「欠乏から」とは健康な生活を保つことを意味する。この考え方は，世界人権宣言（⇒p.21）の基調となった。

・**第1条**・

象徴　校章が学校を，鳩が平和を表すように，抽象的な観念を表現する具体的な人やもの。

スペイン憲法第56条　国王は国家の首長であり，国の統一と恒久不変の象徴であって，……憲法および法律が明らかに付与した職務を行使する。

・**第2条**・

皇室典範　皇室に関する，皇位継承，皇族の身分，摂政，皇室会議などについての法律（昭和22年1月16日公布）。

・**第3条**・（⇒p.43）

国事行為　内閣の責任のもとに，天皇が国家の各機関が決定したことに儀礼的・形式的に参加して行う行為。

・**第4条**・（⇒p.43）

権能　権限能力の意。

国事行為の委任　海外旅行など一時的な理由がある時，天皇の意思によって行われる。

・**第5条**・

摂政　天皇に代わり国事行為を行う役。皇位継承の順番で皇室会議の議により就任する。

準用　ある事項について規定している法令を，適当な修正を施して他の事項に適用すること。

第7条〔天皇の国事行為(2)―その他〕 天皇は，内閣の助言と承認により，国民のために，左の国事に関する行為を行ふ。
1 憲法改正，法律，政令及び条約を公布すること。
2 国会を召集すること。
3 衆議院を解散すること。
4 国会議員の総選挙の施行を公示すること。
5 国務大臣及び法律の定めるその他の官吏の任免並びに全権委任状及び大使及び公使の信任状を認証すること。
6 大赦，特赦，減刑，刑の執行の免除及び復権を認証すること。
7 栄典を授与すること。
8 批准書及び法律の定めるその他の外交文書を認証すること。
9 外国の大使及び公使を接受すること。
10 儀式を行ふこと。
第8条〔皇室の財産授受〕 皇室に財産を譲り渡し，又は皇室が，財産を譲り受け，若しくは賜与することは，国会の議決に基かなければならない。

第2章　戦争の放棄

第9条〔戦争の放棄，戦力の不保持・交戦権の否認〕 ① 日本国民は，正義と秩序を基調とする国際平和を誠実に希求し，国権の発動たる戦争と，武力による威嚇又は武力の行使は，国際紛争を解決する手段としては，永久にこれを放棄する。
② 前項の目的を達するため，陸海空軍その他の戦力は，これを保持しない。国の交戦権は，これを認めない。

第3章　国民の権利及び義務

第10条〔日本国民たる要件〕 日本国民たる要件は，法律でこれを定める。
第11条〔国民の基本的人権の享有，基本的人権の永久不可侵性〕 国民は，すべての基本的人権の享有を妨げられない。この憲法が国民に保障する基本的人権は，侵すことのできない永久の権利として，現在及び将来の国民に与へられる。
第12条〔自由及び権利の保持責任・濫用禁止・利用責任〕 この憲法が国民に保障する自由及び権利は，国民の不断の努力によつて，これを保持しなければならない。又，国民は，これを濫用してはならないのであつて，常に公共の福祉のためにこれを利用する責任を負ふ。
第13条〔個人の尊重〕 すべて国民は，個人として尊重される。生命，自由及び幸福追求に対する国民の権利については，公共の福祉に反しない限り，立法その他の国政の上で，最大の尊重を必要とする。
第14条〔法の下の平等，貴族制度の禁止，栄典の授与〕 ① すべて国民は，法の下に平等であつて，人種，信条，性別，社会的身分又は門地により，政治的，経済的又は社会的関係において，差別されない。
② 華族その他の貴族の制度は，これを認めない。
③ 栄誉，勲章その他の栄典の授与は，いかなる特権も伴はない。栄典の授与は，現にこれを有し，又は将来これを受ける者の一代に限り，その効力を有する。
第15条〔国民の公務員選定罷免権，公務員の本質，普通選挙・秘密投票の保障〕 ① 公務員を選定し，及びこれを罷免することは，国民固有の権利である。
② すべて公務員は，全体の奉仕者であつて，一部の奉仕者ではない。
③ 公務員の選挙については，成年者による普通選挙を保障する。
④ すべて選挙における投票の秘密は，これを侵してはならない。選挙人は，その選択に関し公的にも私的にも責任を問はれない。
第16条〔請願権〕 何人も，損害の救済，公務員の罷免，法律，命令又は規則の制定，廃止又は改正その他の事項に関し，平穏に請願する権利を有し，何人も，かかる請願をしたためにいかなる差別待遇も受けない。
第17条〔国及び公共団体の賠償責任〕 何人も，公務員の不法行為により，損害を受けたときは，法律の定めるところにより，国又は公共団体に，その賠償を求めることができる。

・第7条・(→p.43)
政令 憲法や法律の規定を実施するため，及び法律の委任した事項を定めるために内閣が決めて出す命令。
全権委任状 外交上，特定の事項に関する交渉や条約締結の権限を与える証明文書。
信任状 外交官の正当な資格を証明する文書。
大赦 政令で罪の種類を定め，刑の執行を免除すること。
特赦 特定犯人に対して刑の執行を免除すること。
復権 刑の宣告により失われた資格や権利を回復すること。
栄典 名誉のしるしとして与えられる位階・勲章など。
批准 内閣が条約を最終・確定的に同意する手続き。
接受 外交使節を公式に受け入れること。外国の大使や公使は，自国の元首が発する信任状を天皇に提出する信任状捧呈式を経て，職務を開始する。
・第8条・
賜与 身分の高い者から下の者に与えること。
・第9条・(→p.47)
交戦権 ①戦争をする権利，②戦争の際に，国際法で交戦国に認められている諸権利の2説がある。
国権の発動たる戦争 太平洋戦争など，国家主権の発動として，宣戦布告により開始される戦争。
戦力 戦争のために人的・物的に組織された総合力を備えたもの…との学説あり。
・第10条・
日本国民たる要件 国籍法に定められており，出生と帰化がある。
・第11条・(→p.63)
享有 生まれながらに受け，もっていること。
世界人権宣言第2条(→p.21)
独第19条② 基本権は，いかなる場合であっても，その本質的内容において侵害されてはならない。
・第12条・(→p.63, 65)
米修正第9条 憲法中に特定の権利を列挙した事実をもって，人民の保有する他の諸権利を否認しまたは軽視したものと解釈することはできない。
・第13条・(→p.63, 65)
世界人権宣言第1条(→p.21)
独第1条① 人間の尊厳は不可侵である。これを尊重し，かつ，保護することは，すべての国家権力の義務である。
仏人権宣言第1条(→p.20)
・第14条・(→p.66)
信条 (個人の)宗教信仰・政治的思想など。
門地 家柄のこと。
華族 旧憲法下の貴族階級。公・侯・伯・子・男の爵を有する旧公家，大名，維新の功労者の家柄である。
・第15条・(→p.85)
普通選挙 納税額・財産の有無などの経済条件や，教育程度などの社会的条件によって選挙権の制限をしない選挙。
・第16条・(→p.83■)
請願 国民が，国や地方公共団体に対して，希望を申し出ること。
米修正第1条(→p.33) ……に関し政府に対して請願をする権利を侵す法律を制定することはできない。
・第17条・(→p.83■)
不法行為 ここでは，故意または過失によって違法に他人に損害を加えること。

第18条〔奴隷的拘束及び苦役からの自由〕何人も，いかなる奴隷的拘束も受けない。又，犯罪に因る処罰の場合を除いては，その意に反する苦役に服させられない。

第19条〔思想・良心の自由〕思想及び良心の自由は，これを侵してはならない。

第20条〔信教の自由，国の宗教活動の禁止〕① 信教の自由は，何人に対してもこれを保障する。いかなる宗教団体も，国から特権を受け，又は政治上の権力を行使してはならない。
② 何人も，宗教上の行為，祝典，儀式又は行事に参加することを強制されない。
③ 国及びその機関は，宗教教育その他いかなる宗教的活動もしてはならない。

第21条〔集会・結社・表現の自由，通信の秘密〕① 集会，結社及び言論，出版その他一切の表現の自由は，これを保障する。
② 検閲は，これをしてはならない。通信の秘密は，これを侵してはならない。

第22条〔居住・移転・職業選択の自由，外国移住・国籍離脱の自由〕
① 何人も，公共の福祉に反しない限り，居住，移転及び職業選択の自由を有する。
② 何人も，外国に移住し，又は国籍を離脱する自由を侵されない。

第23条〔学問の自由〕学問の自由は，これを保障する。

第24条〔家族生活における個人の尊厳・両性の平等〕① 婚姻は，両性の合意のみに基いて成立し，夫婦が同等の権利を有することを基本として，相互の協力により，維持されなければならない。
② 配偶者の選択，財産権，相続，住居の選定，離婚並びに婚姻及び家族に関するその他の事項に関しては，法律は，個人の尊厳と両性の本質的平等に立脚して，制定されなければならない。

第25条〔国民の生存権，国の社会保障的義務〕① すべて国民は，健康で文化的な最低限度の生活を営む権利を有する。
② 国は，すべての生活部面について，社会福祉，社会保障及び公衆衛生の向上及び増進に努めなければならない。

第26条〔教育を受ける権利，教育を受けさせる義務〕① すべて国民は，法律の定めるところにより，その能力に応じて，ひとしく教育を受ける権利を有する。
② すべて国民は，法律の定めるところにより，その保護する子女に普通教育を受けさせる義務を負ふ。義務教育は，これを無償とする。

第27条〔勤労の権利義務，勤労条件の基準，児童酷使の禁止〕① すべて国民は，勤労の権利を有し，義務を負ふ。
② 賃金，就業時間，休息その他の勤労条件に関する基準は，法律でこれを定める。
③ 児童は，これを酷使してはならない。

第28条〔勤労者の団結権・団体交渉権・その他団体行動権〕勤労者の団結する権利及び団体交渉その他の団体行動をする権利は，これを保障する。

第29条〔財産権〕① 財産権は，これを侵してはならない。
② 財産権の内容は，公共の福祉に適合するやうに，法律でこれを定める。
③ 私有財産は，正当な補償の下に，これを公共のために用ひることができる。

第30条〔納税の義務〕国民は，法律の定めるところにより，納税の義務を負ふ。

第31条〔法定手続の保障〕何人も，法律の定める手続によらなければ，その生命若しくは自由を奪はれ，又はその他の刑罰を科せられない。

第32条〔裁判を受ける権利〕何人も，裁判所において裁判を受ける権利を奪はれない。

第33条〔逮捕に対する保障〕何人も，現行犯として逮捕される場合を除いては，権限を有する司法官憲が発し，且つ理由となつてゐる犯罪を明示する令状によらなければ，逮捕されない。

第34条〔抑留・拘禁に対する保障，拘禁理由の開示〕何人も，理由を直ちに告げられ，且つ，直ちに弁護人に依頼する権利を与へられなければ，抑留又は拘禁されない。又，何人も，正当な理由がなければ，拘禁されず，要求があれば，その理由は，直ちに本人及びその弁護人の出席する公開の法廷で示されなければならない。

・第18条・（→p.75）
その意に反する苦役 本人の意思に反して強制される労役。
・第19条・（→p.71❷）
思想及び良心 内心でのものの見方・考え方。思想，主義・主張をもつことの自由。良心は倫理的，思想は論理的な側面ともいえる。
・第20条・（→p.72）
・第21条・（→p.73）
検閲 文書その他何らかの形式で発表されようとしているものを，公的権力が事前に審査したり，発表を止めたりすること。
・第22条・（→p.79❶）
国籍離脱 日本の国籍を離れること。なお，国籍法は，他国の国籍を取得した場合に限り，日本国籍を離脱できるとしている。
・第23条・（→p.74❺）
・第25条・（→p.80❶）
ワイマール憲法第151条① 経済生活の秩序は，すべての者に人間たるに値する生活を保障する目的をもつ正義の原則に適合しなければならない。……

・第26条・（→p.82）
普通教育 専門教育や職業教育に対置される概念。国民育成のための，共通に必要な一般的・基礎的教育。日本では9年間の義務教育。
・第27条・（→p.83❸，297❶）
世界人権宣言第23条（→p.21）
伊第4条① 共和国はすべての市民に勤労の権利を認め，この権利を実効的ならしめる諸条件を整備推進する。
・第28条・（→p.83❸）
団結権・団体交渉権・団体行動権（争議権）（→p.297❷）
独第9条③ 労働条件及び経済的条件を維持し促進するために団体等を結成する権利は，何人に対しても，かつすべての職業に対して，これを保障する。……
・第29条・（→p.79❷）
財産権 所有権などの物権・債権・著作権・特許権など財産的性格をもつすべての権利。
・第31条・
法定手続 マグナ・カルタ第39条以来の重要原則で，米憲法修正第5・14条を受け継ぐ。第31条は，刑罰を科す手続きや，犯罪と刑罰は法で定めておかねばならず，それらの法の内容も適正でなければならないという原則を示した条文とされる。
・第33条・
司法官憲 司法に関する職務を行う役人の意。ここでいう令状を発する権限を有する司法官憲は裁判官である。
令状（→p.75❷）裁判官が強制処分を許可したことを記した文書。
・第34条・
抑留 行動の自由を一時的に拘束すること。逮捕に引き続く留置など。
拘禁 拘置所などに留置し，社会生活と隔離すること。
米修正第4条 不合理な逮捕捜索，もしくは押収に対し，身体，住居，書類および所有物の安全を保障される人民の権利は，これを侵害してはならない。……
独第104条② 自由剝奪の許容及びその断続については，裁判官のみが決定する……

◆メモ 1980年，病気で言語が不自由となった女性が，衆参同日選挙の候補者応援のためビラを配布し，公職選挙法違反で逮捕・起訴された。地裁・高裁は有罪と判決（上告中に女性が死亡）。体の不自由な人の選挙運動の自由に対する配慮の欠如が浮き彫りとなった（玉野事件）。

第35条〔住居侵入・捜索及び押収に対する保障〕① 何人も，その住居，書類及び所持品について，侵入，捜索及び押収を受けることのない権利は，第33条の場合を除いては，正当な理由に基いて発せられ，且つ捜索する場所及び押収する物を明示する令状がなければ，侵されない。
② 捜索又は押収は，権限を有する司法官憲が発する各別の令状により，これを行ふ。
第36条〔拷問及び残虐な刑罰の禁止〕公務員による拷問及び残虐な刑罰は，絶対にこれを禁ずる。
第37条〔刑事被告人の諸権利〕① すべて刑事事件においては，被告人は，公平な裁判所の迅速な公開裁判を受ける権利を有する。
② 刑事被告人は，すべての証人に対して審問する機会を充分に与へられ，又，公費で自己のために強制的手続により証人を求める権利を有する。
③ 刑事被告人は，いかなる場合にも，資格を有する弁護人を依頼することができる。被告人が自らこれを依頼することができないときは，国でこれを附する。
第38条〔供述の不強要，自白の証拠能力〕① 何人も，自己に不利益な供述を強要されない。
② 強制，拷問若しくは脅迫による自白又は不当に長く抑留若しくは拘禁された後の自白は，これを証拠とすることができない。
③ 何人も，自己に不利益な唯一の証拠が本人の自白である場合には，有罪とされ，又は刑罰を科せられない。
第39条〔遡及処罰の禁止・一事不再理〕何人も，実行の時に適法であつた行為又は既に無罪とされた行為については，刑事上の責任を問はれない。又，同一の犯罪について，重ねて刑事上の責任を問はれない。
第40条〔刑事補償〕何人も，抑留又は拘禁された後，無罪の裁判を受けたときは，法律の定めるところにより，国にその補償を求めることができる。

第4章　国　会

第41条〔国会の地位・立法権〕国会は，国権の最高機関であつて，国の唯一の立法機関である。
第42条〔国会の両院制〕国会は，衆議院及び参議院の両議院でこれを構成する。
第43条〔両議院の組織〕① 両議院は，全国民を代表する選挙された議員でこれを組織する。
② 両議院の議員の定数は，法律でこれを定める。
第44条〔国会議員及び選挙人の資格〕両議院の議員及びその選挙人の資格は，法律でこれを定める。但し，人種，信条，性別，社会的身分，門地，教育，財産又は収入によつて差別してはならない。
第45条〔衆議院議員の任期〕衆議院議員の任期は，4年とする。但し，衆議院解散の場合には，その期間満了前に終了する。
第46条〔参議院議員の任期〕参議院議員の任期は，6年とし，3年ごとに議員の半数を改選する。
第47条〔選挙に関する事項の法定〕選挙区，投票の方法その他両議院の議員の選挙に関する事項は，法律でこれを定める。
第48条〔両院議員兼職の禁止〕何人も，同時に両議院の議員たることはできない。
第49条〔議員の歳費〕両議院の議員は，法律の定めるところにより，国庫から相当額の歳費を受ける。
第50条〔議員の不逮捕特権〕両議院の議員は，法律の定める場合を除いては，国会の会期中逮捕されず，会期前に逮捕された議員は，その議院の要求があれば，会期中これを釈放しなければならない。
第51条〔議員の発言・表決の無責任〕両議院の議員は，議院で行つた演説，討論又は表決について，院外で責任を問はれない。
第52条〔常会〕国会の常会は，毎年1回これを召集する。
第53条〔臨時会〕内閣は，国会の臨時会の召集を決定することができる。いづれかの議院の総議員の4分の1以上の要求があれば，内閣は，その召集を決定しなければならない。

- 第36条・（➡p.75）
残虐な刑罰　不必要な精神的，肉体的苦痛を内容とする，一定の時代と環境において，人道上残酷と認められる刑罰。
- 第37条・
審問　状況を明らかにするために問いただすこと。
- 第38条・
供述　司法関係官に対して陳述すること。
自白の証拠能力　自白は証拠の王であるといわれるが，任意性のない自白には，証拠としての能力はない。
自白の証明　③は自白の証明力を制限して，根本的には自白主義をとらないという意味で，補強証拠がなければ有罪にできない。
- 第39条・
遡及処罰の禁止　行為がなされた時点で適法であれば，法律が変わったからという理由で処罰されることはない，刑法上の原則。
- 一事不再理　①無罪判決確定後に同じ事件で再び責任を問うてはならず，②同じ犯罪を再び裁判して処罰してはならないという刑事訴訟法上の原則。二重の危険の禁止の原則ともいう。また，特に②の原則を二重処罰の禁止と呼ぶ説もある。

- 第41条・（➡p.94）
国権の最高機関　国民に直接選挙された議員からなる国会が，国政の中心にあるという国政国会中心主義を示した政治的美称ととらえられてきた。国会が内閣や最高裁判所よりも強い権力をもつということではない。
立法機関　立法作用を担当する国家機関。立法の国会中心主義。
- 第42条・（➡p.94）
両院制　国会が2つの合議体から成る複合的合議体であるということ。二院は相互に独立して意思を決定し，両者の一致が国会の意思となる。各国で考え方は異なる。
仏第24条②（➡p.34**2**）　国会は，国民議会と元老院から成る。
米第1条第1節（➡p.33）　……連邦議会は上院および下院で構成される。
- 第45条・
解散　衆議院の全議員の資格を失わせること。内閣が解散決定権をもつ。
- 第49条・
歳費（➡p.95 LOOK）　国庫から国会議員に毎年支給される報酬。国会法で，一般職の国家公務員の最高の給料額より少なくない額とされている。
- 第50条・第51条・
不逮捕特権と免責特権（➡p.95 LOOK）　議会制度の確立と不可分の関係で発達した特権。
表決　議案に対する可否の意思の表示。多数決によるのが普通。
- 第52条・
常会（➡p.95**3**）　毎年定例に開かれる国会。国会法では，「1月中に召集するのを常例とす」とし，会期は150日とされている。

法令集

第54条〔衆議院の解散と総選挙，特別会，参議院の緊急集会〕① 衆議院が解散されたときは，解散の日から40日以内に，衆議院議員の総選挙を行ひ，その選挙の日から30日以内に，国会を召集しなければならない。
② 衆議院が解散されたときは，参議院は，同時に閉会となる。但し，内閣は，国に緊急の必要があるときは，参議院の緊急集会を求めることができる。
③ 前項但書の緊急集会において採られた措置は，臨時のものであつて，次の国会開会の後10日以内に，衆議院の同意がない場合には，その効力を失ふ。
第55条〔議員の資格争訟〕両議院は，各々その議員の資格に関する争訟を裁判する。但し，議員の議席を失はせるには，出席議員の3分の2以上の多数による議決を必要とする。
第56条〔議員の定足数，議決方法〕① 両議院は，各々その総議員の3分の1以上の出席がなければ，議事を開き議決することができない。
② 両議院の議事は，この憲法に特別の定のある場合を除いては，出席議員の過半数でこれを決し，可否同数のときは，議長の決するところによる。
第57条〔会議の公開と秘密会，会議録，表決の記載〕① 両議院の会議は，公開とする。但し，出席議員の3分の2以上の多数で議決したときは，秘密会を開くことができる。
② 両議院は，各々その会議の記録を保存し，秘密会の記録の中で特に秘密を要すると認められるもの以外は，これを公表し，且つ一般に頒布しなければならない。
③ 出席議員の5分の1以上の要求があれば，各議員の表決は，これを会議録に記載しなければならない。
第58条〔役員の選任，議院規則，懲罰〕① 両議院は，各々その議長その他の役員を選任する。
② 両議院は，各々その会議その他の手続及び内部の規律に関する規則を定め，又，院内の秩序をみだした議員を懲罰することができる。但し，議員を除名するには，出席議員の3分の2以上の多数による議決を必要とする。
第59条〔法律案の議決，衆議院の優越〕① 法律案は，この憲法に特別の定のある場合を除いては，両議院で可決したとき法律となる。
② 衆議院で可決し，参議院でこれと異なつた議決をした法律案は，衆議院で出席議員の3分の2以上の多数で再び可決したときは，法律となる。
③ 前項の規定は，法律の定めるところにより，衆議院が，両議院の協議会を開くことを求めることを妨げない。
④ 参議院が，衆議院の可決した法律案を受け取つた後，国会休会中の期間を除いて60日以内に，議決しないときは，衆議院は，参議院がその法律案を否決したものとみなすことができる。
第60条〔衆議院の予算先議と優越〕① 予算は，さきに衆議院に提出しなければならない。
② 予算について，参議院で衆議院と異なつた議決をした場合に，法律の定めるところにより，両議院の協議会を開いても意見が一致しないとき，又は参議院が，衆議院の可決した予算を受け取つた後，国会休会中の期間を除いて30日以内に，議決しないときは，衆議院の議決を国会の議決とする。
第61条〔条約の国会承認と衆議院の優越〕条約の締結に必要な国会の承認については，前条第2項の規定を準用する。
第62条〔国会の国政調査権〕両議院は，各々国政に関する調査を行ひ，これに関して，証人の出頭及び証言並びに記録の提出を要求することができる。
第63条〔国務大臣の議院出席の権利と義務〕内閣総理大臣その他の国務大臣は，両議院の一に議席を有すると有しないとにかかはらず，何時でも議案について発言するため議院に出席することができる。又，答弁又は説明のため出席を求められたときは，出席しなければならない。
第64条〔弾劾裁判所〕① 国会は，罷免の訴追を受けた裁判官を裁判するため，両議院の議員で組織する弾劾裁判所を設ける。
② 弾劾に関する事項は，法律でこれを定める。

・第54条・
総選挙 衆議院議員の全員交代のための選挙。議員の任期満了の際にも，この語を用いるが，この条項は適用されない。
参議院の緊急集会（→p.95③） 衆議院解散中のために，国会の召集が不可能なときに，参議院の集会で臨時措置を行うもの。天皇の召集ではなく，内閣総理大臣が請求して開かれる。
・第55条・
争訟 訴訟を起こして争うこと。議員の資格争訟の裁判は各議院の自律権としての作用で，第76条の例外である。
・第56条・
憲法に特別の定 第55条の，「出席議員の3分の2以上」のように，事項について特に定めているもの。
・第57条・
頒布 分かちくばること。
独第42条① 連邦議会は，公開で議事を行う。その議員の10分の1又は連邦政府の申立てに基づいて，3分の2の多数をもって，非公開の決定ができる。
・第58条・
役員 議長・副議長・仮議長・常任委員長・事務総長を役員とする。
懲罰 公開議場における戒告，陳謝，登院停止，除名の処分。
・第59条・
米第1条第7節②（→p.33） 下院および上院を通過したすべての法律案は，法律となるに先立ち，合衆国大統領に送付しなければならない。……
衆議院の優越（→p.96）（→第59条②～④，第60条，第61条，第67条）
両議院の協議会（→p.96④） 衆議院と参議院で議決が異なった場合，両院の代表による話し合いによって意見を調整する機関。法律案の場合が任意であるのと異なり，予算の議決・条約の承認・内閣総理大臣の指名で両院の議決が異なった場合は，必ず開催される。
・第60条・
予算 国の歳入・歳出の見積りをいう。国の支出や国庫金の支出は，定められた準則にしたがって運用されることが必要である。
・第61条・
条約 他国との間に，文書による一定事項の合意をまとめること。条約・交換公文・協約・協定・憲章などの名で呼ばれる。
仏第53条① ……条約もしくは協定は，法律によってしか批准あるいは承認することができない。
・第62条・
国政調査権（→p.97） この権限によって，議員を派遣することも認められている。調査の範囲としては，国政の全般にわたるが，司法に関しては一定の制限がある。議院証言法で詳しく規定されている。
・第64条・
弾劾裁判所（→p.97） 衆・参各7名の国会議員からなる。国会の付属機関ではなく，憲法上の特別の機関であり国会から独立し，国会閉会中でもその職務を遂行できる。

第5章　内閣

第65条〔行政権と内閣〕行政権は、内閣に属する。

第66条〔内閣の組織、国務大臣の文民資格、国会に対する連帯責任〕
① 内閣は、法律の定めるところにより、その首長たる内閣総理大臣及びその他の国務大臣でこれを組織する。
② 内閣総理大臣その他の国務大臣は、文民でなければならない。
③ 内閣は、行政権の行使について、国会に対し連帯して責任を負ふ。

第67条〔国会の内閣総理大臣の指名、衆議院の優越〕① 内閣総理大臣は、国会議員の中から国会の議決で、これを指名する。この指名は、他のすべての案件に先だつて、これを行ふ。
② 衆議院と参議院とが異なつた指名の議決をした場合に、法律の定めるところにより、両議院の協議会を開いても意見が一致しないとき、又は衆議院が指名の議決をした後、国会休会中の期間を除いて10日以内に、参議院が、指名の議決をしないときは、衆議院の議決を国会の議決とする。

第68条〔国務大臣の任命と罷免〕① 内閣総理大臣は、国務大臣を任命する。但し、その過半数は、国会議員の中から選ばれなければならない。
② 内閣総理大臣は、任意に国務大臣を罷免することができる。

第69条〔衆議院の内閣不信任と解散又は総辞職〕内閣は、衆議院で不信任の決議案を可決し、又は信任の決議案を否決したときは、10日以内に衆議院が解散されない限り、総辞職をしなければならない。

第70条〔内閣総理大臣の欠缺又は総選挙後の内閣総辞職〕内閣総理大臣が欠けたとき、又は衆議院議員総選挙の後に初めて国会の召集があつたときは、内閣は、総辞職をしなければならない。

第71条〔総辞職後の内閣の職務執行〕前2条の場合には、内閣は、あらたに内閣総理大臣が任命されるまで引き続きその職務を行ふ。

第72条〔内閣総理大臣の職権〕内閣総理大臣は、内閣を代表して議案を国会に提出し、一般国務及び外交関係について国会に報告し、並びに行政各部を指揮監督する。

第73条〔内閣の職権〕内閣は、他の一般行政事務の外、左の事務を行ふ。
1　法律を誠実に執行し、国務を総理すること。
2　外交関係を処理すること。
3　条約を締結すること。但し、事前に、時宜によつては事後に、国会の承認を経ることを必要とする。
4　法律の定める基準に従ひ、官吏に関する事務を掌理すること。
5　予算を作成して国会に提出すること。
6　この憲法及び法律の規定を実施するために、政令を制定すること。但し、政令には、特にその法律の委任がある場合を除いては、罰則を設けることができない。
7　大赦、特赦、減刑、刑の執行の免除及び復権を決定すること。

第74条〔法律・政令の署名及び連署〕法律及び政令には、すべて主任の国務大臣が署名し、内閣総理大臣が連署することを必要とする。

第75条〔国務大臣の訴追〕国務大臣は、その在任中、内閣総理大臣の同意がなければ、訴追されない。但し、これがため、訴追の権利は、害されない。

第6章　司法

第76条〔司法権と裁判所、特別裁判所の禁止と行政機関の終審的裁判の禁止、裁判官の独立〕① すべて司法権は、最高裁判所及び法律の定めるところにより設置する下級裁判所に属する。
② 特別裁判所は、これを設置することができない。行政機関は、終審として裁判を行ふことができない。
③ すべて裁判官は、その良心に従ひ独立してその職権を行ひ、この憲法及び法律にのみ拘束される。

第77条〔最高裁判所の規則制定権〕① 最高裁判所は、訴訟に関する手続、弁護士、裁判所の内部規律及び司法事務処理に関する事項について、規則を定める権限を有する。
② 検察官は、最高裁判所の定める規則に従はなければならない。
③ 最高裁判所は、下級裁判所に関する規則を定める権限を、下級裁判所に委任することができる。

・**第65条**・（→p.98）
米第2条第1節①（→p.33）　行政権は、アメリカ合衆国大統領に属する。……

・**第66条**・（→p.98）
文民　軍人でない人。civilianの訳。
連帯責任　日本国憲法下では、内閣全体が国会に対して責任を負っている。大日本帝国憲法下では、行政権の主体である天皇に各国務大臣が個別に責任を負っていた。
首長　主宰する者。

・**第67条**・（→p.98）
仏第8条①　共和国大統領は、首相を任命する。共和国大統領は、首相からの政府辞職の申し出に基づき首相を解任する。
大日本帝国憲法第10条（→p.384）

・**第68条**・（→p.98）
国務大臣　特定の行政事務の分担をする各省大臣と、特定の分担をもたない無任所大臣（といっても担当政務はあるが）をいう。

・**第69条**・（→p.98）
・**第70条**・
欠缺　官公職に欠員を生ずること。
内閣総理大臣の欠缺　①内閣総理大臣の辞職や死亡など、②内閣総理大臣が国会議員の資格を失ったとき、をさす。
　病気の場合はあらかじめ指定された内閣総理大臣臨時代理（通常は内閣官房長官）が代行する（内閣法第9条）。内閣総理大臣の自発的辞職は内閣の総辞職を意味する。

・**第72条**・
外交関係　外交関係事務も国務の一部だが、対外機能の重要性から特に報告を責務とした。

・**第73条**・
総理　一切の行政権を統轄すること。
条約を締結……　条約の締結は、原則的に内閣の批准によって達せられる。その前後に国会の承認が必要である。
掌理　つかさどりおさめる。
特にその法律の委任が……　政令には憲法第31条からみても罰則を設けることはできないが、法律が委任した範囲内で設定できる。

・**第74条**・
連署　2名以上の人が、同一文書に署名すること。ここでは、担当国務大臣と内閣総理大臣の署名によって手続きの正当性と責任の所在を明らかにするという意味。
主任の国務大臣　各府省を担当する国務大臣。

・**第76条**・（→p.106）
司法権　法律を適宜に用いて具体的に争訟を解決する国家作用をいう。
特別裁判所　最高裁判所を頂点とする裁判所組織の系列外に設け、特定の身分や種類の事件の裁判をする機関。弾劾裁判所と議員の資格争訟裁判を行う際の議院を例外として、法の下の平等に反するため禁止される。
終審　これ以上の上告はできない、最終審理の裁判所。
下級裁判所（→p.106）
その良心　裁判官個人の思想や世界観を意味するものではなく、職務を公平無私に行わねばならぬとする心。
独立してその職権を……　客観的な法規範によって裁断する。

・**第77条**・
検察官　犯罪を捜査し、証拠に立って公訴を行い、刑の執行を監督する。

第78条〔裁判官の身分保障〕裁判官は，裁判により，心身の故障のために職務を執ることができないと決定された場合を除いては，公の弾劾によらなければ罷免されない。裁判官の懲戒処分は，行政機関がこれを行ふことはできない。

第79条〔最高裁判所の構成，国民審査，定年，報酬〕① 最高裁判所は，その長たる裁判官及び法律の定める員数のその他の裁判官でこれを構成し，その長たる裁判官以外の裁判官は，内閣でこれを任命する。
② 最高裁判所の裁判官の任命は，その任命後初めて行はれる衆議院議員総選挙の際国民の審査に付し，その後10年を経過した後初めて行はれる衆議院議員総選挙の際更に審査に付し，その後も同様とする。
③ 前項の場合において，投票者の多数が裁判官の罷免を可とするときは，その裁判官は，罷免される。
④ 審査に関する事項は，法律でこれを定める。
⑤ 最高裁判所の裁判官は，法律の定める年齢に達した時に退官する。
⑥ 最高裁判所の裁判官は，すべて定期に相当額の報酬を受ける。この報酬は，在任中，これを減額することができない。

第80条〔下級裁判所の裁判官，任期，定年，報酬〕① 下級裁判所の裁判官は，最高裁判所の指名した者の名簿によって，内閣でこれを任命する。その裁判官は，任期を10年とし，再任されることができる。但し，法律の定める年齢に達した時には退官する。
② 下級裁判所の裁判官は，すべて定期に相当額の報酬を受ける。この報酬は，在任中，これを減額することができない。

第81条〔最高裁判所の違憲法令審査権〕最高裁判所は，一切の法律，命令，規則又は処分が憲法に適合するかしないかを決定する権限を有する終審裁判所である。

第82条〔裁判の公開〕① 裁判の対審及び判決は，公開法廷でこれを行ふ。
② 裁判所が，裁判官の全員一致で，公の秩序又は善良の風俗を害する虞があると決した場合には，対審は，公開しないでこれを行ふことができる。但し，政治犯罪，出版に関する犯罪又はこの憲法第3章で保障する国民の権利が問題となつてゐる事件の対審は，常にこれを公開しなければならない。

第7章　財　政

第83条〔財政処理の要件〕国の財政を処理する権限は，国会の議決に基いて，これを行使しなければならない。

第84条〔租税法律主義〕あらたに租税を課し，又は現行の租税を変更するには，法律又は法律の定める条件によることを必要とする。

第85条〔国費支出及び国の債務負担と国会の議決〕国費を支出し，又は国が債務を負担するには，国会の議決に基くことを必要とする。

第86条〔予算の作成及び国会の議決〕内閣は，毎会計年度の予算を作成し，国会に提出して，その審議を受け議決を経なければならない。

第87条〔予備費〕① 予見し難い予算の不足に充てるため，国会の議決に基いて予備費を設け，内閣の責任でこれを支出することができる。
② すべて予備費の支出については，内閣は，事後に国会の承諾を得なければならない。

第88条〔皇室財産・皇室費用〕すべて皇室財産は，国に属する。すべて皇室の費用は，予算に計上して国会の議決を経なければならない。

第89条〔公の財産の支出又は利用の制限〕公金その他の公の財産は，宗教上の組織若しくは団体の使用，便益若しくは維持のため，又は公の支配に属しない慈善，教育若しくは博愛の事業に対し，これを支出し，又はその利用に供してはならない。

第90条〔決算，会計検査院〕① 国の収入支出の決算は，すべて毎年会計検査院がこれを検査し，内閣は，次の年度に，その検査報告とともに，これを国会に提出しなければならない。
② 会計検査院の組織及び権限は，法律でこれを定める。

第91条〔内閣の財政状況報告〕内閣は，国会及び国民に対し，定期に，少くとも毎年1回，国の財政状況について報告しなければならない。

- 第78条・ ⇒p.106

懲戒 公務員が義務違反などをした場合，公務員としての身分関係の秩序維持のため，制裁を行うこと。裁判官の懲戒処分は裁判によって行われ，その種類は戒告と過料である。

- 第79条・ ⇒p.106

国民審査（⇒p.107）
　…この国民審査制度はその実質において解職の制度であり…（昭和27.2.20最高裁大法廷）というようにリコールの一種である。

最高裁判所裁判官の定年　最高裁判官は満70歳に達したとき……（裁判所法第50条）

- 第80条・

下級裁判所裁判官の定年　簡易裁判所のみ満70歳，他は65歳。

再任　再任の場合も，改めて最高裁判所の指名簿によって行われる。

- 第81条・

違憲法令審査権（⇒p.111）　日本の違憲法令審査権はアメリカ型で，具体的な事件において適用すべき法令の違憲性を審査するものである（付随的違憲審査制）。ドイツやイタリアでは特別に設けられた憲法裁判所が，具体的事件とは関係なく抽象的に法令や国家行為の違憲審査を行う。

- 第82条・（⇒p.106 **2**）

米修正第6条（⇒p.33）

対審　対立する当事者が，裁判官の前で，互いに弁論をたたかわせること。民事裁判の口頭弁論，刑事裁判の公判手続きなどがこれに当たる。

政治犯罪　国家の政治的秩序を侵害する違法行為。

- 第83条・

財政処理　もともと議会は，国家（行政）権力から国民が不当な負担をさせられないよう，国の財政の適切な監督をするために生じた。

- 第84条・

租税　国（地方の場合は自治体）が必要な経費を支払うため，国民から強制的に徴収する収入。

- 第85条・

債務　借入金を返済する義務をいう。

国の債務　国が財政上の需要を充たすのに必要な経費を調達するために負担する債務。具体的には公債発行をいう。

- 第86条・

会計年度　4月1日に始まり翌年3月31日まで。

- 第87条・

予備費　予見できない出費に備えるために予算に一括計上される費用。

- 第88条・

皇室の費用　天皇と皇太子など内廷皇族の日常生活費の内廷費，皇族の品位保持のためにあてる皇族費，皇室の行う公的行為のための宮廷費。

- 第89条・（⇒p.72）

便益　都合のいい利益となること。

- 第90条・

会計検査院　国の収支決算を検査し，そのほか法律に定める会計の検査を行う。内閣から独立した機関であり，検査官は裁判官に準ずる身分の保障がなされる。

第8章　地方自治

第92条〔地方自治の基本原則〕　地方公共団体の組織及び運営に関する事項は、地方自治の本旨に基いて、法律でこれを定める。

第93条〔地方公共団体の議会、長・議員等の直接選挙〕　① 地方公共団体には、法律の定めるところにより、その議事機関として議会を設置する。
② 地方公共団体の長、その議会の議員及び法律の定めるその他の吏員は、その地方公共団体の住民が、直接これを選挙する。

第94条〔地方公共団体の権能〕　地方公共団体は、その財産を管理し、事務を処理し、及び行政を執行する権能を有し、法律の範囲内で条例を制定することができる。

第95条〔特別法の住民投票〕　一の地方公共団体のみに適用される特別法は、法律の定めるところにより、その地方公共団体の住民の投票においてその過半数の同意を得なければ、国会は、これを制定することができない。

第9章　改　正

第96条〔憲法改正の手続、その公布〕　① この憲法の改正は、各議院の総議員の3分の2以上の賛成で、国会が、これを発議し、国民に提案してその承認を経なければならない。この承認には、特別の国民投票又は国会の定める選挙の際行はれる投票において、その過半数の賛成を必要とする。
② 憲法改正について前項の承認を経たときは、天皇は、国民の名で、この憲法と一体を成すものとして、直ちにこれを公布する。

第10章　最高法規

第97条〔基本的人権の本質〕　この憲法が日本国民に保障する基本的人権は、人類の多年にわたる自由獲得の努力の成果であつて、これらの権利は、過去幾多の試錬に堪へ、現在及び将来の国民に対し、侵すことのできない永久の権利として信託されたものである。

第98条〔憲法の最高法規性、条約及び国際法規の遵守〕　① この憲法は、国の最高法規であつて、その条規に反する法律、命令、詔勅及び国務に関するその他の行為の全部又は一部は、その効力を有しない。
② 日本国が締結した条約及び確立された国際法規は、これを誠実に遵守することを必要とする。

第99条〔憲法尊重擁護の義務〕　天皇又は摂政及び国務大臣、国会議員、裁判官その他の公務員は、この憲法を尊重し擁護する義務を負ふ。

第11章　補　則

第100条〔施行期日、施行の準備〕　① この憲法は、公布の日から起算して六箇月を経過した日（昭和22年5月3日）から、これを施行する。
② この憲法を施行するために必要な法律の制定、参議院議員の選挙及び国会召集の手続並びにこの憲法を施行するために必要な準備手続は、前項の期日よりも前に、これを行ふことができる。

第101条〔経過規定(1)－参議院未成立の間の国会〕　この憲法施行の際、参議院がまだ成立してゐないときは、その成立するまでの間、衆議院は、国会としての権限を行ふ。

第102条〔経過規定(2)－第1期参議院議員の任期〕　この憲法による第1期の参議院議員のうち、その半数の者の任期は、これを3年とする。その議員は、法律の定めるところにより、これを定める。

第103条〔経過規定(3)－憲法施行の際の公務員〕　この憲法施行の際現に在職する国務大臣、衆議院議員及び裁判官並びにその他の公務員で、その地位に相応する地位がこの憲法で認められてゐる者は、法律で特別の定をした場合を除いては、この憲法施行のため、当然にはその地位を失ふことはない。但し、この憲法によつて、後任者が選挙又は任命されたときは、当然その地位を失ふ。

・**第92条**・（⇒p.115）
地方公共団体　地方行政の単位として、都道府県・市町村・特別区などをいう。
地方自治の本旨　地方自治の本来の趣旨の意。内容的には、(1)団体自治の原則、(2)住民自治の原則。

・**第93条**・（⇒p.115）
吏員　地方公共団体の職員をさすが、現在の選挙制度では存在しない。（旧教育委員などがこれに当たる）

・**第94条**・（⇒p.115）
条例　地方公共団体が管掌する事務に関して、法律の範囲内でその議会の議決によって制定する法。

・**第95条**・
一の地方公共団体のみに適用される特別法　地方自治特別法のこと。1つまたは複数の自治体に対する、特定的・例外的な法律をいう。たとえば広島平和記念都市建設法（広島市）・国際港都建設法（横浜市・神戸市）といったもの。

・**第96条**・（⇒p.42）
米第5条　連邦議会は、両議院の3分の2が必要と認めるときは、この憲法に対する修正を発議し……

国民の名で　憲法改正権力の主体が国民であるという意味。国民主権に基づく。

・**第97条**・（⇒p.63）
憲法の最高法規性の根拠として「基本的人権の永久不可侵性」を置くことを再確認している。

・**第98条**・（⇒p.40）
最高法規性　国の法体系の頂点に存するという性格。
米第6条②（⇒p.33）
この憲法、これに準拠して制定される合衆国の法律、および合衆国の権限をもってすでに締結されまた将来締結されるすべての条約は、国の最高の法である。
遵守　従い、守ること。
条規　各条項・規定を意味するが、前文も含まれる。
確立された国際法規　多くの国によって拘束力のあるものと認められている国際法規。慣習国際法のこと。

・**第99条**・（⇒p.40）
擁護　かかえ守ること。ここでは憲法を破壊する行為に対して抵抗し、憲法の実施を確保することの意味。
米第6条③
上記の上院並びに下院議員、各州議会の議員、および合衆国並びに各州のすべての行政官並びに司法官は、宣誓または確約により、この憲法を支持すべき義務を負う。

・**第100条**・
起算　計算し始めること。

●…近代史上にみられる大日本帝国憲法と関係をもつ事件

大日本帝国憲法（明治憲法）

公布　1889（明治22）.2.11
施行　1890（明治23）.11.29

憲法発布勅語

朕国家ノ隆昌ト臣民ノ慶福トヲ以テ中心ノ欣栄トシ朕カ祖宗ニ承クルノ大権ニ依リ現在及将来ノ臣民ニ対シ此ノ不磨ノ大典ヲ宣布ス
惟フニ我カ祖我カ宗ハ我カ臣民祖先ノ協力輔翼ニ倚リ我カ帝国ヲ肇造シ以テ無窮ニ垂レタリ此レ我カ神聖ナル祖宗ノ威徳ト並ニ臣民ノ忠実勇武ニシテ国ヲ愛シ公ニ殉ヒ以テ此ノ光輝アル国史ノ成跡ヲ貽シタルナリ朕我カ臣民ハ即チ祖宗ノ忠良ナル臣民ノ子孫ナルヲ回想シ其ノ朕カ意ヲ奉体シ朕カ事ヲ奨順シ相与ニ和衷協同シ益々我カ帝国ノ光栄ヲ中外ニ宣揚シ祖宗ノ遺業ヲ永久ニ鞏固ナラシムルノ希望ヲ同クシ此ノ負担ヲ分ツニ堪フルコトヲ疑ハサルナリ

上諭

朕祖宗ノ遺烈ヲ承ケ万世一系ノ帝位ヲ践ミ朕カ親愛スル所ノ臣民ハ即チ朕カ祖宗ノ恵撫慈養シタマヒシ所ノ臣民ナルヲ念ヒ其ノ康福ヲ増進シ其ノ懿徳良能ヲ発達セシメムコトヲ願ヒ又其ノ翼賛ニ依リ与ニ倶ニ国家ノ進運ヲ扶持セムコトヲ望ミ乃チ明治14年10月12日ノ詔命ヲ履践シ茲ニ大憲ヲ制定シ朕カ率由スル所ヲ示シ朕カ後嗣及臣民及臣民ノ子孫タル者ヲシテ永遠ニ循行スル所ヲ知ラシム
国家統治ノ大権ハ朕カ之ヲ祖宗ニ承ケテ之ヲ子孫ニ伝フル所ナリ朕及朕カ子孫ハ将来此ノ憲法ノ条章ニ循ヒ之ヲ行フコトヲ愆ラサルヘシ
朕ハ我カ臣民ノ権利及財産ノ安全ヲ貴重シ及之ヲ保護シ此ノ憲法及法律ノ範囲内ニ於テ其ノ享有ヲ完全ナラシムヘキコトヲ宣言ス
帝国議会ハ明治23年ヲ以テ之ヲ召集シ議会開会ノ時〔明23・11・29〕ヲ以テ此ノ憲法ヲシテ有効ナラシムルノ期トスヘシ
将来若此ノ憲法ノ或ル条章ヲ改定スルノ必要ナル時宜ヲ見ルニ至ラハ朕及朕カ継統ノ子孫ハ発議ノ権ヲ執リ之ヲ議会ニ付シ議会ハ此ノ憲法ニ定メタル要件ニ依リ之ヲ議決スルノ外朕カ子孫及臣民ハ敢テ之カ紛更ヲ試ミルコトヲ得サルヘシ
朕カ在廷ノ大臣ハ朕カ為ニ此ノ憲法ヲ施行スルノ責ニ任スヘク朕カ現在及将来ノ臣民ハ此ノ憲法ニ対シ永遠ニ従順ノ義務ヲ負フヘシ

　　　御名御璽
　　　　明治22年2月11日
　内閣総理大臣　伯爵　黒田清隆　　　大蔵大臣
　枢密院議長　　伯爵　伊藤博文　　　兼内務大臣　伯爵　松方正義
　外務大臣　　　伯爵　大隈重信　　　陸軍大臣　　伯爵　大山　巌
　海軍大臣　　　伯爵　西郷従道　　　文部大臣　　子爵　森　有礼
　農商務大臣　　伯爵　井上　馨　　　逓信大臣　　子爵　榎本武揚
　司法大臣　　　伯爵　山田顕義

第1章　天皇

第1条　大日本帝国ハ万世一系ノ天皇之ヲ統治ス
第2条　皇位ハ皇室典範ノ定ムル所ニ依リ皇男子孫之ヲ継承ス
第3条　天皇ハ神聖ニシテ侵スヘカラス
第4条　天皇ハ国ノ元首ニシテ統治権ヲ総攬シ此ノ憲法ノ条規ニ依リ之ヲ行フ
第5条　天皇ハ帝国議会ノ協賛ヲ以テ立法権ヲ行フ
第6条　天皇ハ法律ヲ裁可シ其ノ公布及執行ヲ命ス
第7条　天皇ハ帝国議会ヲ召集シ其ノ開会閉会停会及衆議院ノ解散ヲ命ス
第8条　①　天皇ハ公共ノ安全ヲ保持シ又ハ其ノ災厄ヲ避クル為緊急ノ必要ニ由リ帝国議会閉会ノ場合ニ於テ法律ニ代ルヘキ勅令ヲ発ス
　　　②　此ノ勅令ハ次ノ会期ニ於テ帝国議会ニ提出スヘシ若議会ニ於テ承諾セサルトキハ政府ハ将来ニ向ケ其ノ効力ヲ失フコトヲ公布スヘシ
第9条　天皇ハ法律ヲ執行スル為ニ又ハ公共ノ安寧秩序ヲ保持シ及臣民ノ幸福ヲ増進スル為ニ必要ナル命令ヲ発シ又ハ発セシム但シ命令ヲ以テ法律ヲ変更スルコトヲ得ス
第10条　天皇ハ行政各部ノ官制及文武官ノ俸給ヲ定メ及文武官ヲ任免ス但シ此ノ憲法又ハ他ノ法律ニ特例ヲ掲ケタルモノハ各〻其ノ条項ニ依ル

語　注

・憲法発布勅語・
朕　秦の始皇帝以来、皇帝や天皇が「われ」の意に用いる。ここでは明治天皇のこと。
隆昌　勢いのさかんなこと。隆盛。
臣民　一般に君主国の被治者である国民。大日本帝国憲法下の天皇、皇公族以外の者。
欣栄　喜び繁栄すること。
祖宗　先祖代々の君主の総称。
不磨ノ大典　すり減ることのない（その価値の変わらぬ）永久に伝えられる憲法。
輔翼　補佐。
肇造　初めてつくること。
無窮　窮まりないこと。
奉体　うけたまわって心にとめ、行うこと。
奨順　奨めて従わせること。
和衷協同　心を同じにして、力を合わせること。
中外　国内外。
鞏固　強固。
遺烈　後世に残る功績。
万世一系　永久に1つの皇統で受け継がれること。
恵撫慈養　恵み、愛し、慈しみ、養うこと。
懿徳良能　立派な徳と生まれながらの才能。
翼賛　補佐すること。
扶持　助けること。
率由　従うこと。
後嗣　子孫。
循行　命令に従い実行すること。
紛更　かきみだして変えること。

・第2条・
皇室典範　皇室に関する法規範。大日本帝国憲法下では皇室典範は法律ではなく、憲法と同格とされた。（→p.44）

・第4条・
元首　条約締結権などの権限を有し、対外的に国家を代表する機関。
総攬　すべてを掌握すること。
●天皇大権は憲法の条規によるとした美濃部学説（天皇機関説）が問題化した。［1935年］（→p.37）

・第5条・
協賛　事前に審議し、同意を与えること。

・第6条・
裁可　天皇が政治各機関の案文を承認し許可すること。法律の成立には、第37条にあるように帝国議会の協賛、つまり各議院の出席議員の過半数の賛成（第47条）が必要で、その後、天皇の裁可を経て公布された。

・第8条・
勅令　この条文の勅令とは緊急勅令である。緊急勅令は帝国議会の閉会中に法律に代わるものとして発せられるが、帝国議会の事後承認が必要である。

●治安維持法（→p.37）は1928年の緊急勅令によって改められ、最高刑が死刑とされた。

第11条　天皇ハ陸海軍ヲ統帥ス
第12条　天皇ハ陸海軍ノ編制及常備兵額ヲ定ム
第13条　天皇ハ戦ヲ宣シ和ヲ講シ及諸般ノ条約ヲ締結ス
第14条　① 天皇ハ戒厳ヲ宣告ス
② 戒厳ノ要件及効力ハ法律ヲ以テ之ヲ定ム
第15条　天皇ハ爵位勲章及其ノ他ノ栄典ヲ授与ス
第16条　天皇ハ大赦特赦減刑及復権ヲ命ス
第17条　① 摂政ヲ置クハ皇室典範ノ定ムル所ニ依ル
② 摂政ハ天皇ノ名ニ於テ大権ヲ行フ

第2章　臣民権利義務

第18条　日本臣民タルノ要件ハ法律ノ定ムル所ニ依ル
第19条　日本臣民ハ法律命令ノ定ムル所ノ資格ニ応シ均ク文武官ニ任セラレ及其ノ他ノ公務ニ就クコトヲ得
第20条　日本臣民ハ法律ノ定ムル所ニ従ヒ兵役ノ義務ヲ有ス
第21条　日本臣民ハ法律ノ定ムル所ニ従ヒ納税ノ義務ヲ有ス
第22条　日本臣民ハ法律ノ範囲内ニ於テ居住及移転ノ自由ヲ有ス
第23条　日本臣民ハ法律ニ依ルニ非スシテ逮捕監禁審問処罰ヲ受クルコトナシ
第24条　日本臣民ハ法律ニ定メタル裁判官ノ裁判ヲ受クルノ権ヲ奪ハルヽコトナシ
第25条　日本臣民ハ法律ニ定メタル場合ヲ除ク外其ノ許諾ナクシテ住所ニ侵入セラレ及捜索セラルヽコトナシ
第26条　日本臣民ハ法律ニ定メタル場合ヲ除ク外信書ノ秘密ヲ侵サルヽコトナシ
第27条　① 日本臣民ハ其ノ所有権ヲ侵サルヽコトナシ
② 公益ノ為ニ必要ナル処分ハ法律ノ定ムル所ニ依ル
第28条　日本臣民ハ安寧秩序ヲ妨ケス及臣民タルノ義務ニ背カサル限ニ於テ信教ノ自由ヲ有ス
第29条　日本臣民ハ法律ノ範囲内ニ於テ言論著作印行集会及結社ノ自由ヲ有ス
第30条　日本臣民ハ相当ノ敬礼ヲ守リ別ニ定ムル所ノ規程ニ従ヒ請願ヲ為スコトヲ得
第31条　本章ニ掲ケタル条規ハ戦時又ハ国家事変ノ場合ニ於テ天皇大権ノ施行ヲ妨クルコトナシ
第32条　本章ニ掲ケタル条規ハ陸海軍ノ法令又ハ紀律ニ牴触セサルモノニ限リ軍人ニ準行ス

第3章　帝国議会

第33条　帝国議会ハ貴族院衆議院ノ両院ヲ以テ成立ス
第34条　貴族院ハ貴族院令ノ定ムル所ニ依リ皇族華族及勅任セラレタル議員ヲ以テ組織ス
第35条　衆議院ハ選挙法ノ定ムル所ニ依リ公選セラレタル議員ヲ以テ組織ス
第36条　何人モ同時ニ両議院ノ議員タルコトヲ得ス
第37条　凡テ法律ハ帝国議会ノ協賛ヲ経ルヲ要ス
第38条　両議院ハ政府ノ提出スル法律案ヲ議決シ及各、法律案ヲ提出スルコトヲ得
第39条　両議院ノ一ニ於テ否決シタル法律案ハ同会期中ニ於テ再ヒ提出スルコトヲ得ス
第40条　両議院ハ法律又ハ其ノ他ノ事件ニ付各、其ノ意見ヲ政府ニ建議スルコトヲ得但シ其ノ採納ヲ得サルモノハ同会期中ニ於テ再ヒ建議スルコトヲ得ス
第41条　帝国議会ハ毎年之ヲ召集ス
第42条　帝国議会ハ3箇月ヲ以テ会期トス必要アル場合ニ於テハ勅命ヲ以テ之ヲ延長スルコトアルヘシ
第43条　① 臨時緊急ノ必要アル場合ニ於テ常会ノ外臨時会ヲ召集スヘシ
② 臨時会ノ会期ヲ定ムルハ勅命ニ依ル
第44条　① 帝国議会ノ開会閉会会期ノ延長及停会ハ両院同時ニ之ヲ行フヘシ
② 衆議院解散ヲ命セラレタルトキハ貴族院ハ同時ニ停会セラルヘシ

・第11条・（→p.36 **2**）
統帥権　軍の指揮・命令を行う権限。大日本帝国憲法下では，天皇が有し，立法・行政・司法の三権の関与は許されていなかった。
●ロンドン軍縮条約に関連して統帥権干犯問題が起こる。[1930年]

・第13条・
●パリ不戦条約に調印した日本は宣戦が天皇の権限である故に条文中の「人民ノ名ニ於テ」は我が国には適用されないとした。[1929年]

・第14条・
戒厳　戦争・事変の際に，立法・行政・司法の権限の全部または一部を軍に移すこと。日本国憲法下では，この制度はない。

・第15条・
爵位勲章　爵は，公・侯・伯・子・男の5等に分かれた華族の世襲的階級。位は国家に勲功や功績のある者，在官および在職者に与えられる栄典。勲章は，国家や社会に対する勲功を表彰し，与えられる記章。
栄典　国家への功労者の栄誉を表すために与えられる地位。

・第16条・
大赦特赦　国家的祝賀などに際して行われる刑罰の軽減(恩赦)の種類。恩赦には，大赦・特赦・減刑・刑の執行免除・復権がある。

・第17条・
摂政　天皇に代わって，その権能を代行する法定機関。皇太子・皇太孫・親王の順で任ぜられる。

・第20条・
兵役ノ義務　軍に入り，軍務に服する義務。第21条の納税の義務，小学校令による義務教育とともに，臣民の三大義務といわれた。

・第26条・
信書　手紙。

・第27条・
●国家総動員法審議中，憲法違反の疑いありとの質問に対し，佐藤賢了の「黙れ」事件が起こる。[1938年]

・第28条・
●キリスト教の公認はこの帝国憲法の公布による。

・第29条・
印行　書籍類を印刷し発行すること。

・第31条・
天皇大権　天皇が，帝国議会の同意なしに行使できる権限。国務大権・宮務大権・統帥大権に分類される。国務大権は国務大臣，宮務大権は宮内大臣の輔弼によって行使した。統帥大権は本来，天皇自ら行使するべきものであったが，現実は軍令機関の助言によって行使した。

・第33条・
貴族院　皇族・華族・勅任議員の特権支配層からなる帝国議会の上院。勅任議員は，国家への勲功者，学識者，多額納税者から選ばれた。（→p.36 **2**）

・第40条・
建議　意見を政府に申し出ること。
採納　採用すること。

第45条　衆議院解散ヲ命セラレタルトキハ勅命ヲ以テ新ニ議員ヲ選挙セシメ解散ノ日ヨリ5箇月以内ニ之ヲ召集スヘシ
第46条　両議院ハ各、其ノ総議員3分ノ1以上出席スルニ非サレハ議事ヲ開キ議決ヲ為スコトヲ得
第47条　両議院ノ議事ハ過半数ヲ以テ決ス可否同数ナルトキハ議長ノ決スル所ニ依ル
第48条　両議院ノ会議ハ公開ス但シ政府ノ要求又ハ其ノ院ノ決議ニ依リ<u>秘密会</u>ト為スコトヲ得
第49条　両議院ハ各、天皇ニ<u>上奏</u>スルコトヲ得
第50条　両議院ハ臣民ヨリ呈出スル請願書ヲ受クルコトヲ得
第51条　両議院ハ此ノ憲法及議院法ニ掲クルモノヽ外内部ノ整理ニ必要ナル諸規則ヲ定ムルコトヲ得
第52条　両議院ノ議員ハ議院ニ於テ発言シタル意見及表決ニ付院外ニ於テ責ヲ負フコトナシ但シ議員自ラ其ノ言論ヲ演説刊行筆記又ハ其ノ他ノ方法ヲ以テ公布シタルトキハ一般ノ法律ニ依リ処分セラルヘシ
第53条　両議院ノ議員ハ現行犯罪又ハ内乱<u>外患</u>ニ関ル罪ヲ除ク外会期中其ノ院ノ許諾ナクシテ逮捕セラルヽコトナシ
第54条　国務大臣及政府委員ハ何時タリトモ各議院ニ出席シ及発言スルコトヲ得

第4章　国務大臣及枢密顧問

第55条　① 国務各大臣ハ天皇ヲ<u>輔弼</u>シ其ノ責ニ任ス
② 凡テ法律勅令其ノ他国務ニ関ル<u>詔勅</u>ハ国務大臣ノ<u>副署</u>ヲ要ス
第56条　<u>枢密顧問</u>ハ枢密院官制ノ定ムル所ニ依リ天皇ノ<u>諮詢</u>ニ応ヘ重要ノ国務ヲ審議ス

第5章　司法

第57条　① 司法権ハ天皇ノ名ニ於テ法律ニ依リ裁判所之ヲ行フ
② 裁判所ノ構成ハ法律ヲ以テ之ヲ定ム
第58条　① 裁判官ハ法律ニ定メタル資格ヲ具フル者ヲ以テ之ニ任ス
② 裁判官ハ刑法ノ宣告又ハ懲戒ノ処分ニ由ルノ外其ノ職ヲ免セラルヽコトナシ
③ 懲戒ノ条規ハ法律ヲ以テ之ヲ定ム
第59条　裁判ノ対審判決ハ之ヲ公開ス但シ安寧秩序又ハ風俗ヲ害スルノ虞アルトキハ法律ニ依リ又ハ裁判所ノ決議ヲ以テ対審ノ公開ヲ停ムルコトヲ得
第60条　<u>特別裁判所</u>ノ管轄ニ属スヘキモノハ別ニ法律ヲ以テ之ヲ定ム
第61条　行政官庁ノ違法処分ニ由リ権利ヲ傷害セラレタリトスルノ訴訟ニシテ別ニ法律ヲ以テ定メタル<u>行政裁判所</u>ノ裁判ニ属スヘキモノハ司法裁判所ニ於テ受理スルノ限ニ在ラス

第6章　会計

第62条　① 新ニ租税ヲ課シ及税率ヲ変更スルハ法律ヲ以テ之ヲ定ムヘシ
② 但シ報償ニ属スル行政上ノ手数料及其ノ他ノ収納金ハ前項ノ限ニ在ラス
③ <u>国債</u>ヲ起シ及予算ニ定メタルモノヲ除ク外国庫ノ負担トナルヘキ契約ヲ為スハ帝国議会ノ協賛ヲ経ヘシ
第63条　現行ノ租税ハ更ニ法律ヲ以テ之ヲ改メサル限ハ旧ニ依リ之ヲ徴収ス
第64条　① 国家ノ歳出歳入ハ毎年予算ヲ以テ帝国議会ノ協賛ヲ経ヘシ
② 予算ノ<u>款項</u>ニ超過シ又ハ予算ノ外ニ生シタル支出アルトキハ後日帝国議会ノ承諾ヲ求ムルヲ要ス
第65条　予算ハ前ニ衆議院ニ提出スヘシ
第66条　皇室経費ハ現在ノ定額ニ依リ毎年<u>国庫</u>ヨリ之ヲ支出シ将来増額ヲ要スル場合ヲ除ク外帝国議会ノ協賛ヲ要セス
第67条　憲法上ノ大権ニ基ツケル既定ノ歳出及法律ノ結果ニ由リ又ハ法律上政府ノ義務ニ属スル歳出ハ政府ノ同意ナクシテ帝国議会之ヲ廃除又ハ削減スルコトヲ得ス
第68条　特別ノ須要ニ因リ政府ハ予メ年限ヲ定メ継続費トシテ帝国議会ノ協賛ヲ求ムルコトヲ得
第69条　避クヘカラサル予算ノ不足ヲ補フ為ニ又ハ予算ノ外ニ生シタル必要ノ費用ニ充ツル為ニ予備費ヲ設クヘシ

・**第48条**・
秘密会　公開でない会議。日本国憲法下でも，出席議員の3分の2以上の多数で本会議を秘密会にできる。（日本国憲法第57条）
・**第49条**・
上奏　天皇に意見などを申し上げること。
・**第53条**・
外患　外国と通じて，自国に対して武力行使させること。または，外国からの武力行使に手助けをすること。

・**第55条**・
輔弼　統治権の総攬者である天皇の政治を助けること。（→p.36❷）
詔勅　勅語ともいい，天皇の意思の表明。
副署　天皇の公布文・詔書など文書的行為の際に，天皇の名にそえて輔弼をする国務大臣が署名すること。
●憲法上は各国務大臣の個別責任だったが，実際には内閣が天皇に対し連帯輔弼責任を有したので，閣内不一致は総辞職の理由となった。1912年上原陸相の帷幄上奏はその代表例。
・**第56条**・（→p.36❷）
枢密顧問　天皇の最高諮問機関である枢密院の構成員。第二次世界大戦後に廃止。
諮詢　相談。問い図ること。
●金融恐慌の際，枢密院は台湾銀行救済の緊急勅令案を認めず若槻内閣を辞職へ追い込んだ。　　　　　　　　　　　　　[1927年]

・**第57条**・
●1891年の大津事件は司法権の独立をめぐる事件となった。（→p.107）
・**第60条**・
特別裁判所　特定の身分や種類の裁判をする裁判所。大日本帝国憲法下では，軍法会議，外地裁判所，皇室裁判所そして行政裁判所が存在していた。日本国憲法では，法の下の平等に反することから禁止されている。
　　　　　　　　　　　　　　（→p.106❶）
・**第61条**・
行政裁判所　行政事件を裁判する特別裁判所で，行政部に設けられていた。

・**第62条**・
国債　国の財政不足を補うために発行される債券。（→p.242）
・**第64条**・
款項　旧会計法の項目の分類で，最大の項目は款で，項・目・節の順に小さくなる。
・**第66条**・
国庫　財産権の主体としての国家のこと。

第70条 ① 公共ノ安全ヲ保持スル為緊急ノ需用アル場合ニ於テ内外ノ情形ニ因リ政府ハ帝国議会ヲ召集スルコト能ハサルトキハ勅令ニ依リ財政上必要ノ処分ヲ為スコトヲ得
② 前項ノ場合ニ於テハ次ノ会期ニ於テ帝国議会ニ提出シ其ノ承諾ヲ求ムルヲ要ス
第71条 帝国議会ニ於テ予算ヲ議定セス又ハ予算成立ニ至ラサルトキハ政府ハ前年度ノ予算ヲ施行スヘシ
第72条 ① 国家ノ歳出歳入ノ決算ハ会計検査院之ヲ検査確定シ政府ハ其ノ検査報告ト俱ニ之ヲ帝国議会ニ提出スヘシ
② 会計検査院ノ組織及職権ハ法律ヲ以テ之ヲ定ム

第7章　補則

第73条 ① 将来此ノ憲法ノ条項ヲ改正スルノ必要アルトキハ勅命ヲ以テ議案ヲ帝国議会ノ議ニ付スヘシ
② 此ノ場合ニ於テ両議院ハ各、其ノ総員3分ノ2以上出席スルニ非サレハ議事ヲ開クコトヲ得ス出席議員3分ノ2以上ノ多数ヲ得ルニ非サレハ改正ノ議決ヲ為スコトヲ得ス
第74条 ① 皇室典範ノ改正ハ帝国議会ノ議ヲ経ルヲ要セス
② 皇室典範ヲ以テ此ノ憲法ノ条規ヲ変更スルコトヲ得ス
第75条 憲法及皇室典範ハ摂政ヲ置クノ間之ヲ変更スルコトヲ得ス
第76条 ① 法律規則命令又ハ何等ノ名称ヲ用ヰタルニ拘ラス此ノ憲法ニ矛盾セサル現行ノ法令ハ総テ遵由ノ効力ヲ有ス
② 歳出上政府ノ義務ニ係ル現在ノ契約又ハ命令ハ総テ第67条ノ例ニ依ル

・第71条・
議定　話し合いを行い物事を決めること。

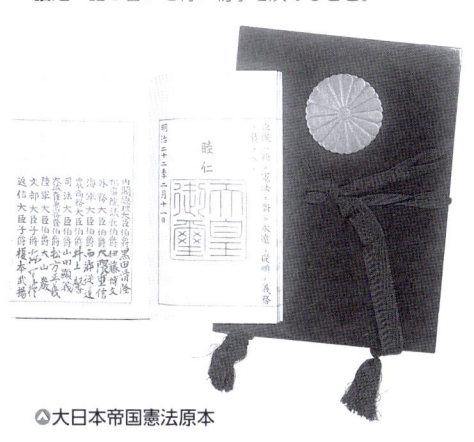

△大日本帝国憲法原本

・第73条・
●日本国憲法は，大日本帝国憲法の改正手続きを経て成立した。→p.376

LOOK 大日本帝国憲法の発布
（制定までの歴史 →p.361）

大日本帝国憲法発布　「万世一系」「神聖不可侵」の天皇は，1889（明治22）年2月11日の（神武天皇以来の国体の紀元を祝う）紀元節の日に，皇居正殿で，大日本帝国憲法発布を行った。

軍服姿の明治天皇の横から三条実美が進み出て，巻き物1巻をささげた。天皇はそれをとって「憲法発布勅語」を声高らかに朗読した。続いて伊藤博文がささげた憲法原本をとって，臣民の代表の黒田首相に授けた。

10分間の式典終了後，参列者は印刷された憲法などの全文をいただいて退出した。

憲法発布が行われた宮殿　新しい宮殿の建設にあたって6年あまりの歳月と400万円の費用がかけられた。鹿鳴館の工費が18万円だったことから考えれば，それがどれほど重視されたかがうかがえる。

△東京市民のお祭り騒ぎ　山車を引き，神輿をくりだすありさま
（色川大吉『日本の歴史21』中央公論社）

●憲法をむかえる国民の表情

発布の式典　一般市民の中には，「今日は憲法様のお祭りだ」と言い，または「絹布（憲法）の法被（発布）を下さる」といって喜んだものがあった。
（尾佐竹猛『日本憲政史大綱下巻』日本評論社）

ドイツ人医師ベルツが見た式典　[1889年]
2月9日，11日（東京）
東京全市は，11日の憲法発布をひかえてその準備のため，言語に絶した騒ぎを演じている。到るところ，奉祝門，照明，行列の計画。だが，こっけいなことには，誰も憲法の内容をご存じないのだ。……不思議なことにも，以前は「奴隷化された」ドイツの国民以上の自由を与えようとはしないといって憤慨したあの新聞が，すべて満足の意を表しているのだ。
（菅沼竜太郎訳『ベルツの日記（上）』岩波書店）

土下座（憲法発布）　高村光太郎

誰かの背なかにおぶさってみた。上野の山は人で埋まり，そのあたまの上から私は見た。人波をこじあけて一番前へ無理に出た。私は下におろされた。みんな土下座をするのである。あたまの前で雪を蹴った。騎馬巡査の馬の蹄が，少しおいて，錦の御旗を立てた騎兵が見え，そのあとの馬車に人の姿が二人見えた。誰かの手につよく押しつけられた，雪にぬれた砂利のにほひがした。
──眼がつぶれるぞ──

用語集

第1章 民主政治の基本原理と日本国憲法

1 政治と法の支配

□❶**国家の三要素** (→p.12, 13)
国民と**主権**と**領域**（領土・領空・領海）で構成される。

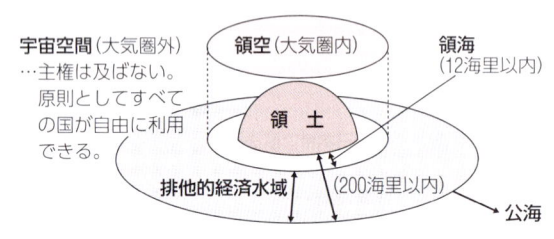

宇宙空間（大気圏外）
…主権は及ばない。原則としてすべての国が自由に利用できる。
領空（大気圏内）
領海（12海里以内）
領土
排他的経済水域（200海里以内）
公海

□❷**主権**　sovereignty (→p.12)
国家の最高権力のこと。16世紀後半，フランスの**ボーダン**が，神と自然法の他，いかなる制限も受けないものとして理論づけた。国内的には最高，対外的には独立という性質をもつ。

□❸**王権神授説（神権説）** (→p.13)
国王の権力は神から授けられ，神の意思以外の何者にも拘束されないという考え方。**絶対王政**の支柱となった。

□❹**社会契約説** (→p.13, 14)
人間は，自然権（生まれながらにもつ自由・権利）を守るために，個々人が契約して社会や国家を形成するという考え方。17～18世紀ごろ，**ホッブズ**，**ロック**，**ルソー**らが唱えた。

□❺**夜警国家（消極国家）** (→p.13)
その役割が，社会秩序の維持と外敵からの防衛など，必要最小限のものに限られる国家。**ラッサール**（独）が批判的に呼んだ。

□❻**ホッブズ**（1588～1679年）　Thomas Hobbes (→p.14)
イギリスの政治哲学者。『**リバイアサン**』で，絶対的な国家権力がなければ，人間は万人の万人に対する闘争の状態に陥ることを指摘した。王権の絶対性を主張して絶対王政を擁護する思想とみられやすいが，自然権の不可侵と契約による国家を説いた点で，近代民主主義の先導としての意義が認められる。

□❼**ロック**（1632～1704年）　John Locke (→p.14)
イギリスの哲学者。**名誉革命**を理論的に支持し，アメリカ独立革命やフランス革命に影響を与えた。『**統治二論（市民政府二論）**』で，主権は国家でなく国民にあると主張し，政府が国民の自然権を侵害した時には，国民はこれに対抗できるという**抵抗権（革命権）**を認めた。また，革命は国民の権利であるだけではなく，義務でもあると主張した。さらに，権力の濫用を防ぐため，議会優位の権力分立（二権分立）を主張した。

□❽**ルソー**（1712～78年）　Jean-Jacques Rousseau (→p.14)
フランスの哲学者。フランス王政を批判し，フランス革命に影響を与えた。『**社会契約論**』で，社会全般の利益の実現をめざす一般意志（一般意思）に身をゆだね，各人が契約を結んで自然権を社会に譲渡し，政治社会をつくると主張。**直接民主制**を理想とした。

□❾**自然法思想** (→p.14)
人が定める実定法以前に，時代と社会を超えた正しさをもった根本法（自然法）が存在するという考え方。社会契約説の基礎となる概念で，基本的人権の考え方を生み出す基盤となった。

□❿**モンテスキュー**（1689～1755年）　Montesquieu (→p.15)
フランスの思想家。国王の専制から国民の権利を守るため，権力を立法権・執行権（行政権）・司法権に分けて別々の機関に担わせ，相互に抑制と均衡を保つべきという三権分立を説いた。この仕組みは近代憲法に取り入れられている。主著『**法の精神**』。

□⓫**直接民主制（直接民主主義）** (→p.15)
国民や住民の直接的な政治参加のもとで実行される政治制度。日本国憲法では，憲法改正の**国民投票**や，最高裁判所裁判官の**国民審査**などに国民が直接意思を表明する機会を認めている。

□⓬**間接民主制（間接民主主義）** (→p.15)
国民が選挙で代表者を選び，その代表者で組織する機関（通常は議会）において，国民の意思を政治に反映させる制度。

□⓭**法の支配**　rule of law (→p.16)
国民の自由・権利が侵害されないように，為政者（政府）を法に従わせるという原則。国王による「**人の支配**」に対する考え方で，イギリスで発達した。

□⓮**エドワード＝コーク（クック）**（1552～1634年） (→p.16)
Edward Coke
イギリスの裁判官・下院議長。**権利請願**（1628年）を起草。絶対王政に対して，ブラクトンの「国王といえども神と法の下にある」という言葉を引用し，**法の支配**の発展に貢献した。

□⓯**法治主義**　rule by law (→p.16)
政治は，法に基づいて行わねばならないという考え方。ドイツで発達した。「**法の支配**」と異なり，法の内容よりも法を制定する手続きの正当性を重視している。このため法的根拠があれば「悪法も法なり」とされ，人権侵害を正当化する危険性があった。

□⓰**立憲主義** (→p.16)
憲法に基づいた政治を行うこと。特に近代以降は，憲法によって政治権力を制限し，人権を保障するという考え方をさす。フランス人権宣言第16条「権利の保障が確保されず，権力の分立が規定されないすべての社会は，憲法をもつものでない。」という規定は，この考え方を簡潔に表現したものとして知られる。

□⓱**硬性憲法** (→p.17, 40)
通常の立法手続き（改正・廃止を含む）よりも，改正手続きに厳格な要件を課している憲法。法律など，他の法より強い効力をもつため，硬性憲法である憲法は最高法規であるといえる。

2 人権保障の発展

□⓲**マグナ・カルタ（大憲章）**　Magna Carta (→p.18)
イギリスで1215年，貴族が国王に承認させた，国王の**逮捕拘禁権**・課税権などを制限した法。この後，**権利章典**にいたる歴史の中で国王の権力が制限され，人身の自由などが保障されていった。

□⓳**権利章典**　Bill of Rights (→p.19)
名誉革命の翌年（1689年）に出された。「国王といえども議会の同意なしに政治を行うことはできない」という立憲君主制の原則を確立した。さらに国王の封建的な土地支配と専制を禁止し，経済活動や信仰，議会における言論の自由などの権利が認められた。

□⓴**バージニア権利章典**　The Virginia Bill of Rights (→p.19)
1776年，アメリカ13植民地の１つであるバージニアが採択した文書。人は，生来の権利として，生命と自由を享受する権利をもつとする。**アメリカ独立宣言**にも影響を与えた。

□㉑**アメリカ独立宣言**　The Declaration of Independence (→p.19)
1776年，アメリカの13植民地がイギリスから独立したことを宣言した文書。トマス＝ジェファソン（後の第３代大統領）らが起草。**ロック**の思想を取り入れ，人権を保障し，政府は国民の信託を受けて組織されるという近代民主政治の基本原理を盛り込んだ。

> 「すべての人は平等に造られ，……天賦の権利を付与され，そのなかに生命，自由および幸福の追求の含まれることを信ずる。」

□㉒ **フランス人権宣言**(人及び市民の権利宣言)　(⊃p.20)
Déclaration des Droits de l'Homme et du Citoyen(仏語)
1789年，**フランス革命**の際に国民議会で採択された宣言。封建的な特権や身分を廃止し，自由・平等権，国民主権，私有財産の不可侵などの自然権を保障し，近代民主主義の原則を示した。

> 「あらゆる主権の原理は，本質的に国民に存する。いずれの団体，いずれの個人も，国民から明示的に発するものでない権威を行い得ない。」(第3条)

□㉓ **ワイマール憲法**　(⊃p.20)
1919年に制定されたドイツ共和国の憲法。国民主権や男女平等の普通選挙の他，生存権や労働者の団結権などの社会権も保障し，所有権の制限なども定めた。当時，最も民主的な憲法といわれたが，1933年，ヒトラー率いるナチスが主導して制定した全権委任法(授権法)で事実上廃止された。

□㉔ **世界人権宣言** Universal Declaration of Human Rights (⊃p.21)
全世界の人々と国家が達成すべき人権保障の共通基準を示した宣言。人権の抑圧が戦争につながったという反省から，1948年，国連人権委員会が起草し，国連総会で採択された。内容は自由権が多いが，社会権も規定。諸国の憲法に生かされた。

□㉕ **人種差別撤廃条約**　(⊃p.21)
International Convention on the Elimination of All Forms of Racial Discrimination
あらゆる人種差別を撤廃し，人種間の理解を促進することを目的に，1965年に国連総会で採択された条約。1995年に批准した日本も，国内の人種差別を解消するよう努力すべきこととなった。

□㉖ **国際人権規約**　(⊃p.21)
International Covenants on Human Rights
世界人権宣言の内容に法的拘束力をもたせた条約。1966年に国連総会で採択され，1976年に発効。「経済的，社会的および文化的権利に関する国際規約」(社会権規約，A規約)と「市民的及び政治的権利に関する国際規約」(自由権規約，B規約)の2つの規約からなり，B規約には第1・第2選択議定書が付されている。

□㉗ **女子差別撤廃条約**　(⊃p.22)
Convention on the Elimination of All Forms of Discrimination against Women
1979年に国連総会で採択された条約。男女の事実上の平等を目的とし，女性の社会参加の保障が盛り込まれている。日本は1985年に批准し，同年，**男女雇用機会均等法**などが整備された。

□㉘ **子ども(児童)の権利条約**　(⊃p.22)
Convention on the Rights of the Child
1989年の国連総会で採択された条約。貧困・紛争などで不遇な状態にさらされている子どもの人権保障をめざす。18歳未満の者に対する差別禁止，意見表明権，表現・思想・良心・結社の自由，プライバシー保護などを盛り込み，子どもが保護されるだけでなく権利の主体であるべきことを定めている。日本は1994年に批准。

3　世界の政治体制

□㉙ **大統領制**　(⊃p.24, 26, 28, 29, 31, 32)
国民により選出される**大統領**が，行政府の最高責任者であり，立法府の議会とは厳格に独立している制度。アメリカやフィリピンなどで採用されている。アメリカの場合，大統領は議会ではなく国民に対して責任を負うため，議会の信任を必要としないし，議会の解散権もなく，議員との兼任もできない。
また，フランスやロシアでは，大統領制と議院内閣制を折衷させた**半大統領制**が採用されており，国民に直接選挙され強い権限をもつ大統領と，議会の信任を得た首相が併存している。

□㉚ **権力集中制**(民主集中制)　(⊃p.24, 30, 32)
国家権力を，国民全体を代表する議会などに集中し，強力な政治を行う制度。特に1つの政党が大きな指導力を発揮する社会主義国で採用され，1991年に崩壊したソ連の場合は人民の代表で構成される最高ソビエト(最高会議)に，現在の中国の場合は**全国人民代表大会**(全人代)に権力を集中させている。

□㉛ **開発独裁**　(⊃p.31)
経済開発の優先を掲げ，独裁政権の正当化を図る体制。韓国の朴正熙政権(1963〜79)，フィリピンのマルコス政権(1965〜86)，インドネシアのスハルト政権(1968〜98)など。

4　日本国憲法の成立

□㉜ **大日本帝国憲法**(通称：明治憲法)　(⊃p.36, 42)
現行憲法である日本国憲法の前の憲法。1889年，君主権の強いプロイセン憲法を参考に制定された。天皇が統治権を総攬し(天皇主権主義)，国民を「臣民」と規定。議会の設置や司法権の独立など形式的に権力分立を規定し，人権を保障したが，法律による人権の制限を広く認めていた。

□㉝ **統帥権**　(⊃p.36, 42)
軍隊の指揮・命令を行う権限。**大日本帝国憲法**では天皇がもち，その発動には軍部が参画する慣例があり，帝国議会や国務大臣の関与は許されなかった。

□㉞ **輔弼**　(⊃p.36, 42)
君主の政治を助けること。大日本帝国憲法下では，統治権の総攬者である天皇の行為は，国務は国務大臣，宮務は宮内大臣・内大臣，統帥権関連は参謀総長や軍令部総長の輔弼，つまり助言によるべきで，その責任も，国務大臣らが天皇に対して負うとされた。

□㉟ **臣民の権利**　(⊃p.36, 42)
国民の権利。「臣民」とは，君主が支配する対象者のこと。大日本帝国憲法において，国民の権利は「臣民の権利」と規定されて法律による制限を広く認め，後の日本国憲法のように「侵すことのできない永久の権利」とは明記されなかった。

□㊱ **治安維持法**　(⊃p.37)
共産主義思想の広まりを防ぐため，**普通選挙法**と同じ1925年に制定された法律。思想そのものを取り締まりの対象とした。同法により，共産党員だけでなく，政府に批判的な平和主義者・自由主義者も弾圧された。1945年に廃止。

□㊲ **ポツダム宣言**　(⊃p.38)
1945年，第二次世界大戦において，日本軍の無条件降伏を求めて，アメリカ・イギリス・中華民国の名で発表された共同宣言。ソ連は対日宣戦布告とともに参加した。軍国主義の除去，基本的人権の保障，民主主義の復活・強化などが書かれている。

□㊳ **憲法問題調査委員会**　(⊃p.39)
ポツダム宣言受諾後の1945年10月，幣原内閣において，大日本帝国憲法改正の調査研究を目的に設置された委員会(翌46年2月まで活動)。松本烝治国務大臣が委員長に就任したため，松本委員会とも呼ばれる。GHQの憲法改正の意向を受け，「憲法改正要綱(松本案)」を作成したがGHQに拒否された。なお，憲法改正作業はその後，GHQ草案をもとに進められた。

5　日本国憲法の基本的性格

□㊴ **象徴天皇制**　(⊃p.43)
日本国憲法で，天皇は「日本国の象徴であり日本国民統合の象徴」と規定された制度。天皇は国政への関与は認められず，憲法が定めた**国事行為**を**内閣の助言と承認**に基づいて行うのみである。

□㊵ **国民主権**　(⊃p.44)
国の政治を最終的に決定する権利が国民にあるということ。日本国憲法の基本原理の1つ。憲法前文と第1条に明記されている。

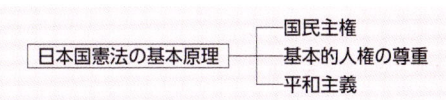

日本国憲法の基本原理	― 国民主権 ― 基本的人権の尊重 ― 平和主義

□㊶ **国民投票**　(⊃p.40)
国政の重要事項を，国民による投票で決めること。日本では，日本国憲法96条と国民投票法で，憲法改正案が国会の各議院の総議員の3分の2以上の賛成で発議されると，国民投票が行われ，有効投票の過半数で憲法改正が成立すると定められている。

6　平和主義

□㊷**平和主義**　pacifism　(→p.47)
日本国憲法の基本原理の1つ。憲法前文で「日本国民は, 恒久の平和を念願し」とうたい, 第9条1項で, 国権の発動たる戦争, 武力による威嚇及び武力行使を「国際紛争を解決する手段としては」放棄し, 2項で, 戦力の不保持, 交戦権の否認を規定している。

□㊸**自衛隊**　Self-Defense Forces　(→p.49～51, 57～59)
1950年, 朝鮮戦争勃発に伴い, GHQの指令で警察予備隊が発足。52年には保安隊となり, 54年に陸・海・空の防衛力をもつ自衛隊となった。自衛隊の最高指揮監督権は内閣総理大臣にある。文民統制(シビリアン・コントロール)がとられている。

□㊹**非核三原則**　Three Non-Nuclear Principles　(→p.51)
「核兵器を①もたず②つくらず③もち込ませず」という, 核兵器に対する日本の基本方針。この三原則は, 1967年, 佐藤首相によって表明され, 1971年に国会で決議された。

□㊺**個別的自衛権**　(→p.52)
他国から武力攻撃を受けた場合に, 自国を防衛するために武力を行使する権利。国際連合憲章第51条で, 集団的自衛権とともに「固有の権利」と認められている。日本は, 憲法で戦争放棄をうたっているが, 1954年, 自衛のための戦争は放棄していないとして, 行使を容認する立場を示した。

□㊻**集団的自衛権**　(→p.51, 52, 56)
国家が, 自国と密接な関係にある国が武力攻撃を受けた場合に, その国を守るために武力を行使する権利。国連憲章第51条で, 個別的自衛権とともに認められている。日本政府は, 我が国も固有の権利として集団的自衛権を有するが, 憲法上行使できないとしてきた。しかし, 2014年7月, 集団的自衛権の行使容認を閣議決定。2015年, 行使を可能にする安全保障関連法が成立。

□㊼**日米安全保障条約**　(→p.52, 53)
The U.S.-Japan Security Treaty
1951年, サンフランシスコ平和条約調印の直後に, 日本とアメリカとの間に結ばれた条約。米軍の日本駐留などを認め, 米国との関係強化を促した。1960年の改定の際には, 大規模な反対運動が起こった(安保闘争)。この条約に従って日本政府はアメリカ軍へ基地を提供しているが, その多くが沖縄県に集中している。

□㊽**PKO協力法(国連平和維持活動協力法, 国際平和協力法)**　(→p.56～58)
自衛隊やその他の公務員, 民間人などの, 国連平和維持活動(PKO)や人道的な国際救援活動への参加のあり方を規定した法律。1991年の湾岸戦争をきっかけに国際社会から人的な国際貢献を求められたことを受けて, 1992年に制定された。

7　基本的人権の保障

□㊾**基本的人権**　fundamental human rights　(→p.63)
人間が生まれながらにしてもつ権利。平等権・自由権・社会権・参政権・請求権などに分類される。基本的人権の尊重は, 日本国憲法の基本原理の1つ。

□㊿**公共の福祉**　(→p.64)
日本国憲法で規定。人権相互の矛盾・衝突を調整する原理で, 他人の人権との関係で, 人権がもともと受けることになっている制約のこと。その制約が合憲かどうかの最終判断は裁判所が行う。

□51**法の下の平等**　equality under the law　(→p.66)
日本国憲法14条の規定。すべての国民は人種, 信条, 性別などにより, 差別されない。しかし, 性差, 年齢差などによる合理的な特別扱いなどは認められている。

□52**男女共同参画社会基本法**
男女が互いに人権を尊重しつつ, 責任を分かち合う男女共同参画社会の実現をめざした法律。1999年成立。男女がともに家庭生活と他の活動とを両立できる社会の形成は, 基本理念の1つ。

□53**アイヌ文化振興法**　(→p.68)
アイヌ民族の文化の振興をうたった法律。1997年制定。この法律の成立により, 明治時代に制定された, アイヌ民族の伝統や習慣, 人権を軽視しており差別的だと批判されてきた北海道旧土人保護法が廃止された。一方でアイヌ民族の先住性が法律に明記されていないなどの課題もある。
2019年, アイヌ文化振興法に代わるアイヌ民族支援法が成立。初めてアイヌ民族を「先住民族」と明記した。

□54**自由権的基本権(自由権)**　(→p.63, 71～80)
自由に行動することについて, 国家権力から不当に干渉・侵害されないことを保障した権利。日本国憲法は, 戦前の反省もあり, 自由権について特に詳細な規定がある。

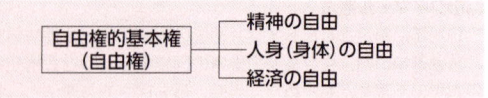

```
自由権的基本権 ─┬─ 精神の自由
  (自由権)     ├─ 人身(身体)の自由
               └─ 経済の自由
```

□55**精神の自由**　(→p.63, 71～74)
思想・良心の自由, 信教の自由, 集会・結社・表現の自由, 学問の自由などの精神活動の自由。

□56**思想・良心の自由**　(→p.71)
個人の内心の自由。日本国憲法では, 国家権力が特定の思想を強制したり弾圧することを禁止している。

□57**三菱樹脂訴訟**　(→p.71)
学生運動などへの関与を入社試験で隠していたことを理由として, 企業に本採用拒否を通告されたことが, 信条による差別を禁じた日本国憲法14条や, 思想・良心の自由を保障した19条に反するかどうかが問われた訴訟。最高裁(1973年)は, 憲法14・19条の規定は企業・労働者間という私人間には直接適用されないと判断し, 企業の雇用の自由を擁護した(原告敗訴)。

□58**信教の自由**　(→p.72)
信仰や宗教活動の自由。大日本帝国憲法では「安寧秩序を妨げず臣民たるの義務に背かざる限りにおいて」という制限付きで保障されたが, 日本国憲法では無条件で「何人に対しても」保障され, この自由を保障するため, 政教分離の原則が規定されている。

□59**政教分離の原則**　(→p.72)
国家や政治は, 宗教に干渉すべきでないとする原則。日本国憲法20・89条では, 宗教団体が, 国から特権を受けたり, 政治上の権力を行使することを禁止し, 国に対しては, 宗教的活動を禁止し, 宗教団体への国の財政援助を禁じている。

□60**津地鎮祭訴訟**　(→p.72)
三重県津市が, 市立体育館の建設において, 神道形式の地鎮祭を公金で行ったことの違憲性が問われた訴訟。最高裁(1977年)は, 目的が宗教的意義をもち, その効果が宗教に対する援助, 助長, 促進または圧迫, 干渉などになるような行為を違憲とすべきという目的・効果基準を示したうえで, 合憲判決を下した。

□61**愛媛玉ぐし料訴訟**　(→p.72)
愛媛県が, 靖国神社への玉ぐし料などを公金で支出したことの違憲性が問われた訴訟。最高裁(1997年)は, 目的・効果基準に照らした上で, 政教分離の原則に反するとして違憲判決を下した。

□62**表現の自由**　(→p.73, 74)
自分の考えを表現する自由。日本国憲法21条で保障。この自由を規制する立法が許されるかは, 特に厳格な判断が必要とされる。

□63**人身(身体)の自由**　(→p.63, 75～78)
何人も不当な身体的拘束を受けない自由。大日本帝国憲法でも保障されたが十分でなく, 不当な逮捕・拷問などが行われた。その反省から, 日本国憲法では, 11か条にわたり詳細に規定された。

□64**罪刑法定主義**　(→p.75, 76)
人を処罰するには, 何を犯罪とし, どのような刑罰を科すかを, 成文の法律であらかじめ定めておかなければならないという原則。

□65**令状主義**　(→p.75)
裁判官の発行する令状がなければ逮捕・捜索されないという原則。令状には逮捕などの理由となる犯罪が明示される。例外として, 現行犯逮捕や緊急逮捕などが認められている。

□66**冤罪**　(→p.77)
刑事事件の裁判において, 無実の者が有罪の判決を受けること。

❻❼職業選択の自由 （⇒p.79）
自分の意思で職業を選択できる自由。経済の自由の1つで，日本国憲法22条で保障されている。ただし，医師になるには資格が必要などの合理的な制限は認められている。

❻❽財産権の保障 property right（財産権） （⇒p.79）
財産の所有と利用の自由。日本国憲法29条で，財産権の内容は，公共の福祉に適合するように，法律で定めると規定されている。

❻❾知的財産権(知的所有権) intellectual property （⇒p.80, 363）
発明・デザイン・音楽・書物など，人間の知的創作活動で生まれたものを，一定期間，財産として保護する権利。著作権，特許権，実用新案権，意匠権，商標権など。**知的財産高等裁判所**（東京高裁の特別の支部として2005年に創設）は，知的財産権に関する訴訟を専門に扱う。

❼⓿社会権的基本権(社会権) social right （⇒p.63, 80~83）
国民が人間らしく生きるための保障を国家に求める権利。資本主義の発達による不平等是正のために説かれるようになった。20世紀的権利ともいわれる。

```
社会権的基本権  ─ 生存権
（社会権）    ─ 労働基本権（勤労の権利，労働三権）
           ─ 教育を受ける権利
```

❼❶生存権 right to life （⇒p.80, 81）
日本国憲法25条で保障された，「健康で文化的な最低限度の生活を営む権利」。社会権の1つ。

❼❷朝日訴訟 （⇒p.81）
国による生活保護の扶助基準が，健康で文化的な最低限度の生活に値するかが問われた訴訟。最高裁（1967年）は，上告後に原告が死去したことにより訴訟は終了したと判決した。また，25条は，国家の政治的指針を示した規定に過ぎず，国民に対して具体的な権利を保障したものではないという**プログラム規定説**の立場を示した。しかし，この訴訟は生活保護基準を改善する1つの契機となった。

❼❸教育を受ける権利 right to receive education （⇒p.82）
社会で必要な，基本的な読み書きのような知識・技術や，よりよく生きるための教養なども含めた教育を受ける権利。社会権の1つで，日本国憲法26条で保障。憲法では，保護者に対し**子に普通教育を受けさせる義務**と，**義務教育の無償**も規定。また，国際人権規約13条により，高等学校以上の中高等教育の機会均等のため，国は，無償教育の漸進的な導入や奨学金制度の整備などの義務を負う。

❼❹請求権 （⇒p.63, 83, 84）
日本国憲法で保障された，国民が国家に一定の行為を求める権利。人権をより確実に保障するための権利である。

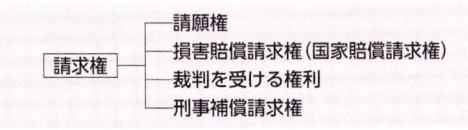

```
       ─ 請願権
請求権 ─ 損害賠償請求権（国家賠償請求権）
       ─ 裁判を受ける権利
       ─ 刑事補償請求権
```

❼❺損害賠償請求権(国家賠償請求権) （⇒p.83）
公務員の不法行為により損害を受けた人が，国や地方公共団体に賠償を求める権利。

❼❻刑事補償請求権 （⇒p.84）
刑事裁判で無罪の確定判決を受けた時，抑留や拘禁による拘束期間中の補償を国に求める権利。

❼❼参政権 political rights （⇒p.63, 85）
国民が，その意思を政治に反映させる権利。日本国憲法では，選挙権・被選挙権による国政・地方選挙に参加する道（間接参政）や，国民投票・住民投票など政治の重要な決定に直接参加する道（直接参政）が保障されている。

❼❽幸福追求権 （⇒p.86）
日本国憲法13条で定められた権利。環境権，プライバシーの権利などの新しい人権の根拠の1つとされる。

❼❾新しい人権 （⇒p.86~90）
日本国憲法に直接の規定はないが，具体的権利として認識されつつある権利。

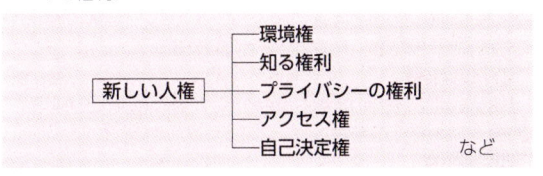

```
          ─ 環境権
          ─ 知る権利
新しい人権 ─ プライバシーの権利
          ─ アクセス権
          ─ 自己決定権    など
```

❽⓿環境権 environmental right （⇒p.86, 87）
良い環境を享受する権利。新しい人権の1つで，日本国憲法25条の生存権を根拠とし，公害の差し止め請求や損害賠償請求ができるとする。日照権，嫌煙権，景観権，静穏権などが主張されている。

❽❶知る権利 right to know （⇒p.86, 88）
公権力がもつ情報の公開を求める権利。新しい人権の1つで，日本国憲法21条の表現の自由を情報の受け手側からとらえた権利。この権利を尊重する際は，プライバシーの権利の尊重も必要である。

❽❷情報公開法 （⇒p.88）
国の行政機関がもつ情報の公開を求める手続きを定めた法律。同法による情報公開制度は，民主主義実現の要とも言われ，市民の政治参加の促進につながる重要な制度とされる。

❽❸プライバシーの権利 right of privacy （⇒p.86, 88, 89）
私生活をみだりに公開されない権利。新しい人権の1つで，憲法13条の個人の尊重・幸福追求権を根拠とし，報道機関などによる興味本位な私事の公開の事前差し止めや損害賠償を請求できるとする。近年は**自己情報コントロール権**としてもとらえられている。

❽❹個人情報保護法 （⇒p.89）
個人情報を扱う事業者に対して個人情報の取り扱いのルールを定めた法律。2003年成立。情報通信技術の発達でビッグデータ活用の期待が高まったため，2015年に改正。様々な個人に関わる情報の中で，保護すべき個人情報の定義を明確化し，個人情報保護業務を一元的に取り扱う個人情報保護委員会が新設された。

❽❺アクセス権 right of access （⇒p.86, 89）
情報の受け手である一般市民が，新聞やテレビなどの**マスメディア**に接近（アクセス）して自己の意見の表明を行う権利。新しい人権の1つで，日本国憲法21条の表現の自由を根拠とする。

❽❻自己決定権 （⇒p.86, 89, 90）
生き方や生命など一定の個人的な事柄を，自分の意思で決める権利。ただし，冬山登山の規制やシートベルト着用義務などの規制は受ける。自己決定権は新しい人権の1つで，日本国憲法13条の幸福追求権を根拠とする。患者の自己決定権の実現には，**インフォームド・コンセント**（説明と同意）が不可欠とされる。治療法の選択や尊厳死など，医療における自己決定権が議論されている。

8 国会の構成と権限

❽❼国会 （⇒p.94~97）
国権の最高機関で，唯一の立法機関。国民が直接選挙した議員からなる代議制をとり，衆議院と参議院の**二院制**である。両議院は同時に活動し，衆議院が解散された時は，参議院も閉会となる。なお，衆議院には参議院に対する優越が認められている。

	衆議院		参議院
議員定数	465人		248人＊
任期	4年（解散の場合は任期中でも資格を失う）		6年（3年ごとに半数を改選）
解散	あり		なし
緊急集会	なし		あり（衆議院の解散中）

＊2018年法改正により，242人から変更され，2019・22年に3人ずつ増える。

❽❽委員会制度 （⇒p.95）
国会の各議院で，議員全員が出席する本会議の前に，専門知識をもった少数の議員によって十分な審議ができるように設けられた制度。国会議員は，必ず1つ以上の委員会に所属している。衆参各17の常任委員会と，会期ごとにつくられる特別委員会がある。

89 公聴会 (→p.95)
両議院の委員会や憲法審査会などで、利害関係者や学識経験者などから意見を聴くために開かれる会。予算・重要な歳入法案や憲法改正原案については必ず開かれる。ただし、公聴会での意見に法的拘束力はない。地方議会でも行われる。

90 不逮捕特権 (→p.95)
国会議員は、法律の定める場合を除いては、国会の会期中は、逮捕されないという特権。

91 免責特権 (→p.95)
国会議員は、議院で行った、演説・討論・表決について、議院外では責任を問われないという特権。

92 両院協議会 (→p.96)
衆議院・参議院の議決が一致しない時に開かれる、意見を調整するための協議会。衆参各10人の計20人の議員からなる。

93 弾劾裁判所 (→p.97, 107)
裁判官にふさわしくない行為や職務上の義務違反を理由に罷免の訴追を受けた裁判官を裁く裁判所。衆参各7人の国会議員が裁判員となり、国会からも独立して裁判にあたる。なお、**司法権の独立**のため、裁判官は、弾劾裁判の他、心身の故障を理由とした裁判の決定と、**国民審査**によってのみ罷免される。

94 国政調査権 (→p.97)
衆議院・参議院のそれぞれが国政に関して調査できる権限。証人の出頭や記録の提出を要求できる。

95 党首討論 (→p.97)
国会において、首相と野党各党の党首が、一対一で討論する制度。イギリス議会にならって、2000年に現在の形式で導入された。

9 議院内閣制と行政

96 議院内閣制 (→p.25, 94, 98)
国民選出の議員で構成される国会が、行政府の内閣を信任する制度。衆議院には内閣の不信任決議権があり、内閣には衆議院の解散権があり、お互いに抑制し合う関係にある。イギリスで確立した制度で、ドイツやイタリア、タイなどでも採用されている。

97 閣議 (→p.98)
内閣が政治の方針を決める会議。すべての国務大臣が出席して開かれる。非公開で全会一致の原則がとられている。

98 政令 (→p.99, 100)
憲法・法律の範囲内で内閣が**閣議**で定める命令。

99 委任立法 (→p.100)
国会が定める法律の委任に基づいて、法律の実施に必要な命令や細則など具体的な内容を国会以外の機関が定めること。**政令**(内閣)、内閣府令(内閣総理大臣)、省令(各省大臣)などがある。

100 行政国家 (→p.100, 101)
社会福祉を充実させる中で国家が国民生活に広く関わるようになると、行政の役割が肥大化・複雑化し、法律の作成の実務を官僚が握るなど、行政権の優位がみられる状態を行政国家と呼ぶ。

101 天下り (→p.102)
退職官僚が、勤めていた省庁に関係の深い業界や企業、団体などに再就職すること。特定企業と官庁との癒着を生じさせる恐れがあるなど、行政の公正な運営が損なわれているとの批判がある。

102 族議員 (→p.102, 126)
特定分野に熟知し、業界の利益保護と関係省庁に影響力をもつ国会議員。人脈と専門分野の深い理解で政策を強力に推進する力をもつ一方、政・官・業の癒着が起こりやすいとの批判がある。

103 行政委員会 (→p.103)
政治的中立、利害調整、専門知識を必要とする分野で設置された、一般行政(官僚)組織からある程度独立し、場合によって準立法・司法的機能をもつ行政機関。複数の委員による合議制をとる。

104 オンブズマン(オンブズパーソン)制度 (→p.103)
ombudsman, ombudsperson
行政に関する国民の苦情を聞き、それによって行政を監視・調査する制度。行政を住民の立場から監視し、行政の効率化・適正化をめざす第三者機関であり、日本では、**1990年に川崎市**が全国で初めて導入した。国家レベルでは、まだ導入されていない。

105 行政改革 administrative reform (→p.104)
行政の肥大化により生じた非効率的な行政運営を見直す改革。行政機構そのものの見直しや、民営化、規制緩和、地方分権などが進められている。民営化の主な例に、旧国鉄、電電・専売公社(1980年代)、道路関係4公団(2005年)、旧郵政公社(2007年)がある。

106 独立行政法人 (→p.104)
公共上実施が必要だが、国が直接実施する必要のないもので、民間に任せた場合実施されないおそれがあるものを、効率的・効果的に行わせることを目的として設立された法人。行政改革の一環で設立された。

107 特殊法人 (→p.104)
国の政策や公共の利益のために法律に基づいて設立された旧国鉄・日本道路公団などの法人。政府による融資・課税免除などの保護があり、経営が非効率的との批判を受け、**民営化が進められた**。

10 司法と国民

108 司法権の独立 (→p.106, 107)
裁判官は裁判を公正に行うために、どのような圧力(国会、内閣、上級裁判所、世論など)にも干渉されないという原則。裁判官は憲法と法律に拘束される他は誰の指図も受けず、自分の良心に従って裁判を行う(**裁判官の独立**)。

109 国民審査 (→p.107)
最高裁判所の裁判官を、国民が直接、罷免すべきかどうか審査するしくみ。衆議院議員総選挙の際に行われるが、国民審査で罷免された裁判官はおらず、形式的との批判もある。

110 刑事裁判 (→p.108)
殺人や強盗など、法律で定められた罪を犯した疑いのある者に対して、有罪かどうかと、有罪の場合は刑罰を決める裁判。**検察官**が起訴し、起訴された者を被告人という。

111 民事裁判 (→p.108)
個人・企業間の争いを解決するための裁判。訴えた者を原告、訴えられた者を被告という。**和解**や訴訟取り下げもできる。

112 行政裁判 (→p.108)
行政処分や裁決などに違法があったとして、権利を侵害された人などが、その取り消しなどを求めて、行政機関を訴える裁判。

113 三審制 (→p.108)
裁判を慎重に行い、誤りを防いで人権を守るために、原則3回まで裁判を受けることができるという制度。

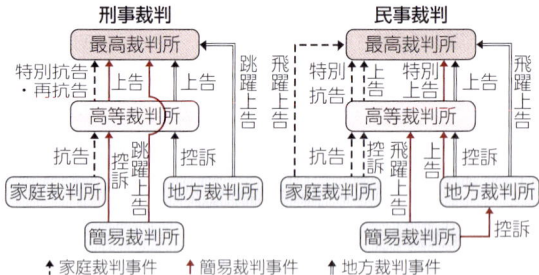

刑事裁判	民事裁判
最高裁判所 ← 特別抗告・再抗告 / 上告 / 上告	最高裁判所 ← 特別上告 / 上告 / 飛躍上告
高等裁判所 ← 抗告 / 控訴 / 跳躍上告	高等裁判所 ← 抗告 / 控訴 / 飛躍上告
家庭裁判所 地方裁判所	家庭裁判所 地方裁判所
簡易裁判所	簡易裁判所 ← 控訴
↑家庭裁判事件 ↑簡易裁判事件 ↑地方裁判事件	

114 再審 (→p.76, 108)
確定判決に重大な誤りが発覚した場合に、当事者の請求によって行われるやり直しの裁判。**刑事裁判**の再審では、1975年に最高裁が「疑わしいときは被告人の利益に」という刑事裁判の鉄則を再審請求の審理にも適用すべきと判断(白鳥決定)して以降、いくつかの事件で再審が認められ、無罪判決が出ている。

115 少年法 (→p.110)
20歳未満の者を「少年」と定義し、その非行や刑事事件について定めた法律。少年犯罪は、成人による犯罪とは異なり、同法による特別な手続きで処分される。

116 違憲法令審査権(違憲審査権) (→p.94, 111)
法律・命令・規則その他の行政行為が憲法に違反しないか審査

する権限。日本では，すべての裁判所がもち，具体的な裁判を通じて審査される。最終的に決める権限をもつ終審裁判所は最高裁判所であり，このため，最高裁判所は「**憲法の番人**」と呼ばれる。

☐⓱**統治行為論** (→p.49, 111)
高度の政治性を有する行政・立法府の行為は，司法審査の対象外とすべきという考え方。最高裁が，日米安保条約が問題となった砂川事件(1959年)と，衆議院解散が問題となった苫米地事件(1960年)で採用した。

☐⓲**裁判員制度** citizen-judge system (→p.112, 113)
一般の国民が，裁判員として**刑事裁判**に参加し，裁判官とともに有罪・無罪の判定や量刑を行う制度。司法制度改革で，裁判員法に基づき2009年に導入。対象は殺人や強盗致死傷などの重大犯罪の第一審。裁判員は，20歳以上の有権者の中から候補者が抽選され，事件ごとに審査の上で原則6人が決められる(裁判官は原則3人)。

☐⓳**陪審制** (→p.113)
一般の国民が陪審員として裁判に参加し，刑事裁判では有罪かどうか，民事裁判では被告の責任の有無などを合議し，それをもとに職業裁判官が判決内容を決める制度。現在，アメリカやイギリスで行われている。日本では，1928年から刑事裁判に導入されたが，あまり利用されず，1943年に停止された。

☐⓴**参審制** (→p.113)
一般の国民が参審員として一定の期間，裁判に参加し，職業裁判官とともに審理する制度。ドイツやフランスで行われている。

11 地方自治

☐㉑**地方自治の本旨** (→p.115)
中央政府から独立した政治を行い(**団体自治**)，住民が政治に参加できる(**住民自治**)ということ。大日本帝国憲法には地方自治の規定はなく，府県制や市制，町村制などの法律で定められていた。

☐㉒**条例** (→p.116)
地方公共団体が，憲法に基づき法令の範囲内で制定する法規範。住民は，有権者の50分の1以上の署名で制定・廃止を請求できる。

☐㉓**直接請求権** (→p.115, 116)
地方公共団体の住民が，直接，地方行政に請求できる機会(**直接民主制**)を保障する権利。間接民主制を補完する役割をもつ。**地方自治法**に定められている。

```
           ┌── 条例の制定・改廃(イニシアティブ)
           ├── 事務(の)監査
直接請求権 ──┼── 議会の解散
           ├── 議員・首長の解職(リコール)
           └── 役職員の解職
```

☐㉔**イニシアティブ(国民発案，住民発案)** initiative (→p.116)
地方公共団体の一定数有権者が，条例制定・改廃を提案すること。

☐㉕**リコール(国民解職，解職請求権)** recall (→p.116)
国民または住民が公職にある者を任期終了前に解職させる制度。住民は，原則として有権者の3分の1以上の署名で首長や議員の解職を請求し，有権者の投票によって解職させることができる。また，**最高裁判所裁判官への国民審査**もこの制度に含まれる。

☐㉖**レファレンダム(国民投票，住民投票，国民表決)** (→p.116)
referendum
議会が重要案件を決議する場合，国民または住民の投票により重要案件の可否を決定する制度。憲法は，**地方自治特別法の住民投票**，**憲法改正の国民投票**を定める。

☐㉗**地方交付税** (→p.117)
地方公共団体間の財政力の格差調整のため，所得税・法人税・酒税・消費税の一部，地方法人税の全額を国が地方公共団体に配分した税。交付された資金を地方交付税交付金という。**使途は自由**。

☐㉘**国庫支出金** (→p.117)
国が地方公共団体に対して，教育費や生活保護などの経費の一部や，国が委任している事務の経費を交付する。この資金は，**使いみちを指定**して交付される。

☐㉙**三割自治** (→p.117)
以前，国による制約で地方自治が十分に実現できていなかった状態を示す。かつて，租税総額や地方公共団体の歳入に占める地方税の割合が3割であったことや，多くの事務が国からの委任業務であったことに由来。

☐㉚**三位一体の改革** (→p.117)
国からの地方交付税や国庫支出金を減らし，国の税源(所得税)を地方の税源(住民税)に移すこと(**税源移譲**)で地方公共団体の自主財源を増やすという，財源の地方分権を進めるための国と地方の財政改革。地方への税源移譲が不十分という批判もある。

☐㉛**NPO(民間非営利組織)** Non-Profit Organization (→p.119)
営利を目的としない民間団体の総称。**NPO法(特定非営利活動促進法)**により法人格を与えられた団体を，**NPO法人**と呼ぶ。柔軟に対応しにくい公共機関や，利益優先な民間企業のサービスとは，一線を画した活動に期待が寄せられている。

12 政党政治

☐㉜**政党** political parties (→p.123)
主義・政策が同じ人々が，その実現のために政権の獲得をめざして活動する団体。独自の主義・政策を国民に示したり，国民の意見を集め，政治に反映させるという役割を果たしている。

☐㉝**二大政党制** (→p.25, 26, 123)
有力な2つの政党が，競い合い，時に交替して政権を担当する政治のこと。政局は安定しやすいが，少数意見を政治に反映させることが難しい。アメリカ(共和党と民主党)が代表的である。

☐㉞**党議拘束** (→p.125)
政策実現のために，予算や法案採決の前に，あらかじめ政党で方針を定め，所属議員が党の方針に従って表決するしくみ。日本の他，イギリス下院でも党議拘束が行われている。

☐㉟**利益集団(圧力団体)** pressure groups (→p.126)
自分たちの利益や主張を実現させるために，政府や議会にはたらきかける団体のこと。日本経団連などの経営者団体，連合などの労働者団体，JA全中，日本医師会などがそれにあたる。

☐㊱**政治資金規正法** (→p.127)
汚職を防ぐ目的で1948年に制定。汚職事件のたびに改正が繰り返されてきた。企業・団体から政治家個人への政治献金を廃止し，年間5万円を超す政党への献金，個人献金に対してはすべて公開を義務付け，政治資金の流れが明らかになるようにした。

13 選挙制度

☐㊲**普通選挙** (→p.132, 133)
一定の年齢に達したすべての人に選挙権を認める選挙。日本では1925年で男子の普通選挙，1945年に**男女**の普通選挙が認められた。

☐㊳**制限選挙** (→p.132, 133)
経済力や身分によって選挙権を制限する選挙。明治・大正時代は，選挙権を有するのは一定額以上の直接国税を納める25歳以上の男子に限られていた。

☐㊴**直接選挙** (→p.132)
有権者が候補者に直接投票する選挙。**アメリカの大統領選挙**は，有権者の一般投票によって投票資格を得た大統領選挙人が，形式的に大統領を選出する**間接選挙**である。

☐㊵**大選挙区制** (→p.132)
1つの選挙区から複数(2人以上)を選出する制度。小政党の議席も確保されやすく，多党化が進む。

☐㊶**小選挙区制** (→p.132)
1つの選挙区から1人を選出する制度。議会の過半数を単独で占める政党が誕生しやすいことから，政権が安定するといわれている。

☐㊷**比例代表制** (→p.132)
政党の得票数に比例した数の当選人を政党に割り振る制度。政党中心の選挙となり，少数者の意見を国会に反映しやすく，また議会の構成も世論の縮図に近いものとなる。その反面，小党分立になりやすく，政治が不安定になる恐れがある。

- □**143 公職選挙法** （→p.135）
  国会議員，地方公共団体の長・議会議員の選挙に関する法。選挙区の区割りや議員定数配分も規定している。1994年の改正では，衆議院議員総選挙に**小選挙区比例代表並立制**が導入された。
- □**144 一票の格差** （→p.136）
  有権者数と議員定数の比率が選挙区ごとで異なることで生じる，有権者1人がもつ一票の価値の格差。議員1人当たりの有権者数が多い選挙区ほど，一票の価値が低い。国政選挙の一票の格差は，しばしば裁判で争われており，最高裁において，憲法第14条（法の下の平等）に違反しているという判決も出ているが，選挙結果を無効とする判決は出ていない（2020年11月末現在）。

●主な衆議院議員定数不均衡訴訟

総選挙年	最大格差	最高裁判決	判決年
1972年	4.99倍	違　憲*1	1976年
1980年	3.94倍	違憲状態*2	1983年
1983年	4.40倍	違　憲*1	1985年
2014年	2.13倍	違憲状態*2	2015年

*1 選挙は無効とせず。
*2 合憲だが格差は違憲状態と判決。

14 世論と現代政治の課題

- □**145 マスメディア** mass media （→p.142～146）
  大衆に情報を送り出す**マスコミュニケーション**の仲立ちをするシステムや媒体のこと。新聞・雑誌・テレビ・ラジオ・映画など。
- □**146 メディア・リテラシー** media literacy （→p.142）
  マスメディアを上手に使いこなし，役立てる能力，すなわち，マスメディアから得る情報をそのまま受け取るのではなく，主体的・批判的に読み解く能力のこと。
- □**147 世論** public opinion （→p.144）
  社会における，公共の問題についての多数意見。政治を動かす大きな力となる。この形成には，マスメディアが大きく影響する。
- □**148 世論操作** （→p.145）
  国家権力や政治家などがマスメディアを通して，事実を隠蔽するなどし，世論を一方向へ向かうよう情報を操作すること。
- □**149 政治的無関心** political apathy （→p.146）
  国民が政治に対して興味・関心をもたなくなること。政治は国民の切実な問題を解決しないという失望感や，政治に熱心なのは利権を求める特定の業者や人々だけであるという意識，汚職などを背景とする政治への嫌悪感などから引き起こされる。

第2章 現代の国際政治
1 国際社会と国際法

- □**150 ウェストファリア条約** （→p.148）
  1648年に，**三十年戦争**を終結させた条約。ヨーロッパ内において，対等な**主権国家**からなる国際社会を形成する端緒となった。
- □**151 国際法** international law, law of nations （→p.148，149）
  国家の主権も国際的な規律には従うべきという考え方から生まれた国際社会における法。諸国家間の慣行を通じて成立した**国際慣習法**と，国家間の合意を文書化した**条約**からなる。
- □**152 公海自由の原則** （→p.148）
  『戦争と平和の法』を著した，**グロティウス**（1583～1645年）の時代からの歴史的な国際法上の原則。本来は，領海の外側にある公海はどこの国にも属さず，すべての国民に自由に使用する権利があるという原則であったが，現在は国連海洋法条約によって，**領海と排他的経済水域の外側**にある海洋部分が公海とされている。
- □**153 国際司法裁判所（ICJ）** International Court of Justice （→p.150）
  国連の加盟国間で紛争が起こった時には，当事国双方の同意の上で，この裁判所による紛争の解決手続きが，国際法に従って行われる。この裁判所へは，個人や国際機構ではなく，国家のみが提訴を行うことができる。オランダのハーグに設置されている。
- □**154 国際刑事裁判所（ICC）** International Criminal Court （→p.150）
  2002年7月にオランダのハーグに設置。集団殺害（ジェノサイド）犯罪，拷問や奴隷化などの人道に対する犯罪，戦争犯罪，侵略犯罪の4つの国際犯罪を犯した個人を裁く常設の裁判所。アメリカ・中国・ロシアなどが批准していないことが問題とされる。

2 国際連合

- □**155 国際連盟** League of Nations （→p.151，152）
  第一次世界大戦後に，アメリカ大統領**ウィルソンの平和原則14か条**を受けて設立された国際組織。発足時の大国の不参加（アメリカは不参加，ソ連は加盟が遅れた），表決が全会一致のため運営が困難，制裁措置は経済封鎖のみで，安全保障機能が不十分などの問題を抱えていた。
- □**156 国際連合** United Nations （→p.151～158）
  第二次世界大戦後の1945年10月，国際連合憲章の発効とともに成立。国際社会の平和・安全の維持を目的とする国際組織。初めから**五大国（米・ソ・英・仏・中）**は参加。本部はニューヨーク。

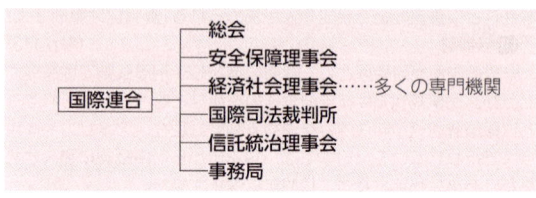

```
           ┌ 総会
           ├ 安全保障理事会
国際連合 ──┼ 経済社会理事会……多くの専門機関
           ├ 国際司法裁判所
           ├ 信託統治理事会
           └ 事務局
```

- □**157 勢力均衡** （→p.151）
  敵対関係にある国家や国家群との軍事力がつり合っており，互いに攻撃を加えることができず，一定の平和が保たれている状態。軍事力のバランスが崩れると戦争の原因になる可能性をもつ。
- □**158 集団安全保障** （→p.151）
  国際連盟や国際連合における安全保障体制。「全加盟国が相互不可侵を約束」「加盟国のうちの一国が他の加盟国を侵略した場合，残りの加盟国はこの侵略を止める努力（経済・武力制裁など）をする」という2つの要素からなる。
- □**159 総会（国連総会）** General Assembly （→p.153）
  国連の中心機関。すべての加盟国で構成される。毎年1回9月に開かれる通常総会の他に，**特別総会・緊急特別総会**がある。一国一票の投票権があり，出席投票国の過半数の賛成で可決される（新加盟国の承認や予算などの重要事項は3分の2以上）。
- □**160 拒否権** veto （→p.152，153，156）
  国連の安全保障理事会において，5常任理事国がもつ，決議を拒否する権限。安全保障理事会の表決のうち，手続き事項以外の事項に関するものでは，5常任理事国すべてを含む9理事国が賛成しないと決議が成立しない（「**大国一致**」の原則）。
- □**161 安全保障理事会** Security Council （→p.153，158）
  国連の主要機関の1つ。国際平和と安全の維持を目的とする。**5常任理事国（米・ロ・英・仏・中）**と，任期2年の**10非常任理事国**からなる。5常任理事国は，表決の際，拒否権を行使できる。
- □**162 国連平和維持活動（PKO）** Peacekeeping Operations （→p.156，157）
  国連が，安全保障理事会の決議に基づき，加盟国に参加を求めて特別な部隊をつくり，紛争の起こった地域に派遣して紛争の拡大防止・再発防止・停戦後の平和維持のために行う活動。国連憲章第6章に基づく紛争の平和的解決と第7章に基づく強制行動の中間的な性格ということで，**6章半活動**と呼ばれる。

3 国際政治の動向

- □**163 冷戦** Cold War （→p.162～166）
  第二次世界大戦後に起きた，アメリカを中心とする資本主義国家とソ連を中心とする社会主義国家の対立のこと。米ソが実際に戦火を交えることがないため，このように呼ばれた。半世紀近くの間，緊張と緩和を繰り返しながら1989年の米ソ首脳による**マルタ会談**によって冷戦の終結が宣言された。

アメリカ　　　　　　　　　　　　　　　　　　ソ連
資本主義陣営 西側 → 対立 ← 東側 **社会主義陣営**

☐**❹北大西洋条約機構（NATO）**　　　　（⊃p.162，163）
　North Atlantic Treaty Organization
　1949年設立。西ヨーロッパ諸国とアメリカ・カナダの間での地域的集団安全保障体制。ソ連を中心とする東側諸国に対抗するための軍事防衛機構として設立された。冷戦終結後は，兵力・核兵器の削減を進め，危機管理や平和維持機能を重視するようになり，東欧諸国を中心に，加盟国数が増大する勢いを見せている。

☐**❺ワルシャワ条約機構（WTO）**　　　　（⊃p.162，163）
　Warsaw Treaty Organization
　北大西洋条約機構（NATO）に対抗して1955年に設立。ソ連中心の東側諸国の集団安全保障体制。冷戦の終結を受け1991年に解体。

☐**❻トルーマン・ドクトリン**　Truman Doctrine　（⊃p.162）
　1947年アメリカ大統領トルーマンが発表した外交方針。**共産主義封じ込め政策**を提唱し，その後のアメリカ外交の基本路線となった。

☐**❼マーシャル・プラン**　Marshall Plan　（⊃p.162）
　第二次世界大戦後，ヨーロッパ諸国の経済復興を援助するためにアメリカが発表した計画。しかし，東ヨーロッパは受け入れを拒否し，西ヨーロッパ諸国だけが受け入れた。

☐**❽コミンフォルム（共産党情報局）**　Cominform　（⊃p.162）
　ソ連をはじめとする東欧各国の共産党の情報交換が主な目的として設立された組織。1956年解散。

☐**❾経済相互援助会議（コメコン）**　　　　（⊃p.162）
　Council for Mutual Economic Assistance（CMEAと略す）
　戦後のアメリカによる西側諸国への経済援助に対抗して，ソ連が設立した社会主義諸国の経済協力組織。

☐**❿朝鮮戦争**（1950〜53年休戦）　Korean War　（⊃p.163，246）
　朝鮮半島で，1950年6月に北の朝鮮民主主義人民共和国が南の大韓民国に侵攻して起こった戦争。北を社会主義陣営，南を資本主義陣営が支援した代理戦争となり，冷戦は戦火を交える「熱い戦争」に発展した。

☐**⓫キューバ危機**　Cuban crisis　（⊃p.164）
　1962年，社会主義国のキューバにソ連がミサイル基地を建設しようとしたことに対して，アメリカが海上封鎖を行って抗議し，米ソ間の緊張が高まった。核戦争の一歩手前まで対立が深まったが，交渉の結果，ソ連が譲歩。危機は回避された。

☐**⓬ホットライン（直通電話）**　　　　（⊃p.164，178）
　キューバ危機の後，非常事態が発生した際に米ソ両国首脳が直接対話を行い，平和を取り戻せるよう設けられた直通電話回線。

☐**⓭デタント（緊張緩和）**　détente（仏語）　（⊃p.164）
　第二次世界大戦後，冷戦状態が続いていたが，**キューバ危機**後，米ソ全面核戦争の危機が回避されて訪れた緊張緩和状態。しかし，この状態も，1979年のソ連軍によるアフガニスタン侵攻によって崩壊し，**新冷戦**の時代に入った。

☐**⓮ベトナム戦争**　Vietnam War　（⊃p.164）
　ベトナム内の南北対立に，1965年からアメリカが介入した戦争。**ソ連・中国が支援する北ベトナムと，アメリカが支援する南ベトナム**の対立で，冷戦下における代理戦争の1つとなった。その後，南北統一が実現，1976年，ベトナム社会主義共和国が誕生。この戦争で，アメリカの財政は大幅な赤字となり，経常収支も悪化した。

```
┌─────┐        ┌─────┐
│アメリカ│→ 南ベトナム →対立← 北ベトナム ←│ソ連・中国│
│が支援 │          代理戦争          │が支援  │
└─────┘                            └─────┘
```

☐**⓯カンボジア内戦**　　　　（⊃p.164）
　1970年代にカンボジアで始まった内戦で，冷戦の終結やベトナム軍撤退によって鎮静化し，和平合意が成立した。国連によるPKOが展開され，日本の自衛隊も初めて参加した。1998年に総選挙が行われて，フン＝センを首相とする連立政権が発足した。

☐**⓰第三世界**　Third World　（⊃p.165）
　東西対立のいかなる軍事同盟にも属さず，平和共存，反植民地主義を掲げ，1950年代から台頭してきた，アジア・アフリカ・ラテンアメリカの国々。大国優位・先進国中心の世界秩序の変革に努め，**アジア・アフリカ会議や非同盟諸国首脳会議**などを開く。

☐**⓱平和5原則**　　　　（⊃p.165）
　1954年，インドのネルーと中国の周恩来によって発表された国際関係の原則。領土・主権の相互尊重，相互不可侵，平和共存などが確認された。

☐**⓲アジア・アフリカ会議（バンドン会議）**　（⊃p.165）
　1955年，インド・インドネシア・セイロン（現スリランカ）・ビルマ（現ミャンマー）が主催し，日本を含むアジア・アフリカの29か国がインドネシアのバンドンで開いた会議。領土と主権の尊重，平和共存，内政不干渉，相互不可侵，平等互恵，基本的人権の尊重などからなる平和10原則が採択された。

☐**⓳平和10原則**　　　　（⊃p.165）
　アジア・アフリカ会議によって採択された原則。平和5原則を継承したものと，基本的人権と国連憲章の尊重や主権と領土の保全など新たに5原則が加えられた。

☐**⓴非同盟諸国首脳会議**　　　　（⊃p.165）
　非同盟諸国の理念と要求を話し合い，宣言する会議。第1回は1961年にベオグラードで開催された。冷戦終結後は，発展途上国の経済的利益に議論が移ってきた。現在でも行われている。

☐**㉑マルタ会談**　Malta Summit　（⊃p.166）
　1989年に，アメリカのブッシュ（父）大統領とソ連のゴルバチョフ最高会議議長がマルタで行った会談。ゴルバチョフが政権の座に就き，さらに，ソ連軍がアフガニスタンから撤退したことでいっそう緊張緩和が進み，この会談で**東西冷戦の終結**と米ソが協調の時代に入ることが宣言された。

☐**㉒イラン革命**　　　　（⊃p.32，167）
　1979年，イランでイスラーム原理主義に基づく正義と公正な社会の実現，西側資本主義国からの経済的自立と搾取の根絶をめざし，さらにそれを全世界に広げようとした革命。

☐**㉓湾岸戦争**　Gulf War　（⊃p.167）
　1990年のイラクによるクウェート侵攻でペルシャ湾岸の緊張が高まる中，1991年1月のアメリカを中心とした多国籍軍のイラク空爆によって勃発した戦争。この時，国連はイラク制裁のために多国籍軍に武力行使の権限を与えた。2月にクウェートが解放され，3月に停戦協定が締結された。

☐**㉔アメリカ同時多発テロ**　　　　（⊃p.167）
　2001年9月11日，米国で起きたテロ事件。犠牲者は計3000人以上になる。2011年，米軍は首謀者のアル＝カーイダ指導者**オサマ・ビンラディン**を殺害。

☐**㉕イラク戦争**　　　　（⊃p.167）
　2003年，米国を中心とした国々が，大量破壊兵器保持の疑いがあったイラクを攻撃。2006年にはフセイン元大統領を処刑。2010年，オバマ大統領（当時）は戦闘任務の終結を宣言し，米軍はイラクから撤退。結局，大量破壊兵器は発見されなかった。

☐**㉖単独行動主義（ユニラテラリズム）**　unilateralism　（⊃p.167）
　ある国が，独断的・独善的な外交姿勢をとること。京都議定書からの離脱，国際刑事裁判所設立条約への署名を撤回するなど国連軽視が指摘されている米国に，この傾向があるといわれている。

☐**㉗アラブの春**　　　　（⊃p.168）
　2011年，チュニジアで起きた革命がアラブ諸国に波及し，エジプトやリビアなどでも，反政府デモにより長期政権を崩壊に追い込んだ。ソーシャルネットワーキングサービス（SNS）や衛星放送等のメディアによって，かつてないスピードで国境を越えて民主化運動が拡大していった。

☐**㉘シリア内戦**　　　　（⊃p.168）
　「アラブの春」の影響を受けて発生した民主化運動を，アサド政権が弾圧したことから発生した内戦。ISやクルド人勢力などの過激派組織の台頭もあり，内戦は泥沼化。多くのシリア難民が隣国やヨーロッパに流出した。

4　核兵器・軍縮問題

⑱ 部分的核実験禁止条約(PTBT，LTBT)　(→p.173)
Partial (Limited) Test Ban Treaty

1963年に成立した，大気圏内・宇宙空間・水中における核実験を禁止する条約。**地下核実験については制限されなかった。** 課題はあるものの，米ソ首脳の歩み寄りによって，初めてできた核軍備管理協定である。

⑲ 核拡散防止条約(NPT)　(→p.173)
Treaty on the Non-Proliferation of Nuclear Weapons

非核保有国が核兵器を新たにもつこと，核保有国が非核保有国に核兵器を譲ることを禁止する条約。1968年に調印され，1970年に発効した。期限切れの**1995年に無期限延長**が決定された。

⑳ 包括的核実験禁止条約(CTBT)　(→p.173)
Comprehensive Nuclear-Test-Ban Treaty

部分的核実験禁止条約では制限できなかった**地下核実験を含む，爆発をともなうすべての核実験を禁止**した条約。1996年の国連総会において採択された。アメリカ，中国などが批准していないため，いまだに**発効していない**。臨界前核実験が禁止されず，核兵器廃絶の時期が盛り込まれていないなど核保有国の優位性を高めるとの批判がある。

⑫ 第1次戦略兵器制限交渉(SALTⅠ)　(→p.174)

1969年からの，米ソによる戦略核弾頭運搬手段(弾道ミサイル)の数量制限(現状を上限)に関する交渉。

⑬ 中距離核戦力(INF)全廃条約　(→p.174)

1987年，米ソによって調印。地上発射の中距離核ミサイルの全廃と同種の兵器をもたないことを決めた。**米ソが核兵器の削減に同意した初めての条約**。核弾頭の廃棄は対象外であったため，ミサイルからとり外すだけで核弾頭の数は減らなかった。2019年に失効。

⑭ 戦略兵器削減条約(START)　(→p.174)
Strategic Arms Reduction Treaty

STARTⅠは米ソ関係の改善を背景に交渉が進み，1991年，米ソが調印した核弾頭の数を米ソで同水準に削減することを決めた条約。2009年，失効。1993年，米ロが調印したSTARTⅡでは，両国の保有する核弾頭の数を第1次よりさらに半減させることになった。しかし，2002年にロシアが無効宣言を発表した。2010年，STARTⅠの後継条約である新STARTに米ロが調印。戦略核弾頭の配備数を，米ロ各1550発に削減することを決めた。

⑮ 化学兵器禁止条約　Chemical Weapons Convention　(→p.177)

1993年に調印され1997年に発効。神経ガスなど化学兵器の開発・生産・使用・貯蔵などの禁止を定めた条約。

⑯ 対人地雷全面禁止条約　(→p.177)
Convention on the Prohibition of the Use, Stockpiling, Production and Transfer of Anti-Personnel Mines and on their Destruction

1997年署名，1999年発効。対人地雷の開発・生産・取得・貯蔵・保有・移譲を禁止する条約。未署名国が現在も輸出しているため，紛争地域では地雷被害が続いている。

⑰ クラスター弾に関する条約　(→p.177)
Convention on Cluster Munitions

クラスター爆弾は，親爆弾が空中で爆発し，たくさんの子爆弾を地上にばらまき，さらに子爆弾から数百個の鉄球が飛び出す兵器で，この爆弾の開発・貯蔵・使用を禁止する条約。米，ロなど軍事大国が未署名のため，実効性があるのか疑問の声もある。

⑱ 信頼醸成措置(CBM)　Confidence Building Measures　(→p.178)

敵対している国と，互いの誤解などが原因で，武力紛争が発生するのを避けるための措置。コミュニケーション，相互査察，交流などにより信頼，安心感を高め，紛争の可能性を低下させる。過去，米ソ間の**キューバ危機後のホットライン設置**などがある。

5　人種・民族問題

⑲ ユーゴスラビア紛争　(→p.184)

冷戦終結後に起きたユーゴスラビア内の複数の民族間の紛争。ユーゴスラビアは分裂し，その後もボスニアの紛争やコソボ紛争などの民族問題が起こった。

⑳ パレスチナ問題　(→p.182, 183)

パレスチナにおけるイスラエルとパレスチナ人の対立問題。パレスチナ人はイスラエルの建国に反対し，1964年に**PLO(パレスチナ解放機構)** を組織。数々の衝突を繰り返したが，1993年にイスラエルとPLOが相互承認を行い(**オスロ合意**)，包括的和平に向けて踏み出した。しかし，緊張と緩和が繰り返され，未だ解決には至っていない。

㉑ アパルトヘイト　apartheid　(→p.186)

南アフリカ共和国で，少数の白人が有色人種に対して行った，差別的な人種隔離政策。人口の86%を占める有色人種が無権利状態に置かれていた(先住民は人口の約70%)。国際的批判が高まる中，国内での暴動も起き，1991年に，デクラーク大統領はアパルトヘイト諸法の全廃を発表した。

㉒ エスノセントリズム(自民族中心主義)　(→p.186)
ethnocentrism

自民族の政治的・経済的優位を主張する考え。民族が複雑に入り組む国家・社会では，しばしば社会不安や内戦などを生み出す。

㉓ 難民の地位に関する条約　(→p.187)
Convention Relating to the Status of Refugees

人種・宗教・政治的意見の違いなどによる迫害の恐怖や紛争などから，国外に逃れた人々などの救済を目的とする条約。1966年採択の議定書と合わせて「**難民条約**」と呼ばれている。

㉔ 国連難民高等弁務官事務所(UNHCR)　(→p.187)
Office of the United Nations High Commissioner for Refugees

難民に対する保護活動を行う国連機関として，1950年に国連総会によって設置され，翌年から活動を開始した。本部はジュネーブ。様々な**NGO**や国際機構と協力しながら活動をしている。

㉕ 公民権運動　civil rights movement　(→p.191)

1950年代から60年代にかけてアメリカで起こった黒人差別撤廃運動。キング牧師らの指導により展開された。1964年，人種差別を撤廃する**公民権法**の制定に結実した。

6　国際政治の中の日本

㉖ サンフランシスコ平和条約　(→p.192)
Treaty of Peace with Japan (対日平和条約)

1951年，サンフランシスコで52か国が参加して対日講和会議が開かれた。この時，日本を含む49か国によって調印された条約。この条約の発効によって日本は主権国家としての地位を回復した。

㉗ 北方領土問題　(→p.195)

日本とロシア連邦との，未解決の領土問題。日本固有の北方領土(**択捉島・国後島・歯舞群島・色丹島**)の返還を求める日本に対して，ロシアは領有権を主張し，未だ解決には至っていない。

㉘ 竹島問題　(→p.194)

日本固有の領土。韓国も領有権を主張し，現在，韓国は警備隊員の常駐，船舶の接岸施設の整備など，不法に占拠を続ける。これに対し，日本政府は抗議をしている。

㉙ 尖閣諸島　(→p.194)

日本固有の領土。周辺海域で石油資源の存在の可能性が高まって，中国が領有権を主張し始めた。2012年日本政府は尖閣諸島の国有化を閣議決定した。

☐⑩ **NGO（非政府組織）** Non-Governmental Organization （→p.196）
民間の非営利国際協力団体。国益にとらわれることなく、国境を越えた連携運動を展開している。多くは、複数の国にまたがる組織と活動の広がりをもつ。中には、経済社会理事会など、国連の機関と密接に連携している団体もある。1970年代以降、人権、軍縮・平和、開発、環境などの領域で注目されるようになった。

第3章　現代経済のしくみと特質
1　経済社会の発展

☐⑪ **資本主義経済** （→p.198～201）
　　capitalism（資本主義），economic system of capitalism（資本主義経済体制）
生産手段（土地・建物など）を私有し、利潤追求を目的とする私企業が、市場における自由競争を行うことを原則とする経済体制。**市場経済**とも呼ばれる。

☐⑫ **アダム＝スミス**（1723～90年）　Adam Smith　（→p.199，204）
イギリスの哲学者・経済学者。著作には『**諸国民の富（国富論）**』がある。個人の利己心に基づく行動が、結局は「**見えざる手**」に導かれて、社会全体の福祉につながると説いた。無用な規制を批判し、自由競争を主張した。

☐⑬ **世界恐慌**　world crisis　（→p.200，226）
1929年10月、アメリカのウォール街で起こった株価の大暴落に端を発し、全資本主義国に広がった世界的規模の恐慌。

☐⑭ **ニューディール政策** （→p.200）
世界恐慌の際、アメリカが不況脱出のために実施した政策。財政支出により**有効需要**を創出する政策も盛り込まれた。

☐⑮ **修正資本主義（混合経済）** （→p.201）
市場経済によりながらも、財政政策などで景気のかじ取りをしつつ、政府が経済活動に積極的に介入する資本主義。

☐⑯ **ケインズ**（1883～1946年）　（→p.201，204）
　　Keynes, John Maynard
イギリスの経済学者。経済の自由放任主義政策を批判し、不況で需要が不足するときは、政府が経済に介入して、有効需要を創出する必要があるとした（**修正資本主義**）。

☐⑰ **有効需要**　effective demand　（→p.201，226）
欲しいという単なる願望ではなく、**購買力に裏付けられた需要**。ケインズは、財政支出はその何倍かの有効需要を作り出すので、不況期には、有効需要の創出につとめるべきだと主張した。

☐⑱ **新自由主義**　neo-liberalism　（→p.201）
石油危機以後、先進国でスタグフレーションや財政赤字の拡大が起こり、政府による経済介入の限界が見えてくる中で登場した、**経済的自由を強く求める考え方**。規制緩和や民営化を進め、「**小さな政府**」をめざす。アメリカの**レーガン**政権、イギリスの**サッチャー**政権などのもとで、新自由主義的な改革が行われた。

☐⑲ **フリードマン**（1912～2006年）　（→p.201，204）
　　Friedman, Milton
アメリカの経済学者。ケインズの裁量的政策を批判し、経済の安定には、通貨供給量を一定の率で増やすというルールに基づいた金融政策が必要と主張（**マネタリズム**）。政府が有効需要を創出するのではなく、財やサービスを供給する主体を**規制緩和**や**民営化**で刺激し、市場原理を最大限に活用することを主張。「**小さな政府**」をめざし、**新自由主義**の理論的支柱となった。

☐⑳ **社会主義経済**　socialist economy　（→p.198，202，203）
生産手段（土地・建物など）を公有にし、政府の計画に基づいて生産し、国民は個々の仕事量に応じて給料を受ける経済体制。これにより貧富の格差を解消し、平等な社会をめざした。しかし、非効率的な経済運営や労働意欲の低下など、様々な問題が現れて停滞した。このことが、市場経済の原理を導入する一因となった。

☐㉑ **マルクス**（1818～83年）　Marx, Karl Heinrich（→p.202，204）
ドイツの経済学者・哲学者。『**資本論**』を著して、資本主義経済の構造を分析し、批判。資本主義社会は、労働者階級による革命により、社会主義社会に移行すると主張した。

☐㉒ **改革開放政策** （→p.203）
中国の沿海部に**経済特区**を設け、外国から資本や技術を導入し、経済を発展させようという政策。天安門事件で一時混乱したが、この政策は継続し、高い経済成長を続けている。貿易も急速に拡大し、1990年代後半には大幅な貿易黒字を実現した。

☐㉓ **社会主義市場経済** （→p.203）
社会主義体制の**中国**において、市場原理に基づく個人の経済活動を憲法により認めた経済体制。

☐㉔ **ドイモイ（刷新）政策** （→p.203 LOOK）
社会主義国ベトナムが、1986年から行った経済の開放政策。

2　経済の循環と企業

☐㉕ **経済主体** （→p.207）
経済活動を行う単位で、家計（消費生活を行う）、企業（生産活動を行う）、政府（経済活動の調整を行う）の3つがある。

☐㉖ **私企業** （→p.207）
民間資本からなる企業。

☐㉗ **公企業** （→p.207）
公共資本からなる企業。

☐㉘ **公私合同企業** （→p.207）
政府や地方公共団体と民間の共同出資による企業。公共部門を指す第一セクター、民間部門を指す第二セクターに対して、第三セクターと呼ばれる。地方公共団体が、民間部門と共同して設立する場合が多い。

☐㉙ **株式会社** （→p.208～211）
　　stock corporation, joint-stock company
巨額の資本金を、均一金額の多数の**株式**に分けて発行することによって集め、事業活動を行う会社。出資者は**株主**と呼ばれ、**株主総会**で経営者（取締役）や経営方針を決定する。株主は、利潤の一部を**配当**として受け取ることができる。

☐㉚ **自己資本** （→p.208，231）
企業の内部資金や、株式の発行によって調達した、返済の必要のない資本。

☐㉛ **他人資本** （→p.208，231）
銀行からの借り入れや、社債の発行などによって調達した、返済の必要がある資本。

☐㉜ **所有（資本）と経営の分離** （→p.210）
企業規模が拡大し、株式が広く投資家に所有されると、個々の株主が経営を左右する力を失う。その結果、企業の経営が所有者ではなく、少数の専門的な経営者の集団に委ねられること。一般的に、現代の大企業の多くがこの形態にあてはまる。

☐㉝ **株式の持ち合い** （→p.211）
取り引き関係のある企業や銀行が、長期に友好的な関係を維持することを目的に、安定株主として互いに相手の株式を所有し合うこと。これによって、株主総会が経営者側の案を儀式的に了承する場になり、経営のチェック機能が弱まるという欠点がある。

☐㉞ **持株会社** （→p.211，217，245）
傘下の企業の経営を支配するために、その会社の株式を所有し、グループの中核として経営戦略の立案、子会社の運営を行う会社。1997年の**独占禁止法**改正により設立が解禁されたが、事業支配力が過度に集中することにならないように規制されている。

☐㉟ **合併・買収（M&A）**　Merger and Acquisition　（→p.212）
企業の合併や買収のこと。企業の**合理化**や競争力強化の手段。

☐㊱ **コングロマリット**　conglomerate　（→p.212）
その企業本来の業種と関連性のない産業や業種の企業を合併・吸収して、規模を拡大し、巨大化を図る企業形態。**複合企業**。

☐㊲ **コーポレート・ガバナンス**　corporate governance　（→p.213）
企業統治のこと。株主をはじめ、従業員や取引先、顧客など多くの利害関係者（**ステークホルダー**）の意思を反映した、健全な経営を実現するためのしくみで、具体的には、株主総会の機能強化、社外取締役の設置、情報公開体制の確立による経営の監視強化など。企業の不祥事が多発したため、重視されるようになった。

□238 **コンプライアンス（法令遵守）** compliance （→p.213）
企業が活動する上で，法令や規則などを守ること。企業の不祥事が相次ぐなかで，その重要性が指摘されるようになった。

□239 **企業の社会的責任（CSR）** （→p.213）
Corporate Social Responsibility
企業は社会の一員として，利潤を追求するだけでなく，従業員，顧客，取引先，社会などの利害関係者（ステークホルダー）の意思・利益を反映し，よりよい社会をきずくために努力する責任があるということ。

□240 **フィランソロピー** philanthropy （→p.213）
企業などによる**公益活動**や**非営利活動**をさす。「社会貢献活動」「企業ボランティア活動」とも呼ばれる。

□241 **メセナ** mécénat（仏語） （→p.213）
企業などによる，**芸術活動・文化活動の支援**のこと。

□242 **多国籍企業** multinational corporation （→p.213）
多くの国にまたがって，世界的規模で活動する企業。一国の国内総生産を上回る売上高をもつ企業もある。発展途上国に進出した場合，その国の政治や経済に大きな影響を及ぼすこともある。

3　市場経済の機能と限界

□243 **市場** market （→p.216）
家計，企業などの経済主体が，財・サービスなどを取り引きする場。財市場，労働力市場，金融市場，外国為替市場などがある。

□244 **完全競争市場** perfect competition （→p.214）
買い手と売り手が多数存在し，競争によって効率性の最大化が達成されるような状況。

□245 **均衡価格** （→p.214，216）
需要量と供給量が一致した時の価格。

□246 **価格の自動調節機能** （→p.215）
需要量と供給量を調節し，均衡させる価格の働きのこと。

需要＜供給→供給過剰（売れ残り）→価格下落→需要増
需要と供給の一致（均衡価格）
需要＞供給→供給不足（売り切れ）→価格上昇→需要減

□247 **市場メカニズム（市場機構）** （→p.215）
価格によって需要量と供給量が調整されたり，社会的に必要とされる商品の生産に資源を最適配分する市場のはたらきのこと。このはたらきに支えられた経済を，**市場経済**という。

□248 **管理価格** （→p.216）
寡占市場などにおいて，価格支配力をもつ有力企業が**プライス・リーダー**（価格先導者）となって，超過利潤の獲得をめざして設定する価格。

□249 **寡占** oligopoly （→p.217）
少数の企業が，特定の産業や商品の市場の大部分を占めている状態。寡占となった市場では自由な競争が行われなくなる。

□250 **独占** monopoly （→p.217）
特定の商品の市場において，売り手または買い手が1社または1人の状態。近代経済学では，厳密には売り手の独占状態をいう。

□251 **カルテル** cartel （→p.217）
同一産業の企業が互いに独立性を保ったまま，生産量・販売・価格などについて協定を結び，利益を得ようとすること。**独占**の一形態。

□252 **非価格競争** non-price competition （→p.217 LOOK）
広告・宣伝，新技術，サービスなどの価格以外の部分で他の商品との区別化を図り，競争を行うこと。

□253 **独占禁止法** （→p.218）
企業間の公正かつ自由な競争の確保と消費者の利益の確保，経済の健全な発展などを目的として1947年につくられた法律。

□254 **公正取引委員会** （→p.218）
独占禁止法を実施・運用するための行政機関。価格協定を排除するための権限などをもっている。

□255 **市場の失敗（市場の限界）** （→p.219）
市場メカニズムが有効に機能しない現象。または，機能していても発生する不具合のこと。具体的には，寡占・独占により資源の最適配分を実現できない，公害が発生する，公共財が供給されないなどの事例が挙げられる。市場の失敗が起こる場合は，政府が介入する必要がある。

□256 **外部不経済** （→p.219）
他の経済主体の経済活動から，市場を通さずに他の経済主体に不利益を被ること。例えば環境破壊や公害など。市場の失敗の1つ。

□257 **公共財** （→p.219）
市場メカニズムの下では，適切な供給がなされないので国や地方公共団体が提供する財・サービス。多くの人々が同時に利用できるという性質（**非競合性**）と，料金を払わないで利用する人を排除するのが難しいという性質（**非排除性**）をもつ。例えば，道路や公園，警察による治安維持，消防サービスなど。

4　国民所得と国富

□258 **国民所得** national income （→p.221～223）
広義では，一国の通常1年間の経済活動によって新しく生み出されたものの集積量（**フロー**）のことで，**ストック**である**国富**に対する概念。狭義では，市場価格ではなく要素費用で表示された，一国で新たに生産された付加価値の総額（→下図）。

$$\boxed{\text{国民所得}} = \underbrace{\text{GNP} - \text{減価償却費}}_{\text{国民純生産}} - (\text{間接税} - \text{補助金})$$

□259 **国富** national wealth （→p.221）
一国の経済活動によって蓄積された成果であり，国民所得を生み出す元本。**ストック**と呼ばれる。土地・建物・機械など。

□260 **社会資本** （→p.221）
国や地方公共団体の公共投資によってつくられた共有の財産。**インフラストラクチャー**。道路，鉄道，港湾などの産業関連社会資本と，上下水道，公園，病院などの生活関連社会資本に分けられる。

□261 **国内総生産（GDP）** Gross Domestic Product （→p.221～223）
一国内で通常1年間に新たに生産された財・サービスの総計。**産業の空洞化**で生産拠点の海外移転が進んだことにより，国内の経済規模を示す指標としてGNPに代わり広く使われるようになった。

$$\boxed{\text{GDP}} = \underbrace{\text{国内の総生産額}}_{\text{（財・サービスの合計）}} - \underbrace{\text{中間生産物の総額}}_{\text{（原材料や部品など）}} = \text{最終生産物の総額}$$

□262 **国民総生産（GNP）** Gross National Product （→p.222）
一国の国民が通常1年間に新たに生産した財・サービスの総計。GDPに海外で働く日本人が受け取った所得を足し，日本国内で働く外国人の所得を差し引く。なお，**GNI（国民総所得）**は，GNPの概念を所得面から捉えたもので，GNP値と等しい。

$$\boxed{\text{GNP}} = \text{GDP} + \underbrace{\text{海外からの純所得}}_{\text{（海外からの所得} - \text{海外への所得）}}$$

5　経済成長と景気変動

□263 **経済成長率** （→p.225）
国内総生産の前年に対する増加（減少）率。その年々の物価で示した**名目経済成長率**と，名目経済成長率から物価変動分を調整した**実質経済成長率**とがある。名目経済成長率が正の値であっても，物価の上昇率がそれを上回っている場合には，経済活動の規模は実質的に前年よりも縮小していることになる。

□264 **イノベーション（技術革新）** innovation （→p.225）
画期的な新技術や新しい組織・経営など，従来とは異なる新しいやり方を導入すること。アメリカの経済学者**シュンペーター**は，イノベーションが経済を発展させ，**景気変動**をもたらすと説いた。

☐❷❻❺景気変動(景気循環) （→p.225, 226）
資本主義経済の経済活動において，**好況**(好景気)→景気の後退→**不況**(不景気)→景気の回復，の4つの状態が繰り返されること。景気循環の周期としては，**キチンの波**(約40か月周期，在庫量の変動による)，**ジュグラーの波**(約10年周期，設備投資の集中による)，**クズネッツの波**(約20年周期，建造物の建て替えの集中による)，**コンドラチェフの波**(約50年周期，イノベーションを主因とする説が一般的)などが知られている。

6　物価の動き

☐❷❻❻物価 （→p.227～229）
商品の価格やサービスの料金を，個々ではなく総合的にみるためのもの。物価の変化をみるときには物価指数が用いられる。物価指数とは，基準の年を100としてその後の物価の変化を指数化したもので，**消費者物価指数**と**企業物価指数**がある。

☐❷❻❼インフレーション　inflation （→p.228）
物価が，急激または持続的に上昇して，お金の価値が下がり続ける現象のこと。発生の原因は様々だが，いずれの場合も通貨量が増加する。

☐❷❻❽デフレーション　deflation （→p.228）
物価が下がり続け，お金の価値が上がり続ける現象。バブル崩壊後の日本では，モノの値段が下がったのに不況で売れず，企業の業績が悪化し，賃金は下がり，失業者が増え，さらにモノが売れなくなる悪循環が生じた。これを**デフレスパイラル**という。

☐❷❻❾スタグフレーション　stagflation （→p.227）
不況にもかかわらず，物価が上がり続ける状態をいう。1973年に起こった**第1次石油危機**の後，アメリカをはじめとするほとんどの先進国で，このスタグフレーションが観察された。

7　金融の役割

☐❷❼⓪直接金融 （→p.231）
資金を調達したい企業や政府が発行する株式や債券を，余剰資金を運用したい家計などが直接購入するという金融のこと。企業や政府が，家計などから直接資金を集める形になる。

☐❷❼❶間接金融 （→p.231）
資金を調達したい企業や政府などと，余剰資金を運用したい企業や家計とが，銀行や信用金庫などの**金融機関**を介して，資金の貸し借りを行う金融のこと。

☐❷❼❷通貨　money, currency （→p.231）
現金通貨と預金通貨とがある。現金通貨には，政府が発行する貨幣(硬貨)と，日本銀行が発行する日本銀行券(紙幣)がある。預金通貨には要求払い預金である普通預金などが含まれる。預金通貨は，銀行の**信用創造**によって膨張する。

☐❷❼❸金本位制 （→p.231）
金の保有量に基づいて通貨を発行する制度。通貨供給量は，中央銀行が保有する金の量に制約される。

☐❷❼❹管理通貨制度 （→p.231）
金の保有量にかかわらず，国の信用に基づいて通貨を発行する制度。中央銀行が通貨の供給量を管理する。景気調整のための金融政策をとりやすいが，通貨発行量が増大して**インフレーション**を生じさせることがある。世界恐慌を経て，世界のほとんどの国は金の保有量に基づいて通貨を発行する金本位制からこの制度へと移行した。日本は1931年に移行。

☐❷❼❺信用創造 （→p.232）
銀行は，預金の一部を支払準備として保有し，残りを企業などに貸し出す。貸し出されたお金が，再び別の銀行に預金され，貸し出されることで，銀行は，当初に貸し出した額以上のお金を世の中に貸し付けることができるしくみ。

☐❷❼❻日本銀行 （→p.233）
日本の中央銀行。日本の金融制度の中心機関で，①**政府の銀行**(政府資金の出し入れを行う)，②**発券銀行**(国内で唯一，紙幣を発行する)，③**銀行の銀行**(市中金融機関とだけ取り引きを行う)としての3つの機能を果たす。また，**金融政策**の担い手であり，金融機関に対する**最後の貸し手**である。

☐❷❼❼マネーストック　money stock （→p.233）
経済全体に供給されているお金の総量のことで，金融機関以外の企業や個人，地方公共団体などが保有する通貨量の残高を集計したものである。ゆうちょ銀行が制度上，国内銀行として扱われるようになったことや，金融商品の多様化などを背景に，2008年6月，マネー・サプライ統計における各指標が見直され，それに伴い名称がマネーストックに変更された。

☐❷❼❽金融政策　monetary policy （→p.233, 234）
中央銀行(日本銀行)が通貨量を調節して，物価の安定を図る政策。インフレを抑制するときは，金融引き締めを行い，通貨量を減少させる。デフレを抑制するときは，金融緩和を行い，通貨量を増加させる。通貨量を増減させる手段としては，通常，**公開市場操作**による金利(無担保コールレート)の誘導が用いられるが，通貨量そのものを操作する政策が用いられる場合もある。

☐❷❼❾公定歩合 （→p.233）
日本銀行が市中金融機関に対して資金の貸し付けを行う時の金利。かつての政策金利で，日銀は公定歩合を上下させることで市中金融機関の金利に影響を与え，通貨量を増減させて物価を調整していた。しかし，1994年の金利自由化完了により，公定歩合の変動が市中金融機関の金利に影響を与えなくなったため，公定歩合は政策金利ではなくなった。また，その呼び名も，2006年に「基準割引率および基準貸付利率」に変更された。

☐❷❽⓪公開市場操作(オープン・マーケット・オペレーション)　open market operation （→p.233, 234）
中央銀行(日本銀行)が，市中金融機関との間で国債・社債などの有価証券の売買(**売りオペレーション・買いオペレーション**)を行うことによって，金融機関から資金を吸収したり，金融機関に資金を供給したりすること。一般に，金融引き締め時には，日銀は市中金融機関に国債などを売る**売りオペ**を行い，通貨を吸収する。金融緩和時には，日銀は市中金融機関から国債などを買う**買いオペ**を行い，通貨を供給する。公開市場操作の影響は，金利，個人・企業の借入，市中通貨量へと波及し，物価や景気に及ぶ。

☐❷❽❶預金準備率操作 （→p.234）
市中金融機関は，**中央銀行**(日本銀行)へ預金の一定割合を準備金として預け入れる。この預金準備率を上下させることで市中金融機関の貸出を増減させ，通貨量を調節すること。近年はあまり使われておらず，1991年10月以来預金準備率は変動していない。

☐❷❽❷ゼロ金利政策 （→p.234）
日銀が行う金融緩和策の1つで，無担保コールレートをほぼ0％に引き下げる政策。バブル崩壊後，景気が回復せず，デフレの懸念が生じたことから，1999年2月に初めて導入された。

☐❷❽❸量的緩和政策 （→p.234）
日銀が行う金融緩和策の1つ。狭義では，2001年3月から行われた政策のように，金融政策の操作目標を金利(無担保コールレート)ではなく，資金量(当座預金残高)とする政策のこと。しかし，操作目標を金利としつつも，同時に金融機関の保有する国債などを買い入れて市場に資金を供給する政策も，広い意味で量的緩和と呼ばれる。世の中に出回るお金の総量を増やすことをねらう。

☐❷❽❹金融の自由化 （→p.235）
外国からの規制撤廃要求，金融の国際化への対応などにより進められた金融の改革。**業務の自由化**や**金利の自由化**などが段階的に進められた。その後，1996年の**日本版金融ビッグバン**構想に基づき，大規模な規制緩和による金融制度の抜本的改革が行われ，政府の厳しい規制の下に置かれてきた金融業界は急速に自由化が進んだ。

☐❷❽❺BIS規制 （→p.237）
国際業務を営む銀行に対し定められている，国際的な統一基準。総資産(融資・債権)に占める自己資本の割合を8％以上とすることなどを求めている。

□286 ペイオフ　　　　　　　　　　　　　　（→p.237）
　金融機関が破綻した際に，預金保険機構が一定限度額まで預金を保護する制度。バブル崩壊後の1996年，金融機関の破綻が相次いだためペイオフは一時凍結され，預金は全額保護されることになったが，2002～05年にかけて段階的に解禁され，現在は一定限度額までの保護制度に戻っている。

8 財政の役割

□287 財政　public finance　　　　　　（→p.238, 239）
　歳入と歳出による国家や地方公共団体の経済的活動。①**資源配分の調整**，②**所得の再分配**，③**景気の安定化**の3つの機能がある。

□288 所得の再分配　　　　　　　　　　（→p.238, 241）
　所得税や相続税の**累進課税**，失業保険や年金の支払いなどの政策によって，所得や富の分配状態を是正すること。

□289 国債　national debt, government bond　（→p.239, 243）
　歳入が不足した時に政府が発行する債券。国民や企業からの国の借金であり，国民や企業にとっては債権（財産）でもある。公共事業の財源となる**建設国債**と，一般会計の赤字を埋めるための**特例国債（赤字国債）**がある。

□290 公債の市中消化の原則　　　　　　　　　（→p.239）
　日本銀行の引き受けによる公債発行を禁止し，個人や一般金融機関が公債を買い取る形で発行するという原則。

□291 自動安定化装置（ビルト・イン・スタビライザー）　（→p.239）
　自動的に景気を安定させる財政の機能。歳入面では**累進課税制度**をとる所得税，歳出面では**社会保障制度**の給付費の増減がその役割を果たす。

□292 裁量的財政政策（フィスカル・ポリシー）　（→p.239）
　景気が加熱気味の時は，増税や公共投資の縮小により需要を抑制し，不況時には，減税や公共投資の拡大により需要を増大させる財政政策。

□293 財政投融資　　　　　　　　　　　　　　（→p.240）
　民間企業では困難な長期・大規模な事業に対し，特殊法人や独立行政法人などの公的機関を通じて政府が資金を投資・融資する制度。かつては郵便貯金や年金積立金などの巨額の資金が自動的に融資されていたが，公的機関の運営の非効率性や不透明性が問題となり，資金調達の方法をはじめとした改革が行われた。

□294 直接税　（→p.240）
　税金を負担する人と納める人が同じである税金。

□295 間接税　（→p.240）
　税金を負担する人と納める人が違う税金。

	国　税	地方税
直接税	所得税，法人税，相続税　など	道府県民税，市町村民税，固定資産税　など
間接税	消費税，酒税　など	地方消費税，入湯税，ゴルフ場利用税　など

□296 シャウプ勧告　　　　　　　　　　（→p.240, 246）
　第二次世界大戦後の日本の税制の骨格を定めた文書。これにより，戦後税制の骨格は**直接税**中心となった。

□297 所得税　　　　　　　　　　　　（→p.240～242）
　直接税。**累進課税**制度が採用され，所得の再分配機能がはたらく。国税の中で，消費税とともに大きな割合を占める。

□298 消費税　　　　　　　　　　　　（→p.240～242）
　間接税。原則としてすべての商品やサービスに，一定の税率が上乗せされ，その商品を買う消費者が負担する税。日本では1989年4月から導入。1997年4月には，税率が3％から5％（うち1％は地方消費税），2014年4月には8％（同1.7％），2019年10月には10％（同2.2％）に引き上げられ，特定品目における軽減税率が導入された。所得にかかわらず同じ税率が課せられるため，低所得者の負担が相対的に重くなるという**逆進性**が問題とされている。

□299 累進課税制度　　　　　　　　　　　　　（→p.241）
　所得が多くなるほど税率が高くなるしくみの課税制度。これにより**所得の再分配効果**が生じ，貧富の差を小さくすることができる。日本では所得税，相続税などでこの課税制度がとられている。

□300 垂直的公平　　　　　　　　　　　　　　（→p.242）
　課税の公平性の考え方の1つ。より高い負担能力をもつ者は，より高い税負担をすべきであるという考え方。

□301 水平的公平　　　　　　　　　　　　　　（→p.242）
　課税の公平性の考え方の1つ。同じ経済状態（すなわち同じ所得水準）にある者は，同じ税負担であるべきであるという考え方。

□302 基礎的財政収支（プライマリー・バランス）　（→p.243）
　「公債金を除いた税収などの歳入」から「国債費を除いた歳出」を差し引いた値。財政健全化目標に用いられる指標の1つで，政策に必要な経費を借金に頼らずにその年度の税収でまかなえているかどうかを示す。
　日本の現状のプライマリー・バランスは赤字傾向にあり，政府は2020年度までに黒字化することを目標としていたが，2018年，これを5年間延長し，2025年度の黒字化をめざすとした。

9 日本経済の歩み

□303 財閥解体　　　　　　　　　　　　　　　（→p.245）
　戦後の経済の民主化政策の1つ。1946年に発足した持株会社整理委員会により，指定された83社の持株会社や56人の財閥家族の持株処分，財閥の人的支配の排除などが進められた。これにより企業間の競争力が高まり，経済発展の活力となった。

□304 農地改革　　　　　　　　　　　　　　　（→p.245）
　第二次世界大戦後に行われた，**寄生地主制解体**のための改革。連合国による民主化政策の一環として実施された。

□305 傾斜生産方式　　　　　　　　　　　　　（→p.246）
　第二次世界大戦後，限られた物資や労働力を，まず石炭・鉄鋼・電力・肥料などの**基幹産業**に重点的に投入し，その後，その生産物を他の部門に流し，生産の全面的拡大をねらう政策。

□306 ドッジ・ライン　　　　　　　　　　　　（→p.246）
　1949年に行われた，GHQ経済顧問ドッジによる経済安定政策。復興金融金庫の融資の停止など。黒字財政とインフレ収束を実現させたが，同時に生産縮小をもたらし，深刻な不況となった。

□307 高度経済成長　　　　　　　　　　（→p.247, 248）
　1955～1973年ごろにかけての，日本経済の著しい成長をさす。この間，19年間にわたって**平均約10％**の経済成長率を記録した。

□308 石油危機　　　　　　　　　　　　　　　（→p.248）
　石油価格の高騰と，それに伴う世界経済の混乱をいう。第1次石油危機は，1973年の第4次中東戦争をきっかけに，アラブ産油国が石油戦略として行ったイスラエル支援国家への原油禁輸と大幅な値上げにより発生。第2次石油危機は，1979年，イラン革命による原油輸出の中断が原因で起こった。
　日本では，第1次石油危機の物価高騰に対し，政府が金融引き締めなどを行ったため，景気が急激に下降し，翌1974年には**実質経済成長率**は戦後初のマイナスを記録した。
　この時期には，企業は，省エネ・省資源・省力化を中心とした減量経営を進めるなかで，生産や事務の機械化・自動化を行い，日本経済はいち早く不況を乗り越えた。

□309 経済のサービス化・ソフト化　　　　　　（→p.248）
　産業構造において第3次産業の占める割合が大きくなり，他の産業でも，コンピュータや通信技術の発達により，知識や情報などの重要性が大きくなること。家計の消費支出においても，企業活動においても，モノよりもサービスへの需要が高まっている。

□310 産業構造の高度化　　　　　　　　　　　（→p.248）
　経済の発展にともなって，産業の中心が第1次産業から第2次産業へ，さらには第3次産業へと移っていくこと。**ペティ・クラークの法則**と呼ばれる。

□311 バブル経済　　　　　　　　　　　　　　（→p.250）
　投機目的で土地や株式などの売買を繰り返したために，価格が実態以上に上昇し続ける現象。日本では，1987～90年の好況期に見られた。

10　中小企業と日本経済

③⑫ 中小企業　　　　　　　　　　　　　　（→p.254, 255）
大企業に対して経営規模（資本金または従業員数）が一定の基準以下の企業のこと。日本では，この企業が圧倒的に多い。

業　種	資本金	従業員
製造業その他の業種	3億円以下	300人以下
卸売業	1億円以下	100人以下
小売業	5000万円以下	50人以下
サービス業	5000万円以下	100人以下

③⑬ 日本経済の二重構造　　　　　　　　　　（→p.254）
日本経済の中に，最先端の設備をもつ近代的な大企業と，前近代的な中小企業が並存し，両者の間に資本力，生産性，賃金などの面で格差がある状態。

③⑭ ベンチャー・ビジネス　　　　　　　　　（→p.255）
独創的な技術・製品・サービスの開発や経営システムの導入により急成長している中小企業。日本経済の長期的な発展のために必要であるといわれている。ベンチャー・ビジネスの中には大企業と提携するものもある。

11　日本の農業・食料問題

③⑮ 食料・農業・農村基本法　　　　　　　　（→p.258）
農業基本法（1961年制定）は農業の発展と農業従事者の地位の向上をめざした。これに対して，食料の安定供給，農業の多面的機能の発揮と持続的発展，農村の振興を掲げ，国民生活の安定向上と国民経済の健全な発展をめざした1999年制定の新基本法。

③⑯ 食糧管理制度　　　　　　　　　　　　　（→p.259）
戦中・戦後の食糧不足に対処するため，米・麦などの価格・流通を政府の管理下におき，生産農家を保護した制度。1995年廃止。

③⑰ 減反政策　　　　　　　　　　　　　　　（→p.259）
米の作付面積を減らし，生産量を調整する政策。1970年開始。米の消費量が減少し，供給過剰が深刻な問題となったため，生産調整が必要となった。国が設定する米の生産数量目標は，2018年から廃止された。

③⑱ 新食糧法　　　　　　　　　　　　　　　（→p.259）
政府の**米の全量管理を廃止**し，部分管理することを定めた法律。米の流通について，多様な販売方法を認めることになった。

③⑲ 食料安全保障　　　　　　　　　　　　　（→p.261）
不作や食料輸入が止まったなどの不測の事態に備え，国が国民に対し食料を安定供給できるように，対策を用意しておくこと。

③⑳ 遺伝子組み換え　　　　　　　　　　　　（→p.261）
genetic recombination, recombination of DNA
性質を改良したい生物の中に，目的の性質をもつ遺伝子を組み込んで新しい性質を与えること。農作物では，この技術を利用し，害虫や除草剤に強い作物が作られている。これを原料にして作られた食品を遺伝子組み換え食品という。現在，その表示が義務付けられている。

12　消費者保護

③㉑ 多重債務　　　　　　　　　　　　　　　（→p.264）
複数の金融機関から借金をして，債務がいくつも重なり，返済が困難になること。クレジットカードなどを使った金融機関からの小口融資（キャッシング）は，無担保・保証人なしで簡単に借りられるため，安易な利用は多重債務を生む。

③㉒ 消費者の四つの権利　　　　　　　　　　（→p.265）
米大統領ケネディが，1962年に定式化したもの。
①安全である権利
②誤った情報から保護され，必要な事実を知らされる権利
③可能な限り，競争的価格で多様な製品やサービスを選ぶ権利
④意見を聞いてもらう権利

③㉓ 消費者基本法　　　　　　　　　　　　　（→p.265）
2004年，**消費者保護基本法**を改正して成立した，消費者政策の基本法。消費者保護基本法（1968年制定）では，消費者を行政の**保護**対象と捉えていた。その後，規制緩和が進展し，消費者トラブルも多様化・複雑化する中で，消費者の**自己責任の確立**が求められるようになった。このような変化を背景に，基本法も消費者の**自立支援**を基本理念とするよう，改正された。

③㉔ 消費者庁　　　　　　　　　　　　　　　（→p.265）
消費者行政を一元化し，縦割りの消費者行政の弊害を防ぐために，2009年に内閣府の外局として発足。消費者関係情報を集約して調査・分析し，関係省庁や事業者に勧告・措置を求めたり，消費者に情報を公開して注意を促す。

③㉕ クーリング・オフ　　　　　　　　　　　（→p.265）
1973年に導入。契約から8日以内（マルチ商法・モニター商法などは20日以内）であれば，消費者は無条件で契約を解除できるという消費者保護制度。訪問販売や割賦販売などに適用される。ただし，通信販売や店に出向いて購入したもの，3000円未満の現金取引などには適用されない。

③㉖ 製造物責任法（PL法）　　　　　　　　　（→p.266）
日本では1995年に施行された。製造物の欠陥や食品・医薬品の有害性により，利用者の身体や財産が被害を受けたときに，この法に基づいて製造者に責任を追及し，その損害を賠償させることができる。**無過失責任の原則**に立つ。

③㉗ 消費者契約法　　　　　　　　　　　　　（→p.266）
2001年4月に施行。年々登場する新しい形態の契約・販売トラブルに，従来の法律では対応しきれなくなったため，消費者の契約トラブルを防止・解決するための民事ルールを立法化したもの。

13　高度情報社会

③㉘ ビッグデータ　big data　　　　　　　（→p.89, 267）
インターネット上に蓄積された膨大なデジタルデータのこと。ポイントカードの会員情報やGPSの位置情報など，様々な情報が含まれる。データを解析することで，新商品の開発やサービスの向上などに役立てることができ，活用に期待が高まっている。

③㉙ 情報格差（デジタル・デバイド）　digital divide　（→p.268）
インターネットの急速な普及がもたらした，情報通信技術を利用することのできる人とそうでない人との間に，経済的・社会的な格差が生じる問題。個人間（年齢・所得など）だけでなく，国家間（先進国と発展途上国など）の格差も問題になっている。

14　公害防止と環境保全

③㉚ 四大公害訴訟（四大公害裁判）　　　　　（→p.271）
新潟水俣病，四日市ぜんそく，イタイイタイ病，水俣病（熊本水俣病）の四大公害病の裁判。高度経済成長期に起こされて，それぞれ原告側の勝訴という判決が出され，企業の公害に対する責任を明確にした画期的な裁判となった。この結果，国民の公害への関心が飛躍的に高まった。

③㉛ 公害対策基本法　　　　　　　　　　　　（→p.271, 272）
公害対策の憲法といわれた法律。1967年に制定。この法律で，公害を**典型七公害**によって人の健康や生活環境に被害を生じさせるものと定義した。1993年の**環境基本法**の制定に伴い廃止。

③㉜ 環境庁　　　　　　　　　　　　　　　　（→p.271）
1971年に，公害対策行政を一元化するために設置された行政機関。2001年1月からは，**環境省**に昇格。

③㉝ 典型七公害　　　　　　　　　　　　　　（→p.272）
公害対策基本法によって定義された7つの公害。この定義は，**環境基本法**に引き継がれた。近年，これ以外の新たな種類の公害（ハイテク産業による地下水汚染など）も問題になってきた。

> **典型七公害**…大気汚染，水質汚濁，土壌汚染，騒音，振動，地盤沈下，悪臭

□**334 汚染者負担の原則(PPP)** polluter pays principle (→p.272)
　1972年のOECDの環境委員会で国際ルールとして定められたもので，汚染(公害)を発生させた者が公害に対する費用(汚染防除や被害者救済のための費用)を負担しなければならないという原則。日本では，四大公害をめぐる裁判をきっかけに定着し，被害者救済のために，この原則に基づく法律も制定された。

□**335 無過失責任の原則** (→p.272)
　損害や健康被害が生じた場合，企業に故意や過失がなくても，その損害を賠償する責任を負わせるもの。大気汚染防止法や水質汚濁防止法にも取り入れられている。

□**336 環境基本法** (→p.272)
　公害対策基本法に代わり，1993年に，環境行政を総合的に推進していくために整備された法律。単なる公害対策や自然保護を超えて，経済活動による環境への悪影響を減らし，人にやさしい社会をつくることをめざす。

□**337 環境アセスメント(環境影響評価)** (→p.272)
　環境への影響が考えられる事業を行う場合，前もって，その事業が対象地域周辺の環境に及ぼす影響について，調査，予測，評価をする。さらに，地方公共団体や住民にその結果を公表し，それに対する意見を当初の計画に反映して，事業による環境破壊を未然に防ぐための計画変更や修正を行うなどの手続きを定めた制度。
　2011年の法改正により，これまで事業の枠組みが決定してから行っていた手続きに，計画検討段階での手続きが追加された。

□**338 ハイテク汚染** (→p.273)
　IC産業において，作業工程中に大量に使用される有毒化学物質が漏れ出し，周辺の土壌・地下水が汚染されることが深刻な問題となった。このようなIC産業やバイオテクノロジーなどの先端産業が引き起こす環境汚染のこと。

□**339 ダイオキシン** dioxin (→p.273)
　ごみの燃焼過程などで発生する毒性の強い化学物質。がんや不妊を引き起こす危険性が指摘されている。1999年に**ダイオキシン類対策特別措置法**が制定された。

□**340 アスベスト** (→p.273)
　天然の鉱石で，細長いせんい状の物質。石綿とも呼ばれる。軽くて燃えにくく，加工しやすいため，建築物の耐火材・断熱材などに幅広く使用されてきた。しかし，吸い込むと，中皮腫(がんの一種)や肺がんを発症させる危険性がある。この健康被害は早くから指摘されていたものの，規制が遅れ，その間に被害が拡大した。2006年，労災補償で救済できない石綿工場の周辺住民，元従業員の遺族などを対象とした**石綿健康被害救済法**が施行。また，2014年の最高裁判決を受け，国は損害賠償金を支払うことになった。

□**341 循環型社会** recycling-based society (→p.274)
　社会の営みを資源循環という視点でとらえ，廃棄物の減量・リサイクルを優先的に考える社会。2000年，大量廃棄社会から循環型社会への転換を掲げた**循環型社会形成推進基本法**が制定された。

□**342 3R** (→p.274)
　循環型社会をめざして行われる，**リデュース**(Reduce，ごみの減量)，**リユース**(Reuse，製品の再使用)，**リサイクル**(Recycle，再生利用)の３つの取り組みのこと。

□**343 資源有効利用促進法(リサイクル法)** (→p.274)
　企業に資源の有効利用と廃棄物の発生抑制に努めるように求めた法律。1991年の再生資源利用促進法が，2000年の循環型社会形成推進基本法の制定に伴い抜本的に改正され，循環型経済システムの構築をめざす資源有効利用促進法として2001年に施行。

```
環境基本法 ─ 循環型社会形成推進基本法 ┬ 廃棄物処理法 ┬ 容器包装リサイクル法
                                    │              ├ 食品リサイクル法
                                    │              └ 建設リサイクル法
                                    └ 資源有効利用 ┬ 家電リサイクル法
                                      促進法       ├ 自動車リサイクル法
                                                   ├ 小型家電リサイクル法
                                                   └ グリーン購入法
```

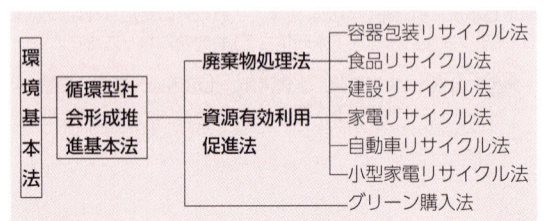

□**344 家電リサイクル法** (→p.274)
　2001年施行。家電製品を廃棄する際，消費者が費用を負担して小売店が回収し，生産者が処理・リサイクルすることを義務付けた法律。対象となるのは，テレビ(ブラウン管式・液晶式・プラズマ式)，エアコン，冷蔵庫・冷凍庫，洗濯機・衣類乾燥機。生産者の責任を製品の廃棄まで拡大させた**拡大生産者責任**を定めている。廃棄時にリサイクル料金を支払う方式のため，不法投棄を助長しているともいわれる。

□**345 容器包装リサイクル法** (→p.274)
　1997年施行。ビンやペットボトル，紙・プラスチック製の容器，包装物を回収してリサイクルすることを義務付ける法律。リサイクルが進むアルミ缶・スチール缶・紙パックは再商品化の義務からはずれた。

□**346 ゼロ・エミッション** zero emission (→p.275)
　ある産業から排出される廃棄物や副産物が，別の産業の資源として活用されるというように，廃棄物がゼロになるような生産のしかた。

□**347 ナショナル・トラスト運動** national trust (→p.276)
　市民が自然や歴史的建造物を寄贈，遺贈，買い取りなどの方法で入手し，保護・管理すること。この運動は，1895年にイギリスではじまり，世界中に広まった。

15　地球環境問題

□**348 地球温暖化** global warming (→p.278〜280)
　主に，人間の活動が生み出す**温室効果ガス**(二酸化炭素，メタン，フロンなど)によって，地球の気温が上昇する現象。南極大陸の氷が溶け出すことによる海面上昇と陸地の水没，異常気象など深刻な問題の発生が心配される。

□**349 京都議定書** Kyoto Protocol (→p.278, 279)
　先進国の温室効果ガス排出量について具体的な数値目標を定めた議定書。1997年12月に京都で開催された，**気候変動枠組み条約第3回締約国会議(地球温暖化防止京都会議)**で採択。2005年発効。中国をはじめとする発展途上国に削減義務がない，排出量の多いアメリカが参加していないなどの問題があった。当初の約束期間は2008〜12年だったが，約束期間終了後の新枠組みづくりが難航し，2013〜20年の延長が決まった(**日本は延長期間に不参加**)。

□**350 パリ協定** Paris Agreement (→p.278, 279)
　京都議定書にかわる，温室効果ガス削減に関する国際的枠組み。2015年，気候変動枠組み条約第21回締約国会議(COP21)で採択された。2016年発効。すべての締約国が温室効果ガス排出量の削減目標を国連に提出し，国内対策を追求することが義務化された。目標達成の義務はない。

□**351 オゾン層の破壊** depletion of ozone layer (→p.280)
　スプレーのガス，クーラーや冷蔵庫の冷媒などに多く利用されてきた**フロン**は，地球を取り巻くオゾン層を破壊する。そのため紫外線が増加し，皮膚がんが増えたり，農産物の収穫が減ったりすることなどが心配されている。
　国際的な取り組みとして，(オゾン層破壊に関する)**モントリオール議定書**や，**オゾン層保護のためのウィーン条約**などがある。

□**352 酸性雨** acid rain (→p.280)
　工場や自動車から排出された硫黄酸化物や窒素酸化物が，大気中で化学変化して酸性物質となり，雨や雪に溶け込んで降るもの。森林の枯死や湖沼生物の減少など，世界各地に被害をもたらしている。

□**353 森林破壊** deforestation (→p.281)
　近年，人間による，木材確保のための過剰な伐採や道路建設，牧草地や農業のための大規模な開拓などによって進んでいる地球環境問題。特に，アマゾン川流域の熱帯雨林の破壊は深刻である。森林破壊は，地球温暖化の促進だけでなく，**生物多様性の喪失**をもたらし，土壌流出や砂漠化の原因にもなっている。

□㉞**砂漠化** desertification　　　　　　　（➡p.281）
　森林伐採，気候変動などにより土壌が水分を失って不毛化し，生産力の衰えた砂漠が拡大すること。また，食料増産のために過放牧が行われた結果，家畜が草を食べ尽くしたことも砂漠の拡大の一因である。国際的な取り組みとして，**砂漠化対処条約**が採択された。

□㉟**国連人間環境会議**　　　　　　　　　　（➡p.282）
United Nations Conference on the Human Environment
　1972年，ストックホルム（スウェーデン）で開催された初の環境問題に関する大規模な国際会議。「**かけがえのない地球**」（only one earth）をスローガンに，良好な環境の中で生活することは基本的人権であるとの考え方から，国際的に公害に取り組むことを定めた「**人間環境宣言**」を採択。その実施のために**国連環境計画（UNEP）**が設置された。

□㊱**国連環境開発会議（地球サミット）**　　（➡p.282）
United Nations Conference on Environment and Development (Earth Summit)
　1992年，リオデジャネイロ（ブラジル）で開催された会議。約180の国・地域の代表と多数のNGO（非政府組織）が参加し，「**持続可能な開発（発展）**」の基本理念が共通の認識になった。地球環境保全のための人と国家の行動に関する基本原則を，**リオ宣言**として採択。また，このリオ宣言を実行するための行動計画である**アジェンダ21**が採択され，**生物多様性条約**や**気候変動枠組み条約**が調印された。

□㊲**気候変動枠組み条約（地球温暖化防止条約）**（➡p.278, 282）
United Nations Framework Convention on Climate Change
　1992年に**地球サミット**で調印された条約。大気中の温室効果ガス濃度の増加に伴う気候変動（**地球温暖化**）を防止するための枠組みを規定した。初の地球温暖化対策の枠組みであったが，条約上の先進国の約束は法的拘束力がないこと，発展途上国には規制がないこと，2000年以降の目標について規定がないことなどが課題となった。

□㊳**持続可能な開発（発展）** sustainable development（➡p.282）
　地球サミットの基本的理念。地球全体の生態系のバランスや資源の有限性に配慮しつつ，将来の世代が得るはずの経済的・社会的な利益を損なわない形で，発展途上国の発展の権利も守ろうとする考え方。

□㊴**世界遺産条約**　　　　　　　　　　　　（➡p.282）
Convention for the Protection of World Cultural and Natural Heritage
　世界各地の「自然遺産」「文化遺産」「複合遺産」を登録することによって，人類共通の財産として保護することを目的とした条約である。1972年にユネスコ総会で採択（日本は1992年に締結）。

□㊵**国連環境計画（UNEP）**　　　　　　　（➡p.282）
United Nations Environment Programme
　国連人間環境会議で採択された「人間環境宣言」及び「環境国際行動計画」を実施に移すための機関として，1972年に設立された。環境問題に関する活動の調整や，新たな問題に対しての国際的な取り組みを推進する。

□㊶**環境税** environmental tax　　　　　　　（➡p.283）
　環境に悪い影響を与える経済活動を抑制するためにかける税金のこと。ヨーロッパ各国で導入が進んでいる。日本でも，2012年に化石燃料を対象とした**地球温暖化対策税**を導入した。化石燃料の消費の抑制が期待される一方，企業や消費者の税負担が重くなり，経済への影響を心配する声もある。

16　資源・エネルギー問題

□㊷**資源ナショナリズム**　　　　　　　（➡p.284, 351）
　自国資源の開発・利用については，自国で決めるという考え方。発展途上国は，第二次世界大戦後に独立を果たしたものの，豊富な天然資源は先進国の支配下におかれていた。1973年に，**OPEC（石油輸出国機構）**が石油の支配権を先進国の大企業から奪い返したことで，この考え方が広まった。

□㊸**OPEC（石油輸出国機構）**　　　　　　　（➡p.284）
Organization of the Petroleum Exporting Countries
　欧米の**メジャー（国際石油資本）**に支配されていた石油資源を自分たちの手に取り戻すために，産油国によって1960年に設立された。加盟国の石油政策の統一・石油価格の安定・石油生産の国産化などを目的とする。

□㊹**原子力発電**　　　　　　　（➡p.286, 287, 290, 291）
nuclear power generation
　原子力エネルギーを利用した発電。日本では，石油危機以降，石油の代替エネルギーとして利用が進められてきたが，2011年の**福島第一原子力発電所**の事故により，存廃の是非が問われている。

問題点
①使用済み燃料に含まれる放射性廃棄物の処理方法が確立していないこと
②ひとたび事故が起これば，人体・環境に大きな被害を与えることなど

□㊺**放射性廃棄物** Radioactive Waste　　（➡p.287, 291）
　原子力発電所・原子力潜水艦の原子炉・核燃料サイクル工場などから出される放射性物質を含んだ廃棄物のこと。放射能の量によって低・高レベルの2種類に分けられる。**高レベル放射性廃棄物**は地中深くに地層処分する方針だが，最終処分場が決まっていない。

□㊻**臨界事故** critical nuclear accident　　（➡p.287, 290）
　ウランなどの核物質は，ある一定量以上集まると核分裂の連鎖反応を起こし，強い放射能を発生させる。これを臨界というが，この臨界状態が起きてはならない場所で起こる事故のこと。

□㊼**再生可能エネルギー** renewable energy　（➡p.288, 289）
　一度利用しても，比較的短期間に再生が可能であり，枯渇しないエネルギーの総称。**太陽光，太陽熱，水力，風力，バイオマス，地熱**などがある。これらは発電時に二酸化炭素をほとんど排出せず，クリーンなエネルギーである。また，再生可能エネルギーの中でも，技術的に実用化段階に達しつつあるが，経済性の面で普及が十分でないものを**新エネルギー**と呼ぶ。

17　労使関係と労働市場

□㊽**チャーティスト運動** Chartist movement　（➡p.293）
　1830～40年代にイギリスで行われた，労働者階級を中心とした議会改革運動。イギリスでは1832年に選挙法の改正が行われたが，労働者階級は恩恵を受けることができなかった。そのため，男子普通選挙や秘密選挙など「**人民憲章**」（People's Charter）を掲げ，集会・請願デモなどを行った。

□㊾**労働組合**　　　　　　　　　　　　　（➡p.296, 303）
　賃上げや労働時間短縮など，経済的地位や労働条件の向上を図るため，労働者が結成する組織。**職業別組合，産業別組合，企業別組合**の3種類がある。日本の労働組合組織率は，第3次産業の増加やパートタイム労働者の増加，若者の組合離れなどにより，年々低下してきている。

□㊿**企業別組合**　　　　　　　　　　　　　（➡p.296）
　終身雇用を基盤として成立した企業単位の労働組合。労使協調の精神により，生産性の向上に前向きに取り組むことが多い。日本ではほとんどの労働組合がこの形をとる。

□㊶**春闘**　　　　　　　　　　　　　　　（➡p.296）
　毎年春季に，あらかじめ設定された闘争日程に従って労働組合が行う賃上げ交渉。1950年代半ばに，総評（日本労働組合総評議会）が中心となって始めた。バブル崩壊後は，賃金水準の引き上げが難しくなってきたため，交渉の内容が雇用の確保やパートなどの非正社員を含めた労働条件の改善など，多様化している。

□㊷**労働基本権**　　　　　　　　　　　　　（➡p.297）
　憲法が保障している労働者の基本的な権利で，**勤労の権利**（憲法27条）と，**団結権・団体交渉権・団体行動権（争議権）**の労働三権（憲法28条）の4つの権利をいう。

□373 **労働三法** (→p.297〜304)

法　律	主な内容・目的
労働基準法	労働条件の最低基準を定める。
労働組合法	労働三権を具体的に保障する。
労働関係調整法	労働争議の予防や解決を図る。

□374 **労働三権の制限** (→p.297)
　日本では，公務員や，公益性の高い事業（運輸，郵便・電気通信，水道・電気・ガスの供給，医療等）に従事する者などは，労働三権が一部制限されている。これらの人々が争議行為を起こした場合，国民生活に大きな影響を及ぼすおそれがあるからである。
　公務員の労働三権については，**国際労働機関（ILO）**が自衛官や警察職員などを除き，原則的に認めるべきであると繰り返し指摘しているが，見直しには至っていない。

□375 **フレックスタイム制** (→p.300)
　flexible working time, flex time（フレックスタイム）
　1か月以内の一定期間における総労働時間をあらかじめ定めておき，各日の始業・終業時刻を労働者にゆだねる制度。労使間の協定によって導入することができる。

□376 **不当労働行為** (→p.303)
　使用者が，組合活動への従事などを理由に，人事査定や配置転換などの面で不利益な取り扱いをすることなど。これに対し，労働者や労働組合は，**労働委員会**に救済を申し立てることができる。

□377 **終身雇用制**　lifetime employment（終身雇用） (→p.305)
　企業が学卒者を採用後，特別の事情がない限り，定年まで雇用するしくみ。労働者は生活基盤が安定し，長期的な生活設計を立てやすくなるが，会社中心の生き方になりやすいという面がある。

□378 **年功序列型賃金** (→p.305)
　system of wages based on seniority, seniority-order wage system（年功序列型賃金体系）
　年齢や勤続年数などに応じて賃金が上昇していく制度。日本特有の制度で，労働者の企業への帰属意識を高めるものであった。しかし，バブル崩壊後は制度の維持が難しくなり，**年俸制**のような**成果主義**的な賃金体系を導入する企業が増加した。
　企業別組合，**終身雇用制**とあわせて**日本的経営方式（日本的雇用慣行）**と呼ばれる。

□379 **年俸制**　annual salary system (→p.305)
　1年間の仕事の成果などに基づいて，翌年度の賃金総額をあらかじめ決める制度であり，成果をあげるほど賃金が高くなる。

□380 **パートタイム・有期雇用労働法** (→p.306)
　パートタイム・有期雇用労働者の待遇改善を目的とする法律。1993年に制定されたパートタイム労働法が，有期雇用労働者も対象に含めるように2018年の「働き方改革」で改正され，法律名もこのように変更された。使用者は，労働者をパートタイマー等として就労させる場合，正社員との均衡を考慮してその労働条件を改善することが求められている。

□381 **サービス残業** (→p.307)
　支払われるべき残業手当が支払われずに行われる時間外労働。

□382 **過労死** (→p.308)
　長時間労働による疲労の蓄積などを原因とする，脳・心臓疾患死のこと。労働者の死と，業務との因果関係が認められれば，労働災害として認定される。近年では，過労による自殺が労災として認定されるケースも増えてきている。

□383 **障害者雇用促進法** (→p.307)
　Act on Employment Promotion etc. of Persons with Disabilities
　1960年に制定された，障がい者の雇用の促進，職業指導，職業訓練などの支援などにより，職業の安定を図るための法律。事業主に対して，障がい者の法定雇用率を定め，満たしていない場合は納付金を徴収する。

□384 **ワーク・ライフ・バランス** (→p.312)
　「仕事と生活の調和」と訳される。誰もがやりがいや充実感を感じながら働くことができ，仕事上の責任を果たす一方で，子育て・介護，家庭・地域生活など個人の時間を持てるような社会を実現すること。ワーク・ライフ・バランスの取り組みを通じて，**ディーセント・ワーク（働きがいのある人間らしい仕事）**の実現をめざすことも求められている。

□385 **ワークシェアリング**　worksharing (→p.312)
　総量が決まっている仕事を，一人ひとりの労働時間を減らして，より多くの人々に分けること。

□386 **男女雇用機会均等法** (→p.67, 297, 311)
　Equal Employment Opportunity Law
　1985年制定。雇用に際して，男女に均等な機会を与えるように企業に努力を求める法律。1997年に，募集，採用，昇進などでの男女差別禁止や，違反企業に対して企業名公表の制裁措置を定めるなど，大きく改正された。これ以後も，男性を含めた性差別・**間接差別禁止**，**セクシャル・ハラスメント（セクハラ）**の防止の義務づけ，**ポジティブ・アクション**の推進支援などが改正によって盛り込まれ，拡大・強化されている。

□387 **ポジティブ・アクション** (→p.310)
　これまでの慣行や，性役割分担意識などにより，性別による仕事上の格差が生じている場合に，この差を解消しようと企業が行う自主的・積極的な取り組みのこと。例えば，女性が満たしにくい昇進や昇格条件の見直しをする，社内で活躍する女性を，会社案内などで積極的に紹介するなどである。

□388 **育児・介護休業法** (→p.297, 311)
　Childcare and Nursing-care Leave Act
　1991年に制定された育児休業法に，介護休業制度を導入し，1995年に制定。労働者の仕事と家庭の両立を支援することを目的とし，育児休業や介護休業などに関する制度と，育児や介護を行いやすくするために事業主が講ずべき措置などを定めている。

18　社会保障と社会福祉

□389 **社会保障法（連邦社会保障法）** (→p.316)
　アメリカで，ニューディール期の1935年に成立した法律。アメリカにおいて福祉国家への転換を示すもの。この法律で，社会保障という言葉が初めて使用された。

□390 **ベバリッジ報告** (→p.316)
　第二次世界大戦中に，イギリスのベバリッジが提出した報告書。この報告を受けて，大戦後に「**ゆりかごから墓場まで**」といわれる，国民各層を対象とした社会保障制度が確立した。その後，各国の福祉政策のモデルの1つとなった。

□391 **社会保険**　social insurance (→p.317〜320)
　社会保障の中心となる制度。高齢になった時や病気・死亡・失業など，生活に困る事態に備えてあらかじめ保険料を納め，必要になったら給付を受けて生活の安定を図るための保険制度。年金・医療・雇用・介護・労働者災害保障保険がある。

□392 **公的扶助**　public assistance (→p.317, 321)
　生活に困っている家庭に経済的援助を行い，保護する制度。生活保護。**健康で文化的な最低限度の生活（憲法25条）**を保障するための制度である。

□393 **社会福祉**　social welfare (→p.317, 321)
　児童・高齢者・体の不自由な人など，社会的に弱い立場の人々を保護し，その能力を発揮できるように援護育成を行うこと。

□394 **公衆衛生**　public health (→p.317)
　病気の予防・食品の安全・ゴミの処理などについて，対策を行うこと。例えば，海外で新型インフルエンザが発生した場合，政府は空港などでの検疫を厳重化して国内侵入を可能な限り阻止するとともに，国内での感染拡大を防止するための対策を講ずる。

□395 **国民皆保険・国民皆年金** (→p.317, 318)
　universal pension coverage（国民皆年金），universal coverage of public health insurance to whole Japanese（国民皆保険）
　日本では1961年に達成。国民がいずれかの医療保険に強制的に加入したり，国民年金に加入する制度。

□㊌医療保険　insurance of medical care　　　（⤴p.318）
　すべての国民が加入する保険で，これにより疾病時の治療費や入院費が軽減される。国民健康保険・健康保険・各種共済組合など。

□㊍年金保険　annuity insurance　　　（⤴p.319，320）
　日本に居住する20歳以上60歳未満のすべての人が，いずれかの年金保険に加入することによって，一定の年齢に達した時や，障がいを負った時などに，一定額の金銭が支給される制度。
　現在の公的年金は「2階建て」の制度で，1階が基礎年金部分，2階は職種別の上乗せ分（厚生年金など）に分かれている。さらに，3階部分にあたる企業年金や確定拠出型年金などに加入している人もいる。

□㊎厚生年金　employees' pension　　　（⤴p.319）
　民間企業の会社員・公務員などを対象とした公的年金制度。公務員はかつて共済年金に加入していたが，2015年，厚生年金に統一された。1990年代以降，給付総額の伸びを抑えるために，60歳から65歳への支給開始年齢の段階的引き上げが始まった。

□㊏介護保険制度　　　　　　　　　　　（⤴p.320）
　　nursing care insurance for the elderly（介護保険）
　高齢化の急速な進展を背景に，介護を社会全体で支えるため2000年に導入された社会保険制度。**40歳以上の国民に加入を義務付けている**。65歳以上になり，介護が必要になった場合にサービスを利用できる（特定の疾病により介護が必要になった場合は64歳以下でも利用できる）。制度は定期的に見直されており，より加入者の経済力に応じて負担を求める制度に変更されてきた。

□㊐ノーマライゼーション　normalization　（⤴p.321，326）
　高齢者や体の不自由な人などハンディキャップをもつ人々も，すべていっしょに普通に暮らす社会こそがノーマルな社会だという，福祉のあり方についての考え方。

□㊑バリアフリー　barrier free　　　（⤴p.321，326）
　体の不自由な人や高齢者にとって不便なバリア（障害）をなくし，安心して暮らせる環境をつくることをいう。2000年には交通バリアフリー法が制定され，エレベータの設置や低床バスの導入などが鉄道やバスなどの公共交通業者に対して義務付けられた。2006年に**バリアフリー新法**が施行され，交通バリアフリー法・ハートビル法は廃止された。

□㊒少子高齢社会　　　　　　　　　　　（⤴p.322）
　平均寿命が延びて高齢者が増える一方，出生率が低下して子どもの数が減少し，人口に占める高齢者の割合が高くなる社会。この傾向が進むと，働いて税金や保険料を納める現役世代が減少して財政や景気に影響を与えるほか，社会保障面では，給付が増加する一方でその担い手が減少し，制度の維持が困難になる。

第4章　現代の国際経済
1　貿易と国際収支

□㊓比較生産費説　theory of comparative costs　（⤴p.331）
　リカードが主張。各国が，それぞれの国において相対的に生産費の安い商品に**特化**して専門に生産し，他の商品は外国から輸入した方が，双方の国にとって利益になるとする考え方。

□㊔D.リカード（1772〜1823年）　　　　　（⤴p.331）
　イギリスの経済学者。比較生産費説に基づいて，**自由貿易論**を主張した。

□㊕F.リスト（1789〜1846年）　　　　　　（⤴p.331）
　ドイツの歴史学派経済学者。経済発展段階説により後発国は，将来高い成長を期待できる工業部門については，輸入を制限して保護政策を行うべきであるとして，**保護貿易**擁護の立場に立った。

□㊖自由貿易　free trade　　　　　　　（⤴p.331）
　貿易を行う上で，数量制限・関税・輸出補助金など国家による干渉や規制をなくして，自由に輸出入をすること。

□㊗保護貿易　protective trade　　　　（⤴p.331）
　国家が自国の産業を守るために，関税（外国から輸入する商品にかける税金で，輸入する個人・法人は決められた額を払わなければならない）などの制限を加える貿易。

□㊘国際収支　balance of payments　（⤴p.332〜334）
　一国のある一定期間（通常は1年）における外国との資金の受け取り・支払いをとらえたもの。物・サービス・贈与・援助・資本などの取り引きを総括的に集計したものである。

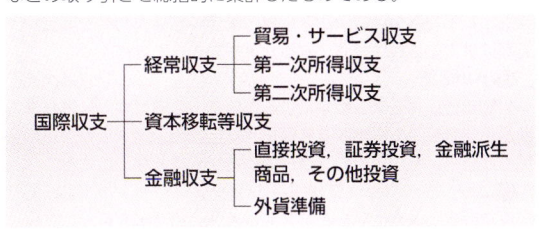

```
                ┌ 経常収支 ┬ 貿易・サービス収支
                │          ├ 第一次所得収支
                │          └ 第二次所得収支
国際収支 ───────┼ 資本移転等収支
                │          ┌ 直接投資，証券投資，金融派生
                └ 金融収支 ┤ 商品，その他投資
                           └ 外貨準備
```

□㊙経常収支　current account　　　（⤴p.332〜334）
　外国との物・サービス・所得などの収支をまとめたもの。

□㊚貿易収支　balance on goods　　　（⤴p.332，333）
　商品としての物の輸出入の差額。

□㊛サービス収支　balance on services　（⤴p.332，333）
　商品としてのサービスに関わる資金の受払いの差額。輸送・旅行・金融・通信などの取り引き。

□㊜第一次所得収支　primary income　（⤴p.332，333）
　海外から得る雇用者報酬及び利子所得・配当所得と，海外に支払う雇用者報酬及び利子所得・配当所得との差額。

□㊝直接投資　　　　　　　　　　　　　（⤴p.333）
　海外への工場進出など。現地工場での技術指導などにより，日本から投資相手国への技術移転を促進することが多い。一方で，直接投資の増加は，国内雇用の減少など，**国内産業の空洞化**を引き起こす可能性がある。

□㊞証券投資　　　　　　　　　　　　　（⤴p.333）
　経営参加を目的としないで行う外国企業の株式購入や外国の債券の購入など。

□㊟為替レート（外国為替相場）　　　（⤴p.335，336）
　　Foreign Exchange Rates
　自国の通貨と他国の通貨の交換比率で，自国の通貨の対外価値が反映されている。為替相場が固定されている**固定為替相場制**と，経済状態によって変動する**変動為替相場制**がある。

2　国際経済のしくみ

□㊠ブレトン・ウッズ協定　　　　　　　（⤴p.337）
　第二次世界大戦によって荒廃した世界経済を建て直すために，1944年に締結された協定。これに基づいて，**IMF（国際通貨基金）**，**国際復興開発銀行（IBRD，世界銀行）**が成立した。

□㊡IMF（国際通貨基金）　International Monetary Fund　（⤴p.337）
　世界恐慌の際，各国が輸出を伸ばすために競って為替相場を切り下げた反省から生まれた。金やアメリカドルに対する各国通貨の固定レートを設定する（変動為替相場制への移行でこの機能はなくなった）。為替相場の安定と為替の自由化を目的とし，一時的に国際収支不均衡に陥った国に短期融資を行い，経済発展を支援する。

□㊢SDR（特別引き出し権）　Special Drawing Right　（⤴p.338）
　IMF加盟国が，基軸通貨（キー・カレンシー）ドルの不足を補うために，一定の条件の下に外貨準備の豊富な国からSDRを対価として外貨を引き出すことのできる権利。

□㊣国際復興開発銀行（IBRD，世界銀行）　　　（⤴p.337）
　　International Bank for Reconstruction and Development (World Bank)
　現在では，発展途上国に対する開発援助を主たる業務としている銀行。加盟国の政府や企業に対し貸付を行うが，その金利は高い。かつて日本もこの銀行の貸付により，東海道新幹線，黒部第四ダム，愛知用水などの建設を行った。

□㊤固定為替相場制（固定相場制）　　　（⤴p.338）
　各国政府の政策により，一定の交換レートを維持するしくみ。ドッジ・ライン（1949年）以後ニクソン・ショック（1971年）までの時期には，日本の円は1ドル＝360円と定められていた。

421 変動為替相場制（変動相場制） (→p.336, 338)
国際収支の変化などの影響を受けて為替相場が変動するしくみ。各国の経済力の変化に対応できるメリットがあるが、他方で投機的な動きによって市場が不安定になるデメリットもある。また、原則として為替相場の決定を市場の働きに任せる制度であるが、実際には、しばしば政府による介入がなされてきた。

422 ドル危機 (→p.338)
1960年代、ベトナム戦争による軍事支出の増大や、対外経済援助が、アメリカの経常収支を悪化させたため、アメリカからの金流出が続き、金とドルの交換性の維持が困難となったこと。

423 ニクソン・ショック（ドル・ショック） (→p.338)
経常収支の赤字に苦しんだアメリカで、1971年8月、ニクソン大統領がドルと金の交換を停止したこと。これにより、米ドルを基軸通貨とするIMF体制は崩壊した。

424 スミソニアン協定 (→p.338)
ニクソン・ショック後の国際通貨の混乱を防ぐため1971年に調印された協定。固定為替相場制の調整により、円やマルクはドルに対して切り上げられたが、1973年、主要国は変動為替相場制に移行。

425 プラザ合意 (→p.249, 338)
ドル高が世界経済の不安定要因となる懸念が強まったため、1985年に、為替相場を是正（ドル安誘導）するために結ばれた合意。ニューヨークで開かれた、日本・アメリカ・西ドイツ・イギリス・フランスの5か国の蔵相及び中央銀行総裁会議（G5）で結ばれた。

426 GATT（関税と貿易に関する一般協定） (→p.337, 339, 345)
General Agreement on Tariffs and Trade
世界恐慌の際、各国が、関税の引き上げや直接的な規制によって輸入を抑制し、世界経済が縮小した反省から生まれた国際協定。関税の引き下げや貿易制限の撤廃を目的とする。自由・多角・無差別を三原則とし、多国間交渉（ラウンド）を行った。ケネディ・ラウンド、東京ラウンド、ウルグアイ・ラウンドなどにより、関税の引き下げ、非関税障壁の低減が進んだ。1995年に、発展的に改組されたWTO（世界貿易機関）が成立。

427 ウルグアイ・ラウンド (→p.259, 339)
1986年から始まったGATTの貿易交渉。成果としては、①WTO（世界貿易機関）の設立、②モノ以外の知的所有権・サービスなどの新分野へのルールの導入、③農業保護削減の実現、があった。日本の場合、米の輸入において関税化は猶予されたが、ミニマム・アクセス（最低輸入義務数量）が設定された。

428 非関税障壁 (→p.339, 364)
関税以外の方法で、事実上の輸入制限を行うもの。輸入量の上限設定、輸入手続きを煩雑にする通関制度など。

429 WTO（世界貿易機関） (→p.339, 345)
World Trade Organization
1994年のウルグアイ・ラウンドの合意により、GATTが発展して1995年に設立された国際機関。GATTより加盟国間の紛争を処理する権限が飛躍的に強化された。関税の引き下げや非関税障壁の撤廃を通じて、自由貿易の拡大を図る。加盟国間の紛争処理に関する常設機関を設けている。

430 セーフガード（緊急輸入制限） (→p.339, 365)
輸入急増により、国内生産者に重大な損害が出た場合に発動できる緊急輸入制限措置。WTO協定によって、様々な条件を満たした上で、自由貿易の例外として認められている。

431 サミット（主要国首脳会議） Summit (→p.340)
1973年の石油危機以降、世界的規模で解決していかなければならない経済や社会の問題に対処するために、毎年開かれることが決められた会議。参加は、日・米・英・独・仏・伊・カナダの首脳とEU代表。1997年からは、ロシア＊も正式に参加。　＊2014年のロシアによるクリミア「編入」を国際法違反とし、ロシアのG8参加を停止。

432 ヘッジファンド hedge fund (→p.341)
リスクは高いが、高利回りが期待できる金融商品などで運用する資金投資。金融先物やオプション（一定期限内に一定量の商品を決められた価格で買いつける、あるいは売りつける権利）などを活用して高い投資利益をねらう。巨額な運用資金の動向によって、経済基盤の弱い発展途上国だけでなく、世界経済にも大きな影響を与えるようになっている。1997年のアジア通貨危機は、このヘッジファンドが一因となって引き起こされたと言われている。

433 世界金融危機 (→p.341)
2008年9月の、アメリカ大手投資銀行リーマン・ブラザーズの経営破綻（リーマン・ショック）を契機に生じた国際金融市場の大きな混乱。その危機の大きさは、「100年に1回」とも言われた。特徴としては、①グローバルな危機、②危機の伝わるスピードが速い、③証券化により複雑化していた、という点である。

434 北米自由貿易協定（NAFTA） (→p.342, 343, 345)
North American Free Trade Agreement
1994年にアメリカ、カナダ、メキシコの間で発効した協定。長時間かけて相互の関税などの貿易障壁を撤廃することを目的とした経済的なまとまりを形成する。2017年から協定内容の再交渉が行われ、2020年、新協定「アメリカ・メキシコ・カナダ協定（USMCA）」が発効。

435 アジア太平洋経済協力会議（APEC） (→p.342, 343)
Asia-Pacific Economic Cooperation
アジア・太平洋地域における政府間経済協力機関。1989年にオーストラリアのホーク首相の提唱により、ゆるやかな地域連合として発足。アジア・太平洋地域の経済発展を目的に、貿易・投資の自由化と技術移転などでの地域協力の促進を掲げている。

436 東南アジア諸国連合（ASEAN） (→p.342)
Association of South-East Asian Nations
1967年設立。東南アジア域内の経済発展や相互の交流を推進するための地域機構。近年、国際政治・安全保障など世界に対して発言力を強めている。また、カンボジア内戦の調停に大きな役割を果たした。1999年4月にはカンボジアが加盟し、10か国体制となった。

●ヨーロッパ統合への歩み (→p.342, 344)

1952	**437 欧州石炭鉄鋼共同体（ECSC）** 欧州に石炭と鉄鋼の単一市場を作るために設立。
1958	**438 欧州経済共同体（EEC）** ECSCの6か国で組織した経済統合。
	439 欧州原子力共同体（EURATOM） ECSCの6か国の原子力に関する組織。
1960	**440 欧州自由貿易連合（EFTA）** European Free Trade Association EECに対抗して、イギリスを中心に結成された。現在はスイス、ノルウェー、アイスランド、リヒテンシュタインの4か国が加盟（2020年現在）。
1967	**441 欧州共同体（EC）** European Communities EEC、ECSC、EURATOMを統合して設立。
1992	**442 欧州連合条約（マーストリヒト条約）** EC加盟諸国が、より一層の統合をめざして締結した条約。この条約の発効により、ECはEUに。
1993	**443 欧州連合（EU）** European Union ECを発展させ、統合をさらに進めるために成立。加盟諸国間の協力は、政治・外交分野にも及び、経済分野にとどまらない。本部はベルギーのブリュッセル。イギリスが2020年1月に離脱し、加盟国は27か国（2020年11月現在）。
2007	**444 リスボン条約** EUの新しい基本条約（2009年発効）。この条約により、EU「首脳」・「外務大臣」にあたるポストが新設。

445 ユーロ Euro (→p.344)
1999年にEU加盟国（デンマークなど一部を除く）内で導入された共通通貨。2002年1月からは一般流通が開始された。これを採用した加盟国では、共通の金融政策が実施される。

446 FTA（自由貿易協定） Free Trade Agreement (→p.345, 346)
特定の国や地域の間で、物品の輸出入にかかる関税や、サービス貿易の障壁などを削減・撤廃するための協定。

□**447 EPA（経済連携協定）** （⇒p.345，346）
　Economic Partnership Agreement
　FTAよりも幅広く，ヒト・モノ・カネの移動の自由化・円滑化を図る協定。EPAの1つに，**TPP（環太平洋経済連携協定）**がある。

3　南北問題

□**448 南北問題** North-South problem （⇒p.350）
　発展途上国と先進国との間の貧富の差がもたらす，経済・政治・社会問題。発展途上国の多くが南半球に分布し，先進国の多くが北半球に分布していることからこのように呼ばれる。

□**449 一次産品** primary commodities （⇒p.350）
　加工されていない自然から採取したままのもの，すなわち農産物や鉱物資源など。気候などの影響を受けて価格が変動しやすく，不安定である。

□**450 モノカルチャー経済** monoculture economies （⇒p.350）
　特定の**一次産品**に頼る経済で，発展途上国に多くみられる。発展途上国の経済発展を困難にしている原因の1つと考えられるため，一次産品は，世界市場における自由な取り引きに委ねるのではなく，価格安定措置を講じるべきであるとの主張もなされている。

□**451 DAC（開発援助委員会）** （⇒p.351）
　Development Assistance Committee
　OECDの下部機関。日本を含む先進諸国が発展途上国への経済援助について協議する場となっている。

□**452 OECD（経済協力開発機構）** （⇒p.351）
　Organization for Economic Cooperation and Development
　加盟する先進国の経済発展と，貿易の拡大，及び加盟国による発展途上国援助の促進と調整のために設立された国際組織。日本は1964年に加盟。その後，段階的に資本の自由化を実施。加盟国は37か国（2020年5月現在）。

□**453 国連貿易開発会議（UNCTAD）** （⇒p.351）
　United Nations Conference on Trade and Development
　南北問題を国際的な協力のもとに解決するため，発展途上国側の働きかけにより，南北の対話の場として1964年に設立された。

□**454 特恵関税制度** （⇒p.351）
　preferential duties, preferential treatment tariff（特恵関税）
　先進国が発展途上国の輸出品を，**無差別に関税上優遇する制度**。具体的には，発展途上国からの輸入品に対する関税を撤廃，または軽減すること。

□**455 新国際経済秩序（NIEO）樹立宣言** （⇒p.351）
　New International Economic Order（NIEO）
　1974年の国連資源特別総会で採択された，発展途上国の**資源ナショナリズム**の主張を盛り込んだ宣言。この中で発展途上国は，**一次産品**の価格を安定させて発展途上国の輸出による所得を安定させることや，先進国が**一般特恵関税制度**を発展途上国に適用することなどを要望している。

□**456 南南問題** South-South problem （⇒p.351）
　石油危機によって産油国と非産油・後発開発途上国との間の経済格差が広がった。他方では，工業化を進めて経済成長に成功した**新興工業経済地域（アジアNIES）**も現れたことで，**後発発展途上国（LDC）**との間で格差が広がり，南北問題において「南」といわれる発展途上国の中に生じてきた新たな格差の問題。

□**457 後発発展途上国（LDC）** （⇒p.350，351）
　Least Developed Country
　発展途上国の中でも，特に発展の遅れた国々。基準（1人当たりGNI，栄養不足人口の割合，乳幼児死亡率，成人識字率など）を満たした国が国連により認定される。UNCTAD，OECDなどはLDCに認定された国々に特別な国際的配慮を払うとしている。現在，47か国（そのうちアフリカが33か国）が認定されている。

□**458 アジアNIES** Asia NIEs （⇒p.351）
　1970年代から80年代にかけて急成長した，韓国・台湾・香港・シンガポールを指す。近年，産業構造の高度化が進展し，今日では，パソコン関連機器などの生産を行うハイテク産業も発展している。

□**459 累積債務問題** external debt problem （⇒p.351）
　発展途上国が，開発資金としてや，経常収支の赤字を補うために，先進国などから借り入れた資金（債務）が累積して膨大になり，債務の返済が滞って生じた問題。発展途上国による債務支払停止を放置することは，世界経済に多大な影響を与えるため，債務返済の繰り延べなどの対策が講じられている。

□**460 BRICS（ブリックス）** （⇒p.354）
　ブラジル（**B**razil），ロシア（**R**ussia），インド（**I**ndia），中国（**C**hina）の頭文字をつなげた造語（BRICs）に，近年南アフリカ（**S**outh Africa）が加わった。天然資源，労働力に富み，高い経済成長が期待されている。

□**461 政府開発援助（ODA）** （⇒p.355～357）
　Official Development Assistance
　先進国の政府もしくは政府の実施機関によって発展途上国に供与される援助。援助の目的は発展途上国の経済発展や福祉の充実を図ることである。内容としては，二国間の無償資金協力・技術協力・長期低金利の貸し付けと国際機関などへの出資がある。

□**462 人間の安全保障** Human Security （⇒p.356）
　政府が国民の生命や財産を守るという「国家の安全保障」に加え，国民一人ひとりに着目し，人間の生存・生活・尊厳を確保していく取り組みが重要であるという考え方。

4　人口・食料問題

□**463 人口爆発** population explosion （⇒p.360）
　第二次世界大戦後，多くの発展途上国では，公衆衛生の改善や医療の発達により，多産多死の状態から多産少死の状態になった。その結果，発展途上国の**急激な人口増加**によって，世界人口が爆発的に増加している現象。発展途上国の多くでは，人口増加に見合うだけの食料供給が追いつかず，深刻な問題となっている。

□**464 一人っ子政策** single child policy （⇒p.360）
　1979年から**中国**で行われてきた人口抑制政策。一人っ子ならば奨励金支給などの優遇策が受けられる。しかし，2015年，高齢化対策などのため廃止を決定。

5　国際経済における日本

□**465 日米貿易摩擦**	（⇒p.363）
1950年代	**繊維製品**の輸出急増
1960年代以降	**鉄鋼**や**カラーテレビ**の分野に拡大
1970年代以降	**自動車**が問題品目になる
1980年代前半	対米自動車輸出自主規制
1980年代後半	米産乗用車の日本への逆輸入
□**466 日米構造協議**	（⇒p.363，364）
1989～1990年	日米間の貿易不均衡を解消するために実施。日米両国が互いの国内構造問題を指摘して，その解決策を提出することを目的とした二国間協議。関税などの貿易政策にとどまらず，日本国内の流通機構などの改善についても取り上げられた。
□**467 日米包括経済協議**	（⇒p.363，364）
1993～2001年	日本の社会構造や企業慣行自体が閉鎖的であるとして始まった日米交渉。

□**468 大規模小売店舗法** （⇒p.255，363）
　中小小売店を保護する法律。アメリカの大規模小売店の日本進出を妨げているとの批判があり，日米構造協議において見直しを要求され，90年代を通じて数回改正された。なお，2000年6月からは，規制緩和に加えて環境への配慮を示した**大規模小売店舗立地法**が施行され，同法は廃止された。

□**469 産業の空洞化** （⇒p.254，366）
　国内の企業が海外に生産拠点を移転させることで，国内生産量・雇用者数が減少し，国内の製品技術水準や開発力も低下して，その産業が縮小・衰弱すること。

索 引

赤の数字は用語集のページです

あ

ISO14001……………………276
ISD条項………………………347
IMF・GATT体制………………337
アイヌ文化振興法…………68, *390*
アイヌ民族……………………68
アウン・サン・スー・チー……32
赤字国債…………………239, 242
悪質商法………………………263
アクセス権………………86, 89, *391*
旭川学力テスト事件…………82
朝日訴訟……………………81, *391*
アジア・アフリカ会議……165, *395*
アジア太平洋経済協力会議
　………………………342, 343, *406*
アジア通貨危機………………341
アジアNIES…………………351, *407*
足尾銅山鉱毒事件……………270
足利事件………………………76
アスベスト…………………273, *402*
ASEAN経済共同体……………342
アダム＝スミス…199, 204, 205, *397*
『あたらしい憲法のはなし』…46
新しい人権…………………86, *391*
圧力団体（利益集団）……126, *393*
アナウンスメント効果………145
アパルトヘイト……………186, *396*
アフガニスタン侵攻
　………………163, 167, 169, 185
アフガニスタン問題…………185
アフリカ連合…………………342
「アベノミクス」……………251
アボリジニー問題……………181
天下り………………………102, *392*
アムネスティ・インターナショナル…196
アメリカ合衆国憲法…………33
アメリカ同時多発テロ…167, *395*
アメリカ独立宣言………19, *388*
アラブの春…………………168, *395*
アルバイト……………………306
安全保障関連法…………55, 56
安全保障理事会……153, 154, 158, *394*
アンチダンピング措置………339
安定恐慌………………………246
安保闘争………………………52
安楽死…………………………90

い

委員会制度…………………95, *391*
家永教科書訴訟………………74
育児・介護休業法…295, 297, 311, *404*
池田勇人………………………247
違憲判決………………………111
違憲法令審査権（違憲審査権）
　………………………111, *392*
e-コマース……………………267
諫早湾干拓事業………………276
『石に泳ぐ魚』訴訟…………88
石綿健康被害救済法………270, *273*
イスラーム（イスラム教）…189
イスラーム共和制……………32
イスラ(一)ム国(IS)…………168
依存効果………………………262
イタイイタイ病……………270, *271*
一次産品……………………350, *407*
一事不再理……………………75
一国二制度……………………30
一党制…………………………123
一般意志（一般意思）………14
一般会計………………………238
一票の格差…………………136, *394*
eデモクラシー………………144
遺伝子組み換え……………261, *401*
イニシアティブ……………116, *393*

委任立法……………………100, *392*
イノベーション……204, 225, *398*
イラク戦争…………………167, *395*
イラン・イラク戦争…………163
イラン革命………………32, 167, *395*
医療保険……………317, 318, *405*
岩手靖国訴訟…………………72
インターネット………………267
インドシナ問題………………164
インフォームド・コンセント…89
インフレーション（インフレ）
　……………………227, 228, *399*
インフレ・ターゲット…229, 234

う

ウィルソン…………………151, 152
ウィーン条約………………280, 282
植木枝盛………………………36
ウェストファリア条約……148, *394*
ヴェルサイユ条約…………151, 152
ウクライナ問題………………169
失われた10年………………130, 251
『宴のあと』訴訟……………88
売りオペレーション…………234
ウルグアイ・ラウンド
　………………259, 339, 363, *406*

え

永久平和論……………………152
エスノセントリズム
　………………………186, 191, *396*
エチオピア・エリトリア紛争…181
エドワード＝コーク………16, *388*
恵庭事件………………………49
NPO法…………………………119
エネルギー安全保障…………284
エネルギー革命……………284, 286
愛媛玉ぐし料訴訟………72, *390*
エリザベス救貧法……………316
エルサレム問題………………183
エンゲル係数…………………207
エンゲルス……………………207
冤罪……………………76, 77, *390*
円借款…………………………357
円高…………………………335, 336
円高不況………………………249
円安…………………………335, 336

お

王権神授説（神権説）……13, *388*
欧州共同体…………………342, 344, *406*
欧州経済共同体……………344, *406*
欧州原子力共同体…………344, *406*
欧州自由貿易連合…342, 344, *406*
欧州人権裁判所………………150
欧州石炭鉄鋼共同体………344, *406*
欧州通貨制度…………………344
欧州連合……………………342, 344, *406*
欧州連合条約………………342, 344, *406*
大きな政府……………………201
大阪空港公害訴訟……………87
大津事件………………………107
オスプレイ……………………60
オスロ合意……………………182
オスロ・プロセス……………177
汚染者負担の原則……270, 272, *402*
オゾン層の破壊……………280, *402*
オタワ・プロセス……………177
オペレーション（オープン・マーケット・オペレーション）……234, *399*
「思いやり予算」……………54
温室効果ガス…………………280
温暖化防止京都会議………278, *282*
オンブズマン（オンブズパーソン）
　制度………………………103, *392*

か

買いオペレーション…………234
改革開放政策………………30, 203, *397*
外貨準備……………………332, 334
会計検査院………………100, 242
外国為替………………………335
外国為替市場…………………335
外国為替相場………335, 336, *405*
外国為替手形………………335, 336
外国人地方参政権訴訟………70
外国人登録制度………………70
外国人の権利…………………70
外国人労働者…………………307
介護保険制度………317, 320, *405*
解釈改憲………………………40
会社法…………………………210
解職請求権（リコール）…116, *393*
海賊対処法……………………58
ガイドライン…………………52
ガイドライン関連法…………55
開発援助委員会……………351, *407*
開発独裁……………………31, *389*
外部経済………………………219
外部不経済…………………219, *398*
外部不経済の内部化…………219
外務省秘密漏洩事件…………88
価格……………………………214, 216
価格機構（価格メカニズム）…215
価格差補給金…………………246
価格弾力性……………………214
価格の下方硬直性……………216
価格の自動調節機能……215, *398*
化学兵器禁止条約…………177, *396*
下級裁判所……………………108
核拡散防止条約……………173, *396*
閣議…………………………98, *392*
核実験…………………………176
拡大再生産……………………207
拡大生産者責任………………274
確定拠出型年金………………319, 325
核燃料サイクル………………287
核兵器…………………………172
核兵器禁止条約………………176
革命権…………………………14
学問の自由……………………74
家計……………………………207
影の内閣………………………25
加工貿易………………………365
可採年数………………………285
貸金業法………………………264
貸し渋り……………………251, 254
カシミール紛争……………163, *186*
寡占…………………………217, *398*
合併・買収(M&A)…………212, *397*
家電リサイクル法…………274, *402*
過度経済力集中排除法………245
株価……………………208, 209, 250
株式……………………………208
株式会社……………………210, *397*
株式の持ち合い……………211, *397*
株主総会………………………210
株主代表訴訟…………………210
貨幣……………………………231
カルテル……………………217, *398*
過労死………………………308, *404*
為替……………………………335
為替介入………………………335
為替レート………………335, *405*
環境アセスメント（環境影響評価）
　……………………………272, *402*
環境・開発サミット…………282
環境基本法…………270, 272, *402*
環境権………………………86, 87, *391*
環境省…………………………270

環境税………………………283, *403*
環境庁………………270, *271*, *401*
環境ホルモン…………………273
関税と貿易に関する一般協定
　……………………337, 339, *406*
間接金融……………………208, 231, *399*
間接税………………………240, *400*
間接民主制（間接民主主義）…15, *388*
完全競争市場………………214, *398*
環太平洋パートナーシップ協定
　（TPP）……………………347, 348
カント…………………………151, *152*
カンボジア・クメール・ルージュ
　裁判特別法廷………………150
カンボジア内戦……………164, *395*
管理価格……………………216, *398*
管理通貨制度………………231, *399*
官僚制…………………………101

き

議院内閣制（イギリス）…24, 25, *392*
議院内閣制（ドイツ）……29, *392*
議院内閣制（日本）……94, 98, *392*
議員立法……………………96, *101*
機械打ちこわし運動…………293
議会制民主主義………………15
機会費用………………………205
機関委任事務…………………118
企業……………………………207
企業統治………………………213
企業の社会的責任(CSR)…213, *398*
企業物価指数…………………227
企業別組合…………………296, *403*
気候変動枠組み条約…278, 282, *403*
基軸通貨………………………335
期日前投票……………………135
技術革新……………………204, 225, *398*
基礎的財政収支……………243, *400*
北アイルランド問題…………185
北大西洋条約機構…………162, *163*, *395*
北朝鮮問題……………………170
キチンの波……………………226
揮発油税………………………240
規模の利益……………………217
基本的人権…………………63, *390*
逆進性…………………………241
虐待……………………………75
ギャロッピングインフレ……228
旧敵国条項……………………154
旧ユーゴスラビア国際刑事裁判所
　……………………………150, 184
キューバ危機………………164, *395*
教育基本法……………………82
教育勅語………………………37
教育を受ける権利…………82, *391*
供給曲線………………………214
行政委員会…………………103, *392*
行政改革……………………104, *392*
行政国家……………………101, *392*
行政裁判……………………108, *392*
強制失踪条約…………………22
行政手続法……………………103
共同実施(JI)…………………278
京都議定書…………………278, *402*
京都府学連事件………………65
京都メカニズム………………278
拒否権…………………152, 156, 158, *394*
ギリシャ財政危機……………338
緊急逮捕………………………75
緊急調整………………………297, 304
緊急特別総会………………153, 156
緊急輸入制限…339, 353, 365, *406*
キングストン合意……………338
キング牧師…………………23, 191
均衡価格……………………216, *398*

408

緊張緩和……………… 164, *395*
欽定憲法………………………*17*
金・ドル本位制……………… 338
金本位制…………… 231, 337, *399*
金融…………………………… 231
金融収支……………………… 332
金融政策…………… 233, *399*
金融の自由化……… 235, *399*
金利…………………………… 231
勤労者の権利…………………*83*

く

クオータ制…………………… 310
グージュ………………………*23*
クズネッツの波……………… 226
クック（エドワード＝コーク）…*16*, *388*
国立マンション訴訟…………*87*
熊本水俣病………… 270, *271*
クラスター弾に関する条約
　……………………… 177, *396*
グラスノスチ……… 169, *203*
クリーピングインフレ……… 228
クリーン開発メカニズム（CDM）… 278
クーリング・オフ…… 265, *401*
グリーン・コンシューマー… 283
グリーンGDP……………… 224
クルド人…………… 168, *185*
グレーゾーン金利…………… 264
グロティウス………………… 148
グローバル化（グローバリゼーション）……………… 340, 363
軍部大臣現役武官制……………*37*

け

景観権…………………………*87*
景気変動（景気循環）…… 225, *399*
軽減税率……………………… 241
経済安定9原則……………… 246
経済協力開発機構………… 351, *407*
経済社会理事会……………… 153
経済主体…………… 207, *397*
経済成長率………… 225, *398*
経済相互援助会議… 162, *395*
経済のサービス化… 248, *400*
経済の自由………………………*79*
経済のソフト化…… 248, *400*
経済摩擦……………………… 363
経済連携協定……… 345, 346, *407*
警察予備隊……………………*50*
刑事裁判…………… 108, *392*
刑事訴訟法……………………*17*
刑事補償請求権……*84*, *391*
傾斜生産方式……… 246, 286, *400*
経常移転収支……… 332, 333
経常収支…………… 332, 333, 334, *405*
警備隊…………………………*50*
刑法………………………*17*, *76*
契約………………… 263, 266
契約社員……………………… 306
契約自由の原則…… 263, 294
ケインズ…… 201, 204, 205, *397*
ケインズ学派………………… 204
ケネー………………………… 204
ケネディ・ラウンド………… 339
ケベック問題………………… 181
ゲーム理論…………………… 178
検閲の禁止……………………*73*
嫌煙権…………………………*87*
兼業農家……………………… 257
検察官………………………… 109
検察審査会…………………… 109
検察制度……………………… 109
原子力発電………… 286, 290, *403*
建設国債…………… 239, 242
減反政策…………… 259, *401*
原爆…………………………… 179
憲法改正の手続き……………*40*
憲法研究会……………………*39*
憲法の番人…………………… 111
憲法問題調査委員会…*38*, *39*, *389*
権利章典………………*19*, *388*

権利請願………………………*18*
権力集中制（民主集中制）… 24, 30, *389*
権力分立…………………………*15*

こ

公害…………………………… 270
公開市場操作……… 234, *399*
公海自由の原則…… 148, *394*
公害対策基本法
　…………… 270, 271, 272, *401*
公企業……………… 207, *397*
後期高齢者医療制度………… 318
好況…………………………… 226
公共財……………… 219, *398*
公共の福祉……………*64*, *390*
公共料金……………………… 216
合計特殊出生率……………… 322
公債………………… 239, 242, 243
公債の市中消化の原則… 239, *400*
耕作放棄地…………………… 260
合資会社……………………… 210
公私合同企業……… 207, *397*
皇室典範………………………*44*
麹町中学校内申書訴訟………*71*
公衆衛生…………… 317, *404*
工場制機械工業……………… 199
工場制手工業………………… 199
工場法………………………… 293
工場法（日本）……………… 295
公職選挙法………………*85*, 135, *394*
硬性憲法…………………*17*, *388*
公正取引委員会…… 218, *398*
公正な取引…………………… 352
厚生年金…………… 319, *405*
更生保護制度………………… 114
控訴…………………………… 108
構造改革……………………… 251
公聴会…………………*95*, *392*
公定歩合…………… 233, 250, *399*
公的介入……………………… 335
公的扶助…………… 317, 321, *404*
合同会社……………………… 210
高度経済成長……… 247, *400*
高度情報社会………………… 267
高年齢者雇用安定法………… 307
購買力平価………… 229, 336
後発発展途上国…… 350, 351, *407*
公判前整理手続………………112
高福祉・高負担…… 325, 328
幸福追求権……………*86*, *391*
公法……………………………*17*
公民権運動………… 191, *396*
公務員……………… 101, 297
合名会社……………………… 210
拷問等禁止条約………………*22*
高齢化………………………… 322
コーク（エドワード＝コーク）…*16*, *388*
国債………………… 239, 242, 243, *400*
国際慣習法…………………… 148
国際刑事裁判所…… 150, *394*
国際原子力機関…… 153, *173*
国際司法裁判所… 150, 153, 175, *394*
国際社会主義者大会………… 293
国際収支…………… 332, 333, 334, *405*
国際収支の天井……………… 246
国際人権規約………………*21*, *389*
国際赤十字…………………… 196
国際石油資本………………… 284
国際通貨基金……… 153, 337, *405*
国債費………………………… 238
国際復興開発銀行… 337, *405*
国際分業…………… 330, 331
国際平和協力法…… 57, *58*, *390*
国際法………………*17*, 148, 149, *394*
国際連合………………… 151, 152, *394*
国際連合憲章………………… 154
国際連盟…………… 151, 152, *394*
国際労働機関……… 153, 293
国際労働者協会……………… 293
国税…………………………… 240
国政調査権……………*97*, *392*

国籍法婚外子差別規定違憲訴訟…*66*
国選弁護制度…………………*84*
国内総生産………… 222, 224, *398*
国富………………… 221, *398*
『国富論』…………………… 199
国防の基本方針………………*50*
国防費………………………… 178
国民……………………………*12*
国民皆年金………… 317, *404*
国民皆保険………… 317, *404*
国民主権…………………*44*, *389*
国民純生産…………………… 222
国民純福祉…………………… 224
国民所得…………… 222, 223, *398*
国民所得倍増計画…………… 247
国民審査…………… 107, *392*
国民総生産………… 222, *398*
国民投票………… 40, 116, *389*
国民投票法……………………*40*
国民年金……………………… 319
国民の義務……………………*63*
国民保護法……………………*55*
国務大臣………………………*99*
国連開発計画……… 153, 350
国連海洋法条約………………*12*
国連環境開発会議… 282, *403*
国連環境計画… 153, 280, 282, *403*
国連教育科学文化機関… 153, *282*
国連児童基金………………… 153
国連事務局…………………… 153
国連食糧農業機関… 153, 361
国連人権理事会……………… 153
国連人口基金………………… 360
国連世界食糧計画… 153, 361
国連先住民族権利宣言………*22*
国連難民高等弁務官事務所
　…………………… 153, 187, *396*
国連人間環境会議… 282, *403*
国連分担金…………………………*15*
国連平和維持活動… 58, 156, 157, *394*
国連平和維持活動協力法…*58*, *390*
国連平和維持軍………… 58, *156*
国連貿易開発会議… 153, 351, *407*
コージェネレーション（熱電併給）システム……………… 287
55年体制…………… 125, *128*
個人情報保護法………*89*, *391*
個人の尊重……………………*65*
コソボ紛争…………………… 184
国家……………………………*13*
国会………………………*94*, *391*
国会の権限……………………*96*
国家公務員倫理法…………… 103
国家の三要素…………*12*, *388*
国家賠償請求権………*83*, *391*
国旗及び国歌に関する法律…*44*
国庫支出金………… 117, *393*
固定為替相場制…… 336, 338, *405*
固定資産税…………………… 240
古典学派……………………… 204
子どもの権利条約…*22*, *389*
戸別所得補償制度…………… 259
個別的自衛権…………*52*, *390*
戸別訪問……………………… 135
戸別訪問禁止事件……………*85*
コーポレート・ガバナンス… 213, *397*
コミンフォルム…… 162, *395*
コメコン…………… 162, *395*
米の関税化…………………… 259
コモン・ロー…………………*16*
ゴルバチョフ……… 166, *203*
婚外子（非嫡出子）の相続差別…*66*
コングロマリット… 212, *397*
混合経済…………… 201, *397*
コンゴ内戦…………………… 181
コンツェルン………………… 217
コンドラチェフの波………… 226
コンプライアンス… 213, *398*

さ

在外日本人選挙権制限違憲訴訟…*85*

最恵国待遇…………………… 339
罪刑法定主義……… 75, 76, *390*
最高裁判所…………………… 108
最高法規………………… 16, *40*
再婚禁止期間違憲訴訟………*67*
財産権の保障…………*79*, *391*
再審………………… 76, 108, *392*
再生可能エネルギー… 286, 288, *403*
財政投融資………… 240, *400*
在宅ビジネス（SOHO）…… 312
最低賃金法…………………… 297
在日米軍の再編………………*61*
サイバー攻撃………………… 176
財閥……………… 212, *245*
財閥解体…………… 245, *400*
サイバー犯罪………………… 268
裁判員制度………… 112, 113, *393*
裁判外紛争解決手続き（ADR）… 112
裁判官……………… 107, *109*
裁判官の独立………………… 106
裁判を受ける権利……………*84*
歳費特権………………………*95*
債務不履行…………………… 351
裁量的財政政策…… 238, 239, *400*
裁量労働制…………………… 300
サッチャリズム……………… 201
砂漠化……………… 281, *403*
砂漠化対処条約…… 281, *282*
サービス残業……… 307, *404*
サービス収支……… 332, 333, *405*
サブプライムローン………… 341
三六協定……………………… 300
サミット…………… 340, *406*
3R………………… 274, *402*
参議院……………………………*94*
参議院の緊急集会……………*95*
産業革命…………… 199, 293, 294
産業公害……………………… 271
産業構造の高度化… 248, *400*
産業資本主義………………… 199
産業の空洞化……… 336, 365, 366, *407*
産業廃棄物…………………… 273
サンケイ新聞意見広告訴訟…*89*
三権分立…………………*15*, *94*
三国協商……………………… 151
三国同盟……………………… 151
3C…………………………… 247
三種の神器…………………… 247
三審制……………… 108, *392*
参審制……………… 113, *393*
酸性雨……………… 280, *402*
参政権…………………*85*, *391*
サンフランシスコ平和条約
　…………………… 192, *396*
三位一体の改革…… 117, *393*
三面等価の原則……………… 223
三割自治…………… 117, *393*

し

自衛隊…………… 50, 51, 58, 59, *390*
自衛隊のイラク派遣差し止め請求訴訟………………………*59*
自衛隊法………………………*50*
G8…………………………… 340
ジェノサイド条約……………*22*
シオニズム…………………… 182
私企業……………… 207, *397*
死刑制度………………………*78*
死刑廃止条約…………………*22*
資源ナショナリズム… 284, *403*
資源有効利用促進法（リサイクル法）
　…………………… 274, *402*
自己決定権………… 86, *89*, *391*
自己資本…………… 208, 231, *397*
自己破産……………………… 264
自主財源……………………… 117
支出国民所得………………… 223
市場………………… 216, *398*
市場価格……………………… 216

| 市場の失敗(市場の限界)… 219, 398
| 事情判決………………… 111
| 市場メカニズム(市場機構) … 215, 398
| G7 ……………………… 340
| 自然権…………………… 14
| 自然法思想……………14, 388
| 思想・良心の自由………71, 390
| 持続可能な開発(発展)
| ……………… 282, 351, 403
| 持続可能な開発に関する世界首脳会議………………… 282
| 持続可能な開発目標(SDGs) … 352
| 事態対処法……………55, 56, 57
| 下請け企業……………… 254
| 自治事務………………… 118
| 市町村合併……………… 118
| 実質経済成長率………… 225
| 自動安定化装置…… 238, 239, 400
| G20 …………………… 340
| 児童の権利条約………22, 389
| ジニ係数………………… 314
| 死票……………………… 132
| シビリアン・コントロール… 51
| 私法……………………… 17
| 司法権…………………… 106
| 司法権の独立………… 106, 392
| 司法制度改革…………… 112
| 資本移転等収支………… 332
| 資本主義……………… 13, 198
| 資本主義経済………… 198, 397
| 資本と経営の分離…… 210, 397
| 市民革命………………… 23
| 事務監査………………… 116
| シャウプ勧告……… 240, 246, 400
| 社会規範………………… 17
| 社会契約説……………13, 14, 388
| 社会権的基本権(社会権)… 23, 80, 391
| 社会資本……………… 221, 398
| 社会主義学派(マルクス経済学) … 204
| 社会主義経済……… 198, 202, 397
| 社会主義国家…………… 13
| 社会主義市場経済…… 203, 397
| 社会福祉………… 317, 321, 404
| 社会法…………………… 17
| 社会保険……………… 317, 318, 404
| 社会保障制度………… 316, 317
| 社会保障と税の一体改革 … 325
| 社会保障法………… 316, 404
| シャドー・キャビネット… 25
| 衆議院…………………… 94
| 衆議院の優越…………… 96
| 就業規則…………… 299, 302
| 自由権的基本権(自由権) … 23, 71, 390
| 重商主義……………… 199, 204
| 終身雇用制………… 305, 404
| 修正資本主義……… 201, 205, 397
| 集団安全保障………52, 151, 394
| 集団殺害罪の防止及び処罰に関する条約 ………………… 22
| 集団的自衛権…… 51, 52, 57, 390
| 重農主義………………… 204
| 周辺事態安全確保法…… 55, 57
| 自由貿易………………… 331, 405
| 自由貿易協定… 343, 345, 346, 406
| 自由放任主義…… 199, 204, 205
| 住民自治………………… 115
| 住民税…………………… 240
| 住民投票……………… 116, 393
| 主業農家………………… 257
| ジュグラーの波……………… 226
| 主権 ……………… 12, 13, 388
| 主権国家………………… 148
| 恤救規則………………… 317
| 需要曲線………………… 214
| 主要国首脳会議……… 340, 406
| 循環型社会…………… 274, 402
| 循環型社会形成推進基本法 ……………… 270, 274
| 準主業農家……………… 257
| 春闘……………… 295, 296, 403
| シュンペーター…………… 204

| 省エネラベリング制度……… 289
| 省エネルギー……………… 289
| 常会………………………… 95
| 障がい児入学拒否訴訟…… 69
| 障害者雇用促進法… 297, 307, 404
| 障害者の権利条約………… 22
| 商業資本主義……………… 199
| 消極国家(夜警国家)……13, 388
| 証券投資…………… 333, 405
| 証券取引所…………… 208
| 上告………………………… 108
| 少子化…………………… 322
| 少子高齢社会………… 322, 405
| 常設仲裁裁判所…………… 150
| 小選挙区制………… 132, 393
| 小選挙区比例代表並立制 … 133, 134
| 象徴天皇制……………43, 389
| 常任理事国………… 152, 153
| 少年法………………… 110, 392
| 消費者基本法……… 262, 265, 401
| 消費者契約法……… 262, 266, 401
| 消費者主権………………… 262
| 消費者庁…………… 262, 265, 401
| 消費者の四つの権利… 265, 401
| 消費者物価指数…………… 227
| 消費者保護基本法… 262, 265
| 消費税………… 240, 241, 242, 400
| 商法………………………… 17
| 情報格差…………………… 268
| 情報公開法………………88, 391
| 情報の非対称性…… 219, 262
| 条約………………… 148, 149
| 条例………………… 116, 393
| 職業選択の自由…………79, 391
| 食料安全保障……………… 261
| 食糧管理制度……………… 259
| 食料自給率………… 258, 374
| 食料・農業・農村基本法 … 258, 401
| 『諸国民の富』…………… 199
| 女子差別撤廃条約……22, 293, 389
| 女性差別(判例)………… 67
| ショップ制………………… 296
| 所得税………… 240, 241, 242, 400
| 所有と経営の分離…… 210, 397
| 所得の再分配……… 238, 241, 400
| 白鳥決定…………………… 76
| シリア内戦…………… 168, 395
| 知る権利………………86, 88, 391
| 新エネルギー……………… 288
| 新ODA大綱……………… 357
| 新疆ウイグル自治区独立運動 … 185
| 信教の自由………………72, 390
| 人権擁護委員……………… 65
| 新興国……………………… 353
| 人口爆発…………… 360, 407
| 新国際経済秩序樹立宣言
| ……………… 284, 351, 407
| 新古典学派………………… 204
| 人事院……………… 100, 103, 297
| 新思考外交………… 166, 203
| 新自由主義………… 201, 205, 397
| 人種差別撤廃条約…… 21, 149, 389
| 新食糧法…………… 259, 401
| 人身(身体)の自由………75, 390
| 新START(新戦略兵器削減条約) … 174
| 信託統治理事会…………… 153
| 臣民の権利……………36, 389
| 信用創造…………… 232, 399
| 信頼醸成措置(CBM)… 178, 396
| 森林破壊…………… 281, 402
| 森林法共有林分割制限違憲訴訟 …79

す
| 垂直的公平………… 242, 400
| 垂直的分業………………… 330
| 水平的公平………… 242, 400
| 水平的分業………………… 330
| スケール・メリット………… 217
| スタグフレーション……… 227, 399
| ストック…………………… 221
| ストックホルム・アピール… 172

| 砂川事件…………………… 49
| 砂川政教分離訴訟(空知太神社) …72
| スーパー301条 ……… 363, 364
| スマートグリッド………… 289
| スミソニアン協定……… 338, 406
| 3R ……………… 274, 402

せ
| 成果主義…………………… 305
| 生活公害…………………… 272
| 生活保護…………………… 321
| 請願権……………………… 83
| 請願法……………………… 83
| 請求権……………………83, 391
| 清教徒革命………………… 18
| 政教分離の原則…………72, 390
| 政権公約…………………… 124
| 制限選挙…………… 132, 393
| 政策金利…………………… 233
| 生産国民所得……………… 223
| 政治…………………………… 12
| 政治資金規正法…… 127, 393
| 政治的無関心……… 146, 394
| 精神の自由………………71, 390
| 製造物責任法(PL法)… 262, 266, 401
| 生存権………… 80, 298, 391
| 政党………………… 123, 393
| 政党交付金………………… 127
| 政党助成法………………… 127
| 成年被後見人……………… 85
| 政府…………………… 100, 207
| 政府開発援助……… 355, 357, 407
| 生物多様性条約…………… 282
| 政府の失敗………………… 219
| 政府立法…………………… 96
| 勢力均衡…………… 151, 394
| 政令…………………99, 100, 392
| 世界遺産条約……… 149, 282, 403
| 世界恐慌…………… 200, 226, 397
| 世界銀行…………… 337, 405
| 世界金融危機……… 251, 341, 406
| 世界人権宣言………… 21, 389
| 世界貿易機関……… 153, 339, 406
| 世界保健機関……………… 153
| 石油危機…………… 248, 284, 400
| 石油輸出国機構…… 284, 403
| セクシャル・ハラスメント(セクハラ)……………… 67, 311
| セーフガード… 339, 353, 365, 406
| ゼロ・エミッション… 275, 289, 402
| ゼロ金利政策……… 234, 399
| 世論………………… 144, 394
| 世論操作…………… 145, 394
| 世論調査…………………… 144
| 尖閣諸島…………… 194, 396
| 専業農家…………………… 257
| 選挙権……………… 132, 138
| 全国人民代表大会…………… 30
| 全国労働関係法…… 200, 293
| 戦後補償…………………… 196
| 戦時賠償…………………… 196
| 専守防衛…………………… 51
| 『戦争と平和の法』………… 148
| 全逓東京中郵事件………… 83
| 全農林警職法事件………… 83
| 戦略攻撃兵器削減条約…… 174
| 戦略兵器削減条約… 174, 396
| 戦略兵器制限交渉… 174, 396

そ
| 総会………………… 153, 394
| 臓器移植法………………… 90
| 争議権……………… 297, 303
| 総需要抑制政策…………… 248
| 総量規制…………… 270, 272
| 遡及処罰の禁止…………… 75
| 族議員……………… 102, 126, 392
| ソーシャル・ビジネス……… 352
| 損害賠償請求権……83, 391
| 尊厳死……………………… 90
| 尊属殺人重罰規定違憲事件 …66

た
| 第1インターナショナル…… 293
| 第一次所得収支…… 332, 333, 405
| 第1次石油危機…………… 248
| ダイオキシン………… 273, 402
| 大気汚染………………… 271
| 待機児童…………… 321, 323
| 大規模小売店舗法… 255, 363, 407
| 大憲章(マグナ・カルタ)… 18, 388
| 第五福竜丸事件………… 172
| 第三世界…………… 165, 395
| ダイシー……………………… 16
| 大衆政党…………………… 123
| 大正デモクラシー………… 37
| 対人地雷全面禁止条約… 177, 396
| 大臣政務官(政務官)……… 97
| 大西洋憲章……………… 151
| 大選挙区制………… 132, 393
| 大統領制(アメリカ)
| ……………… 24, 26, 27, 389
| 大統領制(韓国)…………… 31
| 第2インターナショナル…… 293
| 第二次所得収支………… 332
| 大日本帝国憲法… 36, 42, 384, 389
| 逮捕状……………………… 75
| 代用監獄…………………… 77
| 第四の権力………………… 144
| 滝川事件…………………… 74
| 多極化……………………… 165
| 竹島問題…………… 194, 396
| 多国籍企業………… 213, 330, 398
| 多国籍軍…………………… 156
| 多重債務…………… 264, 401
| 立川市防衛庁宿舎ビラ投函事件 …73
| 多党制……………………… 123
| 他人資本…………… 208, 231, 397
| タフト・ハートレー法……… 293
| 多摩川水害訴訟…………… 83
| ダルフール紛争…………… 186
| 弾劾裁判所………… 97, 107, 392
| 団結権……………… 297, 303
| 男女共同参画社会基本法… 390
| 男女雇用機会均等法
| ……… 22, 67, 295, 297, 311, 404
| 男女同一賃金の原則……… 299
| 団体交渉権………… 297, 303
| 団体行動権………… 297, 303
| 団体自治……………… 115
| 弾道ミサイル防衛(BMD)システム ………………… 53
| 単独行動主義(ユニラテラリズム)
| ……………… 166, 167, 395
| 単独政権………………… 123
| ダンピング……………… 339

ち
| 治安維持法………… 37, 294, 389
| 治安警察法………… 37, 294, 295
| 地域経済統合……… 342, 343
| 小さな政府………………… 201
| チェチェン紛争……………… 185
| 地価……………………… 250
| 地球温暖化………… 278, 280, 402
| 地球温暖化防止条約… 278, 282, 403
| 地球サミット……… 282, 403
| 知的財産権(知的所有権)
| ……………… 80, 347, 363, 391
| 知的財産高等裁判所… 80, 112
| チベット問題…………… 185
| 地方交付税………… 117, 393
| 地方債……………………… 117
| 地方自治…………………… 115
| 地方自治の本旨…… 115, 393
| 地方税……………… 117, 240
| 地方分権一括法………… 118
| チャタレイ事件…………… 73
| チャーチル……………… 162
| チャーチスト運動… 18, 293, 403
| 中央銀行…………………… 233
| 中華人民共和国憲法……… 34

中距離核戦力(INF)全廃条約
　‥‥‥‥‥‥‥‥‥‥‥‥ 174, *396*
中小企業‥‥‥‥‥‥‥‥ 254, *401*
中小企業基本法‥‥‥‥‥‥‥ 255
中選挙区制‥‥‥‥‥‥‥‥‥ 132
中ソ国境紛争‥‥‥‥‥‥‥‥ 163
中ソ友好同盟相互援助条約‥‥ 163
中東戦争‥‥‥‥‥‥‥ 182, 183
朝鮮戦争‥‥‥‥‥‥‥ 163, *395*
朝鮮特需‥‥‥‥‥‥‥‥‥‥ 246
朝鮮民主主義人民共和国問題‥‥ 170
跳躍上告‥‥‥‥‥‥‥‥‥‥ 108
直接金融‥‥‥‥‥‥ 208, 231, *399*
直接税‥‥‥‥‥‥‥‥ 240, *400*
直接請求権‥‥‥‥‥‥ 116, *393*
直接選挙‥‥‥‥‥‥‥ 132, *393*
直接投資‥‥‥‥‥‥‥ 333, *405*
直接民主制(直接民主主義)‥‥ 15, *388*
貯蓄‥‥‥‥‥‥‥‥‥‥‥‥ 207
直間比率‥‥‥‥‥‥‥‥‥‥ 240
『沈黙の春』‥‥‥‥‥‥‥‥ 277

つ
通貨‥‥‥‥‥‥‥‥‥ 231, *399*
通常国会‥‥‥‥‥‥‥‥‥‥‥95
通信傍受法‥‥‥‥‥‥‥‥‥‥89
津地鎮祭訴訟‥‥‥‥‥‥ 72, *390*

て
抵抗権‥‥‥‥‥‥‥‥‥‥‥‥14
ディスクロージャー‥‥‥‥‥ 213
ディーセントワーク‥‥‥‥‥ 312
ティトー‥‥‥‥‥‥‥‥‥‥ 184
低福祉・低負担‥‥‥‥ 325, 328
デジタル・デバイド‥‥‥ 268, *402*
デタント‥‥‥‥‥‥‥‥ 164, *395*
鉄のカーテン‥‥‥‥‥‥‥‥ 162
デフォルト‥‥‥‥‥‥‥‥‥ 351
デフレーション(デフレ)
　‥‥‥‥‥‥‥‥ 227, 228, *399*
デフレスパイラル‥‥‥‥‥‥ 228
デポジット制‥‥‥‥‥‥‥‥ 275
デモンストレーション効果‥‥ 262
テレワーク‥‥‥‥‥‥‥‥‥ 312
テロリズム‥‥‥‥‥‥‥‥‥ 188
天安門事件‥‥‥‥‥‥‥‥‥‥30
典型七公害‥‥‥‥‥‥‥ 272, *401*
電子商取引‥‥‥‥‥‥‥‥‥ 267
電子マネー‥‥‥‥‥‥‥‥‥ 236
天皇機関説‥‥‥‥‥‥‥‥ 37, 74
天皇大権‥‥‥‥‥‥‥‥‥‥‥42
天皇の国事行為‥‥‥‥‥‥‥‥43
天皇の「人間宣言」‥‥‥‥‥‥43

と
ドイツ共和国憲法(ワイマール憲法)‥‥20
ドイツ連邦共和国基本法(ボン基本法)‥‥‥‥‥‥‥‥‥ 29, 188
ドイモイ(刷新)政策‥‥‥ 203, *397*
東海大学安楽死事件‥‥‥‥‥‥90
党議拘束‥‥‥‥‥‥‥‥ 125, *393*
東京都公安条例事件‥‥‥‥‥‥73
東京ラウンド‥‥‥‥‥‥‥‥ 339
トーゴーサン‥‥‥‥‥‥‥‥ 242
投資収支‥‥‥‥‥‥‥‥‥‥ 332
道州制‥‥‥‥‥‥‥‥‥‥‥ 119
党首討論‥‥‥‥‥‥‥‥ 97, *392*
統帥権‥‥‥‥‥‥‥‥‥ 36, *389*
統帥権干犯問題‥‥‥‥‥‥‥‥37
統治行為論‥‥‥‥‥‥‥ 111, *393*
東南アジア条約機構‥‥‥‥‥ 163
東南アジア諸国連合‥‥‥ 342, *406*
当番弁護士制度‥‥‥‥‥‥‥‥84
投票率‥‥‥‥‥‥‥‥‥‥‥ 136
同和問題‥‥‥‥‥‥‥‥‥‥‥68
特殊法人‥‥‥‥‥‥ 104, 207, *392*
独占‥‥‥‥‥‥‥‥‥‥ 217, *398*
独占禁止法‥‥‥‥‥‥‥ 218, *398*
独占資本主義‥‥‥‥‥‥‥‥ 200
特定非営利活動促進法(NPO法)‥‥ 119
特別永住者‥‥‥‥‥‥‥‥‥‥70

特別会(特別国会)‥‥‥‥‥‥‥95
特別会計‥‥‥‥‥‥‥‥‥‥ 239
特別裁判所‥‥‥‥‥‥‥‥‥ 106
特別引き出し権‥‥‥‥‥ 338, *407*
独立行政法人‥‥‥‥‥ 104, 207, *392*
特例国債‥‥‥‥‥‥‥‥ 239, 242
都市公害‥‥‥‥‥‥‥‥‥‥ 271
土地収用法‥‥‥‥‥‥‥‥‥‥79
特恵関税制度‥‥‥‥‥‥ 351, *407*
ドッジ・ライン‥‥‥‥‥ 246, *400*
ドーハ・ラウンド(ドーハ・開発アジェンダ)‥‥‥‥‥‥‥‥ 339
飛越上告‥‥‥‥‥‥‥‥‥‥ 108
トマス=マン‥‥‥‥‥‥‥‥ 204
鞆の浦景観訴訟‥‥‥‥‥‥‥‥87
トラスト‥‥‥‥‥‥‥‥‥‥ 217
取り調べ‥‥‥‥‥‥‥‥‥‥‥77
ドル危機‥‥‥‥‥‥‥‥ 338, *406*
ドル・ショック‥‥‥‥‥ 338, *406*
トルーマン・ドクトリン‥‥ 162, *395*
奴隷解放宣言‥‥‥‥‥‥‥ 19, 23
奴隷制‥‥‥‥‥‥‥‥‥‥‥‥23
トレーサビリティ‥‥‥‥‥‥ 261
ドント式‥‥‥‥‥‥‥‥‥‥ 134

な
内外価格差‥‥‥‥‥‥‥‥‥ 229
内閣‥‥‥‥‥‥‥‥‥‥ 98, 99
内閣総理大臣‥‥‥‥‥‥‥‥‥99
内閣総理大臣の指名‥‥‥‥‥‥99
内閣府‥‥‥‥‥‥‥‥‥‥‥ 100
内国為替‥‥‥‥‥‥‥‥‥‥ 335
内国民待遇‥‥‥‥‥‥‥‥‥ 339
内部留保‥‥‥‥‥‥‥‥‥‥ 207
長沼ナイキ訴訟‥‥‥‥‥‥‥‥49
ナショナル・トラスト運動‥‥ 276, *402*
ナチス‥‥‥‥‥‥‥‥‥ 16, 145
軟性憲法‥‥‥‥‥‥‥‥‥‥‥17
南南問題‥‥‥‥‥‥‥‥ 351, *407*
南米南部共同市場‥‥‥‥‥‥ 342
南北問題‥‥‥‥‥‥‥ 350, 358, *407*
難民の地位に関する条約
　‥‥‥‥‥‥‥‥‥‥ 22, 187, *396*
難民問題‥‥‥‥‥‥‥‥ 187, 188

に
新潟水俣病‥‥‥‥‥‥‥ 270, 271
二院制‥‥‥‥‥‥‥‥‥‥‥‥94
NIEO樹立宣言‥‥‥‥‥ 284, 351, *407*
ニクソン・ショック‥‥‥‥ 338, *406*
二重の基準論‥‥‥‥‥‥‥‥‥64
二大政党制‥‥‥‥‥‥‥ 123, *393*
日米安全保障条約‥‥‥‥‥ 52, *390*
日米経済摩擦‥‥‥‥‥‥‥‥ 363
日米構造協議‥‥‥‥‥‥ 363, 364, *407*
日米地位協定‥‥‥‥‥‥‥‥‥54
日米防衛協力のための指針‥‥‥52
日米貿易摩擦‥‥‥‥‥ 249, 363, *407*
日米包括経済協議‥‥‥‥ 363, 364, *407*
日韓基本条約‥‥‥‥‥‥‥‥ 193
日照権‥‥‥‥‥‥‥‥‥‥‥‥87
日ソ共同宣言‥‥‥‥‥‥‥‥ 193
日中共同声明‥‥‥‥‥‥‥‥ 193
日中平和友好条約‥‥‥‥‥‥ 193
日朝平壌宣言‥‥‥‥‥‥‥‥ 170
二風谷ダム訴訟‥‥‥‥‥‥‥‥68
日本銀行‥‥‥‥‥‥‥‥ 233, *399*
日本経済の二重構造‥‥‥ 254, *401*
日本国憲法‥‥‥‥‥‥‥‥‥ 376
日本人拉致問題‥‥‥‥‥‥‥‥77
日本的経営方式(日本的雇用慣行)
　‥‥‥‥‥‥‥‥‥‥‥‥‥ 305
日本版金融ビッグバン‥‥‥‥ 235
ニューディール政策‥‥‥ 200, *397*
人間開発指数‥‥‥‥‥‥‥‥ 350
人間の安全保障‥‥‥‥‥ 356, *407*

ね
ネガティブ・コンセンサス方式‥‥ 339
ネット選挙‥‥‥‥‥‥‥‥‥ 133
年金制度改革‥‥‥‥‥‥‥‥ 320

年金保険‥‥‥‥‥‥ 317, 319, *405*
年功序列型賃金‥‥‥‥‥ 305, *404*
年次有給休暇‥‥‥‥‥‥ 301, 308
年俸制‥‥‥‥‥‥‥‥‥ 305, *404*

の
農業基本法‥‥‥‥‥‥‥‥‥ 258
農地改革‥‥‥‥‥‥‥‥ 245, *400*
農地法‥‥‥‥‥‥‥‥‥ 257, 260
ノーマライゼーション
　‥‥‥‥‥‥‥‥‥‥ 321, 326, *405*
ノンバンク‥‥‥‥‥‥‥‥‥ 232
ノン・ルフールマンの原則‥‥ 187

は
バイオ燃料‥‥‥‥‥‥‥‥‥ 283
排出量取引(ET)‥‥‥‥‥‥ 278
陪審制‥‥‥‥‥‥‥‥‥ 113, *393*
ハイテク汚染‥‥‥‥‥‥ 273, *402*
配当‥‥‥‥‥‥‥‥‥‥‥‥ 210
ハイパーインフレ(超インフレ)‥‥ 228
博多駅テレビフィルム提出命令事件‥‥65
パグウォッシュ会議‥‥‥‥‥ 172
朴訴訟‥‥‥‥‥‥‥‥‥‥‥‥69
バクダード(中東)条約機構‥‥ 163
派遣労働者‥‥‥‥‥‥‥ 306, 315
バージニア権利章典‥‥‥ 19, *388*
バーゼル条約‥‥‥‥‥‥ 281, 282
パートタイム・有期雇用労働法
　‥‥‥‥‥‥‥ 295, 297, 306, *404*
パートタイム労働者‥‥‥ 306, 310
派閥政治‥‥‥‥‥‥‥‥‥‥ 125
バブル景気‥‥‥‥‥‥‥ 250, 251
バブル経済‥‥‥‥‥‥‥ 250, *400*
バブル崩壊‥‥‥‥‥‥‥‥‥ 250
バリアフリー‥‥‥‥‥ 321, 326, *405*
パリ協定‥‥‥‥‥‥‥‥ 278, *402*
パレスチナ解放機構‥‥‥‥‥ 182
パレスチナ暫定自治協定‥‥‥ 182
パレスチナ問題‥‥‥‥ 156, 182, *396*
ハローワーク(公共職業安定所)‥‥83
ハンガリー動乱‥‥‥‥‥‥‥ 163
犯罪被害者参加制度‥‥‥‥‥ 114
ハンセン病国家賠償訴訟‥‥‥‥69
半大統領制‥‥‥‥‥‥‥‥‥‥28
バンドン会議‥‥‥‥‥‥ 165, *395*
万人の万人に対する闘争‥‥‥‥14
販売農家‥‥‥‥‥‥‥‥‥‥ 257
判例‥‥‥‥‥‥‥‥‥‥‥‥‥65

ひ
非価格競争‥‥‥‥‥‥‥ 217, *398*
比較衡量論‥‥‥‥‥‥‥‥‥‥64
非核三原則‥‥‥‥‥‥‥‥ 51, *390*
比較生産費説‥‥‥‥‥‥ 331, *405*
非核地帯‥‥‥‥‥‥‥‥‥‥ 175
東ティモール紛争‥‥‥‥‥‥ 186
非関税障壁‥‥‥‥‥‥‥ 339, 364, *406*
非競合性‥‥‥‥‥‥‥‥‥‥ 219
PKO協力法‥‥‥‥‥‥ 57, 58, *390*
非拘束名簿式‥‥‥‥‥‥ 133, 134
非常任理事国‥‥‥‥‥‥ 153, 154
BIS規制‥‥‥‥‥‥‥‥ 237, *399*
非政府組織‥‥‥‥‥‥‥ 196, *397*
日立訴訟‥‥‥‥‥‥‥‥‥‥‥69
ビッグデータ‥‥‥‥‥‥ 267, *401*
非同盟諸国首脳会議‥‥‥ 165, *395*
人及び市民の権利宣言‥‥ 20, *389*
一人っ子政策‥‥‥‥‥‥ 360, *407*
非排除性‥‥‥‥‥‥‥‥‥‥ 219
秘密選挙(秘密投票)‥‥‥‥‥ 132
飛躍上告‥‥‥‥‥‥‥‥‥‥ 108
百里基地訴訟‥‥‥‥‥‥‥‥‥49
ピューリタン革命‥‥‥‥‥‥‥18
ビューロクラシー(官僚制)‥‥ 101
表現の自由‥‥‥‥‥‥‥ 73, *390*
平等選挙‥‥‥‥‥‥‥‥‥‥ 132
ビルト・イン・スタビライザー
　‥‥‥‥‥‥‥‥‥‥ 238, 239, *400*
比例代表制‥‥‥‥‥‥‥ 132, *393*

ふ
ファシズム‥‥‥‥‥‥‥‥‥ 145
フィスカル・ポリシー‥‥ 238, 239, *400*
フィラデルフィア宣言‥‥‥‥ 316
フィランソロピー‥‥‥‥ 213, *398*
フィリップス‥‥‥‥‥‥‥‥ 229
フェアトレード‥‥‥‥‥‥‥ 352
付加価値税‥‥‥‥‥‥‥‥‥ 241
武器輸出三原則‥‥‥‥‥ 51, 178
不況‥‥‥‥‥‥‥‥‥‥‥‥ 226
副業的農家‥‥‥‥‥‥‥‥‥ 257
福祉国家‥‥‥‥‥‥ 13, 100, 201
副大臣‥‥‥‥‥‥‥‥‥‥‥‥97
不戦条約‥‥‥‥‥‥‥‥ 149, 151
不逮捕特権‥‥‥‥‥‥‥ 95, *392*
双子の赤字‥‥‥‥‥‥‥ 249, 364
普通選挙‥‥‥‥‥‥‥‥ 132, *393*
物価‥‥‥‥‥‥‥‥‥‥ 227, *399*
復金債‥‥‥‥‥‥‥‥‥‥‥ 246
復興金融金庫‥‥‥‥‥‥‥‥ 246
不当労働行為‥‥‥‥‥‥ 303, *404*
フードマイレージ‥‥‥‥‥‥ 261
部分的核実験禁止条約‥‥ 173, *396*
ブライス‥‥‥‥‥‥‥‥‥‥ 115
プライス・リーダー‥‥‥‥‥ 216
プライバシーの権利‥‥‥ 86, 88, *391*
プライマリー・バランス‥‥ 243, *400*
ブラクトン‥‥‥‥‥‥‥‥‥‥16
プラザ合意‥‥‥‥‥ 249, 338, 365, *406*
ブラックバイト‥‥‥‥‥‥‥ 309
プラハの春‥‥‥‥‥‥‥‥‥ 163
フランス共和国憲法‥‥‥‥‥‥34
フランス人権宣言‥‥‥‥ 20, *389*
フリーター‥‥‥‥‥‥‥‥‥ 306
フリードマン‥‥‥ 201, 204, 205, *397*
不良債権‥‥‥‥‥‥‥‥ 250, 251
プルサーマル‥‥‥‥‥‥‥‥ 287
フレックスタイム制‥‥‥ 300, *404*
ブレトン・ウッズ協定‥‥ 337, *405*
ブレトン・ウッズ体制‥‥‥‥ 337
プレビッシュ報告‥‥‥‥‥‥ 351
フロー‥‥‥‥‥‥‥‥‥‥‥ 221
プログラム規定説‥‥‥‥‥‥‥81
ブロック経済‥‥‥‥‥‥‥‥ 337
分配国民所得‥‥‥‥‥‥‥‥ 223
文民統制‥‥‥‥‥‥‥‥‥‥‥51

へ
ペイオフ‥‥‥‥‥‥‥‥ 237, *400*
平衡操作‥‥‥‥‥‥‥‥‥‥ 335
平成景気‥‥‥‥‥‥‥‥ 250, 251
平成の大合併‥‥‥‥‥‥‥‥ 118
平和原則14か条‥‥‥‥‥‥‥ 152
平和構築委員会‥‥‥‥‥‥‥ 153
平和5原則‥‥‥‥‥‥‥ 165, *395*
平和10原則‥‥‥‥‥‥‥ 165, *395*
平和主義‥‥‥‥‥‥‥‥ 46, *390*
平和的生存権‥‥‥‥‥‥‥‥‥88
平和のための結集決議‥‥‥‥ 156
別件逮捕‥‥‥‥‥‥‥‥‥‥‥77
ヘッジファンド‥‥‥‥‥ 341, *406*
ペティ・クラークの法則‥‥‥ 248
ベトナム戦争‥‥‥‥‥‥ 164, *395*
ベバリッジ報告‥‥‥‥‥ 316, *404*
ベルリン封鎖‥‥‥‥‥‥‥‥ 162
ペレストロイカ‥‥‥‥ 166, 169, 203
変形労働時間制‥‥‥‥‥‥‥ 300
弁護士‥‥‥‥‥‥‥‥‥‥‥ 109
返済繰り延べ‥‥‥‥‥‥‥‥ 351
ベンチャー・キャピタル‥‥‥ 255
ベンチャー・ビジネス‥‥ 255, *401*
変動為替相場制‥‥‥‥‥ 336, 338, *406*

ほ
保安隊‥‥‥‥‥‥‥‥‥‥‥‥50
法‥‥‥‥‥‥‥‥‥‥‥‥‥‥17
防衛計画の大綱‥‥‥‥‥‥‥‥50
防衛装備移転三原則‥‥‥‥‥‥51
防衛費‥‥‥‥‥‥‥‥‥‥‥‥51
貿易収支‥‥‥‥‥‥‥ 332, 333, *405*

索引

411

貿易摩擦	249, *363*
法科大学院	112
包括的核実験禁止条約	173, *396*
放射性廃棄物	287, 291, *403*
法人税	240
法治主義	16, *388*
法定受託事務	118
法の支配	16, *388*
法の下の平等	66, *390*
法律扶助制度	84
北米自由貿易協定	342, 343, *406*
保護貿易	331, *405*
ポジティブ・アクション	310, *404*
ボスニア紛争	184
捕捉率	242
ボーダン	13
ポツダム宣言	38, *389*
ホットライン(直通電話)	164, 178, *395*
ホッブズ	14, *388*
北方領土問題	195, *396*
輔弼	36, *389*
ポピュリズム	92
ポポロ事件	74
ホメイニ師	31
堀木訴訟	80
ポリシー・ミックス	226, 239
本会議	96

ま

マイクロクレジット	352
マイナス金利	234
マイナンバー	242, *268*
前川レポート	249
マグナ・カルタ	18, *388*
マクリーン事件	70
マーケット・シェア	217
マーシャル・プラン	162, *395*
マスコミ(マスコミュニケーション)	144
マーストリヒト条約	342, 344, *406*
マスメディア	144, *394*
まちづくり3法	255
マッカーサー三原則	39
マックス＝ウェーバー	12, 101
マニュファクチュア	199
マネーストック	233, *399*
マネタリズム	201, 204
マルクス	202, 204, 205, *397*
マルサス	204
マルタ会談	166, *395*

み

見えざる手	199
見返り資金	246

ミサイル防衛	176
三菱樹脂訴訟	71, *390*
水俣病	271
南スーダン	12, 186
ミニマム・アクセス	259
美濃部達吉	37
未臨界実験	176
ミレニアム開発目標(MDGs)	352
民営化	104
民間非営利組織(NPO)	119, *393*
民事裁判	108, *392*
民事訴訟法	17
民主主義	92
民族問題	181
民定憲法	17
民法	17
民法改正	67
民本主義	37

む

無過失責任の原則	272, *402*
無担保コールレート(翌日物)	233
無党派層	125

め

明治憲法	36, *42*, 384, *389*
名望家政党	123
名目経済成長率	225
名誉革命	18
メインバンク制	212
メジャー	284
メセナ	213, *398*
メタンハイドレート	288
メディア・リテラシー	142, 268, *394*
メルコスール	342
免責特権	95, *392*

も

黙秘権	75, 76
モスクワ条約	174
持株会社	211, *397*
モノカルチャー経済	350, *407*
問題商法	271
モンテスキュー	15, *388*
モントリオール議定書	280, 282

や

薬事法距離制限違憲訴訟	79
夜警国家	13, 100, 199, *388*
矢内原事件	74
ヤルタ会談	151

ゆ

有限会社	210

有効需要	201, 226, *397*
有事法制	52, *55*
郵政民営化	104
輸血拒否訴訟	89
ユーゴスラビア紛争	184, *396*
ユニオン・ショップ	296
ユニバーサルデザイン	316, *326*
ユビキタス社会	267
ユーロ	344, *406*

よ

容器包装リサイクル法	274, *402*
預金準備率操作	234, *399*
吉野作造	37
四日市ぜんそく	270, 271
4つの自由	21
予防原則	273
世論	144, *394*
世論操作	145, *394*
世論調査	144
四大公害訴訟(裁判)	271, *401*

ら

ラッサール	13
ラッセル・アインシュタイン宣言	172
ラッダイト運動	293
ラムサール条約	282, 283

り

利益集団(圧力団体)	126, *393*
リカード	204, 331, *405*
リコール	116, *393*
リサイクル	274
リスケジューリング	351
リスト	204, 331, *405*
リスボン条約	344, *406*
立憲主義	16, *388*
領域	12
両院協議会	96, *392*
両院制	94
量的緩和政策	234, *399*
量的・質的金融緩和	234
臨界事故	287, 290, *403*
臨界前核実験	176
リンカン(リンカーン)	15, 19
臨時会(臨時国会)	95
隣人訴訟	84

る

累進課税制度	241, *400*
累積債務問題	351, *407*
ルソー	14, 20, *388*
ルワンダ内戦	186

れ

レアメタル	285
令状主義	75, *390*
冷戦	162, *394*
冷戦終結	166
レヴィ-ストロース	186
レーガノミックス	201
歴史学派	204
レッセ・フェール	199, 204
レーニン	204
レファレンダム	116, *393*
連合国軍最高司令官総司令部	39
連座制	135
連邦社会保障法	316, *404*
連邦制	26
連立政権	123

ろ

労使関係法	293
労働委員会	303, 304
労働運動	293, 294
労働関係調整法	295, 297, 304
労働基準監督署	298, *302*
労働基準法	295, *297*, *302*, 311
労働基本権	83, *297*, *403*
労働協約	299
労働組合	294, *296*, *403*
労働組合期成会	294
労働組合法	295, 297, 303
労働契約	299
労働契約法	295, *297*
労働三権	297
労働三権の制限	297, *404*
労働三法	297, *402*
労働者派遣法	295, *297*, 305, 306
労働民主化	245
労働力人口	305
6大企業集団	212
6か国協議	170
ロック	14, 20, *388*
六法	17
ロビイスト	126
ローレンツ曲線	314

わ

ワイマール憲法	20, *389*
ワーキングプア	315
ワークシェアリング	312, *404*
ワグナー法	200, *293*
ワーク・ライフ・バランス	312, *404*
ワシントン条約	282
ワルシャワ条約機構	162, 163, *395*
湾岸戦争	53, 167, *395*

略語一覧

ABM Anti-Ballistic Missile
弾道弾迎撃ミサイル ... 172, **174**

ADB Asian Development Bank
アジア開発銀行

AEC ASEAN Economic Community
ASEAN経済共同体 ... 342

AFL American Federation of Labor
アメリカ労働総同盟 ... 293

ALADI アラディ
Asociacion Latinoamericana de Integracion
ラテンアメリカ統合連合 ... 342

ANZUS アンザス Australia, New Zealand and the United States Treaty
太平洋安全保障条約 ... 163

APEC エイペック
Asia-Pacific Economic Cooperation
アジア太平洋経済協力会議 ... 342, **343**, *406*

ARF ASEAN Regional Forum
ASEAN地域フォーラム

ASEAN アセアン
Association of South-East Asian Nations
東南アジア諸国連合 ... 342, *406*

AU African Union アフリカ連合 ... 342

BIS ビス Bank for International Settlements
国際決済銀行 ... 237

BOP Base Of the (Economic) Pyramid
低所得者層 ... 352

BRICS ブリックス ブラジル,ロシア,インド,中国,南アフリカ(南アフリカを除いてBRICsと表記することもある) ... 354, *407*

CENTO セントー Central Treaty Organization
中央条約機構

CIS Commonwealth of Independent States
独立国家共同体 ... 166

COMECON コメコン
Council for Mutual Economic Assistance
経済相互援助会議 ... 162, *395*

COP コップ Conference of the Parties
締約国会議 ... 278, *282*

CSCE Conference on Security and Co-operation in Europe 欧州安全保障協力会議 ... 160, **178**

CSR Corporate Social Responsibility
企業の社会的責任 ... 213, *398*

CTBT Comprehensive Nuclear-Test-Ban Treaty
包括的核実験禁止条約 ... 173, *396*

DAC ダック Development Assistance Committee 開発援助委員会 ... 351, *407*

EBRD European Bank for Reconstruction and Development 欧州復興開発銀行

EC European Community
欧州共同体 ... 342, **344**, *406*

ECB European Central Bank 欧州中央銀行	**INF** Intermediate-Range Nuclear Forces 中距離核戦力··················· 174, 396	**PBC** Peacebuilding Commission 平和構築委員会·················· 153
ECSC European Coal and Steel Community 欧州石炭鉄鋼共同体··········· 342, 344, 406	**ISO** International Organization for Standardization　国際標準化機構 ········ 276	**PKF** Peacekeeping Force 国連平和維持軍·················58, 156
ECU エキュー　European Currency Unit 欧州通貨単位······························· 344	**IT** Information Technology　情報技術 **ITU** International Telecommunication Union	**PKO** Peacekeeping Operations 国連平和維持活動········· 58, 156, 157, 394
EEA European Economic Area 欧州経済地域····························· 342	国際電気通信連合······················· 153	**PL** Product Liability 製造物責任··················· 262, 266, 401
EEC European Economic Community 欧州経済共同体················ 342, 344, 406	**JAS** ジャス　Japanese Agricultural Standard 日本農林規格···························· 262	**PLO** Palestine Liberation Organization パレスチナ解放機構····················· 182
EFTA エフタ European Free Trade Association	**JICA** ジャイカ Japan International Cooperation Agency	**PPP** Polluter Pays Principle 汚染者負担の原則················· 272, 402
欧州自由貿易連合··············· 342, 344, 406	国際協力機構···························· 355	**PTBT** Partial Test Ban Treaty 部分的核実験禁止条約············· 173, 396
EMS European Monetary System 欧州通貨制度····························· 344	**JIS** ジス　Japanese Industrial Standard 日本工業規格	**SALT** ソルト　Strategic Arms Limitation Talks 戦略兵器制限交渉················· 174, 396
EPA Economic Partnership Agreement 経済連携協定··················· 345, 346, 407	**LDC** Least Developed Country 後発発展途上国················ 350, 351, 407	**SDGs** Sustainable Development Goals 持続可能な開発目標····················· 352
EPR Extended Producer Responsibility 拡大生産者責任·························· 274	**M&A** Merger and Acquisition 合併・買収······················· 212, 397	**SDI** Strategic Defense Initiative 戦略防衛構想···························· 174
EROA エロア　Economic Rehabilitation in Occupied Area Fund　占領地域経済復興資金	**MD** Missile Defense　ミサイル防衛········· 176 **MDGs** Millennium Development Goals	**SDR** Special Drawing Rights 特別引き出し権··················· 338, 405
（占領地域経済復興基金）················· 246	ミレニアム開発目標····················· 352	**SEATO** シアトー Southeast Asia Treaty Organization
EU European Union　欧州連合··· 342, 344, 406	**MERCOSUR** Mercado Común del Sur	東南アジア条約機構····················· 163
EURATOM ユーラトム European Atomic Energy Community	南米（南部）共同市場··················· 342 **MIGA** ミガ	**START** スタート　Strategic Arms Reduction Treaty 戦略兵器削減条約················· 174, 396
欧州原子力共同体··············· 342, 344, 406	Multilateral Investment Guarantee Agency	**TPP** Trans-Pacific Partnership
FAO ファオ　Food and Agriculture Organization of the United Nations	多国間投資保証機関············· 153, 337 **MIRV** マーブ　multiple independently	環太平洋パートナーシップ協定······ 347, 348 **TVA** Tennessee Valley Authority
国連食糧農業機関················· 153, 361	targeted reentry vehicle	テネシー川流域開発公社················ 200
FTA Free Trade Agreement 自由貿易協定·················· 343, 345, 346, 407	多弾頭ミサイル·························· 174 **NAFTA** ナフタ	**UN** United Nations　国際連合··· 151, 394 **UNCTAD** アンクタッド　United Nations
G7 Group of Seven 先進7か国財務相・中央銀行総裁会議··· 340	North American Free Trade Agreement 北米自由貿易協定··············· 342, 343, 406	Conference on Trade and Development 国連貿易開発会議·············· 153, 351, 407
G8 Group of Eight　主要国首脳会議······ 340	**NATO** ナトー	**UNDP** United Nations Development
GARIOA ガリオア　Government Appropriation for Relief in Occupied Area Fund	North Atlantic Treaty Organization 北大西洋条約機構················ 162, 163, 395	Programme　国連開発計画········ 153, 350 **UNEP** ユネップ
占領地域救済政府資金···················· 246	**NGO** Non-Governmental Organization	United Nations Environment Programme
GATT ガット General Agreement on Tariffs and Trade	非政府組織························ 196, 397 **NI** National Income　国民所得··· 222, 223, 398	国連環境計画··············· 153, 280, 282, 403 **UNESCO** ユネスコ
関税と貿易に関する一般協定··· 337, 339, 406	**NIEO** ニエオ	United Nations Educational, Scientific and
GDP Gross Domestic Product 国内総生産······················ 222, 224, 398	New International Economic Order 新国際経済秩序··················· 284, 351, 407	Cultural Organization 国連教育科学文化機関··············· 153, 282
GHQ General Headquarters, the Supreme Commander for the Allied Powers	**NIES** ニーズ　Newly Industrializing Economies 新興工業経済地域··················· 351, 407	**UNF** United Nations Forces　国際連合軍 **UN-HABITAT** ハビタット　United Nations
連合国軍最高司令官総司令部·············· 39	**NNP** Net National Product　国民純生産··· 222	Conference on Human Settlements
GNI Gross National Income 国民総所得······························· 223	**NPO** Non-Profit Organization 民間非営利組織··················· 119, 393	国連人間居住会議 **UNHCR** Office of the United Nations High
GNP Gross National Product 国民総生産······················ 222, 398	**NPT** Treaty on the Non-Proliferation of Nuclear Weapons	Commissioner for Refugees 国連難民高等弁務官事務所······ 153, 187, 396
HDI Human Development Index 人間開発指数···························· 350	核拡散防止条約··················· 172, 173, 396 **OAPEC** オアペック　Organization of Arab	**UNICEF** ユニセフ　United Nations Children's Fund　国連児童基金········ 153
IAEA International Atomic Energy Agency 国際原子力機関··················· 153, 173	Petroleum Exporting Countries アラブ石油輸出国機構····················· 284	**UNTAC** アンタック　United Nations Transitional Authority in Cambodia
IBRD International Bank for Reconstruction and Development	**OAS** Organization of American States 米州機構································ 163	国連カンボジア暫定統治機構············ 59 **UNU** United Nations University
国際復興開発銀行················ 337, 405	**ODA** Official Development Assistance	国連大学································ 153
ICBM intercontinental ballistic missile 大陸間弾道ミサイル······················· 174	政府開発援助··················· 355, 357, 407 **OECD** Organization for Economic	**UPU** Universal Postal Union 万国郵便連合···························· 153
ICC International Criminal Court 国際刑事裁判所···················· 150, 394	Co-operation and Development 経済協力開発機構··················· 351, 407	**WFP** World Food Programme 国連世界食糧計画················· 153, 361
ICJ International Court of Justice 国際司法裁判所········· 150, 153, 175, 394	**OEEC** Organization for European Economic Co-operation　ヨーロッパ経済協力機構	**WFTU** World Federation of Trade Unions 世界労働組合連盟························ 293
IDA International Development Association 国際開発協会···················· 153, 337	**OPCW** Organisation for the Prohibition of Chemical Weapons	**WHO** World Health Organization 世界保健機関···························· 153
IFC International Finance Corporation 国際金融公社··························· 153, 337	化学兵器禁止機関························ 153 **OPEC** オペック　Organization of the	**WTO** Warsaw Treaty Organization ワルシャワ条約機構············ 162, 163, 395
ILO International Labour Organization 国際労働機関··························· 153, 293	Petroleum Exporting Countries 石油輸出国機構··················· 284, 403	**WTO** World Trade Organization 世界貿易機関··················· 153, 339, 406
IMF International Monetary Fund 国際通貨基金··············· 153, 337, 338, 405	**OSCE** Organization for Security and Co-operation in Europe 欧州安全保障協力機構··············· 160, 166	

世界の国々

ヨーロッパ州
アジア州
アフリカ州

主な国名（地図上の表記より）:

- アイスランド（レイキャビク）
- ロシア
- モンゴル
- 朝鮮民主主義人民共和国（北朝鮮）
- 大韓民国
- 日本
- 中華人民共和国（北京）
- シリア（ダマスカス）
- イラク（バグダード）
- イラン（テヘラン）
- アフガニスタン（カブール）
- パキスタン（イスラマバード）
- ネパール
- ブータン
- バングラデシュ
- インド
- ミャンマー
- ラオス
- タイ
- カンボジア
- ベトナム
- フィリピン
- ブルネイ・ダルサラーム
- マレーシア
- シンガポール
- インドネシア
- 東ティモール
- パラオ
- オーストラリア（キャンベラ）
- スリランカ（スリジャヤワルダナプラコッテ）
- モルディブ
- サウジアラビア（リヤド）
- アラブ首長国連邦
- オマーン
- イエメン
- カタール
- バーレーン
- モロッコ（ラバト）
- アルジェリア（アルジェ）
- チュニジア
- リビア
- エジプト（カイロ）
- （西サハラ）
- モーリタニア
- カーボヴェルデ
- セネガル
- ガンビア
- ギニアビサウ
- ギニア
- シエラレオネ
- リベリア
- コートジボワール
- マリ
- ブルキナファソ
- ニジェール
- チャド
- スーダン
- 南スーダン
- エリトリア
- ジブチ
- エチオピア（アディスアベバ）
- ソマリア（モガディシュ）
- 中央アフリカ
- カメルーン
- ナイジェリア
- ガーナ
- トーゴ
- ベナン
- 赤道ギニア
- サントメ・プリンシペ
- ガボン
- コンゴ共和国
- コンゴ民主共和国
- ウガンダ
- ケニア（ナイロビ）
- ルワンダ
- ブルンジ
- タンザニア
- セーシェル
- アンゴラ
- ザンビア
- マラウイ
- モザンビーク
- コモロ
- マダガスカル
- モーリシャス
- ジンバブエ
- ボツワナ
- ナミビア
- 南アフリカ
- エスワティニ
- レソト

1 ヨーロッパ

- ノルウェー（オスロ）
- スウェーデン（ストックホルム）
- フィンランド（ヘルシンキ）
- エストニア（タリン）
- ラトビア（リガ）
- リトアニア（ビリニュス）
- ロシア（モスクワ）
- ベラルーシ（ミンスク）
- ウクライナ（キエフ）
- カザフスタン（アスタナ）
- デンマーク
- イギリス（ロンドン）
- アイルランド（ダブリン）
- オランダ（アムステルダム）
- ベルギー（ブリュッセル）
- ルクセンブルク
- ドイツ（ベルリン）
- ポーランド（ワルシャワ）
- チェコ（プラハ）
- スロバキア
- オーストリア（ウィーン）
- リヒテンシュタイン
- スイス
- フランス（パリ）
- モナコ
- アンドラ
- ポルトガル（リスボン）
- スペイン（マドリード）
- サンマリノ
- バチカン市国
- イタリア
- スロベニア
- クロアチア
- ボスニア・ヘルツェゴビナ（サラエボ）
- セルビア（ベオグラード）
- モンテネグロ
- コソボ
- ハンガリー
- ルーマニア（ブカレスト）
- モルドバ（キシニョフ）
- ブルガリア
- 北マケドニア
- アルバニア
- ギリシャ
- マルタ
- キプロス
- トルコ（アンカラ）
- ジョージア（トビリシ）
- アルメニア（エレバン）
- アゼルバイジャン（バクー）
- ウズベキスタン（タシケント）
- トルクメニスタン（アシガバード）
- キルギス（ビシュケク）
- タジキスタン（ドゥシャンベ）
- シリア（ダマスカス）
- レバノン（ベイルート）
- イスラエル
- ヨルダン
- イラク（バグダッド）
- イラン（テヘラン）
- クウェート
- アフガニスタン（カブール）
- パキスタン（イスラマバード）
- モロッコ（ラバト）
- アルジェリア（アルジェ）
- チュニジア
- リビア（トリポリ）
- エジプト（カイロ）

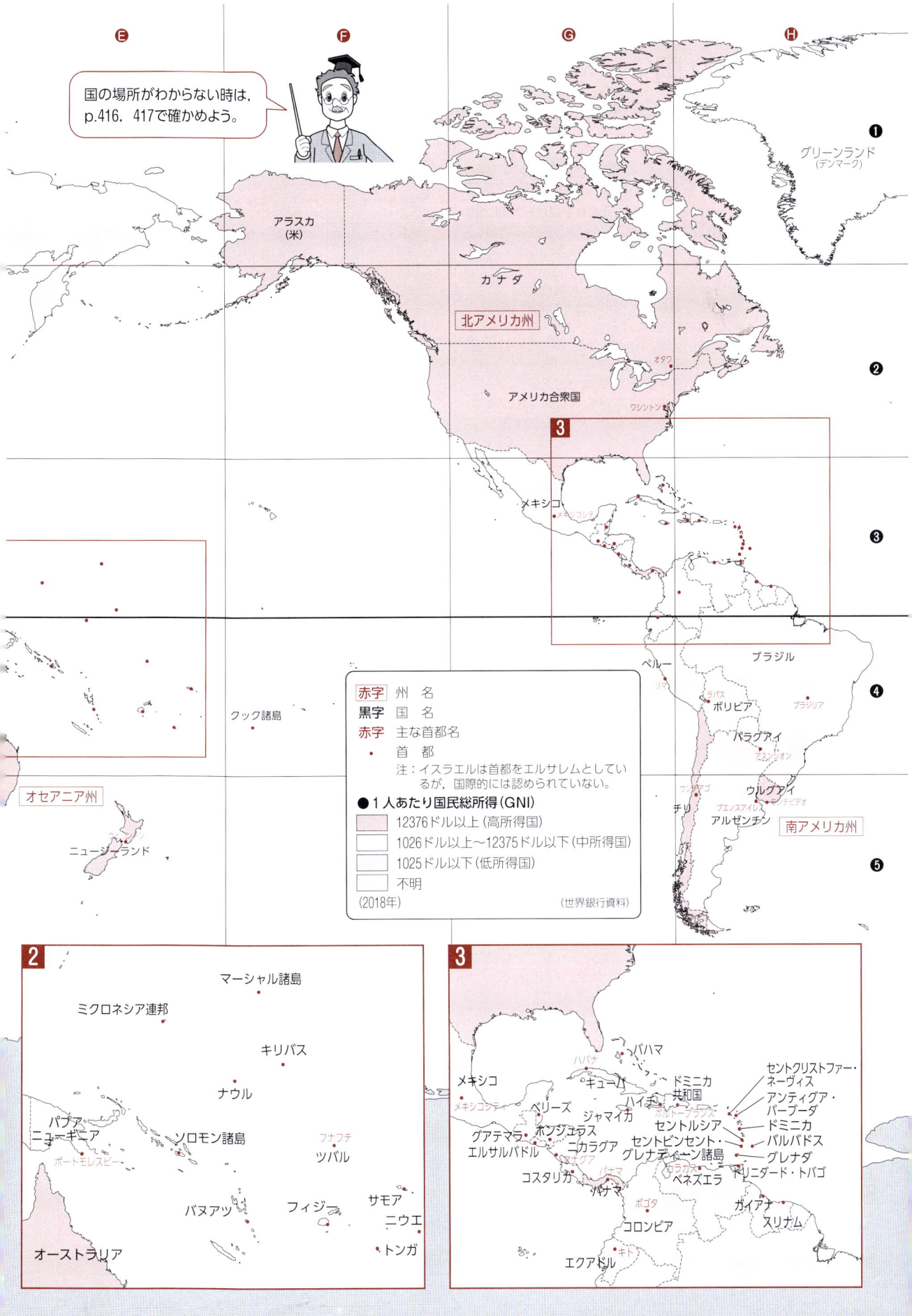

国の場所がわからない時は、p.416, 417で確かめよう。

北アメリカ州

- グリーンランド（デンマーク）
- アラスカ（米）
- カナダ　オタワ
- アメリカ合衆国　ワシントン
- メキシコ　メキシコシティ

南アメリカ州

- ペルー　リマ
- ボリビア　ラパス
- ブラジル　ブラジリア
- パラグアイ　アスンシオン
- ウルグアイ　モンテビデオ
- チリ　サンティアゴ
- アルゼンチン　ブエノスアイレス

オセアニア州

- クック諸島
- ニュージーランド

凡例

- 赤字　州名
- 黒字　国名
- 赤字　主な首都名
- ● 首都

注：イスラエルは首都をエルサレムとしているが、国際的には認められていない。

● 1人あたり国民総所得（GNI）
- 12376ドル以上（高所得国）
- 1026ドル以上〜12375ドル以下（中所得国）
- 1025ドル以下（低所得国）
- 不明

(2018年)　(世界銀行資料)

2

- マーシャル諸島
- ミクロネシア連邦
- キリバス
- ナウル
- パプアニューギニア　ポートモレスビー
- ソロモン諸島
- ツバル　フナフチ
- バヌアツ
- フィジー
- サモア
- ニウエ
- トンガ
- オーストラリア

3

- メキシコ　メキシコシティ
- バハマ
- キューバ　ハバナ
- ベリーズ
- ジャマイカ
- ハイチ
- ドミニカ共和国
- セントクリストファー・ネーヴィス
- アンティグア・バーブーダ
- グアテマラ
- ホンジュラス
- セントルシア
- ドミニカ
- エルサルバドル
- ニカラグア　マナグア
- セントビンセント・グレナディーン諸島
- バルバドス
- グレナダ
- コスタリカ
- パナマ
- ベネズエラ　カラカス
- トリニダード・トバゴ
- コロンビア　ボゴタ
- ガイアナ
- スリナム
- エクアドル　キト

415

世界の主な国一覧表

p.414，415の世界地図上の位置を示しています。四角番号は部分地図，丸付きアルファベットはタテ列，丸付き数字はヨコ列を示しています。

国名	位置	最近の動き	人口(万人)	面積(万km²)	GNI(億ドル)	国民1人あたりGNI(ドル)	貿易額(億ドル) 輸出	貿易額(億ドル) 輸入
アジア								
日本	②D	新天皇即位，元号が平成から令和に(19)	12720	38	52313	41,340	7382	7483
アフガニスタン	①②C	政府とターリバーン，和平交渉開始(20)	3717	65	203	550	8	83
アラブ首長国連邦	③B	イスラエルと国交正常化(20)	963	7	3950	41,010	1066	1556
イスラエル	①②B	国会でイスラエルを「ユダヤ人の国」とする法律可決(18)	838	2	3629	40,850	622	793
イラク	①②B	IS掃討作戦の勝利を宣言(17)	3843	44	1935	5,030	84	356
イラン	①②C	経済制裁，核の問題で対米関係悪化(19)	8180	163	*4410	*5,470	240	246
インド	③C	RCEP(東アジア地域包括的経済連携)参加せず(20)	135264	329	27335	2,020	3245	5137
インドネシア	④D	火山活動を原因とした津波で甚大な被害(18)	26767	191	10268	3,840	1800	1886
カザフスタン	①C	トカエフ大統領就任(19)	1832	272	1431	7,830	610	325
韓国	②D	南北首脳会談開催(18)	5117	10	15801	30,600	6049	5352
カンボジア	③C	総選挙で与党の圧勝，選挙の正当性に非難(18)	1625	18	225	1,380	187	173
北朝鮮	②D	南北首脳会談(18)・米朝首脳会談開催(18,19)	2555	12	*174	*686	11	31
サウジアラビア	③B	G20リヤド・サミットをオンラインで開催(20)	3370	221	7260	21,540	3090	1294
ジョージア	①②B	ロシアと紛争(08)	400	7	154	4,130	36	91
シリア	①②B	ISの最後の拠点が制圧される(19)	1695	19	*139	*759	7	13
シンガポール	③C	初の女性大統領ヤコブ就任(17)	576	0.07	3314	58,770	4125	3705
スリランカ	③C	連続爆破テロで日本人を含む死者多数(19)	2123	7	879	4,060	119	223
タイ	③C	民主化と王制改革を求めるデモ発生(20)	6943	51	4587	6,610	2509	2495
(台湾)	③D	アジアで初めて同性婚が合法化(19)	2373	4	6012	25,501	3340	2848
中国	②D	香港国家安全維持法制定(20)	145938	964	131841	9,470	25474	22134
トルコ	①②B	議院内閣制から大統領制へ移行(18)	8234	78	8543	10,380	1682	2224
パキスタン	②C	パキスタン出身のマララさんが17歳でノーベル平和賞を受賞(14)	21223	80	3356	1,580	236	602
バングラデシュ	③C	ロヒンギャ難民流入(17)	16138	15	2820	1,750	328	562
東ティモール	④D	ホルタ大統領銃撃事件(08)	127	1	23	1,820	0.5	5
フィリピン	③D	ドゥテルテ大統領就任(16)	10665	30	4088	3,830	693	1193
ベトナム	③D	北・中部で大規模な豪雨災害。死者多数(17)	9555	33	2294	2,400	2435	2367
マレーシア	③D	下院総選挙実施，独立後初の政権交代(18)	3153	33	3299	10,460	2474	2175
ミャンマー	③C	上下両院の総選挙で与党勝利(20)	5371	68	702	1,310	163	238
モンゴル	②D	欧州安全保障協力機構に加盟(12)	317	156	114	3,580	71	63
ヨルダン	①②B	改正憲法を発効(11)	997	9	419	4,210	77	203
ヨーロッパ								
アイスランド	①A	「パナマ文書」の影響で首相辞任(16)	34	10	240	67,950	56	77
アイルランド	①A	国民投票で人工妊娠中絶の合法化賛成が反対を上回る(18)	482	7	2901	59,770	1649	1065
イギリス	①A	EU離脱(20)	6714	24	27484	41,340	4681	6523
イタリア	①A②	コンテ首相率いる連立内閣が発足(18)	6063	30	20271	33,540	5349	4902
オーストリア	①A②	総選挙実施，国民党が大勝(19)	889	8	4358	49,260	1772	1839
オランダ	①A①	総選挙で反EUの極右政党，失速(17)	1706	4	8832	51,260	5856	5214
ギリシャ	①B②	総選挙実施，政権交代(19)	1052	13	2102	19,600	395	651
クロアチア	①A②	NATO加盟(09)。EU加盟(13)	416	6	566	13,830	172	281
スイス	①A②	国連加盟(02)。原発の新設をしないことを決定(11)	853	4	7118	83,580	2385	2065
スウェーデン	①B①	ユーロ導入を国民投票で否決(03)	997	44	5605	55,040	1660	1701
スペイン	①A②	カタルーニャ独立派が州議選で過半数を獲得(17)	4669	51	13760	29,450	3438	3861
デンマーク	①A①	総選挙実施，政権交代(19)	575	4	3489	60,190	1078	1014
ドイツ	①A①	フォンデアライエンが女性初の欧州委員長に就任(19)	8312	36	39129	47,180	15610	12855
ノルウェー	①A①	クラスター弾に関する条約の署名式開催(08)	534	32	4293	80,790	1219	875
バチカン	①A②	新法王フランシスコ就任(13)	0.08	0.00004	—	—	—	—
ハンガリー	①B①	EU加盟(04)。新憲法施行(12)	971	9	1425	14,590	1238	1160
フランス	①A①	ノートルダム大聖堂で火災(19)	6499	55	27520	41,080	5811	6722
ブルガリア	①B②	EU加盟(07)	705	11	623	8,860	333	380
ベルギー	①A①	欧州理事会常任議長にシャルル・ミシェル就任(19)	1148	3	5179	45,340	4644	4479
ポルトガル	①A②	元首相のグテーレスが国連事務総長に就任(17)	1026	9	2230	21,680	683	885
ルーマニア	①B②	EU加盟(07)。大統領選(19)	1951	24	2199	11,290	800	978
ロシア	①B①	INF全廃条約失効(19)。憲法改正(20)	14573	1710	15017	10,230	4496	2385
オセアニア								
オーストラリア	⑤D	モリソン首相就任(18)	2490	769	13294	53,190	2571	2270
ニュージーランド	⑤E	モスクでの銃撃テロ事件で死者多数(19)	474	27	1994	40,820	397	438